경영과 형법

이 상 돈

法 文 社

머 리 말

기업을 경영한다는 것은 곧 사람을 쓰고, 돈을 빌리거나 빌려주며, 주식을 발행하고 거래하며, 새로운 아이디어를 바탕으로 상품을 만들어 온라인이나 오프라인에서 판매를 하여, 시장을 지배하는 경쟁을 벌이고, 그렇게 번 돈에 대해 세금을 낸다는 것이다. 이런 일련의 경영행위들은 다양한 법제들, 이를테면 노동법, 금융법, 증권법, 지적재산권법, 정보통신법, 공정거래법, 조세법 등등의 규율을 받는다. 기업경영은 법을 외면하던 시대(불법경영시대)에서 교묘하게 비껴가던 시대(탈법경영시대)를 지나 법을 준수하지 않고는 지속하기 어려워진 시대(준법경영시대)로 접어들었다. 오늘날 준법경영(합법경영)은 윤리경영의 핵심이며, 지속가능한 경영의 중심이다. 또한 준법경영은 세계화시대에는 특히 다국적기업에게 요구되는 인권존중경영의 토대를 이룬다. 그렇기에 기업경영을 규율하는 법은 — 법의 지배나 법치주의를 외치는 법률가에게는 이상하게 들리겠지만 — 이제 경영의 합리성을 법적 정의의 관점에서 재단하고 때로는 억압하는 이른바 '법의 우위', 또는 '법치'(rule of law)의 시대를 넘어서야 한다. 경영의 합리성과 창의성을 보호하고 촉진시키기 위해 경영과 '소통'하는 법이 되어야 하는 것이다. '경영과 소통하는 법'의 요청은 형법이 기업경영을 통제하는 경우에 더욱 더 절실해진다. 형법의 개입은 기업경영에서 발생한 법적 문제들 가운데 가장 중대한 것들에 집중된다. 중대한 사건이기에 중한 제재가 요구되지만, 그 제재의 중대성 때문에 기업의 존립이 위태로워질 수도 있다. 그렇기에 형법은 기업의 경영이 갖는 고유한 합리성의 논리들과 창의적 기제들과 가장 긴밀한 소통을 펼쳐야 한다. 이 책은 경영을 억압하고 지배하려는 형법을 지양하고 바로 그처럼 경영과 소통하는 합리적인 형법이 되려는 기획에서 쓰여졌다.

이 책이 다루는 경영법학의 분야는 물론 제한적이다. 나의 연구가 경영법학의 모든 분야를 망라하지 못하기 때문이다. 하지만 기업경영이 마주하는 법적 문제들 가운데 내가 보기에 현장에서 가장 중요한 문제들, 특히 (부실감사법을 포함한) 자본시장법(특히 증권법), 공정거래법 그리고 조세법의 분야에서 등장하는 형법적 문제들은 거의 빼놓지 않고 있다. 또한 경영실패에서 경영진의 형사책임(배임죄)이라는 경영형법의 근본문제도 자세히 다루고 있다. 더 나아가 제한된 범위이긴 하지만 노사관계상의 중요한 형법문제들과 정보통신법적 문제도 일부 다루고 있다. 지적재산권법의 문제가 다루어지지 않은 것은 나로서도 아쉽다. 이 책의 또 다른 발전에다 남겨두기로 한다.

이 책의 내용들은 세상에 처음 선을 보이는 것이 아니다. 그 동안 내가 펴낸 경영형법관련 단행본들, 예컨대 윤리경영과 형법(신영사, 2005), 공익소송론(세창출판사, 2005), 헌법재판과 형법정책(고려대출판부, 2005), 부실감사법(법문사, 2004), 부실감사판례연구(법문사, 2006), 기업윤리와 법(공저; 법문사, 2008), 조세형법론(법문사, 2009), 공정거래형법(법문사, 2010), 증권형법(법문사, 2011) 그리고 나의 경영형법관련 논문들과 각종 경제단체나 경제연구원에서 내가 행한 (미출간) 강연문들을 수정·보완, 종합하고, 그 사이 변화된 법령과 축적된 판례 및 문헌들을 업데이트한 것이다.

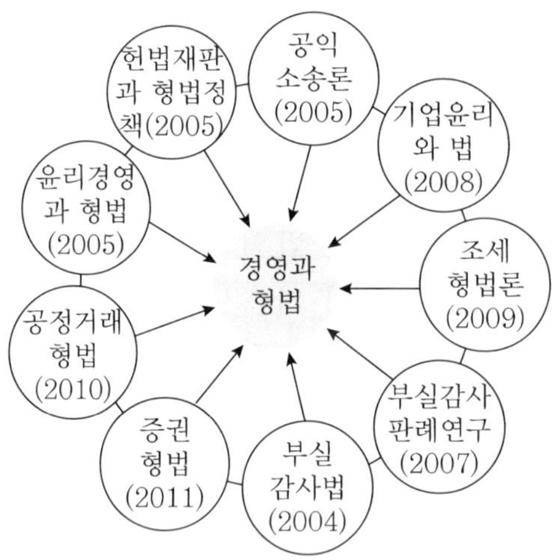

여기서 종합된 각 단행본들은 앞으로도 계속해서 양적으로나 질적으로나 성장해갈 것이다. 이 책은 그 성장으로부터 중요한 열매들을 모아 저장하는 물류창고와 같은 역할을 수행할 것이다. 이런 점에서 이 책은 법학전문대학원이나 법과대학의 교재로 사용하기에 편리하다. 더 나아가 이 책은 로펌에서도 판례가 없거나 판례를 변경해야만 해결할 수 있는 힘든 사례를 다룰 때에도 이론적인 무기창고가 될 것을 기대해본다.

끝으로 이 책을 내기까지 나와 함께 공부한 경영형법 분야의 제자들에게 고마움을 전하고 싶다. 회사형법을 전공한 이정민 교수(단국대), 증권형법을 전공한 지유미 박사(미국 유학중)와 박사과정 중인 임철희 석사(독일 유학중), 공정거래형법을 전공한 이상현 교수(숭실대)과 박사과정 중인 박혜림 석사, 정보통신형법을 전공한 주승희 교수(덕성여대)와 홍승희 교수(원광대) 그리고 전현욱 박사, 노동형법을 전공한 우희숙 박사와 박사과정 중인 피삼경 전문위원(노동부) 그리고 조세형법을 전공한 신동환 변호사(광장)와 김진하 판사에게 경영형법을 함께 일구는 노력에 깊은 고마움을 전한다. 아울러 이 책을 만든 법문사 사람들과 교정작업을 해준 박혜림 양, 손보미 양의 노고에 감사의 마음을 드리고 싶다.

2011년 설날,
고려대학교 연구실에서
이 상 돈

주요목차

세부목차

도표 목차

제 1 부

경영실패와 형사책임

[1] 경영실패와 경영진의 형사책임

출처와 생성

[1]단락의 글은 "경영실패와 경영진의 형사책임"(법조 통권 560호, 2003, 61~99쪽)에서 비롯되었다. 이 논문은 *윤리경영과 형법*(신영사, 2005)에 수록된 바 있다. 나의 논문 이후 경영실패와 경영진의 형사책임에 대한 논의가 활발히 펼쳐졌고, 이 단락은 그런 논의를 반영하고 있다. 특히 경영판단원칙의 적용 부분이 새롭게 정리되었다.

01 경영실패와 경영진의 형사책임

Ⅰ. 경영형법의 위험한 흐름

경영실패는 오랜 세월 경영자[1]가 개인적인 범죄를 저지르지 않는 한 형법이 관할하는 영역 밖에 놓여 왔다. 물론 어음부도로 결말이 맺어진 중소기업의 경영실패는 그 기업의 소유자인 경영자 개인의 처벌(어음사기)로 이어졌다. 그렇지만 증권거래소에 상장되어 있는 대기업의 실질적인 경영자이자 대주주는 경영실패에도 불구하고 좀처럼 형사처벌 되지 않았다. '큰 도둑은 잘 살고 잔도둑들만 감옥 간다'는 사법현실에 대한 비아냥거림은 경영실패의 형사처벌에서도 예외가 아니었다. 하지만 1997년 외환위기에서 시작된 경제위기를 경험하면서 경영실패는 다음과 같은 고리의 인과적 연관 속에 자리 잡게 되었다.

> 경영자의 도덕적 해이 → 회사의 도산이나 피해(경영실패) → 국가경제의 (총체적) 위기 → 공적 자금의 투입 → 전 국민의 재산손실 → 경영실패의 범죄화와 경영진의 형사처벌

이런 인과적 설정 속에서 경제위기와 국민의 재정부담 및 경제생활의 궁핍이 커질수록, 그리고 그 원인의 정점에 경영자의 부도덕성이 있다는 식의 매스컴 보도가 빈번해질수록, 경영실패는 민사불법[2]을 넘어서 형사처벌이 필요한 범죄의 하나로 인정되기 쉽다. 경영진 개인의 비도덕적 경영만이 아니라 고도의 경영판단의 잘못까지도 불법화·범죄화 되어야 한다는 공론이 형성되고 있는 듯하다. 시민단체는 그런 공론형성을 이끄는 선봉대의 역할을 떠맡고 있다. 그런 역할의 핵심은 소액주주운동이었다. 이를 뒷받침하는 상법의 개정

---

1) 이 글에서 경영자는 상법상의 (대표)이사(director), 미국에서 생겨난 최고경영자(chief executive officer)나 경영자(manager) 등을 모두 포함하는 넓은 개념, 말하자면 회사의 업무를 집행하는 임원(officer)의 집합을 총칭한다.

2) 특히 2001년 정치인에 대한 뇌물제공, 부실기업에 대한 출자와 지급보증 그리고 투자자산을 저가 매각한 재벌기업 이사들에게 선고된 민사상의 손해배상판결(수원지법 2001.12.27, 98가합22553)과 2002년 은행의 부실경영자에 대한 민사상의 손해배상판결(대판 2002.3.15, 2000다9086)은 그 대표적인 예이다.

도 줄을 이었다. 최근에는 예금보험공사도 공적자금을 투입한 기업의 이사 및 감사에 대한 손해배상책임을 추구할 뿐만 아니라 형사고발도 적극적으로 행하기도 한다.

이런 흐름에서는 형법도 기능변화의 요구에 직면하게 된다. 즉, 형법은 개개인의 권리(법익)에 대한 침해를 통제하는 형법에서 '경영위험을 관리하는 형법'(strafrechtliche Verwaltung von Betriebsrisken)으로 변화하라는 압박을 받는다.

경영의 위험을 관리하는 형법은 경영행위와 경제적 이해관계를 맺는 사람들(예: 채권자, 대주주, 소액주주, 하청기업 등)의 집단적 이익을 보장하려는 목적을 좇는다. 그런데 집단적 이익은 매우 다양하고 개인적으로는 서로 엇갈리기도 한다. 그렇기 때문에 집단적 이익을 보장하는 방식으로 형법은 경영행위와 관련된 사회적 하부체계(예: 자본시장)의 기능을 보호하는 정책을 선택하게 된다. 경영을 통제하려는 형법의 이러한 모습은 현대사회에서 형법이 겪는 변화의 모습과 대체로 같다.[3] 사회적 하부체계의 기능을 보호함으로써 그 체계가 관리하는 위험의 실현을 미리 방지하려는 형법의 모습이 바로 그것이다. 이러한 기능변화로 인해 형법과 경찰법 사이의 경계는 흐트러지고 만다.

그런데 경영을 통제하는 형법에는 그와 같은 현대형법의 기능변화를 넘어서는 새로운 문제의 지평이 있다. 그것은 시장에 대한 형법의 개입이다. 민주적 법치국가에서 법은 시장 안에서 개인의 자유로운 행위를 보장한다. 각 개인의 자유로운 행위는 시장에서의 경쟁을 통해 성공과 실패를 겪지만 그 과정을 통해 각 개인의 행위들은 서로를 자율적으로 조정하게 된다. 경영행위는 시장 안에서 누리는 개인적 자유의 전형이라 할 수 있다. 그런데 전통적으로 법(예: 공정거래법)은 시장이 경쟁적 구조를 띠도록 하고, 시장에서의 자유로운 경쟁의 결과로서 빚어지는 재화의 불평등 분배를 배분적 정의의 관점에서 수정하는 개입만을 했을 뿐, 시장 안에서 개인이 누리는 그와 같은 행위의 자유를 직접 규제하지는 않아 왔다.[4] 여기서 형법이 경영진의 개인적인 불법을 처벌하는 것을 넘어서, 고도의 경영판단의 실패까지 통제하는 식으로 시장에 깊숙이 개입하게 되면, 형법은 민주적 법치국가가 전제하는 시장체제로부터 그만큼 멀어지

3) K. Günther, "Von der Rechts- zur Pflichtverletzng, Ein "Paradigmawechsel" im Strafrecht?", 이상돈 엮음, *대화이론과 법* (법문사, 2002), 165~184쪽 참조.

4) 이상돈, *로스쿨을 위한 법학입문* (법문사, 2009), 213쪽 아래.

게 되는 것임을 알 수 있다.

Ⅱ. 경영실패의 범죄화

이와 같은 형법의 위험한 흐름에 휩쓸리게 된 경영실패의 개념은 아직 법적 개념으로 정제되지 못하였다. 넓게 보면 경영실패란 — 특히 주식회사처럼 소유와 경영이 분리된 상황에서 — 경영진이 경영 전략적 판단을 잘못 내림으로써 의도했던 목표를 달성하지 못하여, 결과적으로 회사의 정상적인 운영이 어렵게 되거나[5] 회사와 주주 또는 채권자 등이 재산상의 손해를 입게 되는 상황을 가리킨다고 할 수 있다. 그러나 이런 개념정의는 형법적 개념이 되기에는 너무 포괄적이고, 그 개념요소가 너무 비체계적으로 분산되어 있다. 만일 그런 개념정의를 이용하여 '경영실패'라는 범죄구성요건을 만든다면, 그 구성요건은 포괄구성요건(Auffangstatbestand)이 되고, 명확성원칙에 정면으로 반하는 입법이 될 것이다. 그러므로 경영실패를 형법으로 통제하기 위해서는 형법이 금지하는 경영실패의 행위를 더 세밀하게 분석적으로 유형화하는 작업이 먼저 이루어져야 한다.

1. 불법적 행위로서 경영실패

경영실패의 행위를 유형화하는 데에는 공시적 관점과 통시적 관점이 유용하다. 먼저 경영실패의 법적 의미를 공시적(空時的 synchronic)으로 바라보면, 즉 나중에 결과적으로 경영실패라고 불리는 사태의 원인이 된 행위를 시간의 흐름을 제쳐 놓은 채 행위 시점에서 바라보면, 경영실패는 경영진이 — 근대 민법과 형법의 책임처럼 — '개인적 귀속이 가능한'(individuell zurechenbar) 불법적인 행위(도표 1의 B 참조)를 하여 초래되는 경우와 자본시장의 기능을 위태화하는 행위(도표 1의 A 참조)[6]를 하여 초래되는 경우로 나뉠 수 있다.

---

5) 예를 들어 회사의 재정적 파탄과 공적 자금의 투입, 회사정리법에 따른 정리절차의 개시, 화의법에 따른 화의절차의 개시, 회사의 도산 등과 같이 독자적인 능력만으로는 경영의 어려움을 해결해 나갈 수 없는 상황을 가리킨다.

6) 자본시장의 기능은 아니나 보편적 법익을 위태화 하는 일탈행위로는 ① 경영자가 회사의 (비)자금으로 공무원에게 뇌물을 제공하는 행위(대판 1997.12.26, 97도2609), ② 기업의 경영진이 장부를 허위로 작성하여 매출을 누락하고 허위의 증빙자료에 기하여 허위비용을 계상하여 법인세 과세표준을 축소 신고하는 행위(대판 2002.9.24, 2002도2569), ③ 기업의 경영진이 상품가치 없는 재고품의 위장수출·입을 반복하면서, 이를 정상적인 무역거래로 위장하기 위하여 임의로 책

(1) 개인적인 귀속이 가능한 불법적 경영실패행위 앞(B유형)에 속하는 판결사안으로는 크게 경영진 자신의 이익을 위한 범죄행위와 회사의 이익을 위해 행한 경영진의 개인적 범죄행위로 나눌 수 있다.

1) 경영진 자신의 이익을 위한 행위 경영진 자신의 이익을 위한 범죄행위의 대표적인 예로는 다음과 같은 사례들이 있다.

— ⓐ 회사의 대표이사가 회사의 자금을 가지급금 등의 명목으로 변칙회계처리하여 자신의 주식취득자금 또는 주택분양대금 등의 개인적 용도로 사용하는 행위(업무상 횡령),[7]
— ⓑ (사실상) 1인회사의 유일한 주주이자 경영자가 회사의 자금을 개인적 용도에 사용하는 행위(업무상 횡령),[8]
— ⓒ 비상장·비등록 회사의 대표이사가 시세차익을 얻을 의도로 이사회나 주주총회의 결의를 거치지 않은 상황에서 시가(市價) 이하로 전환사채를 발행하여 제3자의 명의로 인수하는 행위(업무상 배임),[9]
— ⓓ 기업의 이사가 대주주들의 지시에 따라 그들이 개인적인 용도에 사용할 자금이라는 사실을 알면서 회사명의의 약속어음을 작성하여 교부하는 행위(업무상 배임),[10]
— ⓔ 신용협동조합의 전무가 담당 직원을 기망하여 예금인출금 또는 대출금 명목으로 금원을 교부받는 행위(사기)[11]

2) 회사의 이익을 위한 행위 회사의 이익을 위해 행한 경영진의 개인적 범죄행위로는 다음과 같은 사례들이 대표적이다.

— ⓕ 대표이사가 당해 회계연도의 결산이 적자인 경우 다음 해에 관급공사의 수주나 금융기관으로부터의 대출이 어렵게 되는 것을 피하기 위하여 담당 이사에게 분식결산서를 작성하게 한 후 이를 토대로 금융기관으로부터 대출을 받는 행위(사기),[12]

정한 금액 상당의 외화를 무역거래대금 결제방식을 빌어 마치 그 재고품의 수출·입대금인 양 비거주자에게 지급하거나 비거주자로부터 영수하는 행위(대판 2000.2.11, 99도4862) 등을 들 수 있다.

7) 대판 2000.3.14, 99도4923; 대판 2008.5.8, 2008도1652(회사매각 및 경영권방어라는 개인적인 용도로 사용).

8) 대판 1982.4.13, 80도537; 1983.12.13, 83도2330; 1987.2.24, 86도999; 1989.5.23, 89도570; 1995.3.14, 95도59; 1996.8.23, 96도1525; 1999.7.9, 99도1040.

9) 대판 2001.9.28, 2001도3191; 대판 2009.5.29, 2007도4949.

10) 대판 1983.3.8, 82도2873.

11) 대판 2002.7.18, 2002도669.

12) 대판 2000.9.8, 2000도1447.

— ⓖ 법정관리중인 기업의 사실상의 경영자가 회사 운영자금의 조달과 어음결제 자금의 마련을 위해 법원의 허가 없이 융통어음을 발행하는 행위(업무상 배임),13)

— ⓗ 백화점의 경영진이 식품매장에서 당일 판매되지 못하고 남은 생식품들에 대하여 그 다음 날 아침 포장지를 교체하면서 가공일자가 재포장일자로 기재된 바코드라벨을 부착하여 재판매하는 행위(사기),14)

— ⓘ 백화점의 경영진이 종전에 출하한 일이 없는 신상품에 대하여 첫 출하 시부터 종전가격과 할인가격을 비교표시하여 곧바로 세일에 들어가는 이른바 변칙세일을 마케팅(마켓팅) 전략으로 이용하는 행위(사기),15)

— ⓙ 은행장이 은행의 업무추진비로 주주가 속해 있는 단체 등에 판공비를 지급하거나 은행의 임직원에게 수고비를 지급하는 행위(업무상 배임)16) 등을 들 수 있다.

(2) 시장의 기능을 위태화 하는 경영실패행위 뒤(A 유형)에 속하는 판결사안도 경영진 개인의 이익을 위한 범죄행위와 회사의 이익을 위한 범죄행위로 나눌 수 있다.

1) 개인의 이익을 위한 행위 경영진 개인의 이익을 위해 시장기능을 위태화하는 범죄행위의 예는 다음과 같다.

— ⓚ 회사의 경영진이 경영실패에 대한 자신들의 책임을 은폐하기 위해 분식결산을 하는 행위,17)

— ⓛ 기업의 대표이사가 분식회계를 통해 작성된 허위의 재무제표에 기초하여 허위의 사업보고서 등을 증권거래위원회에 제출하고 불확실한 사업을 확정적인 것처럼 홍보하여 회사의 주가가 상승하자 자신의 주식을 매도하여 이익을 취득하고, 미리 발행·인수해 두었던 사모전환사채를 주식으로 전환하여 회사에 대한 자신의 지분율을 유지하는 행위18)

2) 회사의 이익을 위한 행위 회사의 이익을 위해 시장기능을 위태화시키는 범죄행위의 대표적인 예는 다음과 같다.

---

13) 대판 1997.7.25, 97도1095.

14) 대판 1995.7.28, 95도1157; 대판 2009.3.16, 2008다1842(상품의 선전·광고에 허위가 수반된 사건).

15) 대판 1992.9.14, 91도2994.

16) 대판 1994.9.9, 94도619.

17) 대판 1997.9.12, 96다41991; 현행 주식회사의 외부감사에 관한 법률(이하 외부감사법)의 적용을 받는 회사의 경영진이 분식회계를 한 경우에는 같은 법 제20조 제2항 제2호 위반죄의 적용을 받고, 그 밖의 회사의 경우에는 상법 제635조 제1항 제9호 위반에 해당하여 과태료의 대상이 될 뿐이다.

18) 대판 2001.1.19, 2000도4444.

— ⓜ M&A를 통해 종합금융회사의 경영권을 장악한 사실상의 경영자가 대외적 신용도를 높이기 위해 외국자본으로 가장한 페이퍼 컴퍼니(paper company)가 회사의 증자계획에 자본을 투자할 것이라는 허위의 투자정보를 유통시키는 행위,
— ⓝ 파킹료를 지급하고 다른 회사로 하여금 그 회사의 주식을 매수·보유하도록 하는 행위[19)]

그러나 경영실패는 이 두 가지 유형의 행위가 엄밀한 의미에서 '인과적으로' 초래한 결과는 아니다. 그런 행위가 있어도 기업이 번창할 수 있는가 하면 그런 행위가 없어도 기업이 도산할 수 있기 때문이다. 그러므로 경영실패를 형법으로 통제하려고 한다면, 경영진의 불법적 행위를 형법전의 개인적 범죄규정으로 처벌하거나 경영진의 시장유해적 일탈행위를 부수형법(예: 자본시장법, 외부감사법)으로 처벌하는 것이 반드시 필요한 것(必要條件)도 아니고, 충분한 것(充分條件)도 아니다. 어떤 경영행위가 경영실패로 결말지어졌을 때, 그 실패에 대하여 법적 책임을 물어야 할 원인으로 인식되는 것은 그 경영행위의 존재적 속성 때문이 아니라 그것을 범죄화 하는 사회적 의사소통의 메커니즘 때문일 것이다.

2. 모럴헤저드의 범죄화

경영실패를 범죄화 하는 사회적 의사소통은 법적 책임귀속을 '통시적'이고, '사회적'이며 '윤리적'인 책임의 귀속으로 완화시켜 버리는 의사소통이라 할 수 있다.

(1) **통시적 책임귀속** 첫째, 이 의사소통의 현상은 통시적(diachronic) 지평에서만 가능할 수 있다. 예컨대 앞의 두 유형에 속하는 불법적 행위들이 그 자체로서 경영실패를 인과적으로 야기하는 것은 아니지만 그런 행위들의 끝이 경영실패로 결말지어진 경우에 '사후적으로' 그 행위들을 경영실패의 원인으로 지목할 수는 있다. 흔히 사람들이 '회사의 부실화나 도산은 경영진의 부도덕한 행위(즉 불법적[20)] 행위)들 때문에 빚어졌다'고 말할 때가 그러하다. 다시 말해 어떤 경영행위가 경영실패의 원인이 되는지는 그 행위 뒤에 진행되는 경영성

19) 대판 2002.7.22, 2002도1696.
20) 형법규범들은 좁은 의미에서 도덕(Moral)을 구현하는 규범들이다. 이에 관해서 이상돈, *로스쿨을 위한 법학입문* (법문사, 2009), 169쪽 아래 참조.

과의 변화에 따라 결정되는 셈이다. 이처럼 경영실패를 어떤 범죄행위의 결말로서 이해하려고 할 때, 그 이해는 어떤 경영행위와 시간적으로 그 뒤에 등장하는 경영상태의 변화 및 그 결과를 통시적으로 바라볼 때에만 가능하게 된다. 그러니까 회사의 부실화가 경영진 개인의 범죄행위 때문이었다고 말한다면 그것은 통시적인 차원에서만 가능한 것이며, 그렇기 때문에 그런 의미의 책임귀속은 '통시적인 책임귀속'이라고 말할 수 있다. 이러한 책임귀속은 기존 형법의 책임귀속과는 사뭇 다른 것이다. 예컨대 남의 물건을 훔치는 행위는 그 행위 뒤에 피해자에게 어떤 결과가 발생했는가와 무관하게 그 자체로서 절도죄라는 책임을 귀속 받는 것이기 때문이다.

(2) **사회적 책임귀속** 둘째, 그런데 이러한 통시적 책임귀속은 법적 책임귀속이라기 보다는 '사회적 책임귀속'이다.[21] 이 사회적 책임귀속의 요청은 IMF의 자금을 받아 그 관리체제에 들어간 경제위기의 사회적 맥락에서 급격히 강화된다. 그런 위기상황에서 사람들이 느끼는 두려움의 감정은 그 위기의 사회적 원인으로 지목되는 행위를 범죄화 하는 사회적 의사소통[22]의 기반이 된다.

1) 책임귀속요건을 완화하는 모럴헤저드 이와 같이 범죄화 하는 의사소통은 위기의 원인을 사회체계의 구조 속에서 찾지 않고, 개인의 인격적 결함에서 찾게 만드는 특징이 있다. IMF-체제에서 모럴헤저드(moral hazard 도덕적 해이)라는 말이 유행한 것은 이러한 의사소통의 흐름을 단적으로 보여준다. 그런데 그런 의사소통의 흐름은 법적 의미의 책임귀속, 즉 엄격한 '개인적 책임귀속'(의 요건)을 완화시키는 것이다. 이를 테면 경영진의 개인적인 범죄(도표 1의 B)나 자본시장의 기능을 위태화 하는 행위(도표 1의 A)와 기업의 경영실패의 결과 사이에 합법칙적 인과관계가 존재하지 않음에도 불구하고, 경영실패의 결과를 그런 행위의 탓으로 돌리는 것이다. 이러한 책임귀속을 전통적인 법적 책임의 귀속과 구별하여 '사회적 책임의 귀속'이라고 할 수 있다. 이 사회적 책임귀속에서는 '결국은 경영진의 모럴헤저드 때문에 경영실패의 결과가 초래된 것이다'

21) 사회적 책임과 법적 책임의 구별에 관해서는 Schild, "Soziale und rechtliche Verantwortung", *JZ* (1980), 597~603쪽 참조.

22) 이 점에 관해서는 Hassemer, *Theorie und Soziologie des Verbrechens* (1973), 130쪽 아래: 하쎄머는 범죄화의 의사소통적 요소로서 어떤 일탈행위에 의해 침해되는 재화의 결핍정도, 그 일탈행위의 발생빈도수, 그리고 그 행위에 대해 시민들이 느끼는 두려움의 감정(Bedrohungsgefühl)을 들고 있다. 이를 위험사회의 형법현상에 적용한 이상돈, *형법의 근대성과 대화이론* (홍문사, 1994), 37~46쪽 참조.

도표 1 경영실패에 대한 형사책임의 귀속메커니즘

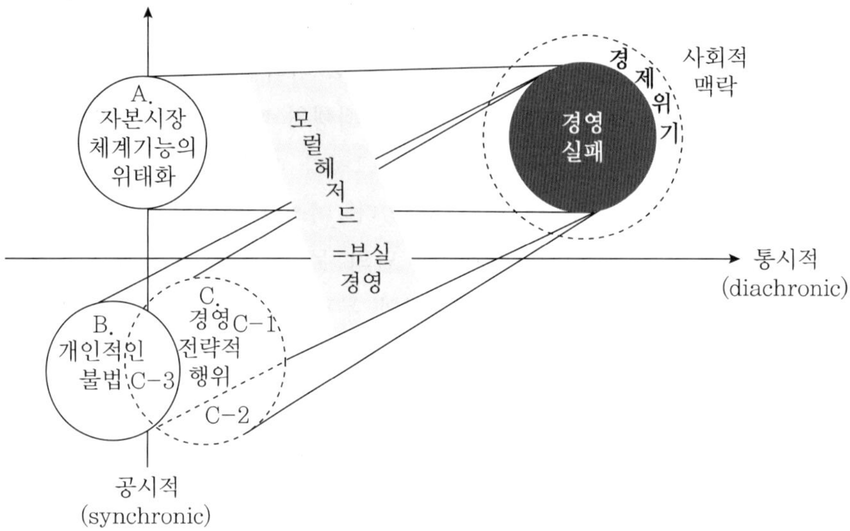

라는 식의 인과적 설정이 이루어진다. 경영진 개인의 범죄나 자본시장체계의 기능을 위태화 하는 일탈행위들은 이런 인과적 설정에서 모럴헤저드의 개념에 포괄되고, 따라서 사회적으로는 경영실패에 대해 책임을 져야 할 행위로서 자리매김 된다. 도표 1은 지금까지 설명한 통시적, 사회적 책임귀속의 모습을 보여준다.

2) 범죄와 통상적 경영행위의 뒤섞임 그런데 모럴헤저드는 그 의미요소가 매우 불분명한 규합(糾合)개념일 뿐이다. 그 안에는 경영진의 불법적인 행위뿐만 아니라 적어도 지금까지는 통상적인 경영행위의 하나로 인식된 행위(도표 1의 C-1)까지도 포함될 수 있다. 판례도 널리 행해져온 경영 전략적 행위를 경영실패의 결과에 대해 책임을 져야 할 모럴헤저드의 현상으로 파악하기도 한다. 통상적인 경영행위로서 모럴헤저드의 하나로 파악됨으로써 범죄로 낙인찍힌 대표적인 사례는 다음과 같다.[23]

23) 그 밖에 판례에서 문제된 경영행위의 예를 들면 은행의 경영진이 합리적인 여신심사와 채권회수조치를 실행하지 않은 상태에서 행한 부실대출행위(대판 2002.7.26, 2001도4947; 2002.7.22, 2002도1696; 2002.6.14, 2001다52407), 재벌기업의 회장으로서 사실상 회사내부의 실질적인 경영자가 같은 계열그룹의 다른 회사에 회사자금을 지원하거나 회사가 지급을 보증하도록 하는 행위(대판 1999.11.24, 99그66), 재벌기업의 경영진이 이사회의 결의를 통해 재무구조가 부실한 중소회사에 거액을 출자·인수하여 계열회사에 편입된 회사에 대한 은행의 채무에 관하여 지급보

— ⓞ 재벌그룹 모회사의 대표이사가 계열회사의 자금을 모회사에 대여·지원하도록 지시하는 행위,24)

— ⓟ 주식회사의 이사가 경영상의 판단에 따라 어음금의 지급능력이 없는 타인 발행의 약속어음에 회사 명의로 배서하여, 금융기관으로부터 자금을 융통하는 행위,25)

— ⓠ 전문경영인이 안정주주를 확보하여 경영권을 계속 유지하기 위해 종업원지주제도상의 경영발전위원회에 회사자금을 지원하여 종업원의 자사주 매입을 돕는 행위26)

이를테면 어음배서와 어음할인으로 자금을 융통하는 행위(사례 ⓟ)는 — BIS(Bank for International Settlements)의 자기자본비율이 300%나 넘는 대기업의 존재처럼 — 통상적인 경영의 하나로 승인되어 온 '부채경영'과 구조적으로 동일한 전략적 행위이다.

또한 종업원의 자사주 매입을 돕는 행위(사례 ⓠ)는 완전히 합법적이며 바람직한 '참여경영'의 현상인데도 경영권의 장악이라는 '심정윤리적으로 부정적인 동기' 때문에 범죄행위로 단죄되고 있다고 볼 수 있다.

[ESOP와 경영권방어] 우리사주제도(Employ Stock Ownership Plan)는 2002년 제정되고 2010년 전부개정된 근로복지기본법(제32조 내지 제49조)에 의해 합법화된다. 우리사주제도는 ① 근로자복지향상이 주된 목적이며, ② 근로자의 경영참여 촉진이 부수적 목적 그리고 ③ 경영권 방어역량의 강화를 반사적 효과로 갖는다. 그러므로 경영권방어역량의 강화를 주된 목적으로 삼는 우리사주제도, 이를테면 M&A를 위한 공개매수가 시작된 이후 현 경영진들이 우리사주발행을 결정했다든가, 그 구입자금이 오로지 회사에 의해 조달된 경우에는 배임죄가 성립할 수 있다. 이와는 달리 공개매수 이전에 우리사주발행이 시작되었고, 자금조달도 조합원 스스로27) 또는 회사의 담보제공에 의해 이루어진 경우에는 배임죄를 인정할 수 없는 경영판단이 된다.28)

(3) 윤리적 책임귀속 셋째, 이런 통시적이며 사회적인 책임귀속은 아울러 윤리적 책임귀속의 성격을 띤다. 모럴헤저드를 거점으로 한 책임의 귀속에서

증을 하는 행위(수원지법 2001.12.27, 98가합22553) 등을 들 수 있다.

24) 대판 2000.3.14, 99도4923; 대판 2006,11.10, 2004도5167; 대판 2009.7.23. 2007도541.

25) 대판 2000.5.26, 99도2781.

26) 대판 1999.6.25, 99도1141.

27) 이런 취지의 미국 판례로 Shamrock Holdings, Inc. v. Polaroid Corp. 559 A.2d 257, 269-270 [Del.Cj.1989] 참조.

28) 이에 관해 자세히는 이상돈·지유미·박혜림, *기업윤리와 법* (법문사, 2008), 64~72쪽 참조.

말하는 모럴, 즉 도덕의 개념은 근대법의 규범적 골격이 되는 도덕(Moral)이 아니라 고도의 윤리(Ethik), 그러니까 흔히 말하는 경영윤리를 가리키기 때문이다. 그러므로 경영실패의 책임귀속은 법의 윤리에 대한 중립성 요청[29]을 져버리고, 법을 윤리의 실천도구로 종속시키는 결과를 가져온다. 여기서 법의 윤리에 대한 종속 문제는 논의하지 않기로 한다. 그것은 법과 도덕의 어떤 관계가 합리적인가 하는 법이론적 근본문제이기 때문이다. 하지만 이 근본문제에 들어가지 않더라도 실천적으로 그런 책임귀속이 예측가능성과 같은 법의 '형식적 합리성'을 심각하게 파괴한다는 점을 간과할 수는 없다.

1) 적용가능한 법개념의 결핍 경영윤리에서 윤리개념은 종교적 또는 형이상학적 윤리처럼 사회문화적으로 전승된 것도 아니고, 또한 그런 윤리 개념만큼의 명확성도 갖고 있지 않다. 최근 선진경영의 핵심적 지표로서 말해지는 "윤리경영"(moral management)[30]의 개념에서 보듯, 경영윤리의 개념은 매우 이질적이고 다양한 요소를 담을 수 있다. 시장에서의 '공정한 경쟁'이나 '경영의 투명성'과 같이 경쟁적 시장구조를 구축하는 조건에서부터 사원복지나 소비자 만족을 지향한 경영처럼 기업의 사회적 책임을 강조하는 가치이념, 탈법적·불법적 경영전략의 배제, 회사지배구조의 민주화, 그리고 더 나아가 세계화에 따른 국제적 표준의 수용이나 인권의 존중 등에 이르기까지 그 의미의 스펙트럼은 매우 광활하다. 그러니까 경영행위의 윤리성을 판단하는 척도는 적어도 아직 법적용이 가능할 수 있으리만큼 세밀하게 개념화되어 있지 못하다고 할 수 있다.

2) 범죄와 경영전략적 행위의 구별 어려움 또한 그처럼 경영행위에 대해 말해지는 모럴헤저드가 아직 '법적용이 가능한 개념'(rechtsanwendungsfähiger Begriff)이 되지 못하고 있다는 점은 범죄로 승인된 경영 전략적 행위(도표 1의 C-1)와 그렇지 않은 행위(도표 1의 C-2) 사이를 차별화할 수 있는 의미요소가 분명하지 않다는 점에서도 확인된다.[31] 이 점은 범죄화된 행위와 모럴헤저드의

29) 이에 관해 이상돈, *로스쿨을 위한 법학입문* (법문사, 2009), 179쪽 참조.

30) 이에 관한 개괄적 이해로는 이상민·최인철, *재인식되는 기업의 사회적 책임* (삼성경제연구소 연구보고서, 2002)과 *윤리경영의 선진사례와 도입방안* (삼성경제연구소, CEO Information, 2002), 제351호 참조.

31) 이 두 가지 행위는 경영윤리학적으로는 모두 탈윤리적 경영에 속한다. 경영윤리학은 경영을 <비윤리적 경영(unmoral management) → 탈윤리적 경영(amoral management) → 윤리적 경영>으로 구분하는데, 이때 비윤리적이란 불법과 탈법을 무릅쓰는 경영을 가리키고, 탈윤리적이란 법은 지키되 사회윤리적 기대는 전혀 고려하지 않는 경영을 가리킨다. 이런 구분은 법과 윤

측면에서는 차이가 거의 없는데도 합법적인 경영전략적 행위로 승인되는 다음 사례들을 범죄화된 사례들과 비교하면 더욱 분명해진다.

㈎ 개인의 이익을 도모하는 모럴헤저드의 합법적 행위 경영진 개인의 이익을 도모하는 모럴헤저드의 경영행위이긴 하지만 범죄로 인정되지 않은 사례로 다음을 들 수 있다.

— ⓡ-1 회사의 대주주이자 대표이사가 전문경영인인 이사에게 경영성과의 공로로 주식을 양도하는 행위[32]
— ⓡ-2 회사의 대표이사가 회사를 위하여 보관하고 있는 회사 소유의 금전으로 자신의 회사에 대한 채권의 변제에 충당하는 행위[33]
— ⓡ-3 금융기관의 임원이 조금만 주의를 기울였다면 법령이나 정관에 위반한 대출이라는 점을 알 수 있었음에도 그런 주의를 현저히 게을리 하여 그 사실을 알지 못하고 대출해 주는 행위[34]
— ⓡ-4 회사의 대표이사가 주주총회의 동의 없이 회사와 동종영업을 목적으로 하는 다른 회사를 설립하고 그 회사의 대표이사가 되어 공장부지 매수 등의 영업개시를 준비하는 행위[35]
— ⓡ-5 사실상 1인주주회사인 회사의 대표이사가 자신의 개인채무를 회사로 하여금 인수하도록 하는 행위[36]

㈏ 회사의 이익을 도모하는 모럴헤저드의 합법적 행위 회사의 이익을 도모하는 모럴헤저드의 경영행위이긴 하지만 범죄로 인정되지 않은 대표적인 사례로 다음을 들 수 있다.

리를 구별하지 못하는 전제 위에 서있다. 양자를 구분한다면 비윤리적 경영이란 불법적·탈법적 경영을, 탈윤리적이란 일상언어로는 (불법적이지 않지만) 비윤리적 경영을 가리킨다. 그러면 위 발전단계는 <불법적·탈법적 경영 → 비윤리적 경영 → 윤리적 경영>으로 재해석된다. 그런데 어떤 비윤리적 경영은 범죄화 하고 또 다른 비윤리적 경영은 법적으로 통제하지 않는다면, '비윤리적 경영'은 앞의 경우에만 '적극적으로 사회적으로 기대되는 윤리적 행동의 준칙을 위반한 경영'의 의미로 계속 사용하고, 뒤의 경우에는 '비윤리적인지 윤리적인지 자체의 판단을 유보하는 회색경계지대에 놓인 행위'를 가리키는 말로 이해할 필요가 있다. '탈윤리적'(amoral)이라는 표현은 바로 그런 회색경계지대의 행위를 표현하는데 더 적합하다. 물론 비윤리적(unmoral)을 反윤리적이라고 표현한다면, 탈윤리적(amoral)은 비(非)윤리적이라고 표현할 수 있다. 우리의 언어관용은 어쩌면 이 표현에 더 친숙한지 모르겠다. 다만 기업경영과 관련하여 반윤리적이라는 표현이 다소 강한 어감이 있다는 점에서 <비윤리적-탈윤리적>이라는 용어의 짝을 그대로 사용하는 것이 현재로서는 더 적절하다.

32) 대판 1995.9.15, 95누4353.
33) 대판 1999.2.23, 98도2296; 2002.7.26, 2001도5459; 1996.8.23, 96도1525; 1995.3.14, 95도59.
34) 대판 2002.6.14, 2001다52407.
35) 대판 1993.4.9, 92다53583.
36) 대판 2002.7.12, 2002다20544; 1989.1.31, 87누760.

— ⓡ-6 회사의 경영자가 회사 명의로 정치자금에 관한 법률(이하 정치자금법)에 위반하지 않는 정치자금을 정치인에게 기부하는 행위,[37]
— ⓡ-7 회사의 경영자가 비자금(秘資金)을 조성하는 행위[38]

이를테면 법적인 개념으로 불법이득(영득)의사가 없어 범죄가 되지 않을 뿐이지만 비자금조성(사례 ⓡ-7)처럼 윤리경영의 관점에서 보면 매우 부정적인 행위가 — 적어도 탈윤리적 경영의 패러다임에서는 — 경영의 통상적인 현실인 부채경영이나 경영권장악의 동기와 다른 평가를 받아야 할 이유가 분명하지 않다. 또한 정치자금의 기부와 같은 경영행위(사례 ⓠ-6)는 부채경영과 마찬가지로 경영현실에 구조화되어 있는 모럴헤저드임에도 불구하고, 그 행위 뒤에 경영실패의 결과가 발생할 경우 그에 대한 책임귀속에서 왜 부채경영과 다른 평가를 받아야 하는지[39]도 분명하지 않다. 물론 여기서 경영 전략적 행위가 기존의 형법이 정해놓은 범죄에 해당할 때(도표 1의 C-3)에 그 행위가 형사처벌된다는 점에는 아무런 변화도 있을 수 없음을 간과해서는 안 된다.

Ⅲ. 경영실패책임을 구성하는 이론들

만일 경제위기에 치달을 수도 있는 경영실패의 대량적 발생을 막기 위해 실패로 끝난 경영행위를 형벌로 통제할 필요가 있다고 한다면, 경영실패행위를 어떤 법 기술적 장치에 의해 범죄로 구성하는 것이 적절할까? 바꿔 말해 형법학은 어떤 법적 기술을 경영실패를 범죄화 하는 도구로 제공할 수 있을까?

---

37) "회사의 대표이사가 보관 중인 회사 재산을 처분하여 그 대금을 정치자금으로 기부한 경우 그것이 회사의 이익을 도모할 목적으로 합리적인 범위 내에서 이루어졌다면 그 이사에게 횡령죄에 있어서 요구되는 불법영득의 의사가 있다고 할 수 없을 것이나, 그것이 회사의 이익을 도모할 목적보다는 후보자 개인의 이익을 도모할 목적이나 기타 다른 목적으로 행하여졌다면 그 이사는 회사에 대하여 횡령죄의 죄책을 면하지 못한다"(대판 2005.5.26. 2003도5519).

38) 대판 2006.8.24, 2006도3039; 대판 1989.10.10, 87도966은 경영진이 회사의 사업집행을 위해 비자금을 조성하는 행위 자체는 상법상의 특별배임에 해당하지 않는다고 본다. 또한 대판 1999.9.17, 99도2889는 비자금을 회사 장부상 일반자금 속에 은닉한 것은 회사 이외의 제3자가 이를 발견하기 곤란하게 하기 위한 장부상의 분식(粉飾)에 불과하여 불법영득의사를 인정할 수 없다고 한다.

39) 판례의 입장과는 달리 *경제범죄론* (사법연수원, 2002), 245쪽은 정치자금을 제공함으로써 회사의 사업계획의 수행을 어렵게 하는 등의 경우에는 정치자금을 제공하는 행위가 상법상의 특별배임죄를 구성한다고 본다. 또한 같은 책, 255쪽에 따르면 비자금의 용도가 구체적으로 밝혀지지 않거나, 회사규모·경영실적 등에 비추어 비합리적으로 비자금을 지출한 경우에도 상법상의 특별배임죄를 구성한다고 한다.

1. 형법의 변화 필요성

이 물음에 답하려면 먼저 그런 법기술적 장치가 전통적인 형법체계에는 완비되어 있지 않음을 지적할 필요가 있다. 즉, 앞에서 본 바와 같이 현행 법상태처럼 경영진의 개인적인 범죄행위를 처벌하고, 자본시장과 같은 사회적 하부체계의 기능을 위태화 하는 행위까지 처벌하더라도 경영상의 모든 모럴헤저드를 제거하고, 경영실패나 경제위기를 예방하는데 충분하지 않다는 것이다.

(1) **핵심형법의 한계** 물론 형법전은 경영상의 모럴헤저드 가운데 핵심을 통제하는 기능이 있다. 형법전의 법규범으로 제도화되어 있는 '횡령하지 말라', '배임하지 말라', '사기하지 말라' 등의 규범은 원래 법규범 이전에 자본주의체제에서는 시장참여자들이 지켜야 하는 모럴의 핵심을 이루는 것이기 때문이다.[40] 그렇기에 그런 모럴을 법규범화한 형법전을 두고 핵심형법[41]이라고 부르는 것이다. 따라서 경영진의 전략적 행위가 자신을 위한 것이든, 회사를 위한 것이든 그런 핵심도덕을 위반하면, 그 경영진은 가장 중대한 모럴헤저드에 빠져 있는 것이고, 그에게 형법전상의 책임을 묻는 것은 모럴헤저드를 예방하는 효과(형벌의 일반예방적 효과)를 가져오기도 한다. 그런데 왜 핵심형법의 적용만으로는 경영상의 모럴헤저드를 충분히 통제할 수 없는 것일까? 그것은 근본적으로 형법전의 단편적 성격(fragmentarischer Charakter)[42]에서 비롯된다. 핵심형법, 즉 현행 형법전은 원래 삶의 세계에서 일어나는 모든 일탈행위를 융단폭격 식으로 빠짐없이 통제하는 것이 아니라, 중요한 부분(생활세계의 斷片)에 대해서만 검침식으로 통제한다. 이는 물론 시민사회의 자유를 극대화하기 위한 기획에서 비롯된다. 여기서 경영상의 모럴헤저드에 대한 통제로서 형법이 갖는 태생적 한계가 분명해진다. 형법은 시장참여자들의 모럴헤저드 현상 가운데 중요한 단편만을 통제할 뿐이다. 만일 형법이 경영실패에 이르는 모럴헤저드를 남김없이 통제하려고 한다면, 형법은 그의 정체성을 잃어버리게 된다. 여기서

---

40) 근대법은 실천이성, 도덕의 제도화라고 해석하는 이상돈·홍성수, *법사회학: M.Weber, J.Habermas, N.Luhmann의 사회학이론과 법패러다임* (박영사, 2000), 11쪽 아래 참조.

41) 현대형법을 핵심형법(Kernstrafrecht)으로 축소할 것을 주장하는 Hassemer, "Kennzeichen und Krisen des modernen Strafrechts", *ZRP*(1992), 378쪽 아래 또는 배종대·이상돈 편역, *형법정책* (홍문사, 1998), 208쪽 참조.

42) 형법의 단편적 성격에 대해서는 Maiwald, "Zum fragmentarischen Charakter des Strafrechts", *Festschrift für Reinhart Maurach* (1972), 9쪽 아래 참조.

경영실패를 형법적으로 통제하려는 기획을 포기하든가 아니면 형법의 도덕적 구조를 변화시키든가 하는 양자택일적 상황이 등장한다.

(2) **기능화된 형법의 한계** 물론 현대사회에서 형법은 그런 단편적 성격을 벗어던지고, 부수형법의 제정을 통해 양적으로 팽창하고 또한 질적으로 변화하고 있다. 즉, 현대형법은 다양한 사회적 하부 체계의 기능을 위태화 하는 행위를 범죄화 하고 있다. 경영실패의 위험을 막는 기능을 수행하는 부수형법들도 이미 많이 마련되어 있다. 이를테면 자본시장체계의 기능을 위태화 하는 행위도 다양한 법률들(예: 외부감사법, 자본시장법, 공정거래법, 여신금융전문업법 등)에 의해 범죄로 처벌되고 있다. 이런 형법들은 '체계기능의 보호'라는 목적에 맞추어 형법의 전통적인 구성원리도 변화시켜 나가고 있다[43]는 점에서 '기능화된 형법'[44]이라 부를 수 있고, 그 기능이 각종 체계의 위험을 예방하는데 있다는 점에서 '위험형법'이라고 부를 수도 있다.[45] 이 기능적인 위험형법은 경영상의 모럴헤저드 가운데 중요한 부분을 제거하는 기능을 수행한다. 예컨대 비밀스런 경영이나 불공정한 경영 전략적 행위 또는 소비자권리를 침해하는 경영상의 모럴헤저드를 진압한다. 하지만 이런 현대형법으로도, 경영실패로 인한 경제위기의 초래를 사전에 방지할 만큼, 경영행위의 다양한 모럴헤저드를 남김없이 통제하고, 경영실패를 효과적으로 제어할 수는 없다. 1997년말의 경제위기와 IMF-체제의 등장은 이 점을 역사적으로 증명해준다.

이처럼 모럴헤저드의 경영을 통제하는 장치로서 기능화 된 현대형법이 불충분한 근본적인 이유는 첫째로, 그런 형법으로는 '체계간의 합리적인 기능적 통합'을 달성할 수 없다는 데에 있다. 이를테면 정경유착 현상처럼 두 체계, 정치체계와 경제체계가 서로 자율성을 침해하고 각자의 기능적 효율성마저 스스로 갉아먹는 '체계간의 왜곡'은 어느 한 체계의 기능을 위태화 하는 행위를 처벌한다고 해서 바로 잡혀지지 않는다. 예컨대 정치자금법에 의한 처벌이나 부실공시행위에 대한 처벌만으로는 정경유착의 경영을 충분히 바로 잡을 수 없

43) 이에 관해서 형법의 과제가 법익보호에서 위험예방으로 변질되고 있음을 비판한 이상돈, *형법의 근대성과 대화이론* (홍문사, 1994), 47~51쪽 참조.

44) 형법의 기능화(Funktionalisierung des Strafrechts)를 비판적으로 분석한 Hassemer, Rechtsphilosophie, Rechtswissenschaft, Rechtspolitik – am Beispiel des Strafrechts, ARSP, Beiheft 44, 1991, 130쪽 아래; 배종대 · 이상돈 편역, *형법정책* (홍문사, 1998), 154쪽 참조.

45) 실패한 경영행위에 형법이 투입되었을 때 형법의 도구화 위험을 경고한 Hans Lilie (이석배 역), "위험사회와 형법", *비교형사법연구* (제5권 제2호, 2003), 87쪽 참조.

다. 둘째, 체계의 기능을 위태화 하는 행위를 범죄화 하는 것은 그 체계가 부실경영의 위험을 구조화하고 있는 경우에도 맹목적으로 그 체계의 기능을 보호하는 데 이바지하는 한계가 있다는 점이다. 예컨대 어음결제와 어음할인으로 경영자금을 융통하는 현실은 결코 어음결제체계의 기능을 위태화 하는 행위를 처벌하는 것으로는 개선되지 않는다. 다시 말해 '체계 내에 구조화된 경영위험'은 체계의 기능을 위태화 하는 행위를 처벌해도 그대로 남아 있는 것이다.

2. 형법의 패러다임변화

(1) 배임죄의 리모델링 필요성 그러므로 실패한 경영행위를 범죄화 하는 기획을 계속 추진하려면, 남은 방법은 경영실패라는 새로운 포괄구성요건을 만드는 방법 밖에 없다. 하지만 이미 말한 것처럼 그런 입법은 '명확성원칙'에 위반하여 위헌적일 수밖에 없다. 왜냐하면 실패에 이르고만 경영행위의 불법유형은 경영상의 모럴헤저드를 핵심요소로 삼고 있되, 앞서 살핀 바와 같이 모럴헤저드는 법적 개념이 되기 어려운, 지극히 사회학적이며 윤리적인 개념이기 때문이다. 여기서 대법원이 실패한 경영행위를 범죄화 하는 방안으로 기존의 형법, 특히 재산범죄 가운데 가장 보충적으로 적용되는 배임죄규정을 마치 포괄구성요건처럼 운영하게 된 배경을 이해할 수 있다.[46] 현재 대법원은 개인적인 귀속이 가능한 결과에 대해서만 책임을 묻는 범죄의 유형이었던 배임죄를 비윤리적 경영행위를 범죄화 하는 구성요건으로 리모델링하고 있다. 앞서 예를 든 대법원 판례들(사례 ⓞ~ⓡ)은 그런 리모델링의 결과이다.

> [형법의 업무상 배임죄와 상법의 특별배임죄] 배임죄로는 형법의 업무상 배임죄(형법 제356조)와 부수형법인 상법상의 특별배임죄(상법 제622조 제1항)가 있다. 이들은 불법유형과 법률텍스트가 똑같다. 다만 특별배임죄는 그 행위주체를 업무집행사원, 이사, 감사 등에 국한하고, 행위객체를 회사의 재산으로 특수화하고 있을 뿐이다. 그러므로 특별배임죄는 업무상 배임죄와 법조경합관계(특별관계)에 놓인다. 하지만 형사실무는 경영진의 배임적 경영행위를 처벌할 때 특별배임죄를 적용하기보다는 주로 업무상배임죄를 적용한다. 이는 상법상 회사대표로서 적법한 권한이 없거나 소멸해버린 경영진[47]에게 형사책임을 묻기 위한 것이기도 하

46) 배임죄의 추상적인 구성요건으로 포괄하기 어려운 배임혐의를 받는 경영행위의 유형이 다양함으로 비판적으로 보여준 이종상, *회사와 관련된 배임죄 적용상 문제점에 대한 연구* (서울대학교 박사학위논문, 2010.2.), 198~203쪽.

47) 특별배임죄를 "상법상 회사의 적법한 이사나 대표이사의 지위에 있는 자"에 국한하여 적용하는

지만, 배임으로 취득한 이득액이 5억원이상인 때에는 업무상 배임죄의 특칙(특별형법)인 특정경제범죄 가중처벌 등에 관한 법률 제3조 제1항을 적용하여 가중 처벌할 수 있기 때문인 듯하다.

비윤리적인 경영 전략적 행위에 배임죄를 적용하기 위해서 배임죄의 불법유형을 리모델링해야 하는 이유는 근본적으로는 그런 경영 전략적 행위의 속성에 있다. 비윤리적인 경영 전략적 행위는 기업에게는 하나의 '리스크'이며, 큰 성공과 큰 실패의 가능성을 동시에 안는 '위험거래'이다. 이 위험거래의 특징은 그 거래를 감행하는 경영자가 행위시점에서 제거할 수 없는 커다란 불확실성에 처한다는 점에 있다.[48] 예컨대 (특히 대기업집단의) 경영자는 자신이 경영실패에 대한 법적 책임을 지는 주체인지도 확신이 안서며, 자신의 경영 전략적 행위가 재산권자인 회사에 대한 신임관계를 파괴하는 것(임무위배)인지도 판단하기가 쉽지 않다. 또한 경영 전략적 행위로 인해 손해가 발생할지 이익이 발생할지를 내다보기도 어렵고, 또한 손해가 나더라도 그것이 어떤 경영 전략적 행위로부터 인과적으로 비롯됐는지도 불분명하다. 아울러 경영자는 위험거래의 경영을 감행할 때에도 회사를 위한다는 의식을 갖기 쉽고, 또한 많은 경영 전략적 행위들이 비윤리적일 수는 있어도 현행법상 불법이 아니어서, 경영자에게 배임죄고의를 인정하기도 매우 어렵다.

(2) **배임죄의 포괄구성요건화** 이런 경영행위의 특성을 마모시키고 실패한 경영 전략적 행위에 업무상 배임죄를 적용하기 위해서는 그 구성요건을 구조적으로 변형해야만 한다. 그러한 변형 가운데 대표적인 몇 가지를 분석해보기로 한다.

1) 내부적 배반에서 외부적 영향으로 첫째, 비윤리적 경영의 실질적인 주체는 명예회장 등 법 형식에서는 공식적인 경영진이 아닌 경우가 많다. 여기서 실질적 주체란 예를 들어 계열회사 전반의 경영과 자금에 관한 주요정책을 수립하고 그 집행을 계열회사의 이사들에게 지시하거나 또는 부실경영으로 모기업이 자금난에 처하면 계열회사의 대표이사들에게 지시하여 (때때로 이사회 결

대판 1998.2.10, 96도2287; 1986.9.9, 85도218; 1978.11.28, 78도1297; 1978.5.9, 77도3751 참조; 1998년 상법 개정을 통해 법적으로 이사의 지위를 갖지 않으면서도 회사의 업무를 직접 수행하거나 회사의 경영진에 대하여 업무를 지시하는 자, 즉 "업무집행지시자 등"에게 회사의 손해에 대한 민사상 손해배상책임을 귀속시키면서도 특별배임의 행위주체에는 포함시키지 않은 것(상법 제401조의2 제1항 및 회사정리법 제221조 제4항 참조)도 이를 뒷받침한다.

48) 대표적으로 Hillenkamp, "Risikogeschäft und Untreue", *NStZ* (1981), 163쪽.

의도 거치지 않은 채) 계열회사의 자금을 그 모기업에 대여·지원하게 하고, 또한 채권회수조치도 취하지 않게 하는[49] 등의 경영행위를 하는 재벌그룹의 회장을 들 수 있다. 이런 실질적 주체를 처벌하지 않으면 경영실패에 대한 형사책임의 추궁은 중심에서 비껴난 것[50]이 된다. 이를 피하기 위해 배임죄의 주체가 되는 근거로서 회사와의 신임관계를 '신의칙에 의한 신임관계'[51]에서 찾고, 비윤리적 경영에 관여한 '사실상의 경영진'[52](예: 배후이사, 무권대행자, 명예회장 등의 표현이사 등)[53]에게도 그런 신임관계를 인정함으로써[54] 그들에게도 배임죄를 적용할 수 있게 한다.

하지만 이러한 '사실상의 신임관계' 이론은 불법과 합법의 영역을 명확하게 확정해 주지 못한다는 점에서 형법의 형식적 합리성, 즉 예측가능성을 심각하게 훼손시킨다.[55] 뿐만 아니라 사실상 경영진의 비윤리적 경영행위는 배임죄의 불법유형을 (주주총회의 결의로 선임된 이사와 회사 사이의) 내부적 신뢰관계를 저버리는 것(임무위배행위)[56]으로부터 그 신뢰관계를 외부로부터 파괴하는 행위로 변질시켜 버린다. 다시 말해 사실상 이사의 경영행위는 회사와의 신임관계를 파괴하는 것이 아니라 회사의 이사를 "바지저고리 사장"으로 만드는 외부적 작용인 것이다. 이러한 불법유형의 변질은 이를테면 재벌그룹을 구성하는 계열회사간의 상호출자를 통해 계열회사를 실질적으로 장악하고 있는 모기업의 대주주 또는 지배주주에게 비윤리적 경영에 대한 형사책임을 물음으로써 궁극적으

49) 대판 2000.3.14, 99도4923의 사례 참조.

50) 바꿔 말해 이는 "형사정책적으로 불만족스러운 결과"(Bruns, "Zur strafrechtlichen Relevanz des gesetzesumgehenden Täterverhaltens", *GA* [1986], 12쪽)이다.

51) 대판 1986.8.19, 85도2144; 이는 우리나라 학계의 지배적인 견해이기도 하다.

52) 독일연방대법원(BGHSt 3, 32; 6, 314; 21, 101; 31, 118쪽 참조)도 "사실상의 기관"(faktisches Organ) 개념을 사용하여 형식적인 절차에 의해 임명되거나 또는 법인등기부에 등기되어 있지 않은 자가 유한회사 사원의 동의를 받아 업무집행사원의 지위를 사실상 행사하는 경우에 그 사람은 사실상의 기관으로서 업무집행사원과 동일한 형사책임을 부담해야 한다고 본다; Bruns, "Grundproleme der strafrechtlichen Organ- und Vertreterhaftung", *GA* (1982), 21쪽 아래; *LK-Schünemann*, §14 Rn.68ff., §266 Rn.67 참조.

53) 배후이사(shadow director)는 회사에 대한 자신의 영향력을 이용하여 이사에게 업무집행을 지시하는 자, 무권대행자는 이사의 이름으로 직접 회사의 업무를 집행하는 자, 표현이사는 이사가 아니면서 명예회장, 회장, 사장, 부사장, 전무, 상무, 이사처럼 업무집행권이 있는 것으로 인정될 만한 명칭을 사용하여 회사업무를 집행하는 자를 가리킨다.

54) 김일수, *한국형법 III* (박영사, 1997), 774쪽; 안경옥, "'사실상의 신임관계'에 기초한 배임죄 처벌의 한계", 형사판례연구 (제9권, 2001), 298쪽; *경제범죄론* (사법연수원, 2002), 228쪽 아래.

55) 같은 생각으로 *LK-Tiedemann*, §283 방주 69; Löffeler, "Strafrechtliche Konsenquenzen faktischer Geschäftsführung", *wistra* (1989), 121쪽 아래.

56) 이런 관점으로 Nelles, *Untreue zum Nachteil von Gesellschaften* (1991), 483쪽 아래, 550쪽 아래 참조.

로 회사의 소수주주와 채권자를 보호함과 아울러, 회사의 사회적 책임을 강화하는 윤리적 목적을 추구한다. 이렇게 되면 회사의 재산을 보호하는 형법규범인 배임죄는 민사법질서를 보호하는 범죄로 변질되고 만다.[57)]

2) 경영합리성으로서 손해 실패로 끝난 비윤리적 경영행위를 업무상 배임죄로 처벌하는데 또 하나의 장벽은 손해발생의 요건이다. 비윤리적인 경영 전략적 행위가 인과적으로 손해를 발생시켰는지를 밝히는 것은 대부분의 경영실패에서 불가능하다. 그렇기 때문에 판례는 배임죄의 요건으로서 손해발생 개념을 법률적 관점이 아닌 경제적 관점에서 '실해발생의 위험을 초래'한 경우까지로 확장한다.[58)] 그리고 그런 위험의 예로 "채권회수가 곤란해질 위험",[59)] "대가 지급의 약정",[60)] "일정한 용도에 사용될 예정인 자금의 감소",[61)] 그리고 심지어 "유동성의 장애"[62)]까지 인정하고 있다.

> [손해로서 유동성 장애] 신용협동조합의 이사장이 자신의 부동산을 동 조합에 매도하면서 받을 대금의 일부를 동 조합에 대한 자신의 전세금반환채무와 대출금채무로 상계하고, 나머지는 동 조합 소유의 부동산을 자신에게 인도받는 것으로 하였다. 판례는 이 거래로써 조합에 실제손해가 발생하지는 않았지만 "조합의 자금을 그 본래의 목적인 금융 업무에 사용할 수 없게 되는 유동성의 장애"를 이유로 손해를 인정하였다.

(가) 비윤리성으로서 손해 이렇게 되면 손해 개념은 (회사의 자산운영의) 경제적 합리성, 곧 경영행위의 합리성과 같은 개념이 되고 만다.[63)] 여기서 경영행

---

57) 신동운 교수("회사의 대표기관 등에 대한 형사책임과 배임죄", *상사판례연구* [제1권, 1996], 520쪽 아래)는 이런 위험한 이론구성을 넘어서서 아예 상법상 특별배임의 관할영역을 회사의 재산에서 "회사와 거래한 타인의 재산"을 보호하는, 그러니까 공정한 거래질서를 보호하는 범죄로 개정해야 한다는 입법론을 제시한다.

58) 대표적으로 대판 2002.6.28, 2000도 3716; 2000.12.8, 99도3338; 2000.3.14, 99도4923(이에 상응하는 독일판례로 BGHSt 21, 113쪽 참조); 학설로서 '재산가치의 감소를 의미하는 손해발생의 위험'(박상기, *형법각론* [박영사, 2005], 405쪽; 배종대, *형법각론* [홍문사, 2003], §80-23; 이재상, *형법각론* [박영사, 2004], §21-22)이나 "손해와 동등한 위험"(안경옥, "배임죄에 있어서 실해발생의 위험", *비교형사법연구* [제2권 제1호, 2000], 217쪽)도 같은 취지이다; 이에 반해 손해는 실제로 발생한 손해만을 의미한다고 보고 견해로 김일수·서보학, *형법각론* (박영사, 2004), 487쪽 참조.

59) 대판 2002.6.28, 2000도3716; 대판 2002.6.28, 2000도3716.

60) 대판 2002.7.22, 2002도1696.

61) 대판 2001.11.30, 99도4587.

62) 대판 2001.11.13, 2001도3531.

63) 이런 손해개념은 독일의 인격적 재산개념과 유사하다. 인격적 재산개념을 주장한 Otto, *Grundkurs Strafrecht. Die einzelnen Delikte(BT)*, 5.Auflage, 1998, §51 Ⅲ 4. 참조.

위의 합리성은 경영자에게 — 예컨대 신용협동조합 이사장 — 사회적으로 기대되는 윤리적 경영을 뜻하는 것이기도 하다. 그러므로 이런 손해 개념의 변화는 단지 배임미수죄 규정의 의미를 약화시킨다[64]는 체계내적 문제를 가져오는 것에 그치지 않는다. 그런 변화는 배임죄규정을 "신용협동조직의 건전"성(신용협동조합법 제1조) 또는 신용협동조합의 사회적 기능을 보호하는 위험형법으로 변화시키는 것을 넘어서, 비윤리적인 경영행위 자체를 범죄화 하는 포괄구성요건과 유사한 규정으로 변화시킨다. 사실 경영행위는 그 속성상 비록 합리적인 행위일지라도 언제나 손해가 발생할 수 있는 위험을 수반한다. 그렇기 때문에 실패한 경영행위의 범죄화여부는 결국 그 경영행위에 대한 모종의 윤리적 평가에 좌우되기 쉽다.

(나) 소극적 손해 또한 이런 손해개념은 소극적 손해개념을 취하기 쉽다. 예컨대 삼성에버랜드 전환 사채 발행사건에서 판례는 "비등록·비상장 법인의 대표이사가 시세차익을 얻을 의도로 주식 시가보다 현저히 낮은 금액을 전환가격으로 한 전환사채를 발행하고 제3자의 이름을 빌려 이를 인수한 후 전환권을 행사하여 인수한 주식 중 일부를 직원들에게 전환가격 상당에 배분한 경우, 전환사채의 발행·인수로써 주식 시가와 전환가격의 차액 상당의 재산상의 이익을 취득하고 법인에게 손해를 가한 업무상배임죄가 성립"[65]한다고 보았다. 그러나 소극적 손해 개념은 합리적 경영행위에 수반되는 통상적인 위험, 특히 하나의 경영판단과 결정이 긍정과 부정의 양면적 효과를 갖고 있을 때 재량적으로 어느 하나를 선택하는 경우에도 모두 회사에 대한 손해를 인정하게 되는 문제점이 있다.[66]

3) 윤리적 의무의 귀속으로서 고의귀속 셋째, 배임죄의 포괄구성요건화는 배임죄고의의 귀속에서도 발견된다. 배임죄가 성립하려면 경영진은 자신이 타인의 사무처리자이고, 비윤리적인 경영행위가 회사와의 신임관계를 저버린다는 점(=임무위반고의) 그리고 그로 인해 회사에 손해가 발생하고(=손해고의) 자신이

64) 손해배상의 위험만으로 기수가 될 경우 배임죄의 미수규정이 무의미해진다는 견해로 조국, "기업범죄 통제에 있어서 형법의 역할과 한계- 업무상 배임죄 배제론에 대한 응답", *한국형사법학회 2007년 하계학술대회자료집* (2007), 8쪽 참조.

65) 대판 2001.9.28, 2001도3191.

66) 이 판례의 손해개념에 대한 비판으로 이종상, *회사와 관련된 배임죄 적용상 문제점에 대한 연구* (서울대학교 대학원 박사학위 논문, 2010), 286~290쪽. 이러한 소극적 손해개념을 부정하자는 견해로, 정기화, "에버랜드 판결의 법 경제학적 분석" (*2006 경제학 공동학술대회 자료집*, 2006), 6~7쪽; 이철송, "자본거래와 임원의 형사책임", *인권과 정의 통권* (제259호, 2006), 115쪽.

나 제3자가 이익을 (불법하게) 취득한다는 사실(=불법이득의사)에 대한 인식과 의욕을 갖고 있어야 한다. 배임죄고의의 세 구성부분 가운데, 먼저 손해고의는 손해개념이 비합리적 또는 비윤리적 경영 개념에 수렴됨으로써 경영자가 경영 행위를 할 때 그 행위의 비합리성이나 비윤리성을 인식했다면 자동적으로 인정할 수 있게 된다.

(가) 인식의무의 부과 그러나 임무위반고의를 인정하려면 경영자에게 (불법에 해당하지 않는) 비윤리적 경영을 하지 않을 법적 의무가 있다는 점을 경영자가 인식하고 있어야 한다. 물론 판례[67]에 의하면 배임행위의 내용인 가해행위에 대한 의사는 고의의 성립에 필요하지 않다고 본다. 하지만 적어도 탈윤리적 경영의 시대가 지나고 완전한 윤리경영의 시대가 오기 전까지는 우리의 경영현실에서 볼 때 경영진이 그런 의무의 인식을 갖고 있는 경우는 거의 찾기 힘들 것이다. 그렇기 때문에 지금의 경영현실에서도 경영자에게 배임죄고의를 인정하려면 경영자에게 또 다른 의무, 즉 자신의 경영 전략적 행위가 회사와의 관계에서 신임을 져버리는 비윤리적 행위라는 점을 '인식해야 할 의무'가 부과되어야만 한다.[68] 그러나 그렇게 되면 배임죄고의의 귀속은 행위자의 내면의식에 대한 평가가 아니라 윤리적 의무에 대한 인식'의무의 부과'로 변질되고 만다.[69]

(나) 불법이득의사와 비윤리적 이득의사 또한 이론적으로만 보면 불법이득의사는 경영자가 자신의 경영 전략적 행위가 본인, 즉 회사를 위한 것이라고 인식했다면 인정될 수가 없다. 비윤리적 경영행위의 많은 경우가 그러하다. 하지만 회사의 이익실현은 결국에는 경영자의 이익으로 돌아가므로 '자기(또는 제3자)의 이득'이라는 요소가 있다는 이유로 불법이득의사를 인정할 여지가 있다. 여기서 판례[70]가 경영자에게 회사를 위한다는 의사가 있었어도 경영자 자신 또는 제3자의 이익을 위하는 의사가 더 주된 것이었는지를 평가하여 불법이득의사

---

67) 대판 2000.5.26, 99도2781; 1989.8.8, 89도25; 1983.12.13, 83도2330 참조.

68) 기업에게 비난 가능한 행위를 할 경우 배임죄를 적용할 수 있게 하는 것은 이윤창출이라는 목적 이외 윤리의무라는 또 하나의 의무를 부과하는 것으로 보는 견해로 이종상, *회사와 관련된 배임죄 적용상 문제점에 대한 연구* (서울대학교 대학원 박사학위 논문, 2010), 259쪽.

69) 고의의 귀속이 의무귀속으로 되어버린 현실에 대한 분석과 비판으로 이상돈, *형법학: 형법이론과 형법정책* (홍문사, 1999), [11]단락 참조.

70) 대표적으로 대판 2002.6.28, 2000도3716; 2000.12.8, 99도3338; 2000.4.11, 99도334("피고인이 본인의 이익을 위한다는 의사도 가지고 있었다 하더라도 위와 같은 간접사실에 의하여 본인의 이익을 위한다는 의사는 부수적일 뿐이고 이득 또는 가해의 의사가 주된 것임이 판명되면 배임죄의 고의가 있었다고 할 것이다").

를 인정하는 태도를 이해할 수 있다. 판례는 말하자면 배임죄고의의 '비교형량적 귀속정책'을 펼치고 있는 것이다. 이 정책은 법적 고의 개념을 사회윤리적 고의개념으로 변질시키기도 한다. 이런 변질은 죄형법정주의에 위반된다고 비판받기도 한다.[71]

> [주식파킹사건] 판례는 A회사의 대표가 페이퍼컴퍼니를 이용하여 B종합금융회사의 경영권을 인수하고 이사회 의장으로 취임한 후, B종금사의 대외적인 신용도를 높일 목적으로 거액의 주식매매차익을 달성한 것처럼 보이고 BIS-비율을 낮추기 위해, B종금사가 보유한 다른 회사의 주식들을 매수해준 C캐피탈회사에 그 주식보유의 대가(이른바 파킹료)로 23억원을 지급하기로 약정한 사안에서 배임죄 고의를 인정한 바 있다.[72]

주식파킹은 회사(배임죄의 본인)의 이익이 되고, 그것을 통해 경영자(배임죄의 자기)에게도 이익이 돌아오며, 파킹한 캐피탈회사(배임죄의 제3자)에게도 이익이 된다. 그러므로 경영자에게는 자기 또는 제3자를 위한 '이득의사'가 있다. 그러나 주식파킹은 그 과정에서 허위재무제표공시 등의 불법적 수단을 사용하지 않는다면, 그 자체로서는 '탈법'이라고 할 수는 있을지언정, 불법이라고 볼 수는 없다.[73] 탈법이라고 말하는 것은 주식파킹이라는 대안적 금융에 참여하는 자들의 행위 '동기'[74]가 매우 엷게나마 시장에 대해 사기(fraud)적 요소를 내포하고 있다는 점에서 비윤리적[75]이라고 평가될 여지가 있기 때문이다. 그러나 동기의 비윤리성은 윤리의 관할사항이며, 법의 관할사항은 아니다.[76] 이렇게 볼 때 판례의 고의귀속은 불법이득의사를 '비윤리적 이득의사'로 바꾸는 것이라

---

71) 배임죄의 본질을 이익 취득이라고 보고, 특히 제3자가 얻는 이익은 특별한 상관관계를 밝히지 못하는 한 자기에게 발생한 경제적 이익으로 국한하여 인정하도록 엄격하게 해석해야 죄형법정주의에 반하지 않는 다고 보는 견해로 이종상, *회사와 관련된 배임죄 적용상 문제점에 대한 연구* (서울대학교 대학원 박사학위 논문, 2010), 273~280쪽.

72) 대판 2002.7.22, 2002도1696.

73) 그 이유는 주식파킹은 은행대출의 대안적인 — 특히 BIS의 자기자본율을 높이지 않는 — 자금융통방편이기 때문이다. 파킹해주는 캐피탈회사도 그 회사의 경영전망을 합리적으로 평가해 파킹료를 산정하고 주식을 매수하는 것이며, 그 주식투자가 때로는 높은 수익을 올릴 가능성도 배제하지 않는다.

74) '동기'는 고의 개념을 건드리지 않는다. 다만 고의를 추론하는 소송법상의 간접인자가 될 뿐이다. 이에 반해 목적은 고의 개념의 특수한 형태로서 초과주관적 고의 요소가 된다.

75) 여기서는 앞서 정의한 용어사용례에서 <반윤리적-비윤리적>이라는 개념 짝에서 말하는 비윤리적(amoral)의 의미에 가깝다.

76) 법은 윤리적 동기의 형성을 배제해서도 안 되지만 그것을 강제해서도 안 된다. 이 점을 대화이론적으로 설명하는 K. Günther, Möglichkeiten einer diskursethischen Begründung des Strafrechts, 이상돈(엮음), 『대화이론과 법』, 147~164쪽, 특히 161, 162쪽 참조.

할 수 있다. 판례가 배임죄고의를 '목적과 취지가 법령이나 사회상규에 위반된 위법한 행위에 대한 인식'으로 설시한 점은 이를 분명히 보여준다.[77] 이런 고의 개념의 변질에 의해 배임죄는 비윤리적 경영행위를 통제하는 포괄구성요건과 비슷해지고, 형법은 윤리적 동기의 형성을 강제하는 비이성을 보이게 된다.

4) 조직지배자의 집단적 책임 경영 전략적 행위의 실시는 경영행위의 공식적인 주체(업무집행기관)인 이사회를 통하여 이루어진다. 이에 따라 이사회의 구성원이 경영실패에 대해 어느 범위까지 공동으로 책임을 지게 되는가 하는 문제가 등장한다. 만일 이사가 이사회에 참여하지 않았다면 배임행위를 공동으로 기획한 것이 아니고, 이사회에 참여하여 찬성하였어도 그 행위의 집행에 참여하지 않았다면 실행의 분담이 없으므로 배임죄의 교사 또는 방조의 책임을 질 수는 있어도 공동정범의 책임을 질 수는 없다. 하지만 판례는 공동정범의 책임을 확장하고 있다.

> [부실콜론사건] 예컨대 A증권사가 B종합금융회사의 발행주식 27%를 소유하는 상태에서 A증권사의 대표이사이자 B종금사의 비상근이사인 자가 H창업투자주식회사 대표의 부탁을 받고, B종금사의 영업담당이사에게 600억 원의 콜론형식의 대출이 되도록 힘써 달라고 부탁하였다. 또한 B종금사의 자금담당이사도 영업담당이사에게 A증권사 대표가 부탁한 취지를 전하였고, B종금사의 대표이사는 영업담당 및 자금담당 이사들로부터 같은 부탁 내용을 들은 후, 대주주인 A증권사에서도 양해가 된 사항으로 생각하고, 신용조사도 하지 않고 담보도 받지 않은 상태에서 투자유가증권 목록만을 제공받고 H창투사에 대출한도를 초과한 600억 원을 대출해 주었다. 판례는 A증권사 대표, B종금사 대표와 영업 및 자금담당이사에게 업무상 배임죄의 공동정범을 인정하였다.[78]

㈎ 범행지배의 책임에서 조직지배의 책임으로 하지만 회사의 업무방향을 사실상 결정할 수 있는 지배주주(controlling shareholders)는 그 영향력 아래 있는 회사 내의 이사들이 행한 비윤리적 경영행위를 직접 분담하지 않고 있으므로 (실행의 기능적 분담 결여) 공동정범이 되지 않는다. 또한 그의 업무에 대한 영향력이란 그 이사들의 의사력을 지배하는 정도가 아니므로(의사지배의 결여) 지배주주는 간접정범이 되지도 않는다. 여기서 판례의 공모공동정범이론에 의하면

---

77) 다만 윤리개념으로 '사회상규'를 사용하는 점은 비윤리적 경영행위의 범죄화가 형법을 사회윤리의 고양수단으로 이해하는 전근대적 형법문화의 연장선에 있는 것이기도 함을 말해준다.

78) 대판 2002.7.26, 2001도4947.

지배주주도 공동정범이 될 수는 있으나, 그 실질은 '조직적 범행지배'(Organisationsherrschaft)[79)]에 있다. 즉, 지배주주가 공동정범이 되는 이유는 범행을 지배했기 때문이 아니라 주식소유를 통해 회사조직을 지배했기 때문이다. 그러니까 지배주주는 업무상 배임죄의 주체인 경영진을 뒤에서 경영하는 자(경영진 뒤의 경영진)라는 점에서 정범이 되는 셈이다.[80)]

(나) **의무범** 하지만 지배주주가 "경영진 뒤의 경영진", 바꿔 말해 "정범 뒤의 정범"[81)]이라는 이해에 의하면 배임죄, 업무상 배임죄 그리고 특별배임죄가 모두 의무범[82)](Pflichtdelikte)이라는 점이 무의미해진다. 배임죄를 의무범으로 보면, 19세기말 자본주의체제의 고도성장과 함께 등장한 배임죄가 시장참여행위에 지나치게 깊숙이 개입하는데서 발생하는 역기능이 어느 정도 제어될 수 있다. 그런 형법 제어적 장치가 정범 뒤의 정범 개념에 의해 작동을 멈추게 되는 것이다. 왜냐하면 지배주주도 경영진을 경영하는 경영진으로서 정범 뒤의 정범 이론에 의하면 배임죄가 규정하는 의무범이 될 수 있는 신분적 요소를 얻게 되기 때문이다.[83)] 그러나 이처럼 조직적 범행지배의 개념과 정범 뒤의 정범 개념으로 작업하는 공동정범론은 형사책임을 개인책임에서 단체책임으로서 변질시킨다고 할 수 있다. 이로써 형법의 행위책임원칙이 위태롭게 된다. 더 나아가 어떤 형태의 조직을 어느 정도 지배해야 정범이 되는지가 극도로 불분명하다는 점에서는 명확성원칙에도 위배되기 쉽다.[84)]

---

79) 독일연방법원(BGHSt 40, 236쪽)은 조직지배(Organisationsherrschaft)라는 표현을 쓰고 있다. 조직적 범행지배(organisatorische Tatherrschaft)라는 표현이 더 적합하다.

80) 독일에서는 이를 일찍이 "정범 뒤의 정범"(Schroeder, *Der Täter hinter dem Täter* [1965], 166쪽)으로 이론화한 바 있다.

81) 정범 뒤의 정범이론에 관해서는 하태훈, "정범배후의 정범이론", *고시연구* (10월호, 1999), 80~87쪽 참조.

82) 의무범에 관해 자세하게는 Roxin, *Täterschaft und Tatherrschaft*, 7.Auflage (2000), 352쪽 아래 참조.

83) 다만 지배주주를 배임죄의 주체가 되는 의무자라고 보고, 조직의 지배를 범죄실행의 분담이라고 보더라도, 비윤리적 경영행위를 한 경영진은 업무상 배임죄의 정범으로 그 뒤에서 영향력을 행사한 지배주주는 단순 배임죄의 공동정범으로 처벌하는 이론이 가능할 수 있다(김일수, *한국형법 III* [박영사, 1997], 789쪽). 이는 형법 제33조 단서를 적용한 결과이다. 또한 '비신분자도 업무상 배임의 공동정범이 되지만, 단지 과형상으로만 배임에 따른다'는 판례(대판 1997.12.26, 97도2609; 1986.10.28, 86도1517)도 법적 효과에서는 다소 제한적인 기능을 하지만 근본적으로 지배주주를 공동실행을 한 업무상 배임죄의 주체로 인정함에는 변함이 없다.

84) 이런 관점으로 이상돈, *형법강의* (법문사, 2010), §27-46.

Ⅳ. 경영형법정책의 합리적 방향

1. 경영의 합리성과 법의 합리성

이와 같이 형법의 패러다임을 바꾸면서까지 실패로 끝난 경영 전략적 행위를 범죄화 하는 것이 과연 합리적인 법정책일까? 범죄화정책의 합리성에 대한 회의는 무엇보다도 경영의 합리성과 법의 합리성이 불일치한다는 데서 움터 오른다.

(1) 경영판단과 법적 판단의 구조적 차이 경영행위의 합리성은 목적합리성이다. 즉, 합리적인 경영행위란 그 행위에 의해 경영의 목표를 달성할 수 있는 효과적인 전략적 수단이 되는 것을 의미한다. 그러나 경영행위가 목적합리성을 실현하는 데는 한계가 있다. 경영행위의 선택에 의미 있는 정보의 양은 그 전체를 '개관할 수 없을' 만큼 많고, 그 정보의 의미변화는 그 미래를 '내다볼 수 없을' 만큼 역동적이기 때문이다. 이로 인해 경영행위는 행위의 시점에서는 누가 보아도 합리적인 결정이었던 때에도 나쁜 결과(경영실패)로 매듭 지워질 수도 있다.

1) 사전적 판단과 사후적 판단 그렇기 때문에 경영행위의 합리성은 적어도 행위시점에서 미래를 향해 판단되어야 한다. 즉, 경영판단은 본질적으로 사전적(ex ante) 판단이다. 이에 비해 법의 합리성은 가치합리성이다. 사람들이 상호주관적으로 가치를 인정할 수 있는 행위방향의 설정이나 결과를 실현할 때 법은 합리적이다. 그렇기에 법적 판단은 흔히 사후적(ex post)으로 이루어진다. 법적 판단은 실제로 발생한 가치에 반하는 결과를 놓고, 그 결과를 귀속할 거점, 즉 가치에 반하는 행위를 찾아나가는 판단방법을 따르게 된다.

[부실대출의 네 가지 유형] 이러한 점은 은행 경영자의 부실대출을 배임죄(Bankuntreue)로 처벌하는 실무에서 확인할 수 있다. 부실대출의 개념요소로 여신심사의 부실과 대금회수조치의 흠결을 들 수 있다. 그러면 부실대출의 유형은 도표 2처럼 네 가지가 된다.
행위 ①은 배임이 되지 않고, 행위 ④는 배임이 된다. 그런데 대법원은 은행 경영자가 합리적으로 여신심사를 했더라도 적절한 채권회수조치를 강구하지 않은 행위(②)는 배임으로 보면서도[85] 그 반대의 경우(③), 즉 여신심사는 행하지 않

▌도표 2▐ 부실대출의 네 가지 유형과 판례의 태도

업무상 배임죄의 인정 (○) 불인정 (×)		대금회수조치	
		실 행	비실행
여신심사	실 행	①(×)	②(○)
	비실행	③(×)	④(○)

았으나 채권회수조치를 취하여[86] 실제로 채권을 회수한 경우[87]는 — 일반 금융기관과 달리 상호유대를 가진 자 사이의 협동조직을 통하여 자금의 조성과 이용 등을 도모하기 위하여 설립된 신용협동조합는 예외로 하고[88] — 배임으로 보지 않는다. 이러한 판례의 태도는 대출금채권이 부실채권으로 되지 않았다는 점을 중시한 결과이다. 물론 이 결과론적 판단은 법적 판단의 사후적 성격 그 자체를 말하는 것은 아니다. 하지만 경영행위의 합리성을 행위시점에서 판단하기 어려운 사정이 반영된 결과임을 간접적으로 말해준다.

법적 판단의 사후적 판단구조는 법관이 행위자(경영자)의 입장에서 그 행위의 성공가능성을 '대리적으로' 판단하려고 해도 벗어날 수 없다.[89] 평균적 행위자의 판단이라는 또 다른 사후적 판단기준의 설정을 통해서만 그 대리적 판단이 가능하기 때문이다.

[허용리스크 이론] 경영자의 재산관리의무 위반을 판단하는 이론인 독일의 '허용리스크'의 이론[90](Theorie vom erlaubten Risiko)에 따르면 상인의 관점에서 그 영역에서 승인될 수 있는 리스크의 정도(Ausmaßdes kaufmännisch vertretbaren Risikos)를 넘어섰을 때 배임이 된다고 한다. 경영행위가 그런 정도의 리스크를 넘어선 것인지는 이를테면 '사업의 대상과 회사의 경제적 상황, 손실의 개

85) 대표적으로 대판 2008. 2.14, 2007도7716; 2002.7.26, 2001도4947; 2002.7.22, 2002도1696.

86) 대판 2008.2.14, 2007도7716; 1987.4.4, 85도1339.

87) 대판 2002.6.28, 2000도3716은 여신심사가 부실했어도 적절한 채권회수조치를 강구한 경우에는 재산관리의무를 위반한 것이 아니며, 이때 실제로 채권을 회수했는지가 중요하다고 보았다.

88) 판례에 의하면 신용협동조합 등의 부실대출과 관련해서는 유형 ②(대판 2001.11.30, 99도4587) 뿐만 아니라 ③유형(대판 1990.11.13, 90도1885)의 경우도 업무상 배임죄가 성립한다고 본다.

89) 경영 전문가인 이사의 결정에 대한 법관의 부족한 대리판단능력은 경영판단원칙을 통하여 이사의 책임을 제한하는 미국판례의 경향을 가져온다. 이를테면 Auerbach v. Bennett 47 N.Y.2d 619, 630~31, 393 N.E 2d 994, 1000 419 N.Y.S 2d 920, 926~927 (1979) 참조.

90) 대표적으로 Otto, Aktienstrafrecht (1997), Vor §399 Rdn.39; Tiedemann, *Kommentar zum GmbH-Strafrecht*, 3.Auflage (1995), Vor §§82ff. 방주 19; LK/ Schünemann, §266 방주 97; Hillenkamp, "Risikogeschäft und Untreue", *NStZ* (1981), 166쪽 아래.

연성과 손실위험의 통제 가능성, 손해발생의 개연성과 이익획득의 개연성 사이의 관계를 고려하여 판단해야 한다'고 본다.91)

그러나 합리적 경영판단의 평균적 능력을 가진 경영인, 즉 평균적 경영인이란 시장의 속성과 맞지 않는다. 자본주의 체제에서 시장은 경쟁에 의해 성장하고, 경쟁은 경영능력의 끊임없는 우열관계의 변화를 전제하기 때문이다.

2) 이원적 코드와 부정합 설령 평균적 경영인이 존재하더라도 경영판단은 법적 판단의 연산방식인 '합법과 불법'이라는 이원적 코드와 정합적일 수 없다. 즉, 경영 전략적 판단은 (합법으로 판정되는) '합리적인 경영과 (불법으로 판정되는) 비합리적인 경영'이라는 이원적 코드로 연산되지 않는다. 경영정보의 '개관할 수 없음'과 '내다볼 수 없음'으로 인해 주도면밀한 경영판단이 실패로 끝나고, 오히려 부실한 경영판단은 성공으로 매듭지어지는 경우가 너무나 많다. 경영행위의 합리성 개념이 목적달성의 효율성에 있음을 고려할 때, 이러한 경영행위의 특성은 경영판단을 합법과 불법의 이원적 코드에 담을 만큼 분명하게 합리적 판단과 비합리적 판단으로 판별하는 것이 범주적으로 불가능함을 말해준다. 기껏해야 경영행위는 '더 합리적이고 덜 합리적이고'를 말할 수 있을 뿐이다. 그러나 이때의 합리성 개념은 법 개념처럼 많고 적음을 단계 짓는 유형적 개념이 아님에 주의해야 한다. 왜냐하면 이를테면 비윤리적인 경영전략이라고 해도 목적을 달성하는 합리성이 있을 수 있고, 윤리적인 경영전략이라고 해도 목적을 달성하지 못하는 비합리성이 예측할 수 없는 방식으로 등장하기 때문이다.

(2) 범주적 원칙의 차이 이와 같은 법과 경영의 합리성의 차이는 위험에 대한 관계설정에서도 나타난다. 현대사회에서 위험은 법적 책임을 귀속시키는 거점이 된다. 법은 개인들에게 법이 보호하는 이익을 침해할 위험을 회피할 것을 요구한다. 위험을 창출하거나 증대시키거나 또는 위험의 전개를 방치하면 법적 책임이 귀속된다. 줄여 말하면 법적 책임은 '위험회피원칙'(principle of risk avoiding)을 좇는다고 할 수 있다. 이에 반해 경영은 성공을 위해서는 많은 경우 어떤 경영 전략적 행위를 선택할 때 그에 수반되는 위험, 경영학계의 영어사용관행을 그대로 사용하면 리스크를 감수할 것이 요구된다.92) 반대로 말하

91) Tiedemann, *Kommentar zum GmbH-Strafrecht* (1995), Vor §§82ff. 방주 19.

92) 법은 안정성과 보편성을 경영은 새로움과 변화를 추구하는 차이로 인해, 합법경영의 어려움을

면 경영의 실패는 많은 경우 '위험감수원칙'(principle of risk taking)을 따르지 않은데서 오는 셈이다. 그래서 시장에서는 전통적으로 '고위험, 고수익'(고수익을 원하면 고위험을 감수하라!)이라는 격률이 지배하기도 한다.[93] 그러나 법에서는 고위험의 감수는 무거운 책임을 가져올 뿐이다.

물론 경영의 성공을 위해 경영자가 감수해야 하는 위험의 내용은 역사적으로 변화한다. 이른바 경영 패러다임의 변화를 말할 수 있다. 과거에는 불법까지도 '하이 리스크'에 포함되었지만, 선진경제가 되어 갈수록 불법적 경영은 단호히 배격되었다. 또한 비윤리적인 경영도 더 이상 방치되지 않고, 시장에서 성공하기 위해서는 오히려 지양해야 하는 구시대의 경영스타일로 전락해가는 변화가 조금씩 움터 오르고 있다. 경영계가 윤리경영[94]을 앞다투어 선언하는 것도 바로 비윤리적 경영을 성공을 위해 감수해야 할 리스크가 아니라, 관리되어야 할 리스크로 자리매김하는 흐름이다. 그러니까 경영에서 위험관리원칙(principle of risk management)이 점차 강해지고 있는 것이다. 이러한 변화를 시장의 윤리화라고 부를 수 있다. 시장의 윤리화는 경영과 법의 범주적 차이를

▌도표 3▌ 법과 경영에서 위험의 범주적 차별

윤리경영: 경영과 법의 접근

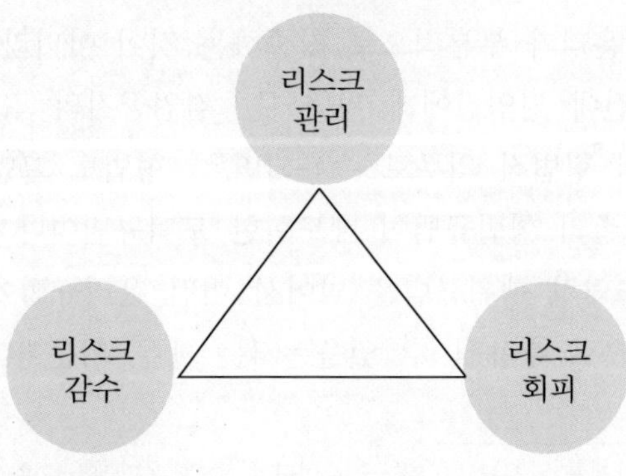

지적한 견해로 정용기, "기업범죄와 형사책임", *한국공안행정학회보* (제31호, 2008), 204쪽 참조.

93) 원동욱, "경영판단 원칙의 적용범위 — 미국의 사례를 중심으로—", *상사판례연구* (제20권 제1호, 2007) 61쪽 참조.

94) 다만 윤리경영시대에도 경영자, 즉 참여자적 관점에서 보면 법은 하나의 경영리스크일 뿐이다. 경영자의 입장에서는 윤리경영에 일탈하는 경영으로 인해 입는 손해가 그로 인해 얻는 이익보다 커지기 때문 법을 준수하는 것일 뿐이기 때문이다. 이럴 경우에 경영자는 법규범을 윤리적으로 수용하는 것은 아니지만, 그 준수의 동기가 다를 뿐 '적극적 일반예방'에서 말하는 '법규범의 내면화'를 한다고는 볼 수 있다.

좁히고, 경영의 합리성과 법의 합리성을 서로 접근시킨다.

2. 경영형법정책의 방향

비윤리적 경영행위의 범죄화는 시대적으로 보면 이와 같이 경영과 법 사이에 합리성의 간극이 점차 좁혀지고, 시장의 윤리화를 매개로 경영의 원칙과 법원칙이 서로 접근하는 변화의 맥락에서 이루어진 것이라고 할 수 있다. 하지만 경영과 법의 접근은 아직 범주적으로 양자를 동일시할 수 있을 정도로 진행되지 않았으며, 가까운 장래에 그렇게까지 진행되지는 않을 것으로 전망된다.[95)]

(1) 경영형법의 트릴레마 그런 상황에서 경영실패의 범죄화 정책은 경영자에게 사실상 경영실패에 대한 결과책임(versari in re illicita)을 묻는 것과 같을 수 있다. 이로써 책임원칙이 현저하게 침륜되고 만다. 또한 그런 정책은 비윤리적 경영전략에 내재한 리스크를 관리하지 못함으로써 발생하는 부실경영을 예방하기 위한 것일 수 있으나, 그로 인해 형법과 회사법(또는 경제법), 형법과 경찰법 사이의 전통적인 경계가 무너지고 만다. 이로써 형법은 보충성원칙을 뒤로 하고, 경제정책의 최우선 수단(prima ratio)으로 자리매김하게 된다. 이와 같은 형법의 위상변화는 경영영역에 윤리규범을 법제화하는 것인데, 이런 정책은 형법으로 하여금 사회윤리나 직업윤리에 대해 비판적인 거리를 유지할 수 없게 한다. 형법과 윤리가 부분적으로 착종하는 것이 아니라 완전히 겹쳐질 위험이 발생한다. 예컨대 경영진에게 기대되는 겸업금지의 직업윤리가 상법상의 법적 의무를 넘어서 형법적 의무로 수용되면,[96)] 형법도 그만큼 윤리화되는 것이 된다. 하지만 기존의 형법규범이 제도화한 도덕규범이나 부수형법들이 체계화한 시장참여의 도덕적 행위규범을 넘어서 어떤 윤리규범이 경영영역에서 경영자들의 행위규범으로 수용될 수 있을는지는 매우 의문이다. 이런 의문이 타

---

95) 윤리경영의 발달단계를 <무도덕단계 → 준법단계 → 대응단계 → 윤리관 태동단계 → 윤리적 선진단계>로 분류할 때(이 분류는 R.E. Reidenbach/D.P. Robin, "A Conceptioonal Model of Corporate Moral Development", *Journal of Business Ethics* [April], 275쪽 아래 참조), 한국의 경영현실은 준법단계에서 대응단계로 이행하고 있는 중(이상민·최인철, 앞의 연구보고서, 27쪽)이라기보다는 무도덕단계에서 준법단계로 발전하는 단계에 있다고 보인다. 어쨌든 이런 현실은 실패로 끝난 비윤리적 경영행위에 대해 법적 책임뿐만 아니라 사회적 책임마저 귀속시키기 어려움을 말해준다.

96) 자신의 상표권을 회사에 일부 양도하고 그 회사의 이사로 취임한 다음 공동상표권자의 지위를 이용하여 개인 비밀공장을 차려 놓고 그 회사와 동종 영업을 한 행위는 겸업금지의무에 위반되며, 그 의무위반은 곧 특별배임에 해당한다고 본 판례(서울지법 1982.1.13, 82노2105) 참조.

당할수록, 경영실패를 범죄화 하는 형법은 그 타당성을 더욱 더 잃어버리게 될 것이다. 또한 그렇게 타당성을 잃어버린 형법에 의한 경영의 제한은 경영의 목적합리성도 파괴할 것이다.[97)]

이런 문제점을 종합해본다면 경영실패를 범죄화 하는 형법에 대해서도 '조종의 트릴레마'(regulatorisches Trilemma)[98)]를 말할 수 있을 것이다. 이 현상을 요점적으로 말해본다면, 경영실패의 범죄화 현상은 형법을 그 도구적 유용성이나 규범적 구조와 상관없이 경영과 시장을 윤리화하는 정책의 수단으로 삼는 것이고, 동시에 형법으로 하여금 경영의 윤리화를 위해 더 합리적일 수 있는 정책에 무관심하게 만드는 것이라고 할 수 있다(형법과 정책의 상호무관심). 또한 형법과 정책의 상호무관심으로 인해 경영영역은 그 효율성과 경쟁력을 잃어버릴 것이고(법에 의한 사회적 통합의 와해), 형법은 그의 고유한 규범적 구조를 스스로 파괴하게 되고 말 것이다(사회에 의한 법적 통합의 와해).

(2) 대안적 형법정책 그러면 경영형법에서 예상되는 이와 같은 트릴레마로부터 벗어나기 위해서는 어떤 형법정책이 필요한 것일까?

1) 외적 체계의 도덕화와 형법의 엄호 독일 경제형법학계의 흐름처럼 경영자의 경영행위를 직접적으로 '일반인의 이익'(Allgemeininteressen)을 침해하는 일탈행위로 바라보는 것[99)]은 앞서 말한 트릴레마 현상을 초래할 만큼 경영에 대한 형법의 개입을 과도하게 만들 수 있다. 다른 한편 미국의 법경제학적 사고처럼[100)] 경영행위를 회사 내부의 개인들 사이의 계약적 관계로 환원시키는 신자유주의적 관점은 — 경영인들이 스스로 윤리경영을 추구하지 않는 한 — 비윤리적 경영을 지나치게 방치한다. 그러므로 법은 두 흐름을 변증할 필요가

97) 형법의 무리한 투입이 경영 영역의 창의적 도전정신과 합리적인 경영판단을 무시하게 된다는 비판으로 조국, "기업범죄 통제에 있어 형법의 역할과 한계", *형사법연구* (제19권 제3호, 2007), 164쪽 참조.

98) Teubner, Verrechtlichung - Begriffe, Merkmale, Grenzen, Auswege, Kübler편, *Verrechtlichung von Wirtschaft, Arbeit und sozialer Solidarität*, 1985, 313쪽; 이상돈 편역, *법제화 이론* (한국법제연구원, 2004), 32쪽 아래 참조.

99) 대표적으로 LK-Schünemann, §266 Rdn.125; Tiedemann, *Kommentar zum GmbH- Strafrecht*, 3.Auflage (1995), vor §§82ff. Rdn.11; Vorholt, *Management und Wirtschaftsstrafrecht* (2001), Rdn.358; Reiß, "Verdeckte Gewinnausschüttungen und verdeckte Entnahmen als strafbare Untreue des Geschäftsführers?", *wistra* (1989.3), 84쪽 참조.

100) 미국의 대리인이론(agency theory)을 참조할 필요가 있다. 이 이론에 관해서는 박세일, 법경제학 (박영사, 2000), 441쪽 아래; 또한 더 자세하게는 Jensen/Meckling, "Theory of the Firm: Managerial Behavior, Agency Costs and Ownership Structure", *Journal of Financial Economics* (Vol. 3, 1976), 308쪽 아래 참조.

있다. 그것은 법이 경영과 시장의 자유를 인정하되 자유가 남용되지 않도록 경영과 시장의 외적 체계(äußere Verfassung)를 도덕적인 틀로 짜는 것이다. 바꿔 말해 경영과 시장을 윤리화하는 법정책, 비윤리적 경영전략의 리스크 관리를 사회체계적으로 제도화할 수 있게 하는 법정책이 필요하다. 하지만 그런 법정책은 범죄화정책이 아니라 회사채권자와 소수주주의 보호, 금융결제의 합리화, 회사 지배구조의 민주화(예: 상호출자의 규제, 주주대표소송의 활성화, 사외이사제도의 실질적인 운영) 등을 꾀하는 구조정책이다. 그런 구조정책을 수행하는 법은 형법이 아니라 경제법, 증권법, 상법, 조세법 등과 같은 법이다. 형법은 시민운동과 함께 그런 구조정책의 외곽을 옹호해주는 역할을 할 수 있을 뿐이다. 즉, 형법은 (경영의) 자유의 명백한 남용에 해당하는 불법적인 경영 전략적 행위를 통제하는 방식으로 구조정책을 엄호하고, 시민사회는 소액주주운동이나 공익소송운동으로 그런 구조정책을 지원해준다. 구조정책을 수행하는 다양한 법들과 형법 그리고 시민운동의 역할분담 속에서 "기업의 윤리적 문화"[101]는 서서히 성장할 수 있을 것이다.

2) 형법해석정책 이런 형법정책의 거시적 지평에서 보면 (Ⅲ)에서 자세히 검토한 업무상 배임죄의 운용은 지양되어야 한다. 배임죄의 구성요소인 신임관계나 손해 개념, 배임죄 고의의 귀속 등에서 배임죄를 비윤리적 경영행위를 처벌하는 포괄구성요건으로 리모델링하는 작업을 이제는 중지하여야 한다. 여기에 더하여 형법에 의한 경영행위의 과도한 법제화를 경계하기 위해서는 경영의 논리를 기초로 업무상 배임죄의 구성요건해당성을 인정하지 않는 경우를 좀더 확장할 필요가 있다. 그런 논리로서 두 가지를 들 수 있다.

㈎ 본인동의의 이론 하나는 본인동의의 이론이다. 이 이론은 실패로 끝난 비윤리적 경영행위는 본인의 동의가 있었다면 배임죄의 구성요건에 해당하지 않는다는 것이다.[102] 물론 주식회사의 경우에 본인은 법적 형식으로는 회사일 뿐이고, 이사회나 대주주 또는 주주총회는 본인이 아니다. 따라서 이사회의 결의는 물론 대주주들의 승낙이나 심지어 주주총회의 의결이 있었다고 해서 배임죄의 적용이 배제되는 것은 아니며,[103] 판례도 이러한 입장을 보이고 있

101) 박헌준 편저, *한국의 기업윤리* (2000), 112쪽.
102) 대판 1983.11.8, 83도2309; 배종대, *형법각론* (2003), §80-21; 이재상, *형법각론* (2004), §21-19.
103) 판례와 같은 생각으로 박상기, *형법각론* (2005), 404쪽 아래.

다.[104)]

[어음배서 · 할인사건] H건설의 이사 甲은 10억 원을 투자하여 급조한 A주식회사와 乙이 경영하는 K건설의 명의로 500억 원의 약속어음들을 발행하게 하고, H건설 이사회의 결의와 대주주들의 승낙을 받아 H건설의 명의로 그 어음에 배서한 후 어음을 할인하여 마련한 자금으로 H종금사의 경영권을 인수하였다. 판례[105)]는 이사회 결의와 대주주들의 승낙을 받았어도 업무상 배임이 인정된다고 보았다.

하지만 독일의 이론[106)]에서 보듯이 회사 내부의 신뢰관계 파괴를 전제로 하는 배임죄는 다음의 세 가지 유형을 나누어 판단되어야 한다.

ㄱ) 다수주주 동의 첫째, 주주총회의 결의나 비록 상법상으로 유효하지 않더라도 법령, 정관 등에 위배되지 않는 총주주 또는 다수주주의 동의가 존재하는 경우에는 경영자의 경영판단과 위험거래행위는 구성요건해당성을 충족하지 않는다고 보아야 한다.

ㄴ) 법인격부인론 적용 둘째, 일인회사의 경우에는 일인주주이자 일인이사인 경영자의 판단으로 인해 회사가 손해를 입었더라도 배임죄의 성립을 부정할 수 있다.[107)] 채권자 보호는 업무상 배임죄의 적용이 아니라 법인격부인론의 적용 등 민사법적 책임의 철저한 추궁으로 달성하면 된다.

ㄷ) 이사회결의의 배임성 셋째, 그렇지만 이사회의 결의는 배임의 성격을 배제할 수는 없다고 보아야 한다.[108)] 이사들은 형식적으로 뿐만 아니라 실질적으로도 본인이 아니라 타인의 임무를 처리하는 자이기 때문이다.

(나) 경영판단원칙 경영의 자유를 극대화하는 자유시장을 지향한다는 점을 제외한다면 미국 판례를 통해 형성되어 왔고, 최근에는 독일과 일본에서도[109)]

---

104) 대판 1989.10.13, 89도1012; 2000.5.26, 99도2781 (대주주의 양해를 얻었다는 사유만으로 배임죄의 죄책을 면할 수 없다는 판례).

105) 대판 2000.5.26, 99도2781.

106) 유한회사(GmbH)가 주된 회사형태인 독일에서는 강행법규를 위반하거나 유한회사의 존립기초인 자본을 위태화 하지 않는 한 사원총회의 결의에 의해 업무집행사원의 배임행위가 배제될 수 있다는 이론이 지배적이다(LK-Schünemann, §266 Rn.125 bb 참조 및 각주 604의 문헌 참조).

107) 같은 생각으로 김일수, "일인회사의 주주 겸 대표이사의 업무상 배임", *고려대학교 판례연구* (제4집, 1986), 71쪽.

108) 같은 결론으로 대판 2000.5.26, 99도2781.

109) 독일은 2006년부터 주식법 제93조 제1항 제2문에 규정하였고 일본 역시 판례법으로 수용하다 2010년 북해도 척식은행 소피아 사건에서 기존과 달리 일본 최고재판소에서 "경영판단"이라는 용어를 처음 사용하기 시작했다. 이에 관해 자세히는 최병규, "경영판단의 원칙과 그의 수용방안", *기업법연구* (제19권 제2호, 2005), 107~128쪽; 김대규, "부실대출에 대한 금융기관 이사의 책임과 경영판단의 원칙 -북해도 척식은행 소피아 사건에 대한 검토-", *상사판례연구* (제23권 제3호, 2010), 5쪽 참조.

수용되고 있는 이른바 '경영판단의 원칙'(business judgement rule)[110]도 같은 형법해석정책을 수행할 수 있을 것이다.[111]

[미국의 경영판단원칙] 미국법률협회(ALI)는 회사경영원칙: 분석과 권고(Principles of Corporate Governance: Analysis and Recommendations)를 다음과 같이 규정하여 그간 판례법상의 원칙[112]으로 논의되어 온 경영판단의 원칙을 성문화하였다.

【§ 4.01 Duty of Care Directors and Officers; the Business Judgement Rule】

(a) A director or officer has a duty to the corporation to perform the director's or officer's functions in good faith, in a manner that he or she reasonably believes to be in the best interests of the corporation, and with the care that an ordinarily prudent person would reasonably be expected to exercise in a like position and under similar circumstances. This Subsection (a) is subject to the provisions of Subsection (c) (the business judgement rule) when applicable.

(c) A director or officer who makes a business judgement in good faith fulfills his duty [of care] if: (1) he is not interested in the subject of the business judgement; (2) he is informed with respect to the subject of his business judgement to the extent he reasonably believes to be appropriate under the circumstances; and (3) he rationally believes that his business judgement is in the best interests of the corporations.

1999년 MBCA(Model Business corporation act)에도 이사의 행위와 책임 기준에 대하여 ① 선의로 ② 통상의 그 지위에 있는 주의를 다하고 ③ 회사에 최대한 이익이 된다고 합리적으로 믿었다는 그 의무에 대하여 책임을 묻지 않는다고 경영판단원칙의 기본을 다시 규정하고 있다.[113]

---

110) 우리 상법학계의 논의로는 권재열, "경영판단의 원칙", *비교사법* (제6권 제1호, 1999), 5쪽 아래; 최병규, "미국법상 경영판단의 원칙과 우리나라에의 도입가능성", *안암법학* (제12호, 2001), 279쪽 아래; 이영봉, "경영판단의 법칙의 수용에 관한 검토", *상사법연구* (제19권 제1호, 2000), 41쪽 아래; 권재열, "경영판단의 원칙의 도입여부를 다시 논함", *상사법연구* (제19권 제2호, 2000), 499쪽 아래 참조. 이에 비해 경영판단 원칙의 자제를 주장하는 정운용, "업무상 배임죄에 있어서 경영판단원칙", *경영법률* (제20집 제1호, 2009), 314~315쪽 참조.

111) 우리 형법학계에서도 최근에 이에 대한 논의가 활발해지고 있다. 이정민, "경영판단원칙과 업무상 배임죄", *형사정책연구* (제18권 제4호, 2007), 159~188쪽; 구회근, "업무상 배임죄와 경영판단원칙: 대법원판례를 중심으로" *법조* (제54권 제11호, 2005.11) 55~105쪽; 박상희, *배임죄에서 경영판단원칙에 관한 연구* (연세대학교 대학원, 2007) 참조.

112) 1829년 Percy V. Millandon 사건으로 처음 시작된 경영판단원칙은 Aroson 사례를 통해서 현재의 모습을 갖추게 되었다. 자세한 것은 원동욱, "경영판단 원칙의 최근 동향과 향후 전망- 미국의 사례를 중심으로-", *상사법연구* (제29권 제3호, 2010), 90쪽 참조.

113) 【8.30 General Standards for Directors】

ㄱ) **경영판단원칙의 수용** ‘경영판단의 원칙’이란 경영자가 선의(in good faith)와 상당한 주의(due care)로 자신의 권한 범위 내에서 행한 거래는 회사에게 손해를 발생시켜도 그에 대한 책임을 경영자에게 귀속시킬 수 없다는 것[114]을 말한다. 이 원칙은 합리적 경영행위에 대한 법의 통제를 배제한다. 미국의 경우에는 경영판단원칙이 이사의 고도의 경영판단 영역에 사법심사를 배제하는 원칙으로 적용되지만,[115] 우리나라에서는 민사상 손해배상 소송 혹은 형사상 배임죄의 고의의 배제 기준으로 사용되고 있다.[116] 여기서 더 나아가 경영자의 업무집행이 합리적인 경영판단의 영역에서 이루어졌다고 추정하고, 경영자에 대한 책임을 추궁하는 자가 경영행위의 비합리성[117]을 입증할 부담까지 진다고 보면[118] 경영행위의 자율성에 대한 법의 존중은 극대화된다.

(a) A director shall discharge his duties as a director, including his duties as a member of a committee:
(1) in good faith; (2) with the care an ordinarily prudent person in a like position would exercise under similar circumstances; and (3) in a manner he reasonably believes to be in the best interests of the corporation.
(b) In discharging his duties a director is entitled to rely on information, opinions, reports, or statements, including financial statements and other financial data, if prepared or presented by:
(1) one or more officers or employees of the corporation whom the director reasonably believes to be reliable and competent in the matters presented; (2) legal counsel, public accountants, or other persons as to matters the director reasonably believes are within the person's professional or expert competence; or
(3) a committee of the board of directors of which he is not a member if the director reasonably believes the committee merits confidence.
(c) A director is not acting in good faith if he has knowledge concerning the matter in question that makes reliance otherwise permitted by subsection (b) unwarranted.
(d) A director is not liable for any action taken as a director, or any failure to take any action, if he performed the duties of his office in compliance with this section.

114) *Black's Law Dictionary*, 7th ed., 1999, 192쪽.

115) 회사 경영의 효율성은 사후적이고 경영진의 관리 이외의 변수를 통해 결정되기 때문에, 이런 영역에서 이사의 책임을 면제하는 경영판단 원칙이 적용되어야 한다고 보는 이종상, *회사와 관련된 배임죄 적용상 문제점에 대한 연구* (서울대학교 박사학위논문, 2010), 271쪽.

116) 대판 1987.2.10, 81도2026; 대판 2004.7.22, 2002도4229; 이정민, *회사형법의 합리화와 형법정책의 방향* (고려대학교 박사학위논문, 2007), 93~95쪽.

117) 예를 들어 경영자의 충실의무(duty of loyalty) 위반, 고의적인 위법행위, 경영자 자신의 이익추구 행위(미국 델라웨어주 일반회사법 §102(b)(7) 참조) 등을 들 수 있다.

118) 미국법률협회(American Law Institute) 회사경영원칙 section 4.01(d) 참조; 미국의 경영판단원칙은 강한 추정력을 가지는 반면, 우리나라 판례에 적용되는 경영판단원칙은 그렇지 못해 원고의 입증책임이 완화되는 차이를 보인다는 지적으로 권재열, “대법원 판례상 경영판단의 원칙에 관한 소고”, *증권법연구* (제9권 제1호, 2008), 257쪽.

경영판단원칙을 적용한 대표적 판례	경영판단원칙을 부정한 판례
"경영상의 판단과 관련하여 기업의 경영자에게 배임의 고의가 있었는지 여부를 판단함에 있어서도 일반적인 업무상배임죄에 있어서 고의의 입증 방법과 마찬가지의 법리가 적용되어야 함은 물론이지만, 기업의 경영에는 원천적으로 위험이 내재하여 있어서 경영자가 아무런 개인적인 이익을 취할 의도 없이 선의에 기하여 가능한 범위 내에서 수집된 정보를 바탕으로 기업의 이익에 합치된다는 믿음을 가지고 신중하게 결정을 내렸다 하더라도 그 예측이 빗나가 기업에 손해가 발생하는 경우가 있을 수 있는바, 이러한 경우에까지 고의에 관한 해석기준을 완화하여 업무상배임죄의 형사책임을 묻고자 한다면 이는 죄형법정주의의 원칙에 위배되는 것임은 물론이고 정책적인 차원에서 볼 때에도 영업이익의 원천인 기업가 정신을 위축시키는 결과를 낳게 되어 당해 기업뿐만 아니라 사회적으로도 큰 손실이 될 것이므로, 현행 형법상의 배임죄가 위태범이라는 법리를 부인할 수 없다 할지라도, 문제된 경영상의 판단에 이르게 된 경위와 동기, 판단대상인 사업의 내용, 기업이 처한 경제적 상황, 손실발생의 개연성과 이익획득의 개연성 등 제반 사정에 비추어 자기 또는 제3자가 재산상 이익을 취득한다는 인식과 본인에게 손해를 가한다는 인식(미필적 인식을 포함)하의 의도적 행위임이 인정되는 경우에 한하여 배임죄의 고의를 인정하는 엄격한 해석기준은 유지되어야 할 것이고, 그러한 인식이 없는데 단순히 본인에게 손해가 발생하였다는 결과만으로 책임을 묻거나 주의의무를 소홀히 한 과실이 있다는 이유로 책임을 물을 수는 없다." (대판 2002도4229; 비슷한 취지의 2002도3131; 2004도1632[119]; 2004도2786; 2007도6075; 2008도522)	"업무상배임죄가 성립하려면 주관적 요건으로서 임무위배의 인식과 그로 인하여 자기 또는 제3자가 이익을 취득하고 본인에게 손해를 가한다는 인식, 즉 배임의 고의가 있어야 한다. 이러한 인식은 미필적 인식으로도 족하므로, 이익을 취득하는 제3자가 같은 계열회사이고 계열그룹 전체의 회생을 위한다는 목적에서 이루어진 행위로서 그 행위의 결과가 일부 본인을 위한 측면이 있다 하더라도 본인의 이익을 위한다는 의사는 부수적일 뿐이고 이득 또는 가해의 의사가 주된 것임이 판명되면 배임죄의 고의를 부정할 수 없다"(대판 2005도4640; 2007도541; 2002도5679)

119) 비슷한 취지의 판례로 대판 2004도2786("부동산신탁회사의 상무이사인 피고인이 토지개발신탁사업의 개발투자비 상환채권을 담보하기 위해 제공된 공소외인 소유의 부동산에 관한 관리·처분신탁계약을 해지하고 소유권이전등기를 환원한 사안에서, 피고인은 결재권자로서 담당지점장이 보고한 내용을 검토·확인한 후 이를 승인하였고, 피고인 자신의 개인적인 이익을 취하거나 위탁자로 하여금 재산상의 이익을 취하게 할 의도가 있었다고 볼 사정이 없으므로, 단순히 부동산신탁회사에 손해가 발생하였다는 결과만으로 피고인에게 책임을 묻거나 주의의무를 소홀히 한 과실이 있다는 이유로 피고인에게 배임의 고의가 있었다고 하기는 어렵다").

우리나라 판례는 과거에는 경영상의 판단이라는 이유만으로는 원칙적으로 경영자의 '배임'이 부정되지 않는다는 입장을 보여왔지만 최근에는 점차 수용해 가는 모습을 보이고 있다.120)

그러나 경영판단의 원칙을 과도하게 적용하면 경영진의 책임을 부당하게 제한하여 모럴헤저드를 더욱 강화시킬 우려가 있다.121) 형법에서 경영판단원칙의 수용은 형법의 전통적인 이성법원칙들(비례성원칙, 책임원칙 등)을 더욱 확대 실현하는 기능을 수행하는 선에서만 이루어져야 한다. 최근에는 경영판단 원칙의 합리적인 적용 범위에 대한 제안들이 등장하고 있다.

[경영판단원칙의 적용범위제한에 관한 이론들] 대표적으로 두 가지 예를 든다. (가) **네 가지 유형론** 예를 들어 배임죄의 형태를 4가지로 유형하여 그에 따라 경영판단원칙의 적용을 검토하는 이론이다.122) 제1유형은 경영자가 대주주와 무관하게 자기의 이익을 또는 제3자를 위하여 회사에 배임행위를 하는 구조이고, 제2유형은 제1유형처럼 양자구도가 아니라, 1인 주주 또는 대주주와 같이 가해자인 경영자와 피해자인 회사가 겹치는 경우를 말한다. 제3유형은 제1유형에서 제3자를 위한 경영자의 배임행위 중, 제3자가 전혀 회사와 경영진과 관련이 없는 독립적인 제3자로서 경영진의 의도와는 관계없이 이익을 얻는 경우를 말하고, 마지막으로 제4유형은 진정한 이득이 있다고 볼 수 없는 경우로 경영진과 회사가 하나의 실체를 형성해 결과적으로는 회사 및 경영진 모두에게 손해를 끼치지만, 최선의 결론을 내린 것을 말한다. 제1유형과 제2유형은 경영판단원칙의 전제인 경영상의 판단이라고 보기 어려우므로, 경영판단원칙이 적용될 수 없고, 제3유형과 제4유형의 경우에는 경영판단원칙의 도입이 타당하다고 주장한다. (나) **부실대출의 유형론** 경영실패의 대표적인 예로 바라보는 부실대출을 유형화시켜, 사례별로 경영판단의 원칙의 적용을 상이하게 바라보는 이론이 있다.123) 즉, 부실대출을 권력형, 절차하자형, 리스크판단 오류형으로 유형화한 후, 정경유착이 낳은 권력형 부실대출이나, 내부에서 정한 재무제표의 확인, 주주총회 등의 절차를 위반한 경우에는 경영판단 원칙의 적용에 대하여 신중할 필요가 있는 반면, 수집된 정보를 가지고 각 상황에 따라 판단하게 되는 리스크 오류형에는 경영판단원칙의 적용이 강하게

---

120) 대판 2004.6.24, 2004도520; 2003.10.10, 2003도3516; 2000.5.26, 99도2781; 2000.3.14, 99도4923; 1999.6.25, 99도1141.

121) 경영판단원칙의 도입에 대하여 반대하는 견해로 손영화, "미국법상의 경영판단원칙과 그 도입 여부에 대한 고찰", *상사법연구* (제18권 제2호, 2000), 322쪽; 권재열, "경영판단의 원칙", *비교사법* (제6권 제1호, 1999), 37쪽.

122) 이종상, *회사와 관련된 배임죄 적용상 문제점에 대한 연구* (서울대학교 박사학위논문, 2010), 268~269쪽.

123) 이정민, "부실대출에 대한 형법정책", *비교형사법연구* (제9권 제2호), 271쪽.

요청된다고 보는 것이다.

ㄴ) 배임고의와 경영판단원칙 기업 경영진들의 형사책임, 특히 배임죄의 성립을 판단하는 경우에 경영판단원칙은 주로 배임고의의 판단에서 작동시킬 필요가 있다.[124] 배임고의의 귀속에서 경영판단원칙을 작동시킬 때 가장 중요한 점은 법적 정의와 경영의 합리성을 서로 소통시키는 법적 장치를 개발해야 한다는 점이다. ① 첫째, 그런 장치의 하나로서 경영진의 배임고의에서는 미필적 고의를 인정하지 않고 의도적 고의만을 인정하는 것을 들 수 있다. 왜냐하면 위험발생을 감수하지 않고는 기업의 수익을 창출할 수 없고, 그런 경영결정은 법적으로는 미필적 고의의 내적 상태와 중첩되기 때문이다. ② 둘째, 다만 경영판단이 그와 관련한 법률을 위반하지 않아야 하고(합법경영 또는 윤리경영의 요청), 충분한 정보수집과 합리적 근거에 의한 판단이어야 한다(판단합리성의 요청). 예컨대 경영진이 변호사, 공인회계사 등의 전문가가 작성한 합리적인 보고를 신뢰하고 판단했다면 합리적 근거에 의한 판단이 된다. 이를 미국에서는 '신뢰항변의 원칙'이라고 한다.[125]

> [경영판단과 배임고의] 부실회사채의 지급보증을 하여 국민경제의 발전을 목적으로 하는 대한보증보험의 대표 甲은 D개발의 대표 乙이 연대보증한 H 산업 등의 기술개발유자금에 대한 지급보증을 하였다. 그러나 이 회사들이 부도처리됨으로써 D보증보험은 지급보증액 상당의 손해를 입었다. 이 과정에서 甲은 D회사의 지급보증에 관한 영업지침을 위배하였지만, D개발이 중국 흑룡강성의 삼강평원에 한국 최초의 대규모 해외농업개발 추진하고 있었고, 乙이 정재계에 영향력 있는 인물이었으며, 중국과의 수교를 계기로 위 개발계획이 언론에 유명세를 타는 등 사업전망이 있다고 판단하였다. 또한 D개발의 연대보증하에 지급보증하는 것에 실무자들도 반대하지 않았고, 甲의 개인적 이익도 얻으려 하지 않았다. ① 판례(대판 2002도4229)는 이 사안에서 경영판단원칙을 적용함으로써 업무상 배임죄의 고의를 인정하지 않았다. ② 甲에게 배임고의가 인정되려면 합리적 경영판단인 점 이외에 위법이 있었어야 한다. 영업지침의 위반은 위법은 아니므로 甲에게 경영판단원칙을 적용할 수 있다. ③ 경영판단을 '리스크오류형'과 '절차하자형'으로 나누고 임무위배여부의 판단에 고려하자는 견해[126]에 의하면 甲의 경영판단은 영업지침에 위반된 점에서는 절차하자형에, 투자전망의 실패라는 점에선 리스크

124) 이하의 내용은 이상돈, *형법강의* (법문사, 2010), §8-96 내지 101의 내용을 발췌하고 다듬은 것임.

125) 이는 미국의 경우 ALI §4.02와 MDCA §8.30(d)에 명문화되어 있다.

126) 대표적으로 이정민, "경영판단원칙과 업무상 배임죄", *형사정책연구* (제18권 제4호, 2007), 159~188쪽 참조.

오류형에 속한다. ④ 사견으로 절차의 하자가 '위법'인 경우라면 고의를 인정하고 그 중대성에 따라 배임죄의 임무위배여부를 판단하여 배임죄의 미수범 성립여부를 검토하고, 내부지침위반인 경우에는 경영판단원칙의 다른 적용요건(요소)들을 종합 고려하여 배임고의를 인정[127]하거나 부정할 수 있고, 따라서 미수범도 성립할 수 없다고 본다.

③ 셋째, 그 밖에 '경영자 또는 제3자의 이익이 아니라 회사의 이익을 위하여 행해질 것'이라는 요건을 달기도 한다.[128] 그러나 경영자 자신의 이익을 위한다는 것은 경영범죄에 국한되지 않는 배임고의의 한 내용인 불법이득의사이다. 따라서 불법이득의사가 없을 것이란 점은 경영판단원칙을 제한하는 고유한 요소는 아니다. 또한 경영판단원칙을 임무위배여부의 판단에 적용한다면 불법이득의사가 있어도 드물지만 경영판단원칙에 따라 임무위배가 인정되지 않으면 여전히 배임죄가 성립하지 않는 경우도 있다.

127) 예를 들어 이런 취지의 판례로 "금융기관의 임·직원이 대출을 함에 있어서 금융기관의 이자수익을 위한다는 의사가 있었다고 하더라도 대출 당시 여신규정을 위반하였을 뿐만 아니라 대출신청인의 재무상태, 다른 금융기관에 대한 차입금 등의 채무를 포함한 전반적인 금융거래상황, 대출금의 용도, 사용기간 및 상환능력이나 제공된 담보의 가치를 평가하여 대출 적격 여부를 제대로 심사하지도 아니한 채 채무상환능력이 불량한 대출신청인에게 대출을 한 경우에는 이러한 임무위배행위로 제3자로 하여금 재산상 이득을 취득하게 하고 금융기관에 손해를 가한다는 인식과 의사가 없었다고 볼 수 없다"(대판 2006도7487).

128) *경제범죄론* (사법연수원, 2002), 216쪽 아래; 같은 취지의 이경열, "경영판단의 과오와 업무상 배임죄의 성부", *법조* (제55권 제12호, 2006), 155쪽.

제 2 부

공정거래와 형법

출처와 생성

[2]단락의 글의 대부분은 2003년 법제연구(통권 제25호, 2003), 167~195쪽에 게재된 "공정거래질서와 형법정책"에서 나온 것이다. 이 논문 이후에 계속된 경영관련 형법분야에 대한 연구들(예: 부실감사법, 공익소송론, 조세형법론)에서 성장한 이론들을 배경으로 하여, 이 책 [3]단락에서 다루는 카르텔죄와 [4]단락의 시장지배지위남용죄, 그리고 [5]단락의 동의명령제에서 새롭게 밝힌 이론들을 포괄하거나 그것들과 접점을 이룰 수 있도록 2003년의 논문을 수정·보완한 글이다. 특히 보호법익으로서 소비자주권, 카르텔의 형사불법지수, 동의명령제 등의 내용이 보완되었다.

02 공정거래형법의 조망과 전망

Ⅰ. 공정거래형법의 현황

1. 공정성 - 시장의 경제성과 도덕성의 수렴점

자본주의체제가 발전할수록 시장과 거래의 공정성(fairness)은 더욱 더 중요해진다. 많은 사람들은 자유로운 시장이 재화를 불평등하게 분배하더라도 공정성이 어느 정도까지는 사회적 통합을 이뤄내는 힘을 발휘한다고 믿기 때문이다. 그 믿음은 나름대로 근거를 갖고 있다. 왜냐하면 공정성은 생산의 측면에서는 중장기적으로 '경제적 효율성'을 증대시키고, 분배의 측면에서는 그렇게 증대된 효율성에 따라 각 개인에게 분배될 재화의 몫을 증대시키기 때문이다.[1) 또한 공정성은 자원배분의 합리성이라는 후생경제학적 버전에서 이해될 경우에는 미약하나마 재화의 지나친 편중분배도 얼마간 지양시킬 수 있는 이념의 출발이 되기도 한다. 더 나아가 공정성은 경제영역에서 사회적 약자나 소수자인 사람들(예: 소비자, 노동자)의 비판적인 감시적 참여를 허용함으로써 얼마간 경제의 민주성을 실현할 수 있게 하기도 한다. 물론 공정성의 이념은 노동자의 완전한 경영참여와 같은[2) 경제민주주의의 이상적인 실현에까지 이르지는 않는다. 그 대신 공정성의 이념은 소비자주권의 이념에 바짝 다가서고 있다.

이와 같은 시장과 거래의 공정성은 우리나라가 개도국에서 벗어나 OECD 회원국이 된 시점을 전후로 하여 우리나라의 경제영역에서도 점차 가장 중요한 도덕적 정언명령이 되어가고 있다. 시장과 거래의 공정을 담보하는 대표적인 법은 「독점규제 및 공정거래에 관한 법률」[3)이고, 이 법을 관장하는 국가기

---

1) 이는 롤즈(Rawls)의 최소극대화(maxmin)원칙(John Rawls, *A Theory of Justice*, 1971)에 대한 나의 법경제학적 해석이라 할 수 있다.

2) 이를테면 생산라인의 확대, 해외투자 등과 같은 개별적인 경영판단과 전략에 대해 노동자(노동조합)가 경영자와 공동으로 결정하는 제도를 들 수 있다. 국내에서는 2003년도 현대자동차의 단체협약에 포함된 내용의 일부가 이러한 경향을 갖는 것으로 볼 수 있다.

3) 이하에서 공정거래법으로 약칭한다.

관은 공정거래위원회이다. 공정거래위원회는 세칭 '경제검찰'로 불리며 그 위상이 날로 높아지고 있다. 경제검찰이라는 비유는 공정거래(형)법 위반에 대한 수사의 실질을 공정위가 하기 때문만이 아니다. 공정위는 검찰이 수사와 공소유지 및 형집행을 통해 생활세계를 도덕화 하는 것처럼, 불공정거래행위를 통제함으로써 시장영역을 도덕화한다. 하지만 공정위의 도덕화 기획은 근본적으로는 경제적 효율성과 조화되는 선에서만 이루어진다. 또한 그래야만 한다. 물론 주관적 권리의 체계로 재구성된 도덕을 제도화한 근대형법이, 사적 복수의 악순환이라는 역사와 비교해볼 때, 상대적으로 분쟁해결의 사회적 비용을 감소시킨다는 법경제학적 이해에서[4] 보면 검찰의 도덕화 기획도 거시적인 경제적 효율성과 아주 무관하지는 않다. 하지만 공정거래위원회에 의한 시장의 도덕화 기획은 그런 미약한 경제적 효율성을 넘어서 적극적인 의미, 이를테면 후생경제학적 관점에서 말하는 최적의 배분적 효율성, 바꿔 말해 파레토최적(Pareto optimal)에 수렴될 수 있는 효율성을 동시에 추구한다. 그러니까 파레토가 말하는 '사회구성원 모두에게 가장 높은 효용을 가져다주는 자원배분'이 가능한 시장상태는 공정거래위가 기획하는 도덕성과 기업이 지향하는 효율성이 수렴되는 지점이 될 수 있다.

2. 공정거래형법의 현실

현행 공정거래법에는 중요한 불공정거래행위의 대부분에 벌칙조항이 마련되어 있다. 이 공정거래형법은 이와 같은 의미에서 경제성과 도덕성이 균형 잡힌 시장상태를 구축하는데 필요한 인프라로서 기능할 것이 기대된다.

(1) 공정거래형법의 역할범위 그런데 현행 공정거래법은 ① 단지 시장을 경쟁적 구조로 짜는 데 그치지 않고 ② 개별거래행위의 공정성을 실현하는 과제를 함께 짊어지고 있다.

1) 경쟁적 시장구조, 재벌규제, 개별거래의 공정성 앞의 경우에 형법은 시장구조정책을 현실에 옮기는(Implementation der Politik) 도구가 되고, 뒤의 경우에 형법은 경제생활세계에 이미 문화적으로 전승된 도덕규범을 확인하고 관철하는 제도의 성격이 더욱 두드러진다. 또한 시장구조정책의 수단으로서의 형법

---

4) 이런 해석으로 Peters, *Rationalität, Recht und Gesellschaft* (Suhrkamp, 1991), 202쪽; 이상돈, *형법학: 형법이론과 형법정책* (법문사, 1999), 50쪽 참조.

도 다시금 앞서 설명한 경제성과 도덕성이 수렴되는 시장상태, 즉 경쟁적 시장구조의 구축에 직접 기여하는 경우(①-1)와 간접적으로 기여하는 경우, 예컨대 반재벌정책(예: 지주회사 설립금지, 대규모 기업집단 소속 계열회사 사이의 상호출자나 상호채무보증의 제한 등)처럼 경제력 집중을 억제하는 정책을 수행하는 경우(①-2)로 나뉠 수 있다. 공정거래법의 역할을 시장구조정책에 국한할지(②의 배제) 아니면 개별거래행위의 공정성 확보까지 포함할지, 또 그 중에서도 반재벌정책(①-2)은 제외하고 독점규제정책(①-1)에만[5] 국한할지가 경제법학에서는 큰 논란이 될 수 있다.

2) 핵심형법과 차별화되는 공정거래형법의 역할범위 이 논란은 경제체제에 대한 이데올로기적 대립의 냉전을 형성한다. 하지만 공정거래질서의 확립에서 형법이 어떤 역할을 해야 하는지는 그와 같은 경제법학적 논의에 들어가 어떤 입장을 취할 것인지를 먼저 결정해야만 비로소 정해질 수 있게 되는 것은 아니다. 어떤 역할이든 간에 형법규범으로서 정당성을 가질 수 있는지는 다양한 형법이론에 의해 독자적으로 검토될 수 있다. 다만 이런 논란의 전개 자체는 경쟁적 시장구조의 형성과 유지가 공정거래법이 작동해야 하는 '중심영역'이고 재벌규제정책은 그 다음, 그리고 개별거래행위의 공정성 확보는 가장 '주변영역'에 속한다는 잠정적인 판단을 가능케 한다. 공정거래형법도, 형법학의 전통적인 법익론, 이를테면 인격적 법익론에서 바라보지 않고, 핵심형법(형법전)으로부터의 독자성을 인정받기 위해서는 차별화된 역할과 기능을 수행해야 한다는 관점에서 바라본다면, 그 중심적인 임무는 경쟁적 시장구조의 확립에 있고, 재벌규제는 그 다음, 그리고 개별거래행위의 공정성 확보는 가장 나중의 것이 된다. 거꾸로 보면 개별거래행위의 공정성 확보는 기존의 형법전에 의해서도, — 특히 사기죄나 배임죄, 횡령죄, 업무상 배임수(증)재죄, 업무방해죄 등의 규정에 의해서 — 상당한 부분은 확보될 수 있다.

(2) 편향적 법운영 공정거래형법의 정당성에 대한 검토에 들어가기에 앞서 공정거래위원회의 실무현실은 비판적 관점의 출발이 될 수 있고, 또한 그래야 한다.

1) 개별불공정거래 편중 공정거래위원회의 활동을 종합적으로 평가하면 경

---

5) 예컨대 반재벌정책을 공정거래법의 과제로 보는 권오승, *경제법*, 1999, 93~94쪽, 238~240쪽; 이에 반해 독점규제에 국한하자는 견해로 이문지, "한국 경쟁법의 어제, 오늘 그리고 내일", *경영법률* (제17집 제4호), 67~108쪽; *한국 독점규제법 비판* (자유기업센터, 1997), 59~60쪽 참조.

쟁적 시장구조의 확립보다는 개별거래행위의 공정성 확보에 상당히 편향된 모습을 보인다고 할 수 있다.

> 예를 들어 2009년도의 공정거래법 위반유형별 사건처리 구성비를 보면 개별불공정거래행위는 72.7%, 시장지배지위남용은 1%, 카르텔은 8.8%, 경제력집중은 3.3%, 기업결합은 2.2%를 차지하고 있다.[6)]

이처럼 시장의 구조적 불공정성보다 개별거래행위의 불공정을 시정하는데 집중하는 실무는 '부도덕한 시장 속의 도덕적 개인'이라는 모순적인 인간상을 전제할 수 있다. 공정하기 어려운 구조 속에서 그 구조는 그냥 놔둔 채 개별적인 거래행위만 공정할 것을 요구하는 것은 '집단적 책임의 개별적 귀속'이라는 비판을 면하기 어렵다.

2) 규제편의성 이런 편향성의 원인에 대한 분석은 다양할 수 있지만, 개별거래행위에서 불공정성이 좀 더 명확하고 승소가능성이 높다는 분석[7)]은 주목할 만하다. 비록 형사처벌에까지 이르는 경우는 적다고해도, 형사 고발권을 쉽게 행사할 가능성을 가지고 있을 때 공정거래위원회는 자신이 내리는 시정명령이나 각종 의무이행확보수단(예: 부당이득세, 과징금, 가산세, 공급거부, 관허사업의 제한 등)도 실효성을 가질 수 있다는 생각을 갖기 쉽다.[8)] 그런데 형사 고발권은 어떤 행위가 공정거래형법에 위반되는 지를 분명하게 판단할 수 있을 때 자유로운 활용이 가능하다. 헌법적으로 높은 명확성이 요구되는 형사불법이고, 공정거래위원회가 고발권을 자유로이 활용할 수 있는 가능성을 확보하는 범죄유형은 공정거래형법 가운데에서도 개별적인 불공정거래행위라고 볼 수 있다. 바로 이런 점으로부터 개별적 불공정거래행위는 공정거래위원회의 통제대상에서 제외되어야 한다는 비판에도 불구하고 공정거래위원회의 통제가 그런 행위유형에 상당히 편향되는 이유를 이해할 수 있다.

(3) 형법의 집행흠결 하지만 이런 편향성에도 불구하고 개별적인 불공정거래행위를 범죄화 하는 규정은 다른 공정거래형법규정과 마찬가지로 법위반행위에 대해 실제로 적용되는 확률이 현저하게 낮은 현상을 보이고 있다.

1) 현 상 1981년~2009년까지 법위반에 대한 조치의 내용을 유형별로

6) 공정거래위원회, *2009년도 통계연보* (2010), 26쪽.

7) 서정, *독점규제법 집행에 관한 연구* (서울대 석사학위논문, 1998), 24쪽.

8) 이 점은 공정거래위원회가 계좌추적권 같은 강제수사권을 확보하려는 강한 경향을 보이는 데서도 잘 드러난다.

▌도표 4▐ 공정거래위원회의 제재의 유형별 비율

고 발	161건	약 1.2%
과징금	1,543건	약 12.2%
시정명령	5,088건	약 40.3%
시정권고	891건	약 7%
경 고	4,926건	약 39%
총 계	12,609건	

보면 형사고발은 총제재조치건수인 12609건의 약 1.2%밖에 차지하지 않는다. 형벌과 가장 유사한 징벌과 예방기능을 가진 제재인 과징금도 12.2% 수준이다.[9] 그러니까 공정거래형법은 다른 어떤 전문형법에 비해서도 집행의 흠결(Vollzugsdefizit)[10]이라는 현대형법의 특징을 매우 두드러지게 보이고 있는 셈이다.

2) 원 인 이런 집행의 흠결은 물론 공정거래위원회가 형벌권 발동의 전제인 전속고발을 일반적으로 다른 통제수단이 효과를 충분히 발휘할 수 없는 경우에만 보충적으로 사용하는 경향, 그리고 경제영역에다 사법의 칼날을 지나치게 휘둘러 경제를 그르치지 않으려는 절제[11]에서 비롯된다.

하지만 여기서 간과할 수 없는 또 다른 중요한 이유가 있다. 그것은 공정거래위원회가 제재한 사건의 다수를 차지하는 개별적인 불공정거래행위의 불법이 갖는 특징이다. 즉, 개별적인 불공정거래행위는 공정거래법 이외에 소비자기본법이나 광고사기 등을 규제하는 표시·광고의 공정화에 관한 법률 등의 다른 법률이 규제하는 행위와 그 불법의 실질이 많은 경우에 중첩되고, 더 나아가 기존 민법상의 불법행위나 형법전의 재산범죄(예: 사기죄)와도 중첩된다는 점이다. 다시 말해 개별적인 불공정거래행위는 검찰의 수사와 통제가 직접 미칠 수 있는 반경 안에 있는 범죄행위로도 해석될 수 있는 것이다. 여기서 공정거래위원회는 재산범죄적인 요건을 충족할 가능성이 보이는 개별적인 불공정거래행위에 대해서는 행정법적 제재만을 가하고, 형벌권의 행사는 검찰의 판단에 내맡기는 권한존중의 태도를 가질 수밖에 없다.[12] 이런 태도는 공정거래형법을 동

---

9) 이 통계는 공정거래위원회, *2009년도 통계연보* (2010)의 통계로 산출된 것임.

10) 환경, 경제 형법 등의 영역에서 집행의 흠결을 구조적으로 분석·비판한 Peter-Alexis Albrecht, "Das Strafrecht auf dem Weg vom liberalen Rechtsstaat zum sozialen Interventionsstaat", *KritV* (1988), 182~209쪽 참조.

11) 이런 관점에서 전속고발권의 합헌성을 근거지운 헌재결 1995.7.21, 94헌마191 참조.

12) 이런 절제와 권한의 상호존중은 법사회학적으로는 경제체계와 사법체계 사이의 통합(Systemintegration)의 의미를 지닌다. 전속고발권의 주체인 공정거래위원회와 검찰권의 주체인 검찰 사이의 상호존중은 체계통합의 매개점이 된다. 공정거래법 제71조는 이를 제도화하고 있다. 여기서 제71조 3항은 검찰이 고발이전에도 수사를 할 수 있다는 것(박미숙, 공정거래법상 전속고발제도,

원하는 비율의 현저한 저하를 가져온다.

3. 공정거래형법의 개혁과제

이상과 같은 공정거래형법의 현실은 이중적인 개혁의 과제를 던져준다. 첫째, 공정거래법의 중심영역(시장구조정책영역)은 놔두고 주변영역(개별적 거래행위)에서 형법이 주로 기능하는 현실을 어떻게 바꿀 것인가 하는 문제이다. 이 문제를 두고 두 가지 방안, 즉 형법을 실제로 '시장구조정책의 현실화'(Implementation der Politik) 수단으로 기능하게 하는 방안(형법의 정책도구화)과 정반대로 그런 수단의 자리를 다른 법에 내주고 형법은 철수하는 방안(비범죄화 Entkriminalisierung)이 대립전선을 펼칠 수 있다. 어떤 방안이 어떤 불공정거래행위에 대해 적절한 것인지는 시장구조정책의 대상이 되는 불공정거래행위들의 불법이 형사불법이 될 수 있는지, 만약 그렇지 못하다면 형법이외에 다른 어떤 법적 통제가 적절한 제재수단이 될 수 있는지에 대한 법이론적 성찰을 거친 후에야 비로소 대답될 수 있다.

둘째, 공정거래형법은 자신이 주로 기능[13]하는 공정거래법의 주변영역에 들어가서도 막상 집행되지 않는다는 모순, 그러니까 형법 이론적 용어로 '상징형법'(symbolisches Strafrecht)[14]의 상태를 어떻게 극복할 것인가 하는 과제가 있다. 이 과제를 해결하려면 개별적인 불공정거래행위의 불법이 형사불법에 속하는지에 대한 형법 이론적 성찰도 필요하지만 그보다는 핵심형법이라고 부를 수 있는 형법전의 재산범죄규정들과는 별개로 전문화된 형법이 개별적인 불공정거래행위가 일어나는 영역에서도 필요하고 정당한가 하는 점에 대한 법이론적 성찰이 필요하다.

형사정책연구소식, 2002, 11/12, 7쪽)이 아니라 — 특히 고발가능성에 대한 예측이 어려운 점을 고려하면 — 원칙적으로 수사를 자제하고, 설령하더라도 임의수사만을 허용하는 것으로 해석되어야 한다. 반면 공정거래위원회는 고발에 관해 재량을 가지지만, 명백하고 중대한 위반에 대해서는 반드시 고발함으로써(제71조 2항), 사법체계를 존중하여야 한다.

13) 여기서 기능함이란 실제 처벌됨이 아니라 전속고발권의 행사를 통해 형사 처벌될 수 있다는 위협의 도구로 기능함을 말한다.

14) 이에 관해선 Hassemer, Symbolisches Strafrecht und Rechtsgüterschutz, NStZ 1989, 553쪽 아래(배종대·이상돈 편역, 『형법정책』, 1999, 318쪽 아래 참조).

Ⅱ. 불공정거래행위의 불법구조

이 성찰은 먼저 불공정거래행위의 중요유형을 개관하고 각 유형들이 갖는 불법의 구조를 전형적인 형사 불법의 그것과 비교할 것을 요구한다.

1. 불법의 기능주의적 유형화

현행 공정거래법이 규정하는 대표적인 불공정거래행위는 범죄행위로 통제되기도 하고 과태료가 부과되는 일탈행위로 제재되기도 한다. 그런데 공정거래법이 어떤 일탈행위를 범죄로 만들어 어떤 강도로 처벌하고, 다른 어떤 일탈행위를 행정범으로 어느 강도의 행정벌을 부과하는 방식의 원리는 '기능주의'(Funktionalismus)이다. 즉, 그 행위의 존재론적 유형보다는 공정거래체계의 형성과 유지라는 목적의 달성에 기능적으로 필요한 만큼 범죄화하고, 제재의 수위도 그에 따라 정하는 것이다.

(1) 불공정거래행위와 형벌 공정거래법에 의해 범죄화되는 법위반행위의 중심은 5가지 불공정거래행위(법 제66조~제67조)이다.

1) 범죄화 이 불공정거래범죄의 5가지 유형들을 간략히 정리해보면 다음과 같다.

(가) 시장지배적 지위남용 시장지배력을 이용하여 상품의 부당한 가격결정, 부당한 출고조절, 부당한 사업활동방해, 경쟁사업자의 부당한 시장진입방해, 경쟁사업자의 부당배제나 소비자 이익을 현저히 저해하는 행위(제3조의2)는 3년 이하의 징역 또는 2억원 이하의 벌금(제66조 제1항 제1호)에 처한다(유형 ①).

(나) 경쟁제한적 기업결합 경쟁을 제한하는 다른 회사의 주식의 취득·소유, 다른 회사의 임원겸임, 다른 회사와의 합병, 다른 회사의 영업 양수, 새로운 회사의 설립 그리고 강요 기타 불공정한 방법으로 기업결합을 하는 행위(제7조)는 3년 이하의 징역 또는 2억원 이하의 벌금(제66조 제1항 제2호)에 처한다(유형 ②).

(다) 경제력집중의 억제 동일인이 지배하는 기업집단(대규모기업집단)의 경우에 지주회사의 (자회사[간]과 또는 계열회사와의 채무보증 등의) 행위제한(제8조의2, 제8조의3), (계열회사간의) 상호출자의 제한(제9조), 타 회사에 대한 출자의 총액

제한(제10조), 계열회사에 대한 채무보증금지(제10조의2), 금융 또는 보험회사의 의결권 제한(제11조)을 위반하는 행위는 3년 이하의 징역 또는 2억원 이하의 벌금(제66조 제1항 제3호~7호)에 처한다(유형 ③).

(라) **카르텔** 다른 사업자와 공동으로 상품·용역의 가격, 거래조건, 거래량, 거래상대방 및 거래지역 등을 부당하게 제한하거나 영업의 공동수행 및 관리를 위한 회사의 설립 등의 행위[15](제19조)는 3년 이하의 징역 또는 2억원 이하의 벌금(제66조 제1항 제9호)에 처한다(유형 ④).

(마) **개별적 불공정거래행위** 거래의 거절이나 차별취급, 경쟁자 배제, 고객유인·거래강제 등(상대방의 합리적 선택 방해), 자신의 거래상 지위를 이용한 거래, 상대방의 사업 활동을 구속 또는 다른 사업자의 사업 활동 방해, 특수 관계인이나 회사에 대한 현저히 유리한 조건의 제공 등이 부당한 경우의 행위(제23조), 재판매가격유지행위금지(제29조) 위반, 부당한 국제적 협정·계약금지(제32조) 등을 위반하는 행위는 2년 이하의 징역 또는 1억 5천만원이하의 벌금(제67조)에 처한다(유형 ⑤).

2) 형사불법유형의 발굴과제 공정거래법은 그 본래의 관할영역인 시장구조정책에서 중요한 일탈행위들(유형 ①~④)을 가장 무겁게 처벌하고 있고, 주변영역이라고 할 수 있는 개별적 불공정거래행위(유형 ⑤)는 한 단계 가볍게 처벌하고 있다. 이러한 형벌의 차등은 공정거래법의 목적에 비추어 보면 타당하게 보이지만, 뒤에서 보듯 그 행위들의 불법이 실질적으로 그런 법정형으로 상쇄시켜야 할 형사불법의 유형적 본질을 갖고 있는가 하는 관점에서 보면 회의적일 수 있다. 바로 그렇기 때문에 그런 유형들에서 진정으로 형사불법을 갖는 법위반행위는 어떤 모습을 갖고 있어야 하는지가 면밀하게 검토되어야 한다. 그러나 일단 공정거래형법이 경쟁적 시장구조의 구축을 통해 거시적으로 소비자후생을 극대화하는 기획을 갖는 법이라면 그 불법의 강약 순은 시장지배지위남용(유형 ①)과 카르텔(유형 ④) → 기업결합제한(유형 ②)과 경제력집중억제(유형 ③) → 개별불공정거래행위(유형 ⑤)의 순으로 배열될 수 있다. 시장지배지위남용과 카르텔은 경쟁시장의 본래적 기능을 '직접적으로' 위태화하고, 기업결합과 경제력집중은 '간접적으로' 위태화하기 때문이다. 여기서 간접적이라 함으로 그 행위들을 통해 직접적인 위태화의 지위나 가능성이 열린다는 의미에서

15) 흔히 카르텔이라고 불리는 공동행위에 대한 이러한 개념정의는 대판 1993.2.23, 92도616 참조.

그러하다.

(2) **행정법적 일탈행위** 범죄화되어 있는 이들 주요 불공정거래행위에 대한 공정거래위원회의 행정법적 통제의 실효성을 위태롭게 하는 행위들도 범죄화되거나 과태료의 제재를 받는다. 그 주요내용을 요약정리해보면 다음과 같다.

1) 시정조치 · 금지명령위반죄 공정거래위원회의 각종(앞의 유형 ①~⑤에 관련한) 시정조치나 금지명령에 응하지 아니하는 행위(제67조 6호)는 2년 이하의 징역 또는 1억5천만원 이하의 벌금에 처한다(유형 ⑥-1).

이런 행정형법은 시장구조와 관련한 중요한 불공정행위(유형 ①~④)들을 시정하기 위한 공정거래위원회의 조치나 명령에 불응하는 행위(유형 ⑥-1)들에 대한 법정형을 개별적 불공정거래행위(유형 ⑤)의 그것과 같게 설정하고 있다. 이는 공정거래법의 목적에서 바라보면 논리적인 입법이다. 왜냐하면 그런 일탈행위는 시장구조관련 불공정행위 그 자체는 아니고 그것을 시정하기 위한 공정거래위원회의 기능을 직접 위태롭게 하는 행위라는 점에서 불법은 약화되어 있는 반면, 그 행위에 의해 위태화되는 법익은 개별적 불공정거래행위보다 더 중대하고, 이 두 측면은 서로 상쇄시키고 있기 때문이다.

2) 범죄화된 행정법적 의무 위반 각종 허위의 보고(또는 신고)나 보고(또는 신고)의무의 위반, 상호출자제한기업집단의 지정에 관련한 자료제출의 거부나 허위 자료제출, 기타 통지의무의 위반(제68조) 행위는 1억원 이하의 벌금에 처한다(유형 ⑥-2).

공정거래법의 목적을 달성한다는 관점에서 바라보면 이미 발생한 불공정행위를 신속하게 시정하는 것과 미래에 발생할 불공정행위를 철저하게 예방하는 것은 똑같이 중요하다. 그러므로 앞의 시정조치 또는 금지명령의 불복종행위(유형 ⑥-1)와 공정거래체계의 유지 · 형성을 위한 공정거래위원회의 중요한 예방적 활동(예: 상호출자제한기업집단의 지정)을 위태롭게 하는 행위들(유형 ⑥-2)은 동일한 법정형에 의해 제재될 수 있다. 다만 앞의 경우(⑥-1)가 '사후적 처벌'이라면 뒤의 경우(⑥-2)는 '예방적 처벌'이라고 할 수 있다.

> 예방적 처벌은 행정법적 의무, 그러니까 공정거래체계의 기능을 관리하는 공정거래위원회의 예방적 활동을 위태롭게 하는 행위의 금지를 내용으로 한다는 점에서 형법을 행정법의 영역으로 앞당기고, 형벌을 과태료의 영역으로 앞당긴다고 할 수 있다. 이를 독일 형법학의 용어를 빌리면 (형법이 본래 관할하는 영역의) '전

단계화'(Vorverlegung)[16]라고 부를 수 있다. 이에 비해 시정조치나 금지명령의 불복종행위의 범죄화는 이미 발생한 불공정행위의 사후적 교정을 위해, 그것도 행정법적 의무위반의 행위에 대한 형사처벌이라는 점에서 — 불공정행위에 대한 형법의 관할을 정당한 것으로 가정한다면 — 형법의 '후단계화'라고 부를 수 있을 법하다. 어쨌든 형사처벌을 앞당기든, 뒤로 연장하든 행정법적 의무위반행위들이 공정거래체계의 형성·유지라는 목적의 달성을 위해 범죄화 되고 있다는 점에서는 차이가 없다.

3) 과태료의 제재를 받는 행정법적 의무 위반 대규모내부거래의 이사회 의결의무 및 공시의무위반, 기업결합의 미신고, 계열회사편입·제외에 관련한 자료제출의 거부나 허위자료제출, 위반행위조사를 위한 공정위의 출석요구에 불응하거나 필요 자료의 제출거부, 허위보고 및 허위자료제출(제69조의2 제1항), 공정위 심판정에서의 질서유지명령에 대한 불복종(제2항) 등의 행위는 (사안에 따라) 1천만, 5천만, 1억 또는 2억원 이하의 과태료에 처해진다.

이런 행위들은 범죄화된 행정법적 의무위반의 유형(⑥-2)보다는 상대적으로 경미한 의무의 위반, 바꿔 말해 그 의무의 위반이 공정거래체계의 기능을 위태화 하기에는 아직은 미약한 위험원이 될 뿐인 행위들(유형 ⑦)이다. 그렇기 때문에 단지 과태료라는 제재를 받게 된다. 공정거래위원회에 대한 자료제출의 거부나 허위자료제출이라는 외형상 동일한 행위양태가 어떤 경우는 범죄가 되고, 다른 경우는 행정법적 일탈행위가 되는 것도 그 행위의 불법유형이 '존재론적으로' 다르기 때문이 아니다. 그런 차별화는 '공정거래위원회가 공정거래체계를 형성·유지하는데 얼마나 장애가 되느냐, 바꿔 말해 공정거래위원회의 업무목적달성에 어느 정도의 장애를 초래하느냐' 하는 관점에서 비로소 설명될 수 있다.

2. 불법의 존재론적 구조화

이와 같이 현행 공정거래형법의 범죄체계에 내재된 목적론적, 기능주의적 관점과 달리 일탈행위 자체의 존재론적 불법구조(ontologische Struktur des Unrechts)에서 바라본다면 불공정거래행위의 다양한 유형들은 다른 방식으로 정렬될 수 있다.

---

16) 이에 관해 자세한 것은 이상돈, *형법학: 형법이론과 형법정책*, 1999, 28~35쪽 참조. 이를 형사처벌의 '전단계화'라고 표현하기도 한다.

(1) **존재론적 관점** 여기서 말하는 존재론적 관점이란 불공정거래행위들이 형법의 '정당한' 보호법익과 맺는 관계의 양상을 잣대로 범죄화와 기타 제재의 수위를 결정하는 관점을 말한다. 바꿔 말해 불공정거래행위들이 형법에 의한 보호가 전통적인 '형법이론'에 의거할 때 정당성이 인정되는 법익의 침해나 위태화의 영역 안에 들어와 있는지, 또 밖에 있다면 얼마나 먼 거리에 위치하고 있는지에 따라 그 행위들의 불법의 실질을 규정짓는 관점이다.

그리고 여기서 말하는 '형법이론'의 구체적 내용은 '법익론'이다. 형법은 전통적으로 개인들의 자유로운 행동이 서로 조화를 이룰 수 있기 위한 조건이며, 헌법의 기본권목록으로 침전되어 있는 법익을 보호하는 데서 그 정당성을 발견해왔다. 이를 인격적 법익론이라고 부른다.

또한 근대형법은 주관적 권리의 공정분배체계를 구현하는 행위규범을 설정하고 그 효력을 유지하는 방식으로 법익을 보호한다. 여기서 행위규범은 보통 사람들의 삶의 세계의 기초규범을 이루는 것이며, 그런 점에서 형법은 "생활세계의 정당한 질서"[17]라고 불리기도 한다. 인격적 법익론은 이러한 형법이해와 잘 어울리는 법익이론이다. 그러나 인격적 법익론의 진영에서도 형법은 개인의 권리뿐만 아니라 제도(예: 국가의 존립이나 화폐제도 같은 국가적 또는 사회적 법익)나 사회체계의 인프라와 같은 보편적 법익(Universalrechtsgüter)을 보호할 수 있다. 다만 그런 보호는 그 자체가 목적이 아니라 그것을 통하여 모든 개인들의 법익(예: 소비자의 후생)이 실제로 보호되고 증진될 수 있다는 점이 확증될 때에만 인정될 수 있는 것이다.[18]

(2) **공정거래형법의 보호법익** 불공정거래행위를 범죄화한다면 그 보호법익이 무엇인지가 먼저 확인되어야 한다. 공정거래법 제1조는 "공정하고 자유로운 경쟁을 촉진함으로써, 창의적인 기업 활동을 조장하고, 소비자를 보호함과 아울러 국민경제의 균형 있는 발전을 도모함을 목적으로 한다"라고 규정하고 있다.

1) **경쟁적 시장구조의 구축** 이 목적강령을 법익론의 관점에서 재해석하면 공정거래형법의 법익은 보편적 법익인 공정거래체계의 형성·유지라고 할 수

17) Habermas, *Theorie des kommunikativen Handelns*, Bd.2 (Suhrkamp, 1981), 535쪽.

18) 인격적 법익론의 대표로 Winfried Hassemer, "Grundlinien einer personalen Rechtsgutslehre", *FS-Arthur Kaufmann zum 65*. Geburtstag, 1989, 85쪽 아래 (배종대·이상돈 편역, *형법정책* [법문사, 1999], 339쪽 아래 참조).

있다. 이 보편적 법익은 다시 '자유로운 공정경쟁'(경쟁적 시장구조의 확립)과 '국민경제의 균형 발전'(예: 경제력집중의 억제)이라는 법익으로 구분된다. 경쟁적 시장구조의 확립이 목적이라면 그 목적의 달성을 통해 실현되는 결과가 국민경제의 균형발전이다. 그런 목적이 달성되고, 결과가 실현된 상태가 바로 공정성(fairness), 공정한 시장질서이다. 법은 경쟁적 시장구조의 확립을 통해 기업의 생산효율성(productive efficiency)과 소비자의 편익을 균형있게 실현할 것을 요구한다.

2) 소비자 후생의 극대화 물론 이 법익들의 보호는 궁극적으로 소비자인 모든 일반시민의 이익을 보호하기 위한 것으로 볼 수 있다. 다시 말해 기업의 생산효율성과 소비자의 편익을 균형있게 실현하는 경쟁적 시장구조의 확립과 국민경제의 균형발전은 '장기적으로' 모든 소비자의 총효용을 극대화, 즉 '소비자 후생'의 극대화를 지향하는 것이다. 여기서 소비자후생의 개념은 소비자의 편익의 개념과 구별됨에 주의할 필요가 있다. 소비자후생은 장기적인 관점에서 파악되는 현상인데 비해, 소비자편익의 개념은 중·단기적안 관점에서 파악되는 현상이다. 또한 소비자후생은 기업의 생산효율성을 통해 더 촉진되는 것인데 비해, 소비자편익은 기업의 생산효율성과 대립항을 이룬다.

[소비자주권의 보호법익화 문제] 다만 경쟁적 시장구조의 확립과 유지와 무관하게 소비자후생을 강조하게 되면 소비자후생의 '경제적 목적'은 소비자주권이라는 '정치적 이념'으로 변화하기 쉽다. 공정거래법의 실무에서 소비자주권은 암암리에 또는 공개적으로 경쟁법적 규제의 목적으로 제시되기도 한다. 여기서 공정거래법의 운용이 순전히 경제학적 근거로만 이루어질 수 없지만, 다른 한편 지나치게 소비자주권이라는 가치론적 근거로만 이루어져서도 안 된다. 여기서 소비자주권의 보호법익화를 전면 금지할 수 없지만 경쟁체계를 구성하는 사회적 의사소통의 기반, 즉 폭넓은 공론에 근거하게 할 필요가 있다.

(3) 보호법익과의 거리 불공정거래행위의 존재론적 구조를 파악하기 위해 아래서는 각 법위반의 유형(①~⑤)마다 소비자 후생이라는 법의 궁극적인 목적 달성을 어렵게 만드는 정도를 구조적으로 차별화해보기로 한다. 다만 여기서 소비자후생의 개념은 거시경제학적으로 파악될 현상이므로, 각 행위유형의 차별적 특성을 구조화하기가 불가능하다. 행위가 전개되는 시간대와 그 효과가 발생하는 시간대가 너무나 차이가 날 수 있고, 그 효과의 발생여부도 언제나

논란에 빠지는 불확실성이 있기 때문이다. 그러므로 아래서는 부득이하게 기업의 생산효율성과 갈등관계를 맺는 소비자편익을 공격하는 정도를 구조적으로 차별화해보기로 한다.

1) 개별성과 집단성, 직접성과 간접성, 인과성과 비인과성 이 구조적 차별은 소비자편익에 대한 공격이 개별적인지 집단적인지, 직접적인지 간접적인지, 인과적인지 비인과적인지에 따라 이루어진다.

㈎ 개별불공정거래행위의 개별적 직접적 인과적 침해 경쟁사와 거래하는 편의점에게 다른 편의점에 비해 높은 가격으로 공급하는 행위[19]와 같은 개별적 불공정거래행위(유형 ⑤)는 '개인'(최종소비자나 최종유통업자[20])의 이익을 '직접' 그리고 '인과적'으로 침해한다는 점에서 민사 불법과 형사 불법의 전형과 유사한 불법의 실질을 갖고 있다.

㈏ 시장지배지위남용과 카르텔의 집단적 직접적 인과적 침해 다음으로 예컨대 비스킷의 용량을 감소시켜 가격을 인상한 시장지배자인 H제과의 행위[21]와 같은 시장 지배적 사업자의 지위남용행위(유형 ①)는 소비자의 이익을 '집단'으로 '직접' 그리고 '인과적'으로 침해할 위험을 초래한다. 시장에서 대표적인 신용카드회사들이 사장회의에서의 합의에 따라 수수료율을 일제히 인상하는 행위[22]와 같은 카르텔(유형 ④)도 시장 지배적 사업자의 지위남용행위와 같은 양상으로 소비자의 이익을 침해한다.

㈐ 경쟁제한적 기업결합의 간접적 인과적 침해 또한 예컨대 PVC안정제를 생산・판매하는 S회사가 경쟁업체인 D화학의 주식을 100%취득하는 행위[23]와 같은 경쟁제한적 기업결합행위(유형 ②)는 독점화를 초래하여 소비자의 이익을 '일반적'으로, 즉 간접적이지만 인과적으로 침해할 가능성을 발생시킨다. 이런

---

19) 공정거래위원회 1993.10.28 의결 제93-241호, 9309일705, 심결집 제13권 596쪽.

20) 여기서 불공정거래의 상대방이 소비자가 아니라 유통업자라면 그와의 불공정거래만으로 소비자의 이익이 침해되는 것이 아니라, 침해의 위험이 발생하는 것이라 할 수 있다. 그러므로 이하에서 말하는 침해는 구체적 위험으로, 구체적 위험은 추상적 위험으로 각기 연이어 한 단계씩 낮춰져야 한다. 하지만 이런 엄격성은 불공정거래행위에 대한 형사처벌을 너무 처음부터 배제하는 방향으로 작용한다(이 점을 보여주는 임철희, *경제체계의 기능보호와 형법의 효율성지향*, 고려대학교 석사학위논문, 1998, 49~51쪽). 그러므로 이 글에서 범죄화를 지지하는 견해를 좀더 공정하게 다루기 위해 형법학에서도 가장 넓은 손해 개념, 이를테면 '경제적 이성'(Otto, "Konzeption und Grundsätze des Wirtschaftsstrafrechts", *ZStW* [96, 1984], 360쪽 참조)에 대한 부정적인 영향만으로도 손해를 인정하는, 그런 손해 개념을 전제하기로 한다.

21) 공정거래위원회 1992.1.15 의결 제92-1호, 911독759, 심결집 제12권 21쪽.

22) 공정거래위원회 1988.12.21 권고 제88-34호.

23) 공정거래위원회 1982.12.15 의결 제82-24호, 심결집 제2권 9쪽.

▮도표 5▮ 불공정거래행위와 법익 사이의 거리

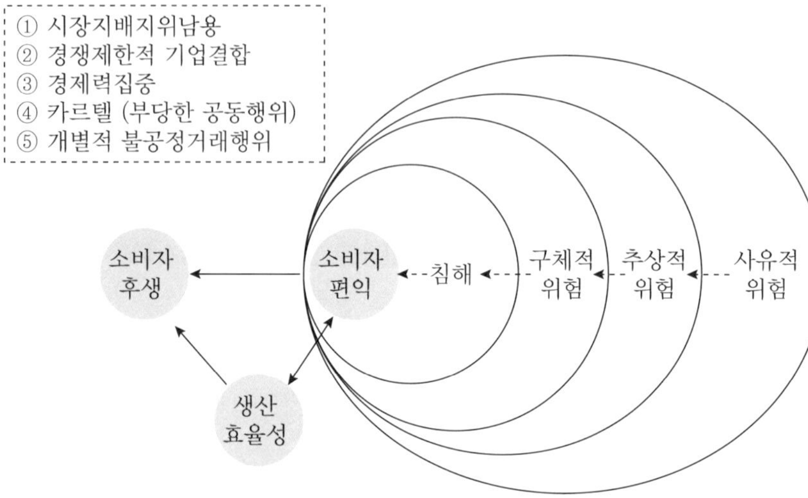

행위의 범죄화는 소비자 개인이나 집단의 이익을 실제로 침해하기 이전에 형법이 개입하는 것으로서 (전형적인 형사불법의) '전단계에서의 범죄화'에 해당한다.

㈑ **경제력집중의 간접적 비인과적 영향** 불공정거래행위의 마지막 유형으로 예를 들어 H 부동산임대회사가 자기의 자산총액의 55%가 되는 액수만큼 지배의 목적으로 J신용금고의 주식을 취득한 행위(지주회사전환제한위반)와 같은 경제력집중행위(유형 ③)는 소비자의 이익에 단지 간접적으로만 그것도 인과적이라고 단정 지을 수 없는 영향만을 미친다.

2) 범죄형태론에 의한 불법구조의 설명 이러한 설명에서 '소비자의 편익'이라는 법익에 대한 공격의 정도를 기준으로 형법학의 용어를 빌어 표현해보면, 개별적 공정거래행위는 법익의 침해행위(Verletzung)가 되고, 시장지배지위 남용행위나 카르텔(부당공동행위)은 법익에 대한 구체적 위험(konkrete Gefahr)을 초래하는 행위가 되며, 경쟁제한적 기업결합은 추상적 위험(abstrakte Gefahr)을 수반하는 행위가 된다. 또한 경제력집중행위는 관념적인 위험, 즉 사유적 위험성(Risiko)을 띠는 행위가 될 수 있다.

그러나 이런 판단은 각각의 행위들이 곧바로 침해범, 구체적 위험범, 추상적 위험범 및 의무위반범으로 범죄화 될 수 있다는 결론을 가져오는 것은 아니다.[24] 그 이유는 첫째, 이 분석은 보호법익을 소비자후생이 아닌 소비자편익으로 설정하였다는 데에서 그 설명력의 한계가 있고, 둘째, 불법의 구조적 유사성 이외에도 범죄가 되려면 형법의 정당화원칙들, 이를테면 보충성, 비례성 또는 명확성 등의 원칙들에 의한 심사를 통과해야만 하기 때문이다.

3) 존재론적 접근방법에서 범죄화정책의 방향 그러나 어쨌든 위의 분석에 따르면 불공정거래행위 유형들의 불법구조는 유형 ⑤ (개별적 불공정거래행위) → ① (시장지배지위남용), ④ (부당공동행위) → ② (기업결합) → ③ (경제력집중)의 순으로 '형태구조'의 측면에서는 형사불법에 접근해있다는 점을 인정할 수 있게 된다.

㈎ 공정거래형법현실과의 비판적 거리 이런 결론은 이미 유형 ⑤를 유형 ① ②, ③, ④보다 오히려 가볍게 처벌하는 현행 공정거래법의 범죄화 정책에 대해 비판적인 관점을 제시해준다. 또한 선진각국에서 왜 카르텔을 특히 가장 강력하게 규제하는 지에 대해서도 회의적인 시각을 가질 수 있게 한다. 더 나아가 공정거래위원회의 사건처리건수에서 시장지배지위남용에 대한 규제건수가 매우 미미한 수준(약 1%)인 것도 그 전후맥락에 대한 자세한 검토 없이도 반성의 과제를 남겨준다.

㈏ 행정법적 의무위반범죄의 불법구조 또한 범죄화된 행정법적 의무의 위반행위들(유형 ⑥)은 불공정거래행위 자체와는 다른 불법구조를 갖고 있다. 이들은 시장참여자들에게 공정거래위원회의 기능을 위태화 하는 행위들을 하지 않을 의무를 설정하는 구성요건이다. 직접이든 간접이든 소비자의 권리와 맞대응되어 있지 않은 이러한 의무구성요건은 외형상으로는 경제력집중행위(유형 ③)의 불법구조와 매우 비슷하다. 하지만 각 의무위반행위에 의해 위태화되는 공정거래위원회의 활동이 통제하려는 불공정거래행위의 불법과 간접적인 관련을 맺는다는 점에서 단순히 경제력집중행위의 불법과 동일시할 수 없다. 그보다는 각각 관련된 불공정거래행위의 불법구조보다 적어도 한 단계씩 소비자 이익이라는 법익과의 거리가 멀어지는 것으로 추정할 수 있을 것이다. 그러므로 행정법적 의무의 위반행위들은 그 의무가 관련을 맺는 불공정거래행위의 범죄화나

---

24) 그렇게 되면 법익보호 없이는 범죄가 없다는 원칙이 '위험(사회적 위험성) 없이는 범죄도 형벌도 없다'(nullum crimen nulla poena sine periculo sociali)라는 원칙으로 대체되어 버리고 만다(이에 비판적인 연구로 Herzog, *Gesellschaftliche Unsicherheit und strafrechtliche Daseinsvorsorge*, 1991 참조). 이를 법익개념의 형식화(탈실질화)라고 표현하는 박강우, "위험사회와 형법의 변화", *형사정책연구*, 제8권 제4호, 1997, 286쪽 참조.

비범죄화와 운명을 같이 하되, 한 단계 늦게 범죄화 되거나 한 단계 일찍 비범죄화 되어야 하는 불법구조를 갖고 있다고 말할 수 있다.

3. 기능주의와 존재론적 접근의 변증

(1) **기능주의와 존재론적 접근의 차이** 이상의 검토에서 공정거래법상의 불법구성요건들 사이의 경중비교는 기능주의적 관점에 서느냐 아니면 존재론적 관점에 서느냐에 따라 현저히 다른 결론에 이른다는 점을 확인할 수 있었다. 또한 공정거래위원회가 행하는 규제의 각 유형별 비중을 총 규제건수 대비 각 유형별 규제건수의 단순비율만을 기준으로 배열하면 이 둘의 접근방법에 따른 순위와는 또 다른 순위가 나타난다. 아래 도표 6은 불공정거래행위 5가지 유형만을 대상으로 이러한 비교를 분명하게 보여준다.

이와 같은 차이를 기능주의적 접근과 존재론적 접근 사이의 대립과 갈등이라고 부를 수 있다. 또한 기능주의적 접근이든 존재론적 접근이든 이 둘은 이론적 배열이므로 공정거래위원회의 규제현실과의 차이는 이론과 현실의 차이라고 할 수 있다.

(2) **차이의 변증적 지양** 여기서 공정거래형법은 이론들 간의 차이와 이론과 실무 간의 차이를 극복해야 하는 과제를 안게 된다. 기능주의적 접근에 따르면 강한 형법적 통제가 요구되는 행위유형이 존재론적 접근에 따르면 약한 형법적 통제 또는 형법외적 통제가 요구되는 행위유형이 된다. 비교법적으로도 미국의 셔먼법(Sherman act)은 기능주의적 접근으로 1순위인 시장지배지위남용과 카르텔을 강력하게 형법적으로 통제하며, 독일의 경쟁제한방지법(GWB)은 모든

| 도표 6 | 공정거래형법의 기능주의적 이해와 존재론적 이해

<table>
<tr><th>순위</th><th>기능주의적 접근</th><th>존재론적 접근</th><th>공정거래위원회</th></tr>
<tr><td>1</td><td>① 시장지배지위남용</td><td>⑤ 개별불공정거래행위</td><td>⑤ 개별불공정거래행위</td></tr>
<tr><td>2</td><td>④ 카르텔(부당한 공동행위)</td><td rowspan="2">① 시장지배지위남용
④ 카르텔(부당한 공동행위)</td><td>④ 카르텔(부당한 공동행위)</td></tr>
<tr><td>3</td><td rowspan="2">② 기업결합
③ 경제력집중</td><td>③ 경제력집중</td></tr>
<tr><td>4</td><td rowspan="2">② 기업결합
③ 경제력집중</td><td>② 기업결합</td></tr>
<tr><td>5</td><td>⑤ 개별불공정거래행위</td><td>① 시장지배지위남용</td></tr>
</table>

법위반행위를 비범죄화하고 범칙금(Bußgeld)의 대상으로 삼되, 카르텔, 특히 입찰담합의 카르텔은 형법전(StGB §298)에서 징역 5년 이하 등의 중범죄로 처벌하고 있다. 여기서 어떤 하나의 접근방법으로는 공정거래법위반행위의 형사불법적 강도를 평결하기 어렵다는 것을 알 수 있다. 이 두 접근방법의 변증은 어떤 행위유형을 형사불법으로 편입하고 다른 어떤 행위유형은 축출하는 방법으로 이루어질 수 없다. 그보다는 각 행위유형마다 사안의 고유한 유형적 특성들을 분석하여 형벌을 부과해도 형법원칙들(죄형법정주의, 비례성, 책임원칙)에 위배되지 않는 사례군을 발굴해내는 것이 변증적 방법이 될 것이다. 또한 그런 이론적 변증의 작업은 이론과 실무 사이의 간극을 좁히는 출발점이 되기도 할 것이다.

Ⅲ. 불공정거래의 제재수단 분석

공정거래형법의 불법을 분석하는 작업과는 별도로 불공정거래행위의 다양한 유형에 대한 적절한 통제수단을 개관하고 그 특성을 분석해내는 작업은 공정거래형법을 성찰적으로 개혁하는 길을 열어줄 수 있다. 왜냐하면 실효성 있는 수단의 확보는 불공정거래행위의 범죄화나 비범죄화 및 그 가능성에 대한 전망을 변화시킬 수 있기 때문이다.

1. 제재수단의 유형화

불공정거래행위를 통제하는 수단으로는 현행법이 인정하는 바와 같은 시정조치, 그리고 입법론적으로 검토되는 임시정지처분[25] 등과 같은 다양한 행정처분과 강제적인 집행절차가 있을 수 있다. 그러나 이것만으로는 이행이 확보되지 않으며, 불공정거래행위를 제재하는 다양한 수단에 의해 지지되어야 한다.

(1) **제재수단의 목록과 분류** 그런 제재수단으로 현행법이 인정하는 것으로

25) 우리나라에서 논의되는 이 제도는 금지청구제도들, 이를테면 미국의 클레이튼법 제16조와 같이 반트러스트법 위반에 의한 손해위험을 방지하기 위해 (당사자의 신청에 따라) 연방법원이 예비적 금지명령을 내리거나 일본의 독점금지법 제67조와 같은 공정취인위원회의 신청에 따라 관할재판소가 긴급정지명령을 내리는 제도 등에서 유래하긴 하지만, 법원의 재판이 아니라 행정처분의 형태로, 즉 공정거래위원회에 긴급한 조치에 대한 권한을 부여하여 법위반행위를 임시로 정지시키도록 하는 제도라는 점에서 차이가 있다. 이러한 제도의 입법시도에 관해서 동아일보 2000.4.23.일자를, 그런 제도의 필요성과 정당성에 대해선 이상현, *독점규제형법의 정당성 및 그 대안에 관한 연구*, 고려대학교 석사학위논문, 2002, 101쪽 참조.

는 ⓐ 과태료, ⓑ 과징금, ⓒ 형벌, ⓓ 무과실 손해배상책임, ⓔ 손해배상책임 등이 있고, 입법론적으로 논의되는 것으로는 ⓕ 징벌적 손해배상책임과 ⓖ 원상회복 등이 있다. 이러한 제재유형들은 판덱텐시스템으로 각인된 법전법체계의 국가에서는 민법과 형법 그리고 공법(행정법)의 어느 한 분과에 배열되어야 한다고 생각하기 쉽다. 그래서 과징금은 좀 이질적이면서도 과태료와 함께 행정법에 속하고, 새로운 형벌로 논의되어 온 원상회복은 징역이나 벌금과 함께 형법에 속하게 되며, 미국에서 발전한 징벌적 손해배상책임은 손해배상법을 관할하는 민법에 속할 수밖에 없게 된다. 하지만 각 제재수단이 다른 수단들과 달리 고유하게 갖고 있는 특성들을 비교해보면 이 모든 제재수단들을 대륙법의 판덱텐시스템에서 체계화된 개별 법 분과 가운데 어느 하나에 전속시키기 어렵다는 점이 드러난다.[26]

(2) 제재수단의 특성비교 제재수단들의 법이론적 배열을 하기 위해 먼저 각 제재수단의 특성을 파악해야 한다.

1) 과태료 먼저 과태료(제69조의2)는 행정목적을 직접 그르치게 하지 않지만 행정활동에 의미 있는 장애를 일으킬 위험성이 있는 행정법적 의무위반에 대해 가해지는 금전벌[27]이다. 여기서 행정장애의 위험이란 적어도 이론적으로는 행정활동이 보호하려는 법익의 침해나 위태화를 초래하지 않는 것[28]을 말한다. 물론 실제로는 행정법적 의무위반도 법익의 위태화와 무관하지 않은 경우가 많고,[29] 또 그 한에서는 과태료와 형벌, 특히 벌금과의 경계는 그리 분명하지 않을 수 있다. 하지만 과태료는 그 부과대상인 의무위반행위의 내용이 행정 권력에 의해 정책적으로 쉽게 변하고, 또한 상황에 따라 탄력적으로 집행여부가 결정되는 재량성이 매우 높다는 특징이 있다. 이 점은 문화적으로 전승된 규범으로서 시민사회 내에서 사회적 통합의 기반으로 작용하는 규범을 위반한

26) 이런 법 분과의 구분이 한국의 법체계에서도 무너지고 있고, 전문법 중심의 법체계가 성장함을 보여주는 이상돈, "전문법 - 이성의 지역화된 실천", *고려법학* (제39호, 2002), 113~151쪽; *기초법학* (법문사, 2010), [6] 단락 참조.

27) 대결 1969.7.29, 69마400; 이건종 · 박기석, *행정형법상의 제재수단에 관한 연구* (한국형사정책연구원, 1995), 106쪽 참조.

28) 이런 점을 고려해 형사범과 경찰범을 구별한 K. Binding, *Norman und ihre Übertretung*, Bd.2 (1890), 398, 406쪽 참조.

29) 이 점을 지적한 M. E. Mayer, *Rechtsnormen und Kulturnormen* (1903), 118~126쪽 참조; 앞의 II.2.(3)에서 고찰한 바에서도 예컨대 공정거래위원회의 자료제출요구에 대한 불응 등과 같은 행정법적 의무위반행위가 공정거래체계의 형성과 유지라는 법익을 보호하는데 법적으로 의미 있는 기여를 할 수 있음을 확인한 바 있다.

행위에 대해 부과되는 형벌과 뚜렷이 구분되는 점이다. 따라서 과태료는 '윤리적 성격'을 가지지 못한다.[30] 과태료에 대한 불복이 행정소송이 아니라 경제성과 행정전문성을 존중하기 쉬운 비송사건절차법(동법 제247조)에 의하는 것도 같은 이유에서라고 할 수 있다(도표 7의 ⓐ).

2) 과징금 이에 비해 주로 경제적 이익을 얻게 하는 행정법적 의무위반에 대한 제재인 과징금은 행정법적 의무위반이라는 점에서는 과태료와 같지만, 법익침해의 위험발생과 실질적으로 관련이 있고, 아울러 사회 윤리적 비난이 뒤따르는 행위에 대한 제재라는 점에서 형벌[31]에 근접한다.[32] 형벌과 마찬가지로 과거에 발생한 불법을 진압하는 제재의 특성도 갖고 있다. 바로 그렇기에 과징금은 형벌보완적 제재라기보다는 형벌대체적 제재가 될 수 있다. 그러나 공정거래법은 과징금을 형벌(또는 시정명령)과 병과할 수 있게 하고 있다.

과거의 불법을 진압하는 제재로서 과징금에 대한 불복은 비송사건절차가 아니라 소송절차로 다루어지게 된다. 또한 과징금은 위반으로 인한 경제적 이익을 부당이득으로 보고 이를 환수하는 측면,[33] 바꿔 말해 (소비자 개인이거나 일반, 즉 사회 전체에 대한) 피해배상적 성격을 갖고 있고, 그 점에서 민법의 영역에도 얼마간 접근한다.[34] 그렇지만 과징금은 피해자에게 귀속되는 것이 아니라 위반된 행정법규가 지향하는 행정목적을 달성하는 재원으로 확보·사용된다

30) 그렇기 때문에 '벌금이 과태료보다 고액이어야 한다.'는 주장(이건종·박기석, 앞의 책, 108~109쪽)은 '법익보호의 관점'에서만 타당하다. 그러나 벌금이 비록 금전적으로는 과태료보다 적은 액수일지라도 '도덕적 비난'을 받게 되는 것이어서 — 실정법적으로는 전과자의 리스트에 오르게 되는 등 — 제재의 강도가 과태료보다 낮다고 볼 수가 없다. 그러므로 모든 법규에서 또는 공정거래법과 같은 특정 법률 안에서 만이라도 과태료가 벌금보다 반드시 적어야 한다는 필연성은 근거지어지지 않는다.

31) 여기서 형벌은 사회 윤리적 비난을 반드시 전제하는 것이 아님에 주의할 필요가 있다. 실제로는 많은 부분 범죄가 사회 윤리적 비난을 수반하지만 사회윤리와 형법규범이 — 현대사회의 다원화가 진행될수록 — 광범위하게 서로 포개지지 않기 때문이다. 이 점은 도덕과 윤리, 사회규범의 분화와 형법의 윤리적 중립성 요청에서도 잘 드러난다. 이상돈, 로스쿨을 위한 법학입문 (법문사, 2010), [8]단락 참조.

32) 공정거래법이 과징금을 산정함에 있어 매출액의 일정률뿐만 아니라 '위반행위의 내용 및 정도, 위반행위의 기간 및 횟수'라는 질적인 측면을 고려하고 있는 점(제55조의3, 1항)도 이를 반영한다.

33) 그러므로 종래의 학설대립, 즉 과징금은 부당이득환수라는 견해(대판 1999.5.28, 99두1571)와 행정제재벌이라는 견해(서울고등법원 1996.2.13, 94구36751판결; 박해식, *독점규제 및 공정거래에 관한 법률상의 과징금에 관한 연구* [고려대학교 석사학위논문, 2000] 참조)는 과징금을 판덱텐 법체계의 어느 한 분과로 전속시키는 것이고, 이는 아래서 설명하는 중간법 영역의 관점에서 보면 더 이상 유지되기 어려운 법체계의 패러다임이라고 할 수 있다.

34) 물론 1996년 개정으로 환급제도, 즉 과징금을 납부한 시장 지배적 사업자가 손해배상을 한 때에 그 배상액 상당의 금액을 환급하도록 한 제도가 폐지됨으로써 과징금의 민사법적 성격은 다소 약화되었다고 할 수 있다.

도표 7 **제재수단의 목록과 법분과적 분류**

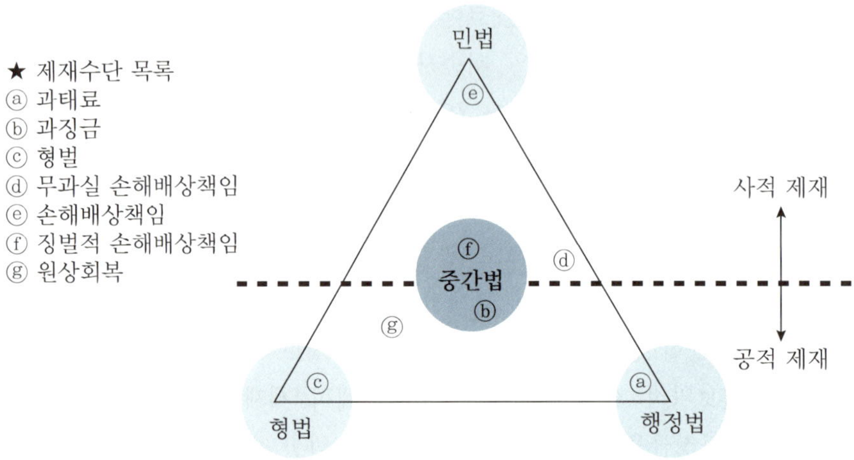

는 점에서 여전히 행정법적 성격을 갖고 있다. 따라서 과징금에 대한 불복은 소송절차 가운데서도 민사소송이 아니라 행정소송으로 다루어지게 된다(도표 7의 ⓑ).

3) 형 벌 형벌은 기본권목록을 구성하는 법익을 침해하거나 위태화하는 행위로서 사회적 통합의 기반이 되는 규범을 위반한 행위에 대해, 그리고 원칙적으로 피해자의 의사나 합의 등과는 무관하게[35] 부과되는 공적 제재이다. 제재의 강도와 도덕적 비난이 가장 강한 제재라는 점에서 비례성원칙에 가장 엄격하게 구속되며, 따라서 거래의 공정성이나 효율성 이념과 절연한 채, 행위자 개인의 능력과 의사를 기초로 위반행위를 하지 않을 가능성이 있었는가, 즉 일반인이 이른바 말하는 '죄' 의식을 가질 수 있는 책임(Schuld)이 있는 경우에만 부과되고, 기본권보장도 가장 철저하고, 절차의 합리성도 가장 극대화된 소송절차인 형사소송법이 적용된다(도표 7의 ⓒ).

4) 원상회복 원상회복(Wiedergutmachung)은 비교적 경미한 범죄의 영역에서 피해자에게 윤리적 비난의 함의를 지닌 배상을 하게 하는 형벌을 의미한다. 피해자에 대한 배상이나 과실상계에 대한 고려 등은 그런 형벌이 민법에 얼마간 다가간 것임을 보여주지만 민사책임보다는 여전히 한 단계 고양된 도덕적

---

35) 이를 피해자의 중립화(Neutralisierung)라고 부른다. Winfried Hassemer, *Einführung in die Grundlagen des Strafrechts* (C.H. Beck, 1990), 70쪽 아래 참조.

비난의 상징을 남겨둔다는 점에서 여전히 형법의 영역에 더 가까이 위치하는 제재라고 할 수 있다(도표 7의 ⓖ).

5) 손해배상 다음으로 민법상 손해배상(제750조)은 손해를 형평성 있게 전보하는 제재이다. 사회 윤리적 비난이 얼마간 수반되기는 하지만 형벌보다 훨씬 낮고, 과징금의 경우보다도 오히려 낮다고 할 수 있다. 하지만 과실책임원칙에 따라 부과되는 제재라는 점에서는, 공정거래법이 규정하는 무과실 손해배상책임(제56조 제2항)과 비교할 때, 위반행위를 예방하는 목적에 지배되기 보다는 자유의 형평분배라는 도덕률에 지배되는 제재라고 할 수 있다(도표 7의 ⓔ).

6) 무과실 손해배상 무과실 손해배상책임은 한편으로는 공정거래법위반의 피해자가 대등한 행위주체의 개인상을 전제하는 민법에 의해 보호되지 못하는 사회적 약자임을 고려한 민사책임, 즉 실질사법의 영역에 속한다. 그러나 이 책임은 공정거래위원회의 시정조치에 의해 위반사실이 확정된 경우(제57조 제1항)에만 주장할 수 있다는 점에서 공정거래위원회의 공정거래체계 관리기능에 종속된 책임, 즉 행정법적 제재의 성격도 얼마간 유지한다. 그러나 과징금이나 징벌적 손해배상처럼 형법의 영역으로 다가가는 것은 아니다(도표 7의 ⓓ).

7) 징벌적 손해배상 마지막으로 징벌적 손해배상(punitive damages)[36]은 불법행위로 인한 손해배상 가운데 법위반자의 행위가 폭력이나 위압, 기망, 의도적 무시 등을 지닌 경우로서 그 점을 이유로 원고가 입은 실제 손해를 초월하는 — 이를테면 3배의(treble damages)[37] — 손해배상금을 지급하는 것을 말한다. 이런 제재는 그 요건이 형사 불법에 근접한 실질을 내용으로 하고 있다는 점에서 형법에 근접해 있다. 또한 징벌적 손해배상은 발생한 손해만큼만 전보하는 정의의 원리에서 벗어나 있다는 점에서[38] 민법의 영역에서 떨어져 있게 되고, 피해자들의 소제기를 유인하고 법위반행위를 억제하는 효과를 발휘할 수

---

36) 이에 관한 종합적인 연구로 이점인, *징벌적 손해배상에 관한 연구 — 미국 제도를 중심으로* (동아대학교 박사학위논문, 1998) 부실감사책임영역에서 징벌적 손해배상의 제도를 구체적으로 설계하는 예로 이상돈, *부실감사법. 이론과 판례* (법문사, 2007), 225쪽 아래 참조.

37) 1914년 미국의 클레이튼(Clayton)법 제4조('반트러스트 법에 위반한 행위에 의하여 자신의 영업 또는 재산에 손해를 입은 자는 그 손해액의 3배(treble damages)를 청구할 수 있다')는 그 대표적인 예이다. 다만 3배 배상과 달리 징벌적 손해배상은 판례법에 의해 발전된 제도라는 차이가 있다. 미국에서는 두 제도의 중복적용을 허용하는 판례(Atlantic Purchasers, Inc. v. Aircraft Sales, Inc., 705 F. 2d 712, 716n [4th Cir. 1983])와 배타적인 관계로 이해하는 판례(Arnott v. American Oil Co., 609F. 2d 873, 888 [8th Cir. 1979])가 병존해 있다.

38) 이런 점을 이유로 3배 배상의 도입에 비판적인 함영주, *집단소송에 관한 연구* (고려대학교 박사학위논문, 1997), 56쪽.

있다는 점, 그리고 개인의 손해가 적지만 위반자의 이익총액이 클 경우에 집행결핍에 빠지기 쉬운 행정법적 제재의 기능을 대신하거나 보완한다는 점에서 행정법의 영역에로 한 걸음 다가선 제재가 된다(도표 7의 ⓕ).

2. 제재수단의 법이론적 배열

이러한 특성비교를 통하여 얻어진 결론들이 공정거래형법의 개혁논의(Ⅳ.)에서 더욱 결실을 거두려면 그러한 결론이 갖는 법이론적 의미를 밝혀내는 일이 필요하다. 여기서 법이론이란 무엇보다도 어떤 제재가 어떤 행위영역에 적합한지를 판단할 수 있게 하는 사회 이론적 법이론이다.

(1) **경제체계, 행정체계와 생활세계** 그런 이론으로 하버마스의 법이론이 매우 유용할 수 있다. 그에 의하면 현대사회는 행정체계(정치체계)와 경제체계 그리고 생활세계로 구성된다.[39] 생활세계(Lebenswelt)는 보통사람들의 삶의 세계를 말한다. 이 세계는 문화적으로 전승된 규범 위에서 사람들의 상호이해가 펼쳐지는 장이다. 생활 세계적 규범을 위반하는 일탈행위에 대한 제재는 도덕적 비난의 성격을 띤다. 생활 세계적 규범은 사람들이 하나의 공동체에서 공존하기 위한 조건, 즉 도덕(Moral)의 성격을 띠기 때문이다. 이에 비해 경제체계는 시장 위에서 생존에 필요한 재화를 생산하고 분배하는 기능들의 총합을 말한다. 시장의 공정성을 제외한다면 경제영역은 도덕적으로 진공상태이다.[40] 경제영역의 정언명령은 자본의 효율적인 확대재생산일 뿐이기 때문이다. 그러므로 이 영역에서 일탈행위에 대한 제재는 '기능적 성격'을 띤다. 행정체계 또는 정치체계는 관료나 정치인들이 경제체계의 기능화에 필요한 규제와 지원, 유도와 조정 등의 서비스를 제공하고, 합리적 정책결정을 통하여 생활세계로부터 지지를 얻어내는 기능들의 총합을 말한다. 정치체계에서 시민의 일탈행위는 불복종이 되며, 이는 관료와 정치인이 권력을 재생산하는 데에 장애요소로 작용한다. 따라서 그에 대한 제재도 기능적일 뿐, 도덕적 성격을 띠지 않는다. 여기서 중요한 점은 체계와 생활세계는 어떤 특정한 행위영역을 가리키는 것이 아니라 모든 행위영역에서 각기 서로 다른 비중으로 작용하는 요소, 즉 사회를 구성하

---

39) 이에 대한 개괄적인 소개로 이상돈·홍성수, *법사회학: M. Weber, J. Habermas, N. Luhmann의 사회학이론과 법패러다임* (박영사, 2000), 제3장 참조; 하버마스(Habermas)의 저작으로는 특히 *Legitimationsprobleme im Spätkapitalismus*, 1975 참조.

40) Habermas, *Der philosophische Diskurs der Moderne* (1985), 407쪽.

는 메커니즘(Vergesellschaftungsmechanismen)으로 이해되어야 한다는 점이다.[41]

[전속고발제도] 공정거래법 제71조 제1항은 범죄화 된 중요 불공정거래행위(법 제66조~제67조)에 대한 공소제기를 위해서는 공정거래위원회의 고발이 있어야 한다고 규정하고 있는데, 이를 전속고발제도라 한다. 이는 위에서 살펴본 바와 같이 원칙적으로 민사제재나 행정제재만으로도 규율 가능한 불법유형을 일단 모두 형사 불법유형으로 포괄하여 놓고 그 실절적인 불법성의 판단은 공정거래위원회가 하도록 하고 있는 것이다. 이러한 입법은 불법의 실질에 대해 판단할 권한을 시민의 대표인 의회가 갖지 않는다는 점에서 죄형법정주의와의 관계에서 문제가 된다. 그러나 공정거래위원회는 각 행위유형이 시장구조에 어떤 영향을 끼치는가를 이익형량적으로 판단하기 때문에 공정거래위원회의 적정한 전속고발권의 행사는 사법의 논리가 경제영역에 무차별적으로 침투해 들어오는 것을 조절하는 기제로 작동할 수 있다. 따라서 전속고발제도를 통하여 경제체계의 '합리성'과 사법체계의 '정의'라는 체계간의 충돌[42]을 조정하고 조화를 꾀함으로써 각 체계는 자기반성적으로 발전을 거듭해나갈 수 있을 것이다. 현대사회에서 사회체계간의 갈등은 구조화 되어있는 것이라는 점을 고려할 때, 체계 간 통합을 위하여 이와 같은 전속고발제도는 확대되어 나가야 할 것이다. 다만 전속고발권을 갖는 기구(현행법상 공정거래위원회)는 권력의 독점화 경향으로 흐르는 것을 지양(예: 협의체의 구성)해야 할 것이다.

(2) 제재수단의 배열 앞서 특성을 비교한 제재수단이 통제하는 일탈행위가 발생하는 행위영역도 생활세계, 경제체계, 행정체계의 요소가 차지하는 비중에 따라 유형화할 수 있다. 그 유형화는 곧 제재수단의 사회 이론적 자리매김이 되며, 이 자리매김이 법정책의 기초가 된다. 아래 도표 5에서 행정체계는 점 Po, 생활세계는 점 L, 경제체계는 점 S로 표현된다. 각 제재수단이 얼마나 생활 세계적 성격과 체계적 성격을 갖는지는 점 Po-L-S를 잇는 삼각형의 어느 지점에 위치하느냐에 의해 표현될 수 있다.

앞서 분석한 제재수단들의 특성을 기초로 판단하면 ⓒ 형벌은 가장 생활세계적 요소가 강한 제재인 반면, ⓐ 도덕적 비난이 흠결된 과태료는 행정 체계적 요소가 강한 제재, 그리고 경쟁시장의 형성에 기여하는 시정조치나 금지명령, 임시정지 등은 경제 체계적 요소가 강한 통제가 된다. ⓔ 손해배상은 정의의 원리에 기초한다는 점에서 생활 세계적 요소가 상당히 있지만 재화분배

41) 이런 재해석으로 이상돈, *형법학* (법문사, 1999), 331쪽 아래; *법철학* (법문사, 2003), 209~217쪽 참조.

42) 이런 현상에 관해 이상돈, *로스쿨을 위한 법학입문* (법문사, 2010), 14~15쪽.

의 기제로 작용한다는 점에서 경제 체계적 요소가 얼마간 있다. ⓖ 원상회복은 손해배상보다 더욱 생활 세계적 요소가 강하며 경제 체계적 요소는 다소 약하다. ⓑ 과징금은 얼마간 사회 윤리적 비난을 수반한다는 점에서 생활 세계적 요소가 다소 있고, 경쟁시장의 형성에 기여한다는 점에서 경제 체계적 요소도 얼마간 있으며, 시정조치 등의 행정처분을 관철하는 수단이면서 행정목적을 달성하는데 사용된다는 점에서 행정 체계적 요소를 강하게 갖는다. ⓕ 징벌적 손해배상은 과징금에 비해 행정 체계적 요소는 약화되고, 생활 세계적 요소와 경제 체계적 요소는 강화된다. ⓓ 무과실 배상책임은 과징금과 비교할 때 징벌적 손해배상보다는 생활 세계적 요소가 다소 덜 강화되지만 경제체계적 요소는 비슷하게 강화된다. 도표 8은 이러한 자리매김을 표현하고 있다.

그런데 도표 8은 삼각형을 세 가지 차원으로 각각 나누어 제재수단의 사회이론적 성격을 자리매김하고 있다. 이 세 차원의 구분은 불공정거래행위에 대한 예방적 효과의 차등을 표현한다. 위로 갈수록 예방적 효과가 크고 아래로 갈수록 약해진다. 즉, ⓒ 형벌이 가장 예방적 효과가 강하고(도표 8의 Po3-L3-S3의 삼각형 차원에 자리함), ⓐ 과태료와 ⓔ 손해배상은 가장 예방적 효과가 약하며(도표 8의 Po1-L1-S1의 삼각형 차원에 자리함) 그리고 ⓑ 과징금, ⓕ 징벌적

도표 8 제재수단의 사회이론적 자리매김

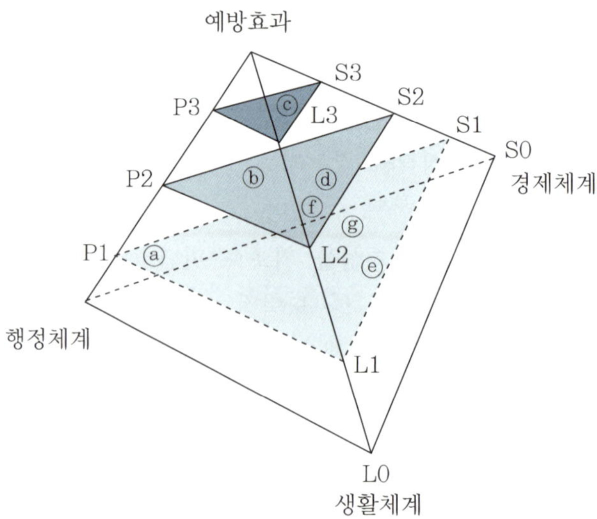

손해배상, ⓓ 무과실 손해배상, ⓖ 원상회복은 형벌보다는 약하고 과태료나 손해배상보다는 강한 예방적 효과가 예상된다(도표 8의 Po2-L2-S2의 삼각형 차원에 자리함). 또한 도표의 각 삼각형 차원의 면적이 차등화된 것은 예방적 효과가 클수록 제재 받은 자의 부담이 큰 제재로서 헌법상 비례성원칙의 관점에서 볼 때 적용영역이 좁게 설정되어야 하고, 반대로 예방적 효과가 약할수록 제재 받는 자의 부담이 적은 제재로서 적용영역이 넓게 설정되어야 함을 보여준다.

Ⅳ. 형법정책의 방향

앞서 해명된 불공정거래행위의 불법구조와 사용가능한 제재수단의 법이론적 특성분석을 바탕으로 공정거래형법의 거시적인 개혁방안을 설계할 수 있다. 이 설계는 기존의 형법이론과 형법체계를 초월하는 전망에서 이루어질 수도 있고(아래 1), 기존의 형법이론의 틀 안에서 이루어질 수도 있다(아래 2).

1. 형법체계초월적 전망

앞서 행한 제재수단의 특성분석에서 민법과 형법, 행정법의 그 어느 한 영역에 완전히 갇힐 수 없는 복합적인 특성을 지닌 제재수단을 확인할 수 있었다.

(1) **중간법의 성장** 좁게는 과징금과 징벌적 손해배상이, 넓게는 원상회복과 무과실 손해배상책임의 제재수단이 그에 해당한다. 바꿔 말해 그런 제재들은 민법과 형법, 행정법에 — 각기 서로 엇갈린 비중의 차이를 둔 채 — 두루 걸칠 수 있는 중간영역에 위치한다. 도표 7의 중앙원(음영처리)은 이를 표현하고 있다.

미국의 케네스 만이 말하는 '중간법'(the middle ground between criminal and civil Law) 이론[43]은 바로 그와 같은 중간영역을 관할하는 새로운 법영역의 성장을 내다보고 있다.[44] 중간법의 이론에 의하면 징벌적 사적 제재는 법경제학

43) 이에 관해 자세히는 Kenneth Mann, "Punitive civil sanctions: the middle ground between criminal and civil law", *the Yale Law Journal* (Vol. 101, 1992), 1796~1873쪽, 특히 1795쪽 아래 참조.

44) 정부가 기업의 하나이고, 행정체계가 경제체계의 한 부분을 구성하는 미국사회에서는 관헌국가적 전통이 강한 독일이나 우리나라에서 볼 수 있는 행정법이 발달하지 않은 점을 고려할 때 케네스 만의 중간법이 주로 사법과 형법을 사이에 두고 성장하는 것으로 관찰된 점을 이해할 수 있다.

적 관점에서 정부의 비용을 덜어주고 공동체 전체의 제재력을 증가시켜 줄 수 있다고 한다. 독일의 하쎄머가 말하는 '간섭법'(Interventionsrecht)[45]도 중간영역의 독자화가 필요함을 보여 준다.

> "형법의 현대화를 낳았던 현대사회의 문제들은 형법과 질서위반법 사이, 민법과 공법 사이에 자리 잡는 하나의 특별한 간섭법에서 규율되는 것이 좋을 수 있다. 간섭법은 형법보다는 낮은 수준의 보장과 절차적 규제를 사용하지만 그에 대해 사용하는 개인에 대한 제재는 훨씬 덜 가혹하다."

(2) **공정거래형법의 최소화** 이들의 논의와 내 분석에서 최소한의 공통점은 불공정거래행위와 같은 행위는 형법이 통제하기에 그리 적합하지도 않고 효율적이지도 않지만, 그렇다고 전통적인 민법이나 공법이 담당하기도 적합하지 않은 문제영역에 속한다는 점이다.

1) 중간법의 성장에 반비례적인 형법의 축소 그러므로 징벌적 손해배상이나 과징금은 민법이나 공법의 특수한 제재가 아니라 독자적인 중간법 영역의 제재수단으로 성장할 단초가 될 수 있다. 그 중간법 영역에서는 민법원리와 형법원칙 그리고 공법적 원리가 함께 동원되어 사안에 적절한 규율원칙이 개발되어야 한다. 제재부과의 절차법도 기존의 소송법과는 다른 원리로 구성되어야 한다. 이미 진행되고 있는 민사소송법의 사회화(예: 사회적 민사소송)나 형사소송의 제한된 민사화(예: 변론주의화된 형사소송), 그리고 행정소송의 전문화는 그런 절차법의 미래적 형성을 예고해주는 현상이다. 물론 그 구체적인 제도의 모습은 아직 과제로 남아 있다. 하지만 적어도 이와 같은 중간법 영역의 성장가능성을 내다볼수록, 또한 그 법의 제도화기획이 구체화될수록, 현행 공정거래형법의 필요성은 점점 더 근거 지워질 수 없게 될 것이다.

2) 공정거래형법의 폐지가 아닌 대안제도의 개발 필요성 그러나 공정거래형법을 중간법의 성장에 반비례적으로 축소시킨다고해서 완전히 폐지하는 것을 의미하지는 않는다.

㈎ **공정거래형법의 핵심유지** 시장지배지위남용행위도 매우 중대하고 명백한 경우에는 전통적인 형사불법과 매우 유사한 유형적 특성을 갖고 있다. 따라서 시장지배지위남용금지규범의 높은 가치와 그 가치침해에 대한 법공동체의 불승

45) Hassemer, "Kennzeichen und Krisen des modernen Strafrechts", *ZRP* (1992), 378쪽 아래 (배종대 · 이상돈 편역, *형법정책* [세창출판사, 1998], 191쪽 아래, 특히 208~209쪽 참조).

인을 형법이 상징화할 필요가 있다. 물론 책임원칙이나 비례성원칙 등에 위배되지 않는 선에서 그러하다.

(나) 동의명령제의 도입　이렇게 볼 때 현재 공정거래위원회가 이를테면 시장지배지위남용죄에 대한 형사고발을 거의 하지 않음으로써 시장지배지위남용죄는 사실상 사문화되어버린 현실은 바람직하지 않다. 더욱이 이런 실무현실은 중간법의 충분한 성장에 반비례적으로 축소된 형법의 모습이 아니다. 왜냐하면 공정거래법영역에서 중간법은 아직 형법은 제로로 축소시킬만큼 성장해있지 않기 때문이다. 중간법의 성장은 경성법(hard law)인 형법에 비하면 연성법(soft law)이다. 그런 연성법적 성격의 또 다른 대안제도로 동의명령(consent order)을 들 수 있다. 미국과 독일, 일본 등 여러 선진국에서 채택하고 있는 동의명령제도는 형벌 대체적이면서 공정거래질서를 효율적으로 확립하는 연성법적 제도의 하나가 될 수 있을 것이다.

2. 형법이론적 전망

중간법의 기획이 공정거래형법의 최소화를 현행 법체계 밖에서 이끌어 내고 있다면, 이제부터 설명하는 형법이론에 의한 타당성 검증은 공정거래형법의 최소화를 현행 법체계 안에서 밀고 간다.

(1) 형법이론의 기초　형법은 생활세계의 정당한 질서로서 자리잡는다는 강령의 의미를 먼저 이해할 필요가 있다.

1) 형법의 정당화원칙들　형법은 ㉠ 인격적 법익을 보호(법익보호원칙)하는데 ㉡ 적합하고, 법 위반자에게 최소 침해를 가져오는 수단이면서 그 위반행위와 균형을 이루는 제재로서(비례성원칙) 그리고 ㉢ 그 제재의 요건과 절차 및 효과가 모두 예측·사후심사·교정이 가능한 경우(명확성원칙)에 비로소 정당화 될 수 있다. 특히 죄와 형벌의 균형성은 책임을 요구한다. 형법에서 책임이란 위반자가 자신의 행위가 가져올 타인에 대한 침해의 결과를 내다보고, 그의 고통을 이해할 수 있는 가능성[46]이 그 위반자의 개인적 능력에 비추어 가능한 경

46) 형사책임은 가해자가 피해자의 고통을 이해하고, 피해자 역시 가해자의 의도를 이해할 수 있는 가능성이 상호 전제될 때에만 가능하다. 그러므로 형사책임은 '행해지지 않은 관점교환'(Perspektivenwechsel)이라고 볼 수 있다. 이런 견해의 대표적인 예로 Günther, "Möglichkeiten einer diskursethischen Begründung des Strafrechts", *Recht und Moral*, 1991, 215쪽 (이상돈 편역, *대화이론과 법* [법문사, 2002], [4]단락 참조).

우에만 인정된다. 이러한 형법원칙들은 형법이 사회적 통합의 기초가 되는 핵심규범으로 작동하기 위한 전제조건이라 할 수 있다. 여기서 주의할 점은 인격적 법익이라고 해서 단지 개인적 법익만을 의미하는 것이 아니라 보편적 법익을 보호하더라도 궁극적으로는 개인의 이익을 보호하는데 이바지하는 경우에는 인격적 법익으로 해석될 수 있다는 점이다. 공정거래법이 보호하는 경쟁적 시장구조의 구축도 인격적 법익이 될 수 있다.

2) 불공정거래행위의 생활세계성 평가 앞서 해명된 불공정거래행위의 불법구조와 사용가능한 제재수단의 법이론적 특성분석을 종합하면 공정거래영역에서 새로운 형법정책의 전망을 얻을 수 있다. 이 분석에 앞서 형법정책의 기본강령으로서 형법은 개인들이 살아가는 삶의 장에서 사회적 통합의 기초가 되는 핵심규범을 관리해야 하고, 그런 점에서 형법은 '생활세계의 정당한 질서'에 속한다는 점을 전제하기로 한다. 그러나 이 점이 곧 형법은 오로지 생활세계적인 요소만을 갖는다는 뜻은 아니다. 경제체계적, 정치체계적 요소가 얼마간 들어갈 수 있지만 비중에 있어 적어야 한다는 것이다. 또한 형법이 통제수단으로 투입되는 영역이 사적 상호작용이 일어나는 영역(예: 가정, 소규모집단, 지역사회)에 국한되는 것이 아니라 시장체계와 같은 사회체계에까지 뻗어갈 수 있음도 간과해서는 안된다. 그러므로 여기서 생활세계성을 강조하는 것은 단지 불공정거래범죄에 대한 형사책임을 행위자의 입장에서도 통찰과 수용이 가능한 방식으로 귀속시키기 위한 것이다.

(2) 불공정거래행위의 유형별 생활세계성 분석 그런데 다양한 불공정행위가 일어나는 영역이 얼마나 생활세계적인가 하는 점을 판단하는 요소는 경험적이며 규범적이다.

1) 분석평가의 기준과 방법 그런 요소로 다음과 같은 몇 가지 평가요소를 설정해보기로 한다. 법익보호원칙, 명확성원칙, 비례성원칙에 각각 관련되는 평가요소로 다음의 도표 9와 같은 항목을 설정해볼 수 있다.

여기서 이러한 평가요소들(㉠,㉡,㉢,㉣,㉤)의 균형 잡힌 고려를 위해 법수사학적 방법론의 하나로서 구조사고[47]를 사용할 필요가 있다. 즉, 다섯 가지 불공정거래행위(유형 ①,②,③,④,⑤)에 대해, 각 평가요소마다 그 평가결과(평점)를 정도 3에서 0으로 차등적으로 계량화된 평점을 매기고 그 총합을 가지고 생활세

47) 이러한 방법론을 제안한 Haft, *Juristische Rhetorik* (1985) 참조.

▌도표 9▐ 공정거래형법의 생활세계성 평가기준

법익보호원칙 관련요소	㉠	인격적 법익의 보호와 얼마나 근접해 있는가?
	㉡	소비자이익의 침해에 대한 소비자들의 위협감정[48]은 어느 정도인가?
	㉢	위반자와 피해자 사이의 직접적인 상호작용이 펼쳐지는가?
명확성원칙 관련요소	㉣	제재의 대상이 되는 불공정거래행위의 내용과 범위가 얼마나 예측가능하고, 또한 확정도 용이한가?
비례성원칙 관련요소	㉤	형벌이외의 다른 법적 수단으로 통제될 수 있는 가능성이 얼마나 있는가?

계적 성격의 정도를 판단하는 것이다.

2) 불공정거래범죄의 유형별 평가 이 평가기준을 통해 공정거래형법의 다섯 가지 중요 구성요건에 대해 그 생활세계성을 평가해보기로 한다.

(가) 인격적 법익보호의 정도 먼저 인격적 법익보호의 정도라는 요소에서 가장 높은 점수는 개별적 불공정거래행위(3점)이다. 그 다음은 경쟁적 시장구조를 직접 보호함으로써 소비자들의 편익과 후생을 실현하는 시장지배지위남용죄와 카르텔죄의 보호법익이 인격적 법익의 성격을 많이 갖고 있고(2점), 경쟁제한적 기업결합죄은 경쟁적 시장구조를 변화시키는 매우 경제체계관련적 행위라는 점에서 인격적 법익의 성격이 매우 낮다(1점). 또한 경제력집중죄는 고도로 경제체제의 문제에 속한다는 점에서 인격적 법익의 성격이 거의 없다고 본다(0점).

(나) 위협감정의 평가 소비자들이 각 불공정거래행위에 대하여 느끼는 법익침해에 대한 위협감정은 대체로 독과점에 대한 폐해의식이 '모든' 국민에게 일반화된 점에서, 독과점폐해의 '현실화'인 시장지배지위남용이나 부당공동행위에서 가장 크고(3점), 독과점폐해의 '잠재성'을 갖는 기업결합은 그 다음으로 크고(2점), 개별적인 불공정거래행위의 경우는 비록 위협감정은 현실적이지만, 피해의 경험이 산발적이며 모든 국민이 경험하는 것이 아니라는 점에서 가장 약하다고 볼 수 있다(1점). 또한 경제력집중은 위협감정보다는 불평등에 대한 불만의식을 통하여 간접적으로 제한된 범위 내에서 위기의식으로 전환된다고 보아

---

48) 여기서 이익침해에 대한 일반인의 위협감정(Bedrohungsgefühl)은 이익침해의 빈도수와 그 이익의 결핍정도와 함께 형법적 법익을 인정할 수 있는 경험적 요소이다(Hassemer, *Theorie und Soziologie des Verbrechens* [1980], 130쪽 아래). 이익침해의 빈도수, 즉 공정거래법위반행위의 빈도수는 (미적발사건[암수]가 있겠지만) 제재건수를 통해 간접적으로 그 대강을 추측할 수 있고, 이 점은 명확성요청(평가요소 ④)과 중첩되므로 여기서는 위협감정만을 평가요소로 정한다.

개별적 불공정거래행위와 비슷한 평점(1점)을 매길 수 있다.

(다) **상호작용의 직접성 평가** 생활세계적 요소로 행위자들의 직접적인 상호교류와 작용에 있어서의 평점은 상호작용이 위반자와 피해자 사이에 직접적으로 이루어지는 개별적 불공정거래행위에서 가장 크고(3점), 직접 또는 간접으로 이루어지는 시장지배지위남용이나 부당공동행위에서 그 다음으로 크며(2점), 경제력집중에서 가장 작다(0점)고 할 수 있다. 기업결합은 이 둘 사이에 위치한다(1점).

(라) **명확성 평가** 범죄의 명확성요청은 기본적으로 모든 불공정거래행위에서 낮게 실현된다. 불공정성의 구체적 판단을 궁극적으로 행정입법(시행령이나 시행규칙)으로 정한다는 점 때문이 아니라 불공정성 개념 자체의 모호성 때문이다. 특히 이 모호성은 논리적인 성격이 아니라 시장의 급격한 가변성 때문이다. 행정입법은 그것에 대처하기 위한 전문성의 요청을 충족하기 위한 것이다. 그러므로 여기서 명확성요청의 충족에 대한 평점은 '거래행위의 불공정이 명확할수록 공정거래위원회의 제재가 빈번해진다'는 법경제학적 가설을 전제로 실제 공정거래위원회가 제재한 횟수를 기준으로 매기는 것이 불가피하고 또한 그 방법은 어느 정도 합리성이 있다. 도표 10에 기재된 평점은 공정거래위원회 백서의 통계를 기준으로 매긴 것이다.

(마) **비례성(보충성) 평가** 마지막으로 보충성요청, 형벌이 아니고서는 통제되기 어려운 정도에 대한 평가이다. 경제력집중은 형벌이 아니라 상속, 증권거래 및 회계감사제도의 개선과 공정거래위원회의 규제로 효과적으로 차단될 수 있다고 보아 가장 낮은 점수(1점)를, 기망이나 위력 등이 사용될 경우에는 더욱 형벌의 불가피성이 증대되고, 기존의 형법과 불법구조가 가장 유사한 개별적 불공정거래행위가 가장 높은 점수(3점)를 받을 수 있다. 독과점폐해를 낳는 행위들은 그 중간에 위치한다고 본다(2점). 카르텔은 독과점폐해를 낳는 행위이지만 시장에 대한 기망(fraud on market)의 요소가 있으므로 3점을 부과한다.[49] 이상의 평가를 종합하면 도표 10과 같게 된다.

---

49) 이 점은 내가 이 단락의 글을 2003년 논문("공정거래질서와 형법정책", *법제연구* [통권 제25호, 2003], 167~195쪽)의 형태로 처음 발표했을 때의 평가와 변경된 부분이다. 이런 변경은 카르텔죄에 대한 연구를 통해 시장에 대한 사기적 요소가 카르텔 불법의 중심을 이룬다는 점을 밝힌 데서 비롯된다.

도표 10 불공정거래행위유형의 계량화된 생활세계적 성격

	㉠ 인격적 법익의 보호정도	㉡ 법익침해에 대한 위협감정	㉢ 직접적 상호작용	㉣ 명확성	㉤ 보충성	점수
① 시장지배지위남용	2	3	2	0	2	9
② 기업결합	1	2	1	2	2	8
③ 경제력집중	0	1	0	1	1	3
④ 카르텔	2	3	2	2	3	12
⑤ 개별불공정거래	3	1	3	3	3	13

(3) **법치국가적 형법정책** 여기서 주의할 점은 관점에 따라서는 내가 선택한 평가요소와 다른 평가요소의 설정도 가능하고 같은 항목에 대한 다른 평점부여도 가능하다는 점이다. 더 나아가 같은 부류(유형 ①~⑤)의 불공정거래행위는 다시 다양한 유형으로 세분화될 수 있고, 각 세분화된 유형은 그것이 속한 부류와는 다른 부류의 불공정거래행위와 같은 평점을 받을 가능성을 결코 배제할 수 없다. 그러니까 여기서 분석해보인 구조사고의 분석결과는 불공정거래행위에 대한 형법적 통제의 정당성 판단을 이끄는 대강의 지침이 될 뿐임을 간과해서는 안 된다.

1) **유형별 형법정책의 방향** 그러나 그 대강의 지침은 공정거래형법에 관한 형법정책의 이론적 거점이 전무한 상황에서는 매우 유익한 정보를 제공해줄 수 있다. 이제 그 분석결과를 갖고 설명하면 다음과 같다. 도표 11은 가로변에서 불공정거래행위의 유형을, 그리고 세로 변에서 생활세계적 성격에 관한 평점의 총점을 보여준다. 그리고 형벌을 제재수단으로 사용하기 위한 생활세계적 평점을 선 G1의 위쪽 영역으로 정하고, 과태료 부과 등으로 충분한 낮은 평점을 선 G2의 아래쪽 영역으로 정한다면, 그 사이에 위치하는 불공정거래행위는 앞서 전망한 중간법의 형성이 기대되는 영역이 된다.

(가) **시장지배지위남용죄와 경쟁제한적 기업결합죄** 이런 설정에서 시장지배지위남용과 경쟁제한적 기업결합은 형벌보다는 과징금이나 징벌적 손해배상 등의 제재로 만족해야 한다는 결론이 나온다. 유럽연합이나 독일과 같은 국가에서 범칙금(Bußgeld)으로만 제재하는 것도 같은 형법정책이라고 볼 수 있다. 그러나 이렇게 중간법으로의 배열은 중간법이 완전하게 성장했을 때 비로소 가능할 것이다. 여기서 완전한 성장이란 적어도 중간법적 제재가 형벌을 대체하는 제

도표 11 불공정거래행위와 형법정책

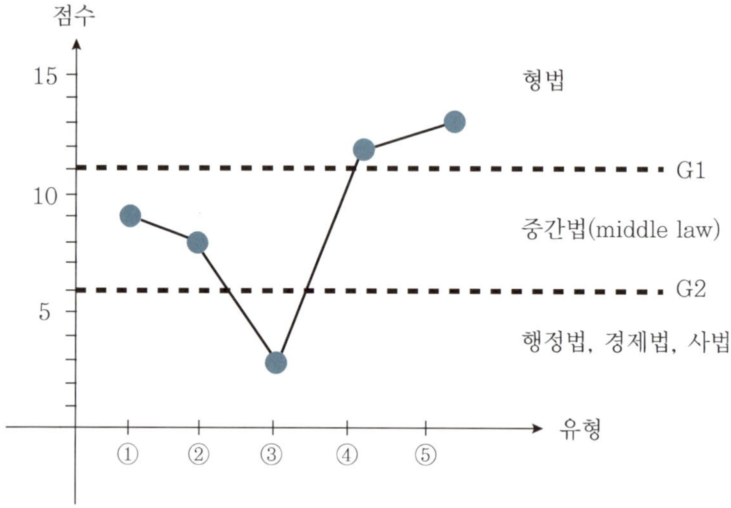

재로 이해될만큼 그 독자적 중요성을 획득했을 것을 요구한다. 다만 현행 헌법 제13조 제1항을 이중위험금지원칙으로 해석하면 과징금과 형벌을 병과하는 것은 위헌적인 것임을 간과해서는 안된다. 하지만 아직 중간법이 그만큼 성장하지 않은 단계에서는 이를테면 시장지배지위남용죄(9점)는 형법에 속하게 하고 적용사례를 매우 엄정한 요건을 충족하는 최소한의 사례군에 국한시키는 운용을 하는 것이 바람직하다. 이에 비해 경쟁제한적 기업결합은 인수합병 전에 경쟁제한 심사를 받는 등 절차적인 해결이 더 합리적이므로 중간법으로 내려보는 것이 바람직하다.

(나) **카르텔죄와 개별적 불공정거래죄** 카르텔은 개별적 불공정거래죄보다는 적은 점수이지만 시장체계에 대한 범죄로는 가장 높은 점수로서 형법의 영역에 남아 있어야 한다. 이런 형법정책은 비록 입찰담합죄에 국한된 것이긴 하지만 형법전(StGB)에 “경쟁에 대한 범죄”(Straftat gegen den Wettbewerb)의 장(제26장)을 만들어 놓은 독일의 형법정책과도 상응한다.

이에 비해 개별적 불공정거래죄(유형 ⑤)는 최고의 불법점수를 받았지만 형법의 개입이 최종적으로 정당화되는 것은 아니다. 불법의 구조가 생활세계적 일탈행위의 성격을 띠고 있다고는 하지만 그 불법의 상당부분은 소비자기본법 등과 같은 각종 법률들이 포착하는 불법과 그 성격이 같기 때문이다. 또한 형법전을 통해서도 대부분 통제가능한 범죄들이다. 그러므로 형사불법이 되려면 기망이나 위력 등을 사용한 바와 같은 '행위양태'의 특성이 불법의 질을 한 단계 더 나쁜 쪽으로 높일 수 있는 것이어야 한다. 그러나 이러한 불공정거래행위마저도 앞서 본 바와 같이 징벌적 손해배상 등의 제재로 통제될 수 있는 일탈행위로 남을 수 있다. 여기다가 소비자이익에 대한 침해의 개념을 위험개념으로 대체해버린 전제를 버리고, 엄격한 의미의 침해 개념을 따른다면 개별적 불공정거래행위의 대부분은 민사불법의 차원에서도 소비자의 이익을 침해하는 것이 아니라 단지 위태화 하는 것에 머무르게 된다. 이런 점들을 종합해본다면 개별적 불공정거래행위의 범죄화도 충분히 정당화되기 어려움을 알 수 있다.

㈐ **경제력집중죄** 경제력집중은 다른 공정거래범죄에 비해 현저히 불법점수가 낮다. 중간법에 속하기도 어렵고 행정법의 영역에서 규율되는 것으로 충분하다. 당장 비범죄화되어야 할 구성요건이다.

2) 경제성이 아니라 법치국가성 이상에서 형법정책의 방향은 어디까지나 이론적이며, 주관적인 것이다. 공정거래형법의 범위를 어디까지로 정할 것인가 하는 문제는 궁극적으로는 객관적인 진실인식의 문제가 아니라 합리적인 정책의 문제이다. 형법이 '생활세계의 정당한 질서'로 남아야 한다고 할 때에도 불공정거래행위가 일어나는 행위영역의 특성을 결정짓는 요소들의 불확실성은 앙가쥬망에 따른 결단과 집행을 배제시킬 수 없게 하기 때문이다.

㈎ **법경제학적 사고: 트레이드 오프** 그러므로 이 정책의 영역에는 예컨대 법경제학적 사고가 활동하기 용이하다. 이를테면 공적 제재의 집행에 있어 제재의 강도와 제재 받을 확률 사이에는 트레이드 오프(trade-off), 즉 부(負)의 상관관계가 있다는 인식[50]은 불공정거래행위에 대한 제재의 강도를 높이게 만든다. 제재의 강도를 높이면 공정거래위원회의 제재집행비용을 줄이면서도 불공정거래행위에 대한 억제수준을 동일하게 유지할 수 있기 때문이다. 그러므로 하나의 불공정거래행위에 대해 과태료보다는 과징금, 과징금보다는 형벌을 부과한다면 공정거래체계는 그 자체로서 경제성을 높일 수 있게 된다.

㈏ **법원칙적 사고** 물론 이런 법경제학적 정책방향은 소극적 일반예방, 즉

50) 예컨대 10개의 사업자 중 하나를 적발하여 과징금 1,000만원을 부과하는 것과 100개의 사업자 중 하나를 적발하여 1억원을 부과하는 것은 제재억제효과에서 같고, 공정거래위원회의 집행비용은 1개 적발이 훨씬 적게 드는 경제성이 발생한다.

'형벌위협을 아무리 높여도 범죄예방효과는 높아지지는 않는다'는 범죄학적 통찰에 의해 제동이 걸릴 수 있다. 그러나 이보다 더 중요한 점은 이런 정책은 불공정거래행위가 일탈행위로서 갖는 불법의 실질과 제재 사이의 '비례성'을 무시한다는 점이다. 형사정책은 그와 같은 헌법위반적 정책이 되어서는 안 된다. 형사정책은 어디까지나 헌법에 합치하는 정책, 곧 형법정책으로 머물러야 한다. 그런 정책은 형사불법의 하한선을 오히려 높이는 정책이며, 그런 정책의 핵심은 생활세계적 성격이 비교적 분명한 영역에서만 형법을 동원하는 정책이다. 또한 장기적으로 보면 그런 형법정책은 경제영역의 효율성도 안정적으로 높이는 기반으로 작용할 수 있을 것이다.

(다) **공정거래형법 집행의 공정성** 그러므로 우리는 현행 공정거래(형)법이 시장의 공정성이라는 최소한의 도덕성을 구현하는 기획을 좇기는 했지만 그 도덕화의 수위는 불공정거래범죄의 모든 유형에서 형사처벌의 문턱을 아직 넘어서지 못하고 있다고 말할 수 있다. 공정거래형법의 집행은 개별사안에 들어가 그 사안의 고유한 특성들을 면밀히 분석하여, 그 불법의 실질이 형사처벌의 문턱을 넘어서는 수준의 것인지를 밝혀낼 수 있을 때 그 스스로도 공정할 수 있게 될 것이다.

출처와 생성

[3]단락의 글은 2009년 CJ제일제당의 연구지원에 의해 작성되었고, *공정거래형법*(법문사, 2010)에 수록된 글을 교정한 것이다. 이 단락의 글은 담합이 있다고 하여 언제나 과징금이나 형벌을 부과받는 것이 적정한 불법의 실질이 있는 것인지를 명쾌하게 해명해준다.

03 카르텔과 형법

Ⅰ. 카르텔에 대한 규제현황

1. 카르텔의 범죄화

시장에 참여하는 사업자들이 합의하여 공동으로 부당하게 경쟁을 제한하는 행위를 하는 것을 카르텔이라 한다. 「독점규제 및 공정거래에 관한 법률」 제19조 제1항은 카르텔을 "부당한 공동행위"라고 표제화하고 금지하며, 제4항은 사업자간의 카르텔계약을 무효화하고 있다. 또한 제56조는 귀책사유(고의 · 과실)에 관해 입증책임을 전환한 손해배상책임을 인정하고, 제66조 제1항 제9호는 위반행위를 3년 이하의 징역 또는 2억원 이하의 벌금으로 처벌하고 있다. 3년 이하의 징역에 처하므로 카르텔죄는 중범죄라고 할 수 있다. 카르텔에 대한 형사처벌의 필요성을 인정하는 법의식은 시민들 사이에 비교적 널리 퍼져 있다. 미디어도 기업들이 행하는 카르텔을 종종 사회악의 하나로 묘사한다. 카르텔 규제는 세계적인 관심사에 속한다. 이를테면 OECD는 국제적인 카르텔, 특히 경성카르텔에 대한 각국의 협력을 강화하는 정책을 펼쳐오고 있다. 이런 카르텔 규제는 세계시민사회로 들어가기 위해 필요한 조치로 이해되기도 한다.[1] 이에 따라 카르텔에 대해서 국내법을 적용(역외적용)을 하는 사례도 늘어나고 있다.[2]

[카르텔 범죄화의 비교법적 고찰] 카르텔에 대한 통제는 경쟁법적으로는 전세계

---

1) OECD의 국제경성카르텔에 대한 규제정책의 강화흐름에 대하여 자세히는 김원기, "경성카르텔(Hard Core Cartels) 규제의 최근동향 : OECD의 보고서(2000년)를 중심으로", *통상법률* (제39호, 2001), 201~224쪽 참조.

2) 대표적으로 흑연전극봉 사건을 들 수 있다. 영업소가 한국 밖에 있는 미국의 UCAR International Inc., 독일의 SGL Carbon Aktiengesellschaft, 일본의 소화전공주식회사 등 4개회사, 총 6개회사가 한국영토 밖에서 합의로써 카르텔을 형성하여, 한국 수출시의 가격과 수출량 등을 정하였다. 이 사건에 대해서 자세히는 김원기, "국제카르텔과 독점규제법", *기업법연구* (제19권 제1호, 2005), 9~41쪽. 이런 역외적용은 이런 역외의 카르텔이 실행된 곳은 한국이고, 그런 카르텔의 경쟁제한효과가 발생한 곳도 한국이라는 점에서 공정거래법의 섭외적 적용의 근거를 찾고 있다. 이 점에 대한 자세한 분석은 장준혁, "흑연전극봉 카르텔 사건에서의 저촉법적 논점의 검토", *국제사법연구* (8호, 2003), 458~460쪽 참조.

적으로 매우 강력하다. 그러나 카르텔의 범죄화와 형사처벌은 각국마다 다르다. 예를 들어 미국 셔먼법(Sherman act) 제1조[3]는 카르텔을 중죄(felony)로 규정하고, 2004년 제정된 Antitrust Criminal Penalty Enhancement and Reform Act (2004) SEC. 215 (a)에 의해 이전보다 매우 강화된 형벌, 즉 10년 이하의 징역이나 (법인의 경우는) 1억 달러 이하, (개인의 경우는) 100만 달러 이하의 벌금형에 처하고 있다. 이에 비해 독일의 경쟁제한방지법(GWB)은 카르텔을 금지하되(제1조) 형사범죄가 아닌 질서위반범(ordnungswidrigkeit)으로 취급한다(제81조 제2항 1호). 이 법은 카르텔행위에 대해 개인의 경우는 100만 유로 이하, 기업의 경우는 영업이익의 10% 이하의 범칙금(제81조 제4항)을 부과할 수 있게 한다. 독일이 이처럼 모든 담합의 유형들을 입찰담합죄처럼 형사범죄화하지 않는 것은 경쟁제한에 대한 비난감정이 경제영역과 공론영역에서 발달하지 않았기 때문이다.[4] 그래서 부패적 성격의 경쟁제한행위, 즉 질서위반범인 다른 경쟁제한행위들에 비해 "가중된 불법내용"[5]을 지닌 몇 가지 유형만을 독일형법 제26장(경쟁질서에 대한 범죄)에서 범죄화하였는데, 카르텔의 유형으로는 경쟁제한적 입찰담합죄(Wettbewerbsbeschränkende Absprachen bei Ausschreibungen)가 입법되었을 뿐이다. 주의할 점은 독일의 경쟁제한적 입찰담합죄는 우리나라 형법 제315조의 경매입찰방해죄와 같은 산업시대의 범죄유형이 아니라, 카르텔법과 경제형법의 핵심으로서 경쟁을 제한하는 범죄로 이해된다는 점이다.[6] 입찰담합죄는 기망의 요소나 재산상 손해발생이 요구되지 않는[7] 추상적 위험범으로 입법되어 있으며, 5년 이하의 자유형이나 벌금형에 처하고 있다. 유럽연합에서는 카르텔에 대해 범칙금을 부과하고 형벌을 부과하지는 않지만, 매우 강한 규제[8]를 하고 있다.

전속고발제(제71조 제1항)에 의해 모든 카르텔을 수사하고 처벌하는 것이 아

3) Sherman Antitrust Act § 1. Trusts, etc., in restraint of trade illegal; penalty: Every contract, combination in the form of trust or otherwise, or conspiracy, in restraint of trade or commerce among the several States, or with foreign nations, is declared to be illegal. Every person who shall make any contract or engage in any combination or conspiracy hereby declared to be illegal shall be deemed guilty of a felony, and, on conviction thereof, shall be punished by fine not exceeding $100,000,000 if a corporation, or, if any other person, $1,000,000, or by imprisonment not exceeding 10 years, or by both said punishments, in the discretion of the court.

4) Christian Müller-Gugenberger, *Wirtschaftstrafrecht, 3. Auflage* (Aschendorff Rechtsverlag, 2000), §57-63 참조.

5) Gerhard Dannecker, *Strafgesetzbuch Band 2, 2. Auflage* (NomosKommertar, 2005), §298-3.

6) Jens Gruhl, *Wirtschaftstrafrecht, 3. Auflage* (Aschendorff Rechtsverlag, 2000), §58-1 참조.

7) 이 점은 형법학자들에 의해 비판받는 점으로서 예컨대 Klaus Lüderssen, "Strafrechtliche Interventionen im System des Wettbewerbs - kritische Betrachtungen de lege ferenda", in: Hans Dahs (Hrsg.), *Kriminelle Kartell? Zur Entstehungsgeschichte des neuen §298* (Nomos, 1998), 65쪽.

8) 이에 관해 자세히는 정완, "EC의 카르텔금지법리", *법조* (40권 7호, 1991), 74~106쪽.

니라 주로 "객관적으로 명백하고 중대하여 경쟁질서를 현저히 저해한다고 인정하는 경우"(법 제71조 제2항)에 카르텔은 범죄로서 다루어진다.

2. 카르텔에 대한 강한 통제

카르텔에 대한 법적 통제는 공정거래법위반의 다른 유형에 비해 매우 강력한 편이다.

(1) **법적 장치들** 먼저 법제도적으로 카르텔은 몇 가지 특별한 취급을 받고 있다. 첫째, 카르텔 불법의 핵심인 합의에 대한 입증곤란을 해결하기 위해 법 제19조 제5항은 상당한 개연성이 있는 경우 합의한 것으로 추정(법률상 추정)하고 있고, 둘째, 합의에 의한 부당공동행위가 경쟁제한효과를 발생시키는지에 관해서도 공정거래위원회의 고시인 「공동행위심사기준」은 경성카르텔(예: 가격설정)에서는 사실상 추정을 하고 있다. 셋째, 법 제26조 제1항 제1호, 제2항은 사업자가 아니라 사업자단체가 결의하여 구성사업자들에게 카르텔을 하도록 지시·통보하는 행위도 카르텔처럼 취급된다. 이로써 합의는 지시로 대체되고 부당공동행위는 일방적 결의·통보로 대체된다. 넷째, 더 나아가 카르텔의 적발을 쉽게 하기 위해 자진신고자 감면제도(법 제22조의2)와 신고포상금제(법 제64조의2)를 적극적으로 운영하고 있다.

(2) **엄정집행** 카르텔에 대한 법적 규제를 공정거래위원회는 실제로도 강력하게 집행하고 있는 편이다. 이를 통계로 살펴보면 다음과 같다.

> 1981년부터 2008년까지 카르텔로 처리된 사건수는 1,285건으로 전체 공정거래법위반사건 12,054건 가운데 약 7.6%를 차지하고 있다. 그러나 카르텔에 대한 제재는 다른 법위반유형에 비해 상대적으로 강력하다. 예컨대 2007년 카르텔은 44건을 적발하여, 15건을 경고하고, 22건에 시정명령을 하였으며, 24건에서 과징금을 부과하였고, 7건을 형사고발하였다. 형사고발율이 15.9%이고, 과징금은 54.5%이다. 이는 1981년부터 2008년까지 규제조치를 취한 전체 처리사건 48,367건 가운데 형사고발은 429건으로 0.9%, 과징금부과는 1,602건으로 3.3%인 것에 비해 현저히 높은 수준임을 알 수 있다.9)

9) 이상의 통계는 공정거래위원회, *2008년도 통계연보* (2009)의 통계를 이용해 계산되었음.

3. 강한 통제의 원인과 과제

카르텔은 분명 규제되어야 할 행위의 하나임에는 의문이 없으나 현재 우리나라의 통제수준은 다소 과잉규제의 모습을 띠고 있다고 볼 수 있다. 이는 공정거래법이 카르텔에 대해 기획한 규제의 의미를 잘못 이해한 결과라고 할 수 있다. 특히 카르텔규제의 목적은 소비자보호나 소비자후생의 증대라고 강조하는 목소리에 이런 잘못된 이해가 터잡기 쉽다.

이를테면 공정거래위원회는 설탕담합에 대한 시정조치의 의미를 두고 "14년간 담합을 지속해 온 카르텔을 적발시정함으로써 소비자 피해를 방지하였다"고 자평한다.[10)]

(1) **소비자후생의 과도한 강조** 소비자후생에 대한 지나친 강조는 시장참여자에게 도덕적 의무의 수준을 높여 놓는다. 그렇기에 소비자후생의 강조는 규제당국의 역할수행에 대한 긍정적 이미지를 시민사회에 창출하기 쉬운 방편이 될 수 있다. 또한 소비자후생을 강조할수록, 법적 규제가 개입할 필요가 인정되는 '시장의 조정기능의 약화'를 '시장의 실패'(market failure)라고까지 침소봉대하기 쉬워진다. 그러므로 소비자후생의 강조는 시장의 실패에 대한 시민들의 불만을 잠재워야 한다는 정치경제적 조급증의 표현일 수 있는 것이다.

[카르텔규제와 시장실패] ① 이처럼 소비자후생을 강조하는 관점은 정부의 반독점규제를 시장실패(market failure)를 치유하기 위한 방편으로 이해하곤 한다. 또한 시장실패는 소비자에게 선택의 가능성을 제공하는 시장의 능력 상실(외부적 시장실패)뿐만 아니라 선택하는 소비자의 능력 상실(내부적 시장실패)까지 포함한다고 보면,[11)] 반독점법이나 소비자보호법은 모두 소비자후생이라는 단일목적을 실현하는 수단이 되어 버린다. 이런 개념설정에 따르면 소비자보호는 반독점규제의 필요성을 정당화한다. ② 그러나 이런 관점은 오히려 시장의 경쟁적 구조를 등한시하기 쉽다. 이를테면 완전경쟁이 달성되지 않아도 시장은 일정한 조정기능을 발휘할 수 있고, 그 가운데 기업의 생산효율성도 증대되어 장기적으로 소비자후생으로 이어질 가능성은 남아 있다. 그렇기 때문에 카르텔규제와 같은 반독점규제는 시장의 실패를 치유한다기 보다는 시장의 기능을 유지 또는 더 활성화시

---

10) *2008년 공정거래백서* (공정거래위원회), 211쪽.

11) Neil W. Averitt/Robert H. Hilde, "Consumer Sovereignty: A Unified Theory of Antitrust and Consumer Protection Law", *Antitrust Law Journal* (Vol. 65, 1996-1997), 713~756쪽 참조.

키기 위한 것으로 보아야 한다. 즉, 반독점규제는 시장이 실패했을 때 비로소 시작되는 것이 아니라 조정기능이 약화되었을 때 이미 시작할 수 있는 것이며, 그 규제의 목표는 소비자보호가 아니라 시장의 경쟁성을 강화하는 것에 있을 뿐이다. ③ 특히 우리나라는 미국과 달리 헌법상 사회적 시장경제의 질서이념(헌법 제119조 제2항)에 따라 정부는 시장실패와 무관하게 시장에서 힘의 불균형을 교정하고 부의 지나친 편중분배를 지양하는 목적에서 시장을 규제할 수 있다는 점도 간과되어서는 안 된다.

(2) **시장의 조정기능 유지 · 강화** 소비자주권에 지향한 소비자후생에 대한 지나친 강조는 자칫 기업의 생산효율성을 등한시하기 쉽고, 기업의 생산효율성과 소비자편익 사이의 균형을 도모하지 않는 규제정책을 펼치게 만든다. 그러나 이런 규제정책이 시장의 실패를 치유할 수 있을런지는 매우 의문이다. 이를테면 담합은 중 · 단기적으로는 소비자편익을 감소시키면서도 장기적으로는 산업의 건전성을 유지시켜 소비자후생을 증대시키는 경우도 있는 것이다.[12] 그렇기에 카르텔에 대한 규제정책은 소비자보호에 일방적으로 쏠려서는 안되고, 시장의 조정기능을 유지, 강화하는 데 그 초점을 맞춰야 한다.

Ⅱ. 카르텔불법의 유형과 구조

1. 보호법익

카르텔죄가 보호하고자 하는 법익은 다른 공정거래법위반죄와 마찬가지로 궁극적으로는 공정거래질서이다.[13] 여기서 공정거래질서란 "공정하고 자유로운 경쟁을 촉진함으로써 창의적인 기업활동을 조장하고 소비자를 보호함과 아울러 국민경제의 균형있는 발전"(제1조)이라는 목적을 달성하기에 적합한 시장질서를 말한다.

(1) **경쟁적 시장구조** '공정하고 자유로운 경쟁'이란 '경쟁적 시장구조'의 달성(a), '기업활동의 조장'은 '경영의 효율성'(business efficiency)(b) 그리고 '소비자보호'는 소비자의 '후생'(welfare)(c)으로 각각 옮길 수 있다. 경영효율성은 생

12) 이를 순순환의 담합과 악순환의 담합으로 나누어 전자에 대한 법적 규제의 부적절성을 지적하는 이상돈 · 지유미 · 박혜림, *기업윤리와 법* (법문사, 2008), 75쪽 아래 참조.

13) 1.단락의 내용은 이상돈, "시장지배지위남용의 형법적 적정규제", *영남법학* (제31호, 2010), 29쪽 부분의 내용과 거의 비슷한 내용으로 서술되어 있다.

산효율성(productive efficiency)으로 표현하기도 한다. 여기서 말하는 소비자보호는 후생경제학적 의미, 즉 파레토 최적상태에서 달성되는 자원배분의 효율성(allocative efficiency)[14]이 소비자에게 가져다주는 이익의 총합을 의미한다.[15]

1) 경영효율성과 소비자후생의 긴장관계 이와 같은 경영효율성(b)과 (소비자)후생(c)은 중・단기적으로는 서로 긴장과 대립의 관계에 놓이기 쉽다. 기업의 수익극대화는 소비자의 희생을 요구하기 쉽고, 소비자 편익의 극대화는 기업의 희생을 요구하기 쉽기 때문이다. 이렇게 경영효율성과 충돌할 때의 소비자 후생은 '후생'이라는 개념보다는 편익, 즉 소비자의 '편익'이라는 개념으로 표현하는 것이 적절하다. 왜냐하면 경영효율성은 장기적으로는 소비자의 편익을 증대시킬 수 있고, 소비자후생은 경영효율성과 충돌하는 중・단기적인 소비자의 편익뿐만 아니라 경영효율성에 의해 증가되는 장기적인 소비자편익까지 포괄하여 종합적으로 판단하여야 하기 때문이다.

2) 균형발전의 기제로서 경쟁적 시장구조 이처럼 생산효율성과 소비자후생을 장기적 안목에서 동시에 실현시키는, 그래서 "기업활동의 조장"과 "소비자보호"라는 두 법익을 조화시키는 기제가 바로 '경쟁적 시장구조'(a)이다.

경쟁적 시장구조는 양면적이다. 첫째, 경쟁적 시장구조는 시장을 지배하는 기업의 이익을 견제하지만, 힘없는 기업의 이익을 촉진한다. 둘째, 경쟁적 시장구조는 독과점 시장보다는 소비자 후생을 촉진하지만, 복지국가의 기획과 비교하면 소비자 후생을 상대적으로 좀 더 외면한다고 볼 수 있다. 이렇게 양면적인 기능을 하는 경쟁적 시장구조(a)는 경영효율성(b)과 소비자후생(c) 사이의 긴장과 대립 속에서 현실적으로 벌어지기 쉬운 불균형을 교정한다. 이런 교정을 제1조는 "국민경제의 균형있는 발전"(d)이라고 표현하고 있다. 셋째, 경쟁적 시장구조는 경영효율성과 소비자후생이 서로를 촉진시키게 만든다. 즉, 경쟁적 시장구조의 틀을 유지하면서 추구하는 경영효율성은 사회적 총효용을 극대화하여 궁극적으로 소비자에게 귀속될 재화의 크기를 증대시키고, 같은 틀 속에서

14) 생산적 효율성이란 하나의 산업 내에서의 효율성(efficiency within a single industry)이며, 이는 개별회사의 상품과 서비스의 생산단가를 최소화하는 것을 포함하는 반면, 배분적 효율성이란 산업 전체에 걸친 산출물들의 효율성(efficiency of output across industries)으로서 '하나의 산업에 어떤 사회적 자원이 투자되어야 마땅한 것인가'라는 물음을 포함한 개념이다. 이런 개념이해에 관해 Christopher R. Leslie, "Achieving efficiency through collusion: A market failure defense to horizontal price fixing", *California Law Review* (vol. 81, 1993), 253쪽 참조.

15) 같은 취지로 김두진, "시장지배적 지위의 남용", *한국비교사법학회* (제14권 1호, 2007), 222쪽.

소비자후생은 사회적 총비용을 최소화하여 궁극적으로 기업의 경영효율성을 증대시키기 때문이다. 이처럼 경쟁적 시장구조를 통한 경영효율성과 소비자후생의 동시적 실현상태를 두고 시장의 공정성(fairness)이라고 부를 수 있다.[16] 공정거래법의 "공정" 개념은 바로 이런 의미이다.[17]

(2) **소비자주권의 예외** 카르텔죄는 때로는 생산효율성과의 조화 여부와 상관없이 소비자후생을 독자적이고 절대적인 보호법익으로 삼는 해석으로 운용될 수 있다. OECD는 이를 한국의 경쟁법정책의 문제점으로 지적하기도 한다.[18] 이를 경계해야 함은 물론이지만, 소비자주권의 함의가 경쟁적 시장구조를 구축하는 데 필수적인 요소인 경우에는 예외적으로 카르텔죄의 보호법익으로 수용될 수는 있다.

1) 비대칭성의 교정수단으로 소비자주권 먼저 소비자주권이란 소비자의 권익을 최고가치로 보호한다는 의미로 재해석된 '소비자후생'이라고 할 수 있다. 소비자주권의 이념은 무엇보다 대기업과 소비자 사이에서 힘의 '비대칭성'(asymmetry)을 교정하는 데에는 매우 유효하다. 이런 교정은 경쟁적 시장구조를 구축하는 필수요소가 되기도 한다. 물론 공정거래법의 보호법익을 이와 같은 의미의 소비자주권의 개념으로 공식적으로 천명하는 판결은 찾기 어렵다. 그러나 공정거래법을 적용하는 다음의 의사파업(휴·폐업)사건에는 판결에는 이런 해석이 밑바탕을 이룬다.

[의사협회의 파업결의와 부당한 공동행위] 대한의사협회(회장 甲)가 의약분업 시행을 앞두고 의료계의 주장을 관철하기 위하여 의사대회를 개최하면서 의사들에게 대회 당일 휴업·휴진할 것과 참석자에 대한 참석 서명 및 불참자에 대한 불

16) 미국의 법경제학자들이 후생(Welfare)과 대립항으로 설정되는 공정성 개념(대표적으로 Louis Kaplow and Steven Shavell, "Fairness versus Welfare: Notes on the Pareto Principle, Preferences, and Distributive Justice", *Harvard Law and Economic Discussion Paper* (No. 411, 2003), 1~23쪽 참조)은 주로 자유주의적 시장경제를 지탱하는 대칭성, 일관성, 책임원칙과 같은 황금률 등에 관계된 것이다. 따라서 내가 말하는 공정성은 후생과 대립항적인 공정성이 서로 변증된 상태를 가리킨다.

17) 우리나라 법의 규제이념은 자유시장과 효율성을 중시하는 시카고학파(the Chicago School)의 영향이 있기 이전, 즉 19세기 후반부터 1960년대까지 미국의 반독점정책의 이념적 좌표와 비슷하다고 보기도 한다. 이런 견해로 조성혜, "미국의 독점금지와 기업결합의 제한 — 셔먼법 제2조와 클레이튼법 제7조를 중심으로", *비교사법* (제9권 제2호, 2002), 445~446쪽.

18) 소비자 보호에 대한 국민의 과도한 기대를 정부가 따르다보면 효율성을 해친다는 2000년 OECD의 "한국에서의 규제개혁"(Regulatory Reform in Korea)에 대한 검토로 김원기, "경성카르텔(Hard Core Cartels) 규제의 최근동향: OECD의 보고서(2000년)를 중심으로", *통상법률* (제39호, 2001), 220~221쪽 참조.

참사유서 징구를 결의하고 이를 통보하였다. ① 대법원은 대한의사협회에 법 제26조 제3항(구성사업자의 사업내용 또는 활동을 부당하게 제한하는 행위)의 위반을 인정하였다.[19] ② 대법원의 이와 같은 법해석은 공정거래법을 의약품의 오남용 방지라는 (보건)정책적 목표(의약분업)를 달성하거나 의료소비자의 의료서비스 선택권을 보호하기 위한 엄호수단으로 삼는 것이라 볼 수 있다. 공정거래법의 적용은 의료소비자의 주권을 지키기 위한 것이라고 이해할 수 있다. 이 판결의 타당성을 별론으로 하고, 이 사건에 적용할 공정거래법규정은 휴폐업 결의와 통지 등은 강제성이 없었다는 점을 고려할 때, 법 제26조 제1항 1호(사업자단체가 제19조 제1항 각호의 행위에 의하여 부당하게 경쟁을 제한하는 행위)가 되는 것이 더 타당하다.[20]

2) 공감의 법과 원칙의 법 사이에 그러나 소비자주권이란 소비자의 어떤 편익을 실정법상 권리로 제도화되고 엄정하게 실현되어야 함을 강조하는 수사학적 개념[21]임을 주목해야 한다. 이와 같은 수사학적 개념의 사용을 정하는 규칙은 없다. 하지만 가령 의사들의 파업으로 위태화되는 의료소비자의 건강이라는 편익을 소비자주권으로 개념화하는 것에 대해 시민들 사이에 정서적인 공감(empathy)[22]이 폭넓게 형성될 수 있다. 이런 맥락에서 사용되는 소비자주권의 훼손은 곧 경쟁적 시장구조를 깨는 행위로 간주된다. 이때의 소비자주권은 카르텔 불법이 침해하는 법익이 될 수도 있다. 물론 카르텔이 소비자주권을 침해한다고 하여 형사처벌할 수 있으려면 그 침해가 현저한 경우에 국한되어야 할 것이다. 그러나 여기서 다시 한번 간과되서는 안되는 점은 시민들의 정서적 공감이 언제나 공정거래법의 적용을 정당화하지는 않는다는 점이다. 특히 법체계의 정합성과 법원칙에 근거를 둔 해석은 시민들의 공감에 의해 폐기되어서는 안된다.

---

19) 대판 2003. 2. 20, 2001두5347<전원합의체 판결>.

20) 약사회의 면허반납과 집단폐문이라는 단체행동에 대해서는 법 제26조 제1항 1호를 적용한 바 있다. 이에 관해 자세히는 대판 1995.5.12, 94누13794 참조.

21) 인권 개념의 이와 같은 수사학적 차원에 대해 자세히는 이상돈, *인권법* (세창출판사, 2005), 121쪽 아래; *기초법학* (법문사, 2010), 191쪽 아래 참조.

22) 공감의 개념에 대해서 이상돈, *기초법학* (법문사, 2010), 80쪽; *법미학* (법문사, 2008), 129쪽; Spencer J. Pack, *Capitalism as a Moral System: Adam Smith's Critique of the Free Market Economy* (Edward Elgar, 1991), 76쪽 참조. 이 문헌들에서 좀 더 명확해져야 하는 점은 공론이란 이성적 논거에 의한 상호이해와 합의의 형성과정인 반면, 공감은 이성적으로 생각하기를 멈추고(stop thinking rationally) 감성적으로 함께 느끼는(feeling together, Mitgefühl) 작용이기 때문에 공감은 공론에 의해 형성되는 것이 아니라 공론의 과정 속에서 또는 그것과 (우연히) 병행하여 형성되는 것임에 주의를 요한다.

[법원칙을 외면한 공감의 법해석] ① 예컨대 의료보험이 적용되는 의약품의 조제와 판매는 공정거래법이 보호하려는 경쟁시장을 형성하지 않고 사회보험체계를 구성하는 행위들이기 때문에 공정거래법이 적용될 수 없다는 점이 간과되서는 안된다. ② 또한 의료보험이 적용되지 않는 의약품의 조제와 판매는 일단 자유경쟁시장을 형성하고, 따라서 이 시장은 공정거래법에 의해 보호되어야 하지만, 의약품의 조제판매시장은 의사들의 집단폐업을 통한 투쟁에 의해 위태로워지는 것이 아니라는 점도 간과되서는 안된다. 왜냐하면 집단휴·폐업투쟁은 법률에 의해 오히려 억압된 자유로운 경쟁체제를 지향하는 것이 — 예컨대 경쟁성은 한의사와 약사 사이, 의사와 약사 사이의 조제판매에 의해 오히려 증대될 수 있 — 기 때문이다.[23] 바로 여기서 미국연방법원이 Eastern Railroad Presidents Conference v. Noerr Motor Freight, Inc.사건[24]에서 확립한 노어-페닝톤 원칙(Noerr-Pennington doctrine)이 주목된다. 이에 의하면 사업자단체가 자신들에게 불리한 법률의 제정이나 시행에 영향을 미치고자 행하는 단체행동은 셔먼법의 규율을 받지 않는다("no violation of the Sherman Act can be predicated upon mere attempts to influence the passage or enforcement of laws")는 것이다.

2. 담합과 카르텔의 차이

(1) **담합의 두 가지 형태** 카르텔의 정식 명칭은 부당한 공동행위이지만 언론에서는 흔히 담합(談合)이라고 표현된다. 그런데 담합은 공정거래법이 제정되기 한참 이전인 1953년 제정된 형법 제315조(경매입찰방해죄)를 실행하는 전형적인 행위의 예로 사용되어 온 개념이다.[25] 이때 담합은 경매, 입찰에 참가하는 자가 특정한 자를 낙찰자나 경락자로 하기 위해 각자 일정한 가격 이상 또는 그 이하로 입찰 또는 호가하지 않을 것을 합의하는 것으로 이해된다. 물론 카르텔죄의 실행행위유형은 경매, 입찰의 공정성을 해하는 것에 국한되지 않고, 반대로 경매입찰방해죄의 유형도 담합행위에 국한되지 않는다.

(2) **형법상 담합과 공정거래법상의 카르텔의 차이** 그러나 담합행위에 의한 경매입찰방해에 국한해서 본다면, 카르텔죄와 경매입찰방해죄는 '합의에 의해 부

23) 비슷하게 "의사들의 행위에서 경쟁제한성을 파악할 수는 없고, 오히려 정부정책에 대해 의사들이 이익집단으로서 단체행동을 한 것이라고 볼 수 있기에 공정거래법의 적용이 면제되어야" 한다고 보는 심재한, "사업자단체의 사업활동 제한행위", 상사판례연구(제18집 제2호, 2005), 72쪽.

24) 365 U.S. 127(1961).

25) 가령 담합 개념이 사용된 대법원의 가장 오랜된 (법원행정처가 발행한 법고을 LX을 기준으로) 판례로는 1960년(예: 대판 1960.8.4, 4292형상96)부터 발견되며 공정거래법이 시행된 이후에도 꾸준히 사용되고 있다(예: 대판 2003.9.26, 2002도3924).

도표 12 담합과 카르텔의 차이

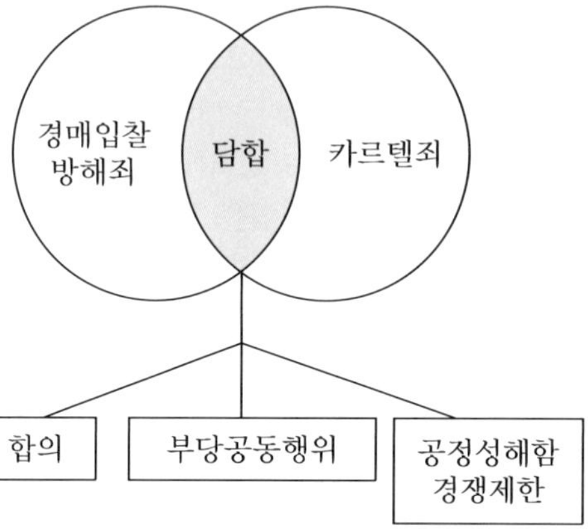

당한 행위를 공동으로 하여 공정성을 해하는' 동질적 구조의 불법유형을 갖고 있다고 볼 수 있다. 그렇기 때문에 2007년 경매, 입찰에서의 담합이 공정거래법상 카르텔의 일종으로 수용되기도 하였다(법 제19조 제1항 제8호 신설). 하지만 카르텔죄의 법정형이 3년 이하의 징역 또는 2억원 이하인데 비해 경매입찰방해죄의 법정형은 2년 이하의 징역 또는 700만원 이하의 벌금으로서 상당한 차이가 있다. 이런 법정형의 차이는 형법상 경매입찰방해죄가 개인적 법익, 특히 자유와 재산을 보호하기 위한 죄인데에 비해 카르텔죄는 경쟁질서라는 보편적 법익을 보호하기 위한 죄라는 불법의 본질적 차이에서 비롯된다.

(3) 카르텔죄의 주체제한 이 본질적 차이를 반영하기 위해서는 카르텔죄의 주체인 제19조 제1항의 "사업자"는 적어도 다른 사람과 힘을 합한다면 — 단지 행위의 도덕적 차원에서가 아니라 '체계'(system)의 차원에서 — 경쟁적 시장구조를 왜곡시킬 수 있는 가능성을 가진 자이어야 한다.

1) 시장영향력 이 가능성은 시장지배지위남용죄의 주체에게 요구되는 시장지배력까지는 아니지만, 시장에서 유효경쟁을 변화시킬 수 있는 잠재적 역량의 정도에 이른 것이어야 한다.[26] 이를테면 카르텔죄의 주체는 카르텔에 참여하는 사업자들의 시장점유율 합계가 시장지배력(예: 50~75%)에는 못미치지만 그것에 향해가는 의미있는 수준(예: 10%[27])이어야 한다. 이를 시장지배력과 구

26) 아래 Ⅲ.3.2.(3)에서 자세히 다룸.

27) 참고로 독일의 판례를 보면 5%의 시장점유율 정도를 기준으로 삼은 경우도 있다(BGHSt 14,

분하여 '시장영향력'이라고 개념화할 수 있겠다. 독일에서도 비슷하게 감지할 수 있는 정도의 시장영향력(spürbare Marktbeeinflußung)[28]이라는 개념을 사용한다. 이처럼 시장지배력이 아니라 시장영향력을 요구하는 것은 한편으로는 카르텔형성을 통해 시장지배력을 비로소 획득 또는 강화할 수도 있다는 점을 고려하고, 다른 한편으로는 카르텔에서는 시장지배지위남용죄에서처럼 시장지배력 자체가 불법의 중심요소가 아니라는 점을 고려한 결과이다. 물론 여기서 요구하는 수준의 의미있는 시장점유율도 시장을 어떻게 획정하느냐에 따라 그 충족여부가 심각하게 좌우된다.

㈎ **safe harbor** ① 공정거래위원회가 고시한 「공동행위심사기준」 Ⅱ.2.나.⑶에 의하면 연성 공동행위(공동생산, 공동연구·개발, 공동마케팅, 공동구매 등)는 참여사업자들의 시장점유율의 합계가 20%를 초과하는 경우에만 경쟁제한 효과를 분석판단하도록 하고 있다. ② 이는 미국에서 합작투자(joint venture)나 경쟁자들의 협력행위(competitor collaborations)가 있어도 반경쟁적 효과가 발생하지 않는다고 간주되는 경우, 이른바 안전구역(safe harbor)을 협력사업자들의 시장점유율 합계치가 20% 이하인 경우로 설정한 연방거래위원회(FTC)의 기준(Agency Guidelines)에 영향을 받은 것으로 보인다.[29] ③ 그러나 이는 경쟁제한성이라는 요건의 충족에 대한 판단기준이라기 보다는 카르텔죄의 주체가 되기 위한 사업자의 시장영향력의 유무를 판단하는 기준으로 재해석할 수 있다.

㈏ **소규모사업자의 조합에 대한 법의 적용예외** 법 제60조(일정한 조합의 행위)는 소규모 사업자들이나 소비자가 상호부조를 목적으로 임의로 설립한 조합으로서, 그 조합원들의 임의 가입·탈퇴가 보장되고, 의결권이 평등하며, 조합원에 대한 이익배분의 한도가 정관에 정해진 조합(또는 조합의 연합회)의 행위에 대해 법의 '적용제외'를 인정한다. 이런 적용제외도 그런 조합(연합회)은 시장영향력이 없거나 거의 미미하기 때문이다.

2) 비신분성 이렇게 주체의 자격을 제한한다고 해서 카르텔죄가 신분범이 되는 것은 아니다. 신분이란 '특정한 사람에게만 존재하고, 불법의 구성요소가 되는 사회적 지위나 상태'이다.[30] 첫째, 공식적으로 시장에 참여하는 자이면 모

---

55 참조).

28) 이를 요구하는 판례로 BGH v. 19.10.1993, KZR 3/92; BGHZ 68, 6 참조.

29) 자세히는 William Blumenthal, "Clear Agency Guidelines: Lessons from 1982", *Antitrust Law Journal* (Vol. 68, 2000), 5~27쪽 참조.

두 사업자이므로, 카르텔죄의 규정은 그 자체로서는 행위주체를 특정 사람들에게 국한한다고 볼 수 없다. 둘째, 카르텔죄의 주체가 되기 위한 시장영향력이 공정거래위원회의 고시에 의해 법정될 수는 있다. 그러나 그런 법정화된 시장점유율도 몇 명의 사업자가 카르텔을 형성하느냐에 따라 행위주체성 여부가 좌우될 수 있다는 점에서 여전히 특정 사람들을 주체로 한정하는 신분범의 기능이 확실하지가 않다. 셋째, 시장점유율의 합계가 시장영향력 인정 기준을 넘어서는 카르텔을 맺는 행위는 그 참여사업자들의 주관적 의도(예: 공동연구개발)에 따라 카르텔불법을 구성하지 않을 수 있다. 그러나 신분범은 그처럼 고의나 목적과 같이 사회적 지위를 나타내지 못하는 행위자의 특성에 대해서는 인정되지 않는다. 이상의 세 가지 점을 모두 고려할 때 카르텔죄의 주체를 시장영향력을 지닌 사업자에 국한시킨다고 해서 신분범으로 보기는 어렵다.

3) 사실상 하나의 사업자 두 개 이상의 사업자가 서로 지배종속관계에 있을 경우에도 카르텔을 인정할 수 있는지도 문제이다.

(개) 카르텔죄의 주체와 제도경제학적 이해 공정거래위원회는 '사실상 하나의 사업자' 개념을 인정한다. 즉, 외형상 카르텔을 형성한 두 사업자가 모회사와 자회사의 관계와 같이 한 "사업자가가 다른 사업자를 실질적으로 지배함으로써 이들이 상호 독립적으로 운영된다고 볼 수 없는 경우에는 사실상 하나의 사업자로 본다"[31]는 것이다. "다만, 관련시장 현황, 경쟁사업자의 인식, 당해 사업자의 활동 등을 고려할 때 경쟁관계에 있다고 인정되는 경우에는 그러하지 아니하다"고 본다. 이렇게 사실상 지배종속관계에 놓인 기업들 사이의 공동행위는 가령 (우리나라의 경제체제에 특유한 현상으로서) 지주회사를 정점으로 하는 기업집단제도라는 법의 틀 속에서는 경쟁을 제한하기보다는 거래비용을 최소화하는 행위로 이해될 수 있기 때문이다. 이런 이해는 경제를 (법)제도와의 상호작용 속에서 이해하는 (신)제도학파적 입장에 의해 뒷받침될 수 있으며,[32] 카르텔은 "협조된 행위"(concerted action)에 적용될 뿐 "완전한 일방적 행동"(wholly unilateral conduct)에는 적용되지 않는다는 미국 판례에 영향을 받은 것이라 할 수 있다.[33] 독일에서는 계약상의 콘체른(Vertragskonzern)과 사실상의 콘체른

---

30) 이 신분개념의 자세한 분석으로 이상돈, *형법강의* (법문사, 2010), §32-5 참조.

31) 공정거래위원회가 고시한 「공동행위심사기준」 V.2.

32) 이런 모자기업들은 하나의 "유사한 동태적 기업"이 된다고 보는 김석용, "신제도학파적 기업이론과 기업간 네트워크 이론의 고찰", *경영학연구* (제25호, 1996), 126쪽.

(faktischer Konzern)을 구분하여 자회사가 경제적으로 독립적으로 활동하는지 여부에 따라 카르텔금지규정의 적용여부를 결정하고 있다.[34)]

(나) **형법상 경매입찰방해죄와 고전경제학적 이해** 그러나 이와는 정반대의 전통적인 경제학, 이를테면 경제와 그 밖의 사회체계(정치, 법, 사회 등)를 분리하고 오로지 시장을 공급과 수요의 균형을 지향하는 조정체계로만 바라보는 (신)고전주의 주류경제학은 '사실상 하나의 사업자' 개념을 인정하기 어렵다. 그렇다고 고전경제학이 적어도 담합의 법적 규제에 관련해서 완전히 폐기되는 것은 아니다. 주류경제학의 입장은 산업시대의 패러다임 위에 서 있는 형법상 경매입찰방해죄의 적용에는 여전히 유효할 수 있기 때문이다. 예컨대 시장점유율이 매우 미미하여 카르텔죄의 주체가 되기 어려운, 그리고 지배종속관계에 있는 두 회사가 입찰경매담합을 한 경우에는 한 경우에는 공정거래법상 카르텔죄가 성립할 수는 없지만, 형법상 경매입찰방해죄(제315조)는 성립할 수 있다.

3. 카르텔의 고유한 불법유형

카르텔죄가 보호하려는 경쟁적 시장구조의 의미는 명확하지 않다. 그 의미는 매우 다양화할 수 있으며 통일적인 개념은 존재하지 않는다.[35)] 또한 각 경쟁시장개념에 따른 현실의 시장에 대한 판단도 매우 불확실하다. 그러나 카르텔불법의 존부를 판단함에는 시장지배지위남용의 경우만큼 경쟁적 시장구조의 의미를 해명하는 작업이 중요하지는 않다.

(1) **주체의 구성요소와 불확정적 행위객체로서 경쟁질서** 이는 카르텔에서 경쟁시장은 행위의 '객체'(Objekt)가 되는 반면, 시장지배지위남용에서는 행위의 '주체'(Subjekt)를 구성하는 요소라는 점에서 비롯된다. 시장지배지위남용죄의 행위

---

33) 대표적으로 모회사가 자회사를 100% 소유한 경우에 그 두 회사의 모회사의 협력행위(the coordinated activity of a parent and its wholly owned subsidiary)는 셔먼법 제1조의 목적에서 볼 때 공모가 되지 않는다고 판시한 미국 판례인 Copperweld Corp. v. Independece Tube Corp., 467 U.S. 752 (1984) 참조. 이 판례는 공모한 사업자들이 단일 기업조직을 형성할 때에만 카르텔의 성립을 배제하고 별개 조직이지만 완전히 소유한 자회사인 경우에는 카르텔의 성립을 긍정할 수 있게 하는 기업내부공모의 원칙(intra-enterprise conspiracy doctrine)을 폐기한 셈이다.

34) 이에 관해 유진희, "독점규제법상의 카르텔금지 — 독일 경쟁제한방지법을 중심으로", *경영법률총서* (4권, 2004), 17~18쪽 참조.

35) 독일에서도 경쟁(Wettbewerb) 개념은 통일적 개념이 아니고, 개별 규범의 목적과 의미연관에 따라 다양하게 변화한다. 이에 관해 Christian Müller-Gugenberger, *Wirtschaftstrafrecht, 3. Auflage* (Aschendorff Rechtsverlag, 2000), §57-5 참조.

주체는 시장지배지위라는 신분성, 즉 실질적 경쟁을 배제시키는 힘을 지닌 자이어야 하므로 행위주체가 확정되려면 남용행위로 배제시킬 수 있는 경쟁시장의 내용도 '확정'되어야 한다. 이에 비해 카르텔불법의 중점은 합의로 부당한 공동행위를 하여 경쟁시장구조를 공격하는 점에 그 중심이 있으므로, 그 공격행위로 왜곡되는 경쟁시장구조의 내용이 확정적일 필요까지는 없다.

그렇기 때문에 아래(V)에서 경쟁제한성이라는 카르텔죄의 결과반가치적 요소는 경쟁시장구조의 왜곡 자체를 확정하지 않은 채 경쟁제한효과의 신호(예: 가격인상), 경쟁제한의 적성,[36] 경쟁제한의 사실상 추정 등으로만 단계화한다. 경쟁제한효과의 실제적 의미인 소비자후생의 감소는 제재법의 차원(Ⅵ.1.(2))에서 객관적 처벌조건, 즉 카르텔죄의 구성요건부속물로서 고려된다.

(2) **경쟁시장의 내부적 남용과 외부적 침해** 또한 시장지배지위남용죄에서 남용행위는 경쟁시장을 왜곡시킬 수 있는 힘을 이미 가지고 있는 사업자가 그 힘에 의해 그가 참여하는 시장에 내재화된 경쟁시장구조의 '잠재적인' 왜곡가능성을 '현실화'하는 행위이다. 시장지배자는 그의 행위여하에 따라 시장의 경쟁적 구조를 좌우하는 시장의 내부인이라는 점에서, 시장지배지위남용행위는 경쟁시장의 '내부적' 남용행위라고 볼 수 있다. 이에 비해 카르텔죄는 경쟁시장에 참여하는 다양한 사업자들 합의로 부당한 공동행위를 함으로써 새롭게 그 시장의 경쟁성을 제한시키는 공격을 하는 행위라는 점에서 시장의 '외부로부터' 그 시장의 경쟁적 구조를 침해하는 행위가 된다.

(3) **시장에 대한 사기적 성격** 시장지배자의 내부적 남용행위가 시장의 약자에 대한 배려의 윤리를 외면하는 행위인데 비해, 카르텔행위자의 외부적 공격행위는 시장에 대한 사기(fraud on market)의 성격을 띠는 행위이다. 이 사기적 성격이 바로 카르텔이 카르텔만큼이나 경쟁시장구조를 위협할 수 있는 합병과 구별되는 점이다. 합병은 자본시장법에 따른 공식적 절차를 통해 이루어지고, 공정거래법상 기업결합 심사를 통해 그 경쟁에 대한 폐해가 통제되는 반면, 카르텔은 그와 같은 공식적인 절차와 통제를 국가와 시민들을 속임으로써 벗어나는 것이다.

---

36) 예컨대 경쟁제한적성을 판단하기 위해서는 시장점유율을 고려해야 하지만, 그것을 토대로 시장지배력을 판단하는 작업까지는 카르텔불법의 성립판단에 꼭 필요한 것은 아니다.

4. 카르텔의 불법구성요건의 구조

카르텔불법의 구조분석으로 그 구성요건의 짜임새를 개관할 필요가 있다. 법 제19조 제1항은 카르텔범죄의 성립요건으로 ⓞ 사업자, ① 합의("계약·협정·결의 기타 어떠한 방법으로도 … 할 것을 합의"), ② 공동부당행위("공동으로 부당하게 … 다음 각호의 어느 하나에 해당하는 행위"), ③ 경쟁제한성("경쟁을 제한")을 규정한다.

> **제19조 제1항** 사업자는 계약·협정·결의 기타 어떠한 방법으로도 다른 사업자와 공동으로 부당하게 경쟁을 제한하는 다음 각 호의 어느 하나에 해당하는 행위를 할 것을 합의(이하 "부당한 공동행위"라 한다)하거나 다른 사업자로 하여금 이를 행하도록 하여서는 아니된다.

❙도표 13❙ 카르텔의 불법성립요건의 구조

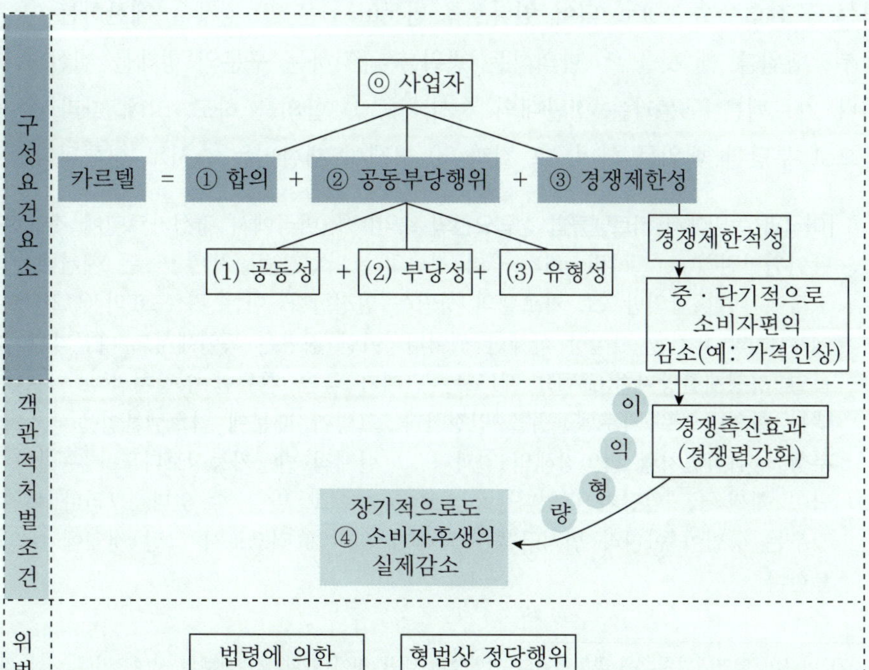

(1) **사업자** 먼저 카르텔의 주체로서 사업자라는 개념은 법 제2조 제1호의 "제조업, 서비스업, 기타 사업을 행하는 자"의 의미에 국한되지 않는다. 카르텔의 주체를 카르텔을 통해 경쟁을 제한할만한 힘을 가진 사업자에 국한하는 것은 카르텔죄의 보호법익에서 비롯되는 필연적인 요청이다. 사업자의 이익을 위한 행위를 하는 임원·종업원·대리인 기타의 자는 사업자단체에 관한 규정의 적용에 있어서는 이를 사업자로 본다. 금지된 카르텔(제19조 제1항)의 주체는 "사업자"이지만 카르텔죄(제66조 제1항 9호)의 주체는 "자"이다. 이는 시정조치나 과징금은 사업자인 기업에게 부과되는 제재이지만, 형벌은 그 기업(법인)의 행위자 개인에게 부과되는 제재임을 말해준다. 다만 형벌을 개인에게 부과하는 경우에는 그가 대표자나 대리인 등으로 있는 기업에게도 양벌규정(제70조)에 따라 벌금형이 부과될 수 있다.

(2) **카르텔행위** 제19조 제1항의 구문은 ③이 ②를 그리고 ②가 ①을 수식하는 구조(③→②→①)로 되어 있다. 즉 법문(text)은 ③ 경쟁을 제한하는 ② 공동부당행위를 할 것을 ① 합의하는 행위를 금지하는 구문의 형태를 취한다. 그러나 카르텔은 구문과는 정반대의 순서, 즉 ① 합의를 하고, 그에 따라 ② 공동으로 부당한 행위를 하며, 그 결과 ③ 경쟁이 제한되는 순서로 실행된다.

[미국과 독일에서 카르텔불법 성립요건의 축약] 미국에서 경성카르텔에 적용하는 당연위법원칙(per se illegal) — 더 정확히는 당연불법원칙[37] — 은 예컨대 가격고정에 대한 합의만으로 카르텔의 성립을 인정한다. 이는 위 도표의 ①②③요건에서 ③의 요건을 사실상 삭제한 셈이다. 이런 경향은 독일에서도 마찬가지이다. 독일 경쟁제한방지법(GWB) 제1조는 판례가 줄곧 취했던 입장처럼[38] 카르텔을 맺는 합의만으로 카르텔불법을 인정한다. 그렇기 때문에 카르텔불법은 — 마치 추상적 위험범처럼 법익침해의 결과나 그 실제적 발생가능성보다도 기수범의 성립이 훨씬 — "앞당겨져 있다"(vorverlagert)[39]고 말할 수 있다. 그러나 독일의 경우는 형벌이 아니라 범칙금을 부과하기 위한 요건으로서 그런 것임에 주의를 요한다.

---

37) 미국의 당연위법원칙은 공동행위의 위법성에 대한 것이 아니라 카르텔의 구성요건에 대한 것이다. 따라서 당연위법원칙으로 번역하기보다는 당연불법원칙으로 번역하는 것이 더 적절하다. (불법)구성요건(Unrechtstatbestand)이 금지의 실질을, 위법성이 실질의 금지성을 나타낸다고 할 때 미국의 당연위법원칙은 금지의 실질을 판단하는 원칙이다.

38) BGHZ 86, 324; BGHSt 32, 382; *NStZ* (1985), 77쪽 등 참조.

39) Christian Müller-Gegenberger, *Wirtschaftstrafrecht, 3. Auflage* (Aschendorff Rechtsverlag, 2000), §57-31 참조.

1) 카르텔행위의 구성요건적 요소들 우리나라 법처럼 형벌이나 — 형벌대체적인 성격의, 그러나 현행법에서 병과가 가능한 — 과징금과 같은 제재를 부과하기 위한 카르텔의 성립은 ①,②,③의 요건 모두를 충족할 때에만 인정하여야 한다. 다만 첫째, 이때의 ②공동부당행위는 카르텔의 실행행위로서 "(1) 다른 사업자와 공동으로 (2) 부당하게 (경쟁을 제한하는) (3) 다음 각 호의 어느 하나에 해당하는 행위"를 하는 것이다. 여기서 공동부당행위는 (1) 공동성, (2) 부당성, (3) 유형성의 요건으로 구성된다. 둘째, 카르텔의 구성요건요소로서 경쟁제한성은 반드시 경쟁 개념의 다의성과, 제한결과의 계측에서의 불확실성 때문에 경쟁제한에의 적합성(경쟁제한적성)의 의미로 읽을 수밖에 없다. 경쟁제한적성이 있는 공동행위가 중단기적으로 상당한 가격인상 등과 같은 소비자편익의 감소를 가져올 수 있다. 이 경우 결과반가치가 더 많이 실현된 것이다.

2) 객관적 처벌조건과 위법성의 분리 · 독립 그러나 가격인상 등을 통해 카르텔을 한 사업자는 경쟁력을 높임으로써 시장에서의 경쟁이 강화되어 장기적으로는 오히려 소비자의 후생을 증대시킬 수도 있다. 이 경우에 카르텔의 처벌가치는 없다. 따라서 장기적으로 소비자후생의 실제감소는 일종의 객관적 처벌조건으로 이해할 수 있다. 위법성은 법 제58조의 법령에 의한 정당행위 뿐만 아니라 형법 제20조의 정당행위(예: 환경보호를 위한 카르텔)에도 해당하는 사유가 없는 경우에 인정된다.

(3) 고 의 카르텔죄도 형사범인 한 주관적 요건으로서 고의가 필요하다. 카르텔고의는 위 ①②③의 요건이 충족되는 상황을 인식하고 의욕하는 것이다.[40] 이때 고의는 미필적 고의로도 성립할 수 있다. 이를테면 정보를 교환하고 반복적으로 상대방 사업자에게 서로 동조하는 행위를 할 경우에는 묵시적 계약의 형태를 띤 합의가 성립함을 인식하고 그것을 인용하면 카르텔죄 고의가 인정될 수 있다. 이때 고의는 합의의 목표에 대한 인식도 포함하고 있어야 한다. 예컨대 공동의 출고조절을 통해 가격을 높인다는 목표를 인식하여야 한다. 또한 고의는 "부당하게"와 같은 가치충전필요개념의 의미에 대한 이해도 포함하여야 한다. 이때 부당성의 의미는 보통사람들의 가치판단으로 이해되는 바의 것이면 충분하다.

---

40) 미국도 카르텔죄에 mens rea를 요구한다. 즉, 카르텔을 명확하게 의도하거나 실제로 일어날 개연성을 인식하고 있어야 한다. 이를 명확히 한 U.S. v. Gymsum Co., 438, 422(1978) 참조.

Ⅲ. 카르텔의 합의

합의는 카르텔 성립의 핵심적 요소이다. 카르텔의 합의만으로 처벌하는 국가(예: 미국의 경성카르텔, 독일의 경쟁제한방지법)도 있을 정도이다.

1. 카르텔범죄의 필요조건으로서 합의

그러나 우리나라에서 카르텔의 합의는 카르텔 불법이 성립하기 위한 단지 첫 번째 요건에 불과하다. 합의만으로는 (약한) 경쟁법적 제재(예: 경고, 시정조치)에 의해 통제되어야 할 불법이 인정될 수는 있지만, 형사불법이 될 수는 없다.

(1) 카르텔의 음모과 형사불법 실행에 나아가지 않는 한 공모만에 의한 형사처벌은 살인죄 등과 같은 매우 중대한 범죄의 예외(예: 살인음모죄[41])를 제외하고는 허용되지 않기 때문이다. 카르텔범죄는 3년 이하의 징역 또는 2억원 이하의 벌금(제66조 제1항 제9호)이므로 카르텔의 음모를 독자적인 범죄로 다룰 필요가 있는 정도의 불법을 갖고 있지도 않다. 다시 말해 카르텔은 음모의 단계로까지 형사불법을 앞당길 필요가 있을 정도로 중대한 불법은 아니다.

(2) 합의편중의 실무와 이론의 결핍 이런 점에서 볼 때 카르텔의 성립 판단에서 합의의 존부와 입증에만 집중하는 실무[42]는 카르텔에 대한 형사책임의 적정실현을 더욱 어렵게 만들 수 있다. 물론 이처럼 합의의 요건에 편중된 실무는 단지 경쟁제한성의 판단에 필요한 경제학적 지식이 법조인들에게 결핍되어 있거나 공정거래위원회에 변호사가 너무 많기 때문[43]만은 아니다. 카르텔의 불법을 정밀하게 규명하는 이론의 부재에도 그 원인이 있다.

---

41) 예를 들어 내란음모죄(제90조), 외환음모죄(제101조), 살인음모죄(제255조) 등과 같은 중대범죄와 재산범죄에서는 유일하게 강도음모죄(제343조)를 제외하고 범죄를 모의하고 합의에 이른 행위는 형사처벌되지 않는다.

42) 경쟁법적 제재에서도 합의만으로 사실상 경쟁제한을 인정하고 따라서 담합의 성립 판단에서 합의의 입증에만 집중하는 경향은 "합의의 도그마"라는 표제 아래 비판되기도 한다. 이런 비판으로 이호영, "카르텔 규제의 이론과 실제: 독점금지법상 '합의의 도그마'에 대한 저항 — 과점기업의 묵시적 사업 조정의 규제를 중심으로", *경쟁법연구* (제12권, 2005), 29쪽.

43) 이런 지적으로 홍대식, "카르텔 규제의 집행: 행정적 집행수단과 법원의 역할을 중심으로", *경쟁법연구* (제12권, 2005), 121쪽; 박혜림, *부당한 공동행위(카르텔)에 대한 형법적 규제* (고려대 석사학위논문, 2009), 20~21쪽.

2. 합의 개념의 의미론

합의의 개념이 어떤 의미소(意味素)를 갖고, 어떤 현상으로 외부화되며, 그래서 어떤 사례군에 적용되어야 하는 개념인지는 매우 논란이 심하다.

(1) 합의 개념의 유형 지금까지 카르텔법의 이론과 실무에서 논의되는 합의의 개념으로는 다음 네 가지를 생각할 수 있다.

1) 공동결의 첫째, 합의는 형법상 합동범의 '공동결의'(또는 공모)와 같은 개념으로 이해할 수 있다. 이 공동결의는 계약이나 협정을 맺는 현상에 의해 외부화된다. 공동의 목표를 세우고 그것을 달성하기 위해 공동의 행위를 하는 것이다. 이런 합의 개념은 명시적 계약적 합의이다.

2) 협조의사 둘째, 공동결의보다 다소 넓은 의미는 '협조의사'이다.[44] 협조의사는 각자 서로 다른 목표를 가질 수는 있지만 필요하다면 행위는 언제든지 공동으로 하려는 의사이다. 협조의사는 사업자 사이의 양해로 현상화되고, 서로 의식하여 동조하는 행위가 반복되는 현상으로 외부화된다. 바꿔 말해, 의식적 상호적 동조행위의 반복성을 통해 그 존재를 추론할 수 있는 합의(묵시적 계약적 합의)이다.

3) 정보교환적 소통 셋째, 협조의사보다 한 단계 더 넓은 의미는 사업자들 사이의 모종의 정보교환적 소통이다. 정보를 교환하고(sharing information) 의사를 소통하는 것(communication)은 의사의 합치 그 자체는 아니지만 의사를 합치하는 과정의 일부를 구성한다는 점에서 넓은 의미의 합의가 될 수 있다. 이런 정보교환적 소통은 흔히 '의식적 상호적 동조행위',[45] 즉 사업자들이 서로 의존적으로(interdependent) 다른 사업자의 사업행위에 동조하는 행위로 외부화된다. 독일 경쟁제한법 제25조 제1항은 이를 "동조적 행위"(abgestimmtes Verhalten)라고 부른다. 동조적 행위의 개념에는 명시적, 묵시적 계약과는 달리 상대방에 대한 구속력이 전제되지 않는다. 물론 이러한 동조행위가 장기간 반복되면 그런 소통은 협조의사 또는 묵시적 계약적 합의로 이행될 것이다.

---

44) 실무적으로는 사업자들 간의 '공조체제' 라는 합의의 현상이 있는데, 이는 카르텔의 내용이 아직 특정되지 않은 일반적인 협조의사이다. 공조체제의 구축의사로부터 공동결의가 이루어질 수도 있고, 협조의사가 생성될 수도 있다.

45) 의식적 동조행위와 담합의 구별에 대해 자세히는 Michael K. Vaska, "Conscious parallelism and price fixing: defining the boundary", *The university of chicago law review* (Vol. 52, No. 2, 1985), 508~535쪽 참조.

[정보교환적 유통구조 속에서의 상호적 동조행위] 화장지를 생산판매하는 U킴벌리(주)는 1997.7.16. 화장지의 공장도가격을 9,306원으로 인상하였다. 그러자 이전에 가격모방의 경험과 전력이 있는 M(주)와 D펄프(주) 및 S제지(주)는 1997.8.1. 화장지의 가격을 9,306원으로 동시에 인상하였다. 또한 U킴벌리가 1997.12.24. 다시 화장지 가격을 10,494원으로 인상하려 하자, M, D, S 사들은 이 정보를 입수하고 그보다 하루 앞선 1997.12.23. 화장지 가격을 일제히 10,494원으로 인상하였다. 이 두 차례의 인상에서 화장지 3사의 가격인상 결정을 위한 내부품의 일자와 실제 가격인상 일자도 같았다. 그런데 이런 가격동조화 현상은 화장지 제조업체가 가격 변동 정보를 유통업체에 미리 통지하여 주는 유통구조의 특성으로 인해 제조업체 사이에 가격 결정에 관한 정보를 간접적으로 쉽게 교환할 수 있는 유통구조를 가진 데서 비롯된다. ① M, D, S사의 가격인상은 (묵시적) 합의에 의한 것이 아니라, (간접적인) 정보교환적 소통에 의한 것이다. ② 이 경우 가격동조화 등의 외형상 일치행위와 정보교환적 소통, 그리고 이전에도 반복된 가격동조화 행위의 역사를 이유로 합의를 추정할 수는 있으나[46] 이때 추정은 ③ 시정명령을 위한 요건의 하나로서 합의를 추정할 뿐, 형벌이나 과징금의 부과를 위한 요건의 하나로서 합의를 추정할 수는 없다.

4) 정보화 넷째, 정보교환적 소통의 의미에서 소통이나 교환의 의미소를 제거하면 각 사업자가 서로에 대해 개별적으로 정보를 수집하는 것이 남는다. 이를 정보화라고 부를 수 있다. 정보화는 의사의 합치를 향해가는 시작의 단계이다. 즉 정보화는 합의의 개념을 가장 넓힐 경우에 도달하는 지점이다. 이런 최광의의 합의 개념은 흔히 '일방적 의식적 동조행위', 즉 한 사업자가 일방적으로 다른 사업자의 사업행위에 동조시키는 사업행위를 하는 현상이나 '인식있는 (우연적인) 병행행위', 즉 다른 사업자의 사업행위를 인식하였고 다른 사업자의 사업행위와 (일부러 동조시킨 것은 아니지만) 단지 외형상 일치되는 행위를 하는 현상에 의해 외부화된다.

(2) 합의 개념의 구조적 차이 위의 네 가지 개념을 모두 카르텔을 형성하는 합의의 개념으로 포괄할 것인지는 법(해석)정책적 결정의 문제이다.

1) 차이의 분석 그러나 그 결정이 합리적이기 위해서는 적어도 각 개념들이 갖는 구조적 특징과 차이를 이해해야 한다. 첫째, 좁은 의미의 합의는 청약과 승낙의 상호적 관계형성으로 구조화되는 합의, 즉 의사의 합치, 미국법언어로 agreement이다. 이런 합의는 공동결의와 협조의사에만 존재한다. 다만 이

46) 대판 2002.5.28, 2000두1386.

도표 14 카르텔 합의의 네 가지 개념과 구조적 차이

합의의 개념	합의가 외부화된 현상들	외형상 일치행위	정보 공유	의사의 합치	명시적 합치
공동결의	계약(협정)적 공동행위	○	○	○	○
협조의사	'반복되는' 의식적 상호적 동조행위	○	○	○	×
정보교환적 소통	상호적 의식적 동조행위	○	○	×	×
정보화	일방적 의식적 동조행위 인식적 병행행위	○	×	×	×

둘 사이에는 공동결의가 구두 또는 서면에 의해 명시적 계약의 형태를 띠는 반면, 협조의사는 구두 또는 서면에 의해 묵시적 계약의 형태를 띤다는 점에서 차이가 있다. 둘째, 정보교환적 의사소통은 의사의 합치가 없지만 정보를 공유(sharing information)한다는 점에서 개별사업자들의 단순한 정보화(정보수집)와는 차별화된다. 셋째, 어떤 합의의 개념도 최소한 외형상 일치행위라는 현상으로 외부화되는 의미의 요소를 갖고 있다는 점에서 공통점을 갖고 있다.

2) 상호적, 일방적 의식적 동조행위와 인식 있는 병행행위의 구별 상호적 의식적 동조행위, 일방적 의식적 동조행위 그리고 인식 있는 병행행위는 계약을 구성하는 의사의 합치가 존재하지 않고, 따라서 상대방을 구속하지도 않는다는 공통점이 있다. 경제법학자들은 '인식 있는 병행행위'와 '의식적 동조행위'를 동일한 것으로 바라본다. 그러나 이 셋은 구별되어야 한다. 먼저 예컨대 특정 제품에 대해 경쟁사와 동일한 가격을 책정하게 된 경우를 가정하자.

> [미국의 병행행위와 독일의 병행행위 개념의 차이] 이런 개념의 모호성은 미국에서 말하는 의식적 병행행위(conscious parallelism)가 '인식 있는 병행행위'와 '(일방적) 의식적 동조행위' 그리고 상호적 의식적 동조행위를 개념적으로 엄밀하게 구별하지 못한 점에서 비롯되는 것 같다. 미국의 conscious parallelism은 물론 상호적(independent) 의식적 동조행위를 주로 가리킨다.[47] 이에 비해 인식 있는 병행행위와 일방적 의식적 동조행위는 독일의 '단순병행행위'(bloßes Parallel-

47) 미국판례에서 말하는 conscious parallelism의 개념은 여기서 구분한 '(일방적인) 의식적 동조행위'와 '인식있는 병행행위'보다는 상호적인 의식적 동조행위를 주로 가리킨다. 이 개념에 대해 자세히는 Alan M. Anderson, "Conscious Parallelism in the Use of delivered pricing systems: A modified per se standard of Review under the Federal Trade Commission Act", *Cornell Law Review* (Vol. 66, No. 1980), 1194쪽 참조.

verhalten), '의식적 병행행위(bewußtes Parallelverhalten)에 가깝다. 독일에서는 단순병행행위만으로는 카르텔금지에 위반한 행위를 인정하지 않는다. 그러므로 미국의 의식적 병행행위는 오히려 독일 경쟁제한방지법 제25조 제1항 또는 유럽연합 경쟁법 제85조 제1항[48]의 '동조적 행위'(abgestimmtes Verhalten)에 가깝다고 보아야 한다.

㈎ **협의의 인식 있는 병행행위** 첫째, '인식 있는 병행행위'는 경쟁관계에 있는 상대회사의 가격책정은 인식했지만 그것이 제품의 가격을 결정하는 원인이 된 것은 아니고 다양한 가격결정요인들을 고려하여 책정한 결과 그 가격이 결과적으로 경쟁회사의 가격과 일치하게 된 경우를 의미한다.

㈏ **일방적 의식적 동조행위** 둘째, '의식적 동조행위'는 가격결정요인들을 종합적·합리적으로 판단해볼 때 경쟁회사의 가격과 다른 가격을 책정하는 것이 경영합리적일 수 있음에도 불구하고, 경쟁회사의 가격을 의식하여 다른 가격결정요인들을 무시하고 경쟁회사와 동일한 가격을 책정하는 경우를 의미한다. 그러나 이러한 '일방적인' 의식적 동조행위는 정보교환의 의사소통을 통해서 이루어지는 의식적 동조행위처럼 '상호적'이지 않다는 점에서 구별된다.

㈐ **상호적 의식적 동조행위** 셋째, 의식적 동조행위가 일방적인지 상호적인지는 매우 중요하다. 일방적인 인식있는 동조행위는 정보교환단계에서 발생하는 것이 아니라 일방적인 정보수집을 통한 합리적 경영결정의 단계에서 발생한다. 정보교환이란 (묵시적) 합의 형성의 실질적 기반이 되는, 그래서 합의를 추정할만한 커뮤니케이션[49]이 될 수 있는 반면, 일방적인 정보수집을 통한 합리적 경영결정에서는 그런 기반이 전제되어 있지 않다.

⑶ **합의의 반가치성의 차등화** 시장의 경쟁적 구조라는 가치(줄여서 '경쟁가치')에 대한 행위자의 내적 불인정은 합의 개념의 유형에 따라 그 정도가 다르다. 아래 설명에서는 그 차이를 형법이론적 용어로 경쟁가치의 <침해(의식) → 구체적 위태화(의식) → 추상적 위태화(의식) → 불훼손(불인식)>으로 개념화한다.

1) 범죄적 행위반가치의 합의 행위반가치가 가장 큰 합의는 물론 공동결의

---

48) 이에 관해 자세히는 Immenga/Mestmäcker, *EG-Wettbewerbsrecht*, 1. Auflage 1997-2001, Rn 1~377 참조.

49) 예컨대 "지도적 기업이 다른 회사로부터의 의사타진에 대해 구체적 숫자를 알려주고, 그 다른 회사가 이에 동조한 경우, 어느 한 사업자의 가격 등에 관련한 발언에 대해 참석자가 이를 듣고도 특별히 반대 견해를 표명하지 않고 동일한 결과를 초래케 하는 행위를 한 경우"(황보윤, "부당한 공동행위에 있어 '합의'의 의미", *경영법무* (50호, 1998), 67쪽.

(공모)이다. 미국의 셔먼법 적용에서 경성카르텔에 대해서는 이런 합의(agreement)만으로 — 당연위법원칙을 적용하여 — 카르텔범죄를 인정할만큼 합의의 반가치성이 매우 크다. 이는 형법상 합동범(合同犯)의 불법이 보통의 정범이나 공동정범보다 더 큰 행위반가치를 갖는 것[50]과 유사하다. 공동결의로 카르텔을 형성하는 사업자들은 경쟁시장의 가치를 '침해'하는 정도의 의식을 보여준다. 이런 의식은 경영행위에서 경쟁시장을 구축하는 법을 내면화하고 준수하는 태도라는 의미에서의 인격적 결함을 보여준다.

2) 진압적 제재가 필요한 행위반가치의 합의 협조의사는 공동결의보다는 작지만 경쟁시장구조를 왜곡하는 사업활동이 서로 협조하는 사업자들 각자에게 목적수행적 의사활동으로 전개된다. 협조의사에 의해 묵시적으로 카르텔을 형성하는 사업자들에겐 법을 정면으로 부정하는 인격적 결함까지 인정할 수는 없다. 그러나 이들은 경쟁시장의 가치를 구체적으로 위태롭게 하는 의식을 보여준다. 이런 의식은 카르텔을 앞으로 더 이상 하지 않게 하는 것만으로는 부족하고, 이미 저질러진 과거의 불법을 제거하는 제재에 의해 진압되지 않으면 안된다. 왜냐하면 의사의 합치(agreement)에 의해 경쟁시장구조를 왜곡하였다는 점에서는 계약적 합의에 의한 경쟁제한과 마찬가지의 행위반가치성이 있기 때문이다. 그런 제재를 진압적 제재(repressive Sanktion)라고 할 수 있다. 진압적 제재로는 형벌과 과징금이 있다. 바꿔 말해 과징금 이상의 중한 제재를 부과하려면 적어도 카르텔을 형성한 합의의 수준이 협조의사 그 이상이어야 한다는 것이다. 물론 협조의사에 의한 카르텔형성이 가져오는 실제의 경쟁제한효과의 크기에 따라서는 형벌도 부과될 수 있음은 물론이다.

3) 비난가능한 행위반가치를 구성하는 합의 이에 비해 정보교환적 의사소통에 따른 의식적 상호적 동조행위로써 카르텔을 형성하는 행위는 경쟁시장의 가치를 추상적으로나마 위태화시키는 의식을 보여준다는 점에서 비난가능한 행위이다. 이 점에서 정보화에 따른 인식있는 병행행위나 일방적인 동조행위의 경우와 다르다. 따라서 이와 같은 경쟁가치훼손의 의식에 기초한 카르텔은 장래를 향해 '강제적으로' 제거되어야 한다. 하지만 공동결의나 협조의사와는 달

---

50) 특히 행위주체들 사이에 일시적이더라도 일종의 결사체가 형성되고, 범행실행도 분업적인 방식이 아니라 협동적 실행이나 공동실행의 방식으로 수행된다는 점에서 행위반가치가 크다. 이에 관해 자세히는 이상돈, "합동범과 공동범의 해석정책", *저스티스* (통권 73호, 2003), 95~116쪽; *형법강의* (법문사, 2010), §29-103 이하 참조.

‖ 도표 15 ‖ 합의의 네 가지 개념과 적정제재의 유형 사이의 관계

합의의 개념	경쟁가치 훼손의식	적정제재	비난 가능성	과거불법 제거필요	인격적 교정필요	계측 점수
공동결의	침해	형벌	○	○	○	3
협조의사	구체적 위태화	과징금	○	○	×	2.5
정보교환적 소통	추상적 위태화	시정명령	○	×	×	2
정보화	없음	시정권고	×	×	×	1

리 예방적 효과를 겨냥한 진압적 제재가 필요하지는 않다.

4) 비강제적 규제필요성의 합의 다른 사업자의 사업행위를 인식하였지만 고유한 경영판단으로 외형상 일치된 행위(인식있는 병행행위)를 하거나 서로 의사소통함이 없이 일방적으로 의식적으로 동조시키는 행위(일방적 의식적 동조행위)를 하는 경우에, 법률상 추정(제19조 제5항)에 의해 인정되는 합의는 경쟁가치를 훼손하는 의식을 거의 갖고 있지 않다. 다만 외형상 일치행위가 일어남으로써 이후 카르텔이 형성될 가능성이 증가될 것에 미리 대비하기 위하여 또는 카르텔의 외형상 존재에 대한 소비자들의 불신을 해소하기 위해 비강제적 조치들, 예컨대 시정권고나 경고 등의 경쟁법적 제재로써 통제할 필요성은 인정된다.

도표 15는 이상의 내용을 종합하여 보여준다. 계측점수는 공정거래위원회의 제재종류를 결정하는 기준점수의 단계를 활용하여 매긴 것이다.

3. 합의 개념의 절차법적 지평

이상에서 자세히 살핀 합의 개념의 의미론적 차원에서 정보화나 정보교환적 의사소통을 두고 합의라고 규정하는 것은 매우 설득력이 약하다. 그럼에도 이들이 합의 개념에 포함될 수 있게 되는 것은 합의 개념이 갖는 절차적 지평 때문이다.

(1) 합의추정제도 법 제19조 제5항이 합의추정제도를 마련하고 있는 것은 합의 개념의 의미론적 부족분을 절차적 차원에서 메우려는 기획이다.

> **제19조 제5항** 2 이상의 사업자가 제1항 각 호의 어느 하나에 해당하는 행위를 하는 경우로서 해당 거래분야 또는 상품·용역의 특성, 해당 행위의 경제적 이유

및 파급효과, 사업자 간 접촉의 횟수·양태 등 제반사정에 비추어 그 행위를 그 사업자들이 공동으로 한 것으로 볼 수 있는 상당한 개연성이 있는 때에는 그 사업자들 사이에 공동으로 제1항 각 호의 어느 하나에 해당하는 행위를 할 것을 합의한 것으로 추정한다.

1) 성향개념으로서 합의 먼저 합의는 — 합동범에서 범죄합동의 '결의'(Entschluß)와 같이 — 의사의 합치라는 내면적 의식상태를 표현하는 개념이라는 점에 주목할 필요가 있다. 이를 형법학에서는 성향개념(Dispositionsbegriff)이라고 부른다. 물론 합의는 카르텔죄의 고의를 구성하는 한 부분이며, 동시에 실행행위를 할 때 합의내용이 계획서처럼 기능한다는 점에서 객관적 구성요건요소가 되기도 한다. 성향개념으로서 합의의 입증은, 계약서나 협정서와 같은 증거가 없는 한, 정황증거에 의해 입증되는 다양한 간접사실들을 종합적으로 고려하여 합리적으로 추론할 수 있을 뿐이다. 결국 합의는 그 무수히 많은 간접사실과 정황증거들 가운데 어떤 것을 선별해내고 어떻게 추론하느냐에 따라 그 존부에 대한 판단이 좌우되며, 이 판단은 매우 불확실할 수밖에 없다.

2) 추론규칙 법 제19조 제5항은 이런 입증의 불확실성이란 부담을 덜어내고, 카르텔에 대한 통제를 강화하기 위해 합의에 관한 추론규칙을 마련한 것이다.[51]

(가) 합의의 법률상 추정 제19조 제5항에 의하면 외형상 사업행위가 일치하고(예컨대 A기업이 밀가루의 가격을 10% 인상하자, B기업도 밀가루 가격을 10% 인상), 제반사정을 고려할 때 공동행위의 상당한 개연성이 있는 때에는 합의를 추정한다. 합의뿐만 아니라 위법성까지 추정된다는 견해도 있었지만, 법문은 명시적으로 합의만을 추정한다. 따라서 경쟁제한성은 독자적으로 입증되어야만 한다.[52] 또한 경쟁제한성이 있을 때 합의를 추정하는 것도 아님에 주의를 요

51) 1986년에 도입되었던 과거의 추정조항은 "2인 이상의 사업자가 일정한 거래분야에서 경쟁을 실질적으로 제한하는 제1항 각호의 1에 해당하는 행위를 하고 있는 경우 동 사업자간 그러한 행위를 할 것을 약정한 명시적인 합의가 없는 경우에도 부당한 공동행위를 하고 있는 것으로 추정한다"고 규정하였다. 이 규정에 대해서는 경쟁제한성은 "합의를 전제로 하지 않은 상태에서" 입증해야 한다는 비판(대판 2002.3.15, 99두6514)이 가해졌고, 또한 합의에 의한 행위의 공동 뿐만 아니라 그 공동행위의 부당성까지 추정할 수 있다는 점도 문제였다(2008년판 공정거래백서(공정거래위원회, 2009), 198쪽).

52) 추정을 2단계, 즉 외형상 일치행위가 존재하면 '공동행위의 존재'가 추정되고, 그 부당성은 원고가 실질적 경쟁제한성을 입증할 때 비로소 인정된다는 견해(손수일, "공동행위(카르텔)의 규제와 추정조항의 문제점", *재판자료 경제법의 제문제* (87집, 2000), 405쪽 참조)도 부당성을 경쟁제한성으로 환원한 오류를 제외한다면 같은 입장이라 할 수 있다).

한다.

(나) **합의추정의 지렛대효과** 외형상 일치행위가 있다고 할 때, '협조의사'나 '정보교환적 소통' 또는 '정보화'의 현상이 입증되면 이 합의추정규정에 의해 계약적 합의처럼 취급될 수 있게 된다. 바꿔 말해 합의의 법률상 추정은 일종의 의미론적 차원에서 합의라고 보기에 부족함이 있는 개념들을 계약적 합의와 같은 수준으로 끌어올리는 지렛대효과를 발휘하는 것이다. 다만 제19조 제5항을 공정거래위원회가 규제절차에 착수하여야 하는 단서로서의 의미, 즉 행정법상의 추정규정으로 보는 견해[53]도 있지만, 법문은 합의의 존재에 관한 입증책임을 공정거래위원회로부터 사업자에게 전환시키는 규정이다.[54] 그리고 이 전환은 "사실상의 추정"[55]이 아니라 법률상의 추정임에 주의를 요한다.

(다) **제반사정의 축소와 그 위험** 이런 지렛대효과는 합의의 추정을 위해 고려해야 할 '제반사정'을 외형상 일치행위나 정보교환과 같은 사실 하나에 국한시킴으로써 더욱 더 즉각적으로 발휘될 수 있다.

하지만 법 제19조 제5항에 의하면 추정을 위해 고려해야 할 '제반사정'은 "공동으로 한 것으로 볼 수 있는 상당한 개연성"을 근거지을 수 있어야 한다. 여기서 "공동으로 한 것"이란 계약적 합의, 즉 공모로 한 것을 의미하고, 상당한 개연성이란 형사소송법의 상당한 범죄혐의(제70조 제1항 등)와 같은 것, 즉 고도개연성을 의미한다. 다시 말해 합의의 추정을 위해 필요한 제반사정의 고려는 '공모로 한 것으로 볼 수 있는 고도개연성'을 근거지을 수 있어야 한다. 그러므로 예컨대 정보교환행위(사실)는 분명 중요한 사정이지만 유일한 사정이 되어서는 안된다. 왜냐하면 정보교환은 가격카르텔을 형성하는 기초가 될 수 있지만, 동시에 가격인하의 단서나 가격편차의 감소[56] 또는 벤치마킹의 수단이 되어 오히려 경쟁을 촉진하는 기반이 되기도 하기 때문이다.[57] 즉 정보교환은

53) 권오승, *경제법* (법문사, 1998), 258쪽.

54) 같은 견해로 정호열, "담합을 어긴 투찰과 카르텔행위의 성립", *저스티스* (제33권 1호, 2000), 178쪽.

55) 이남기, *경제법* (박영사, 1998), 160쪽.

56) 예를 들어 미국시장의 74.2%,를 점유하는 나무판 제조업자들과 운반업자들의 협회가 생산평균비용, 어떤 지점까지의 선적율에 대한 상세정보 등을 교환시킨 사건에서 미국연방법원도 정보교환이 공식적이어서 소비자도 알고, 가격편차를 줄이라는 친경쟁적 목적에서 이루어졌다는 이유로 합의를 인정하지 않았다. 자세히는 Maple Flooring Manufacturers' ASSN. v. United States, 268 U.S. 563 (1925) 참조.

57) 이 점에 대한 상세한 설명으로 John Han, "Antitrust and Sharing Information about Product Quality", *The University of Chicago Law Review* (Vol. 73, No.3, 2006), 1008~1012쪽 참조.

합의의 존부에 관해 양면적인 증거일 뿐이다.

(라) **독립적 경영상 이유의 부존재** 여기서 합의를 추정하는 과정에서 외형상 일치행위를 한 회사들이 각기 그런 행위로 나아간 결정에 독립적인 경영상 이유가 있는지를 심사하는 것이 생략되어서는 안됨을 알 수 있다. 그런 심사를 경영상 정당한 이유의 심사(business justification test)[58]라고 할 수 있다. 가령 제조비용, 경영리스크, 운송비용 등을 고려할 때 공모를 하지 않고도 외형상 일치행위를 하는 것이 합리적이었는지를 검토해야 한다.[59] 여기서 말하는 경영상 이유에 의한 정당화는 합의의 추정을 방해하는 사유일 뿐이다. 비록 카르텔이 사업경영상 합리적으로 필요한 사항이었지만, 카르텔의 합의가 분명이 존재했고, 또 입증도 된 경우에 그 경영상 이유는 단지 카르텔의 동기가 될 뿐이고,[60] 합의추정을 배제하는 사정이 되지는 않는다.

(2) **합의추정의 허용와 배제** 합의 개념의 의미론에서 자세히 분석한 합의 개념의 각 유형이 갖는 실질적인 행위반가치에서 차이는 합의추정규정(법 제19조 제5항)의 적용에서 고려되어야 한다.

1) 카르텔 불법에서 행위반가치와 결과반가치의 구성비 카르텔의 합의가 법률상 추정의 예외를 인정할 수 있는 경우인지 아닌지를 분석하는데 도움을 주는 불법의 구조화가 필요하다. 이 구조화의 예로서 도표 16처럼 카르텔의 불법을 구성하는 행위반가치와 결과반가치의 상대적 구성비율을 설정해 볼 수 있다. 이 도표는 동일한 경쟁제한효과를 가져오는 외형상 일치행위가 있음이 전제되어 있고 또한 외형상 일치행위가 위의 4가지 개념의 합의에 의해 각각 이루어진 경우를 가정하고 있다. 같은 정도의 경쟁제한을 가져오는 외형상 일치행위

58) 이런 입장으로 Michael K. Vaska, "Conscious Parallelism and Price Fixing: Defingung the Boundary", *The University of Chicage Law Review* (Vol.52, No.2, 1985), 508~509쪽 참조.

59) 소아마비 백신을 제조하는 5개 제약회사들(Lilly, Pitman-Moore, Parke Davis, Merke Sharp & Dohme, Wyeth)이 판매한 가격이 거의 일치하고, 한 회사가 가격을 인하하자 다른 회사들도 똑같이 인하한 사건(United States v. Eli Lilly & Co., Crim. No. 178-58, D.N.J., Nov. 30, 1959)을 예로 설명하는 Almarin Phillips and George R. Hall, "The Salk Vaccine case: Parallelism, Conspiracy and other hypotheses", *Virginia Law Review* (Vol. 46, 1960), 722쪽 참조. 또한 저자들은 이 사례에서 합의, 이해, 계획, 협력행위가 있었음에 별 의문이 없으며, 중요한 점은 그렇게 합의가 합리적으로 추론되더라도 그 합의적 행동이 갖는 의미, 즉 경쟁제한의 합리성에 대한 검토가 부족함을 비판한다(728쪽). 그러나 이는 가격카르텔과 같은 경성카르텔에서는 합의만으로 카르텔불법을 인정하는 미국 판례의 맥락에서 강조되는 부분이고, 합의의 합리적 추론과 경쟁제한은 각기 다른 요건으로 검토되어야 한다.

60) 동기라고 개념화하지 않았지만 같은 취지의 판례로 대판 2001.2.9, 2000두6206; 2010.2.11, 2009두11485 참조.

라면 <정보화 → 정보교환적 소통 → 협조의사 → 공동결의>의 순으로 행위반가치는 증대하고 결과반가치는 감소한다.

도표 16 합의의 네 가지 개념에서 합의추정의 허용과 배제

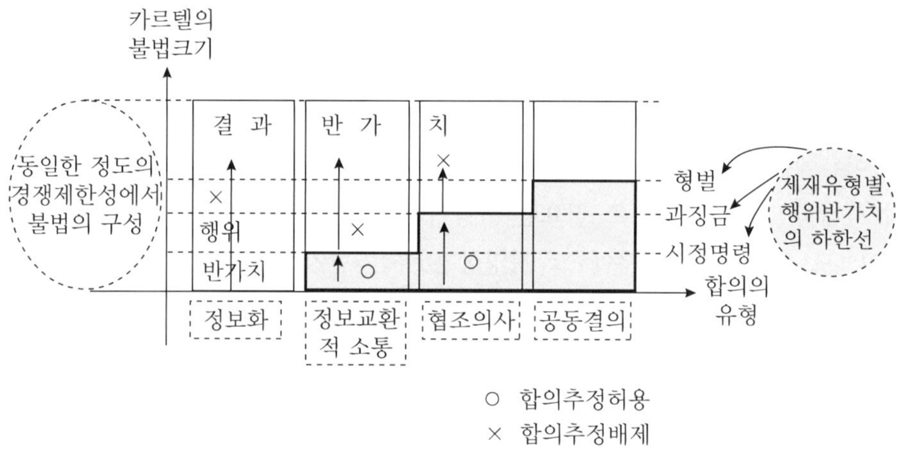

2) 정보화에서 합의추정의 배제 첫째, 정보수집을 하여 다른 사업자의 경영행위를 인식하였지만, 고유한 경영판단으로 외형상 일치되는 행위를 하는 경우(인식있는 병행행위) 또는 다른 사업자의 경영행위에 일방적으로 동조하는 행위를 하는 경우(일방적인 의식적 동조행위)에는 경쟁가치에 대한 비난받을 만한 불인정의 의식이 존재하지 않기 때문에 비난가능성이 있는 행위에 대한 제재들(시정명령, 과징금, 형벌)을 부과하기 위한 합의추정규정의 적용은 인정될 수 없다. 그런 합의추정은 '없는 사실'을 '있는 사실'처럼 만드는 것이고, 따라서 합의의 '추정'이 아니라 합의의 '의제'(擬制)가 되기 때문이다. 제19조 제5항은 합의를 추정할 뿐이고, 합의를 의제하지는 않는다. 실무에서는 이처럼 합의추정을 유지하면 사실상 합의의 의제가 되는 경우를 합의추정복멸사유라고 부른다.[61]

61) 합의추정복멸사유를 인정한 대표적인 판례로 첫째, 상대방 사업자와 공통적으로 관련된 외부적 요인이 각자의 가격결정 판단에 같은 정도의 영향을 미침으로써 부득이 동일 또는 유사한 시기에 동일 또는 유사한 행위를 할 수밖에 없었던 경우(대판 2003.2.28, 2001두946), 둘째, 과점시장하에서 시장점유율이 높은 선발업체가 종전의 관행 등 시장의 현황에 비추어 가격을 결정하면 후발업체들이 이에 동조하여 가격을 결정할 것으로 예견하고 가격결정을 하였다는 등의 특별한 사정이 없는 한 선발업체가 독자적인 판단에 따라 가격을 결정한 뒤 후발업체가 일방적으로 이

[합의추정의 복멸을 위한 제반사정] 이런 합의의 추정에 비해 합의의 추정을 복멸시키는 사정으로 판례는 제반사정을 고려한다. "당해 상품 거래분야 시장의 특성과 현황, 상품의 속성과 태양, 유통구조, 가격결정 구조, 시장가격에 영향을 미치는 제반 내외부적 영향, 각 개별업체가 동종 거래분야 시장에서 차지하고 있는 지위, 가격의 변화가 개별사업자의 영업이익과 시장점유율 등에 미치는 영향, 사업자의 개별적 사업여건에 비추어 본 경영판단의 정당성, 사업자 상호간의 회합 등 직접적 의사교환의 실태, 협의가 없었더라도 우연의 일치가 이루어질 수도 있는 개연성의 정도, 가격모방의 경험과 법위반 전력, 당시의 경제정책적 배경 등을 종합적으로 고려하여 거래 통념에 따라 합리적으로 판단하여야 한다."(대판 2003.57, 2002두4648 판결)

3) 정보교환적 의사소통에서 합의추정의 허용과 배제 둘째, 정보교환적 의사소통을 두고 — 예컨대 의식적인 상호적 동조행위의 간접사실을 고려하여 — 합의추정규정을 적용하여 시정명령을 내리는 것은 허용되지만, 과징금이나 형벌을 부과하는 것도 배제되어야 한다. 여기서 정보의 수집이나 교환 없이는 합리적 경영, 책임경영이 불가능하다는 점에서 — 묵시적 합의를 추론할 수 있는 정도로 상호적인 의식적 동조행위가 반복되지 않는 한 — 정보교환적 소통은 윤리경영에 합치하는 측면도 있음에 주목할 필요가 있다. 그럼에도 이를 경쟁법적 제재가 허용되는 합의에 의한 것으로 추정하는 것은 경쟁시장구조의 훼손을 막기 위함이다. 하지만 그처럼 합리적 윤리적 경영의 요소를 내재하고 있는 정보교환적 소통을 두고 그런 경영행위의 과거를 제거하는 과징금이나 형벌의 부과를 위한 요건이 되는 합의를 추정하는 것은 법과 경영의 체계통합을 와해시키고, 법에 의한 경영의 억압을 강화한다. 바로 이 점에서 과징금이나 형벌을 부과하는 절차에서 정보교환적 소통에 대해 합의추정규정을 적용하는 것은 비례성원칙(과잉금지원칙)에 위배된다.

[정보교환적 소통과 합의] 카드시장에서 높은 시장점유율을 보유하고 있는 3대 카드회사인 A, B, C카드사들은 1999. 1. 20.부터 22.까지 중고자동차 할부금리를 동시에 인하했다. A카드(주)는 1999. 1. 20. 할부금리를 종전 26% 내지 28%에서 25%로 인하했고, B카드(주) 역시 같은 날 종전 28%인 할부금리를 25%로 인하했다. 두 회사의 인하조치가 있고 이틀 후인 1. 22. C카드(주) 또한 할부금리를 종전 27% 내지 28%에서 25%로 동일하게 인하했다. 공정거래위원회는 이들 회사에 대해 과징금을 부과할 수 있는가? ① 판례는 "부당한 공동행위의 합의의 추

를 모방하여 가격을 결정하는 경우(대판 2002.5.28, 2000두1386)를 들 수 있다.

정을 번복할 만한 사정, 즉 외부적으로 드러난 동일한 가격인하행위가 실제로는 합의나 상호간의 요해 없이 각자의 경영판단에 따라 독자적으로 이루어졌음에도 마침 우연한 일치를 보게 되었다거나 조달금리의 안정화와 고객의 인하요구에 부응하기 위해 독자적으로 가격인하행위를 하였다고 볼만한 정황이 있었다는 점 등에 관하여는 이에 부합하는 듯한 증거들은 믿기 어렵거나 달리 이를 인정할 만한 증거가 없고, 그 밖에 부당한 공동행위의 합의추정을 복멸할 다른 사정도 인정되지 아니한다"는 이유로 부당한 공동행위의 합의추정의 복멸에 관한 주장을 배척하였다. ② 물론 A, B, C카드(주)가 동일하게 인하한 중고자동차 할부금융시장은 금융변동정보(할부금리 및 할부조건에 관한 정보)가 개방되는 특징을 갖고 있다. 따라서 외형상 일치행위와 정보교환의 사실이 인정된다. 그러나 이런 사정만으로 공모의 고도개연성을 인정할 수 있는지는 의문이다. 설령 판례처럼 인정하더라도 과징금이나 형벌을 부과하기 위한 합의는 추정할 수 없고, 시정명령과 같은 행정법적 제재를 위한 합의만 추정할 수 있다.

4) 협조의사에서 합의추정의 허용과 배제 셋째, 더 나아가 협조의사를 두고 — 예컨대 의식적인 상호적 동조행위가 반복되는 점을 고려하여 — 합의추정 규정을 적용하여 과징금을 부과하는 것은 허용되지만, 형벌을 부과하는 것은 배제되어야 한다. 물론 형벌부과를 위한 합의추정규정의 적용은, 형사책임의 입증에서도 법률상 추정이 예외적으로 인정되기도 한다는 점에서는 무조건 무죄추정원칙에 반한다[62]고 보기는 어렵다. 그러나 형사책임의 엄격성, 즉 책임원칙의 엄정한 관철을 위해 그와 같은 법률상 추정은 허용되어서는 안 된다. 판례는 무죄추정원칙 위배를 이유로 합의의 추정을 허용하지 않는다.

[협조의사에 의한 합의의 추정] 용인동백지구에서 아파트를 분양하는 A, B, C회사들의 대표실무자 甲, 乙, 丙은 난개발에 대한 시민사회의비판, 분양권 전매제한, 동시분양의 단점 등의 어려움에 직면하여 분양(하한)가 담합의 필요성이 엿보이는 상황에서 그리고 그런 담합이 적기였을 것으로 보이는 제3차 사업계획승인신청(2003.3.24.) 직전인 2003.3.6.에 용인동백지구 협의체 회의를 열어 각사의 예정분양가 및 분양방식에 관한 의견을 교환하였다. 합의추정에 유리한 사정으로 ㉠이 협의체 주간사인 A건설의 회의록에 분양가 Guide Line과 합의사항, 기타사항("분양가 담합회의로 오해될 수 있으므로 분양가 협의부분은 노출되지 않도록 주의요망")이 기재되어 있는 점, ㉡ B건설의 乙이 작성한 업무수첩에도 "동백지구 32평형-최초에는 평당 600만원이었으나 현재는 650만원. 하한선만 제한하자(650

62) 이런 입장으로 윤성운, "부당한 공동행위의 추정조항", *자유경쟁과 공정거래* (법문사, 2002), 242쪽.

33평, 680 46평), 공정거래위원회문제, 분양예정일 4월말, 하한선이면 언론, 여론에 밀려 문제가 된다."라고 기재되어 있는 점이 있다. 이에 반해 합의추정에 불리한 사정으로 ㉢ 이 협의체는 1, 2차 사업계획승인이 반려되어 용인시에 대한 압박용이면서 자신의 희망적 계획을 구상하기 위한 것이었던 점, ㉣ 甲, 乙, 丙은 분양의 성패를 좌우하는 분양가를 결정할 수 없는 직책의 실무자들(과장, 부장)에 불과하였었던 점, ㉤ 당시 언론은 분양가 사전조율에 대한 보도를 빈번히 해서 사업자들은 "분양가 담합회의"의 오해를 받지 않게 할 필요가 있었던 점, ㉥ 분양가 합의를 위반할 경우에 대한 제재방법도 전혀 논의되지 않은 점이 있다. ① 판례는 "형사재판에서 공소가 제기된 범죄사실은 검사가 입증하여야 하고, 법관은 합리적인 의심을 할 여지가 없을 정도로 공소사실이 진실한 것이라는 확신을 가지게 하는 증명력을 가진 증거를 가지고 유죄로 인정하여야 하므로, 그와 같은 증거가 없다면 설령 피고인에게 유죄의 의심이 간다고 하더라도 피고인의 이익으로 판단할 수밖에 없다"(대판 2007.3.15, 2006도9042) "따라서 위와 같은 부당한 공동행위의 '합의'는 그 행위의 속성상 직접증거의 확보가 어렵기 때문에 간접사실이나 정황사실을 입증함으로써 그 범죄행위를 입증하는 방법을 취할 수밖에 없는 경우에도, 그 입증의 정도는 법관으로 하여금 합리적 의심을 할 여지가 없을 정도로 엄격한 증명을 요한다 할 것이다"고 하면서 ㉠,㉡,㉢,㉣,㉤,㉥를 종합할 때 카르텔죄의 증명이 부족하다고 보았다.[63] ② 이 사안에서 A,B,C사는 실무자들인 甲, 乙, 丙을 통해 분양가에 관해 최소한 정보교환적 의사소통을 하였다는 점은 명확히 인정할 수 있다. 여기에 ㉠,㉡의 사실이 진실한 것이라고 할 때, 이 의사소통이 묵시적 합의를 구성하는 협조의사를 북돋고 확인하는 것임을 인정할 수 있다. 하지만 ㉢,㉣,㉤,㉥도 사실이라고 할 때, 이 협조의사로부터 계약적 합의를 추정하는 것은 무죄추정원칙에 위배된다.

또한 협조의사에 의한 카르텔 형성에 대해 합의추정규정을 적용하여 형사처벌을 하는 것은 비례성원칙에 위배될 수 있다. 협조의사에 의한 카르텔형성은 과징금의 제재가 적정하기 때문이다. 과징금은 형벌을 대체하는 제재로 인정될만큼 진압적 제재의 성격이 강하고, 예방효과도 형벌보다 못지 않다. 따라서 그와 같은 합의추정은 카르텔죄의 불법에서 행위반가치와 결과반가치가 적어도 균형있게, 바람직하게는 행위반가치가 더 큰 비중을 차지하는 구조를 가질 수 없게 만든다.

---

63) 대판 2008.5.29, 2006도6625.

Ⅳ. 공동부당행위: 카르텔의 실행행위

카르텔의 실행행위는 "(1) 다른 사업자와 공동으로 (2) 부당하게 (경쟁을 제한하는) (3) 다음 각 호의 어느 하나에 해당하는 행위"를 하는 것이다. 경쟁제한은 실행행위의 결과이므로 카르텔의 실행행위는 공동부당행위((1)+(2)+(3))이다.

1. 공 동 성

다수의 사업자가 법이 정한 유형의 행위를 똑같이 하는 것이 카르텔의 불법에 해당하게 되는 것은 주관적으로는 합의에 의한 것이면서, 객관적으로는 공동으로 한 것이어야 한다. 행위의 공동성은 합의의 외부화이고, 합의는 행위의 공동성의 내부를 구성한다.

(1) **분업적 실현과 공동귀속** 이때 행위의 공동성은 공동정범의 객관적 요건인 '공동실행'과 유사하다.[64] 즉, 각 사업자의 개별행위만으로는 경쟁시장구조를 왜곡시킬 수 없지만 각 사업자들이 행위들이 합해져서 경쟁시장구조를 왜곡하는 결과를 초래하는 것이다. 시장지배적 사업자의 남용행위가 단독으로 경쟁시장구조를 왜곡시키는데 반해, 카르텔은 여러 사업자가 함께 할 때에만 경쟁시장구조를 왜곡시킬 수 있는 경우이다. 이런 분업적 실현에도 불구하고 경쟁시장구조의 왜곡이라는 결과는 모두에게 귀속된다. 카르텔범죄는 본질적으로 단독으로 범할 수 없고 개념필연적으로 분업적 실현과 공동귀속의 원리에 의해서만 범할 수 있다.

(2) **카르텔이탈** 카르텔 형성에 합의하고, 때로는 실행에 들어간 이후나 그 이전에 카르텔에서 탈퇴하는 경우가 있다.

1) 실행 않은 경우 첫째, 합의만 하고 공동부당행위를 하지 않은 사업자에

---

64) 판례에서도 공동정범의 논리가 사용되기도 한다. 예컨대 "여기서 '공동'이라 함은 복수의 사업자들 사이에 각자의 사업활동을 제한한다는 것에 대한 의사의 연락이 있고 이에 기하여 행동의 일치가 이루어지는 것을 말하는바, 공동행위가 성립하기 위하여는 각 당사자의 행위가 외형상 일치하는 것만으로는 부족하고, 그 배후에 인위적으로 형성된 의사의 연락이 있고 그것에 의하여 당사자들 사이에 경쟁제한에 대한 공동의식이 형성되는 것을 통하여 행위의 일치를 초래하는 관계가 이루어져야 한다. 그리고 '의사의 연락'이라 함은 넓은 의미의 합의를 말하는 것으로서 의견의 일치가 있다는 것에 대한 인식, 즉 합의가 성립하고 있다는 것을 다른 당사자도 알고 있다는 사실을 이쪽에서도 알고 있는 관계가 성립하는 것을 말"한다(수원지방법원 2006.8.30. 선고 2005노4635 판결).

게는 법문상으로는 카르텔죄가 성립하지만, 합의로 공동부당행위를 하여 경쟁을 제한할 때에만 형사불법적인 카르텔이 성립한다고 본다면 그리고 공동정범이론에 의한다면, 다음과 같은 책임이 귀속된다.

첫째, 다른 사업자들이 공동부당행위에 착수하기 전이라면 전혀 카르텔죄가 성립하지 않는다.

둘째, 다른 사업자들이 공동부당행위에 착수한 후라면, 이탈한 사업자는 이론상 카르텔범죄의 예비·음모가 성립할 수 있다. 그러나 카르텔예비음모죄는 없기 때문에 카르텔범죄가 성립하지 않는다.

따라서 공정거래위원회는 합의한 카르텔이 중대한 것일지라도 실행하지 않은 사업자를 형사고발할 수는 없다. 다만 경쟁법적 제재(예: 시정명령, 권고, 경고)를 가할 수 있음은 물론이다.

2) 실행 후의 이탈 둘째, 합의를 하고 공동부당행위를 같이 하다가 한 사업자가 더 이상 하지 않는 경우에는 카르텔죄가 부분적으로 성립할 수 있다. 그러나 책임원칙에 따라 이탈한 사업자는 이탈하기 전까지 행한 공동부당행위에 대해서만 책임을 진다. 이때 이탈이란 판례에 의하면 "합의에 참가한 사업자들 중 일부가 … 다른 사업자에 대하여 명시적 또는 묵시적으로 합의에서 탈퇴한다는 내용의 의사표시를 하고 독자적인 판단에 따라 합의가 없었더라면 존재하였을 수준으로 가격을 책정하는 등 합의의 목적에 반하는 행위를 하여야"[65] 인정될 수 있다.

> [카르텔의 실행 후 이탈시점] 정보통신부의 행정지도에 따라 K통신과 H텔레콤 주식회사는 2003.6.말의 시내전화 번호이동성시행을 앞두고 두 회사 사이의 요금 격차를 축소할 목적으로, 2003.6.23. K통신은 기존 요금을 유지하는 대신 H텔레콤이 요금을 인상조정해 주면 K통신이 H텔레콤에게 매년 시내전화 시장점유율(가입자 순증 기준)을 1.2%씩 2007년까지 이관해 주기로 합의하였다. H텔레콤은 2003.11.10. K통신에 대한 시장점유율 미이관분에 관한 정산금 지급 요구가 받아들여지지 아니할 경우 공조 파기 후 공격적 마케팅을 할 것을 검토하였다. 그러나 H텔레콤은 합의에 어긋나는 독자적인 경영활동으로서 2003.10.31.경 가입비 면제 특판행사를 하였고, 2004.1.1.에는 시내전화 매출액 중 14%~21%를 차지하는 다량회선요금 할인제도도 시행하였다. 하지만 H텔레콤은 합의의 중요내용이었던 시내전화 매출액의 약 55%를 차지하는 LM 통화료 등은 인하하지 않은 채

65) 대판 2009.6.23, 2007두19416; 2008. 10. 23, 2007두2586.

그대로 유지하였다. ① 판례는 합의유지사항을 합의파기사정들보다 중시하여 카르텔은 2004.4.1.에 종료되었다고 보지 않았다. ② 그러나 LM통화료의 유지와 같은 합의유지의 경영행위가 합의파기를 근거짓는 경영행위와 마찬가지로 H텔레콤의 독자적인 경영판단의 일환으로 이루어진 것이라면, 다시 말해 LM통화료의 유지가 독자적인 경영에 의해 정당화(business justification)가 가능한 경우라면, H텔레콤은 아무리 늦게 잡아도 매우 중요한 합의사항의 하나를 파기한 행위인 다량회선요금 할인제를 실시한 2004.4.1.에 카르텔에서 이탈한 것으로 볼 수 있다.

또한 이때의 이탈은 카르텔을 공정거래위원회에 자진신고했는지 여부와는 상관이 없다. 다만 공정거래위원회에 카르텔 사실을 자진신고하면 시정조치나 과징금의 감경 또는 면제(제22조의2 제1항)받을 수 있을 뿐만 아니라 공정거래위원회로부터 형사고발을 당하지 않을 수도 있다.

2. 부 당 성

카르텔은 공동행위가 부당한 것이어야 한다. 그러나 "부당하게 경쟁을 제한하는…행위"를 공동으로 한다고 할 때 그 부당함의 의미는 거의 밝혀지지 않고 있다.

(1) **행위반가치와 결과반가치의 연결요소** 먼저 부당성의 의미론이 독자적인 것임을 인정해야 한다. 예컨대 경쟁제한의 결과가 발생하였다고 해서 자동적으로 부당성을 인정한다면 "부당하게"라는 문언은 필요하지 않는 것이다. 그런데도 경쟁법학자들은 흔히 (1999.2.5. 개정으로 새롭게 등장한 문언인) 부당성을 단순히 경쟁제한성으로 환원시켜버리는 경향이 있다.[66] 마찬가지로 공동행위를 다수의 사업자가 합의한 것만으로써 — 즉 시장지배적 지위를 인위적으로 형성한 것만으로써 — 부당성을 인정한다면, "부당하게"라는 문언은 역시 필요하지 않다. 판례는 경쟁제한적인 공동행위를 하면 부당성을 사실상 추정한다.

[판례: 부당성의 사실상 추정] "사업자들이 공동으로 가격을 결정하거나 변경하는 행위는 그 범위 내에서 가격경쟁을 감소시킴으로써 그들의 의사에 따라 어느

---

66) 대개의 경쟁법학자들이 이런 이해는 역사적인 이유를 갖고 있기도 하다. '일정한 거래분야에서 경쟁을 실질적으로 제한하는'의 문언이 1999.2.5. 개정법에 의해 '부당하게 경쟁을 제한하는'으로 바뀌었다. 이런 개정을 두고 "이러한 변화는 부당성이 개념상 경쟁의 제한을 내포하고 있다는 점과 공동행위 자체로 위법성이 명백한 경성카르텔적인 경우가 존재할 수 있음을 고려한 것으로 보인다"(홍명수, "카르텔 규제의 문제점과 개선방안에 관한 고찰", *경쟁법연구* (11권, 2005), 254쪽)고 인식하는 것이다.

정도 자유로이 가격의 결정에 영향을 미치거나 미칠 우려가 있는 상태를 초래하게 되므로, 그와 같은 사업자들의 공동행위는 특별한 사정이 없는 한 부당하다고 볼 수밖에 없다."67)

여기서 부당성은 경쟁제한(효과)의 결과로 환원되지도 않고, 공동행위의 합의(공모)로 환원되지도 않아야 함을 알 수 있다. 바꿔 말해 부당성은 행위반가치로서의 합의와 결과반가치로서의 경쟁제한성을 연결시켜주는 독자적인 역할을 해야 한다.

(2) 비신사성 그런 역할의 수행은 부당성을 도덕적 직관에 의해 인정되는 비신사성으로 이해할 때 가능해진다.

1) 도덕적 직관에 의한 가치충전이 필요한 개념 다시 말해 '부당하게'라는 '가치충전이 필요한 개념'(wertausfüllungsbegriff)은 비신사적이라는 도덕적 직관에 의해 채워진다는 것이다. 여기서 비신사성에 대한 도덕적 직관은 시장기능을 위태화시킬 적성(Eigung) 그 자체가 아니라, 그럴 것이라는 시민들의 위험의식을 구심점으로 형성되는 판단을 의미한다. 시장기능을 위태화시키는 적성 그 자체는 경쟁제한성(아래 3.단락)이라는 다른 성립요건에 속하는 것임에 주의를 요한다. 그래서 비신사적 행위는 시민들의 의식 속에서 경쟁시장구조를 위협한다고 인지되고 받아들여지는 행위라고 정의할 수 있다. 이런 공동행위의 비신사성은 바로 합의에 반도덕적 의미요소를 내재화시키는 것이기도 하다.

이처럼 비신사성이 부당성이라는 법 개념을 구성하는 것은 매우 낯설게 느껴지며, 수사학적 차원에서만 가능한 것이 아닌가 하는 의문이 들 수 있다. 그러나 신사성은 근대법의 문화적 특성이었음을 되돌아 보아야 한다. 서구의 자유자본주의체제에서 재산과 교양을 갖춘 시민들은, 즉 신사들은 자유시장을 통해 그 물적 기반을 구축했기 때문에, 자유시장의 기능을 보호하는 것은 부르조아의 도덕이 된다. 그렇기에 신사성은 시장참여자들의 도덕성이 되는 것이다.

물론 어떤 시장참여행위가 부도덕한 것인지, 즉 비신사적인 것인지는 직관적으로 판단된다. 바로 이 점에서 "부당하게"의 의미가 (적극적으로) 구체화되는 데에는 일정한 한계가 있게 된다.

2) 시장기능을 내부로부터 위협하는 비신사적 행위 가령 공동으로 "가격을 결정·유지 또는 변경하는 행위"(제19조 제1항 1호)가 부당한 행위가 되는 것은

67) 대판 2009.3.26, 2008두21058; 2010.2.11, 2009두11485.

— 공급자들이 시장지배적 지위를 갖고 있지 않기 때문에 — 그 가격이 경쟁시장의 조정기능에 의해 형성된 가격일 것이라는 구매자들의 신뢰를 져버리는 비신사성 때문이다. 물론 여기서 비신사성은 시장에 대한 사기(fraud)의 성격[68]을 띠는 행위에로만 환원되는 것은 아니다. 예컨대 공동으로 "거래상대방을 제한하는 행위"(4호)와 같이 시장에 대한 사기가 아니라 시장참여자들 사이의 차별적 행위도 포함하기 때문이다. 이런 부당성의 다양한 의미를 포괄하는 최대공약수는 시장기능을 내부로부터 위협하는 비신사적 행위라고 할 수 있다. 다시 말해 그와 같은 수준의 비신사적 행위들이 일반화되면 시장의 기능이 위협받게 될 것이라는 도덕적 직관적 판단이 부당성의 의미를 구성하는 것이다. 다만 카르텔에서 부당성은 시장지배지위남용에서의 부당성처럼 시장의 강자가 약자에게 해서는 안되는 '약자배려의 도덕성'과는 구별된다는 점에 주의할 필요가 있다.

3) 외부로부터의 시장기능 위협을 막는 행위 시장의 조정기능을 내부로부터 위협하는 비신사적 행위일지라도 그 비신사성을 제거하는 소극적 요소가 있다. 우선 시장기능이란 전 세계가 '경제적으로'가 아니라 '법적으로' 단일한 시장을 형성하지 못한 상황에서는 한 국가의 시장기능만을 의미함에 주목한다. 예컨대 외국의 시장이 우리나라의 시장을 먹어삼켜버릴 위험에 공동으로 대처하는 행위는 그 공동행위의 통상적인 비신사성을 상쇄시킬 수 있다. 가령 우리나라의 어떤 상품시장에서 다수의 사업자들이 카르텔로 형성하는 가격은 중국시장에서 건너오는 저품질의 동일상품이 관세를 부과받고 형성하는 가격보다 대개는 높다. 하지만 이 높은 가격은 중국산에 비해 소비자로부터의 선호와 선택을 잃어버리지 않을 선에서만 결정된다. 그러니까 카르텔 사업들은 공동행위로 획득하는 시장지배력을 자의적으로 행사하기 어려운 외적 제약에 놓이게 된다. 그러나 다른 한편 국내 사업자들은 중국산 저가상품과의 품질차별화를 통해 소비자로부터의 선호와 선택을 유지할 수 있기 위해 고품질을 유지해야만 하는 상황에 놓여 있다. 만일 카르텔을 형성하지 않고 경쟁할 경우에 형성될 시장가격

68) 영국에서도 가격고정 카르텔에 대한 합의만으로는 형사처벌되지 않고 거래행위 자체에 사기(fraud), 허위설명(misrepresentation), 부정직(dishonesty)이 있어야만 한다. 이에 관해서 Norris v Government of the United States of America 14 March 2008 (House of Lords http://www.publications.parliament.uk/pa/ld200708/ldjudgmt/jd080312/norris-1.htm) 참조. 그러나 공모에 의한 공동행위 자체가 소비자에 대한 부정직이라는 점에서 반드시 카르텔 사업자들이 상품거래시 사기나 허위설명 등을 해야만 하는 것은 아니다.

으로는 그런 고품질의 상품을 생산할 수 없다면, 카르텔의 형성은 비록 시장에 대한 사기의 요소를 갖지만, 그것은 자국시장이 외부로부터 위협받게 되는 것을 막는 것일 수 있다. 이런 카르텔 형성을 두고 국내경쟁법에서 불법, 즉 부당한 행위라고 볼 수는 없다.

4) 카르텔금지규정의 배제 법 제19조 제2항은 산업합리화, 연구・기술개발, 불황의 극복, 산업구조의 조정, 거래조건의 합리화, 중소기업의 경쟁력향상을 목적으로 하는 경우('실체적 요건')로서 공정거래위원회의 인가를 받으면('절차적 요건') 카르텔금지규정(제19조 제1항)을 적용하지 않는다고 규정한다.[69]

㈎ 부당성의 구체적인 예외사유들 이는 카르텔의 불법, 특히 공동행위의 '부당성'이 예외적으로 인정되지 않음을 뜻하며, 그 구체적인 내용은 대통령령에 의하여 정하고 있다. 이처럼 부당성을 적극적으로 근거짓는 규정은 두지 않으면서 소극적으로 배제하는 규정을 둔 것은 부당성의 의미가 바로 '도덕적 직관'에 의해 비신사성이라는 점을 말해주는 것이기도 하다. 대통령령으로 구체화한 6가지 예외사유들은 위임입법에 의해 다음 도표 17과 같이 좀더 구체화된 사유로 제도화되고 있다.

이 사유들은 시장기능을 내부로부터 위협하는 비신사적 행위의 수준에 이르지 못한 행위들이거나 외부로부터의 시장기능 위협을 막는 행위들의 전형을 '예시'한다고 볼 수 있다. 예컨대 산업구조의 조정(법 제19조 제2항 4호)에 해당하는 공급과잉으로 국제경쟁력이 현저히 약화되어 있는 상황에서 카르텔을 형성하는 것(법시행령 제26조 1호)은 외부로부터의 시장기능 위협을 막는 행위에 해당한다. 이에 비해 연구・기술의 개발(법 제29조 제2항 2호)에 해당하는 '연구・기술개발에 소요되는 투자금액이 과다하여 한 사업자가 조달하기 어려운 경우'(법시행령 제24조의3 2호)에 카르텔형성의 비신사성은 시장기능을 내부로부터 위협하는 수준에 미치지 못한다.

㈏ 금지의 실질을 구성하는 소극적 요소로서 예외사유들 이런 예외규정이 존재함으로써 부당성의 판단은 이중의 부정 판단, 즉 예외사유의 부존재에 의해 이루어지게 되기 쉽다. 하지만 이 예외사유들은 형법학적으로 보면 위법성의 요

69) 현재 이 인가제도는 거의 활용되지 않고 있다. 그래서 카르텔이 일정한 기준을 충족하면 자동적으로 금지규정의 적용을 면제해주는 유럽연합의 '일괄면제규칙'을 도입하자는 주장이 있다. 이에 관해 자세히는 심재한, "카르텔의 금지와 금지규정적용의 면제제도", *경영법률* (제16집 제2호, 2006), 621~646쪽 참조.

도표 17 부당성의 구체적인 예외사유들

법 제19조 제2항	법시행령
산업합리화(1호)	• 공동행위에 의한 기술향상·품질개선·원가절감 및 능률증진 등의 효과가 명백한 경우(제24조의 1호)
산업합리화(1호)	• 공동행위외의 방법으로는 산업합리화의 달성이 곤란한 경우(제24조의2 2호)
산업합리화(1호)	• 경쟁을 제한하는 효과보다 산업합리화의 효과가 클 경우(제24조의2 3호)
연구·기술개발(2호)	• 당해 연구·기술개발이 산업경쟁력 강화를 위하여 긴요하며 그 경제적 파급효과가 클 경우(제24조의3 1호)
연구·기술개발(2호)	• 연구·기술개발에 소요되는 투자금액이 과다하여 한 사업자가 조달하기 어려운 경우(제24조의3 2호)
연구·기술개발(2호)	• 연구·기술개발성과의 불확실에 따른 위험분산을 위하여 필요한 경우(제24조의3 3호)
연구·기술개발(2호)	• 경쟁을 제한하는 효과보다 연구·기술개발의 효과가 클 경우(제24조의3 4호)
불황의 극복(3호)	• 특정한 상품 또는 용역의 수요가 상당기간 계속하여 감소하고 수요에 비하여 공급이 크게 초과하는 상태가 계속되며 앞으로도 그 상태가 계속될 것이 명백한 경우(제25조 1호)
불황의 극복(3호)	• 당해 상품 또는 용역의 거래가격이 상당기간 평균생산비를 하회하고 있는 경우(제25조 2호)
불황의 극복(3호)	• 당해 사업분야의 상당수의 기업이 불황으로 사업활동을 계속하기가 곤란하게 될 우려가 있는 경우(제25조 3호)
불황의 극복(3호)	• 기업의 합리화에 의하여는 제1호 내지 제3호의 사항을 극복할 수 없는 경우(제25조 4호)
산업구조의 조정(4호)	• 국내외 경제여건의 변화로 특정산업의 공급능력이 현저하게 과잉상태에 있거나, 생산시설·생산방법의 낙후로 인하여 생산능률이나 국제경쟁력이 현저하게 저하되어 있는 경우(제26조 1호)
산업구조의 조정(4호)	• 기업의 합리화에 의하여는 제1호의 사항을 극복할 수 없는 경우(제26조 2호)
산업구조의 조정(4호)	• 경쟁을 제한하는 효과보다 산업구조를 조정하는 효과가 클 경우(제26조 3호)
거래조건의 합리화(5호)	• 거래조건의 합리화로 생산능률의 향상, 거래의 원활화 및 소비자의 편익증진에 명백하게 기여하는 경우(제27조 1호)
거래조건의 합리화(5호)	• 거래조건의 합리화 내용이 당해 사업분야의 대부분의 사업자들에 의하여 기술적·경제적으로 가능한 경우(제27조 2호)
거래조건의 합리화(5호)	• 경쟁을 제한하는 효과보다 거래조건의 합리화의 효과가 클 경우(제27조 3호)
중소기업의 경쟁력향상(6호)	• 공동행위에 의한 중소기업의 품질·기술향상 등 생산성 향상이나 거래조건에 관한 교섭력 강화 효과가 명백한 경우(제28조 1호)
중소기업의 경쟁력향상(6호)	• 참가사업자 모두가 중소기업자인 경우(제28조 2호)
중소기업의 경쟁력향상(6호)	• 공동행위 외의 방법으로는 대기업과의 효율적인 경쟁이나 대기업에 대항하기 어려운 경우(제28조 3호)

소가 아니라 구성요건요소, 즉 실질의 '금지성'이 아니라 금지의 '실질'을 구성하는 소극적 요소들이다. 따라서 이 예외사유에 해당하지 않더라도 부당성은 여전히 공정거래위원회나 법원에 의해 긍정되거나 부정될 수 있는 독자적인 의미영역을 갖고 있다고 보아야 한다.

(다) **불법과 위법성의 차별화** 여기서 첫째, 공정거래위원회로부터 인가를 받는 절차를 밟지 않고 법정 예외사유에 해당하는 공동행위를 한 경우라면 경쟁법적으로는 불법한 것이며 경쟁법적 제재(예: 과태료)의 필요성이 인정될 수 있다. 그러나 형법적으로는 (형법 제20조에 의하여) 위법성이 조각될 가능성은 남는다. 둘째, 법정 예외사유에 해당하지 않지만 부당성이 인정될 수 없는 행위는 설령 경쟁법적으로는 불법이 인정되더라도 형법적으로는 위법성 뿐만 아니라 불법(구성요건해당성) 자체가 인정될 수 없다고 본다. 여기서 첫째의 경우는 형법적으로 불법을 인정하고 위법성만 조각시키는 반면, 둘째의 경우는 불법부터 인정하지 않는 것은 부당성의 예외사유를 정립하는 공정거래위원회의 법형성권한을 존중하기 위함이면서 아울러 경쟁법과 형법 사이의 부정합성(incoherence)을 가능한 초래하지 않기 위함이다.

3. 유 형 성

카르텔은 법 제19조 제1항이 설정하는 다음의 행위유형에 대해서만 성립한다.[70]

— 가격을 결정·유지 또는 변경하는 행위(제1호)
— 상품 또는 용역의 거래조건이나, 그 대금 또는 대가의 지급조건을 정하는 행위(제2호)
— 상품의 생산·출고·수송 또는 거래의 제한이나 용역의 거래를 제한하는 행위(제3호)

70) 1981년부터 2007년까지 공정거래위원회에 의해 규제된 카르텔의 유형별 통계(왼쪽의 도표 참조)를 보면 가격합의가 압도적인 비중(75.8%)를 차지하고 있다. 이 표에서 입찰담합은 2007년 신설된 규정으로 이 도표에서는 통계가 잡혀 있지 않다.

위반유형	사건수	비율	위반유형	사건수	비율
가격합의	454	75.8%	종류규격제한	4	0.7%
거래조건합의	22	3.7%	영업공동수행	21	3.5%
생산출고제한	16	2.7%	사업활동제한	36	6.0%
지역상대방제한	46	7.7%	입찰담합		

— 거래지역 또는 거래상대방을 제한하는 행위(제4호)
— 생산 또는 용역의 거래를 위한 설비의 신설 또는 증설이나 장비의 도입을 방해하거나 제한하는 행위(제5호)
— 상품 또는 용역의 생산·거래 시에 그 상품 또는 용역의 종류·규격을 제한하는 행위(제6호)
— 영업의 주요부문을 공동으로 수행·관리하거나 수행·관리하기 위한 회사등을 설립하는 행위(제7호)
— 입찰 또는 경매에 있어 낙찰자, 경락자(競落者), 투찰(投札)가격, 낙찰가격 또는 경락가격, 그 밖에 대통령령으로 정하는 사항을 결정하는 행위(제8호)
— 제1호부터 제8호까지 외의 행위로서 다른 사업자(그 행위를 한 사업자를 포함한다)의 사업활동 또는 사업내용을 방해하거나 제한함으로써 일정한 거래분야에서 경쟁을 실질적으로 제한하는 행위(제9호)

(1) **카르텔의 실행행위** 이러한 공동행위의 유형은 카르텔범죄의 열거적인 실행행위이다. 첫째, 경쟁시장구조를 왜곡하는 사업자들의 카르텔합의는 바로 법률이 정한 이와 같은 유형의 행위들에 의해서 실행된다는 것이다. 둘째, 이 유형들은 '열거적'이다. 그러니까 이상의 유형 이외에는 어떤 새로운 유형의 행위에 의하여 경쟁제한을 가져오더라도 현행법상으로는 카르텔에 해당하지 않게 된다.

[경쟁의 룰을 조작하는 카르텔] ① Lande와 Marvel은 카르텔행위의 전통적인 유형을 두 가지 타입, 즉 가격고정과 같이 독점자의 남용과 유사한 효과를 낳는 카르텔(Classic Collusion)과 다른 사업자를 방해하는 카르텔(Collusion to Disadvantage Rivals)로 분류하고, 새로운 제3의 타입으로 '경쟁의 룰을 조작하는' 카르텔(Manipulating the rules under which competition takes place)을 제안한다.[71] 이런 카르텔유형의 핵심을 요약해보면, 사업자들 합의에 의해 상품(특히 가격)에 관한 광고를 제한하거나 소비자에게 가격비교를 할 수 있는 정보제공을 않음으로써 소비자가 비교쇼핑을 못하게 하고, 그에 따라 각 사업자는 — 때로는 상품과 가격을 차별화하고 각기 다른 소비자군으로부터 높은 충성도를 유지하면서 — 각자 가능한 더 높은 가격으로 판매하는 것이다. ② 예컨대 인디아나 치과협회는 치과보험회사에 보험을 청구할 때 환자의 X ray 사본을 붙여달라는 요구를 거절하기로 결정하고 소속치과의사들에게 이를 통지하였다. 이에 연방대법원은 보험회사에 협력하느냐에 따라 치과의사들 사이의 경쟁이 제한된다고 보아 셔먼법 제1조 위반을 인정하였다.[72] ③ 이런 행위는 외형상 가격고정이나 출

71) Robert H. Lande/Howard P. Marvel, "The three types of collusion: Fixing Price, Rivals and Rules", *Wisconsin Law Review* (2000), 941~999쪽 참조.

고조절 또는 다른 사업자의 사업방해도 없어서 전통적인 카르텔의 유형(위 각호)에 속하지 않지만, 카르텔불법의 구조(합의+공동부당행위+경쟁제한성)를 띠며, 소비자후생의 실제 감소로도 이어진다. 따라서 법 제19조 제1항의 각호에 새로운 유형으로 추가할 만하다. 이럴 경우 카르텔불법을 시정하는 명령은 예컨대 정보공개명령과 같은 것이 될 수 있다. 그러나 우리나라에서 예컨대 원가공개는 기업자유를 침해한다는 자유논증과 아직 불꽃튀는 싸움을 벌여야만 한다.

셋째, 그런데 이 유형들은 시장지배지위남용행위와도 부분적으로 중첩된다는 점이 간과되어서는 안된다. 예컨대 상품 '가격의 결정·유지 또는 변경'(제3조의2 제1항 1호)은 시장지배지위남용죄와 카르텔범죄의 공통된 유형이다. 하지만 같은 유형의 행위를 규정하는 조문일지라도 카르텔범죄의 경우는 시장지배지위남용죄와는 달리 백지규범(Blankettnorm)이 아니다. 왜냐하면 시장지배지위남용죄에서는 행위의 유형적 특질에서 불법의 실질을 대부분 구성해야 하기 때문에 외형상 통상적인 사업행위의 유형(예: 가격의 결정·유지 또는 변경)만으로는 불법을 구성하지 못하는 반면, 카르텔죄에서는 합의에 의한 부당한 행위를 공동으로 한다는 점이 불법의 실질(의 주요부분)을 구성하고 있어서, (실행)행위의 유형이라는 표지가 불법의 실질을 구성해야 하는 비중이 매우 작기 때문이다.

(2) 공동행위심사기준의 의미 공정거래위원회가 고시한[73] 예규인 「공동행위심사기준」 Ⅲ(부당한 공동행위의 세부유형)은 주로 이 행위유형의 의미를 구체화하는 해석기준을 정하고 있다.

1) 위임입법이 아닌 구체적 법규범 「공동행위심사기준」은 — 시장지배지위남용의 유형 또는 기준과 같이 — 대통령령으로 정하는(제3조의2 제2항) 위임입법은 아니다. 하지만 심시기준은 구체적인 법규범이 된다. 예컨대 카르텔범죄의 실행행위인 "입찰 또는 경매에 있어 낙찰자, 경락자, 투찰가격, 낙찰가격 또는 경락가격, 그 밖에 대통령령으로 정하는 사항을 결정하는 행위"(법 제19조 제1항 8호)는 보충규범인 법시행령 제33조에 의해 "입찰 또는 경매에 있어 낙찰자, 경락자, 투찰가격, 낙찰가격 또는 '낙찰 또는 경락의 비율, 설계 또는 시공의 방법, 그 밖에 입찰 또는 경매의 경쟁요소가 되는 사항'을 결정하는 행위"

72) Federal Trade Commission v. Indiana Federation of Dentists, 476 U.S.447 (1986) 참조.

73) 2007.8.3.에 신설된 법 제19조 제6항은 부당한 공동행위에 관한 심사기준을 공정거래위원회가 정하여 고시할 수 있다고 규정하지만, 공정거래위원회는 2002. 5. 8. 이미 공정거래위원회 예규 제20호로 「공동행위심사기준」을 정한 바 있다.

가 된다. 그리고 법률상의 실행행위인 "낙찰자, 경락자…을 결정하는 행위"는 "낙찰예정자 또는 경락예정자를 사전에 결정하고 그 사업자가 낙찰 또는 경락받을 수 있도록 투찰여부나 투찰가격 등을 결정하는 행위, 낙찰가격 또는 경락가격을 높이거나 낮추기 위하여 사전에 투찰여부나 투찰가격 등을 결정하는 행위"(「공동행위심사기준」 III.8.가.)로 구체화된다. 여기서 법시행령은 법률(의 문언)을 '보충'하는 법규범이고, 공정거래위원회의 심사기준은 법률을 (해석을 통해) '구체화'하는 법규범이 된다고 할 수 있다.

2) 행위유형의 예시적 해석 이런 이해는 법이란 다원적인 주체들 사이의 소통적인 '과정' 속에서 형성되는 것이라고 보는 법다원주의(legal pluralism)[74]에 입각한 것이다. 하지만 「공동행위심사기준」은 카르텔행위의 중요유형을 모두 망라하지 못하기 때문에 이 기준이 설정하는 행위유형을 구체화하는 기준들은 '열거적인 것'이 될 수 없고, 단지 '예시적인 것'일 뿐이다.[75] 따라서 심사기준에 제시되지 않은 세부유형도 법이 정한 카르텔 실행행위의 9가지 유형에 해당할 수 있다. 그렇기 때문에 시장지배지위남용죄의 경우와는 달리 '법률 없이는 범죄도 없고 형벌도 없다'는 죄형법정주의를 확장한 명제인 '공정거래위원회의 고시 없이는 범죄도 없고 형벌도 없다'의 원칙이 카르텔범죄에는 유효하지 않게 된다.

V. 경쟁제한성: 카르텔의 결과

합의에 의한 부당한 공동행위는 경쟁을 제한하는 것일 때 비로소 완전하게 카르텔범죄의 불법을 근거짓는다. 경쟁제한이란 개념의 의미는 "일정한 거래분야의 경쟁이 감소하여 특정 사업자 또는 사업자단체의 의사에 따라 어느 정도 자유로이 가격·수량·품질 기타 거래조건등의 결정에 영향을 미치거나 미칠 우려가 있는 상태"(법 제2조 제8호의2)이다. 경쟁제한은 카르텔의 불법구성요건에서 결과반가치를 형성한다.

---

74) 이에 관해서 이상돈, 기초법학 제2판 (법문사, 2010), 586~593쪽; Gunther Teubner, "Globale Bukowina zur Emergenz eines transnationalen Rechtspluralsmus", *Rechtshistorisches Journal* (1996), 255쪽 참조.

75) 「공동행위심사기준」 III.의 서두에는 "아래에 예시된 사항은 부당한 공동행위 중에서 흔히 나타나는 법 위반 유형을 제시한 것이므로 예시되지 않은 사항도 법에 위반될 수 있다."고 규정한다.

1. 경쟁제한효과의 불확실성

카르텔의 불법을 판단함에 있어 경쟁제한성의 유무와 정도에 대한 판단은 매우 불확실하다. 물론 이런 불확실성은 경쟁제한효과에 대한 다양한 경제학적 분석과 경험적 지식들이 동원됨으로써 다소 줄어들 수 있다.[76] 이를테면 산업조직론이 생산하는 경제학적 분석지식은 카르텔의 성립여부를 둘러싼 논쟁에서 주장의 설득력을 높이는 논증적 도구로 기능한다.

(1) **사법적 판단과 경제학적 판단의 한계** 그러나 이런 지식의 활용은 법원이 한 사건에 대해 배분할 수 있는 소송비용의 한계를 넘어서기 쉽다. 그렇기 때문에 법원의 경쟁제한효과에 대한 판단은 종국에는 분석적이기보다는 직관적이며, 종합적 판단이 될 수 밖에 없다. 또한 그런 판단은 소송의 현실에서는 불가피하게 합리적인 것, 즉 사법체계가 물적·인적 자원의 제약과 시간적, 사항적 제약에도 불구하고 기능할 수 있게 하기 위한 것이기도 하다. 소송경제는 그런 기능성을 확보하는 법적 개념이 된다. 하지만 이와 같은 법원의 경제학 지식의 결핍이 경쟁질서의 확립에서 법원의 무용성을 말해주지는 않는다. "일관성이 특히 강조되는 경쟁정책의 집행에는 정파적, 지역적 이해를 떠나 상식에 입각한 합리적 판단을 하는 것이 그 무엇보다 중요하며, 우리나라에서도 판사들이 그 역할을 충분히 담당할 수 있을 것"[77]이라는 기대는 단순한 희망이 아니라 현실이다. 물론 법원은 당사자가 신청하는 경쟁제한효과에 대한 감정인 신문을 최대한 보장하는 것이 필요하다.

사법적 판단의 한계로 인해 경쟁제한성에 대한 판단은 반독점규제의 전문기관인 공정거래위원회의 거대한 물적·인적 자원[78]을 활용하여 이루어지는

---

76) 미국에서도 법원에는 경제학적 분석을 할 전문가가 없으며, 그렇기에 FTC와 같은 집행당국이 이런 분석을 수행해야 한다고 보는 Oliver E. Williamson, "Economies as an Antitrust Defense: The Welfare Boundary", *American Economic Review* (Vol. 58, No. 1, 1968), 34쪽.

77) 홍대식, "카르텔 규제의 집행 — 행정적 집행수단과 법원의 역할을 중심으로", *경쟁법연구* (12권, 2005), 118~119쪽. 이러한 입장은 미국에서 반독점법집행이 역사적으로 성공적이었던 이유를 경제전문가가 아닌 사법부가 경쟁정책의 궁극적인 결정권자였다는 점에서 찾는 Areeda, Phillip의 분석("Antitrust Law as Industrial Policy: Should Judges and Juries Make It?," *Antitrust Innovation, and Competitiveness* (Oxford University Press, 1992), 32~35쪽)에 기초하고 있다.

78) 2009.4.21. 공정거래위원회의 직원은 493명이며(http://www.ftc.go.kr/ftcinfo/history/hrHistory.jsp), 2009년도 세입예산은 1,910억원, 세출예산 758억원(http://www.ftc.go.kr/ftcinfo/history/budget2009.jsp)에 이르고 있다.

것이 바람직하다. 여기서 전속고발제가 정당한 이유가 등장한다. 그러나 경쟁제한성을 판단하는 어떤 경제학이론들도 개별사안에 대한 법적 결정에 규칙적으로 작동하는 지식을 생산·제공해주지는 못한다. 이를테면 카르텔이 소비자후생을 얼마나 감소시키는지, 또한 경영효율성을 증대시킴으로써 발생하는 소비자후생의 증대효과가 어느 정도인지를 정확히 계측할 수 있는 지식은 없다.[79)]

(2) **경쟁제한의 신호로서 소비자편익의 감소** 여기서 경쟁제한효과의 개념을 사실상 소비자편익의 증감에 대한 직접적 영향관계, 바꿔 말해 중·단기적인 의미의 소비자후생 개념으로 환원하는 것을 경계해야 한다. 중·단기적으로 가격이 상승하여 소비자편익이 감소하지만, 장기적으로는 생산효율성이 증대되어 오히려 소비자후생이 증대될 수 있기 때문이다. 따라서 중·단기적인 소비자편익의 증감은 단지 경쟁제한효과의 발생에 대한 '신호'로만 이해하여야 한다. 여기서 '신호'라고 보는 것의 실천적 의미는 그런 신호가 있다고해서 경쟁제한성의 구성요건표지를 — 법적 의미에서는 완전하게 충족하는 것이지만 — '경제학적' 의미에서 완전하게 충족 한 것이라고 보아서는 안되지만, 합의에 의한 공동부당행위가 카르텔범죄의 불법을 어느 정도 실현하는 것인지를 판단하는 요소의 하나로 사용할 수는 있다는 것이다. 다만 높은 결과반가치를 인정받으려면 소비자편익의 감소(예: 소비자가격의 상승)가 매우 이례적이거나 현저한 경우이어야 하며, 아래에서 검토하는 경쟁제한적성도 물론 갖추고 있어야 한다.

> 예컨대 A, B, C 3사가 통신회사로서 평균수익률은 15%인 상태에서 가격인상합의를 통해 수익률을 17%까지 올렸다고 가정하자. 통신사업은 사업인프라의 구축비용이 거대한 자본을 필요로 하는 장치산업이다. 이런 경우에 2%의 가격상승은 경영위기의 극복과 같이 반드시 필요한 경우가 아니므로 소비자편익의 감소가 이례적인 경우로서 경쟁제한의 신호로 인정할 수 있다.

2. 경쟁제한의 적성

그러나 사법체계로 넘어온 카르텔혐의사건에 대한 법원의 진실발견은 경쟁제한효과의 확증을 목표로 하지 않는다. 법은 "영향을 미치거나 미칠 우려가

79) Robert H. Bork, *The Antitrust Paradox: A Policy at War with Itself* (신광식 역, *반트러스트의 모순*) (교보문고, 1991), 134~135쪽 참조.

있는지"(제2조 제8호의2)라고 하여 경쟁제한효과가 발생할 위험만으로 카르텔의 성립을 인정할 수 있게 한다. 이때 위험은 단순한 '사유적 가능성'으로서 추상적 위험도 아니지만 현실적인 개연성으로서 구체적 위험도 아니다. 이는 사건과 같은 유형의 카르텔행위가 반복될 경우에 경쟁제한효과가 발생할 '통계적 개연성'이 있는 경우, 즉 경쟁제한의 적성을 의미한다. 그래서 카르텔범죄는 적성범(Eignungsdelikt)이 된다. 합의에 의한 부당한 공동행위에 불법의 중점을 두고 있는 카르텔죄에서는 경쟁제한적성이 구성요건의 요소가 되는 결과반가치의 기본형이라고 할 수 있다. 그러니까 앞의 경쟁제한효과의 신호까지 발생한 경우는 경쟁제한적성+(플러스)라고 부를 수 있겠다.

[경쟁제한성의 계량화 구조] 공정거래위원회가 제재형태를 결정하는 벌점기준의 단계적 점수(3점 → 2.5점 → 2점 → 1점)를 사용하면 위와 같은 결과반가치의 차등을 왼쪽 표처럼 설정할 수 있다. 즉, 소비자편익의 감소와 같은 경쟁제한의 신호가 있으면 불법계측점수를 3점으로 부여할 수 있고, 그런 경쟁제한신호가 없고 단지 경쟁제한의 적성이 경제학적으로 근거지울 수 있는 경우에는 2.5점을 부여할 수 있다. 또한 (아래에서 설명하듯) 경쟁제한적성이 확증되지 않지만 합의추정이 허용되는 경우에는 2점, 그렇지 않는 경우에는 기본점수 1점을 부여할 수 있다.

▌도표 18▌ 경쟁제한성의 단계적 구분과 점수화

	규제 필요성	소비자 후생감소의 통계적 개연성	소비자 편익 감소	계측 점수
경쟁제한 효과신호	○	○	○	3
경쟁제한 적성	○	○	×	2.5
경쟁제한 추정허용	○	×	×	2
경쟁제한 추정배제	×	×	×	1

(1) **경쟁제한적성의 경제학적 확증** 산업조직론과 같은 경제학적 지식이 제공하는 경쟁제한에 대한 분석은 대체로 이러한 경쟁제한적성의 유무에 대한 분석이다. 경제학적 분석이 경쟁제한효과를 확증시킬 수는 없지만 그 적성을 확증시킬 수는 있다. '적성(범)'이란 이처럼 경험과학적 지식에 의해 논증될 수 있는 경우에만 인정되는 위험 개념이라는 점에서 법적 개념으로서 추상적 위험과는 차별화되는 것이다. 물론 어떤 경제학적 분석방법과 결과를 사용하여 경쟁제한적성을 판단할 것인지는 공정거래위원회와 법원이 재량으로 결정할 사항

이다. 그러나 그런 결정은 피심인(공정거래위원회를 피고로 삼는 소송의 원고)이 제출하는 경제학적 분석(감정서)을 충분히 검토한 가운데 이루어져야 한다.

(2) **독점을 통한 경쟁효과** 합의에 의한 부당한 공동행위가 경쟁을 제한하는 통계적 개연성, 경쟁제한적성을 갖는다고 판단하기 어려운 경우들이 있다.

1) **과점자의 카르텔과 결과반가치** 그 첫 번째 경우로 독점적 경쟁의 이론(monopolistic competition theory)이 타당한 시장의 경우이다. 예컨대 과점자들이 카르텔을 형성하면 실질적으로 독점자의 지위가 된다. 공정거래법은 독점자의 지위 자체를 금지하지 않고 단지 그 남용만을 금지하듯, 과점자들이 카르텔로 독점자 지위를 형성하는 것도 '결과'의 측면에서만 바라보면 금지할 이유가 없다. 미국의 독점적 경쟁의 이론은 바로 이 점을 잘 설명해 준다.

[미국의 독점적 경쟁의 이론] 하버드학파를 대표하는 Turner는 "만약 독점과 독점가격이 그 자체로서 불법(unlawful per se)[80]이 아니라면 과점과 과점가격(oligopoly pricing)도, 통상적인 성격의 합의가 부재하므로, 그 자체로서 불법이라고 볼 수 없다. 또한 합법적인 독점자의 지위를 유지한다면, 우연적인 사건이나 존경할만한 노력으로 자신들의 지위를 획득한 합법적인 과점자들에게서도 그들의 지위가 자연적으로 지속되는 것을 박탈한다는 것은 말이 되지 않는다."[81]고 한다. 그렇기 때문에 "합리적인 과점자가 행동하는 방식은 경쟁적인 산업구조의 합리적 판매자의 방식과 똑같을 수 있다"[82]는 것이다. 이런 관점은 독점적 경쟁의 이론이라고 부를 수 있다. 따라서 Tuner에 의하면 경쟁자들의 가능한 반응을 고려하는 과점자의 가격책정은 외형상 일치하더라도 — 이를 미국에서는 '의식적 병행행위'(conscious parallelism)로 개념화한다 — 셔먼법에 위반하지 않게 된다. 왜냐하면 그런 경우는 '합의가 없기 때문에 위반이 없는 것이거나, 합의는 있지만, 합의가 불법적 합의라고 볼 수 없기'[83] 때문이다. 여기서 주의할 점은 미국에서는 경성카르텔의 경우에 합의만으로 카르텔죄가 성립하므로, 과점자들의 의식적 병행행위는 주로 합의를 인정할 수 있는가의 문제로 쟁점이 쏠리기 쉽다. 그러나 합의의 존부에 대한 판단문제와 합의에 의한 공동행위가 초래하는 결과의 문제는 구별되어야 한다.

---

80) 경쟁법학자들은 unlawful per se를 당연위법으로 번역한다. per se는 그 자체로서의 의미이지만 unlawful은 카르텔은 범죄이기도 하다는 점에서 불법(구성요건)과 위법성을 구분하여 말할 필요가 있고, 이때 unlawful은 불법(구성요건)에 관계된 개념으로 봄이 타당하다.

81) Donald F. Turner, "The definition of agreement under the sherman act: conscious parallelism and refusals to deal", *Harvard Law Review* (Vol. 75, No.4, 1962), 667~668쪽.

82) 앞의 논문, 665~667쪽.

83) 앞의 논문, 672쪽.

그러나 카르텔에 의한 독점지위의 형성이라는 '행위'는 '자연적인' 것이 아니라 '인위적인', 그것도 '시장사기적인' 것이므로 여전히 금지된다. 즉, 카르텔 불법의 판단에서 과점자들의 카르텔형성은 행위반가치는 모두 충족하지만 결과반가치는 충족하지 않을 수 있다는 것이다. 여기서 결과반가치란 바로 경쟁제한(적성)이라는 요건을 말한다. 그러므로 미국의 독점적 경쟁의 이론을 우리나라 법제로 끌어들여 재해석해보면, '합리적인 과점과 과점가격의 설정은 경쟁제한적성이 없다'는 명제가 성립한다.

2) 과점자 카르텔의 합리성 여기서 과점자 카르텔의 합리성은 크게 다음 세 가지 조건을 구비할 때 인정될 수 있다.

— 조건 ①: 품질경쟁보다 가격탄력성이 큰 비중을 차지하는 상품의 시장일 것
— 조건 ②: 과점자들 사이에는 품질경쟁이 어렵고 주로 가격경쟁이 펼쳐질 수밖에 없는 상품의 시장일 것
— 조건 ③: 과점가격이 비과점자 상품과의 품질차이에 비례성이 인정될만한 가격차이를 두는 것일 것.

㈎ 필요조건 조건 ①, ② 아래 놓인 과점자들이 가격경쟁을 펼치면 그 과점자들의 상품이 비과점자의 상품에 대해 갖는 품질차별성이 유지되기 어려울 수준까지 가격이 하락할 수 있다. 이는 장기적으로 저급한 상품을 만연시키게 되고, 때로는 약탈적 가격경쟁을 통해 다른 사업자를 축출시키는 게임이 벌어질 수 있게 한다. 따라서 과점자들의 가격경쟁은 사업자들간의 생존게임만 격화시키고, 소비자후생은 오히려 감소시킨다는 점에서 '반경쟁적인 것'이 된다.[84] 과점자들의 카르텔은 오히려 산업건전성을 유지시켜 경쟁적인 사업행위가 될 수 있다.

㈏ 충분조건 그러나 이는 필요조건일 뿐이다. 만일 조건 ③이 지켜지지 않는다면, 즉 품질 대비 가격차별이 지나치게 되면, 소비자총효용은 오히려 감소하고, 과점자들의 카르텔은 반경쟁적인 것이 된다. 물론 이런 반경쟁적 카르텔은 품질대비 지나친 가격차별 때문에 소비자들이 비과점자의 상품을 선호하게 됨으로써 과점적 이익을 더 이상 유지하기 어려워지는 지점까지만 성립할 수 있다. 과점자들이 카르텔을 통해 독점상태를 유지하려면 과점자들 이외의

84) 여기서 경쟁의 시장구조가 지향하는 소비자효용의 증대란 가격은 하락하되 품질은 유지되거나 높아지는 것, 또는 가격은 높아지되 품질이 그 이상 높아지는 것을 말하는 것이지, 가격은 하락하지만 품질이 그 이상으로 하락하는 것을 말하지 않음을 알 수 있다.

사업자들과 경쟁을 해야 한다. 여기서 독점과 경쟁의 상호모순성이 해소될 수 있다. 즉 "독점을 얻으려는 경쟁이 바로 경쟁의 중요한 한 형태"[85]가 되는 것이다. 그러나 과점자들의 독점적 이익은 폭리의 수준으로, 즉 독점자의 남용으로 나아갈 수도 있다.

[독점적 경쟁의 이론과 장치산업] 여기서 독점적 경쟁의 이론은 — 위의 조건 ①, ②가 충족된 시장임을 전제로 할 때 — 장치산업의 상품시장(예: 통신시장, 설탕, 제분시장 등)에서만 유효함을 알 수 있다. 왜냐하면 장치산업이 아니라면 국내의 비과점자가 가격차이를 훨씬 벌리는 저가판매가 용이하고, 이는 과점자들이 설정하고 싶은 카르텔가격을 폭리로 받아들이게끔 만들며, 결국 과점자들은 가격대비 품질차이를 유지할 수 없어서 과점자들 사이에도 가격경쟁을 할 수밖에 없게 만들기 때문이다. 예컨대 밀가루 시장은 장치설비의 투자비용을 감당할 수 없는 한 시장진입이 어렵다. 현재 중국산 밀가루는 국내시장에서 비과점사업자의 상품이지만 관세율로 저지됨으로써 국내 밀가루 과점사업자들의 독점경쟁(monopolistic competition)이 가능한 상태에 있다고 보인다.

그러므로 과점자 카르텔의 가격설정은 '엄정하게 비례적인' 가격차별로부터 '폭리적인' 가격차별 사이의 큰 폭을 가질 수 있다. 여기서 엄격하게 비례적인 가격차이란 수치로 확정할 수 있는 것이 아니므로 과점자 카르텔의 경쟁제한성을 판단할 때에는 '적정한' 가격차이인지를 기준으로 삼을 수밖에 없다. 이때 적정성을 판단하는 실용적인 기준으로는, 카르텔로 설정한 가격으로 판매한 사업의 (영업)수익율을 들 수 있다.

[과점자 카르텔의 적정성] 과점자 카르텔로 설정한 가격으로 판매한 사업의 장기적인 평균 (영업)수익률이 사업재검토를 시작할만한 수준(대략 2~3%)보다 얼마간 높은 선, 개인적인 판단으로는 5~8%대에 머물러 있다면 과점자 카르텔은 경쟁제한적성을 갖고 있지 않다고 판단된다. ① 담합이 장기간에 걸쳐 이루어졌다고 제재를 받은 설탕사업자이나 밀가루사업자들 가운데 D 제당의 예를 보면, 제당부문의 영업이익률은 1996년~2009년까지 평균 3.61%, 밀가루부문은 1997년~2009년까지 8.72%로 파악된다.[86] 설탕시장은 매우 낮은 수익률로서 시정명령을 내리고자 해도 "한계비용이 얻을 수 있는 가격과 일치할 지점까지 산출량을

85) Richard A. Posner, "Antitrust in the new economy", (http://www.techlawjournal.com/atr/20000914 posner.asp 참조: 이 말은 포스너가 디지털산업과 같은 신경제영역에 대해 설명한 것이지만 과점자들의 독점을 향한 카르텔도 제한적이지만 비슷한 측면을 갖고 있다.

86) 이 통계는 1996년부터 시작한 금융감독원 전자공시시스템에 의해 공시된 자료를 기초로 산정된 것임(다만 D제당의 경우 2006년부터는 기타 사업부문(식품, 코코아 등)이 합산 공시된 것임).

늘리거나 가격을 낮춰라"[87]는 명령이 되기 쉽다. 이런 명령은 어떤 독점이익도 제거하라는 명령과도 같이 부당한 것이다.[88] ② 밀가루시장은 비교적 높은 수익률이긴 하지만 — 예컨대 통신사업자가 올리는 15%를 넘는 바와 같은 — 폭리수준에 이른 것이 아니며 국제곡물가격의 급변과 무기화 경향을 고려할 때 국내시장이 감수할 만한 것일 수 있다. 그러므로 통신시장의 과점사업자들이 카르텔을 형성하는 것은 경쟁제한적성이 있는 반면, 설탕이나 밀가루시장의 과점사업자들이 카르텔을 형성하는 것은 경쟁제한적성이 없다고 볼 수 있다. 또한 통신사업의 경우는 조건 ②의 요건도 충족되지 않는다는 점에서 독점적 경쟁의 이론이 적용될 수 없다.

3) 수요독점시장의 예외 독점적 경쟁의 이론의 또 다른 적용영역으로 수요독점시장을 들 수 있다. 즉, 어떤 상품의 시장에서 특정 수요자가 사실상 상품의 대부분을 구매하는 경우, 아울러 그 상품의 질이 비교적 균등적인 경우에도 공급자들의 카르텔은 경쟁제한의 적성이 없다. 왜냐하면 그런 시장에서 공급자들이 가격경쟁을 하면 원가에 미치지 못하는 가격이 형성될 가능성이 높고, 이는 상품의 품질저하와 공급사업자의 도산을 초래하고, 궁극에는 소비자후생을 약화시키기 때문이다.[89]

[수요독점시장에서 공급자들의 카르텔] 예컨대 한국전력공사가 수요독점자였던 컷아웃스위치의 공급자들은 원가 이하의 입찰을 우려하여 입찰 이전에 참가자, 낙찰예정자, 낙찰단가, 입찰수량과 낙찰물량을 배분하는 합의를 하였다. 공정거래위원회는 경쟁제한성을 인정하였다.[90] 그러나 컷아웃스위치시장은 전형적인 수요독점시장으로서 공급자들의 카르텔은 경쟁제한적성을 갖기 어렵다.

(3) 낮은 시장점유율의 카르텔 경쟁제한적성이 인정되기 어려운 시장의 경

87) Donald F. Turner, 앞의 논문, 669쪽.

88) 비슷하게 레미콘시장의 7개 과점사업자들이 1996년 유사한 시기, 유사한 비율로 가격인상을 한 사건에서 과점자들의 점유율 합계는 93.82%이어서 법원은 카르텔을 인정하였다(서울고등법원 2000.12.5, 선고 99누5247). 그러나 이들 레미콘과점사업자들의 평균수익률은 3%대였다. 레미콘의 품질차별이 거의 없고, 가격정보가 시장에 공개되어 있는 등의 시장 특성에서 가격경쟁은 레미콘의 품질저하와 건축물의 안전도 감소로 이어질 수 있다. 과점이 오히려 소비자후생을 유지·증진시킨다고 보아야 한다. 이런 분석내용으로 자세히는 박혜림, *부당한 공동행위(카르텔)에 대한 형법적 규제* (고려대 석사학위논문, 2009), 53~54쪽; 최민수, "레미콘 품질의 문제점과 개선방안", *건설산업동향* (11호, 2001), 1~23쪽 참조.

89) 수요독점시장에서 이루어진 공급자카르텔은 배분적 효율성을 증신시킨다고 보는 정종채, "구매자 카르텔, 공동구매 그리고 수요독점시장에 있어서의 공급자 카르텔에 대한 경쟁법적 취급", 경쟁저널 (통권 126호, 2006), 12~22쪽 참조. 이 견해에 의하면 이를 연성카르텔로 보아, 경쟁제한효과와 경쟁촉진효과를 비교형량하여 위법성을 판단해야 한다고 본다. 그러나 경쟁제한효과를 발생시킬 적성이 없는 행위로 봄이 타당하다.

90) 공정거래위원회 2005.8.11. 의결(제2004-252호) 참조.

우로 카르텔을 형성한 사업자들의 시장점유율 합계가 낮은 시장을 들 수 있다. 카르텔은 여러 사업자가 힘을 합해 시장지배력을 획득할 때에만 그 공동행위가 경쟁시장질서를 왜곡할 수 있다. 그러므로 카르텔에 참여한 사업자들의 시장점유율 합계가 시장지배지위에 근접하는 경우이어야 한다. 같은 정도를 요구하지 않는 것은 카르텔의 불법은 시장지배지위남용죄와 같은 조항에 규정되어(제66조 제1항, 1과 9항) 법정형(3년 이하의 징역 또는 2억원 이하의 벌금)이 같지만 시장지배지위남용죄와 다른 불법의 실질들(예: 공모, 경쟁제한성)을 갖고 있어서 시장지배력에서는 다소 약한 정도이어도 같은 수준의 불법의 실질을 가질 수 있기 때문이다. 이는 두 가지 방법으로 고려된다.

1) 최소시장점유율 첫째, 경쟁제한적성의 판단요소로 고려되는 시장지배력을 추정하는 시장점유율을 시장지배지위남용죄의 경우보다 낮게 설정하는 것이다. 즉, 시장지배지위남용금지죄(제3조의2)에서 요구되는 1인 사업자의 시장점유율인 50% 이상, 3이하의 사업자의 시장점유율의 합계인 75% 이상보다 카르텔을 맺은 사업자들의 시장점유율 합계가 낮아도 된다. 그러나 「공동행위심사기준」[91]이 설정한 기준인 20% 이상은 너무 낮은 수준이다. 이는 카르텔죄의 주체가 되기 위한 요건으로 봄이 적절하다. 경쟁제한적성을 인정할 수 있으려면 공동행위에 합의한 사업자들의 시장점유율합계는 50% 이상은 되어야 할 것이다.

2) 경쟁정책적 결정의 요소들의 제외 둘째, 경쟁제한적성의 판단요소로 고려되는 시장지배력은 오로지 시장점유율에 국한시킨다. 즉 시장지배력을 구성하는 그 밖의 요소들, 해외경쟁 도입수준(예: 수입침투도나 관세율의 변화추이 등) 및 신규진입의 가능성 등[92]은 경쟁제한(적성)의 판단에서 제외된다. 왜냐하면 그런 요소를 고려한 경쟁제한 판단은 거시적인 경쟁제한 판단이고, 그런 판단은 매우 불확실하여서 카르텔의 (구성)요건영역에 배열하기에 적합하지 않기 때문이다. 그러나 그런 요소를 고려한 경쟁제한 판단은 분명 필요하다. 다만 그런 판단은 경쟁제한사실의 존재여부에 대한 사실인식이 아니라 경쟁정책적 결정임에 주목해야 한다. 이처럼 경쟁정책적 결정의 성격이 매우 강한 경쟁제한 판단은 카르텔의 구성요건의 차원이 아니라 위법성이나 제재의 차원에 위

91) 「공동행위심사기준」 Ⅳ.2.가. 참조.
92) 「공동행위심사기준」 Ⅳ.2.나.(4).(다)(라). 참조.

치시켜야 한다. 이를테면 카르텔의 요건을 충족하더라도 — 형사재판에서 마치 선고유예나 집행유예, 형면제 등에 보듯 정책적 결정을 수행하는 제재법의 차원과 비슷한 — 법적 제재를 부과할 것인지를 결정하는 정책적 차원에 위치하게 되는 것이다. 그런 거시적 경쟁제한의 판단에서 "경쟁질서를 현저히 저해한다고 인정하는 경우"(법 제71조 제2항)에 공정거래위원회는 형사제재를 위한 고발을 해야 한다.

3. 경쟁제한성의 추정과 그 한계

경쟁제한성을 확증하는 것은 경쟁제한효과이든 경쟁제한적성이든 결코 쉽지 않다. 경제학적 분석지식의 불충분성으로 경쟁제한은 확증되지는 못하더라도 사실로서 존재할 수 있다. 그렇게 존재하는 경쟁제한을 법은 방관할 수 없다.

(1) 예규에 의한 사실상의 추정 그래서 공정거래위원회 예규인「공동행위심사기준」Ⅳ은 합의를 바탕으로 경쟁제한을 추정하는 제도를 두고 있다.

1) 경성카르텔의 경쟁제한성추정 이 심사기준에 의하면 경성카르텔(예: 가격·산출량의 결정·제한이나 시장·고객의 할당 등)의 경우에는 "특별한 사정이 없는 한 구체적인 시장상황에 대한 심사 없이 부당한 공동행위로 판단할 수 있다". 이는 합의에 의해 실질적 경쟁제한을 '사실상 추정'하는 것이다. 여기서 사실상 추정은 법다원주의의 관점에서 공정거래위원회의 예규가 실질적으로 법규범을 형성하는 것으로 보는 경우에는 '법적' 추정이 될 수 있다. 그러나 이 법적 추정은 여전히 의회에서 제정한 형식적 의미의 법률에 의한 추정, 즉 '법률상 추정'과 구별됨에 주의를 요한다. 이런 경쟁제한의 사실상 추정은 경성카르텔의 경우 경쟁제한성을 검토하지 않고 카르텔의 (형사)불법을 인정하는 다음과 같은 미국의 당연위법원칙에 영향을 받은 것으로 볼 수 있다.

> "가격고정합의의 목적과 결과는 효율적인 것일지라도 경쟁의 한 형식을 제거하는 것이다. 가격을 고정시키는 힘은 그것이 합리적으로 행사되었든 아니든 시장을 통제하고 자의적이고 불합리한 가격을 고정시키는 힘을 포함한다. 오늘 고정된 가격이 합리적인 것일지라도 경제와 영업의 상황이 변화하면 내일에는 불합리한 가격이 될지 모른다.
> …(중략)…이와 같은 힘을 만드는 합의는, 그 가격이 합리적으로 고정되었는지 아

넌지를 자세히 조사할 필요 없이, 그 자체로서 불합리하고 불법(unlawful)으로 간주되도 무방하다."[93]

하지만 미국에서는 경성카르텔에서도 당연위법원칙을 적용하지 않는 판례[94]가 나오면서 더욱 더 당연위법원칙과 합리원칙 사이의 경계가 흐릿해졌다.

도표 19 합의의 추정과 경쟁제한의 추정

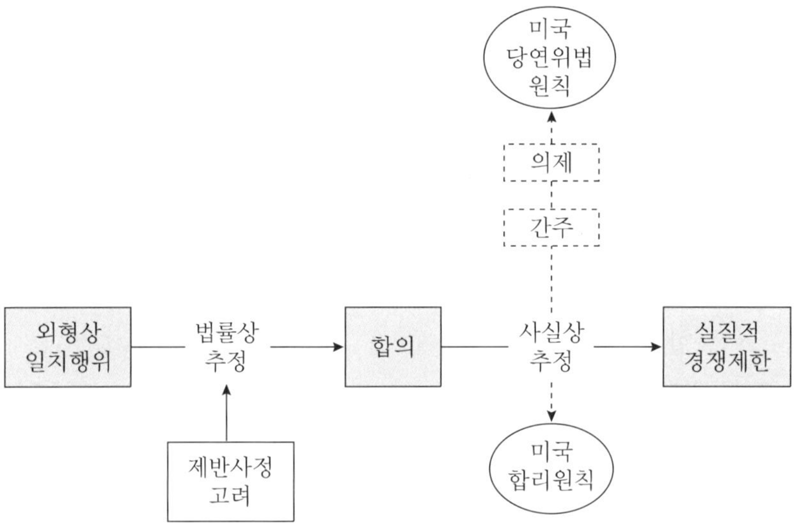

2) 미국 당연위법원칙과 경쟁제한추정의 차이 당연위법원칙과 경쟁제한추정원칙은 같은 것은 아니다. 당연위법원칙에서 당연(illegal per se)의 개념은 예규인 「공동행위심사기준」이 정하는 추정의 수준을 넘어 의제의 수준에 이른 것이기 때문이다. 우리나라의 법리에서는 <추정—간주—의제>가 구별된다. 추정과 간주(예: 형법 제263조)는 반증에 의해 사실인정을 뒤집을 가능성이 있다는 점에서 그런 가능성이 없는 의제(예: 민법 제826조의2[성년의제])와 구별된다. 간주는 흔히 의제와 동의어로 이해되기도 하지만 의제가 법적 사실을 (예: 미성년

93) United States v. Trenton Potteries CO. et al., 273 U.S. 392, 398 (1927) 참조.

94) 대표적으로 Broadcast Music, INC., et al. v. Columbia Broadcasting System , INC., et al. 441 U.S. 1 (1979) 참조. 이 판례에서는 미국 내 작곡 저작권 등을 관리해온 BMI와 ASCAP는 방송국들에게 포괄라이센스(blanket license)를 구입하게 함으로써, 방송국 입장에서는 작곡가별로 다른 가격으로 라이센스를 얻을 수 있는 경쟁시장을 잃어버렸다. 그런데도 이 판례는 당연위법원칙을 적용하지 않았다.

도표 20 추정, 간주, 의제의 차이

	반증허용여부	입증부담
추정	○	○
간주	○	×
의제	×	×

→ 성년) 창설하는 반면, 간주(看做)는 추정과 마찬가지로 사실의 입증에 관한 규칙일 뿐이다. 추정이 간주와 다른 점은 추정은 당사자가 일정한 주관적 입증부담을 이행할 것을 전제할 수 있다는 점이다. 예컨대 형법상 고의는 객관적 구성요건의 충족을 입증하면 사실상 추정할 수 있지만, 고의에 관한 간접사실을 주장하거나 얼마간의 간접증거(정황증거)를 수집·제출할 부담을 이행할 때에만 고의를 인정하는 것이다. 미국의 당연위법원칙은 대체로 의제에 가까운 법리로 보인다.[95]

(2) **경쟁제한효과 추정의 배제** 그러나 경쟁제한효과의 추정이 합리성을 잃고 방만하게 행해지면 존재하지 않는 경쟁제한에도 불구하고 사업행위를 통제하는 것이 되어 자유시장을 오히려 파괴할 위험을 갖게 된다. 더욱이 합의가 입증에 의해서가 아니라 법률상 추정에 의해서 인정되는 경우에도 경쟁제한을 사실상 추정한다면, 그와 같은 위험은 더욱 더 커진다. 이럴 경우에 토이브너(Teubner)의 트릴레마 이론에서 '법에 의한 사회적 통합의 와해'(Desintegration durch das Recht)[96]에 해당하는 현상이 벌어지게 된다고 볼 수 있다. 그러므로 합의가 법률상의 추정규정에 의해 인정된 경우에는 합의에 의한 경쟁제한성의 추정을 허용하지 않아야 한다. 즉 합의가 법률상 추정에 의해서 인정된 경우에는 경쟁제한효과 또는 경쟁제한적성이 합리적 의심을 남기지 않을 정도로, 즉 확실성의 수준으로 입증되어야 한다. 그렇지 않다면 경쟁제한이라는 결과반가치는 부정되거나 가장 낮게 평가되어야 한다.

[경쟁제한추정에서 결과반가치의 계량적 차등] 예컨대 합의가 추정된 것이 아니라 입증되었고, 경성카르텔의 공동행위에 의하여 경쟁제한효과의 신호(예: 현저한 가격인상)가 발생하지 않았으며, 경제학적 분석으로도 경쟁제한적성이 입증되지 않았다면, 공동행위의 결과반가치는 — [경쟁제한성의 계량화 구조]의 도표에서 볼 때 — 앞의 두 경우(예: 계측점수 3점, 2.5점)보다 작게 평가(예: 계측점수 2점)되어야 한다. 하지만 경쟁제한효과의 신호도 없었고, 경쟁제한적성도 입증되지 않았으며, 합의도 단지 법률상 추정된 경우라면 그 공동행위의 결과반가치는 합

95) 우리나라 법이 당연위법원칙을 채택한 것이 아니라는 견해로 정호열, "담합을 어긴 투찰과 카르텔행위의 성립", *저스티스* (제33권 1호, 2000), 174쪽.

96) Gunther Teubner (이상돈 편역), *법제화이론* (한국법제연구원, 2004) 참조.

의가 입증된 경우보다도 작게 평가(예: 계측점수 1점)되어야 한다.

Ⅵ. 카르텔 제재의 이론과 정책

앞서 검토한 카르텔의 불법구성요건을 충족하게 되면 일반적으로 위법성이 인정되고, 법문이 설정한 카르텔불법이 성립한다. 그러나 법문상의 카르텔불법이 성립해도 제재를 가할 수 있으려면 다음 네 가지 제재법적 차원의 고려가 있어야 한다.

— 첫째, 그 불법이 궁극적으로 소비자후생을 저해하는 경쟁제한적 카르텔인지, 아니면 소비자후생을 증대 또는 현상을 유지시키는 카르텔인지를 검토해야 한다. 후자의 경우라면 진정한 의미에서 경쟁을 제한한 것이 아니라 오히려 경쟁촉진을 한 것이라고 말할 수 있기 때문이다. 이와 같은 소비자후생의 실질적 감소는 카르텔(죄)의 객관적 처벌조건에 해당한다(아래 1 참조).

— 둘째, 카르텔불법이 성립하는 경우에도 어떤 제재를 부과할 것인지는 그 불법의 강도에 비례하여 정해져야 한다. 이는 비례성원칙의 요청이다(아래 2 참조).

— 셋째, 카르텔불법의 최종적인 성립과 제재강도가 확정되어도, 인적 처벌조각사유로서 자진신고에 따른 감면조치를 고려해야 한다(아래 3 참조.).

— 넷째, 마지막으로 이상의 고려에도 불구하고 남을 수 있는 카르텔을 행하는 시장의 경제적 합리성과 법적 정의 사이의 간극을 메우고 통합하는 성찰적인 법적 기제로서 전속고발제도와 동의명령제를 운영할 필요가 있다(아래 4 참조).

1. 소비자후생의 실제 감소에 대한 고려

카르텔은 대개의 경우에 경쟁적 시장구조를 깨뜨리는 적성이 있는 행위가 되기 쉽다. 그러나 때로는 카르텔이 없다면 시장 자체의 사정에 의해 생산효율성이 소비자편익보다 지나치게 등한시되는 경우도 있다.

(1) 경쟁제한과 소비자후생증대의 순차적 발생 효과와 이익형량 특히 시장의 특성상 카르텔 없이는 해당 산업의 건전성이 유지되기 어려운 경우가 그러하다.[97] 이런 경우에 카르텔은 시장구조에 대해서 경쟁제한을 가져오는 요소(input)이지만 '장기적으로' 소비자후생(소비자편익)을 증대시킨다는 점에서 경쟁

97) 대표적으로 건설시장의 담합을 드는 신영호, "공정거래법상 입찰담합규제 활성화 방안에 관한 고찰", *상사법연구* (제27권 제1호, 2008), 88~90쪽.

촉진적인 산출(output)을 가져온다고 할 수 있다. 여기서 경쟁제한효과와 경쟁촉진효과라는 카르텔의 양면적 효과는 시간차를 두고 발생한다는 점에서 아래에서 설명하는 '부수적 경쟁제한'의 사례와 구분된다. 그러므로 이런 경우를 카르텔의 순차적 양면적 효과라고 부를 수 있다.

공정거래법의 궁극적인 기획은 경쟁시장구조의 확립을 통하여 기업의 생산적 효율성과 소비자후생을 균형있게 실현하는 데에 있다. 그러므로 가격인상이 단기적으로는 소비자편익을 감소시키지만 장기적으로는 기업의 (폭리가 아닌) 재정건정성을 도모하고 생산효율성을 높임으로써 장기적으로 소비자편익을 증대시키는 경우라면, 카르텔의 불법은 — 여기서 불법이란 정확히는 구성요건이 아닌 객관적 처벌조건의 충족을 가리킨다 — 중·단기적인 소비자편익의 감소(구성요건상의 "경쟁을 제한")와 장기적인 소비자후생 증대 사이의 이익형량을 통해 그 최종적인 판단을 해야 한다.

1) 판례의 이익형량 그러나 판례는 이런 이익형량을 하면서도 소비자후생이 더 클 경우에는 구성요건표지로서 경쟁제한 자체가 충족되지 않은 것이라고 본다.

> [카르텔의 불법판단에서 이익형량] 사단법인 J도관광협회(대표 甲)는 그 협회 구성사업자(J도지역의 농원, 성읍, 유람선업, 승마장업, 기념품업, 관광지업, 사진업, 비디오업을 하는 자)에게 구성사업자가 관광객을 유치·안내해 주는 여행사·안내원·운전사에게 지급하는 송객수수료율을 하향조정하여 최고가격을 설정하는 결정을 하고 구성사업자들에게 통보하였다. 이 결정은 준수를 강제할 수단이 없었고, 송객수수료가 지나치게 과다하여 관광의 부실화 및 바가지요금, 물품강매 등 관광부조리가 발생하는 것을 방지하기 위함이었다. ① 판례는 다음과 같은 이유로 카르텔을 인정하지 않았다: 법 제26조 제1항 제1호, 제19조 제1항 제1호의 "사업자단체의 가격을 결정·유지 또는 변경하는 행위에 의하여 일정한 거래분야의 경쟁을 실질적으로 제한하는 행위'(이하 '가격제한행위'라고 한다)에 해당하더라도, 이로 인하여 경쟁이 제한되는 정도에 비하여 같은 법 제19조 제2항 각 호에 정해진 목적 등에 이바지하는 효과가 상당히 커서 소비자를 보호함과 아울러 국민경제의 균형 있는 발전을 도모한다는 법의 궁극적인 목적에 실질적으로 반하지 아니하는 예외적인 경우에 해당한다면, 부당한 가격제한행위라고 할 수 없다."[98] ② 그러나 판례처럼 카르텔에 해당하지 않는다는 판단은 옳지 않다. 협회(대표 甲)의 가격결정행위는 경쟁제한효과의 적성이 있는 경쟁제한행위로서 카르

98) 대판 2005.9.9, 2003두11841. 같은 취지의 판례로 대판 2005.8.19, 2003두9251 참조.

텔의 구성요건을 충족한다. 다만 소비자편익증대의 효과를 고려하여 그 위법성(Rechtswirdrigkeit)이 조각될 뿐이다. ③ 만일 이 사안에서 소비자보호 효과가 작다면 위법성은 조각되지 않고, 제재법의 차원, 이를테면 카르텔범죄는 성립하지만 고발요건으로 요구되는 "경쟁질서를 현저히 저해"하는 경우가 아니므로 고발하지 않을 수 있게 된다.

그러나 이와 같은 경우에도 불법구성요건의 표지로서 '경쟁제한'은 이미 충족되었지만 장기적인 소비자후생의 증대를 이유로 '경제학적 의미'에서 경쟁제한표지는 아직 충족되지 않은 것으로 개념화해야 한다. 또한 이런 경제학적 의미의 경제제한표지 불충족은 객관적 처벌조건의 불충족으로 개념화해야 한다.

[소비자후생을 증대시키는 경쟁제한행위] 예컨대 A, B, C 3사가 전체 두부시장의 60%를 점유하고 있고 영업수익률은 5% 정도였는데, 이때 곡물파동으로 원재료(예: 수입콩) 가격이 30% 인상되자, 협정을 맺어 가격을 각기 20% 올렸으며, 세 회사의 평균수익률은 6.1%로 다소 상승되었다고 가정하자. 만약 협정을 통해 두부가격을 인상하지 않는다면, A,B,C 사의 수익률은 하락하여 재무상태가 악화되고 결국 중국기업들에게 시장을 잠식당할 수 있다. 이런 경우 카르텔형성은 국내 두부시장의 건전성을 유지하기 위한 것으로써 거시적으로는 소비자에게도 이익이 될 수 있다. 또한 장치산업으로서의 성격이 약하거나 벤처기업인 경우에는 시장진입도 용이하므로 더욱 더 경쟁제한의 폐해가 거의 없다고 할 수 있다. 물론 이런 사례에서도 가격이 현저히 인상된 이상 경쟁제한효과신호는 인정된다.

2) 부수적 경쟁제한의 원칙 미국에서는 경쟁제한(예: 가격고정, 시장분할 등)이 카르텔의 주된 목적인 경우와 다른 목적(예: 경쟁성 강화)에 수반하는 부수적 결과인 경우를 나누어, 각각 '노골적인 경쟁제한'(naked restraints)과 '부수적 경쟁제한'(ancillary restraints)이라고 개념화한다.

㈎ 경쟁성 강화를 위한 필요불가결한 카르텔 이때 부수적 제한이란 경쟁성 강화와 같은 '거래의 다른 주된 목적에 부수적'(ancillary to the main end of transaction) 결과로서 발생하는 경쟁제한을 가리킨다. 이때 다른 주된 목적은 정당한 목적, 예컨대 카르텔이 제3자와의 경쟁을 촉진시키는 것이어야 한다.[99] 그러니까 경쟁성 강화라는 목적을 달성하기 위해 불가피한 수단으로서의 카르

99) 이는 부수적 제한의 원칙이 '보통법'(common law)상의 (고전적) 부수적 제한의 원칙(합법적 계약의 정당한 열매를 충분히 향유하는 것에 대한 제3자의 방해를 막는데 불가피한 제한은 합법적이다)에서 유래했음을 보여준다. 이에 대해 자세히는 George J. Werden, "Ancillary restraints Doctrine", *American Bar Association Section of the antitrust 54th Antitrust Law Spring Meeting*, March 29~31, 2006, 2~6쪽 참조.

텔은 위법하지 않다는 것이다.

[NCAA와 부수적 경쟁제한의 원칙] 1981년 미국 대학체육협회(NCAA: National Collegiate Athletic Association)는 1982-1985년 시즌에서 가입 대학들이 각기 그들의 미식축구경기를 1년에 전국 TV 방송에 내보내는 횟수와 전체 경기의 방송 총량을 규제하는 제한규정을 마련하였다. 이는 대학미식축구 경기방송의 생산량을 감소시켜 NCAA가 일괄 교섭하는 방송료를 높게 설정하기 위함이었다. NCAA는 이런 정책에 따라 ABC방송사 등과 계약했다. 그러나 미식축구에 관한 주요대학들로 이루어져 있고, 강력한 영향력을 갖는 대학미식축구협회(CFA: College Football Association)는 NCAA보다 더 많은 방송을 허용하는 계약을 NBC방송사와 계약을 맺었다. 이에 NCAA는 CFA에 소속된 대학축구팀에 대해 CFA-NBC간 계약을 따르면 제재를 가한다고 압박을 가했다. NCAA는 가격고정의 카르텔을 하였다고 보아 셔먼법 제1조 위반으로 제소되었다. ① 연방법원은 축구방송은 NCAA와 방송사의 합작투자 성격이 있음을 고려하여 당연위법(illegal per se)을 인정하지 않고 합리원칙(Rule of Reason)을 적용하여야 한다고 보았다.[100] 그러나 원고에게 입증책임을 부과한 것이 아니라 피고인에게 정당화의 항변책임을 부과한 점에서 당연위법과 합리원칙의 중간단계인 제3의 원칙(Quick Look)이라 할 수 있다. ② 그러나 NCAA의 카르텔형성은 대학미식축구경기에서 더 강자인 CFA에 대한 경쟁력을 확보하기 위한 목적에 부수적인 경쟁제한이라는 점에서 그 불법(객관적 처벌조건)이 탈락한다고 볼 수 있다.

[미국 연방대법원의 카르텔위법판단의 세 가지 유형] 이로써 카르텔의 위법에 대한 미국 연방대법원의 입장은 3가지로 유형화된다. 첫째, 가격고정과 같은 경성카르텔은 일반적으로 그 자체로 불법이 되므로 원고는 카르텔의 합의만을 입증하면 경쟁제한효과를 입증할 필요가 없다. 피고는 항변의 기회도 갖지 못한다. 약식기준원칙의 기원이 되는 버거 대법원장의 반대의견이 있었지만 당연위법원칙이 적용된 Topco사건[101]은 여전히 그 대표적인 경우이다. 둘째, 합리원칙은 연성카르텔에 원칙적으로 적용되는데, 원고는 카르텔행위가 경쟁제한효과도 있음을 입증해야 한다. 연방대법원은 BMI 사건[102]에서는 경성카르텔인데도 합리원칙을 적용

100) National Collegiate Athletic Ass'n v. University of Oklahoma, 468 U.S. 85 (1984) 참조.

101) 25개의 수퍼마켓 지역 체인의 협력기구 Topco는 대형 식료품 체인의 브랜드 상품과 경쟁하기 위해 그 구성원들에게 Topco 브랜드 상품을 배타적으로 사용할 라이센스를 수여하고, 그 지역의 비회원사들에 대해서는 협회가입을 금지하는 집단배척(boycott)은 한 사건으로서 지방법원은 상표의 프로모션을 촉진시키고 더 큰 체인과의 경쟁을 강화한다고 보았지만, 연방대법원은 수평적 시장분할이므로 당연위법원칙을 적용하였다. 자세히는 United States v. Topco Assos., 405 U.S.596 (1972) 참조.

102) 수 천명의 작곡가 등으로부터 판매대행권을 가진 CBS 협회는 라디오 방송국에 음악작품에 대한 포괄라이센스를 일정한 가격으로만 판매하였다. 이에 BMI는 CBS의 판매행위가 가격고정(price fixing)이라고 제소하였다. 대법원은 합리원칙을 적용하였다. 자세히는 Broadcast Music

도표 21 미국의 카르텔 위법판단의 세 유형

	대표 사례	원고의 입증	피고의 항변과 입증
당연위법	Topco	입증불요	항변 불허용 입증불필요
약식기준 원칙	NCAA	prima facie	항변허용 입증책임
합리원칙	BMI	입증책임	항변불필요 입증책임없음

하였다. 셋째, NACC사건처럼 카르텔의 유형은 경성카르텔이지만 원고는 경쟁제한효과의 존재만을 입증하면 — 경쟁촉진효과 등에 대한 자세한 분석을 함이 없이, 즉 약식으로 — 일응(prima facie) 위법성이 추정되고, 피고는 이 추정을 깨기 위해 자신의 카르텔이 반경쟁적 효과가 없고 경쟁촉진적 효과가 있음을 항변하고 입증해야 한다. 이런 원칙을 약식기준(Quick Look)의 원칙 또는 약식형 합리원칙이라고도 부른다.103) 1990년대 이후 이런 약식기준원칙의 적용이 — 특히 이때 주로 합작투자(Joint Venture)에 의한 경쟁촉진효과를 내용으로 항변이 유용한 사건에서 — 증가하고 있다.

(나) **카르텔의 동시적 양면적 효과의 비교형량** 이런 부수적 경쟁제한은 카르텔이 경쟁제한적성을 갖지 않는 경우와 구별되어야 한다. 왜냐하면 이런 류의 카르텔행위는 카르텔을 맺는 사업자들보다 더 강한 경쟁력의 사업자에 대한 관계에서는 그들의 경쟁성을 강화함으로써 경쟁촉진적이지만, 다른 한편 그들보다 같거나 더 약한 경쟁력의 사업자에 대한 관계에서는 여전히 경쟁을 제한하기 때문이다. 부수적 경쟁제한이란 경쟁촉진효과와 경쟁제한효과가 — 두부카르텔사례에서 중·기적으로는 소비자편익을 감소시키지만 장기적으로는 증대시키는 경우처럼 '시간차를 두고' 발생하는 것이 아니라 — '동시에' 발생하는 양면적 효과의 카르텔을 말한다. 이런 카르텔의 불법성도 다른 카르텔 유형과 마찬가지로 경쟁촉진효과와 경쟁제한효과를 비교형량하여 전자가 더 크고 그로 인해 소비자후생도 더 증가될 수 있다면, 객관적 처벌조건이 갖추어지지 않다는 점에서 불법이 탈락하거나 약화될 수 있다. 이때 미국 연방대법원이 취하는 3가지 위법성 판단의 유형들을 구분하지 않고 적용하여야 한다.104)

Inc. v. CBS Inc., 441 U.S.1(1979) 참조.

103) 약식기준을 적용한 미국의 판결들에 대해 자세히는 서헌제, "미국 독점금지법에 있어서 합리성의 판단에 대한 약식기준의 적용사례", 공정경쟁 (통권 93호, 2003), 51~55쪽; "미국 독점금지법상 합리성의 판단의 새로운 기준", *이십일세기 한국상사법학의 과제와 전망* (2002), 653~671쪽 참조.

104) 미국에서도 경쟁제한이 부수적(ancillary)인지를 따질 것이 아니라 셔먼법 하에서 인식할 만한

[부수적 경쟁제한원칙의 적용확대] 다만 미국의 부수적 경쟁제한원칙은 주로 판매나 자산통합을 촉진시키는 합작투자적 성격의 카르텔에 적용되므로 그런 요소가 없는 사례, 예컨대 정부의 재정보조를 받기 위한 대학들의 경쟁처럼 합작투자적 성격이 없지만, 대학간의 무분별 경쟁으로 야기될 시장의 실패를 막기 위한 카르텔에는 적용되기 어려운 한계가 있다.[105] 그러나 부수적 경쟁제한원칙에서 경쟁성강화를 통한 소비자후생의 증대를 소비자주권으로 대체한다면, 이 원칙은 모든 카르텔유형에 적용될 수 있게 된다. 가령 소비자후생을 높이는 카르텔은 소비자주권이라는 목적에 불가피하게 수반되는 부수적 경쟁제한행위가 되는 것이다.[106]

(2) **소비자후생 증감요소의 체계적 위치** 다만 이와 같은 소비자후생의 증대라는 산출(output)은 구성요건요소에 위치시키기 보다는 제재법의 차원(예: 처벌조건, 고발여부, 기소유예, 선고 또는 집행유예)에 위치하는 것이 적절하다.

여기서 제재법이라는 것은 일탈행위에 대한 제재의 여부와 강도 및 그 절차를 포괄하는 개념이다. 즉, 제재의 조건(예: 객관적 처벌조건, 인적 처벌조각사유)이나 제재의 형태(예: 형벌, 과징금, 시정명령 등)의 선택결정 및 선택된 제재를 부과하는 절차(예: 고발, 기소유예, 선고유예 및 집행유예 등)에 관련된 법규범을 말한다.

1) **객관적 처벌조건** 카르텔죄에서 경쟁제한적인 카르텔행위가 (중·장기적으로) 실제로 소비자후생을 감소시키는 사실이 (행위 시점 이후에) 발생하는 것은 처벌의 조건이 된다. 이를 형법학적 용어로 옮기면 '객관적 처벌조건'이 된다. 객관적 처벌조건은 넓게는 불법의 요소이긴 하지만 불법을 직접 구성하는 요소들과 구별하여 구성요건의 부속물(Tatbestandsannex)이 된다고 본다. 예컨대 공무원의 사전수뢰죄(형법 제129조 제2항)에서 공무원이 될 자가 미리 뇌물을 받은 경우에 그가 나중에 실제로 "공무원이 된 사실"이 객관적 처벌조건이 되

어떤 종류의 이익(benefits)을 창출하는 것인지를 물어야 한다는 주장으로 Alan J. Meese, "Farewell to the Quick Look redefining the Scope and Content of the Rule of Reason", *Antitrust Law Journal* (Vol. 68, 2000), 492쪽 아래 참조. 이 견해도 결국 모든 카르텔은 합리원칙의 적용을 받아야 한다는 결론에 이른다.

105) Alan J. Meese, 앞의 논문, 489~492쪽 참조.

106) 이런 생각의 단서를 안과의사들협회가 반구각막절제술의 안정성에 대한 유보 공표가 반독점법 위반이 아님을 부수적 경쟁제한원칙의 적용으로도 설명하는 Clark C. Havighurst, "Applying Antitrust Law to Collaboration in the Production of Information: The Case of Medical Technology Assessment", *Law and Contemporary Problems* (Vol. 51, No. 2, 1988), 341~379쪽, 특히 377쪽 참조.

듯, 경쟁제한적인 카르텔행위를 한 경우에 나중에 실제로 (경쟁제한행위의 궁극적 효과인) 소비자후생이 감소된 사실은 객관적 처벌조건이 되는 것이다. 물론 사전수뢰죄에서는 법문에 객관적 처벌조건이 명시되어 있는 데에 비해 카르텔죄에서는 법문에 기술되어 있지 않다는 차이가 있다.

[소비자후생 고려의 체계적 위치설정의 경제학적 의미] 이처럼 경쟁제한적 행위가 시장의 거래비용을 줄이고 소비자후생을 증대시키는 경우에 그 행위는 기업의 입장에서도 효율성을 증대한 행위로 볼 수 있다. 이는 생산효율성은 오직 회사 내에서만 실현된다고 보았던 — 그래서 자산을 완전히 통합하는 합병은 기술적 효율성 증대가 회사 내에서 이루어지므로 경쟁제한으로 보지 않고, 카르텔과 같은 계약적 통합은 기술적 효율성 증대가 아니라 경쟁의 제한이라고 보는 — 고전경제학의 가격이론에서 벗어난 개념이다. 여기서 소비자후생의 실제감소를 객관적 처벌조건으로라도 불법의 요소로 바라보는 것은 고전경제학의 패러다임에서 벗어난 것이라 할 수 있지만, 협의의 불법구성요건 요소로 보지 않는 점에서는 고전경제학의 패러다임에 부분적으로 머물러 있는 것이라고 볼 수 있다.

2) 공동행위심사기준에 의한 제도화 이와 같은 객관적 처벌조건은 공정거래위원회의 「공동행위심사기준」에 의해 제도화되고 있다. 이 기준의 Ⅳ.는 공동행위의 위법성 심사를 ① 공동행위의 성격분석(제1단계) → ② 경쟁제한 효과분석 → ③ 효율성증대 효과 분석(제3단계) → ④ 경쟁제한 효과와 효율성증대 효과의 비교형량(제4단계)을 하도록 규정한다. 이때 제1, 2단계가 카르텔행위의 경쟁제한성을 판단하는 단계라면, 제3, 4단계는 객관적 처벌조건으로서 소비자후생의 실질감소여부를 판단하는 단계라고 할 수 있다. 여기서 두 가지 점이 주목할만 하다.

㈎ 법분과별 차등적 고려과 객관적 제재조건 첫째, 처벌조건으로서 소비자후생의 증감에 대한 고려는 각 법분과마다 차등화될 수 있다. 예컨대 소비자후생 증대효과가 경쟁제한효과보다 다소 작다고 평가되는 경우에 경쟁법적 불법은 최종적으로 인정하면서도, 형사불법은 탈락시킬 수 있다. 더 나아가 형사불법을 인정할 수 있는 경우에도 또 다른 제재법적 차원에서는 사업자에게 유리하게 고려될 수 있다. 예컨대 경쟁제한효과가 소비자후생증대보다 상당히 큰 경우에 경쟁법적 불법과 형사불법 모두 인정할 수 있으나 '현저히' 크지 않다면 공정거래위원회는 전속고발을 하지 않을 수 있다. 여기서 형법학적 개념인 객

관적 처벌조건은 객관적 '제재'조건으로 확장될 수 있음을 알 수 있다.

(나) **실질적인 시장지배력 등의 고려** 카르텔죄의 구성요건을 구성하는 경쟁제한은 카르텔죄의 불법유형에서 비중이 적다. 경쟁제한의 적성만으로도 카르텔 불법을 인정할 수 있다. 여기서 예컨대 심사기준이 경쟁제한 효과 분석에서 다루도록 규정하고 있는 '수입침투도'(내수시장에서 수입상품의 점유율)나 '관세율' 등을 고려한 '실질적인 시장지배력'의 판단은 협의의 구성요건요소가 아니라 객관적 처벌조건이나 그 밖의 제재법적 고려의 요소가 된다고 볼 수 있다. 이에 비해 최소시장점유율은 구성요건요소인 경쟁제한의 요건을 충족하는 결과반가치의 하나인 경쟁제한적성을 판단할 때에 고려되어야 한다.[107]

> [실질적 시장지배력] 국내 철근공급시장의 100%를 점유하고 있는 주식회사 I제철, D제강, H철강, H제철은 2000.2.1.부터 2.7.까지 사이에 철근 수요처인 건설업체와 유통업체에게 가격인상통보서 또는 견적서를 발송하는 방법으로 철근의 규격별 가격을 동일하게 인상하였다. 철근은 생산공정이 기술적으로 동일하여 품질의 차별화가 쉽지 않고 주로 가격에 의하여 경쟁이 이루어는데, 이 당시 이들 4개회사의 철근생산능력은 연산 12,000,000t에 달하지만 실제 판매량은 8,648,000t에 그치는 등으로 초과공급상태였다. 또한 이 회사들은 회사정리절차나 화의절차가 진행중이어서 일부 채무를 매년 상환하여야만 했고, IMF 경제위기의 여파로 인한 건설경기의 악화로 건설업계의 철근수요가 급감하여 공급과잉의 시장상황에 직면하였다. 동조적인 가격인상은 누적적으로 증가하는 적자폭을 일부라도 보전하기 위한 방편의 측면도 있었다. 판례[108]는 ① 카르텔의 실행개시일은 '가격을 결정·유지 또는 변경하는 행위'와 '경쟁을 실질적으로 제한하는 행위'라는 두 가지 간접사실이 모두 갖추어졌을 때를 의미한다고 봄이 상당하고, ② 경쟁을 실질적으로 제한하는 행위에 해당하는지 여부는 그 전제가 되는 사업자의 시장점유율, 당해 사업자가 생산·판매하는 시장의 특성과 현황 등을 종합적으로 고려하여 판단하여야 한다. ③ 이런 판례의 입장에 따르면 4개 회사의 시장점유율이 100%이지만 당시 공급초과의 시장상황과 회사정리절차나 회의절차 등의 사정들을 종합고려하면 실질적인 시장지배력은 인정하기 어렵다.

(3) **위법성의 독자적 판단** 경쟁제한행위가 효율성증대를 가져옴으로써 장기적으로 소비자후생의 실제적 감소로 이어지는지 않는지 여부는 객관적 처벌조건(객관적 제재조건)의 문제이며, 넓은 의미에서 구성요건 충족여부의 문제이다.

---

107) 이에 관해 자세히는 아래 Ⅲ.4.(2) 참조.
108) 대판 2003.5.27, 2002두4648.

따라서 소비자후생의 실제감소여부는 위법성의 판단과 구별되어야 한다.

1) 공정거래법상 위법성조각사유로서 정당행위 위법성이란 위법성조각사유의 부존재를 말하며, 공정거래법에서 위법성조각사유는 법 제58조(법령에 따른 정당한 행위) 뿐이다.

㈎ 법령에 의한 행위 제58조는 "이 법의 규정은 사업자 또는 사업자단체가 다른 법률 또는 그 법률에 의한 명령에 따라 행하는 정당한 행위에 대하여는 이를 적용하지 아니한다."고 규정한다. 이때 법령에 의한 행위는 그 근거가 되는 명문규정이 있어야 한다.[109] 또한 정당한 행위는 법령의 범위를 현저히 일탈하거나 남용하지 않는 필요최소한도의 행위일 것이 요구된다.

[합법적 행정지도에 의한 카르텔의 위법성여부] 정보통신부 장관의 합법적인 행정지도에 따라 통신회사 K와 H는 2003.6.말의 시내전화 번호이동성시행을 앞두고 K와 H 사이의 요금격차를 축소할 목적으로, 2003.6.23. K통신은 기존 요금을 유지하는 대신 H텔레콤이 요금을 인상조정해 주면 K통신이 H텔레콤에게 매년 시내전화 시장점유율(가입자 순증 기준)을 1.2%씩 2007년까지 이관해 주기로 합의하였다. ① K와 H의 가격담합은 카르텔의 불법을 충족시킨다. 경쟁제한적 행위일 뿐만 아니라 장기적으로도 소비자후생을 감소시킨다는 점에서 객관적 처벌(제재)조건도 충족된다. 그러나 위법성의 인정여부는 다투어질 수 있다. ② 행정지도는 행정처분도 아니고 법령에 근거한 명령에 따른 행위도 아니라서 위법성도 인정된다고 보는 견해[110]도 있다. ③ 그러나 두 회사는 합법적인 행정지도는 사실상 구속력이 있다는 점에서 위법성을 인정하기 어렵다. 다만 위법성의 부정은 "부당성"이 인정되지 않아서가 아니라 위법성조각사유가 존재하기 때문이다. 이때 위법성조각의 근거를 공정거래법 제1조(목적)에서 찾는 견해[111]도 있으나 제58조라고 봄이 더 타당하다. 왜냐하면 행정지도는 법규명령이나 행정행위는 아니지만 사실상 구속력이 있어 "법률에 근거한 명령"으로 볼 수 있기 때문이다.

---

109) 1999.2.5. 시행된 「독점규제 및 공정거래에 관한 법률의 적용이 제외되는 부당한 공동행위 등의 정비에 관한 법률」(일명: 카르텔일괄정리법)은 그 전까지 카르텔이지만 공정거래법의 적용을 배제시킨 55개 제도 가운데 "18개 법률에 근거를 둔 20개 카르텔을 폐지 또는 개선하는 내용을 담"았다. 이런 역사에 관해 자세히는 이황, "카르텔 일괄정리법의 입법취지와 향후 정책방향 (보험산업을 중심으로)", *손해보험* (367호, 1999), 50~59쪽 참조.

110) 대표적인 판례로 서울고법 1992.1. 29. 선고 91구2030 판결에 의하면 사업자단체가 주무관청인 상공부의 행정지도에 따라 시정명령의 대상이 되는 행위를 하게 된 것이라 하더라도 그것만으로 위법성이 조각된다거나 또는 그 시정을 명함이 금반언의 원칙에 반한다고 할 수는 없다고 본다. 비슷한 관점으로 김두진, "행정지도와 부당한 공동행위의 성부 -공정위 심결사례(2개 이동통신사업자의 부당한 공동행위 사건)을 중심으로", *경쟁저널* (통권 133호, 2007), 89~100쪽 참조.

111) 이문지, "행정지도와 공정거래법의 적용제외 및 부당한 공동행위의 성립요건", *경영법률* (제16집 1호, 2005), 668쪽 아래 참조.

또한 법 제59조는 "이 법의 규정은 「저작권법」, 「특허법」, 「실용신안법」, 「디자인보호법」 또는 「상표법」에 의한 권리의 정당한 행사라고 인정되는 행위에 대하여는 적용하지 아니한다."고 규정한다. 법률상 권리의 정당한 행사도 법률에 따른 행위로 볼 수 있기 때문에 제59조는 제58조의 예시라고 할 수 있다.

> [수출입카르텔의 적용예외] 대외무역법 제50조는 수출입카르텔과 관련하여 제46조에 의거하여 지식경제부장관이 내리는 조정명령의 이행에 대해서는 「독점규제 및 공정거래에 관한 법률」을 적용하지 아니한다고 규정한다(제1항). 이때 그 조정명령이 국내시장에서의 경쟁을 제한하는 것이면 공정거래위원회와 미리 협의하여야 한다(제2항). 이는 수출입카르텔도 국내시장의 경쟁을 제한하는 한 공정거래법에 위반되는 것이지만 예외적으로 그 위법성을 조각시키는 "수출입카르텔에 대한 적용예외를 창설하는"[112] 규정이다.

㈏ **체계적 위치** 여기서 이 법을 적용하지 않는다는 것은 카르텔죄의 구성요건해당성은 인정하되 그 위법성을 조각한다는 의미이다. 즉, 제58조는 경쟁제한적 카르텔행위가 소비자후생을 실제로도 감소시키는 경우에 비로소 적용되기 시작하는 것이다. 이에 비해 경쟁제한적 카르텔행위가 효율성증대를 통하여 장기적으로 소비자후생을 실제로 감소시키지 않는다면, 제58조에 의해 그 위법성이 비로소 조각되는 것이 아니라, (객관적 제재조건을 충족하지 않는다는 점에서) 제66조 제1항 9호의 구성요건해당성이 이미 탈락한다는 것이다.

2) 공정거래법상 정당행위와 형법상 정당행위의 관계 공정거래법상 정당행위(법 제58조)는 형법상 정당행위(제20조)의 특칙이다. 여기서 특칙이라 함은 두 가지 실천적 의미를 갖는다.

㈎ **사회상규에 의한 형법적 위법성의 조각** 첫째, 형법 제20조에 의하면 카르텔행위가 "사회상규에 위배되지 아니하는 행위"일 경우에는 법 제58조에도 불구하고 그 행위의 '형법적 위법성'이 조각될 수 있다. 즉, 공정거래위원회는 형사고발을 해서는 안된다. 이를테면 사회상규에는 소비자후생의 증대가 속하는지가 불분명하다. 그러나 적어도 경쟁제한과 가치형량하여 더 높거나 동등한 법익들, 예컨대 환경보호를 위한 카르텔은 사회상규에 위배되지 않는다는 점에서 카르텔죄의 위법성을 탈락시킨다.[113]

---

112) 이런 견해로 이문지, "수출입 카르텔과 독점금지법 — 대외무역법상의 수출입 질서유지를 위한 협정과 관련하여 —", *경영법률연구* (2집, 1988), 198~199쪽.

113) 독일의 경쟁제한방지법(GWB)의 해석론이긴 하지만 이런 류의 이익형량은 위법성의 영역이

㈏ **공정거래법에 의한 형법적 위법성과 형법외적 위법성의 구분** 둘째, 법 제58조는 소비자후생을 감소시키는 경쟁제한적 카르텔행위가 사회상규에 의해 그 위법성이 조각되더라도, 그 카르텔행위의 민사법적 또는 경쟁(행정)법적 위법성은 여전히 존속시킨다. 물론 이는 법 제58조의 반대해석에 따른 결론이다.

> 예컨대 외국정부의 사업인허가를 조건으로 부득이하게 국내기업이 국내에서 소비자후생을 실제로도 감소시키는 경쟁제한적 카르텔행위를 하는 경우에 그 카르텔은 형법적으로 위법하지는 않지만, 경쟁법적으로는 위법한 것이 된다. 따라서 공정거래위원회는 형사고발을 할 수는 없지만, 시정명령이나 과징금부과는 할 수 있다.

이로써 법 제58조와 형법 제20조는 서로 보충하면서 서로 제약하는 특수한 관계에 놓이게 된다.

2. 카르텔 불법의 강도와 제재의 비례성

카르텔의 불법구조에 대한 지금까지의 분석은 어떤 공동행위가 어떤 제재를 받는 것이 적정한 것인지, 바꿔 말해 비례적인 것인지를 조망할 수 있게 한다. 이런 조망은 구조사고(Strukturdenken)의 힘입어 더욱 분명해진다. 분석의 편의를 위하여 그리고 법실무에서 중요하게 다루어진다는 점에서, 두 요소인 합의와 경쟁제한성만을 놓고 어떤 공동행위가 갖는 불법의 정도를 구조화 해보기로 한다.

(1) **불법지수의 구조화** 먼저 공동부당행위의 요건은 동일하게 충족된 것으로 가정한다. 첫째, 도표 22에서 가로변은 합의라는 요건에서 — 설령 법률상 합의가 추정된다하더라도 — 행위자들이 실제로 가졌던 의사내용의 등급에 따라 부여되는 행위반가치의 계측점수(X)를 나타낸다. 둘째, 세로변은 경쟁제한이라는 요건에서 — 설령 사실상 경쟁제한이 추정된다 하더라도 — 공동행위가 유발한 경쟁제한성의 등급에 따라 부여되는 결과반가치의 계측점수(Y)를 나타낸다. 셋째, 각 변의 계측점수는 공정거래위원회가 제재형태를 결정하는 점수등급(형벌은 3점, 과징금은 2.5점, 시정명령은 2점, 시정권고, 경고는 1점)을 사용한다. 그러면 어떤 공동부당행위의 불법지수(Z)는 이 두 점수(x, y)를 합한 점

아니라 구성요건의 단계에서 이루어져야 한다고 보는 유진희, "독점규제법상의 카르텔금지 — 독일 경쟁제한방지법을 중심으로", *경영법률총서* (4권, 2004), 27쪽. 그러나 범죄로서 카르텔의 경우에는 형법 제20조(정당행위)에 의해 위법성이 조각된다고 보아야 한다.

수로 표현된다. 아래 도표에서 보듯 [2≦Z≦6]의 범위에서 불법지수는 차등화된다.

▌도표 22▌ 카르텔의 불법점수의 구조화

	행위반가치 계측점수 x	3	2.5	2	1
결과반가치 계측점수 y	공동행위의 불법지수 Z=x+y	공모	협조의사	정보교환의 사소통	정보화
3	경쟁제한 효과신호	z.6	z.5.5	z.5	z.4
2.5	경쟁제한 적성	z.5.5	z.5	z.4.5	z.3.5
2	경쟁제한 추정허용	z.5	z.4.5	z.4	z.3
1	경쟁제한 추정불허	z.4	z.3.5	z.3	z.2

색상의 의미
형 벌 z.6
과징금 ≧ z.5
시정 명령 ≧ z.4
시정권고 경고 ≦ z.3

(2) **제재의 비례성과 법정책** 도표 22에서 불법지수의 등급을 단계화하여, 각각의 단계마다 적정제재의 형태를 결정할 수 있다.

1) **법정책적 지평** 표의 우측편 면색이 표시하듯 카르텔범죄는 형벌은 최고점수인 Z=6점, 과징금은 Z=5점 이상, 시정명령은 Z=4점 이상, 그리고 시정권고는 Z=3.5 점 이상 그리고 Z=3점 이하는 경고의 제재를 할당할 수 있다.

㈎ **독일의 카르텔형법정책** 여기서 주의할 점은 각 제재에 적정한 불법지수가 몇 점 이상인지는 절대적인 것이 아니라, 법정책적으로 결정할 사항이라는 것이다. 예컨대 과징금뿐만 아니라 형벌도 과징금의 기준점수인 Z=5점 이상이면 부과할 수 있다고 볼 수도 있다. 그러면 위 도표에서 6개의 유형이 카르텔범죄가 될 수 있다. 독일 형법상 카르텔범죄인 입찰담합죄(StGB §298)의 해석에서 이를테면 법적 구속의사 없이 이루어지는 동조적 행위, 즉 위 도표상의 정보교환적 의사소통에 의해 입찰담합을 한 행위에 대해 입찰담합죄를 적용하

는 것을 두고 유추금지위반으로 보는 견해[114]보다도 이를 허용하는 견해[115]가 더 많다는 점은 이러한 법정책의 경향을 보여준다. 물론 법정책적으로는 카르텔의 형사불법을 엄정하게 인정하는 것이 바람직하다. 어쨌든 여기서 중요한 점은 이와 같이 규제의 강도에 완급을 조절하는 것은 카르텔형법정책의 지평에 속하는 사항이라는 것이다.

㈏ **우리나라의 카르텔형법정책** 또한 여기서 주의할 점은 정보교환적 의사소통에 근거하여 범죄성립요건으로서의 합의를 추정하는 것이 무죄추정원칙에 반한다(판례의 입장)거나 책임원칙에 반한다고 보는 입장이 카르텔범죄의 합의 개념을 정보교환적 의사소통으로 해석하는 것과 법논리적으로 모순되지는 않는다는 점이다. 그러므로 우리나라에서도 카르텔의 형사불법이 위 도표에서 Z=5 이상인 유형에서 성립한다는 법정책적 결정도 가능하다. 물론 이런 법정책적 결정은 제19조 제1항의 "합의"의 개념을 확장하는 것이고, 이 확장은 합의의 내포에서 '계약적 상호구속력'이라는 의미소를 제거함으로써만 가능해진다.

물론 이런 합의 개념의 유연화는 유추금지위반의 문제를 남겨둔다. 이로써 형법정책은 법원칙의 지평으로 들어가게 된다. 유추금지원칙은 이 문제에서 결의론적인 대답을 주지는 않는다. 합의 개념을 그와 같이 유연화하는 해석이 그에 반대하는 해석보다 '더 타당한 논거'(ein besseres Argument)에 의해 근거지을 수 있느냐에 달려있다. 유연화하는 해석은 그런 해석이 경쟁질서의 유지라는 목적 달성에 필요하다는 점, 즉 목적론적 해석에 근거한다면, 이에 반대하는 해석은 합의라는 법문언의 한계를 넘어섰다는 논거, 즉 문법적 해석에 입각하고 있다.

> [합의 개념의 언어이론적 분석] 하지만 일방적 의식적 동조행위나 인식있는 병행행위(bewußtes Parallelverhalten)와 같은 현상에 대해 합의개념을 적용할 수 없음은 분명하고, 카르텔을 맺는 계약(Absprache, contract)에 합의 개념을 적용할 수 있음도 분명하다. 바꿔 말해 인식있는 병행행위는 합의 개념의 '소극적 후

---

114) Martin Klusmann, "Ordnungswirdrigkeiten und Strafrechts", in: Gerhard Wiedemann, *Handbuch des Kartellrechts* (C.H.Beck, 1999), §56-16 참조.

115) Hans Achenbach, "Pönalisierung von Ausschreibungsabsprachen und Verselbständigung der Unterßnehmensgeldbuße durch das Korruptionsbekämpfungsgesetz", *Wirtschaft und Wettbewerb* (1997), 958~964쪽, 특히 959쪽; Gerhard Dannecker, *Strafgesetzbuch Band 2, 2. Auflage* (NomosKommertar, 2005), §298-45; 이 밖에도 유명한 형법학자들인 Wessels, Hilenkampf, Tiedemann 등의 교과서나 주석서에서도 찬성 견해를 발견할 수 있다.

보자'라면, 계약은 '적극적 후보자'임이 명확하다. 그러나 정보교환적 소통을 통한 상호적 동조행위는 합의 개념을 적용할 수도, 적용하지 않을 수도 있는 '중립적 후보자'이다. 그런 점에서 법문언의 한계를 넘어섰다는 판단은 언어이론적인 결함을 갖고 있다.[116]

이런 해석방법들 사이에 우열관계는 정립되지 않는다. 또한 카르텔형법정책에서 각 해석간의 타당성 경쟁은 아직 진행되고 있다. 이처럼 경쟁의 승패가 아직 뚜렷하지 않은 상황에서는 여전히 법정책적 결단이 작동하게 될 것이다.

2) 법원칙의 지평 유추금지원칙의 지평보다 더 중요한 법원칙의 지평은 비례성원칙이다. 이 원칙에 의하면 각 제재는 [경고 → 시정권고 → 시정명령 → 과징금 → 형벌]의 순서로 불법지수가 더 높은 등급의 점수를 갖춘 공동행위에 대해서 부과되어야 한다.

[제재유형의 차등성근거] 여기서 형벌이 가장 강한 제재임은 자명하다. 물론 기업에 대한 제재로는 매출액의 최대 10%(법 제22조)까지나 부과될 수 있는 과징금이 — 벌금인 형벌보다 더 큰 액수로 부과될 수 있는 법제 아래서는 — 재정적으로 더 부담스런 제재가 될 수 있다. 그러나 그런 법제에서는 형벌과 과징금은 병과될 수 있고, 형벌은 인격적 교정, 법규범에 대한 태도의 전환을 요구하는 제재이므로 과징금보다 더 중한 제재이다. 과징금은 형벌보다는 약하지만, 일정한 사회윤리적 비난의 기능을 수행하고, 과거의 불법을 상쇄시키는 진압적 제재로서, 장래를 향해서 불법상태를 교정하는 시정조치[117]보다 중한 제재이다. 과징금의 불법은 중간법(middle law)에 속한다. 행정법적인 제재인 시정조치로는 강제적인 시정명령이 임의적인 시정권고보다 중한 제재이다. 경고는 시정을 요구하는 것이 아니라 법준수의 의지를 환기시킬 뿐이라는 점에서 가장 약한 제재이다.

등급과 제재의 강도 사이의 비례성은 정책적 사항이 아니라 규제기관이나 법원이 지켜야 할 의무의 내용이 된다. 이런 비례적 구조는 카르텔에 대한 규제정책의 불합리성을 드러내 줄 수 있다. 이런 구조에 대한 이해는 우리나라 이를테면 정보교환적 의사소통들을 근거로 합의를 추정하고, 경성카르텔이라는 이유로 그 합의로부터 실질적 경쟁제한을 추정하는 우리나라 카르텔법의 현실에서는 의미가 매우 크다. 특히 그와 같은 도식적인 불법판단을 전제로 하여

116) 이와 같은 언어이론적 논의에 관해서는 이상돈, *기초법학*, 2판 (법문사, 2010), 423쪽 아래 참조.

117) 「공정거래위원회의 시정조치 운영지침」(2009. 8. 12) Ⅳ는 시정조치의 목적을 "현재의 법 위반 행위를 중단시키고, 향후 유사행위의 재발을 방지·억지하며, 왜곡된 경쟁질서를 회복시키고, 공정하고 자유로운 경쟁을 촉진시키는 것"으로 규정한다.

공정거래위원회나 법원이 임의적으로 또는 정책적으로 제재의 형태를 그때그때 결정하는 법현실이 반성될 수 있다.

3. 리니언시제도와 인적 처벌조각사유

법 제22조의2는 카르텔을 자진신고한 자나 조사에 협조한 자에게 시정조치(제21조) 또는 과징금(제22조)을 감경 또는 면제할 수 있게 한다. 이를 리니언시(Leniency)라고 부른다.

(1) **리니언시의 법현실** 법시행령에 의하면 공정거래위원회가 조사를 시작하기 전에 자진신고한 자 또는 조사를 시작한 후에 조사에 협조한 자가 ① 그 공동행위를 중단하고 ② 공정거래위원회가 그 공동행위에 대한 정보를 입수하지 못하였거나 입증에 필요한 증거를 충분히 확보하지 못한 상황에서 ③ 필요한 증거를 단독 제공하고, ⑤ 조사가 끝날 때까지 성실하게 협조하고 ⑥ 다른 사업자에게 그 의사에 반하여 공동행위에 참여하도록 강요하거나 중단하지 못하도록 강요한 사실이 없는 경우에는 옆의 표와 같은 내용으로 시정조치 또는 과징금을 감경 또는 면제한다(법시행령 제35조). 또한 담합으로 시정조치 또는 과징금의 대상이 된 자가 다른 담합에 대하여 자진신고하면 기존의 담합에도 감면의 혜택을 주는 Amnesty Plus 제도(법시행령 제35조 제1항 제4호), 자진신고 또는 협조가 제2순위 안에 들지 못해도 조사에 협조하면, 과징금을 20%까지 재량감경하며(「부당한 공동행위 자진신고자 등에 대한 시정조치 등 감면제도 운영고시」 제21조 제2항), 심사관이 조사에 필요한 것으로 인정하면 공동행위를 계속할 수 있다.

도표 23 리니언시에 의한 감면혜택

구 분	시정조치	과징금
1순위 자진신고자	면제	면제
1순위 조사협조자	감경 또는 면제	면제
2순위 자진신고자	감경가능	50% 감경
2순위 조사협조자	감경가능	50% 감경

(2) **리니언시의 법이론적 이해** 리니언시는 흔히 카르텔이라는 악을 악의 수단으로 대처하는 것이라는 비판을 받기도 하지만, 비신사적 시장활동에 비신사적인 수단으로 대처하는 것이라고 봄이 적절하다.

1) **리니언시의 양면적 기능** 리니언시는 이 비신사성의 영역에서 기업으로 하여금 적발 당했을 때의 과징금과 담합의 이익을 비교형량하게 만든다.

(가) **카르텔 억제기능** 리니언시는 그와 같은 이익형량에 의한 타산이 작동하

는 범위안에서만 제한적으로 작동한다. 이를 통해 리니언시는 카르텔 적발기능 및 카르텔 예방기능을 '얼마간' 확보할 수 있게 된다. 따라서 자진신고는 카르텔불법의 결과반가치를 (소멸시키는 것이 아니라) 감소시키는 행위로 이해할 수 있다.

(나) **카르텔의 수익률 조정기능** 그런데 흔히 오해하는 바와는 달리 카르텔을 형성하는 기업들은 서로 먼저 자진신고하지 않을 수 없는 죄수의 딜레마(prisoner's dilemma)[118]에 빠져 있지도 않다. 또한 카르텔을 형성하는 기업이 반도덕의식을 갖는 것이 아니듯, 자진신고하는 기업이 자신의 신고행위에 대해 새삼 도덕의식을 회복하는 것도 아니다.[119] 기업들은 카르텔을 형성할 때에나 자진신고를 할 때에나 — 카르텔로 얻게 될 이익, 합의를 깰 경우에 다른 카르텔행위자들에 의한 처벌의 불이익,[120] 카르텔이 적발되어 제재를 받을 확률이나 제재에 대한 소송에서 질 확률로부터 추산되는 재정적 부담 등을 자진신고시의 추산되는 재정적 이익 등과 비교형량하여 — 어느 정도의 이윤을 거둘 수 있을지만을 고려할 뿐이다. 그렇기 때문에 리니언시는 기업의 입장에서는 카르텔을 기능적으로 구성하는 요소, 즉 카르텔에 의한 종국적인 수익율을 설정하는 요소가 되는 것이며, 도덕적 행위에 대한 보상의 제도가 아니다.

(다) **강한 제재와 리니언시의 무관련성** 바로 이런 점에서 리니언시에 의한 카

118) 죄수의 딜레마란, 두 주체의 상호반응을 설명하기 위해 발전된 "게임이론"의 대표적인 예이다. 甲과 乙이 절도죄를 짓고 체포되어 서로 격리되었다. 이들의 절도죄에 대해서는 자백 이외에는 유죄 입증자료가 없고, 대신 음주운전이라는 경미한 죄를 입증할 증거만 존재한다고 할 때 이들이 할 수 있는 선택은 다음과 같다. ① 甲, 乙이 모두 배신하고 자백을 할 경우, 각각 5년을 복역하게 된다. ② 둘 중 한 명만 자백할 경우, 자백한 이는 형을 면제받고, 다른 이는 10년형을 언도받게 된다. ③ 둘 다 자백을 하지 않을 경우에는 경미한 죄의 형인 2년을 복역하게 된다. 이 때 甲과 乙이 협력하여 침묵하는 것이 둘에게는 가장 좋은 성과(2년형)를 가져다준다. 하지만 甲과 乙은 서로 상대방의 배신행위로 인해 손해를 입을 것을 염려하게 된다. 이러한 모순적 상황을 죄수의 딜레마라고 한다. 이에 대해서는 Roger Leroy Miller, *Economics today*(9th), Harper & Row, 569쪽.

119) 예를 들어 자진신고를 한 사건(예: 플래쉬메모리 담합사건)도 무혐의결정이 나기도 하는데, 이는 기업들이 만일의 경우에 대비하여 순위를 확보하여 리니언시의 혜택을 받으려는 '전략적 행동'을 하고 있음을 보여준다.

120) 카르텔은 예컨대 생산량증가나 상품차별화로 위반회사의 이익을 제로에 가깝게 만드는 다른 사업자들의 출고확대나 위반사업자의 비용을 높이게 하거나 합작투자형태로 카르텔을 구성하여 합의위반시 합작투자의 경영실패에 따른 부담을 짊어지게 하는 등과 같이 스스로를 관철시키는 구조를 띠기도 한다. 그러므로 카르텔은 카르텔의 자기집행적(self—enforcing) 구조를 해체함으로써 억제될 수 있다. 이런 주장으로 Ian Ayres, "How Cartels Punish: A structural theory of self-enforcing collusion", *Columbia Law Review* (Vol. 87, 1987), 295~323쪽 참조. 리니언시는 그런 카르텔의 자기집행적 구조를 해체하는 방편이긴 하지만, 해체보다는 일정한 한도로 줄이는 기능을 수행할 뿐이다.

르텔의 감소는 '제한적'일 뿐이다. 즉, 리니언시로 카르텔이 적발되고 억제되는 효과가 있지만, 리니언시를 고려하여 카르텔을 감행하는 작용, 다시 말해 카르텔의 교두보 기능이 있다. 물론 억제효과가 교두보 기능보다는 크다. 이처럼 리니언시가 카르텔 감행의 교두보 기능을 하는 점을 완전히 제거하기 위해, 더욱 강한 제재, 이를테면 천문학적 숫자의 벌금이나 미국과 같은 민사상의 징벌적 손해배상제도 그리고 개인의 징역형이 필요하다고 보는 것[121]은 적절하지 않다. 징벌적 손해배상이나 징역형이라고 해서 예방효과과 벌금이나 과징금보다 더 큰 것은 아니기 때문이다. 특히 징역형은 도덕의식 속에 내면화될 수 있는 행위규범의 위반에 대해서 기능하는 것이지만, 카르텔죄나 자진신고자의 내면에는 그런 도덕의식이 뿌리내려 있지 않다.

2) 결과반가치의 감소로서 자진신고 이렇게 볼 때 자진신고 등은 그 진실에 있어서는 행위반가치를 감소시키는 것이 아니라, 단지 결과반가치만을 감소시키는 것이라 할 수 있다. 이런 불법의 감소는 형법상 자수(형법 제52조)보다는 중지미수(제26조)에 조금 더 가깝다.

(가) 자수와 자진신고의 구조적 차이 먼저 카르텔은 대개 연속범의 형태로 일어난다.[122] 자진신고는 간격은 있으나 연속적인 공동행위에 대한 포괄적 합의를 한 후 그 연속적인 공동행위가 끝나기 전에 이루어지기 쉽다. 그러나 카르텔이 종료된 이후에도 자진신고가 가능하다. 이런 자진신고는 카르텔범죄의 행위시점에 결과반가치가 감소하는 것이 아니고, 마치 자수(형법 제52조)와 비슷한 행위로 이해되기 쉽다. 그러나 자진신고는 오히려 중지범(형법 제26조)과 유사한 구조로 이해되어야 한다. 왜냐하면 카르텔형성행위가 초래하는 불법적 결과란 '경쟁시장구조'의 왜곡이고, 이는 행위시간대를 넘어 장기간에 걸쳐 발생하기 때문이다.

(나) 중지미수의 자의성과 자진신고의 구조적 차이 하지만 리니언시는 형법상 중지미수의 의무적인 감면제도와도 구조적인 차이가 여전히 존재한다. 중지미

---

121) 바로 이런 점에서 EU의 카르텔규제는 미국에 비해 그 억제력이 약하다고 보고, 강한 제재에 의해 리니언시를 엄호해야 한다고 주장하는 Andreas Stephan, "The Bankruptcy Wildcard in Cartel Cases", *ESRC Centre for Competition Policy & The Norwicj Law school CCP Working Paper 06-5* (March 2006), 4~32쪽 참조.

122) 연속범으로 파악할 경우에 제재에서는 일정기간 이루어진 공동행위들을 묶어 하나의 카르텔로 보고 제재를 가하게 되는 반면, 시효는 분할가능한 개별 공동행위별로 판단할 수 있는 장점이 있다.

수에서 범행중지의 '자의성'이 — 특히 주관설에 의하면 윤리적 반성에 의할 것을 요구하므로 — 행위반가치의 감소에 중점이 놓여 있는 것과 구별된다. 물론 중지미수의 자의성도 '합법성에로의 회귀' 또는 윤리적 동기나 준법의식과 무관한 '자율적 의사결정'의 의미로 이해되는 경우 자진신고와 자의성 사이에 차이가 사라질 수 있다. 그러나 자진신고를 하는 기업인들이 카르텔형성이나 리니언시의 계산적인 활용에 의해 이윤추구를 적정한 수준까지(예컨대 수익률 5~7%의 적정이윤) 추구하는 것은 기업가정신에서 이해되는 '경영윤리에는 합치한다'는 의식[123]을 적극적으로 갖는다는 점이 여전히 범행을 자의로 중지하는 미수범의 통상적인 의식과 구분된다.

(3) **결과반가치의 감소와 제재의 완화** 이렇게 볼 때 자진신고 등으로 제재가 완화되는 것을 공동행위 불법지수를 나타내는 위의 표로써 설명해보자. 각 행위유형들의 불법은 자진신고를 통해 [z.6 → z.5.5 → z.5 → z.4.5 → z.4 → z.3.5 → z.3. → z.2]의 순으로 각기 아래 등급으로 낮아진다. 낮아지는 단계의 등급이 한 단계씩일지 두 단계 이상일지는 구체적인 사안에서 판단할 수 밖에 없다. 그러나 여기서는 한 단계씩 낮아진다고 가정해보자.

1) 형사불법적인 카르텔의 자진신고 먼저 형사불법인 카르텔의 경우에는 자진신고로 불법이 — 그 지수가 z.6에서 z.5.5 또는 두 단계 낮은 z.5로 — 감소된다. 이때 두 가지 효과가 발생한다.

(가) **형사불법의 하한선 아래의 불법과 형면제사유** 첫째, 자진신고를 통해 해당 사업자의 카르텔불법은 형사불법의 하한선 아래로 감소하게 된다. 따라서 법 제22조의2가 리니언시를 과징금과 시정조치에 대한 감면만을 규정하고 있지만 그 감면의 근거인 불법(결과반가치)의 감소는 카르텔죄의 경우에도 발생하기 때문에 명문규정이 없어도 사물논리적으로 형벌을 면제하여야 한다. 따라서 자진신고는 카르텔범죄에 있어 마치 중지미수(형법 제26조)처럼 인적 처벌조각사유(persönliche Strafaufhebungsgrund)로서 형이 면제가 된다.[124] 이런 형면제사유

123) 이렇게 볼 때 카르텔이 적발되어 과징금을 내고 남을 것으로 예상되는 실제수익률(R)을 [= 총수익률 - 과징금의 비율]이라고 하자. 나의 개인적인 생각으로는 ① 10% ≦ R 인 경우의 카르텔형성과 자진신고는 반윤리적, ② 5% ≦ R < 10% 인 경우의 카르텔형성과 자진신고는 비윤리적, ③ 2% ≦ R < 5%인 경우의 카르텔형성과 자진신고는 심지어 '윤리적'이라고까지 말할 수 있다고 본다.

124) 독일의 입찰담합죄(StGB 제298조 제3항)가 자의로(freiwillig) 담합의 수락이나 실행을 방해한 자에게 형면제사유를 인정한다는 점도 이런 해석과 같은 방향임을 보여준다.

가 있으면 비록 유죄이지만 형면제판결(형사소송법 제322조)을 받게 된다.

㈏ **과징금의 제재여부** 둘째, 자진신고에 따른 형사불법의 감소는 중간법적인 불법까지 완전히 제거시키지는 못한다. 예컨대 협정을 맺어 사업자들이 현저하게 가격을 인상하는 공동행위를 하다가 한 사업자가 최초로 자진신고를 하였을 경우에 법시행령 제35조 제1항 1호에 따라 반드시 "과징금 및 시정조치를 면제한다"고 보는 것은 타당하지 않다. 법 제22조의2 제1항은 "감경 또는 면제할 수 있다"고 되어 있으므로 이런 경우에 과징금은 감경하고, 시정조치는 면제하는 법해석을 할 수도 있다. 다만 이때 "할 수 있다"를 임의규정이나 재량규정으로 보아서는 안되고, 자진신고에 대한 법적 보상이 사업자로 하여금 계산적인 합리성의 기초로 작동하는데 필요한 범위에서는 의무규정으로 보아야 한다. 또한 감경의 범위도 제2순위의 자진신고자처럼 50% 감경으로 고정되지 않고 그보다 넓어(예: 51%이상 99%이하)질 수도 있다.

2) 중간법적인 카르텔불법의 자진신고 카르텔이 원래 과징금을 부과해야 마땅한 불법인 경우에는 자진신고로 불법이 감소되면 사안에 따라 — 그 지수가 z.5.5에서 z.5로 또는 z.5에서 z.4.5로 — 과징금이 감경되거나 면제되어야 한다. 이는 최초의 자진신고에 대한 감경의 폭은 제2순위의 자진신고자에 대한 감경의 폭(50%)보다 커야 하겠지만 법시행령 제35조 제1항 1호처럼 반드시 면제되기만 하는 것은 아니다.

3) 행정법적인 카르텔불법의 자진신고 자진신고에 따른 행정법적 카르텔불법의 감소는 그 제재조치인 시정조치를 감경 또는 면제하게 할 수 있다. 그러나 이는 논리적 결론일 뿐이고, 시정조치는 경쟁시장구조의 왜곡을 제거하고 장래를 향해 경쟁상태를 회복하기 위한 조치이므로 원칙적으로 감경되거나 면제될 수 없다. 「공정거래위원회의 시정조치 운영지침」(2009.8.12.)에서 부당한 공동행위자에게 취할 수 있는 시정조치를 보면 합의파기명령, 약정서파기명령, 독자적 가격재결정명령, 담합상품의 가격변동추이의 보고명령 등이 있다. 이 가운데 독자적 가격재결정명령이나 보고명령은 자진신고사업자에게는 면제할 수는 있을 것이다. 그 밖에는 면제가 불가능하고 또한 모든 시정조치는 감경의 대상이 되지 않는다.

4. 카르텔 불법과 경제체계의 통합기제

어떤 카르텔행위가 유형적, 구조적으로 형사불법에 해당하더라도 그 유형과 비형사불법에 해당하는 유형 사이의 경계는 언제나 유동적이다. 구조적 요소만으로 불법유형의 전체를 파악할 수는 없기 때문이다. 구조적 요소로 파악되지 않고 남은 불법요소들은 특히 공정거래위원회와 피심인의 역동적인 상호작용의 전개에 따라 그 내용이 얼마든지 변화한다. 그렇기 때문에 사안의 고유한 특성들을 그때그때 고려하고, 특히 그 사안의 질감(texture)에 대한 정의감정으로서 법감정도 고려하여 형사처벌여부를 정하는 것이 필요하다. 게다가 복잡한 현대사회에서는 경쟁시장질서를 형성하는데 필요한 제재와 형사사법체계에서 제기되는 고유한 정의요청 사이에는 언제나 간극과 충돌이 존재한다. 여기서 카르텔의 형사불법적 특성의 입증에서의 불확실성을 제거하고, 사안에 대한 시민들의 정의감정을 고려하며, 경제체계와 법체계 사이의 간극을 메우는 체계통합(Systemintegration)의 달성을 도모하는 절차적 기제가 필요함을 알 수 있다. 그 대표적인 기제가 전속고발제와 동의명령(consent order)이라고 할 수 있다.

(1) **전속고발제**　카르텔범죄는 공정거래위원회의 고발이 있어야만 검사가 공소를 제기할 수 있다(제71조 제1항). 이를 전속고발제라고 한다.

1) 카르텔범죄의 고발에서 체계통합의 원리　고발은 공정거래위원회의 권리이며, 그 권리의 행사는 형사정의의 실현이 아니라 경쟁시장질서의 실효적인 구축이라는 목적을 좇는다. 따라서 고발의 1차적 원리는 합목적성이며, 합법성(또는 정당성)은 2차적 원리일 뿐이다. 그러나 합법성(정당성)의 원리가 1차적 원리가 되고, 고발이 공정거래위원회의 의무가 되기도 한다. 즉, 법은 "그 위반의 정도가 객관적으로 명백하고 중대하여 경쟁질서를 현저히 저해한다고 인정하는 경우"에 공정거래위원회에게 고발을 의무화하고 있다(동조 제2항).[125] 또한 같은 경우에 검찰총장은 공정거래위원회에 통보하여 고발을 요청할 수 있다(동조 제3항). 카르텔범죄가 명백하지 않거나 중대하지 않은 경우 또는 (명백하고 중대하더라도) 경쟁질서를 현저히 저해하지 않는 경우에는 합목적성의 원리가 지배하고 고발은 재량사항이 되는 반면, 법 위반이 명백하고, 중대하고 그리고 경쟁질서를 현저히 저해하는 경우에는 합법성의 원리가 지배하고 고발은 의무사

125) 이 조항을 입법하게 한 헌법재판소의 결정으로 헌재결 1995.7.21. 94헌마136 <전원재판부> 참조.

항이 된다. 이로써 합목적성과 합법성, 고발권과 고발의무가 서로 조화를 이루게 되고, 궁극적으로는 경제체계와 법체계의 통합이 도모될 수 있게 된다.

2) 고발의무영역 카르텔행위 가운데 고발이 의무인 경우는 우선 카르텔불법이 형사불법의 실질을 갖춘 경우이다. 첫째, 계약이나 협정과 같은 명시적 합의에 의해 부당한 공동행위를 하고, 경쟁제한효과의 신호(예: 가격의 현저한 인상)가 있었던 경우(앞의 도표에서 z.6.)이어야 한다. 이는 법 위반의 명백성과 중대성 가운데 중대성 요건을 충족하는 경우이다. 둘째, 고발의무는 그와 같이 중대한 카르텔행위의 사실이 추정에 의해서가 아니라 충분한 증거에 의해 합리적 의심을 남기지 않을 정도로 입증되는 경우이어야 한다. 따라서 합의가 법률상 추정되었거나 경쟁제한이 사실상 추정된 경우는 이 명백성의 요건을 충족하지 못함은 물론이다.

셋째, 카르텔이 명백하고 중대하여도 언제나 "경쟁질서를 현저히 저해"하는 것은 아니다. 경쟁질서저해의 현저성 판단은 거시적인 경쟁정책의 사항에 속한다. 따라서 가격의 현저한 인상과 같은 중·단기적인 경쟁제한효과(의 신호)만이 아니라 그에 따른 효율성증대 효과, 이를테면 "규모의 경제, 범위의 경제, 위험 배분, 지식·경험의 공동활용에 의한 혁신 속도 증가, 중복 비용의 감소 등"[126]도 고려하여 양자를 비교형량하여 규제와 통제의 강약을 조절하는 것이다. 이 비교형량은 카르텔의 구성요건이 아니라 제재법의 차원에서 위치한다.

이때 효율성증대 효과는 글로벌 시장에서 국내사업자의 경쟁성 유지를 통해, 외국사업자의 시장지배에 따른 국내소비자의 후생감소를 막는 것도 포함된다. 따라서 수입침투도(내수에서 수입품의 비중)나 관세율의 수준 및 인하가능성 등도 고려하여 판단하여야 한다.

3) 자진신고와 고발 형사불법의 실질을 가지는 카르텔을 한 사업자가 자진신고하여 리니언시의 혜택을 받게 되는 경우에는 그 행위가 "명백하고 중대"하여도 경쟁정책적으로 볼 때 "경쟁질서를 현저히 저해한다고 인정하는 경우"에서 제외시킬 수 있다. 이 제외결정에 대해 검찰은 '형사사법적 판단'으로 해당 사업자까지 공소제기할 수 있다. 또한 형사소송법의 고소불가분원칙도 작동할 수 있다. 하지만 자진신고는 일종의 형면제사유에 해당한다고 보아 법원은 (형법 제26조[중지범]를 유추적용하여) 형면제판결을 내릴 수 있다.

---

126) 「공동행위심사기준」 Ⅳ.3.가. 참조.

[리니언시의 형사법적 효과]　A사·B사·C사는 설탕 가격에 대해 담합을 하였지만, 아직 공정거래위원회에 의해 적발되지 않고 있었다. 그러던 중 A사는 「독점규제 및 공정거래에 관한 법률」에 의해 담합한 당사자가 자진신고를 하는 경우 시정조치 및 과징금을 감면받을 수 있다는 사실을 알고, B사 및 C사와의 담합사실을 공정거래위원회에 자진신고 하였다. 이에 공정거래위원회는 B사와 C사에 대해서는 각각 1억원의 과징금을 부과하고 검찰에 고발하였으나, 자진신고자인 A사에 대해서는 과징금을 면제해 주었을 뿐 아니라 검찰고발도 하지 않았다. 그러나 검찰은 형사소송법 제233조의 "고소의 불가분원칙"을 이유로 A사에 대해서도 공범자로 기소하였다. ① 이에 대해 서울지방법원은 독점규제 및 공정거래에 관한 법률상 고발은 형사소송법상 고소와 소송조건이라는 점만 일치할 뿐 입법취지, 주체 등 여러 가지 점에서 다르다고 보았다. 또한 독점규제 및 공정거래에 관한 법률상 고발의무가 생기는 기준인 법위반의 중대, 명백성 및 경쟁질서 저해정도는 같은 범죄사실에 참여한 각 사업자라도 시장지배율, 참여정도 등에 따라 달라질 수 있으므로, 같은 부당한 공동행위에 참가한 여러 사업자별로 고발의무 여부가 달라질 수 있고, 위와 같은 법규정의 취지에 비추어 보면 공정거래위원회가 고발을 하지 않을 권한에는 공범 중 일부에 대하여만 고발을 면제하는 권한도 포함된다고 보이므로, '고소불가분'규정의 유추적용이 독점규제 및 공정거래에 관한 법률의 해석과 모순되는 점도 있다는 것이다. 따라서 독점규제 및 공정거래에 관한 법률상 고발에 형사소송법상 '고소불가분'에 관한 규정을 유추적용할 수 없다고 보았다.[127] ② 물론 고소를 하지 않는 것은 공정거래위원회의 경쟁정책적 결정에 속하는 것이지만, 검찰은 사법적 판단으로 그 담합의 명백·중대성을 고려하여 형사소송법상 고소불가분원칙(제233조)에 따라 소추조건도 충족되어 공소를 제기할 수 있다고 본다. 경쟁정책적 결정과 사법적 판단의 차이, 경제체계와 법체계의 간극을 조정하는 기제는 법원이 형면제판결을 내리는 것이다.

(2) 동의명령제　동의명령제란 공정거래법 위반사건의 피심인이 혐의 사실을 인정하고 시정방안을 제안할 경우 공정거래위원회가 그 타당성 여부를 검토한 후 피심인과의 합의를 통해 조치방안을 결정하는 제도이다.[128] 마이크로소프트 사건을 계기로[129] 한미 FTA에서 합의된[130] 동의명령제를 입법한 공

127) 서울중앙지방법원 2008.6.13. 선고, 2008노842 판결 참조.

128) 미국의 연방거래위원회(FTC)가 관할하는 동의명령(consent order)에 관해서는 E. Thomas Sullivan/Herbert Hovenkamp, *ANTITRUST LAW, POLICY AND PROCEDURE: CASES, MATERIALS, PROBLEMS* (LexisNexis, 2003), 147~152쪽.

129) 윤세리, "세계화시대의 공정거래법의 전개방향", *저스티스* (통권 제98호, 2007), 8쪽.

130) 2007년 4월에 타결된 한미 FTA협정은 "각국은 경쟁법 집행당국에 행정적 또는 민사적 집행조치를 상호 합의하에 의해 해결할 수 있는 권한을 부여하여야 한다. 국가는 그러한 합의가 사법적 승인을 거쳐야 함을 규정할 수 있다"는 조항을 담고 있다.

정거래법개정안은 카르텔을 적용대상에서 제외하고 있다(법 제51조의2). 그러나 이런 제외는 타당하지 않다. 카르텔이 시장지배지위남용보다 경쟁시장을 더 왜곡하는 것도, 또한 개별 불공정거래행위보다 더 '직접적으로' 소비자의 편익을 해하는 것도 아니기 때문이다. 또한 소송으로까지 갈 경우 승패가 불확실한 영역에서만 당사자들은 동의명령제를 이용하려 할 것이다. 카르텔의 심사에서는 특히 합의여부가 명확하지 않고, 거시적 경쟁제한에 대한 판단이 불확실하기 때문에 동의명령에 의한 경쟁질서의 확립과 신속한 소비자보호조치가 더 바람직할 수도 있다. 물론 카르텔이 명백하고 중대하고, 경쟁질서가 현저히 저해되는 경우에는 동의명령제를 적용하지 않아야 한다. 이러한 적용배제는 명백성·중대성·현저성의 요건충족여부를 판단하는 데 드는 공정거래위원회의 조사비용이 매우 적게 드는 예외적인 사안에서만 인정되어야 한다.

출처와 생성

[4] 단락은 최근 영남법학(제31호, 2010, 27~67쪽)에 게재한 "시장지배지위남용의 형법적 적정규제"를 — 양적으로 1.5배 가량 — 2008년 제자들(지유미/박혜림)과 함께 펴낸 *기업윤리와 법*(법문사, 2008)에서 다뤄진 담합이나 리니언시에 관한 내용을 참고하여 보완한 글로서 *공정거래형법*(법문사, 2010)에 수록된 바 있다.

04 시장지배적 지위남용과 형법

Ⅰ. 시장지배지위남용죄의 현황

1. 시장지배지위남용죄의 구성요건

「독점규제 및 공정거래에 관한 법률」(이하 '법')은 시장지배자가 그 지위를 남용하는 행위(Abuse of market dominance)를 금지한다(제3조의2).

(1) **구성요건의 형성** 이 지배남용행위의 대표적인 유형으로는 가격남용(제3조의2 제1항 제1호), 부당한 출고조절(제2호), 부당한 사업활동방해(제3호), 신규진입방해(제4호), 기타 소비자이익의 현저한 저해(제5호) 등이 있다. 동법시행령 제5조는 법 제3조의2 제2항의 위임에 의해 남용행위의 유형과 기준을 정하고 있다. 또한 법시행령 제5조 제6항의 위임에 의해 공정거래위원회가 고시한 각종 심사기준(예: 「시장지배적지위 남용행위 심사기준」)은 남용행위의 유형과 기준을 더 구체적으로 정하고 있다.

[시장지배지위남용죄의 구성요건형성 예시] 가령 법률 제3조의2 제1항 제3호는 "다른 사업자의 사업활동을 부당하게 방해하는 행위"를 금지하고, 시행령 제5조 제3항은 이 행위의 4가지 유형을 규정하는데 예컨대 제3호는 "정당한 이유없이 다른 사업자의 상품 또는 용역의 생산·공급·판매에 필수적인 요소의 사용 또는 접근을 거절·중단하거나 제한하는 행위"를 규정한다. 또한 공정거래위원회가 고시한 시장지배적지위남용행위 심사기준 Ⅳ.3. 다.(1)는 시행령 제5조 제3항 제3호의 한 경우로 '부당하게 특정 사업자에 대하여 거래를 거절하는 경우'를 규정한다. 이로써 법률 제3조의2 제1항 제3호의 부당한 사업활동방해행위는 '시장지배적사업자가 부당하게 특정 사업자에 대한 거래를 거절함으로써 그 사업자의 사업활동을 어렵게 하는 행위'로 구체화된다. 이런 행위를 한 자는 법률 제66조 제1항 제1호에 의하여 3년 이하의 징역 또는 2억원 이하의 벌금에 처한다. 도표 24는 이를 나타내준다.

도표 24 시장지배지위남용죄 구성요건의 형성예시

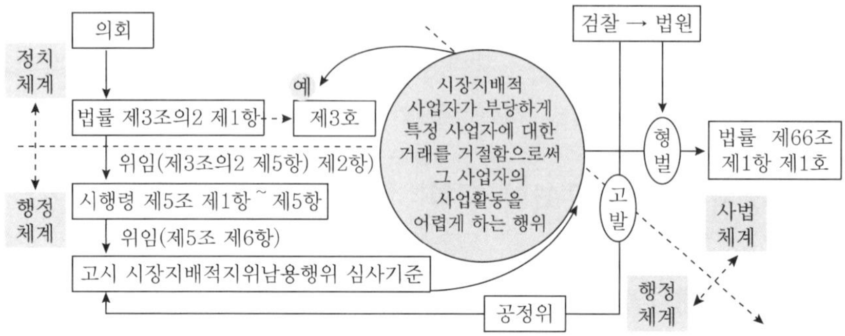

법 제66조 제1항 제1호는 시장지배지위남용행위에 대하여 "3년 이하의 징역 또는 2억원 이하의 벌금"에 처하고 있다. 이로써 시장지배지위남용은 중범죄[1]의 하나가 된다.

(2) **불법의 비교** 이러한 시장지배지위남용죄의 법정형은 형법상 강요죄(형법 제324조)의 "5년 이하의 징역"보다는 가볍지만 부당이득죄(제349조)의 "3년 이하의 징역 또는 1천만원 이하의 벌금"보다는 무겁다. 시장지배지위남용죄는 힘의 불균형 상태를 이용하여 경제적 이득을 취하는 범죄라는 점에서 부당이득죄와 그 '도덕적 구조'가 매우 유사하고, 공정한 경쟁행위를 하려는 자로 하여금 공정경쟁을 하지 못하도록 만든다는 점에서 강요죄의 불법유형과 부분적으로 유사성이 있다. 물론 시장지배지위남용죄는 실행행위로서 폭행 또는 협박을 사용하지 않으며, 개인적 법익을 침해하는 범죄가 아니라 공정경쟁질서라는 보편적 법익을 위태롭게 하는 추상적 위험범이라는 점에서 강요죄와는 큰 차이가 있다.

2. 시장지배지위남용죄의 집행결손

(1) **과도한 탈규제정책** 시장지배지위남용사건은 전체 공정거래법위반 사건에서 약 2% 비중을 차지하고 있다. 이에 대한 제재조치로는 시정명령이 연평균 2.21건(전체처리사건의 79.5%), 과징금이 연평균 1.21건(전체처리사건의 43.5%) 부과되고 있다. 이에 비해 형사고발조치는 연평균 0.1건이며 전체처리사건 가

1) 미국 셔먼법 제2조(독점화죄)에서도 시장지배지위남용행위는 중죄(felony)를 구성한다.

운데 3.8%의 미미한 비중을 차지하고 있지만, 이것마저도 1998년 3건이 고발 조치된 것을 빼면 0%에 해당한다. 아래 도표 25[2]는 이를 보여준다.

| 도표 25 | 시장지배지위남용사건처리의 통계

	전체 공정거래법위반사건 중 시장지배적 지위 남용 사건의 비중(2008년)	시장지배적 지위 남용 사건에서 조치 유형별 건수 및 비율 (1981-2008)		
		고발	과징금 (병과 포함)	시정명령
건수	33건 /1646건	총 3건[3] 연평균 0.1건	총 34건 연평균 1.21건	총 62건 연평균 2.21건
비율	2%	3.8%	43.5%	79.5%

이런 집행결손은 공정거래위원회에 의해 시장지배지위남용행위가 탈규제정책의 수준을 넘어서 사실상 비범죄화되었다고 말할 수 있게 한다.[4] 사실상 비범죄화되었지만 형벌법규는 그대로 남아 있을 때, 그 형벌법규는 단지 형법이 공정거래질서를 지향한다는 상징성만을 갖게 된다. 그렇기에 시장지배지위남용죄는 사실상 상징형법(symbolisches Strafrecht)이 되었다고 말할 수 있다.

(2) **현실의 상징성과 상징의 현실성** 상징형법이란 형법이 기획한 것을 실제로는 실현하지 않거나 못하면서 실현할 수 있다는 상징만 유지하는 형법이다.[5] 상징형법은 주로 보편적 법익을 보호하고, 추상적 위험범의 구성요건형식을 띤다.

1) 상징형법성 여기서 시장지배지위남용죄를 상징형법이라고 말하는 것은 형법이론적으로 다음 두 가지 의미를 갖는다. 첫째, 시장지배지위남용죄를 엄

---

2) 이 표의 통계는 *2008년 공정거래위원회 통계연보* (공정거래위원회, 2009)에 있는 자료를 가지고 만든 것임.

3) 고발 3건은 모두 1997년 경제위기 직후인 1998년에 조치한 것이고, 그 이후는 없었음.

4) 이런 탈규제정책은 미국에서도 마찬가지이다. Joseph C. Gallo, Kenneth G. Dau-Schmidt/Joseph L. Craycraft and Charles J. Parker, "Criminal Penalties under The Sherman Act: A Study of Law and Economics", *Research in Law and Economics* (Volume 16, 1994), 25~71쪽의 경험적 분석에 따르면 1955~1993년 사이에 셔먼법(Sherman Act)상 독점지위남용(Monopolization)을 형사사건으로 기소한 경우는 1961년 1건, 1964년 1건, 1973년 2건, 1974년 2건이다. 그러나 1975년 이후로는 독점지위남용을 형사사건으로 다루지 않음으로써 명확하게 탈규제적 형법정책의 경향을 보여준다.

5) 이에 관해 자세히는 M. Voß, *Symbolische Gesetzgebung* (Ebelsbach 1989); W. Hassemer, "Symbolisches Strafrecht und Rechtsgüterschutz", NStZ (Heft 12, 1989), 553쪽 아래 참조.

정하게 집행하더라도 그 집행비용에 비하여 공정경쟁질서의 확립 효과가 별로 크지 않은 경우에 시장지배지위남용죄는 단지 비효율적인 형법이 될 뿐이다. 이렇게 비효율적인 형법일지라도 시장지배지위남용죄가 없을 경우에 공정경쟁질서가 더욱 더 위태로워질 수도 있다. 그런 경우라면 시장지배지위남용죄는 공정경쟁질서를 실현하는 데 여전히 없어서는 안되는 '필요'수단이 된다. 이처럼 비효율적이지만 필요한 형법은 광의의 상징형법이 된다. 둘째, 시장지배지위남용죄는 비효율적일 뿐만 아니라 공정경쟁질서의 위태화방지에 전혀 도움을 주지 못하는 수단일 수도 있다. 그럴 경우 시장지배지위남용죄는 가장 전형적인 상징형법, 협의의 상징형법이 된다. 우리나라에서 집행결손의 현실은 위 통계에서 보는 바와 같이 시장지배지위남용죄가 사실상 협의의 상징형법인 듯한 인상을 준다.

2) 하이퍼리얼의 창출여부 그러나 시장지배지위남용죄가 공정거래질서의 상징을 창출하는 데 실질적인 기능을 하지 않는 것일지라도, 그 상징이 또 다른 차원의 현실을 만들어 내는 것인지를 살펴보아야 한다. 예컨대 증권시장의 공정성을 실현하는 데는 주가조작죄나 내부자거래죄가 역시 충분한 수단이 되지 못하지만, 법이 기능한다는 상징성으로 인해 특히 소액투자자들의 증권시장 이탈이 심리적으로 상당한 수준으로 방지될 수 있다. 그래서 증권형법은 증권시장의 공정성이라는 '하이퍼리얼'(Hyperreal)을 만들어내는 코드가 된다. 이처럼 법적 코드에 의한 하이퍼리얼의 창출(작업)을 시뮬라시옹이라고 부른다.[6] 다시 말해 증권시장의 공정성은 실재가 아니며, 실재를 모사하는 이미지(또는 가상현실)도 아니고, 그 둘 사이의 경계를 지을 수 없는 현상으로서 '실재적 이미지'가 된다. 이런 점에서 주가조작죄나 내부자거래죄는 상징형법이라는 개념이 어울리지 않는다. 왜냐하면 이때의 상징은 실재와 구별되는 것이 아니라, 실재 바로 그것이 되는 것이기 때문이다.

그러면 시장지배지위남용죄가 협의의 상징형법이고, 그 죄가 창출하는 상징이 공정거래질서에 어떤 현실적 기능을 수행하는지를 바라볼 필요가 있다. 시장지배지위남용죄는 주가조작죄처럼 수사절차에 넘겨지는 사례가 거의 없고, 일반시민들도 그 존재를 잘 알지 못한다. 게다가 그 죄가 없다고 하여 공정거

---

6) 이에 관해 자세히는 장 보드리야르(Jean Baudrillard)/하태환 역, *시뮬라시옹: 포스트모던 사회문화론* (민음사, 1992), 12~13쪽.

래질서, 즉 경쟁적 시장구조를 형성하려는 시장참여자가 급격히 줄어드는 것도 아니다. 그런 점에서 시장지배지위남용죄는 시뮬라시옹의 효과가 없다고 보아야 한다. 그렇기 때문에 시장지배지위남용죄는 공정경쟁질서를 실현하는 효율적 수단이거나 적어도 최소한의 필요수단으로서 자리매김될 수 있을 때에만 그 존속이 정당화될 수 있다.[7]

3. 근본관점의 차이

시장지배지위남용죄를 상징형법으로 만들어 버린 집행결손을 바라보는 근본관점은 사회집단에 따라 큰 차이가 있다. 이를테면 전경련이나 경총의 기업친화적 입장과 각종 시민단체들의 (대)기업비판적 입장 사이의 차이를 들 수 있다.

(1) **비범죄화의 관점** 첫째, 기업친화적 입장은 시장지배지위남용죄의 사실상 집행결손에도 불구하고 이미 시장지배지위자에 의한 공정경쟁질서의 위태화는 형법적 통제가 필요하지 않을 만큼은 방지되고 있다고 본다. 즉, 시정명령이나 과징금과 같은 제재에 의해서 이미 시장지배지위남용에 대한 통제가 충분하다고 보는 것이다. 이런 관점에서 보면 시장지배지위남용죄는 과잉규제의 법이 되고, 헌법상 과잉금지원칙에 위배될 수 있다. 그러므로 시장지배지위남용죄는 궁극적으로 폐지하는 것이 바람직하다고 보게 된다.

(2) **범죄화의 관점** 둘째, 이에 반해 기업비판적 입장은 현실의 시장은 시장지배력을 가진 자와 그렇지 않은 자 사이에 자유로운 경쟁을 제대로 보장해 주지 못한다고 본다. 시정명령이나 과징금으로는 이런 보장을 기약할 수 없고, 시장지배지위남용죄와 같은 형법이 효과적인 수단이 된다. 이런 관점에서 보면 현행 시장지배지위남용죄는 오히려 과소규제의 법이 되고, 공정거래질서는 과소보호의 상태에 놓여 있는 것이 된다. 그러므로 시장지배지위남용죄는 지금보다 더 엄정하게 집행되고, 더 강화되는 것이 바람직하다고 보게 된다.

이와 같은 근본관점의 차이는 유럽과 미국의 법제 사이에서도 찾을 수 있다.[8] 유

---

7) 여기서 필요수단으로 자리한다는 것의 의미는 빈번한 적용을 배제하지만 그래도 그 죄의 규범이 살아 있음을 확인하는 판례가 때때로 나올 것을 요구한다. 예컨대 부당이득죄도 경제활동의 자유를 훼손할 위험이 크기 때문에 매우 제한적으로만 적용되어 왔다. 1972년 판례(대판 72도1803) 이후 약 28년 만인 1999년에 다시 적용되었고(대판 99도4560), 다시 5년 만에 최근 4건이 적용되었다(대판 2004도3393; 2004도7866; 2004도7866; 2004도4239 참조).

럽연합의 경쟁법(EC 제82조)은 시장지배지위남용의 금지만을 규정하고, 형벌부과 여부는 개별 회원국에게 맡겨두고 있다. 대표적인 회원국인 독일 경쟁제한방지법(Gesetz gegen Wettbewertsbeschränkungen)[9] 제81조는 시장지배지위남용(Mißbrauch einer marktbeherrschenden Stellung)에 대해 (고의뿐만 아니라 과실[10]로도 가능한) 질서위반범으로서 범칙금(Bußgeld)만을 규정한다. 다만 1997년 형법전에 '경쟁에 대한 범죄의 장'이 신설되어, 특히 카르텔범죄(제298조)만이 형사범죄로 취급되고 있다. 경쟁제한방지법상의 범칙구성요건들은 매우 비체계적이고 혼돈에 빠져 있다고 비판받지만, 대체로 실체법적 규정에 중대한 위반행위들은 최고 백만유로의 범칙금으로 제재될 수 있고, 경쟁당국에 대한 신고 등의 의무위반행위는 최대 10만유로의 범칙금으로 제재된다.[11] 이에 반해 미국에서는 2004년 제정된 Antitrust criminal penalty enhancement and reform act (2004) SEC. 215 (b)에 의하면 셔먼법 제2조(독점화죄)에 위반한 범죄에 대해 벌금형을 대폭으로 — 법인은 1,000만 달러에서 1억 달러, 개인은 35만 달러에서 100만 달러로 — 높이고, 징역형도 3년 이하에서 10년 이하로 높였다.

(3) **적정형법** 법은 언제나 양 극단 사이에 위치하는 것(inbetweenness)일 때 적정한 것일 수 있다. 즉, 시장지배지위남용죄에 의한 기업활동의 규제가 적정규제가 되려면 시장지배지위남용죄는 완전히 비범죄화되어서는 안 되며 동시에 시장지배지위남용을 규제하는 실효적인 수단의 대표가 되어서도 안 된다. 적정규제의 이념은 이 둘 사이를 왔다 갔다 해야 한다. 이는 시장지배지위남용죄를 폐지하지는 않되, 형사불법의 성격을 잃지 않도록 매우 제한적으로 해석하고, 범죄적인 시장지배지위남용에 대해서는 형벌권을 관철하는 방향을 말한다.

---

8) 이런 차이의 근본원인으로 미국과는 다른 경제체제, 즉 사회적 시장경제체제를 채택한 독일의 질서자유주의(Ordolibaralism)가 지목되기도 한다. 이에 관해 Heike Schweitzer, "The History, Interpretation and Underlying Principles of Section 2 Sherman Act and Article 82 EC", *12th Annual Competition Law and Policy Workshop* (Robert Schuman Centre, 8-9 June 2007)의 Proceedings, 41쪽.

9) 이 법에 관해 전반적인 고찰과 우리나라 법제에 대한 시사점을 다룬 유진희, "독일 경쟁법의 동향과 그 시사점 — 독일 경쟁제한금지법 제6차 개정을 중심으로—", *경영법률* (제10집, 1999), 451~473쪽 참조.

10) 다만 독일에서도 이 점에 비판적인 견해(Hans Achenbach, "Das neue Recht der Kartellordnungswidrigkeiten", *wistra* (1991), 241~242쪽)도 있다.

11) Heinz-Bernd Wabnitz/Thomas Janovsky, *Handbuch Wirtschafts- u. Steuerstrafrechts, 3. Auflage* (C.H.Beck, 2007), III.3. Rn. 61~62 참조.

Ⅱ. 시장지배지위남용의 불법유형

시장지배지위남용죄가 사실상 상징형법이 되어버린 현실에 대한 반성은 그 범죄구성요건이 프로그래밍한 불법의 실질이 유형적으로 무엇이며 어떤 특성이 있는 것인지를 살펴보는 데서 출발한다. 아래서 불법의 실질과 유형은 보호법익을 중심으로, 그리고 그 특성은 불법의 불명확성을 중심으로 살펴본다.

1. 보호법익

시장지배지위남용죄가 보호하고자 하는 법익은 궁극적으로는 공정거래질서이다. 여기서 공정거래질서란 "공정하고 자유로운 경쟁을 촉진함으로써 창의적인 기업활동을 조장하고 소비자를 보호함과 아울러 국민경제의 균형있는 발전"(제1조)이라는 목적을 달성하기에 적합한 시장질서를 말한다.

(1) 경영효율성과 소비자 후생의 조화 공정하고 자유로운 경쟁이란 '경쟁적 시장구조'의 달성(a), '기업활동의 조장'은 '경영의 효율성'(efficiency)(b) 그리고 '소비자보호'는 소비자의 '후생'(welfare)(c)으로 옮길 수 있다. 여기서 말하는 소비자보호는 후생경제학적 의미, 즉 파레토최적상태에서 달성되는 자원배분의 효율성(allocative efficiency)이 소비자에게 가져다주는 이익의 총합을 의미한다.[12] 이와 같은 경영효율성(b)과 (소비자)후생(c)은 서로 긴장과 대립의 관계에 놓이기 쉽다. 기업의 수익극대화는 소비자의 희생을 요구하기 쉽고, 소비자 편익의 극대화는 기업의 희생을 요구하기 쉽기 때문이다.

1) 경쟁적 시장구조에 의한 조화 이 두 법익을 조화시키는 제3의 기제가 '경쟁적 시장구조'(a)이다. 경쟁적 시장구조는 양면적이다. 첫째, 경쟁적 시장구조는 시장을 지배하는 기업의 이익을 견제하지만, 힘없는 기업의 이익을 촉진한다. 둘째, 경쟁적 시장구조는 독과점 시장보다는 소비자 후생을 촉진하지만, 복지국가의 기획과 비교하면 소비자 후생을 외면한다고 볼 수 있다. 이렇게 양면적인 기능을 하는 경쟁적 시장구조(a)는 경영효율성(b)과 소비자후생(c) 사이의 긴장과 대립 속에서 현실적으로 벌어지기 쉬운 불균형을 교정한다. 이런 교정을 제1조는 "국민경제의 균형있는 발전"(d)이라고 표현하고 있다.

---

12) 같은 취지로 김두진, "시장지배적 지위의 남용", *한국비교사법학회* (제14권 1호, 2007), 222쪽.

| 도표 26 | 효율성과 소비자후생 및 경쟁적 시장구조의 관계

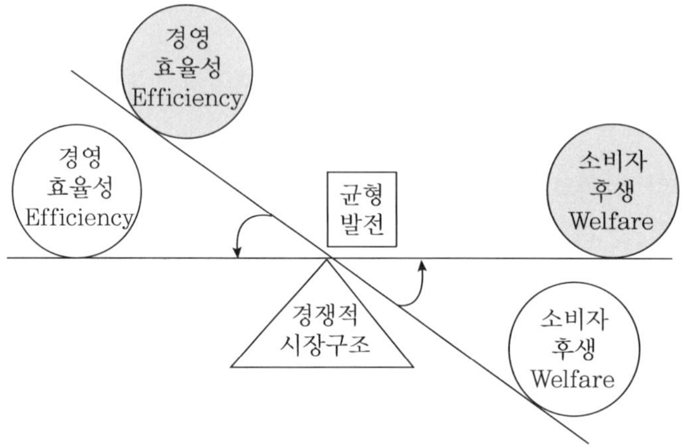

2) 공정성의 결과 여기서 경쟁적 시장구조는 단지 두 이익간의 불균형을 교정할 뿐만 아니라 그 둘 사이의 긴장과 대립을 상호수렴적인 관계로 변화시킨다. 즉, 한편으로 경영효율성은 경쟁적 시장구조의 틀 속에서 사회적 총효용을 극대화하여 궁극적으로 소비자에게 귀속될 재화의 크기를 증대시키면서, 다른 한편으로 소비자 후생은 경쟁적 시장구조의 틀 속에서 사회적 총비용을 최소화하여 궁극적으로 기업의 경영효율성을 증대시키는 것이다. 바로 이런 상태를 시장의 공정성(fairness)이라고 부를 수 있다.[13] 공정거래법의 "공정"은 바로 이런 의미이다.[14]

(2) 경쟁적 시장구조의 의미 형법은 공정거래법이 기업의 경영효율성과 소비자후생의 균형을 경쟁적 시장구조의 확립을 통해서 실현할 것을 요구함으로

13) 미국의 법경제학자들이 후생(Welfare)과 대립항으로 설정하는 공정성 개념(대표적으로 Louis Kaplow and Steven Shavell, "Fairness versus Welfare: Notes on the Pareto Principle, Preferences, and Distributive Justice", *Harvard Law and Economic Discussion Paper* (No. 411, 2003), 1~23쪽 참조)은 주로 자유주의적 시장경제를 지탱하는 대칭성, 일관성, 책임원칙과 같은 황금률 등에 관계된 것이다. 따라서 내가 말하는 공정성은 후생과 대립항적인 공정성이 서로 변증된 상태를 가리킨다.

14) 우리나라 법의 규제이념은 자유시장과 효율성을 중시하는 시카고학파(the Chicago School)의 영향이 있기 이전, 즉 19세기 후반부터 1960년대까지 미국의 반독점정책의 이념적 좌표와 비슷하다고 보기도 한다. 이런 견해로 조성혜, "미국의 독점금지와 기업결합의 제한 — 셔먼법 제2조와 클레이튼법 제7조를 중심으로", *비교사법* (제9권 제2호, 2002), 445~446쪽.

써 형법적 보호법익이 방만해지지 않게 한다. 그러나 경쟁적 시장구조의 의미는 매우 불확실하며, 통일적인 개념도 아니다.[15] 또한 경제학적 분석은 물론 유용하지만 어떤 경제학이론도 경쟁적 시장구조를 판단하는 기준을 법적 결정에 작동시킬 수 있는 형태로 마련해주지는 못한다.

1) 사안특수성 시장지배지위남용행위의 전형적인 유형에 속하는 끼워팔기(결합판매)의 예로 설명해보자. X시장의 지배자가 그 상품에 Y시장에 속하는 상품을 결합하여 판매하면, 일종의 '지렛대효과'(leverage effect)에 의해 Y시장에서의 자유 경쟁을 제약하기 쉽다고 판단할 수 있다.

> [윈도우미디어플레이어 끼워팔기사건] MS사는 윈도우 98에 윈도우미디어플레이어(WMP)를, 2000년 윈도우미와 2001년 윈도우 XP에 MSN메신저를 결합하여 판매하였다. MS사는 PC운영체제시장(X시장)의 시장지배자이다. 공정거래위원회는 이와 같이 다른 시장(Y시장)에 속하는 미디어플레이어나 메신저를 끼워파는 것은 시장지배적지위남용행위(제66조, 제3조의2 제1항)에 해당한다고 보고, 시정명령과 과징금을 부과했다.[16]

그러나 X 시장의 지배자(MS사)에 의한 Y 시장 상품의 끼워팔기(예: WMP)에도 불구하고 Y 시장(미디어플레이어시장)에서 자유로운 경쟁의 시장구조는 깨지지 않을 수 있다. 오늘날 미디어플레이어시장에서 MS사의 결합상품보다 G사의 미디어플레이어가 지배하는 현실은 이를 보여준다.

여기서 두 가지 점이 주목된다. 첫째, 자유로운 경쟁을 제약하는 지 여부는 행위시점에서 미래를 향해 '사전적으로'(ex ante) 판단해서는 인식하기가 어렵고 대부분 재판시점, (또는 그보다도 더 늦은 시점에 가서야 비로소) '사후적으로'(ex post) 판단될 수밖에 없다. 둘째, 이 사후적 판단에 의하더라도 어떤 행위가 있을 때 경쟁적 시장구조를 깨뜨리게 되는 것인지에 관해 법적으로 사용가능한 규칙(법칙성)을 세우기 어렵다는 것이다. 그런 점에서 여기서 경쟁적 시장구조의 법적 의미는 철저하게 구체적 사안에서야 비로소 정해지는 것(fallimprägnant)임을 알 수 있다.[17]

---

15) 독일에서도 경쟁(Wettbewerb) 개념은 통일적 개념이 아니고, 개별 규범의 목적과 의미연관에 따라 다양하게 변화한다. 이에 관해 Christian Müller-Gugenberger, *Wirtschaftstrafrecht, 3. Auflage* (Aschendorff Rechtsverlag, 2000), §57-5 참조.

16) 공정거래위원회는 시정명령으로 프로그램 분리명령, 윈도우-MSN 메신저간 상호연동 금지명령 및 경쟁제품 탑재명령 등과 약 330억원의 과징금을 부과하였다. 자세히는 공정거래위원회 2006.2.24, 2002경촉0453(의결 제2006-042호) 참조.

2) 경쟁적 시장구조의 도덕적 차원 그렇기 때문에 자유로운 경쟁을 해치는지, 즉 경쟁제한성을 시장구조의 형태나 변형여부가 아니라 시장구조 밖에 놓여 있는, 특히 법적 결정의 기준으로 삼기 쉬운 도덕적 성격의 (시장)외재적 기준으로 설정하게 된다. 즉, 법문의 "공정하고 자유로운 경쟁"(제1조)에서 공정하다는 것은 시장구조의 공정성이 아니라 사업자의 행위 차원에서 모종의 도덕적 요소를 가리키기 쉽다.

㈎ 지배성과 서비스융합 예컨대 공정거래위원회가 MS사의 결합판매를 두고 Y 시장에서 공정한 경쟁을 해친다고 본 것은 그 사업자가 X 시장(예: PC운영프로그램시장)의 지배자라는 점을 고려한 결과이기 쉽다. 지배자의 끼워팔기는 비지배자의 끼워팔기보다 비도덕적인 것이다. 이런 비도덕성을 상쇄시키는 도덕적 요소가 이른바 상품이나 서비스의 융합(convergence)이라는 토포스이다.

상품이나 서비스의 컨버젼스는 — 비록 시장지배자에 의한 끼워팔기라 할지라도 — 시장지배자(예: MS사)의 경영효율성 뿐만 아니라 소비자의 편익도 함께 높이기 때문에, 그 비도덕성을 상쇄시키게 된다. 이런 상쇄가 있는 한, 시장지배지위남용죄의 보호법익은 더 이상 침해(위태화)된다고 말할 수 없다. 따라서 위 MS사의 결합판매는 시장지배지위남용죄에 해당할 수 없게 된다.

[단일상품과 컨버젼스의 구별] 상품들의 결합판매가 윈도우와 인터넷 웹브라우저나 IP-TV처럼 '기능적으로 통합된 상품'(단일상품)을 형성한다면 결합판매는 새로운 시장을 형성하는 행위가 되지 기존의 시장을 지배하는 사업자의 끼워팔기가 되지 않는다.[18] 단일상품(통합상품)이 되려면 구매자들이 따로 구입하고, 스스로 결합하여 사용할 경우에 구매자들에게 발생할 이익이 없어야 한다. 이에 비해 컨버젼스는 단일상품과 동일한 개념으로 사용되기도 하지만, 다소 다르게 이해되어야 한다. 즉, 상품의 컨버젼스는 비록 구매자가 따로 구입하고 스스로 결합하는데 구매자의 이익이 존재할지라도 결합하여 제공되면 따로 구입하여 얻을 수 있는 이익과 다른 별개의 이익이 구매자에게 추가로 제공되는 경우를 가리킨다.

---

17) 이를 "사안중심의 공정성"(situation-specific-fairness)라고 부를 수도 있다. 이 개념의 출처로 Steven Semeraro, "The Efficiency and Fairness of Enforced sharing: An Examination of the Essence of Antitrust", *Kansas Law Review* (Vol. 52, 2003), 47쪽 참조.

18) 예를 들어 MS사가 인터넷 브라우저와 Window95를 결합 판매한 것을 들 수 있다. 이 결합판매를 시장지배지위남용으로 보지 않은 Unites States v. Microsoft Corp, 147 F.3d 935(D.C. Cir. 1998) 참조; 또 다른 예로 IP-TV는 디지털케이블방송과 IP망을 통한 콘텐츠 서비스가 결합하여 하나의 단일상품이 된다. 이런 단일상품성에 관해 이춘・조영주・김도식, "디지털 TV에서의 컨버전스기술", *전자공학회지*(제35권 제2호, 2008), 45쪽.

(나) **시장을 넘나드는 경쟁** 여기서 컨버전스의 사업행위는 (형)법적으로 합법화된다. 물론 다른 시장에의 진출이 아무런 '산업연관성'도 없이 이루어지는 문어발식 사업확장(재벌)은 컨버전스가 아니어서 비도덕성을 상쇄시키는 효과도 인정되지 않는다. 여기서 보면 경쟁적 시장구조는 이제 단지 한 시장 안에서 사업자들이 자유로운 사업활동을 통해 시장을 점유해가는 기회를 균등하게 누릴 수 있는 시장구조를 의미하는 데에 그치지 않음을 알 수 있다. 자유로운 경쟁이란 기존의 시장활동을 통한 사업능력을 활용하여 다른 시장에 진출할 자유를 포함하는 경쟁을 의미한다. 이를테면 X 시장의 지배자가 그 지배력을 이용하여 Y 시장에 결합상품으로 (또는 Y 시장의 기업 인수합병을 통해) 진입할 가능성에 맞서 정반대로 Y 시장의 지배자가 그 지배력을 이용하여 (또는 X 시장의 기업 인수합병을 통해) X 시장에 진입할 가능성이 있다면 경쟁적 시장구조는 유지되는 것이다.

> 이를테면 케이블방송시장(X 시장)의 지배자가 방송서비스와 인터넷망서비스를 결합하여 판매하여 인터넷망서비스 시장(Y 시장)에 진입할 가능성에 맞서 인터넷망서비스시장의 지배자가 방송서비스를 결합하여 판매함으로써 방송시장에 진입할 가능성이 있다면 X 시장과 Y 시장의 경쟁적 구조는 깨지는 것이 아니다. 물론 IP-TV처럼 결합상품이 새로운 단일한 상품시장을 형성하면 결합판매는 시장지배지위남용에 속하는 끼워팔기에 해당하지 않게 된다.

그러므로 자유로운 시장 위에서 기업들 간의 경쟁은 "하나의 시장 안에 갇힌 경쟁이 아니라 오히려 시장을 넘나드는, 새로운 시장을 창출해가는 경쟁"[19]이 된다.

(3) **소비자주권** 형법이 합법화해야 하는 컨버젼스의 사업행위는 비록 문어발식 사업확장에 의한 재벌의 형성을 포함하는 것은 아니지만, 대기업(집단)에 경제력이 집중되게 할 여지는 있다.

1) **소비자주권의 의미** 그러나 경제력 집중 자체가 경쟁적 시장구조의 왜곡이나 소비자후생의 감소를 가져오는 것은 아니다. 대기업의 경제체제에서도 — 물론 독점규제법에 의한 경제력집중을 규제하는 제도들에 힙입어서 — 시장은 여전히 경쟁성을 유지하고, 경영효율성과 소비자후생을 동시에 높이는 것이 가능하기 때문이다.

---

19) 이상돈 · 지유미 · 박혜림, *기업윤리와 법* (법문사, 2008), 96쪽.

㈎ **대기업과 소비자의 비대칭성 교정** 그러므로 대기업중심의 경제인가 중소기업 중심의 경제인가 하는 것은 각국마다 다를 수 있는 기업문화의 문제라고 보아야 한다. 다만 대기업의 사업활동이 소비자후생을 높일지라도 대기업과 소비자가 힘의 관계에서 너무나 '비대칭적'(asymmetric)이라는 점이 문제이다. 일반소비자는 대기업이 계획 생산한 상품과 서비스의 수동적인 소비주체로만 자리 잡기 쉽다. 여기서 공정거래법은 개인을 수동적인 소비주체의 지위에서 능동적인 소비주체의 지위에 끌어올리는 과제를 수행해야 한다. 능동적인 소비주체란 적어도 '소비생활에서 자기결정의 일반적 가능성'을 잃어버리지 않은 주체이어야 한다. 이런 주체가 누리는 법적 지위를 소비자주권이라고 개념화할 수 있다. 그러므로 소비자주권은 무엇보다도 기업과 소비자 사이의 '비대칭성'을 교정하는 기능을 수행한다.

㈏ **소비자권익의 수사학적 강조** 소비자주권은 최근 사용되기 시작한 개념이다. 이 개념은 먼저 이미 오랫동안 사용된 소비자기본법상의 개념인 "소비자의 권익"(소비자기본법 제1조)이나 소비자후생의 개념과 구별할 필요가 있다.

첫째, 소비자권익은 경쟁적 시장구조를 통해 경영효율성과 함께 균형 있게 실현하려는 소비자후생의 개념과 구별된다. 왜냐하면 소비자의 권익은 자원배분의 효율성을 때로는 훼손하면서도 사회적 약자로서 소비자가 보호되어야 할 권익까지 포함하는 개념이며, 아울러 경쟁적 시장구조의 확립을 통하지 않고서 보호될 수도 있는 권익이기 때문이다. 소비자주권도 이런 점에서는 소비자권익의 개념과 같고, 소비자후생의 개념과 다르다.

둘째, 하지만 공정거래법의 보호법익인 것처럼 이해되는 소비자주권[20]의 개념은 단순한 소비자권익의 개념과도 구별된다. 소비자주권이란 마치 인권과 비슷한 개념구조를 띠는 수사학적 개념[21]이다. 즉, 실정법(소비자기본법 등)에 의해 이미 보호되고 있지만 현실에서 엄정하게 실현되어야 함을 강조하거나, 아직 실정법에 의해 보호되지 못하고 있는 소비자의 어떤 권익이 당장 무조건적으로 실정법에 의해 보호되어야 마땅한 권익임을 강조하는 수사학적 개념이다. 이처럼 수사학적 개념으로서 소비자주권 개념의 사용을 정하는 규칙은 없다.

---

20) 예컨대 이봉의/전종익, "독점규제법 제3조의2 제1항 제5호 후단 "소비자이익 저해행위" 금지의 위헌성 판단 — 명확성원칙을 중심으로", *서울대학교 법학* (제49권 제3호), 268쪽.

21) 인권 개념의 이와 같은 수사학적 차원에 대해 자세히는 이상돈, *인권법* (세창출판사, 2005), 121쪽 아래; *기초법학* (법문사, 2010), 191쪽 아래 참조.

그래서 어떤 소비자의 권익이 소비자주권으로 개념화됨으로써 공정거래법의 보호법익이 되는 것인지도 매우 불분명하다. 하지만 소비자권익을 실정법적 권리로 변화시키는 공론형성과 공론경쟁의 동적 과정에서 소비자권익이 불현듯 매우 정서적인 공감(empathy)[22]의 연대를 창출하게 될 때, 소비자권익은 소비자주권의 개념으로 표제화된다고 볼 수 있다.

2) 경쟁적 시장구조의 도덕적 차원으로서 소비자주권 그런데 소비자주권을 대기업과 소비자 사이의 경쟁적 관계를 실현하는 권리로 재해석하고, 그런 경쟁적 관계도 경쟁적 시장구조의 도덕적 차원으로 편입시킬 수 있다. 물론 이런 이해는 다분히 '정치경제학적'이다. 이 정치경제학적 이해에 따르면 소비자주권에 대한 침해는 곧 경쟁적 시장구조를 깨는 것이 되고, 비록 경영효율성과 소비자후생의 균형이 달성되더라도 경쟁법과 형법에 의해 통제되어야 한다. 하지만 소비자주권 개념이 고도로 법감정에 의해 그때그때 구체화되는 불명확한 개념임을 고려해보면 소비자주권을 구성하는 권리들의 침해는 그것이 매우 '중대한 소비자권익을 명백하게 침해하는' 경우에만 형법적 통제의 대상으로 삼아야 한다.[23] 여기서 중대하고 명백한 경우란 그 침해되는 권익의 주권성에 대해 대다수의 시민들이 공감하는 경우라고 할 수 있다.

> [끼워팔기에 의한 소비자주권의 침해와 형사불법] 예를 들면 MS사의 윈도우미디어플레이어(WMP) 끼워팔기 사건에서 소비자의 권익을 실현하는 조치는 대략 아래 표와 같은 세 단계로 나눌 수 있다. ① 단계는 소비자보호 수준이 가장 낮고 ③ 단계는 가장 높다. 한국의 공정거래위원회는 ②-1,2 단계의 소비자보호조치를 취했다.[24] 같은 사건을 두고 EU에서는 끼워팔기의 지렛대효과를 중시하여[25]

22) 공감의 개념에 대해서 이상돈, *기초법학* (법문사, 2010), 80쪽; *법미학* (법문사, 2008), 129쪽; Spencer J. Pack, *Capitalism as a Moral System: Adam Smith's Critique of the Free Market Economy* (Edward Elgar, 1991), 76쪽 참조. 이 문헌들에서 좀 더 명확해져야 하는 점은 공론이란 이성적 논거에 의한 상호이해와 합의의 형성과정인 반면, 공감은 이성적으로 생각하기를 멈추고(stop thinking rationally) 감성적으로 함께 느끼는(feeling together, Mitgefühl) 작용이기 때문에 공감은 공론에 의해 형성되는 것이 아니라 공론의 과정 속에서 또는 그것과 (우연히) 병행하여 형성되는 것임에 주의를 요한다.

23) 미국에서도 셔먼법 위반행위들은 형사불법에 해당하는지가 명확하고 확실한 경우가 아니라면 형사처벌의 대상이 될 수 없다고 보기도 한다. 이런 견해로 Kramer Victor H, "Criminal prosecution for violation of sherman act in search of a policy", *Georgetown Law Journal* (vol.48, issue 3, 1960), 535쪽 참조.

24) 자세한 것은 공정거래위원회 2006.2.24, 2002경축0453(의결 제2006-042호); 2006.6.16, 2006심이11639(재결 제2006-027호) 참조.

25) 미국은 끼워팔기의 지렛대효과를 간과하여 더욱 시장친화적인 해결방안을 취했다고 보는 Rudolph J.R. Peritz, "Re-thinking U.S. v. Microsoft in Light of the E.C. Case", *NYLS*

도표 27 윈도우미디어사건의 소비자보호조치의 유형

경쟁법	형법	보호단계	보호내용
합법	합법	③	윈도우가 WMP이외에 타사제품을 반드시 함께 제공하여(must carry) 소비자가 선택하게 함
		②−2	윈도우가 WMP 이외의 타사 미디어플레이어를 사용할 수 있는 호환성(및 타사제품 다운로드 아이콘 메뉴설정) 등의 보장
불법		②-1	마이너스 옵션, 즉 WMP를 빼고 윈도우를 구입할 가능성 보장
	불법	①	소비자는 윈도우와 WMP를 패키지로 구입할지 여부만을 선택할 수 있음

WMP가 (컴퓨터제조단계에서) 제거된 윈도우의 판매의무를 인정하는 (시장)간섭적 조치를 취한 반면, 미국(의 동의명령)에서는 단지 소비자에게 WMP가 보이지 않게 설치하고 호환성만 확보하게 하는 조치만을 취했다.[26] 이런 비교법적 고찰을 함께 고려해보면, 가령 — 경쟁법상으로는 ②−1,2 단계에 이르는 보호조치를 해야만 비로소 합법이 된다고 볼지라도 — 형법적으로는 ②−1 또는 ②−2 단계 이상의 소비자보호조치를 취하지 않는 끼워팔기만 소비자주권을 침해한다는 폭넓은 공감을 얻을 수 있다. 그러므로 이런 경우에 시장지배지위남용죄의 다른 요건들을 충족한다면 MS사의 WMP끼워팔기는 설령 미디어플레이어시장의 경쟁을 제한하지 않는다고 판단하더라도 시장지배지위남용죄에 해당하게 된다. 물론 형사처벌은 공정거래위원회의 정책적인 고발결정이나 동의명령에 의한 해결 여부에 따라 좌우될 수 있음을 간과해서는 안된다.

이러한 제한을 통해 소비자주권을 보호법익으로 삼고 시장활동에 개입하는 형법은 보충성이라는 그의 전통적인 법원칙을 유지할 수 있게 된다.

2. 불법의 불명확성

시장지배지위남용에 대한 형법적 통제는 언제나 불명확하다는 비판이 뒤따른다.

(1) **텍스트의 불명확성**　그래서 시장지배지위남용죄의 적용은 소비자 후생의 감소효과가 명백하고 현저한 경우에만 국한하자는 제안을 하기도 한다.[27] 그러

Legal Studies Research Paper (04/05 No.4., 2004), 3~5쪽 참조.

26) 이런 비교는 Randal C. Picker, "Unbundling Scope-of-Permission Goods: When Should We Invest in Reducing Entry Barriers?" *The University of Chicago Law Review* (Vol. 72, No. 1, 2005), 189~208쪽.

27) 이봉의 · 전종익, 앞의 논문, 265쪽.

나 이 죄의 보호법익은 소비자 후생으로만 환원되지 않고, 기업의 경영효율성도 포함하며, 더 나아가 경쟁적 시장구조의 유지까지 아울러야 한다.[28] 물론 시장지배지위남용죄의 법텍스트는 비교적 불명확하다. 무엇보다도 시장지배지위남용죄의 모든 구성요건들에서 사용되고 있는 "부당하게"(제3조의2 제1항, 1호~5호 전단)라는 핵심적 불법표지가 일반조항적인 개념이며, "소비자이익저해행위"(5호 후단)도 고도로 가치충전이 필요한 개념이기 때문이다. 물론 미국에서 보듯 독점규제법처럼 수범자의 지식수준과 전문성이 높은 법영역에서는 엄격한 명확성이 요구되지 않는다고 볼 수 있다.[29] 그러나 이는 행정법적 제재(예: 시정명령)나 중간법적 제재(예: 과징금)의 경우에만 타당하고 형사제재의 경우에는 그렇지 않다. 그럼에도 불구하고 현행 시장지배지위남용죄는 그런 일반조항적 개념이나 가치충전개념의 사용을 이유로 명확성원칙에 위배되는 것으로 판단받기 매우 어렵다.[30]

> 예를 들면 CJ케이블넷이 공정거래법 제3조의2 제1항 제5호의 "소비자이익저해행위"가 명확성원칙에 위배된다고 위헌법률심판제청신청을 하였지만 서울고등법원은 신청을 기각했다.[31]

그러나 시장지배지위남용죄에 의한 통제가 불명확한 것은 법텍스트의 불명확성에서 연유하는 것은 아니다.

(2) 불법의 실질의 순환구조 시장지배지위남용죄의 불명확성은 주로 불법의 실질이 순환적 구조로 이루어진 데서 비롯된다. 이를 설명해보자.

1) 불법판단의 기호화와 불확실성 시장지배지위남용죄의 구성요건해당성은 크게 세 가지 단계, <시장획정(T_1) → 시장지배지위의 판단(T_2) → 남용행위의 판단(T_3)>으로 판단된다.[32] 순차적 판단으로 이 세 가지 요건들이 모두 충족되

28) 다만 이런 환원은 시장지배지위남용죄의 구체적 유형이 개인적 귀속가능성을 검토함으로써 형사불법으로 운용될 적격성을 가졌는지를 판단할 때에는 유용할 수 있다. 이런 작업으로 이상돈, "공정거래질서와 형법정책", *법제연구* (통권 제25호, 2003), 167~195쪽.

29) 전종익, "미국 헌법상 명확성원칙심사 — 미국연방최고법원 판례를 중심으로", *서울대학교 법학* (제50권 제1호, 2009), 462쪽.

30) 독일 연방법원(BGHZ 96, 337[NJW 1986, 1877쪽])도 "부당한"(unbillig), "실질적으로 정당한 이유 없이"(ohne sachlich gerechtfertigten Grund)와 같은 일반조항적 개념들은 비록 과태료 부과의 요건으로 사용되긴 하지만 형법적 명확성원칙을 충족한다고 본다.

31) 서울고등법원 2008.8.20, 2007누23547 참조.

32) 이런 논리적 체계적 순서를 명확하게 서술순서로 삼고 있는 유진희, "시장지배적 지위의 남용금지", *경영법률연구총서* (제15권, 2004), 123~153쪽.

면 법적 효과(OR)가 귀속된다. 이를 기호로 나타내면 시장지배지위남용죄는 $\wedge x([T_1x \wedge T_2x \wedge T_3x] \rightarrow ORx)$가 된다.[33)]

시장지배지위남용죄의 기호화: $\wedge x$ ($[T_1x \wedge T_2x \wedge T_3x] \rightarrow ORx$)
논리적 체계적 판단순서: $T_1x \rightarrow T_2x \rightarrow T_3x$
현실적 판단순서: $T_3x \rightarrow T_2x \rightarrow T_1x$

하지만 이런 순서는 단지 체계적 순서일 뿐이다. 현실에서는 각 요건(T_1~T_3)의 판단이 언제나 일정한 불확실성을 겪을 수밖에 없고, 그 불확실성의 틈새로 해당 기업이나 사업분야에 대한 정치경제적 가치판단이나 규제정책적 목표설정과 같은 '실천적 규제기획'이 작용할 수 있다. 그럴 경우에는 이 순서는 얼마든지 흐트러질 수 있다. 이를테면 시장지배지위(T_2)나 기업활동의 남용성(T_3) 판단이 먼저 행해지고, 시장획정(T_1)은 그에 맞춰서 이루어질 수 있다. 이를 "시장획정의 정치화"[34)]라고 할 수 있다.

[셀로판 가격남용] 1950년대 중반 듀퐁은 미국의 셀로판(cellophane) 판매량의 75%를 점유했다. 그러나 당시 셀로판은 같은 용도로 사용하는 유동성포장재(flexible packaging materials) 전체매출의 18%를 구성하였다. 따라서 셀로판과 다른 유동성포장재를 하나의 시장으로 보면 듀퐁의 시장점유율은 약 13.5%가 된다. 듀퐁사는 셀로판의 가격을 한계비용을 훨씬 초과하는 높은 수준으로 유지하였다. 여기서 셀로판시장과 유동성포장재시장을 별개의 시장으로 보면 듀퐁사는 미국 셔먼법 제2조 독점화위반죄에 해당하고 같은 시장으로 보면 해당하지 않게 된다. 연방대법원은 소비자들은 셀로판이 비싸면 다른 유동성포장재를 구입한다는 대체구입가능성(interchangeability)을 이유로 그 둘을 하나의 시장으로 획정했다.[35)] 이에 반해 비록 용도는 동일하지만 제품자체의 특성(예: 파열강도, 가스침투성, 투명성, 방습성 등)에서 명확한 차이를 고려하면 그 둘은 별개의 시장이 된다. 따라서 시장획정에서 소비자의 대체구입가능성과 제품의 물리적 특성차이 가운데 어느 것을 중요시할 것인지가 관건이 된다. 미국 정부가 제소한 논리를 재구성해보면, 듀퐁사는 셀로판의 가격을 매우 높게 유지하는 행위(T_3x)를 하고 그 가격유지행위를 통해 높은 마진율(수익률)을 얻은 점을 고려하여 시장지배지위를 인정하고(T_2x), 이런 지위를 인정할 수 있게 하기 위해 셀로판과 유동성포

---

33) x는 불특정한 개인(인적 변수)을 가리키며, $\wedge$는 모든 불특정한 개인에 대하여 타당하다는 뜻이다. 즉 $\wedge x$ ($[T_1x \wedge T_2x \wedge T_3x] \rightarrow ORx$)란 누구든지 ($T_1 \wedge T_3 \wedge T_3$)의 요건을 충족하는 행위를 하면 OR의 법적 효과를 받게 된다는 뜻이다.
34) 박혜림, *부당한 공동행위(카르텔)에 대한 형법적 규제* (고려대 석사학위논문, 2009), 51쪽.
35) U.S. v. E.I. duPont De Nemours and Co., 351 U.S. 377 (1956) 참조.

장재를 — 제품의 물리적 특성차이를 중시하여 — 다른 시장에 분류시킨다(T_1x). 여기서 시장지배지위남용의 판단순서는 $T_3x \rightarrow T_2x \rightarrow T_1x$가 된다.

2) 선결문제의 오류 이와 같이 먼저 판단된 기업활동의 남용성은 시장지배지위남용죄의 보호법익인 경쟁적 시장구조를 깨뜨리는 효과(경쟁제한효과)가 있는 행위에 대해서만 인정될 수 있는 것이다. 그러나 기업활동의 경쟁제한효과는 어디까지나 그 기업이 시장지배자임을 전제로 할 때에만 인정될 수 있다. 즉, 여기서 말하는 기업활동의 남용성 판단은 시장지배지위남용죄의 핵심적인 표지인 "부당하게"에 의해 좌우되는 판단이다. 그런데 이 부당성은 실질적으로는 바로 그 행위의 경쟁제한성을 의미하고, 이는 다시금 그 행위자가 시장지배자일 때에만 인정될 수 있다. 이로써 시장지배지위남용죄의 판단은 결론적으로 주장하는 바를 그 주장의 근거(전제)로 제시하는 순환논증('선결문제요구' petitio principi)의 오류에 빠지게 됨을 알 수 있다.

법 제2조 제8호의2[36]는 경쟁제한행위의 개념을 경쟁제한효과의 우려가 있

‖도표 28‖ 부당성과 경쟁제한성의 순환논증 구조

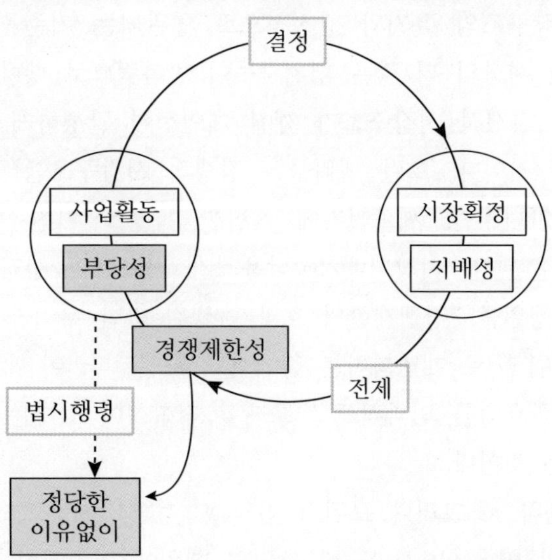

36) 법 제2조 제8호의2: "경쟁을 실질적으로 제한하는 행위'라 함은 일정한 거래분야의 경쟁이 감소하여 특정 사업자 또는 사업자단체의 의사에 따라 어느 정도 자유로이 가격·수량·품질 기타 거래조건 등의 결정에 영향을 미치거나 미칠 우려가 있는 상태를 초래하는 행위를 말한다."

는 상태를 초래하는 행위로 정의함으로써 이러한 오류를 확인시켜주고 있다. 이와 같은 법률과 실무의 오류는 법시행령에 의해 시장지배지위남용행위를 더 구체화하는 정의를 내려도 제거되지 않는다. 이를테면 시행령은 법률에 규정된 "상품판매 또는 용역제공을 부당하게 조절하는 행위"(제3조의2 제1항 제2호)를 "정당한 이유없이 최근의 추세에 비추어 상품 또는 용역의 공급량을 현저히 감소시키는 경우"(법시행령 제5조 제2항 제1호) 등으로 좀 더 구체화한다. 그러나 시행령은 여기서 보듯 시장지배지위남용행위유형의 모든 구체화에서 "정당한 이유없이"라는 문언을 사용한다. 그러나 법률이 사용하는 "부당하게"란 곧 시행령의 "정당한 이유없이"의 다른 표현이며, 이는 경쟁제한효과를 유발하는 것을 의미한다.

(3) 경쟁제한의 부도덕한 적성범 이런 오류는 부당성을 경쟁적 시장구조의 위태화와 무관한 기준, 예컨대 특정한 소비자권익의 보호가치성 여부에 의하여 판단할 때에만 완전하게 극복될 수 있다. 하지만 그렇게 되면 시장지배지위남용죄는 공정거래질서를 보호하는 형법이 아니라 소비자보호법이 되기 쉽다.

1) 경쟁제한의 적성 여기서 이런 순환구조의 문제를 해결하는 방법은 아마도 경쟁적 시장구조의 유지와 간접적으로 연관되는 기준을 설립하는 것일 듯하다. 이를테면 시장의 더 많은 행위자들이 반복적으로 행할수록, 그 행위의 누적적 효과로서 경쟁적 시장구조가 깨질 개연성이 발생하게 되는 행위의 유형들을 설정하는 것이다. 그런 행위들은 경쟁적 시장구조를 직접 인과적으로 깨뜨리는 것은 아니지만, 깨뜨리기에 적합한 특성을 가진 행위, 즉 적성범(Eignungsdelikt)이 된다. 시장지배지위남용죄가 적성범의 성격을 띤다는 점은 판례가 경쟁제한행위를 "경쟁제한의 효과가 생길 만한 우려가 있는 행위로 평가될 수 있는 행위"[37]로 개념화하는 점에서도 확인된다. 이 개념정의는 경쟁제한행위가 경쟁제한효과를 인과적으로 초래할 적합성이 있다는 평가를 받을 만한 행위라고 보는 것이다.

2) 부도덕한 행위 그러나 보편적 법익(예: 경쟁적 시장구조)을 훼손할 적성만으로 그 법익의 훼손(위태화)을 한 개인의 행위에 귀속시킬 수는 없고, 그런 행위를 하는 모든 사람들에게 집단적으로만 귀속시킬 수 있다.[38] 따라서 그런

37) 대판 2007.11.22. 2002두8626.
38) 이상돈, *형법강의* (법문사, 2010), §4-48 참조.

법익침해의 적성만으로 형사불법이 최종적으로 인정될 수는 없다. 형법의 과잉이 우려되기 때문이다. 여기서 개인적 귀속의 새로운 거점이 필요하다. 이 거점은 경쟁적 시장구조를 깨뜨릴 적성이 있는 행위가 사업행위자들에게 행위규범으로 내면화할 수 있는 가능성이 있는 행위들일 것을 요구함으로써 확보될 수 있다. 그런 행위들은 시장 위의 '부도덕적 행위'로서 표제화할 수 있어야 한다.

매우 불명확한 개념인 소비자주권을 침해하는 행위를 시장지배지위남용죄로 처벌할 가능성은 그 행위에 의해 침해된 소비자의 권익이 크고 명백하다는 점 그 자체가 아니라, 소비자주권 침해행위로 표제화되는 행위들이 경쟁적 시장구조를 깨기 쉬운 적성을 가진 부도덕한 행위라는 점에 대한 사람들의 폭넓은 공감에 기초하는 것이다. 이로써 소비자주권침해의 지배지위 남용행위도 경쟁적 시장구조라는 보호법익과 더 한층 두터운 연관을 맺게 된다.

Ⅲ. 시장지배지위남용 성립요건

시장지배지위남용죄의 불법은 그 보호법익의 보편성과 복합성, 불법성립의 불확실성과 순환구조 그리고 불법판단의 주관적, 정서적 성격 등의 특성을 갖고 있다. 이런 특성을 고려할 때, 시장지배지위남용죄의 요건설정은 세 가지 과제를 수행해야 한다. 첫째, 성립요건을 체계적으로 세분화되고 잘 정돈된 요소들(아래서는 1. 시장지배성, 2. 부당성, 3. 유형성, 4. 의도성)로 구체화한다. 둘째, 각 성립요소들은 최대한 과학적 설명모델로 무장된 논거에 의해 구성한다. 셋째, 시장지배지위남용행위가 형사불법이 되기 위한 조건, 즉 형법외적 불법보다 가중된 불법요소를 발굴한다.

[시장지배지위남용죄와 카르텔죄의 불법구성요소의 비교] 이해를 돕기 위해 시장지배지위남용죄와 카르텔죄의 불법요소들이 도표 29처럼 구조적으로 차별화될 수 있다.

도표 29 시장지배지위남용죄와 카르텔죄의 불법구조 비교

<table>
<tr><th>불법
중점</th><th></th><th colspan="3">시장지배지위남용죄</th><th colspan="4">카르텔죄</th><th>불법
중점</th></tr>
<tr><td rowspan="3">●</td><td rowspan="3">주체</td><td rowspan="3">**시장지배자**</td><td colspan="2">시장획정</td><td colspan="4" rowspan="3">시장지배력은 없으나 시장영향력이 있는 **사업자**
(예외: 과점자들의 카르텔)</td><td rowspan="3"></td></tr>
<tr><td rowspan="2">시장
지배력</td><td>시장
점유율</td></tr>
<tr><td>실질
경쟁제한의 힘</td></tr>
<tr><td rowspan="3">○</td><td rowspan="3">행위</td><td colspan="3">**부당성** (= 비신사성의 도덕적 직관)</td><td colspan="4">**부당성** (= 비신사성의 도덕적 직관)</td><td rowspan="3">●</td></tr>
<tr><td colspan="3">**유형성** (=경쟁시장의 내부로부터의 남용행위)</td><td colspan="4">**유형성** (=경쟁시장에 대한 외부로부터의 공격행위)</td></tr>
<tr><td colspan="3">×</td><td colspan="4">**공동(행위)성**</td></tr>
<tr><td rowspan="5"></td><td rowspan="5">결과</td><td colspan="3" rowspan="5">×</td><td rowspan="4">경쟁
제한</td><td rowspan="3">구성
요건
요소</td><td>경쟁제한효과신호</td><td></td><td rowspan="5">○</td></tr>
<tr><td>경쟁제한적성(시장점유율)</td><td>* 시장획정
* 시장점유율 고려</td></tr>
<tr><td>경쟁제한추정근거사실</td><td></td></tr>
<tr><td rowspan="2">객관적
처벌
조건</td><td>시장지배력</td><td>실질 경쟁제한의 힘 고려</td></tr>
<tr><td></td><td colspan="2">경쟁제한과 효율성증대효과의 비교형량을 통한 소비자후생감소 판단</td></tr>
<tr><td></td><td>주관
요건</td><td colspan="3">**의도성**</td><td colspan="4">**합의(공모)·고의**</td><td>●</td></tr>
</table>

1. 시장지배성

시장지배지위남용죄는 신분범이다. 벌칙조항인 제66조 제1항 제1호는 "제3조의2(시장지배적지위의 남용금지)의 규정에 위반하여 남용행위를 한 자"라고 규정하여 일반범인듯한 문언을 취한다. 그러나 여기서 "남용행위를 한 자"는 시장지배적 사업자의 업무를 수행할 권한을 가진 자이므로 이중의 신분관계, 즉 행위자는 사업자의 업무를 수행할 권한을 가진 자(예: 대표이사)이고, 그 사업자는 시장지배적 사업자이어야 한다. 아래서는 시장지배적 사업자란 신분적 요소만 다루기로 한다.

(1) **시장의 획정** 시장지배적 사업자란 시장지배력(market power)을 지닌

자이다. 여기서 시장지배력은 특정한 시장에서의 지배력을 의미한다. 그런데 시장지배력은 해당 시장의 구체적인 외연을 어떻게 획정하느냐에 그 인정여부가 완전히 달라진다. 시장의 외연을 넓게 획정하면 지배력은 그 만큼 약화되고, 반대로 좁게 획정하면 지배력은 그 만큼 강화된다.

1) 관련시장 시장의 외연은 어떤 상품의 구입조건이 변화함에 따라 다른 상품이나, 다른 지역 또는 다른 생산판매단계(예: 제조 → 도매 → 소매)의 상품으로 대체구입이 이루어지는 모든 상품들을 포괄하여 획정된다. 이를 관련시장(법 제2조 8호)(=관련상품시장, 관련지역시장, 관련시적시장)이라 부른다. 이때 대체가능성은 주로 '수요대체성'으로 이해되고, 이 대체성의 판단에서는 특히 소비자의 경제적 가치설정, 집단적 선호경향에 대한 고려가 중시되기도 한다.[39]

[프로그램방송시장의 획정] 서울 강서구의 종합유선방송사업자(SO) 또는 플랫폼 사업자인 Tg방송(주)은 Tk방송(주)을 합병하여 상호를 Tk방송(주)으로 바꾸고 W홈쇼핑(주)에게 채널변경행위를 하여, W홈쇼핑(주)은 매출에 손실을 입었다. ① 공정거래위원회는 Tk방송(주)은 (SO와 가입시청자 사이의) 프로그램송출시장의 지배력을 남용하여 인접시장인 (SO와 홈쇼핑사업자 사이의) 프로그램송출서비스시장에서 거래상대방인 W홈쇼핑에게 "부당하게 거래상대방에게 불이익이 되는 거래 또는 행위를 강제하는 행위"(시장지배지위 남용행위 심사기준 Ⅳ.3.라.(3))를 하여 다른 사업자의 사업활동을 부당하게 방해하는 행위(법시행령 제5조 제3항 제4호)를 하였음을 인정하였다. ② 그러나 프로그램송출서비스시장과 프로그램송출시장은 별개의 시장이고, 프로그램송출시장의 관련지역시장은 전국이므로 Tk방송(주)은 시장지배적 사업자가 아니며, 프로그램송출시장에 대한 지배력이 프로그램송출서비스시장으로 전이되지도 않는다.[40]

2) 범죄신분구성적 시장의 외연 그러나 행정법적 제재가 아니라 형벌을 부과하기 위한 요건으로서 관련시장을 획정할 때에는 그 대체가능성의 판단에서 단지 수요자 입장에서 (가격, 기능, 디자인 등 다양한 측면의) 유사한 상품가치성뿐만 아니라 공급자(기업)의 판매전략적 의사결정이나 전문가집단의 상품시장 이해 그리고 대체구매시 발생하는 (법적, 경제적, 문화적, 시간적) 거래비용[41]의

39) 사항적 관련시장을 고객의 입장에서 대체가능성이 있는가, 그리고 공간적 관련시장을 수요자의 입장에서 대체가능성이 있는가를 기준으로 판단하는 유진희, "시장지배적 지위의 남용금지", *경영법률연구총서* (제15권, 2004), 126쪽, 141쪽.

40) 같은 입장으로 대판 2008.12.11. 선고 2007두25183.

41) 과거 소주시장은 지역별로 시장이 분할되어 있었다. 특히 헌법재판소가 위헌결정을 내린 주세법상 '자도소주 구입명령제도'와 같은 대체구매의 법적 제한이 있는 경우에는 대체구매가 법적으

증감 등 다양한 요소를 종합적으로 고려하여, 관련시장의 획정에 관한 여러 대안들 가운데 가장 넓은 관련시장을 선택해야 한다. 이로써 시장지배지위남용죄의 신분성에서 불명확성이 최소화될 수 있다.

(2) **지배력** 현행법상 시장에 대한 지배력(market power)이란 "상품이나 용역의 가격·수량·품질 기타의 거래조건을 결정·유지 또는 변경할 수 있는 시장지위"(제2조 제7호)를 말한다.

1) **지배력의 추정** 현행법은 단독 점유율이 50%이상(독점 monopoly), 3개 이하의 사업자를 시장점유율 합계가 75% 이상(과점 oligopoly)일 때[42] 그 사업자들을 시장지배적 사업자로 추정하며(제4조),[43] 그러나 법원은 실질적인 시장지배(력)에 대한 판단에 따라서는 점유율에 의한 추정을 깨고 시장지배지위를 인정하지 않을 수 있고, 점유율에 의해 추정되지 않는 사업자도 시장지배지위를 인정받을 수 있다. 따라서 시장점유율은 어떤 사업자가 시장지배력이 있는지를 결정하는 필요조건도 충분조건도 아니다.[44]

2) **실질경쟁의 배제력** 시장지배성의 판단에서 중요한 점은 실질적 경쟁[45]

로 불가능한 지역을 관련시장에서 배제한다. 또한 법적 제약이나 관세 또는 운송비 부담증가와 같은 제약이 없어도 소비자들이 자도소주를 집착하는 경향이 강하면, 타도의 소주는 관련지역시장에서 배제되기 쉽다.

42) 이는 단독점유율이 30%이상, 3개 이하의 사업자 점유율 합계는 50%이상, 5개 이하의 사업자 점유율 합계는 66%이상일 때 시장지배지위를 인정하는 독일의 경우(GWB §19(3) 참조)에 비해 낮은 편이다. 미국의 법원은 전통적으로는 시장점유율이 90%이상이면 확실하게 시장지배력을 인정하고, 33% 이하이면 확실히 인정하지 않으며, 60~64% 정도에서 인정여부의 경계선을 설정한다. 이에 관해 United States v. Aluminum Co. of Am., 148 F.2d 416, 424 (2d Cir. 1945) (Hand, J.) 참조. 이렇게 볼 때 시장점유율에 의한 시장지배력 인정에서는 우리나라 법이 독일보다는 완화된 기준이지만(이 점을 비판하는 김두진, "시장지배적 지위의 남용", *한국비교사법학회* (제14권 1호, 2007), 226쪽 참조) 미국 판례보다는 다소 엄격한 기준이라고 볼 수 있다.

43) ① 이때 기업집단은 경제적으로는 단일체로 기능하기도 한다는 점에서 시장점유율을 계산할 때 하나의 기업으로 취급한다. 이 경우 모회사이든 자회사이든 모두가 또는 선택적으로 시장지배적 사업자로 취급될 수 있다(법시행령 제4조 제3항). ② 또한 공정거래위원회는 BC카드와 12개 회원은행들이 수수료율 등을 높게 유지한 공동의 행위에 대하여 시장지배지위남용을 인정함으로써(공거래위원회 의결 제2001-40호, 2001.3.28) 사실상 '경제적 행위 동일체'를 인정한 바 있다. 그러나 판례는 각 사업자들이 각자의 책임과 계산 하에 독립적으로 사업하고 있고 손익분배를 함께 하고 있지 않다면 하나의 사업자로 볼 수 없다고 본다(대판 2005.12.9, 2003두6283). 소비자의 입장에서 BC카드와 그 회원은행들은 하나의 사업자로 보이지만, 각 회원은행들은 BC카드를 취급함에도 상품과 서비스의 내용을 차별화하고 그 수익률로 차이가 나는 것이므로 하나의 사업자로 보기는 어렵다. 다만 이들의 행위를 부당공동행위(카르텔)로 바라보고 통제할 수 있다.

44) 시장점유율은 경쟁제한효과를 발생시킬 만큼의 가격을 상승시킬 수 있는 많은 능력이 있음을 나타내는 지시자가 되는 것은 아니라고 보는 Einer Elhauge, "Defining better monopolization standards", *Standford Law Journal Review* (Vol.56, 2003), 259쪽.

45) 여기서 말하는 실질적 경쟁은 오늘날 독일 경쟁제한방지법(GWB)이 사실상 목표로 삼는 비록 완전경쟁은 아니지만 '기능은 하는 경쟁'(funktionsfähiger Wettbewerb)으로도 표현할 수 있다. 이 개념을 흔히 "유효경쟁"이라고 번역한다. 예를 들면 신동권, "독일 경쟁제한방지법(GWB)상

을 배제시킬 수 있는 힘을 가지고 있는지 여부이다. 이때 경쟁이란 가격, 품질, 조건, 서비스 등 다양한 차원에서 가능하다. 공정거래위원회의 규제는 이 다양한 차원 가운데 어느 하나, 예컨대 가격경쟁을 배제시킬 수 있는 힘(power of price)만으로도 시장지배적 지위를 인정할 수 있을 것이다. 경제학적 공식으로 유명한 러너지수(Lerner index)[46]도 가격을 중심으로 시장지배력을 측정한다. 러너지수는 기업이 이윤을 최대화하는 방향으로 설정한 가격(P)에서 이윤을 최대화하는 생산수준에서의 한계비용(MC)을 빼고 이를 다시 이윤을 최대화하는 가격으로 나눈 값(L)이다. 러너지수(L)가 커지면 시장지배력이 커지며, 지수가 작아지면 시장지배력은 약화된다. 이는 수요의 가격탄력성(Ed : Elasticity of demand)과 역비례적인 부(마이너스)의 관계(L=-1/Ed)에 놓인다.

$$L=\frac{(P-MC)}{P}$$

3) 범죄신분구성적 지배력 그러나 시장지배지위남용죄로 형사처벌되기 위한 요건으로는 경쟁의 다양한 차원들[47]에서 실질적 경쟁을 배제하는 힘(전 방위의 경쟁배제)을 가져야 한다. 이는 법이 열거하고 있는 "상품이나 용역의 가격・수량・품질 기타의 거래조건"이나 시장지배력판단에서 고려해야 할 요소들인 "시장점유율, 진입장벽의 존재 및 정도, 경쟁사업자의 상대적 규모 등"의 구문론적 관계를 모두 '또는'(∨)이 아니라 '그리고'(∧)의 관계로 이해하는 것이다. 즉, 경쟁사업자의 규모[48]가 상대적으로 매우 작고, 진입장벽[49]도 존재하며, 아울러 시장지배력을 추정하는 점유율 이상인 사업자로서[50] 가격・수량・품질

의 시장지배 개념", *경쟁저널* (통권 제110호, 2004), 14쪽 참조.

46) Abba Lerner, "The Concept of Monopoly and the Measurement of Monopoly Power", *The Review of Economic Studies* (1 (3), 1934), 157~175쪽.

47) 러너지수로 측정되는 시장지배력에서 가격(P)은 상품의 가격만이 아니라 '장기적으로는' 수량이나 품질도 포함한 개념일 수 있다. 이윤을 최대화하는 수량(출고조절)은 결국 이윤을 최대화하는 가격을 전제할 수밖에 없고, 품질도 그 좋고 나쁨의 변화에 따라 이윤을 최대화하는 가격의 설정을 변화시킬 것이기 때문이다. 그러나 '단기적으로는' 가격은 수량과 품질과 구분되어 이윤극대화의 방향으로 설정될 수 있다.

48) 이를 판단함에는 "(1) 경쟁사업자의 시장점유율 (2) 경쟁사업자의 생산능력 (3) 경쟁사업자의 원재료 구매비중 또는 공급비중 (4) 경쟁사업자의 자금력"을 고려한다.(「시장지배적지위 남용행위 심사기준」(2009) Ⅲ.3.나 참조)

49) 이에는 (1) 법적・제도적인 진입장벽의 유무 (2) 필요 최소한의 자금규모 (3) 특허권 기타 지식재산권을 포함한 생산기술조건 (4) 입지조건 (5) 원재료조달조건 (6) 유통계열화의 정도 및 판매망 구축비용 (7) 제품차별화의 정도 (8) 수입의 비중 및 변화추이 (9) 관세율 및 각종 비관세장벽 등이 고려된다.(「시장지배적지위 남용행위 심사기준」(2009) Ⅲ.2.나 참조)

50) 시장점유율(market share)만으로는 시장지배력을 파악할 수 없지만, 시장점유율은 수요의 가격탄력성, 공급의 가격탄력성에 대해 효과를 미친다고 본 William M. Landes; Richard A. Posner, "Market Power in Antitrust Case", *Harvard Law Review* (Vol. 94, No.5, 1981),

기타의 거래조건에서 실질경쟁의 배제력[51]을 갖는 경우만을 시장지배지위남용죄의 신분자로 인정하는 것이다. 예컨대 시장점유율이 매우 낮지만 정보의 비대칭 등에 터 잡아 소비자보호를 외면함으로써 얻을 수 있는 시장지배력[52]만으로는 시장지배지위남용죄의 신분성을 인정하지 않는다.

2. 부 당 성

시장지배지위남용죄는 시장지배적 사업자가 그 지위를 이용하는 행위가 부당한 것이어야 한다. 부당성은 시장지배지위남용죄의 요건 가운데 가장 불명확하면서도 가장 핵심적인 요소이다. 이 "부당하게"의 표지를 제외하면 시장지배지위남용행위는 외형상 통상적인 사업활동의 형태와 같기 때문이다.

(1) **부당성 개념의 이율배반성** 부당성 개념의 불명확성은 그 개념의 이율배반적 의미구조에서 비롯된다. 즉, 한편으로는 부당성 개념은 경쟁제한행위를 구성하는 개념표지이지만 동시에 경쟁제한효과와 어떤 방식으로든 관련지어져야 한다. 만약 그렇지 않다면 불법유형에서 시장지배지위남용죄(제3조의2)와 개별불공정거래행위죄(제23조)의 차이가 사라지기 때문이다.[53] 그러나 다른 한편, 부당성 개념은 경쟁제한효과의 유발여부에 의해 그 실질이 판단・결정되어서도 안된다. 왜냐하면 그렇게 되면 순환논증(선결문제요구)의 오류에 빠지기 때문이다. 물론 이와 같은 부당성 개념의 이율배반성이 법시행령의 문언인 "정당한 이유없이"에 의해 해소되는 것은 아니다. "정당한 이유없이"는 법률의 문언인 "부당하게"를 더 구체화하는 것은 아니라 단지 동어반복일 뿐이다. 법시행령은 부당한 남용행위의 실행유형을 더 구체화할 뿐이고, "부당하게"의 의미를 구체화하는 것은 아니다.

(2) **논증과 결정의 차원구분** 부당성의 이와 같은 이율배반적 요구를 충족시킬 수 있는 방법은 부당성의 판단에 대한 이유를 설명하는 차원과 그런 판단

937~996쪽, 특히 946쪽 아래 참조.

51) 이런 실질경쟁의 배제력을 판단함에는 시장봉쇄력(원재료의 구매비율이나 공급비율이 시장지배자 추정 시장점유율 이상일 때), 자금력, 신기술개발능력, 산업재산권 보유량, 거래선변경의 가능성 등을 고려해야 한다.

52) 이에 관해 Robert H. Lande, "Market Power Without A Large Market Share: The Role of Imperfect Information and other 'Consumer Protection' Market Failures", *American Antitrust Institute Working Paper* (No. 07-06, 2007), 5쪽 아래 참조.

53) 대판 2007.11.22, 2002두8626은 같은 견해를 취하고 있으나 박시환 대법관의 반대의견은 두 조항의 목적을 동일한 것으로 바라본다.

을 실질적으로 가져온 힘의 차원을 구별하는 것이다. 법이론적인 용어로는 앞의 차원은 '논증'(Argumentation)의 차원으로, 뒤의 차원은 '결정'(Entscheidung)의 차원으로 개념화할 수 있다. 이런 차원의 구분을 시장지배자가 경쟁자를 시장에서 축출하기 위해 하는 가격덤핑(약탈적인 가격설정 predatory pricing)을 예로 들어 설명해보자. 가격덤핑이란 그 상품거래에서 적자를 감수하면서까지 경쟁사업자의 상품가격보다 현저하게 낮은 가격으로 판매하는 행위이다. 바꿔 말하면 자신은 버틸만 하지만, 경쟁자는 버티기 어려운 출혈경쟁을 하는 것이다. 이러한 행위가 부당한 것은 충돌하는 당사자들의 이익을 비교형량하여,[54] 지배자의 이익이 우월적 이익이 아니라는 가치판단에 의해 논증(줄임말: '가치논증') 되거나 시장지배자의 경영효율성(능률)을 높이는 것과 무관한 행위이므로 부당한 행위라고 논증(줄임말: '효율성논증')될 때 가능하다. 그러나 두 가지 논증은 서로 충돌할 수 있다. 출혈경쟁은 궁극에는 경영효율성을 촉진하기 위한 것이므로 부당하지 않은 반면, 그것에 의해 견디지 못하는 경쟁사업자의 이익은 지배자의 이익만큼이나 보호되어야 한다는 점에서 부당한 것이 될 수 있다.

(3) 비신사성의 결정 여기서 출혈경쟁을 부당한 행위로 규정하는 실질적인 힘은 그처럼 충돌하는 가치논증이나 효율성논증 사이를 선택하게 만드는 더 높은 차원에 놓이게 된다. 그 차원은 시민들의 법의식이다.

1) 공통된 도덕적 직관으로서 비신사성 이를테면 출혈경쟁이라는 경쟁행위[55]는 '비신사적'이라는 '공통된 도덕적 직관'[56]으로부터 그 행위의 부당성이 판단된다. 이와 같이 시장에서 경쟁의 부당성을 구성하는 도덕적 직관으로서 비신사성은 게임에서 비신사적 행위에 비유될 수 있다. 공정거래위원회가 제정·운영하고 있는 「시장지배적지위 남용행위 심사지침」이 목록화한 남용행위의 세부 유형 및 기준행위들은 이런 의미의 비신사적 행위[57]들을 목록화한 것

54) 이런 입장으로 유진희, "시장지배적 지위의 남용금지", *경영법률연구총서* (제15권, 2004), 134쪽.

55) 출혈가격경쟁은 독일에서도 부당성이라는 일반조항적 개념의 불명확성을 극복하고 명확하게 적용할 수 있는 사례군에서 정립된 예이다. 이에 관해 Christian Müller-Gugenberger, *Wirtschaftstrafrecht, 3. Auflage* (Aschendorff Rechtsverlag, 2000), §57-42 참조.

56) 이는 '원인규제주의'가 아니라 '폐해규제주의'를 채택하고 있는 우리나라 법에서 마치 미국의 반독점법이 미국 헌법상의 이념인 '견제와 균형'에 따라 사적 경제적 권력에 대한 법적 견제에 대한 미국시민들의 신뢰(이에 관해 자세히는 A. D. Neale and D.C. Goyder, *The Antitrust Laws of the United States* (Cambridge University Press, 1980) 참조)에 기초한다는 설명(윤보옥, 셔먼법에 관한 연구, 서울대학교 박사학위논문 (1985), 147~150쪽 참조)과 일맥상통한다. 한국시민들의 신뢰는 법이 비신사적이라고 말할 수 있는 부도덕한 사업행위를 시장지배적 사업자들이 하지 못하게 한다는 점에 향해 있는 것이다.

이라 할 수 있다.

몇 가지 비신사적 행위의 유형을 들어 보자. ① 상품의 가격을 높게 결정하는 행위는, 예컨대 구매자를 현혹할 만큼 판촉활동을 하기 위해 일반관리비나 영업외비용을 과도하게 사용하는 비신사적 사업행위이기 때문에, 부당한 행위가 되는 것(제3조의2 제1항 제1호 해당)이며, ② 원재료가 되는 상품의 공급량을 감소시키는 행위는, 예컨대 자신은 그 원재료를 이용하여 관련 제품을 생산하면서 다른 사업자에게는 원재료 공급을 감소시키는 비신사성 때문에, 부당한 행위가 되는 것(동항 제2호 해당)이며, ③ 어떤 직원을 채용함으로써 다른 사업자의 사업활동을 방해하는 행위는, 예컨대 그 직원이 다른 사업자의 사업활동에 없어서는 안 될 기술요원인데 그를 고액연봉의 유혹으로 스카우트해가는 비신사성 때문에, 부당한 행위가 되는 것(동항 제3호)이며, ④ 원자재 구입을 현저히 증가시켜 신규사업자가 필요한 원자재 구입을 어렵게 만드는 행위가 부당한 행위가 되는 것(동항 제4호)은 그런 행위의 비신사성 때문이며, ⑤ 통상거래가격에 비하여 낮은 대가로 공급하거나 높은 대가로 구입하여 경쟁사업자를 배제시킬 우려가 있는 행위가 부당한 행위가 되는 것(동항 제5호 전단)도 바로 그 행위의 비신사성 때문이다.

도표 30 시장지배지위남용죄에서 부당성의 논증구조

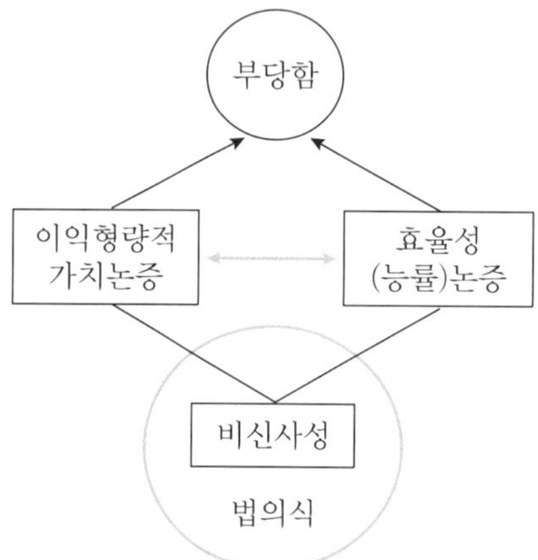

물론 비신사성의 기준이 시장과 완전히 무관한 도덕관련적 법의식으로 이해되서는 안된다. 왜냐하면 부르조아들, 서구의 자유자본주의체제에서 재산과 교양을 갖춘 시민들은 자유시장의 조정기능에 대한 신뢰 속에서 새로운 질서를 형성했는데, 이때 시장의 조정기능을 훼손하는 것은 부르조아들이 도덕적 품성으로서 신사성을 저버리는 것이기 때문이다. 또한 시민의 도덕적 품성으로서의 신사성은 시장에 참여할 때 다양한 모습으로 전개될 수 있다. 시장지배지위남용금지는 주로 시장의 강자가 약자들에게 해야할 배려의 요청이라는 도덕적 품성에 관계한다.

2) 비신사성의 논증한계 여기서 주의할 점은 비신사성은 논증언어[58]가 아

57) 이처럼 신사성(과 숙녀성)은 법의 규범적 기획을 실현하는 인간행위의 특성으로 파악하는 이상돈·민윤영, *법정신분석학입문* (법문사, 2010), 236쪽 참조.

니며, 결정의 차원에서 작동하는 공통된 도덕적 직관 형성의 구심점이 되는 법의식이라는 점이다. 그러므로 비신사성에 따른 결정은 합리적 논거에 의해 그 타당성이 설명되어야 하며, 이 설명은 가치논증이나 효율성논증의 형태를 띠게 된다. 그러나 이런 논증에 의해 비신사성의 판단이라는 결정의 차원이 제거되거나 대체되는 것은 아님에 주의를 요한다.

가령 "다른 사업자의 사업활동을 부당하게 방해하는 행위"(법 제3조의2 제1항 제3호), 이를테면 "정당한 이유없이 다른 사업자의 상품 또는 용역의 생산 · 공급 · 판매에 필수적인 요소의 사용 또는 접근을 거절 · 중단하거나 제한하는 행위"(법 시행령 제5조 제3항 제3호)를 예로 들자. ① 이때 비신사성(부당성, 정당한 이유 없음)은 예컨대 "필수요소를 제공하는 사업자의 투자에 대한 정당한 보상이 현저히 저해되는 경우"나 "기존 사용자에 대한 제공량을 현저히 감소시키지 않고서는 필수요소의 제공이 불가능한 경우"(「시장지배적지위 남용행위 심사지침」 Ⅳ.3.다.(4) 참조) 등이 아니었는지, 그러니까 일종의 효율성논증의 형태로 판단된다. ② 이런 효율성논증은 예컨대 "정당한 보상이 현저히 저해"되는 경우가 언제인지는 다시금 — 사업자의 입장에서 합리적 경영판단으로 볼 때 — 무엇이 현저히 저해되지 않는 정당한 보상인지에 대한 가치판단에 의해 좌우되고, 이 가치판단은 다시금 사업자가 원하는 보상수준의 (비)신사성에 대한 공감에 기초하게 된다. 정당한 이유의 판단은 이처럼 비신사성이 일종의 선이해로 작동하는 해석학적 순환에서 빠져나올 수 없다.

3) 형사불법으로서 현저한 비신사성 시장지배자의 비신사적인 사업행위가 시장지배지위남용죄에 해당하려면 그 비신사성은 현저한 것이어야 한다. 출고조절행위의 예로 설명해보자. 상품의 수급을 조절하는 기능은 시장의 조정기능 가운데 가장 대표적인 기능이다. 경쟁시장에서는 사업자들의 출고조절에 따라 시장의 수급변화가 일어나지만, 사업자들은 인식가능한 시장의 수급변화를 고려하고 자신의 수익을 극대화하는 방향으로 출고를 조절하려고 한다. 그렇기에 출고조절은 수익을 극대화하려는 사업자들의 정상적인 경영행위이다. 그러나 출고조절이 수요와 공급을 조절하는 시장의 조정기능을 위태롭게 하는 정도인 경우에는 비신사적 성격을 띠게 될 수 있다. 이럴 경우 그 행위는 경쟁법적 제재의 대상이 될 수 있다. 이를테면 상품의 수급상황, 원자재 조달이나 생산능력의 상황을 고려해볼 때 출고조절행위가 통상적인 수준을 지속적으로 벗어나

58) 물론 이 불명확성은 비신사성을 논증언어로 바라보아도 그것은 가치충전을 필요로 하는 개념으로서 일반조항적인 개념인 부당성보다는 덜 불명확한 것이다.

는 경우에는 시장의 조정기능을 훼손하는 것이 된다. 하지만 이런 인위적 조정도 장기화되면 결국에는 시장의 조정기능이 다시금 작동하게 된다. 시장은 인위적인 출고조절을 어렵게 만드는 반응(예: 다른 대체상품의 수급변화, 소비자운동에 의한 경영악화 등)을 보이기 때문이다. 그러므로 보통의 인위적인 출고조절행위는 중·단기적으로는 경쟁법적 제재의 대상이 되지만 장기적으로는 형사불법이 되기에 부적합하다. 시장의 조정기능이 형벌보다 더 효과적으로 그런 행위를 통제할 것이기 때문이다. 따라서 상품의 수급상황, 원자재 조달이나 생산능력의 상황을 고려해볼 때 현저하게 인위적인 출고조절행위만이 '중·단기적으로' 형사불법의 성격을 띨 수 있다. 여기서 출고조절행위가 형사불법을 띠려면 중·단기적으로 일반소비자들에게 예컨대 매점매석에 대한 도덕적 반감과 유사한 법감정을 불러일으키고, '정말 해도 너무한다', '정말 치사하다'와 같은 언어로 서술될 수 있을 정도로 현저히 인위적인 것이어야 한다.

(4) 형사불법적 부당성의 소극적 요소로서 적정수익률 형사불법의 요소가 되는 부당성은 경쟁제한행위가 단지 경쟁제한효과의 적성을 가졌다는 '행위반가치'(Handlungsunwert)만으로는 충분하지 않고, '결과반가치'(Erfolgsunwert)도 구비한 것이어야 한다. 이 점은 부당성 이외의 행위표지들(예: 출고조절행위)은 이익극대화를 추구하는 통상적인 사업활동과 경계 짓기가 매우 어렵다는 점을 고려할 때 더욱 그러하다. 부당성의 결과반가치적 요소란 부당한 사업활동을 통해 '폭리', 즉 "현저하게 부당한 이익"(형법 제349조 제1항)까지는 아니더라도 '폭리를 향해가는 수익률'을 거두어들이는 것을 말한다. 예컨대 사업자의 높은 가격설정이 형사불법의 질을 갖는 착취행위가 되려면 그 가격설정의 비신사성 이외에 그 가격설정을 통해 기업이 얻은 이익이 적정수익률[59]을 현저히 넘어서는 것이어야 한다.[60] 적정수익률의 유지는 그 기업과 해당 산업의 건전성을 유지하는 데 필요하고, 장기적으로 보면 이는 다시금 소비자의 후생으로 이어질 수 있기 때문이다. 따라서 기업의 매출총액에서 기업이 실제로 지출한 총비

59) 적정수익률의 대용지수로서 각 산업별 평균수익률을 사용할 수도 있을 것이다.

60) 이와 비슷한 판단기준으로 유럽공동체법원(EuGH)의 Chiquita사건(이에 관해 자세히는 Beutler/Bieber/Pipkorn/Streil, *Die Europäische Union – Rechtsordnung und Politik, 5. Auflage* (Baden-Baden, 2001), 343~345쪽 참조)에서 실제의 생산비용 이외에 그 기업의 다른 사업, 특히 다른 투자에 필요한 재정을 조달하는 정도의 수익률을 달성케 하는 판매가격도 여전히 '적절한 가격'이 되고, 남용행위도 인정되지 않는다(Sammlung der Rechtsprechung des EuGH 1978, 207, 305쪽 참조).

용과 R&D 비용, 기타 재정건전성유지를 위해 비축할 필요가 있는 자본규모를 빼고 남은 이익의 매출총액 대비 비율(이하 수익률)이 적정한 수준[61]을 현저히 초과하는 것일 때에만 형사불법으로서 부당성을 인정해야 한다. 물론 적정수익률은 그 기업이 지배하는 시장의 산업적 특성(예: 고위험성여부, R&D의 중요성정도 등)이나 국제경영환경 등에 따라 가변적일 수 있다. 하지만 적어도 시장지배지위를 이용한 행위가 중・단기적으로 적자를 면하기 위한 조치였다면, 그것만으로도 이미 그 행위는 남용행위가 아니라 산업건전성을 유지하기 위해 불가피한 행위가 된다.

[대두유 출고조절사건] H 회사는 S 주식회사가 100% 출자한 회사로서, 원료를 수입해서 대두유를 제조판매하는 회사이며, 대두유시장에서 시장지배적 사업자이다. 1997.12. 환율급등으로 대두유원료의 수입비용은 급등했고, 가격인상에 대한 불안심리에 대두유의 수요가 증가하는 상황에서 H 회사의 대표 甲은 대두유의 출고량을 오히려 줄이기로 하였다. 이에 따라 1997.12.8.~12.16.까지 H 회사의 대두유제품출고량은 그 직전기간인 12.1.부터 12.6.까지의 일일평균판매량(229톤) 기준으로 38.3%, 그 직후인 12.17.~12.31.까지의 일일평균판매량(545.9톤)의 16%에 불과한 약 87톤으로 현저히 낮추었고, 재고량은 2배 이상 증가(894톤에서 2202톤)시켰다. 또한 12.18.에는 대두유 1.8L당 가격을 16.9% 인상하였고, 1998.1.12. 다시 13.7% 인상하였다. 이에 따라 대두유 판매의 경상이익률이 1997.11월에 -0.09%이었던 것이 12월에는 3.1%로 올랐으며, 1998.1월에는 8.9%로 올랐다. ① 공정거래위원회는 H 회사의 이런 "부당한 출고조절행위는 그 위반의 정도가 객관적으로 명백하고 중대하여 경쟁질서를 현저히 저해한 것"으로 판단하였다.[62] 또한 H 회사는 S 회사의 판매부서 역할을 수행하고 있으므로 H 회사의 출고조절행위는 S의 행위가 된다고 보고, S 회사에 3억여 원의 과징금을 부과하였고, S 회사와 행위자 甲을 고발하였다. ② 그러나 출고조절행위는 시장지배지위남용죄(특히 부당성)의 성립을 근거 짓는 (적극적) 요인으로 (설수요 등으로 인한) 높은 가격으로 판매하기 위한 전략적 선택, 출고조절로 인한 매출실적과 경상이익률의 현저한 증가 등과 시장지배지위남용죄을 탈락시키는 (소극적) 요인으로 "불가피한 경영상의 이유"[63] 등을 종합적으로 형량하여야 한다. ③ 특히 적자를 탈출하기 위한 전략의 일환으로 이루어진 출고조절행위는 형사불법을

61) 이는 한국표준산업분류에 의할 때 시장지배적 사업자가 속한 업종과 동종업종 및 유사업종의 평균수익율을 기준으로 정할 수 있을 것이다. 적정수익률을 현저히 초과하게 만드는 가격결정은 그것에 기초가 되는 비용계산에서 특히 판매비와 일반관리비의 지출을 정당한 이유 없이 과다하게 지출하는 경우(법시행령 제5조 제1항 제2호)를 들 수 있다.

62) 공정거래위원회 1998.11.4, 9808독관1302(전원회의 의결 제98-252호) 참조.

63) 공정거래위원회 1998.11.4, 9803독관0299의 심결이유 참조.

근거지을 정도로 부당한 사업활동이라고 보기는 어렵다.

3. 유 형 성

경쟁법의 이상에서 보면 시장지배적 사업자의 모든 부당한 행위를 규제해야 하지만 그 행위의 경쟁제한효과에 대한 판단의 불확실성으로 인해 자칫 과잉규제가 행해지기 쉽다. 과잉규제를 예방하는 방법은 시장지배지위남용죄의 실행행위를 공론을 통하여 합의가능한 범위에서 최대한 유형화하여 그것을 실행행위로 미리 정해 놓는 것이다.

(1) **실행행위의 유형설정** 현행 법률은 그런 유형으로 5가지를 규정하고 위임입법(제3조의2 제2항)에 의해 법시행령에 13가지로 더 구체화하고 있다.

1) **현행법상의 남용행위유형** 도표 31은 시장지배지위남용행위의 현행법상 유형을 정리하고 있다. 시장지배지위 남용행위는 다른 사업자의 경쟁가능성을 침해하는 행위(방해행위)와 실질경쟁에서 요구할 수 없는 가격이나 거래조건을 요구하는 행위(착취행위)로 나뉜다.

2) **명확성의 증가와 보충성의 실현** 이런 유형화는 시장지배지위남용에 대한 규제법규의 명확성(Bestimmtheit)을 증가시킨다. 이런 증가는 헌법의 요청으로서 규제법규가 가져야 할 명확성뿐만 아니라 죄형법정주의를 실현하기 위한 전제조건을 충족시키게 된다. 그러나 다른 한편 이런 유형화는 규제의 단편성을 초래한다. 이 단편성은 형법(시장지배지위남용죄)의 (비형사법규에 대한) 보충성을 실현한다는 점에서는 정당하다. 그렇지만 이로 인해 경쟁법적으로는 규제의 흠결을 초래할 수도 있다. 이를테면 현행 남용행위의 유형에서 빠져 있는 '수요 면에서'의 시장지배지위남용행위에 대한 규제는 과소규제가 된다.[64)]

3) **위임입법에 의한 실행행위유형의 정립** 그런데 시장지배지위남용행위의 유형을 정하는 위임입법은 다른 위임입법과는 좀 다른 특성을 갖는다. 법률의 5가지 유형은 대체로 시장지배지위남용죄의 불법유형(Unrechtstypus)의 대강만을 서술하고 있다. 이 대강의 서술은 그 자체로서 명확성원칙에 위반하는 것은 아니다. 입법자의 형법적 규율기획[65)]은 입력이 되어 있기 때문이다. 그럼에도 불

64) 같은 인식으로 권오승, "시장지배적 지위의 남용금지", *인권과 정의* (제234호), 52쪽.

65) 형벌법규의 명확성원칙 위배여부를 판단하는 기준으로 입법자의 규율기획을 제안하는 이상돈, *형법강의* (법문사, 2010), §2-47; 입법자의 규율기획은 결정프로그램(Entscheidungsprogramm)으로 표현되기도 하고(Winfried Hassemer, *Alternativkommentar zum StGB*, Bd.1

‖도표 31‖ 시장지배지위 남용행위의 유형

행위	법률 제3조의2 제1항	법시행령 제5조
★ 착취	★ 상품의 가격이나 용역의 대가를 부당하게 결정·유지 또는 변경하는 행위(제1호)	★ 정당한 이유 없이 상품의 가격이나 용역의 대가를 수급의 변동이나 공급에 필요한 비용(동종 또는 유사업종의 통상적인 수준의 것에 한한다)의 변동에 비하여 현저하게 상승시키거나 근소하게 하락시키는 경우(제1항)
• 방해	• 상품의 판매 또는 용역의 제공을 부당하게 조절하는 행위(제2호)	• 정당한 이유 없이 최근의 추세에 비추어 상품 또는 용역의 공급량을 현저히 감소시키는 경우(제2항 제1호)
		• 정당한 이유 없이 유통단계에서 공급부족이 있음에도 불구하고 상품 또는 용역의 공급량을 감소시키는 경우(제2항 제2호)
• 방해	• 다른 사업자의 사업활동을 부당하게 방해하는 행위(제3호)	• 정당한 이유 없이 다른 사업자의 생산활동에 필요한 원재료 구매를 방해하는 행위(제3항 제1호)
		• 정상적인 관행에 비추어 과도한 경제상의 이익을 제공하거나 제공할 것을 약속하면서 다른 사업자의 사업활동에 필수적인 인력을 채용하는 행위(제3항 제2호)
		• 정당한 이유 없이 다른 사업자의 상품 또는 용역의 생산·공급·판매에 필수적인 요소의 사용 또는 접근을 거절·중단하거나 제한하는 행위(제3항 제3호)
		• 제1호 내지 제3호외의 부당한 방법으로 다른 사업자의 사업활동을 어렵게 하는 행위로서 공정거래위원회가 고시하는 행위(제3항 제4호)
• 방해	• 새로운 경쟁사업자의 참가를 부당하게 방해하는 행위(제4호)	• 정당한 이유 없이 거래하는 유통사업자와 배타적 거래계약을 체결하는 행위(제4항 제1호)
		• 정당한 이유 없이 기존사업자의 계속적인 사업활동에 필요한 권리 등을 매입하는 행위(제4항 제2호)
		• 정당한 이유 없이 새로운 경쟁사업자의 상품 또는 용역의 생산·공급·판매에 필수적인 요소의 사용 또는 접근을 거절하거나 제한하는 행위(제4항 제3호)
		• 제1호 내지 제3호외의 부당한 방법으로 새로운 경쟁사업자의 신규진입을 어렵게 하는 행위로서 공정거래위원회가 고시하는 행위(제4항 제4호)
• 방해 (전단)	• 부당하게 경쟁사업자를 배제하기 위하여 거래하거나(제5호 전단)	• 부당하게 상품 또는 용역을 통상거래가격에 비하여 낮은 대가로 공급하거나 높은 대가로 구입하여 경쟁사업자를 배제시킬 우려가 있는 경우(제5항 제1호)
		• 부당하게 거래상대방이 경쟁사업자와 거래하지 아니할 것을 조건으로 그 거래상대방과 거래하는 경우(제5항 제2호)
★ 착취 (후단)	★ 소비자의 이익을 현저히 저해할 우려가 있는 행위(세5호 후단)	

(Luchterhand 1990, §1, Rn.20), 규범프로그램(Normprogramm)으로 표현되기도 한다(Müller, *Juristische Methoditik* (Berlin, 1976), 116쪽 아래 참조).

구하고 법률의 5가지 불법유형은 시장지배지위남용죄의 '실행행위' 유형을 설정하고 있다고 보기는 어렵다. 넓은 의미에서는[66] 백지형법(Blankettnorm)이라고 부를 수 있다. 시장지배지위남용죄의 '실행행위'의 유형은 행정부가 법시행령에 의해 설정하고, 법률의 5가지 불법유형은 이 유형화에 있어 단지 안내기능을 수행할 뿐이기 때문이다.

(2) **법다원주의적 입법** 이런 점에서 시장지배지위남용죄(의 실행행위)의 위임입법은 법률이 규정한 실행행위의 의미를 해석하는 행위라는 차원을 넘어 실행행위유형을 실질적으로 입법하는 차원에 도달해 있다.

1) **법형성권한의 다원화** 즉, 시장지배지위남용죄의 불법을 구성하는 주체를 의회로부터 실질적으로 경쟁정책을 수행하는 행정부로 이행시키는 것이다. 이로써 법규범의 민주성이 약화되고, 전문성이 강화된다. 그러나 이와 같은 법생산권한의 분권화는 법이란 과정으로서 법(law as process), 즉 다원적인 주체들 사이의 소통적인 '과정' 속에서 비로소 형성되는 것이라는 법다원주의의 흐름[67]에 부합한다. 이를 증명이라도 하듯 시장지배지위남용죄의 실행행위의 유형은 위임입법에 의해서 뿐만 아니라 행정에이젼시인 공정거래위원회의 심사지침에 의해서도 정립된다. 심사지침은 주로 시행령이 정립한 실행행위유형의 해석기준을 마련하는 것이지만, 때때로 더 구체적인 실행행위의 유형을 설정하기도 한다. 대표적인 예를 들면 도표 32와 같다.

2) **법다원주의적 이해와 죄형법정주의** 법다원주의의 이해에서 보면 공정거래위원회도 의회와 정부와 함께 공정거래(형)법을 형성하는 주체가 된다. 이렇게 보면 가령 심사기준이 더 구체적인 실행행위의 유형을 설정하고 있는 경우에 시장지배지위남용죄는 그 유형들에 한정되어 적용되어야 한다. 사법기관도 이를 존중해야 한다. 이런 존중은 공정거래위원회의 전문성을 존중하지 않고는 형법을 통한 공정거래질서의 확립이 경제적으로는 시장의 자유와 조정기능을 해치게 되는 부작용이 발생할 수 있다는 통찰에서 비롯된다. 다만 전통적인 법이해, 법의 단계적 효력관계를 중시한다면 사법기관은 물론 심사기준에 유형화

---

66) 이런 Klaus Tiedemann의 입장에 대해서는 Ulrich Immenga/Ernst-Joachim Mestmäcker (Hg), *GWB - Kommentar zum Kartellrecht, 2.Auflage* (1992), vor §38, 방주 18쪽 아래 참조.

67) 이에 관해서 이상돈, *기초법학 제2판* (법문사, 2010), 586~593쪽; Gunther Teubner, "Globale Bukowina zur Emergenz eines transnationalen Rechtspluralsmus", *Rechtshistorisches Journal* (1996), 255쪽 참조.

도표 32 공정거래위원회에 의한 시장지배지위남용죄 법규범의 형성 예시

<table>
<tr><td rowspan="6">다른 사업자의 사업활동을 어렵게 하는 행위 (시행령 제5조 제3항 제4호)</td><td>• 부당하게 특정사업자에 대하여 거래를 거절하거나 거래하는 상품 또는 용역의 수량이나 내용을 현저히 제한하는 행위</td><td rowspan="6">심사 지침 Ⅳ. 3.라</td></tr>
<tr><td>• 거래상대방에게 정상적인 거래관행에 비추어 타당성이 없는 조건을 제시하거나 가격 또는 거래조건을 부당하게 차별하는 행위</td></tr>
<tr><td>• 부당하게 거래상대방에게 불이익이 되는 거래 또는 행위를 강제하는 행위</td></tr>
<tr><td>• 거래상대방에게 사업자금을 대여한 후 정당한 이유없이 대여자금을 일시에 회수하는 행위</td></tr>
<tr><td>• 다른 사업자의 계속적인 사업활동에 필요한 소정의 절차(관계기관 또는 단체의 허가, 추천 등)의 이행을 부당한 방법으로 어렵게 하는 행위</td></tr>
<tr><td>• 지식재산권과 관련된 특허침해소송, 특허무효심판 기타 사법적·행정적 절차를 부당하게 이용하여 다른 사업자의 사업활동을 어렵게 하는 행위</td></tr>
<tr><td rowspan="4">새로운 경쟁사업자의 신규진입을 어렵게 하는 행위 (시행령 제5조 제4항 제4호)</td><td>• 정당한 이유없이 신규진입 사업자와 거래하거나 거래하고자 하는 사업자에 대하여 상품의 판매 또는 구매를 거절하거나 감축하는 행위</td><td rowspan="4">심사 지침 Ⅳ. 4.라</td></tr>
<tr><td>• 경쟁사업자의 신규진입에 필요한 소정의 절차(관계기관 또는 단체의 허가, 추천 등)의 이행을 부당한 방법으로 어렵게 하는 행위</td></tr>
<tr><td>• 당해 상품의 생산에 필수적인 원재료(부품, 부자재 포함)의 수급을 부당하게 조절함으로써 경쟁사업자의 신규진입을 어렵게 하는 행위</td></tr>
<tr><td>• 지식재산권과 관련된 특허침해소송, 특허무효심판 기타 사법적·행정적 절차를 부당하게 이용하여 경쟁사업자의 신규진입을 어렵게 하는 행위</td></tr>
</table>

되지 않은 행위도 시장지배지위남용죄의 실행행위유형으로 인정할 수 있을 것이다. 그러나 이와 같은 전통적인 법이해를 따르는 경우에도 공정거래위원회의 심결과 형사고발결정은 스스로 정립한 심사기준을 변경하기 전까지는 그 기준에서 유형화한 실행행위에 한정하여 시장지배지위남용행위를 인정해야 한다. 이 점은 형법이 전문화되고, 그 전문형법의 생산권한이 다원화되는 현대사회에 요구되는 죄형법정주의의 새로운 모습이라고 할 수 있다. '법률 없이는 범죄도

없고 형벌도 없다'는 '공정거래위원회의 고시(에 특정된 시장지배지위남용행위) 없이는 범죄(시장지배지위남용죄)도 없고 형벌도 없다'로 확장되는 것이다.

4. 의 도 성

시장지배지위남용죄의 불법은 사업자가 경쟁제한효과의 적성이 있는 경쟁제한행위를 하고 있다는 점을 인식하고 의욕했어야 한다. 여기서 시장지배지위남용죄의 고의는 최강도의 고의, 즉 의도(intent, Absicht)의 수준에 달할 것이 요구된다.

(1) 시장지배지위남용의 악의 미국에서 시장지배지위남용죄의 고의를 표현하는 개념으로 사용되는 악의(wrongful intent)도 이런 의도성을 전제한다. 그러나 악의의 개념에는 도덕적·정서적 요소로서 '나쁜'(wrongful)이란 의미소(意味素)가 부가되어 있다. 이 개념은 시장지배지위남용죄의 고의를 더욱 좁게 설정한다. 물론 '나쁜', '악한'이란 가치충전을 필요로 하는 개념이다. 그러므로 경쟁제한효과를 발생시킬 적성이 있는 행위를 의도하는 내면의식의 '어떤' 상태가 '나쁜' 내면의식인지는 구체적 사안의 특성을 고려하여 결정될 수밖에 없다.

1) 나쁜 의도의 사용규칙례 하지만 어떤 사례군에서는 나쁜 의도라는 개념의 사용규칙을 세워볼 수도 있다. 예를 들어 현존(경쟁)상태의 유지(status quo)를 목적으로 하는 의사는 단순한 '의도'로 개념화할 수 있는 반면, 현존상태를 깨고, 더욱 경쟁을 제한하는 것을 목적으로 하는 의사는 '나쁜 의도'라고 개념화할 수 있다.

> [열연코일 거래거절사건] P(회사)는 우리나라에서는 유일의 일관제철회사로서 시장지배적 사업자이다. 국내 자동차시장의 독점적 사업자의 계열사인 H(회사)는 냉연강판공장을 완료하여 냉연강판시장에 새롭게 진입함으로써 P와 경쟁관계에 들어서게 되었다. H는 공장 완공 전후로 시험가동이나 제품생산을 위하여 P에게 수차례에 걸쳐 냉연용 열연코일의 공급을 요청하였으나 P는 이를 받아들이면 최종제품인 자동차냉연강판의 판매에서 H의 원료공급업체가 될 것을 우려하여 거절하였다. 하지만 P는 H가 냉연강판시장에 진입하기 이전의 기존 냉연강판 제조업체에게는 계속 냉연용 열연코일을 공급하였다. H는 할 수 없이 일본에서 열연코일을 수입하여 냉연강판을 생산·판매하였고, 정상조업을 개시한 이후 수년간 지속적으로 순이익을 올렸다. 또한 P의 거절 이후에도 생산량이 감소되거나 가격이 상승되지 않았으며, H의 진입으로 냉연강판시장의 규모가 확대되었을 뿐이다.

① 대법원은 P에게 시장지배적 사업자 지위를 인정하고, P의 거래거절로 가격상승 등의 효과가 발생하지 않았다는 점에서 경쟁제한효과는 인정하지 않았으며, 경쟁제한의 효과가 생길 만한 우려가 있는 경우에는 그에 대한 의도나 목적이 입증되어야 하는데 P는 단지 기존의 내연강판시장의 틀을 유지하겠다는 것이어서 시장지배지위남용을 한 것이 아니라고 보았다.[68] ② 그러나 P는 냉연코일을 공급한다고 해서 — 비록 H의 대주주가 우리나라 자동차시장의 독점사업자라고 하더라도 — H의 원료공급업체가 되는 것이 아니라 자동차용 냉연강판시장의 경쟁관계에 본격적으로 들어가게 되는 것을 막기 위한 것이므로 경쟁제한의도(독점유지의도)는 있는 것이며, 또한 P와 H가 자동차용 냉연강판에서 경쟁을 펼쳤으면 자동차용 냉연강판의 가격하락(과 아울러 자동차의 가격하락)이 발생했을 가능성도 있기 때문에 P의 거래거절은 경쟁제한효과를 발생시키는 적성도 있는 행위이다. 따라서 P의 행위는 경쟁법적 제재의 대상은 된다.[69] ③ 다만 P는 기존의 경쟁상태를 더욱 악화시키려는 악의가 없었기 때문에 시장지배지위남용죄가 성립하지 않을 뿐이다.

2) 경쟁법적 일탈행위와 범죄고의의 차등화 이로써 시장지배지위남용죄의 주관적 요건은 가장 엄격하게 설정된다. 이 요건에 의해 시장지배지위남용행위의 객관적 요건들만으로는 경쟁법적 제재만으로 충분한 행위와 형사처벌이 필요한 행위 사이의 경계를 명확하게 긋기 어렵다는 문제가 해결될 수 있다.

[독점화의도의 거래거절] Aspen회사는 자신보다 적은 스키 슬로프를 가진 경쟁사업자인 Highlands사와 4개의 산을 공동 이용하는 티켓을 발행·판매하고 그 수익을 분배하는 관계를 계속해오다 이 거래를 중단·거절하였다. Aspen회사는 이 거절로 단기간 이익은 희생되지만 미래 독점적 이익을 얻으려고 하였다. 연방대법원[70]은 나쁜 의도가 있다는 점을 중시하여 셔먼법 제2조 위반을 인정하였다. Aspen사건은 흔히 이런 나쁜 의도가 없었다고 대법원이 인정한 사건인 Verizon v. Trinko사건[71]과 구별된다. Trinko사건은 뉴욕지역 전화시장을 지배하던 Verizon회사가 자신의 회선을 빌려 지역전화서비스를 하는 AT&T사의 고객들에게 — 이에는 Trinko로펌도 속하는데 — 자기 회사의 고객의 전화를 회선에 넣어 연결하고 남은 부분이 있을 때에만 전화를 연결해준 불완전한 거래거절사건이다. 대법원은 Trinko사건에서 셔먼법 제2조 위반도 인정하지 않았지만, 나쁜 의도는 인정되지 않아도 경쟁법적 제재는 필요하다고 볼[72] 여지도 있다.[73]

68) 대판 2007.11.22, 2002두8626<전원합의체>.

69) 이를 인정한 원심판결인 서울고법 2002.8.27, 2001누5370 참조.

70) 472 U.S. 585 (1985).

71) 540 U.S. 398 (2004).

72) Aspen사는 거래거절 직전 년도에 Highlands사의 슬로프 이용자가 13.2%였고, 점차 감소하는

(2) **의도의 입증문제** 그러나 시장지배지위남용을 의도했는지를 입증하는 것은 실무적으로 매우 어렵다.

1) 판례의 사실상 추정 그래서 판례는 경쟁제한효과가 입증되지 않고 경쟁제한효과에 대한 우려만 인정되는 경우와 경쟁제한효과가 입증된 경우를 구별하여, 후자의 경우에는 그에 대한 의도나 목적은 사실상 추정한다. 이런 사실상 추정을 더욱 확장하여 경쟁제한행위만 있으면 경쟁제한효과까지 추정하자는 견해[74]도 제시되고 있다. 이와 같은 강력한 사실상 추정은 헌법 제119조 제1항이 규정하고 있다고 해석되는 사회적 시장경제질서의 요청이라고 본다.

도표 33 시장지배지위남용죄의 적용에서 판례의 사실상 추정

경쟁제한행위 —(입증 vs 추정) → 경쟁제한효과 — (추정) → 남용의도

객관적 요건 | 주관적 요건

2) 남용의도의 독자적 입증 그러나 우리나라 헌법 제119조 제1항이 사회적 시장경제질서를 채택하였다고 해석하더라도 이로부터 시장지배지위남용죄의 고의가 객관적 구성요건의 충족만으로 추정될 수 있다는 결론이 도출되지는 않는다. 경제질서의 형태와 소송상 사실인정 사이에 어떤 필연적인 관련성을 인정하기에 그 둘은 너무나 멀리 떨어져 있기 때문이다. 그러므로 첫째, 형사소송법의 증거법원칙에 따라 경쟁제한효과가 확인되었어도 남용의도를 사실상 추정해서는 안된다. 왜냐하면 그런 사실상의 추정은 고의를 시장지배지위남용죄의 성립요건에서 사실상 제거해버리기 때문이다. 미국 연방대법원도 이런 추정은 셔먼법상의 반독점범죄(criminal antitrust offense)를 엄정책임[75](strict liabili-

추세임을 고려하여 12.5%를 제안하였지만 Highlands사가 이를 거절하여 계약을 지속하지 못하게 된 점에 비추어 경쟁사업자를 축출할 의도가 없었다고 보는 반면, Trinko사건을 경쟁법적 제재가 필요한 사건으로 해석하는 Eleanor M Fox, "Is there Life in ASPEN after Trinko? The silent revolution of section 2 of the Sherman Act, *Antitrust Law Journal* (No. 73, 2005/2006), 165쪽 아래 참조.

73) 미국의 해석론을 우리나라 법에 도입하는 자세한 논의로는 이기준, "공정거래법상 단독의 거래거절의 위법성 판단기준: 미국 셔먼법 제2조의 해석론의 도입가능성을 중심으로", *상사판례연구* (제14집, 2003), 107~160쪽 참조.

74) 대판 2007.11.22, 2002두8626의 소수견해(안대희, 이홍훈) 참조.

75) 여기서 엄정책임으로 번역되었지만, 그 내용은 위험책임처럼 책임원칙이 완화된 책임을 말한다. 그러므로 '엄정'의 개념은 책임을 엄정하게 묻는다는 의미로 이해되어야 하고, 엄격한 요건을 전

ty)의 법리로 재구성하는 결과를 가져온다는 점에서 허용하지 않는다.[76] 둘째, 비록 사실상 추정은 하지 않지만, 만일 경쟁제한행위나 경쟁제한효과를 입증하는 증거에 의해 남용의도도 함께 입증할 수 있는 것으로 본다면, 남용의도(목적)의 개념에 의해 시장지배지위남용죄의 (주관적)요건을 매우 강화하려 했던 기획은 역시 수포로 돌아가기 쉽다. 그러므로 경쟁제한행위나 경쟁제한효과를 입증하는 증거와는 별개의 증거에 의해 입증될 수 있어야 한다.

Ⅳ. 시장지배지위남용에 대한 제재

시장지배지위남용죄는 3년 이하의 징역 또는 2억원 이하의 벌금(법 제66조 제1항 제1호)에 처한다. 결코 약하지 않은 형벌이다. 그렇기 때문에 앞서 검토한 시장지배지위남용죄의 형사불법을 모두 충족하는 경우에도 형벌의 목적을 (때로는 더) 효과적으로 달성하면서도 형벌을 최후의 수단으로 사용하는 형법정책이 요구된다.

1. 합리적인 제재법의 구축

먼저 현행 시장지배지위남용죄는 한편으로는 최대한 행정법적 제재(예: 과태료, 시정명령)나 중간법(middle law)의 제재(예: 과징금)로 대체될 필요는 있지만, 다른 한편으로는 결코 전면적으로 폐지되어서도 안 된다.

(1) 불법차등의 계량화와 형법적 과소규제 이런 법정책적 입장의 의미를 이해하기 위해 시장지배지위남용행위의 불법을 계량적으로 차등화해보기로 한다. 현재 공정거래위원회의 실무는 각종 제재의 수준을 벌점(조치수준별 벌점)에 비례하여 산정한다. 경고는 0.5점, 시정권고는 1.0점, 시정명령은 2.0점, 과징금은 2.5점, 고발은 3.0점의 벌점을 매긴다.[77] 이런 벌점체계는 고발조치를 받을 시장지배지위남용행위의 불법이 과징금이 부과될 시장지배지위남용행위의 불법에 비해 3÷2.5= 1.2(배), 시정명령을 받을 시장지배지위남용행위의 불법에 비해 3÷2= 1.5(배), 시정권고를 받을 행위의 불법에 비해 3÷1= 3(배), 그리고 경고를

제로 책임을 묻는다는 의미로 이해되어서는 안된다. 엄정책임의 법리는 주로 불법행위책임에서 활용되고, 미국 형사법에서는 일반적으로 인정되지 않는다.

76) U.S. v. Gymsum Co. 438, 438 U.S. 422 이하 특히 438 (1978) 참조.

77) 공정거래위원회, *2009년판 공정거래백서*, 28쪽.

받을 행위의 불법에 비해 3÷0.5=6(배)임을 보여준다.

이와 같은 벌점체계에서 1981년부터 2008년 사이에 과징금을 부과한 시장지배지위남용행위의 사건수와 고발조치한 행위의 사건수는 약 34÷3=11.3(배)에 이른다. 이는 고발할 사건의 불법지수가 과징금을 부과할 사건에 비해 불과 1.2(배) 정도 중대한 것임에 비해 지나치게 적은 수이다. 이로써 공정거래위원회가 시장지배지위남용에 대해 과도하게 비범죄화정책을 펼쳐온 것이라 평가할 수 있다. 그러므로 지금까지보다는 시장지배지위남용죄의 적용이 활성화될 필요가 있다. 물론 이 활성화는 시장지배지위남용죄의 엄격한 해석과 불법지수의 차이를 반영하는 해석을 기초로 이루어져야 한다.

(2) **불법의 차등화와 제재의 차별화** 시장지배지위남용행위에 대한 제재의 형태는 남용행위의 행위반가치 측면, 특히 주관적 요건(의도)과 부당성 요건의 충족여부 그리고 그 강도의 측면에서 단계적으로 차등화되는 불법의 강약에 비례하여 결정될 수 있다.

1) **형사불법** 시장지배지위남용죄의 형사불법은 앞 단락(Ⅲ)에서 살폈듯이, 최대한 넓은 범위로 획정된 시장에서 일정 수준 이상의 시장점유율과 실질적 경쟁의 배제력을 모두 가지고 있는 사업자가 법시행령이나 고시에 이미 정립된 유형에 해당하면서도, 현저히 비신사적인 사업활동을 그것도 나쁜 의도를 갖고 행한 경우에만 인정되어야 한다.

> [주식매수권유에 의한 사업활동방해] P(주)의 회장 甲은 체육복권의 독점사업자로 선정되고 정치적 영향력이 큰 국회의원 丁의 거듭된 부탁으로 그의 지역구를 연고지로 둔 구단 HT를 인수하게 된 T 인터내셔널(주)의 유상증자에 참여하기로 결심하고, P(주)의 자회사 PK의 대표 乙과 협력회사 S(주)의 대표 丙에게 T(주)의 주식을 매입할 것을 권유하였다. 乙과 丙은 T(주)의 사업내용과 전망 등을 다각도로 검토한 후, (투기적) 주식거래가 회사의 영업목적에 속하지 않음에도 각 이사회를 거쳐 각각 10만주씩 주당 35,000원에 매입하였다. 그러나 이후 <丁게이트>가 발생하였고, T(주)의 주식은 폭락하였으며, 그에 따라 PK(주)와 S(주)도 큰 손실을 입었다. T(주)는 비상장·비등록기업으로서 객관적인 가격은 정해지지 않았지만,[78] 매입시점 전후로 15,000원에서 30,000원 사이에 거래된 바 있

78) 다만 판례는 증권거래소에 상장되지 않거나 증권협회에 등록되지 않은 법인이 발행한 주식의 경우에도 그에 관한 객관적 교환가치가 적정하게 반영된 정상적인 거래의 실례가 있는 경우에는 그 거래가격을 시가로 보아 주식의 가액을 평가하여야 할 것이라고 본다(대판 2001.9.28, 2001도3191).

었다. ① 법원은 매입시점 적정가격이 35,000원 이하였다는 증거가 없어서 손해발생을 인정하지 않았고, 乙과 丙에게 경영판단원칙을 적용하여 배임고의도 인정하지 않았으며, 아울러 甲에게 공정거래법상 PK와 S(주)의 사업을 방해한 것도 아니라고 보았다.[79] 그러나 ② 그러나 비상장·비등록기업의 주식거래가 계약당사자간의 합의로 이루어지므로 부정거래의 위험이 높아 이를 법적으로 규제할 필요가 있다. 또한 丁의 계속된 요청에 미루어보면 경영판단이라기 보다는 정책적 매입이라고 볼 수 있어, 경영판단원칙을 적용함은 부적절하다. 다만 투자성공의 개연성에 대한 인식 등으로 배임고의를 인정하지 않을 수는 있다. ③ 그러나 甲의 주식매입권유는 시장지배지위를 이용하여 乙과 丙이 영업목적 외의 거래를 하도록 한 점에서 현저히 비신사적인, 즉 부당한 사업활동의 방해이며, 정경유착을 유지하려는 나쁜 의도가 사업활동방해의 의사에 포함되어 있다는 점에서 형사불법의 성격을 띠는 시장지배지위남용행위가 된다. ④ 乙과 丙의 출자가 영업목적에 포함되지 않아도 "회사의 각 자본금, 연간매출액, 이 사건 주식의 취득가액, 그리고 주식매입대금의 조성내역 및 단일한 거래횟수 등에 비추어" 볼 때, 회사의 물적 기초를 위태롭게 할 정도가 아니라면 상법 제625조 제4호의 '회사의 영업범위 외에서 투기행위를 하기 위하여 회사재산을 처분한 때'에 해당하지는 않는다.

2) 중간법적 제재 과징금은 시장지배지위남용죄의 주관적 요건으로서 '나쁜 의도'가 없고, 단순 의도만 있는 반면, 부당성의 요건으로서 시정명령과는 달리 '현저하게' 비신사적인 시장지배지위남용행위에 대해 부과될 수 있다. 과징금은 형벌보다는 약하지만 그와 유사한 사회윤리적 비난의 기능을 수행한다. 이 점에서 과징금은 시정조치들과 차별화된다. 또한 사회윤리적 비난의 기능을 수행함으로써 과징금은 형벌을 대체하는 제재로서 자리 잡을 수 있다. 그렇기에 과징금에 대한 불복은 비송사건절차가 아니라 소송절차로 다루어진다. 그럼에도 불구하고 과징금은 실무에서는 형벌과 병과되고 있다. 이는 헌법 제13조 제1항을 이중위험금지원칙으로 해석[80]할 경우에는 위헌적인 제재법의 현실이 된다. 물론 과징금은 위반한 행정법규가 지향하는 행정목적을 달성하는 재원으로 사용되므로 행정법적 제재의 성격도 띤다. 그러므로 과징금은 중간법(middle law)에 속하는 제재가 된다.

---

79) 서울고등법원 2004.8.18.선고, 2003노3054 판결; 다만 위 사례 ⓐ는 이 판결사안을 단순화하고 다소 변형한 것임. 그러나 판결이유의 분석비판으로는 여전히 유효한 변형임.

80) 이런 입장으로 이상돈, *조세형법론* (법문사, 2009), 77쪽 아래 참조.

도표 34 시장지배지위남용죄의 불법지수와 제재의 종류

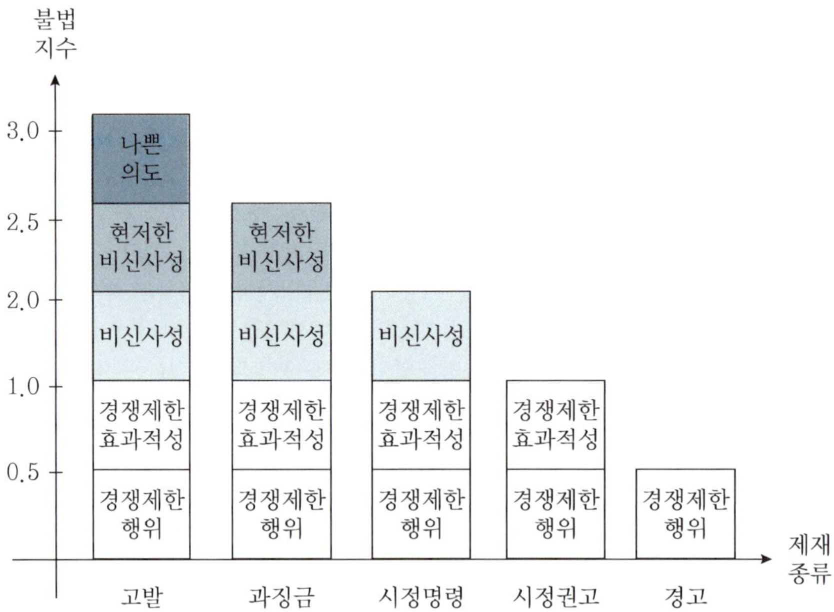

3) 행정법적 제재 시장지배지위남용행위가 과징금 부과대상 행위보다 부당성요건에서 '현저한' 비신사성이 없고, 보통의 비신사성만 있는 경우에는 시정명령이 부과될 수 있다. 이보다 더 약한 제재인 시정권고는 비신사성도 없고, 다만 경쟁제한효과의 적성이 있는 행위를 한 경우에 그리고 경고는 경쟁제한효과의 적성이 없으나 전형적인 경쟁제한행위를 한 경우에 취해질 수 있다. 시정명령은 형벌이나 과징금과 병과될 수 있다. 하지만 권고나 경고는 과징금이나 형벌과 병과할 만한 행위가 아니므로 병과할 가능성은 전혀 없다.

2. 합리적인 형사처벌을 위한 절차법적 기제

(1) 체계통합의 절차법적 기제들 시장지배지위남용행위에 대한 처벌절차의 실제 진행 속에서는 입증의 어려움 때문에 형사불법과 비형사불법 사이의 경계가 명확하게 구분되기가 쉽지 않다. 공정거래위원회와 피심인 사이의 상호작용의 전개양상에 따라 피심인의 행위는 형사불법에 해당한다고 구성될 수도 있고, 그렇지 않을 수도 있다. 게다가 경쟁적 시장을 구축하는데 필요한 제재

와 형사사법의 정의를 굴절 없이 관철하는 데 필요한 제재 사이에는 언제나 간극이 존재한다. 이처럼 형사불법적 시장지배지위남용행위의 입증에서 불확실성을 제거하고 경제체계와 법체계 사이의 간극을 메우고 체계통합을 달성하는 절차적 기제가 마련될 필요가 있다. 그 대표적인 기제가 전속고발제와 동의명령(consent order)이라고 할 수 있다.

1) 전속고발제 시장지배지위남용죄는 공정거래위원회의 고발이 있어야만 검사가 공소를 제기할 수 있게 하는 것(제71조 제1항)을 전속고발제라고 한다. 고발결정에서 공정거래위원회는 형사정의의 실현이란 목적이 아니라 경쟁적 시장구조의 실효적인 구축이라는 목적을 좇는다. 한미 FTA의 협정체결에 따라 도입이 논의되어 온 동의명령제도 같은 목적을 좇는다.

2) 동의명령제 동의명령제란 공정거래법 위반사건의 피심인이 혐의 사실을 인정하고 시정방안을 제안할 경우 공정거래위원회가 그 타당성 여부를 검토한 후 피심인과의 합의를 통해 조치방안을 결정하는 제도이다.[81] 이에 의하면 형벌권이 위축된다는 우려가 높으나 피심인이 경쟁제한 상태를 자발적으로 해소하게 함으로써 경쟁적 시장구조를 효과적으로 구축할 수도 있고, 소비자 등에 대한 피해의 구제나 예방을 위한 조치도 효율적으로 취해질 수 있는 장점이 있다.

(2) 중대명백성의 예외 그러나 시장지배지위남용의 "정도가 객관적으로 명백하고 중대하여 경쟁질서를 현저히 저해한다고 인정하는 경우"에 공정거래위원회는 검찰총장에게 고발하여야 하고(제71조 제2항), 검찰총장은 공정거래위원회에 고발을 요청할 수도 있다(제3항). 여기서 중대성은 부당성 요건에서 설명한 '현저한' 비신사성 이외에 경쟁제한효과가 현저한 경우를 의미한다. 또한 명백성은 합리적 의심을 남기지 않는 확실성이 있는 경우를 말한다. 이로써 수사개시의 요건인 범죄혐의의 단순 '가능성'이나 공소제기의 요건인 범죄혐의의 '개연성', 그리고 심지어는 구속영장청구의 요건인 범죄혐의의 '고도개연성'만으로는 공정거래위원회는 피심사건을 고발할 의무가 없으며, 검찰총장도 고발을 요청할 권리가 없다. 그렇기 때문에 공정거래위원회는 시장지배지위남용이 중대하지 않거나 법위반의 혐의가 명백하지 않은 사례군에서만 그의 전문성을

81) 미국의 연방거래위원회(FTC)가 관할하는 동의명령(consent order)에 관해서는 E. Thomas Sullivan/Herbert Hovenkamp, *ANTITRUST LAW, POLICY AND PROCEDURE: CASES, MATERIALS, PROBLEMS* (LexisNexis, 2003), 147~152쪽.

바탕으로 경쟁정책적 통제의 강약을 조절할 수 있다. 이와 같은 중대명백성의 예외는 동의명령제가 도입되는 경우에도 마찬가지로 인정되어야 할 것이다. 시장지배지위남용이 중대하고 명백한데 형사처벌의 가능성을 배제하는 것은 형법의 중대한 침윤이라고 볼 수 있기 때문이다. 그러나 중대명백성 판단은 고도로 전문적인 사항이며, 그 판단의 과정은 일반적으로 많은 사회적 비용(예: 공정위의 조사비용, 피심인 기업의 이미지 실추, 방어활동에 따른 기업활동의 지장초래, 주가하락 등)을 유발하기 때문에 중대명백성의 예외는 중대명백성 판단의 비용이 매우 적게 드는 예외적인 사안에서만 인정되어야 한다.

출처와 생성

[5]단락의 내용은 2007년 국가청렴위원회가 개최한 동의명령입법에 관한 회의에서 처음 선보인 바 있다. 그러나 이 [5]단락의 대부분은 한국경제법학회의 2008년 춘계학술대회에서 발표한 "동의명령제 도입의 형법이론적 쟁점"에서 비롯된 것들이다. 이 발표문을 토대로 제자 지유미 박사와 함께 영어논문 "Consent Order into the Monopoly Regulation and Fair Trade Act and issues on legal policy", *기업소송연구 2007* (도서출판 다사랑, 2008, 127~147쪽)을 발표하기도 하였다. [5]단락의 글은 이상의 글들을 종합하고, 학술대회에서 제기된 의문들에 답하는 내용들로 보완한 것이다.

05 동의명령제와 형법

Ⅰ. 동의명령의 의의

1. 동의명령의 의미

2007년 4월에 타결된 한미 FTA에서 "각국은 경쟁법 집행당국에 행정적 또는 민사적 집행조치를 상호 합의하에 의해 해결할 수 있는 권한을 부여하여야 한다. 국가는 그러한 합의가 사법적 승인을 거쳐야 함을 규정할 수 있다"고 합의함으로써,[1)2)] 공정거래법상 동의명령제 도입이 불가피하게 되었다.

(1) 동의명령제의 개요 이에 따라 공정거래위원회는 현재 동의명령제의 입법을 추진하고 있다.[3)] 그 주된 내용을 요약해보면 다음과 같다.

1) 동의명령의 개념 동의명령을 신청하는 피심인은 일정한 거래분야에서의 경쟁제한 상태를 자발적으로 해소하기 위해 ① 당해 행위의 중지 등 공정하고 자유로운 경쟁 또는 거래질서를 회복하기 위하여 필요한 시정방안(경쟁 및 거래질서의 회복), ② 거래상대방, 소비자 등에 대한 피해를 구제 또는 예방하기 위하여 필요한 시정방안(거래상대방 및 소비자 보호)을 공정거래위원회에 제시해야 하고, 공정거래위원회는 이와 같은 시정방안이 경쟁 또는 거래질서 회복과 거래상대방 및 소비자 보호를 위해 타당하다고 인정되는 경우 동의명

---

1) 원문은 다음과 같다: "Each party shall provide its authorities responsible for the enforcement of its national competition laws with the authority to resolve an administrative or civil enforcement action by mutual agreement with the subject of such an enforcement action. A party may provide for such agreement to be subject to judicial approval"

2) 미국이 동의명령제 도입을 강력히 요구한 계기 중 하나로 공정거래위원회의 마이크로소프트사건을 드는 견해는 윤세리, "세계화시대의 공정거래법의 전개방향", *저스티스* (통권 제98호, 2007), 8쪽. 이에 따르면, 동 사건에서 마이크로소프트측은 동의명령과 유사한 방식을 통한 신속한 사건처리를 원했지만, 우리 법제상 이를 수용하기 곤란하다는 점이 밝혀졌다고 한다.

3) 공정거래위원회는 사건처리절차의 선진화 차원에서 동의명령제 도입을 추진하여 2006년 12월 동의명령제 도입을 골자로 하는 공정거래법개정안을 마련하여 입법예고한 바 있다(공정거래위원회 공고 제1006-39호). 그러나 2007년 2월, 관련부처의 이견으로 동의명령제 도입은 보류되었다. 그러다 2007.8.7. 동의명령제 도입을 주요 내용으로 하는 공정거래법개정안을 입법예고한 바 있으나 현재까지 법개정이 이루어지지 못하고 있다.

령에 의해 사건을 종결지을 수 있다.[4] 경쟁질서 회복 방안에는 기업분할과 같은 기업구조조정까지도 포함될 수 있다. 대표적으로 1980년대 초반까지 세계 최대의 통신 업체였던 AT&T가 미국 법무부와의 동의판결(consent decree)로 1984년 1월 1일 8개의 독립회사로 분할되었던 예를 찾아볼 수 있다.[5] 게다가 동의명령에 의하면 거래상대방이나 소비자에 대한 직접적 손해배상까지도 가능해진다. 기존 시정명령에 의하는 경우에는 시정조치, 과징금 등 위반사업자에 대한 제재만이 가능하여 소비자가 피해를 보상받기 위해서는 별도의 민사소송 절차를 거쳐야 함에 반해, 동의명령에 의하는 경우 피심인은 거래상대방이나 소비자에 대한 피해보상까지도 시정방안으로 제시해야 하므로 소비자에 대한 실질적 권리구제가 가능해진다. 즉, 동의명령은 피심인과 공정거래위원회 사이의 '제3자를 위한 공법상 계약'으로서의 성격도 갖는다. 물론 이러한 경우에도 소비자들은 별도의 손해배상청구를 할 수 있다.

이와 같은 소비자 보호조치는 작게는 일정가액 할인과 같은 것에서부터 크게는 위에서의 기업구조조정에 이르기까지 넓은 범위를 아우르는 것일 수 있다. 또한 이런 소비자 보호조치는 단체소송을 인정하였지만 손해배상을 청구할 수 없는 「소비자기본법」[6]에 비해도 상당한 높은 수준의 것이라고 할 수 있다. 이상으로부터 동의명령은 단지 절차적 편의를 도모하기 위한 것만이 아니라,[7] 그 내용에 따라서는 기존의 형사·행정·민사제재를 능가하는 것일 수도 있다는 점을 확인할 수 있다.

2) 연성법적 특성 전통적인 반독점규제의 방법인 시정명령이나 형벌 중심의 규제는 국가의 소극적인 질서형성행위이며 강제권력에 의해 그 행위를 집

---

4) 2007년 공정거래법개정안 제51조의2 제1항, 제2항 참조.

5) United States v. AT&T, 552 F. Supp. 131, 149 (D.D.C.1982). aff'd sub nom. Marryland v. United States, 460 U.S. 1001. 103 (1983).

6) 소비자기본법상의 단체소송이 공익소송으로서 갖는 특성과 한계에 대해서 이상돈, 공익소송론 (세창출판사, 2006), 103~115쪽.

7) 미국에서도 초기에는 동의판결(consent decree)을 단지 절차적 편의를 도모하기 위한 기제로만 바라보았다. 그리하여 독점금지국(Antitrust Division)은 소송으로 나아가더라도 처음부터 동의판결로 나아간 경우보다 공익을 위해 더 많은 것을 얻지 못할 경우에만 동의판결을 받아들일 의향을 표명해 왔다. 그러나 1938년 법무 장관(Attorney General)의 보고서는 정부가 동의판결을 단순한 절차적 편의 이상으로 간주함을 명확히 했고, 그 이후 독점금지국은 판결에 동의하는 당사자들로 하여금 공익에 부합하면서도 법이 요구하는 것을 넘어서는 구조적인 제안(constructive proposal)을 하도록 요구했다(Maxwell S. Isenbergh/Seymour J. Rubin, "Antitrust Enforcement Through Consent Decrees", *Harvard Law Review* [Vol. 53, No. 3. 1940], 387~388쪽).

행하는 경성법(hard law)의 성격을 띤다. 이에 반해 동의명령은 규제당국과 기업, 공정거래위원회와 피심의인 사이의 합의에 바탕을 둔 해결방법이라는 점에서 시정명령에 비해 연성법(soft law)의 특성을 지닌다. 이 특성은 동의명령이 경쟁제한행위의 금지만이 아니라 적극적인 시장회복조치를 포함할 수 있고, 그렇지 않을 수도 있는 식으로 제재내용이 유연하며, 문제를 자율적으로 해결하며, 아울러 신속하게 해결한다는 특성으로 나타난다.

(2) 비교법적 검토 동의명령제란, 공정거래법 위반과 관련된 사건의 조사·심의 과정에서 피심인이 혐의 사실을 인정하고 시정방안을 제안할 경우 공정거래위원회가 그 타당성 여부를 검토한 후 피심인과의 합의를 통해 조치방안을 결정하는 처리방식이다. 즉, 동의명령제는 피심인의 행위가 위법한지의 여부를 결정하지 않은 상태에서 피심인과 공정거래위원회 사이의 합의로 사건을 종결한다는 점을 그 핵심으로 한다.

1) 미 국 이 제도는 미국의 연방행정절차법(Administrative Procedure Act) 제554조에서 유래한 것으로 두 가지가 있다. 첫째는 이 규정과 반독점절차 및 제재법(Antitrust Procedures and Penalties Act)에 근거하여 법무부 독점금지국(Antitrust Division)이 피조사인과 합의안을 만들고 연방법원이 승인을 하는 동의판결(consent decree)이다. 둘째, 연방행정절차법 제554조와 연방규정집(Code of Federal Regulations)에 근거하여 연방거래위원회(FTC)가 피조사인이 동의명령(consent order)을 신청하면 그에 대해 결정하는 방법이다.[8] 미국의 동의판결과 동의명령이 내용 면에서 크게 차이가 나는 것은 아니지만, 둘 중 절차적 측면에서나 담당기관의 측면에서나 앞서 간단히 소개한 우리나라의 동의명령제와 좀 더 유사한 유형은 후자, 즉 연방거래위원회에 의한 동의명령이다. 하지만 한미 FTA는 "국가는 그러한 합의가 사법적 승인을 거쳐야 함을 규정할 수 있다"고 규정함으로써 법무부 독점금지국의 개입에 의한 동의판결과 같은 제도의 도입가능성을 열어 놓고 있다.

2) 유 럽 유럽연합은 EU 이사회규칙(No.1/2003) 제9조에서 동의명령제도인 화해결정(Commitment Decision)을 도입하였다. 이 제도의 영향 아래 프랑스나 독일 등 각국이 동의명령제도를 국내법에 도입하였다. 대표적인 예로 독

---

8) 미국의 동의판결(consent decree) 및 동의명령(consent order)에 대한 일반론은 E. Thomas Sullivan/Herbert Hovenkamp, *ANTITRUST LAW, POLICY AND PROCEDURE: CASES, MATERIALS, PROBLEMS* (LexisNexis, 2003), 147~152쪽 참조.

일은 2005년 경쟁제한방지법(GWB)을 개정하여 제32조b(Verpflichtungszusagen)에서 의무부담부 확약처분의 제도를 도입하였다. 의무부담부 확약처분제도는 경쟁당국이 갖는 의혹을 제거하기에 적합한 의무부담을 이행하겠다고 제안하면 경쟁당국이 처분을 통해 그 약속을 구속력있는 것으로 확정하게 한다(동조 제1항). 의무부담의 이행은 기한을 정해서 할 수 있다. 그러나 사실관계가 확약처분 이후에 변경되거나, 기업이 의무부담을 이행하지 않거나, 처분이 기업의 불완전하거나 정확하지 않거나 혼동을 주는 정보제시에 기초한 경우에는 그 처분을 취소할 수 있다(동조 제2항).

2. 기대와 우려

이런 동의명령제는 공정경쟁질서를 구축하는데 어떤 기능을 발휘할 것인지에 관해서 속단하기는 이르다. 대체로 경제계는 환영하는 반면, 법조계와 시민단체는 우려의 목소리를 내는 듯하다. 경제계의 환영은 공정거래법 위반으로 인한 갈등을 해소하는 또 다른 방편을 갖게 된다는 점에 기초하는 반면, 시민단체와 법조계의 우려는 특히 중대한 경제범죄가 은폐되고, 정의가 거래될 수 있다는 점에 기초한다. 특히 경쟁법학자들은 동의명령이 법원의 판결형태로 이루어지지 않는다면 더욱더 남용될 것이라는 우려를 갖곤 한다. 이 우려는 공정거래형법의 부적절한 위축으로 이어질 것이라는 전망으로 이어진다. 그러나 다른 한편 그와 같은 환영과 우려의 엇갈림은 경제적 합리성과 법적 정의 사이의 괴리를 반영하는 것이기도 하다. 다시 말해 그 괴리는 공정거래형법과 반경쟁적 시장현실의 괴리가 아니라 그 영역에서 형법을 철수해야 하는지 아니면 계속 관철해야 하는지에 관한 형법정책이 펼쳐지는 공간이기도 하다. 이 글은 동의명령제가 우리사회에 합리적인 형법정책을 수립하는 것인지를 논의하려고 한다.

Ⅱ. 동의명령제의 기능조건

형법의 부적절한 위축에 대한 우려는 동의명령이 기능하는 영역에 대한 이해가 충분하지 못한데서 비롯되는 측면이 많다. 여기서 동의명령제가 작동하기 위한 조건을 먼저 살펴볼 필요가 있다. 동의명령이 성립하려면 피심인과 공정거래위원회 사이에 합의가 이루어져야 한다. 이와 같은 합의는 다음 세 가지 조건 때문에 가능하며, 동시에 동의명령은 이들 조건이 충족되는 영역에서 기능하게 될 것이다.

— 첫째, 승패에 대한 구조적 불확실성
— 둘째, 중대·명백성 판단을 함에 있어 당사자들이 부담하는 과다한 거래비용
— 셋째, 시장 그 자체가 갖는 부담, 또는 경쟁법적 제재의 역기능 회피가능성

1. 승패의 불확실성

우선 피심인과 공정거래위원회 모두가 승패에 대한 불확실한 전망을 갖고 있어야 한다. 공정거래위원회의 조사, 심의, 의결절차를 거쳐 행해진 시정명령, 과징금 납부명령, 형사고발 등이 결국 모두 소송으로 귀결될 수 있다는 점을 고려할 때, 시정명령과 과징금 납부명령의 경우에는 이의신청을 거친 후 이의신청 재결에 대해 다시 불복의 소를 제기하거나(제53조 제1항, 제54조 제1항), 이의신청을 거치지 않고 바로 불복의 소를 제기할 수 있고(제54조 제1항), 형사고발의 경우에는 검사의 기소에 의해 형사소송으로 나아갈 수 있다(형사소송법 제247조 제1항).

(1) **타협지점** 여기서 승패에 대한 불확실한 전망이란 결국 승소에 대한 불확실한 확률을 의미한다고 할 것이다. 따라서 만약 피심인이나 공정거래위원회가 사전에 소송결과를 확실히 예측할 수 있는 경우라면, 피심인과 공정거래위원회 사이에 합의는 성사될 수 없을 것이다. 왜냐하면 피심인이 승리할 것이 확실한 경우 피심인은 동의명령에 따른 경쟁질서 회복 및 소비자 보호조치와 같은 부담을 감수하면서 동의명령에 임하려 하지 않을 것이고, 반대로 공정거래위원회가 승리할 것이 확실한 경우 공정거래위원회는 피심인의 행위에 대해 위법결정을 내리지 않고 동의명령으로 사건을 종결하려 하지 않을 것이기 때문이다. 즉, 타협의 묘미는 양 당사자가 결과를 알 수 없다는 점에 있는 것이며, 동의명령 또한 이와 같은 타협의 묘미가 존재하는 한에서만 성립될 수 있는 것이다.

(2) **대상행위의 유형** 형벌권이 위축된다는 우려에서 보면 동의명령은 주로 고발의 대상이 되는 법위반의 영역에 기능한다고 볼 수 있다. 법위반이 중대하

	중대성	경미성
명백성	×	○
불명확성	○	×

고 명백한 경우(법 제71조 제2항)에는 동의명령이 아니라 시정명령, 과징금, 고발과 형사처벌 등의 전통적인 경성법(hard law) 형식의 경쟁형법이 적용된다. 정반대의 경우 법위반이 사소하고 명백하지 않은 경우에는 동의명령과 같은 적극적 보호조치를 포함한 제재를 받지 않으려 하고, 그럴 필요도 없을 것이다. 따라서 법위반이 중대하지만 명백하지 않은 경우, 법위반이 중대하지 않지만 명백한 경우의 경우에 동의명령이 기능할 것이다.

2. 제재절차의 거래비용 감소

다음으로 중대·명백성 판단에 따라 당사자인 공정거래위원회와 피심인이 부담하게 되는 당사자들의 거래비용(transaction costs)이 동의명령절차를 따를 경우보다 (상당히) 더 커야한다. 여기서 중대·명백성 판단에 따른 당사자들의 거래비용이란 누가 승리할지를 밝혀내는데 따른 비용을 의미한다.

(1) **공정거래위원회의 거래비용감소** 공정거래위원회의 입장에서 보면 이와 같은 판단에 이르기 위해 조사하고, 협의하는 등에 필요한 일체의 인적·물적 비용을 말한다. 공정거래법 위반이 문제된 대부분의 사안에서 공정거래위원회의 이와 같은 거래비용은 매우 커질 수밖에 없다. 왜냐하면 예컨대 경쟁제한성에 대한 판단에 있어서와 같이, 중대·명백성에 대한 판단은 고도로 전문적이고, 불확실하며, 정책적일 수밖에 없다. 게다가 중대·명백성에 대한 판단이 이처럼 전문적이고, 불확실하며, 정책적이라는 사실은 수많은 불복소송을 야기하는데,[9] 이는 공정거래위원회의 중대·명백성 판단에 따른 거래비용을 한층 더 증가시키는 원인이 된다. 그러므로 공정위 입장에서 동의명령은 자신의 규제권력을 약화시키지 않으면서도 법위반의 통상적인 제재절차가 부담지우는 업무량을 현저히 줄일 수 있는 제도로서만 의미가 있다.

---

9) 불복소송의 증가는 이처럼 중대·명백성 판단이 고도로 전문성, 불확실성, 정책성을 갖는다는 측면에서만이 아니라, 공정거래법 위반에 대한 수단의 증가와 규제강도의 강화에도 기인한다. 공정거래법 위반을 이유로 한 처분에 대한 불복률이 증가하는 이유를 첫째, 공정거래법의 수차례 개정으로 규제수단이 다양화되고 규제 강도가 강화됨에 따라 공정거래위원회가 규제수위를 높였고, 둘째, 공정거래법의 수범자들인 사업자들이 종래와 다른 강도 높은 규제를 모두 그대로 수용하기 어렵다는 판단을 한 것에서 찾는 견해로는 박해식, "공정거래법 위반사건의 행정처분에 대한 최근의 판례동향과 그 시사점", *공정경쟁* (제90호, 2003), 2~3쪽.

(2) **피심인의 거래비용감소** 또한 피심인의 입장에서는 사안의 성격상 예상되는 과징금이나 소송비용 등 보다 이미지 실추 등에 의한 무형의 영업이익 손실이 더 크다고 예측되는 경우이어야 한다. 즉, 동의명령제에서 피심인이 피하고자 하는 부담은 동의명령이라는 제재내용에 따른 부담을 의미하는 것이 아니라, 그 기업이 공정거래법 위반을 이유로 언론보도에 따라 입게 되는 이미지 실추, 회사기밀의 유출, 기업활동에 대한 지장의 초래,10) 주가하락 등의 부담이다.

이와 같이 중대·명백성 판단에 따른 사회적 비용이 피심인과 공정거래위원회 모두에게 클 경우에만 양자는 이에 대한 판단을 중단하고 합의로 나아갈 인센티브를 갖게 된다.

3. 경쟁법적 제재의 역기능 회피가능성

마지막으로 공정거래법 위반여부를 가리는데 따른 시장 자체의 부담, 바꿔 말해 경쟁법적 제재의 역기능을 줄일 가능성이 존재해야 한다. 시장 자체의 부담으로는 예컨대 공정거래법 위반 여부가 문제되어 공정거래위원회의 심사를 받고 있는 활동과 동일하거나 유사한 활동을 계획하고 있던 기업의 활동이 이로 인해 위축되고 이것은 급기야 시장 전체에서 기업들의 활동을 위축시키는 요인으로 작용하게 되는 것을 들 수 있다. 이는 경성법 형태의 경쟁법이 공정경쟁질서를 통해 시장의 효율성을 높이지 못하는 역기능을 발휘한다는 것을 의미한다.

뿐만 아니라 기업활동이 위축되게 되면 동시에 이러한 기업들에 투자하고자 했던 투자자들의 투자심리 또한 위축될 수밖에 없게 된다. 따라서 기업활동 및 투자심리의 위축이라는 시장의 부담은 당사자인 피심인과 공정거래위원회에

---

10) 동의판결에 의하는 경우가 소송으로 가는 경우보다 일상적 기업활동에 가져다주는 혼란이 더 적다는 점에 대해서는 Paul R. Haerle, "Regulation of Business: Sherman Act: Administration and Enforcement: A Re-Analysis fo Consent Decree", *Michigan Law Review* (Vol. 55, No. 1, 1956), 93~94쪽. 이에 따르면, 피고인의 관점에서 동의판결을 이용하는 이유로는 이 외에도 ① 더 적은 비용, ② 덜 알려짐, ③ 클레이튼법(Clayton Act) section5(a)에 따르면 독점금지법에 따라 연방정부에 의해 제기된 소송에서 피심인인 기업에게 불리하게 내려진 평결은, 당해 기업을 상대로 한 이후의 사적 당사자 소송인 '3배배상소송'에서 일응 추정의 증거(prima facie evidence)로 작용하게 되는데, 동의판결로 사건이 종결되었다는 사실을 3배배상소송에서 이와 같은 일응 추정의 증거로 사용될 수 없다는 점을 들 수 있다고 한다.

게 종국적으로는 모두 소송으로 귀결되게 되는 지리한 조사, 심의, 의결 절차를 거치는 대신 동의명령으로 사건을 조기에 종결하라는 압력으로 작동하게 된다.

Ⅲ. 동의명령제와 형사사법적 정의의 침윤

1. 형벌권 침해 여부

동의명령제가 기능하기 위한 세 가지 조건들은 동의명령이 피심인과 공정거래위원회 모두에게 아직 공정거래위원회 조사의 전개와 그 파장 그리고 조사결과에 대한 불확실성이 남아 있을 때까지만 가능한 것임을 말해준다.

(1) **다이버전 유사기능** 그런데 이런 상황에서 동의명령은, 형법이론적 용어로 일종의 다이버전(Diversion)과 유사기능을 수행한다. 다이버전이 가장 활성화되어 있는 영역은 소년형법 분야인데, 여기서 다이버전은 소년의 교육을 위해 비행소년을 가급적 절차로부터 조기에 해방시키면서도 소년의 비행원인이나 개인적 환경에 맞는 적절한 선도조치를 강구한다.[11] 이와 유사하게 동의명령은 피심인을 공정위의 조사·심의·의결, 검사의 수사, 그리고 법원의 재판이라는 장황한 절차로부터 조기에 해방시키되, 피심인으로 하여금 자신의 행위로 초래된 경쟁제한 상태를 회복시키는 조치를 취하도록 하거나, 자신의 행위로 피해를 입은 거래상대방이나 소비자에게 직접적으로 손해를 배상하도록 함으로써 자신의 행위로 인한 결과를 제거하고 이와 같은 행위의 재발을 방지하는 데에 중점을 둔다.

(2) **형벌권의 훼손여부** 그러나 이와 같은 다이버전의 확대는 법무부나 검찰의 입장에서 볼 때, 형벌권을 훼손하는 것으로 비춰질 수 있다.

1) **형벌권 훼손의 우려들** 법무부나 검찰의 입장에서는 그렇지 않아도 공정거래법 상의 전속고발권으로 인해 형벌권이 훼손되고 있는데, 이에 더하여 동의명령제까지 도입된다면 다시 한 번 형벌권이 훼손될 것이라고 우려한다. 따라서 법무부와 검찰은 동의명령제를 도입하는 조건으로 공정위의 전속고발권을 폐지하거나, 동의명령 승인 전에 법무부장관이나 검찰총장과 협의를 거치도록

---

11) 소년형법, 특히 소년경찰단계에서의 다이버전의 필요성에 대해서는 김재봉, "소년경찰과 다이버전", *형사정책* (제17권 제1호, 2005), 33~36쪽 참조.

해야 한다고 주장[12]하기에까지 이른다. 동의명령의 도입으로 인한 형벌권 훼손의 우려는 미국의 경우와 달리 아직까지는 형사재판에서 유죄협상제도(Plea Bargaining)를 받아들일 수 없는 우리나라 국민들의 법 감정에 비추어 한층 더 강화될 수 있다. 동의명령은 공정거래위원회가 공정거래법 위반에 대해 일정한 혐의를 두고 있음에도 불구하고 조사·심의를 중단하고 형사처벌의 대상에서 제외시키는 것이라는 점에서 사실상 유죄협상으로서의 성격도 갖는다. 그러나 대검찰청의 주도로 우리 형사소송법에도 이와 같은 제도를 도입하고자 하는 강력한 움직임이 있었음에도 불구하고 아직 그 도입이 현실화되지 못하고 있는 실정에 비추어 볼 때,[13] 피고인과 검사의 협상에 의해 피고인의 형을 감경시켜주는 것을 용인할 것인가에 대한 국민적 공감대가 아직은 형성되어 있지 못하다고 볼 것이다. 이러한 시각은 사실상 유죄협상의 성격을 갖고 있는 동의명령에 대해서도 마찬가지일 것이다.

2) 형벌권 실현의 가능성 훼손 그러나 위에서 살펴본 바와 같이 승패라는 결과가 구조적으로 불확실할 때까지만 동의명령이 성립하는 것이라면, 동의명령으로 침해되는 것은 '형벌권'이라고 볼 수 없다. 동의명령으로 인해 '형벌권'이 침해된다고 하려면, 법위반이 중대·명백하여 형사소송으로 갈 경우 형사제재가 부과될 것이 확실한 경우임에도 불구하고 피심인과 공정거래위원회 사이의 합의로 사건을 종결시켜 버리는 경우라야 할 것이다. 그러나 승리 아니면 패배라는 일도양단의 상황에서 당사자간에 타협이 성립하려면 양 당사자 모두가 그 결과를 모르고 있는 경우여야 한다는 점을 고려할 때, 공정거래법 위반이 중대하고 명백한 사안에서 — 아래(Ⅲ. 2)에서와 같이 당사자간의 은밀한 거래에 의해 동의명령이 남용되는 경우를 제외하고는 — 당사자간의 합의로 동의명령이 성립되지는 않을 것이다. 따라서 동의명령으로 인해 형벌권은 침해되지 않는다. 다만 동의명령으로 침해되는 것이 있다는 그것은 단지 '형벌권 실현의 가능성'에 불과할 것이다.

(3) 체계통합의 기제 동의명령은 오히려 체계통합(Systemintegration)의 기제로 작동할 수 있다. 다른 영역에서와 마찬가지로, 경제영역에서도 법적 정의

12) 인터넷 동아일보(www.donga.com) 2007. 9. 4자 기사 "공정위 동의명령제안 법무부서 제동" 참조.

13) 검찰이 유죄협상제 도입을 검토하는 이유로 법원의 공판중심주의 강화 움직임과 사법개혁추진위원회의 검찰 입지에 대한 압박을 제시하는 견해는 류전철, "형사소송에서 유죄협상제도(Plea Bargaining)의 도입 가능성", *비교형사법연구* (제7권 제1호, 2005), 203~204쪽.

와 경제적 합리성 사이에 충돌이 존재한다. 공정거래법 위반이 문제된 경우에도 법적 정의를 내세운 '사법의 논리'는 법위반 사건에 대해 엄중한 제재를 가할 것을 요구하는 반면, 경제적 합리성을 내세우는 '경제의 논리'는 법위반 여부를 조사하는 과정에서 발생할지 모를 시장의 반응, 즉 기업의 주가하락, 주가하락에 따른 투자자들의 손실 등이 경제적 합리성을 해하는 것으로 본다. '사법의 논리'와 '경제의 논리' 사이의 이와 같은 대립은 전속고발에 대해서 뿐만 아니라 동의명령에 대해서도 동일하게 발생한다. 법무부나 검찰의 우려와 같이 동의명령이 형벌권을 훼손한다고 보는 입장은 '사법의 논리'만을 맹목적으로 관철시킨 결과이다. 그러나 이와 같이 어느 한 극단에 치우친 입장에 의해서는 법체계와 경제체계가 서로 상대방의 합리성을 높여주는 관계에 놓이지 못하고, 법체계는 경제체계의 합리성을, 경제체계는 법체계의 합리성을 파괴하게 될 뿐이다. 전속고발권과 동의명령은 바로 이와 같은 경우 두 체계 간의 합리성 간극을 메워주는 역할을 할 수 있다.[14]

전속고발권이 두 번째 단계, 즉 1차적으로 어느 정도 중대·명백한 법위반 혐의가 있다는 잠정적 판단을 내린 후 공정위 조사를 거쳐 전체회의에서 최종적인 중대·명백성 판단을 내리는 단계에서 작동하는 체계통합의 기제라면, 동의명령은 이보다 한 단계 앞선, 즉 중대·명백성에 대한 1차적인 잠정적 판단이나 공정위 조사단계에서 작동하는 체계통합의 기제인 것이다. 따라서 체계통합의 기제라는 면에서는 동의명령이 전속고발권보다 선진화되었다고 볼 수 있다. 이상에서 볼 때, 동의명령은 공정거래위원회가 전문성을 갖고 경쟁 질서를 형성해가는 과정일 뿐, 형벌권을 훼손하는 것이 아니라 할 것이다.

2. 법무부나 검찰의 개입 형태

(1) **남용의 통제 필요성** 이와 같이 비록 동의명령제의 도입 그 자체가 형벌권을 침해하는 것은 아니라 할지라도, 동의명령제는 그 운영에 따라서는 충분히 남용될 여지가 있다. 바꿔 말해 공정거래법 위반행위가 형사 불법성을 갖고 있음이 분명한 경우에도 피심인과 공정거래위원회가 은밀한 거래를 통해 동의명령으로 사건을 종결해 버리는 결과 또한 충분히 초래될 수 있다. 따라서

14) 공정거래위원회의 전속고발권을 체계통합(Systemintegration)의 기제로 바라보는 입장으로는 이상돈, "공정거래질서와 형법정책", *법제연구* (통권 제25호, 2003.12.), 171~172쪽.

법무부나 검찰이 피심인과 공정거래위원회 사이의 동의명령절차에 개입할 수 있도록 하여 이와 같은 남용의 발생가능성을 통제할 필요가 있다. 공정거래법 개정안은 공정거래위원회가 동의명령을 하기 전 관계 행정기관의 장, 검찰총장에게 잠정적인 동의명령안을 통보하고, 30일 이상의 기간을 정하여 그들로 하여금 이에 대해 의견을 진술할 수 있는 기회를 부여하도록 하고 있다(공정거래법개정안 제53조의3 제2항).[15] 그러나 관계행정기관의 장이나 검찰총장의 의견에 대해 구속력을 인정하고 있지는 않으므로, 이와 같은 절차만으로 피심인과 공정거래위원회의 은밀한 거래를 통한 동의명령의 남용가능성을 적절히 통제하기는 불가능할 것으로 보인다.

따라서 어느 정도 구속력을 가질 수 있는 개입권을 법무부나 검찰에게 인정할 필요가 있는데, 이와 같은 개입의 형태로는 그 강도에 따라 세 가지를 생각할 수 있다.

— 첫째, 공정위의 조사에 대해 승인권을 갖는 것
— 둘째, 동의명령에 대해 심의권을 갖는 것
— 셋째, 동의명령에 대한 공정위 내부심의에 대해 참가권을 갖는 것

(2) **법무부장관의 승인권** 우선 법무부장관이나 검찰총장에게 승인권을 부여한다면, 이는 법무부장관이나 검찰총장에게 가장 강한 형태의 개입권을 인정하는 것이 될 것이다. 그러나 이러한 형태의 개입권은 시민의 기본권에 대한 법치국가적 보장의 방벽을 무너뜨린다는 점에서 타당성을 갖기 어렵다.

1) 공정거래위원회의 행정적 조사 공정거래법은 공정거래위원회에 행정적 조사(administrative investigation)를 할 수 있는 권한을 부여하고 있다(제50조). 통상 이와 같은 행정적 조사는 ① 행정행위로서의 조사와 ② 수사로서의 성격을 모두 갖는다. 이 행정적 조사는 다음 두 경우와 비교될 수 있다.

(가) **통합모델** 물론 공정거래위원회의 행정적 조사가 갖는 수사로서의 성격은 근로기준법상 근로감독관이나 약사법상 약사감시원의 그것이 갖는 수사로서의 성격과 같이 법제화되어 있지는 않다. 즉, 근로기준법은 근로감독관에게 지

15) 물론 공정거래법개정안 제53조의3 제2항에 따르면 신고인 및 기타 이해관계인에게도 잠정적인 동의명령안을 통보하고 30일 이상의 기간을 정하여 의견을 진술할 수 있는 기회를 부여하도록 되어 있다. 그러나 본 장에서는 피심인과 공정거래위원회가 은밀한 거래를 통해 동의명령을 남용할 수도 있다는 전제 아래 그에 대한 통제방안에 대해 논의할 것이므로, 여기서는 관계 행정기관의 장 및 검찰총장에 대한 의견진술권에 대해서만 언급하도록 하겠다.

도·감독과 조사권한을 부여하면서(근로기준법 제104조, 제105조) 동시에 그 법 위반의 죄에 대하여 사법경찰관의 직무권한을 부여(제105조 제5항)함으로써 법률상 행정적 지도감독과 수사를 통합해 놓고 있다(통합모델).

(나) **협조모델** 또한 약사감시원의 경우에도 약사법에 의해서는 행정적 지도·감독 및 조사권한만을 부여받고 있지만(제64조[보고와 검사 등], 제64조의2[업무개시명령 등], 제65조 제2항[폐기명령]), 사법경찰관리의직무를행할자와그직무범위에관한법률 제5조 제11호가 소속관서의 장의 제청과 근무지 관할 지방검찰청검사장의 지명에 의해 7급 이상의 공무원 등에게는 사법경찰관의 직무를, 8, 9급의 공무원에게는 사법경찰리의 직무를 수행할 수 있도록 하여, 검찰과 협조체제를 구축함으로써 행정적 지도·감독 및 조사와 수사가 통합될 가능성을 마련해 두고 있다(협조모델).

(다) **분리모델** 그러나 공정거래법은 공정거래위원회 소속공무원에게 행정적 조사·감독권만을 부여하고 있고(제50조 제2항), 사법경찰관리의직무를행할자와그직무범위에관한법률도 공정거래위원회 소속공무원에 대해서는 사법경찰관리의 직무를 수행하도록 할 수 있는 길을 열어 놓고 있지 않다(분리모델).[16] 따라서 공정거래위원회가 행하는 행정적 조사의 수사로서의 성격은 특별사법경찰권이란 형태로 법제화되어 있지는 않다. 하지만 여전히 수사에서 공정거래위원회의 조사 결과를 활용하고 있고, 심지어 이에 크게 의존하고 있는 점에 비추어 볼 때, 공정거래위원회에 의한 행정적 조사에 실질적인 수사의 성격도 가미되어 있음은 부인할 수 없다.

2) 행정적 조사의 수사화 그러나 만약 법무부장관이나 검찰총장에게 공정거래위원회의 조사 결과에 대해 승인할 수 있는 권한을 부여하게 된다면, 이는 마치 검찰의 경찰에 대한 수사지휘권과 유사하게 되어 행정행위로서의 조사를 완전히 수사화해 버리는 문제가 발생할 수 있다. 앞에서 살펴본 바와 같이 공정거래위원회가 행하는 행정적 조사에 실질적인 수사로서의 성격도 일정부분 가미되어 있는 것은 사실이지만, 행정적 조사에는 이 외에도 미래의 질서나 상태를 설계하기도 하는 행정행위로서 조사의 성격도 있음을 간과해서는 안 된다.

---

16) 특별사법경찰권의 법제형식을 이와 같이 통합모델, 협조모델, 분리모델의 세 가지 유형으로 분류하는 견해는 이상돈, *의료용 향정신성의약품 관리법제의 개선방안에 관한 연구* (대한의사회/대한병원협회/대한약사회, 2006), 131~132쪽 참조.

(2) **심의권** 다음으로 법무부나 검찰에게 동의명령에 대해 심의할 수 있는 권한을 부여하는 방안이 있을 수 있다. 이는 다양한 형태로 실현될 수 있을 것이며, 대표적인 예로 '동의명령심의위원회'[17]와 같은 위원회를 설치하는 방안을 생각해볼 수 있다. 그러나 만약 이와 같이 심의위원회를 설치하여 법무부나 검찰에게 심의권을 부여한다고 할 때, 법무부나 검찰이 위원회의 다수를 점하는 일이 있어서는 안 될 것이다. 만약 이렇게 된다면, 동의명령은 법체계와 경제체계 사이의 합리성 간극을 메우는 체계통합의 기제로 작동하지 못하고, 단지 사법의 논리만을 맹목적으로 관철시키는 도구로 전락하게 될 것이다. 따라서 위원회의 구성이 법무부나 검찰에게 편중되지만 않는다면, '동의명령심의위원회'를 설치하여 법무부나 검찰에게 동의명령에 대해 심의할 권한을 부여하는 것은 동의명령의 남용 가능성을 적절히 통제할 수 있는 방안이 될 수 있으리라 본다.

(3) **내부심의참여** 마지막으로는 가장 약한 형태의 개입권으로 공정거래위원회 파견검사에게 공정거래위원회의 내부심의 절차에 참가할 수 있는 권한을 부여하는 방법이 있다. 이는 바꿔 말해 공정거래위원회에 대해 공정거래위원회 내부심의 절차에 공정거래위원회 파견검사를 참가시킬 의무를 부과하는 것이다. 그러나 공정거래위원회 심의단계에서는 참가인에게 의견진술권 등 일체의 권리를 보장하지 않고 있으므로, 공정거래위원회 파견검사로 하여금 공정거래위원회 내부심의 절차에 참가할 수 있도록 하는 것만으로는 동의명령에 대한 적절한 통제를 기대할 수 없을 것이다. 그러므로 동의명령의 남용가능성을 통제하기 위한 개입권으로는 법무부나 검찰에게 심의권을 주는 방안이 가장 적절할 것으로 보인다. 그러나 앞에서도 언급한 바와 같이 동의명령이 체계통합의 기제로서 작동할 수 있게 하기 위해서는, 이 경우 법무부나 검찰이 심의권을 장악할 수 있는 틀로 제도를 짜서는 안 될 것이다.

---

17) 동의명령에 있어서는 경쟁당국과 피조사자 또는 피심인 간의 유착 가능성이 높아 동의명령안을 '공고'하고 위원회 '의결'을 거치는 것만으로는 절차적 투명성을 확보하기 어려울 뿐 아니라, 피조사자나 피심인이 제출한 시정방안에 대해 공정위의 동의만 있으면 별도의 조사·심의절차가 종결되고 공정위에 전속고발권이 있는 이유로 과징금과 형사책임까지 면책되는 결과가 초래됨에도 이에 대한 통제장치가 부족하다는 이유로, 공정거래위원회 내에 공정거래위원회, 법무부, 대검찰청, 외부전문가로 구성된 '동의명령심의위원회'(가칭)의 설치 및 운영방안을 논의해야 할 필요가 있다는 입장으로는 국가청렴위원회, "동의명령 도입에 따른 '독점규제및공정거래에관한법' 개정안에 대한 부패영향 주요 토론사항" (2007. 9), 4쪽.

3. 동의명령 기준의 절차적 구성

(1) **일반원칙과 심결례의 한계** 공정거래법개정안에 의하면 공정거래위원회는 피심인이 제출한 시정방안이 적정성을 갖추었는지를 판단함에 있어 ① 공정하고 자유로운 경쟁 및 거래질서를 회복시킬 수 있을지 여부, ② 거래상대방 기타 소비자를 보호하는데 타당할지 여부를 고려하도록 하고 있다(제51조의2 제2항). 하지만 이와 같이 일반적이고 추상적인 기준만으로는 시정방안의 적정성을 판단함에 있어 공정거래위원회의 자의가 개입될 여지를 충분히 통제할 수 없을 뿐 아니라, 피심인은 자신이 제안한 시정방안이 공정거래위원회에 의해 받아들여질지에 대해 예측 불가능한 상태에 놓이게 된다.

물론 공정거래위원회의 심결례가 있긴 하지만 이는 특정한 사건을 전제로 하는 것이므로, 당해 사안과 완전히 동일한 사실관계를 갖는 경우가 아닌 한 공정거래위원회의 판단을 예상할 수 있는 근거를 제공할 뿐 어떤 의미 있는 기준을 제시해 주진 못한다.

따라서 동의명령이 남용되지 않도록 하기 위해서는 공정거래법개정안상의 일반원칙보다는 구체적이면서, 공정거래위원회의 심결례보다는 일반적인 원칙을 정립해야 할 것이다.

(2) **동의명령의 결정지침** 이러한 원칙은 예컨대, 2006년 12월 27일에 개정된 공정거래위원회의 「독점규제및공정거래에관한법률등의위반행위의고발에관한공정거래위원회의지침」[18] 상의 고발기준과 유사한 형태를 띨 수 있을 것으로 보인다. 기존의 고발지침에서는 예컨대 '부당한 공동행위 또는 사업자단체 금지행위 중 가격담합 · 공급량 제한 · 입찰담합 · 시장분할 · 공동의 거래거절에 해당하는 행위로서 경쟁제한효과가 크고, 국가경제 및 국민생활에 광범위한 영향을 미치는 경우로서 행정처분만으로는 법 목적의 달성이 어렵다고 판단되면 원칙적으로 고발'하도록 하여 그 기준을 포괄적 · 추상적으로 정했던 것에 반해, 개정된 고발지침은 각 행위유형별로 위반행위의 내용, 위반사업자의 매출액 · 시장점유율, 위반행위의 지역적 범위, 위반기간 등에 따라 일정한 점수를 산정하고, 그 점수가 일정기준 이상이면 고발하도록 함으로써 고발 여부를 결정함에 있어 공정거래위원회의 자의가 개입될 여지를 현저히 줄이고, 고발 여부에

18) 이하에서는 "고발지침"이라고 약칭함.

대한 예측가능성을 높인 바 있다.[19] 공정거래위원회가 이와 유사한 형태의 기준을 마련하여 피심인이 제안한 시정방안의 적정성을 평가하는데 — 일반원칙 및 심결례와 함께 — 고려한다면, 공정거래위원회에 의해 동의명령이 남용되는 결과를 방지할 수 있을 것이다.

Ⅳ. 카르텔(부당한 공동행위) 제외의 형법이론적 타당성

1. 정치적 배제

공정거래법개정안 제51조의2는 사업자나 사업자단체의 부당한 공동행위(법 제19조 제1항, 제26조 제1항 제1호)는 동의명령의 대상에서 제외시키고 있다. 이에 대해서는 사업자나 사업자단체의 부당한 공동행위야말로 동의명령의 제도적 취지가 잘 발휘될 수 있는 영역이므로 동의명령의 대상에서 부당한 공동행위를 제외시킨 것은 동의명령의 도입취지를 무색케 하는 것이라며 부정적으로 보는 입장이 있는가 하면,[20] 동의명령을 통해 경쟁법의 집행 목적을 달성하기 어려운 사안의 경우에는 동의명령의 대상에서 제외시킬 수 있는데 경성카르텔(즉 부당한 공동행위)이 이와 같은 대표적인 예가 된다며 긍정적으로 보는 입장도 있다.[21] 부당한 공동행위를 동의명령의 대상에서 제외시킨 것은 동의명령으로 인해 형벌권이 침해될지 모른다는 우려를 불식시키고자 하는 공정거래위원회의 노력에 기인하는 것으로 볼 수 있다. 공정거래위원회에게는 형사제재가 부과될 수 있는 공정거래법 위반행위 중 현실적으로 형사소추의 대상이 되는 것은 부당한 공동행위 등 중대한 위반행위에 한정되므로, 이를 동의명령의 대상에서 제외한다면 결과적으로 형벌권은 침해되지 않을 것이라는 계산이 있었

19) 공정거래위원회의 "고발지침" 개정에 대해서는 공정거래위원회, *공정거래백서* (2007), 53~55쪽 참조.

20) 홍준형·김정희, "공정거래법상 동의명령제 도입방안에 대한 연구", *기업법연구* (제21권 제4호, 2008), 377쪽.

21) 박성엽, "한미 FTA 체결 그 이후 공정거래법의 과제" 심포지엄에서 지정토론 요지", *저스티스* (통권 98호, 2006), 46~47쪽 참조. 이에 따르면 카르텔의 경우에는 기업이 동의명령으로 카르텔 행위의 중지를 약속하더라도 과거 위반행위로 취득한 부당이득을 계속 보유할 수 있다면 또다시 카르텔 행위를 할 유인이 남을 수 있으므로, 카르텔의 경우에는 과징금으로 제재하여 부당이득을 누리지 못하게 할 필요가 있다고 한다. 그러나 공정거래법개정안에 따르면 피심인이 동의명령 사안을 이행하지 않는 경우 이행강제금을 부과할 뿐 아니라(제51조의4 제2항), 동의명령을 취소할 수 있도록 하고 있으므로(제51조의2 제5항 제2호) 피심인이 동의명령을 불이행할 가능성은 그리 크지 않아 보인다.

던 것으로 보인다. 그러나 이는 지극히 정서적이고 정치적인 논증일 뿐이다. 부당한 공동행위만을 동의명령의 대상에서 제외시키는 것은 다음과 같은 이유로 형법이론적 타당성을 가질 수 없다.

2. 형법이론적 부정합

카르텔(부당한 공동행위)은 공정거래법상 범죄화 되어 있는 중요 불공정 거래행위 — ① 시장지배적 사업자의 지위남용행위(제3조의2, 제66조 제1항 제1호), ② 경쟁 제한적 기업결합(제7조, 제66조 제1항 제2호), ③ 경제력집중(제8조의2, 제8조의3, 제9조, 제10조, 제10조의2, 제11조, 제66조 제1항 제3호~제7호), ④ 부당한 공동행위(제19조, 제66조 제1항 제9호), ⑤ 개별적 불공정거래행위(제23조, 제29조, 제32조, 제67조) — 중 하나이다. 이와 같은 다섯 가지 유형의 중요 불공정 거래행위를 소비자 관련성, 즉 소비자의 이익을 해하는 정도가 큰 순서대로 나열해 보면, ⑤ (개별적 불공정거래행위) → ① (시장지배적 사업자의 지위남용행위)과 ④ (부당한 공동행위) → ② (경쟁 제한적 기업결합) → ③ (경제력집중)의 순이 된다.[22] 소비자의 이익을 해하는 정도가 크면 클수록 구조적으로나마 형사불법(Strafunrecht)에 접근하는 정도도 커지므로, 부당한 공동행위보다는 개별적 불공정거래행위가 형사불법에 더 근접해 있다고 할 것이다. 따라서 만약 공정거래위원회가 동의명령제 도입으로 인해 형벌권이 훼손될 수 있는 가능성을 진정으로 우려하여 공정거래법상 범죄화 되어 있는 중요 불공정 거래행위 중 최소한 하나만이라도 그 대상에서 제외시키고자 한 것이라면, 부당한 공동행위가 아니라 개별적 불공정거래행위를 제외시키는 것이 우선이었을 것이다. 그렇지 않고 더 큰 형사불법성을 갖는 개별적 불공정거래행위는 그 대상으로 남겨두고, 그보다 형사불법성이 덜한 부당한 공동행위만을 동의명령의 대상에서 제외시킨 것은 형법 이론적 타당성을 근거 짓기 어려울 것으로 보인다.

하지만 부당한 공동행위를 제외시키기 전에 개별적 불공정거래행위를 제외

---

22) 다섯 가지 유형의 중요 불공정 거래행위를 '소비자 이익'이라는 법익에 대한 공격의 정도를 기준으로 이와 같이 나타내는 견해는 이상돈, "공정거래질서와 형법정책", 법제연구 통권 제25호(2003. 12), 178~180쪽 참조. 이에 따르면 개별적 불공정거래행위(유형 ⑤)는 소비자의 이익을 '직접' 그리고 '인과적'으로 침해하고, 시장지배적 사업자의 지위남용행위(유형 ①)와 부당한 공동행위(유형 ④)는 소비자의 이익을 '집단'으로 '직접' 그리고 '인과적'으로 침해할 위험을 초래하며, 경쟁 제한적 기업결합행위(유형 ②)는 소비자의 이익을 '일반적'으로, 즉 간접적이지만 인과적으로 침해할 가능성을 발생시키고, 경제력집중(유형 ③)은 소비자 이익에 단지 간접적으로만, 그것도 인과적이라고 단정지을 수 없는 영향만을 미친다.

시키는 것이 우선이었을 것이라는 비판은 단지 부당한 공동행위만을 동의명령의 대상에서 제외시키고 있는 공정거래법개정안을 형법이론적 관점에서 비판하기 위한 것일 뿐, 이와 같은 비판이 개별적 불공정거래행위를 동의명령의 대상에서 제외시켜야 한다는 당위적 주장으로까지 나아가는 것은 아니다. 오히려 개별적 불공정거래행위는 소비자관련성이 매우 크고, 가장 빈번히 발생한다는 면에서 볼 때, 그 어느 유형의 불공정 거래행위보다도 동의명령의 필요성이 큰 불공정 거래행위이다. 따라서 현재 입법예고 되어 있는 공정거래법개정안과 같이 동의명령의 대상을 제한할 것이 아니라, 모든 유형의 불공정 거래행위에 대해 동의명령이 가능하도록 하는 것이 더욱 바람직하리라 본다.

제3부

자본시장과 형법

출처와 생성

[6]단락의 글은 2004년도 고려대학교 특별연구비에 의하여 수행되어 발표한 "주가조작의 형사책임"(저스티스, 통권 제89호, 2006, 87~109쪽)에서 비롯된 글이다. 이 논문이 발표된 후에 「증권거래법」이 「자본시장과 금융투자업에 관한 법률」로 바뀌면서 넓은 의미의 주가조작죄 구성요건이 확장되고 보완되어 *증권형법*(법문사, 2011)에 수록된 바 있다. 이 글은 변화된 법제상태를 반영하고, 그간 출간된 관련문헌들을 참조하였다. 또한 이 글은 사기죄와 주가조작죄의 불법차이, 목적조항의 새로운 해석 등 다양한 논점에서 원래의 논문이 담지 않았던 논의들을 담고 있고, 그 논문에서 기초되었던 이론을 더욱 섬세하게 발전시키고 있다.

06 주가조작의 형사책임

I. 주가조작죄의 현황

증권시장은 부를 일구는 기회의 땅이다. 기업은 증권시장을 통해 자본을 직접 조달할 수도 있고, 때로는 생산성의 향상과 무관하게 기업의 가치를 높일 수도 있다. 투자자들도 적은 재산으로 기업의 주인이 될 수 있을 뿐만 아니라, 재산을 빠른 속도로 증식시킬 수 있는 가능성을 갖는다. 하지만 증권시장에서 한 사람의 투자 성공은 다른 사람의 투자 실패를 전제로 할 때가 적지 않다. 장기적인 관점에서 보면 상장기업들의 실질적인 생산력이 향상되고 실물경제가 성장하고, 그에 힘입어 증권시장의 규모 자체가 성장하지 않는다면, 증권거래는 윈윈(win-win)게임이 아니라 제로섬(zero-sum)게임이 될 수도 있다. 그러나 제로섬게임의 증권시장도 붕괴되어서는 안 된다. 증권시장의 붕괴는 다시 실물경제의 위기로 이어지기 때문이다. 그런데 증권시장의 붕괴는 실물경제의 위기에서 비롯되기도 하지만, 일반인들이 증권시장의 건전성이나 투자가치성에 대해 신뢰를 하지 않아 투자를 그만두는 시장이탈의 현상에 의해 초래될 수도 있다.

1. 주가조작죄의 법제

2009.2.부터 시행된 「자본시장과 금융투자업에 관한 법률」(약칭: 자본시장법)은 그런 이탈을 막고, 증권시장에의 참여 동기와 가치를 유지하기 위해 시장의 공정성(Fairness)을 어지럽히는 일탈행위의 하나로서 다양한 유형의 주가조작죄를 설정하고 무겁게 처벌하고 있다.

> **「자본시장과 금융투자업에 관한 법률」** 제443조(벌칙) ① 다음 각 호의 어느 하나에 해당하는 자는 10년 이하의 징역 또는 5억원 이하의 벌금에 처한다. 다만, 그 위반행위로 얻은 이익 또는 회피한 손실액의 3배에 해당하는 금액이 5억원을 초과하는 경우에는 그 이익 또는 회피한 손실액의 3배에 상당하는 금

액 이하의 벌금에 처한다.
4호~7호 (제176조 위반행위),
8호~9호(제178조 위반행위)
② 제1항 각 호의 위반행위로 얻은 이익 또는 회피한 손실액이 5억원 이상인 경우에는 제1항의 징역을 다음 각 호의 구분에 따라 가중한다.
1. 이익 또는 회피한 손실액이 50억원 이상인 경우에는 무기 또는 5년 이상의 징역에 처한다.
2. 이익 또는 회피한 손실액이 5억원 이상 50억원 미만인 경우에는 3년 이상의 유기징역에 처한다.
③ 제1항 또는 제2항에 따라 징역에 처하는 경우에는 10년 이하의 자격정지를 병과(竝科)할 수 있다.

현행법이 정하는 주가조작죄의 행위유형은 상장증권 또는 장내파생상품(부정거래죄는 장외파생상품 포함)의 거래와 관련한 다음의 7가지로 유형화할 수 있다.

— **유형 ⓐ: 통정·가장매매의 시세조종죄(제443조 제1항 제4호)** 거래가 성황을 이루고 있는 듯이 잘못 알게 하거나 기타 타인으로 하여금 그릇된 판단을 하게 할 목적으로, ① 사전에 거래상대방과 통정한 후 매도·매수하거나(제176조 제1항 제1,2호) ② 권리이전을 목적으로 하지 아니하는 가장된 매매(제3호) 또는 ③ 이런 행위들의 위탁·수탁을 하는 행위(제4호)
— **유형 ⓑ: 현실거래의 시세조종죄(제443조 제1항 제5호)** 매매를 유인할 목적으로 매매거래가 성황을 이루고 있는 듯이 잘못 알게 하거나 그 시세를 변동시키는 매매거래 또는 그 위탁이나 수탁을 하는 행위(제176조 제2항 제1호)
— **유형 ⓒ: 시장조작유포의 시세조종죄(제443조 제1항 제5호)** 매매를 유인할 목적으로 자기 또는 타인의 시장조작에 의해 시세가 변동한다는 말을 유포하는 행위(제176조 제2항 제2호)
— **유형 ⓓ: 허위·오해유발표시의 시세조종(제443조 제1항 제5호)** 매매를 함에 있어 중요한 사실에 관하여 허위의 표시 또는 오해를 유발하게 하는 표시를 하는 행위(제176조 제2항 제3호)
— **유형 ⓔ: 탈법적 시세안정(제443조 제1항 제6호)** 대통령령으로 정한 경우(안정조작과 시장조성 및 그 위탁과 수탁)가 아닌데도 시세를 고정시키거나 안정시킬 목적으로 매매거래 또는 그 위탁이나 수탁을 하는 행위(제176조 제3항)
— **유형 ⓕ: 부당이익취득목적의 시세변동·고정(제443조 제1항 제7호)** 장내파생상품 혹은 장내파생상품의 기초자산 매매에서 부당한 이익을 얻거나 제삼자에게 부당한 이익을 얻게 할 목적으로 각각 그 장내파생상품의 기초자산 혹은 장

내파생상품의 시세를 변동 또는 고정시키는 행위(제176조 제4항 제1,2호) 증권의 매매에서 부당한 이익을 얻거나 제삼자에게 부당한 이익을 얻게 할 목적으로 증권의 시세를 변동 또는 고정시키는 행위(제176조 제4항 제3호)

이와 같은 넓은 의미의 시세조종행위에 더하여 이 구성요건들보다 그 가벌성의 단계를 앞당기고, 그 적용영역을 증권을 넘어 모든 금융투자상품의 거래영역으로 확장하는 새로운 범죄구성요건으로 부정거래행위죄도 새롭게 법제화되었다.

— **유형 ⑨: 부정거래행위죄(제443조 제1항 제8, 9호)** 금융투자상품(증권, 장내파생상품, 장외파생상품)의 거래에서 부정한 수단, 계획 또는 기교를 사용하거나(제178조 제1항 제1호) 중요사항에 관하여 거짓의 기재 또는 표시를 하거나 타인에게 오해를 유발시키지 아니하기 위하여 필요한 중요사항의 기재 또는 표시가 누락된 문서, 그 밖의 기재 또는 표시를 사용하여 금전, 그 밖의 재산상의 이익을 얻고자 하는 행위(제178조 제1항 제2호), 거래를 유인할 목적으로 거짓의 시세를 이용하는 행위(제178조 제1항 제3호), 거래를 할 목적이나 그 시세의 변동을 도모할 목적으로 풍문의 유포, 위계의 사용, 폭행 또는 협박을 하는 행위(제178조 제2항)

2. 처벌강화의 흐름과 비범죄화의 대립

이런 시세조종행위들의 범죄화가 타당한가에 대해 두 가지 큰 근본관점이 대립한다.

(1) 범죄화와 처벌강화의 관점 한편에서는 자본시장의 공정성을 실현하기위해 그런 행위들을 형벌로 위협하고, 또한 집행을 철저히 해야 한다는 관점을 펼친다. 이 관점에 의하면 현재까지 주가조작죄가 보여 온 집행결손은 잘못된 현실로서 지양되어야 한다.[1)] 더 나아가 자본시장의 세계화 흐름은 현재의 주가조작죄보다도 더 강력한 처벌을 요구한다고 이해되기도 한다. 이 점은 EU의

---

1) 예컨대 (구) 증권거래법 제188조의4 제4항(허위사실 유포 및 위계사용·부실표시문서사용에 의한 시세조종)을 미국식의 '사기적 증권거래행위'를 처벌하는 규정으로 운용할 수 있다는 박준, "시세조종행위의 규제", *인권과 정의* (230호, 1995/10), 79~89쪽; 미국의 1934년 증권거래법 (Securities Exchange Act of 1934) Section 10(b) 및 SEC Rule 10b-5처럼 부당한 이득의 취득이나 재산상의 이익 취득을 (필자의 이해로는 이를 행위의 목적으로 규정하는 우리나라 증권거래법에서는 목적조항마저) 주가조작죄의 요건으로 삼지 않음으로써 일반적 불공정거래금지조항을 형성하자는 주장으로 임재연, *증권거래법* (2002), 456쪽 참조. 이런 관점은 현행 자본시장법 제178조에 법제화되었다고 볼 수 있다.

경제적 통합에 따른 법적 동화의 과정에서 이루어진 주가조작의 범죄화와 처벌강화 현상을 보면 쉽게 알 수 있다. 또한 1997년 경제위기 이후 주가조작죄가 빈번하게 집행되고 처벌되었던 우리나라의 현실도 이와 같은 맥락에 서 있다. 즉, 당시 경제위기의 주된 원인은 낙후된 금융체계에 있었고, 증권시장의 불공정성은 그런 낙후성을 가져오는데 적지 않은 기여를 했으며, 주가조작은 내부자거래와 함께 바로 그런 시장의 불공정성을 가져온 대표적인 일탈행위이다. IMF 관리체제의 극복과정이 국경을 넘은 자본교류를 원활하게 만드는 자본시장의 세계화였고, 주가조작의 처벌강화는 그런 세계화를 위한 형사정책의 하나가 되었다.

(2) **비범죄화의 관점** 그러나 다른 한편 위와 같은 시세조종행위들의 범죄성에 대해 근본적인 회의를 제기하는 관점도 있다.[2] 이 관점은 주가조작죄에 해당하는 시세조종행위가 통상적인 주식거래행위와 명확하게 구별하기 어렵고, 형사불법을 구성할 만큼 시세조종행위의 반도덕적 성격이 강하지 않다는 평가에 서 있다. 더 나아가 주가조작죄는 장기적으로는 오히려 시장참여자들의 경제적 이익과 증권시장의 효율성을 해치는 역기능을 발휘할 수도 있다는 우려도 이런 관점을 지탱하고 있다. 이런 관점에서 보면 지양되어야 할 것은 '주가조작죄의 집행결손'이 아니라 '집행결손의 주가조작죄'가 된다.

(3) **형법이론적 과제** 현실적으로는 처벌강화론이 힘을 얻는다. 특히 투자에 실패한 일반시민들은 자신의 실패가 누군가의 일탈행위에 기인하는 측면이 있다는 사실만으로도 강력한 처벌욕구를 갖고, 그런 일탈행위가 또다시 일어난다면 자신들의 투자성공 가능성이 침해된다는 위기의식을 느끼기 때문이다. 또한 처벌 없이는 시세조종행위가 더 많이 빈번하게 일어날 것이라는 우려도 처벌강화론에 손을 들게 한다. 하지만 주가조작죄가 형법이론적으로 정당성을 충분히 창출할 수 있는지에 관해서는 여전히 다양한 의문이 있다. 시세조종의 처벌이 정말 증권시장의 기능을 보호해줄 수 있는지, 민사제재나 과징금, 영업정지 등과 같은 제재만으로는 시세조종을 효율적으로 통제할 수 없는지, 더 나아가 처벌의 강도도 이미 과잉금지원칙에 위배되고 있는 것은 아닌지 등 많은 형법이론적 의문이 제기될 수 있다.

그러면 앞으로 주가조작에 대한 형법정책은 어떤 방향으로 나아가야 하는

2) 대표적으로 임철희, *시세조종행위의 형법적 문제에 관한 연구* (한국형사정책연구원, 2002) 참조.

것일까? 이 물음에 올바르게 답하기 위해서는 이와 같은 처벌강화론과 비범죄화이론, 현실과 이론 사이를 왔다 갔다 하며 주가조작죄의 합리성을 성찰할 필요가 있다. 아래서는 그런 성찰의 과정으로 주가조작행위의 불법유형(Unrechtstypus)을 해명하고(Ⅱ), 그 불법유형이 형사불법이 되기 위한 주가조작죄의 요건을 구체화하며(Ⅲ), 마지막으로 주가조작죄의 입법과 해석에서 나침반이 될 수 있는 법정책의 방향을 설계해보기로(Ⅳ) 한다.

Ⅱ. 주가조작의 불법유형

주가조작에 대해 어떤 법적 통제를 가해야 마땅한지를 정하려면 먼저 주가조작이라는 일탈행위의 불법구조가 해명되어야 한다.

1. 사기죄와의 유비성 도그마

흔히 주가조작의 불법은 표현의 차이는 있지만 대체로 ① 허위정보의 창출,[3] ② 투자판단의 그르침,[4] ③ 인위적인 증권가격의 형성[5]의 세 요소로 구성되어 있다고 이해된다. 이는 주가조작이 자본시장의 유통에 대한 일종의 사기죄라고 보는 관점이 전제되어 있다. 이런 관점은 입법적으로 표현되기도 한다. 예컨대 주가조작을 규율하는 독일법제들은 '자본투자사기'(Kapitalanlagebetrug), '시세사기'(Kursbetrug)처럼 주가조작의 현상을 일종의 사기죄(Betrug)로 바라본다.

[독일의 주가조작죄 법제] 독일법에서 주가조작죄는 크게 3가지 법제에 의해 규율된다. 2차 경제형법개정을 통해 형법전(StGB) 제264조a[6]에 신설된 자본투자사

3) 이상복, "인터넷 증권사기의 현황 및 그 대응방안", *주식* (제389호, 2000.1.), 21쪽.

4) 김주영 · 김태선, "주가조작에 따른 손해배상청구사건에 있어서 배상액의 산정방법에 관한 고찰", *증권법연구* (제2권 제1호, 2001), 116쪽; Santa Fe Industries, Inc. v. Green, 430 U.S. 462(1977).

5) 장영민 · 조영관, "증권범죄의 현황과 형법적 대응", *형사정책연구* (제6권 제2호, 1995), 44쪽; 김정수, "시세조종 규제의 이론과 실제", *주식* (제395호, 2001.7.), 6쪽 아래; 이형기, "증권거래법상의 민사책임에 관한 고찰", *인권과 정의* (제277호, 1999.9.), 58쪽 아래 참조; Tiedemann, *Wirtschaftsstrafrecht und Wirtschaftskriminalität 2*, BT., (1976), 140쪽.

6) StGB § 264a Kapitalanlagebetrug: (1) Wer im Zusammenhang mit 1. dem Vertrieb von Wertpapieren, Bezugsrechten oder von Anteilen, die eine Beteiligung an dem Ergebnis eines Unternehmens gewähren sollen, oder 2. dem Angebot, die Einlage auf solche Anteile zu erhöhen, in Prospekten oder in Darstellungen oder Übersichten über den

기죄와 이 규정의 제정을 계기로 재정비된 증권법(Börsengesetz) 제88조[7]의 시세사기죄 그리고 유가증권거래법(Wertpapierhandelsgesetz) 제39조에서 질서위반범으로 다루는 제20조a의 유통가격과 시장가격조작죄(Kurs- und Marktpreismanipulation) 등이 그것이다. 자본투자사기죄나 시세사기죄 모두 3년 이하의 자유형 또는 벌금형에 처한다. 독일에서는 투자자의 재산을 침해하는 주가조작행위에 대해서는 우선적으로 형법전 제263조의 사기죄(Betrug) 규정의 적용을 검토한다.[8]

(1) **사기죄불법과의 유비성** 하지만 이런 개념정의는 사기죄해석론의 도그마에 빠져있는데서 비롯된다. 즉, [기망 → 착오 → 재산처분 → 손해발생 → 재산상 이득]이라는 사기죄의 불법구조에서 기망은 허위정보의 창출로, 착오와 재산처분은 투자판단의 그르침으로 손해발생과 재산상 이득은 인위적인 증권가격의 형성(과 그로 인한 투자실패)으로 각각 주가조작의 개념 속으로 유추된 것이다.

(2) **사기죄와의 차별성** 그러나 이런 유비(類比)적 이해는 사기죄가 증권거래영역에서도 발생할 수 있긴 하다는 점에서 의미가 있으나 사기죄가 적용될 수 없는 주가조작행위의 영역에서는 적절하지 못하다. 그 이유로는 먼저 주가조작죄는 증권시장의 공정성과 그것에 대한 거래참여자들의 신뢰라는 '보편적 법익'을 보호하는 경제범이고, 사기죄는 '개인적 법익'에 대한 범죄로서 재산범

Vermögensstand hinsichtlich der für die Entscheidung über den Erwerb oder die Erhöhung erheblichen Umstände gegenüber einem größeren Kreis von Personen unrichtige vorteilhafte Angaben macht oder nachteilige Tatsachen verschweigt, wird mit Freiheitsstrafe bis zu drei Jahren oder mit Geldstrafe bestraft. (2) Absatz 1 gilt entsprechend, wenn sich die Tat auf Anteile an einem Vermögen bezieht, das ein Unternehmen im eigenen Namen, jedoch für fremde Rechnung verwaltet. (3) Nach den Absätzen 1 und 2 wird nicht bestraft, wer freiwillig verhindert, daß auf Grund der Tat die durch den Erwerb oder die Erhöhung bedingte Leistung erbracht wird. Wird die Leistung ohne Zutun des Täters nicht erbracht, so wird er straflos, wenn er sich freiwillig und ernsthaft bemüht, das Erbringen der Leistung zu verhindern.

7) Börsengesetz §88 Wer zur Einwirkung auf den Börsen- oder Marktpreis von Wertpapieren, Bezugsrechten, ausländischen Zahlungsmitteln, Waren, Anteilen, die eine Beteiligung am Ergebnis eines Unternehmens gewähren sollen, oder von Derivaten im Sinne des § 2 Abs. 2 des Wertpapierhandelsgesetzes 1. unrichtige Angaben über Umstände macht, die für die Bewertung der Wertpapiere, Bezugsrechte, ausländischen Zahlungsmittel, Waren, Anteile oder Derivate erheblich sind, oder solche Umstände entgegen bestehenden Rechtsvorschriften verschweigt oder 2. sonstige auf Täuschung berechnete Mittel anwendet, wird mit Freiheitsstrafe bis zu drei Jahren oder mit Geldstrafe bestraft.

8) 이런 설명으로 Armin Nack, Müller-Gugenberger/Bieneck (Hrsg.), *Wirtschaftsstrafrecht*, 3.Auflage (Aschendorff, 2000), §63-9 참조.

의 하나라는 점을 들 수 있다. 그러나 이보다 더 중요한 이유는 그런 개념정의로써는 형사불법이 인정될만한 주가조작행위(manipulating)와 그렇지 않은 시세조종행위(예; 주가안정화 stabilization나 주가부양 boosting), 심지어는 보통의 주식거래행위 사이의 경계가 분명하게 구분될 수 없다는 데에 있다.

[사기죄의 기망과 주가조작죄의 오해유발의 차이] 주가조작죄가 사기죄에 비해 희석된 불법을 갖는다는 점은 핵심적인 주가조작행위의 반도덕적 행위양태에서도 확인된다. 사기죄의 행위반가치를 구성하는 핵심은 기망(Täuschung)에 있다. 주가조작죄도 '거짓의 표시', '거짓'매매나 '통정'매매 등의 기망적인 행위양태에 의해 성립하기도 한다. 그러나 주가조작죄의 행위반가치는 여기서 더 나아가 '오해유발'이나 (시장조작을) 유포하는 행위 등과 같이 형법상 사기죄의 기망에 해당하지 않는 양태의 행위에 의해서도 구성된다. 따라서 사기죄처럼 기망의 대상은 '사실'(Tatsache)일 필요는 없고, 견해나 가치판단도 무방한 것이다.[9)]

그 결과 주가조작죄의 구성요건은 명확성원칙에 위배된다는 평결[10)]을 받고 적어도 이론적으로는 모두 비범죄화될 것이 요청된다는 주장도 제기될 수 있다.

2. 주가조작의 불법 구조

그러나 이와 같은 비범죄화의 이론적 요청은 오히려 정반대의 현실, 특히 자본시장의 세계화를 위해 주가조작은 형법적으로도 더욱 더 광범위하게 통제되어야 한다는 현실론에 부딪히고 있다. 이 현실론은 주가조작이 포섭되는 미국 연방증권법상의 시장에 대한 사기(fraud on market)의 표상을 형법전(제347조 제1항)의 사기(Betrug)에 완전히 오버랩핑시킨다.

[미국의 포괄적인 증권범죄] 포괄적 사기금지조항(general anti-fraud provision[11)])으로는 미국의 1934년 증권거래법(Securities Exchange Act of 1934) Section 10(b)[12)]와 그 위임에 의해 공포된 SEC Rule 10(b)-5[13)]를 들 수 있다.[14)] 이 법

---

9) 이 점은 독일 증권법(Börsengesetz) 제88조의 해석에서도 마찬가지이다. 이에 관해 Eberhard Schwark, *Börsengesetz* (C.H. Beck, 2004), §88-5 참조.

10) 이 점을 탁월하게 분석해내는 임철희, *시세조종행위의 형법적 문제에 관한 연구* (한국형사정책연구원, 2002), 29~39쪽.

11) 포괄조항(general provision)의 개념은 이에 관해 William B. Herlands, "Criminal Law Aspects of the Securities Exchange Act of 1934", *Virginia Law Review* (Vol.21 No.2, 1934), 141, 143쪽 참조.

12) SECURITIES EXCHANGE ACT OF 1934 SEC. 10. It shall be unlawful for any person,

Section 32(a)[15]는 "누구든지 이 법 또는 이 법에 의해 그에 대한 위반이 불법으로 되거나 그에 대한 준수가 요구되는 규정 및 규칙의 조항을 고의로 위반한 자"에게 5백만 달러 이하 또는 20년 이하의 징역 또는 양자의 병과에 처하고 있다. 또한 1933년 증권법(ecurities Act of 1933) Section 24("누구든지 이 법 또는 이 법의 규정에 따른 권한으로 SEC가 제정한 규정 및 규칙의 조항을 고의로 위반한 자"에게 1만달러 이하 또는 5년이하의 징역 또는 양자의 병과에 처함)도 주가조작을 처벌할 수 있는 법규정이 된다. 이런 규정을 포괄조항("catch-all" Section)이라고 개념화[16]할 수 있다. 이런 입법태도는 주가조작죄의 행위유형을 유형화하여 열거하는 우리나라 자본시장법 제443조 제1항과 대비된다.

이런 상황 속에서 앞의 유비적 이해는 비범죄화가 아니라 더 강력한 범죄화의 요청으로 전환된다. 이런 요청은 실제로 자본시장법에 부정거래행위죄(제178조, 제443조 제1항 제8,9호)로 실현되었다.[17] 그러나 주가조작의 당벌적 구조(Strafwürdigkeit)를 올바르게 규제하려면, 한편으로는 다소 관념적 주장인 주가조작의 (전면 또는 광범위한) 비범죄화 주장에 대해 실용적인 거리를 두어야 하지만, 다른 한편으로는 너무 현실적인 주장, 주가조작의 과도한 범죄화와 강력한 처벌에 대해서도 이성적인 거리를 두어야 한다. 이런 거리두기는 단지 신설된 부정거래행위죄에서 뿐만 아니라 다른 주가조작죄의 모든 유형에서 요구된

---

directly or indirectly, by the use of any means or instrumentality of interstate commerce or of the mails, or of any facility of any national securities exchange— …… (b) To use or employ, in connection with the purchase or sale of any security registered on a national securities exchange or any security not so registered, or any securities-based swap agreement, any manipulative or deceptive device or contrivance in contravention of such rules and regulations as the Commission may prescribe as necessary or appropriate in the public interest or for the protection of investors.

13) SEC Rule 10b-5 (Employment of Manipulative and Deceptive Devices): It shall be unlawful for any person, directly or indirectly, by the use of any means or instrumentality of interstate commerce, or of the mails or of any facility of any national securities exchange, To employ any device, scheme, or artifice to defraud, To make any untrue statement of a material fact or to omit to state a material fact necessary in order to make the statements made, in the light of the circumstances under which they were made, not misleading, or To engage in any act, practice, or course of business which operates or would operate as a fraud or deceit upon any person, in connection with the purchase or sale of any security.

14) 이 포괄적 사기금지조항의 요건과 적용에 관해 자세히는 최승재, "자본시장법상 불공정거래에 대한 규제", *한국금융법학회 2009년 하계 학술발표회* (2009.9.29.) 발표문 참조.

15) Sec. 32(b), (c)도 주가조작죄를 통제하는 규정이지만 (a)에 비해 실무적 중요성이 현저히 적다.

16) 이런 개념사용에 대해 Paul, Hastings, Janofsky & Walker, LLP, *Securities Law Claims: A Practical Guide* (Oceana Publications, Inc., 2004), 228쪽.

17) 이런 이해로 성희활, "사기적 부정거래에서 "위계"의 적용 문제", *증권법연구* (8권 1호, 2007), 81쪽.

다. 이를 위해 먼저 주가조작을 막연히 사기죄와 같게 이해하는 도그마를 깨뜨릴 필요가 있다.

(1) **고양된 주가형성력**　이를 위해서는 먼저 주가조작이라고 부르는 행위뿐만 아니라 보통의 주식거래도 시장가격을 형성하는 구성력이 있다는 점에 주목해야 한다. 즉, 특정 가격의 주식을 거래(매수, 매도)하면, 바로 그 거래행위는 그 주식의 가격을 변화(상승, 하락)시킨다. 주식거래의 가격형성력은 그 크기에서만 차이가 있을 뿐, 모든 주식거래에 공통되어 있다. 그 크기의 차이를 다음과 같이 <형성 → 조종 → 조작>의 3단계로 나누어 유형화 할 수 있다.

▌도표 35▐　주가의 형성, 조종, 조작의 구별

<table>
<tr><td>시장의 가격결정 기능 위태화</td><td>×</td><td>×</td><td colspan="2">●</td></tr>
<tr><td>(가격결정의) 인위성</td><td>×</td><td>●</td><td colspan="2">●</td></tr>
<tr><td>가격형성력</td><td>●</td><td>●</td><td colspan="2">●</td></tr>
<tr><td>구조요소 / 유형</td><td>형 성</td><td>조 종</td><td colspan="2">조 작</td></tr>
<tr><td>보기</td><td>- 일반투자자의 소액거래</td><td>- 대량의 자전거래
- 주가안정화
- 자기주식취득 · 소각
ⓔ 탈법적 시세안정</td><td>규범적 의미
ⓐ 통정 · 가장매매 시세조종죄
ⓒ 시장조작유포 시세조종죄
ⓓ 허위 · 오해유발 표시의 시세조종
ⓕ 부당이익취득목적 시세변동 · 고정</td><td>사실적 의미
ⓑ 현실거래 시세조종죄</td></tr>
<tr><td></td><td colspan="4">ⓖ 부 정 거 래 행 위 죄</td></tr>
</table>

1) **형　성**　여기서 가격형성력이란 경쟁적 자유시장으로서의 증권시장을 전제한다. 누구나 증권시장에 자유로이 참여할 기회를 공평히 누리고, 투자정보도 모든 시장참여자들에게 대칭적으로 분배되어 있는 상태에서 주식가격은

그 증권에 대한 수요와 공급이 균형을 이루는 지점에서 형성된다. 이런 '경쟁적 자유시장'의 이상에서는 일체의 증권거래가, 적어도 그것이 수요와 공급의 일부가 되는 한, 똑같은 가격형성력을 갖는다고 말할 수 있다.

2) 조 종 이에 비해 현실의 증권시장에서는 가격형성력에 차이가 있을 수 있다.

(가) **기관투자자의 대량거래** 예컨대 기관투자가의 대량거래는 그 자체로서 단기간에도 큰 폭으로 주가의 등락을 가져올 수 있다. 그래서 오히려 일정량의 주식을 동일가격으로 시간외매매로 거래하는 것이 공정할 수 있다. 하지만 이때 거래는 대량의 주식거래를 순차적으로 할 때 각 거래가 갖는 가격형성력을 증권시장의 공정성을 위하여 인위적으로 유보시킨 셈이 된다. 이처럼 증권거래가 큰 틀에서는 시장의 가격결정기능에 따라 좌우되지만 그 가격결정은 — 완전히 자유로운 경쟁적 시장에서의 가격형성에 비해 — 인위적이라고 부를 수 있다.

(나) **주가부양정책** 주가부양(boosting)을 위해 각종 연금공단이 정책적으로 증권을 대량으로 매입해가거나 저평가된 주식가치를 실질화하기 위해 자기주식을 대량으로 취득하여 소각하는 거래도 마찬가지이다. 이런 행위들은 주가형성이 인위적이긴 하지만 시장의 가격결정메커니즘을 여전히 작동시킨다는 점에서 주가조작과 구별하여 주가를 '조종'한다(control, steuern)고 말할 수 있다.

(다) **탈법적 시세안정** 주가의 조종은 시장의 수요와 공급을 인위적으로 조절할 뿐 시장의 가격결정메커니즘 자체를 건드리지는 않는다. 이런 점에서 유형 ⓔ의 탈법적 시세안정(제443조 제1항 제6호)도 주가조종에 속한다. 유형 ⓔ의 탈법적 시세안정죄의 불법은 주가'조종'이 법정의 절차에 따라 이루어지지 않은데 있을 뿐이다.

3) 조 작 그러므로 인위적인 가격형성이 시장의 가격결정메커니즘 자체를 위태화하는 단계에 이른 경우는 주가조종과 구별하여 주가조작(Kurs-manipulation)이라고 구별 지을 필요가 있다. 자본시장법 제443조 제1,2항이 설정하는 범죄구성요건들은 이런 의미의 주가조작을 대상으로 하여야 한다. 왜냐하면 시세조작과 구별되는 시세조종은 그 구성요건들이 정하는 법정형에 "비례적인" 형사불법이 될 수 없기 때문이다. 그러므로 자본시장법 제2장의 시세'조종' 개념은 주가'조작'으로 이해되어야 한다.

동법 제176조 제2항 제2호에서는 "그 증권 또는 장내파생상품의 시세가 자기 또는 타인의 시장 조작에 의하여 변동한다는 말을 유포하는 행위"라고 하여 "조작"이라는 표현을 사용하고 있다. 그러나 조종과 조작의 개념이 체계적으로 구분되어 사용되고 있지는 못하다.

(가) **행위반가치가 강한 시장기능위태화행위** 시장의 가격결정메커니즘은 규범적으로 또는 사실적으로 위태화될 수 있다. 도덕적으로 일탈행위라고 볼 수 있는 증권거래(예: 유형 ⓐ,ⓒ,ⓓ)는 비록 양적으로 시장지배력이나 시장영향력을 갖지 못한다 할지라도 시장의 가격결정메커니즘을 위태화한다고 말할 수 있다. 왜냐하면 시장참여자들은 다른 참여자가 그와 같은 반도덕적 행위를 한다면 자본시장의 가격결정기능에 모종의 장애가 발생할 수 있다는 두려움을 갖기 때문이다. 물론 이런 위태화가 자본시장기능의 현실적 붕괴로 이어질 것인지는 확정짓기 어렵다. 그럼에도 불구하고 이와 같은 일탈행위들에게 주가조작의 불법을 귀속시킬 수 있으려면 적어도 그런 행위들이 반복되어 누적되면 자본시장기능이 '현실적으로' 붕괴될 개연성이 발생해야 한다. 이런 의미에서 반도덕적 증권거래행위는 시장기능을 위태화하는 적성(Eignung)이 있다고 말할 수 있다. 여기서 적성은 주가조작죄의 결과반가치적 요소가 된다. 그러므로 이런 유형들의 범죄성립여부에 대한 판단에서는 바로 그런 결과반가치로서의 적성에 대한 합리적 판단이 관건이 된다.

(나) **결과반가치가 강한 시장기능위태화행위** 이에 비해 가격결정력을 독점 또는 과점할 정도 또는 적어도 '감지할만한' 시장영향력을 지닌 (단기의) 대량거래(예: 유형 ⓑ, ⓕ)는 사실상 시장의 가격결정메커니즘을 위태화할 수 있다. 즉, 그런 거래는 자본시장의 가격결정기능을 침해할 적성을 그 자체로서 이미 갖고 있다. 그러나 이런 유형의 거래는 실제의 거래라는 점에서 반도덕적인 행위의 요소가 없거나 미미하다. 그러므로 이런 유형의 행위가 주가조작의 불법을 가질 수 있으려면 최소한 거래행위자에게 조작의 강한 의도와 같은 반도덕적 요소(행위반가치)가 확인될 수 있어야 한다.

(다) **시장기능위태화가 매우 미약한 행위** 또한 탈법적 시세안정죄(유형 ⓔ)는 주가조작죄로 처벌하기에는 결과반가치도 구조적으로 부족하고, 행위반가치도 존재론적으로 결핍되어 있다. 설령 이 유형의 행위로 투자유인, 투자유발의 효과가 발생하였음이 패턴분석으로 입증되더라도 이런 행위는 형벌이 아니라 과

태료나 과징금에 의한 제재가 적정하다. 따라서 탈법적 시세안정죄는 비범죄화 되어야 한다.

(다) **반도덕적 시장참여행위** 자본시장법에서 새로이 입법된 유형 ⓖ의 부정거래행위죄(제443조 제1항 제8,9호)는 자본시장의 가격결정기능을 보호법익으로 보기 어렵다.

ㄱ) **시장기능보호가 아니라 시장참여행위의 도덕성 보호** 그 이유는 첫째, 부정거래행위는 자본시장의 수요와 공급을 변화시키기보다는 투자자들의 투자의사결정에 영향을 미치는 행위라는 점에서 아직 자본시장의 가격결정기능을 위태시키는 적성(Eignung)을 인정할 수 없다. 예컨대 주식공모를 하면서 증권신고서나 사업설명서에 일부 허위기재를 하는 행위는 주식을 매입하는 투자자들의 재산영역에 위법하게 침범해 들어가는 것이지만, 그 행위가 곧바로 공모가격의 결정을 왜곡하는 것은 아니다.

하지만 부정거래행위들은 자본시장의 기능에 대한 추상적인 위험을 띤 행위라고 말할 수는 있다. 즉, 부정거래행위죄의 보호법익은 여전히 자본시장이다. 이 점에서 사기죄와 구별된다. 여기서 추상적 위험이란 자본시장의 기능을 훼손할 '현실적' 가능성(구체적 위험이든, 적성[구체적-추상적 위험]이든)에 못미치는 '사유적' 가능성을 의미한다. 다시 말해 부정거래행위죄는 시장기능에 대해 단지 위험스러운(risky, riskant) 행동일 뿐이다. 이 점에서 시장기능의 현실적 위태화 적성을 지닌 범죄(적성범)로서 주가조작죄와 구별된다. 그러므로 불공정거래행위죄는 주가조작죄의 '전단계'를 범죄화한 것(Vorfeldkriminalisierung)이라 할 수 있다.[18)]

물론 제178조는 미국의 1934년 증권거래법 Section 10(b) 및 SEC Rule 10b-5의 포괄적 사기금지규정에 영향을 받은 것으로 보인다. 그러나 미국의 포괄적 사기금지규정은 우리나라 법에서 보편적 법익에 대한 범죄로서 주가조작죄와 개인적 법익범죄로서 불공정거래행위죄를 '포괄'하는 구성요건임에 주의할 필요가 있다. 이를 독일식의 개념으로 표현한자면 포괄구성요건(Auffang-statbestand)인 셈이다.

ㄴ) **체계적 이유** 둘째, 부정거래행위는 다른 자본시장참가자들의 자유와

---

18) 같은 취지로 내가 지도한 박사논문인, 지유미, *M&A에 대한 형법정책의 방향* (고려대 박사학위논문, 2009), 55쪽 참조.

재산, 명예와 업무, 생명과 신체를 침해하는, 개인적 법익에 대한 범죄의 성격이 강하다. 앞의 유형들은 자본시장법 제4편 제2장에서 규율하는 반면, 부정거래행위죄는 제3장에서 따로 규정하고 있는 점도 이를 뒷받침한다. 물론 부정거래행위죄도 주가조작죄 그리고 내부자거래죄와 함께 제4편(불공정거래의 규제)에 규정되어 있다는 점에서 보호법익을 같게 볼 여지는 있다. 그러나 제4편은 보편적 법익인 자본시장기능을 보호하는 내부자거래죄와 주가조작죄 그리고 불공정거래행위죄를 포괄하는 상위개념으로 설정된 것이라는 점에서 같은 편에 규정되어 있다고 하여 보호법익이 같다는 결론이 도출되지는 않는다.

ㄷ) 손해발생영역의 구조적 차이　셋째, 더 결정적인 점은 시세조종행위에 따른 배상책임은 "그 위반행위로 인하여 형성된 가격에 의하여 해당 상장증권 또는 장내파생상품의 매매를 하거나 위탁을 한 자가 그 매매 또는 위탁으로 인하여 입은 손해"(제177조 제1항)에 대한 것인 반면, 부정거래행위죄에 따른 배상책임은 "그 위반행위로 인하여 금융투자상품의 매매, 그 밖의 거래를 한 자가 그 매매, 그 밖의 거래와 관련하여 입은 손해"(제179조 제1항)에 대해 진다. 즉, 시세조종행위들은 시장의 가격결정기능을 왜곡하고, 그 왜곡으로 인해 발생한 손해에 대한 배상책임을 가져오지만, 부정거래행위는 그 거래의 상대방이 입은 손해에 대한 배상책임을 가져오는 것이다.

ㄹ) 일반적 도덕적 행위규범　그렇기 때문에 부정거래행위죄는 자본시장에 참여하는 사람들이 지켜야 할 도덕적 행위규범을 구축하는 일반조항이고, 그 규범의 준수를 형벌로 위협하는 처벌법규인 것이다. 또한 이 도덕적 행위규범은 반드시 특정 피해자를 전제하고 있는 것은 아니다. "부정한 수단을 사용하는" 금융투자상품의 거래는 피해자없는 범죄(opferloser Verbrechen)가 될 수도 있다.

(2) **반도덕적 요소**　사기죄의 도그마에 갇힌 주가조작의 개념이해는 또 다른 주가조작의 개념적 요소로 — 주가조작(시세조종) 개념의 불명확성을 고려하여 더 핵심적인 요소로 — 주가조작행위자의 '나쁜 의도'를 제시한다.[19]

1) 주가조작죄의 목적조항의 기능　이 의도는 투자판단을 그르치게 하고, 매매거래를 유인하고, 그에 따라 해당 증권에 대한 수요와 공급의 상태가 변화하

19) 서종남, *증권거래의 시세조종의 규제에 관한 연구 — 미국의 연방증권법을 중심으로* (건국대 박사학위논문, 1999), 235쪽; 바로 그렇기 때문에 주가조작의 범죄화에 대해 비판적인 시각으로 임철희, *시세조종행위의 형법적 문제에 관한 연구* (한국형사정책연구원, 2002), 41~42쪽.

도표 36 주가조작죄의 목적조항

범죄유형	목적의 내용
ⓐ 통정·가장매매 시세조종죄	"매매가 성황을 이루고 있는 듯이 잘못 알게 하거나, 그 밖에 타인에게 그릇된 판단을 하게 할 목적으로"
ⓑ 현실거래 시세조종죄	"매매를 유인할 목적으로"
ⓒ 시장조작유포 시세조종죄	
ⓓ 허위오해유발표시 시세조종죄	
ⓔ 탈법적 시세안정죄	"시세를 고정시키거나 안정시킬 목적으로"
ⓕ 부당이익취득목적의 시세 변동·고정	"부당한 이익을 얻거나 제삼자에게 부당한 이익을 얻게 할 목적으로"
ⓖ 부정거래행위죄	"매매, 그 밖의 거래를 유인할 목적으로"(제178조 제1항 제3호)
	"매매, 그 밖의 거래를 할 목적이나 그 시세의 변동을 도모할 목적으로"(제178조 제2항)

고, 그 결과 자신이 큰 차익을 취득하려는 내적 성향을 가리킨다.

㈎ **현행 주가조작죄의 목적조항들** 이런 내적 성향을 현행 자본시장법은 각종 '목적' 개념에 담고 있다.

㈏ **주가조작죄 불법 부족분의 보충** 이러한 목적조항들은 각 유형들이 주가조작죄의 불법을 완전하게 구비하지 못한 부족분을 메워주기 위한 것이라고 할 수 있다.

ㄱ) **반도덕적 시세조종의 결과반가치 보충** 첫째, 목적조항은 반도덕적인 행위양태를 띤 시세조종행위(유형 ⓐ, ⓒ, ⓓ)에서는 사안에 따라 확증되지 못한 결과반가치, 즉 자본시장의 가격결정기능을 왜곡시킬 적성의 부족분을 메우기 위해 행위반가치요소를 한층 더 강화시키는 조항이다.

ㄴ) **현실거래 시세조종의 행위반가치 보충** 둘째, 목적조항은 현실거래의 시세조종행위(유형 ⓑ)에서는 결핍된 행위반가치 부분을 메워주기 위한 것이다.

ㄷ) **탈법적 시세안정의 불법 보충** 셋째, 탈법적 시세안정죄(유형 ⓔ)에서는 행위반가치와 결과반가치 모두가 부족한 부분을 메워주기 위한 것이다.

ㄹ) **부정거래죄의 위태화결핍의 보충** 넷째, 목적조항은 부정거래행위죄에서는 보호법익에 대한 공격의 미약함(추상적 위험)에도 불구하고 시세조종죄들과

같은 정도로 무겁게 처벌할 수 있도록 그 부족한 불법을 메워주기 위한 것이다.

2) 목적 없는 목적조항들 그러나 목적조항의 이와 같은 기획이 실제로 각 유형에서 주가조작죄의 불법으로서 부족한 부분을 메워줄 수 있는지는 매우 의문이다. 왜냐하면 목적조항이 각 행위유형이 실현하는 불법의 실질에다 새로운 불법의 실질을 추가하고 있는 것인지가 의문스럽기 때문이다.

(가) 불법의 실질을 추가하지 않는 목적조항들 자세히 들여다 보면 위의 목적조항들은 그와 같이 불법의 실질을 추가하는 요소를 갖고 있지 않다.

ㄱ) 형법전상의 불법추가적 목적범 이 점은 다른 목적범의 불법추가기능과 대비함으로써 분명해진다. 예컨대 내란목적살인(형법 제88조)에서 내란목적은 실행행위(예: 살인)를 수단으로 달성하려는 외재적 목표(예: 국토를 참절하거나 국헌을 문란할 목적으로)이다. 그런 외재적 목표를 달성하려는 (주관적) 의도는 살인이라는 실행행위의 불법에 새로운 불법의 실질을 '추가'시킨다.

ㄴ) 부당이득취득목적의 주가조작죄 예외 물론 주가조작죄 가운데에도 부당이득취득목적의 주가조작죄(제443조 제1항 제7호)는 목적조항이 주가조작죄에 불법을 실질적으로 추가하는 기능을 수행한다. 예컨대 "장내파생상품의 매매에서 부당한 이익을 얻거나 제3자에게 얻게 할 목적"을 위하여 "그 장내파생상품의 기초자산의 시세를 변동 또는 고정시키는 행위"(제176조 제4항 제1호)를 하는 것이므로 시세조작행위의 목적은 그 행위에 외재적인 목표가 되어 있다. 여기서 부당한 이익의 취득은 단지 "유가증권의 처분으로 인한 행위자의 개인적이고 유형적인 '경제적 이익'에 한정되지 않고" — 이 점에서 불법이득의사 개념에서 불법이득(Bereicherung)과 구별됨에 주의 — "기업의 경영권 획득, 지배권 확보, 회사 내에서의 지위 상승 등 무형적 이익 및 적극적 이득뿐 아니라 손실을 회피하는 경우와 같은 소극적 이득, 아직 현실화되지 않는 장래의 이득도 모두 포함하는 포괄적인 개념으로 해석"[20]할 수 있다.

ㄷ) 주가조작행위에 내재적 목표로서 목적 그러나 그 밖의 주가조작죄에서 목적조항은 주가조작의 실행행위에 '내재된' (행위)목표에 불과하고, 이에 대한 인식은 고의의 내용이 될 뿐이다. 따라서 목적이라는 표현을 생략하고, '~하게 하려고' 라든지 '~할 의도로'라는 표현을 써도 무방하다. 여기서 의도란 주가

---

20) 이런 해석은 (구)증권거래법 제188조의4 제4항 제1호에 관한 판례(대판 2009.7.9, 2009도1374)의 입장이지만, 준용가능한 해석이다. 앞의 인용문도 같은 판례의 내용임.

조작고의이며, 그 대상은 그릇된 판단을 일으키거나, 거래를 유인하는 등의 주가조작 실행행위의 양태이다.[21]

(나) **입증의 완화** 그런데도 판례는 목적을 미필적 고의로 해석함으로써 수사와 재판에서 유죄입증의 부담을 덜어주는 경향이 있다.

[판례의 주가조작죄 목적해석] 판례는 ① 통정·가장매매의 주가조작죄가 성립하기 위해서는 "통정매매 또는 가장매매 사실 외에 주관적 요건으로 '거래가 성황을 이루고 있는 듯이 잘못 알게 하거나 기타 타인으로 하여금 그릇된 판단을 하게 할 목적'이 있어야 하는데, 이러한 목적은 다른 목적과의 공존 여부나 어느 목적이 주된 것인지는 문제되지 아니하고, 그 목적에 대한 인식의 정도는 적극적 의욕이나 확정적 인식임을 요하지 아니하고 미필적 인식이 있으면 족하며, 투자자의 오해를 실제로 유발하였는지 여부나 타인에게 손해가 발생하였는지 여부 등은 문제가 되지 아니한다"[22]고 보며, 또한 ② "현실거래에 의한 주가조작죄의 목적인 '매매거래를 유인할 목적'이라 함은 인위적인 조작을 가하여 시세를 변동시킴에도 불구하고 투자자에게는 그 시세가 유가증권시장에서의 자연적인 수요·공급의 원칙에 의하여 형성된 것으로 오인시켜 유가증권의 매매거래에 끌어들이려는 목적을 말하고, 그 제1호 소정의 '유가증권의 매매거래가 성황을 이루고 있는 듯이 잘못 알게 하거나 그 시세를 변동시키는 매매거래'라 함은 본래 정상적인 수요·공급에 따라 자유경쟁시장에서 형성될 시세 및 거래량을 시장요인에 의하지 아니한 다른 요인으로 인위적으로 변동시킬 가능성이 있는 거래를 말하는 것으로서, 이에 해당하는지의 여부는 그 유가증권의 성격과 발행된 유가증권의 총수, 매매거래의 동기와 유형, 그 유가증권 가격의 동향, 종전 및 당시의 거래상황 등을 종합적으로 고려하여 판단하여야 하는 것이다"[23]라고 본다.

ㄱ) **목적의 사실상 추정** 그러나 더 중요한 문제점은 목적의 개념정의보다 그 입증방법에 있다. 실무는 주가조작의 객관적 구성요건 충족이 입증되면 목적의 존재를 사실상 추정하는데, 이때 객관적 구성요건의 충족사실은 (금융감독원이) 거래패턴을 분석하여 주가폭등과 폭락 등의 원인을 설명할 합리적 이유가 없음을 밝히는 방법으로 입증한다.

[미국의 prima facie case] 미국에서도 주식거래에 직접 금전적 이익이 있는

21) 이런 점에서 "부당한 이득을 얻기 위하여"란 목적조항을 제외하고 다른 목적조항들을 행위의 특수성을 설명하는 요소로 이해하기도 한다. 이런 입장으로 장영민·조영관, 증권범죄에 관한 연구 (한국형사정책연구원, 1996), 118쪽; 사법연수원, *경제범죄론* (2002), 166쪽; 임재연, *증권거래법* (2002), 458쪽 참조.

22) 대판 2001.11.27, 2001도3567; 2005.11.10, 2004도1164.

23) 대판 2001.6.26, 99도2282; 2004.3.26, 2003도7112; 2005.11.10, 2004도1164.

사람이 주가상승을 위해 외형상 주가조작의 행위양태에 해당하는 적극적인 행위를 한 경우를 일응증명케이스(prima facie case)라고 하여 목적의 존재를 추정하고 입증책임을 피고에게 전환시킨다. 이때 적극적인 행위는 매매거래의 패턴이 정상적이지 않은 거래라는 간접사실(정황증거)에 의해 판단한다.[24)]

ㄴ) **추정을 위한 간접사실의 불충분성** 그러나 이런 추정은 매우 문제가 있다. 왜냐하면 객관적 구성요건에 외재적인 목적이 있는 경우(예: 내란목적 살인죄)에는 그 목적과 관련된 (객관적 요건 입증증거와 별개의 증거인) 간접사실이 매우 많은 데에 비해, 주가조작죄처럼 내재적 목적이 있는 경우에는 관련한 간접사실은 매우 적어서, 그 추정의 합리성이 담보되기 어렵기 때문이다. 거래패턴의 분석이 사실상 간접증거의 전부인 상황에서는 주가조작행위와 통상의 주식거래 사이의 구분도 쉽지가 않다. 하물며 그런 분석만으로 목적을 추론하는 것은 더더욱 합리성을 갖기 어렵다.

[현실거래의 주가조작죄에서 목적의 추정] H증권(주)은 같은 그룹 계열사 H전자(주)의 주식 300만주와 전환사채를 2500억원 가량 보유하고 있었다. H증권 대표이사 甲은 이를 처분하기로 결정했다. 甲의 지시로 1998.5.26.~1998.11.12. 사이에 H증권에 개설된 H중공업(주)과 H상선(주) 명의의 계좌로 H전자의 주식을 매매하였는데, ⓐ 그 과정에서 종가결정을 위한 동시호가시간대에 53회에 걸쳐 1,425,680주의 고가매수주문을 냈고, ⓑ 1023회에 걸쳐 3,472,180주에 직전체결가 및 상대호가 대비 고가매수주문을 냈고, ⓒ 567회에 걸쳐 2,103,290주에 대해 장중접속매매시 매매체결가능성이 없는 허위의 대량매수주문을 내었으며 ⓓ 60회에 걸쳐 302,070주에 대해 시초가 형성을 위한 동시호가시 호가잔량만 공개되고 매매체결가능성은 없는 낮은 가격의 허위매수주문을 냈다. 이 거래를 통해 H증권(주)는 실현손실과 평가손익을 모두 감안할 때 최종적으로 약 58억원의 시세차익을 취득하였다. ① 대법원은 ⓔ H전자(주)의 총발행주식수는 H그룹 계열사가 79.47%, 기관투자자 등이 4.38%, 개인소액주주가 9.98%로서 ⓕ 유통가능한 주식물량은 최대 8,043,416주(14.36%)였던 점, ⓖ H중공업과 상선이 H전자 주식매수에 동원한 자금 2200억원은 H전자 주식을 14,864,864주로서 유통가능물량의 1.84배에 이른 점 등을 고려해 甲에게 거래유인목적을 인정하고 현실거래의 주가조작죄를 인정하였다. ② 사견: 甲의 행위는 계획적인 허위매수주문(위 ⓒ, ⓓ)으로 인해 가장매매의 주가조작죄에 해당할 수 있다. 또한 고가매수주문행위들(ⓐ, ⓑ)은 H그룹 계열사의 총지분율이 높고(ⓔ), 거래량이 적은 유통가능물량(ⓕ)에 비해 상당히 많다는 점(ⓖ) 등의 거래특성으로 인해 투자자들이 "매매가 성황을 이

24) 자세히는 김정수, *현대증권법원론* (박영사, 2002), 719~720쪽 참조.

루고 있는 듯이 잘못 알게 하"(제176조 제2항 제1호)는 매매에 해당할 수 있다. 즉, 현실거래의 주가조작죄의 객관적 구성요건을 충족한다. 그러나 여기서 가령 H증권의 수익률이 — 1998년도 증시의 고도상승 흐름을 고려해보면 — 이례적인 수준이 아니었다고 가정하자. 그러면 甲에게 증권시장의 가격결정기능을 왜곡하는 거래유인목적이 있었다고 단정할 수가 없다. 판례는 목적을 사실상 추정한 것이다.

3) 나쁜 심정으로서 목적 목적조항은 이처럼 불법의 실질을 추가하지 못하지만, 동기의 차원에서 바라볼 때 그런 목적성에는 윤리적으로 비난받을 만한 나쁜 심정(Gesinnung)의 요소가 깃들어 있다.

㈎ 시장참여자들에게 보편적인 매매유인목적의사 예컨대 현실거래의 시세조종죄(유형 ⓑ)의 행위자가 갖는 목적의식은 "매매를 유인할 목적"이다. 이런 목적의식은 주식을 매수하는 모든 사람들이 정도의 차이는 있지만, 자신의 매수가 다른 후속 매입을 유인하여 가격을 상승시키고, 차익을 실현하고자 하는 의사, 정확히는 강렬한 욕망과 목표의식을 갖고 있다. 그런데 이 차익의 실현은 하나의 증권매수가 현실의 경쟁적 시장에서 통상적으로 (공평하게) 가질 수 있는 (미세한) 가격상승효과의 크기보다 더 많이 상승해야 가능하고, 이를 위해서는 그런 상승을 뒷받침할 정도로 더 많은 매수세가 유인되어야 한다. 투자자들은 그런 유인을 의도하지 않을 수 없다. 반대로 하나의 증권매각이 현실의 경쟁적 시장에서 가질 수 있는 (미세한) 가격하락효과의 크기보다 더 많이 하락해야 하고 — 이로써 상대적으로 고가에 매도했다가 다시 저가에 매수할 수 있게 되며 — 이를 위해서는 그런 하락을 뒷받침할 정도로 더 많은 매도세가 유인되어야 한다. 투자자들은 그런 유인을 의도하지 않을 수 없다. 여기서 나쁜 의도나 심정은 주가조작자에게만 있는 것이 아니라 모든 증권시장참여자에게 있는 것이며, 시장에 참여하게 만드는 동기화의 불가결한 요소가 된다.

㈏ 심리적 차별화 그렇기 때문에 이 죄의 규정에서 "매매를 유인할 목적"이란 문언은 의미론의 차원이 아니라 심리적 차원에서 읽어야만 한다. 이를테면 윤리적으로 나쁜 심정을 추단하지 않고는 현실거래의 시세조종과 통상의 증권거래행위가 구분되지 않는다.

가령 미국의 저명한 주식투자가 워렌 버핏(Warren Edward Buffett)이 어떤 기업의 주식을 사면, 사람들은 추격 매수를 한다. 이런 일이 반복되면, 버핏은 주식을 사면서 투자성공을 기대하는 한, 그는 이미 "매매를 유인할 목적"을 갖기 쉽다. 그런데도 그에게 현실거래의 시세조종죄가 성립하지 않는 것은 그의 주식거래에 윤리적으로 나쁜 심정을 귀속시키지 않기 때문이다.

다른 주가조작죄의 유형에서도 이 점은 정도의 차이가 있지만 마찬가지이다. 그러므로 현행법상 주가조작죄는 ⓐ~ⓖ 유형의 행위를 한 사람들에게 해명되지 않은 '윤리적으로 비난받을만한 (모종의) 나쁜 심정'을 전제하지 않고는 성립하기 어렵다고 볼 수 있다. 그러나 주가조작죄의 불법이 이처럼 윤리적으로 나쁜 (가상적인) 심정에 의해 보충되는 한, 주가조작죄는 '심정형법'(Gesinnungsstrafrecht)이라는 비난을 피하기 어려워진다.

3. 시장의 최소도덕으로서 공정성을 구체화하는 해석과제

이상의 논의에서 다음과 같은 점이 분명해진다. 첫째, 주가조작의 불법이 형사불법이 되기 위한 근거는 행위자의 인격적 차원에 있지 않고, 행위가 증권시장의 구조에 대해 미치는 영향이 시장의 기능을 위태화하는 데에 있다.

[주가조작죄의 보호법익논쟁] 주가조작죄의 보호법익에서 증권시장의 기능보호와 투자자보호 가운데 어느 것이 더 우월한 것인가의 문제에 관하여 특히 독일에서는 증권시장의 기능보호를 우선시키는 견해[25]와 투자자보호를 우선시키는 견해[26]가 첨예하게 대립한다. 우리나라에서는 양자가 대등한 것으로 보는 견해도 있다.[27] 이런 논란은 형법이 증권시장의 기능과 같은 보편적 법익을 보호하는 데 적합한가 하는 형법이론적, 형법정책적 근본관점의 대립을 배후에 두고 있다. 투자자보호설은 형법의 임무를 인격적 법익의 보호에 국한시키고, 기능보호설은 형법의 임무를 현대사회의 다양한 보편적 법익의 보호에 확장시키는 이론적 정책적 근본관점에 서기 쉽다. 그러나 자본시장법상의 주가조작죄를 투자자보호를 우선시키는 법제로 보면 증권형법은 오히려 무분별하게 확대되고, 법치국가적 원칙을 깨뜨리기 쉽다. 자본시장법의 기능을 고려할 때 주가조작죄는 자본시장의 (공정한 가격결정) 기능을 보호하기 위한 것으로 보되, 그 성립요건을 형법상의 기본

25) 대표적으로 Alexandra, Schmitz, "Aktuelles zum Kursbetrug gemäß §88 BörsG", wistra (2002), 211쪽; 지유미, *증권시장의 공정성 실현을 위한 형법정책의 방향* (고려대 석사학위논문, 2006), 6~7쪽 참조.

26) 대표적으로 Alexander Worms, *Anlegerschutz durch Strafrecht* (1987), 259~266쪽; 우리나라에서도 김건식, 증권거래법 (두성사, 2004), 40쪽; 임재연, *증권거래법* (박영사, 2006), 3쪽; 자본시장법도 투자자보호의 공백을 제거하는 기획을 좇는다고 보는 안수현, "불공정거래행위 규제법의 새로운 전개 — 자본시장 및 금융투자업에 관한 법률(안)의 불공정거래행위 규제를 중심으로 —", BFL (제22호, 2007), 42~61쪽.

27) 임철희, *시세조종행위의 형법적 문제에 관한 연구* (형사정책연구원, 2002), 122~127쪽 참조.

원칙들(책임원칙, 명확성원칙, 비례성원칙)을 최대한 충족하는 방향으로 엄격하게 해석하는 것이 바람직하다.

둘째, 여기서 시장기능의 위태화가 주가조작죄의 형사불법으로 구성되려면 목적조항에 숨어 있는 심정윤리가 아니라, 보편적 도덕과 관계되어야 한다.

셋째, 그런 도덕은 본질적으로 도덕적일 수 없는 자본시장이 사회적 통합을 달성하기 위해서 갖추어야 하는 최소한의 도덕성[28]인 공정성(Fairness)을 의미한다.

가령 현실거래에 의한 주가조작죄(유형 ⓑ)는 공정거래법상 독과점시장에서 시장지배력을 남용하는 행위와 유비적인 성격의 불법을 가질 때 비로소 성립한다고 보아야 한다.[29] 허위정보의 사용이나 위계 등의 사술(詐術)을 사용한 주가조작죄들(유형 ⓐ, ⓒ, ⓓ, ⓕ)도 시장에 대한 사기(Fraud)로서 사기죄의 불법과 같은 것이 아니라 오히려 더 중한 불법을 근거지을 수 있을 때에만 비로서 성립할 수 있다.

여기서 어떤 요건 아래서 그런 불법이 구성되는 것인지가 문제로 남는다. 이는 주가조작죄의 요건을 그토록 무거운 법정형에 비례적인 중한 불법을 구성하도록 재해석하는 과제이다. 아래(Ⅲ)에서 이를 다룬다.

Ⅲ. 주가조작죄의 요건 재구성

앞서 해명한 주가조작의 일탈행위적 구조를 바탕으로 보면 주가조작의 불법을 사기죄해석론의 도그마에 갇힌 채 구체화한 3가지 요건은 다음과 같이 해체적으로 재구성되어야 한다.

【사기죄】		【주가조작죄】
① 허위정보의 창출	→	① 불공정한 시장 참여
② 투자판단의 그르침	→	② 정보권침해를 통한 투자유인과 투자유발
③ 인위적인 증권가격의 형성	→	③ 증권시장의 가격결정메커니즘의 왜곡

28) 이 도덕성은 윤리경영의 핵심표지와도 같다고 할 수 있다. 이에 관해 자세히는 이상돈, *윤리경영과 형법* (신영사, 2005) 참조.

29) 그러므로 현실거래에 의한 주가조작죄가 비범죄화 되어야 하는지는 공정거래법상의 독과점지위남용죄가 비범죄화 되어야 하는지에 대한 판단과 평행선을 달리게 된다. 이에 관해 자세히는 이상돈, "공정거래질서와 형법정책", *법제연구* (통권 제25호, 2003), 167~195쪽 참조.

여기에 더하여 주가조작죄는 대부분 목적범으로 구성되어 있다. 이 목적의 개념은 앞에서 나쁜 심정의 함의로써 사용된다고 했다. 아래서는 이런 나쁜 심정은 비합리적 경영으로 재해석될 것이다.

1. 불공정한 시장 참여

먼저 어떤 유형에서든 주가조작죄가 성립하려면 ① 불공정한 ② 시장참여가 있어야 한다. 이러한 불공정성의 요청은 주가조작죄의 구성요건인 제176조가 속한 제2장이 속한 제4편의 표제가 불공정거래의 규제인 점에서도 확인된다.

(1) **시장참여** 아무리 주가형성에 기여하는 불공정한 행위라 할지라도 주가조작죄가 성립하려면 증권시장에 대한 참여가 있어야 한다.

1) 거래 또는 그와 관련한 행위 자본시장법은 참여를 "거래(去來)"(행위) 개념으로 표현한다. 매매는 거래의 대표적인 경우이지만 매매가 아닌 기타 거래(예: 매매의 위탁, 수탁) 더 나아가 '거래와 관련한 행위'(예: 거짓정보의 유포행위나 위계행위)까지 주가조작행위의 유형이 될 수 있다. 예를 들어 미래의 영업실적이나 경영확장에 대한 예측정보를 제공하는 행위도 주가조작죄의 실행행위가 될 수 있다. 참여는 꼭 증권거래(또는 그와 관련한 행위)를 '직접'하는 것을 의미하지는 않는다. 더 나아가 주가조작에 해당하는 증권거래(또는 관련행위)를 교사하거나 방조하는 경우도 포함된다.

2) 참여자 역할의 수행 거래나 그와 관련한 행위가 주가조작죄의 요건으로 시장참여가 되려면 증권시장에 대해 '관찰자'(Beobachter)의 역할이 아니라 '참여자'(Teilnahmer)의 역할을 수행하는 것이어야 한다.

(가) **관찰자로서 애널리스트의 분석** 예컨대 증권 애널리스트의 잘못된 시황분석이나, 특정 종목이나 그 군의 시세변동에 대한 빗나간 예측은 주가조작행위에 해당하지 않는다. 그것은 그런 예측과 분석의 행위가 허위정보를 시장에 밀어 넣는 것이거나 거래와 관련된 행위가 아니기 때문이 아니다. 그보다는 시황분석에서 애널리스트들은 시장참여자의 역할을 떠맡는 것이 아니라는 점에서 주가조작범이 되지 않는 것이다. 그들은 단지 증권시장의 관찰자로서 행위 하는 것이며, 투자자들도 바로 그렇기 때문에 시황분석의 오류에도 불구하고 그들에게 법적 책임을 귀속시키지 않는 것이기도 하다.

㈏ 시장참여가 되는 애널리스트의 분석

ㄱ) 숫자에 의한 전망 물론 애널리스트의 시황분석이 예컨대 '전반적인 전망을 진술'하는 수준을 넘어서 '숫자로 구체화된 예측'을 내놓는 경우[30]에 그의 역할은 관찰자에서 '참여적 관찰자'(teilnehmender Beobachter)로 바뀐다고 볼 수 있다.

ㄴ) 스캘핑 또한 시황분석으로 매수추천을 하여 투자자의 관심을 끈 뒤 자신은 곧이어 매도하는 경우(이른바 scalping)에는 숫자로 구체화된 예측이 아닌 시황분석도 시장참여로 볼 수 있다. 이런 경우들에 있어 시황분석행위는, 주가조작죄의 다른 요건이 충족된다면, 그 자체로서 주가조작행위가 될 수 있다. 스캘핑은 독일증권법(Börsengesetz) 제20조a와 그 시행령 제4조(§4 MaKonV)에서 명문으로 규율되고 있기도 하다. 그러나 스캘핑이 주가조작죄에 해당하려면 아래서 설명하듯 주가조작죄의 두번째 요건인 투자유발효과가 있어야 하는데, 통상적으로는 그런 효과가 미미하다. 심지어 증시에서는 애널리스트의 분석전망대로 투자하면 실패하고, 때로는 심지어 반대로 투자해야 한다는 인식도 상당히 퍼져 있다. 그러므로 주가조작죄의 두 번째 요건(투자유발효과)을 충족하기 어렵다.

물론 스캘핑은 우리나라 자본시장법 제178조 제1항 제1호에 "기교를 사용하는 행위"에 해당할 수 있다. 그러나 뒤에서 설명하듯이 부정거래행위죄도 법정형이 주가조작죄(제176조)와 법정형이 같다는 점에서 부정거래행위죄의 적용은 구체적인 사안에서 이례적인 투자유발효과가 입증된 경우에 한정하여 적용되어야 한다고 본다.

⑵ 불공정성 시장참여가 주가조작이 되려면 그 참여가 불공정한(unfair) 것이어야 한다. 이를 종래 법률해석학은 허위정보의 창출로 이해하였다. 그러나 허위정보의 창출은 실체적 요건이 아니라 불공정한 증권참여행위 가운데 단지 '일부'만 갖는 '속성'에 불과하다. 예컨대 통정매매(matched orders)나 가장매매(wash sales), 시장조작의 유포(제176조 제2항 제2호)나 허위표시 또는 오

30) 이 구별은 SEC Rule 10b-5 증권사기(securities fraud)의 적용과 관련하여 미국 법원이 행한 것인데, 전반적으로 낙관적인 진술(generally optimistic statements)은 법적으로 중요하지 않지만, 숫자화된 구체적 예측(numerically specific predictions)은 증권거래법위반이 문제될 수 있다고 한다(자세히는 Amchen/Cordova/Cicero, *Securities Fraud*, 39 American Criminal Law Review 2002, 1044쪽 참조).

해유발표시(제176조 제2항 제3호), 더 나아가 위계나 부실표시문서의 사용(제178조 제1항 제2호)은 넓은 의미에서 증권시장에 허위의 투자정보를 밀어 넣는 특성을 띠고 있다.

1) 필요 · 충분조건이 아닌 허위정보의 창출 하지만 허위정보의 창출은 주가조작죄의 필요조건도, 또한 충분조건도 아니다.

(가) 허위정보창출 없는 주가조작 먼저 허위정보의 창출은 주가조작죄의 필요조건이 아니다. 이를테면 현실거래에 의한 주가조작(유형 ⓑ)이나 탈법적인 시세안정행위(유형 ⓔ)는 허위정보를 창출하는 행위는 아니면서도 주가조작죄의 한 유형이 되고 있기 때문이다.

ㄱ) 외관상의 허위정보 창출 물론 현실거래의 주가조작죄는 현실거래가 거래의 성황을 "잘못 알게"(誤認) 하거나 시세를 변동시키는 것일 때에 국한된다는 점에서 부분적으로는 허위정보의 창출이라는 성격을 띤다고 볼 수도 있다. 그러나 여기서 허위정보의 창출은 판례가 동죄(제176조 제2항 제1호)의 목적조항을 해석할 때 밝히고 있듯이 "인위적인 조작을 가하여 시세를 변동시킴에도 불구하고, 투자자에게 그 시세가 유가증권시장에서의 자연적인 수요 · 공급의 원칙에 의하여 형성된 것으로 오인시키"[31]는 측면에 관계한다.

ㄴ) 실질적인 주가형성력 여기서 현실거래에 의한 주가조작죄의 법문에 규정된 "잘못 알게"의 개념은 통상적인 경우보다 훨씬 — 인위적이라고 표현할 정도의 — 강력한 주가형성력을 가리킬 뿐임을 알 수 있다. 만일 이를 두고 거짓정보의 창출이라고 말한다면 통상적인 증권거래가 모두 허위정보를 창출한다고 말할 수 있을 것이다. 왜냐하면 적은 규모의 통상적인 증권거래도 — 마치 나비효과(The Butterfly Effect)[32]처럼 — 우연히 급격한 주가변동의 계기가 되는 경우가 적지 않고, 언제 그런 계기가 되는지도 예측할 수 없는 것이 증권시장의 일반적인 속성이기 때문이다.

(나) 주가조작이 아닌 허위정보창출 다른 한편, 허위정보의 창출은 주가조작죄

---

31) 대판 2003.12.12, 2001도606; 2002.7.26, 2001도4947; 2002.6.14, 2002도1256; 2001.6.26, 99도2282 등 참조. 이 판시부분은 목적조항을 해석한 것이지만 현실거래에 의한 주가조작죄의 목적조항은 고의의 내용을 서술하고 있는 것에 불과하며, 따라서 이 판시부분은 "오인"과 관계되는 '거짓정보의 창출'을 설명하고 있는 것으로 이해할 수 있다. 다만 이 판례는 (구)증권거래법상 제188조의4 제2항 제1호에 대해서 내린 것임에 주의해야 한다.

32) 나비효과(The Butterfly Effect)란 미국의 기상학자 에드워드 로렌츠(Edward Lorentz)가 1961년 생각해낸 이론으로서 '중국 북경에 있는 나비의 날갯짓이 미국 뉴욕에서 허리케인을 일으킬 수도 있다'는 내용이다.

의 충분조건도 아니다. 왜냐하면 주가조작죄에 해당하지 않는 행위도 허위정보를 창출할 수 있는 반면, 허위정보를 창출하지 않는 증권거래행위도 주가조작죄에 해당할 수 있기 때문이다.

ㄱ) 허위정보창출의 외관이 없는 통정매매나 가장매매 첫째, 외관상으로는 허위정보의 창출이 드러나지 않는 통정매매(제176조 제1항 제1,2호)나 가장매매(제3호) 및 그런 행위의 위탁이나 수탁(제4호)도 '실질적으로는' 거짓된 정보를 시장에 내놓는 행위로서 주가조작으로 취급된다.

ㄴ) 합법적인 허위정보창출로서 자전거래 허위정보를 창출하지만 주가조작으로 취급되지 않는 거래로 기관투자자들의 시간외 매매에 이용되는 '합법적인' '자전거래'(cross trading)를 들 수 있다. 이는 증권회사가 중개하여 거래상대방인 투자자들 간에 같은 종목, 가격, 수량으로 이루어지는 매매로서 허위정보를 창출하지만, 합법적인 거래가 된다.

2) 불공정성의 불법유형 그러므로 허위정보의 창출은 주가조작행위의 구성적 요소가 아니라 단지 불공정하게 시장에 참여하는 행위양태(Handlungsmodus)의 한 가지 유형으로 이해하여야 한다. 불공정성(unfairness, unredlichkeit) 개념은 '가치충전을 필요로 하는 불확정 개념'(wertausfüllungs-bedürftiger Begriff)이다. 따라서 그 개념은 허위정보의 창출에 국한되지 않고, 다양한 방식으로 충족될 수 있다. 그 개념은 ㈎ 규범적 또는 도덕적 내용으로 채워질 수도 있지만, ㈏ 사실적 또는 경제적·정책적 내용으로 채워질 수도 있으며, ㈐ 절차주의의 방식으로 채워질 수도 있다.

㈎ 반도덕적 행위표지 첫째, 현행 자본시장법은 실제로 주가에 어떤 영향을 미치는지를 불문하고, 반(反)도덕적(unmoral) 요소가 내재해 있는 거래행위를 불공정한 거래행위로 구성한다.

ㄱ) 반도덕적 시세조종 예컨대 허위표시 등은 형법전에서 불법의 표지로 널리 사용하는 반도덕적 행위표지이며, 통정매매도 민법(제108조)[33]에서 사용되는 반도덕적 행위표지의 전형적인 경우에 속한다. 그런 표지를 갖고 있는 증권거래는 바로 그 표지에 의해 불공정한 거래로 근거지어질 수 있다.

[허위표시와 위계사용의 구분] D캐피탈의 대표이사 甲은 차명(乙의 명의)으로

---

33) 형법전이나 민법전은 근대시민사회의 기초적인 도덕을 제도화한 법률(이에 관해 이상돈, 『법학입문』, 2005, 95쪽 아래)임을 염두에 둘 필요가 있다.

146만주를 보유한 H회사를 20억원을 차입하여 총 55억원에 인수하였고, 이사회를 개최하여 정관에 정보통신 및 인터넷 관련 사업을 추가하는 결의를 하게 하였으며, 이에 관한 주총의 승인도 받았으며, 적법하게 공시도 이루어졌다. 그런데 甲의 이러한 일련의 행위는 정보통신사업을 할 준비와 능력도 없음에도 이 당시 주식시장의 테마를 형성하고 있던 A&D(인수 후 개발) 및 정보통신관련 사업체의 주식에 대한 일반 투자자의 높은 관심을 얻어내기 위한 것이었다. 또한 甲은 경제일간지에 이런 내용을 기사화 되도록 함으로써 마치 H회사가 A&D를 본격화하여 향후 지속적인 투자가 진행될 것처럼 오해하게 만들었다. 언론보도가 이루어진 후 H(주)의 주가가 이틀 연속 상한가를 기록하자 바로 전량 매도하여 약 30억원의 이익을 취득하였다. ① 판례는 甲의 행위가 허위·오해유발표시의 주가조작죄에 해당하는지에 관하여 "허위사실을 유포하거나 허위의 표시를 하였는지 여부는 공시내용 자체가 허위인지 여부에 의하여 판단하여야 할 것이지 피고인이 실제로 정보통신관련 등 사업에 투자를 할 의사와 능력이 있었는지 여부에 의하여 판단할 것은 아니라고 할 것인바, …… 피고인이 처음부터 정보통신관련 등 사업에 투자를 할 의사와 능력이 없었다거나 공시를 한 후 실제로 정보통신관련 등 사업을 추진하지 아니하였다 하더라도, 위 사실을 공시하거나 기사화한 것이 허위사실을 유포하거나 허위의 표시를 한 것으로 볼 수는 없다"[34]고 보았다. ② 그러나 甲에게는 현행 자본시장법 제178조 제2항(거래를 할 목적이나 그 시세의 변동을 도모할 목적으로 풍문의 유포, 위계의 사용, 폭행 또는 협박을 하는 행위)의 부정거래행위죄가 성립할 수 있다. 정보통신관련 사업에 투자할 의사와 능력이 없는데도 그럴 것처럼 보이게 만들었다면 허위'표시'는 아니지만 (또한 기망에는 해당하기 어렵지만) 위계의 사용에는 해당하기 때문이다.

ㄴ) **약한 반도덕적 행위로서 부정거래행위** 부정거래행위죄(유형 ⓖ)의 행위양태도 반도덕적인 성격을 띤다. 부정한 수단, 계획, 기교 사용, 중요사항 기재·표시 누락문서 사용, 풍문유포 위계사용, 폭행·협박 등이 그러하다. 다만 이 반도덕적 행위양태는 시장의 기능에 대항한 것이기는 하지만, 그 시장기능이 간접적으로 보호하는 투자자의 재산영역에 직접 침범해 들어가지는 않기 때문에 그 반도덕성이 약화되어 있다고 볼 수 있다.

㈏ **시장지배와 주가결정력** 둘째, 행위 자체에 반도덕적 표지가 포함되어 있지 않더라도 거래가 경제학적 관점에서 볼 때 사실상 시장의 불공정성을 가져오거나 그럴 위험을 가져오는 경우가 있다. 예컨대 현실거래의 주가조작죄(유형 ⓑ)에서 "시세를 변동시키는 매매 또는 그 위탁이나 수탁을 하는 행위"(제176조

34) 대판 2003.11.14, 2003도686.

제2항 제1호)는 그 자체로서는 반도덕적 표지를 갖고 있지 않다. 그러나 이런 거래가 시장에 대해 갖는 효과(market impact)가 지나치게 커서 증권시장을 경쟁적 시장에서 '독·과점시장'이나 그에 근접한 시장으로 변질시켜버릴 위험이 있을 수 있다.[35)]

ㄱ) **시장지배력으로서 불공정성** 독·과점시장이 시장의 공정성을 해치듯, 그런 증권거래도 공정성을 해치는 것이며, 시장지배력의 남용(공정거래법 제3조의2, 제66조 제1항 제1호)이 금지되어야 하듯 그런 증권거래는 규제되어야 하는 것이다. 물론 공정거래법에서는 시장지배력 그 자체가 불공정하다고 보지 않는다. 우리나라 공정거래법은 독과점시장 자체의 형성을 규제하는 입법태도(원인규제주의)를 취하지 않고 단지 그 남용을 규제하는 입법태도(폐해규제주의)를 취하고 있기 때문이다. 이에 비해 자본시장은 실물경제와는 다른 특성들, 이를테면 가격의 빠른 등락, 심리적 요인의 중요성, 소액투자자에 대한 보호가 시장유지의 필수적 요인이라는 점 등을 고려할 때 실물경제에서 독과점지위와 유사한 지배력을 형성하는 것을 불공정하다고 볼 필요가 있는 것이다. 바꿔 말해 증권시장에서는 누구도 주가를 결정할만한 사실상의 힘을 갖지 않아야 한다는 '보이지 않는 신사협정'(unseen gentleman's agreement)이 있다고 보아야 한다.

ㄴ) **이중적 불공정성** 증권거래의 불공정성은 반도덕적 표지와 시장지배력이 결합됨으로써 발생하기도 한다.

(a) 비도덕적 시장지배 예컨대 처음부터 계획하여 허수주문으로 매수세를 유도한 뒤, 기존의 보유주식을 매도하고 매수주문도 취소하는 행위의 경우를 들 수 있다. 이때 허수주문 뒤 취소하는 부분은 비도덕적인 행위요소이다. 그런 허수주문을 통해 매수세를 급격하게 끌어올려, 즉 강력한 주가형성력을 가짐으로써 차익을 실현하는 것은 시장지배자와 유사한 지위를 남용하는 것에 해당하기 때문이다. ① 판례는 이런 행위를 현실거래에 의한 주가조작으로 본다. ② 그러나 그런 해석은 유추금지원칙에 위반되기 쉽다. 그보다는 가장매매(제176조 제1항 제3호)의 확장해석을 통해 그와 같은 행위를 주가조작으로 다룰

---

35) 그러므로 "시세를 변동"시킨다는 것은 모든 증권거래에 있는 주가형성력이나 조종의 수준을 넘어 조작(앞의 II.2. 참조)으로 평가될 만큼의 강력한 주가형성력, 즉 주가결정력을 가지는 것을 뜻한다. 그 경우 증권거래는 가격을 형성하는 시장참여행위에서 벗어나 가격을 결정하는 시장지배행위가 되고, 증권거래의 시장에 대한 효과는 그냥 효과가 아니라 충격(impact)이라고 부를 만하게 된다.

수 있다고 본다.

[허수매수주문과 가장매매의 주가조작] 甲은 자신이 주식을 매입한 다음 그 매입한 주식을 고가에 매도하여 차액에 따른 이익을 얻을 목적으로 단일하고 계속된 범의 하에 2000. 8. 1.경부터 2001. 2. 1.경까지 사이에 실제 매수의사가 없는 대량의 허수매수주문을 내어 매수잔량을 증가시키거나 매수잔량의 변동을 심화시켜 일반투자자의 매수세를 유인하여 주가를 상승시킨 후 매수주식을 고가에 매도하고 허수매수주문을 취소하는 동일한 방법으로 합계 7,542회에 걸쳐 168개 종목에 관하여 시세조종행위를 하였다. 甲의 총 매도금액은 금 24,879,623,980원이고 총 매수금액은 금 24,702,867,360원으로서 거래비용을 감안하지 아니한 시세차익은 합계 금 176,756,620원이지만, 여기에서 거래비용{매수수수료(0.028%), 매도수수료(0.028%), 증권거래세(0.3%)} 합계 금 88,521,970원을 공제하면 순매매차익은 합계 금 88,234,650원이다. ① 판례는 甲의 매매거래는 매매거래를 유인할 목적에서 이루어진 것으로서 현실거래에 의한 시세조종행위에 해당한다고 보고, 甲의 개별거래행위는 포괄하여 1죄를 형성하며, 3배 벌금형을 부과할 때 그 기준은 176,756,620원이 아니라 88,234,650원이 된다고 보았다.[36] ② 그러나 처음부터 허수매수준문을 계획했으면 가장매매의 주가조작죄가 성립한다고 봄이 타당하다.

(b) 사후적인 허수매수주문 이에 비해 허수매수주문이 행위시점에서 사전적으로(ex ante) 이루어진 것이 아니라 결과적·사후적으로(ex post) 그렇게 된 것일 뿐인 경우는 이와 다르게 취급해야 한다. 예컨대 주문 후 전광석화와 같이 시장상황이 급박하게 변하거나 그에 민감한 데이트레이더들의 매도세가 급증할 때 곧바로 취소하는 행위는 가장매매로 확장해석할 수 없다. 이런 행위 유형을 주가조작으로 포섭하려고 한다면, 현실거래에 의한 주가조작죄(제176조 제2항 제1호)를 적용할 수밖에 없을 것이다. 그러나 이 포섭은 형법외의 제재사유로 사용할 때에는 문제가 없지만 형벌을 부과하기 위한 요건사실로 사용할 때에는 '확장해석'을 넘어서는 금지된 유추의 혐의를 피할 수 없다. 따라서 이런 행위는 구성요건(제443조 제1항 제4호, 제176조 제2항 제1호)에 해당하지 않는다. 또한 설령 해당한다고 하여도 사회상규에 위배된다고 보기 어려우므로 그 위법성이 조각된다고 보아야 한다.

(다) **절차위반의 불공정성** 불공정성의 표지는 절차적으로 채워지기도 한다. 도덕적 표지를 존재론적으로 확정하기도 어렵고, 시장에 대한 효과도 불확실하

36) 대판 2002.6.14, 2002도1256.

지만 시장의 기능을 유지·향상시키기 위한 정책적 관리가 요구되는 영역에서 특히 그러하다.

ㄱ) **주가안정화의 법정절차 위반** 예컨대 주가안정화를 위한 거래행위도 위임입법(법 제176조 제3항 및 법시행령 제203, 제205조)이 정한 주체, 장소, 기간, 가격제한, 결과보고서제출, 공시 등에 관한 요건(절차적 조건)을 충족하지 않을 때에만 불공정거래가 된다.

ㄴ) **사업설명서의 법정절차 위반** 또한 사업설명서 등에 기재한 예측정보가 법이 정한 일정한 절차적 조건들(① 예측정보임을 명시, ② 예측의 판단근거 명시, ③ 합리적 근거에 기초한 성실기재, ④ 예측치와 결과치가 다를 가능성에 대한 주의문구 명시)을 충족하는 경우에만 배상책임을 지지 않도록 한다(법 제125조 제2항). 이는 그런 절차적 조건을 충족하지 않는 예측정보의 기재행위는 불공정한 시장참여에 해당함을 의미한다.

2. 투자유인효과와 투자유발효과

불공정한 시장참여가 주가조작이 되려면 다른 투자자를 유인(induce, mislead[37]))하여 투자를 하게 만드는 효과를 가져야 한다.

(1) **투자유인의 의미** 이 투자유인은 사기죄에서 말하는 착오(Irrtum)와 (기망행위와 착오 및 재산처분행위 사이의) 인과관계(Kausalität)를 전제로 하지 않는다. '사람은 말을 시작하기만 하면 언제나 착오를 한다'는 괴테(Goethe)의 말은 증권시장에 딱 들어맞는 말이다. 주가조작의 요건사실을 구성하는 불공정한 증권거래에서만이 아니라 모든 종류의 증권거래에서 사람들은 일상적으로 착오를 한다. 예컨대, 아직은 합법적인[38] 거래행위의 하나인 데이트레이딩을 통한 초단타매매행위(예: 예를 들면 500억의 주식형 수익펀드를 운영하는 투자신탁의 펀드매니저가 H기업의 주식을 한번에 1만주 정도 이상씩, 약 5억원 이상씩 하루에 수십 차례 이상 반복적으로 집중 매도하고 다시 매수하는 거래를 하는 경우)에 의해 평균적인 거래폭을 상회하고, 거래량과 매매회전율도 상당히 증가되는 경우[39]에 다른 거

37) Santa Fe Industries, Inc. v. Green, 430 U.S. 462(1977); Thel, *Regulation of Manipulation under Section 10(b): Securities Prices and the Text of the Securities Exchange Act of 1934*, 1988 Columbia Business Law Review 1988, 410쪽.

38) 다만 초단타매매가 거래량과 주가를 급변시킴으로써 공정한 거래질서가 문란해질 수도 있으므로 장기적으로는 일정한 규제가 필요함을 주장하는 견해로 임재연, *증권거래법* (2002), 449쪽 각주 131 참조.

래자들은 거래가 성황을 이룬다고 판단할 수 있다.

1) 투자의 인과적 결정과의 구별 하지만 모든 투자실패에 사전적으로든 사후적으로든 관측될 수 있는 착오의 현상은 사기죄의 귀속요건으로서의 착오와는 다르다. 투자를 결정하는 정보는 매우 다양하고, 불공정 증권거래가 창출하는 정보는 수많은 정보 가운데 단지 하나에 불과하며, 따라서 착오를 인과적으로 초래한다고 말할 수 없기 때문이다.

2) 투자정보권침해로서 투자유인 하지만 불공정 시장참여가 인과적으로 야기하는 것이 있다면 그것은 투자정보권(의 완전성)의 침해이다. 투자정보권이 침해되면 투자가 잘못 이루어질 수 있고, 그 한에서는 적어도 관념적으로는 투자유인효과(거래유인효과)가 있었다고 말할 수 있다. 바꿔 말해 불공정한 증권거래가 야기하는 투자유인효과란 정보지배권(의 완전성)의 침해에서 그 최소한을 발견할 수 있다.

(2) **투자유발효과와 투자실패효과** 여기서 투자유인효과와 투자유발효과(거래유발효과) 그리고 투자실패의 효과가 구분될 필요가 있다.

1) 투자실패효과 먼저 투자실패효과는 투자자들이 실제로 손해를 입게되는 결과를 말한다. 이런 투자자들의 실제 손해는 민법적으로는 배상책임이 인정되는 손해의 범위 문제를 가져오고, 형법적으로는 투자자의 실제 손해발생을 주가조작죄의 객관적 처벌조건으로 구성할 수 있다. 그러나 투자자 손해가 모두 정보권침해로서의 투자유인행위에 귀속될 수는 없다.

투자실패의 결과는 민법적으로는 정보권침해라는 1차손해로부터 파생되는 후속손해(또는 부가적 손해 zusätzliches Risiko)에 해당되는데, 이 손해는 불공정한 증권거래와의 '위험성관련성'이 인정될 때에만 불공정한 증권거래행위에 귀속될 수 있다. 민법학계에서는 이 위험성관련성을 너무 쉽게 널리 인정하는 경향이 있는데, 투자실패의 손해는 불공정한 증권거래행위자의 입장에서 보면 특별손해(제763조, 제393조 제2항: "특별한 사정으로 인한 손해는 채무자가 그 사정을 알았거나 알 수 있었을 때에 한하여 배상의 책임이 있다")에 해당한다고 보아야 한다. 민사상 특별손해를 귀속시킬 수 있는 경우는 불공정한 증권거래행위는 투자를 '유인'한 수준을 넘어서 투자를 '유발'(cause)시켰다고 말할 수 있는 경우

39) 하지만 데이트레이딩이 주가의 변동성, 유동성, 주가수익률에 유의적인 영향을 미치는 것은 아니라고 본다. 이에 대해 차원철, *당일매매(Day Trading)의 현황 및 시장영향분석* (2000), 1~13쪽; 한국증권업협회, *데이트레이딩과 주가변동성 관계연구결과* (2000), 1~11쪽.

이어야 한다.

2) 투자유발효과 투자정보를 잘못 획득하게 되면 투자자들은 그렇지 않은 경우에 비해 더 투자를 하게 되거나 덜 하게 될 수 있다. 이런 현상은 불공정한 거래행위가 있은 이후에 주식거래의 양과 횟수, 시세의 변동폭과 속도 등을 면밀히 통계학적으로 분석해보면 확인할 수 있다. 이렇게 통계학적으로 확인되는 거래의 이례적 변동을 투자유발이라고 할 수 있다.

㈎ 형사책임의 기본전제로서 투자유발효과 투자유발의 경우에 불공정한 증권거래는 그 반도덕적 성격이 한층 더 높아진다고 할 수 있다. 현행 자본시장법상의 주가조작죄는 — 적어도 운영현실에서 보면 — 투자유인의 경우와 투자유발의 경우를 모두 포괄하지만 후자를 기본형으로 삼는다고 평가할 수 있다. 이와 같은 투자유발효과가 있을 때 비로소 자본시장의 가격결정메커니즘이 감지할만한 수준으로(spürbar) 건드려질 가능성이 발생한다. 따라서 주가조작의 형사책임은 투자유인이 투자유발의 단계에 이르렀을 때 인정되어야 한다.

㈏ 민사책임의 기본전제로서 투자유인효과 이에 비해 민사책임의 기본적인 손해개념은 투자유인효과를 기준으로 설정할 수 있다. 투자유발효과는 후속손해의 배상범위를 결정한다. 미국연방증권법상의 시장에 대한 사기(fraud)[40]는 투자유발보다는 투자유인을 기본형으로 삼는다고 볼 수 있는데[41] 이는 민사책임의 기본형에 적합한 것이다. 미국법의 영향을 직접적으로 받은 부정거래행위죄(유형 ⓖ)나 탈법적 시세안정(유형 ⓔ)도 투자유발보다는 투자유인효과가 기본형이 되어 있다.

3) 인식 필요성 이렇게 투자유발효과와 투자실패효과를 구별할 때, 주가조작죄의 고의는 투자유인 및 투자유발효과에 대한 인식을 필요로 한다. 이에 반해 투자실패효과, 즉 투자자가 실제 손해를 입게 된다는 미래의 사실에 대한 확실한 인식은 주가조작죄 고의의 내용이 아니다. 그런 미래 사실의 확실한 인식은 객관적 처벌조건이 되는 사실에 속하고 이는 고의의 대상이 되지 않기 때문이다.[42]

---

40) 1934년 증권거래법 Section 10(b) 및 SEC Rule 10b-5.

41) 다만 미국은 1995년 증권민사소송개혁법(Private Securities Litigation Reform Act of 1995)을 제정하였는데, 이 법에 의하면 거래인과관계(내가 말하는 투자유인효과)는 종전대로 피고가 입증책임을 부담하되, 손해인과관계에 대한 입증책임은 원고에게 지우게 되었다. 이 한에서는 시장사기이론이 부분적으로 약화되었다고 할 수 있다.

42) 이상돈, *형법강의* (법문사, 2010), §8-27.

3. 시장의 가격결정기능 왜곡

불공정하게 투자를 유인하는 증권거래는 증권시장의 정상적인 가격결정을 왜곡하는 것이어야 주가조작이 된다. 가격결정메커니즘의 왜곡은 단지 주가형성이 '인위적인' 것만으로는 부족하고 그런 인위적인 가격결정이 '불공정성'(unfairness, Unlauterkeit)을 띨 때[43] 비로소 인정될 수 있다. 이때 불공정성은 '실제적인' 것이어야 한다.[44] 그렇지 않은 경우에는 행정법적 제재(예: 주의, 경고, 임원징계요구, 영업소폐쇄, 영업정지, 유가증권발행제한 등)만을 가함이 적절하다. 이런 축소해석은 현실거래에 의한 주가조작에서 뿐만 아니라 통정, 가장매매에 의한 주가조작의 경우[45]에도 마찬가지로 적용되어야 한다.

(1) 반도덕적인 행위양태의 적성 불공정성은 먼저 불공정거래행위의 반도덕적 성격에서 나오는 적성범의 속성일 수 있다. 시장의 가격결정메커니즘은 도덕적으로 일탈행위라고 볼 수 있는 증권거래(예: 유형 ⓐ, ⓒ, ⓓ 그리고 ⓖ)에 의해 구체적 추상적으로 위태화된다.

1) 반도덕적 행위양태의 주가조작 이때 구체적 추상적 위험이란, 전통적인 추상적 위험 개념인 시장기능의 사유적인 침해가능성(즉 추상적 위해 abstrakte Gefährdung)[46]이 아니라, 실제적인 침해가능성이어야 한다. 즉, 반도덕적 행위양태가 반복하여 발생하고, 그 효과가 누적되면, 시장기능이 붕괴될 수 있는 적성이 있는 경우이어야 한다. 주가조작죄의 행위양태들, 이를테면 통정·가장매매, 시장조작유포, 허위·오해유발표시의 거래와 같은 반도덕적 행위양태는 그런 적성을 곧바로 인정할 수 있다. 이런 적성은 반도덕적 양태의 행위가 통계적으로 발생시킨다고 볼 수 있는 투자유발효과에 의해 '사실상 추정'될 수 있다.

---

43) 이를 시장가격에 불공정한 영향(unlautere Beeinflussung von Marktpreisen)이라고 표현하는 Schmitz, "Aktuelles zum Kursbetrug gemäß § 88 BörsG", *wistra* (2002/6), 133쪽.

44) 이런 입법조치를 한 독일 증권거래법(Wertpapierhandelsgesetz) §20a는 시세 및 시장조작행위가 실제로 가격에 영향을 미치지 않은 경우에는 질서위반범(Ordnungswidrigkeit)만을 인정하고 (§39), 실제로 가격에 영향을 미친(auf den Preis...einwirkt) 경우에는 5년이하의 징역 또는 벌금형에 처한다(§38, Abs.2).

45) 현재는 시세변동의 추상적인 가능성을 전제로 통정, 가장매매의 주문이 있을 때 이미 해당 주가조작죄의 기수가 성립한다고 주장된다(김정만, "시세조종행위의 규제", *증권거래에 관한 제 문제 [하]* (재판자료 제91집, 2001), 204쪽.

46) 추상적 위험의 개념에 관해서는 이상돈, *형법학: 형법이론과 형법정책* (법문사, 1999), 27~30쪽.

2) 부정거래행위의 주가조작 이에 비해 부정거래행위(제178조)의 반도덕적 행위양태, 이를테면 부정한 수단, 계획 또는 기교[47]를 사용하는 행위, 풍문의 유포 등의 행위만으로 주가조작죄와 같은 법정형의 범죄가 성립한다고 보아서는 안된다.

㈎ 과잉금지위반 왜냐하면 부정거래행위죄는 부당이득취득과 같은 부정거래행위에 외재적인 목적조항도 없고, 지나치게 가벌성을 확장시킴으로써 "모든 거래 행위는 허용 또는 금지 여부가 불확실한, 잠재적 불법행위가 되는 것 아닌가"[48]라는 과잉처벌의 불안을 초래하기 때문이다. 미국의 포괄적 사기조항에 깊게 영향을 받은 부정거래행위죄는 과잉금지원칙에 위배된다고 볼 수 있다.

㈏ 제한해석 여기서 부정거래행위죄는 제한해석을 해야 할 필요가 인정된다. 이를테면 부정거래행위를 통해 실제로 정보권의 침해만으로 인정되는 '관념적인' '투자유인효과'로는 부족하고, '투자유발효과' 또는 적어도 '실제적인' 투자유인효과가 패턴분석을 통해 입증되어야만 비로소 주가조작죄와 동일한 법정형으로 처벌될 수 있는 부정거래행위죄의 성립을 인정하는 것이다.

| 도표 37 | 부정거래행위죄의 제한해석 구조

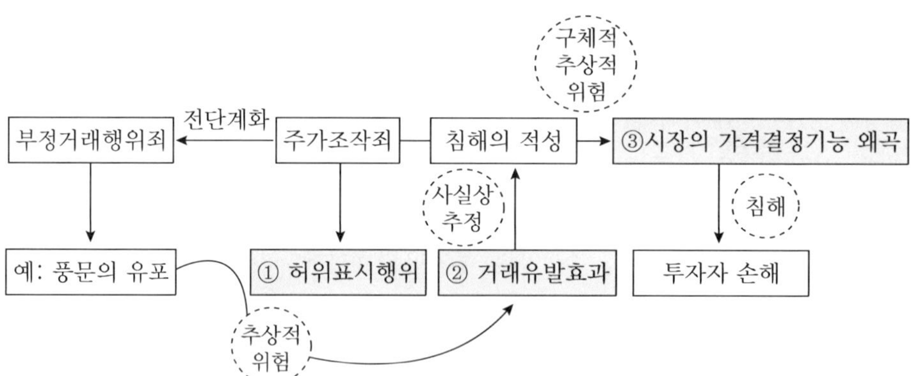

그런 거래유발효과를 발생시켰는지는 ① 예컨대 기교(예: 스캘핑에서 애널리

47) '기교'라는 특이한 문언의 내용으로 과당매매(Chunning), 스캘핑(Scalping), 선행매매(Front running)를 제시하는 최승재, "자본시장법상 불공정거래에 대한 규제", *한국금융법학회 2009년 하계 학술발표회* (2009.9.29.) 발표문, 26쪽 아래 참조.

48) 성희활, "사기적 부정거래에서 "위계"의 적용 문제", *증권법연구* (8권 1호, 2007), 81쪽.

스트의 긍정적 전망)를 사용하거나 풍문을 유포한 이후의 거래량이나 거래패턴의 변화, 주가변동폭 등을 고려하여 판단하여야 한다. 또한 ② 주식공모사기에서 허위기재의 사업설명서가 투자자가 공모주식을 매수하는 거래의 원인이 되었다는 점('실제적인 거래인과관계')을 입증하여야 한다.[49] 이처럼 부정거래행위가 주가조작행위와 같은 거래유인효과를 발생시켰다고 판단되면 그때 부정거래행위는 자본시장의 가격결정기능을 위태화하는 적성이 인정될 수 있고, 주가조작죄와 같은 법정형으로 처벌할 수 있게 된다.

[M&A 풍문의 유포에 의한 주가조작죄의 성립조건] A회사는 영국의 체신국 퇴직연금펀드(British Pension Scheme)를 운용하는 B가 100% 출자하여 설립한 투자목적법인이다. A회사의 대표 펀드매니저인 甲은 2003.11.5.부터 2004.3.2.일까지 S물산의 보통주 합계 7,772,000주를 A회사의 계산으로 매수하였고, 2004.3.3.에는 甲 자신의 계산으로 S물산의 우선주 8,300주를 매수하였다. 2004.3.8. 甲은 S물산의 홍보담당상무 乙에게 S물산이 보유하고 있는 S전자의 주식 매각, 우선주의 소각 등을 요구하고, 만일 요구사항이 받아들여지지 않을 경우에는 S물산에 대한 적대적 M&A 가능성이 있다고 말하였다. 또한 甲은 A회사의 수탁브로커인 D증권 런던 현지법인 직원 丙을 통하여 자신이 乙과 접촉한 사실과 요구사항을 H신문 기자에게 알려 보도하게 하였다. 2004.11.12. 甲은 보도자료를 통해 같은 내용으로 S물산에 대한 적대적 M&A 가능성을 경고하였다. 그러나 2004.11.26. S물산이 보통주 2.5%를 포함한 자사주 취득을 공시하였다. 이에 대응하여 甲은 2004.11.29. 최대일간지인 J일보 기자 丁과 전화인터뷰로 같은 내용의 적대적 M&A를 할 가능성에 대해, 그리고 만약 소버린이 S물산에 대해 M&A를 시도한다면 경영진이 교체되지 않는 한 소버린을 지지할 것이라는 말을 하였다. 丁은 'S물산, 외국인에 M&A될 수도'라는 제목의 기사를 2004.12.1.에 내보냈다. 이 기사가 보도된 2004.12.1. S물산의 보통주 주가는 전일 15,300원에서 15,850원으로 상승했고, 거래량은 전일 1,845,605주에서 3,258,587주로 증가하였으며, 다음날인 12.2. 주가는 다시 15,350원으로 하락하였고, 거래량은 3,341,687주로 증가하였다. 甲은 2004.12.2. 丙에게 주가하락의 이유를 물은 뒤 앞으로의 부정적인 전망까지 듣게 되자, 甲은 2004.12.3. A회사가 보유한 S물산 보통주 7,772,000주를 주당 평균 14,600원 정도의 가격에 시장에서 전부 매각하였고, 甲이 보유한 S물산 우선주 8,300주도 시장에서 전부 매각하였다. ① 주가가 하락하는 데도 주식 전량을 매각한 점을 보면 甲은 S물산을 M&A할 의사가 없다고 볼 수 있고, 그런 상황

49) 이는 마치 사기죄의 요건 <기망 → 착오 → 재산처분행위 → 재산상 손해 → 재산상 이득>의 인과적 과정에서 <착오 → 재산처분행위>의 인과적 과정의 단락을 부정거래행위죄의 요건으로 추가해 넣는 것이라고 볼 수 있다.

에서 매도 전 주가를 높이기 위해 J일보에 M&A 설을 유포한 셈이다. 서울중앙지법은 구 증권거래법 제188조의4 제4항 제1호의 적용에서 甲의 행위는 "일반투자자로 하여금 위 기업의 주식을 매수하도록 유인하기 위한 기망행위에 해당하지 않는다"[50]고 보아 무죄를 선고했다. 그러나 당시 제1호의 "부당한 이득을 얻기 위하여 고의로 허위의 시세 또는 허위의 사실 기타 풍설을 유포하거나 위계를 쓰는 행위" 가운데 甲의 행위는 풍설을 유포한 행위에 해당할 수 있다. ② 그러나 현행 자본시장법상으로 적용이 검토될 수 있는 제176조 제2항 "그 증권 또는 장내파생상품의 매매를 함에 있어서 중요한 사실에 관하여 거짓의 표시 또는 오해를 유발시키는 표시를 하는 행위"에 해당할 수는 없다. 언론인터뷰에 의한 M&A 설의 유포는 "표시"행위는 아니기 때문이다. ③ 하지만 甲의 행위는 문법적으로는 신설규정인 제178조 제2항의 "누구든지 금융투자상품의 매매, 그 밖의 거래를 할 목적이나 그 시세의 변동을 도모할 목적으로"하는 "풍문의 유포"에 해당할 수 있다. 그러나 풍문의 유포는 적어도 허위표시행위와 같이 거래유발효과를 발생시켜야만 비로소 주가조작죄의 불법을 갖게 된다고 해석하여야 한다. 甲의 인터뷰는 그다지 거래유발효과를 발생시키지 않은 것으로 보여서, 甲에게는 주가조작죄가 성립하지 않는다.

(2) 현실거래에 의한 시장기능왜곡의 개연성 또한 거래행위의 양태에 반도덕적 요소가 없는 현실거래에 의한 주가조작죄의 성립요건으로서 시장기능의 왜곡, 즉 가격결정의 불공정성은 단지 인위적인 시세변동[51]으로만 이해되어서는 안 된다. 왜냐하면 현실거래의 주가조작은 허위·오해유발표시와 같은 반도덕적 행위양태의 주가조작에 비해서는 행위반가치의 측면에서 불법의 실질이 부족하기 때문이다. 이 행위반가치의 부족을 결과반가치의 측면에서 더 강화된 요구를 함으로써 메울 수 있을 때, 비로소 현실거래에 의한 주가조작도 허위·오해유발표시에 의한 주가조작행위와 같은 법정형으로 처벌할 수 있다.

1) 본질가치를 벗어난 가격형성의 개연성 현실거래가 주가형성을 불공정하게 만들었다고 말할 수 있으려면 인위적인 주가형성을 넘어서, 주가형성이 그 주식의 "본질가치"(fundamental value)[52]로부터 벗어난 가격[53]을 형성시켰어야 한

50) 서울중앙지법 2006.9.29. 선고 2006고합115 판결 참조.

51) 이런 입장으로 예컨대 Tiedemann, *Wirtschaftsstrafrecht und Wirtschaftskriminalität*, 2, BT, 1976, 140쪽.

52) Hennings/Marsh/Coffe/Seligman, *Securities Regulation: case and materials*, ed.8, 1998, 4쪽.

53) 한국선물거래소법 제4조 제1항은 거래소를 "유가증권의 매매거래 및 선물거래에 있어서 공정한 가격의 형성"을 목적으로 설립된 기관으로 정의하고 있는데, 불공정성을 공정한 가격을 벗어난 가격으로 이해하면 선결문제요구의 오류(petitio pricipii)에 빠지게 된다. 인위적인 가격형성의 불공정성은 (불공정성이 해명되지 않고는 해명되지 않는) 공정성의 개념에 의존해 있기 때문이다.

다. 그러므로 '정상가를 벗어난 가격'이란 개념은 충분하지 않다. 그런 개념은 불공정성의 단계에 이르지 않았지만 인위적으로 형성된 주가까지도 포함할 수 있는 개념이기 때문이다. 이런 불공정한 가격형성은 가격결정력을 독점 또는 과점할 정도의 (단기의) 대량거래(예: 유형 ⓑ) 또는 부당이득취득목적의 시세변동·고정죄(유형 ⓕ)에서 결과반가치를 구성하는 주가조작의 요건이 되어야 한다.

또한 판례는 현실거래에 의한 주가조작은 시세를 변동시킬 필요는 없고, 가능성이 있는 것으로 충분하다고 본다.

> "'유가증권의 매매거래가 성황을 이루고 있는 듯이 잘못 알게 하거나 그 시세를 변동시키는 매매거래'라 함은 본래 정상적인 수요·공급에 따라 자유경쟁시장에서 형성될 시세 및 거래량을 시장요인에 의하지 아니한 다른 요인으로 인위적으로 변동시킬 가능성이 있는 거래를 말하는 것일 뿐 그로 인하여 실제로 시세가 변동될 필요까지는 없고, 일련의 행위가 이어진 경우에는 전체적으로 그 행위로 인하여 시세를 변동시킬 가능성이 있으면 충분한데, 이상의 각 요건에 해당하는지 여부는 당사자가 이를 자백하지 않더라도 그 유가증권의 성격과 발행된 유가증권의 총수, 가격 및 거래량의 동향, 전후의 거래상황, 거래의 경제적 합리성과 공정성, 가장 혹은 허위매매 여부, 시장관여율의 정도, 지속적인 종가관리 등 거래의 동기와 태양 등의 간접사실을 종합적으로 고려하여 이를 판단할 수 있다."[54]

여기서 시세변동시킬 가능성은 시세변동시킬 구체적 추상적 위험으로서 '적성'의 수준을 넘어서 '현실적인' 개연성, 즉 구체적 위험이라고 이해되어야 한다.

2) 실물경제적 펀더멘틀 가치 그러면 본질가치란 어떤 것인가? 증권시장에서 기업의 '펀더멘틀'(fundamental)[55] 가치는 첫째, 실무경제에서 기업의 건실도(예: 매출액, 수익규모, 부채율)나 발전전망에 대한 평가를 가리킬 수 있다.

> **[주가수익비율, 주당순자산가치]** 펀더멘틀 가치를 나타내는 지표로 첫째, 주가수익비율(PER, Price Earnings Ratio)을 들 수 있다. PER은 주식 1주 당 그 기업이 내는 순이익의 비율, 즉 PER= 주가(P)/EPS(주당순이익)이다. 가령 주가가 5만원인데 1주당 순이익이 1만원이면 PER= 5만원/1만원 = 5이 된다. 또 다른 지표로 1주당순자산가치를 들 수 있다. 이는 자산총액에서 부채총액을 뺀 순자산가

54) 대판 2006.5.11, 2003도4320.

55) 국가경제의 펀더멘틀과 구분하여 한 기업의 펀더멘틀은 그 기업의 매출이나 순이익의 규모, 부채율, 성장전망치 등을 가리킨다.

액을 발행주식총수로 나눈 수치이다. 현실거래가 주가조작이 되려면 이와 같은 펀더멘틀가치의 지표들이 가령 그 기업을 M&A하려고 할 때 적정 주당인수가격에 비해 현저히 높아야 한다.

그런데 이 평가는 관점과 이론에 따라 다르며 통일적인 평가치가 존재하지도 않는다. 그러므로 불공정한 가격형성 여부에 대한 판단은 관점과 이론에 따라 좌우되는 매우 불확실한 가능성 판단이라고 할 수 있다. 다만 불공정한 증권거래가 '모든 가능한 (서로 차이가 나는) 평가가치를 현저히 넘어서는 주가'를 형성시켰다면 펀더멘틀 가치로부터 벗어난 주가형성이라고 비교적 명확히 말할 수 있게 된다.

[펀더멘틀 가치의 실현으로서 자기주식 취득소각] 이런 펀더멘틀 가치의 개념은 현행법에 사용되고 있기도 하다. 어떤 기업의 1주당 펀더멘틀 가치가 2만원으로 평가되는데, 그 기업업종과 관계없는 투자심리의 위축 등으로 실제 주가가 1만원이라고 할 때, 그 기업은 1만원 저평가된 주가를 끌어올리기 위해 자기주식 취득계획을 공시하고 (이로써 예컨대 주가가 3,000원 상승했다고 가정), 주식을 대량으로 매입하여 소각함으로써 주가를 (예컨대 18,000원 정도로까지) 상승시켰다면 이 행위는 인위적으로 주가의 펀더멘틀 가치를 끌어올린 행위가 된다. 그러나 자기주식 취득제도는 주가의 저평가 사정을 시장에 알림으로써 주가에 영향을 주는 시그널링 효과와 유통주식수 감소 및 일반투자자의 배당기대로 주가의 안정을 도모하거나, 적대적 M&A에 대한 경영권 방어수단으로 활용된다는 점에서 시장기능을 해치는 일탈행위가 되지 않는다. 또한 자기주식취득행위는 주가조작죄의 구성요건해당성을 조각시키는 사유로 법(자본시장법 제165조의2 및 동법 시행령 제176의 2, 상법 제341조)에 그 절차와 방법이 정해져 있다.

3) 화폐경제적 펀더멘틀 가치 둘째, 펀더멘틀 가치는 기업의 실물경제적 가치평가가 아니라 자본시장 안에서의 순수한 교환가치를 가리킬 수 있다. 즉, 불공정한 증권거래가 행해져서 상승되었다고 추정되는 기간에 동종업종의 평균 주가상승률 등과 대비하여 다른 기업과 다른 실질적인 가격상승요인이 없는데도 현저히 높게 상승한 경우에 펀더멘틀가치로부터 벗어난 가치, 즉 불공정한 가격형성을 인정할 수 있다. 다만 여기서 이런 의미의 불공정한 가격형성에 대한 판단은 통계적 기법에 의한 가능성 판단이며,[56] 이 판단은 매우 불확실한

56) 대법원도 "시세조종행위가 없었더라면 매수 당시 형성되었으리라고 인정되는 주가(정상주가)와 시세조종행위로 인하여 형성된 주가로서 그 투자자가 실제로 매수한 주가(조작주가)와의 차액상당을 손해로 볼 수 있고, 여기서 정상주가의 산정방법으로는 전문가의 감정을 통하여 그와 같은

판단임에 주의할 필요가 있다. 물론 모든 통계적 기법의 가능한 오차와 오류의 범위를 훨씬 넘어서는 급격한 주가등락이 있었을 때에만 불공정한 가격형성이 있었음을 비교적 분명하게 말할 수 있다.

4. 목적조항의 재해석

주가조작죄는 몇 가지 구성요건을 제외하고는 대부분 목적범의 형태로 구성되어 있다.

(1) 목적 개념의 재해석 앞에서 주가조작죄의 목적조항에서 목적 개념들이 주가조작행위의 외재적 목적이 아니고, 실제로는 행위자의 심정(Gesinnung)에 대한 밝혀지지 않은 선악판단에 의해 결정된다는 점을 설명하였다.

1) 불법이득의사의 추가적인 윤리적 · 심리적 요소 주가조작을 수행하는 나쁜 심정의 상태는 불법이득의사와 사실상 겹칠 수 있다. 즉, 불법이득의사가 있으면 주가조작죄의 초과주관적 요소로서 '목적'을 인정할만한 상당한 실질이 확보된다. 또한 둘 다 성향개념(Dispositionsbegriff)이고, 불법이득의사를 입증하는 간접증거와 목적을 입증하는 간접증거도 겹칠 수 있다. 그러나 주가조작의 목적은 불법이득의사로 환원되지는 않는다. 불법이득의사는 주로 일정량의 경제적 이득을 위법하게 취득하는 의지적 작용을 나타내는 개념인 반면, 주가조작죄에서 목적은 종합적 가치판단에 의할 때 '나쁜 심정'이라는 윤리적 심리적 상태를 나타내는 개념이기 때문이다. 이렇게 볼 때 나쁜 심정으로서 목적은 불법이득의사의 의미에 추가되는 윤리적 심리적 요소라고 볼 수 있다.

2) 비합리적 경영으로서 목적 이와 같은 윤리적 심리적 요소로서 목적 개념은 주가조작죄 성립여부에 대한 판단을 매우 불확실하게 만든다. '나쁜 심정'과 같은 윤리적 심리적 요소는 구체화하기가 매우 어렵기 때문이다. 보통의 '가치충전필요개념'보다도 더욱더 주관적인 현상이다. 여기서 목적 개념을 주가조작행위가 경영행위로서 갖는 비합리성으로 재구성해볼 필요가 있다. '비합리

시세조종행위가 발생하여 그 영향을 받은 기간 중의 주가동향과 그 사건이 없었더라면 진행되었을 주가동향을 비교한 다음 그 차이가 통계적으로 의미가 있는 경우 시세조종행위의 영향으로 주가가 변동되었다고 보고, 사건기간 이전이나 이후의 일정기간의 종합주가지수, 업종지수 및 동종업체의 주가 등 공개된 지표 중 가장 적절한 것을 바탕으로 도출한 회귀방정식을 이용하여 사건기간 동안의 정상수익률을 산출한 다음 이를 기초로 사건기간 중의 정상주가를 추정하는 금융경제학적 방식 등의 합리적인 방법에 의할 수 있다"고 판시하였다(대판 2004.5.28, 2003다69607).

성'(irrational) 개념 역시 고도로 불명확한 개념이긴 하지만, 적어도 윤리적, 심리적 개념이 아니라 가치충전필요개념이라는 점에서 수용가능한 대안적 해석이다.

도표 38 비합리적 경영으로서 주가조작죄의 목적

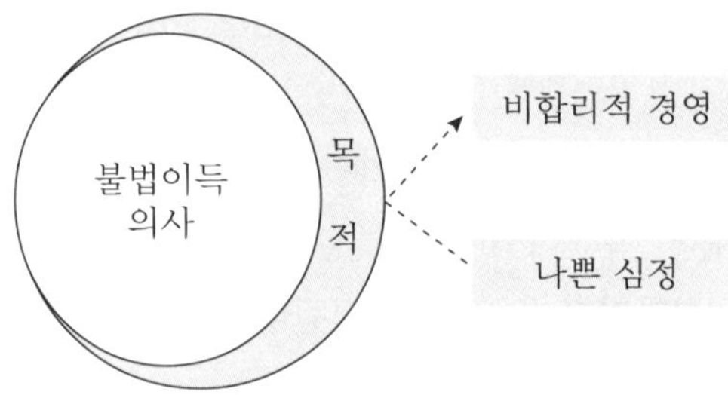

게다가 이런 목적 개념은 가벌성을 근거짓거나 확장하는 기능이 아니라 가벌성을 제한하는 기능을 수행한다는 점에서 그 불명확성이 법치국가적 형법의 원리에 위배되지는 않는다. 다시 말해 외형상 주가조작죄의 모든 구성요건요소를 충족한 경우에도 주가조작이 경영행위로서 합리성을 갖고 있다면, 주가조작죄가 성립하지 않게 되는 것이다.

(2) **목적의 판단** 이때 목적 개념에 충전해 넣는 가치들은 다양한 요소들의 종합적인 이익형량적 고려를 통해 생성될 수 있다. 그런 다양한 요소들을 최대한 분석적으로 밝혀내고, 그 이익형량의 방향성을 비평하는 작업은 주가조작죄 해석론의 주된 미래적 과제가 될 수 있다. 여기서는 그런 해석론의 예를 두 가지 사례[57]에서 보여주기로 한다.

1) 합리적 경영인 외형상 주가조작 예컨대 외형상 주가조작죄에 해당하여도 경제위기 등의 상황에서 외자유치의 성격이 강한 행위는 나쁜 심정으로서 "주식의 매매거래를 유인할 목적"이라는 성격을 배제시킬 수 있다.

[합리적 경영행위(M&A)로서 변형주식스왑] 투자회사 리타워텍은 인터넷지주회사 아시아넷을 인수하기위해 변칙주식스왑의 방법을 사용했다. 리만브러더스가 페이퍼컴퍼니 그레이하운드에 13억5천달러를 유치해주고, 그레이하운드는 제3자 배정

57) 이 사례들을 상세히 다룬 지유미, *M&A에 대한 형법정책의 방향* (고려대 박사학위논문, 2009), 105~111쪽 참조.

으로 아시아넷의 신주를 인수하고, 아시아넷은 그 신주인수대금으로 리타워텍이 제3자 배정으로 발행한 신주를 인수하고, 대금을 납입하였으며, 이 대금으로 리타워텍은 그레이하운드가 보유한 아시아넷의 신주를 인수하고, 그 신주인수대금으로 그레이하운드는 리만브러더스에 대해 원리금을 상환하였다. 이 모든 절차는 약 3시간에 걸쳐 진행되었다. 이로써 리타워텍은 아시아넷을 인수함에 있어, 주식스왑의 방법[58]을 사용할 경우에 부담하는 법적 제약[59]을 피할 수 있었고, 초단기대출을 받으면서 마치 외자를 유치한 바와 같은 외관을 창출하게 되었다. 리타워텍은 이런 점을 보도자료로 세상에 알렸다. ① 실질은 초단기대출인데 외자유치라는 보도자료의 제공은 오해유발표시에 해당한다. 이로써 투자자들의 판단은 흐려지고, 주식거래를 유인·유발하는 효과를 발생시킬 수 있으며, 리타워텍은 이 점을 인식하고 의욕했었을 수 있다. 따라서 목적요건을 제외하고는 허위·오해유발표시의 주가조작죄 구성요건을 모두 충족한다. ② 판례는 이 사건에 대한 허위·오해유발표시의 시세조종죄의 적용에서 "아시아넷 주식의 매매와 관련하여 보도자료 등을 통하여 언론에 공표한 사실이 허위라고 단정하기 어렵고 설사 그 내용이 사실과 다르다고 할지라도 피고인이 그 주식의 매매거래를 유인할 목적으로 고의로 허위의 표시 또는 오해를 유발하게 하는 표시를 하였다고 볼 수 없"[60]다고 보아 무죄를 선고했다. ③ 3시간의 초단기 대출이 외자유치가 아니어서 오해를 유발할 수는 있다고 하더라도 리타워텍 경영자는 세계적 투자은행인 리만브러더스가 실질적으로 인수자금을 대주었다는 점, — 리만브러더스의 페이퍼컴퍼니에 대한 대출의 배임성 여부는 별론으로 하고 — 3시간에도 리스크는 존재한다는 점, 또한 그런 대출은 인수 후에도 필요시 (초단기)대출을 반복하게 되면, 리만브러더스는 거시적인 안목으로는 전략적 재무투자자와 유사한 역할을 하는 셈이라는 점 등에서 그런 오해유발표시 주가조작행위는 리타워텍으로서는 합리적인 경영행위로서 효율적인 M&A의 기법을 사용한 것으로 볼 수 있다. 그렇기에 나쁜 심정으로서 목적의 요건이 충족되지 않는다.

그러나 이 사례에서 외자유치적 성격에 대항적인 요소로 인수회사의 신주발행이 "경영상 목적을 달성하기 위하여 필요한 경우"(상법 제418조 제1항)가 아

58) 우리나라 상법은 전주식을 상호교환하는 포괄적 주식교환만을 인정하고 있으며(상법 제306조의2, 제306조의6), 부분 주식교환은 「벤처기업육성에 관한 특별조치법」(제15조, 제15조의4)에 적용을 받을 경우에만 인정된다. 벤처기업이 아닌 기업의 주식스왑은 법제화되어 있지 않은 상태이다.

59) 벤처기업이 아닌 기업이 부분적 주식스왑을 하면 일종의 현물출자가 되므로, 이에 따른 법적 통제를 받는다. 즉, 이사회결의(상법 제416조 제4호)가 필요하고, 법원에 검사인의 선임청구를 하고 검사를 받거나, 공인된 감정인의 감정을 받아 검사인의 조사에 갈음하여야 하며(제422조 제1항), 법원은 검사보고서나 감정결과에 의하여 판단할 때 현물출자가 부당하다고 인정하면 이를 변경(제422조 제2항)받게 되는 제약이 생긴다.

60) 대판 2002.10.8, 2002도2888.

닌데도 제3자 배정방식을 취함으로써 기존 주주의 신주인수권을 침해한다는 점에서는 합리적 경영이라고 보기 어려운 점도 있다.[61] 여기서 외자유치의 긍정적 요소와 주주평등권 침해의 요소 가운데 어떤 것을 중시할 것인지, 즉 그 둘 사이의 이익형량이 '나쁜 심정'으로서 목적의 존부를 결정지을 것이다. 이런 판단에 규칙은 아직 마련되어 있지 않으며, 구체적인 사안의 특성들을 면밀히 종합적으로 분석하고 고려하는 법원만이 판단의 권한을 갖는다.

2) 비합리적 경영인 주가조작 이에 반해 인수에 필요한 자금이 충분하지 않은 것을 메우기 위한 방편으로 허위표시를 하는 주가조작행위는 나쁜 심정으로서 "주식의 매매거래를 유인할 목적"의 성격을 갖고 있다고 보아야 한다. 부족한 인수자금으로 큰 회사를 매입하려는 욕망을 좇기 위해 허위표시를 하는 행위는 합리적 경영이라고 할 수 없기 때문이다.

> [비합리적 경영으로서 자금동원력을 과장한 M&A] 2000.4. M컨설팅(대표 甲)은 A종금을 인수하기 위해 그 회사의 감사인 乙과 합의하여 M사의 자회사 E 창투회사 명의로 A종금의 자사주 620만주(지분율 약 20%)를 200억원에 매수하였다. 또한 이후 언론에 '스위스은행컨소시엄(SPBC: Switzerland Private Banks Consortium)이 A종금의 대주주인 D방직(주)의 지분(지분율 28%)을 3,000만불에 매수할 것이며, M사와 SPBC는 경영관리협약을 체결하여 SPBC의 A종금에 대한 모든 경영을 M사에 위임한다'는 내용을 발표하였다. 하지만 당시 SPBC는 실재하지 않았고, 이 계약을 체결한 외국인 이보는 약 20일 뒤에 스위스 소재 소규모 무역회사인 X사의 상호를 SPBC로 변경하였다. 2000.5.27.에 甲은 A종금의 주총에서 상호를 H종금으로 변경하고 이사회의장으로 취임하였으며 이보도 참석했다. 그러나 2000.7. 금융감독원의 실사결과 H종금의 BIS비율이 -17.7%로 드러나자 SPBC는 H종금에 대한 투자를 포기하였다. A종금의 주가는 2000.4.17. 1,200원에서 4.21. 2,090원으로 급등했다. ① 판례는 "甲이 …유형적인 경제적 이익을 꾀하였으며, …외국계 금융회사의 신용도를 이용하여 A종금의 신인도…제고라는 무형적 이득도 함께 도모하기 위한 것이라고 인정(된다)"[62]고 하여 甲에 대해 허위표시에 의한 주가조작죄를 인정하였다.[63]

---

61) 지유미, *M&A에 대한 형법정책의 방향* (고려대 박사학위논문, 2009), 113~115쪽. 이 견해에 의하면 인수회사는 기존주주들에게 신주인수권을 주고, 실권주를 대상회사나 그 주주들에게 배정하는 방식을 따라야 한다. 그렇지 않으면 인수회사의 경영진에게 업무상 배임죄가 성립할 수 있게 된다.

62) 대판 2002.7.22, 2002도1696.

63) 물론 피인수회사의 자산을 담보로 대출을 받아 그 회사를 인수하는 행위(LBO)도 인수자의 자산으로 인수할 수 없는 회사를 인수한다는 점에서는 이 사건과 부분적으로 유사성이 있으나 허위표시를 하지 않는다는 점에서 중대한 차이가 있다.

[주가조작죄요건의 도표화] 지금까지 설명한 내용으로써 주가조작죄의 요건을 도표화하면 아래와 같다. 사기죄의 요건과 사기죄의 불법을 유비화한 주가조작죄의 요건 그리고 이 글에서 제시한 주가조작죄 요건의 재해석이 각각 표로 정리되어 있다.

| 도표 39 | 주가조작죄 구성요건들간의 구조적 비교

사기죄	기 망	착오+재산처분	손해발생+재산상이득	불법이득의사
	▼ 유비적 구성 ▼			▼ 보편적 법익 ▼
사기죄모델링한 주가조작죄 일반적 구조요건	허위정보창출	투자판단의 그르침	인위적 증권가격의 형성	불법이득의사 불필요 +목적

▼
▼ 재 구 성
▼

	행위반가치	← 연결요소 →	결과반가치	목적
칸의 면색상은 불법의 강도를 표현함	거래행위의 불공정성	투자유인효과 투자유발효과	시장기능왜곡	고의와 목적
ⓐ 통정가장매매 (제443조 제1항 제4호)	◐반도덕적 행위 통정, 가장 매매 및 그 위탁 수탁	패턴분석 입증	적성의 사실상 추정	내재적 목적= 불법이득의사 + (나쁜 심정→불합리한 경영)
ⓑ 현실거래 (제443조 제1항 제5호)	시장지배력남용과 유사성	패턴분석 입증	★ 펀더멘틀가치의 현저하게 차이있는 주가	내재적 목적=불법이득의사 +(나쁜 심정→불합리한 경영)
ⓒ 시장조작유포 (제443조 제1항 제5호)	◐반도덕적 행위 시장조작으로 시세가 변동한다는 말을 유포	패턴분석 입증	적성의 사실상 추정	내재적 목적= 불법이득의사 + (나쁜 심정→불합리한 경영)
ⓓ 허위오해유발표시(제443조 제1항 제5호)	◐반도덕적 행위 중요사실에 관한 허위 오해유발 표시행위	패턴분석 입증	적성의 사실상 추정	내재적 목적= 불법이득의사 + (나쁜 심정→불합리한 경영)
ⓔ 탈법적 시세안정(제443조 제1항 제6호)	법정절차위반	원칙적으로 투자유인효과만 예외적 투자유발효과 입증	⊙ 없음 ← "조작"이 아닌 "조종" 수준	과태료, 과징금으로 전환
ⓕ 부당이익취득목적의 시세변동·고정 (제443조 제1항 제7호)	기초자산이나 장내파생상품의 시세 변동 고정	패턴분석 입증	★ 펀더멘틀가치의 현저하게 차이있는 주가	내재적 목적= 불법이득의사 +외부적 목적
ⓖ 부정거래행위죄 (제443조 제1항 제8, 9호)	◐ 약한 반도덕적 행위 부정한 수단, 계획, 기교 사용, 중요사항 기재·표시 누락문서 사용, 풍문 유포 위계사용, 폭행·협박	원칙적으로 투자유인효과만 있지만, 형사처벌은 예외적으로 패턴분석으로 투자유발효과가 입증될 때에만 함(제한해석)	적성의 사실상 추정 불가능	내재적 목적= 불법이득의사 + (나쁜 심정→불합리한 경영)

첫째, 현행 자본시장법에서 모든 행위들이 동일한 법정형의 제재를 받고 있으므로, 행위반가치가 약한 주가조작의 행위유형에서는 결과반가치의 요건이 더 엄격하게 설정되어야 한다. 이를테면 반도덕 행위양태가 없는 현실거래의 주가조작죄(ⓑ)에서는 실제로 시장기능이 구체적으로 위태화되어야 한다. 이를 위해서 펀더멘틀 가치보다 현저히 차이가 있는 주가가 형성되었을 것이라는 요건이 설정되는 것이다. 둘째, 이와 정반대로 행위양태가 반도덕적인 허위오해유발표시의 주가조작죄에서는 결과반가치는 패턴분석을 통한 투자유발효과의 입증을 통해 사실상 추정되는 시장기능왜곡의 적성만으로 인정된다. 셋째, 탈법적 시세안정죄는 행위반가치가 법정절차를 따르지 않은 데에만 있고, 결과반가치도 조작이 아닌 조종의 수준에 머무르는 것이어서 비범죄화되어야 한다. 다만 법정절차를 위반한 점과 투자유인효과 등을 고려하여 과태료나 과징금의 제재로 통제되어야 한다. 넷째, 미국 증권법을 모델링한 부정거래행위죄는 행위반가치도 반도덕적 시세조종 행위들보다는 약하지만 현실거래의 주가조작죄보다는 강하다. 하지만 원칙적으로 투자유인효과만이 있기 쉽고, 시장기능왜곡의 적성도 사실상 추정할 수가 없기 때문에 징역형에 의한 제재는 과잉규제이며, 비범죄화는 과소규제가 되기 쉽다. 따라서 이론적으로는 독일법상의 범칙행위로 보되, 한국의 법제에서는 과징금을 병과하는 제재가 적정제재일 수 있다.

Ⅳ. 주가조작죄의 법정책

1. 주가조작처벌의 트릴레마

1962년 증권거래법에 의해 처음으로 범죄화된 이후 주가조작죄는 오랜 시간동안 집행결손(Vollzugsdefizit)[64]의 현상을 보여주었다.[65]

(1) **처벌강화의 흐름** 그러다 경제위기가 발생하기 직전인 1997년 초에 전면 개정된 증권거래법과 그 경제위기에서 빠져나온 직후인 2002년에 개정된 증권거래법은 그런 집행결손에 대한 이성적인 반성과 성찰을 멀리하고 "죽음의

64) 이러한 집행결손은 현대형법의 특징으로 이해된다. 이에 관한 일반적인 논의로 P.A.Albrecht/W.Hassemer/M.Voß, *Rechtsgüterschutz durch Entkriminalisierung* (1992), 53, 63쪽 아래.

65) 예를 들어 대법원에까지 올라온 사건만을 기준으로 보면 97년 이전에는 1개의 판결(대판 1994.10.25, 93도2516)만이 발견되고, 그 이후에는 상당한 많은 양의 판결들(대판 2006.5.11, 2003도 4320; 2005.11.10, 2004도1164; 2005.3.24, 2004도8651; 2004.5.28, 2004도1465; 2004.3.11,2 2002도6390; 2003.12.12, 2001도606; 2004.10.28, 2002도3131; 2004.3.6, 2003도7112; 2003.12.12, 2001도606; 2003.11.14, 2003도686; 2002.7.26, 2002도1855; 2002.7.26, 2001도4947; 2002.7.22, 2002도1696; 2002.6.14, 2002도1256; 2001.11.27, 2001도3567; 2001.6.26, 99도2282; 2001.1.19, 2000도4444; 1998.12.8, 98도3051)이 발견된다.

사각지대"라고 부를만한 형벌법을 마련하였다. 이 사각지대는 다음과 같은 4개의 처벌수단에 의해 형성된다.

— **강력범죄수준의 자유형** 취득이익이나 회피한 손실액이 50억원 이상일 경우 (사형을 빼고는) 살인죄의 법정형인 무기 또는 5년 이상의 징역형(자금법 제443조 제2항 제1호), 5억원 이상 50억원 미만일 경우 강간죄의 법정형 수준인 3년 이상의 징역형(제2호)[66]

— **징벌적 벌금형의 병과** 취득이익이나 회피한 손실액의 3배가 5억원을 넘는 경우엔 그 액의 3배까지 그것도 징역형과 함께 부과할 수 있는 벌금형(제443조 제1항, 제447조)

— **자격정지형의 병과** 징역형과 병과할 수 있는 10년 이하의 자격정지형(제443조 제3항)

— **기업에 대한 양벌규정** 주가조작을 행한 기업에 대해 같은 벌금형을 선고할 수 있게 한 양벌규정(제448조)

오랜 세월의 집행결손에 걸맞지 않는 처벌강화는 시장의 도덕성을 강조하여 시장참여자들의 투자를 안정시킴으로써 경제위기를 예방하거나 극복하는 정책을 좇는 것일 수 있다. 그런 정책은 주가조작범에게 그의 책임을 넘어서는 과중한 책임을 부과하거나(비례성원칙 위반), 특정인을 무리하게 주가조작범으로 몰아세우는(금지된 유추해석) 속죄양 만들기의 위험을 수반하기 쉽다. 증권시장의 위기가 반복될 때마다 이런 위험은 더욱 커지기 쉽고, 주가조작죄의 처벌수위를 더욱 높이라는 법개정의 요구가 거세질 수 있다. 그러나 과연 이런 형법정책의 흐름이 증권시장을 지켜줄 것인가?

(2) 사회국가적 형법정책 주가조작의 처벌은 증권시장의 기능, 특히 공정하게 증권가격을 결정하는 메커니즘을 보호하고 그것을 통해 간접적으로 투자자의 재산을 보호하기 위함이다.

1) 정보효율성과 경쟁적 자유시장 이 가격결정메커니즘은 정보에 민감한 증권시장의 특성을 고려해 볼 때, 증권가격의 형성에 의미 있는 모든 정보가 '정확하고 완전하게' 그리고 '신속하고 제때에' 공개되고, 모든 시장참여자들은 그런 정보들을 '똑같이 평등하게[67]' 이용하여 투자판단을 하며, 증권가격은 그런

66) 이는 「특정경제범죄가중처벌 등에 관한 법률」 제3조(특정재산범죄의 가중처벌)와 같은 법정형이다.

67) 정보평등을 증권체계의 합리성(효율성) 개념으로 이해하는 이형기, "증권거래법상의 민사책임에 관한 고찰", *인권과 정의* (제277호, 1999.9.), 53쪽.

판단의 총체적 결과로서 정해짐을 전제로 한다. 이 전제를 '정보효율성'(Informationseffizienz)[68]이라고 부를 수 있다. 정보효율성은 증권시장에서 기업의 자본조달과 투자자의 이익획득을 가능케 하는 전제조건이다. 그러나 정보효율성이 완벽하게 구현된 효율적 증권시장, 경쟁적 자유증권시장은 현실이 아니라 이념이다.

[정보효율성의 이념과 가설의 차이] 여기서의 이념은 경영학계에서 말하는 '가설'과 같은 뜻은 아니다. 경영학계에서는 증권정보가 가격결정에 적절하게 반영됨으로써 효율적인 자본배분이 이루어진다는 이론적 가설을 효율적 시장의 가설(efficient market hypothesis)이라고 한다.[69] 그러나 주가조작행위 가운데에도 반도덕적 구조의 행위들(유형 ⓐ, ⓒ, ⓓ)을 금지하는 구성요건들은 정보지배력의 차이와 상관없이 (법적으로) 자유롭고 평등한 시장참여자들의 이념, 그러니까 경제학적으로 표현하면 경쟁적 자유증권시장의 이념을 이미 현실화하는 형벌법규들이다. 다만 현실거래에 의한 주가조작(유형 ⓑ)에서는 정보지배력의 차이가 있다는 점에서 이 경영학계의 가설론이 타당할 여지가 있다. 하지만 그와 같은 의미의 효율적 증권시장이 비록 현실이 아니라고 해도 가설이라고 봐서도 안 된다. 그런 시장은 검증되거나 반증될 명제가 아니라 실천적으로 추구되어야 할 도덕적 기획이기 때문이다.

2) 사회국가적 증권형법 자본시장법은 이 이념의 현실화를 기획하고 도모한다. 이 기획은 때때로 사회국가적 기획의 성격을 띤다.

㈎ 정보강자와 약자의 구분 즉, 시장참여자들을 이를테면 정보생산자와 정보소비자로 나누고, 각각 정보강자와 정보약자(예: 개미투자자)의 지위를 부여한 다음, 약자보호를 위해 정보강자인 정보생산자에게는 약자인 정보소비자가 잘못된 투자판단에 빠지지 않도록 배려할 다양한 의무를 부과하는 것이다. 주가조작행위자가 위반하는 정보의무도 그러한 의무 가운데 중요한 한 유형을 이룬다. 이 의무는 자본시장법상 다양한 규정에 의해 법제화되고 있는데,[70] 그 법적 의무의 총계는 궁극적으로는 앞서 말한 정보효율성을 실현하는데 지향되

68) 정보효율성을 증권시장의 기초로 바라보는 신영무, *증권거래법* (1987), 11쪽; 이준섭, *EU 은행·증권법* (박영사, 1996), 163~165쪽; Gilson/Kraakman, "The Mechanism of Market Efficiency", *Virginia Law Review* (Vol. 70, 1984), 549쪽 아래 참조.

69) 이에 관해 박정식·박종원, *현대투자론* (2001), 264쪽 아래 참조

70) 이 가운데 내부자거래금지는 주가조작과 함께 가장 중요한 행위규범이다. 이 내부자거래금지위반죄에 대한 비판적인 분석으로 이상돈·임철희, "내부자거래의 시장유해성과 시장의 형법비친화성", *형사정책연구* (겨울호, 1999), 101~131쪽.

어 있다.

(나) **정보효율성 있는 증권시장의 기능보호** 그런데 이 사회국가적 기획은 약자 보호라는 실질(형)법(materialisiertes Recht)의 차원을 넘어선다. 즉, 정보효율성은 실물시장에서보다는 자본시장에서 특히 시장의 효율성과 합리성을 가능케 하는 핵심축이 된다. 그렇기에 주가조작죄가 설정하는 법적 의무는 자본시장인 증권시장의 합리적 기능과 효율적 성장과 같은 '보편적 법익'을 실현하는 데에 향해있다. 그러니까 주가조작죄의 보호법익은 정보효율성 위에서 구축되는 증권시장의 기능적 효율성 그 자체가 된다.

3) 주가조작죄의 트릴레마 하지만 사회국가적 법제기획으로서 주가조작죄는 증권시장의 기능을 안정화하면서 동시에 위태화할 가능성도 안고 있다. 이를 주가조작죄의 트릴레마로 설명할 수 있다.

(가) **법에 의한 증권시장의 위태화** 첫째, 투자실패에 대한 책임을 정보생산자에 편중시키면, 정보약자인 투자자들은 언제나 쉽게 법적으로 보호될 수 있다는 안도감 속에서 다양한 투자정보를 수집하고, 그에 기초한 합리적 투자판단을 내리는 것을 게을리 하며, 투기성 거래에 몰입하기 쉽다. 이런 투자자의 모럴헤저드(moral hazard) 보호는 정보생산자로 하여금 법적 책임에서 벗어나기 위해서 과도한 정보유통비용을 지불하지 않을 수 없게 한다. 이는 장기적으로는 증권시장의 정보유통을 고비용 구조 속에 몰아넣음으로써 증권가격이 시장에서 합리적으로 결정될 수 없게 한다. 그렇게 되면 증권시장은 쉽게 붕괴될 수 있게 된다. 이를 '법에 의한 사회적 통합의 와해'라고 부를 수 있다.

(나) **증권시장에 의한 법적 통합의 와해** 그처럼 병리화된 증권시장은 다시금 법을 와해시킬 수 있다. 투자자의 모럴헤저드는 특히 증권관련집단소송제에 의해 더욱 심해지고,[71] 투자자들은 스스로 책임져야할 몫의 투자실패에 대해서까지도 법에 그 구제를 호소하게 된다. 그 결과 주가조작책임을 추궁하는 민·형사소송은 급증하고, 사법은 더욱더 많은 주가조작소송의 부담을 지게 되며, 이 부담의 해소를 위해 소송경제에 지나치게 편향되거나 더욱 강한 투자자보호정책의 판결을 내리게 된다. 즉, 투자자의 모럴헤저드가 사법의 과부하를 초래하고 법을 지나치게 정책의 도구로 전환시킴으로써 법의 정당성을 약화시킨다.

71) 증권관련집단소송제의 문제점에 대해 이준섭, "증권관련 집단소송제 도입의 몇 가지 전제와 문제점", *상장협* (제44호, 추계호, 2001), 19~34쪽; 이상돈, *공익소송론* (세창출판사, 2006), 92, 93쪽 참조.

수사기관도 이전보다 훨씬 더 많은 주가조작소송사건을 떠맡게 되는데, 이는 현재 주가조작 수사가 증권선물위원회의 조사와 조치결과에 거의 의존해 있는 현실을 고려할 때 수사기관의 기능장애를 노정시키게 될 가능성이 높다. 이를 '사회(합리성을 상실한 증권시장)에 의한 법적 통합의 와해'라고 부를 수 있다.

(다) 법과 증권시장의 상호적 무관심 셋째, 이처럼 법은 투자자를 보호하려다 증권시장의 합리성을 오히려 훼손시키고, 그 결과 시장붕괴를 부추길 수 있다. 이때 적어도 결과적으로는 법이 증권시장의 공정성과 합리성을 실현할 수 있는 정책에 무관심하다고 말할 수 있다. 거꾸로 투자자보호의 정책이 사법의 비경제적 논리를 파괴하고, 법적 책임귀속의 규범적 원리를 일그러뜨린다는 점에서는 정책도 법에 무관심하다고 말할 수 있다. 이로써 법과 정책은 상호적으로 무관심한 셈이 된다.

2. 주가조작죄의 정당성과 비례성

이러한 트릴레마는 주가조작에 대한 과도한 형사처벌의 위험성을 지적해줄 뿐, 주가조작의 전면적인 비범죄화까지를 요구하는 현상은 아니다.

(1) 시장의 공정성이란 상징의 실제적 시장유지기능 왜냐하면 주가조작죄가 매우 편파적으로 운영되고 매우 드물게 적용되어 단지 '상징'으로만 남는 경우에도 그 상징은 실물경제와는 또 다른 의미를 가질 수 있기 때문이다.

1) 공정거래법상의 범죄와 비교 이 점은 주가조작죄의 불법을 공정거래법상의 범죄유형과 비교할 때 좀 더 분명해진다. 예컨대 통정거래는 카르텔(동법 제19조, 제66조 제1항 제9호)에 비교되고, 현실거래에 의한 시세조종은 가격결정력을 독·과점하는 시장지배지위의 남용행위(동법 제3조의2, 제66조 제1항 제1호)에 비교될 수 있다. 카르텔이나 시장지배지위의 남용행위가 형사불법을 갖고 있는지에 대해 의문을 제기할 수 있다. 이를테면 이들 불공정거래행위의 실제사례들 중 극히 예외적인 경우[72]를 제외한 대부분은 형사불법의 문턱에 약간 못 미치는 것으로 평가하고, 과징금이나 징벌적손해배상 등의 제재가 적합한 중간법에 속해야 한다는 주장[73]도 가능하다. 비교법적으로도 EU는 반독점법 위반행위를 범칙금으로 제재할 뿐이고, 독일도 입찰담합죄(StGB §298) 이외에는 경

72) 이런 예외적인 형사불법의 카르텔이나 시장지배지위남용행위를 분석해내는 이상돈, *공정거래와 형법* (법문사, 2010) [2], [3] 단락 참조.

73) 이에 관한 자세한 논의는 이상돈, *윤리경영과 형법* (신영사, 2005), 111~115쪽 참조.

쟁제한방지법(GWB) 위반행위를 범칙금으로만 제재한다. 이런 비범죄화 흐름은 자본시장에서의 불공정거래행위인 주가조작행위에 대해서도 원칙적으로 연장될 수 있다. 게다가 실물경제에서의 수요자보다 자본시장의 증권수요자들이 모럴 헤저드라고 표현할만한 투자판단의 과오를 갖기 쉽다는 점, 즉 범죄피해자의 과오가 상대적으로 크다는 점에서 증권시장에서의 불공정거래행위에 대한 비범죄화 요청은 더욱 커질 수 있다.

2) 자본시장과 실물경제의 차이 하지만 여기서 실물경제와 자본시장 간의 차이에 주목할 필요가 있다. 실물경제에 있어서는 시장의 공정성을 해하는 행위가 행해져도 소비자들은 수요를 줄일 수는 있으나 거래에 참여하지 않을 수 없는 반면, 증권시장의 소비자들은 시장이 불공정하다는 생각이 커지면 아예 시장에 참여하지 않을 수 있다. 또한 그런 경향이 일반화된다면 증권시장은 빠르게 붕괴될 수 있다. 즉, 증권시장은 실물시장에 비하여 비교할 수 없을 만큼의 '탄력적인' 수요를 갖고 있다. 이는 실물시장의 수요자가 증권시장의 수요자에 비해 비탄력적인 수요를 갖는 것, 예컨대 독과점시장인 이동통신서비스는 가격이 높아도 — 그래서 소비자보호의 과제가 매우 중요해져도 — 소비자들이 그 서비스를 계속 이용하는 현상과 대조적이다.

(2) 시뮬라시옹으로서 주가조작죄 여기서 주가조작죄가 아무리 집행결손에 시달리는 상징형법일지라도, 그 법이 만들어내는 공정성의 '상징'은 그 자체가 다시금 증권시장의 붕괴를 막는데 어느 정도는 실제적인 기능을 발휘한다고 말할 수 있다. 여기서 말하는 상징은 법(학)에서 전혀 알지 못했던 새로운 의미의 개념이다.

1) 법에서 상징의 3가지 의미 법은 언어기호로 구성되어 있고, 기호는 언어상징이다. 여기서 상징이 법에서 갖는 의미를 짧게 살펴볼 필요가 있다. ① 법의 현실화(사회학적 효력)는 상징에 담긴 규범적 기획이 현실화됨을 말한다. 상징은 현실화가 가능한 규범적 기획이다. 그런데 이 상징은 현실을 왜곡할 수 있다. ② 상징의 규범적 기획은 현실로부터의 요구와 폭넓은 도덕적 정당성을 바탕으로 하지만 특정 법(예: 형법)을 매개로는 애당초 현실화될 수 없을 때도 있다. 그런 때의 법은 상징입법[74]이 된다. ③ 그러나 이미 존재하는 현실에 상징이 그 의미의 기호로 부가되는 것이 아니라, 정반대로 상징이 아직 '있지 않

74) 이에 관해 자세히는 M. Voß, *Symbolische Gesetzgebung* (1983) 참조.

은' 현실을 만들거나 현실을 과장함으로써 어떤 (정치적) 이데올로기적 기능을 수행할 수 있다. 이를 보드리야르는 시뮬라시옹(simulacre)[75]이라고 불렀다. 예컨대 국가보안법의 전면폐지를 주장하는 견해는 때때로 그 법이 국민들로 하여금 있지도 않은 국가안보에 대한 위협이 있다고 느끼게 만든다고 본다. 법의 상징이 안보위협의 현실을 만든다는 것이다.

2) 주가조작죄의 상징 주가조작죄의 상징은 이상에서 설명한 세 가지의 상징(①~③)과 같기도 하고 다르기도 하다. 즉, 주가조작죄는 ⓐ 규범적 기획이지만 잘 집행되지 않는다는 점에서는 ①, ②와 같다. 그러나 주가조작죄는 증권시장의 공정성 상징으로서 그것에 의해 비로소 증권시장(현실)이 구축된다는 점에서는 ③과 같다. 하지만 주가조작죄는 ③과 같이 이데올로기적인 기능을 수행하지 않는다는 점에서 다르다. 그러므로 주가조작죄는 법에서 상징의 제4유형이라고 할 수 있다.

그렇다면 주가조작의 범죄화 일반이 폐기되어야 하는 것이 아니라 증권시장의 공정성이라는 상징을 창출하려는 목적에서 투입되는 형벌이 어떤 경우에 과잉인지, 즉 비례성원칙에 위배되는지가 반성되어야 한다.

(3) 주가조작죄의 비례성 비례성은 수단의 목적달성 '적합성', '최소침해성(필요성)', '균형성'이라는 세 요소로 구성된다.

1) 적합성 첫째, 주가조작죄의 실제적인 목적이 앞서 설명한대로 새로운 상징 개념, 즉 '현실(증권시장이탈의 방지)을 형성하는 상징(주가조작죄)의 창출'이라고 본다면 주가조작죄의 적합성 요건은 처음부터 충족된다. 이 점이 종래의 상징형법과는 다른 점이기도 하다.

2) 필요성 둘째, 다음으로 필요성 요건은 주가조작을 막는 다양한 증권거래제도를 완비하고, 형벌 이외의 제재가 실효성을 확보한 후에도 여전히 주가조작이 시장의 기능을 위협할 정도의 수준으로 행해질 것인지에 따라 판단될 수 있다. 그런 증권거래제도의 목록은 매우 길다. 공시제도의 강화, 한국증권거래소와 증권업협회의 자율규제기능 강화방안으로 열거되는 다양한 제도들이 이에 속한다. 그런 제도들은 여기서 하나하나 논의할 수 없고 또한 그럴 필요도 없다. 왜냐하면 정보효율성에 매우 민감하게 반응하는 시장참여자들의 속성이

---

75) J. Baudrillard (하태환 역), *시뮬라시옹: 포스트모던 사회문화론(Simulacre et simulation)* (민음사, 1992), 12~13쪽 참조.

사라지지 않는 한 증권시장에서 주가조작죄처럼 '현실을 구성하는 상징'의 창출은 — 비록 주가조작을 예방하는 합리적 제도의 구축에 반비례하여 약하게 충족되기는 해도 — 결코 불필요하게 되지는 않을 것이기 때문이다. 그러므로 주가조작죄는 필요성원칙에 완전히 위배되지는 않을 것이다.

3) 균형성 셋째, 그러므로 주가조작죄의 균형성원칙 위배 여부가 문제의 관건이 된다. 균형성은 목적가치들 사이의 비교형량[76]으로 판단된다. 즉, 주가조작죄의 목적인 현실(시장참여동기의 유지)을 형성하는 상징의 창출과 형벌부과가 침해하는 행위자의 기본권가치가 균형성을 이루는지가 중요하다. 먼저 주가조작죄가 일반적으로 그런 균형성을 상실했다고 단정짓기는 어렵다. 분명 어떤 주가조작은 증권시장에서의 투자자 이탈에 대해 매우 중요한 효과를 발휘할 수 있기 때문이다. 반면 개념적으로 주가조작에 해당하는 모든 행위를 형사처벌해도 균형성을 유지할 수 있는 것은 결코 아니다. 그러므로 주가조작죄의 균형성은 주가조작죄의 법규범이 어떤 방향으로 구체화되느냐에 따라 달라질 수 있다.[77]

3. 주가조작죄의 운영방향

주가조작죄가 합헌적이기 위한 해석적용의 테두리조건으로 다음과 같은 중요한 세 가지를 들 수 있다.

(1) 비례성의 절차적 실현 먼저 주가조작죄의 구체적인 규범형성 권한을 의회나 법원이 아닌 증권선물위원회와 같은 행정에이전시(adminstrative agencies)도 분점할 수 있어야 한다.

1) 증권선물위원회의 가이드라인 현재도 주가조작에 관한 손해배상절차와 형사절차의 실효성은 사실상 금융위원회에 설치된 증권선물위원회가 주관하는 조사와 조치(자본시장법 제426조)에 의존해 있다. 이는 증권선물위원회가 주가조작행위를 밝혀낼 수 있는 전문성이 있음을 의미하고, 그런 전문성은 형사처벌이 불가피한 주가조작행위의 유형을 정형화할 수 있는 역량을 포함한다. 그러므로 증권선물위원회에게 다양하고 수많은 주가조작행위들 가운데 그 처벌이 비례성원칙에 위배되지 않는 유형을 선별해내는 역할, 바꿔 말해 주가조작죄의

76) 이에 대해 자세히는 이상돈, *헌법재판과 형법정책* (고려대출판부, 2005), 98~100쪽 참조.
77) 이는 주가조작죄에 대해 헌법재판을 하게 된다면 헌법재판소는 변형결정(한정합헌결정, 한정위헌결정)을 하게 됨을 의미하기도 한다.

법규범을 구체화하는 역할을 떠맡길 필요가 있다.

2) 다원주의적 역할수행 이런 역할수행은 물론 고전적인 의미의 죄형법정주의에는 위배되지만 현대사회에서 증대되는 법다원주의(legal pluralism)[78]의 관점에서 보면 오히려 형사사법의 민주성을 높이는 것이 될 수 있다. 또한 증권선물위원회[79]가 그런 역할을 전속고발권[80]의 행사를 통해 수행한다면 어떤 의미에서도 죄형법정주의 위반은 인정되지 않는다. 전속고발권제도는 증권시장의 효율성과 법적 정의의 괴리를 메우고 자본시장체계와 사법체계를 조화롭게 통합하는 이음띠 역할을 수행할 수 있다.[81] 다만 전속고발권이 검찰의 수사권과 공소권을 실질적으로 침해하는 독점적 수사권 및 형사소송물의 처분권을 의미해서는 안된다. 그러므로 검찰이 인지한 중대한 주가조작행위에 대한 고발요청에 대해 '근거지워지지 않은' 거부를 배제하는 내용의 협의적 절차가 전속고발제도에 포함되어야 한다.

(2) 가변적 요건의 고려 증권거래가 불공정한 시장참여, 투자유인효과, 시장가격결정메커니즘의 위태화(왜곡), 그리고 비합리적 경영으로서 목적이라는 네 가지 구조적 요건을 충족한다 하더라도 그런 충족이 어떤 질적 수준의 불공정거래행위에 의해, 어떤 정도의 양에 의해, 어느 정도의 기간 안에 이루어졌느냐에 따라 주가조작의 성립여부를 달리하여야 한다.

1) 거래의 기간, 질량의 변수 이 점을 기간을 기준으로 설명해본다. 먼저 주가조작의 실행행위는 대개 일정한 기간에 걸쳐 불공정증권거래가 반복되는 형태, 즉 '집합범'이나 '연속범'의 형태로 이루어짐을 염두에 둔다. 가령 시장의 불공정성을 그르친다고 평가할 수 있는 불공정증권거래가 일정 기간 안에, 일정한 질적 수준의 불공정성을 지닌 채, 일정한 횟수(발생량)로 이루어졌다고 가

78) 이에 관해서 이상돈, *인권법* (세창출판사, 2005), 131, 139쪽 참조.

79) 미국의 경우에도 주가조작에 대한 법무부의 배타적인 연방형사소추권은 증권거래위원회(SEC)의 고발을 전제조건으로 한다. 고발의 기준 등에 관해 자세히는 Amchen/Cordova/Cicero, "Securities Fraud", *American Criminal Law Review* (Vol. 39, 2002), 1093쪽 참조.

80) 이러한 전속고발권은 증권선물위원회에게만 인정되고, 한국증권업협회나 한국증권거래소에게는 인정되지 않아야 한다. 이 두 기관은 주가감시를 통해 발견된 이상매매거래를 감리하고 주가조작의 혐의가 포착되면 「금융실명거래 및 비밀보장에 관한 법률」 제4조 제1항 제4호에 의해 수사기관에 직접 고발해서는 안되고, 금융감독기관의 장에게 주가조작에 관한 정보를 제공해야 한다. 이런 현행법제는 앞으로도 계속 유지되어야 한다. 자율규제기관들과 검찰의 직접적인 정보교환은 자율규제의 메커니즘을 사법의 논리에 의해 파괴할 위험을 수반하기 때문이다.

81) 이런 관점을 전개하는 이상돈, *부실감사법* (법문사, 2004), 164~165쪽 참조: "고발제도는 법제도로써는 완전히 해결할 수 없는 사회체계간 통합의 부분적 장애를 극복하는 또 다른 의사소통적 메커니즘이 되는 것이다."

정하자. 이때 그 불공정증권거래행위의 일탈행위로서의 질적 수준과 발생 총량을 동일하게 유지한 채, 그 행위들을 그 기간보다 더 긴 기간에 걸쳐 분산시켜 놓는다면 그 행위들의 시장유해성은 희석된다. 이는 마치 같은 양과 같은 오염도의 폐수라도 긴 시간에 걸쳐 하천에 서서히 방출할수록 그 하천의 오염도가 낮아지는 것과 같다. 또한 같은 양의 불공정증권거래행위라도 장기간에 걸쳐 이루어지면 다른 시장참여자들은 더 많은, 그리고 더 다양한 투자정보를 접하게 되므로 그 불공정증권거래의 투자유인효과도 그만큼 더 약화된다. 마찬가지로 긴 시간에 걸쳐 분산되면 그것이 일정한 단위기간의 수요량과 공급량에서 차지하는 비중이 적어지므로 가격영향력도 그 만큼 엷어지게 되는 것이다. 여기서 주가조작죄의 문턱을 넘어서는 불공정증권거래와 그렇지 않은 거래의 구별에는 일정한 질과 양의 불공정증권거래가 이루어지는 기간의 장단이 중요한 요소임을 알 수 있다.

이런 논리는 불공정증권거래의 질과 양에서도 똑같이 타당하다. 같은 기간, 같은 횟수의 불공정증권거래행위라도 그 일탈행위의 질적 수준이 강할수록 주가조작죄로 통제할 필요성이 높아진다. 또한 같은 기간, 같은 질적 수준의 불공정증권거래행위라도 그 발생횟수가 많을수록 주가조작죄로 통제할 필요성이 높아진다.

2) 최소손해규모의 설정 하지만 이와 같은 불공정증권거래행위의 질과 양 및 기간이 어느 정도여야 주가조작죄로 처벌할 만한 시장유해성이 있다고 볼 것인지를 법률에 명확한 언어로 요건화할 수는 없다. 시행령이나 시행규칙으로도 명확성을 보장할만한 구체화가 결코 쉽지 않다. 여기서 주가조작죄는 본질적으로 가변적인 요건을 갖고 있다고 할 수 있다.

㈎ 사소법익침해원칙의 확장 첫째는 불공정증권거래행위로 인해 얻은 이익(또는 그와 상관성 있는 투자자의 손해)이 일정한 규모 이상일 것을 요구하는 방안이다. 이를 형법학에서는 구성요건해당성조각사유로서 '사소한 법익침해의 원칙'(Geringfügigkeits prinzip)이라고 부른다. 이는 주가조작죄의 결과불법에서 비례성원칙을 관철하는 것이기도 하다. 이런 원칙의 적용은 주가조작으로 인한 형사책임의 요건(제176조)이 — 특히 손해의 발생과 인과관계를 요구하지 않는다는 점에서[82] — 손해배상책임의 요건(제177조)보다 더 완화되어 있는 점 때

82) 대판 2005.11.10, 2004도1164; 서울중앙지방법원 2008. 5.23, 2008고합95; 법원은 투자자의 오해

문에 더욱더 요구된다. 이런 요구는 불명확성의 외곽이 어느 정도까지는 일정한 반경 안에 머무르게 할 수 있다. 그러니까 주가조작이 있었어도 그 규모가 작으면 주가조작죄에 해당하지 않는다고 보는 것이다. 바꿔 말하면 불법이익취득이나 관련성추정손해의 규모는 주가조작죄에서 구성요건에 서술되지 않은 결과불법의 요소가 된다. 이 점은 취득한 이익이나 손해의 규모가 클 경우에 처벌을 — 5억원 이상 50억원 미만 3년 이상 징역, 50억원 이상 무기 또는 5년 이상의 징역으로 — 가중하는 법 제443조 제2항의 반대짝이라고 할 수 있다.

(나) 통계학적 인과성이 있는 손해 둘째, 실제 손해의 규모는 주가조작행위와 '통계학적 인과성'이 있는 투자자의 손해만으로써 산정되어야 한다. 여기서 통계적 인과성은 개념적으로는 시세변동의 단순한 가능성[83]이나 개연성[84]을 넘어서는, 적어도 '고도개연성'을 의미한다. 이런 인과적 관련성을 요구하는 것은 주가조작죄가 창출하는 시장의 공정성이라는 상징이 — 형사책임의 귀속에서 일반적으로 요구되는 확실성 수준의 인과적 관련에 못 미치는 — 그런 인과성마저도 없는 행위나 적은 규모의 이익취득행위에 의해서는 깨지지는 않을 것이기 때문이다.

(다) 주가총액대비 손해의 규모 다만 증권선물위원회는 통계적 인과성을 해명하는 과학적 분석기법을 더욱 발전시켜 세밀화하고, 가벌성이 인정되는 불법이득액의 규모를 — 물론 절대액을 정하는 방식이 아니라 해당 기업의 주가총액에 비례하여 상대화하는 방식으로 — 최대한 정형화할 필요가 있다.

(3) 행위준칙의 관리 다음으로 주가조작죄는 최대한 시장참여자들이 준수해야 하는 행위규범을 설계하는 방향으로 운영되어야 한다. 이를 위해서는 주가조작죄의 해석에서 몇 가지 사항이 고려되어야 한다.

1) 불법이득의사 주가조작죄는 단순히 나쁜 심정을 가졌기 때문이 아니라 자신의 행위가 앞(Ⅲ)에서 밝힌 요건을 충족한다는 점을 인식한 것만으로는[85] 부족하고 적극적으로 의도하였어야 한다. 이것은 최강도의 고의로서 목표지향

를 실제로 유발하였는지 여부나 타인에게 손해가 발생하였는지 여부 등은 문제가 되지 않는다고 보았다.

83) 대판 2002.6.14, 2002도1256; 한국형사정책연구원, 『증권범죄에 관한 연구』, 1996, 105쪽.

84) 김정만, "시세조종행위의 규제", *증권거래에 관한 제문제[하]* (재단자료 제91집, 2001), 216쪽; 이종학, 「시세조종의 입증」, 정강법률포럼 창립세미나 자료집, 1999.10.25., 4쪽.

85) 이것만으로 주가조작죄를 인정하는 김정만, "시세조종행위의 규제", *증권거래에 관한 제문제[하]* (재판자료 제91집, 2001), 199쪽 아래.

적 의욕과 (경제적인) 불법이득의사(Bereicherungsabsicht)가 행위자에게 존재할 것을 요구한다.

[불법이득의사의 필요근거로서 목적조항] 물론 주가조작죄를 사기죄와 같은 개인적 법익에 대한 범죄가 아니라 자본시장의 가격결정기능을 위태화하는 보편적 법익에 대한 범죄로서 이해하면 불법이득의사는 주가조작죄 고의의 요건이 아니다.[86] 그러나 우리나라 주가조작죄에서 목적조항들(예컨대 "매매를 유인할 목적")이 대부분 들어있고, 이는 진정한 목적이 아니라 불법이득의사와 나쁜 심정과 같은 윤리적 심리적 요소를 함께 표현한다. 또한 명문의 목적조항이 없는 주가조작죄에서도 불법이득의사의 요구근거가 되는 목적조항을 일종의 '기술되지 아니한 구성요건요소'라고 해석할 필요가 있다.

㈎ 불법이득의사의 결핍효과 가령 주가조작의 자금을 댄 사람과 행위자 사이의 관계가 투자신탁계약의 관계인지 아니면 소비대차계약의 관계인지에 따라 주식거래를 한 행위자에게 주가조작죄의 성립이 좌우될 수 있다. 앞의 경우라면 행위자는 수수료만 받는 것이므로 불법이득의사가 없을 개연성이 높다. 따라서 주가조작죄의 주관적 요건(목적)을 충족하게 된다. 이에 비해 뒤의 경우라면 행위자는 자신의 계산으로 투자행위를 한 것이므로 주가조작에 의한 불법이득의사가 인정되기 쉽다. 소송에서 어떤 경우인지는 두 당사자의 진술에 의존하여 판단되기 쉬운데, 만일 두 사람의 진술이 서로 정반대라면, 그 밖의 간접증거를 충분히 수집할 때에만 사실인정이 합리적일 수 있다.

㈏ 경제적 이익의 취득 불법이득의사는 무형적 이익(예: 회사 내 지위상승, 지배권확보 등)으로는 부족하고,[87] 유형적 이익,[88] 그것도 대규모의 경제적 이익을 취득하려는 의사여야 한다.

ㄱ) 부당이득의사 이 점에서 부당이득취득목적의 주가조작죄에서의 부당이득취득 개념과 구별된다. 부당이득취득목적은 경제적인 불법이득의사에 국한되지 않고, 경영권 획득이나 회사 내에서의 지위 상승 등 무형적 이익을 포함하기 때문이다. 그런데도 사법학자들은 불법이득의사를 '부당이득의사'로 확장해석하기도 한다.[89] 이런 확장해석은 바람직하지 않지만, 손해배상책임(제179조)

86) 이런 관점은 독일 증권법 제88조의 Kursbetrug의 실행행위의 해석으로 지배적인 것이기도 하다.

87) 무형적 이익을 포함한다는 견해로 대판 2002.7.22, 2002도1696.

88) 유형적 이익에 국한하는 견해로 황동욱, *불법증권거래와 손해배상* (1997), 248쪽.

89) 최승재, "자본시장법상 불공정거래에 대한 규제", *한국금융법학회 2009년 하계 학술발표회*

의 요건으로는 사용가능하다. 그러나 부당이득의사만으로 범죄로서 부정거래행위죄가 성립할 수는 없다. 유추금지원칙에 위배되기 때문이다.

ㄴ) **간접적 불법이득의사** 다만 이때 불법이득의사는 직접적인 불법이득 뿐만 아니라 간접적인 불법이득의 경우를 모두 포괄한다. 이를테면 분식회계를 한 내용으로 증권신고서와 사업설명서를 사용한 주식공모를 지시한 대표이사의 불법이득의사는, 회사는 부정거래의 이익을 직접 얻고(예: 주금납입), 자신은 그런 부정거래로 회사가 성장하여 연봉이나 스톡그랜트의 이익을 '간접적으로' 얻으려는 의사이다. 사기죄에서는 자신을 위한 사기에서 손해와 이익은 동질적인 것이어야 하지만, 부정거래행위죄에서는 그런 동질성이 요구되지 않는다. 따라서 불법이득의사를 간접적 불법이득의사로 해석하여도 형법상 금지된 유추에 해당하지는 않고, 확장해석에 해당할 뿐이다.

㈐ **성향개념** 이런 목적의사는 매우 특별한 내면의식을 표현하는 개념(성향개념 Dispositionsbegriff)으로서 그 개념적용의 성패는 그런 의식의 존재를 추론하는 데 사용되는 간접사실들이 얼마나 수집되고 어떻게 이용되느냐에 따라 좌우된다. 즉, 주가조작고의의 귀속은 절차적으로만[90] 합리적일 수 있다.

> [주가조작에 의한 이득의사의 간접사실들] 이 간접사실들은 무수히 많은데, 대표적인 예로는 ① 행위자의 재산상황이나 주가상승에 따른 경제적 이익취득의 기대, 담보부족이나 적자결산 등과 같은 행위자에 관계된 경제적 상황, ② 분식회계나 차·가명계좌의 이용, 적극적인 투자권유 등과 같은 행위수단과 방법, ③ 증권거래 횟수, 평균거래량, 전후의 거래상황, 전체거래에서 차지하는 비중, 일일평균거래량과의 차이 등과 같은 증권거래행위의 패턴과 특성, ④ 주가상승 후 매도의 즉각성이나 전환사채전환 등과 같은 차이실현요소 등을 들 수 있다.

2) 제한해석 주가조작의 실행행위 표지들을 엄격하고 일관되게 적용하여야 한다. 하지만 이 엄격성이 형법전의 해석에서보다도 더 강해야 할 필요는 없다. 몇 가지 예를 들어 본다.

— 첫째, 예컨대 "유포"(제176조 제2항 제2호)는 불특정한 다수인에게만이 아니라[91] 전파가능성이 있는 특정한 개인에게 말한 경우까지 포함한다고 해석해

(2009.9.29.) 발표문, 21쪽; 또한 김건식 · 정순섭, *자본시장법* (두성사, 2009), 336쪽 참조.

90) 이에 관해 이상돈, "고의의 귀속과 절차적 지평", *형법학, 형법이론과 형법정책* (1999), 347~349쪽 참조.

91) 불특정한 다수인은 유포보다 좁은 개념인 '공연'(公然)히 적시'라는 개념의 의미로 이해될 수 있다.

도 된다.

— 둘째, 그러나 다른 예로 "표시"(제176조 제2항 제3호)를 (전파가능성이 없는) 특정한 소수의 개인에게 한 경우를 포함하는 것으로 확장[92]하는 것은 옳지 않다.

— 셋째, 또 다른 예로 "중요한 사항"(제176조 제2항 제3호)의 개념도 유가증권 발행 자체에 관한 것이 아니라, 그 발행인이 속하는 산업계나 증권시장 전체에 관한 것과 같은 정보를 포함한다고 보는 것도 금지된 유추에 해당한다.

이러한 방향의 법해석은 완결된 것이 아니며, 앞으로 발생하는 다양한 주가조작행위에 관철되어야 하고, 또한 그렇게 함으로써 주가조작죄의 구체적인 법규범이 형성된다. 또한 그런 법규범이 형성하는 의미의 공간은 증권선물위원회가 주가조작행위들을 통제할 때 주로 따르는 '경제와 효율성의 논리'가 작동하는 외곽을 형성한다.

---

92) 박삼철, "우리나라의 시세조종행위 규제에 관한 고찰", *증권조사월보* (제216호, 1995.4), 33쪽.

출처와 생성

[7]단락의 글은 "주식공모사기" (고시연구, 2002, 10월호, 101~112쪽)에서 비롯되었다. 이 글은 보완·증보되어 *윤리경영과 형법*(신영사, 2005)에 수록되었다. 이후 자본시장법의 시행과 판례의 축적 그리고 주가조작죄의 연구 더 나아가 회사형법의 논의가 추가하여 새롭게 정리한 글이 이 단락의 글이다.

07 주식공모사기

Ⅰ. 주식공모사기의 의의

1. 주식공모사기의 현상

주식의 발행은 자본주의의 근간인 주식회사가 성립하고 자본을 확충하는 수단 중에서 가장 대표적인 것이다. 이 중에서도 주식공모(株式公募)[1]는 특정 주주들만을 대상으로 주식을 발행·배당하는 것이 아니라 일반인을 대상으로 주식을 모집하는 것을 말한다. 따라서 주식공모 시에는 일반투자자들에게 발행회사와 증권에 관하여 정확한 정보를 제공할 것이 요구된다. 그러나 때때로 기업들은 공모를 통한 자금조달을 용이하게 하기 위하여 당해 기업의 재무상황에 대하여 일반적으로 인정된 회계관습이나 기업회계기준에 위반하는 회계처리를 하기도 하는데, 이를 분식회계(粉飾會計)라고 한다.[2] 분식회계는 회계정보 이용자의 해당기업의 경제적 실체에 대한 합리적인 판단과 의사결정을 그르친다는 점에서 비난가능성이 있다. 이와 같은 분식회계를 통한 자금조달은 대상회사의 재무상황 등의 투자정보에 관하여 일반투자자들을 속이는 구조를 띠기 때문에 일반적으로 주식공모사기로 불린다. 주식공모사기행위의 대표적인 사례를 살펴보면 다음과 같다.

---

1) 공모(公募)는 모집과 매출로 나누어지는데, ① 모집이란 50명 이상의 자에게 신규로 발행되는 유가증권의 취득의 청약을 권유하는 것이고, ② 매출이란 이미 발행된 유가증권의 소유자가 50명 이상의 자에게 그 유가증권의 매도의 청약을 하거나 매수의 청약을 권유하는 것을 말한다. 금융감독원, *유가증권 발행·기업공시 안내* (2004), 8쪽.

2) 원래 분식회계라는 표현은 법학, 회계학 등에서 사용되는 용어가 아니며 경제계에서 관습적으로 사용되는 용어이다. 경제사전 등에서는 분식회계를 "기업이 회사의 실적을 좋게 보이기 위해 고의적으로 자산이나 이익 등을 크게 부풀려 회계장부를 조작하는 것"이라고 정의하고 있다. 이와 같이 분식회계를 고의적으로 회계자료를 조작한 것(고의적 회계부정)에 한정하는 입장이 있는가 하면 회계기준 적용오류나 공시오류, 회계적 판단의 차이 등까지도 분식회계의 범주에 들어간다는 입장도 있다. 주식공모사기에 있어서는 고의적으로 회계자료를 조작하는 것이므로 분식회계의 범위가 어디까지에 미치는가에 관한 논의는 크게 문제되지 않는다.

[주식공모사기사건의 대표사례] Y화학공업(주)의 대표이사 甲과 상무이사 乙은 기업공개를 추진하고 있던 2008.12.경 회계부장 丙으로부터 당해년도에 150억원의 당기순손실이 발생할 것이라는 보고를 받았다. 甲은 '기업공개요건에 맞게 당기순이익을 정하고 거기에 맞춰 결산하라'고 丙에게 지시하였다. 乙도 그 당시 기업공개요건인 '납입자본이익률이 15퍼센트 이상 되도록 당기순이익을 약 50억원 정도로 맞추기 위해 재고자산, 매출액 등을 상향조정하고, 경비 등을 누락시키는 방법으로 분식 결산하라'고 재차 지시하였다. 이에 따라 丙은 원재료인 연괴의 수량을 실제보다 1,000여 톤 증가시켜 재고액을 과대계상하고, 어음채무를 430억 8,200여 만원을 누락시킴으로써 2008사업연도에 50억여원의 당기순이익이 실현된 것처럼 대차대조표 및 손익계산서 등을 작성하였다. 2009.7.9. 이러한 재무제표 내용을 그대로 기재한 증권신고서를 작성하여 제출하였고, 2009.7.27. 금융위원회가 위 신고서를 수리함에 따라 액면 금 5,000원권 기명식 보통주식 2,700,000주, 공모총액 220억 9,500만원(액면가 총액 금 130억 5,000만원)의 주식을 1주당 발행가액 금 8,500원에 발행하여 신주를 모집하면서, 2009.7.30.에 금융위원회, 한국증권거래소, Y(주) 사무실 소재지, D증권주식회사 본점 및 지점 등 청약사무 취급 장소에 위 증권신고서와 동일한 내용의 사업설명서를 비치하였다.

2. 법제화의 현황

독일 형법 제264조a의 자본투자사기(Kapitalanlagebetrug)는 이러한 행위유형을 독자적으로 범죄화 한 구성요건이다. 그러나 우리나라 형법전에는 이와 같은 주식공모사기를 직접 규율하는 독자적인 구성요건이 존재하지 않는다. 그러므로 주식공모사기에 대한 형법적 통제와 관련하여서는 형법전상의 사기죄(제347조), 「자본시장과 금융투자업에 관한 법률」(이하: 자본시장법)상의 부정거래행위죄(제443조 제1항 제178조 제1항 제2호), 「주식회사의 외부감사에 관한 법률」상의 분식회계죄(제20조), 「상법상의 부실문서행사죄」(제627조) 등의 적용가능성이 문제될 수 있다.

3. 자본시장법과 형법의 규율관계

주식공모과정에서 분식회계에 의한 허위기재를 증권신고서나 사업설명서에서 그대로 사용하는 것은 주식공모라는 자본거래가 사기적 요소를 갖고 있음을 말한다. 이 사기적 요소는 주식공모라는 자본거래가 불공정거래임을 말해준다.

(1) **법제상태** 이 불공정거래를 직접 규제하는 법은 자본시장법 제4편이며, 주식공모사기는 제4편의 제3장 부정거래행위죄(제178조 제1항 제2호)이다.

자본시장법 제178조(부정거래행위 등의 금지) ① 누구든지 금융투자상품의 매매(증권의 경우 모집·사모·매출을 포함한다. 이하 이 조 및 제179조에서 같다), 그 밖의 거래와 관련하여 다음 각 호의 어느 하나에 해당하는 행위를 하여서는 아니 된다.

2. 중요사항에 관하여 거짓의 기재 또는 표시를 하거나 타인에게 오해를 유발시키지 아니하기 위하여 필요한 중요사항의 기재 또는 표시가 누락된 문서, 그 밖의 기재 또는 표시를 사용하여 금전, 그 밖의 재산상의 이익을 얻고자 하는 행위

제443조(벌칙) ① 다음 각 호의 어느 하나에 해당하는 자는 10년 이하의 징역 또는 5억원 이하의 벌금에 처한다. 다만, 그 위반행위로 얻은 이익 또는 회피한 손실액의 3배에 해당하는 금액이 5억원을 초과하는 경우에는 그 이익 또는 회피한 손실액의 3배에 상당하는 금액 이하의 벌금에 처한다.

8. 금융투자상품의 매매(증권의 경우 모집·사모·매출을 포함한다), 그 밖의 거래와 관련하여 제178조 제1항 각 호의 어느 하나에 해당하는 행위를 한 자

② 제1항 각 호의 위반행위로 얻은 이익 또는 회피한 손실액이 5억원 이상인 경우에는 제1항의 징역을 다음 각 호의 구분에 따라 가중한다.

1. 이익 또는 회피한 손실액이 50억원 이상인 경우에는 무기 또는 5년 이상의 징역에 처한다.

2. 이익 또는 회피한 손실액이 5억원 이상 50억원 미만인 경우에는 3년 이상의 유기징역에 처한다.

③ 제1항 또는 제2항에 따라 징역에 처하는 경우에는 10년 이하의 자격정지를 병과(竝科)할 수 있다.

제447조(징역과 벌금의 병과) ① 제443조부터 제446조까지의 규정에 해당하는 죄를 범한 자에게는 징역과 벌금을 병과할 수 있다.

② 제443조 제2항에 따라 가중처벌을 받는 자에게 제1항에 따라 벌금형을 병과하는 경우에는 그 위반행위로 얻은 이익 또는 회피손실액의 3배에 상당하는 금액 이하의 벌금에 처한다.

이 규정은 미국의 포괄적 사기금지조항(general anti-fraud provision[3])인 1934년 증권거래법(Securities Exchange Act of 1934) Section 10(b)[4]과 그 위임

---

3) 포괄조항(general provision)의 개념은 이에 관해 William B. Herlands, "Criminal Law Aspects of the Securities Exchange Act of 1934", *Virginia Law Review* (Vol.21 No.2, 1934), 141, 143쪽 참조.

4) SECURITIES EXCHANGE ACT OF 1934 SEC. 10. It shall be unlawful for any person,

에 의해 공포된 SEC Rule 10(b)-5[5]를 모델링하여 만들어진 것이다.

다른 한편 여기서 사기라는 개념은 허위기재의 증권신고서나 사업설명서를 사용한 주식공모행위가 형법전상의 사기죄에도 해당할 수 있음을 말해준다.

형법 제347조(사기) ① 사람을 기망하여 재물의 교부를 받거나 재산상의 이익을 취득한 자는 10년 이하의 징역 또는 2천만원 이하의 벌금에 처한다. ② 전항의 방법으로 제삼자로 하여금 재물의 교부를 받게 하거나 재산상의 이익을 취득하게 한 때에도 전항의 형과 같다.

특정경제범죄 가중처벌 등에 관한 법률 제3조 (특정재산범죄의 가중처벌) ① 형법 제347조(사기)…의 죄를 범한 자는 그 범죄행위로 인하여 취득하거나 제3자로 하여금 취득하게 한 재물 또는 재산상 이익의 가액(이하 이 조에서 "이득액"이라 한다)이 5억원 이상인 때에는 다음의 구분에 따라 가중처벌한다.

1. 이득액이 50억원 이상인 때에는 무기 또는 5년 이상의 징역에 처한다.
2. 이득액이 5억원 이상 50억원 미만인 때에는 3년 이상의 유기징역에 처한다.

② 제1항의 경우 이득액 이하에 상당하는 벌금을 병과할 수 있다.

즉, 주식공모의 부정거래행위가 중요사항에 관하여 "거짓의 기재 또는 표시를 하"여 투자자를 착오에 빠뜨리거나 "기재 또는 표시가 누락된 문서"를 사용함으로써 오해를 유발하는 행위는 투자자인 "타인을 기망"하는 사기죄의 실행행위가 될 가능성이 있다. 그러므로 주식공모의 부정거래행위에 대해서는 사기죄가 성립하는지도 검토해야 한다.

(2) **불법의 비교** 주식공모사기에 대하여 부정거래행위죄와 사기죄의 적용을 (특히 검찰) 실무적으로 검토할 때에는 부정거래행위죄를 우선적으로 적용해

---

directly or indirectly, by the use of any means or instrumentality of interstate commerce or of the mails, or of any facility of any national securities exchange- …… (b) To use or employ, in connection with the purchase or sale of any security registered on a national securities exchange or any security not so registered, or any securities-based swap agreement, any manipulative or deceptive device or contrivance in contravention of such rules and regulations as the Commission may prescribe as necessary or appropriate in the public interest or for the protection of investors.

5) SEC Rule 10b-5 (Employment of Manipulative and Deceptive Devices): It shall be unlawful for any person, directly or indirectly, by the use of any means or instrumentality of interstate commerce, or of the mails or of any facility of any national securities exchange, To employ any device, scheme, or artifice to defraud, To make any untrue statement of a material fact or to omit to state a material fact necessary in order to make the statements made, in the light of the circumstances under which they were made, not misleading, or To engage in any act, practice, or course of business which operates or would operate as a fraud or deceit upon any person, in connection with the purchase or sale of any security.

야 한다.

1) 법정형의 차이 그 이유는 첫째, 부정거래행위죄는 법정형이 사기죄보다 무겁다는 점에서 찾을 수 있다. 여기서 더 무겁다는 점은 단지 가중처벌의 편의성을 말해주는 것이 아니라 사기적 주식공모행위의 불법에 상응하는 형벌일 가능성을 말해준다. 예컨대 사기죄의 벌금형 최대 2천만원은 자본시장에서 사기적인 주식공모행위의 결과를 제거하기에는 매우 부족하다. 하지만 「특정경제범죄 가중처벌 등에 관한 법률」 제3조에 의해 가중되는 경우에는 — 자격정지의 병과를 제외한다면 — 자본시장법의 가중형(제443조 제2항)과 같다.

2) 불법의 유연화 둘째, 부정거래행위죄가 사기죄보다는 성립의 요건이 완화되어 있어, 그 성립이 용이하기 때문이다. 부정거래행위죄는 기망적 수단을 사용한 것만으로 범죄가 성립하고, 재산처분행위나 손해의 발생과 이익의 취득은 성립요건이 아니기 때문이다. 또한 행위반가치 불법의 핵심인 기망의 경우도 사기죄는 '사실'(Tatsache)에 대한 기망이어야 하지만, 부정거래행위죄는 견해나 가치판단도 오해를 유발시키는 표시면 무방하다.[6] 이처럼 부정거래행위죄는 사기죄보다 불법이 유연화되어 있다.

3) 보호법익과 보호객체의 차이 부정거래행위죄는 자본시장에 참여하는 행위의 도덕성을 요구함으로써 투자자를 보호하는 구성요건이다. 이 점은 시장의 가격결정기능을 보호하려는[7] 주가조작죄와 다르고, 사기죄의 보호기획에 근접한 것이다. 그러나 다른 한편 부정거래행위죄는 부정거래행위자가 피해자 또는 그 대리인을 직접 기망해야 하는 사기죄와는 달리 거래시장을 속일 때 이미 성립가능하다. 즉, 부정거래행위죄는 시장에 대한 사기(fraud on market)인 반면, 사기죄는 사람에 대한 사기인 것이다. 이로써 부정거래행위죄의 보호법익은 보편적 법익인 반면, 사기죄는 개인적 법익(재산)이 된다.

물론 보편적 법익이므로 부정거래행위죄에는 불법이득의사가 필요하지 않다고 보는 것은 형법논리적 결론이다.[8] 하지만 주가조작죄의 명확성과 비례성을 높이기 위해 불법이득의사는 개인적 법익에 대한 범죄인 사기죄와 마찬가

---

6) 이런 결론을 독일 증권법(Börsengesetz) 제88조의 유토사기죄 해석에서도 보여주는 Eberhard Schwark, *Börsengesetz* (C.H. Beck, 2004), §88-5 참조.

7) 그러므로 부정거래행위죄를 "증권시장의 합리적 가격결정과 자유로운 수급질서"(*증권시장의 불공정거래 사례* [금융감독원, 1999], 8쪽)를 위태롭게 하는 행위들로 보는 것은 적절하지 않다.

8) 이런 관점은 독일 증권법 제88조의 Kursbetrug의 실행행위의 해석으로 지배적인 것이기도 하다.

지로 요구된다. 특히 주식공모사기에 적용되는 부정거래행위죄의 구성요건은 "중요사항에 관하여 거짓의 기재 또는 표시를 하거나……그 밖의 기재 또는 표시를 사용하여 금전, 그 밖의 재산상의 이익을 얻고자 하는 행위"(제178조 제1항 제2호)라고 규정함으로써 불법이득의사를 명문으로 요구하고 있다.

(3) **상호보완적인 전문법(증권형법)의 형성** 이상에서 보면 부정거래행위죄와 사기죄는 이론적으로는 그 불법의 유형적 본질이 서로 다르면서도, 실무적으로는 부정거래행위죄가 사기죄에 대해 우선적으로, 사기죄가 부정거래행위죄에 대해 보충적으로 사용되는 관계에 놓인다. 이런 관계는 도표 40과 같다. 가령 주식공모사기가 오해를 유발시키는 — 사실이 아닌 — '의견'을 기재한 사업설명서를 사용하였다면 사기죄는 적용이 불가능하고 부정거래행위죄만 적용이 가능하고, 허위의 '사실'을 기재한 사업설명서를 사용하였다면 (그 밖의 사기죄 요건을 충족함을 전제로) 둘 다 적용이 가능하며, 사업설명서에 거짓으로 기재된 사항이 "중요사항"이 아니라면 오로지 사기죄의 적용만이 검토될 수 있다. 이와 같은 상호보완적 관계를 통하여 부정거래행위죄와 사기죄는 주식공모의 경제영역을 규제하는 전문(형)법[9]으로 기능한다.

도표 40 부정거래행위죄와 사기죄의 상호보완적 관계

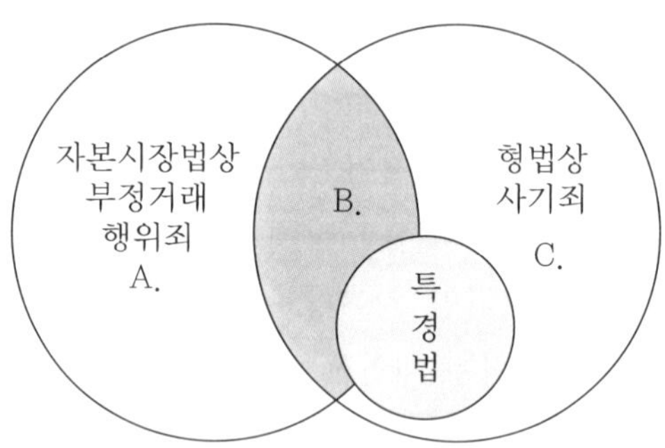

Ⅱ. 주식공모와 자본시장법상 부정거래행위죄의 성립여부

자본시장법상 부정거래행위죄(제178조 제1항 제2호)에 해당하기 위해서는 ①

9) 전문법의 개념에 대한 자세한 분석은 이상돈, "전문법 — 이성의 지역화된 실천", *고려법학* (제39호, 2002), 113~151쪽; *기초법학*, 2판 (법문사, 2010) [14]단락 참조.

금융투자상품의 매매 기타 거래, ② 중요사항, ③ 허위 또는 오해유발의 기재 또는 표시의 사용, ④ 불법이득의사가 요구된다. 첫째, 주식공모는 ① 요건을 충족하고, 증권신고서나 사업설명서에 분식회계된 내용을 담고 있다는 것은 ③ 요건을 충족한다. 그러므로 주식공모사기의 적용을 좌우하는 것은 중요사항과 불법이득의사의 충족여부이다.

1. 중요사항이 부실하게 표시된 문서의 이용

우선 "중요사항"이란 합리적인 투자자가 유가증권거래에 중요한 가치를 지닌다고 생각하는 정보를 의미한다. 그러나 이런 정보가 구체적으로 무엇을 의미하는가는 전적으로 해석에 맡겨져 있다.[10)]

(1) **합리적 투자를 위한 정보** 현재 내부자거래와 마찬가지로 중요한 사항을 "합리적인 투자자의 증권거래의 판단에 영향을 미치는 사항"으로 이해하는 견해[11)]가 제시되고 있다. 미국 연방대법원는 1934년 증권거래법(SEA) section 10(b)에 근거한 소송에서 중요성 요건을 판단함에 있어 "합리적인 투자자"의 기준(reasonable investor standard)을 적용하고 있다. 연방대법원은 중요한 사실이 되려면 "누락된 사실에 대한 공시가 합리적인 투자자에게 이용 가능한 정보의 총체를 중요하게 변경시키는 것으로 여겨질 실질적인 개연성(substantial likelihood)이 있어야 한다"[12)]고 판시하고 있다. 이렇게 볼 때 중요사항은 다음과 같이 분류될 수 있다.

— **증권자체에 관한 정보** 우선주의 우선적 내용이나 전환사채의 전환조건
— **증권발행인에 관한 정보** 회사의 영업실적 또는 재무상태
— **증권거래에 관한 정보** 증권시세 또는 거래량
— **증권시장에 관한 정보** 기관투자가 또는 외국인 투자가의 투자동향, 국내시장 전체의 거래상황, 외국증권시장의 거래상황

(2) **정보총량의 변화가능성이 아닌 시세영향력** 이렇게 분류된 정보의 중요성

---

10) 바로 이와 같은 점 때문에 이 조항이 명확성원칙을 위반한 것은 아닌지 의심은 남아있지만, 좀 더 세심한 검토를 필요로 하기 때문에 여기서는 다루지 않기로 한다.
11) 한국형사정책연구원, *증권범죄에 관한 연구* (1996), 37쪽.
12) To be material, "there must be a substantial likelihood that the disclosure of the omitted fact would have been viewed by the reasonable investor as having significantly altered the total mix of information made available.", Paul, Hastings, Janofsky & Walker, LLP, *SECURITIES LAW CLAIMS: A Practical Guide*, 2004, 79쪽 이하 참조

은 단순히 이용가능한 정보의 총량을 변경시킬 가능성이 아니라 이 정보들이 증권시세에 영향을 미칠 수 있는 가능성(Kursbeeinflussung)에 따라 판단해야 한다. 정보총량의 변경가능성은 사실상 모든 사항이 중요사항으로 인정될 위험성이 크기 때문이다. 다시 말해 중요성은 합리적 투자자의 관점에서 부정거래행위에 의해 창출된 왜곡된 정보 대신에 올바른 정보가 시장에 알려졌다면 다른 (부정적인) 시세가 형성될 개연성이 있는 경우에 인정되어야 한다. 그러나 이때 영향가능성은 일반적인 영향가능성임에 주의를 요한다. 즉, 합리적 투자자의 기준이란 주식투자에 참여하는 사람들의 '평균적인 능력과 지식'을 기준으로 판단하여야 한다. 이를테면 증권신고서에 허위기재된 회계정보가 바르게 교정될 경우에 주주들에게 배당될 배당액이 상당히 줄어들거나, 주식의 펀더멘틀 가치를 나타내는 지표들, 예컨대 주식 1주 당 그 기업이 내는 순이익의 비율(주가수익비율 PER, Price Earnings Ratio)이 상당히 떨어지게 되는 경우에 그 허위기재된 회계정보는 중요사항에 관한 것이라 할 수 있다.

> 앞의 주식공모사례에서 분식회계는 적자기업이 납입자본이익률이 15퍼센트 이상될 정도로 상당한 것이었으므로 그런 회계내용이 전제된 증권신고서나 사업설명서는 중요사항에 관한 거짓의 기재를 한 문서에 해당된다.

2. 불법이득의 의사

주식공모사기가 부정거래행위죄(제178조 제1항 제2호)에 해당하려면 행위자는 '금전, 그 밖의 재산상의 이익을 얻고자 하'였어야 한다. 즉, 불법이득의사가 있어야 한다.

(1) 제3자를 위한 부정거래행위죄의 인정여부 부정거래행위죄의 불법이득의사는 형법 제347조의 사기죄의 성립에 필요한 불법이득의사와 비교해볼 때 중대한 차이가 있다.

1) 사기죄와 부정거래행위죄의 차이 형법 제347조 제2항은 불법이득의 취득자가 행위자 자신인 경우뿐만 아니라 제3자인 경우에도 사기죄로 처벌하고 있는 반면, 부정거래행위죄는 "누구든지 … 표시를 사용하여 금전, 그 밖의 재산상의 이익을 얻고자 하는 행위"라고 규정함으로써 행위자 자신이 불법이득을 직접 취득하려는 의사가 있는 경우에만 불법이득의사를 인정할 수 있다.

2) 주식공모사기의 제3자를 위한 분식회계 그러나 분식회계사건은 '제3자를 위한 사기'의 구조를 갖고 있다. 허위의 재무제표를 작성하거나 회사의 재무상황을 은폐하는 행위를 하는 자는 회사의 (대표)이사 그리고(또는) 회계담당자인 반면, 주금납입을 통해 재산상의 이익을 취득하는 자는 회사이다. 행위자 자신의 의도 또한 일반적으로 자신이 직접 불법이득을 취득하려는 것이 아니라 회사에 필요한 자본을 조달하기 위한 것이다. 이렇게 보면 주식공모에서 분식회계를 지시한 대표이사 등에게는 부정거래행위죄가 성립할 수 없게 된다.

(2) **확장해석** 그렇지만 부정거래행위죄가 사기죄와 같은 개인적 재산에 대한 범죄가 아니라 자본시장의 기능을 왜곡하는 범죄라는 점을 중시한다면 회사가 부정거래로 이익을 얻게 한 대표이사 등의 분식행위자들에게도 부정거래행위죄가 성립할 수 있어야 한다.

1) 부당이득의사에 의한 확장 여기서 "금전 기타 재산상의 이익을 얻고자 하는" 의사를 '불법이득의사'가 아니라 부당이득의사로 해석할 수 있다. 예컨대 제178조 제1항 제2호가 적용되는 예로 "회사 내부자 등이 당해 법인의 주식을 매수한 후 신사업진출 등 호재성 재료를 허위로 발표하여 주가를 상승시킨 후에 매도하여 부당이득을 취하는 경우"[13]를 드는 사법학자들의 해석에 주목할 수 있다. 이 해석에 의하면 불법이득의사는 부당이득의사로 확장된다. 부당이득은 재산적 이익에 국한하지 않고, 경영권 획득이나 회사 내의 지위 상승 또는 강화 등도 포함한다. 그러나 이런 해석은 제178조 제1항 제2호의 "금전 기타 재산상의 이익"을 유추한 해석이다. 손해배상책임(제179조)을 물을 때 허용가능할 수는 있어도, 형사책임을 물을 때에는 허용되지 않는 해석이다.

2) 간접적 불법이득의사 또 다른 방법은 "재산상의 이익을 얻"는다는 문언을 직접적으로 얻는 경우 이외에 간접적으로 얻는 경우까지 포함시키는 해석이다. 즉, 분식회계와 주식공모로 자본을 조달하여 사업을 번성시킴으로써 회사의 적자를 극복하고 수익률을 높임으로써 대표이사 등은 봉급을 더 많이 받거나 스톡그랜트의 이익을 얻게 되는 것도 불법이득에 포함시키는 해석이다. 이런 해석은 "금전 기타 재산상의 이익을 얻고자 하는"이란 문언의 유추적용이 아니라 확장적용이 된다. 왜냐하면 사기죄의 경우에는 재산상 손해와 취득한

---

13) 최승재, "자본시장법상 불공정거래에 대한 규제", *한국금융법학회 2009년 하계 학술발표회* (2009.9.29.) 발표문, 21쪽; 또한 김건식·정순섭, *자본시장법* (두성사, 2009), 336쪽 참조.

이익이 동질적인 것이어야 하지만, 부정거래행위죄에서는 그런 동질성이 전제되어 있지 않기 때문이다. 이는 개인적 법익인 재산범으로서 사기죄와 보편적 법익인 자본시장의 기능에 대한 범죄로서 부정거래행위죄 사이의 차이에서 비롯되는 것이기도 하다.

3. 제한해석

부정거래행위죄의 법정형은 이를테면 허위·통정거래에 의한 주가조작죄(제443조 제1항 제4호, 제176조 제1항, 제1,2,3호)과 같다.

(1) **약한 불법, 중한 처벌** 그러나 부정거래행위죄가 그 정도로 강한 제재를 받아 마땅한 것인가에 의문이 들 수 있다. 왜냐하면 무엇보다도 부정거래행위는 자본시장의 가격결정을 직접 왜곡하는 행위가 아니기 때문이다.

> 가령 분식회계에 의한 주식공모사기에서 증권신고서에 기재된 당해회계연도 당기순이익 500억이라는 결과를 담은 허위기재만으로 해당 회사의 주가가 그렇지 않았을 경우에 형성되었을 주가보다 높게 형성될 개연성이 발생하는 것은 아니다.[14] 분식회계가 없었고, 재무구조가 건실한 회사도 경제상황의 변화에 따라 자금의 유동성위기를 겪다가 마침내는 기업개선작업(work-out)이나 회사정리절차에 들어가고, 주가는 곤두박질 칠 수도 있다. 이렇게 볼 때 부정거래행위와 주가 사이에는 형사책임을 귀속시키는 근거가 될만한 어떤 인과관계도 존재하지 않는다.

여기서 부정거래행위죄의 법정형을 낮추는 입법론적 과제와 법개정 이전까지는 그 구성요건을 최대한 제한해석하는 해석론적 과제가 등장한다.

(2) **투자유인효과의 입증요구** 그런 제한해석의 한 방안으로 "오해를 유발시키"는 문언을 '투자유인효과'를 포함하는 의미로 축소해석(목적론적 축소해석)하고, 이 요건을 다른 양태의 실행행위(거짓의 기재 등)에 대해서도 필요하다고 보는 해석이다. 즉, 주식공모사기에서 허위 또는 오해유발의 기재를 한 사업설명서가 투자자가 공모주식을 매수하는 거래의 원인이 되었다는 점('거래인과관계')이 입증된 경우에만 부정거래행위죄를 인정하여야 한다. 이는 마치 사기죄의 요건 <기망 → 착오 → 재산처분행위 → 재산상 손해 → 재산상 이득>의 인과적 과정에서 <착오 → 재산처분행위>의 인과적 과정의 단락을 부정거래행

14) 이렇게 증권범죄영역에서는 과거 또는 현재의 사실을 부실표시의 대상으로 해석하는 것조차 문제가 없지 않은 점을 고려한다면, 미래에 대한 예측과 전망을 부실표시의 대상으로 이해하는 해석(형사정책연구원, *증권범죄에 관한 연구*, 1996, 37쪽)은 더욱더 신중하게 살펴보아야 한다.

위죄의 요건으로 추가해 넣는 것이라고 볼 수 있다.

Ⅲ. 주식공모와 형법상 사기죄 성립여부

주식공모사기의 전과정은 대개 분식회계를 출발점으로 하여 주식시세 폭락으로 이어지는 일련의 과정으로 이루어진다. 이 과정을 사기죄의 실행과정으로 바라볼 수 있다. 사기죄의 해석론에 의하면 주식공모사기는 사기죄의 5가지 성립요건(기망행위 → 착오 → 재산처분행위 → 손해발생 → 손해와 자료가 동일적인 이익의 취득)을 충족할 때 사기죄가 된다.

1. 기망행위

여기서 주식공모의 성공을 위해 행한 분식회계는 투자자에게 허위정보를 창출·제공한다는 점에서 사기죄의 기망행위로 이해될 수 있다.

(1) 기망의 요소들 기망행위의 판단인자로는 아래의 행위를 예로 들 수 있다:

— **분식회계** 재고자산의 과대계상과 지급어음채무누락을 통한 대차대조표 및 손익계산서 등을 허위로 작성하는 분식회계행위
— **허위의 증권신고서 비치** 허위의 내용을 담은 증권신고서를 주사무소 소재지 등에 비치하는 행위
— **사업설명서 비치** 증권신고서와 동일한 내용의 사업설명서를 작성하여 비치하는 행위
— **부실감사보고서 이용** 감사인의 감사보고서가 진실한 내용이 아니라는 것을 알면서도 이용하는 행위

(2) 기망의 대상으로서 사실 재무제표에 허위사실을 기재하거나 투자자에게 거짓정보를 제공하는 행위는 기망행위에 해당한다. 주식공모사기에서 기망의 대상은 여러 가지이다. 첫째, 주식공모하려는 회사의 대표이사 등이 예상한 당해연도의 적자를 감추는 것도 기망이 될 수 있다. 다만 이때 기망의 대상은 예측정보이다. 그러나 예측정보는 기망행위의 대상인 사실(Tatsache)로 보기 어렵다. 예측정보는 과학적인 것이긴 하지만 의견의 표현이라고 할 수 있다. 부정거래행위죄와는 달리 사기죄의 성립요소로서 기망은 오직 사실에 관한 것이야 한다. 따라서 적자를 감추는 것만으로는 기망을 인정할 수 없다. 둘째, 그러나

적자를 감추기 위해 허위로 작성한 재고자산의 규모와 어음거래내역은 과거와 현재의 사실이므로 기망의 요건이 충족된다.

2. 착오와 재산처분행위

일반투자자들이 주사무소 소재지, 주식공모 주간사회사 영업장, 금융위원회 등에 공시된 증권신고서나 사업설명서를 보고 투자대상회사의 건실함을 믿었다면, 그런 인식은 착오에 해당한다.

주식청약 후 주금을 납입한 것은 투자자의 재산을 직접적으로 감소시키는 것은 재산처분행위에 해당한다.

3. 손해의 발생

판례[15]와 일부학설[16]은 재산상 손해발생이 없어도 사기죄가 성립한다고 본다. 그러나 다수의 학설은 재산상의 손해발생을 사기죄의 구성요건요소로 이해한다.

(1) **손해발생의 의미** 다수학설에 따를 때 무엇을 재산상 손해로 볼 것인지는 서로 다를 수 있다.

— **현실적 침해설** 회사가 부도난 후 주식시세가 폭락하여 손해(=주식취득가격 - 주식매도가격)를 감수하고 주식을 매도했을 때 손해발생을 인정할 수 있다.

— **구체적 위험설** 재산에 대한 현실적인 침해뿐만 아니라 재산권자가 재산가치의 감소를 막을 수 없는 구체적인 위험이 발생한 경우에도 재산상 손해의 발생을 인정할 수 있다.[17] 이 견해에 따르면 일반투자자가 주금을 은행계좌에 납입한 순간에 돌이킬 수 없는 재산상 손해발생의 구체적 위험이 발생한 것으로 볼 수 있다.

— **경제적 합리성 침해설** 피해자가 달성하려고 했던 경제적·사회적 목적이 실패한 경우, 다시 말해 경제적 합리성이 침해된 경우에 재산상 손해발생이 인정된다.[18] 이 견해에 따르면 회사의 재무상태에 대한 거짓정보를 진실한 것으로 믿고 주식거래를 했다는 점에서 사기죄의 기수를 인정할 수 있다.

---

15) 대표적으로 대판 2000.7.7, 2000도1899; 1995.3.24, 95도203; 1996.2.13, 95도2121; 1992.9.14, 91도2994 참조.

16) 오영근, "사기죄의 보호법익", *공범론과 형사법의 제문제* (1997), 711쪽 아래.

17) 이재상, *형법각론* (박영사, 2004), 342쪽; 박상기, *형법각론* (박영사, 2005), 327쪽.

18) 김일수, *한국형법 III* (박영사, 1997), 728쪽 아래.

여기서 구체적 위험설이나 경제적 합리성 침해설에 따라 분식회계에 의한 주식공모를 사기죄에 포섭시키는 것은 재산범죄를 사실상 경제범죄로 변질시킨다고 할 수 있다.

[사기죄 해석과 형법정책] 사기죄를 통한 재산의 형법적 보호영역을 어디까지로 한계 지을 것인가, 구체적으로 재산에 대한 침해에 국한시킬 것인가 아니면 침해를 넘어 재산에 대한 (구체적·추상적) 위험으로까지 확장할 것인가는 형법(의 기능)에 대한 근본관점에 따라 다르게 대답될 수 있다. ① 형법을 통한 위험예방의 관점[19]을 따른다면 구체적 위험설이나 경제적 합리성 침해설을 논증도구로 사용하여 분식회계에 의한 주식공모사건에도 사기죄를 적용하려고 시도할 것이다. 그러나 이런 관점은 구체적인 자본투자현실을 왜곡하는 측면이 많다. ② 일반투자자들이 주식공모를 하는 회사의 재무상태가 조작되었다는 사실을 알지 못한 상태로 주식청약을 하고 주금을 납입하였다고 하여, 곧바로 투자자들에게 재산상의 손해가 발생했다고 볼 수 있을 지는 매우 불투명하다(unübersichtbar). 왜냐하면 거짓된 회계에 기초한 사업설명서의 공시시점부터 그 회사의 최종부도사실 발표시점 사이에도 모든 투자자는 자신의 투자능력이나 증권거래시장의 가변적인 상황에 따라 시세차익을 얻을 수도 있고, 손해를 입을 수도 있기 때문이다. 이렇게 볼 때 주식공모에서 분식회계를 사용하는 기망행위는 투자자의 재산을 침해(하거나 또는 위태화)하거나 경제적 합리성을 그르친다고 보기보다는 자본시장의 기능을 위태롭게 하는 행위라고 보아야 한다. ③ 이런 점에서 독일은 형법전에 사기죄(제263조)와는 별도로 자본투자사기죄(제264조a)를 신설한 바 있다.

(2) **주식공모사기에서 형법적 귀속가능한 손해** 따라서 사기죄의 손해는 현실적으로 침해된 손해로 보아야 한다.

1) 분식회계와 직접 관련된 손해 그러나 손해는《매입가액—분식결산으로 인해 하락한 주식가액》이라는 차액설보다는 분식회계로 직접 영향받은 손해[20]로만 파악해야 하고, 그런 손해개념으로는《분식결산으로 인한 거래정지전의 정상적 주식가격 — 거래정지 해제 후 하종가를 벗어난 시점에 정상적으로 형성된 주식가격 또는 그 이상 가격으로 매도한 가격》으로 봄이 타당하다.

2) 사기죄의 보호영역과 형법적 귀속가능한 손해 물론 이런 손해도 모두 주식공모사기에 귀속될 수 있는 것은 아니고, 형법 제347조 제1항의 효력영역(보호목적) 안에서 발생한 손해만 귀속될 수 있다. 그렇게 귀속가능한 손해는 특

19) 형법의 위험예방법화에 대해서 자세하게는 이상돈, *형법학* (법문사, 1999), 162쪽 아래 참조.
20) 이 개념에 대해서 이상돈, *부실감사법* (법문사, 2007), 208쪽 아래 참조.

히 피해자(투자자)가 '자율적 의사결정으로 스스로를 위태화'(freiwillige Selbstgefährdung)한 위험이 실현된 결과가 아니어야 한다. 바꿔 말해 손해는 투자자가 자기의 위험부담으로(auf eigene Gefahr) 내린 결정의 결과가 아니어야 한다. 이런 귀속조건을 충족하려면 투자자가 획득가능했고, 사용한 투자정보가 '이례적으로 매우 열악'한 경우이어야 한다. 즉, 사실상 분식회계된 재무제표가 거의 유일한 투자정보였어야 한다. 이런 귀속조건을 충족하는 투자자의 손해는 형법상 사기죄의 손해개념에도 해당한다.[21]

(3) **손해와 동질적인 자료로서 이익의 취득** 투자자의 손해를 인정해도 그 손해와 회사(=제3자)가 취득한 재산상의 이익은 그 자료가 동질적인 것(Stoffgleichheit)이어야 한다. 주가가 폭락하여 입게 된 투자자의 손해는 그 폭락한 부분과 회사에 주금으로 납입된 금액은 같은 것이라고 할 수 있다. 그러므로 재산상 이익취득의 손해와의 자료동질성은 인정된다. 물론 사기죄는 제3자를 위한 사기가 인정되므로 대표이사가 얻는 이익과 회사가 납입받은 주금과 자료동질성이 없다는 점은 사기죄의 성립에 아무런 영향을 주지 않는다.

4. 인과관계

사기죄가 성립하려면 이상의 5 가지 요소들을 관통하는 인과관계가 있어야 한다. 주식공모사기에 대입해보면 《분식회계행위—①→투자자의 착오—②→ 자본투자—③→ 주식시세폭락으로 인한 손해발생—④→회사의 이익취득》을 관통하는 인과관계가 있어야 한다. 이 가운데 ③ 주식공모에 응하여 주금을 납입함으로써 (분식회계와 직접 연관되고 사기죄의 보호영역 안에서 발생한 손해에 국한한) 손해가 발생하는 과정, 그리고 ④ 그 손해가 적어도 부분적으로는 자료동질성이 인정되는 회사의 이익취득으로 이어지는 과정에는 형법상 인과관계를 인정할 수 있다. 다만 ①, ②의 인과관계가 의문으로 남는다.

(1) **분식회계와 투자자의 착오 사이의 인과관계** 분식회계가 만연했던 시절, 특히 1997년 경제위기 이전의 시대에는 기업이 자본유치를 위해 재무제표를 거짓으로 작성한다는 사실은 언론을 통해 널리 알려진 사실이었다. 이런 상황에서 분식회계는 투자자의 착오를 새롭게 유발하는 적극적 요소가 아니라, 기껏해야 투자자가 갖고 있는 기업의 재무상태에 대한 의심을 약화시키거나 이미

21) 이런 관점으로 이상돈, *부실감사법* (법문사, 2007), 217~218쪽 참조.

투자자가 그릇된 정보를 갖고 있는 경우 그 착오를 유지(Unterhaltung eines Irrtums)시키는 소극적 요소가 될 뿐이다. 물론 이처럼 소극적 요소라고 하여도 인과관계를 인정하는 견해도 있다.[22] 그러나 적어도 분식회계에 대한 법적 통제가 강화되고, 기업회계기준이 글로벌 스탠다드를 따르고, 특히 연결재무제표 작성이 의무화되고, 집단소송제가 시행되는 오늘날 자본시장의 상황에서 분식회계는 관행이 아니라, 이례적이며 적극적인 착오유발요소가 된다. 따라서 분식회계와 투자자의 착오 사이에 인과관계를 인정할 수 있다.

(2) **투자자의 착오와 주식공모에 응하는 행위 사이의 인과관계** 다음으로 분식회계에 따른 회사의 재무상태에 대한 잘못된 인식이 주식공모에 응하고 주금을 납입하는 행위와 인과관계가 있는지는 매우 강한 의문으로 남는다.

1) 인과관계 인정이 어려운 이유들 왜냐하면 주식공모에 응하는 결정을 할 때 투자자는 회사의 재무상황에 대한 평가를 다양한 경로를 통해서 수집하거나 적어도 할 수 있기 때문이다. 즉, 회사의 재무제표 이외에도 외부감사인의 감사보고서, 신용평가기관의 신용평가등급, 주식투자전문가의 회사진단, 증권회사 직원이 제공하는 회계정보 등 다양한 정보가 당해 회사의 재무정보로 사용할 수 있다. 이렇게 다양한 요소들이 복합적으로 투자자의 착오에 영향을 미친다는 점을 고려할 때 분식회계를 통해 창출된 엉터리회계정보가 투자자의 착오에 얼마만큼의 영향을 미치는지를 가려내기란 거의 불가능하다. 게다가 주식시장에서 투자자들의 일반적인 투자행태, 이를테면 투자종목회사의 재무상황과 상품시장상황, 외국주식시장의 동향, 거시적/미시적 경제상황 등에 대한 면밀한 분석도 하지 않은 채 오로지 시세차익을 얻기 위해 주식투자에 휩쓸리는 투기적 행태는 분식회계사용 주식공모와 주식공모에 응하는 투자자의 재산처분행위 사이의 인과관계를 인정하기는 어렵게 만든다.[23]

2) 위험증대와 무죄추정원칙 이런 상황에도 불구하고 인과관계에 관한 형법학의 이론들 가운데 위험증대이론(Risikoerhöhungstheorie)에 의하면 분식회계가 투자자가 주식공모에 응할 확률, 즉 재산상 손해를 발생시킬 위험을 (상당

22) 착오를 유지시키거나 의심을 분산시키는 경우에도 인과관계를 인정할 수 있다는 점에 대해서는 김일수, *한국형법 III* (박영사, 1997), 717쪽 아래 참조.

23) 데이트레이딩(day-trading)이 매우 활성화 되어 있는 현재의 증권시장 상황에서는 더욱 그러할 것이다. 여기서 데이트레이딩이란 일반적으로 당일 매수한 주식을 다음 날까지 보유하지 않고 당일 매도하는 거래(를 하루에 수(십)차례 반복하는 행위), 즉 "초단타매매"를 일컫는다.

히) 증대시켰다면 인과관계를 인정할 수 있다. 그러나 무죄추정설(in dubio pro reo) — 더 정확히는 의심스러울 때에는 시민의 자유이익을 우선한다(in dubio pro libertate) 원칙 — 에 의하면 분식회계를 사용하지 않았다면, 투자자가 주식공모에 응하지 않았을 것이 확실하지 않다면, 즉 합리적 의심이 남아 있다면, 형법상 인과관계를 부정한다.

5. 형법해석정책

이상의 분석에서 보면 분식회계가 일반적인 관행이 아니라 엄격하게 법적으로 통제되는 자본시장의 발전이 있는 사회에서라면 분식회계를 사용한 주식공모가 형법전상의 사기죄 요건 가운데 단 한가지를 제외하고는 모두 충족시킬 수 있다. 그 단 한가지는 투자자가 주식공모에 응하는 의사결정을 내릴 때 분식회계를 이용하여 작성한 증권신고서나 사업설명서의 거짓된 표시에 전적으로 의존했어야 한다는 점이다. 그러나 자본시장에 유통되는 다양한 투자정보들은 사업설명서가 주는 재무정보와 경합적인 정보들로 기능한다. 여기서 사기죄의 적용은 위험증대이론을 따르느냐 무죄추정설을 따르느냐 하는 해석정책에 따라 좌우됨을 알 수 있다.

(1) **독일의 형법정책** 독일은 위험증대이론을 따르는 형법정책을 따랐다. 다만 해석이 아니라 입법을 통해, 즉 사기죄와 동일한 법정형(5년 이하의 징역 또는 벌금)으로 제재하는 사기죄의 변형구성요건으로 자본투자사기죄를 설정함으로써 주식공모사기를 사기죄(의 하나)로 처벌하게 되었다.

> [독일의 자본투자사기(StGB §264a Kapitalanlagebetrug)] (1) Wer im Zusammenhang mit 1. dem Vertrieb von Wertpapieren, Bezugsrechten oder von Anteilen, die eine Beteiligung an dem Ergebnis eines Unternehmens gewähren sollen, oder 2. dem Angebot, die Einlage auf solche Anteile zu erhöhen, in Prospekten oder in Darstellungen oder Übersichten über den Vermögensstand hinsichtlich der für die Entscheidung über den Erwerb oder die Erhöhung erheblichen Umstände gegenüber einem größeren Kreis von Personen unrichtige vorteilhafte Angaben macht oder nachteilige Tatsachen verschweigt, wird mit Freiheitsstrafe bis zu drei Jahren oder mit Geldstrafe bestraft. (2) Absatz 1 gilt entsprechend, wenn sich die Tat auf Anteile an einem Vermögen bezieht, das ein Unternehmen im eigenen

Namen, jedoch für fremde Rechnung verwaltet. (3) Nach den Absätzen 1 und 2 wird nicht bestraft, wer freiwillig verhindert, daß auf Grund der Tat die durch den Erwerb oder die Erhöhung bedingte Leistung erbracht wird. Wird die Leistung ohne Zutun des Täters nicht erbracht, so wird er straflos, wenn er sich freiwillig und ernsthaft bemüht, das Erbringen der Leistung zu verhindern.

(2) **미국식을 따른 우리나라의 형법정책** 그러나 우리나라는 입법적 해결도 아니고 해석론으로, 그리고 독일과 달리 헌법상 원칙인 무죄추정원칙(헌법 제 조)에 위배되면서까지 주식공모사기를 사기죄로 보는 것은 타당하지 않다. 더욱이 자본시장법에서 신설한 부정거래행위죄(제178조 제1항 제2호)에 의해 — 물론 앞서 본 바와 같이 제한해석의 요건을 충족한다는 전제하에 — 처벌할 '가능성'이 새롭게 열려있다. 이는 주식공모사기의 문제를 독일식 모델이 아니라 미국식 모델을 따라 해결한 것이라 할 수 있다.

Ⅳ. 외부감사법상의 분식회계죄와 외부감사방해죄

주식공모사기는 상장회사들의 자본조달 과정에서 일어난다. 특히 주식회사의 기업활동은 「주식회사의 외부감사에 관한 법률」을 준수해야 한다. 「주식회사의 외부감사에 관한 법률」(약칭: 외부감사법)에 따르면 "직전 사업연도말의 자산총액이 100억원 이상인"(외부감사법시행령 제2조 제1항 제1호) 기업은 재무제표를 작성하여 감사인에 의한 회계감사를, 즉 외부감사를 받아야 한다. 외부감사는 자본시장에 해당 기업의 재무상태를 과학적으로 평가하여 투자자들에게 알려주는 기능을 수행한다. 주식공모를 하는 기업이 분식회계를 하는 경우에는 외부감사체계를 위태롭게 하는 행위가 된다. 이 행위는 특히 분식회계죄와 외부감사방해죄에 해당할 수 있다.

1. 분식회계죄

외부감사의 대상인 회사의 이사, 감사, 회계담당업무자 등이 금융위원회가 증권선물위원회의 심의를 거쳐 정한 회계처리기준(제13조)에 위반하여 거짓으로 재무제표 또는 연결재무제표를 작성·공시한 경우에는 외부감사법 제20조 제1

항의 분식회계죄가 성립한다.

> **외부감사법 제20조(벌칙)** ① 「상법」 제635조 제1항에 규정된 자나 그 밖에 회사의 회계업무를 담당하는 자가 제13조에 따른 회계처리기준을 위반하여 거짓으로 재무제표 또는 연결재무제표를 작성·공시한 경우 5년 이하의 징역 또는 5천만원 이하의 벌금에 처한다.

여기서 분식회계죄의 성립요건은 ① 회사의 이사, 감사, 회계담당업무자 등이 ② 금융위원회가 정한 기업회계기준에 위반하여 ③ 거짓의 재무제표·연결재무제표를 작성·공시라는 요소로 구성된다.

(1) 회계처리기준의 위반 회사의 회계처리기준은 금융위원회가 증권선물위원회의 심의를 거쳐 정한다(제13조).

> 이에 따라 금융위원회(구 금융감독위원회)는 1998.4.1. 제정하였다. 기업회계기준에 의하면 "대차대조표는 기업의 재무상태를 명확히 보고하기 위하여 대차대조표일 현재의 모든 자산·부채 및 자본을 적정하게 표시하여야 하고"(제10조: 현재는 기업회계기준서 제21호 "재무제표의 작성과 표시 Ⅰ"로 대체(2006.2.6)), "손익계산서는 기업의 경영성과를 명확히 보고하기 위하여 그 회계기간에 속하는 모든 수익과 이에 대응하는 모든 비용을 적정하게 표시하여야 한다."(제34조: 현재는 기업회계기준서 제21호 "재무제표의 작성과 표시 Ⅰ"로 대체(2006.2.6))고 규정되어 있다. 기업회계기준은 1999년 국제통화기금(IMF)의 권고를 받아들여 2000년부터 금융감독위원회의 위탁을 받아 한국회계연구원(Korea Accounting Institute) 내부에 위치한 회계기준위원회(Korea Accounting Standards Board: KASB)를 통해 회계기준을 제정, 개정 등의 작업을 하고 있다. 현재 회계기준은 1998.4.1 이후, 18번의 개정을 거쳤다. 현재는 2009.2.27. 개정된 회계기준이다.[24)]

분식회계에 의한 주식공모의 과정에는 흔히 예컨대 재고액 과대계상이나 지급어음채무 누락이라는 수단을 통해서 재무제표를 구성하는 대차대조표, 손익계산서를 거짓으로 작성하고 공시하는 행위가 행해진다.

1) 중요한 사항의 위반 이러한 행위가 기업회계기준에 '법적으로' 위반한 것, 즉 법적 통제를 받을만한 정도로 위반한 것인가를 판단하기 위해서는 그 위반이 중요한 사항에 관한 것이어야 한다. 왜냐하면 재무제표는 기술적으로 언제나 오류를 갖기 쉽고, 따라서 대차대조표나 손익계산서상 매우 경미한 사항에 대하여 진실에 반하는 표시를 하였다고 해서 법적 통제를 가할 수는 없

24) http://www.kasb.or.kr

기 때문이다. 여기서 중요한 사항에 대하여 진실에 반하는 표시가 있을 때에만 회계처리기준에 대한 위반을 인정하는 축소해석이 요구된다.

2) 중요성의 기준과 판단 중요성은 재무제표의 이용자(user)와 재무정보의 유용성(usefulness)이라는 두가지 요소를 고려하여 판단해야 할 것이다. 따라서 재무제표의 이용자에 대하여 재무제표의 유용성을 해치지 않는 것이라면 중요성이 없다고 보아야 할 것이다. 주식공모에서 행한 분식회계로서 재고액의 과다계상과 지급어음채무의 누락이 그 회사의 적자를 감추고 흑자로 가장하는 기능을 수행한다면 중요한 사항에 관한 거짓 재무제표의 작성·공시라고 볼 수 있다.

(2) 허위의 재무제표 작성·공시 법문의 "작성·공시한 때"는 작성하거나 공시한 때가 아니라 '작성하여 공시한 때'로 제한하여 해석하는 것이 타당하다. 이를테면 재무제표상 재고액과 지급어음채무가 중요한 사항에 해당하여 재고액을 과대계상하고 지급어음채무를 누락한 것이 기업회계기준에 위반한 것이라면 이러한 허위의 재무제표를 작성하고, 그 내용을 그대로 기재한 증권신고서를 금융위원회에 제출하고 증권신고서와 동일한 내용의 사업설명서를 금융위원회와 그 지정장소에 비치한 것은 허위 재무제표의 작성·공시에 해당한다고 할 수 있을 것이다.

2. 외부감사방해죄

주식공모의 성공을 위해 분식회계를 하는 회사는 외부감사를 받는 상황에서 감사인 또는 그에 소속된 공인회계사에 대하여 허위의 자료를 제시함으로써 감사인의 정상적인 외부감사를 방해한다고 할 수 있다.

> **외부감사법 제20조 제4항** ④「상법」 제635조 제1항에 규정된 자나 그 밖에 회사의 회계업무를 담당하는 자가 다음 각 호의 어느 하나에 해당하는 행위를 하면 2년 이하의 징역 또는 2천만원 이하의 벌금에 처한다.
> 1. 감사인 또는 그에 소속된 공인회계사에게 거짓 자료를 제시하거나 거짓이나 그 밖의 부정한 방법으로 감사인의 정상적인 외부감사를 방해한 경우

감사인에 대하여 고의로 조작된 또는 부실한 감사 자료를 제공하는 행위는 (경제체계의 하부체계로서) 외부감사체계를 위태롭게 하는 행위로서 처벌되는 것이다. 다만 감사인에게 거짓의 재무제표를 제시하는 행위가 외부감사법상 감사

방해죄에 해당하는지는 외부감사죄의 범죄형식을 무엇으로 보느냐에 따라 달라질 수 있다.

- **결과범설** 외부감사인이 감사하는 도중 주식공모하려는 회사가 분식회계를 한 사실을 발견하지 못했어야만 감사방해죄가 성립한다. 만일 감사인이 분식회계 사실을 발견하였고, 이를 묵인했다면 결과범으로서 외부감사방해죄는 성립하지 않는다.
- **거동범설** 외부감사방해죄를 거동범으로 본다면 허위의 재무제표를 감사인에게 제출하는 순간 이미 기수에 도달한다. 따라서 감사인이 분식회계를 발견했는지 여부는 외부감사방해죄의 성립에 영향을 미치지 않는다.

외부감사방해죄는 외부감사체계의 기능을 위태화하는 점에 그 불법의 실질이 터잡고 있는 것이므로 외부감사인이 분식회계를 발견했을 것을 요건으로 하지 않는다.

V. 상법상 부실문서행사죄의 성립여부

분식회계에 의한 주식공모는 상법상 부실문서행사죄(제627조)에 해당할 수 있다. 이 죄는 주식과 사채를 통한 자본조달을 할 때 이사 등이 중요한 사항에 관하여 부실한 문서를 행사한 때에 성립한다.

> **상법 제627조(부실문서행사죄)** ① 제622조 제1항에 게기한 자, 외국회사의 대표자, 주식 또는 사채의 모집의 위탁을 받은 자가 주식 또는 사채를 모집함에 있어서 중요한 사항에 관하여 부실한 기재가 있는 주식청약서, 사채청약서, 사업계획서, 주식 또는 사채의 모집에 관한 광고 기타의 문서를 행사한 때에는 5년이하의 징역 또는 1천500만원 이하의 벌금에 처한다. ② 주식 또는 사채를 매출하는 자가 그 매출에 관한 문서로서 중요한 사항에 관하여 부실한 기재가 있는 것을 행사한 때에도 제1항과 같다.

1. 자본시장의 기능을 위태화하는 범죄

부실문서행사죄는 자본시장의 기능을 위태롭게 하는 범죄이다. 이 점에서 부실보고죄는 회사재산을 위태롭게 하는 범죄인 상법상 부실보고죄(제626조)와 구별된다. 이런 보호법익의 차이로부터 부실문서행사죄는 부실보고죄와는 달리

① 부실문서행사죄의 주체는 외국회사의 대표나 주식이나 사채의 모집을 위탁 받은 자도 포함하며, ② 행위객체도 회사의 재산, 즉 출자관련사항이 아니라 주식이나 사채의 모집 및 매출에 관련한 사항이다.

2. 성립요건

(1) **주 체** 부실문서행사죄의 주체는 회사의 발기인, 업무집행사원, 이사, 감사위원회 위원, 감사 등(제622조 제1항), 외국회사 대표자, 주식, 사채 모집의 위탁을 받은 자 등이다. 첫째, 분식회계를 하여 주식공모를 한 회사의 대표이사 등이 이 죄의 주체가 됨은 물론이다. 둘째, 분식회계의 업무를 담당한 회사원은 부실문서행사죄의 주체가 되지 못한다.

(2) **객 체** 행위객체는 "중요한 사항에 관하여 부실한 기재가 있는 주식청약서, 사채청약서, 사업계획서, 주식 또는 사채의 모집에 관한 광고 기타의 문서"이다. ① 주식공모에서 사업설명서나 사업계획서, 증권신고서는 기타의 문서에 해당한다. ② 정보의 중요성은 앞서 설명한 분식회계죄의 경우와 같다.

(3) **행 위** 실행행위는 주식 또는 사채를 모집함에 있어서 위 문서를 행사하는 것이다. 증권신고서에 분식회계의 내용을 증권신고서나 사업설명서에 기재하고, 금융위원회 등에 비치하는 행위는 이에 해당한다.

출처와 생성

[8]단락의 글은 제자 임철희와 함께 쓴 "내부자거래의 시장유해성과 시장의 형법비친화성"(형사정책연구, 겨울호, 1999, 101~131쪽)에서 비롯되었다. 이 글은 보완되어 *윤리경영과 형법*(신영사, 2005)에 수록된 바 있다. 이 글은 이후 자본시장법의 시행과 판례의 축적 그리고 제자 지유미·박혜림과 함께 펴낸 *기업윤리와 법*(법문사, 2008)에서 다룬 내용들을 사용하여 다시금 대폭 보완되어, *증권형법*(법문사, 2011)에 수록된 것을 다소 수정한 것이다. 특히 내부자거래죄의 축소해석에 관한 부분이 새롭게 다듬어졌다.

08 내부자거래와 형법

Ⅰ. 문제상황

증권시장의 공정한 거래질서를 교란하고 일반 투자자에게 재산상의 손해를 입힌다고 생각되는 행위들 중에서 내부자거래는 현행 「자본시장과 금융투자에 관한 법률」(이하 약칭: 자본시장법) 제174조에 의해 시세조종행위와 함께 가장 중대한 범죄행위의 하나로 되어 있다.

자본시장법상 내부자거래(Insider Trading, Insiderhandel)란 상장기업의 주주나 임·직원 등이 아직 일반인에게 공개되지는 않았지만, 만약 공개된다면 일반 투자자의 투자판단에 중대한 영향을 미칠 수 있는 정보를 증권거래에 이용하거나 다른 사람에게 전달하는 행위를 말한다. 즉, 내부자거래는 증권시세에 중대한 영향을 미칠 가능성이 있다고 생각되는 미공개정보를 공시하지 않은 채 이용하는 행위이다. 예를 들면 다음과 같은 행위를 들 수 있다.

— A회사의 이사 甲이 그 회사의 사업결산실적의 추정결과를 묻는 B증권회사의 간부인 친구 乙에게 그 내용을 확인해주는 행위(대판 1995.6.29, 95도467)

— H 주식회사의 대주주이자 상무이사인 甲은 H 주식회사와 K 주식회사 사이의 A&D(주식교환방식에 의한 인수·합병)를 추진하면서 H 주식회사가 발행한 전환사채 40억원 상당액을 인수한 M 주식회사의 자산운용사인 미국 소재 S사로 하여금 위 전환사채의 조기상환을 요구하도록 유도한 후, 자신이 그 전환사채를 발행가액으로 인수하고 다시 매각하여 거액의 전매차익을 취득하였다. 이 과정에서 甲은 M 회사의 업무담당직원에게 A&D 계획을 알려주었고, 도와주는 댓가로 7억원을 주기도 하였다(대판 2006.5.11, 2003도4320).

— A제지회사의 최대주주인 B금융회사의 대표이사 甲이 A제지회사의 회계장부상 나타나지 않은 누적된 적자와 자금난에도 불구하고 A제지회사가 상장된 직후 높은 주가가 형성되자 B금융회사 소유의 (제지회사)주식을 매도한 행위(대판 2006.5.11, 2003도4320)

— 무세제 세탁기를 개발한 A회사의 제품시연회 개최사실을 알고 있는 B신문사 경제부 차장기자 甲이 신문지상에 보도가 되기 전에 자기 동생 乙에게 그 사

실을 알려주(거나 또는 그 회사의 주식매입을 권유하)는 행위

그러나 이와 같은 행위유형들을 형사처벌하는 것이 과연 정당한 것일까? 이 문제에 올바르게 답하기 위해서는 무엇보다도 내부자거래금지조항이 보호하는 법익이 무엇인지를 밝혀야 하며, 그런 법익이 있다면 그 법익이 형법에 의해 보호되기에 적절한 것인지를 검토하여야 한다(Ⅲ). 이를 위해서는 먼저 내부자거래행위(영역)의 특수성을 살펴보아야 할 것이다(Ⅱ). 왜냐하면 그런 분석 없이는 무엇보다도 내부자거래의 통제에 있어 형법이 적절한 수단인지를 — 형법 이론적으로 표현하면, 형법의 보충성이나 책임원칙 또는 비례성원칙이 지켜질 수 있는지를 — 판단할 수 없기 때문이다. 이 글은 이런 분석을 통하여 내부자거래가 증권시장에 유해적이긴 하나 증권시장이 (적어도 내부자거래와 관련하여 볼 때) 형법에 비친화적이라는 점을 드러내고, 이를 바탕으로 이성적인 (형)법정책(Ⅳ)을 설계하고자 한다. 이런 정책은 물론 입법론으로서 뿐만 아니라 현행법상 내부자거래 구성요건의 해석론으로도 기능할 수 있을 것이다.

Ⅱ. 내부자거래 행위영역의 특수성

먼저 내부자거래의 행위영역이 어떤 특징을 갖고 있는 지를 면밀하게 분석해 볼 필요가 있다.

1. 내다볼 수 없음과 행위규범의 흠결

증권시장에서 증권가격형성에 영향을 미치는 요소들은 셀 수 없을 정도로 매우 많고 다양할 뿐만 아니라, 어떤 요소들이 어떤 방식으로 결합하여 시장가격을 형성하는지를 경험과학적으로 남김없이 분석하기란 매우 어렵다. 단지 이런 저런 가격형성요소들의 결합을 통해 일정한 시장가격이 결정되었을 것이라고 추측할 수 있을 뿐이다. 증권시장에서 시장가격의 형성에 영향을 미치는 요소는 예를 들어 다음과 같이 유형화할 수 있다.

— 정부의 경제정책, 경기 동향, 환율 등의 경제적 요소
— 국내정치상황, 노동조합의 파업 등의 비경제적 요소
— 산유국들의 생산량의 감소결정, 미국의 금리인상 등의 국제적 요소

— 증권시장에서 통용되는 비공식적인 투자규칙[1)]
— 증권시장에 떠도는 엄청난 양의 증시루머
— 증권시장 참여자의 투자심리와 경제상황에 대한 주관적인 평가

이러한 유형에 속하는 수많은 요소들이 서로 얽히고 설킨 채 증권시세에 크고 작은 영향을 미친다. 이런 다양한 요소들이 어떤 구조 속에서 증권시장의 가격형성에 얼마 만큼의 영향을 미치는가, 그리고 어느 하나의 요소가 증권시세에 얼마만큼의 영향을 미쳤는가를 분석해내는 경험과학적 지식은 현재까지 개발되어 있지 않으며 적어도 가까운 장래에 개발될 것으로 기대할 수도 없다.[2)] 이렇게 증권시장의 가격형성메커니즘이 복잡한 구조를 띠고 있다는 점은 내부자에게 행위방향설정의 어려움을 던져준다. 즉, 내부자는 복잡한 증권시장의 가격메커니즘 속에서 자신의 행위가 어떤 부정적인 결과(예: 다른 투자자의 재산상의 손해)를 발생시킬 수 있다는 점을 예측하고, 자신의 행위를 규범합치적인 방향으로 조종(예: 내부자거래를 하지 않을 것을 결정)하기가 매우 어렵다.

[내부자거래의 성공불확실성]　여기서 내부자가 결과예측과 행위방향설정의 어려움에 직면하게 된다는 사실과 내부자가 갖고 있는 주관적인 표상, 즉 미공개정보를 이용함으로써 일정한 경제적 이익을 획득할 수 있을 것이라는 내부자의 기대를 혼동해서는 안 된다. 증권시장의 복잡성을 고려할 때 내부자의 예측이 언제나 들어맞을 것이라고 단정할 수는 없다. 예를 들어 상장회사의 대표이사가 회사가 곧 부도를 맞을 정도로 자금사정이 악화된 상황에서 자신이 보유하고 있던 그 회사의 주식을 매도한 경우라도 회사의 파산으로 주식가격이 폭락하고, 결국 다른 투자자가 재산상의 손해를 입는 결과가 반드시 발생한다고 보기는 어렵다. 왜냐하면 은행의 긴급대출, 채권은행간의 부도유예협약, 채권단의 기업개선작업(work-out) 결정 등을 통해서 자금조달의 어려움이 해결될 가능성은 얼마든지 존재하기 때문이다.

다시 말해 객관적으로도 내부자거래행위가 일정한 결과를 산출할 것인지가 불투명할 정도로 증권시장의 가격형성메커니즘은 복잡할 뿐만 아니라, 주관적으로도 내부자가 자신의 행위로부터 발생할 수 있는 부정적인 결과와 그 인과

1) 예를 들어 "추격매수는 자제하라", "주가가 50% 상승하면 매도하라" 등의 투자격언에 따른 투자.
2) 내부자거래와 관련된 미국의 경험과학적 연구를 살펴보면, 내부자거래행위가 주가변동에 실제로 영향을 주는지 그리고 영향을 준다면 과연 얼마만큼의 영향을 주는지에 관해 개별 연구 사이에 서로 상충된 결과가 확인된다는 점에 주목할 필요가 있다. 이 점에 관해 자세하게는 강종만, *내부자거래규제에 관한 연구* (한국증권업협회/한국증권경제연구회, 1993), 55쪽 아래 참조.

적 과정을 내다보면서 그 결과를 회피하는 방향으로 자신의 행위를 정돈할 수가 없다. 그러니까 내부자거래를 할 것인지를 결정하는 행위주체에게 내면화되어 행위준칙으로 삼을 수 있는 (행위)규범(Handlungsnorm)은 존재하지 않는다.

2. 추상적 위험성

그러나 내부자거래를 형법의 관할영역 아래 두려고 하는 사람들은 이 일탈행위가 일반 투자자의 재산상의 손해나 증권시장의 기능적 효율성의 위축과 같은 일정한 결과를 발생시킬 수 있는 모종의 위험스러움을 띠고 있다고 이해하는 경향이 있다. 예를 들어 내부자거래와 관련해서 이 위험스러움은 다음과 같은 인과적 연결고리로 표현될 수 있다.

> <내부자거래행위 → 증권시장의 불공정성 → 불공정한 주식시세의 형성 → 불공정한 주식거래 → 일반 투자자의 재산상 손해 → 투자자의 증권시장의 기능에 대한 신뢰상실 → 투자자의 증권시장 이탈 → 증권시장의 붕괴 → 기업의 자본조달 어려움 → 기업의 연쇄적인 부도 → 대량실업 ……>

(1) **허구적 인과성** 그러나 내부자거래행위로부터 생겨난 인과성의 연결고리가 경험과학적인 의미에서 확실하게 증명될 수는 없다. 막연한 심리적 인과성[3]만 인정될 수 있을 뿐이다. 그러나 이런 인과성은 아마도 자본투자의 실패에 대한 집단적 두려움의 반작용으로서 개인적 행위(=내부자거래행위)의 불공정성에 시장의 모든 구조적 결함을 돌리는, 말하자면 책임전가의 집단적 심리적 현상이 낳은 허구적 구성물일 것이다. 이는 증권시장에 참여하는 자들의 이중적 심리를 통해 발현된 것이다. 증권시장에 참여하는 자들은 각자 남들이 모르는 정보를 이용한 거래를 통해 이익을 얻고자 하는 의지와 경향성을 가지고 있다. 자본시장에서 불평등한 정보를 이용하여 다른 이들보다 더 많은 이익을 향유할 수 있다는 가능성이 오히려 투자자를 시장으로 유인하게 한다는 구조를 형성하는 것이다. 다시 말해, 정보 불평등이 자본시장을 구축하는 기능을 수행하게 된다. 반면, 시장참여자들은 기업내부자가 시장에 공개되기 전의 중요정보를 이용해 거래를 하는 행위, 즉 내부자거래에 대하여 이로 인한 자신들의 투자성공의 불안감을 시장 이탈이라는 행위로 표현한다. 이는 자본시장의

---

3) 이상돈, *형법의 근대성과 대화이론* (1994), 43쪽.

| 도표 41 | 자본시장을 구축하는 인프라 구조

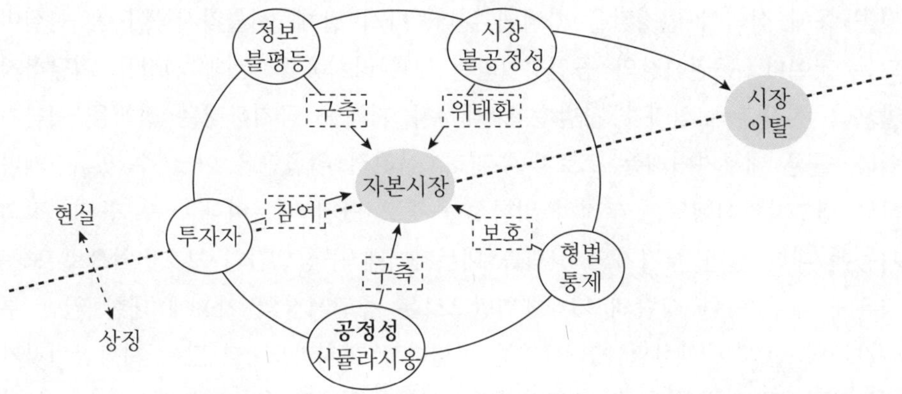

붕괴를 가져오는 위험원이 된다. 현실적으로는 각자 정보불평등을 통한 이익을 바라면서, 내부자거래를 통한 자본시장의 공정성의 회의는 용납하지 못하는 이중적 심리를 가지고 있다. 여기서, 형법은 자본시장에서 정보평등의 상징을 창출하여 증권시장의 존속을 도모하는 기능을 한다. 정보불평등을 통한 이익을 얻고자 하는 투자자들의 심리를 통해 자본시장이 구축되고 내부자거래를 규제하는 상징적인 의미의 법을 통해 투자자의 시장 이탈을 막음으로서 자본시장을 지속하는 이 순환 구조는 도표 41과 같다.

(2) **시뮬라시옹으로서 공정성** 그러나 사실 내부자거래 행위 자체에는 정보불평등을 통한 시장의 공정성을 해한다는 일반 투자자들의 우려와 달리 시장에 정보를 공개함으로서 비용을 줄이고 주주이익에 기여하는 긍정적인 효과가 있다. 다시 말해, 정보는 공개를 하게 될 경우 그 가치는 일반적으로 감소하게 되는데, 비공식적으로 정보를 시장에 흘림으로서, 가치가 절하되지 않은 상태에서 자본의 조달이 용이하게 되고 경쟁사들의 정보 수집 비용이 절감된다는 점에서 사회적 비용이 감소하는 효과가 발생한다. 또한 내부자 거래를 통해 기업 내부자인 경영인들이 이익을 봄에 따라 대리인 비용이라는 문제를 해결할 수 있게 한다.[4] 그러나 내부자 거래를 통한 미공개 정보가 시장에 유입됨에 따라 사회적 비용이 절감되는 긍정적인 효과가 존재함에도 불구하고 시장 참

4) Dennis W. Carlton / Daniel R. Fischel, "The regulation of Insider Trading", *Standford Law Review*, (vol 35, No. 5, 1983), 868쪽.

여자들은 이에 대한 통찰을 하기 보다는 내부자거래를 규제함으로서 오는 상징을 통해 심리적 안정감을 가지게 된다. 다시 말해, 시뮬라시옹이 곧 현실이 되는 것이다. 증권시장의 공정성이라는 '시뮬라시옹'을 통해 시장을 이탈하지 않으려는 집단적 심리가 강할수록, 내부자 거래를 금지하려는 정책을 택하기 쉽다. 물론 내부자거래는 오로지 주관적, 심리적 위험만은 아닐 수 있다. 왜냐하면 내부자거래행위는 누적적 위험성을 갖고 있기 때문이다.[5] 즉, 증권시장의 기능에 대한 일반 투자자의 신뢰를 내부자거래 구성요건의 보호법익으로 보는 경우에 내부자 한 사람의 거래행위만으로는 증권시장의 기능에 대한 일반 투자자들의 신뢰가 상실된다고 보기는 어렵다고 할지라도, 더 많은 시장참여자가 내부자거래행위를 할수록, 증권시장의 기능이 위태로워질 가능성은 더욱 높아질 것이다. 그러나 물론 사유적 가능성을 인정한다고 하더라도 증권시장의 기능에 대한 신뢰상실과 개별 내부자거래행위 사이에 경험과학적 의미의 구체적인 인과성을 확인하기란 매우 어렵다. 그렇기 때문에 이 추상적 위험성의 창출에 기여한 개별 내부자의 몫, 다시 말해 내부자에게 형사책임을 귀속시킬 수 있을 정도로 내부자의 기여도를 정확하게 산출해내기란 거의 불가능하다.[6] 이 점은 복잡한 증권시장의 가격결정메커니즘을 고려할 때 너무나 자명하다.

Ⅲ. 내부자거래죄의 정당화 이론

그럼에도 불구하고 내부자거래를 형사처벌하는 것이 마땅하다는 견해가 일반적이다. 내부자거래의 당벌성을 형법이론적으로 근거지우려는 시도들은 각각의 견해마다 약간의 차이가 있긴 하지만 대개는 내부자거래행위가 다음과 같은 보호법익을 침해한다고 본다: ① 일반 투자자의 재산 ② 증권시장의 기능(과 이에 대한 신뢰)

---

5) 위험형법에서 말하는 이 "사회적 위험성"이 있는 행위의 특징에 대해서는 우선 이상돈, *형법의 근대성과 대화이론* (1994), 42쪽 아래; Herzog, "Nullum Crimen Sine Periculo Sociali oder Strafrecht als Fortsetzung der Sozialpolitik mit anderen Mitteln", in: Klaus Lüderssen/Cornelius Nestler-Tremel/Ewa Weigend(Hrsg.), *Modernes Strafrecht und ultima-ratio-Prinzip* (1990), 107쪽 참조.

6) 내부자거래행위를 형사처벌해야 한다는 이론진영에서도 이 점을 인정한다. 이에 관해 한국형사정책연구원, *증권범죄에 관한 연구* (1996), 70쪽.

1. 투자자의 재산

먼저 위에서 설명한 심리적 인과고리 가운데 <내부자거래행위 → 투자자의 재산상 손해>의 연결고리를 클로즈업시키고 그 인과관계를 실제적인 것으로 바라보는 견해가 있다.[7]

물론 투자자의 재산이 내부자거래 구성요건의 보호법익이라는 견해는 내부자거래행위가 직접적으로 투자자의 재산상의 손해발생에 연결되어 있기 때문에 투자자의 손해발생이 형사소송절차에서 분명하게 입증될 수 있고, 반드시 그래야만 한다는 의미로만 해석되지는 않는다고 본다. 즉, 투자자의 재산상 손해가 내부자거래의 객관적 구성요건요소로서 직접 요구되는 것은 아니다. 내부자거래가 다른 투자자의 재산에 손해를 야기할 수 있는 적합성이 있다면, 내부자거래의 당벌성이 근거 지워질 수 있다는 것이다.[8]

이런 견해에 따르면 증권시장에 참여하는 사람들 사이에 발생하는 정보의(양적·질적) 차이, 정확히 말해 내부자와 일반 투자자 사이의 '정보불균형'이 (형)법적 비난가능성의 출발점이 된다. 다시 말해 내부자거래의 당벌성은 내부자가 정보원(情報源)에 대한 접근가능성의 차이에 근거하여 획득한 우월한 정보를 증권거래에 이용한다는 점에 있다.[9]

물론 내부자가 다른 일반투자자들보다 우월한 정보력을 갖고 증권거래에 참여한다는 것은 쉽게 확인될 수 있다. 바로 이런 점에서 내부자와 다른 투자자 사이에 정보의 불평등이 생긴다. 이것은 결국 증권시장에서 게임의 법칙(=시장참여자가 정당하게 수집·선별·획득한 정보만을 이용한다)이 지켜지지 않음으로써 증권시장의 거래가 불공정하게 이루어진다는 것을 의미한다. 따라서 내부자거래는 적어도 경제(행정)법적인 의미에서는 분명히 불공정거래행위로 인정될 수 있다.

(1) 인과관계의 부존재 어쨌든 일반투자자의 재산을 보호법익으로 보고 내

---

7) 장영민·조영관, "증권범죄의 현황과 대처방안", *형사정책연구*, (1995, 여름호), 42쪽; 한국형사정책연구원, *증권범죄에 관한 연구* (1996), 22쪽; 이승애, "내부자거래의 효율적 예방대책", *증권조사월보* (1991/2), 7쪽; 박삼철, "유가증권 불공정거래규제에 관한 비교법적 연구", *증권조사월보* (1994/12), 9쪽 아래.

8) Otto, "Konzeption und Grundsätze des Wirtschaftsstrafrechts", *ZStW* (96, 1984), 363쪽 아래 참조.

9) Müller/Wabnitz/Janovsky, Wirtschaftskriminalität, 4. Auflage (1997), Rdnr. 16/9.

부자거래행위라는 불공정거래행위를 형사처벌하려면 내부자거래와 일반 투자자의 재산상 손해 사이에 인과관계가 인정되어야 한다. 그러나 일반적으로 내부자거래행위가 없는 경우에도 일반 투자자는 거의 동일한 거래를 다른 누군가와 했을 가능성이 얼마든지 있다. 증권시장에 참여하는 투자자는 내부자와 상관없이 자신의 독자적인 투자결정에 따라 거래하기 때문이다. 즉, 내부자거래영역에서 개별 내부자의 거래행위가 없었더라면 일반 투자자의 재산상의 손해가 발생하지 않았을 것이라는 조건관계조차 확인되지 않는다.[10] 더 나아가 개별 내부자거래행위와 일반 투자자의 재산상의 손해 사이의 인과관계는 현재의 통계학적·경영학적 지식을 동원하더라도 입증하기 매우 어렵다는 것이 지배적인 견해이다. 결국 일반투자자의 재산상의 손해는 내부자거래행위 때문에 발생했다고 단정적으로 말할 수 없다. 증권시장의 복잡한 구조를 고려할 때 단지 수없이 많은 가격형성요소들의 변화무쌍한 결합에 의해 우연하게 발생한 시장가격의 상승이나 하락 때문에 발생했다는 식의 지극히 일반적인 설명만이 가능할 뿐이다. 따라서 내부자거래에서 (윤리적이건 법적이건 간에) 어떤 비난가능성이 존재한다면, 그것은 내부자와 동일한 또는 비슷한 시기에 거래한 다른 일반 투자자들이 손해를 입었음에도 내부자는 자신의 우월한 정보력을 바탕으로 (적극적·소극적) 이익을 취득했다는 점일 것이다.[11]

(2) 증권투자의 합리성 결국 내부자거래를 형사처벌하려는 견해는 재산상 손해의 개념을 내부자거래행위와의 인과관계가 설정될 수 있도록 변형시킬 수 밖에 없다.[12] 그런 변형의 한 예로 증권투자의 합리성 저해를 손해로 바라보는 견해를 들 수 있다. 이런 견해에 따르면 내부자는 우월한 정보력을 갖고 있음으로 인해 증권시장 참여자들 모두가 동일하게 부담해야 하는 일반적인 거래위험(Geschäftsrisiko)을 전혀 부담하지 않거나, 최소한 다른 일반 투자자들 보다는 훨씬 적게 부담 한다고 한다. 이런 정보 불평등과 거래위험의 불균등한 분배는 일반 투자자들에게 결국 증권거래로부터 획득할 수 있는 이익을 향유

---

10) Otto, Der Mißbrauch von Insider-Informationen als abstraktes Gefährdungsdelikt, in: Bernd Schünemann/Carlos Suàrez Gonzàlez(Hrsg.), *Baustein des europäischen Wirtschaftsstrafrechts. Madrid-Symposium für Klaus Tiedemann*, (1994), 451쪽.

11) 여기서 한 가지 지적해 둘 점은 내부자와 거래하는 투자자가 언제나 손해를 입는다고 보기는 어렵다는 점이다. 내부자와 거래한 투자자도 예를 들어 시세차익을 노리고 단기매매를 한 경우에는 이익을 취득할 가능성도 배제할 수 없다.

12) Otto, Der Mißbrauchh, 451쪽 아래.

하지 못하게 할 위험을 가져다준다. 이 위험은 증권거래라는 경제적 행동의 경제적 목적(예: 시세차익)이 위태롭게 되는 것, 바꿔 표현하면 '증권투자의 합리성'을 그르치게 되는 것을 뜻한다. 이와 같이 증권거래를 통해 이루려고 했던 경제적 목적이 달성되지 못할 위험에 처하게 되거나[13] 일반시민들의 증권투자가 합리성을 잃어버리게 되는 것을 투자자의 재산상 손해로 해석함으로써 내부자거래행위는 투자자의 재산상 손해를 발생시키는 인과적 영향력을 지닌 인자로 거듭나게 된다.

(3) **증권시장의 불공정성** 손해 개념의 또 다른 재구성으로는 미국연방법원이 채택한 바 있는 '정보소유이론'의 관점을 들 수 있다. 이 이론에 의하면 증권시장 참여자들 사이에서 정보의 불평등은 우월한 정보력을 가진 내부자가 증권시장에서 불공정거래행위를 하고 있다는 것을 의미한다. 거래당사자 사이에 정보가 불평등한 상태에서 이루어지는 증권거래는 "본질적으로 불공정"(inherently unfair)[14]하다는 것이다. 왜냐하면 증권시장의 거래에 참여하는 사람들 사이에 발생하는 정보불평등은 경쟁수단이 평등하지 않다는 점, 즉 '무기불평등'[15]을 의미하기 때문이다. 다시 말해 내부정보원에 대한 접근가능성의 차이로부터 발생하는 내부자와 일반 투자자 사이의 정보불평등은 공정한 거래질서를 형성하는 머니게임(Money Game) 규칙의 위반을 의미한다. 여기서 미국연방대법원은 게임규칙의 위반을 내부자거래가 개별투자자에게 구체적으로 재산상의 손해를 야기 했는가와는 아무런 관련 없이, 단지 규칙위반행위가 존재한다는 점 그 자체가 투자자에 대한 재산상의 손해를 발생시킨 것으로 보는 해석을 감행한다. 이 해석에서 공정한 거래질서의 침해란 현실적인 침해일 필요도 없고, 단지 공정한 거래질서를 침해할 수 있는 추상적인 위험성만으로도 인정할 수 있게 된다. 이러한 이론에 의해서도 내부자거래행위는 투자자의 재산상 손해에 대해 인과적 영향력을 지닌 요소로 자리 잡을 수 있게 된다.

(4) **인과성의 관념적 기능화와 왜곡** 그러나 이들 두 이론은 내부자거래와 투자자의 재산상 손해 사이의 인과성을 축약시킨다. 이를테면 내부자거래행위의

13) 민사책임과 관련하여 비슷한 이론을 전개하는 견해로는 양창수, *민법연구 제5집*, (박영사, 1999), 217쪽 아래, 특히 244쪽 아래 참조.

14) SEC v. Texas Gulf Sulphur Co., 401 F. 2d 833 (2d Cir. 1968), cert. denied, 394 U.S. 976 (1969) 참조.

15) 한국형사정책연구원, *증권범죄에 관한 연구* (1996), 40쪽.

인과적 전개과정은 <내부자거래행위 → 증권시장의 불공정성 → 불공정한 주식시세의 형성→ 불공정한 주식거래 → 일반 투자자의 손해>로 설정될 수 있다.[16] 그러나 이런 인과관계의 입증불가능성[17]에 직면하여 경제적 목적달성의 실패 이론은 인과과정을 <내부자거래행위 → 증권시장의 불공정성(=정보불평등) → 일반 투자자의 손해(=증권투자의 비합리성)>라는 세 단계로 축약하고, 불공정한 거래행위 이론은 <내부자거래행위 → 증권시장의 불공정성(=투자자의 재산상 손해)>이라는 두 단계로 축약한다. 그리고 이러한 축약은 재산상 손해의 개념을 관념적으로 기능화 함으로써 가능한 것이었다. 그러나 그와 같은 관념적 기능화는 인과적 과정의 연결고리를 단순히 축약시키는 것을 넘어서 내부자거래행위와 투자자의 재산상 손해 사이의 인과적 연관관계를 왜곡시킨다. 왜냐하면 증권시장은 앞에서 본 바와 같이 무수히 많은 요소들이 서로 얽히고 설켜 복합적으로 작용하여 법칙적 분석이 불가능한 메커니즘에 따라 주가가 결정되는 구조를 띠는 시장인데, 위와 같은 인과성의 관념적 기능화는 적어도 내부자거래와 손해 사이의 관계를 일차선형적 관계로 파악할 수 있을 정도로 증권시장의 복잡성을 은폐·축소시키기 때문이다.

(5) 경제법과 형법의 경계 그러나 이것은 경제(행정)법적 불법과 형법적 불법 사이의 차이를 없애버린다. 즉, 경제(행정)법상의 불공정행위가 곧바로 형법의 범죄행위로 해석되는 것이다. 왜냐하면 이와 같은 내부자거래의 금지는 증권시장의 공정한 거래질서를 위해 설정된 경제법상의 의무를 법익보호원칙이나 책임원칙의 충족여부와 관계없이 형법상의 의무로 전환시키고 있기 때문이다. 결국 내부자거래에서는 경제법적 의무의 위반이 형사책임의 귀속거점이 된다. 이와 같은 귀속거점과 귀속책임 사이의 이질성은 증권시장의 공정성을 유지하기 위한 의무(또는 책임) 분배의 불공정성을 의미한다. 왜냐하면 투자자들의 투자실패를 초래한다는 증권시장의 불공정성은 많은 부분 경제법상의 제도들(예: 상장여부심사제도, 회계감사제도, 대형펀드규제제도 등)이 충분하게 완비되어 있지 않거나 제대로 기능하고 있지 않은 데에서 비롯되고 있기 때문이다. 그러므로

16) 이런 인과성구조는 양창수, *민법연구 제5집* (1999), 222쪽의 공정경쟁위반행위의 특징을 내부자거래에 응용한 것이다.

17) 내부자거래의 민사책임(구 증권거래법 제188조의3)과 관련하여 서울지법 남부지원 1994.5.6, 92가합11689는 내부자거래행위와 투자자의 손해발생 사이의 인과관계의 입증이 매우 어렵다는 점을 인정하면서, (구)증권거래법 제188조의3을 인과관계의 입증책임을 완화하기 위한 규정으로 해석한다.

제도의 결함이 개인의 형사책임으로 전가되고 있다고 말할 수 있을 것이다.

2. 증권시장의 기능과 신뢰

(1) **기능보호를 통한 인간의 보호** 내부자거래의 당벌성을 정당화하는 두 번째 근거는 '증권시장의 기능과 이에 대한 일반 투자자의 신뢰'이다.

1) **독일의 경제형법에서 신뢰구상** 이런 주장의 핵심을 요약하면 다음과 같다. '내부자거래가 계속·반복적으로 발생하게 된다면, 일반 투자자들이 증권시장의 기능에 대해 갖고 있는 신뢰가 동요될 것이다. 증권시장의 기능에 대한 일반 투자자의 신뢰를 보호하지 않는다면 투자자의 시장이탈이 가속화될 것이고, 결국 투자자의 재산형성과 기업의 자본공급이라는 기능을 갖는 증권시장은 붕괴되고 말 것이다.'[18] 독일 형법학에서 경제체계의 '기능'과 이에 대한 '신뢰'라는 두 가지 개념요소를 통해 경제범죄의 당벌성을 근거지우려는 이론적 시도는 이른바 '경제형법에서 신뢰구상'(Vertrauensgedanke im Wirtschaftsstrafrecht)으로 모아지고 있다.

2) **우리나라의 신뢰구상** 우리나라에서도 경제체계의 기능에 대한 신뢰의 보호는 핵심형법의 초개인적 법익의 보호와 같은 맥락에서 자연스런 귀결로 받아들여지고 있다.[19] 더 나아가 '내부자의 투자자에 대한 신뢰위반'을 내부자거래의 불법을 구성하는 핵심요소로 이해하는 견해[20]도 주장된다. 대법원도 "내부자가 당해 법인의 업무 등과 관련하여 접근이 허용되었던 법인의 공개되지 아니한 내부정보 중 유가증권의 투자판단에 영향을 미칠 수 있는 중요한 정보를 이용하여 유가증권의 거래에 관여할 경우에는 … 거래당사자의 평등을 해치게 되어 유가증권거래의 공정성과 유가증권시장의 건전성에 대한 일반투자자들의 신뢰를 손상시킴으로써 유가증권시장이 국민자금을 효율적으로 배분하는 기능을 저해하는 결과를 초래하게 되는 것"이라고 판시한 바 있다.[21]

3) **자본시장에서 사회국가적 형법구상** 이와 같은 신뢰구상은 오늘날 증권시

---

18) Otto, Der Mißbrauch von Insider-Informationen als abstraktes Gefährdungsdelikt, in: Bernd Schünemann/Carlos Suàrez Gonzàlez(Hrsg.), *Baustein des europäischen Wirtschaftsstrafrechts. Madrid-Symposium für Klaus Tiedemann* (1994), 452~453쪽

19) 대표적으로 한국형사정책연구원, *경제범죄의 유형과 대처방안* (1993), 19쪽 아래; 박삼철, "유가증권 불공정규제에 관한 비교법적 고찰", *증권조사월보* (1994/12), 10쪽 참조.

20) 한국형사정책연구원, *증권범죄에 관한 연구* (1996), 41쪽.

21) 대판 1994.4.26, 93도695.

장이 국가경제에서 차지하는 중대한 의미와 기능을 이론적 출발점으로 삼는다. 즉, 증권시장은 자본주의 경제체제에서 지주(支柱) 역할을 하고 있는 기업에게는 자본을 조달하고, 시민에게는 기업이윤의 재분배와 거래차익을 통해 자본소득을 얻을 수 있게 하는 기능을 한다. 여기서 증권시장의 기능에 대한 신뢰란 개별 투자자가 증권시장의 기능이 정상적으로 작동할 것이라는 점, 즉 증권시장에 참여하는 모든 사람이 동등한 조건에서 공정한 게임규칙을 준수함으로써 자신도 증권거래를 통해 일정한 이익을 획득할 수 있을 것이라는 점에 대한 '기대의 상호적 보장'을 의미한다고 볼 수 있다. 반대로 증권시장에 참여하는 개별 투자자가 자신이 획득할 가능성이 있는 거래이익이 부당한 가격형성행위를 통해 침해되지 않을 것이라는 점에 대한 믿음도 증권시장의 공정성에 대한 (소극적인) 신뢰의 내용으로 볼 수 있다.[22] 다시 말해 신뢰구상은 '사회체계의 기능 보호를 통한 인간보호'라는 기획을 좇는 이론이라고 할 수 있다. 물론 이러한 기획에는 증권시장의 기능이나 이에 대한 일반 투자자의 신뢰와 같은 '집단적 이익'(kollektive Güter)[23]이 형법의 보호법익으로 수용된다는 점에서 사회국가적 형법모델, 바꿔 말해 형법을 통한 사회체계의 조종이라는 프로젝트가 전제되어 있다.

(2) **증권시장에 대한 신뢰** 물론 이런 사회국가적 형법모델은 후기산업사회의 현실, 즉 인격발현의 전제조건인 재화를 생산하고 분배하는 기능을 담당하는 사회적 하부체계의 기능이 제대로 작동되지 않는다면 인간의 생존이 심각하게 위협받을 수 있다는 현실인식에 바탕을 두고 있다. 따라서 사회적 하부체계의 기능을 법규범의 관할영역에서 완전히 배제하는 법정책은 타당하지도 않을 뿐만 아니라, 현실적으로 가능하지도 않다. 내부자거래 영역도 마찬가지이다. 증권시장이 국민경제에서 차지하는 의미를 고려할 때 내부자거래를 법규범의 관할영역 밖에 그대로 내버려둘 수는 없을 것이다. 그러나 문제는 증권시장의 기능과 이에 대한 일반 투자자의 신뢰라는 집단적 이익이 '형'법이라는 수단을 통해 보호되어야만 하고, 또한 현실적으로 보호될 수 있는가 하는 점이다. 이 물음은 구체적으로 말해 다음과 같은 것이다.

22) 따라서 증권시장의 공정한 거래질서를 내부자거래처벌조항의 보호법익으로 보자는 견해도 증권시장의 기능과 그에 대한 신뢰를 보호법익으로 보는 견해에 합류한다고 볼 수 있다.

23) Peters, *Rationalität, Recht und Gesellschaft*, 1991, 81쪽 아래.

— 증권시장에 참여하는 일반 투자자들이 과연 내부자 자신이 내부정보원에 접근할 수 있는 지위를 바탕으로 획득한 내부정보를 이용함으로써 공정한 증권거래질서를 깨뜨리지 않을 것이라는 점을 실제로 신뢰하는가?
— 또한 그런 신뢰가 실제로 존재한다고 하더라도 그러한 신뢰가 형법에 의해 보호되어야 하는 증권시장체계의 기능을 '구성'하는 요소라고 볼 수 있는가?
— 그리고 그와 같은 증권시장(의 기능)에 대한 신뢰가 존재한다면, 그런 신뢰를 형법적으로 보호하는 것이 타당한가?

1) 신뢰의 존재 문제 우선 증권시장은 투자자 개인들 사이에 현실적으로 존재할 수 있는 정보수집·분석 능력의 차이를 고려하지 않는다. 증권시장에 참여하는 모든 투자자는 자기의 책임 아래 주식시세에 영향을 미칠 수 있는 정보를 수집·분석함으로써 거래여부, 거래규모 그리고 적절한 거래시점을 결정한다. 여기서 모든 투자자는 자신의 투자결정으로부터 발생할 수 있는 일정한 부정적인 결과(예: 경제적 손실), 즉 일반적인 거래위험(Geschäftsrisiko)을 감수해야 한다. 증권시장은 이 거래위험을 제도화함으로써 우월한 정보력을 갖고 있는 투자자가 다른 투자자보다 더 많은 자본소득을 획득할 가능성을 보장하고 있다. 따라서 증권시장의 일반적인 거래위험을 인식하고 그 시장에 참여하는 투자자가 다른 투자자들이 자신보다 우월한 정보(수집·분석)력을 바탕으로 경제적 이익을 얻지는 않을 것이라는 점을 신뢰하고 있다고 보기는 어렵다. 그렇다면 어떤 투자자가 우월한 정보력을 바탕으로 증권시장에서 경제적 이익을 획득하거나 손실을 회피하는 행위는 그 자체로는 증권시장의 기능에 대한 일반 투자자의 신뢰를 동요시키는 행위로 볼 수 없을 것이다. 결국 내부자거래에서 신뢰보호의 초점은 내부자가 미공개정보를 이용하여 증권거래를 한다는 점이 아니라, 내부자가 미공개정보를 '불공정하게' 이용하는 것에 존재한다는 점을 알 수 있다. 여기서 '불공정성'을 근거짓는 행위기초로는 첫째, 다른 투자자들이 미공개정보의 내용을 인식할 수 있도록 공시하지 않았다는 점, 둘째, 미공개정보의 이용이 일정한 계약상의 의무를 위반한다는 점을 들 수 있다.

(가) 정보소유이론 첫 번째 근거는 미국 연방대법원이 내부자거래를 규율하기 위해 채택한 바 있는 이른바 '정보소유이론'(Information Possession Theory)[24]의 관점이다. 정보소유이론은 내부자가 미공개정보를 이용하는 것이 '본질적으로

24) 대표적으로 SEC v. Texas Gulf Sulphur Co., 401 F. 2d 833 (2d Cir. 1968), cert. denied, 394 U.S. 976 (1969) 참조.

불공정한'(inherently unfair) 거래라는 점으로부터 출발한다. 즉, 다른 투자자가 알지 못하는 중요한 미공개정보(material nonpublic information)에 접근할 수 있는 내부자가 그 정보를 이용하여 증권거래를 함으로써 이익을 취득하는 것은 (시장에 대한) 사기(fraud on the market)[25]에 해당한다고 본다. 이 이론에 따르면 내부자는 미공개정보를 반드시 공시해야 할 의무를 부담하지는 않지만, 미공개정보를 공시하지 않고서는 자신의 이익을 위해 이 정보를 증권거래에 이용해서는 안 된다. 이것이 이른바 '공시 아니면 단념'(disclose or abstrain)의 원칙이다. 미국 연방대법원이 취한 정보소유이론을 신뢰보호의 맥락에서 살펴보면, 내부자가 미공개정보를 공시하지 않은 채 그 정보를 이용하여 증권시장에 참여하는 것은 일반 투자자의 신뢰를 동요시키는 행위로 해석될 수 있다.

그러나 어떤 투자자가 증권거래에 들어가기 전에 주식시세형성에 중대한 영향을 미칠 가능성이 있는 정보를 공시할 것이라는 점에 대한 신뢰를 '현실적으로' 갖는다고 보기는 어렵다. 오히려 증권시장 참여자는 자신이 수집·분석 활동을 통해 획득한 중요정보를 다른 투자자에게 공개하지 않은 상태에서 증권거래를 할 때만이 자신이 의도한 경제적 이익을 획득할 가능성이 높다. 이런 점에서 시장참여자에게 자신이 획득한 우월한 정보를 공개한 후에 증권거래를 하라는 요구는 거래현실과는 너무 동떨어진 것, 또는 적어도 모든 증권거래참여자에게 보편화할 가능성이 있는 행위규범으로 승인될 수 없는 요구로 보인다. 여기서 더 나아가 투자자들은 자신들에게 유리한 불공정한 거래에 의해(서라도) 이익을 보려는 기대를 갖고 시장에 참여한다고 보는 것은 결코 지나친 견해가 아닐 것이다. 그러므로 증권시장에서 다른 투자자가 자신의 정보를 공개할 것이라는 점에 대한 일반 투자자의 신뢰가 존재한다고 보기는 어렵다.

(나) **주주에 대한 수탁의무이론** 두 번째로 미공개정보이용행위의 '불공정함'은 내부자거래행위가 일정한 계약상의 의무위반과 관련을 맺고 있다는 점에서 찾을 수 있다. 이점은 미국 연방대법원의 '주주에 대한 수탁의무이론'(Fiduciary Duty to Shareholder Theory)[26]에서 잘 확인된다. 주주에 대한 수탁의무이론은 정보소유이론에서 채택된 '공시 아니면 단념' 원칙의 적용범위를 제한하기 위해 미국 연방대법원이 전개한 이론이다. 이 이론에 따르면 미공개정보를 소유하고

25) '시장에 대한 사기이론'에 대해서는 김건식·송옥렬, *미국의 증권규제* (2001), 331, 332쪽; 석명철, *미국증권관계법* (2001), 1059쪽 이하 참조.

26) Chiarella v. U.S. 445 U.S. 222 (1980).

있다는 점만으로는 내부자에게 그 정보를 공시해야 할 의무가 존재하는 것은 아니고, 그 사람과 거래상대방 사이에 '믿음과 신뢰의 관계'(relation of trust and confidence)가 존재할 때에만 내부자는 공시의무가 있다고 한다. 이 이론이 적용될 수 있는 전형적인 사례는 회사내부자가 미공개정보를 이용하는 경우이다.

> 그러나 이 이론에 따를 때 예를 들어 '어떤 인쇄소의 직원 甲이 어떤 기업의 재무관련 서류를 인쇄하는 과정에서 이 기업이 아직 공개하지 않은 공개매수(tender offer)에 관한 서류(공개매수를 하는 회사와 대상회사의 상호는 공란으로 남아있음)를 보았고, 또한 다른 서류를 참고하여 두 회사의 상호를 알아낸 뒤에 공개매수대상회사의 주식을 매수한' 사안에서[27] 인쇄소 직원 甲과 공개매수대상회사의 주주 사이에 신뢰관계가 존재한다고 보기 어렵기 때문에 내부자거래는 인정되기 어렵다.

그러나 우선 내부자와 거래상대방(거래대상회사의 주주) 사이에 일정한 신뢰관계에 따른 의무(예: 거래상대방에게 자신이 그 회사에 관한 미공개정보를 갖고 있다는 점을 고지해야 할 의무)가 존재한다고 보기는 어렵다. 왜냐하면 거래관계의 한 당사자인 내부자가 증권거래의 동기나 제반 상황에 관한 모든 정보를 다른 당사자에게 반드시 알려주어야 할 의무가 신의칙에 의해 인정될 수 있는지가 의문일 뿐만 아니라, 예를 들면 증권거래가 많은 경우에 증권회사의 시장대리인을 통해 이루어지는 증권거래의 현실을 고려할 때 내부자가 다른 사람에게 미공개정보를 알려준다는 것은 거의 불가능하기 때문이다. 그렇다면 결국 일반투자자는 내부자가 일정한 신뢰관계를 위반하여 미공개정보를 이용하지 않을 것이라는 점에 대한 신뢰를 갖고 있다고 보기는 어려울 것이다. 주주에 대한 수탁의무이론이 적용될 수 있는 사안에서 존재하는 신뢰위반의 문제는 주로 회사내부자가 그 회사와의 (근로)계약상 부담하는 일정한 의무를 위반하였다는 관점에서 파악되어야 할 것이다. 그러나 이러한 계약상 의무의 위반은 사법상의 계약위반의 법리(예: 손해배상, 해고)에 따라 해결하면 충분할 것이다.

2) 신뢰의 정당화기능 여기서 증권시장의 기능에 대한 일반 투자자의 신뢰는 증권시장 참여자들 사이에 형성될 수 있는 현실적이며 구체적인 인격적 신뢰가 아니라는 점, 다시 말해 증권시장에서는 투자자 개인들 사이에 신뢰가 실

---

27) Chiarella v. U.S. 445 U.S. 222 (1980).

제로 존재하지 않는다는 점을 확인할 수 있다.[28)]

(가) **규범적 · 추상적 신뢰** 그렇다면 내부자거래처벌조항의 근거로서 신뢰는 규범적 · 추상적 신뢰만이 가능하게 된다. 즉, 이런 신뢰개념은 한편으로는 증권시장의 기능 연관체를 구성하는 규범적 요소의 하나이며, 다른 한편으로는 증권시장의 기능, 즉 체계에 대한 추상적인 신뢰만이 처벌의 근거로서 원용될 수 있게 된다. 그러나 이처럼 내부자거래의 처벌근거로서 원용되는 규범적 · 추상적 신뢰 개념은 증권시장이라는 사회적 하부체계의 기능 그 자체로부터 분리 · 독립될 수 없다. 왜냐하면 신뢰할 수 있음이 곧 기능함의 조건이며 기능할 수 있음이 곧 신뢰함의 조건이기 때문이다. 그러므로 체계의 기능은 언제나 기능신뢰(Systemvertrauen)로서만 가능하다. 여기서 내부자거래처벌조항은 이와 같은 규범적이며 추상적인 기능 신뢰를 형법에 의해 보호하지 않고서는 증권시장체계가 기능할 수 없다는 전제에 서 있다는 점을 알 수 있다.

(나) **시뮬라시옹의 기대 보호** 이는 물론 경제형법의 기본구상과 상통한다. 즉 경제체계에 대한 신뢰는 '경제거래에서 기대 및 이익에 대한 전망이 어렵게 되고, 위험에 대한 예측이 불가능하게 되는 것을 방지'[29)]하기 위해서 형법적인 보호를 받아야 한다는 것이다. 이런 구상에 따르면 증권시장의 기능 신뢰도 당연히 보호되어야 한다. 이와 같은 형법에 의한 기능보호 사상은 루만(Luhmann)식의 형법사회학적 이론에 의해서 잘 설명된다. 내부자거래는 기능 신뢰를 깨뜨리는 행위, 루만의 용어를 빌어 표현하면, 일종의 규범적 기대(normative Erwartungen),[30)] 그러니까 증권시장에서 주가를 결정하는 매우 다양하고 복잡한 요소들의 분석 불가능한 상호작용에도 불구하고 행위자는 그의 행위가 야기할지도 모르는 부정적인 결과를 회피할 수 있는 방향으로 자신의 행위를 조종해야 한다는 점에 대한 반사실적인(kontrafaktisch) 기대를 좌절시키는 행위로 해석될 수 있다. 따라서 형법은 내부자거래를 한 행위자에게 제재(형벌)를 가함으로써 그런 기대(=증권시장의 기능 신뢰)를 안정화시켜야 한다는 것이다. 이렇

---

28) 여기서 한편으로는 경제체계의 기능에 대한 신뢰가 '경제 질서 및 경제 제도와 관련한 추상적인 신뢰'라고 이해하면서도(한국형사정책연구원, *경제범죄의 유형과 대처방안* (1993), 19쪽 아래), 다른 한편으로는 내부자거래의 불법을 구성하는 요소가 '내부자의 투자자에 대한 신뢰위반'이라고 보는 것(한국형사정책연구원, *증권범죄에 관한 연구* (1996), 41쪽)은 서로 모순 되는 이론구성이다.

29) 한국형사정책연구원, *경제범죄의 유형과 대처방안* (1993), 19쪽 아래.

30) Luhmann, *Rechtssoziologie*, 2.Aufl. (1983), 40쪽 아래.

게 되면 (형사)법 절차는 일반 투자자가 증권시장의 기능에 대해 갖는 신뢰를 상징적으로 회복시키는 과정을 의미하게 되고, (형)법은 증권시장의 복잡성, 좀 더 구체적으로는 주가결정요소들의 상호작용의 복잡성을 감축시키는 기능을 갖게 된다. 즉, 내부자거래를 형사제재함으로서 증권시장의 정보 평등이라는 도덕적 행위규범을 시장참여자들에게 도덕적 행위규범을 내면화시키기 보다는 정보 평등이라는 상징, 즉 다시 말해 시뮬라시옹이라는 이미지를 유지하는 것이다.

3) 형법의 행위규범 관리기능 그러나 이러한 복잡성의 축소(Reduktion von Komplexität)는 시장의 현실을 왜곡하지 않고서는 내부자거래처벌조항을 정당화할 수 없다. 증권시장의 복잡한 가격결정메커니즘 때문에 증권시장에 참여하는 사람은 내부자를 포함하여 행위 이전에(ex ante) 자신의 행위가 다른 투자자의 정당한 이익(또는 그것의 획득가능성)을 침해할 수도 있다는 점을 예측하여 그러한 행위를 피하면서도 아울러 여전히 자신에게 투자이익을 가져다주는 행동방식을 안내해주는 규범(행위규범)을 결코 발견할 수 없다. 여기서 형법에 의한 기능 신뢰의 보호가 정당화되기 어려움을 알 수 있다. 왜냐하면 행위규범이 발견되지 않는 곳에서 단지 기능적 일탈만을 이유로 형벌이라는 가혹한 제재를 가하는 것은 생활세계에서 사회적 통합을 달성하는 형법의 임무에 비추어 불필요한 권력 작용일 뿐만 아니라 형벌을 가한다고 해서 기능적 일탈의 행위들이 통제될 것이라고 기대할 수도 없기 때문이다. 형법은 수범자들의 상호이해가 가능한 규범을 관리하는 제도로서 남아 있어야 한다.[31] 형법이 하버마스(Habermas)가 말하는 것처럼 "제도로서의 법"(Recht als die Institution)[32]으로 남아 있어야 한다면, 증권시장의 기능 신뢰를 보호하기 위한 내부자거래의 형사처벌은 더 이상 정당화되기 어렵다.

(3) 내부자거래 형법의 역기능

1) 진실의무 그럼에도 불구하고 내부자거래를 형사처벌한다면 그것은 결국 증권시장의 참여자에게 언제나 '진실을 말해야 할 의무'를 부과하는 것과 마찬가지이다.[33] 즉, 내부자거래형법은 증권시장 참여자에게 주식시세의 형성

---

31) 형법의 관할영역을 대화이론적으로 근거짓는 대표적인 견해로 이상돈, "책임의 개인적 귀속과 형법의 관할영역", *형사정책연구* (1998 · 여름호), 91쪽 아래, 특히 118쪽 아래 참조.

32) Habermas, *Theorie des kommunikativen Handelns*, Bd.2, 1981, 536쪽.

33) 독일 형법 제264a조(자본투자사기)와 관련하여 이 점을 지적하는 견해로는 Zaczyk, "Der Begriff

에 영향을 미칠 수 있는 일체의 정보를 공개해야 할 의무를 부과하는 것이다. 이런 의무귀속이론은 미국 연방대법원이 최근 확고하게 받아들인 이른바 '정보유용이론'(misappropriation theory)[34]이 제시하는 함의와 거의 동일하다. 이 이론에 따르면 미공개정보를 부정 유용하여 증권거래에 이용하는 행위는 정보원(the source of the information)에 대한 사기행위가 되고, 이 행위는 결국 '유가증권의 거래와 관련된' 증권사기행위라는 것이다. 즉, 정보 유용자가 그가 일정한 회사와의 고용계약이나 위임계약관계에서 지켜야 할 비밀준수의무를 위반하여 미공개정보를 증권거래에 이용하여 이익을 얻는 행위는 증권사기에 해당한다는 것이다.

[공개매수 내부자거래] 예를 들어 1987.7.에 A회사는 B회사의 보통주에 대한 공개매수계획을 수립하고 C로펌을 대리인으로 선임하였는데, 甲은 C로펌의 파트너였다. 甲은 공개매수 대리행위에는 참여하지 않았지만 B회사의 보통주 및 콜옵션을 매수하였다. 이후 A회사가 공개매수계획을 발표하자 B회사의 보통주의 주가는 급등하였고, 甲은 주식 및 콜 옵션을 매각하여 340만 달러 이상의 이익을 얻었다. 여기서 甲이 C와의 계약을 이행하는 과정에서 미공개정보에 접근하여 취득한 정보를 이용한 증권거래행위는 비밀준수의무를 위반한 정보원에 대한 사기가 되고, 따라서 내부자거래(우리나라 자본시장법 제174조 제2항)에 해당한다.

이 정보원에 대한 사기이론 또는 정보유용이론의 궁극적인 함의는 결국 미공개정보를 취득한 사람이 그 정보를 증권거래에 이용한다는 사실을 누군가에게 — 여기서는 미공개정보에 접근을 허락한 정보원에 대해 — 말하지 않고 미공개정보를 이용하는 것은 처벌되어야 할 내부자거래에 해당한다는 것이다. 이것은 사실상 증권시장 참여자에게 미공개정보를 이용한다는 사실을 말할 의무를 부과하는 셈이다.

2) 반시장성 그러나 이런 진실을 말해야 할 (형법적) 의무는 일반 투자자는 물론이고 거래를 통해 일정한 이익을 획득하려는 내면적 의도를 갖고 있는

"Gesellschaftgefährlichkeit" im deutschen Strafrecht", in: Klaus Lüderssen/Cornelius Nestler-Tremel/Ewa Weigend (Hrsg.), *Modernes Strafrecht und ultima-ratio-Prinzip*, 126쪽 아래.

34) 정보유용이론은 1980년대 초 Chiarella v. U.S. 445 U.S. 222 (1980)에서 검찰에 의해 최초로 제기되었다. 미국 연방대법원은 U.S. v. Newman, 664 F.2d 12(2d Cir. 1981), cert. denied, 464 U.S. 863(1983)에서 최초로 정보유용이론을 받아들였고, U.S. v. O'Hagan, 117 S. Ct. 2199(1997)에서 이 이론을 확고하게 채택하였다. 내부자거래와 관련된 미국 판례에 대해서 자세하게는 금융감독원, *증권시장의 불공정거래 사례* (1999), 121쪽 아래 참조.

내부자에게도 설정될 수 없다. 왜냐하면 내부자는 물론이고 어떤 투자자이건 자신이 증권시장에서 다른 투자자보다 우월한 정보를 — 공정하게든 불공정하게든 간에 — 이용하고 있다는 점을 거래상대방에게 말해야 한다면 투자의 성공을 기대하기 어렵게 되고 결국 시장을 이탈하게 될 것이기 때문이다. 모든 증권시장참여자들은 오히려 그런 정보유용의 가능성을 갈망하고 있을 것이다. 따라서 내부자거래금지에서 전제된 에토스는 오히려 반시장적이라고 말할 수도 있다. 증권시장의 기능에 대한 신뢰의 보호는 증권시장의 효율적인 조직화를 목표로 하는 법, 예를 들어 투자자보호를 위한 각종 공시제도나 단기매매차익 반환제도와 같은 경제(행정)법적 수단에 의해 실현되어야 할 것이다.

[도덕적이지 못한 시장에서 도덕적 참여자의 요구] 자본시장참여자들의 속성은 공정하지 않은 거래를 지향하는 반면, 자본시장을 유지·구축하기 위해서는 최소한의 공정성이 요구된다. 따라서 투기적 거래의 비중이 커질수록 공정성에 대한 요구 또한 높아지는 것이다. 여기서의 '공정성'(fairness)은 도덕개념에 해당하는 것이므로 결국 내부자거래의 규제는 시장 참여자의 도덕성을 확보하는 제도로 볼 수 있다. 따라서 이와 같은 내부자거래의 규제는 도덕적이지 못한 시장에서 도덕적인 참여자를 요구하는 결과가 되며, 이는 원래의 자본시장참여자들의 속성에 부합하지 않는 것이다.

3) 잘못된 이익형량 또한 증권시장의 기능 신뢰를 보호하는 형법의 정당화과정에는 잘못된 이익형량적 사고가 작용하고 있다. 즉 이들은 증권시장의 기능에 대한 신뢰의 보호를 통해 유지될 수 있는 증권시장의 기능(에 대한 신뢰)이라는 '보편적 이익'과 내부자의 (증권)거래의 자유[35]와 같은 '시민의 구체적인 자유이익'을 서로 저울질하여 기능 신뢰의 이익을 우월적인 이익으로 평가하고 형법에 의해 보호하려 한다.

[합병정보이용의 내부자거래] 예를 들어 A기업이 규모의 경제를 실현하기 위해 B기업을 합병하려고 시도하는 과정에서 A회사에서 합병업무를 담당하는 이사 甲이 B기업의 주식을 매수했다고 하자. 여기서 내부자거래를 형법이론적으로 정당화하려는 시도에 따르면 A기업에서 합병업무를 담당하는 이사 甲은 그 합병교섭이 타결되고 그 정보를 공시절차에 따라 공시하고 난 후 일정시간이 경과하기 전

35) 내부자가 증권거래를 하는 이유는 다양할 수 있다. 예를 들어 내부자는 내부자거래로 인한 시세차익의 취득이나 손실의 회피 등의 목적이외에도 소유주식의 지분관리, 투자위험분산을 위한 개인 투자 포트폴리오의 조정, 자금의 유동성확보 등을 위해 주식거래를 할 수도 있다.

까지는 이 합병정보를 이용하여 증권거래를 해서는 안된다. 이사 甲은 이 정보를 다른 투자자들이 알 수 있도록 공시하지 않고서는 증권거래를 단념해야 할 의무가 있기 때문이다. 따라서 甲의 행위는 내부자거래금지위반의 범죄에 해당한다.

그러나 이런 관점은 내부자의 증권거래의 자유를 심각하게 제한하는 것일 수 있다. 한편으로 우월적 이익으로 평가된 증권시장의 기능에 대한 신뢰는 앞에서 본 바와 같이 '규범적'이긴 하지만 반사실적인 그래서 '허구적'일 수도 있는 신뢰이익인 반면, 내부자의 증권거래의 자유는 '현실적'인 이익일 뿐만 아니라 더 나아가 '정당한' 이익일 수도 있기 때문이다. 여기서 정당하다고 보는 것은 — 예를 들면 위 사례에서 이사 甲의 투자의 성패가 내부자의 업무수행의 성공에 좌우될 수도 있다면 — 내부자의 투자행위가 오히려 내부자의 업무수행의 성공을 더욱 촉진시키는 순기능을 발휘할 수도 있기 때문이다.[36] 다시 말해 '투자의 성공'과 '업무수행의 성공'이 운명을 같이 하는 한 내부자의 투자행위는 정당한 것으로 인정될 수 있다. 이런 관점에서 보면 거래상황이 매우 탄력적으로 변화하는 현실 속에서 합병협상의 기간이나 합병협상의 성공여부 등이 매우 불확실함에도 불구하고 내부자(이사 甲)에게 언제나 그 정보와 관련된 증권거래를 해서는 안 될 의무를 부과하고, 그 의무위반을 근거로 그리고 '내부자거래 규제의 실효성'[37]을 목표로 형사처벌하는 것은 내부자의 거래의 자유를 과도하게 제한하는 것일 수 있다('과잉금지원칙'의 위반). 물론 투자의 성공과 업무수행의 성공은 서로 분리되거나 상반될 수도 있다. 증권투자의 성패는 단시간에 좌우될 수 있지만 인수합병의 업무는 상당한 시간이 경과해야 그 성공여부가 판가름 날 수 있기 때문이다. 이런 경우에 내부자(이사 甲)의 거래행위는 불공정한 것이 된다. 그러나 이러한 불공정성을 시정하는 수단으로 투자의 성패를 자신의 업무수행의 성공에 거는 바와 같은 내부자의 행위까지 민사법적 배상책임이나 행정법적 재제를 넘어 형사처벌하는 것은 분명 자유에 대한 과잉제한이라고 볼 수 있다.

---

36) 이와 같이 내부자의 투자의 성패와 업무수행의 성패가 운명을 같이 한다면 내부자는 진지한 정보를 바탕으로 하여 증권거래를 하게 되고, 이러한 진지한 정보를 인지한 투자자에 대하여는 거래비용의 감소라는 이익이 발생하게 되는 긍정적인 효과도 기대해 볼 수 있다. 즉 불공정성을 지향하는 증권시장참여자들이 활동하는 증권시장에 진지한 정보를 제공함으로써 거래비용을 감소시킬 수도 있을 것이다.

37) 이승애, "내부자거래의 효율적 예방대책", *증권조사월보* (12월, 1991), 11쪽.

Ⅳ. 내부자거래에 대한 형법정책

이상의 논의를 통하여 형법의 법치국가원칙(법익보호원칙, 책임원칙, 비례성원칙)을 형해화 시키지 않고서는 내부자거래 영역에서 형법의 '경제정책적인 조종기능'38)이 최적화될 수 없음을 알 수 있다. 여기서 내부자거래를 형법의 관할영역에서 밀어내는 작업, 즉 내부자거래의 비범죄화 문제가 제기된다.

1. 관할영역의 재설정

이에 관한 결론은 형법이 내부자거래를 자신의 관할영역 안에 두어서는 안 되고, 경제(행정)법의 영역으로 넘겨야 한다는 것이다.

(1) **내부자거래 관련통제제도의 재구성** 물론 이런 비범죄화 정책은 내부자거래에 대한 전체사회통제체계를 새로운 틀로 짜는 거시적인 작업의 일환으로 수행되어야 한다. 우선 현행 자본시장법에서 내부자거래의 통제와 관련을 맺고 있는 개별제도들을 살펴볼 필요가 있다.

1) **현행법개관** 이런 제도로는 첫째, 내부자의 단기매매차익반환제도(제172조), 공시제도의 성격을 띠는 주요사항보고서제출제도(제161조) 그리고 주식소유 및 대량보유 보고제도(제173조 제1항, 제147조 제1항)를 들 수 있다. 이 개별제도들을 민법, (경제)행정법 그리고 형법적인 통제수단에 따라 도표로 정리하면 다음과 같다.

도표 42를 보면 현행 자본시장법에는 내부자거래금지규정과 이웃해 있는 여러 구성요건들이 있다. 예를 들어 단기매매차익반환제도는 내부자가 미공개정보를 이용하여 단기매매차익을 얻으려는 동기를 차단함으로써 내부자거래를 예방할 수 있다. 그리고 주식소유변동보고와 주식대량보유보고 제도는 상장기업의 임·직원 또는 주요주주의 주식거래를 일일이 확인함으로써 내부자거래를 감시할 수 있게 한다. 마지막으로 공시의무는 상장기업의 경영·재산에 관한 정보를 일반 투자자가 알 수 있도록 공시하게 함으로써 정보의 독점적 이용을 방지하는 역할을 한다. 자본시장법은 이러한 공매도, 주식소유변동보고의무, 주식대량보유보고의무 및 공시의무의 위반을 내부자거래와 마찬가지로 범죄화 하

38) Albrecht, Erosionen des rechtsstaatlichen Strafrechts, KritV 2/1993, 166쪽.

▌도표 42▐ 내부자거래 관련 법규정

	(특별)민법적 제재	행정법적 제재	형법적 제재
내부자거래 (제174조)	● (제175조)	● (제426조)	● (제443조)
공매도금지 (제180조 제1항)	×	● (제426조, 제449조)	● (제445조)
주식소유변동보고 (제173조 제1항)	×	● (제426조)	● (제446조)
주식대량보유보고 (제147조 제1항)	×	● (제150조, 제151조 제1항)	● (제444조, 제445조)
주요사항보고서제출 (공시의무) (제161조 제1항)	×	● (제429조 ③항)	● (제444조, 제446조)
내부자의 단기매매차익반환 (제172조)	×	● (제426조)	● (제445조)

고 있다.

둘째, 자본시장법은 사후적인 통제제도도 마련하고 있다. 예를 들어 금융위원회는 그 내부거래자가 임원인 경우 해당 법인의 주주총회에 대하여 임원의 해임을 권고하거나 일정기간 유가증권의 발행제한 등의 조치(자본시장법 제165조의18)를 취할 수도 있다.

2) 비범죄화 그러나 앞서 언급한바와 같은 내부자거래를 예방적으로 통제하는 의무구성요건들은 비범죄화 되어야 한다. 그런 의무구성요건들은 단지 증권시장의 기능에 대한 잠재적 위험(내부자거래의 위험)을 관리하는 전형적인 행정법적 의무에 속하기 때문이다. 다시 말해 그런 의무구성요건을 위반하는 행위는 행정권력 작용에 대한 단순 불복종행위(echt ungehorsames Verhalten)에 해당한다. 공매도, 주식소유변동보고의무, 주식대량보유보고의무 그리고 공시의무의 위반은 비범죄화 되어야 한다. 더 나아가 이러한 제도들에 의한 내부자거래의 예방적 제도나 해임권고 등의 사후 교정적 제재가 활성화된다면 내부자거래금지위반죄의 비범죄화는 그 만큼 더 설득력을 갖게 될 수 있다. 이 점은 바로 금융위원회와 금융감독원의 실무가 반증해주고 있다. 현재 금융감독원의

실무를 살펴보면, 혐의가 있는 내부자에 대해 조사(자본시장법 제426조 제1항)를 한 뒤, 이 혐의가 확인되면 대개는 검찰에 '고발'하거나 '통보'(자본시장법시행령 제138조 3호)하는 조치를 취하고 있다. 이것은 현재 금융위원회(또는 증권선물위원회)가 내부자거래 혐의자에 대해 취할 수 있는 상당수의 행정법적 조치들을 거의 활용하고 있지 않다는 점을 보여준다. 그러나 금융위원회가 형사고발보다 예를 들어 주주총회에 대해 임원의 해임권고, 6개월내의 직무정지 또는 주식발행의 제한 등의 행정법상의 조치(자본시장법 제422조, 자본시장법시행령 제27조 제2항, 제37조 제1항 등)를 충분히 활용한다면[39] 이것만으로도 내부자거래의 예방이 상당한 정도까지 가능할 것이다.

(2) **형법에 앞선 자율규제와 구조적 사전조치** 그러나 이런 행정실무의 변화와 함께 내부자거래의 근본적 발생요인을 제거할 수 있도록 자율적 규제메커니즘의 형성과 구조적 개혁정책의 실시가 강구되어야 할 것이다. 우선 주식발행을 대행하는 증권회사에서 내부정보가 유통되는 것을 차단할 수 있는 업무분담장치(일명 Chinese Wall)의 구축,[40] 내부자거래와 관련되어 있다고 판단되는 증권거래(예: 차명거래)의 거부[41] 그리고 불공정거래행위에 대한 내부교육 프로그램의 마련 등과 같이 증권회사 스스로 내부자거래를 예방할 수 있는 내부 장치들을 마련해야 할 것이다.

다음으로 내부자거래에 대한 근본적인 예방은 증권거래의 투명성과 정보유통의 효율성을 높이기 위한 거시적인 경제구조정책의 실행에 의하여 뒷받침될 수 있다. 또한 이렇게 할 때에만 내부자거래의 예방과 투자자보호가 효과적으로 실행될 수 있을 것이다. 이와 같은 제도로는 다음과 같은 경제정책을 예로 들 수 있다.

- **소유와 경영의 분리** 현재 형사사건화 된 내부자거래를 살펴보면,[42] 상장기업의 대주주나 임원에 의한 행위가 거의 대부분이다. 이것은 우리 기업의 대부분

39) 현재 금융위원회의 해임권고에 따라 해임된 회사의 임원은 상당기간 동종업종에 재취업할 수 없다고 한다.

40) 정보차단장치는 예를 들어 증권회사 내부에서 투자결정을 하는 부서와 투자고객에 대해 중개·자문하는 부서를 인적·공간적으로 분리시킴으로써 내부정보가 유통되는 것을 차단하는 것을 들 수 있다. 한국증권업협회에 따르면 우리나라 대부분의 증권회사는 이 장치를 실행하고 있지 않다고 한다.

41) 증권회사의 거래창구에서는 예를 들어 차명거래자(내부자거래 대부분이 차명계좌를 이용하여 행해짐)도 별다른 확인절차 없이 증권거래를 할 수 있다고 한다.

42) 금융감독원, *증권시장의 불공정거래 사례* (1999), 23~43쪽.

이 소유와 경영이 분리되어 있지 않은데다, 개발독재 이래로 경영권 확보를 위해 대주주 1인의 높은 지분률을 제도적으로 보장해 온 결과이다.[43] 따라서 내부자거래의 발생가능성을 원천적으로 차단할 수 있도록 소유와 경영을 완전히 분리시킬 수 있는 경제구조정책이 실행되어야 한다.

- **주식소유변동신고제도 및 금융실명제의 보완** 현행 자본시장법 제173조는 상장기업의 임·직원 및 주요주주가 다른 사람의 명의이지만 자기의 계산으로 거래한 주식의 변동사항에 대해서도 보고하도록 되어 있다. 하지만 대부분의 내부자거래는 차명계좌를 이용하여 발생하고 있다. 따라서 임·직원 및 주요주주의 차명거래와 주식소유의 변동을 파악할 수 있는 제도적 장치(예: 임·직원 및 주요주주의 가족 등의 주식소유상황의 직접 신고의무의 설정)를 더욱 강화할 필요가 있다.
- **공시제도의 보완** 투자정보 유통의 효율성을 높이기 위해 새로운 정보공시매체의 개발과 활용을 적극적으로 추진하여야 한다. 이와 관련하여 금융위원회는 자본시장법 제436조, 유가증권의 발행 및 공시 등에 관한 규정 제10장에 의거하여 전자공시제도를 마련하였다.[44]
- **실질적 상장심사** 현재 주식상장제도를 살펴보면 증권거래소에 주식을 상장할 수 없을 정도로 부실한 기업도 형식적인 주식상장심사를 통해 상장이 이루어지고 있다.[45] 따라서 부실기업의 주식상장을 정확히 걸러낼 수 있도록 실질적인 상장심사를 가능하게 하는 제도적 장치의 마련이 시급하다.
- **국제적 회계기준의 도입** 나아가 분식회계와 부실정보의 유통을 원천적으로 예방할 수 있는 제도적 장치, 예를 들어 국제적 회계감사기준의 마련 등과 같은 제도의 마련이 요구된다. 이러한 요구에 부합하여 주식회사와 외부감사에 관한 법률 제13조 제1항 제1호에 회계처리기준의 적용방법으로 국제회계기준위원회의 국제회계기준을 채택하여 정한 회계처리기준을 규정하고 있다.

---

43) 박삼철, "유가증권 불공정거래규제에 관한 비교법적 고찰", *증권조사월보* (12월, 1994), 38쪽; 이승애, "내부자거래의 효율적 예방대책", *증권조사월보* (12월, 1991), 19쪽.

44) 이에 따라 전자공시시스템(일명 DART System [Data Analysis, Retrieval and Transfer System])이 구축되었다. 이는 상장법인 등이 인터넷을 통하여 공시서류를 제출하면, 투자자 등 이용자는 제출 즉시 인터넷을 통해 그 공시서류를 조회할 수 있도록 하는 종합적인 기업공시시스템이다. 이는 i) 누구든지 시간과 장소에 구애받지 않고 금융감독원에 제출된 모든 공시자료를 열람하는 것이 가능하고 ii) 인터넷을 통해 자료를 제출하고 동일서류를 제출하는 창구가 일원화 되어 상장법인 등 공시의무자의 부담이 경감되며 iii) 신고서의 접수뿐 아니라 접수여부의 확인 등 일체의 과정이 전산화 되어 행정의 투명성과 효율성을 제고할 수 있고 iv) 신속한 정보에 대한 투자자의 접근이 용이해져 자본시장의 건전한 발전을 도모할 수 있다는 장점을 갖는다. 자세한 내용은 인터넷의 http://dart.fss.or.kr 사이트에서 확인할 수 있다.

45) 특히 고수익·고위험을 제도적으로 보장하고 있는 코스닥시장의 경우에는 주식상장기준이 증권거래소보다 훨씬 더 완화되어 있다.

2. 내부자거래형법의 관할영역

(1) **자유우선원칙** 내부자거래에 대한 형법적 통제는 이런 경제구조정책이 우선적으로 실행된 이후에나 그 가능성을 모색해 볼 수 있을 것이고, 현행 자본시장법의 내부자거래 구성요건은 그보다 먼저 비범죄화 되어야 할 것이다. 왜냐하면 적어도 형사입법자가 자신이 금지하려고 하는 내부자거래행위가 일반투자자의 재산상의 손해와 같은 부정적인 결과를 야기할 수 있다는 점에 대해 경험(과학)적으로 충분히 입증하지 못한 상황에서는 '의심스러울 때에는 (시민의) 자유의 이익으로'(in dubio pro libertate) — 원칙에 따라 비범죄화 하는 것이 비례성원칙에 부합하기 때문이다. 그러나 현행 내부자형법의 입법과정에서 내부자거래의 당벌성은 거의 논증되지 않았던 것으로 보인다. 그럼에도 형사입법자가 내부자거래행위를 범죄화한 것은 시민의 자유(이익)에 불리한 법률실험(Gesetzesexperiment)[46]을 한 셈이라고 평가할 수 있다.

(2) **내부자거래죄의 축소해석** 내부자거래의 비범죄화는 물론 자본시장법상의 내부자거래처벌조항의 삭제를 요구한다. 하지만 IMF 경제위기를 전후로 해서 공식적인 범죄통계에 보고되고 있는 내부자거래의 발생건수가 점점 더 증가하는 반면,[47] 내부자거래를 차단하는 구조개혁은 아직 요원한 상황에서 내부자거래처벌조항을 폐지하는 입법이 단시일 내에 이루어지리라고 기대하기는 어려울 것으로 보인다. 그렇다면 내부자거래의 범죄구성요건이 폐지될 때까지 만이라도 현행법을 목적론적 축소해석의 방법으로 그 적용범위를 제한하는 법정책이 요구된다. 축소해석의 방향정립에는 EC에서 1989년에 발효된 '내부자거래에 관한 법규정의 동화를 위한 지침법'에서 법 동화를 위한 최소한의 규제내용으로 정립한 것에 근접하도록 현행법을 해석하고, 동 지침법이 법문화적·법체계적 차이로 인해 합의가 불가능한 사항, 그래서 개별구성국에 그 규제를 위임한 것들[48]은 현행법상 내부자거래의 규범영역에서 배제시키는 해석이 유용할 수 있다. 그러한 축소해석의 대표적인 예로서 다음과 같은 것들을 들 수 있다.

---

46) Marxen, "Strafgesetzgebung als Experiment? Gesetzesexperimente in strafrechtlicher Sicht", *GA* (1985), 547쪽 아래.
47) 금융감독원, *증권시장의 불공정거래 사례* (1999), 14쪽 아래.
48) 이에 관해서 자세하게는 이준섭, *EU은행·증권법* (1995), 198~213쪽.

1) 내부자의 범위제한

㈎ 사실상의 지배주주 현행법상 내부자인 '주요주주'(제174조 제1항 2호)로서 '사실상의 지배주주'는[49] 상법상 주주로서 장부열람권(상법 제466조)이나 검사인 선임청구권(상법 제467조)을 가질 수 있는 발행주식 총수의 3%이상을 갖고 있는 주주에 국한한다.

㈏ 내부자의 범위축소 "임직원"이나 "그 직무와 관련하여 미공개중요정보를 알게 된 자"' 등의 해석에서 회사와의 신뢰관계가 없는 자는 배제하도록 하여야 한다.[50] 여기서 회사와 내밀한 관계를 맺고 정보를 창출하거나 지배할 수 있는 지를 기준으로 내부자의 범위를 검토하는 것이 필요하다. 여기서는 정보창출자의 가능범위를 임원, 사외이사, 계열사 등으로 세분화하여 검토해본다.[51]

ㄱ) 임직원의 범위제한 첫째, 실질적 기업지배자(owner)는 기업의 정책을 최종적으로 결정하는 자로서 투자정보를 창출하는 내부자에 해당함은 의문이 없다. 임원(예: 대표이사, 부사장 등)은 실질적 기업지배자와 직접 대화하고 실제 업무를 집행한다는 점에서 투자정보창출자가 될 수 있다. 다만 실무상으로는 스톡옵션을 받을 정도의 임원들만이 진정한 의미의 정보창출자인 경영진이 된다고 보아야 한다. 그 외의 임원들은 실질적으로 정보수령자와 유사한 지위를 갖게 된다. 왜냐하면 회사의 내부자인 임원들도 회사의 중요 정보에 접근할 기회가 동일한 것이기 아니기 때문이다. 따라서 경영진인 임원은 제174조 제1항 제1호를, 그 밖의 직원은 제5호를 적용한다.

ㄴ) 사외이사와 외부감사인 둘째, 사외이사의 경우는 법률상으로는 정보창출자이지만 지배주주와의 관계에 따라 다르게 보아야 한다. 지배주주와 적대적인 관계를 맺고 있는 사외이사는 경영진의 행위를 비판하고 견제하는 역할을 수행하기 때문에 현실적으로 경영진과 함께 정보를 창출하거나 지배하기 힘들다는 점에서 내부자 신분을 갖고 있다고 보기 어렵다. 그런 사외이사는 사내의

---

49) 사실상의 지배주주를 포함한 것은 지분율이 매우 낮으면서도 선단식 경영으로 계열기업을 지배하는 재벌총수의 내부자거래를 규제하기 위한 것이다(이승애, "내부자거래의 효율적 예방대책", *증권조사월보* (1991/2), 32쪽 참조).

50) 따라서 청소부와 같이 우연히 내부정보를 접하게 된 자의 경우에는 내부자로 볼 수 없다. 앞에서 소개한 미국의 주주에 대한 수탁의무이론도 내부자의 해석에서는 이와 같은 결론에 도달한다. 그러나 이와 관련지어 최근 우리나라 대법원은 "정직처분을 받았더라도 그 자체만으로 내부정보에 대한 부당한 이용의 가능성이 전혀 없는 경우에 해당하지 않는다"고 판단하고 내부정보에 대한 부당한 이용가능성을 넓게 인정하고 있다(대판 2008.3.13, 2006다73218).

51) 이상돈 · 지유미 · 박혜림, *기업윤리와 법* (법문사, 2008), 39쪽.

외부자이다. 반면, 지배주주와 우호적인 관계를 맺고 있는 사외이사는 경영진의 조력자 역할을 수행하면서 미공개 중요정보를 접할 기회를 가지게 된다. 그러나 정보접근이 가능한 영역은 사회적으로, 특히 시민단체로부터 불법경영이라는 비판이 가능한 경영행위일 경우와 지배주주와 실무경영자의 의견조율이 필요한 경우로 제한적이다. 이런 제한적 영역에서만 사외이사는 비로소 정보창출자의 신분성을 가지게 된다. 그러므로 사외이사는 대부분 정보수령자적인 내부자가 될 뿐이다.

이에 비해 주식회사의 외부감사인은 업무집행의 결산에 대하여 재정적 분석 및 진단업무를 행한다는 점에서 기업지배자 다음으로 중요한 정보창출자가 된다.

ㄷ) 계열사　계열사의 경우, 예컨대 X사가 계열사인 Y사에 대해 50% 지분을 갖고 있고 Y사는 X사에 대해 아무런 지분을 갖고 있지 않다고 할 경우, X사는 Y사의 투자정보를 창출할 수 있는 영향력을 갖고 있으므로 정보창출자로 볼 수 있지만, 반대로 Y사는 X사의 투자정보를 창출할 수 있는 영향력을 갖고 있지 않으므로 정보창출자로 볼 수 없다고 할 것이다.

2) 내부정보의 범위축소　내부정보는 ㈎ 공시의무가 있는 투자정보로서, ㈏ "투자자의 투자판단에 중대한 영향을 미칠 수 있는 정보"이면서 ㈐ "불특정 다수인이 알 수 있도록 공개되기 전의 것"을 말한다.

㈎ **정보의 유형과 내부정보의 의미**　자본시장에서 투자판단에 영향을 미치는 정보는 ① 투자정보(도표의 A영역), ② 투자자보호정보(도표의 B영역) 그리고 ③ 내부정보(도표의 C영역)로 유형화할 수 있다.

ㄱ) **투자자보호정보**　먼저 투자자보호정보(B)는 투자자의 투자판단에 영향을 미칠 수 있는 정보 중에서 특히 중요한 것으로서 한국거래소에 신고해야 할 의무가 있는 정보(=공시의무정보)를 의미한다. 이런 공시의무정보는 경제(행정)법적으로 투자자의 보호와 직접 관련을 맺고 있다. 이 투자자보호정보의 관리는 경제행정법의 영역에 속한다.

ㄴ) **투자정보와 시장정보**　다음으로 투자정보(A)는 상장법인에 관한 풍문 및 보도에 의한 정보, 즉 일반적인 시장정보(allgemeine Marktdaten)[52]를 의미

---

52) 일반적인 시장정보는 상장회사의 내부로부터 창출된 정보가 아니라는 점에서 내부정보에 해당되지 않는다고 보아야 한다.

한다. 이 투자정보는 일반적으로 공시의무가 있는 정보는 아니지만, 투자자의 보호를 위해 공시가 필요하게 된 정보를 말한다. 즉, 이 영역의 정보는 그 정보의 특성상 제163조(사업보고서의 공시)와 같은 적시공시제도가 적절하지 않다. 그러나 현행 자본시장법은 투자정보도 수시공시제도(동법 제163조)에 의해 행정적 관리의 대상으로 삼고 있을 뿐만 아니라, 행정법적 제재(제163조/제164조 제2항)까지 관리의 수단으로 활용하고 있다. 그러나 이런 투자정보는 행정적 관리의 대상으로 삼을 수는 있지만, 그 관리를 위해 설정된 의무(구성요건)의 위반에 대해서는 (특별)민사법적 제재에 머무르는 것이 바람직하다.[53]

ㄷ) **내부정보** 마지막으로 이러한 전제에서 만일 내부정보(C)를 이용한 거래행위를 여전히 형사처벌하려 한다면, 내부정보는 단지 상장법인 또는 협회등록법인의 업무 등과 관련하여 일반인에게 공개되지 아니한 중요한 정보이어야 한다. 미공개정보의 이용은 자본시장의 공정성을 해치기 때문에 형사제재의 문턱을 넘어선다.

그러나 형사처벌의 엄격성은 내부정보는 동시에 투자정보이면서 투자자보호정보이어야 할 것을 요구한다.

▮도표 43▮ 내부자거래규제법의 관할영역

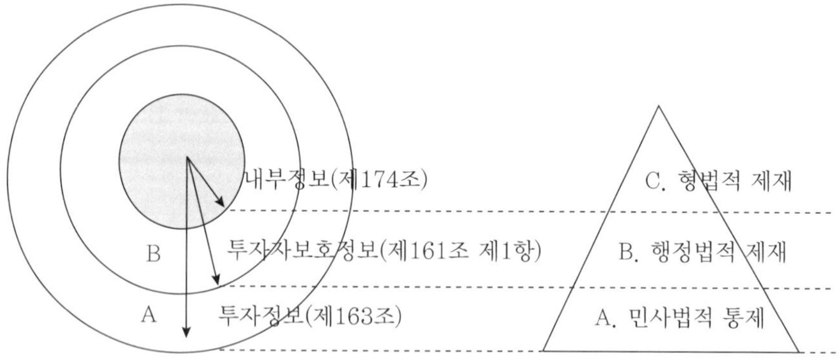

53) 한국거래소의 정보제공요구에 불응하는 행위에 대해 금융위원회가 취하는 조치 가운데 주총에 대한 임원의 해임 권고조치, 증권발행제한조치나 의결권행사제한조치와 같은 것은 전형적인 행정법적 제재와 사법적인 제재의 중간에 위치한다고 볼 수 있다.

(구)증권거래법은 제188의2의 적용을 받는 미공개의 정보는 "제186조 제1항의 공시의무가 있는 정보 중 투자자 판단에 중요한 영향을 미치는 것으로 한정"한다고 규정하고 있었다. 그러나 판례는 (구)증권거래법 제188의2의 미공개정보 해석에 있어서 제186조 제1항의 공시의무가 있는 정보를 예시로 보고 공시의무 이외의 중요한 모든 정보를 포함[54]한다고 해석해왔다.

자본시장법은 종래의 판례 입장을 수용하여 제174조((구)증권거래법 제188의2)와 제161조 제1항((구)증권거래법 제186조 제1항)의 연계조항을 없애, 제174조의 미공개의 정보에서 '공시의무가 있는 정보 중'이라는 조건을 삭제하였다. 그럼에도 불구하고 내부정보는 공시의무가 있는 정보를 전제로 하지 않고서는 엄격한 형사불법을 갖기가 어렵다.

(나) 중요정보 내부정보는 "투자자의 투자판단에 중대한 영향을 미칠 수 있는 정보"(제174조)이어야 한다. 이런 정보는 '증권시세에 현저한 영향을 미칠 것이 명확하고 확실한 정보', 즉 '특히 중요하고'(fact of special significance)[55] '정확한'[56] 투자정보를 말한다. 예를 들면 '결산실적을 추정한 결과'[57]((가)(나)요건의 결여), '회사외부에서 창출된 정보'[58]((가)요건의 결여), '회계장부에 나타나지 않은 누적적자와 자금난'과 같이 '주식거래의사결정에 중요한 정보'[59]((나)요건의 결여)

54) 2008.11.27. 선고, 2008도6219; 판례는 제174조의 투자자의 투자판단에 중대한 영향을 미칠 수 있는 정보를 제161조에 열거한 유형이 개별적으로 예시한 것으로 보아 모든 중요정보를 포함하는 것으로 확대해석하고 있다

55) 이런 기준은 미국법률협회(America Law Institute)가 제안한 연방증권법(Federal Securities Code) §1603(1978)에 따른 것이다. 이 기준에 따르면 '특히 중요한 사실'이란 ① 일반인에게 공시된다면 유가증권의 가격에 현저한 영향을 미칠 가능성이 있거나, ② 그 구체적인 정도나 그 당시에 일반인이 지득한 정보와의 차이 또는 그 성질 및 신뢰성 등에 비추어 보아 일반인이 투자결정을 할 때에 특별히 중요하다고 인정하는 사실이다.

56) EC의 내부자거래규제지침법 제1조 제1호는 "유가증권의 발행자 또는 당해 유가증권에 관한 것으로서 만일 그것이 공개되었더라면 당해 유가증권의 시세에 상당한 영향을 줄 수 있는 공개되지 아니한 정확한 정보"라고 규정한다. 이에 관한 해석으로 Grunewald, "Neue Regeln zum Insiderhandel", *ZBB* (1990), 128쪽 아래, 132쪽.

57) 판례는 이를 내부정보로 본다(대판 1995.6.29, 95도467). 그러나 이런 정보는 추정정보로서 정보의 중요성 요건을 충족하지 못할 뿐만 아니라 공시의무정보에도 포함되지 않는다는 점에서 내부정보에 해당하지 않는다고 보아야 한다.

58) 김건식, *미국증권법* (1996), 175쪽.

59) 대법원은 중대성에 관해 "투자자의 투자판단에 중대한 영향을 미칠 수 있는 정보라 함은 법 제186조 제1항 제1호 내지 제11호((구)증권거래법상 제1호 내지 제12호)에 그 사실 등의 유형이 개별적으로 예시되고 나아가 제12호((구)증권거래법상 제13호)에 포괄적으로 규정되어 있는 법인경영에 관하여 중대한 영향을 미칠 사실들 가운데, 합리적인 투자자라면 그 정보의 중대성과 사실이 발생할 개연성을 비교·평가하여 판단할 경우 유가증권의 거래에 관한 의사를 결정함에 있어서 중요한 가치를 지닌다고 생각하는 정보를 가리키는 것이라고 해석함이 상당하고, 나아가 그 정보가 소론과 같이 반드시 객관적으로 명확하고 확실할 것까지 필요로 하지는 아니하는 것"이라고 보고 있다(대판 1994.4.26, 93도695).

등은 아직 내부정보에 해당한다고 보기 어렵다.

㈐ **미공개성** 내부정보는 "불특정 다수인이 알 수 있도록 공개되기 전의 것", 즉 '일반인에게 공개되지 아니한 정보'이어야 한다. 예컨대 A&D(주식교환방식에 의한 인수·합병)를 추진하기 위해 발행한 전환사채를 인수한 회사의 담당직원에게 A&D 정보를 건내준 것으로는 일반인에게 공개된 정보가 되지 않는다.[60] 그러나 일반인 공개의 기준시점은 '공시'의 시점과 구별된다. 예컨대 언론매체를 통하여 정보가 공중에게 전파된 정보는 공시정보는 아니지만 더 이상 미공개정보, 즉 내부정보가 될 수 없다.

3) 정보창출자와 정보수령자의 차등적 취급 현재 법률상 정보수령자 역시 정보창출자와 동일하게 내부자거래행위의 주체성을 인정하고 있다. 그러나 정보를 수령하더라도, 정보의 신뢰성, 정보가 미치는 주가 영향력, 시장의 반응 등에 대한 판단 자체가 불확실해 정보 비수령자(일반 투자자)와 마찬가지로 위험을 감수하고 거래에 임하게 되기 때문이다.

㈎ **정보수령자의 적극적 거래참여 요청** 정보수령자거래참여원칙적으로 정보수령자들에게는 내부자거래의 신분 주체성을 인정하기 어려움에도 불구하고 정보수령자를 정보창출자와 동일하게 내부자거래행위의 주체로 인정하고 있다. 따라서 '이들로부터 당해 정보를 받은 자'(2차내부자)의 경우에는 지득한 내부정보를 단순히 다른 사람에게 전달하는 행위는 금지되지 않는 것으로 보아야 한다. '… 그 정보를 다른 사람으로 하여금 이를 이용하게 하는 행위'는 단순한 정보전달[61]을 넘어서 다른 사람에게 내부정보를 제공해주고 그 정보를 이용한 거래행위를 '적극적으로 교사'하는 행위를 한 경우에만 신분성을 인정해야 한다.

> A신문사 경제부 차장 甲이 B주식회사의 무세제 세탁기 제품시연회를 열기 전날 이 회사가 팩시밀리로 보낸 보도자료와 취재기자 보고를 통해 무세제 세탁기 개발정보를 안 후 같은 날 저녁 자신의 동생 乙에게 전화로 그 사실을 알려주어 乙이 그 다음날 B주식회사 주식 3만 4,000여주를 주당 3,000-3,590원씩에 집중매

60) 대판 2006.5.11, 2003도4320.

61) 미국의 증권거래위원회(SEC, Securities and Exchange Commission)는 정보가 수차례에 걸쳐 단계적으로 전달된 경우에 모든 간접 정보수령자에게 내부자거래의 책임이 있다는 판결을 내린 바 있다(이승애, "내부자거래의 효율적 예방대책", *증권조사월보* (1991/2), 11쪽 아래). 이에 반해 독일 유가증권거래법 제14조 제2항은 2차내부자의 경우에는 본인이 직접 미공개정보를 이용하여 거래를 하는 행위만을 금지하고 있다(이른바 'Verwertungverbot').

입하였고, A신문사가 다시 그 다음날 무세재 세탁기 관련 기사를 크게 보도한 이후 연속 14일간 B주식회사의 주가가 상한가를 기록하며 상승하여, 결국 乙이 거액의 시세차익을 얻은 사건[62]에서 甲이 乙에게 B주식회사의 주식매입을 적극적으로 권유한 경우에만 甲의 행위는 내부자거래에 해당한다.

(나) **법적 차등** 현행법은 정보창출자인 내부자와 정보수령자인 내부자 사이의 법적 제재에 있어 차등을 두지 않는다. 그러나 이 둘 사이의 신분적 차등은 일반적으로 내부자거래에 대한 제재에서 법적 제제의 차등으로 이어져야 한다. 이를테면 정보수령자의 경우는 정보창출자에 비해 기소유예나 집행유예를 더 많이 허용하고, 실형을 선고하는 경우에도 정보창출자에 비해 상대적으로 낮은 양형이 적절하다.

62) 조선일보 1999.5.19. 30~31쪽 기사 참고.

출처와 생성

[9]단락의 글은 한국증권법학회, 2006년 12월 정기세미나(2006.12.23.)에서 발표한 "차입매수의 인수합병과 배임죄의 성립여부"를 교정보완한 논문인 "차입에 의한 기업인수(LBO)와 배임죄"(경제법연구, 제7권 제1호, 2008, 171~194쪽)에서 비롯된다. 이 논문 이후 4년간 학계에서 같은 주제의 문헌들이 다수 생산되었고, 새로운 쟁점들이 형성되었다. 이런 문헌과 쟁점들을 추가로 검토하여 한국상사법학회 춘계학술대회(2010.4.30.)에서 발표한 "LBO와 이사의 형사책임"을 다시 교정·보완하여 *증권형법*(법문사, 2011)에 수록되었다. 처음 증권법학회의 발표에서 제기된 의문과 반대견해들과 두 번째 상사법학회의 발표에서 제기된 의문과 반대견해들에 대한 나의 답변들이 두 차례의 논문에서 거듭되고 있고, 이 글은 그것들을 모두 포함하고 있다.

09 차입에 의한 M&A와 형법

Ⅰ. 차입매수의 범죄화

1. 경영기법을 위축시킨 형법

차입자금에 의한 기업인수(Leveraged Buyouts)(차입매수 또는 LBO로 약칭)란 "기업매수가 성공할 것이라는 기대 하에서 피매수기업의 자산이나 수익력을 담보로 매수에 소요되는 자금을 여러 가지 원천으로부터 조달하고, 차후에 피매수기업의 수익성이 향상되고 나면 그 이익이나 자산의 매각대금으로 이들 채무를 상환해 나가는 기업매수방식"[1)]을 말한다. 피인수회사의 자산을 이용한 담보대출을 지렛대로 삼아 그 회사의 이익을 높게 만든다는 것이다. 인수합병(M&A)을 위한 자금조달수단으로서 차입매수는 경영계에서는 저평가된 기업이나 재무구조가 취약하긴 하지만 발전전망이 있는 기업의 효과적인 구조조정 수단으로 인식된다.[2)]

(1) 차입매수를 범죄화하는 우리나라 판례 그러나 대법원은 다음의 사례 ⓐ에서 차입매수를 업무상 배임죄로 처벌하는 판결(대판 2004도7027; 2007도5987)을 내놓았다.

> 사례 ⓐ 甲은 국내금융기관으로부터 그 자금을 조달할 목적으로 2001.5.23. 주택건축 및 분양업을 주된 사업목적으로 하는 K사를 설립하였다. 甲은 K사의 대표이사로서 2001.5.25. D종금과의 사이에 A(주)의 법정관리가 종결하면 A(주)가 D종금에 90억원을 지급하여 D종금이 A(주)에 대해 보유하고 있는 잔여정리채권을 포함한 모든 채권이 자동 소멸하는 것으로 하며 이에 더하여 A(주)의 채권에 대해 D종금이 질권설정한 것 모두를 해지한다는 약정을 체결하였다. 이 약정은 甲이 A(주)의 대표이사가 된 이후인 2001.6.15. A(주)가 D종금에 96억원을 지급하는 것으로 변경되었고, 이와 같은 약정에 따라 2001.6.27. A(주)는 D종금에 96

1) 윤종훈/이호준/법무법인 한결/화인 경영회계법인, *M&A 전략과 실전사례* (매경출판, 2005), 588쪽.
2) 송종준, "PEF와 M&A: LBO의 구조와 법적 문제", *금융법연구* (제2권 제1호, 2005), 60~61쪽.

억원을 지급하였다. 甲은 A(주)를 인수할 자금을 조달하기 위해 K사 명의로 2001.6.4. D종금으로부터 350억원을 대출받으면서 우선 K사가 취득할 A(주)의 발행주식 520만 주에 대하여 근질권을 설정하되, K사가 A(주)를 인수한 이후에는 A(주) 소유의 부동산에 대해 근저당권을 설정하기로 약정하였고, 이와 같은 약정에 따라 K사의 A(주) 인수 후인 2001.6.25. A(주) 소유의 부동산에 대한 근저당권 설정계약을 체결하여 2001.7.3.부터 2001.7.9.사이에 근저당권설정등기를 경료하고 D종금으로부터 신주를 반환받았다. 또한 甲은 2001.6.5. K사 명의로 H은행으로부터 320억원을 대출받으면서 K사가 A(주)의 정리채권자인 N종금으로부터 양수하기로 한 정리채권(620억원 상당)에 대해 우선 담보를 설정하고, A(주)를 인수한 후에 A(주)가 현금 시재로 보유하고 있는 320억원을 H은행에 예치하여 이를 대출금채무에 대한 담보로 제공하는 대신 정리채권에 대한 담보를 해지하기로 약정하였다. 이에 따라 2001.6.9. A(주)의 보유자금인 320억원을 H은행에 예치하고, 2001.6.13. 그 정기예금채권에 대해 근질권설정계약을 체결하고 정리채권 등에 대한 담보를 해지하였다. 2001.6.7. 서울지방법원 파산부는 A(주)의 관리인 乙의 정리담보권 및 정리채권 조기변제 허가신청을 허가하였고, 같은 날 甲은 법원으로부터 대표이사 선임허가를 받아 등기를 경료하였다. A(주)는 2001.6.8. 정리담보권자 및 정리채권자의 채권원리금을 현재가치로 할인하여 정리담보권자와 정리채권자 각각에 대해 채무를 변제하고, 법원은 같은 날 A(주)에 대한 회사정리절차를 종결하였다. 법정관리 종결 당시 A(주)의 채무는 약 1,035억원에 달하였으나 2001.12.31.에는 약 876억원, 2002.12.31.에는 약 737억원으로 감소하였고, 2001.10.경부터 2002.12.31. 사이에 총 9,259억원 상당의 공사를 수주하였을 뿐 아니라, 순 자산가치도 2001.3. 888억원에서 2003.6.30. 1,262억원에 달하는 등, 그 후 A(주)는 비약적인 성장을 이룩하였다.

이제 차입매수는 중대한 경제범죄의 하나가 되었다. 실제 양형기준표에서도 상당히 무거운 형량이 설정되고 있다.[3] 학계에선 여기서 더 나아가 차입매수는 외형상으로는 기업의 실제가치를 초과하는 잉여가치를 만들지만 실제는 부채피라미드일 뿐이라는 점을 이유로 전면 금지되어야 한다는 주장도 전개되고 있다.[4] 이런 주장은 유럽연합의 지침에는 부분적으로 이미 제도화되어 있다.[5]

3) 2009년 대법원 양형위원회의 양형기준안에 의하면 사례 ⓐ와 같은 차입매수를 배임죄로 처벌한다면 최소 4년에서 최대 11년의 징역형에 처할 수 있다고 한다. 이는 13세 미만 아동의 유사성교나 강간치상, 강간상해죄의 양형구간에 상응한다. 이런 양형계산으로 자세히는 이상현, “LBO에 대한 정당한 규제”, *규제연구* (제18권 제1호, 2009), 131쪽.

4) Loren Goldner, “1973년으로의 회귀?: 달러중심 축적체계 쇠퇴의 연속과 불연속”, *진보평론* (제28권, 2006), 258쪽 아래 참조.

5) LBO를 전면적으로 금지하는 유럽연합의 Second Council Directive 77/91/EEC(1976.12.13.)의 제23조 제1항 참조.

(2) **차입매수의 합법화** 그러나 모든 차입매수가 배임죄가 되는지는 매우 의문이다. 차입매수의 과정은 <① 우선협상대상자 → ② MOU체결 → ③ 실질적 담보설정 → ④ 신주발행 및 대표취임 → ⑤ 물권적 담보설정 등(계약이행) → ⑥ 경영정상화>로 구조화된다. 이런 과정을 거쳐 도산 위기에 처했던 회사가 기사회생하고, 채무도 감소하고, 비약적인 성장을 하는 사례가 적지 않다. 그렇기 때문에 차입매수는 투입비용 대비 산출수익을 극대화하는 구조조정의 한 방편이 될 수도 있다.

1) 선진각국의 규제완화 또한 선진각국에서도 일정한 요건 하에서는 널리 활용되는 기법이 되고 있다.

> [차입매수에 대한 선진각국의 규제완화] 선진각국의 차입매수규제제도를 요약해 본다면,[6] ① 미국은 대체로 일정한 테두리조건 — 이를 테면 주요 정보공개, 이해관계 없는 이사 또는 주주들의 과반수 승인과 같은 신중한 판단 및 공정한 대가 — 을 충족하면 LBO를 결정한 이사의 책임을 인정하지 않는다. 이로써 차입매수의 허용여부는 그것이 전반적으로 공정한지(Entire Fairness Doctrine)에 따라 결정된다고 할 수 있다. ② 영국은 유럽연합 가입 전엔 회사들이 자신의 주식을 취득하도록 돕는 금융지원행위를 금지하고 처벌하였지만(Companies Act 1985, 제151조), 유럽연합 가입 후 제한적으로 예외를 인정하다, 2008년 실시된 회사법(Companies Act 2006, 제678조 내지 제680조 참조)에 의해 원칙적으로 금지된 LBO가 회사의 이익을 위해 선의로 제공되거나, 그로써 순자산이 감소하지 않거나, 배당가능이익에서 제공된 것이라면 예외적으로 허용되고 있다. ③ 독일은 유한회사에 대해서는 자기자본의 유지를 조건으로 허용한 반면, 주식회사에 대해서는 LBO의 법률행위를 무효(nichtig)로 규정한다(AktG: Aktiengesetz §71a 참조). 독일의 경우는 유한회사가 회사형태의 중심을 이룬다는 점을 고려하면 상당히 광범위하게 LBO를 인정하고 있는 셈이 된다. ④ 일본은 2000년의 「민사재활법」과 「회사재활법」 개정으로 법정관리절차에 따라 법원의 승인이 있으면 LBO를 허용하고 있으며 2003년 「산업활력재생특별조치법」에 의해 일정한 절차를 따르면 법정 외의 LBO를 허용하고 있다.

2) 규제의 논리적 구조 선진각국의 규제상황을 보면 두 가지로 요약할 수 있다. 첫째, 경제활성화와 자본시장의 효율성을 위해 차입매수를 일정한 범위에서는 허용한다. 둘째, 미국은 원칙적 허용, 예외적 제한을, 그 밖의 국가들은

---

6) 이에 관해 자세히는 이상현, "LBO에 대한 정당한 규제", *규제연구* (제18권 제1호, 2009), 112~118쪽 참조.

도표 44 LBO의 장점과 단점

LBO의 장점	LBO의 단점
• 여러 경제주체(인수자, 피인수회사)가 하나로 합쳐 (피인수회사의) 자산을 공동으로 이용함으로써 가치창출의 비용을 절감함 • 위기에 빠짐으로써 활용이 비효율적으로 되버린 기업의 자산매각을 촉진시킴. • 피인수기업의 기존 경영진을 교체함으로써 대리인 비용을 절감하게 함. • 경영혁신기법의 도입으로 회사재정의 건전화와 기업가치의 향상을 도모할 수 있음. • 법인세법상 혜택(이자의 세금공제)[7]	• 피인수회사의 자기자본 대비 부채비율을 높임 • 피인수회사의 내부정보의 편의적 이용과 사기양도의 위험 • 인수자에 대한 신뢰성 평가의 어려움

대체로 원칙적 금지, 예외적 허용의 규제틀을 갖고 있다. 셋째, 이때 허용의 요건은 '이론적으로' 볼 때, 대체로 다음과 같은 차입매수의 장점과 단점 사이의 균형을 잡는 지향성을 갖고 있다고 볼 수 있다.

(3) **합법화기준의 불가능한 계량화** 그러나 차입매수를 범죄화하는 정책에서 이러한 균형잡기는 만족할 만한 수준으로 성공하기는 매우 어렵다. 이를테면 부채비율이 일정 한도로 증가하면 회사의 자본비용이 이익을 초과한다고 보고,[8] 따라서 그것을 알고도 차입매수를 하면 배임죄가 성립한다고 보는 것이다. 그러나 배임죄의 불법은 그와 같이 어떤 기준 하나에 의해 '계량적으로' 그 유무가 판단될 수 있는 성격의 것이 아니다. 차입매수의 합법화는 그것의 긍정적 효과에 의해 뒷받침되는 것이지만, 어떤 차입매수가 긍정적 효과를 부정적 효과보다 더 많이 발휘하게 될 지는 객관적으로 예측하기 어렵기 때문이다. 즉, 차입매수가 위기에 빠진 기업을 살리고, 주주와 채권자를 보호하게 될 만큼 성공할 것인지 여부는 인수자의 의사(투기의사 또는 투자의사) 이외에 그의 위기해결역량에 대한 시장의 평가나 채권단의 채권회수정책, 그 기업의 산업적 전망, 시장에서 투자자들의 반응과 정부의 정책, 국제경영환경 등 매우 다양한 요소들이 복합적으로 작용하여 결정된다.

이상의 논의를 종합해보면, 차입매수를 배임범죄화한 대법원의 법정책은 분

7) 이상훈, "LBO와 배임죄 (상), *법조* (제619권, 8월호, 2008), 112~113쪽.

8) 이에 관해서는 박태현, "LBO의 효과 및 허용범위에 대한 미국회사법상의 논의", *서울대 금융법센터 BFL* (제24권, 2007), 70쪽.

명, 매우 중요한 부실기업의 회생전략, 또는 기업의 경쟁력유지를 위한 새로운 시장진입의 경영 전략적 수단을 기업과 경영인들로부터 빼앗아 가버리는 것이 될 수 있다.

2. 범죄화정책의 근거

이처럼 차입매수를 배임범죄로 삼는 대법원의 배임죄해석의 법정책적 근거는 크게 두 가지로 요약될 수 있다.

(1) **법률적 재산의 대등한 교환의 흠결** 차입매수를 배임죄로 바라보는 가장 핵심적인 근거는 반대급부의 흠결에 있다. 즉 피인수회사로서는 주채무가 변제되지 않을 경우 담보로 제공된 자산을 잃게 되는 위험을 부담하게 되므로, 인수자가 피인수회사에 아무런 반대급부를 제공하지 않고 임의로 피인수회사의 재산을 담보로 제공하게 하였다면, 인수자 또는 제3자에게 담보가치에 상응한 재산상 이익을 취득하게 하고 피인수회사에게 그 재산상 손해를 가하였다고 봄이 상당하다는 것이다.[9)]

[판례: 차입매수의 배임범죄화 이유] 기업인수에 필요한 자금을 마련하기 위하여 그 인수자가 금융기관으로부터 대출을 받고 나중에 피인수회사의 자산을 담보로 제공하는 방식{이른바 LBO(Leveraged Buyout) 방식}을 사용하는 경우, 피인수회사로서는 주채무가 변제되지 아니할 경우에는 담보로 제공되는 자산을 잃게 되는 위험을 부담하게 되는 것이므로, 인수자가 피인수회사의 위와 같은 담보제공으로 인한 위험부담에 상응하는 대가를 지급하는 등 반대급부를 제공하는 경우에 한하여만 허용될 수 있다 할 것이다. 따라서 만일 인수자가 피인수회사에 아무런 반대급부를 제공하지 않고 임의로 피인수회사의 재산을 담보로 제공하게 하였다면, 인수자 또는 제3자에게 담보가치에 상응한 재산상 이익을 취득하게 하고 피인수회사에게 그 재산상 손해를 가하였다고 봄이 상당하고(대판 2006.11.9, 2004도7027), 이는 인수자가 자신이 인수한 주식, 채권 등이 임의로 처분되지 못하도록 피인수회사 또는 금융기관에 담보로 제공됨으로써 피담보채무에 대한 별도의 담보를 제공한 경우라고 하더라도 마찬가지라고 할 것이다(대판 2008.2.28, 2007도5987).

이런 입장에 따르면 인수합병의 당사자들이 급부와 동등한 반대급부를 교환하지 않으면 이는 배임이 되며, 이때 급부와 반대급부는 좁은 의미의 법률적

9) 같은 취지로 인수인의 대가제공 없는 차입매수는 배임으로 보는 전현정, "LBO와 배임죄: 손해를 중심으로", *서울대 금융법센터 BFL* (제24호, 2007), 96쪽 아래, 101~102쪽 참조.

재산으로 구성되어져야 한다. 따라서 인수자의 경영능력이나 네트워크 형성능력 등은 경제적 재산일 수 있으나, 그런 것은 급부와 반대급부의 교환여부에 대한 판단에서 중요하지 않게 된다. 하지만 이런 근거는 재산 개념이 <법적 재산개념 → 법적-경제적 재산개념 → 경제적 재산개념>으로 확장되는 현대적인 흐름에 역행한다.

또한 반대급부가 좁은 의미의 법률적 재산이어야 한다는 요청은 모험거래의 가능성을 제거해버린다. 물론 정상적인 경영상황에서 모험거래, 특히 반대급부가 없는 인수합병은 배임의 성격을 띠기 쉽다. 그러나 차입매수와 같은 모험거래를 무릅쓰지 않는다면 도산하거나 정리될 운명에 처한 기업에게까지 모험거래를 불법화하는 것은 적절하지 않다. 모험거래를 통한 기사회생의 경영전략은 심폐소생술과도 같은 것이기 때문이다.

(2) **투자자보호의 절대명령** 차입매수를 배임범죄화하는 대법원의 해석정책이 기초하는 두 번째 근거는 투자자보호에 있다.

1) **투자자보호의 절대화** 즉 피인수회사가 부도로 인해 회사정리절차가 진행 중인 주식회사였고, 그런 회사의 회생을 위한 목적이 있었다고 할지라도 피인수회사의 주주나 채권자들의 잠재적 이익은 여전히 보호되어야 한다는 것이다. 이와 같은 투자자보호라는 도덕적 요청은, 판례의 행간을 읽어보면 반대급부의 흠결이라는 첫 번째 근거가 타당하지 않다고 해도, 그 자체로서 차입매수를 배임범죄로 만들 수 있는 근거가 된다. 또한 투자자보호의 요청 때문에 인수자가 설령 피인수회사(본인)의 이익을 위한다는 의사도 가지고 있었다 하더라도, 이득 또는 가해의 의사가 주된 것임이 판명되면 배임죄의 고의를 인정할 수 있다[10]는 논리를 취하게 된다. 그런데 이때의 이득의사 또는 가해의 의사는 첫 번째 근거, 반대급부의 미제공이라는 사실로부터 이미 인정할 수 있다. 그러므로 투자자보호의 요청은 인수자가 피인수회사의 이익을 위하는 의사를 가졌고, 심지어 그 회사를 기사회생시키는 경영을 수행한 경우에도 결코 굴절되지 않는다. 이런 점에서 차입매수의 배임범죄화에서 투자자보호는 하나의 '절대명령'(Imperativ)과 같은 것이 된다고 볼 수 있다.

2) **실질적 자본감소** 판례가 보여준 관점은 아니지만 투자자보호를 이처럼 절대명령화한다면, 차입매수를 배임범죄화하는 새로운 논리도 생성될 수 있다.

---

10) 대판 2000.11.24, 99도882; 2004.5.14, 2001도4857 참조.

(가) **주총의 특별결의 필요성** 즉 차입매수는 반대급부가 없다는 점에서 실질적으로는 '자본감소'이고, 이는 주주총회의 특별결의(출석한 주주의 의결권의 3분의2 이상, 발행주식총수의 3분의1 이상의 수)[11]가 필요할 만큼 엄정한 주주보호가 요청되는 사항인데, 이사회결의만으로 이루어진다는 점에서 배임성이 인정된다는 것이다. 이런 논리는 분명 판례의 투자자보호 논거의 연장선에 있다. 이런 논리를 거꾸로 바라보면, 차입매수(LBO)를 하려는 사람은 배임죄의 덫에 걸리지 않기 위해서는 피인수회사가 (법률이 규정하지 않는 사항에 대해서까지) 주주총회의 특별결의를 받아오도록 해야만 하는 것이 된다. 즉, 법원이 상법 제438조의 "자본감소" 개념을 법률적 재산의 의미에서 반대급부가 없는 채무보증이나 담보제공 등의 행위에 대하여 '공식적으로' 확장적용하는 문제와는 별개로 이러 요청을 충족해야 한다.

(나) **형법을 통한 실질적 상법의 개정** 그러나 그런 확장적용은 아마도 공식적으로 이루어지지는 않을 것이다. 이렇게 볼 때 투자자보호의 절대명령 아래서 차입매수를 배임범죄로 바라보는 형법해석은 실질적으로 상법을 개정하는 것이며, 이는 상법의 형법에 대한 실질적 종속을 가져오는 것이기도 하다. 이런 현상을 두고 '형법의 과잉'이나 '형법의 과도한 도덕주의적 편향'을 염려하지 않을 수 없게 된다.

Ⅱ. 차입매수의 범죄화와 합리성의 충돌

차입매수를 범죄화하는 형법해석의 타당성에 대한 논의는 (형법)체계내재적인(systemimmanent) 비판과 분석, 그러니까 특히 배임죄의 성립요건에 대한 형법해석학적 검토만으로는 부족하다. 앞서 보듯 형법해석이 상법의 실질을 형성하고, 더 나아가 경영영역과 인수합병시장을 구조적으로 제약하기 때문이다. 여기서 (형법)체계초월적인(systemtranszendental) 비판과 분석이 요구된다. 내가 여러 곳에서 논의해온 합리성의 충돌과 괴리[12]라는 현대사회의 구조적 현상과

11) 상법 제438조, 제434조 참조.

12) 가장 일반적이며 간략한 설명으로 이상돈, *로스쿨을 위한 법학입문* (법문사, 2009), 14~16쪽; 의료영역에 관해서는 이상돈, *의료체계와 법* (고려대학교출판부, 2000); 분식회계의 부실감사와 관련해서는 이상돈, *부실감사법* (법문사, 2007) 참조; 이를 발전시키고 있는 양천수, "합리성 개념의 분화와 충돌 — 독일의 논의를 중심으로 하여—", *법과 사회* (제31호, 2006.), 211~234쪽.

그런 괴리를 메우고 극복하는 사회체계간의 통합을 법이 성찰적으로 고려해야 한다는 점은 차입매수의 범죄화정책에서도 고려되어야 한다.

1. 경영형법의 취약한 정당성

(1) 차입매수를 배임행위로 말함 우선 차입매수를 배임범죄로 바라보는 형법해석의 타당성이 위로부터, 그러니까 어떤 법이념으로부터 확보되는 것이 아니라 아래로부터, 즉 차입매수를 배임행위라고 말하는 것이 차입매수의 거래당사자들 뿐만 아니라 보통의 시민들이 정의로운 것이라는 느낌(법감정)을 가질 수 있는 것인지를 살펴볼 필요가 있다. 일찍이 나는 법원의 판결이란, 현행'법'의 구체적 내용이 무엇인지를 말하는 행위라는 법이론적 해명을 한 바 있다.[13] 말행위(speech act, Sprechakt)의 이론을 법에 적용한 것이다.

그런데 오늘날 다원주의 사회에서는 법원이 말하는 법과 시민들이 말하는 법이 다를 때가 많다는 점에 주목할 필요가 있다. 이런 말함의 차이는 법원이 법을 형성한 사건(판결사안)에 대해 법원이 말하는 바와 개인(피고인, 피해자, 관찰자)이 그가 체험한 사건에 대해 말하는 바에 차이가 있음을 전제한다. 이 차이는 물론 각자의 가치관이나 정치적 이념, 경험의 다양성 등과 같은 선이해의 차이에서 비롯된다. 하지만 합리성의 괴리라는 현상은 이 선이해가 사회체계마다 어떤 집단적인 전형성을 띠는 영역에서 등장한다. 그런 전형성의 차이가 차입매수를 배임행위로 말할 수 있는지에 대한 법조인집단과 경영인집단 사이에서도 발견된다.

(2) 차입매수에 대한 나레이션의 차이 예컨대 앞의 차입매수사건에서 피고인은 차입매수를 배임범죄에 해당하는 스토리로 말하는 대법원의 관점과는 사뭇 다른 스토리를 말할 것이다. 즉, 그는 부실화되어 정리절차에 넘어간 회사를, 페이퍼컴퍼니를 설립하고, 은행권으로부터 프로젝트파이낸싱(Project Financing P/F)[14]을 끌어온 후 도급규모와 순자산가치를 꾸준히 상승시키는 등 회사를

13) 법을 법관의 말행위로 보는 이상돈, "법관의 말행위와 올바른 법", *저스티스* (제25권 제2호, 1992), 155~175쪽; 이상돈, *기초법학* (법문사, 2010), 426쪽 아래 참조.

14) 엄밀한 의미에서 차입매수가 P/F인지는 다소 의문이 있다. 페이퍼컴퍼니가 Project Company가 된다는 점, 프로젝트가 특정 사업이 아니라 피매수회사의 모든 사업을 포괄한다는 점에서 그러하다. 하지만 그 외의 점에서는 피매수회사의 정상화를 프로젝트로 삼고, 그 수행에 따른 현금흐름과 수입을 상환재원으로 삼아, 프로젝트 회사(매수회사)에 대하여 자금을 공급한다는 점에서 P/F로 볼 수 있다.

정상화시킨 사건, 즉 자신의 '경영능력과 경영업적'을 보여준 사건으로 말할 것이다. 이에 비해 대법관들은 피고인 자신이 회사를 매수할 자본도 없으면서 매수할 바로 그 회사의 자산을 담보로 잡아 돈을 빌린 다음, 그 돈으로 그 회사를 꿀꺽 삼켜 먹어버린 사건, 그러니까 매우 부도덕한 경제범죄행위의 전형으로 말한 것이다. 이와 같이 한편에서는 '부도덕한 범죄행위'라고 말하고, 다른 한편에서는 '훌륭한 선진기법의 경영행위'라고 말하는 내레이션(narration)의 극단적 차이가 있다.

(3) **권위적 합법주의의 지양** 그런 차이의 내레이션을 두고, 법원의 말과 다른 말을 법외적인 것, 심지어 불법적인 것으로 단정하는 것은 '권위적 합법주의'라고 보아야 한다. 민주적 법치국가는 토론민주주의(deliberative Democracy)를 지향할 필요가 있고, 법에서 말하는 정상성이나 합법성에 묻혀버리는 다른 스토리텔러(Storyteller)[15]의 다른 목소리를 드러내 보이고, 그것에 귀 기울일 수 있을 때, 즉 성찰적일 때 법체제의 정당성도 창출될 수 있다. 가령 이 사안에 대해 나에게 말해보라고 하면 위 사건의 차입매수인을 범죄자라고 볼 것까지는 없지만, 그러나 자산이 없는 자가 — 아마도 정경유착의 상황에서는 정치적, 그렇지 않은 경우에는 학연, 지연, 혈연 등의 사회적·인적 네트워크를 활용하여, 즉 좁은 의미의 전통적인 경영능력과 구별되는 정치사회적 능력을 활용하여 — 프로젝트파이낸싱(P/F)을 성공시키는 것만으로 남의 회사를 꿰차는 것은 좀 문제가 있다는 식으로 말할 것이다.

한 사건을 두고 펼쳐지는 내레이션의 차이가 상당하고, 또한 그 차이가 개인들(단지 피고인이나 특정한 대법관) 사이의 차이가 아니라 법조인집단과 경영인집단 사이의 차이로 등장한다면, 선이해의 집단적인 전형성과 그 위에서 형성된 하부문화의 차이 그리고 사회체계들, 즉 법체계와 경제체계 사이에 합리성의 괴리가 있다고 말할 수 있게 된다.

2. 경영판단과 법의 이원적 코드

사회체계들 사이의 합리성괴리 가운데 가장 대표적인 것이 경영합리성과 법적 정의 사이의 차이이다. 차입매수의 배임성에 대한 판단에서도 이런 차이

---

15) A. W. Frank, "The Standpoint of Storyteller", *Qualitative Health Research*, Vol. 10, No. 3. 353쪽 아래; 이상돈·이소영, *법문학* (신영사, 2005), 288쪽 참조.

는 매우 분명하게 드러난다. 먼저 법적 정의와 경영합리성 사이의 간극과 괴리가 왜 발생하는지 살펴보아야 한다.

(1) **합 · 불법의 이원적 코드에 담기지 않는 모험거래** 루만(Luhmann)은 법의 기능은 인간의 행동에 대해 합법 또는 불법을 판정함으로써 현실의 복잡성을 축소시켜주는 데에 있다고 말한다.[16] 즉, 법은 합법과 불법이라는 이원적 코드로 작동한다. 이에 반해 경영행위의 합리성은 (합법으로 판정되는) 합리적 경영과 (불법으로 판정되는) 비합리적 경영이라는 이원적 코드로 연산되지 않는다. 왜냐하면 주도면밀한 정보 분석을 토대로 한 경영판단이 실패로 끝나기도 하는 반면, 부실한 경영판단이 성공을 거두는 경우가 결코 적지 않기 때문이다. 차입매수에 대한 결정은 기업회생의 (때로는 유일한) 전략으로 이루어지더라도 결과는 회사만 팔아넘긴 것이 될 수도 있는 반면, 부당하게 대가 없이 회사만 넘겨주는 것 같아 보였지만, 부실기업의 회생과 발전의 디딤돌이 되어 줄 수도 있다.[17] 그렇기 때문에 차입매수를 불법의 범주에 가둘 수만도 없다. 즉 경영행위, 특히 모험거래적 성격을 띠는 경영행위는 합법과 불법의 이원적 코드에 의해 그 합리성이 재단될 수 없다는 것이다.

(2) **위험감수원칙과 위험회피원칙의 충돌** 이렇게 차입매수의 합리성이 법적 판단에 담기기 어려운 데에는 경영의 근본원리와 법의 근본원리 사이에 차이점이 있기 때문이기도 하다. 법에서 정의라 함은 범죄와 형벌, 손해와 전보 등과 같은 고전적인 형상도 있지만 여기서 주목하는 것은 현대사회의 특성, 즉 위험사회에서 등장한 정의의 원리이다. 법익의 침해가 과학기술화된 삶의 형식에서 비롯되는 각종 위험이 실현된 결과로 등장하는 현대사회에서는 발생한 법익침해에 대한 손해전보보다 그러한 위험의 실현을 차단하는 것이 법적 정의의 실질적 내용이 된다. 그래서 오늘날 법에서는 이른바 위험회피원칙(principle of risk avoiding)이 지배한다. 이에 반해 경영의 근본원리는 정반대이다. 즉 경영에서는 위험감수원칙(principle of risk taking)이 지배한다. 경영은 위험을 무릅쓸 때 성공하고, 성장하는 것이라는 논리에서 결코 벗어날 수 없다. 법적 책임은 어떤 위험을 창출 또는 증대하였다거나 위험의 전개를 방치했다고 하여 부과되는 반면, 시장에서는 '고위험을 감수할 때에 고수익'이 보장되기

16) N. Luhmann, *Ökologische Kommunikation* (Opladen, Westdeutscher Verlag, 1986), 78쪽.
17) 이런 모험거래의 불확실성이 배임죄 적용에서 고려되어야 한다는 Th. Hilenkamp, "Risikogeschäft und Untreue", *NStZ* (1981), 163쪽 참조.

도 하는 것이다. 이런 범주적인 차이는 경영의 합리성/비합리성 개념과 법적 정의/부정의 사이의 간극과 충돌을 구조적인 현상으로 발생시킨다. 차입매수는 바로 이런 현상의 전형을 이룬다. 회사정리절차에 들어간 기업을 획기적으로 기사회생시키고, 성장의 모멘트를 얻게 하는 데에는 인수합병, 특히 차입매수와 같은 모험거래적인 경영기법이 긴요한 것일 수 있다.

3. 모럴헤저드의 범죄화와 경영판단원칙의 수용 사이에

이처럼 차입매수의 경영합리성이 법의 이원적 코드에 정합적으로 담길 수 없는 현상 앞에서 두 가지 길이 등장한다.

(1) **차입매수의 범죄화와 형법의 심정윤리화** 하나는 최근의 판례들[18]이 그런 경향을 보여주고 있는데, ① 어떤 경영결정의 결과가 실패(회사의 부실화, 도산)로 끝난 경우에 그리고 ② 법적용이 가능한 개념(anwendungsfähiger Begriff)으로 정밀하게 포착되지 않는 모종의 '모럴헤저드'(moral hazard)가 경영행위에 있다고 인정되는 경우에, ③ 아래(Ⅲ)에서 보듯 '포괄구성요건'으로 배임죄를 리모델링한 다음에 배임죄의 형사책임을 부과하는 길이다. 이런 판례의 경향은 시장 및 경영의 논리와 법적 정의 사이의 간극을 메우기는커녕 경제체제와 법체계를 더욱 분열시키기 쉽다.

그런데 여기서 주목해야 하는 점은 차입매수를 배임범죄로 구성하는 것은 이와 같은 판례의 일반적인 추세에서 한 걸음 더 나아간다는 점이다. 즉 경영결정이 실패로 끝난 것이 아니라, 성공으로 끝난 (요건 ①의 흠결) 사안에 대해서도 범죄로 인정함으로써, 사실상 모럴헤저드가 곧 배임범죄가 되어 버리게 만든다는 것이다. 이런 형법의 확장은 분명 위험형법에 수반되는 법치국가원칙의 침융을 한 단계 더 높은 수준으로 진행시킨다. 차입매수의 배임범죄화는 아마도 회사, 채권자 등의 재산권을 보호하는 것을 경영인들이 포기해서는 안 된다는, 일종의 심정윤리를 저버린 점만으로 형벌을 부과하는 것이라 할 수 있다. 그러므로 차입매수의 범죄화는 위험형법의 위험성을 넘어, 독일의 나치시대에 등장한 형법에 대해 가해졌던 비판의 목소리, 이른바 '심정윤리의 형법'이라는 소리를 들을 만도 할 것이다.

---

18) 이런 판례들의 경향을 다양한 각도에서 분석한 이상돈, *윤리경영과 형법* (신영사, 2005), 30~42쪽 아래 참조.

(2) 경영판단원칙의 적용 다른 한 길은 법체계가 경영의 합리성에 대해 개방적이고 성찰적인 태도를 취하는 식의 길이다. 이 길은 주로 경영판단원칙(business judgement rule)[19]을 대폭 수용함으로써 열린다.

1) 선관의무와 충실의무의 준수 이 원칙에 의하면 경영자가 선의(in good faith)와 상당한 주의(due care)로 자신의 권한 범위 내에서 행한 거래의 경우에는 그로 인해 회사에 손해가 발생하였어도 그에 대한 형사책임을 경영자에게 귀속시키지 않는다. 그러니까 차입매수인이 정리절차에 들어간 기업의 (사실상) 경영진으로써 담보설정 등을 통한 프로젝트파이낸싱(P/F)이 피인수회사를 회생시키기 위한 효과적 방편이 된다는 믿음으로 하였다면 배임죄의 형사책임을 귀속시켜서는 안되는 것이다. 물론 미국의 경영판단원칙은 이사의 선관주의의무의 위반에 대해서만 적용되고, 충실의무의 위반에 대해선 적용이 없다.

그런데 차입매수인은 페이퍼컴퍼니의 대표이사이고, 피인수회사의 사실상 이사로 본다면, 그의 차입매수행위는 충실의무에 위반한 것이고, 따라서 그의 차입매수에 대하여는 경영판단원칙이 적용되지 않을 수 있다. 그러나 차입을 위하여 두 회사 사이에 양해각서(MOU)를 체결하고 피인수회사의 자산으로 담보를 설정하는 단계에서 차입매수인은 아직 피인수회사의 이사가 아니었다는 점에서 차입매수행위가 직접 충실의무에 위반되는 것은 아니라고 할 수 있다. 물론 차입매수인에게 피인수회사 이사의 사실상 지위를 인정하더라도 이때 충실의무[20]는, 기업이 대출기간에 창출할 수 있는 현금의 총합을 현금흐름할인법(DCF)에 의해 현재가치로 환산한 액수이 대출금액에 못미치게 되는지를 확신

---

19) 이에 관한 판례법의 발전을 성문화한 미국법률협회(ALI)의 Principles of Corporate Governance : Analysis and Recommendations § 4.01 Duty of Care Directors and Officers; *the Business Judgement Rule*] (a) A director or officer has a duty to the corporation to perform the director's or officer's functions in good faith, in a manner that he or she reasonably believes to be in the best interests of the corporation, and with the care that an ordinarily prudent person would reasonably be expected to exercise in a like position and under similar circumstances. This Subsection (a) is subject to the provisions of Subsection (c) (the business judgement rule) when applicable. (c) A director or officer who makes a business judgement in good faith fulfills his duty [of care] if : (1) he is not interested in the subject of the business judgement; (2) he is informed with respect to the subject of his business judgement to the extent he reasonably believes to be appropriate under the circumstances; and (3) he rationally believes that his business judgement is in the best interests of the corporations.

20) 상법 제382조의3(이사의 충실의무)은 "이사는 법령과 정관의 규정에 따라 회사를 위하여 그 직무를 충실하게 수행하여야 한다"고 규정한다. 그러나 여기서 충실의 의미에 관해서는 매우 논란이 많다.

할 수 없었다면 그 위반을 인정할 수 없을 것이다.

2) 형법상 경영판단원칙의 확장 또한 여기서 더 나아가 차입매수자가 피인수회사의 사실상 이사로서 충실의무에 위반하였다고 볼지라도, 민사사건[21]에서와는 달리 형사사건에서는 경영판단원칙을 적용할 필요도 있다. 특히 한국 형법상의 배임죄가 명문으로 있지 않은[22] 미국과 달리, 명문의 배임죄(형법 제356조, 제355조 제2항)를 포괄구성요건으로 운영하는 한국의 법원실무에서는 미국보다 경영판단원칙을 더 확대 적용할 필요가 있기 때문이다. 이런 해석은 배임죄 규범의 보호목적(Schutzzweck)이 '회사를 해하는' 경영인의 충실의무위반만을 포착한다고 봄으로써 가능하다. 즉, 차입매수에서 설령 충실의무의 위반이 있다고 인정하더라도 그 위반은 피인수회사의 구조조정을 위한 한 과정에서 일어난 것이고, 그 구조조정이 회사를 해하는 것이 아니라 회생시키는 조치의 일환으로 이루어졌다는 점에서 그 충실의무위반은 배임죄 규범의 보호목적 밖에 위치한다는 것이다.

Ⅲ. 차입매수배임죄의 구조분석

차입매수를 배임범죄로 구성하는 해석의 체계내재적 관점을 분석·비판하지 않는다면 판례의 해석정책을 변화시키기는 어렵다. 체계초월적 비판은 법형성에 참여하는 당사자의 관점이 아니라 법체계 밖의 관찰자의 관점으로서 참고할 사항이기는 하지만, 판결이 직접 기초로 삼아야만 하는 것으로 받아들여지지는 않기 때문이다. 그러므로 차입매수를 배임범죄로 만드는 논리를 형법해석학적 차원에서 해부하는 일이 필요하다.

1. 배임죄요건의 리모델링

(1) 비윤리적 경영행위의 배임죄화 우선 차입매수에 적용된 배임죄(형법 제

21) 이에 관한 우리나라 판례로는 대판 2002.3.15, 200다9086; 2002.6.14, 2001다52407; 2003.4.11, 2002다61378 참조; 주요 논문으로는 이영봉, "경영판단의 법칙의 수용에 관한 검토", *상사법연구*, 제19권 제1호 (2000), 47~52쪽; 고재종, "경영판단의 원칙의 도입여부에 관한 비교법적 고찰", *비교법학연구*, 제2집(2003.9), 39쪽 참조.

22) 조국 교수는 미국 연방법상의 '우편사기죄'(mail fraud)가(U.S.C. Title 18의 Chapter 63 중 §1341, §1343조) 배임죄에 해당한다고 주장한다(조국, "기업범죄 통제에 있어서 형법의 역할과 한계—업무상 배임죄 배제론에 대한 응답", *형사법학연구*, 제19권 제3호, 2007 가을, 169~171쪽).

355조 제2항, 제356조)는 ① 타인의 사무를 처리하는 자가 ② 그 임무에 위배하는 행위를 하여 ③ 재산상의 이익을 취득하고, 그 타인(본인)에게 재산상 손해를 발생키고, ④ 고의(불법이득의사)가 인정될 때 성립한다.

차입매수에 대해 이 규정을 적용하는 것은 특히 1997년 IMF 관리체제 이후 윤리경영을 강조하는 판례의 흐름에 합류한다. 그 흐름은 한 마디로 배임죄의 '포괄구성요건화'라고 요약할 수 있다. 여기서 포괄구성요건(Auffangtatbestand)이라고 개념화한 것[23]은 배임죄의 네 가지 성립요건을 다음과 같이 변형함으로써 일반조항보다는 좀 더 사례지시적이긴 하지만 전통적인 법치국가적 형법의 범죄구성요건이 갖추어야 할 명확성의 수준보다는 상당히 낮아진 구성요건이 만들어진다는 점을 두고 하는 말이다. 첫째, ① 타인사무처리자는 '적극적인 재산관리의무자'로부터 (배후이사, 무권대행자, 명예회장 등을 포괄할 수 있도록) '신의칙에 의한 신임관계' 또는 '사실상의 신임관계'가 있는 자로 확장된다. 이로써 배임죄는 사무처리의 내부적 신뢰관계를 파괴하는 행위에서 그 신뢰관계를 외부로부터 파괴하는 행위로 변질된다. 이는 회사의 실질적 지배자에게 비윤리적 경영에 대한 형사책임을 물어, 주주와 채권자를 보호하기 위함이다. 둘째, ② 임무위배행위라는 개념은 위임된 '권한의 초월이나 남용'으로부터 '비윤리적 경영'으로 판단되는 일체의 행위로 재해석된다. 또한 비윤리적 경영은 배임죄의 불법유형으로 언급되어 온 '신임의 파괴' 개념보다 그 외연을 더 확장하는 개념이다. 그러므로 차입매수에서 모종의 '모럴헤저드'를 캐낼 수 있다면, 임무위배행위가 인정되는 셈이다. 셋째, ③ 손해는 재산상 실손해에서 실해발생의 '위험'을 초래한 것으로 확장된다. 가용자금의 감소나 유동성의 장애까지도 손해가 된다. 넷째, ④ 고의는 행위자가 자신의 행위가 비윤리적 행위임을 인식할 의무의 위반으로 변질된다.[24]

⑵ **차입매수의 배임구조** 이러한 배임죄의 변형을 차입매수의 사안유형에 다소 일반화시켜 그 요건을 정해보면 다음과 같다.

첫째, 타인사무처리자는 등기이사 뿐만 아니라 실질적인 경영자를 가리키게 된다. 둘째, 임무위배행위는 비윤리적 경영으로 개념화되는 데, 이는 실제로는 하이리스크(high risk)를 무릅쓰는 경영결정을 가리키게 된다. 셋째, 손해의 발

23) 독일에서 이 개념을 사용하는 A. Dierlamm, "Untreue ein Auffangtatbestand?" *NStZ* (1997), 534쪽 아래 참조.

24) 이에 대해 자세히는 이상돈, *윤리경영과 형법* (신영사, 2005), [1]단락 참조.

| 도표 45 | 배임죄 구성요건의 변형

	배임죄의 전통적 요건	배임죄의 변형된 요건
①	타인사무처리자(재산관리의무자)	실질적 경영자
②	임무위배행위	비윤리적 경영(하이리스크의 경영결정)
③	실손해	손해의 위험초래
④	인식과 의욕	비윤리성의 인식(의무위반)

생이라는 요건은 손해발생의 위험으로 유연화된다. 그런데 차입매수와 같은 하이리스크의 경영결정에서 이런 위험은 자동으로 수반된다. 넷째, 배임의 인식과 의욕은 차입매수의 비윤리성(하이리스크)의 인식으로 변질된다. 바로 이런 점이 배임죄 사건 수가 다른 범죄 유형에 비해 높은 성장률을 보이고 있는 원인이 되기도 한다.

2. 차입매수의 배임성 분석

이제 포괄구성요건으로 리모델링된 배임죄에 차입매수가 해당되는지에 대한 형법해석의 논리구조를 분석해보기로 한다.

(1) **차입매수자의 배임죄 주체성** 먼저 차입매수인이 타인의 사무를 처리하는 사람인지가 문제이다.

1) **사실상의 경영자** 피인수회사의 매수에 필요한 자금을 차입하기 위해 그 회사의 자산을 담보로 설정하는 행위시점에 매수인은 그 회사의 타인사무처리자가 아니다. 또한 매수 후 그 회사의 대표이사로 취임하여 매수계약을 이행하는 것은 그 자체로는 배임행위가 되기 어렵다.

㈎ **판례의 입장** 그러나 차입매수자를 배임죄로 처벌하려면 차입을 위한 담보설정 시점에 매수인은 이미 배임죄의 주체가 되기 위한 자격으로서 타인사무처리자가 되어 있어야 한다. 여기서 차입매수의 전 과정에서, 그러니까 차입의 시작 시점부터 매수자를 이미 피인수회사의 경영자라고 볼 수 있어야 한다. 사례 ⓐ에 대한 판례는 차입매수자가 '피인수회사의 우선협상대상자 및 대표자'라는 점을 근거로 피인수회사의 사무를 처리하는 자 내지는 사실상의 경영자 지위를 인정한 셈이다.[25] 그러나 이런 사실상 경영자 지위의 인정은 제3

25) 독일연방법원도 사실상의 기관(faktisches Organ) 개념으로 이와 유사한 입장을 보인다(BGHSt 3, 32; 6, 314; 21, 101; 31, 118 등 참조). 이에 관한 상세한 논의로 Bruns, "Grundprobleme

자에 의한 차입매수(LBO)를 경영진에 의한 차입매수(MBO, Management Buy-out)로 간주해버리게 것이 된다.

(나) **적극적 재산관리의무자 여부** 그러나 차입매수자에게 사실상 경영자의 지위를 인정하는 것은 타당하지 않다. 배임죄의 타인사무처리자는 적극적 재산관리의무[26]가 있는 자이어야 하지만, 차입매수인은, 비록 나중에 그 회사의 대표로 취임할 개연성이 높기는 하지만, 그것만으로 이미 매수할 회사의 재산을 적극적으로 유지, 증식시킬 의무가 발생했다고 볼 수는 없기 때문이다. 양해각서(MOU)의 체결로 계약당사자는 신의성실의 원칙에 구속받기는 하지만, 아직은 서로에 대해 마치 신탁재산관리에서 위탁자와 수탁자와 같은 수준의 재산관리의무를 부담하는 것은 아니기 때문이다. 물론 이 경우에도 차입매수자가 비록 피인수회사의 자산을 담보로 제공하는 처분행위의 권한을 가진 것은 아니지만, 양해각서를 통해 회사자산을 처분할 '사실상의 지위'에 있을 수 있다는 점을 근거로 신탁재산관리자와 유사한 지위를 인정할 수 있다는 주장을 해볼 수도 있다.

(다) **배임죄 불법유형의 희석화** 이로써 형법상 업무상 배임죄의 주체는 상법상 이사(예: 등기 대표이사)와 같은 경영자, 나아가 업무집행지시자(예: 명예회장, 회장)와 같이 경영자로 포섭된 사실상의 경영자 그리고 아직 상법외적인 사실상의 경영자로 구성되는 셈이 된다. 이는 배임죄의 구성요건이 매우 확장됨을 의미한다. 이런 확장이 갖는 더 큰 문제점은 그런 확장에 의해 배임죄의 불법유형과 사기죄의 불법유형 사이의 차이가 소멸된다는 점이다. 배임죄는 업무관계의 내부자에 의한 재산침해를 불법유형의 핵심으로 삼는 반면, 사기죄는 업무관계의 외부자에 의한 재산침해를 불법유형의 핵심으로 삼기 때문이다. 차입매수자가 부당하게 타인의 재산을 침해하는 전형적인 행위는 차입매수한 이후 주가가 상승하면 곧 처분하여 이익을 실현하고 빠져나가는 고의를 처음부터 갖고 있는 경우이다. 그런 경우는 바로 미국의 사기양도죄에서 보듯 사기죄의

der strafrechtlichen Organ-und Vertreterhaftung", *GA* (1982), 21쪽 아래 참조.

26) 적극적 재산관리의무의 개념은 '재산의 소유자에게 유익한 사무처리로 그의 재산을 관리할 의무'를 말한다(U. Kindhäuser/U. Neumann/H.U. Paeffgen 편, *Strafgesetzbuch Band 2*, Nomos, 2005, 4845쪽 참조). 이런 제한해석은 배임죄에서 타인사무처리의 개념이 너무 광범위하게 적용될 수 있어서 배임죄가 법치국가원리에서 볼 때 그 정당성이 의문시(이런 의문으로 P. Bringewat, "Scheckkartenmissbrauch und nullum crimen sine lege", *GA* (1973), 358쪽 아래; A. Dierlamm, "Untreue ein Auffangtatbestand?" *NStZ* (1997), 534쪽 아래 참조) 되기 때문에 요청된다.

불법에 해당하지 배임죄의 불법에 해당하지 않는다.

2) 피인수회사 경영진의 공범자 다만 차입매수인은 피인수회사의 기존 경영진(법원선임관리인)과 공범이 될 수는 있다. 피인수회사의 기존 경영진이 차입매수에 동의하고, 담보를 설정해주는 행위가 배임죄에 해당할 경우라면 매수인은 비신분자이지만 — 형법 제33조에 의해 — 배임죄의 공범(공동정범)[27]이 되는 주체로 인정될 수는 있다. 물론 인수자가 피인수회사의 경영진이나 채권단의 경영진에게 사기를 행한 것이라면 인수자는 배임이 아니라 사기죄의 책임을 지게 된다. 이때에는 공범으로서의 책임이 아니라 단독정범으로서의 책임을 지는 것이다. 차입매수의 배임범죄화는 기본적으로 피인수회사와 채권단의 경영진이 저지른 배임불법을 차용함으로써 가능한 것이다. 이때 차입매수인은 최대로 공동정범이 될 수는 있으나 방조범이 될 수도 있다. 여기서 차입매수인을 배임공범으로 처벌하려면 차입매수에 의한 기업구조조정을 기획한 세 주체들 가운데 누가 더 부도덕하며, 누가 그 구조조정과정을 주도적으로 지배했는지를 면밀하게 가려내야 함을 알 수 있다. 이 책임의 분배와 귀속은 어쨌든 차입매수인은 처벌하더라도 배임공범으로서만 처벌되는 것임을 전제한다.

(2) **손해 개념의 재구성** 차입매수가 배임이 되려면 그로 인해 피인수회사에 손해가 발생하였어야 한다.[28] 손해의 발생이 필요하다고 보는 침해범설과 손해발생의 위험으로 충분하다는 위험범설이 대립한다.

1) 재산침해로서 손해여부 배임죄를 침해범으로 본다면, 성공적인 결과로 매듭지은 차입매수는 이미 침해범으로 해석되는 배임죄에는 해당할 수 없다. 하지만 배임죄를 침해범으로 보면서도 담보제공의 경우는 담보제공이 이루어진 때 이미 손해가 발생한 것으로 보는 견해[29]에 의하면 차입매수는 배임죄(기수)가 된다. 그러나 차입매수는 기업을 회생시키기 위한 인수·합병의 한 방법이므로 손해여부는 담보제공이 아니라 차입매수의 전체과정을 통해 경영의 정상

27) 이 경우 공동정범에서의 분업적 불법실현의 원리는 신분요소에도 적용되므로, 비신분자인 차입매수인은 신분요소의 결여를 만회할 만큼 다른 실행에서 중요한 역할을 해야만 한다. 이에 반해 신분자인 피인수회사의 기존경영진은 신분범의 불가결한 불법요소인 신분을 갖고 있으므로 실행에서의 기여는 작아도 무방하다. 이에 대해서는 이상돈, "공범과 신분", *고시계* (2월호, 2005), 57쪽 참조.

28) 판례(대판 83도2330)는 오래 전부터 손해를 입는 주체인 "본인"을 주주가 아니라 회사로 본다. 따라서 차입매수자가 지배주주(사례 ⓐ에서 66% 주식보유) 이외의 주주들(34%)도 본인 개념을 구성하는 요소가 된다.

29) 이정원, *형법각론* (2000), 471쪽; 김일수·서보학, *형법각론* (박영사, 2004), 486쪽.

화나 효율성 증대 등을 기준으로 판단되어야 한다.[30] 여기서 담보제공은 경영학적으로는 부채비율의 증가라는 부담을 가져오지만 법인세법상의 혜택에 의해 그 부담을 상쇄되기도 한다는 점도 간과될 수 없다.[31]

2) 재산침해의 위험으로서 손해 그러나 만일 배임죄를 위험범으로 재구성한다면 성공한 차입매수도 배임에 해당할 가능성이 발생한다. 판례는 배임죄의 요건으로서 손해를 실손해가 아니라 그것을 끼칠 위험[32]으로 바라봄으로써 배임죄를 위험범으로 구성한다. 물론 이와 같은 손해 개념의 유연화는 비단 차입매수에서만 그러한 것은 아니다. 배임죄의 적용 전반에 걸친 현상이기는 하다.

(가) 손해의 추상적 위험 손해의 위험은 차입매수에서 당연히 전제될 수밖에 없다. 피인수회사가 설정한 담보를 이용해 인수자금을 차입한 다음 매수자가 차입채무를 변제하지 않고 처분할 위험은 논리적으로는 언제나 존재하는 것이며, 이는 피인수회사에게 손해를 끼칠 위험으로 개념화된다. 이렇게 개념화된 위험은 추상적 위험(abstrakte Gefährdung)임을 간과해서는 안된다. 또한 피인수회사의 자산을 담보로 프로젝트파이낸싱을 성공시킨 이후에도 그 회사의 채무를 갚을 만큼 회사의 신용도를 높이지 못하는 사태도 시장의 반응에 따라서는 언제든지 일어날 수 있다. 그것 또한 손해의 위험으로서 모든 차입매수에 수반된다. 그렇기 때문에 손해 개념을 추상적 위험의 개념으로 유연화하는 것은 차입매수의 배임죄 해당성을 검토할 때 손해의 요건을 무의미하게 만든다.

(나) 경제적 이성 이처럼 손해의 요건을 무의미하게 만드는 또 다른 이론으로 '경제적 이성'의 개념을 들 수 있다. 즉 손해 개념을 '경제적 이성'(wirtschaftliche Vernunft)[33]의 상실, "일정한 용도에 사용될 예정인 자금의 감소"[34]나 "유동성의 장애"[35]와 같은 경제적 행동의 합리성 상실로 재구성하는 방법이다. 이렇게 재구성된 손해 개념은 손해의 위험 발생으로 재구성된 손해개념과 마찬가지로

---

30) 이런 입장으로 조국, "기업범죄 통제에 있어서 형법의 역할과 한계", *형사법연구* (제19권 3호, 2007), 172쪽; 이상현, "LBO에 대한 정당한 규제", *규제연구* (제18권 제1호, 2009), 127쪽

31) 담보제공으로 인한 대출금으로 피인수회사가 기존 채무의 소멸 등의 이익을 얻고 인수인이 개인적인 이득을 취하지 않은 경우에는 손해를 인정해서는 안된다고 보는 김홍식, "차입매수(Leveraged Buyout)의 법적 논점에 관한 고찰", *상사판례연구* (제20집 2권, 2007), 254쪽.

32) "손해와 동등한 위험"으로 개념화한 안경옥, "배임죄에 있어서 실해발생의 위험", *비교형사법연구* (제2권 제1호, 2000), 217쪽 참조.

33) 대표적인 독일연방법원 판례로 BGHSt 16, 321; 19, 71 등을 참조.

34) 대판 2001.11.30, 99도4587.

35) 대판 2001.11.13, 2001도3531.

배임죄의 성립요건을 유연하게 만들고, 배임죄의 적용범위를 매우 넓게 확장시킨다.

그러나 흥미로운 점은 손해개념을 경제적 이성으로 재구성하여 차입매수에 적용한다면 오히려 손해요건이 충족되지 않는다는 점이다. 손해의 위험과는 달리 경제적 이성이라는 손해 개념은 법률적 재산개념이 아니라 경제적 재산개념을 전제한다. 여기서 '경제적'이라고 함은 차입매수가 회사정리절차에 들어간 기업을 인수합병하는 경영기법으로서의 합리성을 가리킨다고 보아야 한다. 그런 인수합병기법으로서의 합리성은 사기양도에 해당하는 차입매수가 아닌 한, 그리고 차입매수의 전체적인 과정이 성실하게 진행되는 한 차입매수가 갖는 일반적인 속성이다. 그렇다면 차입매수는 경제적 이성의 상실이라는 손해개념에는 해당하지는 않게 된다. 여기서 차입매수가 배임죄에 해당한다고 보려면 경제적 이성 개념마저 비윤리성이나 모럴헤저드 개념으로 이미 충족된다고 의제해야만 한다. 이는 배임죄의 성립요건을 사실상 임무위배행위로 축약시키는 결과를 가져온다. 이런 손해개념의 변질과 배임죄 불법구조의 왜곡은 차입매수를 배임범죄로 만들 때 피할 수 없는 일이 된다.

3) 손해의 실질화 만일 차입매수인에게 타인사무처리자의 지위를 인정하는 것이 차입매수의 전과정을 실질적으로 고찰하여 매수자가 피인수회사의 사무처리자라는 관점에서 가능한 것이었다면, 손해여부도 그렇게 전체적이며 실질적으로 고찰해야 한다.

㈎ 성공한 차입매수 특히 정리절차에 들어간 회사에게는 차입매수 이전에 이미 손해의 위험이 존재하는 것이며, 차입매수를 통해 기사회생의 가능성이 열린다면 그것은 오히려 이미 존재하는 위험을 제거하는 것이 된다. 물론 차입매수의 실패로 인해 피인수회사에게 손해가 발생할 수 있는 것이다. 그러나 차입매수의 방법에 의해 피인수회사가 정상화되고, 이익을 얻게 되었다면, 차입매수에 수반되는 손해의 위험은 이익실현의 기회에 의해 상쇄된 것이 된다. 따라서 어쨌든 성공한 차입매수는 배임죄의 요건으로서 손해의 표지를 더 이상 충족할 수 없게 한다. 하급심 판례에는 이러한 비판적 입장을 같이 하는 판례도 있다.

"불법한 동기를 실현하는 합병을 하였으므로 배임이 성립된다고 하기 위해서는 필히 그로 인한 손해가 증명되어야 할 것인데, 피인수회수가 인수회사에 합병된 결과 얻게 되는 법제상. 경영상의 이익은 전혀 감안하지 않은 채, 이 사건 공소사실처럼 단순히 인수회사가 인출하여 사용한 피인수회사가 보유하였던 현금성 자산만이 손해라고 하는 것은 합당하다고 보기 어렵고, 합병과 인과관계가 있는 구체적 손해에 대한 주장은 물론 그에 대해 아무런 증거가 제출된 바가 없다."[36]

(나) **현금흐름할인법에 의한 손해의 구체적 위험 판단** 더 나아가 피인수회사가 정상화되지 못해 차입매수에 수반하는, 또는 회사의 위기상황에서 이미 존재했던 손해의 위험이 현실화된 경우에도 그 손해가 차입매수자 또는 피인수회사의 경영진의 차입매수거래행위에 귀속될 수 있으려면 차입매수행위 당시에 이미 손해가 미래에 발생할 실제적인 개연성, 즉 구체적 위험이 존재했어야 한다. 구체적 위험은 추상적 위험처럼 추상적인 것이 아니라 실제적인 것이며, 구체적 사실에 입각한 개연성이어야 한다. 이런 구체적 위험의 존재여부를 판단하는 거점으로 현금흐름할인법(dicount cash flow)을 들 수 있다. 즉, 일정기간 피인수기업이 창출할 수 있는 현금(유동성)의 총합을 연간할인율(이자율의 반대)을 적용하여 현재의 (기업)가치(PV)를 산출해낸 다음, 피인수회사의 자산을 담보로 대출받는 자금의 총액이 그 가치의 총액을 넘어서는지 여부를 분석하는 방법을 사용할 수 있다.

$$PV = \sum_i \frac{(FCF_i)}{(1+r)^i} \leq \text{대출총액}$$

PV: 현재가치, FCF_i: i 기간의 잉여현금흐름, r: 현금흐름의 불확실성 반영 할인율

예컨대 미래 3년간 기업이 창출할 수 있는 현금을 평균 100억(이하 단위 원)이라고 하면 원년 100억, 1년차 100억 2년차 100억, 3년차 100억을 합한 총 400억에서 1년차 10%할인 90억, 2년차 100억 20%할인하여 80억, 3년차 30% 할인하여 70억으로 총 340억이 현재가치(PV)가 된다. 이때 그 피인수회사의 자산을 담보로 차입매수자가 예컨대 340억 이하로 대출받는다면 피인수회사에게 손해가 발생할 구체적 위험이 없다고 판단하고, 340억을 초과하여 예컨대 500억원을 대출받는다면 구체적 위험이 존재한다고 판단한다. 물론 PV의 산출은 계계적 정확성이 있는 것이 아니라 일종의 평가이기 때문에 기업의 현재가치를 훨씬 상회하는 차입을 하는 경우에만 손해의 구체적 위험이 존재한다고 볼 여지도 있다.[37] 재산손

36) 부산지방법원 2009. 2.10.선고, 2008고합482 판결.

37) 이런 경우에만 피인수회사의 채권자는 회사의 담보제공행위에 대해 채권자취소를 할 수 있고

해의 구체적인 위험이 발생했다고 볼 수 있다.

배임죄의 요건으로서 손해의 구체적 위험은 현재의 기업가치가 대출총액보다 단순히 적은 것으로는 불충분하고 상당히 적은 경우에 인정되어야 한다.

(3) **임무위배성의 구조분석** 다음으로 설령 차입매수인이 타인의 사무를 처리하는 자의 지위를 갖고 있고, 손해(의 구체적 위험) 발생을 인정하더라도 차입매수가 배임이 되려면 임무위배행위에 해당하여야 한다.

1) **차입매수의 윤리성 판단** 먼저 차입매수는 피인수회사의 자산을 담보로 그 회사를 인수한다는 점에서 '비윤리적인' 것일 수는 있다.

(개) **모럴헤저드로서 차입매수** 일상적인 윤리관념에서 보면, 인수할 회사의 자산을 이용하여 인수대금을 마련하는 것은 봉이 김선달 식의 비윤리적 행위라고 생각할 수 있기 때문이다. 대법원이 위 사건에서 매수인이 피인수회사의 자산을 담보로 차입을 하면서, 즉 차입한 채무를 임의로 갚지 않을 경우 담보설정자인 회사에 대해 손해가 끼칠 위험이 발생하는 상황에서, 담보제공부담에 상응하는 반대급부를 제공하지 않은 점을 문제로 본 것은 비록 임무위배행위로 명시적으로 개념화하지는 않았지만 임무위배행위로 본 것이라 할 수 있다. 이를 바꿔 말하면 모럴헤저드가 인정되는 회사인수(합병)는 임무위배행위가 된다는 논리가 된다.

(내) **경제적 재산의 반대급부** 물론 차입매수가 과연 모럴헤저드에 빠진 기업인수라고 말할 수 있는지도 의문이다. 왜냐하면 차입매수도 피인수회사의 담보설정에 대한 법률적 재산의 의미가 아니라 경제적인 재산의 의미에서는 모종의 반대급부가 있기 때문이다. 즉, 차입매수자가 자신의 정치적 사회적 네트워크를 이용하여, 즉 네트워킹(networkling)의 능력을 활용하여, 프로젝트파이낸싱(P/F)을 성공시키고, 차입자금으로 피인수회사의 신주를 인수한 다음 그 회사의 채무를 변제할 자본을 조달하고, 기업의 신용도를 높이고 정상화하는 리엔지니어링(reengineering)을 제공하는 것이다. 이는 피인수회사의 담보제공에 대한 경제적 재산의 의미에서 반대급부라고 볼 수 있다.[38]

보는 견해(지유미, *M&A에 대한 형법정책의 방향* (고려대 박사학위, 2009), 93쪽.

38) 이는 경제적 재산 개념의 핵심인 시장에서의 교환가치, 즉 교환가능성(Tauschbarkeit)이 인간에게도 적용됨을 전제한다. 인간도 교환객체(Tauschobjekte)의 하나가 된다. 이런 경제적 재산 개념의 이해에 관해 U. Nelles, *Untreue zum Nachteil von Gesellschaften: Zugleich ein Betrag zur Struktur des Vermögensbegriffs als Beziehungsbegriff* (1991), 382~385쪽 참조.

하지만 이처럼 시장에서 인적 물적 자산을 동원할 수 있는 역량을 기업인수의 자산으로 보는 것은 지나치게 자본주의적이며, 이를 여전히 모럴헤저드의 하나로 보는 것을 완전히 막을 윤리적 논거는 없다. 그러나 루만처럼 경제체계를 자기완결적 체계로 바라보고,[39] 그리고 재산 개념을 시장경제에서 교환기능의 수행에 특수화된 개념으로 설정하면, 개인의 전문적 능력과 네트워킹의 역량도 재산이 된다.

2) 배임죄의 불법구조에 못 미치는 차입매수의 비윤리성 그러나 이처럼 차입매수가 기업인수의 모럴헤저드라고 보더라도, 그런 모럴헤저드를 곧바로 법적인 배임행위(임무위배행위)로 보는 것은 배임죄의 불법을 지나치게 확장한다. 왜냐하면 배임죄의 불법에서 핵심은, 그러니까 범죄론의 이론적 용어로 말하면 배임죄의 행위반가치의 핵심은 사무처리관계에서 주어진 권한을 초월하거나 남용하는 것 또는 신임관계의 파괴에 있기 때문이다. 사례 ⓐ에서 차입매수자는 차입매수의 전체과정, 즉 <① 우선협상대상자 → ② MOU체결 → ③ 실질적 담보설정 → ④ 신주발행 및 대표취임 → ⑤ 물권적 담보설정 등(계약이행) → ⑥ 경영정상화>라는 과정에서 차입매수인이 누리는 권한을 초월하거나 남용한 바도 없다. 또한 차입매수의 기획을 착실히 실현한 이상 차입매수인이 신임을 파괴했다고 말할 수도 없다.

(개) **선관주의의 이행과 경영판단원칙** 신임을 파괴했다고 볼 수 있으려면 첫째, 차입매수의 전과정에서 선관주의(상법 제382조 제2항, 민법 제681조)를 위반하였어야 한다. 그러나 회사정리절차에 들어간 기업의 차입매수는 대개 인수자, 피인수회사의 경영진 그리고 채권단(은행)의 경영진이 함께 기획한 기업구조조정이다. 만일 피인수회사의 경영진과 채권단의 경영진이 나름의 경영판단으로 — 이를테면 투자은행의 공정성의견서나 전문가 조언을 충분히 검토하는 방식으로[40] — 차입매수자를 우선협상대상자 등으로 지정하는 등의 과정을 밟아나갔다면 선관주의의무를 다한 것이라 할 수 있다. 차입매수자는 그들과 함께 기업회생의 프로젝트에 참여한 것이고, 따라서 그를 설령 피인수회사의 사실상 경영진으로 간주하더라도 그도 피인수회사의 법적 경영진과 마찬가지로 선관주

39) 이런 관점으로 N. Luhmann, *Die Wirtschaft der Gesellschaft*, 2.Auflage (1989), 13쪽 아래 참조.

40) 김홍식, "차입매수(Leveraged Buyout)의 법적 논점에 관한 고찰", *상사판례연구* (제20집 제2권, 2007), 259쪽.

의의무를 저버린 것은 아니다.

(나) **충실의무의 위반** 둘째, 피인수회사의 경영진이 충실의무(상법 제382조의 3)에 위반하였다면 배임죄가 성립할 수 있고, 사실상의 경영진으로서 차입매수자도 그들과 함께 차입매수에 의한 기업회생프로젝트를 추진한 것이므로 배임죄가 성립할 수 있다. 여기서는 회사자산의 담보제공이 경영진의 회사자산관리의무[41]를 위반함으로써 충실의무에 위반할 가능성이 있다.[42] 그러나 피인수회사의 경영진이 충실의무를 위반하였는지는 단지 차입매수자에게 회사자산을 담보로 제공하는 데에 상응하는 반대급부를 확보하지 않았다는 점에 의해 판단되는 것은 아니다. 만일 차입매수자와의 윈-윈의사, 즉 차입매수자와 MOU를 체결하여 기업회생계획을 수립하고 실행하는 전 과정에서 기업의 회생을 통해 회사의 자산상태를 오히려 더 건전화할 수 있다면, 충실의무의 위반을 인정할 수 없다. 다만 배임죄를 구체적 위험범으로 재구성하는 경우라면 차입매수에 의한 기업의 회생이 실패하고, 회사에게 손해가 발생한 경우에 차입매수 당시 회사자산을 담보로 융통한 자금의 규모가 현금흐름할인법에 의해 산출한 당시의 기업가치의 총액보다 훨씬 큰 것임을 알고도 회사자산을 담보로 제공하는 행위는 충실의무에 위반한 행위로서 배임죄의 임무위배행위에 해당할 수 있다. 차입금 총액이 기업가치의 총액보다 '훨씬' 상회하지 않는 경우에는 — 채권자취소권의 행사를 허용할 수는 있을지언정 — 임무위배행위로 보기는 어렵다. 이는 의심스러울 때에는 시민자유의 이익으로(in dubio pro libertate) — 원칙을 적용한 결과이다.[43]

(다) **자기거래금지** 차입매수의 채무자(인수회사)는 제3자이지만 그 제3자의 대표가 피인수회사회사의 대표이사가 되기로 하는 경우에는 그 회사가 제3자인 채무자(차입매수자)를 위해 채무보증계약을 체결하거나, 인수회사의 대표가

41) 이처럼 회사자산관리의무를 충실의무로 보는 지유미, *M&A에 대한 형법정책의 방향* (고려대 박사학위, 2009), 96쪽

42) 이 의무가 충실의무가 선관주의의무를 구체화한 것인지 아니면 그 보다 가중된 수준의 의무, 특히 단체법으로서의 회사법상 이익충돌시 회사이익을 우선할 의무와 같은 것인지에 관한 상법학계의 논란은 중요하지 않다. 하지만 배임여부를 판단하는 요소로서 선관주의의무는 차입매수에 의한 기업회생의 프로그램에 대한 결정 전반에 관계되는 주의의무로 보고, 충실의무는 차입매수로 인한 회사자산의 감소위험에 대한 관리의무로 특수화시켜 볼 수 있다.

43) 비슷하게 "담보제공된 자산이 상실될 구체적인 위험이 합리적으로 의심할 만한 여지없이 십중팔구의 확률로 인정되어야 한다"고 보는 진현섭, "LBO와 이사의 배임죄 성립 여부", *인천법조* (제8집, 2007), 49쪽.

피인수회사의 대표이사가 되어 자신이 소유한 인수회사의 차입채무에 대해 그 채권자와 담보설정계약을 하는 것도 실질적으로 이사의 (간접적) 자기거래가 된다는 다소 무리한 확장해석이 가능할 수 있다. 즉 실제 피인수회사의 법적 이사가 아닌데도 이사로 보면 제3자에 의한 차입매수(LBO)는 경영진에 의한 차입매수(MBO)가 되고, 이 경우에는 언제나 자기거래금지의 위반이 문제로 등장한다. 그러면 피인수회사의 담보설정에는 이사회의 승인이 요구된다. 만일 이 이사회의 승인이 없었거나 그것을 결정하는 이사회를 개최하지 않았다면 담보설정은 위법한 것이 된다. 여기서 자기거래의 승인여부를 정하는 이사회를 개최하지 않은 부작위[44]가 배임행위가 되는지에 문제의 중심에 놓인다. 먼저 이사회를 개최하여 승인여부를 결정해야 하는 보증인의무는 상법 제398조에 의해 인정된다. 그러나 그 의무의 불이행이 곧바로 회사의 자산을 처분하는 형법상 배임행위가 되는 것이 아니다. 두 가지 제한이 가능하다.

ㄱ) **규범의 보호목적에 의한 제한** 첫째, 상법 제398의 보호목적에 따른 제한이다. 제398조는 피인수회사와 차입매수자(사실상 경영자) 사이에 이해충돌이 있고, 그 자기거래가 차입매수자에게만 이익이 되고 피인수회사에게는 손해가 돌아가는 경우를 금지하는 것이다.[45] 만약 그와 같은 이해충돌의 경우가 아니라면, 차입매수는 제398조의 보호목적 밖에 놓이므로 — 사법적 효과의 판단이 아니라 적어도 형법상 배임죄의 판단에서는 — 금지된 자기거래에 해당하지 않게 된다. 따라서 이사회를 개최하지 않은 부작위도 배임행위가 되지 않는다.

ㄴ) **추정적 승낙** 둘째, 이사회의 승인을 받지 않았지만, 차입매수자가 "법정관리 중에 있는 회사의 우선협상대상자로 선정되었다면 회사 회생이라는 목적(큰 이익) 달성을 위해 인수자금조달의 구체적 방법(작은 이익)에 관해서는 거래 관행의 범위 내에서 법정절차를 따르는 한 피인수회사는 추정적 승낙한 것으로 분석될 수 있"[46]다. 추정적 승낙의 법리에 따르면 차입매수자는 역시 이사회의 승인을 받지 않은 거래를 한 것이 아니다.

ㄷ) **충실의무위반의 수단성** 셋째, 설령 차입매수에 대해 자기거래금지의

44) 사례 ⓐ에서는 피인수회사 보유 현금을 정기예금으로 예치하고 근저당권을 설정할 때는 이사회 승인을 받았지만, 회사소유 부동산을 담보로 제공한 때는 이사회 승인 없이 이루어진 바 있다.

45) 같은 입장으로 송종준, "PEF와 M&A: LBO의 구조와 법적 문제", *금융법연구* (제2권 제1호, 2005), 74쪽; 김홍식, "차입매수(Leveraged Buyout)의 법적 논점에 관한 고찰", *상사판례연구* (제20집 2권, 2007), 249쪽.

46) 이상현, "LBO에 대한 정당한 규제", *규제연구* (제18권 제1호, 2009), 123쪽.

위반을 인정할 수 있는 경우라도, 그 위반행위는 차입매수의 전체적 과정을 구성하는 중심요소인 신의성실의무와 충실의무에 위반하는 행위의 한 과정으로 자리매김될 수 있을 때 비로소 배임행위가 된다고 볼 수 있다. 바꿔 말해 차입매수자가 (피인수회사의 경영진과 함께) 신의성실의무와 충실의무를 위반하지 않았다면 자기거래금지의 위반만으로 배임행위가 될 수 없다.

(라) **허용된 경영리스크로서 차입매수** 요약하면, 차입매수가 성공적으로 진행되어 회사가 정상화되면, 회사의 재산도 늘어나고, 채권자들도 자신들의 채권을 추심할 가능성을 합리적 판단으로 인정할 수 있는 한, 차입매수는 배임행위가 될 수 없다. 이 점은 독일의 허용리스크이론에 의해서도 근거 지을 수 있다. 이 이론에 의하면 경영영역에서 승인되는 리스크의 정도를 넘어섰을 때에만 재산관리의무의 위반을 인정하게 된다. 그런 리스크의 정도는 '사업의 대상과 회사의 경제적 상황, 손실의 개연성과 손실위험의 통제 가능성, 손해발생의 개연성과 이익획득의 개연성 사이의 관계를 고려하여 판단해야'[47] 한다. 차입매수가 적어도 회사정리절차에 들어가 있는 기업에 대한 구조조정의 일환으로 이루어지는 한 그것은 '허용된 경영리스크'[48]의 범위 안에 있는 것으로 볼 수 있다.

그러므로 인수합병에서 모럴헤저드의 요소가 있다고 하여 바로 배임을 인정하는 것은 형법과 윤리 사이의 간극을 메워버리고, 비례성원칙과 보충성원칙으로 정형화되어야 할 형사불법을 지나치게 유연하게 만든다. 좀 비유적으로 말한다면 전통적으로 하드 로(hard law)의 전형인 형법이 엄격한 법적 (자기)구속력이 없는 국제협약과 같은 소프트 로(soft law)가 되어 버린다.

(4) **차입매수의 배임고의성 판단** 판례처럼 배임죄의 불법을 사실상의 경영인, 비윤리적 방식의 기업인수, 손해의 추상적 위험으로 변형시켜 구성한다면 차입매수인에게 배임고의를 인정하는 것도 손쉬워진다.

1) **판례의 배임고의 귀속** 일반적으로 배임고의는 차입매수의 과정에 대한 인식과 의사만으로 인정된다. 그러나 배임죄가 성립하려면 고의의 한 내용으로 요구하든, 고의와 별개의 주관적 구성요건요소로 요구하든 불법이득의사

47) Tiedemann, *Kommentar zum GmbH-Strafrecht*, 1995, Vor §§82ff. 방주 19.

48) 대표적으로 H. Otto, *Aktienstrafrecht*, 1997, Vor §399 방주 39; K. Tiedemann, *Kommentar zum GmbH-Strafrecht*, 3.Auflage, 1995, Vor §§82 아래 방주 19; Th. Hillenkamp, "Risikogeschäft und Untreue", *NStZ* (1981), 166쪽 아래.

(Bereicherungsabsicht)가 있어야 한다.

(가) **주된 가해의사의 논리** 대법원은 '차입매수인에게 피인수회사의 이익을 위한다는 의사가 있다 하더라도 차입매수인이 피인수회사의 자산을 금융기관들에 대해 담보로 제공한 것은 실질적으로 차입매수인 자신 또는 차입매수를 위해 설립한 서류상의 회사가 피인수회사의 주주로서의 지위 또는 경영권을 취득하려는 개인적 이익을 위하여 한 행위이므로, 자신의 이득 또는 가해의 의사가 주된 것이라고 볼 수 있어 배임의 고의를 인정해야 한다'(대판 2004도7027)고 본다. 여기서 차입매수자가 자신의 이득을 위해 차입매수를 한다는 것은 당연한 일이고, 그 이득의 불법성은 피인수회사의 자산을 담보로 한 차입자금을 사용한다는 점에 있다는 점을 고려한다면, 차입매수라는 기업인수방식을 취하는 한 거의 자동적으로 배임고의(불법이득의사)를 인정하게 됨을 알 수 있다.

(나) **자동적으로 인정되는 배임고의** 그러나 이런 고의의 귀속은 타당하지 않다. 앞에서 검토한 바와 같이 차입매수가 배임죄의 객관적 구성요건요소를 제대로 충족하지 못하는 상황에서 차입매수에 의한 이득을 두고 '비윤리적'이라고 할 수는 있을지언정, 불법이라고 단정할 수는 없기 때문이다. 그러므로 차입매수자가 프로젝트파이낸싱을 하는 과정에서 피인수회사의 자산을 담보로 하면서 '법률적 재산의 의미에서 반대급부'를 제공하지 않았다고 하여 차입매수를 불법화하는 해석정책 속에는 이미 차입매수인에게 자동적으로 배임고의(불법이득의사)를 귀속시키는 것이 프로그래밍되어 있다고 말할 수 있다.

2) 차입매수의사와 불법이득의사의 차이 그러나 차입매수자의 의사는 사기양도와 같은 경우에만 분명하게 불법이득의사라고 볼 수 있다. 즉 차입매수 후, 그로 인해 시장이 긍정적으로 반응, 즉 주가가 상승하자 경영정상화의 노력을 하지 않고 주식을 매도하여 시세차익만 얻고 나간 경우에는 배임고의, 불법이득의사를 인정할 수 있다.

(가) **윈-윈의 의사** 정상적으로 이루어지는 차입매수의 과정에서 차입매수인은 피인수회사를 위하는 의사와 분리된 채로 존재하는 불법이득의사를 가지지 않는다. 왜냐하면 피인수회사의 담보제공은 차입매수에 의한 기업인수와 구조조정의 단지 한 단계이고, 가급적 유리한 조건의 프로젝트파이낸싱과 회사인수 후의 성공적인 구조조정과 손익구조의 개선 그리고 시장의 긍정적 반응이 이어지지 않는다면, 차입매수인도 개인적으로 이익을 얻을 수 없기 때문이다. 그

러므로 차입매수자의 의사는 자신에게는 경영권인수와 투자차익의 실현 그리고 피인수회사에게는 구조조정과 경영정상화 등을 동시적으로 성공시키려는 의사, 다시 말해 자신과 피인수회사 모두에게 이익이 되려는 의사[49]를 갖고 있다고 보아야 한다. 차입매수자의 이익과 피인수회사의 손해는 제로섬게임 속에 들어가 있지 않다. 그러므로 이런 차입매수의 의사는 자신은 이익을 얻고 피인수회사는 손해를 보는 방식의 불법이득의사(Bereicherungsabsicht)가 아니고, 이른바 '윈-윈'의 의사일 뿐이다.

(나) **불법이득의사의 왜곡**　이는 자신이 대표로 있는 회사의 주식을 캐피탈회사가 매수하여 일정기간 보유('주식파킹')하여 주가를 유지시키고 그 대가로 파킹료를 준 회사대표의 사례에서와 같다.[50] 주식파킹계약을 통해 대표뿐만 아니라 배임죄에서의 본인인 회사도 이익을 얻고 파킹해준 캐피탈회사도 이익을 얻는 윈-윈-윈의 의사가 있을 뿐이다. 이와 같은 윈-윈의 의사를 두고 불법이득의사라고 보는 것은 피고인의 내적 성향을 자의적으로 왜곡하는 것이다. 이런 왜곡 속에서 이루어지는 고의의 귀속은 책임원칙에 심각하게 위배된다.[51]

Ⅳ. 차입매수의 법정책적 지평

이상에서 고찰한 내용을 전체적으로 보면 차입매수를 배임범죄로 만드는 해석은 판례가 말하는 반대급부의 제공이 없다는 점, 그러니까 기업을 인수하려는 자에게 매입자본이 없다는 점에서, 차입매수 방식의 기업인수를 모럴헤저드로 바라보고, 이를 단죄하려는 정책적 기획에서 이루어진 것임을 알 수 있다. 이를 위해 배임죄의 불법구조는 더욱 유연화되고, 책임원칙은 심각하게 침해된다.

1. 법체계의 구조적 문제

차입매수를 배임범죄화하는 형법은 법(체계)내부에 몇 가지 문제들을 가져온다.

---

49) 같은 취지의 서울고등법원 2004.10.6 선고, 2003노3322 참조.

50) 이 사안에 대해 배임죄를 인정한 대판 2002.7.22, 2002도1696.

51) 결론적으로는 같은 입장으로 'LBO 과정에서 반대급부가 제공되었다면 당연히 배임이 성립하지 않겠지만, 반대급부가 제공되지 않은 경우 자동적으로 배임의 고의가 인정된다고 단정할 수는 없다'고 본 조국, "기업범죄 통제에 있어서 형법의 역할과 한계 — 업무상 배임죄 배제론에 대한 응답", *형사법학연구* (제19권 제3호, 2007), 174쪽.

(1) **상법과 형법의 잘못된 관계설정** 첫째, 차입매수인이 배임범죄자가 되지 않으려면 피인수회사의 주주총회에서 차입매수에 대한 특별결의를 받아야 한다. 결국 상법(제438조의 "자본감소")의 실질이 형법해석에 의해 일방적으로 형성되는 문제가 발생하는 것이다. 그러나 형법과 상법은 수평적 상호관계에 있지 수직적 위계질서에 놓이지 않는다. 즉, 주주총회의 특별결의가 없다고 하여 차입매수가 배임죄에 해당한다고 보아서는 안 된다.

(2) **PFV와 LBO에 대한 법적 규율의 부정합성** 둘째, 법체계의 부정합도 발생한다. 예를 들어 같은 페이퍼컴퍼니라도 부동산개발사업 등의 프로젝트에 대한 출자자들의 보증 아래 은행으로부터 사업자금을 대출받아 사업을 수행하는 경우는, 이른바 프로젝트금융투자회사(Project Financing Vehicle, 약어 PFV)라는 이름 아래 각종 세법[52]에 의해 합법화되고, 심지어 세제혜택을 받는다. 이 프로젝트금융투자회사는 지분출자가 있는 차입매수의 경우[53]와 구조적으로 같다. 또한 은행차입이 프로젝트의 성공적 수행에 대한 전망 이외에는 반대급부가 없이 출자자들의 담보제공으로 이루어진다는 점에서도 차입매수와 차이가 없다. 그런데도 한쪽은 세제혜택을 입고, 다른 쪽은 범죄로 낙인찍히는 것은 법체계의 정합성을 상당히 깨뜨린다. 여기서 차입매수가 프로젝트금융투자회사처럼 세제상의 혜택을 받지는 못할지언정 배임범죄로 낙인찍히는 것은 그 행위들의 유사성을 고려할 때 심각하게 불비례적인 것이라 볼 수밖에 없다. 결국 차입매수를 배임범죄로 보는 형법해석은 헌법상 과잉금지원칙에도 위배되는 위헌적 해석의 혐의를 떨쳐버릴 수 없다.

2. 일반예방기획의 오류

이처럼 차입매수의 배임범죄화는 과잉의 형법을 가져온다. 그러나 이런 형법의 과잉에도 이성적인 요소가 없는 것은 아니다. 그것은 아마도 차입매수가 남용될 경우에 채권자와 차입매수인 사이의 권리불균형은 일시적인 것이 아니라 궁극적인 것이 될 수도 있다는 점 때문이다. 여기서 궁극적인 불균형이란 차입매수인이 합법화된 차입매수의 방편에 의해 채권자들은 채권을 추심하지 못하는 상황에서 회사의 재산을 빼먹는 경우를 가리킨다. 예컨대 차입매수로

52) 법인세법 제51조의2 제6호, 조세특례법 제120조 제4항, 제199조 제6항 등 참조.

53) 대개 특수목적회사를 설립하여 전체 차입금액의 약 10%~20% 정도를 자본금으로 충당시키는 차입매수가 일반적이다.

회사를 인수한 후, 시장의 긍정적 반응으로 주가가 상승하자 바로 매각하여 차익을 실현하는 경우를 들 수 있다. 미국의 「사기양도금지법」(Fraudulent Conveyance Statute)[54]은 바로 이런 차입매수의 남용을 차단하기 위한 법제이다.[55] 물론 차입매수의 배임범죄화는 사기양도금지법과 같은 법제가 없는 가운데 차입매수의 오남용을 예방하기 위한 고육지책일 수 있다.

(1) **사기죄의 불법영역으로 잘못 침범해 들어간 배임죄** 그러나 이런 일반예방적 처벌의 기획은 사기양도금지법과 같은 특별법에 의해 실행되어야지 형법전의 배임죄에 의해 실행되어서는 안 된다. 왜냐하면 배임죄의 규범프로그램은 회사 내부자가 신임을 파괴하고 회사의 재산을 침해(위태화)하는 행위를 통제하는 것이지, 회사 외부 외부자에 의한 기망적인 재산침해를 통제하는 것이 아니기 때문이다. 차입매수의 남용은 대개 사전에 계획되고 고의적인 것이어서 차입매수를 기망의 수단으로 삼는 사기행위에 해당할 수 있다. 따라서 남용도 하지 않은 차입매수를 배임죄로 처벌하는 것은 차입매수의 남용을 예방하는 것과는 직접적으로 무관하게 된다.

(2) **인수·합병시장의 위축** 그렇기 때문에 차입매수의 남용에 대한 일반예방적 기획은 처음부터 부작용을 일으킬 가능성이 높다. 실제로 차입매수를 배임죄로 처벌한 판례가 나온 이후, 기업의 인수·합병 방법으로서 차입매수를 사용하는 경우가, 차입매수자가 일정부분 자산을 출자하는 경우까지 포함하여 현저히 감소되었다고 한다. 하지만 차입매수를 인수·합병의 방법으로 사용하지 않는다고 해서 차입매수가 유능한 인수·합병 전문가들의 의식 속에서 범죄행위로 내면화되는 것은 아니다. 그들은 경영학적으로 합리적인 기업인수의 방법이라고 생각하는데, 법이 비윤리적인 범죄수법이라는 인식을 강요하는 것

54) 미국의 사기양도금지법(Fraudulent Conveyance Law)은 채무자의 이용가능한 자산을 현금화하여 자신의 권리에 대해 만족을 얻을 채권자의 권리가 침해되는 것을 막는 데에 그 주된 기능이 있다. 부당한 취급을 받은 채권자들은 부적절한 양도를 무효화하기 위해 주법에 의하여 소를 제기할 수 있고, 승소할 경우에는 자신의 권리범위 내에서 양도된 재산에 대해 선취특권(lien)을 얻을 수 있다. 사기양도금지법에 관한 상세한 내용은 Raymond J. Blackwood, "Applying Fraudulent Conveyance Law to Leveraged Buyouts", *Duke Law Journal* (Vol. 42, No. 2, 1992), 340~381쪽; Kevin J. Liss, "Fraudulent Conveyance Law and Leveraged Buyouts", *Columbia Law Review* (Vol. 87, No. 7, 1987), 1491~1514쪽 참조.

55) 미국에서도 LBO에 대해 「사기양도금지법」(Fraudulent Conveyance Law)이 적용되는지에 관해서는 견해의 대립이 있다. 그러나 대부분의 법원들은 이를 긍정한다. 대표적으로 United States v. Tabor Court Reality Corp., 803 F.2d 1288, 1297 (3d Cir. 1986), cert. denied, 107 S. Ct. 3229(1987); In re Ohio Corrugating Co., 70 Bankr. (Bankr. W. D. Mich. 1985).

일 뿐이다. 이런 강요는 규범내면화를 가져오는 것이 아니라, 단지 기업의 인수·합병 시장을 위축시키고, 도산 위기에 직면한 기업을 소생시킬 중요한 수단의 하나를 잃어버리게 만들 뿐이다.

3. 인수합병시장의 고사위험

차입매수의 배임범죄화는 더 나아가 기업의 인수·합병 시장을 아예 고사시킬 위험성으로 발전할 조짐마저 보인다. 다음의 사례 ⓑ는 그런 위험을 보여준다.

> 사례 ⓑ　회사 D(주)의 회장 甲은 법정관리상태에 있던 회사 H(주)가 부동산 매각대금과 같은 현금성 자산을 1800억 이상이나 갖게 될 것임을 미리 알고, 현금회사 H(주)를 인수하기 위해 계열사와 함께 출자하여 특수목적회사 D산업(주)(SPC)을 설립하였고, 그의 지배하에 있는 乙을 대표에 선임하게 하였다. D산업(주)는 금융기관으로부터 인수자금을 대출받아 H(주)의 주식을 유상증자에 참여하는 방법으로 H(주)의 경영권 및 대주주 지위를 취득하였다. 그 다음 D(주)는 D산업(주)를 흡수합병하고, 다시 H(주)를 순차로 흡수합병하였다. 이후 D(주)는 이미 알고 있었던 H(주)의 현금성자산, 즉 부동산 매각대금 중 일부인 현금 1,800억 원을 인수대금의 채무를 변제하는데 사용하였다. 이 사안은 "피인수회사의 자산을 담보로 기업을 인수하는 LBO(Leveraged Buyout) 방식과 그 기본적인 전제가 다르고 합병의 실질이나 절차에 하자가 없어 위 합병으로 H(주)가 손해를 입었다고 볼 수 없다"[56]는 이유로, 甲회사의 이사 등에 대한 배임죄의 성립을 인정할 수 없다.

(1) **차입후매수와 매수후차입상환**　사례 ⓑ에서 甲의 기업인수행위가 LBO의 경우와 기본적인 전제가 다르다고 보았지만, 검사는 같다고 보았다. 검사의 유죄의견을 항소이유를 통해 분석해보면 다음 세 가지 논리적 추론의 구조를 갖고 있다. 첫째, ① D(주)의 H(주) 인수는 피인수회사가 보유하고 있는 자산을 담보로 인수대금을 대출받아 피인수회사를 인수하는 이른바 위법한 LBO (Leveraged Buyout)의 방식에 의한 기업인수와 그 실질 및 경제적인 효과가 같다는 논리이다. 둘째, ② 사례 ⓑ의 사안과 LBO는 합병과 피인수기업의 자산처분 사이의 시간적 선후관계에서만 차이가 있다. 즉 이 사안은 인수와 합병을

56) 부산고등법원 2009.6.25.선고, 2009노184판결; 대법원도 최근 같은 사건에 대한 상고심에서 원심법원의 입장을 유지한 바 있다((대판 2010.4.15. 2009도6634).

하고 그 피인수기업의 자산을 처분하여 인수대금을 마련한 것인 반면, LBO는 먼저 피인수기업의 자산을 처분하여 자금을 마련한 후 그 기업을 인수하는 것이다. 즉 LBO 사례가 차입매수, 즉 차입 후 매수라면 사례 ⓑ는 매수 후 차입(상환)인 것이다. 셋째, ③ 그런데도 이 사안의 기업인수를 배임으로 인정하는 것은 그런 시간적 선후관계의 차이는 중요하지 않고, 그 실질의 동일성만 중요하다는 것이다. 이는 시간적 선후관계의 차이는 일종의 실질의 동일성을 깨뜨리지 못하는 형식의 차이일 뿐이라는 논리이다.

(2) **자본시장을 지배하는 일상도덕의 위험** 이런 논리는 형식과 실질에 관한 일상적 중요성평가와 같다. 실질이 중요하고 형식은 중요하지 않다는 것이다. 그러나 적법절차 속에서 사법의 정의라는 실질이 비로소 실현되는 바와 같이 법적 평가에서 형식과 실질의 중요성 평가는 완전한 뒤집어질 수도 있다. 더 나아가 이런 논리의 더 중요한 문제점은 실질의 내용이다. LBO와 이 사례가 같다고 보는 실질의 내용은 '자신의 자산으로 남의 회사를 산 것이 아니다'는 점에서 일상적인 윤리적 관념[57]에 위배된다는 점이다.

(3) **시장의 도덕과 일상도덕의 차이** 그러나 자본시장은 그런 일상도덕에 의해 그 시장에서 일어나는 행위의 합리성을 재단할 수 없는 다양한 특성들을 갖고 있다. LBO도 경제적 의미에서는 반대급부가 있는 것이지만, 사례 ⓑ처럼 D(주)의 그룹이 인수 전에 먼저 인수자금을 독자적인 계산으로 차입해올 수 있는 것은 D(주)와 그 계열사의 자금동원능력이나 기업회생능력에 대해 시장이 긍정적으로 평가하기 때문에 가능하다. 물론 그 평가 잘못될 것일 수는 있지만, 그것은 그 평가를 행하는 시장의 또 다른 주체들이 짊어져야 할 책임일 뿐이다. 인수자금의 독자적인 차입 이후에 예상치 못한 사정으로 인수를 못할 수도 있고, 인수하였더라도 피인수회사의 부외부채나 시장환경의 급변으로 인수회사가 오히려 쓰러질 위험도 있다. 이런 다양한 위험을 떠안은 채 기업의 성장을 위해 인수하는 것이다. 기업의 인수·합병은 R&D를 통한 새로운 시장의 개척과 진입과 어깨를 나란히 하는 기업의 성장전략이다. 그런 성장이 없이 기업은 존속하기 어렵다.[58] 이처럼 존속을 위한 성장의 전략으로 펼쳐지는 기업의 인

57) 이 점을 언론도 법원과 검찰은 "돈 한 푼 안 쓰는 LBO는 업무상 배임죄"라고 개념화하기도 한다(한국경제신문, 2008.7.23.자(이해성 기자).

58) 기업의 성장은 기업의 존속을 위한 조건이 된다. 성장하지 않고 정체하는 기업은 결국 존속하지 못한다. 기업의 성장, 그러니까 기업의 생존은 크게 두 가지 방법에 의존한다. 하나는 새로운 기

수·합병에서 모든 기업은 당연히 피인수회사의 실질적인 기업가치를 꼼꼼히 따져보고, 최대한 유리한 조건의 기업을 대상으로 선택한다. 이는 자본시장에서 합리적 행동의 전형을 이루며, 어떤 의미에서는 시장 위의 '도덕'이라고도 할 수 있다.

이러한 시장의 도덕을 밀어내는 일상도덕의 지배는 시장 자체를 고갈시키는 위험을 가져온다. 즉, 2004년 LBO의 배임범죄화는 LBO라는 기업인수와 기업회생프로젝트의 유용한 추진방법 가운데 하나를 잃어버리게 만들었지만, 만일 사례 ⓑ의 기업인수와 피인수기업의 자산처분을 배임행위로 본다면 기업인수·합병을 추진시키는 거의 모든 방법을 잃어버리게 될 것이기 때문이다. 왜냐하면 일체의 자금 차입이 필요없고, 그래서 피인수회사의 자산을 처분하여 갚을 필요도 없을 정도로 잉여자산을 충분히 갖고 있는 기업은 거의 찾아볼 수 없기 때문이다. 차입에 의한 인수·합병을 차단한다면 거의 대부분의 기업들이 생존전략이 궁색해질 것이고, 이는 결국 시민들의 부담으로 되돌아 올 것이다.

4. 법정책의 지표

그러므로 차입매수(LBO)를 일반적으로 금지하고 배임범죄로 삼는 것은 옳지 않은 법정책이다. 물론 차입매수가 프로젝트금융투자회사처럼 세제혜택을 받게 하는 정도로 장려될 것이냐는 법정책적으로 결정할 사항임을 잊어서는 안 된다.

(1) **사회경제적 차원과 차입매수** 이 법정책적 결정은 경제체제의 현실과 경영문화의 특성에 따라 변화될 수 있다. 차입매수를 긍정적으로 바라보는 법정책의 결정은 먼저 개인적 차원, 즉 차입매수의 비윤리성에 대한 해체와 재구성에서 시작할 수 있다. 차입매수자가 — 자신은 자본이 없고, 쓰러져 가는 회사의 자산을 담보로 — 그 회사의 경영정상화를 이루는데 필요한 자본을 조달하

술개발로 새로운 시장을 개척하여 수익창출을 증대시키는 것이고, 다른 하나는 다른 기업을 인수·합병하는 것이다. 그러므로 기업은 R&D를 통한 새로운 시장의 진입과 함께 부단히 인수·합병을 도모해야 하는 것이다. 이런 기업활동은 시장이 살아 있기 위한 조건이 되기도 한다. 또한 간과해서는 안 되는 점은 인수·합병이 새로운 시장의 직접적 진입보다 비용이 적게 든다는 점이다. 스스로 상품을 개발하고, 시장을 개척하여 수익을 창출하는데 드는 시간과 비용보다는 기존의 재정위기에 처한 기업을 인수하여 구조조정함으로써 그 기업의 시장에 좀더 적은 비용으로 성공적으로 진입할 수 있다.

기 위해 프로젝트파이낸싱을 은행권으로부터 해낼 수 있는 정치적, 사회적 의사소통의 역량이 있는가, 또한 그런 역량이 기업인수의 정당한 자산이 되는가에 대한 가치평가가 문제이다.

사견으로는 ① 차입매수인의 그런 역량이 경영인으로서의 업적과 그 위에서 구축된 네트워크에서 형성된 것이라면 시장주의, 자본주의 체제에서 그런 역량은 위기에 처한 기업을 인수하는 정당한 자산이 될 수 있다. 하지만 ② 그런 역량이 정치권력을 배후에 두었기 때문에 형성된 것이라면 그런 정당성은 인정하기가 어려울 것이다. 여기서 법정책적 결정은 사회적 차원으로 접어든다. 이른바 정치권력을 배후로 경영을 수행하는 기업문화가 팽배한 사회일수록 차입매수는 사기성과 투기성이 강해지고, 그 반대일수록 전문성과 투자성이 강해질 것이다. 예컨대 후자의 경제체제와 기업문화가 지배할수록 차입매수의 오남용에 대한 일반예방의 필요성은 약화되고, 그 순기능이 두드러지게 되면, 그럴 경우 프로젝트금융투자회사처럼 세제혜택을 주는 법정책도 가능할 수 있을 것이다. 그러면 우리사회는 현재 어느 지점에 와있을까? 이 물음에 대한 대답은 나의 분석과 판단능력을 벗어나는 일이다.

(2) 형법대안적 법정책의 수단들 그러나 적어도 이미 말할 수 있는 것은 차입매수는 더 이상 배임죄의 불법유형을 충족하지 않는 경영기법의 하나라는 것이다. 차입매수를 범죄화하는 형법해석이 오히려 법치국가의 전통에서 형법에 전승된 도덕적 구조를 흔들어 놓는 모럴헤저드에 빠질 것이다. 이로부터 형법대안적 법정책이 강구되어야 한다. 기업의 사기적 양도를 금지하고 처벌하는 법률을 새로 만들거나 상법 제625조(회사재산을 위태롭게 하는 죄)[59]를 사기적 양도에 국한하여 적용할 수 있다. 사기적 양도를 예방하는 수단으로 차입매수가 진행되는 전과정의 정보를 공개하게 하고, 차입매수로 인수한 주식의 조기처분을 제한하는 주식저당제를 도입[60]할 수도 있다. 아울러 차입매수의 요건으로 차입매수자가 최소한의 지분출자(예: 인수자금의 10%)를 할 의무를 부담하게 하거나 차입매수시 이해관계없는 이사들 가운데 2/3 이상의 동의를 반드시 요

59) 이에 관해 자세히는 이정민, *회사형법의 합리화와 형법정책의 방향* (고려대 박사학위, 2006) 참조.

60) 자세히는 설민수, "M&A의 한 방법으로서의 LBO에 대한 규제, 그 필요성과 방법, 그리고 문제점: 대법원의 2004도7027 판결에 대한 다른 시각: 미국 사해행위 취소와 한국 배임죄 규제의 비교", *사법논집* (제45집, 2008), 43~44쪽, 92쪽 참조.

구하게 할 수도 있다. 더 나아가 현금흐름할인법에 의한 기업의 현재가치(PV)를 상당히 넘어서 차입을 하는 경우뿐만 아니라 조금 넘어서 차입을 하는 경우에도 민법상 채권자취소권(제406조 제1항)의 행사를 허용하는 법해석[61] 등도 형법대안적 법정책이 될 수 있다. 그런 형법대안적 법정책들을 여기서 조목조목 평가할 수는 없지만, 적어도 차입매수를 배임죄로 만들지 않고도 차입매수의 남용을 통제할 수 있는 장치들의 목록은 아직 꽤 길다고 할 수 있다.

---

61) 이에 관해 자세히는 지유미, *M&A에 대한 형법정책의 방향* (고려대학교 박사학위, 2009), 86~93쪽.

출처와 생성

[10]단락의 글은 "부실감사의 형사책임"(안암법학, 2000년 상반기, 통권 제11호, 106~140쪽)에서 비롯되었다. 이 글을 토대로 *부실감사법*(법문사, 2004, 2007)이 만들어졌고, 한국공인회계사회의 지원을 받아 *부실감사판례연구*(법문사, 2006)라는 단행본이 만들어졌다. 이 단락은 두 단행본을 요약하고 융합하였으며, 변화된 법령과 판례를 반영한 글이다.

10 부실감사책임과 형법정책

Ⅰ. 외부감사책임법제의 현황과 분석

1. 현행법상 외부감사인의 법적 의무

부실감사의 개념은 다양하게 정의될 수 있다. 이를테면 경영학적으로 가장 넓게 이해하면 외부감사에 있어 회계감사인이 준수해야 하는 직업윤리적 의무[1]에 위반한 감사라고 정의되곤 한다. 또한 사회학적으로는 자본시장의 기능을 유지하는 데 필요한 정보를 제공하지 못한 외부감사를 가리킬 수 있다. 그러나 법학적으로 부실감사란 이해관계인의 정당한 권리를 보장하기 위해 그 권리에 대응하여 감사인에게 주어지는 법적 의무나 현행법상 법적 의무로 전환되어 있는 감사인의 직업윤리적 의무에 위반한 감사만을 가리킨다.

> [부실감사의 세 가지 의미][2] ① 첫째, 가장 좁은 의미의 부실감사는 회계부정(accounting fraud)을 의미한다. 회계자료, 증빙서류, 감사수감자료 등을 고의로 조작하거나 변조하여 사실과 다른 근거자료를 작성하고 이를 기초로 회계결산을 하는 감사를 가리킨다. 이런 행위는 자본시장에 대한 사기를 넘어서 잠재적인 정보이용자 개인에 대한 사기의 성격도 띤다. 민사책임은 물론이고 형사책임의 부과도 과잉규제가 되지 않는 행위유형이다. ② 둘째, 넓은 의미의 부실감사는 회계부정 외에 회계오류(accounting mistake, accounting error)까지 포함한다. 회계오류는 회계기준을 잘못 적용하거나 금액의 계산이나 판단자료의 해석을 실수로 잘못함으로써 회계처리가 잘못된 감사를 가리킨다. 회계실수는 중과실의 경우와 과실의 경우로 나눌 수 있다. 중과실과 과실에 대해서도 부실감사책임은 차등화가 필요하다. ③ 셋째, 가장 넓은 의미의 부실감사는 회계판단의 차이(accounting judgment difference)까지 포함하기도 한다. 회계판단의 차이란 회계판단에는 회계전문가들의 '주관적 판단'의 차원이 있음을 말한다. 즉, 고의적인 사기나 실수가 없는데도, 회계학적 판단은 회계전문가 사이에 서로 다를 수가 있다. 이런 현상은 회계기준이란 일종의 원칙이고, 이 원칙의 적용이 수많은 가설적 해석과

---

1) 이에 관해서는 한국공인회계사회의 *공인회계사직업윤리규정*을 참조.
2) 이 삽입단락의 내용은 이상돈, *부실감사법* (법문사, 2007), 241~244쪽에서 발췌된 것임.

판단의 과정이며, 따라서 회계감사는 전문가적 지식과 경험에 기초한 끊임없이 연속되는 전문적 회계판단(professional judgment decision)의 과정이라는 데서 비롯된다. 회계판단의 적용시점을 기준으로 아무리 최선을 다하여 회계학적 판단을 하여도 — 예를 들면 새로 개발된 해석이나 유권해석기관이나 감독기관의 미묘한 입장 차이만으로도 — 그 판단은 전문가들 사이에 서로 차이가 날 수 있다. 그런 차이를 두고 법적 책임을 묻는 것은 적절하지 않다. 회계판단의 법적 의미는 마치 경영판단[3]과 같다. 우리나라 법원은 이런 회계판단차이의 개념을 분명하게 인식하고 또한 인정하는 것은 아니다. 아직까지는 분식회계가 있음에도 불구하고 적정의견을 내놓으면 법적으로는 모두 부실감사로 파악된다.[4] 법원은 이와 같은 회계판단이론을 수용하는 입장을 명시적으로 밝힌 것은 아니지만 때때로 회계판단차이의 이론이 적용된 듯한 판결을 내놓기도 한다.

> J생명은 S기업에게 1994.11.30. 20억원을(S기업은 10억원의 단체퇴직보험 가입), 1995.5.31. 10억원을(S기업은 10억원의 단체퇴직보험 가입) 대출하였다. 그런데 1995.6.13. S기업은 부도를 내었다. 그 당시 J생명은 1994년 회계연도 감사보고서를 보고, S기업이 우량한 것으로 판단하고 신용대출을 하였는데, 실제로 S기업이 부외부채가 많아 부도에 이르렀다. 이후 J생명은 감사보고서를 믿고 신용대출을 하였다고 주장하였다. 그러나 사실은 J생명은 S기업에 먼저 전화를 하여 단체퇴직금보험에 가입할 경우 대출을 해 주겠다고 하였고, 실제로 대출받은 날과 단체퇴직보험 가입한 날이 같다. 말하자면 단체퇴직보험을 담보로 대출한 것이며, 단체퇴직보험 외에 별다른 물적담보가 없었다. 그럼에도 불구하고 J생명은 S기업에게 대출을 한 것이다. 한편, 공인회계사의 감사보고서에서 S기업에 대한 감사의견은 다음과 같았다. 이에 대해 "회사의 공사수입금액은 공사진행기준에 따라 회계처리하였을 경우, 10억 과대계상, 퇴직급여충당금은 2억 과소계상되어 있다. 자산은 10억 과대표시, 부채는 2억 과소표시되었다. 본 감사인의 의견으로는 이 사항을 제외하고는 기업경영성과 그리고 이익잉여금과 재무상태의 변동내용을 기업회계기준에 따라 적정하게 표시하고 있다." 이 사건에 대하여 법원은 감사의견을 '적정'으로 낸 지 얼마 안돼 회사가 부도났더라도 공인회계사가 적법한 절차에 따라 감사를 수행했다면 책임을 물을 수 없다. 즉 이와 같이 재무제표가 일정한 부분을 제대로 반영하지 못하고 있다는 의견과 감사보고서에 의하더라도 대출당시 S기업의 재무상황은 신용대출 해 줄 만한 상황이 아니었음에도 신용대출이 이루어졌다는 사실이 있고, 공인회계사가 적법한 절차에 따라 감사를 수행했다면, 공인회계사에게 그 책임을 물을 수 없다.[5]

여기서 법원이 말하는 '적법한 절차에 따라 감사를 수행했다는 것'은 회계판단차이(professional judgment decision)의 개념을 수용한 것이라 평가할 수 있다. 분명히 자산의 과대평가와 부채의 과소표시 등을 발견하였으나 그 밖에는 기업회계기준에 따라 재무상태의 변동을 적정하게 표시하고 있고, 이를 종합 판단하여 적

3) 이에 대해 자세히는 이상돈, *윤리경영과 형법* (신영사, 2005), 57쪽 아래 참조.
4) 이런 법적 의미는 공인회계사에게 재무정보의 진실을 발견할 의무를 부과함을 전제로 한다.
5) 서울고법 2002.11.22, 99나18970; 김용호, "서울고등법원 2002.11.22 선고 99나18970판결과 그 의의", *공인회계사* (12월, 2002), 1쪽 아래 참조.

정의견을 낸 것을 두고 '적법한 절차에 따른 감사'라고 보는 것은 회계학적 판단의 전문성과 그에 수반되는 재량영역을 인정한 것이라 할 수 있다.

직업윤리적 의무는 부분적으로는 '심정윤리적' 성격6)을 띠기도 하여 사회와 시대를 초월하는 윤리강령을 내용으로 담기도 하지만, 법적 의무는 '책임윤리적' 관점에서 구성된다. 즉, 외부감사인의 법적 의무는 사회마다 시대마다 구체적으로 각기 다를 수 있다. 이를테면 자본시장의 발전상황이나 회계감사체계의 기능적 변화, 회계감사기준의 이론적 발전상황이나 기업의 경제활동양상의 변화, 그리고 공인회계사들의 직업윤리적 수준이나 외부감사의 엄격성에 대한 사회적 기대수준 등에 이르기까지 매우 다양한 요소들이 외부감사인의 법적 의무를 구성하는 요소로 작용한다. 현재 우리나라에서 외부감사인에게 주어진 법적 의무를 개관해 보면 다음과 같다.

— **공정감사의무** 피감사회사가 제출하여 정기총회 6주일 전에 (감사인에게) 제출된(외감법 제7조) 해당 사업연도의 재무제표와 그 부속명세서에 대한 감사업무(외감법 제7조)를 '일반적으로 공정·타당하다고 인정되는 회계감사기준(외감법 제5조 제1항)에 따라' 실시하여 감사보고서를 작성하고(외감법 제7조의2), 일정한 기간 내에 회사, 그리고 제3자에 의한 사후감독권(외부감리권)을 가진 증권선물위원회와 한국공인회계사회에 제출(외감법 제8조)할 의무

[감사의견의 유형] 적정의견(unqualified opinion)은 재무제표가 기업회계기준에 따라 중요성의 관점에서 적정하게 표시되었다고 판단할 때, 한정의견(qualified opinion)은 감사인과 경영자간의 의견불일치나 감사범위의 제한으로 인한 영향이 중요할 경우에, 부적정의견(adverse opinion)은 감사인과 경영자간의 의견불일치로 인한 영향이 대단히 중요하고 전반적인 경우에, 의견거절(disclaimer of opinion)은 감사범위 제한의 영향이 매우 중요하고 전반적이어서 감사인이 충분하고 적합한 감사증거를 획득할 수 없었던 경우에 내린다.

— **부정업무처리보고의무** 회계감사업무를 수행함에 있어서 이사의 직무수행에 관하여 부정행위 또는 법령이나 정관에 반하는 중대한 사실을 발견한 때는 감사 또는 감사위원회에 통보하고, 주주총회에 보고할 의무(외감법 제10조 제1항)

— **부정회계처리보고의무** 피감사회사가 회계처리 등에 관하여 회계처리기준을 위반한 사실을 발견한 때에는 이를 감사 또는 감사위원회에 통보할 의무(외감법 제10조 제2항)

6) 예를 들면「공인회계사직업윤리규정」제2장(일반적 윤리) 참조.

— **주총출석진술의무** 주주총회의 요구가 있을 때, 출석하여 의견을 진술하거나 주주의 질문에 답변할 의무(외감법 제11조)

— **비밀준수의무** 회계감사업무상 알게 된 비밀을 누설하지 않을 의무(외감법 제9조, 회계감사기준 제8조 제2항)

물론 이상과 같은 현행법상 의무도 구체적으로 어떤 내용의 의무로 이해할 것인지는 해석에 따라 달라질 수 있다. 그렇게 보면 외부감사인의 법적 의무는 그것을 결정하는 외부감사제도의 구체적인 '상황'변수에 의존할 뿐만 아니라 (해석)'이론'에 의존하는 것이라 할 수 있다. 여기서 이론은 외부감사의 기능과 역할을 어떻게 체계적으로 이해할 것인지가 중요하다. 이 점에 관해서는 특히 공인회계사의 외부감사가 회계의 적정성을 심사하는 것인지, 진실여부를 객관적으로 심사하는 것인지 등에 관한 이론이 특히 중요하다. 이에 관해서는 뒤에서 다시 살피기로 한다.

2. 부실감사의 민·형사책임법제

그런데 구체적으로 어떤 의무의 위반에 어떤 종류의 법적 책임을 어느 정도까지 귀속시켜야 하는지는 부실감사책임에 대한 새로운 전망에 따라 변경될 수 있다. 이 열린 문제를 여기서는 일단 제쳐 놓는다면, 앞에서 제시한 의무들 가운데 특히 공정감사의무를 위반할 경우에 공인회계사는 민·형사상의 책임과 공인회계사협회에 의한 징계 등의 책임을 부담하게 된다. 또한 실정법적 책임은 각국마다 차이가 있다. 먼저 우리나라에서 부실감사로 인한 법적 책임은 민사책임과 형사책임으로 구분할 수 있다.

(1) **민법상 손해배상책임** 부실감사에 대한 민사책임의 중심은 손해배상책임이다. 이와 관련한 법률로 외부감사법(이하 외감법), 자본시장법, 민법 등을 들 수 있다. 먼저 외감법 제17조는 외부감사에 대한 손해배상책임을 가장 총괄적으로 규정하고 있고, 자본시장법 제125조는 증권신고서와 사업설명서에 대한, 그리고 제162조는 사업보고서나 반기보고서 등에 대한 부실감사책임을 규정하고 있다. 이외에 민법 제750조(불법행위책임)나 제390조~제398조의 규정(계약책임)들은 부실감사에 대해 공인회계사에게 손해배상책임을 물을 수 있는 법규정들이다. 민사상 손해배상책임은 회사가 공인회계사에게 묻는 경우와 자본투자자가 공인회계사에게 묻는 경우로 나눌 수 있다.

1) 회사에 대한 (위임)계약책임 먼저 부실감사로 인해 회사도 손해를 입을 수 있고, 그런 손해에 대해서는 회사가 민법상 위임계약의 위반을 이유로 공인회계사에게 손해배상을 물을 수 있다. 즉, 감사인은 회사와 위임계약관계를 맺고 있으므로 회사에 대하여 선량한 주의로써 직무를 수행해야 할 의무를 부담하며(민법 제681조), 이 의무를 게을리 하여 회사에 손해가 발생하게 되면 그 손해에 대하여 계약책임으로서의 손해배상책임을 지게 된다. 이러한 배상책임은 ① 감사인의 귀책사유(고의·과실[7])로 인한 직무 불이행, ② 위임계약위반의 위법성, ③ 회사의 손해 발생, ④ 감사인의 임무해태와 회사의 손해 사이에 인과관계[8]라는 네 가지 요건을 충족할 때 인정된다. 입증책임도 채무자인 감사인이 지게 된다. 그러나 이러한 요건충족여부에 대한 판단은 통상적인 계약위반책임에 대한 판단과 별다른 문제를 제기하지 않는다.[9]

2) 자본투자자에 대한 책임 하지만 부실감사에 대한 법적 책임의 귀속이 이론적으로 문제되는 것은 주로 자본투자자(주주 및 채권자), 즉 제3자가 입은 손해에 관련해서이다.

㈎ 불법행위책임 먼저 민법상으로는 제3자와 외부감사인 사이에 계약관계

7) 이범찬·오욱환, "감사와 외부감사의 법적 책임", *회사법의 제문제* (1998), 407쪽.

8) 여기서 특히 인과관계의 문제는 감사인이 임무를 이행하였더라면 피감사회사의 손해발생을 '저지할 수 있었는가'라는 저지가능성(이에 대한 판례로 대판 1985.6.25, 84다카1954; 1988.10.25, 87다카1730)의 문제로 이해된다(이에 관해서는 권재열, 회계감사인의 법적 책임, 비교사법 제5권 제1호, 1998, 356쪽 참조). 이러한 저지가능성은 임무해태(귀책행위)와 손해 사이의 인과관계의 '유무' 문제라기보다는 손해 귀속의 '범위' 문제라고 할 수 있다. 이 저지가능성은 형법학적 용어로는 '합법적 대체행위(rechtsmäßiges Alternativ-verhalten)에 의한 결과회피가능성'라는 개념으로 번역될 수 있다. 즉 의무에 적합한 행위(대체행위)를 하였다면 결과가 발생하지 않았을 것인가에 대한 판단인데, 이 판단은 인과관계의 존재를 전제로 행위자에게 귀속될 수 있는 결과의 범위를 판단하는 이론이라고 할 수 있다.

9) 독일의 경우에는 법정감사의 경우 감사인의 보험가입이 의무화되어 있어, 책임보험법에 의한 배상으로 감사인의 책임위험은 분산된다. 상법(HGB) 제 323조 제2항 제1문의 책임한도액을 최저부보액으로 하는 책임보험가입을 강제하고 있다. 또한 회계감사인규칙 제54조 제2항은 회계감사인의 직업책임보험에 관한 명령을 규정하고 있다(이영철, 공인회계사의 전문직업인손해배상책임보험에 관한 연구, 기업법연구 제9집, 2002, 121~122쪽 참조). 감사인의 회사에 대한 (중과실을 포함한) 과실책임의 상한은 기업분야의 통제 및 투명성에 관한 법률(Gesetz zur Kontrolle und Transparenz im Unternehmensbereich(1998))에 따라 감사당 200만 마르크(상장 주식회사는 800만 마르크)로 제한된 바 있다. 여기서 책임제한 대상이 되는 과실에 따른 책임에는 중과실도 포함된다. 이러한 규율은 회사에 대한 불법행위책임에도 유추적용되지만 투자자에 대한 불법행위책임에는 적용되지 않는다고 본다(이준섭, "감사인의 손해배상책임과 그 한계", *한국공인회계사회* [4월, 2002], 101쪽 참조). 이런 책임제한 등은 <회계감사 및 선서장부검사의 업무집행에 있어서 권리의무에 관한 규약> 제16조에 의해 특약으로써 배제해서는 안된다고 요구하고 있다. 즉 법령상의 책임제한보다 높은 책임을 지우는 것을 정하는 것은 회계감사 및 선서장부검사의 이해에 반한다(이에 관해 자세한 분석으로 弥永真生, *会計監査人の責任の限定* [有斐閣, 2000], 160~162쪽 참조).

가 있지 않기 때문에 불법행위책임만이 문제될 수 있다. 민법 제750조에 의한 책임을 지우기 위해서는 일반적으로 ⓐ 감사인의 귀책사유(고의·과실), ⓑ 자본투자를 한 사람(투자자)의 손해발생, ⓒ 이들 사이의 인과관계, ⓓ (부실감사의) 위법성이 요구된다. 또한 ⓔ 이러한 책임요건을 충족하는 사실을 원고인 자본투자자가 입증하여야 하며 ⓕ 손해배상청구권의 소멸시효는 손해 및 가해자(감사인)를 안 날로부터 3년, 불법행위를 한 날로부터 10년(민법 제766조 제1, 2항)이다. 이러한 요건은 비교적 자본투자자가 손해배상을 받기 어려운 수준의 귀책요건이라고 할 수 있다.[10]

(나) **부실감사책임** 이에 비해 외감법 제17조가 규정하는 감사인의 책임[11]은 ⓐ 감사인이 '중요한 사항'에 관하여 감사보고서에 기재하지 아니하거나 허위의 기재를 함(귀책사유의 한정), ⓑ 제3자, 즉 자본투자자[12]의 손해발생, ⓒ 제3자가 감사보고서를 믿고 투자한 사실(인과관계의 완화: 신뢰의 인과관계), ⓓ (부실감사의) 위법성을 요건으로 한다.[13][14]

---

10) 이런 귀책요건의 엄격성은 대륙법계의 국가에서는 대체로 비슷하다. 다만 독일 민법 제823조 제1항은 구체적 권리를 열거하고 있는("고의 또는 과실로 타인의 생명, 신체, 건강, 자유, 소유권 또는 기타의 권리를 위법하게 침해한 자는 피해자에게 이로부터 발생한 손해를 배상하여야 한다") 반면, 우리 민법 제750조는 오스트리아 민법 제1295조 제1항, 스위스 채무법 제41조 제1항 등과 비슷한 일반조항(Generalklausel)의 텍스트("고의 또는 과실로 인한 위법행위로 타인에게 손해를 가한 자는 그 손해를 배상할 책임이 있다")를 갖고 있다. 독일 민법의 텍스트 아래서는 불법행위책임이 좀더 엄격하게 귀속되기 쉬운 반면, 현행 민법처럼 일반조항적 텍스트 아래서는 불법행위책임을 법문에 반해서 위험책임으로 해석운영할 소지가 더 많다고 볼 수 있다. 하지만 이런 법텍스트의 차이가 불법행위책임의 요건을 설정하는데 인과적인 차이를 가져오는 것은 결코 아니다. 현행 민법도 분명하게 과책주의를 규정하고 있기 때문이다.

11) 이러한 부실감사책임은 미국 연방증권법(The Securities Act of 1933)의 규율과 많은 점에서 유사하다. 이 법에 의하면, 감사받은 재무제표가 허위 또는 중요한 사실의 누락이 있을 때, 증권공개모집에 참여한 일반투자자들은 제소할 수 있다. 감사인은 무과실에 대한 입증책임을 지고, 제소자는 공개 모집증권의 취득으로 손실을 입었다는 것만 증명하면 된다(재무제표 이용과 투자의사결정 사이의 인과관계 입증 생략). 따라서 우리보다 좀더 완화된 귀책요건임을 알 수 있다. 그리고 소멸시효는 재무제표의 오류와 누락을 안 때로부터 1년, 증권 공개 모집 후 3년의 단기이다(이러한 미국의 법제에 대해 자세히는 김맹화, "감사인의 법적 책임 수준에 대한 연구", *평택대 사회과학연구* [제6집, 2002], 130~132쪽 참조).

12) 양승규, "감사인의 제3자에 대한 손해배상책임", *서울대학교 법학* (제38권, 3·4호, 1997), 284쪽.

13) 우리의 외감법과 비슷한 법제는 일본의 상법특례법이다. 다만 상법특례법은 감사가 강제된 대회사(大会社)에 대한 감사보고서에 중요한 허위 기재를 한 결과, 제3자에게 손해를 미친 경우에 감사인은 회사와 연대하여 손해배상의 책임을 지도록 하고 있다(상법특례법 제10조). 이런 부실감사책임에서 감사인이 부담하는 의무, 즉 '정당한 주의'의 의무 위반에 대한 판단은 매우 핵심적인 귀책근거이다. 일본 학계는 '정당한 주의'를 "선량한 관리자의 주의"(일본 민법 제644조)에 상응한 것으로 보고, 평균적인 감사가 직업전문가로서 당연히 감사수행상 해야 할 주의, 또는 직업감사인으로 기대되는 주의라고 해석한다(松本祥尙, *公認会計士の任務と責任, ジュリスト* [有斐閣, 2002]. 43쪽 참조).

14) 독일에는 주식회사 외부감사에 관한 법률 제17조와 같이 외부감사인의 제3자에 대한 책임을 직

그리고 ⓐ요건에서 상법학자들은 '중요한 사항'이란 상법 제447조의4 제2항에서 정한 감사보고서의 기재사항 중에서 회계감사와 관련된 사항인 회계장부의 기재에 관한 사항, 대차대조표 및 손익계산서의 표시에 관한 사항, 회계방침의 변경에 관한 사항, 영업보고서에 관한 사항, 이익잉여금처분계산서 또는 결손금처리계산서에 관한 사항, 그리고 재무제표부속명세서의 기재에 관한 사항 등을 말한다고 한다. 그러나 회사내부 기관인 감사와 외부감사인의 지위와 역할이 다르므로 상법상 감사인이 기재해야 할 사항과 외부감사인이 감사보고서에 기재해야 할 사항이 완전히 같아야 하는 것은 아니다.[15)]

(다) **부실공시책임** 자본시장법 제125조, 제126조 및 제162조는 공인회계사의 특수한 부실감사책임을 규정하고 있다. 즉, 증권신고서, 사업설명서(이상 제125조), 사업보고서, 반기보고서(이상 제162조) 등에서 허위기재표시나 중요한 사항에 대한 누락이 있는 경우에 손해배상책임을 규정한다. 다시 말해 외감법상의 부실감사책임이 외부감사의 일반적인 책임을 규율한다면 자본시장법은 '공시서류'에 대한 외부감사의 책임을 규율하는 셈이다. 여기서 자본시장법상의 부실감사책임을 외감법상의 그것과 구별하여 '부실공시책임'(不實公示責任)이라 부를 수 있다. 또한 좀더 일반화된 유형개념으로서 외감법 제17조의 부실감사책임와 자본시장법 제162조의 손해배상책임에 대해서는 '유통공시책임'이, 자본시장법 제125조의 부실공시책임에 대해서는 '발행공시책임'을 말할 수 있다. 그러나 이와 같은 적용영역의 특수성과는 달리 부실공시책임의 요건은 외감법상 부실감사책임의 요건과 대부분 같다.

다만 첫째, 자본투자자, 즉 증권의 취득자가 취득의 청약을 할 때 공시서류에 허위의 기재 또는 표시가 있거나 중요한 사항의 기재 또는 표시가 누락된 사실을 알고 있었던 경우에 감사인은 배상책임을 지지 않는다(제125조 제1항 단서 후단, 제162조 제1항 단서 후단). 즉, 제3자가 선의일 것을 요구한다는 점에서 부실공시책임은 외감법상의 부실감사책임과 다르다. 둘째, 외감법상 부실감사책임은 귀책사유(임무해태)에 대한 입증책임을 그리고 자본시장법상 부실공시책임은 손해의 인과관계에 대한 입증책임을 공인회계사(피고)에게(제125조 제1항 단

접적으로 규율하는 개별법이 존재하지 않는다. 따라서 계약적 책임이 적용되는 계약 당사자(피감사회사)에 대한 책임의 경우나 피감사회사와 기업결합관계에 있는 회사의 손해배상청구권의 적격에 관한 규정(독일 상법 제323조 제1항 제3문)을 제외하고는 외부감사계약과 무관한 제3자에 대한 책임은 당연히 불법행위법에 의존할 수밖에 없다(이에 대한 자세한 법제연구로 이준섭, "감사인의 손해배상책임과 그 한계", *한국공인회계사회* [4월, 2002], 47쪽 참조).

15) 같은 취지로 헌재결 2004.1.29, 2002헌가20, 2002헌가21(병합).

서 전단, 제162조 제1항 단서 전단) 전환시키고 있다. 셋째, 또한 자본시장법은 배상할 손해의 범위에 관해 (민법에 대한) 특별한 규정을 두고 있다. 제126조 제1항 및 제162조 제3항은 손해배상액의 산정에서 투자자의 전손해, 그러니까 <취득액 - 변론종결시의 시장가액 또는 (변론종결전 처분했을 경우에는 그) 처분가액>을 배상범위[16]로 추정하고 있다.

(2) 부실감사에 대한 형사책임

1) 부실감사관련범죄 감사의 공정성을 그르친 행위는 다음과 같은 외감법 제20조 제2항 제2호와 공인회계사법 제53조 제2항/제15조 제3항에 의해 범죄화되고 있다.

- **진실의무위반죄** 공인회계사가 제15조 제3항(공인회계사는 직무를 행할 때 고의로 진실을 감추거나 허위보고를 하여서는 아니된다)의 규정에 위반한 때에는 3년 이하의 징역 또는 1천만원 이하의 벌금에 처한다(공인회계사법 제53조 제2항).
- **부실감사죄** 감사인 또는 그에 소속된 공인회계사가 다음 각호의 1(제2호: "감사보고서에 기재하여야 할 사항을 기재하지 아니하거나 허위의 기재를 한 때")에 해당하는 행위[17]를 한 때에는 3년 이하의 징역 또는 3천만원 이하의 벌금에 처한다(외감법 제20조 제2항 제2호).[18] 다만 이 규정에서 "감사보고서에 기재하여야 할 사항을 기재하지 아니하거나" 부분은 위헌결정[19]을 받아 더 이상 효력을 유지하지 못한다.

진실의무위반죄가 신분법적 규율이라면, 부실감사죄는 자본시장체계의 기능유지에 지향된 규율, 체계기능적 규율이다. 하지만 진실의무위반죄나 부실감사

16) 이 조항은 미국의 1933년 연방증권법 제11조e항(배상받는 손해액은 당해 유가증권의 매입가격[공모가격초과불가]에서 소 제기시의 유가증권가격을 빼거나, 소 제기 이전에 증권시장에서 처분한 경우에는 그 처분가격 그리고 소 제기 이후 판결이 나기 전에 처분한 경우에는 그 처분가격을 차감한 것을 말한다)을 모델로 한 것으로 보인다.

17) 현행 부실감사죄는 독일 상법전(HGB) 제332조와도 매우 유사하다. 제332조 제1항은 "누구든지 결산감사인으로 또는 그의 보조자로서 연말결산서, 영업보고서, 결합연말보고서 또는 제340조a 제3항의 중간결산서, 제340조i 제4항의 결합중간결산서의 심사결과에 대하여 허위로 보고하거나, 감사보고서에 중요한 사항을 기재하지 아니하거나 허위내용의 감사의견을 제시한 자는 징역 3년 이하 또는 벌금형에 처한다"고 규정하고, 제2항은 제1항의 행위가 "대가를 받고 하거나, 자기 또는 다른 사람에게 이득을 주거나 다른 사람에게 해를 주려는 의도에서" 이루어진 경우에 5년 이하의 징역 또는 벌금형으로 가중처벌하고 있다. 즉, 우리 법에 비하면 기재누락과 허위기재 이외에 허위감사 의견제시라는 제3의 행위유형을 추가하고 있다.

18) 부실감사죄는 1980.12.30. 국가보위입법회의 시절에 제정되었는데, 이 입법과정에서 당시 국보위 경제 제1위원회는 아마도 일본의 주식회사의 감사 등에 관한 상법의 특례에 관한 법률 제30조 제1항 제6호를 참조했던 것으로 추정된다.

19) 헌재결 2004.1.29, 2002헌가20, 2002헌가21(병합).

죄의 보호법익을 모두 개인적 법익인 '자본투자자의 재산'으로 잡는다면 모두 추상적 위험범으로도 분류될 수 있다. 또한 이 경우에도 양 범죄가 일반과 특별의 법조경합관계에 들어가는 것은 아니다. 행위주체에서 진실의무위반죄가 부실감사죄를 포괄하고 있지 못하기 때문이다.[20] 하지만 두 범죄구성요건 모두 형법전에 규정된 범죄 가운데 추상적 위험범이 갖는 전형적인 불법구조를 갖고 있는 것은 아니다. 단지 그런 일탈행위가 집단적으로 발생하고 그 결과가 누적될 때 비로소 자본시장이 위태롭게 될 것이라는 개연성, 그것도 관념적인 개연성이 인정될 수 있을 뿐이기 때문이다. 말하자면 이 행위들은 자본시장의 기능위태화에 적합하다는 속성이 있는 — 그래서 적성범(Eignungsdelikt)[21]이라고 불리는 — 행위일 뿐이다. 그러니까 이 일탈행위들은 자본시장의 기능에 대한 불확실한 위험성 때문에 범죄화되고 있는 셈이다. 종래의 위험 개념을 위해(Gefahr)와 위험(Risiko)으로 다시 세분화한다면[22] 이 범죄규정은 위해범이 아닌 위험범을 규정하고 있다고 보인다.

2) 기타 형사책임 또한 공인회계사의 직무상 진실의무와 공정감사의무는 다음과 같은 의무위반에 대한 형사책임에 의해 엄호되고 있다.

- — 외부감사와 관련된 부정청탁의 거래(외감법 제19조와 공인회계사법 제22조 제3항 및 제53조 제1항)
- — 부정업무처리보고의무의 위반(외감법 제20조 제2항 제4호)
- — 비밀준수의무의 위반(외감법 제20조 제2항 제3호, 공인회계사법 제53조 제2항/제20조)
- — 주주총회에서의 진실한 진술의무의 위반(외감법 제20조 제2항 제5호)
- — 주주총회출석의무의 위반 등(외감법 제20조 제4항 제5호)

3. 부실감사책임의 구조

앞서 살핀 부실감사책임의 법제는 — 우리나라뿐만 아니라 선진 각국의 경우에도 — 공인회계사의 외부감사현실과 심각한 괴리를 낳을 수밖에 없는 법규범의 상태를 보여준다. 이런 법제의 문제점은 그것들을 사회과학적으로 분

20) 같은 이유로 법조경합을 부인한 대판 1993.6.22, 93도498.

21) 이 범죄개념에 대해 자세한 논의는, 조병선, "환경형법에 있어서의 위험범", *한일법학* (제4집, 1995), 98쪽 아래 참조.

22) 이상돈, *형법학: 형법이론과 형법정책* (법문사, 1999), 26~27쪽.

석·비판하지 않아도 쉽게 드러날 수 있다. 특히 많은 문제들에 대한 비판적 관점은 무엇보다도 다양한 법적 책임의 유형들이 보여주는 '책임귀속의 요건'(Tatbestand)과 그 '적용범위'(Geltungsbereich) 사이의 상관관계를 비교·분석함으로써 얻어질 수 있다. 그런 분석은 다양한 유형의 부실감사책임이 각기 갖는 특징을 파악하고 그 특징들을 구조적으로 비교하는 방법에 의해 가능하다. 이런 책임유형 사이의 구조적인 체계비교는 민사책임들 사이에 그리고 민사책임과 형사책임 사이에서 이루어질 수 있다.

(1) 민사책임들 사이의 법제비교 여기서 비교되는 민사책임은 손해배상책임의 기초가 되는 민법상의 일반 불법행위책임과 외감법상의 부실감사책임(유통공시책임) 그리고 자본시장법상의 부실공시책임(발행공시책임 및 유통공시책임)이다.

1) 일반 불법행위책임과 부실감사책임 먼저 민법상 일반적인 불법행위책임과 외감법상의 부실감사책임을 비교한다.

㈎ 완화된 요건과 축소된 적용범위 외감법상의 부실감사책임은 적용요건에서는 일반 불법행위책임에 비하여 완화되는 측면이 있다. 무엇보다도 중요사실의 진실기재의무의 위반과 손해발생 사이의 엄격한 인과관계(ⓒ)를 단지 '신뢰이용'의 관계로 대체함으로써 인과관계의 요청을 완화하고 있다. 또한 감사인의 '귀책사유의 존부'[23]에 관한 입증책임(ⓔ)을 원고에서 피고, 즉 외부감사인에게 전환하고 있다는 점(외감법 제17조 제5항)에서도 일반 불법행위책임의 경우보다 자본투자자에게 훨씬 유리하게 완화하고 있다.

이에 비해 책임귀속의 '적용범위'에서는 사정이 다르다. 즉 외감법상의 부실감사책임은 귀책사유의 범위(ⓐ)가 감사인의 임무해태 일반[24]에서 인정되지 않고 단지 '중요한 사항의 진실한 기재' 의무에 국한되어 있다. 그리고 자본투자자가 공인회계사에게 책임을 추궁할 수 있는 기한, 즉 소멸시효(ⓕ)도 '감사인의 선임시 계약에 의해 연장되지 않는 한 손해배상 청구권자가 당해 사실을 안 날로부터 1년 이내 또는 감사보고서를 제출한 날로부터 3년'(외감법 제17조

23) 그러므로 인과관계 및 손해액에 대하여는 여전히 원고인 제3자(자본투자자)측에서 입증하여야 한다. 안택식, "주식회사의 외부감사제도에 관한 연구", *성곡논총* (제22집, 1991), 1112쪽.

24) 예컨대 감사의 실시가 부적절하므로 회사의 업무에 지장이 생긴 경우, 감사보고서 제출이 늦어진 경우, 회사종업원의 경리부정을 발견하지 못한 경우, 위법한 회계처리를 적법하다고 감사보고서에 기재한 경우 등을 포괄한다.

제7항)으로, 각각 3년과 10년인 일반 불법행위책임에 비해 훨씬 짧아져 있다. 이러한 점은 부실감사소송을 제기하는 자본투자자에게는 불리한 점이라고 할 수 있다.

(나) **자본시장의 소비자 보호를 위한 위험책임화** 그러므로 외감법상의 부실감사책임은 '적용범위'에 있어서는 민법상의 일반 불법행위책임보다 좁게 설정되어 있지만 '적용요건'에 있어서는 완화된 내용으로 설정되어 있다고 할 수 있다. 이처럼 책임요건은 완화하되 그 적용범위는 축소하는 방법은 '위험책임'(Gefährdungshaftung)의 전형적인 특징이다. 그러니까 부실감사책임은 자본투자자, 즉 자본시장이라는 사회영역에서 자본투자상품을 구입하는 소비자들을 보호하기 위하여 자본투자실패로 인한 손해의 배상을 쉽게 청구할 수 있게 하는 것이다. 하지만 부실감사책임이 위험책임적인 특성을 갖고 있다고 해서 그것을 — 특히 텍스트로는 과실책임원칙을 따른 것으로 보이는 '귀책사유'(고의·과실)까지 실질적으로 완화시켜 과실이 없거나[25] 과실의 유무가 불확실한 경우에까지 그것을 인정하는 방법에 의해 — 위험책임으로 운영할지, 아니면 — 특히 인과관계인정이나 손해배상범위의 설정 또는 청구권경합 등의 문제에서 — 부실감사책임을 실질적으로 불법행위책임에 근접시켜 운영할지는 여전히 해석의 문제로 남아 있다.

(다) **법정책임설과 특수불법행위책임설** 이와 관련한 논의로 부실감사책임의 본질에 관한 학설대립을 들 수 있다. 상법학계의 입장은 크게 두 가지로 정리될 수 있다.

- 외감법상 부실감사책임은 일종의 (특수한) 불법행위책임(不法行爲責任)이다.[26]
- 외감법상 부실감사책임은 감사인이 작출한 부실기재나 허위기재라고 하는 외관에 대한 제3자의 신뢰를 보호하기 위하여 법이 특별히 정책적으로 인정한 책임, 즉 법정책임(法定責任)이다(판례).[27]

---

25) 자본시장법 제125조 제1항 단서 전단은 "배상의 책임을 질 자가 상당한 주의를 하였음에도 불구하고 이를 알 수 없었음을 증명"한 경우에 면책을 시키는데, 이는 ① 무과실의 경우 부실공시책임을 지지 않으며, ② 그 무과실의 입증책임은 공인회계사에게 전환되어 있음을 말한다. 그러나 이 요건은 과실유무가 불분명할 경우에도 부실공시책임을 지게 됨을 의미하며, 그 한도 내에서는 위험책임화된 것이라 할 수 있다.

26) 양승규, "감사인의 제3자에 대한 손해배상책임", *서울대학교 법학* (제38권 제3·4호, 1997), 283~284쪽.

27) 권재열, "회계감사인의 법적 책임", *비교사법* (제5권 1호, 1998), 359쪽.

[청구권의 경합] 판례는 (구)증권거래법상 '감사인의 선의의 투자자에 대한 손해배상책임은 그 발생의 요건이 특정되어 있고, 그에 대한 입증책임이 전환되어 있을 뿐만 아니라 손해배상액이 추정되어 선의의 투자자가 보다 신속하게 구제받을 수 있게 하는 한편 유가증권 시장의 안정을 도모하기 위하여 그 책임을 물을 수 있는 기간이 단기간으로 제한되어 있는 손해배상책임으로서 민법상의 불법행위책임과는 별도로 인정되는 법정책임이라 할 것이므로, 감사인의 부실감사로 인하여 손해를 입게 된 선의의 일반 주식투자자들은 감사인에 대하여 (구)증권거래법상의 손해배상책임과 민법상의 불법행위책임을 다함께 물을 수 있다'고 본다.[28]

법정책임설을 따르게 되면 불법행위책임으로서 손해배상책임과 민법상 일반불법행위책임과의 경합이 인정되는 반면에, 특수불법행위책임으로 보면 — 불법행위청구권간의 경합을 '청구권경합'(請求權競合) 또는 '법조경합'(法條競合) 가운데 어느 것으로 볼 것인지의 논란이 있으나 일단 법조경합으로 본다면 — 부실감사책임이 우선적으로 적용되고 민법상 불법행위책임은 배척된다.[29]

이런 상법학계의 학설대립은 위험책임이론과 연관지을 수 있다. 즉, 법정책임설은 특수불법행위책임설보다는 부실감사책임을 위험책임으로 구성하고 운영할 수 있게 한다. 법이 특별히 책임을 인정한 정책적 이유는 바로 자본시장의 소비자를 보호하는 데에 있다고 이해할 수 있기 때문이다. 이때 법정책임은 정책적 목표달성이라는 목적강령(Zweckprogramm)을 좇기 때문에 그 책임(손해배상책임)의 요건이나 소멸시효 등도 목적달성에 적합한지의 관점에서 '유연하게' 변형될 수 있다. 이에 비해 특수불법행위책임으로 보게 되면 '특수'라는 단서는 있지만 기본적으로 민법상의 불법행위책임에 전통적으로 축적되어온 '규범적 구조'(normative Struktur),[30] 이를테면 과실책임원칙이나 분쟁상태를 외곽에서 안정화시키는 소멸시효제도의 확정성에 구속되어야 한다.[31] 그러므로 이런 책

---

28) 대판 1999.10.22, 97다26555.

29) 이준섭, "재무정보공시에 대한 외부감사인의 손해배상책임", *상사법연구* (제17권 제2호, 1998), 164~165쪽 참조.

30) 이는 근대(사)법의 가치체계를 구성하는 다양한 법원칙들을 가리킨다. 이런 법원칙의 역사적 형성과 계승은 오늘날의 민주적 법치국가에 침전된 '법문화'(legal culture)를 이룬다고 보아야 한다.

31) 물론 이런 일반적인 명제는 제한적으로만 타당하다. 민법상의 불법행위책임에도 얼마간은 정책적 목표설정이 — 특히 형사책임의 귀속과 비교할 때에는 — 상대적으로 많이 투입될 수 있기 때문이다. 하지만 정책적 목표설정이 책임귀속에 유입될 수 있는 정도가 ① 위험책임 → ② 민사상 과실책임 → ③ 형사책임의 단계로 점차 낮고, 이 세 가지의 차등화가 책임 '유형'(Typus)의 의미있는 구분이 될 수 있다는 점을 부인할 수는 없다.

임이론에 의하면 자본시장에서 소비자보호의 필요성이 여전히 남아 있는 경우라 할지라도 때때로 부실감사책임이 부정될 수도 있게 된다. 특수불법행위책임설 그 가운데에서도 법조경합설은 이런 법치국가적 전통에 충실한 견해라고 할 수 있다.

2) 부실공시책임과 부실감사책임 또한 자본시장법상의 부실공시책임(제125조, 제126조)의 '적용범위'는 발행시장에 국한해서 보면 증권신고서나 사업보고서 등의 공시서류 작성영역에 국한되어 있다는 점에서 외감법상의 부실감사책임보다 좁다. 바꿔 말해 부실공시책임은 부실감사책임의 특수한 경우라고 할 수 있다. 하지만 발행부실공시책임의 적용요건은 제3자에게 선의일 것을 요구한다는 점 이외에는 모두 부실감사책임과 같다. 자본시장법상 발행시장에서 부실공시책임은 감사행위와 관련을 맺는 제3자의 범위가 외감법상 부실감사책임보다는 다소 '특정적'이다. 무엇보다 제3자가 유가증권거래에서 확보하는 투자정보가 발행공시로 제공된 정보 외에는 그리 풍부하지 않다. 이 점을 이유로 발행시장에서 부실공시책임을 물을 때에는 신뢰의 인과관계(거래인과관계)를 추정하고, 감사보고서에 대한 부실감사책임을 물을 때에는 이를 ― 비록 외감법이 인과관계 개념을 신뢰의 인과관계로 대체할지라도 그런 인과관계의 존재에 대한 ― 추정을 인정하지 않을 수 있다. 하지만 판례는 어느 시장에서건 신뢰의 인과관계를 추정해왔으며[32] 자본시장법도 그 두 시장의 차이를 인정하지 않는다. 사실 발행시장과 유통시장 사이의 특성적 차이는 그렇게 본질적인 것이 아니다. 발행공시의 경우에 투자자가 일반적으로 그 공시된 정보를 실제로 신뢰하고 있는지도 의문이지만, 신뢰를 하였다고 해도 최종적인 투자결정에 이르는 과정에는 공시정보 이외에 다른 요소들이 여전히 개입하기 때문이다.

다음 도표 46은 일발불법행위책임, 부실감사책임(유통공시책임) 그리고 부실공시책임(발행공시책임 및 유통공시책임)의 특징을 요약하고 있다.

32) 대판 1997.9.12, 96다41991 참조.

도표 46 불법행위책임, 부실공시책임 그리고 부실감사책임의 비교

유형 / 항목	불법행위 책임(민법)	부실공시책임(자본시장법) ① 유통시장(제162조) ② 발행시장(제125,126조)	부실감사책임(외감법) 제17조
대상 정보	제한없음	① 사업보고서, 반기 및 분기보고서 ② 증권신고서와 사업설명서	감사보고서
정보유통 방법	제한없음	① 비치 ② 청약자요구시의 교부강제 및 비치	비치
귀책 사유	고의, 과실	①② 허위의 기재 또는 표시가 있거나 중요한 사항이 기재 또는 표시되지 아니함 • 惡意의 원고(투자자)에 대한 책임배제)	• 중요한 사항에 관하여 감사보고서에 기재하지 아니하거나 허위의 기재를 함 • 피고의 귀책사유에 대한 무과실입증으로 면책가능성
행위 영역의 특성	시민의 생활영역	① 투자판단의 유일 연결고리 아니고, 피해는 회사와 무관한 제3자들 간 거래에서 발생 ② 공시정보 외에 빈약하고, 피해자가 청약자 등에 한정된 범위	• 다양한 정보가 유통되는 행위상황, 피해자도 특정되기 어려움
인과 관계	확실성 (원고입증)	①② 거래인과관계는 사실상 추정[33](입증책임전환 명문규정없음) ①② 손해인과관계의 부존재는 공인회계사(피고)가 입증함으로써 손해의 일부 또는 전부가 면제됨	• 이론적으로 추정하지 않을 수 있으나 판례는 거래인과관계를 사실상 추정함
손해 배상 범위	통상손해 (제393조 제1항) 특별손해 (제393조 제2항)	①② 원칙적으로 전손해(취득액 — 변론종결시의 시장가액 또는 처분가액)로 추정	취득가액 - 허위 또는 부실기재가 아니었다면 형성되었을 가액[34)] (* 판례는 분식결산과 부실감사로 인한 거래정지전의 정상 주가 — 거래재개된 하종가를 벗어난 시점의 정상주가 또는 그 이상의 가액으로 매도시 그 매도가액)

33) 우리나라 판례(대판 2002.10.11, 2002다38521)는 유통시장에서도 신뢰에 대한 입증을 원고인 투자자에게 부담지우지 않고, 피고인 공인회계사가 부담하도록 신뢰와 그에 따른 거래(인과관계)를 사실상 추정하고 있다.

34) 원심판결인 서울지방법원 1996.8.28. 선고, 96나15298; 이준섭, "증권관련집단소송제의 전제조건

[미국법계와 독일법계와의 간략비교] 우리나라 자본시장법의 손해배상책임규정은 미국 1933년의 연방증권법이나 1934년의 연방증권거래법의 영향을 부분적으로 강하게 받고 있는 편이다. 무엇보다 공인회계사가 부실감사를 이유로 제3자인 투자자에 대해 널리 책임을 지게 되어 있고, 그 배상의 범위도 미국과 같이 투자실패로 인한 전 손해에까지 미칠 수 있다는 점에서 그러하다. 이에 비해 우리의 민법전과 같은 법계에 속하는 독일은 공인회계사의 제3자에 대한 책임 자체를 매우 제한적으로만 인정한다. 민법상의 불법행위조항은 공인회계사의 제3자에 대한 배상책임을 인정하는데 법리적으로 매우 어렵다.[35] 또한 우리나라의 자본시장법이나 외감법과 같은 책임 규정이 없다. 다만 특별불법행위책임의 하나로 증권거래소법 제45조가 있을 뿐이다. 하지만 최근 독일 법원은 전문가의 부실한 정보에 따라 제3자에게 발생한 손해에 전문가 책임을 긍정하려는 적극적 노력을 하고 있다. 전문가가 제공한 잘못된 정보에 따라 제3자가 손해를 입은 경우, 그 손해의 배상을 당사자 사이의 계약상 의무에 대한 위반으로 바라보는 이론을 구성한다. 대표적으로는 ① 묵시적 정보제공계약,[36] ② 제3자에 대한 (독일 민법 제328조의) 보호효(Schutz-wirkung)를 갖는 계약,[37] ③ 계약체결상의 과실책임(culpa in con-trahendo) 등의 법적 구성이 사용된다. 그 밖에 ④ 선량한 풍속위반에 따른 불법행위책임(민법 제826조)[38]도 보충적으로 이용되고 있다.[39]

으로서의 손해배상책임제도의 정비방안", *증권관련집단소송법 제정과 보완과제* (전경련세미나 자료집, 2004), 2~38쪽 참조.

35) 일반불법행위조항인 제823조 제1항은 권리침해에 국한하고, 제2항은 타인의 보호를 목적으로 하는 보호법규(Schutzgesetz)의 위반으로 인한 손해배상책임을 규정하고 있다. 투자자는 부실감사를 행하지 않을 권리를 공인회계사에게 직접 갖고 있지 않고, 배상책임 규정인 독일 상법 제323조도 투자자의 보호를 직접 목적으로 하지 않는다는 점에서 독일민법상 일반불법행위조항은 공인회계사의 제3자에 대한 부실감사책임의 근거로 사용되기 어렵다.

36) 이 법률구성은 제3자가 감사인에게 정보제공을 구하고, 나아가 정보가 직접 제3자로, 감사인으로부터 제공된 경우에 적용되는 것으로 보여진다. 문제는 법정감사에서는 이 이론도 일반적으로 적용하기 힘들다는 데에 있다.

37) 그 요건으로 법정감사인과 제3자와의 사이에 접촉이 있어야 할 것, 법정감사인이 제3자를 인식할 수 있어야 한다는 점 등을 들 수 있다. 그러나 현실적으로는 법정감사에 대해서는 그 요건이 인정되지 않는 것이 대부분이다. 또한 임의감사의 경우 제3자 보호효 있는 계약으로 본다면, 상법 제323조의 책임상한액 규정과의 관계가 불명확하다는 점, 법정감사인의 책임이 강화되는 것은 감사인의 회사에 대한 책임을 강화하게 되는 것이지만 감사인과 회사와의 책임분담이 불명확하다는 점 때문에 반대하는 견해도 유력하다. 그러나 실제로 Stuttgart고등법원은 1995년 7월 25일 판결(OLG Stuttgart 12 U 57/94, Urteil vom 25.7.1995, *Gerling Information* (vol.16.), 176~180쪽)에서 이 법리를 수용하여 법정감사인의 제3자 책임을 인정했다.

38) 민법 제826조는 고의로 인한 선량한 풍속위반에 의한 손해에 대한 배상책임을 정하고 있으며, 여기서 말하는 고의에는 미필적 고의가 포함되어 있다고 본다. 감사인은 자기의 행위의 결과, 손해를 입을 가능성이 있는 자가 누군지 인식할 필요는 없고, 가해를 직접적으로 의도하지 않아도 인정된다고 해석된다. 또한 감사인의 태도가 비양심적 또는 부주의한 경우에도 인정된다. 판례·학설상, 재무제표를 감사하지 않고 무한정적정의견을 표명한 경우, 스스로 감사를 하지 않고 타인의 감사결과로만 무한정적정의견을 표명한 경우, 피감사회사의 회계시스템의 중대한 결함이 있고, 올바른 재무제표를 작성하는 것이 거의 불가능함에도 불구하고 무한정적정의견을 표명한 경우, 피감사회사에서 제공한 중요한 정보를 검토하지 않고 무한정적정의견을 표명한 경우

(2) **형사책임과 민사책임 사이의 법제비교** 다음으로 민사상 손해배상책임과 형사책임을 비교분석한다. 여기서 민사책임과 비교되는 형사책임은 형법전과 공인회계사법상의 진실의무위반죄와 외감법상의 부실감사죄를 포함한 형사책임이다.

1) **비교결과** 먼저 진실의무위반죄와 부실감사죄의 적용요건은 — 뒤에 설명하듯 귀책사유의 요소만을 제외한다면 — 외감법상의 민사적 부실감사책임이나 자본시장법상의 부실공시책임보다도 오히려 더 완화되어 있다. 즉, 손해발생(ⓑ)이나 인과관계(ⓒ)는 책임요건에서 아예 제외되어 있고 외부감사인(공인회계사)의 고의에 의한 부실감사(직무위반) 행위만으로 형사책임이 성립한다는 점이다.

이에 비해 형법전에는 — 사기, 배임죄 등을 무리하게 유추적용하지 않는 한[40] — 부실감사를 처벌하는 규정이 없고, 외감법과 공인회계사법에만 처벌규정이 존재한다는 점에서 이 부실감사에 대한 형사책임은 민사상의 부실감사책임보다 '적용범위'가 현저하게 좁다고 볼 수 있다.[41] 또한 이 적용범위는 외감법이나 자본시장법상의 손해배상책임을 질 수 있는 직무위반의 행위영역보다도 좁다고 할 수 있다. 왜냐하면 공인회계사법 제15조 제3항이 명확한 문언으로 진실의무위반을 고의에 의한 경우에 국한하고 있고, 형사책임은 원칙적으로 고의범에 한하고 과실은 예외적으로만 처벌된다는 점을 고려할 때 외감법상의 부실감사책임도 해석으로는 '고의적인' 부실감사에만 적용된다고 보아야 하기 때문이다.

2) **비교전제** 다만 이와 같은 형사책임과 민사책임간의 비교에서 두 가지 점에 주의할 필요가 있다.

등은 선량한 풍속위반이 인정된다고 한다. 弥永真生, *会計監査人の責任の限定* (有斐閣, 2000), 135~138쪽 참조.

39) 소재선, "전문가로서 공인회계사의 민사책임(2)", *경영법무* (11월호, 2001), 44쪽.

40) 다만 경영실패에 대해 경영진에게 업무상 배임죄 등을 인정하는 실무(이에 관해 자세히는 이상돈, 경영실패와 경영진의 형사책임, 법조 통권 560호, 2003/5, 61-99쪽 참조)의 경향을 고려해 보면 공인회계사의 부실감사행위에 대해서도 사기죄를 적용할 가능성(이에 대해선 이상돈, "주식공모사기" *고시연구* [10월호, 2002], 101~112쪽 참조)을 부인할 수 없다.

41) 외감법 제17조 제2항은 "중요한 사항에 관하여 감사보고서에 기재하지 아니하거나"라고 규정하고, 제20조 제2항 제2호는 "감사보고서에 기재하여야 할 사항을 기재하지 아니하거나"라고 규정하는 등 문언의 차이가 있다. 하지만 '기재하여야 할 사항'과 '중요한 사항'은 같은 것이라고 볼 수 있다. 중요한 사항이므로 기재가 의무화되어 있는 사항이고, 기재가 의무화되어야 할 정도면 중요한 사항이라고 볼 수 있기 때문이다.

(가) **입증책임** 첫째, 형사책임의 경우에 감사인의 고의 또는 과실에 의한 직무해태를 입증할 책임은 국가(검사 또는 법원)에게 있고 감사인에게는 없다. 이 점은 불법행위책임의 경우에 상응하는 것이며, 외감법상의 부실감사책임보다 더 까다로운 책임귀속요건이라고 할 수 있다. 그렇지만 이와 같은 형사책임 형태는 국가형법(공형벌)제도에서 비롯되는 결론이므로 책임귀속요건의 엄격성을 비교·분석함에 있어서는 큰 의미를 지니지 못한다.

(나) **위험책임의 문제** 둘째, 외감법상의 민사적 부실감사책임은 일단 법률텍스트상으로는 '과실'책임의 형태를 띠고 있다고 보이나 해석과 적용에 있어 위험책임[42]으로 운영될 가능성이 높다. 그렇게 되면 귀책사유의 요건에서는 외감법 및 공인회계사법상의 부실감사죄와 진실의무위반죄가 외감법상의 민사적 부실감사책임보다 그 책임요건이 더 엄격하다고 할 수 있다. 다만 이것은 '형사책임은 반드시 고의·과실을 전제로 하여야 한다'는 근대형법의 책임원칙을 철저하게 고수할 때만 도출될 수 있는 결론이다. 또한 앞서 본 바와 같이 외감법상의 민사적 부실감사책임은 — 특히 고의 또는 과실의 개념을 완화시키는 방법에 의해서는 — 위험책임으로 구성하지 않은 것이 타당하고,[43] 귀책사유를 제외한 다른 책임요건에서는 형사책임이 여전히 더 완화되어 있다. 그러므로 전체적으로 평가할 때 형사책임이 민사책임보다 완화된 요건에서 부과될 수 있다고 보아야 할 것이다.

(3) **책임구조분석의 결론** 그러나 이와 같은 형사책임의 입증문제와 외감법상 민사적 부실감사책임의 위험책임화 문제를 일단 제쳐놓고 본다면 현행법상 부실감사책임은 다음 도표 47과 같은 구조로 짜여져 있다고 볼 수 있다.

먼저 첫째, 책임귀속의 '요건'(도표 2에서 B)에서 보면 <민법상 불법행위책임(B3) → 외감법상의 부실감사책임(B2)이나 자본시장법상의 부실공시책임(B1) → 외감법 또는 공인회계사법상의 부실감사형사책임(B0)>의 순으로 완화되고 있다. 둘째, 책임귀속의 '범위'(또는 외연 또는 관할영역: 도표 2에서 A 또는 원의 상대적 크기)에서 보면 <외감법 또는 공인회계사법상의 부실감사형사책임(A0)

---

42) 구외감법 제17조 제2항에 대해서는 무과실책임설과 과실책임설의 대립된 바 있다. 이 논쟁에 대해서는 권재열, "회계감사인의 법적 책임", *비교사법* (제5권 1호, 1998), 359쪽 아래 참조.

43) 부실감사책임이 외감법이 아닌 다른 법영역, 예를 들어 보험법(가칭: 부실감사배상책임보험법)의 영역에서 다루어진다면 그때의 책임은 위험책임으로 구성하는 것이 가능하고 또한 합리적일 것이다.

‖ 도표 47 ‖ 부실감사책임의 법제도의 구조분석

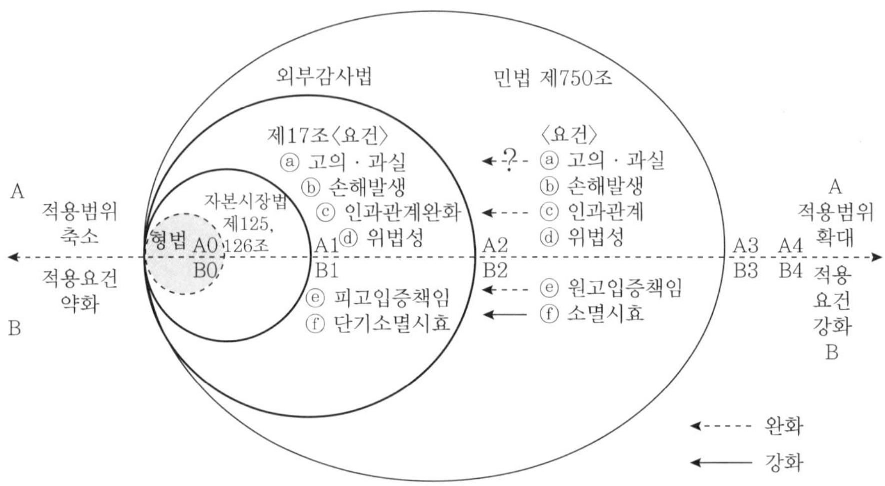

→ 자본시장법상의 '발행'부실공시책임(A1) → 외감법상의 부실감사책임(A2) → 민법상 불법행위책임(A3)>의 순으로 확대되고 있다.

Ⅱ. 부실감사책임의 개인적 귀속가능성

외부감사인에게 부실감사를 이유로 민 · 형사책임을 짊어지게 하는 것은 부실감사행위의 불법성 그 자체로부터 나오는 요청[44]이 아니라 시장정책적 필요성으로부터 나오는 것이기 쉽다. 이런 추측을 반박하려면 무엇보다도 부실감사에 대한 법적 책임의 부과가 민 · 형사책임의 기본원리[45]인 '개인적 귀속가능

44) 즉 손해야기행위의 불법은 '손해는 (손해를 야기한 자에 의해) 전보되어야 한다'는 '존재론적' 정의(ontologische Gerechtigkeit) 관념의 요구가 타당할 수 있는 특성을 갖고 있어야 한다. 또한 범죄행위는 '형벌에 의해 상쇄되어야 할 책임을 전제하고 또 그 책임은 형벌을 요구한다'는 책임원칙의 양면성(이러한 형법적 책임의 양면성에 대한 법철학적 근거지음으로 Kaufmann, *Schuldprinzip*, 2.Auflage [1976], 특히 202쪽; 이상돈, *형법상 책임원칙의 탈형이상학화, 합리화* (고려대 석사학위논문, 1986), 16~22쪽 참조)이 타당할 수 있는 특성을 갖고 있어야 한다.

45) 여기서 기본원리라고 한 점은 불법행위법은 '(피해자) 이익의 보호와 (가해자) 행동의 자유 사이의 긴장관계'(Larenz/Canaris, *Schuldrecht II/2*, 13.Auflage [1994], 350쪽)를 사회통합이 가능한 방식으로 해소하는 기제라는 점에서 그러하다. 이를 민법과 형법의 '규범적 구조'(normative Struktur)라고도 개념화할 수 있다. 이 규범적 구조에는 법익의 주체가 그가 입은 손해를 타인(가해자)에게 전가하기 위한 특별한 근거, 즉 귀책요건(고의 · 과실, 인과성 등)도 포함된다. 그런 엄격한 귀책요건이 없이 법익의 주체는 타인에게 그의 손해를 전가시킬 수 없고(Deutsch/Ahrens, *Deliktsrecht*, 4.Auflage [2002], 방주 1 참조), 이는 개인의 자유를 최대한 보장하려는

성'(personale Zurechenbarkeit)에 기초하고 있음을 증명할 수 있어야 한다. 바꿔 말해 자본투자자의 손해가 외부감사인의 부실감사행위라는 공인회계사 개인의 행위에 귀속될 수 있어야 하는 것이다. 물론 '개인적 귀속가능성'이란 원칙은 형법에서는 책임원칙(Schuldprinzip)[46]에 의해 좀더 엄격한 의미로 사용되는 반면, 민법에서 과책주의(Verschuldensprinzip)라고 하여 형사책임에 비해 좀 약한 의미로 사용된다. 이를테면 불법행위책임에서 고의와 과실은 똑같이 손해배상 책임을 근거짓지만, 형사책임은 원칙적으로 고의행위만을 처벌하고 과실행위는 법률에 특별히 규정을 둔 경우에만 예외적으로 처벌한다(형법 제14조). 이러한 차이는 인과관계에서도 전개될 수 있다.[47]

이념적으로는 (주관적) 권리의 정교한 체계라고 할 수 있는 근대법에서 개인의 책임이란 한 개인의 행위가 이른바 '사회유해적 행위'(Sozialschädlichkeit)로 승인될 수 있는 경우에만 그 개인에게 귀속가능한 것이 된다.[48] 형법학에서 실질적인 범죄의 의미로서 개발된 이 개념은 타인의 권리를 침해 또는 위태화하거나 모든 개인의 권리(이익) 실현을 매개하는 사회 또는 국가의 제도적 기능을 침해하는 행위를 가리킨다. 이 개념이 민법학에서 널리 사용되는 것은 아니지만 그 의미로 볼 때 민법상 불법행위나 계약위반도 이런 의미의 사회유해적 행위라는 점에서는 다르지 않다. 왜냐하면 근대민법도 모든 개인들 사이에 자유(이익)를 공평분배하는 권리의 체계 구축이라는 기획을 좇기 때문이다.

그런데 감사인과 자본투자자 사이에는 아무런 계약관계가 없기 때문에 무엇보다도 자본투자자의 재산손해를 부실감사행위자에게 귀속시키기 위해서는 부실감사행위와 손해발생 사이에 인과관계가 요구된다. 즉 불법행위나 범죄행

자유시민사회의 기획, 즉 근대법의 도덕적 기획(또는 법의 실천이성)이기도 하다(이에 관해서는 이상돈, *로스쿨을 위한 법학입문* [법문사, 2009], 59쪽 참조).

46) 이 원칙에 관한 나의 자세한 생각은 이상돈, *형법상 책임범주의 탈형이상학화, 합리화* (고려대 석사학위논문, 1986) 참조.

47) 이 점은 법률규정에 의해 명확히 규율되어 있지는 않다. 손해배상범위에 관한 민법 제393조와 제763조 그리고 형법 제17조는 텍스트만을 놓고 보면 큰 차이가 없다. 물론 민법의 규정인 손해배상범위, 그러니까 손해의 귀속'범위'(wie weit)를 정하는 데 다소 치중되어 있고, 형법은 법익침해의 귀속범위보다는 귀속'여부'(ob)를 정하는 데 치중되어 있다는 차이는 있다. 하지만 이런 텍스트의 차이는 그렇게 중요하지는 않다. 왜냐하면 민법학에서도 손해귀속을 근거짓는 인과관계를 요구하고 있고, 형법학에서도 법익침해의 파생적인 결과들 가운데 선별적으로 범죄행위에 귀속시키는 귀속범위에 관한 인과관계(귀속론)도 요구하고 있기 때문이다. 따라서 인과관계에서 민법과 형법의 차이는 '형법의 민법에 대한 보충성'(Subsidiaritätsprinzip)이라는 법원칙을 구체화하는 이론적 구성에 의해 발생한다는 점에 주의할 필요가 있다.

48) 이 점에 관해서는 이상돈, *형법학: 형법이론과 형법정책* (법문사, 1999), [2] 단락, 15쪽 아래 참조.

위로서 개인에게 그 책임을 물을 수 있는 사회유해적 행위란 타인의 권리를 인과적으로 침해하는 행위라고 할 수 있다.

1. 부실감사행위와 손해 사이의 인과성

만일 인과관계가 없다면 감사인에게 책임을 부담시킬 근거가 없어지게 되는 것이다.[49] 쉽게 말하면, 부실감사가 손해의 원인임이 확정되지 않았는데 어떻게 부실감사자에게 손해에 대해 책임을 지라고 할 수 있겠냐는 것이다.

(1) 일상언어적 인과성 물론 인과성 개념은 매우 오랜 역사를 배후에 두고 있고, 또 그 개념의 지평도 현대사회에서는 매우 넓게 펼쳐져 있다. 여기서는 그런 개념사적 이론지평 속으로 들어갈 필요는 없고 또 그럴 수도 없다. 부실감사책임의 적정성과 타당성에 대한 분석에서는 법사회학적 통찰이 중요하고, 그런 통찰을 매개해주는 인과성 개념에 대한 분석이 중요하다. 부실감사책임의 귀책요건으로서 인과관계는 '일상적인 인과성' 개념에 의존하는 것으로 보인다. 공인회계사에게 손해배상책임을 묻는 자본투자자들은 '당신의 부실감사행위 때문에 내가 손해를 입었소'라고 말한다. 여기서 이렇게 말하는 내용의 타당성을 어떻게 근거지을 수 있을 것인가?

1) 상당인과관계의 개념 규범적 명제의 타당성을 주장하는 사람은 그 명제를 뒷받침하는 합리적 근거를 제시하여야 한다. 부실감사책임을 묻고자 하는 투자자는 법률가의 도움을 받는다면, 판례가 오랜 세월 동안 사용해온 공식, 상당인과관계를 원용할 수 있을 것이다.

(가) 상당성 개념의 내포 상당인과관계에 의하면 결과(예: 자본투자자의 투자실패로 인한 손해)가 '사회일반의 통념'에서 볼 때, 행위(의무)규범에 위반한 행위(예: 공인회계사의 부실감사행위)의 '통상적인 경로'[50]로서 발생한 결과(민법에서 손해, 형법에서 법익침해)일 때 인과관계가 인정된다. 여기서 사회일반의 관점에서 보이는 통상적인 경로는 '경험칙'(Erfahrungsgesetz)으로 이해할 수 있다. 이 경험칙은 자연과학적 경험법칙뿐만 아니라 사회생활상의 경험법칙을 포함한다.

---

49) 이준섭, "재무정보공시에 대한 외부감사인의 손해배상책임", *상사법연구* (제17권 제2호, 1998), 169쪽; 또한 인과성의 책임귀속적 기능에 대해서는 이상돈, *형법학: 형법이론과 형법정책* (법문사, 1999), [12] 단락 참조.

50) 상당성 개념의 내포를 이렇게 이해하는 법원 실무의 역사는 반세기가 훨씬 넘는 역사를 갖고 있다.

자연과학적 경험법칙 가운데 보편적인 것(예: 혈액형의 조합)은 소송에서 불요증사실(不要証事實)이 되고, 그 밖의 경험법칙은 증명이 필요하지만 법관의 자유로운 심증의 대상이 된다.

(나) **상당성 개념의 무기력화** 여기서 자유로운 증명이라고 함은 행위로부터 결과가 통상적인 경로로 발생하였는지를 증거에 의해 그리고 법관의 합리적 심증에 의해 판단하라는 것일 뿐, 통상적인 경로로의 발생여부를 인과관계 판단에서 누락시켜도 좋다는 것은 결코 아니다. 그러나 상당인과관계설은 그렇게 변질되기 쉽다. 이런 변질은 우리 실무에서 뿐만 아니라 이 이론이 먼저 발달했던 독일의 실무[51]에서 또한, 민법에서도 그리고 형법에서도 늘상 일어났다. 즉, 상당성의 판단은 더 이상 경험법칙의 적극적인 해명을 통해서가 아니라 그저 '특별한 사정이 없는 한', 그러니까 '상당하지 않은 사정이 없는 한 상당하다'라는 이중부정의 소극적 판단이 되어 버리는 것이다. 이런 소극적 판단은 위반행위와 결과 사이에 인과성 판단을 사실상 생략시켜 버리고 만다. 그러므로 상당성 개념이 인과관계를 생략하는 공식으로 전락하지 않으려면 과학적 개념으로 이론화될 수 있어야 한다. 이러한 이론화는 다음 두 가지 방법으로 생각해 볼 수 있다.

— 생활세계적 귀속규칙 개발의 이론적 기획
— 사회과학적 개념으로의 발전

2) 생활세계적 귀속규칙 상당인과관계이론은 역사적으로 보면 과학적 인과성 개념과 '대항'적인 개념으로서가 아니라 그런 인과성을 당연히 전제하고,[52] 귀속의 범위를 합리적으로 제한하는 규범적 척도(귀속론)를 개발하는 이론이었다고 할 수 있다. 그러니까 상당인과관계는 지금의 이론적 발전의 수위에서 바라보면 결과의 귀속'여부'와 귀속'범위'를 — 민법학의 용어로 책임설정적 인과관계(haftungsbegründende Kausalität)와 책임충족적 인과관계(haftungsausfüllende Kausalität)를, 형법학의 용어로는 합법칙적 조건관계와 객관적 귀속을 — 구별

51) 이를 일찍이 비판한 Esser, *Schuldrecht, Bd.I* (1968), 302쪽 참조.

52) 상당인과관계이론은 1902년에 독일의 Träger에 의해 주창되었는데(Träger, *Der Kausalbegriff im Straf- und Zivilrecht* [1902] 참조), 이 당시만 해도 서구사회에서는 과학의 힘에 대한 일반적 기대와 신뢰가 사회적 현상에 대해서도 실증주의적 분석방법을 관철하였던 시대이고, 그런 시대에 행위와 결과 사이의 인과관계를 판단함에 있어 먼저 과학적 인과관계가 전제되지 않은 채 결과귀속의 범위를 제한하는 이론을 주장한다는 것은 상상하기 어려운 일이다.

함을 전제로 하여, 주로 귀속범위를 규범적으로 제한하려는 기획을 가졌다는 것이다.

(가) **일상적 언어규범에 의한 귀속제한** 그런데 여기서 상당인과관계이론이 갖은 기획의 의미를 또 다시 현대사회의 맥락, 특히 생활세계와 사회체계가 분화[53]된 사회현실의 맥락에서 재해석할 필요가 있다. 이 구분을 전제로 보면 상당인과관계이론은 보통사람들이 살아가는 삶의 세계, 즉 생활세계 안에 문화적으로 전승된 — 바꿔 말하면 언어규범(언어사용규칙) 속에 침전된 — '개인적 귀속'의 규칙에 의해서 한 행위에 귀속되어야 할 결과(손해, 법익침해)의 범위를 제한하려 했던 이론으로 볼 수 있다. 이를테면 '머리를 툭하고 쳤는데, 억하고 죽었습니다'라고 말한다면, 이런 가해자의 변론은 '툭하고 치는 행위 때문에 억하고 죽었다'는 명제가 일반인들의 언어사용규칙, 즉 언어규범에 심각하게 어긋난다는 점을 주장하고 또한 그런 언어사용규칙 위반의 설득력을 통하여 그런 결과의 귀속을 배제하는 행위가 된다.

(나) **언어사용의 상호성으로서 상당성 개념** 그러므로 부실감사행위에 상당인과관계이론을 적용한다면 '부실감사행위 때문에 투자자의 손해가 발생했다'는 일반적인 언어사용이 규칙성을 띨 정도로 터잡고 있어야 한다. 이 규칙은 서로 승인하고 서로 사용하는 것이어야 한다. 이를테면 회계감사보고서를 보고 자본투자를 하여 손해를 입은 투자자는 공인회계사에게 "나는 너의 부실감사행위 '때문에' 손해를 입었다"고 말할 수 있고, 반대편인 공인회계사는 투자자에 대해 "너는 나의 부실감사행위 때문에 손해를 입었다"고 인정할 수 있어야 한다. 즉 일상언어(여기서는 '때문에')의 사용이 규칙성을 띤다는 것은 이미 관점의 상호교환과 상호이해, 즉 상호성을 전제한다. 이와 같은 언어사용의 상호성이 없이는 언어적 소통이란 불가능하다. 그것은 민주적인 삶의 양식이기도 하다. 그러니까 언어사용의 상호성은 적어도 민주적 법치국가에서 '법의 선구조 또는 유사구조'(prä-, quasijuristische Struktur)[54]를 이룬다고 할 수 있다. 따라서 바로 이런 '상호성'(Reziprozität)이 어떤 행위와 결과 사이의 인과관계가 가져야

53) 이 사회이론적 분석틀은 Habermas, *Theorie des kommunikativen Handelns*, Bd.I (1981), 229쪽 아래에서 비롯된다.

54) 이에 관해서는 Günther, "Recht und Sprache", 2001.9.21. 한국법제연구원 · 한국법철학회 · 고려대법학연구원이 공동주최한 국제심포지엄 <법과 언어> 발표문, 28쪽; 이상돈, *기초법학* (법문사, 2010), 378쪽 참조.

할 '상당성'(Adäquanz)의 사회이론적 의미가 된다. 바꿔 말해 법은 일상언어의 사용방식이 규칙성을 띨 정도로 관점의 교환을 통해 근거지어질 때에만 그것을 법언어의 사용규칙, 즉 구체적 법규범으로 수용할 수가 있다.

(다) **자본시장에서 의미론적 투쟁** 물론 이론적으로는 어떤 언어사용규칙도 정착되자마자 새로운 변화의 필요성에 직면할 가능성에서 배제될 수 없다. 다시 말해 언어사용의 방식, 곧 언어의 의미를 둘러싼 싸움, 언어학적으로 표현하면 '의미론적 투쟁'(semantischer Kampf)[55]이 펼쳐진다. 여기서 말하는 언어사용의 상호적 규칙성은 그런 의미론적 투쟁을 완전히 배제하는 합의된 사용규칙을 말하는 것이 아니라 변화가능성을 열어 놓되 잠정적으로 그에 기초한 법적 책임의 귀속을 적어도 인내할 수 있을 정도로 받아들이는 사용규칙을 말한다. 바꿔 말하면 의미론적 투쟁이 '적어도 심각한 분쟁을 일으키지 않을 정도의 수위'에서 전개될 때를 말한다. 여기서 심각한 분쟁이란 관련당사자들의 집단적이고 폭력적인 대결이나 실력행사만을 가리키지 않는다. 이를테면 '때문에'를 사용하는 자본투자자의 관점에 다른 투자자나 시민단체가 가담하고, '때문에'를 사용하지 않는 공인회계사의 관점에 공인회계사회나 많은 경제·경영학자 등이 가담하는 집단적인 사회적 관점의 대립도 이에 포함된다. 지금의 대립상황은 그것을 무시해도 부실감사책임법이 자본시장에서 사회적 통합을 달성할 수 있는 수준을 넘어서 있기 때문이다.

여기서 간과할 수 없는 점은 자본시장에서 펼쳐지는 '때문에' 개념의 사용을 둘러싼 집단적이며 타협불가능한 이 의미론적 투쟁은 일상세계에서와 다른 측면을 갖는다는 점이다. 즉, 자본시장은 참여자들의 행위를 규율하는 규범이 진공상태에 있는 '기능적 행위영역'[56]이라는 점이다. 그러니까 그런 의미론적 투쟁은 잠정적인 합의점을 산출하기도 어려운 상태에 있다는 것이다. 자본시장의 특성에 대한 나의 진단이 타당하다면, 부실감사행위와 자본투자자의 손해 사이에 인과성을 판단하는 과제는 상당인과관계이론의 역량을 넘어서 있는 것이 된다.

---

55) 이 언어학적 개념에 대해서는 Keller, "Kollokutionäre Akte", *Germanistische Linguistik* (1/2, 1977), 1쪽 아래 참조.

56) 이 개념은 행위영역을 '일상영역 — 과학기술화된 일상영역 — 기능적 행위영역'이라는 세 유형으로 분류한 나의 고유한 개념이다. 이 개념의 자세한 의미에 관해서는 이상돈, *기초법학* (법문사, 2010), 534~540쪽 참조.

3) 상당성 개념의 사회과학화 하지만 상당성 개념도 더욱 과학화하여 자본시장 영역과 같은 문화적으로 전승된 규범이 존재하지 않는 행위영역에도 작동시켜 볼 수도 있다. 상당성 개념의 과학화는 상당성을 판단하는 주체로 '경험있는 관찰자'(erfahrener Beobachter) 또는 '통찰력있는 평균인'을 상정하고, 그 판단의 방법으로 '객관적 사후적 예측'을 취하는 학설에서 그 단초를 발견할 수 있다. 경험있는 관찰자나 통찰력있는 평균인은 행위자나 일반인이 아니라 전문지식과 경험으로 무장된 '과학적 평균인'을 가리킨다. 그런 인간이 객관적으로 사후에 예측하는 행위로 인한 결과발생(특히 민법적으로는 후속손해)의 예견가능성은 행위자가 인식했던 사정은 물론 할 수 없었던 사정까지도 인식할 수 있을 만큼 높다.

㈎ **과학화 방법의 한계** 그러나 이런 과학적 평균인은 허구적인 개념이 되기 쉽다. 이를 막기 위해서는 과학적 평균인을 사회조사방법으로 실질적으로 구성할 수 있어야 한다. 경험있는 전문가 집단을 구성하여 그들의 개별적 판단을 집계한 뒤 통계적 수치로 상당성 판단을 정하는 방법을 생각해 볼 수 있다. 그러나 이런 과학적 통계적 방법은 법관의 자유심증이 자의적으로 진행되더라도 그로부터 빠져나올 수 있는 힘이 없다. 사후적 예측의 방법과 수단이 어떤 경우에 객관적이라고 볼 것인지, 몇 십 퍼센트의 전문가가 인과성을 긍정해야 상당성을 인정할지 등의 문제는 가치론적 문제이며, 그 가치론적 문제에 대해 상당성 개념은 아무런 말도 하지 못하기 때문이다.

㈏ **관점 교환의 필요성** 그러나 상당성 개념의 과학화가 갖는 더 근본적인 한계는 그런 방법적 문제에 놓여 있는 것이 아니라 이론적 문제에 놓여 있다. 즉 과학적 평균인의 실제 모습이 뚜렷하게 그려지고, 객관적 사후적 예측의 방법이 확실하게 정립될 수 있다고 하고, 아울러 법관도 그런 예측결과를 합리적으로 심증형성에 반영한다고 가정하자. 그래도 상당성 개념에는 올바른 판결을 보장하기 어려운 구조적인 결함이 남아 있다. 즉, 과학적 평균인은 발생한 결과가 행위의 통상적인 경로로 등장한 것인지를 판단함에 있어 오직 '관찰자의 관점'(Perspektive des Beobachters)에만 머물러 있기 때문이다. 법관이 올바른 판결을 하기 위해서는 가해자나 피해자의 입장에 들어가 얻을 수 있는 관점에 대한 성찰을 거쳐야만 한다. 즉 참여자의 관점과 관찰자의 관점 사이에 지속적인 교환이 이루어지지 않고는 올바른 법, 올바른 판결은 보장되지 않는다.

4) 법감정에 의한 재판 그러므로 상당인과관계 개념은 법관의 독단적인 인과성 판단을 막을 수 없고, 오히려 그런 판단을 일반인이 정서적으로 수용하도록 만드는 '수사학적 도구'와 같은 빈 공식으로 전락하기 쉽다. 그런 까닭에 부실감사행위와 자본투자자의 손해 사이의 인과관계를 둘러싸고 펼쳐지는 집단적인 관점의 대립 상황 속에서 법적 책임의 귀속이 특정 집단의 — 현재로서는 주로 주식시장에 개인으로 참여하는 소시민들이나 피해자집단의 — 관점만을 수용하는 것도 상당성 개념에 담길 수 있다. 이때의 상당성 개념이 인과성 판단을 근거짓는 힘은 합리적 논거가 아니라 정서적 호소력이라고 할 수 있다. 바꿔 말해 인과성을 판단하는 법발견의 과정에 '법감정'(Rechtsgefühl)이 법원(法源)으로 원용되는 셈이 된다.

(가) 인과성 판단의 법원(法源)으로서 법감정 물론 최근에 법감정은 이론적으로도 법발견의 가장 중요한 토대로 공식승인되는 경향[57]마저 보인다. 하지만 법감정은 매우 모호한 개념일 뿐만 아니라 법발견의 확고한 토대가 되지 못한다. 자칫하면 '여론재판'이 될 위험이 매우 높다. 특히 우리나라처럼 아직 전근대적인 법문화, 그러니까 무엇보다도 권리, 윤리, 심미 등의 문제가 구분되지 않은 채 말해지는 의사소통구조가 강하게 남아 있는 사회, 합리적 법적 논거의 개발과 역사적 축적이 얕은 사회에서는 더욱 그러하다. 또한 법감정이란 쉽게 방향을 바꾸는 바람개비와도 같을 수 있다. 즉, 대립되는 관점들이 상대적으로 더 타당한 합리적 근거를 제시하고, 그 근거의 타당성이 그것이 뒷받침하는 관점을 일반시민들로 하여금 수용하게 만드는 것은 때로는 매우 급속하게 이루어질 수도 있다는 것이다. 부실감사책임에 대한 법감정은 아마도 그런 영역에 속할 가능성이 높아 보인다.

(나) 대법원 판례의 정서적 논증 부실감사에 대한 손해배상소송에서 우리나라 대법원의 입장은 그와 같은 전근대적 법문화의 전형적 모습[58]을 보여준다. 즉, 비록 상당인과관계를 말하기는 하지만 그것을 분석적인 태도로 실질적으로 검

57) 이러한 경향은 우리나라 법문화의 기초를 이루고 있다(이에 관해 이상돈, 법이론 [박영사, 1997], 27~28쪽). 물론 다른 나라에서도 법감정은 법발견의 중요한 요소가 되지만(우리나라처럼 체계화된 법전법 국가인 독일의 경우도 그러하다. 이에 관해 Lampe, "Das sogenannte Rechtsgefühl", *Jahrbuch für RSuRT, Bd.10* (1985) 참조. 물론 내가 법감정을 보편적인 미추판단에 의해 재해석하는 이론을 선보였는데(이상돈, *법미학* [법문사, 2008], 87쪽 아래; *기초법학* [법문사, 2010], 67쪽 아래 참조) 부실감사책임에서 미추판단의 보편성은 아직 발견되지 않는다.

58) 이러한 법인식의 패러다임에 대해서 비판적인 분석을 시도하는 이상돈, *법이론* (박영사, 1997), 28, 82~86, 352~354쪽 참조.

토하기보다는 '직관적으로'(anschaulich) 부실감사와 주가하락 사이의 연관성을 인정하는 정서적 논증을 전개한다.

> "주식거래에 있어서 대상기업의 재무상태는 주가를 형성하는 가장 중요한 요인 중의 하나이고, 대상기업의 재무재표에 대한 외부감사인의 회계감사를 거쳐 작성된 감사보고서는 대상기업의 정확한 재무상태를 드러내는 가장 객관적인 자료로서 일반투자자에게 제공·공표되어 그 주가형성에 결정적인 영향을 미치는 것이므로 … 원고가 소외회사의 주식을 매입함에 있어서는 다른 특단의 사정이 없는 한 증권거래소를 통하여 공시된 소외회사에 대한 감사보고서가 정당하게 작성되어 회사의 정확한 재무상태를 나타내는 것으로 믿고 그 주가는 당연히 그것을 바탕으로 형성되었으리라는 생각 아래 주식을 거래한 것으로 보아야 할 것이다.…"[59]

ㄱ) 인과적 과정의 축약 이 판례에서 보듯 대법원은 부실감사에 대한 불법행위책임의 성립여부를 검토함에 있어 <부실감사 → 재무상태의 반영 → 주가형성 → 자본투자(유인) … (부도) 주가하락 → 투자자손해>라는 기나긴 인과적 연결고리를 갖고 있는데, 특단의 사정이 없다는 점, 즉 자본투자의 다른 인과적 요소가 없다는 추측을 근거로 하여, <부실감사 → (감사결과신뢰) → 자본투자자의 손해발생>으로 축약하고 그 축약된 인과과정을 단순히 특별한 사정이 없는 한 인정해 버리고 있는 것이다.

ㄴ) 축약의 법이론적 의미 하지만 이런 인과성 판단의 논증 축약은 이를테면 발생한 결과가 침해행위로부터 '너무 멀리 떨어져'(too remote) 있는 손해라는 수사학적 논증도구[60]마저 수행할 수 있는 책임제한적 기능의 차원을 거세해버린다. 이를테면 분식결산과 부실감사를 모르고 주식을 매입한 투자자도 심지어 그런 사실이 발각되고, 주식거래가 정지되고 또 주가가 하락한 시점에서도 다시 새로이 같은 회사의 주식을 매입하는 행동을 보이기도 한다. 물론 이때 새로이 매입한 주식의 추가적인 하락은 부실감사로 인한 손해의 범위에는 산입되지 않는다. 하지만 이런 행동방식이 드물지 않다는 점은 부실감사를 모

59) 대판 1997.9.12, 96다41991.

60) 이 표현은 전기공급의 중단으로 주조기구 속에서 용해되던 금속이 경화되고 이물질이 유입되어 입게 된 피해회사의 손해를 전기공급을 중단시킨 가해행위에 귀속시킬 수 없다는 영국법원의 Spartan Steel v. Martin 판결(S.C.M. Ltd. v. W.R.Whittall and Son Ltd. 1970, 3 All E.R.245, 252 b 참조)에서 사용된 논증도구임; 이와 비슷하게 전신주를 쓰러뜨려 전기공급을 중단시킨 가해행위에 대해 그 중단으로 공장가동이 중지되어 입게 된 영업상의 손실은 "가해행위와 너무 먼 손해"라는 논증도구를 사용하되 이를 가해자의 손해발생에 대한 '인식(가능성)'을 부정하는 개념으로 사용한 대판 1996.1.26, 94다5472 참조(이 판례에 대한 평석으로 안법영, "영업경영의 과실침해와 책임귀속의 인과적 표지", *고려대 판례연구* [제8집, 1996], 175~249쪽 참조).

르고 매입한 주식이 소송단계에 이르렀을 때까지 겪는 가치하락은 부실감사를 그 원인으로 설정하기에는 너무 멀리 떨어져 있는 것임을 말해준다. 바로 이런 점이 인과성 판단의 논증 축약에 의해 덮어지고 있는 것이다.

또한 판례의 인과성 판단에서 유일한 인과성의 연결고리로 남아있는 신뢰는 개인적 책임의 귀속 거점이 될 수 있는 개인적 신뢰(개인의 심리상태로서 신뢰)가 아니다. 정말로 얼마나 신뢰했는지, 오히려 불신 속에서 투자결정한 것은 아닌지, 투자결정에 어느 정도 영향을 준 신뢰였는지 등의 많은 문제들이 그냥 덮어져 있는 것이다. 그러므로 판례가 말한 신뢰는 사회학적 개념의 신뢰에 불과하다. 흔히 사람들이 '신뢰사회 구축'이라고들 말할 때의 그런 신뢰 개념(일상이론적 신뢰 개념)에 해당하거나 체계이론과 같은 사회학적 방법으로 고찰된 현대사회의 특징, 즉 질서를 구성하는 요소로서 '행위기대의 안정화'에 대한 신뢰에 해당할 수 있을 뿐이다.

ㄷ) 법감정의 작용 마지막으로 이런 법이론적 의미보다 더 중요한 점은 그와 같은 논증의 생략은 의식적으로 자본투자자의 보호 정책을 수행하기 위한 것이거나 자본투자자를 보호해야 한다는 여론으로 표출된 법감정이 판결에 결정적으로 작용한 결과일 수 있다는 것이다. 그러나 이를 두고 개인적 귀속가능성이라는 책임귀속을 수행하는 인과성의 검토라고 볼 수는 없다.[61] 왜냐하면 근대법의 책임귀속 제도가 갖추어야 할 합리성을 완전히 잃어버리고 있기 때문이다. 더욱이 이 판결사안처럼 발행공시책임에 해당하는 자본시장법상 발행시장에서의 부실공시책임(제125조)이 아니라, 유통공시책임에 해당하는 외감법상의 부실감사책임(제17조) 및 자본시장법상 유통시장에서의 부실공시책임(제162조)에 대해서도 무차별적으로 인과성의 축약이 이루어지고 있다는 점은 더 큰 문제이기도 하다.

(2) 과학적 인과성의 흠결 그러므로 부실감사책임의 귀속이 합리적일 수 있으려면 공인회계사의 부실회계감사행위와 자본투자자의 손해 사이의 인과성을 좀 더 과학적·분석적으로 해명하는 작업이 필요하다.

1) 합법칙적 인과성 개념 근대적인 법문화를 형성하고 법적 책임의 귀속거점이 되는 인과성 개념에는 미신이나 여론 또는 법감정과 같은 책임변수에 대

61) 이러한 비판으로는 이준섭, "재무정보공시에 대한 외부감사인의 손해배상책임", *상사법연구* (제17권 제2호, 1998), 167쪽 아래 참조.

해 고정상수와 같은 요소가 핵을 이루고 있어야 한다. 그런 핵은 보편성이 인정되거나 — 따라서 소송에서 불요증사실로 취급될 수 있는 정도의[62] — 전문가의 감정을 통해 입증할 수 있는 (특별한) (자연과학적) 경험법칙 그리고 행위와 결과 사이의 연관성을 합리적 의심을 남기지 않을 정도로 설득시킬 수 있는[63] 사회생활상의 경험법칙이라 할 수 있다. 형법학에서 말하는 합법칙적 조건설[64] 그리고 민법학에서 말하는 '사실적(또는 자연적) 인과관계'는 바로 이러한 의미의 인과성 개념을 담고 있다.[65]

그러니까 만일 공인회계사의 부실감사행위와 자본투자자의 손해 사이에 이런 의미의 법칙적 연관이 존재한다면 그 손해에 대해 공인회계사에게 (민·형사)책임을 묻는 것은 근대법이 지향하는 합리적인[66] 책임귀속의 전형에 해당한다고 볼 수 있다. 그러면 실제로 부실감사행위와 자본투자자의 손해 사이에 그런 법칙적 연관은 존재하는 것일까?

2) 부실감사행위와 손해 사이의 합법칙적 연관의 흠결 먼저 자본투자를 함에 있어 재무제표와 그에 대한 감사보고서가 투자의 기초자료로서 중요하다는 점은 틀림이 없다.

㈎ 책임귀속을 차단하는 주가영향요소의 다양성 그러나 첫째, 감사보고서는 주가와 이와 같은 의미의 법칙적 연관을 맺지 못한다. 즉, 주가의 경우 정부의

62) 불요증사실로서 보편적 경험법칙에 관해서는 이상돈, "불요증사실", *고시계* (11월호, 2002), 17~26쪽 참조.

63) 설득가능성은 비단 사회생활상의 경험법칙에서만 요구되는 것이 아니고, 자연과학적 경험법칙에도 내재되어 있는 요소이다. 과학적 법칙들은 탈주술화된, 합리화된 세계에서 가장 강한 설득력을 발휘하기 때문이다. 이와 같은 (자연과학적) 인과성 개념의 의사소통이론적 이해는 이상돈, "인과성 개념의 비판적 기능", *고려대 법학논집* (제34집, 1998), 359~403쪽 참조.

64) 독일의 엥귀쉬(Engisch)가 주창한(Engisch, Die Kausalität als Merkmal der strafrechtlichen Tatbestände, 1931, 21쪽) 이래, 독일과 한국에서 — 는 심헌섭 교수의 논문 ("인과관계의 확정과 합법칙적 조건설", *고시연구* [9월호, 1975], 54쪽 이래로 — 지배적인 인과성 개념으로 인정되고 있다.

65) 다만 민법학계에서는 '사실적 인과관계'가 '조건관계'(conditio sine qua non)라는 인과성 공식으로 판단될 수 있다고 생각하는 경향이 높다. 그러나 조건관계는 엄밀히 말하면 이런 합법칙적 인과성 개념의 '논리적' 표현에 불과하다. '행위가 없었더라면 결과가 발생하지 않았을 것이다'라는 가설적 제거절차의 논리적 구성에는 실제로 합법칙성에 대한 판단이 누락될 수 있다. 그런 논리적 구성은 과학적 인과성 판단의 공식이 아니라 사유적 인과성 판단에 과학주의의 외양을 입힌 것에 불과하다.

66) 베버(Weber)가 바라본 서구의 근대사회에서 법의 발전(Weber, *Wirtschaft und Gesellschaft*, 5.Auflage [1972], 468~482쪽 참조)은 이런 증거법의 발전에서 그 (형식적) 합리성(베버의 이 개념에 관해 자세히는 김명숙, *막스 베버의 법사회학*, 2003, 29-48쪽 참조)을 집약해서 보여준다 (같은 입장으로 Hassemer, *Einführung in die Grundlagen des Strafrechts*, 2.Auflage [1990], 146쪽 참조).

경제정책, 경기동향, 환율 등 경제적 요소뿐만 아니라, 국내 정치상황 등 비경제적 요소, 산유국들의 유가인상이나 전쟁 또는 미국의 다우존스지수와 같은 국제적 요소, 투자자들의 통속적인 투자규칙, 증시루머, 투자심리 등 다양한 요소들에 의해 영향을 받기 때문이다. 또한 그런 복잡한 주가영향요소들 가운데 투자자가 신뢰속에서 이용한 감사보고서가 차지하는 법칙적 연관의 비중은 결코 책임의 개인적 귀속에 있어 의미있는 정도로 개별화되지 않는다.

(나) **부실감사와 부도예측 사이의 박약한 관련성** 둘째, 그럼에도 불구하고 공인회계사의 감사보고서는 그 기업의 부도가능성을 판단하는 중요자료이고, 또한 부도와 주가 사이에는 분명 법칙적 연관이 존재한다. 따라서 부실감사와 투자자의 손해 사이에 인과관계가 없다고 말하려면, 부실감사와 회사의 부도발생 사이에 법칙적 연관이 없다는 점이 입증되어야 한다. 그러나 현실을 냉철하게 바라보면 그런 연관은 부정되고 만다.

즉, 회사의 재무제표가 일반적으로 인정된 회계원칙에 의해 정확하게 작성되어 감사의견이 '적정의견'이라고 하더라도 그것이 회사의 재무상태가 건실하고 경영성과가 훌륭함을 의미하지는 않는다. 회계감사제도는 본질적으로 미래사실에 대한 예측을 포함하고 있지 않으며, 부도발생은 전문적인 평가기관에서도 정확히 예측하기가 매우 힘든 사항이기 때문이다. 더욱이 부도발생에 대해서는 외부감사인보다 신용평가회사가 훨씬 더 정확한 자료를 제공할 수 있다. 즉, 신용평가회사의 경우, 기업의 재무제표에 표시되지 않는 많은 자료(예: 업종의 위험 정도, 경영자의 재산 상태, 경영능력, 정부와의 관계, 기술개발 정도, 해당기업에 대한 일반적 세평, 종업원의 충성도)들을 주로 활용하여 신용평가와 부도가능성을 평가한다. 다시 말해 부도발생에 영향을 미치는 정도는 공인회계사가 감사한 재무제표상의 숫자보다는 그와 같은 '비계수적 요소'가 훨씬 더 크다고 할 수 있다.[67] 그러므로 주가폭락으로 인한 자본투자자들의 손해와 법칙적 연관을 맺는 것은 그 해당기업의 부도일 뿐, 공인회계사의 부실감사는 아니라고 할 수 있다. 공인회계사는 심지어 자신이 부실감사하고 적정의견을 낸 피감사회사의 주식을 스스로 투자목적으로 구입하는 행위를 하기도 한다.[68]

(다) **발행시장공시와 유통시장공시의 인과적 차등성** 셋째, 유가증권신고서나 사

67) 우구현, "부실감사 위험 안고 있는 기업감사제도", *기업경영* (제405호, 1992/1), 88쪽.

68) 대판 1998.4.24, 97다32215의 사례에서 보여준 공인회계사의 행동임. 이는 경영학적 판단에서 보면 회계학적 적정성이 없는 회사라고 해도 투자가치가 있을 수 있음을 보여준다.

업설명서와 같은 '발행시장공시'와 일반상장회사의 사업보고서 및 반기보고서와 같은 '유통시장공시'를 구별할 필요가 생긴다. 앞의 경우를 자본시장법 제125조 및 제126조가 뒤의 경우를 제162조 및 외감법 제17조가 규율하고 있다. 이 두 경우를 구별할 필요성은 앞의 경우(발행시장공시와 부실공시책임)에서는 감사행위에 관련을 맺는 제3자의 범위가 후자의 경우(유통시장공시와 부실감사책임)보다는 다소 '특정적'이고, 제3자가 유가증권거래에서 확보하는 투자정보가 발행공시로 제공된 정보 이외에 그리 풍부하지는 않다는 차별성이 있다는 데에서 기인한다.[69] 그렇기 때문에 적어도 투자자들이 공시정보를 신뢰하고 투자했다는 점에 대한 추정, 즉 '신뢰의 인과관계'를 원고의 입증없이 인정하는 것이 문제가 덜 될 수 있다.[70]

> [발행시장에서 신뢰의 추정] 원고는 BuM(Beton-und Monierbau) 주식회사가 행한 1978년도의 마지막 증자에서 신주를 취득하였으나 이 취득은 1978.11.7. 사업설명서가 공시되기 전에 이루어졌다. 그러므로 사업설명서의 내용은 원고의 매수결정에 대해 인과적이지 않았다. 따라서 피고의 사업설명서책임(Prospekthaftung)도 탈락한다. 왜냐하면 이 책임은 사업설명서와 그 공시에 의해 투자의욕을 잘못 갖게 되어 매수를 하게 된 투자자들의 보호를 위해 만들어진 것이기 때문이다. 취득이 시간적으로 사업설명서가 공시된 이후에 있었다면 그 설명서의 기재내용과 증권의 취득 사이에 인과관계는 추정된다. 그러나 취득이 공시 이전에 이루어졌다면 그런 인과관계는 분명히 탈락한다. 그러므로 위 원고의 청구는 기각된다.[71]

이에 비해 유통시장공시의 경우에는 그 불명확성이 발행시장공시의 경우보다 더욱 증대되어 있다고는 말할 수 있다.[72] 즉 유통시장에서는 사업보고서나 연말감사보고서는 다양한 투자정보의 단지 하나일 뿐이므로 투자자의 신뢰를 일반적으로 추정하면 공시 후에 거래한 투자자들은 모두 사실상 배상청구권이

---

69) 미국에서는 1933년 증권법과 1934년 자본시장법(이에 관해서는 김건식, *미국증권법* [1995], 특히 제3장~제5장 참조)에서 보듯이 발행증권에 대한 공시와 이미 발행된 증권에 대한 공시에 대한 책임요건을 엄격하게 구분하고 있다. 앞의 경우는 인과관계 추정이 인정되지만(제11조a) 뒤의 경우에는 인정되지 않는다(제18조a).

70) 이런 취지의 이준섭, "증권관련집단소송제의 전제조건으로서의 손해배상책임제도의 정비방안", *증권관련집단소송법 제정과 보완과제* (전경련 세미나 자료, 2004.1.) 참조.

71) BGH WM 1982, 862, 867쪽(Beton- und Monierbau AG사건) 아래 참조; 이 독일판례의 정리는 이상돈, *부실감사법* (법문사, 2007), 316쪽에서 발췌된 것임.

72) 독일 형법은 발행시장공시책임만을 제264a조[자본투자사기 Kapitalanlagebetrug]에 입법화하고 있는 셈이라 할 수 있다. 따라서 여기서 발행시장공시책임과 유통시장공시책임의 구별은 형법정책적으로도 의미있을 수 있다.

인정된다는 문제가 있다.[73] 따라서 발행시장에서는 투자자의 신뢰를 추정해도 유통시장에서는 투자자의 감사보고서에 대한 신뢰를 추정해서는 안 되고, 스스로 입증하게 해야 한다는 차별화가 가능하다.

> [유통시장에서 신뢰의 부정][74] 프랑크푸르트 법원의 다음 판결이 이를 잘 보여준다. 보고서의 기재와 매수결정 사이의 잠정적으로 설정해볼 수 있는 인과관계는 사업보고서의 내용에 따른 적극적인 투자유치행위(Anlagebestimmung)가 증권을 매수할 때 존재할 것을 전제한다. 그러나 증시상황이 나빠짐에도 불구하고 이례적으로 매수할 것을 고려하는 것이 가능할 수도 있다. 그렇다면 사업보고서 자체가 일반적으로 적극적 투자유치를 가져온다는 추측은 힘을 잃는다. 개인의 어떤 생각이 매수결정에 이르게 되었는지는 중요하지 않다. 왜냐하면 원고가 사업보고서를 알았는지, 또한 사업보고서가 증시가 악화되고 있는데도 개별적인 매매에 이르게 하는 어떤 동기를 불러일으켰는지는 알려져 있지 않기 때문이다. 하지만 적극적인 투자유치행위는 보고서를 만든 사람의 배상책임에 대한 객관적인 귀속기준(objektives Zurechungskriterium)이 되어야 하며, 그런 행위가 없다는 점에 대한 매수인의 인식도 중요하지가 않다.[75]

그러나 어느 경우에서나 부실감사와 투자자의 손해 사이에는 적어도 자본투자자의 손해를 공인회계사 개인에게 귀속시킬 수 있을 정도의 법칙적 연관이 확인되지 않기는 마찬가지이다. 투자정보는 어떤 경우나 유일 정보가 아니고, 손해로 이어진 투자결정에 부실공시가 하나의 동기로 작용할 수는 있으나 그 의사형성을 지배하는 것은 아니기 때문이다.

(3) **인과적 귀속근거의 재구성** 이처럼 부실감사의 행위와 자본투자자의 손해 사이에 개별적인 합법칙적 인과관계가 확인되지 않는다는 점을 진지하게 고려한다면, 개인적 귀속이 가능한 부실감사책임을 정당화하기 위한 이론들이 특히 시민법의 발전역사가 탄탄한 선진사회에서 발전된 이유를 이해할 수 있다. 아래에서 다루게 될 이 이론들은 인과관계의 문제를 우회하여 사실상 책임귀속에서 그러한 문제가 사라지게 만드는 이론들이다. 그 대표적인 예로서 독일학계의 논의처럼 부실감사에 의해 침해 또는 위태화되는 재산(손해) 이외의 법익을 찾는 이론이나 미국 판례법의 발전처럼 자본투자자의 손해와 부실감사를 인과적 관계로 연결짓는 매개점을 찾는 방법을 들 수 있다. 물론 앞서 살핀

---

73) 이준섭, *감사책임법* (2005), 209~210쪽.
74) 이 단락은 이상돈, *부실감사법* (법문사, 2007), 317쪽에서 발췌된 것임.
75) OLG Frankfurt/Main, WM 1996, 1219쪽(Bond-Fall) 참조.

바와 같이 우리나라의 대법원 판례처럼 인과성을 정서적으로 또는 직관적으로 판단하는 방법도 인과관계의 문제를 실질적으로 피해가는 방편이 되지만 이는 사실상 논증의 생략이라는 점에서 독일과 미국의 이론과 판례의 발전과는 구별된다.

1) 독일이론 인과성 문제를 우회하는 이론으로 대표적인 것은 독일학계에서 발전된 (형법상) 법익 개념이나 민법상 손해 개념의 변형이론들을 들 수 있다. 그런 변형이론의 스펙트럼은 매우 넓다. 여기서는 두 가지 대표적인 예를 들어 설명하기로 한다. 그 하나는 지극히 독일적인 전통, 즉 이성법적 전통에서 법익(또는 손해) 개념을 자본투자자의 이성 개념으로 변환시키는 형법학계의 흐름이고, 다른 하나는 현대 사회학의 거목 루만(Luhmann)의 체계이론에서 영향을 받아 독일의 (특히) 사법학계[76]에서 발전되고 있는 이론이다.

㈎ 형법적 손해 개념의 변형 우리나라의 자본시장법상 부실공시책임에 상응하는 규정은 — 민·형사책임을 구분하지 않고 바라본다면 — 독일 형법 제264조a라고 할 수 있다. 이 규정에서 피해자의 손해가 부실공시로 발생하였는가 하는 인과성(법칙적 연관)을 해명하는 것은 앞서 본 바와 같이 거의 불가능하다.

ㄱ) 처분의 자유 그런 까닭에 이 규정을 해석함에 있어 부실감사로 인해 침해되는 법익을 — 민법적으로는 자본투자자가 손해를 입은 그의 '재산'을 — 재산 '처분의 자유'(Dispositionsfreiheit)라고 개념화하는 견해[77]가 전개된 바 있다. 이 견해에 의하면 보호법익 또는 재산 개념은 사실상 자본투자에서 '의사결정 및 행동의 자유'로 전환된다. 다시 말해 '재산의 가치적 감소'가 아니라 '재산소유자(자본투자자)에게 귀속되는 재산가치에 대한 그 소유자의 처분의 자유가 축소된'다는 점[78]이 공인회계사의 부실감사가 초래한 법익침해 또는 손해의 내용이 된다. 이런 이론구성에 의해 부실감사와 투자자의 손해 사이의 인과적 연결고리들은 사실상 — 일상적 인과성 개념과 대법원의 정서적 인과성 판

76) 현대 이론사회학의 거목으로 독일의 하버마스(Habermas)와 루만(Luhmann)을 들 수 있는데, 내가 독일 법학계 전체를 빠짐없이 내다보고 또 들여다볼 수는 없지만, 전체적으로 볼 때 독일 법학계 가운데 형법학계나 공법학계에는 이성철학적 전통에 서 있는 하버마스의 영향이 크고, 사법학계에는 루만의 영향이 큰 것으로 판단된다.

77) Odersky, "Soll ein allgemeiner Tatbestand des Gründungsschindels geschaffen werden?", in: Bundesministerium der Justiz 편, *Tagungsberichte der Sachverständigenkommissien zur Bekämpfung der Wirtschaftskrimi- nalität*, 5.Arbeitstagung, 206쪽 참조.

78) Worms, *Anlegerschutz durch Strafrecht* (1987), 309~310쪽.

단만큼이나 — 현저하게 축약될 수 있을 것이다.

ㄴ) 고위험, 고수익 그러나 자본시장의 메커니즘이란 처음부터 시장참여행동(자본투자)으로부터 비롯될 귀속재산을 개인이 지배결정할 수 있는 구조로 짜여져 있지 않다는 점이 이 이론에서 간과되고 있다. 자본시장에서 불확실성의 위험을 무릅쓴 투자 패턴이 지배적인 것도 그런 시장구조의 모습을 반영해준다. 사실 불확실성은 자본시장에서 투자의 위험성과 동전의 양면을 이루고, '높은 수익을 올리려면 높은 위험을 감수해야 한다'(high risk, high return)는 투자원칙이 이에 더해지면, 부실감사로 초래된 투자행위의 불확실성은 그것 때문에 투자자의 고수익이 가능해지는 것은 아니라고 하더라도, 적어도 그것 때문에 고수익을 올릴 수 없게 되는 것은 아니라고 말할 수 있다.

(a) 고수익원으로서 시장의 불확실성 그러나 자본시장에서 수입을 올리거나 손실을 입는 것은 — 특히 실물경제에서 노동이 창출한 가치(부)나 그런 가치가 전이된 기술이 창출한 가치(부)의 범위(예컨대 기업의 생산성이 높아지고, 제조물의 판매이익이 늘어나고 그에 동반한 주가의 상승)를 넘어서는 부분에서는 — 자본시장 안에서 보면 일종의 '제로섬 게임'(zero-sum game)이라고 할 수 있다. 제로섬 게임에 들어가 있는 자본투자행위에서 누구의 성공은 다른 누군가의 실패를 전제하고, 또 다른 어떤 이의 실패는 누군가의 성공을 전제로 한다. 이때 성패의 갈림은 자본투자의 불확실성 지대에서 일어나고, 부실감사는 그런 불확실성을 구성하는 다양한 요소들 가운데 하나이다. 그러므로 이렇게 말할 수도 있다: '어떤 이는 부실감사 때문에 실패했다고 말하지만, 다른 누군가는 바로 그 실패 때문에 높은 수익을 올리게 되었다'라고. 이를테면 부실감사가 밝혀지고 주가가 상당히 하락한 이후에도 투자자들은 오히려 주가가 상황변화에 따라 급등할 것을 기대하고 손절매를 하지 않는 또 다른 의미의 투자결정을 하기도 하다. 이런 행태를 "기회주의적 행태"[79]라는 비도덕적 함의를 담은 언어로 표현하는 것은 그리 적절하지 않다. 왜냐하면 성공하느냐 마느냐가 문제이지 그런 투자행동은 시장에서는 애당초 정상적인 것이기 때문이다. 그러므로 얼핏 들으면 역설처럼 들리겠지만, 부실감사는 오히려 고수익을 가능케 하는 불확실성의 요소라고까지 말할 수 있게 된다.

---

79) 김상중, "순수 재산상 손해의 배상에 대한 책임법적 규율" (제37회 안암법학회 발표문, 2003), 31쪽 참조.

(b) 허구적 자유 개념으로서 손해 그렇다면 이 이론구성은 자본투자의 현실에 비추어 볼 때 '허구적인' 자유(처분의 자유)의 관념[80]을 전제할 때에만 가능한 것이라 할 수 있다. 그러나 허구적인 자유관념을 지키기 위해 자본시장에 법적 책임을 부과하는 것이 정당하다고 보기는 매우 어렵다. 무엇보다도 그런 부실감사법은 "고위험, 고수익"이라는 경영학적 원칙을 지나치게 외면하고 있어, 법체계와 경제체계 사이의 통합을 이루기 어렵고, 합법적 행위와 경제적 행위 사이의 거리를 지나치게 멀게 만들기 때문이다. 현대사회에서 법은 경제적 합리성(효율성)과 사회적 통합을 외면하면서 홀로 정의로울 수는 없다. 그런 법은 단지 비합리적인 정의감정을 돌볼 수 있을 뿐이다.

(나) **민법적 손해 개념의 변형** 독일에서는 부실감사를 한 공인회계사의 투자자에 대한 배상책임을 엄격한 과책주의의 해석전통이 강한 불법행위법[81]보다는 계약이론에 의해 인정하는 흐름이 강하다.

> 예컨대 ① 묵시적 정보제공계약,[82] ② 제3자에 대한 보호효를 갖는 계약(Vertrag mit Schutzwirkung für Dritte),[83] ③ 계약체결상의 과실책임 등의 법적 구성이

---

80) 이런 허구적인 자유의 관념은 일찍이 철학자 아도르노가 한, "사람들은 개인을 아무런 제약도 받지 않고 책임지우고, 형이상학적으로 정당화되는 형벌을 바라봄으로써 그를 더욱 억누를 수 있기 위해 개인의 관념적인 자유(intelligble Freiheit)를 찬양한다"(Adorno, *Negative Dialektik* [1982], 214쪽)란 말로 비판받을 수 있다.

81) 이에는 독일 민법 제823조 제1항(고의 또는 과실로 타인의 생명, 신체, 건강, 자유, 소유권 또는 기타의 권리를 위법하게 침해한 자는 피해자에게 이로부터 발생한 손해를 배상하여야 한다)의 입법기술적 태도, 즉 불법행위법에 의해 보호되는 권리를 열거하는 방식에서 비롯되는 점도 있다(이에 관해 윤형렬, 불법행위법상 보호이익의 협소성과 계약체결상의 과실책임, *민사법학* 제20호, 2001, 13, 23쪽 아래 참조).

82) 이 법률구성은 1902년의 제국법원판결(RGZ 52, 365쪽: 은행[피해자]의 요구에 따라 대출을 원한 고객[가해자]가 그의 변호사[제3자]로 하여금 자신의 담보제공용 토지의 담보상황에 대한 정보를 은행에 제출하게 한 경우에 은행이 고객에게서 변제받지 못한 채권액을 변호사에게 배상받게 한 판결))에서 비롯된다. 이를 부실감사에 적용하면, 투자자(제3자)가 회사에게 정보제공을 구하고, 나아가 회사의 지시로 공인회계사가 투자자에게 정보를 제공한 경우에나 묵시적 계약이론이 적용될 수 있을 것이다(이런 해석으로 弥永真生, *会計監査人の責任の限定*, [有斐閣, 2000], 135~138쪽 참조).

83) 예컨대 OLG Stutgart 12 U 57/94, Urteil vom 25.7.1995, *Gerling Information*, vol.16., 176~180쪽; 매도인을 위해 주택감정서를 부실작성하고, 그 감정서를 믿고 주택을 구입한 매수인의 감정평가사에 대한 손해배상책임을 인정한 BGHZ 127, 378쪽; *NJW* 1995, 392쪽 참조; Zugehör, "Berufliche Dritthaftung in der deutschen Rechtsprechung", *NJW* (2000), 1601쪽 아래, 특히 1603~1603쪽 참조; 이 이론을 부실감사에 적용해보면 제3자 보호효가 인정되기 위해서는 비록 '동고동락'의 관계까지는 필요가 없다고 하더라도, 공인회계사는(채무자)가 제3자(투자자)에 대한 보호의무를 묵시적으로라도 인수하는 회계감사계약를 체결하는 의사를 갖고 있었다는 사정이 존재해야 한다. 그러기 위해서는 보호받을 제3자가 누구인지가 특정되고(보호대상자의 특정성), 감사정보가 제3자에게 중요하고, 또한 그런 점에 대한 공인회계사의 인식가능성이 요구된다. 그러나 제3자의 이름을 알 필요는 없고, 제3자가 이용하게 된다는 점에 대한 인식도

사용된다.[84] 또 계약책임과 병행해서 선량한 풍속위반에 따른 불법행위책임(독일 민법 제826조)도 보충적으로 이용되고 있다.

하지만 다른 한편 인과성 문제를 실질적으로 우회하는 손해 개념의 변형이 비록 정설로 자리잡은 것은 아니나 독일 사법학계에서 힘차게 성장하고 있다.

ㄱ) 차액설과 전통적 손해 개념　　근대민법에서 손해 개념은 권리침해이고, 권리는 (다분히 물적) 재산이라는 '객체'이었다. 그러므로 손해는 타인의 귀책적 가해행위에 의해 타인의 물적 재산이 어느 정도의 가치 감소를 겪었는가에 놓여 있었다. 따라서 손해는 특정인이 특정 시간, 특정 공간에서 가졌던 객체로서 재산(의 총액)과 타인의 침해행위가 개입한 후에도 여전히 갖고 있는 재산(의 총액) 사이의 차이가 된다(차액설).[85] 부실감사책임의 일종인 발행공시책임의 배상범위에 관한 자본시장법 제126조 제1항, 제162조 제3항은 이런 차액설에 의해 배상받을 수 있는 최대범위를 선언하고 있다고 볼 수 있다.

그러나 이 차액설은 사회적 삶이 더욱 상업화(Kommerzialisierung)됨에 따라 더 이상 유지하기 어렵게 된다. 비단 지식생산물의 재산권화 현상뿐만 아니라 비물질적·정신적 손해를 인정한다든가, 물질적으로 등가성이 정해질 수 없는 사정들을 손해의 산정에 고려하는 다양한 이론들이 삶의 상업화와 함께 발전해왔다. 손해 개념은 그런 이론의 발전이 투영되는 피사체와 같이 변화되어 온 셈이다.

ㄴ) 기능적 손해 개념　　여기서 더 나아가 최근 독일 민법학계의 일부 진영에서는 사회학자 루만의 영향을 강력하게 받아 새로운 손해 개념을 전개하고 있다.

(a) 기대의 실추로서 손해　　루만에 의하면 현대사회는 지속적으로 분화되어 가는 사회적 하부체계(soziale Subsysteme)간의 통합체이고, 각 하부체계는 자기재생산적이며, 법도 그처럼 자기재생산적인 하부체계의 하나가 된다고 한다.[86] 이런 현대사회의 법은 — 끊임없이 분화되어 가는 사회적 하부체계의 기

구체적일 필요는 없다(LG Passau, Grundurteil vom 28.5.1998, *Bilanzrecht und Wirtschaftsprüfung* [1998], 2053쪽 참조).

84) 소재선, "전문가로서 공인회계사의 민사책임(2)", *경영법무* (11월호, 20011), 44쪽 참조.

85) 차액설은 보통법에까지 그 역사가 올라가지만 이를 법적 손해 개념으로 정식화한 것은 몸젠(Mommsen)으로 평가된다(Mommsen, *Zur Lehre von dem Interesse* [1855] 참조).

86) 이런 루만의 법체계 개념에 대해 쉽게 접근할 수 있는 문헌으로 이상돈·홍성수, *법사회학. M. Weber, J. Habermas, N. Luhmann의 사회학이론과 법패러다임* (박영사, 2000), 189~261쪽

능을 구성하는 — 다양한 기대들을 안정시키는 역할을 한다. 이 기대안정화는 타인의 행위에 의해 실추된 기대의 현실을 깨고 그 기대를 다시 형성시키는 지속적인 과정이다. 즉 법은 기대를 실추시킨 자에게 손해전보의 책임을 부과하고, 이를 통해 실추된 기대는 다시 반사실적으로(kontrafaktisch) 회복된다. 여기서 손해의 전보는 기대의 실추를 해소하는 것이 되고, 손해는 기대의 실추(Erwartungsentäuschung) 그 자체가 된다.[87]

(b) 공정감사기대의 실추로서 손해 자본시장체계의 기능을 구축하는데 시장참여자들이 서로에 대해 갖는 기대가 안정화되어야 하는데, 공인회계사가 외부감사로 시장참여를 할 때에는 자본투자자들이 그에 대해 갖는 기대, 즉 공정감사에 대한 기대는 보장되어야 하고, 그것이 실추되었다면 그 자체로서 손해가 되는 셈이 된다. 이런 손해의 인정은 가해자로 설정되는 공인회계사와 피해자로 설정되는 자본투자자 사이에 직접적인 접촉을 필요로 하지 않고, 부실감사와 자본투자실패 사이의 법칙적 연관성(인관성)을 필요로 하지도 않으며, 손해배상의 객체가 특정 시간과 공간에 위치하고 있을 것을 요구하지도 않는다.

물론 이런 손해 개념에서도 어떤 기대가 법이 안정화시켜야 할 기대이고, 얼마만큼의 손해전보를 기대의 회복을 위해 개인에게 전가시킬 것인지는 열린 문제이며, 가치판단의 문제로 남아 있다. 예컨대 외부감사로 시장에 참여하는 공인회계사에 대해 자본투자자들이 갖는 기대가 단지 회계감사기준에 합당한 감사인지 아니면 기업의 재정상태를 진실하게 밝혀주는 정보의 제공인지를 이와 같은 손해 개념의 체계이론적 해석이 말해주지는 않는다.

2) 미국이론 미국법상 외부감사인의 책임은 대개 보통법상 (의사나 변호사, 공인회계사 등의) 특별한 직업에서 요구되는 의무를 해태한 행위, 즉 전문가책임(malpractice, 직무상 과오행위)의 문제영역에서 다루어진다.[88]

(가) **판례의 발전** 미국판례는 이 문제영역에서 소송적격자의 범위를 넓히는

참조.

87) 이런 손해 개념을 실험적으로 전개한 Meder, *Schadensersatz als Enttäuschungsverarbeitung*, 1989 참조; 이런 손해 개념에 의하면 불임시술을 받았으나 시술과오로 아이가 태어난 경우(이른바 wrongful birth)에도 — 인간의 출생과 그 존재는 결코 손해에 해당할 수 없다는 입장(이른 독일 판례로 OLG Bamberg, NJW 1978, 1685쪽; 우리나라에서 주목받은 판결로 서울고판 1996.10.17, 96나10449 참조)과는 달리 — 손해의 발생을 인정할 수 있게 된다.

88) 이에 관한 상세한 소개로 이준섭, "재무정보공시에 대한 외부감사인의 손해배상책임", *상사법연구* (제17권 제2호, 1998), 139쪽 참조.

방향으로 뿐만 아니라, 과실개념을 확대하고 자본투자자가 감사보고서를 신뢰했다는 사실의 인정요건을 완화하는 방향으로 전개되어 왔다.[89] 그 발전의 흐름을 간략하게 정리해보면, 첫째, 1931년 Ultramares Corp. v Touche 사건에 대한 판례[90]에서는 '경과실'(ordinary negligence)을 제외한 '사기'[91](fraud)의 경우, 다시 말해 고의[92]나 중대한 과실[93]에 의한 부정감사의 경우에는 제3자에 대해서도 책임을 진다는 원칙을 확립하였다.

둘째, 그러나 경과실의 경우에도 아래에서 그 내용을 요약하는 바와 같이 미국판례[94]는 부실감사책임을 인정하는 방향으로 발전되었다.

— **사적 관계의 이론** 경과실에 대해서는 오로지 외부감사인과 당사자관계(in privity with accountant)에 있는 자(감사대상회사)만이 소송을 제기할 수 있다(1931년 Ultramares Corp. v. Touche 사건).

— **인식된 이용자의 이론** 감사인이 제3자가 감사결과를 이용하게 될 것이라는 점을 인식한(known) 경우에는 부실감사의 책임을 질 수 있다(1968년 Rusch Factors, Inc. v. Levin 사건 및 1969년 Ryan v. Kanne 사건).[95]

— **접촉이론** 제3자와 감사인이 어떤 접촉이나 교류[96]가 있으면 부실감사의 책임을 물을 수 있다(1985년 Credit Alliance Corp. v. Arthur Anderson & Co. 사건).

---

89) 이에 관해서는 Newton N. Minow, "Accountants' Liablity and the Litigation Explosion", *Journal of Accountancy* (September 1984), 74~75쪽 참조.

90) 기타 미국에서 감사인을 상대로 제기된 소송의 사례에 대한 개요는 이정조, *공인회계사의 사회적 책임* (1990), 20~68쪽 참조.

91) 남상천·김성기, *외부감사제도에서 감사인의 독립성과 책임에 관한 연구* (서울대학교 경영대학 경영연구소, 1987), 89쪽; Jack C. Robertson, *Auditing* (Business Publications, Inc, 1976), 72-75쪽.

92) 영국의 경우에도 1889년의 Derry v. Peek (1889, 14 App Cas 337) 판결에서부터 이 판결(Hedley Byrne and Co. Ltd. v. Heller and Partners Ltd. 1964, A.C.465)이 나기 전까지는 주로 '악의적인 침해'(tort of deceit)의 경우에만 책임을 인정하는 경향을 보였다.

93) 중과실이란 근거없이 전문가로서의 의견을 표명하거나, 의심이 있음에도 불구하고 조사를 하지 않는다던가, 조금만 주의하면 확실히 알 수 있는 것을 간과함으로써 파악하지 못하는 것 등을 의미한다. 이에 관해서는 이만우, 회계감사의 사회적 기능, 1995, 114-118쪽 참조.

94) 이에 관해서 자세히는 William C. Aturm, "Acoountant's Liability to Third Parties", *Commercial Law Journal* (Vol.92 No.2), 158~167쪽.

95) 여기서 인식된 이용자란 현실적으로 예견된, 제한된 부류의 사람들(actually foreseen and limited classes of persons)을 가리킨다. 또한 미국법률협회(ALI)의 불법행위법 수정보고서에서도 감사인이 1) 정보의 대상이 되는 거래를 알고 있고, 2) 이용자가 이 정보를 이용할 것이라는 사실을 알고 있는 경우에도 과실에 대한 책임을 져야 한다고 정하고 있다. 이 때 정보의 이용자는 예상된(forseen) 집단에 해당한다.

96) 여기서 접촉·교류란 감사인이 그의 고객회사의 업무와 관련하여 은행에 출입한 경우 등을 말한다.

— **예견가능한 사용자의 이론** 감사결과가 다른 제3자에게 이용될 것이라는 점이 인식되었거나(known), 예상(forseen)되지는 못했지만, 합리적인 판단에 의해서 예상할 수(foreseeable) 있을 때에는 부실감사의 책임을 진다.[97]

다만 이후 미국판례는 「의도된 사용자이론」[98]을 내놓음으로써 책임강화의 발전방향에서 다소 선회한 바 있다.

— **의도된 사용자이론** 단순히 예견될 수 있는 이용자이긴 하지만 특별한 거래 또는 다른 유사한 거래에서 회계감사인의 감사결과를 신뢰하지 않을 것으로 기대되었거나(expected) 의도되지(intended) 않은 전혀 사적 관계가 없는 제3자에 대한 책임은 배제한다.

(나) 인과성의 과실 개념화, 과실의 위험 개념화 이와 같은 판례법의 발전에 의하면 부실감사에 가벼운 과실만 있는 경우에도 공인회계사는 자본투자자에게 손해배상책임을 져야 한다. 여기서 외형적으로는 과실책임원칙이라는 개인적 귀속가능성의 책임패러다임이 고수되는 것처럼 보인다. 그러나 미국의 판례발전은 책임귀속요건의 차원에서 논리적으로 분석해보면, 논리적으로 두 단계(① 인과관계의 과실 개념화, ②과실의 위험 개념화)에 걸쳐 책임요건을 변형시킴으로써 개인적 귀속가능성의 책임패러다임을 떠나 버리는 양상을 보이고 있다.

첫 번째 단계에서는 인과관계의 문제를 과실 개념 안에 흡수시키는 논리적 조작이 이루어진다. 인식된 사용자의 이론이 포착하는 자본투자자가 감사보고서를 이용하게 될 점에 대한 인식이나, 예견가능한 사용자의 이론이 포착하는 이용할 가능성에 대한 예견은 엄밀히 말하면 부실감사의 과실 개념 밖에 위치한다. 부실감사에서 과실은 회계감사에서 준수해야 할 의무를 위반하는 행위이며, 자본투자자의 이용은 부실감사행위와 그의 손해 사이에 인과적 과정이 시작되는 첫 단계로서 개념적으로는 인과관계라는 문제장소에 위치할 뿐이다.

두 번째 단계에서는 과실 개념이 사실상 위험책임의 영역 안으로 끌려 들어가 버린다. 자본투자자의 이용가능성에 대한 예견가능성은 손해발생의 잠재적 가능성, 즉 위험 개념 안으로 들어간다.[99] 그런데 여기서 사용자의 이용 및

---

97) Rosenblum v. Adler, 1983.

98) Bily v. Arthur Young & Co., 1992.

99) 결과(손해)발생의 예견가능성은 형법학에서 발전된 규범적 인과성 개념인 객관적 귀속에서 과실행위로 창출된 위험이 결과발생에 실현되었다고 말할 수 있기 위한 척도로 삼아지기도 한다. 즉 예견가능함이란 결과발생의 위험을 행위자가 지배한다고 말할 수 있기 위한 전제인 셈이다.

그 가능성에 대한 인식이나 예견가능성은 자본시장에서는 객관적으로 판단한다면 일반적으로 인정될 수밖에 없다. 왜냐하면 외부감사제도 자체가 그런 이용을 위한 공시제도이기 때문이다. 따라서 위험은 거의 자동적으로 인정된다. 또한 접촉이론은 기껏해야 공인회계사가 지배한다고 설정된 위험영역에 사용자가 들어간다는 점을 말해줄 뿐이다. 바로 이런 위험을 근거로 손해배상책임을 인정하는 것은 미국 판례가 발전시킨 이론이 사실상 개인적 귀속가능성의 책임이 아니라 위험책임이라는 점을 보여준다.

이로써 부실감사행위와 자본투자자의 손해 사이의 인과관계는 손해배상책임의 귀속에 대해 별다른 비판적 기능을 수행하지 못하는 위험책임론 속에 용해되어버린 셈임을 알 수 있다.

2. 부실감사책임의 위험책임화

미국의 판례나 독일의 이론에서 공통된 점은 과실책임원칙의 규범적 구조를 지닌 불법행위의 성립요건에서 인과성 요건을 사실상 없애버림으로써 부실감사책임을 위험책임으로 만들어 버린다는 점에 있다.

(1) 인과성을 거세시킨 위험책임 위험사회(Risikogesellschaft)[100]라고 특징짓는 현대사회에서 법적 책임의 기본형은 과실책임에서 위험책임으로 그 중점이 옮아가고 있다. 이러한 법문화의 새로운 기후는 미국 판례나 독일의 이론이 구성한 바와 같은 부실감사책임이 잘 자라날 수 있는 좋은 환경이 된다. 위험사회에서 법문화의 기후변화는 위험의 창출이 책임귀속의 일반적인 거점이 되고,[101] 위험스러운 행동이 불법의 원형이 된다는 데에 그 핵심이 있다.[102] 가장 엄격한 의미로 구성되어야 할 형사불법마저 위험불법(Risikounrecht)으로 구성되는 흐름 속에서 민사불법은 결과발생과의 법칙적 연관(인과성)을 필요로 하지 않게 되는 것이다. 왜냐하면 위험사회에서는 모든 사회적 행위영역에 다양한 위험원이 존재하는데, 현실에서 발생하는 손해는 그 위험원이 발산하는 예측불가능한 위험('추상적 위험' risk, Risiko)이 우발적으로 실현된 결과이기 때문이다.

---

100) 이에 대한 대표적인 연구는 독일의 사회학자 Beck, *Risikogesellschaft* (1986) 참조.

101) 이러한 이론의 변화에 대한 자세한 연구로는 Prittwitz, *Strafrecht und Risiko* (1992), 335쪽 아래 참조.

102) Wolter, *Objektive Zurechnung und personale Zurechnung von Verhalten, Gefahr und Verletzung in einem funktionalen Straftatsystem* (1981), 29쪽.

그러므로 책임귀속의 거점은 어떤 위험원을 다른 사람보다 상대적으로 더 많이 지배(또는 관리)한다거나 지배(관리)할 수 있다는 점이 될 수밖에 없다.[103] 여기서 위험원의 지배(관리)자에게 위험실현의 결과를 책임지게 하는 것은 이미 '개인적 귀속가능성'이라는 근대법의 패러다임에서 멀리 떨어져 나온 것임에 주의할 필요가 있다. 위험원은 어느 한 사람에 의해 형성되는 것이 아니라 법공동체의 구성원 모두가 함께 형성하는 것이며, 또한 어느 한 사람에 의해 지배(관리)되는 것이 아니라 궁극적으로는 모두에 의해 지배(관리)되는 것이기 때문이다.

(2) 위험지배자로서 공인회계사 자본투자자의 투자실패로 인한 손해에 대해 부실감사를 한 공인회계사에게 책임을 묻는 이론과 실무는 궁극적으로는 이와 같은 위험책임화의 길을 걷고 있는 것이고, 인과성 개념을 우회하거나 무력화하는 독일이론과 미국판례는 그런 길을 개척해 가는 과정의 한 모습이라고 할 수 있다. 그런 길을 일관되게 걸어간다면 부실감사에 대한 공인회계사의 책임은 다음과 같이 구성될 것이다.

① 자본시장의 소비자들이 자본투자상품을 거래하는 데 발생하는 실패의 위험원들 가운데 중요한 하나는 기업의 재정상태에 대한 정보이다. 이 정보들은 다양한 경로를 통해 수집되는데, 공인회계사가 작성하는 감사보고서는 외부세계에 제공되는 그런 종합적인 정보원이 된다. 그런데 이 정보원은 일종의 위험원이다. 거기서 나오는 어떤 개별 정보를 믿고 자본투자를 할 경우 예측불가능한 손실이 발생할 수 있을 정도의 불확실성('추상적 위험' risk)이 감사보고서가 제공하는 정보에 내재해 있기 때문이다.
② 감사보고서의 정보를 이용하여 투자를 한 결과 손해를 입게 된 경우에 그 손해는 감사보고서에 잠재해 있던 추상적 위험이 실현된 결과라고 할 수 있다.
③ 그런데 투자실패의 위험원으로서 기업의 재정정보를 지배(또는 관리)하는 자는 바로 외부감사인인 공인회계사이다.
④ 따라서 감사보고서를 이용하여 투자자의 투자실패로 인한 손해에 대해 공인회계사가 책임을 져야 한다.

부실감사책임의 위험책임화는 이와 같이 <① 자본투자의 위험원으로서의, 그리고 투자정보원의 하나로서의 감사보고서 → ② 그 위험원에서 실현되어

103) 이에 관해 기초적인 연구는 Esser, *Grundlage und Entwicklung der Gefährdungshaftung*, 2.Auflage (1969), 92쪽 아래 참조.

나온 결과로서 투자실패(손해) → ③ 위험원의 지배(관리)자인 공인회계사 → ④ 공인회계사의 손해배상책임>의 네 단계로 요약해 볼 수 있다.

(3) **인과성 개념의 재구성** 이와 같은 위험책임이라는 새로운 패러다임에서도 인과성 개념이 완전히 사라지는 것은 아니다. 인과성 개념을 위험책임의 패러다임에 맞게 재구성하는 이론이 계속 학계에서는 꾸준히 성장해 왔다.

1) 객관적 귀속론 특히 객관적 귀속론은 의미의 내포나 외연에서 다소 차이가 있지만 민법학[104]과 형법학[105]에서 동시에 발전해왔다. 그 공통된 내용의 핵심은 이렇게 종합해 볼 수 있다.

> 어떤 주의의무에 위반한 행위에 의해 ① 창출된 (법적으로 허용되지 않는) 위험이 ② 실현되어 나타난 결과(손해발생이나 법익침해)는, ③ 그 행위가 위반한 주의의무를 설정하는 법규범이 보호하는 영역(Schutzberiech)에서 발생한 범위 안에서 그 의무위반의 행위에 귀속시킬 수 있다.

물론 이러한 인과성 개념은 이론상으로는 합법칙적 인과성(사실적 인과관계)의 존재를 전제로 그 다음에 검토해야 할 '추가'적인 제2단계의 인과성 개념(책임충족적 인과관계)으로 자리잡을 수 있다. 그렇다면 인과성 개념은 합법칙적 인과성 개념보다 더 엄격해진다. 그러나 학설이 공식적으로는 무엇을 표방하건 간에 실질적으로 합법칙적 인과성 개념을 '대체'하는 새로운 인과성 개념으로 자리매김해가는 것이 위험사회의 발전 흐름으로 보인다. 이런 인과성 개념을 부실감사책임에 적용해 보면 이렇게 말할 수 있다.

> 부실감사행위는 외부감사에서 공인회계사가 준수해야 할 의무를 위반한 행위이며, 그러한 행위가 창출하는 위험, 즉 자본투자자의 투자실패로 인한 손해발생의 (추상적) 위험이 실제로 어떤 투자자들의 손해로 이어졌고, 그 손해가 외부감사시 지켜야 할 주의의무를 부과하는 법규정의 보호영역 안에서 발생한 것일 때, 공인회계사는 그 손해에 대해 배상책임을 진다.

분식회계를 알고도 방치하는 등의 부실감사는 의무위반행위이고, 이 행위는 그 감사보고서를 사용하여 자본투자를 하면 손해가 발생할 일반적인 가능성,

---

104) 우리나라에서 이에 관한 선구적인 연구로 손해배상의 귀책여부와 귀책범위를 구별하는 시도인 김형배, "불법행위에 있어서의 책임귀속의 근거와 손해배상의 범위", *고려대 법학논집* (제18집, 1980), 91~150쪽 참조.

105) 대표적으로는 Roxin, "Pflichtwidrigkeit und Erfolg bei fahrlässigen Delikten", *ZStW* (74, 1962), 411쪽 아래.

즉 위험을 창출한다. 또한 이 일반적인 위험은 구체적으로 어떤 투자자의 투자실패로 인한 손해로 이어질 수 있다.

2) 위험증대 이 때 그 손해가 부실감사행위에서 창출된 위험이 실현된 결과인지에 대한 판단은 매우 불확실하다. 투자실패는 기업의 부도 등으로 인한 주가폭락의 경우에 두드러지는데, 부도의 결과를 초래하는 위험요소는 부실외부감사 이외에도 매우 많고, 어떤 위험요소가 투자실패의 결과로 이어졌는지를 밝히는 것은 거의 불가능한 일이기 때문이다. 여기서 손해발생이나 법익침해가 위험이 실현된 결과인지를 판단함에 있어 의무위반 행위가 단지 결과실현의 가능성을 높였다는 점, 즉 위험을 증대시켰다는 점(Risikoerhöhung)만을 이유로 인정한다면, 부실감사행위는 어떤 투자자의 실패와 손해에도 이어질 수 있는 위험을 창출한 행위가 될 수 있다.

위험을 증대시켰다는 점만으로 위험이 결과에 실현되었다는 사실을 인정할 것인가는 경험적 문제가 아니라 법적 가치와 원칙의 문제이며, 법정책과 법문화의 문제이다. 먼저 형사책임은 민사책임보다 더 엄격한 비례성원칙(과잉금지원칙)에 구속되어야 한다. 이와 관련하여 '(형법적 통제의 적정성이) 의심스러울 때에는 시민의 자유에 유리하게(in dubio pro libertate),[106] 즉 형법적 통제를 포기(비범죄화)하라는 원칙은 헌법상 비례성원칙에서 도출되는 형법의 기본원칙이 된다.

그러나 이 원칙이 민사책임에도 유효한지는 형사책임에서보다 더 의문이다. 불법행위책임을 위험책임으로 변화시켜 나가는 모든 이론과 실무는 바로 위험의 증대만으로도 '의무위반행위가 창출한 위험이 결과에로 실현되었음'을 인정하는 견해에 속할 것이다. 그러니까 민법학에서 말하는 손해귀속에 관한 위험성관련성은 부실감사행위에 인정될 수 있다. 왜냐하면 투자실패로 인한 손해는 부실감사가 창출한 위험에 부가된 위험이 현실화된 것이라고 할 수 있기 때문이다.

따라서 민사책임에서 인과성 문제는 사실상 발생한 결과가 부실감사행위가 위반한 법규범의 보호영역에 위치하는가 하는 문제로 환원되고 만다. 이 문제는 더군다나 부실감사행위와 손해 사이의 인과성 유무의 문제가 아니라 책임

---

106) 이 원칙에 대한 해명은 이상돈, *형법학: 형법이론과 형법정책* (법문사, 1999), 59, 247, 390쪽; Maihofer, *Rechtsstaat und menschliche Würde* (1968) 참조.

져야 할 손해(배상)의 범위의 문제가 된다. 민사책임에서 위험의 증대 이외에 위험의 결과실현을 근거짓는 또 다른 요소를 책임귀속의 요건으로 삼을 것인지를 여기서는 일단 제쳐 놓기로 하자.

3) 개인적 귀속가능성의 회의 그러나 여기서 이미 확인할 수 있는 점은 이와 같은 위험 개념을 파라미터로 설정한 귀속이론으로 변모한 인과성 개념은 전근대적인 법개념인 일상적 개념으로 되돌아가지 않으면서도 경험과학적 인과성 개념의 (책임귀속에 대한) 비판적 기능을 무력화시키는 이론이라는 점이다. 하지만 이러한 인과성 개념도 공인회계사가 자본투자의 실패를 가져오는 위험원의 지배(관리)자로 설정되지 않는다면 투자실패로 인한 손해를 공인회계사에게 귀속시킬 수는 없을 것이다.

3. 부실감사책임의 집단적 귀속

이처럼 부실감사책임에서 개인적 귀속가능성의 원칙을 관철할 수 없다는 현실을 있는 그대로 받아들인다면 부실감사법은 다른 정당화의 길을 모색할 수밖에 없다. 그 길은 부실감사의 법적 제재 필요성이 연유하는 원천인 '시장정책'(적 필요성)에다 법이론적으로 정당성의 옷을 입히는 방향으로 나아간다.

(1) 자본시장의 기능보호 예를 들어 자본시장이 존속·발전할 수 있기 위해서는 자본투자가 지속적으로 확대되어야 하고, 이를 위해서는 자본시장참여자들이 투자를 통해 경제적 이익을 얻을 수 있는 기회, 즉 자본투자의(경제적) 합리성이 보장되어야 하며, 따라서 자본시장의 기능은 투자의 경제적 합리성이 보장하는 데에까지 미쳐야 한다는 논리가 전개될 수 있다. 여기서 부실감사는 '자본시장의 기능'(Funktionen des Kapitalmarkts)을 비록 직접 침해하거나 위태화하는 행위는 아니지만, 대량으로 발생할 경우에 적어도 자본시장에 대한 일반시민의 신뢰를 동요시키고 결국에는 자본시장의 기능을 위태롭게 만드는 일탈행위[107]로 자리매김된다.

부실감사가 자본시장의 기능에 대해 가질 수 있는 이와 같은 의미의 위험성이 이미 민법적인 불법만을 근거짓는지 아니면 경제행정법적 위험까지도 근거짓는지 아니면 더 나아가 형사불법도 근거지을 수 있는지는 각 법영역의 역할과 기능에 대한 근본적인 이해에 따라 다르게 대답될 수 있다.[108] 이는 또한

107) 독일형법 제264조a의 입법이유, BT-Drucksache 10/318, 22쪽은 바로 이러한 관점에 서 있다.

| 도표 48 | 부실감사가 자본시장의 기능에 미치는 영향

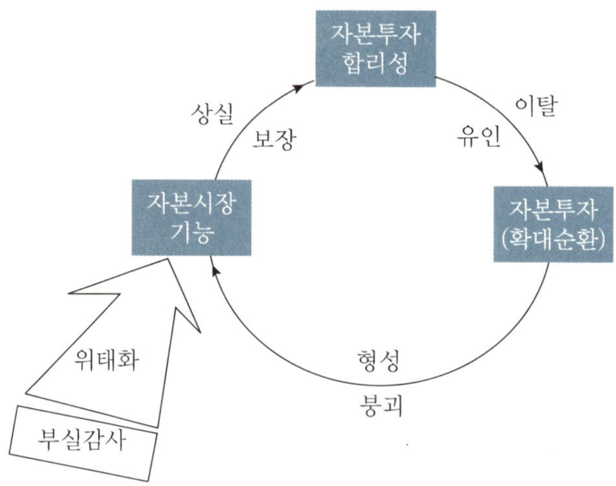

법정책의 문제이기도 하다.

1) 자본시장상의 왜곡된 파악 그러나 여기서는 법정책의 방향에 대한 이론적 대립을 자세히 논의하는 것보다는, 부실감사에 대한 강력한 민·형법적 통제가 갖는 문제지평, 특히 경제사회학적 문제점을 드러내는 작업이 더 중요할 것 같다. 우선 위와 같은 이론구성은 부실감사의 본질을 자본투자자에 대한 직접적인 일탈행위가 아니라 '시장에 대한 일탈행위(특히 사기 fraud[109], Betrug[110])'로 바라본다는 점에 있다. 그러나 부실감사로 인해 구체적으로 어떤 시장의 어떤 기능이 어느 정도로 위태화되는 것인지는 전혀 명확하지 않다. 그 이유는 여러 가지이다.

첫째, 무엇보다 시장의 개념 자체가 불명확하다. 예컨대 공식적인 (유가)증권거래시장만을 의미하는 것인지 사채시장과 같은 일종의 비공식적인 시장까지 포괄하는 것인지도 불분명하다. 부실감사법이 보호하는 시장이 앞의 경우에 국한한다면 민·형법의 시장보호기능은 '반쪽 짜리'가 될 것이다.[111]

108) 이 점에 관한 비판적 관점에서 상세한 분석은 이상돈, *형법의 근대성과 대화이론* (홍문사, 1994), 41~45쪽.

109) 미국 판례법상 '시장에 대한 사기의 이론'(the fraud on the market theory)에 대해서는 김건식, *미국증권* (1995), 166쪽 참조.

110) 미국 판례법상의 사기(fraud) 개념의 외연은 고의뿐만 아니라 중과실도 포함한다는 점에서 과실범을 처벌하지 않는 형법의 사기(Betrug) 개념과는 다소 다르다.

111) *LK-Tiedemann*, §264a, 방주13; 그래서 티데만은 독일형법 §264a가 보호하는 자본시장은 유

둘째, 반면 사채시장까지 보호하는 시장 개념을 선택한다면 도대체 자본시장의 어떤 기능이 보호되는 것인지가 혼선에 빠지게 된다. 왜냐하면 사채시장의 투자보호기능을 두고 '자본투자의 경제적 합리성'을 실현한다고 말할 수는 없기 때문이다. 오히려 사채시장은 비합리적 자본투자행위에 의해 수익을 올리는 (일종의 암[112])시장이라고 할 수 있다.

셋째, 그러나 또 다른 한편으로 부실감사법이 보호하는 시장을 공식적인 자본투자시장에 국한한다고 해서 문제가 사라지는 것도 아니다. 왜냐하면 예컨대 부실감사행위와 사채시장에서 고이자를 기대하는 위험스런 자본투자행위 또는 그런 투자를 유치하는 행위(자본모집행위) 가운데 어떤 행위가 더 자본시장의 합리성을 일그러뜨리는지는 누구도 쉽게 말할 수 없기 때문이다. 다시 말해 부실감사행위는 일탈행위이고 사채시장에서 자본을 모집하는 행위는 일탈행위가 아니라는 식의 분별이 가능할 정도로 두 행위가 시장의 합리성을 위태화시키는 정도에 있어 차이가 나지는 않는다는 것이다.

넷째, 이처럼 암(자본)시장에서의 투자행위가 갖는 시장위태화기능을 전혀 고려하지 않고, 오로지 증권거래시장만을 고립화시켜 그 시장에 대한 부실감사행위의 기능왜곡을 바라본다고 할지라도 부실감사의 불법성은 여전히 드러나지 않는다. 왜냐하면 증권거래시장에서의 자본투자행위도 이미 사채시장의 경우와 질적으로 차이가 나지 않는 '위험투자'의 성격을 띠고 있고 — 최근 투자방식의 지배적 형태로 자리잡아가고 있는 데이트레이딩의 현상처럼 — 자본투자행위가 위험투자의 성격을 넘어서 심지어는 (도박의 불법에 근접하는) '투기행위'로까지 번지고 있는 점을 고려해 본다면, 부실감사행위와 투기적인 자본투자행위를 '시장에 대한 일탈행위'와 '시장참여적 일상행위(정상행위)'로 뚜렷하게 구획짓는 것은 거의 불가능하기 때문이다. 다시 말해 투기적 자본투자행위도 부실감사행위보다 결코 적지 않은 정도로 '위험자본을 왜곡하고 자본시장의 기능장애를 초래하게'[113] 만든다고 할 수 있다.

가증권거래법(WpHG)이 전제하는 시장임을 일단 인정하지만 그 규율은 위험자본투자의 암시장에도 어렵지 않게 확대될 수 있고 또 그래야 한다고 본다.

112) 여기서 암시장이라고 말한 것은 사채시장에서는 자본소득률(예: 이자)에 대한 법적 규율도 어려울 뿐만 아니라 조세행정도 침투하지 못한다는 점을 두고 하는 말이다. 따라서 시장참여에 대한 기회비용도 거두어 들일 수 없게 된다. 다시 말해 사채시장은 시장참여자들로부터 공정한 경쟁이 보장되는 시장구조를 형성하는데 필요한 사회기금을 갹출하지 않는 불법적인 시장인 것이다. 물론 이는 「대부업의 등록 및 금융이용자 보호에 관한 법률」(2002)에 의해 암시장의 일부가 제도권에 편입되었다고 해도 마찬가지이다.

2) 이성적 통찰과 동기화의 불가능성 이와 같은 자본시장의 현실모습을 고려해 보면 부실감사가 민·형법에 의해 통제되기에 적합하지 않은 특성을 갖고 있는지가 의문으로 떠오른다. 민·형법은 사용하는 제재가 — 양적으로는 차이가 있을 수 있으나 기본적으로는 — 도덕적 성격을 띠는 법제도인데 비해, 부실감사의 행위영역은 도덕적 통찰이 행위를 동기화하는 영역인지가 매우 의문이기 때문이다.

㈎ 부실감사의 도덕 무관련성 여기서 말하는 도덕(moral)은 세계관에 따라 달라지는 '윤리'나 사회규범과 구별되는 엄격하고 좁은 의미의 도덕이다.[114]

ㄱ) 도덕의 좁은 개념 그런 도덕의 개념도 도덕철학적으로는 많은 논란의 지평을 갖고 있으나 적어도 ① 법공동체에서 공존하기 위해 형평있게 분배된 자유(이익), 즉 (주관적) 권리를 중심으로 구성되어야 한다. 또한 도덕을 구성하는 권리는 의무와 상관성(correlation)을 이루어야 한다. 이와 같은 권리중심적 도덕철학의 함의를 넘어 더욱 엄격한 도덕 개념은 두 가지 요소를 더 충족해야 한다.[115] ② 즉, 도덕을 구성하는 권리란 의무와 구체적으로 맞대응되어 있어야 하며,[116] ③ 권리와 의무가 관련 당사자들에게 대칭적으로 분배되어 있어야 한다는 것이다.

ㄴ) 공정감사의무의 도덕 무관련성 그런데 앞서 분석한 자본시장의 현실에 따르면 자본시장의 기능을 위해 외부감사인이 짊어지는 공정감사의 의무는 추상적으로는 자본투자자의 권리와 상관성을 이루고 있기는 하지만(①요소의 충족) 그 의무와 구체적으로 맞대응되어 있는 권리의 주체가 확정되어 있지도 않고, 개별 주체들이 누릴 권리의 몫이 산정되어 있지도 않다(②요소의 결여). 또한 시장의 특성에 비추어 볼 때 그런 확정이나 산정이 가능하지도 않다.

그러니까 여기서 부실감사행위는 개인의 실천이성으로 통찰할 수 있는 '반'

113) Worms, *Anlegerschutz durch Strafrecht* (1987), 315쪽.

114) 이런 구분에 대해서는 이상돈, 로스쿨을 위한 법학입문 (법문사, 2009), [8]단락 참조; 예를 들어 동성동본불혼제도와 같은 유교규범이나 수혈거부하는 여호와 증인의 교리는 윤리(ethics)에 속하고, '사람은 좌측통행, 차는 우측통행'과 같은 규범은 사회규범(social norm)에 속한다.

115) 이런 도덕 개념, 특히 ②,③의 요건을 각론적으로 개발해온 나의 문헌으로 이상돈, "신용카드체계의 위험분배와 형법정책. 자기신용카드의 부정발급과 사용의 범죄화정책에 대한 비판", *형사정책연구* (제11권 제2호, 2000), 115~145쪽 참조.

116) 이런 도덕 개념에 의하면 예컨대 환경보호의무는 도덕이 아니다. 왜냐하면 그 의무는 비록 환경권과 상관관계를 이루고는 있지만(①요소의 충족), 어떤 사람의 어떤 환경보호의무에 직접 수혜를 누리는 권리의 주체가 확정되어 있지 않기 때문이다(②요소의 결여). 그러므로 환경도덕이 아니라 환경윤리가 정확한 용어사용이 된다.

도덕적 성격을 띠는 행위가 아님을 알 수 있다. 물론 이 점은 외부감사인과 감사계약을 체결한 회사와의 관계에서 타당한 것은 아니고, 제3자인 자본투자자와의 관계에서 타당하다. 물론 부실감사를 하지 않을 의무는 공인회계사의 직업윤리로서는 타당하다. 그러나 이는 신분법적 규율의 대상이 된다. 공인회계사협회에 의한 자율징계 등은 그 예가 된다.

㈏ **부실감사의 실천이성 무관성** 또한 부실감사가 반도덕적 성격을 띠지 않고 단지 직업윤리위반의 성격만을 띤다면, 외부감사인이 자본투자자와의 관계에서 부실감사로 인해 민·형사책임을 짊어져야 한다는 사실이 '올바른 것'으로 통찰되고, 그 책임을 자율적인 동기에 의해서는 수용할 수 없게 된다. 직업윤리는 자신이 추구해야 할 목표로서 강령화될 수는 있지만 '지금, 여기'에서 내가 실천하지 않으면 민·형사책임을 받아야 마땅한 도덕이 아니다. 바로 이 점과, 민·형법이 역사적으로 실천이성(praktische Vernunft)을 제도화한 것임을 함께 고려할 때, 부실감사를 한 공인회계사는 그런 '법적 이성'이 현실화될 수 없음을 알 수 있다. 바꿔 말하면 부실감사의 행위영역에는 민·형법의 실천이성이 미치지 않고 있고, 부실감사를 한 공인회계사는 민·형법적 통제를 자신의 행위방향을 설정하는 동기화의 기제로 받아들이지 못한다는 것이다.

물론 여기서 전제된 민·형법의 인간상은 다분히 자유주의적 시민상, 즉 소유적 개인주의(possessiv individualism)[117]를 전제한다. 외부감사인이 부실감사에 대해 민·형법적 책임을 지는 것이 이성적 통찰에 기초할 수 없다는 점이 — 뒤에 보겠지만 — 모든 법적 책임의 면제를 의미하지는 않는다. 그것은 단지 도덕과 이성의 기반 위에서 구축된 민·형법의 제재가 적합하지 않음을 의미할 뿐이다. 하지만 이런 통찰은 부실감사에 대한 민·형법적 책임이 소유적 개인주의가 합리적 개인주의로 변화된 현대사회에서도 개인이 홀로 짊어지기에 적합하지 않은 것, 그래서 어떤 방식으로든 집단이나 사회 전체가 '함께' '나눠' 짊어져야 하는 것임을 말해준다.

㈐ **내다볼 수 없음** 이와 같은 자본시장의 현실모습에 대한 이해와 민·형법적 통제의 부적격성에 대한 도덕철학적 통찰은 행동사회학적 통찰과 연계될 수 있다. 즉 부실감사를 한 외부감사인이 위반한 의무에 대응한 권리의 주체가 확정되지 못하고, 그 의무위반에 대해 부과되는 민·형법적 제재를 이성의 실

117) 이에 대해서 자세히는 Peter, *Rationalität, Recht und Gesellschaft* (1991), 56쪽.

천으로 수용하지 못한다는 것은 그가 자신의 부실감사에 의해 구체적으로 '누구'의 '어떤 이익'을 침해했는지, 그리고 앞으로 그런 의무를 준수한다면 실질적으로 '누구'의 '어떤 이익'이 어느 정도 보호될 것인지를 알 수가 없다는 점을 뜻한다. 그러니까 외부감사인은 자기 행위(부실감사)가 어떤 결과를 낳고 또한 그 결과를 고려할 때 어떻게 동기화해야 하는 것인지를 내다볼 수가 없는 것이다. 이 '내다볼 수 없음'(Unübersichtlichkeit)은 부실감사의 효과가 그 흔적을 찾기 어려운 형태로 사라져 버리는 자본시장의 구조적인 특성이다. 외부감사인은 국가권력에 복종한다는 '충성심'을 가질 수는 있어도 자신의 행위를 법이 요구하는 바대로 방향짓는 동기를 자율적으로 형성할 수는 없게 된다. 특히 타인의 권리와 이익에 대한 자기 행동의 결과와 부수결과를 '내다볼 수 없는' 영역에서 국가(법)이 설정해 주는 행위방향이란 아무런 동기화능력도 수행할 수 없게 된다. 이런 영역에서 '행위규범'을 말할 수는 없다.

그러므로 부실감사로 외부감사인이 민·형법적 책임을 진다면 그것은 그의 반이성적인 인격적 자유의 남용 때문이 아니라 비록 합리적인 것인지는 매우 의문이긴 하나 아마도 자본시장의 기능 그 자체를 위한 것이기 쉽다. 바꿔 말해 개인 때문에 책임을 지는 것이 아니라 전체를 위하여 책임을 진다는 것이다.

(2) 집단적 책임의 귀속 이제까지 논의에서 그 전체는 자본시장의 기능으로 설정되었다. 부실감사를 한 외부감사인에 대한 민·형법적 제재가 그런 전체에 정말로 도움이 되는 것인지는 매우 의문이다. 부실감사책임이 부실감사인 개인의 반이성(反理性) 때문에 '귀속'(zurechnen)되는 것이 아니라 자본시장의 기능을 위해 '전가'(轉嫁 zuschreiben)되는 것'이기 때문이다. 이 점을 아래서 설명한다.

1) 집단적 위기의식의 상징적 해소 도덕적 통찰이 가능하지 않음에도 불구하고, 부실감사를 한 외부감사인에게 손해배상책임은 물론이고 형사책임까지 물게 하는 까닭은 무엇일까? 그런 책임의 부과가 이론적으로 뿐만 아니라 실제로도 행해지는 이유의 많은 부분은 아마도 집단적 위기심리의 현상에서 찾을 수 있을 것이다. 즉, 자본투자의 실패에 대한 '실존적 두려움'은 체계적이며 집단적인 양상으로서 등장하고 있고, 이 두려움의 집단화는 '사회적 불안감'으로 확산된다. 그리고 이 사회적 불안감은, 사실 자본시장참여의 통상적인 행위방식이 구조적으로 그런 불안감을 현실화하는 요소로 기능하고 있음에도 불구

하고, 자본시장의 기능에 대한 위험원을 상징적으로나마 제거하려는 '집단적 위기의식'(위협감정)으로 승화되기 쉽다.

자본시장의 위험적 속성을 구조적으로 제거하지 못하기 때문에 그런 집단적 위기의식은 더욱 고조되고, 인상적으로 두드러진 특정 위험원에 대한 강한 제재를 요구하는 법감정으로 전환된다. 예컨대 그런 위기의식이 만연해 있는 상황에서 부실감사는 주식투자자나 채권자의 자본투자행위는 경제적 합리성을 상실시키는 위험원이라는 가설이 제시되면, 그 위기의식은 부실감사에 대한 강력한 책임추궁의 정책과 곧바로 연합할 수 있게 된다. 이 연합은 다음과 같은 관념의 연상작용으로 나타난다.

부실감사 → 자본투자의 합리성 상실 → 자본투자의 실패와 자본시장의 기능장애 → 집단적인 대량의 피해발생 → (형사)책임추궁의 필요성

이런 관념의 연상작용이 과학적 분석의 틀로부터 고립된 채 사회구성원들의 의식속에서 강해질수록, 부실감사를 경제위기와 대량의 자본피해의 원인, 심지어는 '주범'인 양 바라보는 인식이 확산될 수 있게 된다. 그런 인식 속에 부실감사에 대한 과도한 손해배상책임의 인정이나 심지어 형벌부과까지도 사이비로 정당성을 확보할 수 있게 된다.[118] 우리나라에서도 부실감사에 대한 제재의 집단적 의지가 특히 1997년 국제통화기금(IMF)의 관리체제를 불러온 경제위기 상황에서 더욱더 강해진 역사적 사실은 바로 이러한 점을 말해준다.

2) 기능적 책임론 먼저 책임의 전가는 책임패러다임의 완전한 변환에 의해서 뒷받침되기도 한다. 이미 앞에서 살핀 바와 같은 부실감사책임의 독일이론과 미국 판례의 발전 그리고 위험책임화의 현상들은 부실감사책임을 사실상 '자본시장의 기능'을 귀속거점으로 삼는 이론구성이라고 할 수 있다. 이 이론구성만으로도 부실감사책임의 패러다임은 완전히 변환된다.

㈎ 집단적 책임의 개인적 전가 즉, 책임은 이제 더이상 어떤 법익침해의 결과를 특정 개인의 행위 탓으로 돌리는 것이 마땅하기 때문에 귀속되는 것이 아니다. 책임은 단지 현실의 자본시장에 대한 왜곡된 파악으로부터 비롯되는 자본시장의 허구적인 '기능'을 보호하기 위하여 그 기능에 장애요소가 된다고 낙인찍힌 일탈행위의 주체에게 귀속될 뿐인 것이다. 줄여 표현한다면, 부실감

118) 이와 같은 범죄화의 사회적 의사소통 현상을 이론적으로 분석하는 글로 이상돈, *형법의 근대성과 대화이론* (홍문사, 1994), 40~42쪽 참조.

사의 법적 책임은 개인의 능력과 그에게 부여된 자유의 사용방식을 중심으로 구성되는 책임패러다임이 아니라 사회체계의 기능을 위해 책임을 개인에게 전가시키는 책임패러다임 위에서만 가능한 것이다. 다음과 같은 형법학자의 말은 책임의 체계기능화 현상을 집약해서 보여준다.

> "책임이란 … 결코 확정될 수 있는 사태가 아니라 하나의 갈등이 해소되어야만 하며 개인에게 돌리지 않고는 달리 해소될 수 없기 때문에 발생하는 일종의 전가(Zuschreibung)인 것이다."[119]

이런 패러다임을 형법학에서는 '기능적 책임론'이라고 총칭한다. 이 기능적 책임론에 대한 통찰은 부실감사책임에서 볼 수 있는 바와 같은 민법의 변화에 대해서도 유효하다. 그러니까 부실감사에 대해 적용하면 이런 명제가 성립하게 된다.

> 부실감사책임은 외부감사인에게 개인적 귀속이 가능한 사태이기 때문에 부과되는 것이 아니라 '자본시장의 기능'을 보호하기 위해 달리 방법이 없기 때문에 공인회계사에게 전가되는 것이다.

(나) 기능적 책임의 민·형법적 수용한계 이런 류의 패러다임변환에 대해 형법은 조응할 수 없고, 또 그래서도 안된다. 금전배상이라면 몰라도 형벌처럼 가혹한 제재를 받으면서, 자신의 잘못된 인격적 표현으로 인해 누가 어떤 고통을 받는지도 통찰하지 못하는 상황에서 그 제재를 정당한 것으로 받아들일 수 있는 사람은 아무도 없을 것이기 때문이다. 그러니까 형사책임은 원래 자신의 일탈행위가 타인에게 어떤 고통을 주는 것인지를 통찰하고, 그 타인은 일탈행위자의 관점에서 서서 그가 자신에게 가한 행위의 해악적 의미를 통찰할 때 비로소 성립할 수 있다. 이와 같은 '관점교환'이 엄격하게 가능한 경우에만 비로소 그 고통스런 제재를 수반하는 형사책임은 개인에게 귀속될 수 있는 것이다.[120]

그러나 민법의 경우라고 해서 그와 같은 책임패러다임의 변환이 무한정 허용될 수 있는 것은 아니다. 비록 민법이 형법에 비해 도덕적 성격이 약하고, 목적(정책적 목표)강령이 들어올 여지가 좀 더 많기는 하지만 민법도 그런 패러

---

119) Jakobs, *Schuld und Prävention* (1976), 19~20쪽.

120) 이러한 형사책임의 이론에 대해서는 이상돈, *형법학: 형법이론과 형법정책* (법문사, 1999), 55쪽.

다임변환을 모두 수용할 수는 없다. 민법이 목적강령을 정책적 필요에 의해 무한정 수용했다간 자신의 전승된 규범적 구조를 스스로 폭파시키고 말게 되기 때문이다. 바꿔 말해 민법과 형법은 생활세계를 완전히 떠나 사회체계의 기능영역에 그 거주지를 옮겨갈 수 없는 것이다.

Ⅲ. 부실감사책임의 대화이론적 법정책

공인회계사의 부실한 외부감사에 대해 지금까지 진행되어 온 법제화는 공인회계사의 책임을 강화하는 방향으로 흘러갔다. 이 법제화의 흐름은 자본투자에 실패한 투자자와 어떤 계약관계나 교류도 없었던 공인회계사로 하여금 매우 무거운 손해배상책임을 지게 하거나 심지어 형벌을 받게 할 가능성마저 열어 놓고 있다.

그러나 이런 법제화를 두고 법률가, 시민단체, 법학자 등의 그룹과 공인회계사, 경영학자, 기업인 등의 그룹 사이에 화해하기 어려운 관점의 대립이 펼쳐진다. 이 관점의 대립은 이론과 실제, 규범과 현실 사이의 대립이기도 하다. 또한 이 대립은 사회국가적 법정책과 자유주의적 법이념 사이의 모순, 바꿔 말해 평등의 법이념과 자유의 법이념 사이의 긴장과 갈등이기도 하다. 그러니까 부실감사책임의 강화는 경영계의 입장과 외부감사현실, 자유의 법이념을 등안시하는 반면, 부실감사책임의 약화는 법률계의 입장과 외부감사의 이상, 그리고 평등의 법이념을 등안시한다. 더 나아가 앞의 흐름이 개인의 자유를 조직화하는 민법전이나 개인의 자유를 보장하는 형법전과 같은 판덱텐 법전법의 이성보다 외감법이나 자본시장법 같은 사안중심적 개별법[121]의 (약자보호)정책을 중시한다면, 뒤의 흐름은 그 정반대라고 할 수 있다. 부실감사책임을 둘러싸고 펼쳐지는 이와 같은 관점과 입장의 대립은 결코 쉽게 해소될 수 없는 것임을 보여준다.

121) 나는 최근의 매우 새로운 법사회학적 통찰로서 우리나라의 법체계가 판텍텐 시스템의 법전법과 미국의 제정법(act)과 흡사한 사안중심적 개별법이라는 각기 이질적이며, 독자적인 두 개의 법형식으로 구성되어 있음을 밝힌 바 있다(이상돈, "전문법 — 이성의 지역화된 실천", *고려법학* [제39호, 2002], 113~151쪽; *기초법학* [법문사, 2010], 547쪽 아래 참조). 이 법형식의 상호작용에 의해 지속적으로 세분화되어 가는 사회적 하부체계의 영역마다 전문법(예: 의료법, 경제법, 정보통신법, 교통법 등)이 구축되어가고 있고 전문법은 21C의 한국사회에 더 특유한 법패러다임이 될 것이라는 전망을 갖는다.

법은 이렇게 대립하는 관점 가운데, 어느 한쪽의 편을 드는 방식으로는 궁극적으로 정당성을 창출할 수 없다. 또한 법은 두 관점의 절묘한 타협점을 찾는다고 해서 정당해지는 것도 아니다. 그것은 정치의 고유한 논리일 뿐이다. 법이 정당성을 창출하는 방식은 관점의 대립을 지양시키고 두 진영 사이에 '합의'가능한 규범을 만드는 것이라 할 수 있다. 합의는 대립하는 진영 사이의 관점교환과 상호이해를 촉진함으로써 비로소 가능할 수 있다. 부실감사를 규율하는 법은 바로 그런 교환과 이해가 촉진될 수 있는 제도로 거듭날 필요가 있다. 이런 과제는 대화이론(의사소통이론)[122]에 의해 효과적으로 실현될 수 있을 것이다. 아래에서는 부실감사법을 대화이론적으로 재구성하고, 그 기획 아래 구체적인 부실감사법정책을 기획하기로 한다.

1. 부실감사법의 대화이론적 이해

(1) **대화이론적 기획** 부실감사책임을 둘러싸고 펼쳐지는 근본관점과 입장의 집단적, 이론적, 정책적 대립이 전개되는 갈등상황, 그로 인하여 사회통합적 장애가 발생하는 상황에서 이 새로운 법정책의 방향은 어느 하나를 선택하고 다른 하나를 배제하는 법제도를 만드는 것이 아니라 법이 그런 '관점들간의 상호교환'을 촉진시키도록 법제도의 역할과 기능을 변화시키는 것이다. 또 바로 그런 법제화만이 사회적 합리성을 얻을 수 있다. 관점들 사이의 상호교환은 물론 다원적이며 지속적인 의사소통과 상호작용, 그리고 그것들을 통한 의사소통주체들 사이의 대칭적인 정보교류 속에서 이루어진다.

1) **외부감사의 대화이론적 의미** 부실감사를 규율하는 법도 마찬가지이다. 부실감사법도 단지 부실감사라는 일탈행위를 진압하기만 하는 수단이 아니라 자본시장에 참여하는 다양한 주체들의 의사소통을 매개하는 기능을 수행하여야 한다. 그런 의사소통적 기능이 활성화되고 그 효과가 축적될수록, 현재는 사회통합적 장애를 초래하리만큼 간극이 벌어져 있는 부실감사에 관련한 (자본시장)'정책'과 '사법'(부의 책임귀속) 그리고 (감사인의 직업)'윤리'는 점점 더 근접해져 결국에는 서로 맞닿게 될 수 있을 것이다. 또한 바로 그 지점에서, 이론적

---

122) 여기서 말하는 대화이론은 지난 10여년간 내가 법이론과 법사회학, 법철학 그리고 형사법과 의료법, 경제법 분야에서 추진해온 방법론이다. 나의 이 작업의 역사에 관해 간략한 개관으로는 한양대학교 법학연구소에서 발표한 논문, "법이론 — 철학과 정책 사이에", *고려법학* (제38호, 2002), 129~160쪽 참조.

일 뿐만 아니라 현실적이며, 정책적일 뿐만 아니라 기능적이며, 아울러 체계통합적일 뿐만 아니라 사회통합적인 (부실감사)책임의 귀속이 비로소 가능하게 될 것이다.

이와 같은 법의 의사소통이론적 기획에서 보면 부실감사에 대한 법적 책임은, 더 이상 투자자보호라는 정책목표에 외곬으로 집착하고, 그 정책목표의 달성을 위해 기능화된 위험책임이론에 갇힌 채, 감사체계를 관망하는 외부인의 관찰자적 관점에서 그 책임의 귀속여부와 범위가 결정되어서는 안된다. 그러기 위해서는 한편으로는 감사인이 놓인 의사소통적 현실의 구조를 통찰하고, 다른 한편으로는 그런 통찰을 책임귀속에 관한 민·형사법적 이론과 연결짓는 성찰이 요구된다.

2) 자본시장의 의사소통 구조 먼저 외부감사행위가 자리잡고 있는 자본시장의 특유한 의사소통적 구조를 통찰할 필요가 있다. 특히 자본투자의 경제적 합리성을 보장하는 자본시장의 기능은 자본시장을 구축하는 다양한 주체들이 다른 주체들과 협동적인 기능관련 속에서 각자에게 기대되는 역할을 다할 때 비로소 확보된다는 점에 주목해야 한다. 외부감사는 바로 그러한 협동적 기능관련성을 띤 (각 주체들의) 역할이행을 촉진시키는 촉매적 기능을 수행한다는 점에 그 고유한 의미가 있다. 이런 의미는 논리적으로 세 단계로 나누어 좀 더 자세히 설명할 수 있다.

㈎ 다양한 시장참여주체들의 역할 첫 번째는 다양한 주체들이 자본시장의 기능화를 위해 각자에게 기대된 역할을 수행해야 한다. 예를 들어 경제관료는 합리적 (위험관리적) 금융통화정책, 금융위원회는 합리적 자본시장감독, 공정거래위원회는 경쟁적 시장구조 조장, 신용평가기관들은 엄정한 기업평가활동, 금융기관(특히 주채권은행 등)은 관치금융탈피와 경제합리성에 충실한 대출업무, 시민단체는 소액주주운동의 조직화, 기업노조는 부실경영통제(견제), 기업들은 관련기업의 경영에 대한 견제, 경영학자는 기업의 분석·평가활동 그리고 회계법인은 (외부감사이외에) 경영컨설팅 등을 적어도 공인회계사가 외부감사를 바르게 할 것을 기대하는 만큼은 제대로 수행하여야 한다.

㈏ 시장참여주체들간의 상호작용 두 번째는 이러한 주체들 각자의 역할은 고립적으로 행해지는 것이 아니라 다양한 '기술적 의사소통메커니즘'을 통하여 긍정적이든 부정적이든 서로 영향을 주고 받으며, 또한 서로 각자의 역할수행

을 뒷받침하거나 제약하는 식의 다원적인 '상호작용'(Interaktion)이나 정보교환 또는 상호이해의 관계 속에서 행해지며 또 그래야만 한다. 여기서 '기술적 의사소통메커니즘'은 '비공식적인 의사소통인 소문이나 노조원들의 구두전달'에서부터 공식적이지만 개별적인 의사소통인 '각 주체들 상호간의 직접적인 의사소통채널' 그리고 공식적이며 다원적인 의사소통인 '언론매체의 정보화기능'에 이르기까지 그 스펙트럼이 넓고 다양하다.

㈐ **외부감사의 의사소통촉매기능** 세 번째 단계로 외부감사는 이와 같이 다원적인 상호작용과 의사소통의 촉매제로 자리매김될 수 있다는 점이다.

ㄱ) **외부감사의 과학화, 활성화, 교정화기능** 먼저 외부감사는 바로 그와 같은 다원적인 상호작용과 의사소통을 기업재무상태에 대한 전문적인 평가보고를 통하여 '과학화'시킨다. 예컨대 다른 정보와 일치된 감사결과일 경우 감사보고서는 다른 정보들의 신뢰를 회계학의 분석과 방법으로 더 한층 높여준다. 또한 외부감사는 시장참여주체들의 다원적인 상호작용과 의사소통을 '활성화'시키기도 한다. 예컨대 외부감사보고서는 신용평가기관의 부적절한 평가에 대한 논란을 일으킬 수 있고, 그 논란은 해당 기업의 재무상태에 대한 더 많은 정보를 시장에 등장시키는 계기를 마련할 수도 있기 때문이다. 더 나아가 외부감사는 비록 미약하고 부수적이기는 하지만 정보불균형[123]에서 비롯되는 시장에서의 권력불균형을 '교정'하는 기능까지도 수행한다. 특히 권위있는 신용평가기관의 평가목록에 아직 들어와 있지 않은 기업이나 해당 기업의 주된 업종에 형성된 시장의 미래가 매우 불확실한 경우에 자본시장에 참여하는 소액 투자자들의 미약한 정보력을 보강해준다는 점에서 그러하다.

ㄴ) **의사소통촉매기능의 책임이론적 의미** 이처럼 외부감사는 자본시장의 의사소통을 '과학화'하고, '활성화'하며 또 '교정'하는 기능을 수행한다. 자본시장에서 외부감사의 이런 기능을 두고 '외부감사의 의사소통촉매기능'이라고 부를 수 있을 것이다. 도표 49는 이상의 내용을 표현하고 있다. 특히 굵은 점선은 외부감사의 의사소통촉매기능을 표현한다.

123) 구체적으로는 소유자와 경영자 사이의 정보불균형상태, 그리고 정보이용자의 정보위험이 외부감사로 인해 어느 정도 해소될 수 있다(남상천 · 김성기, *외부감사제도에서 감사인의 독립성과 책임에 관한 연구* [1987], 1쪽).

▌도표 49▐ 자본시장의 의사소통구조와 외부감사의 촉매기능

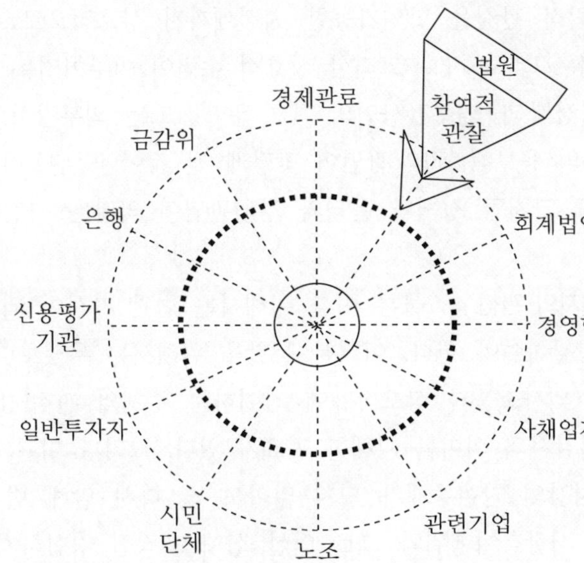

그러나 이 의사소통의 촉매기능은 각자의 역할을 지배결정하는 정도의 영향을 갖는 것이 아님에 주의할 필요가 있다. 바꿔 말해 자본시장의 기능 위태화나 어떤 자본투자자의 투자실패로 인한 손해 등에 대해 촉매자에게 책임의 전부 혹은 상대적으로 더 많은 양이 전가될 수 없다. 책임이나 위험은 자본시장의 의사소통에 참여하는 모든 주체들에게 공평하게 분배될 수 있어야 한다. 앞에서 첫 단계의 설정은 이 점을 말해준다. 그러니까 도표 5에서 공인회계사를 중심에 위치하게 한 것은 단지 의사소통의 촉매기능을 표현하기 위한 편의적인 설정일 뿐이다.

(2) **법적 성찰의 과제** 어쨌든 부실감사에 대한 법적 책임의 귀속은 외부감사의 이와 같은 의사소통 촉매기능을 활성화하고 그 장애를 극복하는 방향으로 이루어져야 한다.

1) **관점교환의 과제** 이를 위해서는 무엇보다 자본시장의 기능연관적 참여주체들 사이의 의사소통과 상호작용이 더욱더 긴밀하게 펼쳐져야만 한다. 만일 그럴 경우 시장의 의사소통주체들은 다른 주체들의 관점과 그만큼 더 원활하게 교환할 수 있게 되기 때문이다. 그런 관점 교환의 활성화는 자본시장의 기

능을 유지하는 예방적 기제로서 기능할 수 있을 뿐만 아니라 부실감사의 법적 책임에 대한 대립적 관점을 합의가능한 지점에까지 상호적으로 수렴시킬 수 있게 만들 것이다. 그리고 바로 그러한 상호적 수렴이 이루어지는 지점에서 이를테면 자본시장'정책'과 외부감사인의 책임'윤리', 또는 외부감사인의 책임'윤리'와 자본투자자의 응보적 '정의'관념이 맞닿게 될 것이다. 부실감사책임에 대한 법원의 판단도 그처럼 정책과 윤리와 정의관념이 맞닿은 지점에서 행해질 수 있다.

2) 참여적 관찰자의 관점 물론 이를 위해서는 법관 자신이 외부감사와 그 부실의 의미를 통찰하여야 한다. 이러한 통찰을 위해서는 무엇보다 법원 스스로가 자본시장의 의사소통과 상호작용에 참여하는 주체의 관점(참여자의 관점)으로 옮겨가 부실감사의 의미를 이해할 필요가 있다. 그러나 이런 관점은 법관이 실제로 자본시장의 참여주체가 되지 않아도 — 다시 말해 법관 스스로가 주식투자와 같은 시장참여행위와 그로 인한 성패를 직접 경험하지 않아도 — '참여적 관찰'(teilnehmende Beobachtung)과 같은 방식으로 획득할 수 있다. 참여적 관찰이란 참여자의 내적 태도를 수용하면서도 다시금 외부의 객관적 관찰자 관점으로 옮겨서고, 그런 뒤엔 다시 참여자의 입장으로 되돌아가는 과정, 그러니까 지속적으로 참여자의 입장과 관찰자의 태도를 순환시킴으로써 사물을 이해하는 것이다.

이런 참여적 관찰에 의한 관점의 교류가 깊숙이 진행되면 될수록 법관은 현재 대법원이 보여주는 부실감사에 대한 강력한 법적 제재(손해배상책임)에 대해 '합리적인 성찰의 간극'을 두게 되고, 자본시장의 기능연관체계 전체를 바라보는 총체성의 변증적 인식에도 점점 더 다가갈 수 있게 될 것이다.

2. 부실감사책임의 대화이론적 의미

부실감사에 대한 법적 책임을 합의지향적인 방향으로 제도화하려면 이와 같은 대화이론적 기획에서 설정되는 법정책을 좇아야 한다. 그런 법정책의 모습을 구체화하기 위해서는 먼저 부실감사책임의 본질을 — 앞서 기획한 대화이론의 관점에서 — 규명할 필요가 있다.

(1) 부실감사의 대화이론적 개념 외부감사의 대화이론적 의미에서 보면 부실감사는 다음과 같이 개념화할 수 있다.

> 부실감사란 외부감사가 자본시장에서 담당해야 할 (일반적인) 의사소통 촉매기능을 때로는 (원칙적으로는) 추상적으로 (예외적으로는) 때로는 구체적으로 위태화시키는 공인회계사의 (개별적인) 외부 회계감사행위이다.

보통 개개의 부실감사행위는 외부감사의 일반적인 의사소통 촉매기능을 단지 '추상적'으로만 위태화한다. 왜냐하면 외부감사보고서가 부실하게 작성되었다고 해서 자본투자자들이 해당 기업의 재무정보를 얻는 자본시장에서의 의사소통이 인과적으로 장애를 일으키게 되는 것이 아니기 때문이다. 단지 그런 외부감사가 대량으로 그리고 지속적으로 발생할 때 비로소 다른 정보원의 부실화도 함께 발생하고, 그 결과 자본시장의 기능이 전체적으로 위태화될 개연성이 발생하는 것이다.

하지만 때로는 개개의 부실감사행위가 외부감사의 일반적인 의사소통촉매기능을 구체적으로 위태화할 수도 있다. 예컨대 국민경제에서 큰 비중을 차지하는 거대기업에 대한 특정한 부실감사보고서는 때때로 그 보고서의 부정을 드러내고 진실한 재무정보를 얻을 수 있는 정보원의 세력이 시장내에 존재하지 않는 가운데, 그리고 다른 기업에 대한 자본투자에도 간과할 수 없는 영향을 지닌 채, 자본투자의 결정적인 정보원으로 활용되기도 하기 때문이다. 그러나 이와 같은 구체적 위태화는 전체 부실감사에서 차지하는 비중을 고려하면 예외적인 경우라고 볼 수 있다.

(2) 부실감사책임의 대화이론적 의미 부실감사책임은 바로 이런 의미의 부실감사에 대한 법적 책임이다. 이 책임은 다음과 같이 정식화할 수 있다.

> 공인회계사 개인에게 귀속시킬 수 있는 법적 의미의 부실감사책임은 그의 부실감사행위로 인해 자본시장에서 외부감사가 일반적으로 담당해야 할 의사소통 촉매기능에 일어난 장애위험에 '상응한 것'(Entsprechung)이어야 한다. 그런데 이런 상응성은 전형적으로 민법의 불법행위나 형법의 범죄구성요건의 전형적인 불법유형(Unrechtstypus)에서 찾을 수 있는 것이 아니다. 그것은 예방적 제도의 형성이라는 차원과 (민·형법의 제도를 뛰어넘는) 다차원인 책임법 제도에 의해 동시에 해소되어야 할 불법이다.

1) 예방적 제도에 의한 집단적 책임의 해소 그러므로 의사소통 촉매기능의 장애위험에 상응한 법적 제재는, 손해배상이나 형벌과 같은 손해를 전보하는 제재처럼 응보적이거나 사후적인 '진압과 통제'만을 의미하지 않는다. 그보다는

오히려 외부감사의 의사소통 촉매기능을 정상화시킬 수 있는 '예방지향적 구조정책'의 우선적 실시 필요성이 그러한 상응성의 중요한 내포가 된다. 즉 부실감사가 불합리한 (법적 제재를 가하는 법 이외의) 제도에 의해 초래된 차원에 놓여 있는 책임성은 공인회계사에게 개인적으로 전가시킴으로써 해소되지 않고, 부실감사를 초래하는 제도적 변수들을 개선함으로써 비로소 해소될 수 있기 때문이다.

바꿔 말해 전체나 집단이 책임지고 해결해야 할 문제는 개인에게 전가시킨다고 해서 해결되는 것이 아니다. 그것은 단지 속죄양을 만드는 주술적 의식에 불과할 뿐이다. 이런 점들에 대한 통찰은 관점교환으로 진행되는 성찰의 합리성, 즉 대화이론적으로 이해된 법적 이성[124]에 속한다고 할 수 있다.

2) 다차원적 법적 제재에 의한 인격적 책임의 해소 다음으로 부실감사책임은 제도에 의해 초래된 부분 이외의 남은 부분, 그러니까 외부감사인 개인의 권리남용 등으로 초래된 부분에서는 '사후적인 진압과 통제의 기제'를 가진 제재법(sanction law)에 의해 해소되어야 한다. 그러나 여기서 말하는 제재법은 전통적인 법분과인 민법과 형법만을 의미하는 것은 아니다. 그 법들은 근대법의 가치로서 전승받은 법원칙을 지키는 것만으로는 부실감사행위를 통제하는데 다소 부족하다. 반면에 그 법들이 통제의 실효성을 위해 과중한 제재를 부과하려면 자신의 고유한 법원칙을 파괴해야만 한다. 그러나 민법적 또는 형법적 제재가 강해지면 질수록 사회적 통합을 오히려 저해할 뿐만 아니라 외부감사의 의사소통 촉매기능도 더욱 약화시키는 부작용을 초래할 수 있다. 그런 부작용이 나타나기 시작하는 지점에서 민법과 형법은 부실감사책임을 관할할 적격을 잃어버린다. 왜냐하면 부실감사책임은 부실감사가 일으킨 자본시장의 의사소통 촉매기능에 대한 장애위험을 제거하는 것인데, 민·형법적 제재로 그런 촉매기능이 오히려 약화된다면 논리적으로 더 이상 '제재'가 될 수 없기 때문이다.

그러므로 민법과 형법이 담당할 수 없는 부분에서 통제적 기능을 발휘하는 다른 형태의 제재법이 강구되어야 한다. 부실감사로 인해 손해를 배상하는 책임보험법이나 부실회계감사를 한 법인에 대한 과징금을 부과하는 중간법(middle law)과 같은 법들이 그 예이다.

---

124) 이성의 대화이론적 이해에 대해서는 가장 근본적인 문헌으로 Habermas, *Faktizität und Geltung* (1992)와 그의 제자이기도 한 Günther(이상돈 편역), *대화이론과 법* (법문사, 2002) 그리고 이상돈, *법이론* (박영사, 1997), 특히 381~384쪽 참조.

3. 부실감사책임을 해소하는 법정책

그러면 이와 같이 부실감사책임을 해소하는 두 가지 차원의 법제화는 구체적으로 어떤 모습일까? 예방지향적 구조정책과 부실감사책임을 해소하는 다차원적인 법적 제재를 구축하는 법정책으로 나누어 살펴보기로 한다.

(1) **예방지향적 구조정책** 부실감사의 제약조건으로 작용한 책임법제 이외의 제도를 좀더 나은 제도로 짜는 것은 부실감사에 대한 자본시장참여자 모두의 집단적 책임을 해소하는 방법이다. 일찍이 형법학자 라드부르흐(Radbruch)가 한 말, '더 좋은 형법(ein besseres Strafrecht)을 만드는 것이 아니라 형법보다 더 좋은 것(ein besseres zum Strafrecht)'을 만들어야 한다는 말은 이러한 법정책을 이끈 가이딩 라이트라고 할 수 있다. 그의 이 말은 자본시장과 같은 현대법의 새로운 영역에서 더욱 타당할 수 있는 명제가 된다. 부실감사를 할 수밖에 없게 만드는 제도의 개선은 부실감사를 제재하는 법, 부실감사의 책임을 상쇄시키는 처벌의 법을 만드는 일보다 더 중요하다. 그리고 어쩌면 더 어려운 일일 것이다. 여기서는 그런 제도개선의 모든 방안과 궁극적으로 이상적 방안을 마련할 수 없다.

하지만 그렇게 개선해야 될 예방적 제도의 핵심은 일단 회계감사제도에 놓여 있을 것이다. 법학계에서조차 부실감사를 예방하기 위해서는 무엇보다 회계감사체계의 구조를 개선[125]해야 한다는 목소리가 높다.[126] 또한 회계감사제도의 개선에 관해서는 다양한 방향의 제안이 제시되기도 한다. 여기서 그런 제안들에 대한 논의, 특히 경영학적 논의[127]에 대해서조차 (능력과 지면관계상) 무제

---

125) 참고로 미국에서는 최근 몇 년 사이에 일어난 일련의 회계부정사건(2001년 Enron 회계조작사건을 필두로 초고속 통신망 업체인 Global crossing, 그리고 Xerox, Adelpia, Tyco, World com 등으로 이어지는 약 20여건(자세히는 최명수, 뒤집어보는 경제 회계부정 이야기, 굿인포메이션 2003/6, 281쪽 아래 참조)을 계기로 연방의회는 2002.7.15. 사베인즈-옥슬리법(Sarbanes-Oxley Act)을 제정하였는데(자세히는 http://www.cfodirect.com), 이 법은 고도의 독립성이 보장된 회계감독위원회(Public Company Accounting Oversight Board)를 설립하여 외부감사에 대한 감시기능을 강화하고 있다.

126) 부실감사의 예방을 위해서는 감사인의 책임을 가중시키는 것보다 회계감사의 주변적 환경을 우선적으로 개선해야 한다고 보는 권재열, 회계감사인의 법적 책임, 비교사법 제5권 1호, 1998, 379쪽 아래; 이범찬·오욱환, "감사와 외부감사의 법적 책임", 이범찬 편, *회사법의 제문제*, 1998, 451쪽 아래 참조.

127) 대표적으로는 주인기, *우리나라 감사제도 개선방안*, *한국회계제도의 개혁*(금융감독위원회 회계지도특별위원회 최종보고서), 1998, 86쪽 이하; 이정호, "회계감사인의 책임범위", *경영사례연구* [제26권 제1호, 1992], 23쪽; 남상천·김성기, *외부감사제도에서 감사인의 독립성과 책임에 관한 연구* [1987], 20, 71쪽; 정세웅, "우리나라 외부감사제도의 개선방안 연구", *경기대 논문집*

한적으로 그리고 매우 깊숙이 들어갈 여유가 없다. 그러나 다른 한편 상법학적 대안[128]의 표피적 분석에 머무르는 것에도 만족할 수 없다. 그러므로 오직 앞서 기획한 대화이론적 관점에서, 그리고 부실감사의 원인으로 지목되는 대표적인 중요제도와 관련해서만 그것도 부실감사를 예방하는 구조적인 제도의 개혁방안의 대강만을 제시해보고자 한다.

1) 감사인선임의 의사소통적 구조화 감사인의 선정과 변경을 (자유수임제의 방식으로) 피감사회사에 내맡기거나(배정제[129]의 방식으로) 행정관료의 권력에 내맡기는[130] '자유'(와 부실) 아니면 '통제'(와 비경쟁, 비능률)라는 양자택일적 정책결단의 사고로부터 벗어나야 한다. 자유를 선택하되 그 부실을 막기 위해 감사인의 선임권한을 이사회에서 주주총회로 넘기는 방안(외감법 제4조)[131]은 소유와 경영이 분리되지 않은 기업현실 때문만이 아니라, 외부감사인의 역할을 마치 회사기관인 감사처럼 경영진(이사회)과 소유주(주총)라는 대립적인 두 당사자 사이에서 견제와 균형을 도모하는 회사 '내부'의 의사소통을 촉진하는 역할로 환원시킨다는 점에서 문제가 있다.

외부감사는 회사의 감사와는 달리 회사 내부의 의사소통이 아니라 회사와 회사 '외부'의 시장참여자들 사이의 의사소통을 촉진하는 기능을 수행하여야 하는 것이다.[132] 그러므로 감사인의 선임은 회사 내부에서가 아니라 회사를 포함하여 회사와 다원적인 이해관계를 맺고 있는 사람들의 대화적 의사형성메커니

[제36집, 1995], 327쪽 아래; 미국에서는 주주총회에서 선출된 5명 이내의 비상근위원들로 구성되는 감사위원회를 통해 감사인을 선임한다. 미국의 감사위원회에 대해서는 이근수, "미국의 감사위원회제도와 그 도입가능성", *상장협* [제26호, 1992]; *주식회사 감사제도의 개선방안에 관한 연구* (상장협 연구보고서 95-4, 1995), 214쪽 아래 참조.

128) 예컨대 상법상 감사의 지위를 보장함으로서, 그의 보조자인 감사인의 지위를 높이는 대안으로 안택식, "주식회사의 외부감사제도에 관한 연구", *성곡논총* (제22집, 1991), 1093~1094쪽.

129) 배정제의 문제점에 대해서는 남상천 · 김성기, *외부감사제도에서 감사인의 독립성과 책임에 관한 연구* (1987), 11쪽 참조.

130) 우리나라의 경우 배정제가 1981년 폐지되고 자유수임제로 전환되었지만 현행감사제도에도 여전히 이런 요소가 남아 있다. 예를 들면 외감법 제4조의3(증권선물위원회에 의한 감사인 지정 등)은 감사인의 교체사유가 부당하다고 인정되거나, 소유와 경영이 분리되지 않은 회사 등에 대해서는 증권선물위원회가 감사인을 지명할 수 있게 하고 있다.

131) 이는 1996년 개정으로 도입된 것이다. 그 이전에는 이사회가 감사인을 선임하였기 때문에 문제는 더욱 심각하였다. 또한 결합재무제표작성회사가 속한 기업집단의 계열회사는 감사인선임위원회의 제청과 정기총회의 승인으로 감사인을 선임할 수 있게 되어 있다.

132) 이 점은 외감법과 회계감사기준에서도 분명히 전제되어 있다. 즉, '외부'감사라는 외감법의 법명칭 그리고 특히 회사의 내부통제구조와 그 운용상황을 조사 · 파악하고 내부통제의 위험을 평가하도록 하는 회계감사기준 제16조(일반감사절차) 제3호는 외부감사인이 회사내부의 의사소통적 상황에 대해 외재해 있는 주체임을 말해준다.

즘에 맡김으로써 감사인의 선발과 변경을 '합리적으로 관리'할 수 있게 할 필요가 있다. 예를 들면 (일정 지분율을 넘는) 지배주주 및 소액주주대표, 감사, 주채권은행이나 신용보증기관, 대량납품 및 구매업체, 신용평가회사, 더 나아가 (일정 규모의 회사에 대해서는) 금감위 등의 대표들로 구성된 위원회, 이른바 감사위원회에서 감사인의 선임을 관장하는 제도를 생각할 수 있다.[133]

2) 외부감사활동의 의사소통조건 보장 이와 같은 감사인선임의 의사소통적 구조화 전략은 가깝게는 '외부감사인의 최소계약기간 보장제도'[134]나 '근로자를 대표하는 감사를 포함하는 복수감사인제',[135] 더 나아가 '감사와 외부감사인의 협조적 직무수행을 촉진하는 제도'[136] 그리고 좀 멀게는 '사외이사제'[137]와 '소유와 경영의 실제적 분리'에 의해 지원사격을 받을 필요가 있다. 그런 제도들에 의해 엄호되지 않는다면 아무리 의사소통적으로 잘 짜여진 감사인선임제도를 통해 선정된 외부감사인이라 할지라도, 마치 적군진영에 홀로 파병된 병사가 고군분투하다가 결국 포로가 되고 마는 것처럼, 단지 위축된 감사활동을 하다가 끝내 회사기관들에 의해 매수되어 자신의 임무(의사소통촉매의 역할)를 포기하고 말 위험이 매우 높을 것이기 때문이다.

3) 외부감사체계의 의사소통적 구조화 물론 그런 엄호제도가 구비된다고 해도 외부감사인이 임무를 수행함에 있어 처할 수 있는 그와 같은 비관적인 전략적 상황은 여전히 발생할 수 있다. 여기서 외부감사 '체계' 내에 특정 외부감사 자체를 통제하는 메커니즘이 다시 마련될 필요가 있다. 이른바 외부감리제도가 그것이다.[138] 외부감리제도는 외부감사의 의사소통촉매기능을 앞의 엄호제도들처럼 인적 또는 조직적인 차원에서 뒷받침하는 것이 아니라, '(감사)체계의 기능유지를 위한 일반적 통제'를 통하여 간접적으로 뒷받침할 뿐이다. 물론

133) 주인기, *우리나라 감사제도 개선방안, 한국회계제도의 개혁* (금융감독위원회 회계지도특별위원회 최종보고서), 1998, 86쪽 아래; 이정호, "회계감사인의 책임범위", *경영사례연구* (제26호 제1호, 1992), 23쪽; 정세웅, "우리나라 외부감사제도의 개선방안 연구", *경기대 논문집* (제36집, 1995), 331쪽.

134) 감사계약의 기간을 일정 정도 유지하도록 하는 제도(현행 외감법 제4조의2 제1항은 감사계약기간을 3개 사업년도, 즉 3년동안 유지하도록 함)도 감사인의 잦은 교체를 통제하는 방법의 하나가 될 수 있다.

135) 김영곤, "주식회사의 감사의 법제에 관한 소고", *조선대 경영연구* (1985), 377쪽; 안택식, "공동결정제도에 관한 연구", *재산법연구* (제10권 제1호, 1993), 102쪽.

136) 이에 관해서는 최병성, *주식회사 감사제도의 개선방안에 관한 연구* (상장협 연구보고서 95-4, 1995), 97쪽 아래.

137) 고준기, *근로자의 공동결정에 관한 연구* (한양대 박사학위논문, 1991), 148쪽.

138) 이만우, *회계감사의 사회적 기능* (1995), 106~107쪽.

이와 같은 통제제도는 사후적인 진압의 방법이다. 예컨대 공인회계사회가 행하는 자율감리는 공인회계사회내의 윤리위원회[139]에 의해 자체 징계와 연결되고, 한국거래소가 행하는 공적 감리는 회계법인의 설립인가 취소, 업무정지, 특정회사에 대한 감사업무제한, 경고, 주의, 사과문 공고요구, 시정요구, 직무정지 등과 같은 제재조치와 연계될 수 있다.

그러나 다른 한편 이와 같은 감사체계내의 통제제도는 외부감사인으로 하여금 의사소통촉매기능을 수행하는 활동의 궤도로부터 이탈하지 않도록 예방하는 기능을 수행한다. 따라서 감사'체계기능적'인 관점에서 보면 외부감리제도는 그와 같은 예방적 통제기능을 발휘할 수 있도록 활성화되어야 한다. 그런 방안으로 무엇보다도 (자율)감리율[140]의 상향조정, 감리(대상)자료의 확대,[141] 상호감리제도(peer review) 및 시장감시위원회[142] 등의 공적 감리의 보충성(합리적 축소)[143]을 들 수 있다. 특히 자율감리를 원칙으로 하고, 감사체계의 주된 구성원, 특히 공인회계사들이 서로 감리하는 상호감리제도를 감리의 중심으로 삼는다면, 공적 감리에 의한 외부감리의 '관료주의적 형식화' 현상을 막을 수 있을 뿐만 아니라 감사체계내에 외부감사인의 일탈을 상호견제하고 균형을 잡는 자율적인 의사소통적 구조가 형성될 수 있을 것이다. 그와 같은 감사체계내의 의사소통적 구조형성은 거시적인 관점에서 보면 공인회계사들의 직업윤리적 수준을 높이는 효과를 가져오고,[144] 그 효과와 더불어 다시금 외부감사의 의사소통촉매기능은 한층 더 활성화될 수 있을 것이다.

(2) **다차원적인 제재법의 구축** 이상과 같은 예방지향적 구조정책으로도 모든 부실감사를 차단할 수는 없다. 그렇게 차단되지 않는 부실감사에 대한 법적 제재는 정당하다. 그러나 그 제재를 수행하는 법은 민법과 형법에 국한되어서

139) 이외에도 회계법인과 합동회계사무소의 경우에는 내부에 심리실을 두어 자체적인 감리를 실시하게 하고 있다.

140) 전체 감사건수에 대한 외부감리의 비율을 말하며 이에 관해서는 이정호, "회계감사인의 책임범위", *서울대 경사례연구* (제26권 제1호, 1992), 23쪽 참조.

141) 예컨대 현재의 감리현실처럼 감사보고서만이 아니라 감사계약 단계에서부터 감사보고서 작성단계까지 감사업무 전과정에 걸친 감리가 요구된다. 이에 관해서는 이근수, "우리나라 외부감사제도의 현황분석·문제점과 개선방안", *상장협* (제18호, 1988), 20쪽.

142) 자본시장법 제402조 아래 참조.

143) 이대선, "현행 회계감사제도의 문제점 및 개선방안", *서강경영논총* (제4집, 1993), 217~218쪽.

144) 여기서 공인회계사의 윤리규정을 국제회계사 연맹이 규정한 국제적인 수준으로 개정하는 작업은 물론 필요하지만 감사체계내의 의사소통적 구조화가 더욱 중요하다. 왜냐하면 직업윤리는 텍스트(Text)가 아니라 에토스(Ethos)가 될 때 비로소 실제적일 수 있는 것이며, 이를 보장하는 것은 높은 수준의 윤리규정이 아니라 높은 수준의 의사소통이기 때문이다.

는 안된다. 부실감사책임은 민법과 형법의 규범적 구조에 모두 담길 수 없기 때문이다. 민법과 형법도 모든 형태의 부실감사책임을 짊어지게 되면 과부하(過負荷)에 걸리게 된다. 그러므로 부실감사책임의 상당부분을 짊어지고 해소시키는 다차원적인 법제가 필요하다.[145)]

1) 민사적 책임법제 그런 법제의 중심은 무엇보다 배상책임보험제도와 연계된 분쟁조정제도이다. 자본투자자들이 투자실패로 인해 갖는 관심은 형사처벌의 응보적 관심 그 자체라기보다는 손해의 회복에 지향되어 있다는 점에 주목할 필요가 있다. 그러나 과실책임원칙(Verschuldensprinzip)으로 구성된 현행 민법상 또는 외감법상의 불법행위책임을 소송으로 추궁하는 것은 투자자에게도 많은 비용지출을 요구할 뿐더러, 사회통합에 장애요소가 되는 트릴레마 현상을 초래하기 쉽다.

㈎ 분쟁조정법제의 구축 여기서 '소송을 통한 불법행위책임의 추궁'과 '형사처벌을 통한 (집단적) 응보감정의 해소'라는 분쟁해결방식 사이에서 '조정제도를 통한 위험책임의 분배'라는 분쟁해결방식을 강구할 필요가 있다. 이 해결방식은 두 가지 제도를 축으로 구성된다.

ㄱ) 배상책임보험제도 첫째, 공인회계사의 부실감사책임은 전문가책임이며, 이 책임은 투자자보호의 필요성을 고려할 때 '위험책임'(Gefährdungshaftung)으로 구성되어야 한다. 하지만 그런 책임은 지금처럼 민법상 또는 외감법이나 자본시장법상의 불법행위규정에 기초하여 직접 손해배상하는 방식이 아니라, 공인회계사들이 — 임의[146)]가 아니라 — 의무로 가입하는 '부실감사배상책임보험'에 보험료를 (할증)납입하는 방식으로[147)] 이행하게 하는 것이다. 이 경우 현행

145) 비슷한 통찰로 '공동체적 책임분산제도'를 마련함으로써 손해의 유형에 맞게 배상시스템을 다원화해야 한다는 이은영, "손해배상법의 정책적 과제", *법과 사회* (제5권, 1992), 262~263쪽 참조.

146) 일본공인회계사회는 동경해상화재보험과 협의하여 직업배상책임보험이라는 제도를 만들어 1972년부터 현재까지 운영하고 있다. 이 손해배상보험제도는 일본공인회계사회와 보험회사 간에 긴밀한 협조를 통하여 운영되고 있는데 의무보험은 아니다. 즉 책임보험의 부보는 법령에 의해서도 일본공인회계사협회의 규칙 등에 의해서도 강제되지 않는다(弥永真生, *会計監査人の責任の限定* [有斐閣, 2000], 262쪽 참조). 다만 보험료율의 결정과 보험제도의 개폐에 관해서는 대장성과 재무성의 인가를 얻어야 한다.

147) 프랑스는 1969.8.12. 세칙(detail) 69-810호의 제84조에 의하여 배상책임보험가입이 강제되어 있다. 세칙은 성령(arreté)으로 정해져 있고 1972.3.13.「회계감사인의 민사책임보험의 최저한도」에 의하여 최저부보액은 한 감사 당 1년에 50만 프랑으로 되어 있다(제3조). 다만 공인회계사협회가 제공하는 단체보험의 경우에는 1보험사고당 500만 프랑, 그리고 년간 1,000만 프랑을 최저한도로 삼고 있다. 이 경우 보험료는 회계사협회회원의 회비에 포함되어 있다. 또한 실무에 있어서는 최저한도액이 실제의 보험사고를 전보하기에 충분하지 않다고 여기기 때문에 1보험사고당 1,000만 프랑, 그리고 연간 5,000만 프랑의 보험 가입이 이루어진 바 있다(자세히는

외감법이나 자본시장법상의 책임규정들은 삭제되거나 조정제도에 맞추어 재구성되어야 한다.

ㄴ) **분쟁조정제도와의 연계** 둘째, 이러한 책임의 추궁은 소송이 아니라 '조정' 절차와 결합시킬 필요가 있다.[148] 그렇게 할 때 분쟁해결의 사회적 비용이 합리적으로 감소될 수 있을 뿐만 아니라, 갈등당사자들이 소송에서처럼 공격·방어의 전략적 행동을 펼치기보다는 합의지향적인 의사소통적 행동으로 갈등을 해소해 나아가도록 유도할 수 있게 된다. 바로 그와 같은 의사소통적 교류가 분쟁해결의 메커니즘으로 활성화될수록, 자본투자자들로부터 나오는 부실감사인에 대한 처벌욕구는 점점 더 많이 진정될 수 있다. 또한 외부감사인을 한편으로는 과중한 손해배상책임으로부터 해방시키면서도, 다른 한편으로는 부실감사를 이유로 보험료를 할증시킴으로써 그 가중된 부담을 져야 하는 공인회계사들로 하여금 부실감사를 기피하는 노력을 여전히 기울이도록 유도할 수 있게 된다. 그러니까 형법보다는 적지만 민법보다는 큰 예방적 효과도 기대할 수 있다. 그리고 이러한 분쟁당사자들의 태도변화가 진행될수록 감사체계는 트릴레마 현상으로부터 점점 더 많이 빠져 나올 수 있게 될 것이다.

(나) **불법행위책임법의 과실책임화** 하지만 분쟁조정제도는 분쟁당사자 사이의 합의로 결말되지 않을 수 있다. 이 경우에 재산상 손해를 전보받을 권리는 민법에 의해 실현되어야 한다. 또한 보험료할증만으로는 충분하지 못한 부실감사의 예방은 형법에 의해 달성되어야 한다. 그러나 이 때 민법적 제재[149]는 조정에서와는 달리 부실감사책임은 위험책임의 원리가 아니라 철저하게 과실책임원

이영철, "공인회계사의 전문직업인손해배상책임보험에 관한 연구", *기업법연구* [제9집, 2002], 122쪽; 이준섭, "감사인의 손해배상책임과 그 한계", *한국공인회계사회* [4월호, 2002], 111쪽 참조).

148) 현행 공인회계사법 제45조는 공인회계사회 내에 분쟁조정제도를 마련하고 있다. 그러나 이러한 조정제도는 감사인단체 내부의 자기통제 수단에 불과할 뿐이고, 부실감사분쟁을 대등한 당사자들의 합의지향적인 의사소통과 상호작용에 의해 해결하는 — 특정 집단 내부의 제도가 아니라 — '사회적 메커니즘'이 될 수 없다.

149) 이런 표현은 민법상 불법행위법이 제재법의 성격을 갖고 있음을 말해준다. 그러나 민법학계에서는 대체로 손해의 전보와 제재를 분리하여 이해하는 듯하다(곽윤직, *채권각론* [박영사, 1996], 662쪽). 민법은 제재법이 아니라는 것이다. 이는 민사책임이 형사책임과 분리되는 근대법의 형성과정에서 이념형(Idealtypus)으로 파악된 결과일 뿐이다. 그러니까 이념형이 아니라 실제현실에서는 불법행위법에도 미약하나마 제재적 기능이 남아 있고, 형법에도 손해전보적 기능이 남아 있다. 징벌적 손해배상제도가 민법의 제재법 성격을 더욱 증대시키는 흐름이라면 원상회복제도는 형법의 보전적 기능을 더욱 증대시키는 흐름이다. 불법행위법의 제재적 기능을 강조하는 이명갑, "불법행위법 이념으로서의 가해행위억제", *사법행정* (2월호, 1986), 48쪽 아래 참조.

칙에 의해 귀속되어야 한다. 그러니까 법원은 지금까지 자본투자자의 보호를 위해 부실감사소송에서 사실상 위험책임으로 변형시킨 불법행위책임을 '개인적 귀속'의 원리에 충실한 손해전보제도로 환원시켜야 한다.

(다) **연대책임에서 비례책임 그리고 적정책임으로** 또한 외부감사인이 부실감사로 손해배상책임을 지는 경우에도 회사 재무제표 작성의 일차적 책임이 있는 회사의 경영진과 연대책임을 지는 것은 공인회계사가 경영진과 공동의 '경제적 이득의사'를 갖고 고의로 분식회계를 눈감아준 경우 이외에는 옳지 않다.

ㄱ) 연대책임론의 오류 연대책임론은 외부감사인과 피감사회사를 민법상 공동불법행위자로 바라보기 때문인 듯하다. 여기서 연대책임은 엄밀히는 공동목적을 위한 주관적인 공동관계가 있는 경우가 아니라는 점에서 '부진정'연대책임이다. 그러나 연대책임이든 부진정연대책임이든 외부감사인과 피감사회사 사이에는 그런 책임을 설정하는 공동관계가 있는 것인지가 의문이다. 감사계약은 얼핏 그런 공동관계를 설정하는 근거로 볼 수 있다. 그러나 감사계약 그 자체로는 — 물론 법정감사의 경우와 마찬가지로 — 외부감사인의 공정감사의무를 근거지을 뿐 제3자에 대해 공동관계를 설정하는 것은 아니다.

> [연대책임의 조건으로서 증권사기책임][150] 외부감사를 한 공인회계사가 분식회계를 한 경영자와 연대책임을 지으려면 예컨대 미국 1934년 연방증권거래법 제10조 (b)항 및 Rule 10b-5의 위반처럼 증권사기책임을 물을 수 있는 경우이어야 한다. 증권사기책임은 전문가가 허위기재를 하였거나 기재를 누락하였고 그리고 그러한 부실기재가 공중에게 배포되는 시점을 기준으로 부실기재책임을 전문가에게 귀속시킬 수 있을 것을 요구한다. (1) 첫째, 명확성기준(Bright Line Test)[151]에 의하면 전문가가 직접 부실기재를 한 경우에 한하여 증권사기책임이 부과되며, 그 책임을 전문가의 탓으로 돌릴 수 없다면 이는 단순한 교사방조행위에 해당할지는 몰라도 1934년 연방증권거래법 제10조 (b)항 및 Rule 10b-5의 위반은 아니게 된다. (2) 둘째, 공동작성자기준(Co-Auditor Test)에 의하면 분식회계를 한 재무제표의 작성에 공인회계사가 공동작성자로 인정될 수 있는 경우이어야만 연대책임을 물을 수 있다.[152] 여기에 더하여 주관적으로 공인회계사에게 불법적인 경제적 이득의 의사가 있을 것을 요구할 수도 있다. (3) 엔론사건의 예: 2002년 12월 2일 엔론이 파산을 신청한 이후 휴스턴에 있는 텍사스남부연방지방법원

150) 이 삽입단락은 이상돈, *부실감사법* (법문사, 2007), 223쪽 아래서 발췌 요약한 것임.
151) Anixter v. Home-Stake Prod. Co., 77 F. 3d 1215 (10th Cir. 1996) 참조.
152) Klein v. Boyd, 1998 Fed. Sec. L. Rep. (CCH) 90. 136 (3d Cir. April 1998) 참조.

에 집단소송이 접수되었다. 이 소송에서는 JP모건을 비롯한 미국 유수의 9개 은행들과, 두 개의 법률회사, 그리고 미국의 5대 회계법인의 하나인 Arthur Anderson 등이 피고로 포함되었다. 피고들은 사기적인 방법을 통하여 회사의 수익을 과대계상하였던 엔론의 계획을 알고 있었으며, 엔론의 증권사기에 공동으로 참여하였으므로 1934년 증권거래법 제10조 (b)항 및 Rule 10b-5의 주된 증권사기책임이 있다고 주장되었다. 피고로 지정된 은행들은 엔론에게 신용을 공여하거나 과장된 보고서 작성 등을 통하여 엔론에게 재정적인 도움을 주었으며, 법률회사인 Vinson & Elkins와 회계법인인 Arthur Anderson은 엔론과 공모하여 자산을 과대계상하거나 부채를 은폐하였다고 주장되었다. 은행조사보고서 혹은 회계감사보고서에서 보이듯이 은행과 회계법인은 직접적으로 부실기재에 관여하였으므로 이로 인한 증권사기책임을 피할 수 없었다. 한편 이와는 달리 문제된 부실기재서류에서는 법률회사인 Vinson & Elkins는 엔론과 부실기재를 공동 작성한 것으로 볼 수 있다고 하면서 1934년 증권거래법 제10조 (b)항 및 Rule 10b-5의 적용을 주장하였다. 법원은 명확성 기준과 실질적 참여기준에 대하여 다른 법원들의 선례들을 포함하여 대부분의 사례들을 조사하였으나 결국 SEC가 제시한 공동작성자기준을 채택하였다. 법원은 단순한 교사방조행위가 아니라 특정한 기준을 충족하는 전문가의 관여행위에 대하여는 1934년 제10조 (b)항 및 Rule 10b-5에 의하여 주된 증권사기책임을 추궁할 수 있다는 것은 의심의 여지가 없다고 하였다. 판단기준에 관하여 법원은 다수의 법원들이 채택하고 있는 명확성 기준을 따르는 경우에는 부실기재에 중대한 책임이 있는 전문가에게 단지 그 이름이 드러나지 않았다는 이유만으로 증권사기책임을 물을 수 없는 부당한 결과가 초래된다고 하면서 명확성기준을 따르는 것을 거부하였고, 포괄적이고 불명확한 요건을 제시하는 실질적 참여기준을 채택하는 것도 역시 거부하였다. 결국 법원은 증권사기의 피해자들과 전문가들 사이의 이해를 적절히 조정하기 위해서는 SEC가 제시한 공동작성자기준이 가장 적절하다고 판단하였다.[153]

ㄴ) **비례책임** 그렇기 때문에 외부감사인의 손해배상책임은 비례책임이어야 한다고 주장된다. 예를 들어 외감법 제17조 제4항을 "감사인이 회사 또는 제3자에 대하여 손해를 배상할 책임이 있는 경우에 당해 회사의 이사 또는 감사(감사위원회가 설치된 경우에는 감사위원회 위원을 말한다. 이하 이 항에서 같다)도 그 책임이 있는 때에는 그 감사인과 당해 회사의 이사 및 감사는 고의에 의한 경우에는 연대하고, 그 외의 경우에는 법원이 정하는 각자의 행위에 따른 귀책비율에 따라 손해를 배상할 책임이 있다"로 개정하는 방안[154]의 책임이론이

---

153) Enron Corp. Sec., Derivative & ERISA Litig. 235 F. Supp. 2d 549, 588 (S.D. Tex. 2002).
154) 이종구 의원(외 21인)이 2006.10.13. 대표발의한 주식회사의 외부감사에 관한 법률 일부개정법

그러하다.

ㄷ) 적정책임 여기서 비례책임은 단지 각자의 행위에 따른 귀책비율이 아니라 외부감사인의 역할과 기능에 상응하는 책임을 의미한다고 이해되어야 한다. 즉 외부감사인의 의무는 — 계약에 의한 외부감사의 경우에도 — 피감사회사의 이해관계를 보호하거나 공동의 이해관계를 추구하는 데에 있지 않고, 자본시장참여자들에게 그 회사의 재무정보를 '과학적 방법으로 분석하여 제공해 주는 역할'에 향해있을 뿐이다. 부실감사는 그런 역할의 실패나 왜곡을 의미하고, 외부감사인은 그 점에 대해 제3자에게 독자적으로 책임을 질 뿐이다. 바꿔 말해 감사계약이 설정하는 공정감사의무와 그 역할의 실패에 대한 책임일 뿐이다. 이 책임은 다양한 투자정보를 최대한 많이 얻으려는 투자자의 입장에서 보면 고의적인 회계서류의 조작에 가깝기보다는 예컨대 기업신용평가기관의 그릇된 정보제공행위에 더 가깝다. 물론 외부감사인의 부실감사는 피감사회사와 좀 더 긴밀한 교류(예: 계약관계, 표본추출감사 등)를 한다는 점에서 신용평가기관보다는 좀 더 책임이 무겁게 설정되어야 하다. 하지만 그 구체적인 책임의 양은 사안에 따라 법원이 형량적으로 판단하는 것이 합리적이다. 다만 그 책임은 투자자의 정보권을 침해한 점에 대한 위자료의 수준에 있다는 점을 염두해 두어야 한다. 또한 연대책임을 지는 예외적인 경우는 고의가 있었다는 점만으로는 불충분하고, 외부감사인이 부실감사를 통해 피감사회사와 함께 — 감사보수를 넘어서, 그 이외에 — 경제적 이득을 얻고자 하는 의사, 즉 경제적 이득의사까지 갖고 있었던 경우에 국한되어야 한다.

[비례책임과 적정책임의 예시] 한 투자자가 감사보고서를 믿고 투자하여 손해를 입은 금액이 1억원이고, 그 투자실패의 책임이 분식회계를 행한 피감사회사에게 60%, 부실감사를 한 외부감사인, 공인회계사에게 20% 그리고 원고(투자자) 자신에게 20%가 인정된다고 하자. ① 현행법상 연대책임에 의하면 원고는 8천만원을 회사든 공인회계사든 어느 한 사람을 임의로 선택하여 청구할 수 있다. 대개 그렇듯이 분식회계로 문제가 되는 회사는 부도가 난 경우가 대부분이기 때문에 8천만원은 현실적으로는 공인회계사에게 청구된다.[155] ②-1 이에 비해 비례책임에 의하면 공인회계사에게는 2천만원만을 청구할 수 있다. ②-2 비례책임은 다시금

률안 참조.

155) 이를 주머니가 두둑한 사람에게 소송을 제기하는 심리(deep pocket mentality)라고 부른다. 이에 관해 M. Paskell-Mede, "Soft Touch, Deep Pocket, Are auditors being sued because other defendants have no asset?", *CA Maganzine* (October, 1991), 39~41쪽 참조.

연대책임과 결합될 수도 있다. 예컨대 회사는 6천만원에다 공인회계사 배상몫인 2천만원까지 배상할 의무가 있고, 반면에 공인회계사는 자신의 몫인 2천만원 한도에서 회사의 몫에 대한 배상책임을, 즉 자기 몫의 2천만원에 회사 몫의 2천만원을 더해 4천만원까지 배상책임을 질 수 있다. 하지만 ③ 적정책임은 투자실패액에서의 비율을 정하는 것이 아니라, 부실감사가 투자자에게 제공할 정보를 왜곡한 점 그 자체에 대한 책임을 기본으로 한다. 예컨대 투자정보권의 침해는 위자료 형태로 이를테면 100~500만원 수준에서 결정될 수 있다. 다만 예외적으로 부실감사가 분식회계행위와 동등한 수준의 불법을 가질 때에는 투자실패에 대한 일정한 배상책임을 인정할 수는 있다. 이런 경우는 주로 발행시장에서 일어나고, 유통시장에서는 매우 드물게 일어난다.156)

2) 형사법 및 형사유사법제 부실감사책임이 책임보험법상의 책임이든 민법상의 불법행위책임이든 부실감사를 예방하는 기능은 충분하지 않다. 그러므로 형법에 의한 통제필요성은 여전히 남게 된다. 그러나 형사책임은 보충성원칙에 철저하게 구속된 채 부과되어야 한다. 형법의 보충성은 형법보다 경미한 제재수단의 우선 적용을 요구하고, 민법상의 불법행위책임보다 강화된 요건 아래에서 책임을 귀속시킬 것을 요구한다.

㈎ 신분법적 제재의 우선 먼저 분쟁조정제도로 채워지지 않는 예방적 기능을 달성하고, 부실감사에 대한 처벌욕구를 만족시키기 위해 형법을 동원할 필요성이 있는 경우에도 자율적인 신분법적 제재를 선행할 필요가 있다. 즉, 공인회계사협회가 자율적으로 또는 (재정경제부장관의 명령에 의해) 타율적으로 부실감사한 공인회계사를 징계하는 자율통제의 메커니즘을 최대한 형벌을 대신하는 수단으로 활성화시켜야 한다. 예컨대 현행 공인회계사법 제48조(특히 제2항)를 최대한 활용할 필요가 있다. 즉, 부실감사인에 대하여 신분법적 제재(등록취소, 직무정지, 일부직무정지, 견책 등)를 가함으로써 분쟁조정제도의 기능이 미치지 못하는 예방적 기능과 처벌욕구의 충족을 도모하는 것이다.157)

하지만 신분법적 제재는 경우에 따라 탈법적인 방법으로 그 효과를 발휘하지 못할 수도 있다. 예컨대 제재를 받고서도 다른 감사인의 명의로 업무를 수행한다든지, 기존의 소속회계법인을 해산하고 다른 법인에 들어가거나 새로운

156) 이 삽입단락은 이상돈, *부실감사법* (법문사, 2007), 230쪽 아래서 발췌.

157) IMF 관리체제하에서 H회계법인에 대해 내린 직무정지명령(신규감사계약체결을 일정기간 금지하는 내용)이 결국 몇 달도 못가서 H회계법인의 (자신)청산을 초래했다는 사실은 감사체계에서 신용과 명성이 얼마나 중요하며, 신분법적 제재가 형벌 이상으로 강력한 통제효과를 발휘한다는 점을 입증해 준다.

회계법인을 만드는 등의 경우를 상정할 수 있다. 이론적으로는 이 경우에 비로소 형사제재의 마지막 필요성이 적어도 근거지워질 수 있다.

(나) **중간법의 형성** 그러나 그런 이론적 필요성에 대해서도 형법의 동원은 최대한 절제될 필요가 있다. 이 필요성은 형법 자신으로부터 나오는 요청이다. 즉, 형법은 다양한 사회적 교류, 즉 시민사회의 다원적인 의사소통적 교류가 가능하기 위한 최소조건(의사소통조건)만을 보장해야 하는 임무, 바꿔 말해 의사소통적 교류의 배후질서로 남아 있어야 하며, 그 자신이 과도하게 사회적 통제를 함으로써 오히려 의사소통적 교류를 파괴해서는 안된다는 것이다.[158] 이와 같은 형법으로부터의 요청은 부실감사로 인한 자본시장의 기능위태화에 대해서도 '실체적'으로는 더 온화한 수단을 강구하고 '절차적'으로는 그러한 수단마저도 신중을 기해야 한다는 요청으로 구체화될 수 있다.

여기서 앞의 실체적으로 더 온화한 수단을 사용하라는 요청을 충족하려면 중간법(middle law)을 기획할 필요가 있다. 이 중간법은 민법적 제재(손해배상) 또는 조정법(또는 보험법)적 제재(보험료할증)보다는 더 강한, 그러니까 '징벌'적 성격(punitive)을 갖지만 형법적 제재(형벌)보다는 '약한' 제재를 수단으로 가지며, 그 제재의 절차는 민사소송절차나 조정절차보다는 좀 더 권력적인 절차이지만 형사소송절차보다는 좀 덜 권력적인 절차를 사용하는 그런 새로운 법을 말한다. 이런 성격의 중간법이 구체적으로 어떤 모습으로 구현될 것인지는 아직 연구의 과제로 남아 있다.[159] 다만 이 과제를 이행함에 있어 독일에서 논의되고 있고 '간섭법'(Interventionsrecht)[160]의 기획 또는 미국에서 이미 활용되고 있는 '민사제재금'(civil money penalties)[161] 제도 그리고 우리나라의 과징금제도는 논의의 중요한 출발점이 될 수 있다. 즉, 이 제도들은 중간법의 전단계현상(Vorform)에 속한다고 할 수 있다.

158) 이러한 형법의 의사소통이론적 이해에 대해서는 이상돈, *형법학: 형법이론과 형법정책* (법문사, 1999), [2] 단락 참조.

159) 중간법을 다소 구체화시킨 우리나라 최초의 연구로는 이상돈, "공정거래질서와 형법정책", *법제연구* (제25호, 2003), 167~195쪽 참조.

160) 예를 들어 Hassemer(배종대·이상돈 편역), *형법정책* (홍문사, 1998), [7] 단락, 209쪽; Lüderssen, *Die Krise des öffentlichen Strafanspruchs* (1989), 37쪽 아래; Naucke, *Die Wechselwirkung zwischen Strafziel und Verbrechensbegriff* (1985), 35쪽 참조.

161) 미국의 경우 은행업계, 선물업계 및 증권업계 등 거의 모든 금융감독분야에 민사제재금 제도가 운영되고 있다. 이에 대해서는 박정유, "민사제재금(civil money penalties)제도에 관한 고찰(Ⅰ, Ⅱ) — 미국 1934년 자본시장법을 중심으로", *증권조사월보* (9월, 1996) 참조.

다만 여기서 주의할 점은 민법과 형법을 사이에 두고 볼 때, 중간법의 귀책요건은 종래 형사책임의 귀속요건을 모두 또는 거의 충족하는 일탈행위들이 갖는 공통된 특성을 바탕으로 구성되어야 하지, 민법상 불법행위책임의 요건을 충족하는 행위들이 갖는 공통된 특성만으로 이미 충족된다고 보아서는 안된다는 점이다.[162] 중간법은 형사제재를 대신하는, 즉 기존의 범죄를 비범죄화하는 맥락에서 이루어질 때에만, 민사불법을 과잉 제재하고 따라서 비례성원칙에 위반하는 그러한 법정책으로 빠지지 않을 수 있다.

㈐ **전속고발제도** 다음으로 형법의 보충성을 실현하는 절차적 요청은 (공인회계사단체에 의한 자발적인 또는 금융감독원에 의한 타율적인) '고발'을 부실감사에 대한 형법적 제재 또는 앞서 논의한 중간법적 제재의 전제조건(이를테면 소송조건)으로 제도화하는 것을 가리킨다. 이런 고발제도는 분명 형법적 제재 등의 현저한 절제를 가져올 수 있다. 이런 절제는 그 나름대로 분명한 근거를 갖고 있다.

즉 이제까지 살핀 모든 법제도들(민법, 조정법/보험법, 중간법 또는 형법)에 아무리 의사소통적 구조를 확산시킨다고 하더라도 경영학적 관점과 법률적 관점 사이의 간극이 완벽하게 메워지고, 경제체계와 사법체계의 부정합이 빈틈없이 가지런히 맞춰지기는 어려울 것이다. 바로 그런 한계 지점에서 전속고발제도에 의해 감사체계의 주체들에 의해 구체적 상황에 맞춰 그와 같은 간극을 탄력적으로 메우거나 체계간의 부정합을 조정하게 할 필요가 있다. 그러니까 고발제도는 법제도로써는 완전히 해결할 수 없는 사회체계간 통합의 부분적 장애를 극복하는 또 다른 의사소통적 메커니즘인 되는 것이다.

㈑ **가중된 책임요건** 이제까지 살핀 모든 제재법으로 해결되지 않는 부실감사책임은 최후에는 형법이 떠맡게 된다. 하지만 그 경우에도 부실감사 형사책임은 외감법이나 공인회계사법의 범죄규정처럼 민사책임보다도 완화된 요건 아래 부과되어서는 안된다. 형법의 보충성원칙은 부실감사 형사책임을 민사상 불법행위책임보다 더욱 강화된 요건에서 부과할 것을 요구한다. 이 경우에도 민

162) 민법학자들이 불법행위법에 제재적 성격과 예방적 기능을 부여하려고 할 때 논의되는 징벌적 손해배상은 바로 이런 경향을 보여준다. 대표적으로 송오식, *불법행위의 귀책근거와 예방적 효과론* (전남대 박사학위논문, 1994); 송오식, "불법행위책임의 새로운 전개", *전남대 법률행정논총* (제17집, 1997), 208~209쪽; 아울러 제393조 제2항의 특별손해규정을 징벌적 손해배상을 부과하는 기초로 삼는 윤정환, "징벌적 손해배상에 관한 연구", *재산법연구* (제9권 제1호, 1992), 146쪽 참조.

사상 불법행위책임의 귀속에서와 마찬가지로 인과성 요건은 매우 취약하다. 이 취약성은 부실감사 형사책임을 추상적 위험범의 형태로 구성하는 것만으로는 보완될 수 없다. 이 취약성은 다음과 같은 이중의 제한을 통해서야 비로소 부실감사 형사책임을 법치국가적 의문으로부터 얼마간 구해낼 수 있을 것이다.

— **책임영역의 축소** 발행공시책임영역에서만 형사책임을 인정하는 법제
— **주관적 요건(고의) 강화** 목적을 부실감사고의의 개념요소로 정하는 법제

이런 제한의 첫 번째는 부실감사 형사책임을 유통공시책임에서 제외하고 '발행공시책임'으로만 인정하는 것이다. 이를테면 사업설명회에 공인회계사가 참여하여 행위한 경우 등과 같이 더욱 더 적극적인 행태로 자본투자자의 투자를 유인하는 인과적 동력이 있는 경우에만 형사책임이 부과될 수 있다. 따라서 공인회계사법상의 진실의무위반죄는 폐지하고, 외감법상의 부실감사죄도 폐지하고, 자본시장법상의 민사적인 부실공시책임을 다음 두 번째의 제한에서 말하는 강화된 책임요건으로 변형한 새로운 범죄구성요건을 설립해야 한다.

두 번째 제한은 발행공시책임의 경우도 공인회계사가 일정한 '목적'(의도 Absicht) 아래서, 바꿔 말해 이른바 최강도의 고의를 갖고 부실감사를 한 경우에만 형사책임을 인정하는 것이다. 예를 들어 공인회계사가 사업설명회의 성공적인 개최에 기여함으로써 그 해당기업으로부터 경제적 이익을 얻을 목적을 가졌던 경우를 생각해 볼 수 있다.

3) 다차원적인 제재법제의 법이론적 특성 지금까지 설계한 부실감사에 대한 제재법제를 요약하면 도표 50과 같다.

이 체계에서 보면 철저한 과책주의를 고수하는 불법행위법에 의해 보호되지 못하는 자본투자자의 이익은 위험책임을 취하는 분쟁조정제도와 책임보험법제에 의해 보호된다. 이로써 불법행위법에 위험책임을 모두 담아 사회적 약자로서 투자자를 보호하려 한 이념, 가장 일반적으로 표현한다면, 바로 평등의 법이념이 자유의 상실로 변증되지 않을 수 있고, 개인의 자유를 최대한 보장하도록 조직화된 민법(불법행위법)과 형법의 이념, 즉 자유의 법이념이 사회적 약자로서 투자자의 이익을 외면하는 불평등으로 변증되지 않을 수 있다.

또한 거액의 손해배상책임 대신에 보험료납입의 부담을 지는 공인회계사는 부실감사로 인한 책임을 수용하기 쉽고, 투자자는 소송의 비용을 지불하지 않

도표 50 부실감사에 대한 다차원적인 제재법의 비교분석

<table>
<tr><th>비교항목
법제종류</th><th>의무
성격</th><th>귀책사유
(최소요건)</th><th>인과관계</th><th>제재</th><th>절차</th><th>예방
효과</th></tr>
<tr><td>신분법</td><td colspan="2">직업윤리위반</td><td>불필요</td><td>직무[일부]정지, 견책, 등록취소</td><td>자율적
징계절차</td><td>매우
약함</td></tr>
<tr><td>책임보험법</td><td rowspan="4">법적의무위반</td><td>위험지배</td><td>기능위태화</td><td>보험료할증</td><td>분쟁조정제도</td><td>약함</td></tr>
<tr><td>불법행위법</td><td>고의·중과실
(과책주의)</td><td>인과관계
(합법칙적
인과성+규범적
귀속가능성
[보호목적+완화된
위험실현연관성])</td><td>손해
전보</td><td>민사소송</td><td>미약함</td></tr>
<tr><td>중간법</td><td>고의(고의책임원칙)</td><td>인과관계</td><td>징벌적
손해배상
과징금</td><td>사회적
소송</td><td>강함</td></tr>
<tr><td>형법</td><td>목적
(최강도 고의)
(강화된
고의책임원칙)</td><td>엄격한 인과관계
(합법칙적
인과성+규범적
귀속가능성
[보호목적+완화된
위험실현연관성])</td><td>형벌</td><td>형사소송</td><td>매우
강함</td></tr>
</table>

고, 또 패소에 따른 무배상의 위험을 감수하지 않고서도 — 비록 그 보다는 적은 보전이긴 하지만 — 신속하게 투자실패로 인한 손해를 어느 정도는 보전받을 수 있다. 이로써 공인회계사 및 그와 사회적으로 연대해 있는 집단과 자본투자자 및 그와 연대한 집단 사이의 첨예한 관점대립은 상당 부분이 해소된다.

더 나아가 이런 체계에서는 관찰자 관점과 참여자 관점이 거시적으로 교환되는 결과가 발생한다. 즉, 한편으로 예견할 수 없는 투자자의 손해에 대한 공인회계사의 책임인수 거부태도, 즉 참여자의 관점은 주로 과책주의로 돌아간 불법행위법과 목적적 고의범 처벌에 국한된 형법, 그리고 이를 위해 새롭게 창설된 중간법 영역 속에 반영된다. 그러나 다른 한편, 억울한 손해를 입었다고 보는 투자자의 책임추궁태도나 부실감사가 없었다면 투자실패도 없었을 것이라는 인과적 과정에 대한 관찰자적 관점도 조정과 연계된 배상책임보험제도와 직업윤리위반을 이유로 제재하는 신분법의 구상 속에 침전되어 있다.

Ⅳ. 부실감사책임의 대안적 법해석

부실감사와 그에 대한 책임의 대화이론적 기획은 단지 위와 같은 입법론적 제안에 머무르지 않는다. 그 기획은 이미 현행 부실감사법제의 해석과 운용에 중요한 지침을 가져다 준다. 앞에서 기획한 법정책은 부실감사책임을 사회 전체가 짊어져야 할 몫과 공인회계사 개인이 짊어져야 할 몫을 분별하고, 공인회계사 개인의 책임도 '집단적 책임의 개인에로의 전가'가 되지 않도록 다차원적인 제재법의 지평으로 적정하게 분배시키는 것이었다. 부실감사책임을 추궁할 수 있는 현행법제들, 외감법과 자본시장법 그리고 민법의 불법행위법도 이와 같은 다차원적 법제에 의한 책임의 적정 분배와 비슷한 기능을 수행하도록 서로 유기적인 역할분담의 관련 속에 밀어넣을 수 있다. 아래에서는 그런 해석정책이 현행법상 어떻게 가능한지를 살펴보기로 한다.

1. 외감법과 자본시장법의 해석

먼저 외감법상의 부실감사책임과 자본시장법상의 부실공시책임은 앞에서 논의되었던 다층적인 제재법 가운데 배상책임보험법제의 기능에 상응한 것으로 운영할 필요가 있다. 따라서 책임의 부과는 현재의 실무처럼 민법상의 불법행위책임보다 완화된 요건에서 이루어지되, 두 가지 제한해석이 뒤따라야만 한다.

(1) 조정의 선취적 대리로서 법조경합 먼저 외감법과 자본시장법의 책임규정은 미래에 성장해야 할 조정과 책임보험법제의 기능을 선취적으로 대리(vorgreifendes Vertreten)하는 규정으로 해석해야 한다.

1) 조정대리적 법제로서 외감법과 자본시장법 그러니까 조정과 소송을 자본투자자가 선택하되, 조정에서의 합의는 소송상 화해의 효과를 수반하여 추가적으로 민사소송을 하지 못하는 제한이 뒤따르게 되는 메커니즘이 조정과 책임보험법의 대리적 기능을 수행하는 외감법에 이미 이식되어야 하는 것이다.

이에 반해, 예컨대 외감법의 불법행위책임과 민법의 불법행위책임에서 소멸시효

기간의 차이는 당사자(공인회계사와 투자자)의 이익관계를 비교형량한 법적 평가의 결과라고 봄을 전제로 하여, 외감법상의 단기 소멸시효는 "피해자인 투자자의 기회주의적 행태를 배제함과 더불어 … 법정감사인의 무한한 책임을 방지하기 위한 사실상 유일한 법기술로 … 가해자와 피해자 사이의 대립되는 이익관계를 조절하는 기능을 하게 된다"고 보는 견해가 있다.[163] 이 견해는 투자자보호에 편향된 불법행위법의 해석운영실무보다는 불법행위법의 규범적 구조에 충실한 견해이긴 하지만, 궁극적으로는 취약한 논거일 수밖에 없다. 왜냐하면 불법행위책임을 이익관계의 조절로 보면, (투자자의 이익을 더 보호해야 한다는 식의) 약자보호정책의 필요성을 차단할 수 없게 되고, 또한 투자자의 기회주의적 행태가 시장에서 정상적 행동이라는 점을 통찰한다면, 그런 행태를 이유로 공인회계사의 책임이 배제되어야 한다는 주장도 힘을 잃어 버리게 되기 때문이다.

이런 정책은 외감법이나 자본시장법에 기초한 손해배상청구권과 민법상의 불법행위에 기초한 손해배상청구권을 선택적으로 행사할 수 있는 것으로 해석함으로써 가능하다. 그러므로 외감법과 자본시장법의 부실감사책임을 민법상의 일반적인 불법행위책임의 특수한 경우(특수불법행위책임)로 보고 각각에 기초한 손해배상청구권을 법조경합의 관계로 해석하는 견해가 지금, 여기서 가장 올바른 해석으로 선택될 수 있다.

2) 법조경합의 의미 하지만 여기서 내가 말하는 법조경합은 상법학자의 그것과 좀 다르다. 법조경합으로서 일반 — 특별의 관계는 하나의 규정이 다른 규정의 모든 요건을 포괄하고 거기에다 특수한 요건이 추가되어 있는 관계이다. 이런 법조경합은 '같은 법전법 안에서' 조문 간의 법조경합이나 '민법전과 특별민법들'(예: 임대차보호법) 사이에서 성립한다. 이 때의 법조경합에선 특별규정을 적용하면 그것과 일반관계에 있는 규정은 그 적용이 배제된다.

㈎ 사안중심적 개별법과 판덱텐 법전법의 경합 그렇지만 외감법이나 자본시장법상의 손해배상청구권과 민법상의 손해배상청구권이 법조경합의 관계에 있다고 할 때 그 의미는 새롭게 이해된다. 왜냐하면 앞의 두 법과 민법은 제도적 성격이 다르고 추구하는 목적도 다르기 때문이다. 즉, 외감법이나 자본시장법은 흔히 경제법으로 분류되기도 하지만 더 정확히는 — 판덱텐 패러다임에 따른 법분류에서 민법전과 다른 법분과의 하나로서가 아니라, 또한 그런 전통적 분류에서 보면 민법, 상법, 형법, 행정법, 헌법 등 여러 법전법 분과가 혼재된

163) 김상중, "순수 재산상 손해의 배상에 대한 책임법적 규율" (*제37회 안암법학회 발표문*, 2003), 31쪽.

것으로 보이는 법분과로서 '개별법'[164]이다. 개별법으로서 외감법과 자본시장법은 경제영역을 법제화하는 '사안중심적 법률'이며, 자본시장의 효율성뿐만 아니라 자본시장의 약자를 보호하는 '공정성'의 이념을 좇는다. 이에 비해 민법(불법행위법)은 '개인의 자유를 조직화'하는 '판덱텐 패러다임'의 법률이다. 민법이 설령 배분적 정의의 이념을 좇는다고 해도 그것은 보험법이나 사회보장법제의 기능과 같은 사회적 부의 재분배가 아니라, 자유의 극대화를 통해 사회적 약자에게 돌아갈 수혜의 몫을 크게 하는 방식 정도[165]로만 도모될 수 있을 뿐이다.

(나) **전문법을 형성하는 법기술로서 법조경합** 외감법과 자본시장법 그리고 근대법전인 민법 사이의 이러한 제도적 차이를 고려한다면 두 법형식이 함께 자본시장영역에서의 행동을 규율하는 것이긴 하지만 각 법에서 발생하는 손해배상청구권의 법조경합은 다음과 같은 의미로 해석되어야 한다. 먼저 법조경합은 외감법이나 자본시장법상의 단기 소멸시효는 경과하고 민법상 소멸시효는 아직 경과하지 않았을지라도 민법에 의한 손해배상청구를 할 수 없다는 의미가 아니다. 더 나아가 단기 소멸시효가 경과하지 않은 상태에서 외감법이나 자본시장법에 의한 손해배상을 청구하면 민법에 의한 손해배상청구가 허용되지 않는다는 것(택일적 권리행사)도 역시 아니다.

그 대신 두 상이한 법형식에 기초한 손해배상청구권 사이의 법조경합관계는 ① 외감법이나 자본시장법상의 단기 소멸시효가 경과했다면 민법에 의한 손해배상청구를 허용한다. 또한 이 법조경합은 ② 단기 소멸시효가 경과하지 않은 상태에서는 외감법이나 자본시장법에 의한 손해배상청구와 민법에 의한 손해배상청구를 '함께' 행사하는 것도 배제하지 않는다. 다만 법조경합은 ③ 이 두 가지 결론이 각각의 귀책요건과 손해배상의 범위가 다르다는 것을 전제해

164) 우리나라의 법체계는 판덱텐 시스템의 법전법과 미국의 제정법(act)과 흡사한 사안중심적 개별법이라는 각기 이질적이며, 독자적인 2개의 법형식으로 구성되어 있는데, 이 법형식의 상호작용에 의해 지속적으로 세분화되어 가는 사회적 하부체계의 영역마다 전문법(예: 의료법, 경제법, 정보통신법, 교통법 등등)이 구축되어가고 있고 있다는 것이 나의 최근의 매우 새로운 법사회학적 통찰(이상돈, *기초법학* [법문사, 2010], 547쪽 아래 참조)이다. 이 통찰에서 보면 법조경합이라는 것도 이와 같이 새로운 의미로 이해될 수 있다.

165) 이런 방식은 롤즈(Rawls)의 정의론에서 보면 최소극대화원칙(minimax)이라고 부를 수 있다(Rawls, *A Theory of Justice* [1971] 참조). 이 원칙은 자유보다 평등에 중점을 둔 것이 아니라 평등보다 자유에 중점을 둔 것이면서 약하게나마 배분적 정의 개념을 자유 개념 속에 이식시킨 것이라 할 수 있다. 물론 롤즈도 후기에 들어오면 사회적 약자의 기본적 자유를 보장해야 한다는 다소 수정된 정의관을 펼쳐지만(Rawls, *Political Liberalism* [1993]), 이 문제는 자본시장에서 투자자의 보호에 해당하지는 않는다.

야 함을 의미한다. 즉, 민법에 의한 손해배상청구에서는 뒤에서 해석하듯이 개인적 귀속가능성이란 척도로 해석된 불법행위책임의 전통적 요건을 충족하되, 그 대신 정보권침해를 넘어서는 후속손해에 대한 배상까지 받을 수 있다. 하지만 그런 책임요건의 충족을 소송에서 입증할 수 없다면 투자자는 외감법이나 자본시장법에 의해 — 물론 민법에 의해서도 — 정보권침해의 손해를 전보받을 수 없다.

이런 법조경합은 사안중심적 개별법(외감법, 자본시장법)과 판덱텐 패러다임의 법전법(민법)이 각자의 고유성을 가지면서도 서로 무관한 이방인이 아니라 경제영역, 자본시장영역의 전문법을 함께 형성하는 법기술적 도구가 되는 것을 가능케 한다.

(2) 손해의 범위 이와 같이 기능적으로 독자화되어 있으면서 서로 연관짓는 전문법형성적 법기술은 외감법이나 자본시장법과 민법에 각각 기초한 손해배상의 범위에 대해서도 연장 적용된다.

1) 손해배상으로 전환된 역할불이행에 대한 제재 그런 연장적용의 결론을 먼저 말하면 외감법이나 자본시장법에 기초한 손해배상은 민법상의 불법행위책임에 의한 손해배상보다 그 범위가 현저히 좁게 설정되어야 한다. 왜냐하면 외감법이나 자본시장법에 기초한 손해배상은 불법행위책임에 의한 손해배상처럼 인과적 연관이 있는 손해에 대한 배상이 아니고, 공인회계사가 외부감사에서 두 개별법의 기획에 부응하지 않은 점, 즉 '자본시장의 의사소통적 교류를 촉매시키지 못한 점'에 대한 — 따라서 중간법 영역에서 과징금 등과 같은 형태로도 부과될 수 있는 법적 — '제재금'의 이행을 대신하는 것이라고 할 수 있기 때문이다. 자본시장법 제125조 제1항은 바로 이를 구체화한 것이다.

하지만 이런 제재금의 대체이행을 투자자의 입장에서 보면 일종의 침해된 권리에 대한 배상으로 볼 수도 있다. 즉, 투자자는 자본시장에서 감사보고서가 제공해야 할 투자정보를 얻을 권리, 이른바 정보권이 있고, 이 권리가 침해된 점에 대한 손해배상을 받을 권리를 누릴 수 있는 것이다. 이런 권리를 부실감사에 의해 침해한 점에 대한 공인회계사의 손해배상액은 비유적으로 보면 민법상의 불법행위법에 기초한 손해배상에서 마치 초상권 침해의 정도에 인정되는 손해배상액 또는 정신적 손해에 대한 배상액, 즉 '위자료'의 수준[166]으로 정

166) 실무에서 보면 위자료는 통상적으로 적게는 몇 백에서 많게는 1~3천만원 정도에 달한다. 외감

해져야 함을 말한다. 그런 범위를 넘어서는 손해는 민법상 불법행위법에 의거하여 배상 — 받거나 조정제도와 강제적인 배상책임보험제도가 구축된다면 조정에 의한 책임보험금의 형태로 — 받을 수 있을 뿐이다.

2) 현행법의 축소해석 이러한 결론은 손해배상범위에 관한 보호목적(Schutzzweck)의 이론에 의해서도 뒷받침될 수 있다. 공인회계사에게 공정감사의무를 부과하는 외감법의 규정(외감법 제5조 제1항 제7조)이 추구하는 목적(보호목적)은 바로 자본시장의 의사소통적 교류를 촉매하는 데에 있지, 투자실패의 궁극적인 손해를 전보하는 데에 있지 않기 때문이다.

(가) 자본시장법 제126조의 해석방안 이와 같은 나의 법사회학적 이해지평에서 바라보면 자본시장법 제126조는 이제까지 상법학자들이나 헌법재판소 그리고 대법원이 각기 다른 측면에서 무리하게 해석해온 방법과는 달리 완전히 새롭게 해석된다. 먼저 그 해석의 요점을 — 이해의 편의를 위해 제125조의 내용과 함께 — 정리하면 다음과 같다.

— **제재금의 손해배상금전환** 제125조 제1항 본문의 손해배상책임은 공인회계사가 자본시장에서 수행해야 할 '정보교류적 의사소통의 촉매' 역할을 하지 않은 점에 대한 제재의 성격을 띠며, 이때 손해는 투자자의 투자정보권에 대한 침해가 그 내용이 된다.

— **위험책임과 면책조항** 제125조 제1항 단서 전단은 앞의 손해배상책임은 '공인회계사에게로 입증책임이 전환된' 무과실이 밝혀지지 않으면 그에게 귀속된다는 위험책임을 규정한다. 동항 단서 후단("그 증권의 취득자가 취득의 청약을 할 때 그 사실을 안 경우에는 배상의 책임을 지지 아니한다")은 그의 부실감사와 투자자의 정보권침해의 손해 사이에 인과관계가 없는 예외적인 경우(예: 투자자가 부실감사사실을 알았고, 그런데도 다른 투자정보에 기초하여 주식을 매수한 경우)에 공인회계사의 책임이 면제됨을 규정한다.

— **최대책임의 최대범위에 대한 선언규정** 자본시장법 제126조 제1항의 규정(실제취득가액－변론종결시 시장가격[또는 추정처분가격]이나 변론종결전 실제처분가액)은 민법상 불법행위책임의 요건이 완전히 충족되었을 때 투자자가 받을 수 있는 최대배상범위를 단지 선언한 규정으로 해석한다.[167)]

— **인과관계의 입증책임전환** 제126조 제2항은 "부실감사와 정보권 침해라는 손해(제124조 제1항 본문의 손해 개념) 사이의 인과관계의 부존재"(즉 제125조

법에 의한 공인회계사의 배상범위 또한 책임이 인정되는 경우에도 그 선을 넘지 않아야 한다.

167) 이 규정은 책임을 한정하려는데 목적이 있을 뿐 실손해액이 그보다 적음에도 불구하고 위 법정액까지 올려서 배상한다고 하는 취지는 아니라는 대판 1998.4.24, 97다32215 참조.

제1항 단서 후단 면책조항의 요건사실)에 대한 입증책임을 공인회계사에게 부과한다.

이러한 해석은 자본시장법 제125조와 제126조의 문언에 전혀 반하지 않는다. 그러므로 이런 해석을 목적론적 축소해석이라고 볼 필요도 없다. 입법취지에 따른 합리적 해석일 뿐이다. 어쨌든 이 해석방안에 따르면 투자자가 궁극적으로 입게 된 손해, 즉 투자실패로 인한 손해는 전통적인 불법행위법의 귀책요건에 따라서만 배상받을 수 있게 된다.

㈏ **전문법을 형성한 변증적 해석** 이러한 나의 해석방안에서 사안중심적 개별법으로서 자본시장법과 판덱텐 시스템의 민법전이 변증적으로 작용하여 주식시장을 공정하게 규율하는 전문법을 형성하게 된다.

ㄱ) **변증적 해석의 구조** 첫째, 자본시장법 제125조 제1항 단서 전단(위험책임화와 무과실의 입증책임전환)과 제126조 제2항(부실감사와 정보권침해의 손해 사이의 인과관계의 입증책임전환)은 자본시장에 참여하는 정보취약자인 일반투자자들의 지위를 강화하는 사회국가적 법제화를 추진한다.

둘째, 하지만 자본시장법 제126조 제1항은 그런 법제화 정책이 지향한 평등의 법이념이 자유의 상실(예: 공인회계사의 속죄양 만들기, 투자자의 도덕적 해이라는 자율의 상실 등)로 부정적인 변증에 빠지지 않도록 경계한다. 이를 위해 제126조 제1항은 개인의 자유를 조직화하는 민법의 귀책원리에 따를 때 어떤 사례에서건 그리고 아무리 책임을 무겁게 부과하려고 해도 넘어서는 안되는 법치국가적 한계, 즉 배상책임을 지는 개인의 희생한계(Opfergrenze), 바로 자유시민사회적 한계[168]를 선언하는 것이다.[169] 이 점은 헌법상 비례성원칙[170]이 요

168) 이 점은 바로 자본시장법 제126조가 모델링한 1933년 미국 연방증권법 제11조 e항 단서(손해액은 [공모가격을 초과할 수 없는] 유가증권의 매입가격과 소송제기시의 그 유가증권의 가치차액을 초과할 수 없다)에서도 잘 나타난다. 이 단서조항은 투자자보호를 지향하되 개인이 그런 정책에 희생되는 데에는 한계가 있고, 그 한계는 차액설로 표현된 손해전보의 정의론적 한계라는 점을 분명히 하고 있는 것이다.

169) 이 선언규정화는 헌법재판소의 해석과도 연장선에 있다고 평가할 수 있다. 즉, (구)증권거래법 제197조 제2항이 준용하는 제15조는 1997년 개정 전까지는 현재의 제1항만으로 구성되어 있었다. 이 구 제15조에 대해 헌법재판소가 '상당인과관계를 인정할 수 없는 요인으로 인한 손해'를 배상하게 함은 비례의 원칙에 반하는 위헌성이 있고, 다른 한편 투자자의 입증곤란을 해소할 수도 있어야 한다는 점에서 그 규정을 (인과관계의) 반증이 허용되지 않는 '간주규정(看做規程)'이 아니라 '추정규정'으로 해석함으로써 비로소 합헌적일 수 있다는 결정(헌재결 1996.10.4, 94헌가9)을 내린 바 있다. 이에 따라 1997년 제15조 제2항이 도입되었다. 제2항은 바로 헌재의 추정규정을 구현한 조항이다. 그러나 바로 이 개정으로 인해 제15조 제1항은 다시 선언규정으로 재해석될 수 있게 되었다. 왜냐하면 헌법재판소의 추정규정화 기획은 제2항에 실현되었고,

구하는 바이기도 하다. 또한 자본시장법은 제126조 제2항을 통해 부실감사와 손해 사이의 인과관계에 대한 입증책임을 공인회계사에게 전환시키면서도 그때의 손해를 제125조 제1항에서 정보권침해의 손해로 국한시킨다. 이런 입법태도는 자본시장에서 (정보력의) 평등을 지향하되 그것이 부자유로 변질되지 않도록 경계하는 것이라 할 수 있다.

셋째, 이를 통해 자본시장법은 사안중심적 개별법으로서 '정책적 목표'(여기서는 투자자의 정보력강화)를 더 강하게 추진하며, 민법은 판덱텐 패러다임의 법전법으로서 자유를 조직화하는 귀책원리를 지키고, 그로써 '사회생활의 도덕적 기반'을 형성하는 임무에 계속 충실할 수 있게 한다.

넷째, 하지만 이와 같은 법형식의 독자성을 유지하면서도 그 둘은 자본시장의 행위를 규율하는 하나의 전문법을 형성한다. 이를 위해 자본시장법은 자본시장에서 정보의 공정배분을 위한 의사소통적 기능을 다하지 않은 공인회계사를 제재하면서, 그 제재를 민법적인 손해배상책임의 일부, 즉 아래에서 설명하듯 자본투자로 인한 일차손해(의 배상)의 배상책임과 융합시킨다. 그 결과 제125조 제1항은 헌법재판소가[171] 바로 보았듯이 "손해배상책임의 성립요건에 관한 규정", 즉 책임설정적 인과관계를 동시에 규정한 셈이 된다.

ㄴ) 법정책의 합리성과 법문화적 전통 이런 변증적 해석의 구조를 요약해 보면 도표 51과 같이 정리될 수 있다.

여기서 자본시장법이나 외감법에 의한 자본시장의 약자 보호가 미흡하다는 생각을 할 수 있다. 조정제도와 결합한 강제적인 부실감사배상책임보험법제가 발전하지 않은 상황에선 그러하다. 그래서 법원이나 헌법재판소가 자본시장법 제125조와 제126조를 사실상 민법적인 불법행위법으로 바라보고, 투자자의 투자실패로 인한 모든 손해를 완전하게 배상하는 법제로 이해하고자 한 것이라고 할 수 있다.

이로써 투자자의 입증곤란이 해소되었으며, 따라서 제1항은 이론적으로 부실감사로부터 초래될 수 있는 — 그리고 차액설의 손해개념에 따른 — 손해의 최대범위를 선언적으로 확인하는 조항으로 이해함으로써 헌법재판소가 그런 추정규정화를 통해 추구했던 헌법원칙인 '비례의 원칙'을 한 단계 더 실현할 수 있게 되기 때문이다. 다만 헌법재판소가 위 결정에서 제15조를 "손해배상액에 관한 규정", 바꿔 말해 책임충족적 인과관계로 바라본 것은 잘못이다.

170) 이에 대해 자세히는 손해배상법이 어떻게 헌법상 비례성원칙(또는 과잉금지원칙)과 관련지어 구성되어야 하는지는 사회통제에 관한 사회학적 이론을 응용하여 해명하는 이상돈, *부실감사법* (법문사, 2004), [3]단락 Ⅲ. 참조.

171) 헌재결 2003.12.18, 2002헌가23.

▌도표 51▐ 자본시장법 제125조, 제126조의 법사회학적, 법이론적 해석구조

법형식 / 법제화유형	법형식의 유형	법형식 간의 독자성과 고유성		법형식간의 기능적연관
사회국가적 법제화	사안중심적 개별법중심	- 제재로서 손해배상책임 (제125조 제1항) - 위험책임화와 무과실의 입증책임전환(제1254조 제1항 단서 전단) - 부실감사와 정보권침해 사이의 인과관계의 입증책임전환(제126조 제2항)	- 정책목표수행 (자본시장에서 정보력평등)	의사소통기능의 불이행 = 민법적 일차손해 (제125조 제1항)
자유주의적 법제화	판덱텐 패러다임의 법전법 중심	- 투자실패로 인한 손해에 대한 배상책임의 최대범위한정(제126조 제1항) - 면책조항(제125조 제1항 단서 후단)	- 자유를 조직화하는 도덕적 행위규범 (민법 제750조의 과책주의 유지)	

(a) 자유와 평등의 균형점　　하지만 두 가지 점에서 그런 법정책은 장점보다는 단점이 크게 보이고, 나의 해석방안은 단점보다 장점이 크다고 생각된다. 그 이유의 하나는 법사회학적 측면에서 찾을 수 있다. 즉, 약자보호에 편중된 불법행위법은 그 형식이 자본시장법과 같은 사안중심적 개별법이건 민법 제750조와 같은 법전법이건 궁극적으로는 트릴레마의 역기능을 발휘하게 된다는 것이다. 이 점은 이미 앞에서 자세히 논의하였으므로 생략한다. 그 결론만 설명한다면 자본시장법이나 외감법이 투자자를 보호한다고 할 때, 그 보호는 일반 투자자들의 정보력 보강에 있지, 투자의 결과에서 평등이나 공평을 지향해서는 안된다는 점이다. 그런 결과적 평등이나 실패위험의 배분적 분산은 자본시장에서 투자자들의 도덕적 해이, 공인회계사의 방어적 직무활동, 소송폭주로 인한 사법체계의 왜곡 등 수많은 부작용을 가져오기 때문이다.

(b) 미국법과 다른 법체계와 법문화　　다른 하나는 비교법적 측면에서 찾아진다. 독일이나 프랑스 등의 선진 유럽국가와는 달리 사회보장적 제도가 미약하고, 평등보다는 자유의 이념이 현저히 강한 사회, 그래서 사법영역에서 부의 평등적 재분배 정책을 실시할 필요가 상당히 높은 사회, 더 나아가 민법전

과 같은 법전법이 없는 판례법체계에서 그런 손해배상법정책에 대해 법문화적 전통과 가치, 이를테면 개인적 귀속가능성의 책임원리가 방해요소로 작용하지 않는 사회, 다시 말해 미국과 같은 사회에서나 자본시장법을 사회국가적 불법행위법으로 운영하는 것이 가능하고, 적합할 수 있다는 점이다. 그러나 비록 유럽국가처럼 사회보장적 제도가 발달하지는 않았지만 미국보다는 평등이념이 상당히 살아 있는 사회, 그리고 무엇보다도 미국법에 없는 법전법인 민법을 갖고 있고, 그에 기초하여 도덕적 행위규범의 전통과 가치가 살아 있는 우리나라에서는 비록 미국 증권법을 모델링하였다고 할지라도 자본시장법 제15조는 미국 증권법처럼 해석되어서는 안된다.

2. 불법행위법의 해석

민법상 불법행위책임도 조정제도의 기능을 선취적으로 대리하는 외감법과 자본시장법의 해석정책과 함께 하나의 정합적인 부실감사책임법을 구성하도록 해석되어야 한다.

(1) 정보권침해의 손해 개념화 이런 해석은 부실감사소송이 다른 불법행위책임소송과는 다소 다른 특수성이 있다는 점에서 출발해야 한다. 그 특수성의 핵심은 부실감사책임의 경우에는 다른 경우에서와 달리 엄격한 의미의 인과성이 확인되기 어려울 때가 많고, 인과성이 인정될 수 있는 경우에도 부실감사 이외의 다른 요소들이 '경합적'으로 작용한다는 점에 있다.

1) 일차손해로서 정보권 침해 그럼에도 불구하고 부실감사에 대해 투자실패로 인한 손해를 귀속시키려면 첫째, 부실감사행위와 합법칙적 인과성이 인정되는 손해를 확정해야만 한다. 둘째, 그리고 이때의 손해는 또한 외감법에서 배상책임을 인정한 손해 개념과는 달리 자본시장체계의 기능이나 자본시장의 의사소통(촉매기능)과 같은 보편적 법익이 아니라 투자자 개인의 권리에 대한 침해로 구성되어야 한다. 이는 민법의 제도적 성격에서 나오는 요청이다.

㈎ 투자정보권 그런 권리로는 자본시장에 공정하게 참여할 일반인의 권리를 들 수 있다. 여기서 공정하게 참여한다는 것은 투자대상기업의 재무정보를 제공받고 참여할 권리를 포함한다. 이 권리는 투자행위에서 일반인이 누려야 할 적극적인 의미의 정보적 자기결정권(informationelle Selbstbestimmung)인 것이다. 투자행위도 일반적 행동의 자유 영역에 속하고, 그런 영역에서 개인은

자신의 행위 방향을 올바르게 설정할 수 있도록 필요한 정보지배권을 누리는 것이다.

> [순수 재산상 손해와 권리 개념] 독일 민법학과 우리나라 일부 민법학자들이 말하는[172] '순수 재산상 손해'(reine Vermögensschäden)란 신체나 소유권과 같은 권리로 정형화되지 않았지만 보호할 가치 있는 이익에 대한 침해를 가리키는 것으로 보인다. 하지만 그런 이익침해를 '권리침해'가 아닌 손해 개념으로 파악하는 것은 권리 개념을 전체 법질서 안에서 — 특히 헌법의 기본권을 구체화하는 해석에 의해 — 파악하지 못한 데서 비롯된다. 공인회계사의 정보제공에 의해 투자자가 입는 일차손해인 올바른 재무정보를 제공받을 권리의 침해는 이미 순수한 재산상 손해가 아니라 권리침해인 것이다.

부실감사가 인과적으로 침해했다고 말할 수 있는 유일한 손해, 민법학적으로 일차손해는 바로 그런 정보권의 침해를 가리킨다. 다만 이러한 정보권의 침해에 대한 보전을 불법행위법에 의해 수행할 것이냐 아니면 외감법상의 책임법이나 미래적인 기획으로서 조정제도와 결합한 배상책임보험법에 의해 수행할 것이냐는 여전히 법정책의 문제로 남아 있다.

(나) 정보권의 민법적 보호요건으로서 직접적 교류 물론 현행 외감법상의 손해배상책임규정(외감법 제17조 제2항)은 이미 이런 정보권의 보호를 떠맡고 있다. 하지만 외감법상의 이 보호기능은 자본시장에서의 정보교류적 의사소통기능에 대한 것이고, 투자자의 손해보전은 외감법이 자본시장의 기능 보호라는 체계적 목적의 달성을 위한 반사적 이익의 성격을 띤 채 이루어진다. 여기서 '반사적 이익'이라는 표현은 외감법의 법제도적 목적과 기능을 중심에 놓기 위함일 뿐 정보권이 투자자의 주관적 권리가 아님을 말하려는 것은 아니다. 어쨌든 개인의 권리를 보호하는 민법이 이러한 정보권의 보호를 떠맡으려 한다면, 정보권 침해를 공인회계사에게 '개인적으로 귀속'시키게 하는 추가적인 귀책요건이 필요하다.

여기서 부실감사보고서를 작성한 공인회계사가 손해를 입은 투자자와 '직접적인 교류'[173]나 '접촉'이 있었을 때에만 민법에 의해 정보권침해에 대한 손해

---

172) 예컨대 Honsell, "Der Ersatz reiner Vermögensschäden in Rechtsgeschichte und Rechtsvergleichung", *Festschrift für W. Lorenz* (1999), 483쪽; 최홍섭, "전문가의 제3자에 대한 정보책임", *재산법연구* (제11권 1호, 1994), 131, 156쪽; 우리나라에서의 논의로는 김상중, "순수 재산상 손해의 배상에 대한 책임법적 규율" (*제37회 안암법학회 발표자료집*, 2003) 참조.

173) 예를 들면 외부감사인인 공인회계사가 감사보고서를 최종적으로 작성하기 전에 감사내용을 기

배상을 하게 하고, 아무런 교류나 접촉이 없었을 때에는 외감법이나 배상책임 보험법에 의해서만 보전하게 하는 방안을 생각할 수 있다. 민법이 개인의 자유를 조직화하는 근대법의 기획에 충실하고자 한다면, 그리고 개인적 귀속가능성이라는 책임원리에 좀더 철저하고자 한다면 바로 이 세분화된 규율을 따를 필요가 있다. 이런 법정책은 민법이 외감법이 수행하지 않는 기능, 즉 행위규범을 관리하는 기능을 수행해야 한다는 민법의 제도적 성격[174]에 부합한다. 또한 그런 법정책은 불법행위규범이 행위규범으로서 갖는 타당성을 높여줄 것이고, 민법을 생활세계의 정당한 질서를 구성하는 핵심적인 도덕적 기반으로 자리매김해 줄 것이다.

2) 후속손해에서 취약한 귀책요건의 극복방안 하지만 투자자의 정보권에 대한 침해만으로 투자실패로 빚어진 손해(후속손해)가 부실감사행위에 인과적 관련을 맺게 되는 것은 아니다. 그런데도 그런 손해를 배상해줄 책임을 공인회계사가 짊어지게 하려 한다면 과책주의가 관철되는 불법행위의 영역에서와는 다른 좀더 강화된 귀책요건이 설정될 필요가 있다. 그런 방법으로 다음 두 가지를 생각할 수 있다.

— **귀책사유의 가중화** 그와 같은 객관적 요건에서의 취약성을 상쇄시켜 주는 요소로, 이를테면 '강화된' 주관적 요건을 요구하는 것
— **귀책사유의 입증책임 복귀** 피해자가 스스로 재무정보 수집능력을 충분히 가진 경우에는 공인회계사에게 전환되었던 귀책사유에 대한 입증책임을 다시 피해자(원고)에게 복귀시키는 것
— **손해배상범위의 귀속론적 제한** 불법행위책임을 인정하되 책임의 범위를 합리적으로 제한하는 귀속론을 개발하여 이를 손해배상액의 범위 산정에 기초로 삼는 것

(가) 가중된 과책주의 첫 번째 방법은 부실감사로 인한 불법행위책임의 주관적 요건을 강화하는 방법이다. 이는 부실감사책임을 고의적인[175] 부실감사와

재한 서면을 투자자(예: 피감사회사의 지분 매수인)에게 제출하는 행위를 들 수 있다. 이 사례는 원칙적으로 법정 외부감사의 제3자(투자자)에 대한 책임을 부인하는 독일 법원이 예외적으로 투자자에 대한 공인회계사의 책임을 인정한 사례임(BGH, JZ 1998, 1013쪽).

174) 이런 점에 대한 비슷한 민법학자의 통찰로 안법영, "영업경영의 과실침해와 책임귀속의 인과적 표지", *고려대 판례연구* (제8집, 1996), 209~211쪽; 안교수의 통찰은 불법행위법을 형법과 함께 인간의 사회적 행위규범으로 정착시키려는 노력에서 특히 돋보인다. 비슷하게 불법행위법이 인간 행위에 대한 책임귀속의 기반이 되고 있음을 통찰한 독일 민법학자 Esser, *Schuldrecht*, 2.Auflage (1960), 231쪽 아래를 함께 참조.

중과실의 부실감사에 국한하여 인정하는 식으로 해석함으로써 달성될 수 있다. 이는 미국 판례에서 말하는 부주의한 부실감사와 구별되는 사기적인(fraudulent) 부실감사에 근접하는 귀책사유이다.

[미국판례에서 사기적 부실감사와 부주의한 부실감사] 고무의 수입과 판매를 주업무로 하는 Fred Stern & Co., Inc.는 은행과 다른 대금업자로부터 상당한 자금을 차용하여야 하였고, 따라서 포괄적인 신용(credit)을 증명받아야 했다. 따라서 1924년 Fred Stern & Co., Inc.는 1923.12.31.까지의 사업 상황에 대한 대차대조표(balance sheet)를 준비하고 이를 증명받기 위해서 공인회계업무를 담당하는 피고 Touche사와 계약을 맺었다. 1924.2.26. 회계감사가 종료되고 대차대조표가 완성되었다. 이는 Stern사의 자산을 자본금 2,550,671$, 잉여액 1,479,956$, 따라서 순이익 1,070,715$로 명시하고 있다. 그러나 Stern사의 자본금과 잉여액은 둘 다 과대평가된 것으로 실제로는 지불 불능의 상태에 이르러 있었다. 회계장부는 대차 계정(account)이 믿을만한 것으로 보이도록 위조되었고(falsified), 다른 자산들 또한 허위인(fictitious) 것으로 드러났다. 사안에서 회계감사 증명서가 어떻게 활용될지에 대해서는 공인회계사와 의뢰인간에 특별히 정해진 바가 없었고 광범위한 재량이 남아 있었다. 더욱이 피고 공인회계사는 통상적인 사업의 과정상, 그들에 의해 증명된 대차대조표가 Stern사와 관계를 맺는 은행, 채권자, 주주, 주식거래자들에게 공개된다는 것을 이미 알고 있었다. 한편 사건의 원고인 Ultramares Corp.는 Stern사와 소규모의 상품거래 외에는 Touche사가 감사업무를 맡기 이전에 특별한 거래관계를 맺고 있지는 않았다가, 이후에 1924.3. Stern사로부터 대출 제의를 받고 거래관계를 맺게 된 회사이다. Ultramares Corp.는 대출을 승인하기 전 공인회계사에 의해 작성된 대차대조표를 보고자 하였고, 이에 대한 신뢰를 바탕으로 Stern사에 대출해주었다. 또 이로부터 1년 후, 1924.12.에 Ultramares Corp.는 Stern사에게 세 차례에 걸쳐 담보나 보증 없이 추가로 대출해주었다. 그러나 다음 해인 1925.1.2. Stern사는 파산을 선고받았다. 원고인 Ultramares Corp.는 피고 공인회계사로부터 작성된 대차 대조표가 실제 대차 계정과 불일치하며, 위 증명서는 사기(fraudulent)나 과실(negligent)에 따른 것이라고 주장하며 소를 제기하였다.

미국 판례[176]에 의하면 공인회계사는 그의 의뢰인에 대하여 그의 청구에 적합하도록 주의와 신중을 기하여야 한다는 의무를 계약에 따라 부담함을 밝히면서, 사기(fraud)와 과실(negligence)을 구분하여 판단하고 있다. 먼저 사기에는 존재하

175) 독일의 경우도 민법상 불법행위책임규정(제823조 제1항)을 근거로 손해배상을 청구하려면 생명이나 신체, 소유권 등의 권리를 침해한 경우이어야 한다. 이런 법해석 전통에 대한 민법학자의 분석으로 소재선, "전문가로서 공인회계사의 민사책임(2)", *경영법무* (11월호, 2001), 44쪽 참조.

176) Ultramares Corp. v. Touche (255 N.Y. 170; 174 N.E. 441; 1931).

지 않는 사실을 보도하거나, 정당성을 뒷받침할 수 있는 논거가 빈약함에도 잘못된 견해(erroneous opinion)를 제시하는 것을 포함한다. 이 때 공인회계사는 의뢰인을 통해 공인회계사의 증명서(certificate)를 접할 수 있는 채권자나 투자자에게도 의뢰인에게 갖는 것과 같은 의무를 부담한다(단, 의뢰인이 그 증명서를 자기 자신만 활용하려고 할 경우는 제외된다). 특정의 제3자가 감사보고서를 이용하며 그리고 이를 신뢰한다는 것을 공인회계사가 알지 못하여도 사기에 대하여는 제3자에 대하여 책임을 져야 한다. 따라서 감사인이 고의로 이해관계자를 오해시킬 우려가 있는 감사보고서를 작성하면 당연히 제3자에 대하여 책임을 져야 한다. 또한 법률문서에 있어서 법적해석의 차이와 같은 선의의 과실은 사기가 되지 않지만 중과실은 사기에 해당되는 것으로 인식된다. 즉, 과실이 중할 경우에는 사기가 추론(inference)된다. 이러한 중과실로서는 근거없이 전문직으로서의 의견을 표명하거나 의심이 있음에도 불구하고 조사를 하지 않는다든가, 조금만 주의하면 확실히 알 수 있는 것을 간과함으로써 파악하지 못하는 것 등이 판례에서 인정되고 있다.

그러나 과실에 대한 책임은 공인회계사와 직접적으로 맺은 계약과 관련되는 자에게만 진다. 공인회계사는 경과실로 인한 제3자에 대한 책임을 지지는 않는다. 만약 일반적인 과실의 경우에도 회계사의 책임을 과도하게 부과하게 되면, 공인회계사는 불확실한 시점, 불확실한 사람들에게 불확실한 액수의 배상책임을 지게 되기 때문이다. 제조물책임의 경우 당사자관계에 있지 않아도 과실에 대해 생산자가 책임을 지게 되지만, 이 때 책임의 근거가 되는 잠재적 위험 가능성(potentialities of danger)에 재산상의 손해(injury to property)가 포함되는지는 의문시될 수 있다. 단순한 과실에도 공인회계사의 책임을 인정하게 된다면 사실상 사기로 인한 부실감사의 경우와 아무런 구별점이 없게 된다. 그러나 과실 그 자체만으로는 사기의 대체물이 될 수 없다. 고의의(willful) 기재와 부주의한(reckless) 기재는 구분되어야 한다. 곧 원고가 주장한 두 개의 청구원인 중, 사기로 인한 부실감사에 있어서 제3자에 대한 책임은 인정될 수 있지만, 과실에 따른 부실감사로 인한 책임은 지지 않는다.[177)]

ㄱ) 역할의 적극적 부정　여기서 말하는 고의나 중과실을 인정하기 위해서는 부실감사에 대한 인식과 의욕 또는 중대한 착오만으로는 부족하고, 적극적인 행위양태가 있어야 한다. 이 적극성 요건은 공인회계사가 자신이 자본시장에서 그가 담당해야 할 의사소통 촉매기능의 '적극적인 수행거부'에 해당하는 행태를 구체화하는 요건이 되어야 한다. 예컨대 공인회계사가 사업설명회 등에

177) 이 단락의 귀책사유에 관한 미국판례의 정리는 이상돈, *부실감사법* (법문사, 2007), 275쪽 아래에서 발췌된 것임.

서 일정한 역할을 담당하는 경우 등을 들 수 있다. 적극적인 수행거부는 작위행위만을 의미하지 않고 부작위행위도 포함한다. 따라서 아무런 실질적인 감사를 하지 않고[178] 적정의견을 제시하는 행위도 고의 또는 중과실에 해당할 수 있다.[179]

ㄴ) 경과실의 배제 또한 경과실[180]은 앞서 설명한 외감법이나 자본시장법에 의해 정보권침해에 대한 손해를 전보받는 방식으로 충분히 통제될 수 있다. 그리고 그로부터 비롯되는 후속손해는 조정제도와 배상책임보험법이 떠맡을 수도 있다.

[미국판례에서 경과실 책임부정] 1976년 미국 연방대법원은 다시 Rule 10b-5의 적용을 제한하는 Hochfelder 판결을 내놓고 있다. 이 사건에서 문제가 된 쟁점은 회계사의 "과실"에 의한 부실표시에 대하여도 Rule 10b-5의 책임이 인정되는가 하는 점이었다. 법원은 원고가 입증하여야 할 피고의 주관적 요건이 "scienter"라는 점을 선언하였다.[181] 그러므로 단순한 과실(negligence)만으로는 Rule 10b-5 위반은 성립하지 않는다. 법원은 그 근거로서 "시세조종적이거나 사기적인 수단이나 책략"(manipulative or deceptive device or contrivance)이라는 문구가 과실 이상의 주관적 요건을 암시한다는 점을 들고 있다. 여기서 주목할 점은 이 판

178) 예를 들어 '피감사회사의 재무제표에 있는 허위기재 사항 가운데 투자자에게 중요성을 갖는 사항(가공의 어음을 계상하고 매출채권과 재고자산 등을 과대계상함)인데도, 그 허위의 기재사항의 진정성을 막연히 신뢰하여 손쉬운 확인절차의 수행마저 태만히 한 경우'(대판 1998.4.24, 97다32215)가 이에 해당한다.

179) 그 밖의 예로서 독일 법원이 드물게 불법행위책임으로 부실감사책임을 묻는 근거조항인 독일민법 제826조(고의로 인한 선량한 풍속위반에 의한 손해에 대한 배상책임)에 관련하여 형성된 판결사안들을 들 수 있다. 예를 들면 ① 재무제표를 감사하지 않고 무한정적정의견을 표명한 경우, ② 스스로 감사를 하지 않고 타인의 감사결과로만 무한정적정의견을 표명한 경우, ③ 피감사회사의 회계시스템에 중대한 결함이 있고, 올바른 재무제표를 작성하는 것이 거의 불가능함에도 불구하고 무한정적정의견을 표명한 경우, ④ 피감사회사에서 제공한 중요한 정보를 검토하지 않고 무한정적정의견을 표명한 경우 등이 이에 해당한다. 참고로 이 조항의 적용에서 고의는 미필적 고의를 포함하고, 감사인이 자기행위의 결과로 손해를 입을 가능성이 있는 자가 누군지를 인식할 필요는 없고, 가해를 직접적으로 의도하지 않아도 인정되며, 감사인의 태도가 비양심적 또는 부주의한 경우에도 인정된다고 한다(제826조의 독일 실무분석으로 弥永真生, *会計監査人の責任の限定* [有斐閣, 2000], 135~138쪽).

180) 예를 들면 피감사회사의 회계관련서류에 기재된 특수관계인(회계감사준칙 참조)에 대한 과도한 지급보증의 사실을 감사보고서에 주석사항이나 특기사항(외감법 제5조, 회계감사기준 제23조 제2,4항 참조)으로 기재하지 않은 행위(대구고판 1997.6.20, 96나6746)가 이에 해당할 수 있다.

181) scienter의 사전적 의미는 "인식"이지만, 그것이 법적으로 무엇을 의미하는지는 이후 본문에서 설명하는 바와 같이 여러 견해가 존재할 수 있다. 한 가지 분명한 것은 부실표시 사실에 대한 단순한 "인식"은 아니라는 것이다. 물론 행위자가 투자자를 속이려고 의도적으로 행동하였을 필요는 없지만, 최소한 그 부실표시에 의하여 투자자가 충분히 속을 수 있다는 점은 알고 있어야 한다. 이러한 면에서 본다면, 형법상의 "미필적 고의"의 개념이 더욱 적합하다는 견해로 김건식·송옥렬, *미국의 증권규제* (홍문사, 2001), 324~325쪽 참조.

결이 Rule 10b-5의 위반에 대한 형사책임이 아니라 민사상 손해배상책임에 관한 판결이라는 점이다. 행위자의 귀책사유를 엄격하게 해석할 필요가 있는 형사사건도 아닌 민사사건에서 이처럼 scienter를 요구함으로써 법원은 Rule 10b-5의 적용범위를 대폭 축소하고 있다. 다만 Hochfelder 판결이 scienter라는 중요한 요건을 선언하였지만 결과적으로는 단순히 Rule 10b-5와 관련하여 과실책임을 부인한 것이었을 뿐, 그 내용에 관해서는 별로 밝히지 않았다.[182)]

[귀책사유의 5단계] 고의와 중과실 및 경과실을 구별하고, 독일 판례[183)]에서 보듯 고의와 미필적 고의(bedingter Vorsatz)를 구분하고, 또한 부실감사죄의 고의에 추가적인 주관적 요소인 불법적으로 '경제적인 이익을 취득할 의사'(Bereicherungswille)가 덧붙여진 경우를 함께 고려하면 부실감사의 귀책사유는 아래 도표처럼 5단계가 된다.

| 도표 52 | 부실감사에서 귀책사유의 5단계

<table>
<tr><th></th><th>한국</th><th>미국</th></tr>
<tr><td rowspan="4">* 투자자 유인에 대한 연대의식</td><td>불법이득의사(Bereicherungswille)</td><td rowspan="4">사기(fraud)</td></tr>
<tr><td>고의(Vorsatz)</td></tr>
<tr><td>미필적 고의(bedingter Vorsatz)</td></tr>
<tr><td>중과실(Leichtfertigkeit)</td></tr>
<tr><td></td><td>과실(Fahrlässigkeit)</td><td>부주의(negligence)</td></tr>
</table>

ㄷ) 투자유인의사 공인회계사의 손해배상책임은 사업설명서의 부실기재를 통해 투자자를 유인하려는 피감사회사의 투자자유인의사[184)]와 연대의식을 갖고 있을 때에만 인정되어야 한다. 이 요건은 회계정보를 왜곡하는 회사(경영진)를 정범이라고 할 때 적정의견을 내놓음으로써 회사(경영진)의 범죄를 돕는 공인회계사는 (고의)방조범 또는 (처벌되지 않는 과실)방조범이라는 불법구조의 차등에서 비롯될 수 있다.[185)] 투자자 유인에 대한 연대의식은 공인회계사가 불법

182) Ernst & Ernst v. Hochfelder, 425 U.S. 185(1976).

183) BGH NJW 1986, 182쪽에 의하면 민법 제826조의 책임형태로는 미필적 고의로도 충분하다. 미필적 고의는 원고(투자자)가 피고(공인회계사)의 행위에 의해 손해를 입을 수 있다는 가능성을 인식하였고, 그럼에도 그 결과를 감수하였(billigend in Kauf nehmen)을 때 인정된다.

184) Fischman v. Raytheon Manufacturing Co. (188 F. 2d 783; 1951 U.S. App.)에 의하면 '사업설명서상의 사기적 행위(fraudulent conduct)를 주장함에 있어서 그러한 행위에 대한 특수한 조건이 충족되어야 한다'고 밝히고 있다. 즉, 보통주들은 피고회사가 사업설명서를 보통주의 구매를 유도하기 위해 고의로, 또 사기적으로 부실하게 기재한 것이라는 특수한 사정을 주장할 수 있어야 한다. 이와 더불어 '사기적 목적을 달성함으로써 피고는 보통주의 손해와 대응하는 이익을 얻었어야 한다'고 본다.

185) 방조범의 고의에는 정범의 범행에 대해 모종의 연대의식이 포함되어 있어야 한다는 주장으로 이상돈, *치료중단과 형법* (법문사, 2002), 128쪽 아래 참조.

적인 경제적 이득의 의사를 가진 경우에는 당연히 인정되지만 그렇지 않은 경우에는 당연히 인정되지 않는다. 중과실에 의한 부실감사의 경우에 이런 연대의식은 잠재적인 형태(투자유인에 대한 '잠재적 연대의식')로 존재할 수 있다.

(나) **귀책사유에 대한 입증책임 전환의 예외** 외부감사인에게 귀책사유가 있었는지에 대한 입증에서도 현행 외감법 제17조 제5항이 외부감사인에게 전환시킨 입증책임을 예외적으로 다시 복귀시킬 필요가 있다.

ㄱ) **금융기관의 예외** 그런 복귀는 무엇보다 피해자가 금융기관인 경우에 더욱 적절하다. 비례책임제를 주장하는 입장에서는 외감법 제17조 제5항에 다음과 같은 단서를 신설하는 방안에 의해 이루어질 수 있다.

> "다만, 다음 각 호의 어느 하나에 해당하는 자가 감사인 또는 감사에 참여한 공인회계사에 대하여 손해배상 청구의 소를 제기하는 경우에는 그 자가 감사인 또는 감사에 참여한 공인회계사가 임무를 게을리하였음을 증명하여야 한다. 1. 제4조에 따라 감사인을 선임한 회사 2. 「은행법」 제2조 제1항 제2호 및 제5조에 따른 은행 3. 「보험업법」에 따른 보험회사 4. 「자본시장과 금융투자업에 관한 법률」에 따른 종합금융회사 5. 「상호저축은행법」에 따른 상호저축은행"[186]

선의의 소액 투자자 보호와도 무관하고, 재무정보에 관한 수집·분석능력 등이 뛰어난 금융대출기관에게까지 감사인에게 입증책임을 전가하는 것은 위험을 왜곡분배하는 셈이다. 위에서 제안된 단서조항은 이런 왜곡분배를 교정한다.

ㄴ) **증거개시의 문제** 그런데 이럴 경우에 공인회계사에게 지나치게 유리해질 것을 대비하여 미국의 연방민사소송규칙(Federal Rules of Civil Procedure) Rule 26. General Provisions Governing Discovery; Duty of Disclosure의 증거개시제도[187]를 도입하는 보완책을 생각할 수도 있다.

---

186) 이 단서조항은 이종구 의원(외 21인)이 2006.10.13. 대표발의한 주식회사의 외부감사에 관한 법률 일부개정법률안 에 기초하여 입법된 것임.

187) Rule 26, b) Discovery Scope and Limits. Unless otherwise limited by order of the court in accordance with these rules, the scope of discovery is as follows (1) In General. Parties may obtain discovery regarding any matter, not privileged, that is relevant to the claim or defense of any party, including the existence, description, nature, custody, condition, and location of any books, documents, or other tangible things and the identity and location of persons having knowledge of any discoverable matter. For good cause, the court may order discovery of any matter relevant to the subject matter involved in the action. Relevant information need not be admissible at the trial if the discovery appears reasonably calculated to lead to the discovery of admissible evidence. All discovery is subject to the limitations imposed by Rule 26(b)(2)(i), (ii), and (iii); 그 밖에 서동희, "미국법상의 discovery 제도의 도입 필요성", *한국법학회 법학연구* (제18집,

(a) 소송전 소명요구의무 그러나 증거개시제도를 도입하면, 또 다시 원고(피해자) 측의 부실감사 귀책사유의 입증곤란이 결정적으로 해소될 수 있는 반면, 피고 측(공인회계사)의 방어력이 현저히 약화된다. 따라서 공격과 방어의 무기가 균형을 이루게 하려면 피고는 소송에 들어가 증거개시의 부담을 지는 대신, 원고로 하여금 소송제기전에 원고가 어떤 점을 이유로 부실감사의 귀책사유를 추정하고 있는지를 대강 이해할 수 있는 기회를 피고가 갖게 할 필요가 있다. 이런 소명의 절차는 부실감사여부에 대한 원고와 피고의 상호이해를 높여 남소를 방지하고 분쟁을 자율적으로 해결하는 기능을 수행한다. 다만 소명절차의 소송전 전치는 소권의 부당한 제한이 될 수 있다는 우려가 가능하나, 원고의 소명요구의무를 소제기의 요건이 아니라 소제기 후 증거개시(요구)권의 행사조건으로 설정하면 원고의 소권을 침해하지는 않는다. 즉 원고는 ① 소명요구를 하고 피고와 대화를 한 뒤 소송을 제기하고 증거개시요구권을 행사하거나 ② 소명요구를 하지 않은 채 곧바로 소송을 제기하고 대신 증거개시요구권을 행사하지 못하는 두 경우 가운데 하나를 자율적으로 선택할 수 있게 된다.

(b) 회사에 대한 우선 소송제기 의무 원고의 증거개시요구권의 실효적인 행사는 피고의 패소로 이어질 확률이 매우 높다는 점에서 피고를 보호하는 또 다른 제도로서 피감사 회사에 대한 우선 소제기 의무를 고려할 수 있다. 이는 원고의 소권을 부당하게 침해하는 것이 아니라, 비례책임제의 취지를 소송절차에 연장하여 실현하는 제도로 이해될 수 있다. 증거개시제도 등을 통해 무기가 현저히 강화되는 지위에 원고가 놓이기 위해서는 피감사회사와 외부감사인의 책임의 상대적 비중을 인식하는 의무를 부담하는 것은 부실감사소송에서 공평의 이념을 실현한다고 볼 수 있다. 원고가 그와 같은 의무를 부담하는 것은 소송에서 무기가 강화된 지위에 놓이기 위한 전제조건이 되는 공평의 에토스라고 볼 수 있다.

(c) 증거개시의 한계 증거개시제도를 도입할 경우 피고는 방어력이 현저하게 약화되기 때문에 적지 않은 경우에 피고가 자백하는 바와 같은 효과를 가져올 수도 있다. 그러므로 증거개시요구권의 행사가 피고의 귀책사유에 대한 자백과 '사실상' 같은 것이 되지 않기 위해 증거개시(자료제출)의 대상에서 특히

2005), 797쪽 참조.

외부감사서류 가운데 가장 민감한 정보인 감사조서는 제외시킬 필요가 있다.

> [미국의 증거개시제도] 미국의 증거개시제도(Rule 26. General Provisions Governing Discovery; Duty of Disclosure)에서도 비닉특권자료(privileged matters)는 증거개시의 대상에서 제외된다. 그러나 비닉특권 대상이 무엇인가에 대해 특별히 정해져 있지 않고, 연방증거규칙(Federal Rules of Evidence Article) 501에 따라, 원칙적으로 주법에 따라 판단하게 된다. 다만 discovery 대상이 되어 이에 대해 제출을 요구받은 정보에 관하여 비닉특권을 주장하면서 그 제출을 거부할 경우, 상대방 당사자가 그에 대해 알 수 있도록 그 정보의 성질에 대해서 기술하여 제출해야 한다.

우리나라의 경우는 증거개시의무와 외감법 제9조의 비밀준수의무나 소송법(민사소송법 제315조 제1항 제1호, 제316조, 형사소송법 제149조)의 증언거부권이 충돌할 수 있고, 그 충돌의 조화로운 해결의 방안으로 일정한 서류, 적어도 외감법 제14조의2의 감사조서[188]를 증거개시에서 제외시킬 수 있다. 형사소송법에서 보듯, 중대한 공익상 필요가 있는 경우에 법률로 비밀준수나 증언거부의무를 해제시킬 수 있다. 그러나 부실감사소송은 집단소송으로 전개되는 경우에도 특정 개인의 사익이거나 기껏해야 '집단적 사익'이지 그 자체로 공익이 되지는 않는다. 소비자기본법에서 정한 단체소송의 '공익성'(요건)이 부실감사소송에 일반적으로 존재하는 것은 결코 아니다. 따라서 부실감사소송에 증거개시제도를 도입한다고 할 때 공인회계사의 비밀준수의무나 증언거부의무를 모두 해체하고, 정보의 공개를 의무화하는 것은 타당하지 않다. 특히 증거개시제도에 매우 근접해 있는 현행 민사소송법상의 문서제출명령제도도 직무상 비밀이 적혀있고, 비밀유지의무가 면제되지 아니한 문서는 제외(제344조 제1항 제3호 단서)하고 있다는 점에서 감사조서의 제외는 더욱 타당하다.

(d) 증거개시에 대한 법원의 허가절차 증거개시제도를 현행 민사소송법 체계에 정합성 있게 도입하기 위한 방안으로 증거개시에 대해 법원이 허가하도록 할 필요가 있다.[189] 사안의 구체적 사정에 따라 피고 측의 자료제출 여부

---

188) 감사조서는 일반적으로, 감사업무의 계획에 관한 사항, 수행한 감사절차의 성격, 시기 및 범위에 관한 사항, 업무의 수행 결과, 감사증거로부터 도출된 결론으로 구성된다. 반면, 감사보고서는 재무제표 감사의 목적, 재무제표에 대한 회사 경영자의 책임, 감사범위, 감사보고서의 형식, 감사위험의 존재와 감사인의 책임한계, 감사의 수행에 필요한 관련 기록, 문서 등이 포함되어 있다.

189) 미국의 디스커버리제도에도 다음과 같은 법원의 증거개시명령제가 있음을 참조. 2000년 연방민사소송규칙 26(b)(1)b 참조. 2000년 연방민사소송규칙 26(b)(1)b: Discovery Scope and

와 (일반적으로 제외되는 감사조서 이외의) 제출할 자료의 범위를 법원이 정하는 것은 증거개시제도가 무기평등을 깨뜨리지 않도록 법원이 관리하고, 나아가 소송의 지연을 막고 소송의 효율화를 도모할 수 있다. 증거개시에 대한 법원의 소송지휘는 현행법체계에 정합적으로 맞춰져야 하는데, 이를 테면 현행 민사소송법 제343조 문서제출명령제도(상대방이나 제3자가 가지고 있고 제출의무 있는 문서에 대해 서증신청을 함에 있어서는 그 제출명령을 구하는 신청을 법원에 하여야 한다)의 특칙으로서 부실감사소송에서 피고의 자료제출을 법원의 허가사항으로 할 수 있다. 석명권(제136조 제4항)도 법원이 자료제출명령을 할 수 있는 제도로 검토될 수는 있으나 신소송자료의 제출을 위한 석명이나 법원이 구체적으로 증명방법을 지시하고 증거신청을 명령하는 것은 변론주의의 한계를 지나치게 벗어난다.

(다) **후속손해의 가중적 제한** 두 번째 방법은 인과성의 취약성에 따라 손해배상범위를 제한하고 손해배상액을 축소시키는 방법이다. 이는 손해배상범위에 관한 규범적 귀속론을 개발함으로써 달성될 수 있다. 그런 귀속론으로서 상당인과관계는 불충분하다. 앞서 밝히 바와 같이 상당인과관계이론은 생활세계 안에 문화적으로 전승되어 있는 귀속규칙(lebensweltliche Zurechnungsregeln)을 발굴하고, 그것으로써 책임귀속의 범위를 제한하는 기획을 좇은 것인데, 자본시장이라는 기능적 행위영역에는 그런 귀속규칙이 발견되지 않기 때문이다. 그러므로 위험사회의 특성에 맞게 개발된 귀속론을 도구로 하여 손해배상범위를 제한하는 해석론을 기획할 필요가 있다. 그런 해석론은 자본시장영역 안에서 상당인과관계이론의 근대법적 기획을 이식시키는 작업을 수행하는 것이라고 볼 수 있다.

(2) **투자실패로 인한 손해의 귀속** 이러한 기획은 다음과 같이 부실감사행위에서 투자자의 손해발생에 이르는 과정을 위험의 창출과 실현 과정으로 재해

Limits. Unless otherwise limited by order of the court in accordance with these rules, the scope of discovery is as follows (1) In General. Parties may obtain discovery regarding any matter, not privileged, that is relevant to the claim or defense of any party, including the existence, description, nature, custody, condition, and location of any books, documents, or other tangible things and the identity and location of persons having knowledge of any discoverable matter. For good cause, the court may order discovery of any matter relevant to the subject matter involved in the action. Relevant information need not be admissible at the trial if the discovery appears reasonably calculated to lead to the discovery of admissible evidence. All discovery is subject to the limitations imposed by Rule 26(b)(2)(i), (ii), and (iii).

석함으로써 가능해진다.

1) 손해의 귀속구조 먼저 부실감사행위는 공정감사의무를 위반한 행위로서 그 감사의 결과보고서를 보고 투자하는 사람에게 재산상 손해를 발생시킬 수 있는 위험을 위법하게 창출하는 행위이다. 이 행위를 통해 투자자들의 정보권이 침해된다. 이 권리침해는 위험의 발생에 해당한다. 또한 감사보고서의 정보를 고려하여 자율적인 의사로 투자여부를 결정하고, 투자한 뒤 해당 회사의 부도나 주가폭락으로 투자자가 손해를 입는다. 이 투자실패로 인한 손해는 정보권 침해에서 발생한 위험이 실현된 결과라고 할 수 있다. 이를 도표 53이 표현한다.

또한 자본투자자가 입은 최후의 손해는 부실감사로 인하여 발생한 후속손해라고 할 수 있다. 이 후속손해를 제한하는 귀속론으로 민법학계에서는 두 가지가 논의되어 왔다. 하나는 '위험성관련' 이론이고 다른 하나는 '규범목적'(보호목적)의 이론이다.

이러한 이론들에 의해 부실감사로 인한 손해의 귀속범위를 제한하는 데에는 형사책임의 객관적 귀속론에서 개발한 귀속척도와 비교분석이 매우 유용하며 또한 필요하다.

도표 53 손해배상책임의 귀속구조

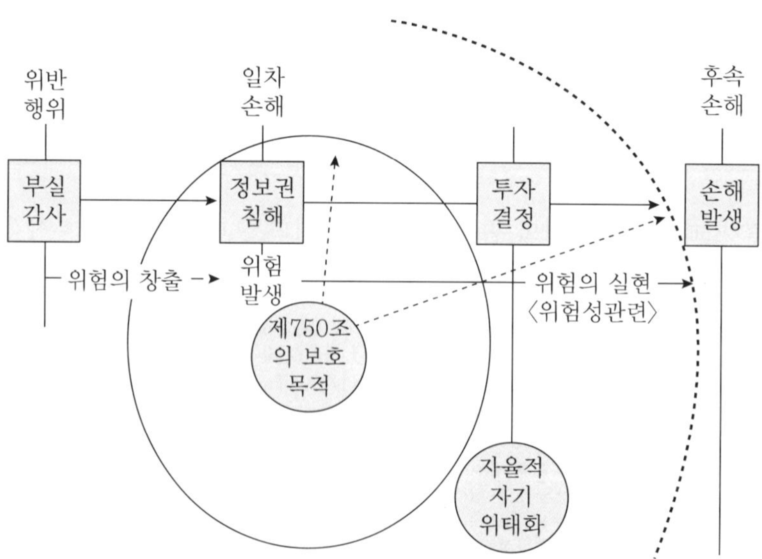

[증권예탁결제제도와 손해입은 유가증권의 불특정성] 다만 이렇게 손해 개념을 정하면 정보권침해 뒤에 투자결정으로 인한 손해의 대상 확정문제가 가려질 수 있다. 즉 투자자가 잘못된 감사정보를 기초로 주식을 매입하였다가 거래정지 뒤에 매각했고, 또 거래정지 뒤 부실감사사실을 알고 새로 매입하였다고 할 때, 나중에 손해배상책임이 추궁되는 것은 앞의 주식매입으로 인한 손해이다. 그런데 현재 증권예탁결제제도에 의하면 이 두 번의 매입으로 취득한 유가증권들은 서로 분리되지 않고 혼합보관되고, 이 예탁증권의 권리의 이전, 변경, 소멸은 계좌부상 계좌대체방식으로 이루어지며, 예탁자 — 증권회사가 작성한 고객계좌부나 증권예탁원이 작성한 예탁자계좌부에 기재된 예탁자 — 는 예탁유가증권에 대한 공유지분을 갖는다(자본시장법 제174조 참조). 따라서 손해를 입은 '유가증권의 특정'이 불가능하게 된다. 이는 발행시장에서 뿐만 아니라 유통시장에서도 마찬가지이다. 하지만 계좌부의 권리변동관계, 거래가격 등의 기록을 갖고 비록 유가증권을 특정하지는 못하지만 권리의 침해로서 투자로 인한 손해액을 계산할 수 없는 것은 아니다. 그러므로 일차손해를 정보권침해로 바라보는 것 자체에는 별 문제가 없다. 더 나아가 앞에서 설명한 것처럼 그런 구성은 판덱텐 패러다임의 민법전으로 하여금 사안중심적 개별법인 자본시장법과 함께 자본투자영역을 규율하는 전문법을 형성하도록 하는 법기술적 장치가 되는 장점도 있다.

2) 위험성관련성 위험성관련성[190]은 후속손해가 1차손해의 부가적 위험(zusätzliches Risiko)으로 나타난 것이면 그에 대한 책임을 인정한다. 다시 말해 1차손해와 후속손해가 서로 상응(Entsprechung)[191]하는 것인지 아니면 후속손해가 일차손해와 관계 없는 일반적인 생활위험이 실현된 것인지에 따라 배상책임을 결정하는 것이다. 위험성관련설은 일차손해와 후속손해 사이에 '위반행위로 창출된 위험의 실현이 계속 이어지고 있는냐'(위험의 실현)를 따지고 있는 것이다.

(가) 책임제한기능의 미약 부실감사책임에서 보면, 자본투자자의 손해는 부실감사행위에 의한 투자자의 정보권 침해라는 일차손해에 부가된 위험이 나타난 것임을 부인하기 어렵다. 따라서 위험성관련성만으로는 투자자의 (전)손해에 대해 공인회계사의 책임을 배제시킬 수 없게 된다. 다시 말해 위험성관련이란 귀속척도는 부실감사책임을 합리적으로 제한하는데 큰 도움이 되지 못한다.

---

190) 이 설의 대표적인 주장으로 일본의 石田 穰, *損害賠償法の再構成* (1977); 김형배, "불법행위에 있어서의 책임구속의 근거와 손해배상의 범위", *고려대 법학논집* (제18집, 1980), 139~141쪽 참조.

191) Ernst Wolf의 표현(E. Wolf, *Schuldrecht AT* [1971], 202쪽)을 인용하여 이를 전개하는 김형배, 앞의 논문, 141쪽.

그 이유를 좀더 쉽게 알기 위해 위험성관련성설을 재구성해볼 필요가 있다. 이를테면 이 학설은 대체로 위험성관련의 범위를 '일차손해와 후속손해 사이'에서만 따지고 있는데, '위반행위와 후속손해 사이'에서도 위험성관련성을 따질 수 있다. 그렇게 되면 이 학설은 이런 명제로 표현될 수 있다: 후속손해에 대한 배상책임을 인정하기 위해서는 '위반행위에 내재된 전형적인 위험이 그 후속손해에 실현되었어야 한다.' 이 명제에 따라 부실감사책임을 판단해 보면 다시 이런 결론이 나온다. 자본투자자의 손해는, 부실감사행위를 투자실패의 위험을 창출하는 행위로 보는 한, 그 행위에 내재된 전형적 위험이 실현된 결과임을 부인하기 어렵다. 자본시장에서 정보를 교류하는 의사소통의 촉매기능을 수행해야 할 외부감사가 부실화될 때 비합리적 자본투자로 인해 손해를 입게 될 위험은 발생하고, 그 위험은 바로 그 부실한 외부감사행위에 내재되어 있다고 보아야 하기 때문이다. 그러므로 민법학자가 고백하듯 이 위험성관련은 "특별한 경우를 제외하고 일반적으로 긍정되어야 한다".[192)]

㈏ **위험성관련의 엄격한 귀속척도들의 배제** 이는 형법학자들이 '위험의 실현'이라는 토포스(topos)를 설정하고 그 아래에서 매우 엄격한 귀속척도를 개발하고 또 그것을 둘러싸고 치열한 견해대립, 그러니까 거시적인 형법정책의 방향에 대한 근본적인 입장 대결까지 함께 벌이고 있는 것에 비하면 다소 무기력한 귀속론이라고 할 수 있다. 이 토포스에서 개발된 귀속척도로 부실감사책임에 대해 작동할 수 있는 것으로는 '객관적 지배가능성'과 (위험증대설에 대항하는) '무죄추정설'이 있다.

ㄱ) **객관적 지배가능성** 객관적 지배가능성의 척도에 의하면 자본투자자의 손해발생은 부실감사를 한 공인회계사의 입장에서 객관적으로 예측가능했고 또한 그 결과발생은 회피할 수 있는 것이어야 한다. 하지만 자본시장의 수많은 변수와 예측불가능한 변화는 이런 객관적 지배가능성을 인정할 수 없게 한다.

ㄴ) in dubio pro libertate **원칙** 또한 흔히 무죄추정설로 잘못 불리기도 하지만, 정확히는 헌법상 비례성원칙에서 도출되는 '의심스러울 때 개인의 자유 이익으로'(in dubio pro libertate)원칙이 있다. 이 원칙은 부실감사로 인해 적어도 투자실패의 위험이 (5~10%라도) 증대한 것만으로도 손해의 귀속을 허용하는 위험증대이론(Risikoerhöhungslehre)[193)]을 배척한다. 투자결정에 작용한 것

192) 지원림, *민법주해 IX* (1995), 514쪽.

은 주가지수의 상승, 신용평가기관의 해당 기업에 대한 평가, 애널리스트들의 조언 등 감사보고서 이외에도 매우 다양하다. 그러므로 대개의 부실감사행위는 투자실패의 위험은 창출하되, 단지 증대시킨 것이라 할 수 있다. 의심스러울 때 개인의 자유 이익으로 원칙은 바로 이런 상황에서 부실감사행위가 위법하게 창출한 위험과 투자자의 손해 사이에 연관성을 부인하는 것이다.

ㄷ) 위험성관련성의 판단 그러나 이렇게 엄격한 형법적 책임귀속의 두 가지 척도를 불법행위법의 영역에 그대로 통용시킬 수는 없다.

(a) 주관적인 투자의욕형성과 객관적인 위험증대 그런 척도는 형법의 민법에 대한 보충성, 형법적 책임원칙의 민법적 과책주의에 대한 상대적 엄격성을 구현하는 제도로나 볼 수 있기 때문이다. ① 바꿔 말해 불법행위책임에서 후속손해에 대한 일차손해의 위험성관련은 객관적으로는 — 좀 더 정확히는 관찰자의 관점으로 볼 때 — 일부 형법학자들이 형사책임에 끌고 들어온 '위험증대이론'을 위험성관련의 내용으로 수용해도 좋은 것이다. 배상책임의 범위에 관한 구체적인 사례에서 위험성관련설에 의한 민법학자들의 판단은 형법학자의 눈으로 보아도 거의 위험증대이론에 의한 판단과 평행선을 달리고 있는 것으로 보인다.[194] ② 또한 독일 법원이 발행투자공시책임과 관련하여 인정한 것이지만 '투자의욕의 형성'[195]이라는 연결고리만으로 부실감사에 의해 창출된 위험은 주관적으로 — 좀더 정확히는 참여자의 관점에서 볼 때 — 투자실패로 인한 손해와 '위험성관련'을 맺는다고 볼 수 있을 것이다. 동기형성에 대한 영향이나 작용만으로 형법적으로는 인과성을 인정할 수 없는 데에 비해 완화된 불법행위책임의 요건이라고 할 수 있다.

(b) 특별손해의 위험관련성 수준 다만 민법 제763조가 준용하는 제393조

---

193) 이에 관한 독일 이론으로 위험증대이론에 관하여 독일학계에서 펼쳐진 다양한 입장은 이상돈, *형법학: 형법이론과 형법정책* (법문사, 1999), 12/85 아래 참조.

194) 또 하나의 전문가책임으로 의료사고에 대한 의사의 손해배상책임을 대상으로 한 나의 분석(이상돈, *의료형법*, 1998, [1]단락; *의료체계와 법*, 2000, 제3장 참조)은 이 점을 쉽게 확인시켜 준다.

195) 투자의욕의 형성만으로 인과관계를 추정한 BGH, WM 1982, 862쪽 아래(Beton- und Montierbau 사건)와 이를 부정한 OLG Frankfurt a.M., WM 1996, 1219쪽(Bond사건) 그리고 사업설명서의 공시는 1년 정도 투자자들에게 투자유인동기를 제공하고 그 기간내에서 인과관계의 추정을 인정한 BGH, ZIP 1998, 1528쪽 참조; 다만 내가 전개하는 법해석의 틀에서는 이런 부실감사책임이 독일 판례와는 달리 자본시장법에 의해서가 아니라 민법의 불법행위법에 의해서 추궁된다는 가정 하에서 참고해야 한다는 점에 주의할 필요가 있다. 앞서 본 바와 같이 외감법과 자본시장법은 자본시장에서 정보교류적 의사소통을 위태화시킨 기능적 책임을 해소하는 법으로 자리매김되어야 하기 때문이다.

제2항에서 규정하는 바와 같이, 특별손해("특별한 사정으로 인한 손해는 채무자가 그 사정을 알았거나 알 수 있었을 때에 한하여 배상의 책임이 있다")는 가해자의 주관적 인식(가능성)을 전제로 하고 있고, 이는 형사책임에서 요구되는 수준에 근접한 위험성관련성을 의미한다. 따라서 특별손해의 귀속에서는 위험증대설이 배제되어야 한다. 그 대신 위반행위가 특별손해를 발생시킬 가능성이 확실성(90~100%)(이를 요구하는 것은 무죄추정설)의 수준에 도달할 필요는 없다고 해도 적어도 개연성의 수준(70~80%)에는 이르렀어야 한다. 또한 제393조 제2항의 텍스트가 주로 규정하는 바이지만 사태에 대한 행위자의 '지배가능성'이 있어야 한다. 즉 행위자의 입장에 들어가 객관적으로 판단할 때 손해의 발생이 예견가능하고 또 회피가능한 것(객관적 지배가능성)이어야 한다.

[위험성관련성의 최소조건으로서 실질적 직접적 접촉] 미국 판례를 예로 보면 여기서 말하는 위험성관련을 인정하기 위해서는 적어도 ① 공인회계사와 투자자 사이의 전화통화 정도의 접촉은 미흡하고,[196] ② 공인회계사가 피감사회사와 거래하는 당사자에게 (협상대리인으로서) 보고서를 직접 건네주는 것처럼, 부실감사를 한 공인회계사와 투자자 사이에 직접적인 접촉[197]이 있어야 한다. 그런 접촉이 있을 때 비로소 공인회계사가 투자자에게 피감사회사의 재무상태에 대한 신뢰감을 줌으로써 투자를 결정하는 데 중요한 계기가 되기 때문이다.

㈑ **위험관련성의 단계구분과 손해액의 산정** 위험성관련은 부실감사가 투자동기의 형성과 손해의 위험을 증대시킬 때에 인정된다. 이런 의미의 위험성관련성은 부실감사가 투자실패로 인한 손해를 인과적으로 야기한 것을 보증하지 못한다.

ㄱ) 손해범위의 세 가지 해석정책 그렇기 때문에 투자실패로 인한 전체 손해가 이런 위험성관련만으로 부실감사를 한 공인회계사에게 귀속될 수는 없다.

(a) 차액설의 손해 그러므로 차액설에 따른 손해산정은 부실감사책임영역에서는 처음부터 허용될 수 없다(도표 54의 ④ 배제).

196) 대표적인 판례로 Security Pacific v. Peat Marwick Main & Co. (79 N.Y. 2d 695; 1992) 참조.
197) 대표적인 판례로 First Florida Bank v. Max Mitchell & Co. (558 So. 2d 9; 1990 Fla.) 참조.

▮도표 54▮ 손해배상범위와 해석정책

<table>
<tr><th></th><th>해석정책
손해범위</th><th>Ⓐ</th><th>Ⓑ</th><th>Ⓒ</th><th>Ⓓ</th></tr>
<tr><td rowspan="4">회계사에
유리
△
△
△
△
△
▼
▼
▼
▼
▼
회계사에
불리</td><td>① 정보권침해(일차손해)에 대한 위자료 수준의 배상액</td><td></td><td></td><td></td><td></td></tr>
<tr><td>② 투자자의 실제 매입가액－공정감사가 이루어졌다면 형성되었을 주식가액</td><td></td><td></td><td>유통 공시 책임에 적용</td><td>모든 부실감사 책임에 적용</td></tr>
<tr><td>③ 분식결산 및 부실감사로 인한 거래정전의 정상적 주식가격－거래정지 해제 후 하종가를 벗어난 시점에 정상적으로 형성된 주가 (또는 그 이상 가격의 매도가액)</td><td>유통공시 책임에 적용(판례)</td><td>모든 부실감사 책임에 적용</td><td>발행공시 책임에 적용</td><td></td></tr>
<tr><td>④ 투자자의 실제 매입가액－분식결산 및 부실감사로 하락한 매입주식의 가액[198]</td><td>발행공시 책임에 적용(자본시장법)</td><td></td><td></td><td></td></tr>
</table>

[손해액의 산출방법] 예를 들어 설명하면 甲은 K회사의 주식을 1993.10.22.(주당 15,900), 1993.11.8.(주당 13,000)에 각각 1,000주씩 매입한 투자자이다. 1993.11.12. 100주를 주당 11,200원에 매도하고, 1995.5.24. 1심 소송 계류중 1,900주(주당 2,620원)를 보유중이다. C회계법인은 K회사의 1992년 사업연도 재무제표에 대하여 외부감사를 맡았다. 乙은 K회사가 재무제표를 작성함에 있어 각종 채권, 재고자산, 기타 재고품 등을 과대계상하는 방법으로 분식결산하여 일정액의 당기순손실이 발생하였음에도 불구하고 일정액의 당기순이익이 발생한 것처럼 허위로 재무제표를 작성한 것에 대하여 실사절차를 소홀히 하는 등 감사에 필요한 주의의무를 게을리 하여 부실 및 허위기재사실을 밝혀내지 못한 채 적정의견을 표시하고 이를 공시하게 하였다. 甲은 C회계법인이 주의의무를 해태하여 부실감사를 함으로써 분식결산을 적발하지 못했거나 또는 이를 적발하고도 묵인한 결과, 이를 믿고 주식을 취득한 손해에 대하여 외감법 제17조 제2항 및 민법 제750조에 따른 불법행위에 기한 손해배상책임을 물었다. 이 사건에서 주가변동의 시간적 상황을 요약하면 다음 표와 같다.

---

198) 현행 자본시장법 제126조 제1항, 제162조 제3항 참조.

날 짜	사 실	주 가
1993.10.22.	정상주가/ 매수	15,900원
1993.11.5.	부실감사사실공표	15,000원 (거래정지전 종가)
1993.11.6.	주식거래정지	
1993.11.8.	거래정지해제 /매수	13,000원
1993.11.10.	주가하락	11,900원
1993.11.11.	주가반등	11,000~12,000원 상당기간
1993.12.4.	매도	11,200원
1994.1.7.	부도설	
1994.1.8.	주가하락	9,000원
1994.1.10.	회사정리절차개시	

첫째, 판례(대판 1999.10.22, 97다26555; 1998.4.24, 97다32215)가 취하는 도표 54의 ③ 방법에 의하면 乙이 져야 할 민법상 불법행위 책임은 (15,900원에 사서 11,200원의 판 경우에) 1주당 [실제매수 - 실제 매도가액](사안: 15,900 - 11,200원)이 아니라, [부실감사가 밝혀지기 전 정상주가(11.5.이전주가)와 부실감사가 밝혀진 후 거래에서 계속된 하종가가 마감되어 다시 정상주가가 형성(11.10.경)되었을 때 그 정상주가와의 차액](사안에서 15,000 - 11,900원)이 된다. 둘째, 이에 비해 ②의 방법에 따른다면 甲이 15,900원에 매수하였는데, 乙이 적정의견을 내지 않았다면 그로 인해 주가가 하락하고 그 하락된 주가가 평가적으로 예를 들어 14,000원으로 예측되었다면 甲의 손해는 1주당 (15,000 - 11,900) = 3,100원이 아니라 (15,900 - 14,000) = 1,900원이 된다.

그렇기 때문에 앞서 본 바와 같이 이런 손해배상범위가 가능함을 규정하는 발행공시에 관한 부실감사책임에 대해 자본시장법 제162조 제3항의 추정규정은 선언적 규정으로 보아야 한다. 이 규정을 손해배상액의 법정산정방식으로 삼는다면, 투자자가 주식을 취득한 시점부터 손해를 입었다고 판단한 시점을 지나 소송을 제기하고 변론종결시점까지 일어난 모든 손해발생에 있어서 공인회계사의 부실감사행위가 유일한 원인인 것처럼 간주되는 셈이 된다.

다른 한편 정보권침해에 대한 위자료 배상(도표 54의 ①)은 유통공시이든 발행공시이든 민법상의 불법행위책임을 묻지 않고, 외감법이나 자본시장법이 기대하는 의사소통적 역할을 공인회계사가 외면한 점에 대한 책임에 상응하므로, 여기서 논의하는 후속손해는 적어도 그 이상의 범위에 해당한다.

(b) 직접 영향받은 손해 이에 비해 판례[199]는 부실감사로 인하여 상실하

게 된 주가 상당액(실손해)을 배상범위로 설정한다. 즉 유통공시책임에서 <분식결산 및 부실감사로 인한 거래정지 전의 정상적 주식가격 — 거래정지 해제 후 하종가를 벗어난 시점에 정상적으로 형성된 주가(또는 그 이상 가격의 매도가액)>의 손해범위(도표 54의 ③)[200]를 공인회계사가 책임져야 할 손해로 보고 있다. 이 손해 개념은 부실감사라는 위법행위가 투자실패로 인한 전체 손해의 범위보다는 좁게, 그러니까 부실감사행위가 '직접' 주가하락에 영향을 준 부분만 파악하려는 것이다. 또한 분명하지는 않지만 발행공시책임에 대해서도 실제로는 이런 입장을 취하는 것으로 보인다(해석정책 Ⓑ).

그러나 투자 이후에 가격하락에는 부실감사 이외의 다른 가격영향요소들이 작용할 수 있다. 바꿔 말해 부실감사가 주가하락을 직접 야기한다고 보기는 어렵다.

(c) 부실감사와 관련된 손해　　그러므로 이러한 점을 진지하게 고려한다면 그와 같은 범위의 손해에 대해서도 부실감사자가 책임을 모두 진다는 것은 옳지 않다. 그런 까닭에 유통공시책임은 <투자자의 실제 매입가액 — 공정감사가 이루어졌다면 형성되었을 주식가액>의 손해범위(도표 54의 ②)에 국한해야 한다[201]는 견해가 유력하다. 여기에 발행공시책임의 경우도 엄격한 의미에서는 주가하락을 직접 야기한다고 보기 어렵다는 점을 감안할 때, 발행공시책임도 이러한 손해범위에 국한되어야 한다(해석정책 Ⓓ). 이런 손해배상범위에 관한 해석은 공인회계사에게 가장 유리하다.

ㄴ) 가격영향요소의 작동장애와 손해귀속의 연관성　　그러나 또 다른 한편 ③의 손해도 절대적으로 부실감사행위에 귀속불가능한 것은 아니다. 왜냐하면 분식결산과 부실감사가 드러나고 거래가 정지되면 그 밖의 가격영향요소들은 통상적인 가격영향력을 발휘하지 못하게 되는 투자정보의 왜곡상황에 빠져들고, 따라서 분식결산과 부실감사행위가 그 이후의 가격하락 결과를 귀속시킬 수

199) 대판 1997.9.12, 96다41991; 1998.4.24, 97다32215.

200) 예를 들어 회사의 분식결산과 부실감사 사실이 드러나 1993.11.5. 공표된 후 그 다음 날인 11.6. 그 회사 주식이 거래정지되었다가 11.8. 그 해제가 있은 후 주가가 하락하여 11.10.의 종가가 금 11,900원을 기록하였으나 그 다음날에는 다시 주가가 반등되어 그 이후 상당 기간 동안 금 11,000원 및 금 12,000원에서 주가가 안정되어 있었던 사례(앞의 대판 97다32215)에서 투자자의 손해액은, 1993.1.5.의 종가가 가령 15,000원이었고, 구입주식이 10,000주였다고 가정하면 <구입 주식수[10,000] × [15,000−11,900]면>=31,000,000원이 된다.

201) 이는 만일 허위 또는 부실기재가 아니었더라면 형성되었을 주식가격과 취득자가 실제 매입한 가격과의 차이를 가리킨다; 서울지판 1996.8.28, 96나15298은 이런 입장을 따른 바 있다.

있는 가장 중요한 거점으로 등장하기 때문이다. 다시 말해 거래 정지 이후의 가격하락은, 부실감사가 창출하는 손해확산(후속손해)의 위험이 — 그 부실감사(의 발각)에 의해 초래된 시장의 통상적인 가격결정메커니즘의 장애상황 속에서 — 가격하락이라는 결과로 상당한 정도로 실현되었다고 볼 수 있다. 그러므로 ③의 손해범위는 부실감사행위에 귀속될 수 있는 측면과 귀속되어서는 안되는 측면을 모두 갖고 있다.

ㄷ) **위험성관련과 손해범위의 이원화** 여기서 배상범위의 결정을 어느 쪽으로 기울게 할 것인지는 부실감사행위가 투자실패로 인한 손해에 대해 어느 정도의 위험성관련을 맺고 있느냐에 따라 두 단계로 나누고, 이를 다시 발행공시책임과 유통공시책임의 두 유형과 연결짓는 방안(도표 54의 해석정책 ©)을 생각할 수 있다.

(a) 발행공시적 부실감사행위의 강한 위험성관련과 넓은 손해범위 첫째, 발행공시영역은 유통공시영역에 비해 부실감사의 피해자가 좀더 특정된 집단에 국한되고, 다른 투자정보의 중요성이 더 약화되어 있다. 이를 뒤집어 놓고 보면 이 영역에서 부실감사행위는 객관적으로는 투자실패로 인한 손해의 위험을 상당한 정도(예: 50%)로 증가시켰고, 주관적으로는 투자의욕도 상당히 유발했다는 점에서 — 비록 사기죄를 인정할 정도로 그 손해를 부실감사행위에 귀속시킬 수는 없지만 — 매우 강한 위험성관련을 맺는다고 말할 수 있다. 이처럼 위험성관련이 강하다는 점에서 ③의 손해를 귀속시킬 가능성을 허용해도 좋을 것이다. 물론 그런 손해는 배상액의 상한선을 형성하는 것임에 주의할 필요가 있다. 실제 배상액은 그보다 밑돌 수 있다.

(b) 유통공시적 부실감사행위의 약한 위험성관련과 좁은 손해범위 둘째, 이에 비해 유통공시영역은 피해자의 불특정성과 다양한 투자정보가 투자결정에 경쟁적인 영향력을 펼치는 영역이다. 그러므로 이 영역에서 부실감사행위는 객관적으로는 투자실패로 인한 손해의 위험을 얼마간(예: 5~10%) 증가시킨 데에 불과하고, 주관적으로도 피해자의 투자동기형성에 다소 영향을 주었다고 할 수 있다. 바로 이런 영역에서는 ③의 손해를 부실감사행위에 귀속시킬 수가 없고, 기껏해야 ②의 손해, 즉 부실감사행위와 직접적인 견련을 맺는 손해만을 귀속시킬 수 있다고 보는 것이 바람직하다.

[차액계산의 과학적 지표] 증권관련집단소송법 제34조 제2항은 "법원은 제1항에 따르거나 증거조사를 통하여도 정확한 손해액을 산정하기 곤란한 경우에는 여러 사정을 고려하여 표본적·평균적·통계적 방법 또는 그 밖의 합리적인 방법으로 손해액을 정할 수 있다"고 규정한다. 이를 테면 허위기재 또는 기재누락이 없었더라면 형성되었을 주식가격과 취득자가 실제 매입한 가격과의 차이를 계산하기 위해 ① 특정사건이 발행한 기간중의 주가동향과 당해 사건이 없었더라면 진행되었을 주가 동향을 비교하여 그 차이가 통계적으로 의미가 있는 경우 그 차이를 가지고 정상가격을 산정(추정)해야 하며, 이를 위해 ② 사건이 주가에 영향을 미친 기간(이른바 Event window[202]))을 정의하고, 사건과 관계된 비정상주가수익률을 산출하며, 그 비정상주가의 통계적 유의성을 검증해야 한다. 이를 통해 차액산정의 (경제학적) 계량적 분석모델이 제안되기도 한다.[203] 이러한 손해산정을 차액산정방식(out-of-pocket damage)이라고 부른다.

3) 보호목적이론 어떤 범위의 손해, 어떤 정도의 위험성관련이든 그것은 부실감사행위가 창출한 위험이 어떤 범위의 손해에까지 실현되었다고 볼 수 있는가 하는 문제이다. 그런 위험의 실현이 인정되어도 투자자의 손해를 최종적으로 부실감사행위에 귀속시키려면 그 손해가 불법행위법(민법 제750조)의 보호목적 범위 안에서 발생한 경우이어야 한다.

위험성관련이 형사책임에서 요구되는 위험실현의 정도보다 낮은 데에 비해 규범의 보호목적(Schutzzweck), 줄여서 규범목적이론은 불법행위책임과 형사책임에서 똑같은 수준의 엄격성을 갖고 적용되어야 한다. 이 이유는 규범목적이라는 귀속척도는 형법이든 민법이든 모든 법의 적용에서 똑같이 요구되는 법의 합리적 목적을 실현하는 법해석에 대한 요청의 표현이기 때문이다. 그런 법해석의 방법은 바로 목적론적 해석방법(teleologische Auslegung)을 가리킨다. 그러니까 규범목적이론은 목적론적 해석방법이 결과(손해배상범위)의 귀속기준으로 변환된 것이라 할 수 있다.[204] 보호목적이론은 '책임규범의 보호목적'에 비추어 손해의 배상이 정당한 것인지를 판단한다. 즉 법률이 보호하고자 하는 법익의 침해로부터 발생한 것인지를 검토하여 손해배상의 범위를 결정하는 것이다.

---

202) 부실감사 사실이 시장에 최초로 알려진 시점으로부터 이것이 주가에 완전히 반영된 시점을 가리킴.

203) 이런 제안을 경제학적 관점에서 하고 있는 류근관·송옥렬·이상승, "증권집단소송의 손해배상액 산정 방법에 관하여", *기업소송연구* (2004), 199~225쪽 참조.

204) 민법학계에서 이 점에 대한 비슷한 통찰로는 이은영, *채권총론* (2002), 294쪽.

(가) **제750조의 보호목적** 불법행위책임으로서 부실감사의 책임규범은 민법 제750조이다. 그런데 이 규정의 보호목적이 부실감사보고서를 이용하여 자본거래를 한 투자자의 손해를 막는데에까지 미쳐있는지를 어떻게 판단할 것인가? 감사행위의 부실을 판단하는 기준이 되는 법규범들(외감법)과 같은 개별법은 이를 테면 내가 해석하는 바와 같이 '자본시장에서 공정하게 투자정보를 교류하게 하려는 체계기능적 목적'처럼 좀 더 구체화된 보호목적을 정할 수 있다. 이런 보호목적은 외감법에 기초한 손해배상의 범위에서 투자자 개인의 투자실패로 인한 손해를 제외시키는 귀속척도로 작용할 수 있다. 하지만 판덱텐 시스템의 특성을 갖고 있는 민법전 제750조의 보호목적은 그렇게 구체적인 생활사태와 관련된 내용으로 정할 수가 없다. 제750조를 두고 '포괄적 구성요건' 또는 '일반조항'이라고 표현하는[205] 것도 바로 이 점 때문이다.

(나) **목적정당성의 두 가지 의미** 보호목적론이 말하는 '손해의 배상이 법규범의 목적에 비추어 정당한지'에서 정당성은 두 가지 요소로 분해될 수 있다.

ㄱ) **목적달성에의 적합성** 하나는 목적론적 해석의 논리성 자체를 말하는 부분이다. 즉, 투자실패로 인한 손해를 부실감사를 한 공인회계사에게 배상시키는 해석(M)을 하지 않고는(-M), 제750조의 목적(OZ)은 달성될 수 없고(-Z), 따라서 공인회계사에게 투자실패의 손해를 배상시켜야 한다(MO)는 구조를 가리킨다.

$$\frac{\begin{array}{c} OZ \\ (-MO) \rightarrow (-Z) \end{array}}{MO}$$

이런 목적론적 해석 구조는 경험적 판단에 의해 보충되어야 한다.[206] 이를테면 그런 배상책임을 인정하지 않고, 오히려 부실감사를 예방하는 구조적 제도개선을 함으로써 달성될 수 있다든지, 또는 다른 투자정보원의 투자정보제공기능을 더욱 강화함으로써 같은 목적을 달성할 수 있다든지 하는 점에 대한 판단을 제공하는 자료가 있어야 한다. 이에 관해 내가 제시한 점은 외부감사인

205) 포괄적 구성요건이란 표현을 사용하는 안법영, 영업경영의 과실침해와 책임귀속의 인과적 표지, 판례연구(고려대) 제8집, 1996, 216쪽; 일반조항(Generalklausel)이란 표현은 Esser/Weyers, *Schuldrecht II*, 7.Auflage (1991), 560쪽 아래 참조.

206) 이 점을 간파한 Alexy, *Theorie der juristischen Argumentation* (Suhrkamp, 1978), 301쪽 아래, 346쪽 참조.

에게 투자실패의 손해를 과중하게 부담지우면 트릴레마라는 현상이 발생하여 오히려 목적달성에 역기능적일 수 있다는 점이었다.

ㄴ) 정당한 목적의 내용 또 다른 정당성 요소는 더 궁극적인 것인데, 여기서 말하는 제750조의 목적이 어떤 것일 때 정당하다고 평가할 수 있겠는가 하는 점이다. 예컨대 종래 민법학계에서 흔히 말하는 '손해의 공평분담'이라는 목적을 들 수도 있고, 나처럼 한 개인에게 다른 사람의 자유(이익)와 관련하여 허용되는 자유로운 행동의 한계를 정하는 것, 즉 근대민법의 기획으로서 '자유의 조직화'[207]를 그 목적으로 들 수도 있다.

손해의 공평분담에는 자유를 조직화하는 원리 이외에 평등이나 배분적 정의의 관념이 들어갈 수 있고,[208] 이는 실제로 불법행위법제에다 위험책임의 유형을 포함시키는 많은 민법학자들의 다양한 이론들에 의해 현실화되고 있다. 하지만 그런 목적은 앞에서 설계한 나의 다차원적인 제재법의 기획에서 보면 배상책임보험제도와 같은 법제가 주로 담당해야 할 일이다. 민법은 '자유의 조직화'(Organisation der Freiheit) 기획에 충실해야 하고, 또한 이를 위해 개인적 귀속가능성이라는 책임원리를 좀 더 철저히 관철할 필요가 있다.

(다) 규범목적이론의 구체화 하지만 이와 같은 제750조의 근본목적에 대한 기획 자체를 놓고 당장 승패를 가리기는 어려울 것이다. 여기서 이런 목적의 정당성 문제를 일단 제쳐 놓고도 규범목적이론을 관철하는 방편을 생각할 필요가 있다.

ㄱ) 형법학의 규범보호목적 개발 이 방편을 강구하는 데에는 형법의 귀속론이 참조될 수 있다. 먼저 민법과 마찬가지로 판덱텐 시스템의 법규범인 형법전에 의해 형사책임을 묻는 경우에도 — 이를테면 민법 제750조의 적용처럼 형법 제347조 제1항(사기죄)을 부실감사행위에 적용하는 경우에도 — 손해배상의 귀속 문제와 똑같은 문제, 즉 규범목적이론을 어떻게 적용할 것인가 하는 문제가 등장한다는 점에 주목할 필요가 있다. 그런데도 형법학계에서는 형법규정(제347조 제1항)의 정당한 목적에 관한 논란을 벌이지 않은 채 발생한 결과

---

207) Grimm, *Recht und Staat der bürgerlichen Gesellschaft* (1987), 24쪽.

208) 심지어 '사회적인 부의 재분배'를 말하는 이은영, "손해배상법의 정책적 과제", 법과 사회 (제5권, 1992), 258~259쪽 참조. 하지만 부의 재분배와 배분적 정의는 차등화되어야 한다. 배분적 정의는 근대민법(전)의 새로운 도덕적 지평으로 수용될 여지가 있긴 하지만, 부의 재분배는 보험법이나 누진세법 등과 같은 법제에서나 비로소 추구될 수 있는 이념이다.

(재산상 손해)의 방지가 그 법규정의 보호목적 범위 안에 있는지를 판단하는 구체적인 귀속척도를 개발해왔다. '피해자양해이론'이나 '고의적인 자기위태화이론', '타인책임영역이론' 등이 그런 귀속척도의 예들이다. 그리고 그런 귀속척도에 대해서는 형법의 임무와 기능을 근본적으로 어떻게 이해하건 상관없이 모두 그 타당성을 인정해가고 있다. 바로 이런 귀속척도들이 — 위험실현 단계의 위험증대이론과는 달리 — 민법상 손해배상범위의 귀속척도로도 통용되어야 한다.

ㄴ) **자율적인 자기위태화에 의한 후속손해의 귀책결정** 그런 척도들 가운데 부실감사책임과 관련하여 가장 중요한 것은 고의적인 자기위태화, 즉 자유로운 의사결정에 의한 자기위태화이론이다. 이 이론에 따르면 부실감사에 의해 자본투자로 인한 손해의 위험이 발생하였고, 또 그 위험이 발생한 손해에 실현되었다고 하더라도, 그것이 현실화되는 과정에 피해자가 자율적인 의사결정에 의해 스스로를 위태화(freiwillige[209] Selbstgefährdung)시켰다면, 즉 손해발생의 위험영역 안으로 스스로 들어갔다면, 그때 발생한 손해는 법규정의 보호목적 범위 밖에서 발생한 것으로 보아야 한다. 바꿔 말해 그런 손해는 '자기의 위험 부담으로'(auf eigene Gefahr) 내린 결정, 그러니까 "자기 가해적 행동"[210]의 결과이며, 그런 결정으로 큰 이익을 볼 수도 있었지만 예측 불가능한 시장상황의 변화로 손해를 보게 된 것이며, 그런 손해는 결정을 내린 자가 감수해야만 하는 것이다.[211] 이런 귀속척도를 민법상 후속손해의 귀속범위를 판단하는 기준으로 활용하는 것은 손해배상판결의 정당성을 높이는 데 반드시 필요하다.[212] 원래 상당인과관계가 수행했던 손해배상범위의 제한기능에서 상당인과관계가 안고 있던 구조적인 이론적 결함, 즉 법을 '관찰자의 관점'에서 형성해나간다는 취약점을 극복하게 해준다. 피해자의 자기위태화여부를 고려하는 것은 피해자의 투자행위시의 의사를 고려하고, 아울러 그런 고려 속에서 투자실패로 인한 손해

209) 독일 형법학자들은 이 표현 대신에 vorsätzliche Selbstgefährdung이란 표현을 즐겨 쓰나 고의적이란 개념은 오해의 소지가 많으므로 이처럼 바꾸는 것이 그 이론이 의도하는 취지에 더 부합한다.

210) Jost, *Vertragslose Auskunfts- und Beratungshaftung* (1991), 198~199쪽.

211) Jansen, *Die Struktur des Haftungsrecht* (2003), 527쪽.

212) 일관되게 부실감사책임을 부정하는 이론으로 사용하는 것은 아니나 비슷한 문제의식 아래 "시장의 경쟁과정에서 투자자 스스로의 자익 추구적 결정"을 책임귀속을 부정케 하는 요소로 보는 김상중, "순수 재산상 손해의 배상에 대한 책임법적 규율" (제37회 안암법학회 발표자료집, 2003), 11쪽 참조.

에 대해 갖는 공인회계사의 내적 태도까지 함께 고려하는 관점, 즉 참여자의 관점을 법관이 고려하는 셈이 되기 때문이다. 관찰자 관점과 참여자 관점의 지속적인 교환 속에서만 법과 판결은 정의로울 수 있다.

(a) 귀속할 수 없는 후속손해로서 투자자의 손해 그러니까 자본투자가가 투자결정을 할 때 한편으로는 투자유인요소가 되는 정보를 갖고, 다른 한편으로는 투자억제요소가 되는 정보까지도 갖는다. 투자자는 이를 종합적으로 고려하여 투자실패의 위험을 무릅쓰고 성공의 가능성을 바라본 채 자유로운 의사결정으로 투자를 결정한다면, 그런 투자로 인해 발생한 손해는 민법 제750조의 보호목적 밖에서 발생한 것이라고 보아야 한다. 한 개인이 자본시장에서 어떤 기업에 투자를 결정하는 상황은 대개 이런 구조의 상황에 해당한다. 그러므로 비록 우연적인 변수가 많이 작용하지만 — 공인회계사의 부실감사보고서와 상관없이 — 투자의 성공가능성이 남아 있다면, 더욱이 애널리스트들에 의해 좋은 투자점수를 받기도 하였다면, 그 투자로 인해 발생한 손해는 공인회계사에게 책임을 물을 수 없는 후속손해가 된다.

(b) 귀속가능한 후속손해로서 투자자의 손해 물론 매우 예외적인 경우이지만 투자자가 입은 손해를 공인회계사에게 책임을 물을 수 있는 경우가 있을 수 있다. 위와 같이 자율적인 자기위태화가 인정되지 않는 경우가 그러하다.

① 투자결정의 자율성 탈락 이를테면 자본시장에서 부실감사보고서 이외에는 투자를 결정한 그 기업에 관한 어떤 재무정보도 얻을 수 없었던 경우이거나 다양한 정보제공주체들이 한결같이 그 부실감사보고서에만 의거하여 만든 투자정보를 시장에 제공하고, 투자자가 그 정보에 기초하여 투자를 한 경우가 이에 해당한다. 바꿔 말하면 부실감사보고서가 시장에서 압도적으로 우월한 투자정보로 작동한 경우에만 투자자의 손해는 공인회계사에게 그 배상책임을 인정할 수 있다. 왜냐하면 이 경우에 투자자가 내린 투자결정에서 부실감사보고서의 유인 이외에 작용한 동기형성요소는 없고, 그런 점에서 투자자의 자기결정을 두고 '자율적인' 결정이라고 말하기 어렵기 때문이다.[213] 이런 정보상황에서 공인회계사의 감사보고서에 대한 투자자의 신뢰는 사회학적 성격의 신뢰

213) 독일채권법 현대화(이에 관한 개관으로 김형배 외, *독일채권법의 현대화* [법문사], 2002 참조)의 과정으로 마련된 독일 민법 제311조 제3항이 "제3자가 자신에게 특별한 신뢰를 가지도록 하고 이로 인하여 계약의 교섭이나 체결에 현저한 영향을 준 경우"에 제3자에 대한 채권관계적 보호의무(제241조 제2항)를 인정하는 취지와도 상응하는 해석방안이기도 하다.

가 아니라 개인적 귀책의 근거가 될 수 있는 신뢰가 되는 것이다.

② 특별손해의 귀속　그렇지만 이런 경우에도 배상책임을 인정하려면 추가적인 요건이 충족되어야 한다. 왜냐하면 자본시장의 일반적인 특성을 고려해 본다면, 이와 같은 경우에 투자자가 입은 손해는 일종의 '특별한 사정으로 인한 손해'(특별손해)라고 볼 수 있다. 따라서 공인회계사는 그런 투자자가 놓여 있는 '이례적으로 매우 열악한 투자정보상황'을 인식하였거나 인식할 수 있었어야만 배상책임을 지게 된다.

여기서 공인회계사가 인식 또는 인식할 수 있어야 하는 점은 그가 감사보고서로써 시장에 제공한 피감사회사에 관한 '재무정보가 그렇게 이례적으로 시장에서의 투자결정행동을 지배한다'는 점이지, '자신의 정보가 누구에 대하여 그리고(또는) 어떠한 목적으로 활용되는가'[214]하는 점이 결코 아니다.

왜냐하면 그런 내용의 인식(가능성)을 요구하는 것은 다시금 상당인과관계의 인과성 패러다임으로 되돌아가는 것인데, 개인적인 인식 및 인식가능성이란 척도는 자본시장의 영역에서는 작동하지 않는 경우가 많기 때문이다. 이를테면 부실감사로 적정의견을 내준 회사의 주식을 그 외부감사인인 공인회계사가 매수하는 행태[215]는 부실감사를 하면서도 공인회계사가 개인적으로는 누가 어떤 목적으로 그 회사의 주식을 매입하여 손해를 입게 될 것인지를 인식할 수 없다는 점을 말해준다.

또한 이런 책임의 귀속에서는 부실감사행위는 손해의 위험을 '고도개연성'의 수준으로 높여 놓은 것이라 할 수 있다. 다른 위험증대의 요인이 투자행위의 상황에 존재하지 않았기 때문이다. 따라서 위험성관련도 인정할 수 있다.

ㄷ) 일차손해　그러나 투자자의 투자실패로 인한 손해가 부실감사행위에 귀속될 수 있건 없건 간에 부실감사행위에 의해 직접 침해된 투자자의 정보권이라는 일차손해는 민법 제750조의 보호목적 범위 안에서 발생하는 것임은 변함이 없다. 자본시장에 참여하는 일반시민들의 정보적 자기결정의 적극적인 측면으로서 투자기업에 관한 올바른 재무정보를 가질 수 있는 정보권은 그 자체로서 개인의 권리이고, 이러한 권리의 침해를 막고, 침해된 결과를 보전하는 일은 민법 제750조의 규범목적에 속함은 의심의 여지가 없기 때문이다. 마치 초

214) 김상중, "순수 재산상 손해의 배상에 대한 책임법적 규율" (제37회 안암법학회 발표문, 2003), 20쪽.

215) 판례(대판 1998.4.24, 97다32215)에 나타난 공인회계사들의 투자사례 참조.

상권의 침해를 이유로 손해배상을 청구할 수 있는 것과 마찬가지이다. 두 가지 모두 일반적 인격권이라는 권리에 속할 수 있다.

3. 부실감사형법의 해석

대화이론적으로 기획한 부실감사법제에서 형사책임은 발행공시책임영역에서 목적(의도)적으로 이루어진 고의의 부실감사에 국한하자는 법정책에 상응하는 현행법 해석은 다음 두 가지로 정리될 수 있다

— 형법전의 재산범죄규정(특히 사기죄, 배임죄 등)의 유추적용 금지(1)
— 부실감사를 직접 범죄화한 법규정의 목적론적 축소(2)

(1) 재산범죄의 유추적용 금지 부실감사로 인한 형사책임은 첫째, 형법전의 고전적인 재산범죄로 확장해석되어서는 안된다. 부실감사를 기획한 경영진에 대해서만 그런 확장해석은 가능할 수 있고, 그런 해석도 많은 비판에 시달릴 수밖에 없다. 그러니까 현행 사기죄규정(제347조 제1항)은 앞의 법정책에서 제안한 전제조건(목적을 고의의 요소로 요구하고, 발행공시책임영역에 국한시킨 부실감사행위)을 충족시킨 경우에 대해서도 적용되어서는 안된다. 바꿔 말하면 우리나라 사기죄 규정을 독일형법 제264조a[자본투자사기] 조항처럼 해석해서는 안된다는 것이다. 그런 해석은 규범목적이론의 작동을 멈추게 하는 것이며, 동시에 유추금지원칙에도 위반하는 해석이 되기 때문이다.

(2) 부실감사 형사법제의 목적론적 축소 다음으로 공인회계사의 부실감사행위를 직접 범죄로 포섭할 수 있는 범죄구성요건들에 대해 목적론적 축소(teleologische Reduktion)의 해석방법을 적용한다.

1) 진실의무위반죄의 신분법화 먼저 공인회계사법상의 진실의무위반죄는 사실상 신분법적 제재의 근거규정처럼 운영한다. "고의로 진실을 감추거나 허위보고를 해서는 안된다"는 문언(공인회계사법 제15조 제3항)은 너무 추상적이어서 명확성원칙에 반한다. 이 조항의 불명확성은 다른 전문직역인 변호사에게 요구되는 직업윤리의 하나로서 "변호사는 그 직무를 행함에 있어서 진실을 은폐하거나 허위의 진술을 하여서는 아니된다"(변호사법 제24조 제2항)는 의무조항과 거의 같다. 하지만 변호사의 이 직업윤리(품위유지의무) 위반은 협회의 변호사징계위원회에 의한 징계사유(제91조)가 될 뿐 형사처벌 대상은 되지 않는다.

또한 변호사법상 그와 같은 직업윤리의 비범죄화는 구성요건이 불명확할 뿐만 아니라 그에 대한 처벌이 비례성원칙에 위반할 수 있기 때문이기도 하다. 마찬가지로 공인회계사도 실제로는 '공정감사'를 하였지만 외부감사제도의 한계(예: 표본조사)로 인해 진실 그 자체와 부합하지 않는 감사보고서를 작성, 제출할 수도 있다. 또한 자본시장에서 투자정보의 충분하고도 공평한 분배는 다양한 시장참여자들이 함께 짊어져야 할 부담이다. 그런 점에서 위와 같이 매우 추상적인 진실의무의 위반을 형사처벌하는 것은 형벌권의 과잉행사가 된다.

따라서 형사책임은 축소해석되는 외감법상의 부실감사죄에 국한하고, 이 규정은 공인회계사의 직업윤리에 대한 선언적 규정으로 이해하고, 징계 등의 신분법적 제재를 정당화하는 기초규범으로 자리매김할 필요가 있다.

2) 부실감사죄의 목적론적 축소 외감법상의 부실감사죄는 "감사보고서에 기재하여야 할 사항을 기재하지 아니하거나 허위의 기재를 한 때"(외감법 제20조 제2항 제2호)라고 규정한다. 하지만 이 문언에도 불구하고 이 부실감사죄규정은 현저하게 축소적용되어야 한다.

(가) 축소해석의 방법 이 축소는 목적론적 축소에 해당한다. 이런 축소는 피고인(공인회계사)에게 유리한 유추이므로 허용된다. 또한 그런 축소는 주관적 요건(고의), 실행방법, 그리고 행위객체의 세 가지 차원에서 이루어질 수 있다.

ㄱ) 주관적 요건으로서 이득의사 부실감사죄는 감사보고서에 기재하여야 할 사항의 기재누락이나 허위기재를 통하여 공인회계사가 자신의 경제적 이익을 실현하는 등의 '목적'을 갖고 고의로 한 경우에만 적용되어야 한다. 예를 들면 기업공개시 주가상승이 확실한 피감사회사의 주식을 양수받고, 그 회사와 공모하여 적자 상태의 회사를 흑자로 표시하면서 허위의 적정의견을 낸 경우를 들 수 있다.[216] 여기서 보듯이 부실감사죄의 고의에서 요구되는 목적 또는 의도(Absicht)는 경제적 이득을 의도하는 것(이득의사 Bereicherungsabsicht)[217]이라고 할 수 있다. 이때 경제적 이득은 반드시 위법한 것일 필요는 없지만 공

216) 대판 1983.7.12, 82누115; 서울고판 1998.5.29, 97다56563; 물론 불법적, 탈법적 경영이 일반화된 시대였던 당시 우리나라의 경영현실을 고려하면 그 당시에는 형사처벌의 당위성이 지금처럼 높지는 않았다고 말할 수 있다. 하지만 지금처럼 윤리경영, 합법적 경영의 시대가 도래한 상황에서는 이런 정도의 행태는 형사불법이 인정될 수 있을 것이다.

217) 이런 이득의사에 대해서 자세히는 Krekeler, "Strafbarkeit des Abschlußprüfers", *StraFo* (7, 1999), 217~222쪽, 특히 221쪽 참조. 다만 독일의 경우는 고의만으로 처벌할 수 있되(독일 상법(HGB) 제332조 제1항), 이득의사가 있는 경우에는 가중처벌된다(제2항).

정감사의무 위반과 경제적 이득의 취득이 부당하게 결부되었을 것[218]을 요한다. 목적강도의 고의를 요구하는 한, 미필적 고의의 부실감사고의, 예컨대 부실감사(기재누락, 허위기재)의 가능성을 인식했지만 그럼에도 불구하고 그냥 적정의견을 내버린 경우[219]만으로는 범죄가 성립하지 않는다.

[부실감사의 미필적 고의] ① 판례에 의하면 '공인회계사 A는 전문가로서 의구심을 가진 부분에 있어, 의구심을 해소할 수 있는 충분하고도 적합한 입증감사절차를 수행하고 회계처리방법에 관한 이견이 있는 경우에는 재무회계의 목적을 고려하여 무엇이 더 합리적인 의사결정을 하도록 유용한 재무정보를 제공하는 것인가를 보수적인 입장에서 판단하여, D기업의 회계처리에 중요한 왜곡표시가 없다는 점에 대한 합리적인 확신을 가지고 감사의견을 결정하여야 함에도 불구하고, D기업의 설명이나 자료에 기초하여 D기업의 회계처리가 적정하지 아니하다는 점을 입증할 만한 반증이 없다는 이유로 만연히 감사보고서에 적정의견을 기재하였다고 할 것인바, 사정이 그러하다면 A에게 D기업의 감사보고서에 허위의 기재를 한다는 점에 관하여 미필적 고의가 있다고 할 것이다. 따라서 외감법 제20조 제2항 제2호의 허위기재에 해당한다.'[220] ② 그러나 감사인이 회계처리상 의구심을 가질 만한 사항을 발견하였다는 것만으로, 충분하고 적합한 입증절차의 미수행으로 그러한 의구심이 해소되지 않고 있다는 사정만으로 곧바로 감사인이 재무제표에 부정이나 오류에 의한 중요한 왜곡표시[221]가 존재함을 알았다고 단정지을 수는 없다. 즉 이러한 사정만으로는 고의(Vorsatz)의 인식적 요소인, 불법실현의 사실적 상황에 대한 인식이 있었다고 볼 수 없다. 의구심을 감사절차를 통해 해소하지 않은 것은 공정감사의무의 위반에만 해당될 뿐이다. 또한 그 의구심이 드는 사항을 조사해보지 않은 것도 그 사항이 정보이용자의 경제적 의사결정에 영향을 미칠 만큼 중요한 것인지에 대한 판단을 포함하고 있지도 않다. 이 의무위반에도

---

218) 이런 입장으로 Budde/Hense, *Beck'scher Bilanz Kommentar* (2001) §332, 방주 46 참조.

219) 이런 경우 범죄성립을 인정하는 Quedenfeld, *Münchener Kommentar zum Handelsgesetzbuch*, Bd.4 (2001), §332, 방주 31-34 참조.

220) 서울중앙지법 2005.1.28, 2001고합 154, 171; 관련 판례로 2004.1.29, 2002헌가 20참조. 또한 동지판례로 2005.1.28, 2001고합 167, 2001.4.12, 2001고합129 참조.

221) 감사인은 재무제표를 중요하게 왜곡표시 시킬 수 있는 상황이 존재할 수 있다는 전문가적인 의구심을 가지고 감사업무를 계획하고 수행하여야 할 의무가 있다.(회계감사기준 200-2,3) 그러나 이것이 곧 부정이나 오류에 의한 중요한 왜곡표시가 감사과정에서 적발될 것임을 보장하는 것은 아니다(회계감사기준 100-4,2). 감사인은 감사절차에서 중요하게 왜곡표시되어 있는 재무제표에 대하여 부적합한 감사의견을 표명할 위험을 안고 있다. 이를 감사위험이라고 한다. 그런데 이러한 감사위험이 어떠한 의미를 갖기 위해서는 사전에 중요성의 기준이 먼저 설정되어 있어야 한다. 이러한 중요성의 기준은 감사위험의 평가뿐만 아니라 궁극적으로 감사인의 책임과 직결되는 감사의견 형성에 있어서 판단기준으로도 작용한다. 중요성의 개념은 회계처리, 회계보고 및 회계감사에서 매우 광범위하게 이용되는 개념인바, 일반적으로 '재무제표를 기초로 이루어지는 정보이용자의 경제적 의사결정이 재무제표상 정보의 누락 또는 왜곡표시로 인하여 영향을 받은 경우' 이와 같은 정보는 중요성이 있다고 한다.

불구하고 적정의견을 표명한 감사인에 대한 법적 비난의 핵심은 경영자 주장을 뒷받침할만한 충분하고 적합한 감사증거가 수집되지 않았음에도 불구하고 '한정의견'이나 '감사의견표명거절'을 하지 않고 '적정의견'을 표명하였다는 데 있다. 이 점은 기껏해야 부실감사에 대한 과실의 인정을 가능케 할 수 있을 뿐이다.

이에 반해 부실감사의 가능성을 미필적으로 인식했어도 경제적 이득의 명확한 목적을 갖고 적정의견을 낸 경우에는 형사책임이 성립할 수 있다.

[진실의무위반죄와 부실감사죄의 불법비교][222] ① K회사는 150억원의 순손실이 발생하였음에도 불구하고, 재고자산 과대계상 및 외상매입금, 부채누락의 방법으로 분식결산하여 1억의 당기순이익이 발생한 것으로 허위재무표를 외부감사인에게 제출하였다. S회계법인의 A는 결산감사를 행함에 있어 재고자산에 대한 실사를 행하지 아니하고 고의로 진실을 은폐한 채, 증권감독원에 허위의 감사보고서를 제출하였다.[223] 판례는 '공인회계사가 직무를 수행함에 있어서 '고의로 진실을 은폐하거나 허위로 보고하는 경우에는 3년이하의 징역 또는 1천만원이하의 벌금에 처한다'고 공인회계사법 제53조, 제15조 제3항에 규정되어 있고, 주식회사의 외부감사에 있어서 '감사인이 감사보고서에 기재하여야 할 사항을 기재하지 아니하거나 허위의 기재를 한 때에는 2년이하의 징역이나 1천만원 이하의 벌금에 처한다'고 규정되어 있다. 이와 같은 사정을 비교해 볼 때 공인회계사법과 외감법 제20조 제1항 제2호는 각 법률의 입법목적, 규정사항, 적용대상, 보호법익 등을 달리하는 것으로서, 외감법상의 위 처벌법규가 공인회계사법상의 위 처벌법규에 대한 특별법규로 볼 것이 아니라, 위 각 처벌법규는 각기 독립된 별개의 구성요건으로 봄이 상당하다. A의 범죄는 감사보고서 허위 기재 뿐 아니라 재고자산의 실지입회조사를 하지 아니한 점 등으로, 업무 수행과정 전체를 대상으로 한 것이어서 공인회계사법 위반으로 처벌하는 것이 타당하다. A는 외감법상의 처벌법규가 공인회계사법상의 처벌법규에 대한 특별법규여서 외감법 위반죄로만 처벌되어야 한다고 주장하나, A의 위와 같은 행동은 공인회계사법 위반이다'라고 보았다.[224] ② 이 사건에서 공인회계사는 불법적인 경제적 이득의사가 없기 때문에 부실감사죄로 처벌할 수 없다. 다만 이 민사사건이라면 공인회계사는 경제적 이득의 의사가 없는 고의의 부실감사를 한 경우로서 손해배상책임을 지게 된다. 또한 이 형사사건에 대해 판례처럼 공인회계사법상의 진실의무위반죄를 적용한다면, 외감법의 부실감사죄를 경제적 이득의사가 있는 고의의 부실감사에 국한하는

222) 이 단락은 이상돈, *부실감사법* (법문사, 2007), 275~277쪽에서 발췌한 것임.

223) 노관승, *외부감사인의 손해배상책임에 관한 연구* (전남대학교 경영대학원, 2000.) 36쪽 참조.

224) 대판 1992.12.8, 92도2581; 원심판례는 서울형사지방법원 1992.9.9. 선고, 92노4685 판결; 서울형사지방법원 1992.7.8. 선고, 92고단3524 판결, 92고단4754(병합) 판결; 비슷한 판례로 대판 1993.6.22, 93도498; 서울형사지법 1992.6.10. 선고, 92고단3540 판결, 서울형사지법 1992.7.9. 선고, 92고단3523 판결.

▌도표 55▌ 진실의무위반죄와 부실감사죄의 관계

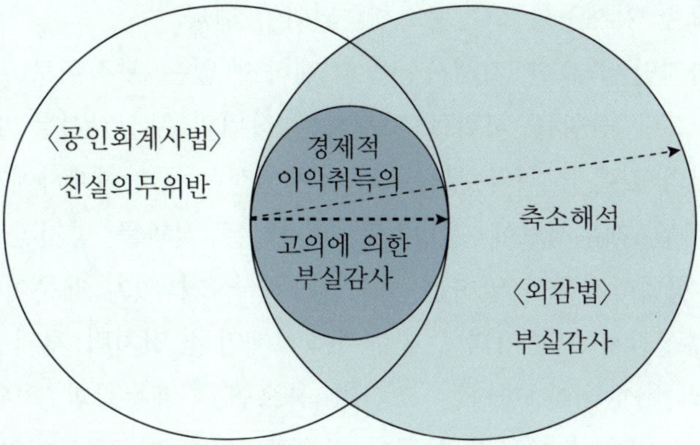

제한해석을 하는 한, 양형상의 형평을 이루기 위해 작량감경(형법 제53조)을 적용해야 한다. 물론 이는 양 범죄가 불법유형이 다르다는 전제에서 그러하다. 즉 진실의무위반죄의 불법유형이 공인회계사의 직업윤리의 위반에 있다면, 부실감사죄의 그것은 자본시장을 속여 투자자의 재산을 위태롭게 하는 불법, 즉 사기와 유사한 불법에 있다. 그러나 부실감사죄를 경제적 이득의사가 있는 고의에 의한 부실감사에 국한하여 적용하는 축소해석을 한다면, 위의 도표와 같이 부실감사죄가 결과적으로는 진실의무위반죄의 불법에 의해 포괄되어질 수 있다. 이럴 경우 위 사건의 변호인이 주장한 것처럼 외감법의 부실감사죄규정은 공인회계사법의 진실의무위반죄규정에 대한 특별규정이 된다.

ㄴ) 실행방법으로서 유인행위 또한 더 나아가 외부감사인이 감사를 받은 회사의 사업설명회에 참여하거나 그 회사의 재무상태에 관해 언론에 발표 또는 설명하는 등의 행위, 바꿔 말해 자본투자자의 투자 동기를 유인하는 '적극적인 행위'를 한 경우에 국한하여 적용해야 한다. 이런 유인행위는 일정한 사항의 기재가 누락된 감사보고서를 이용하거나 허위로 기재된 감사보고서를 이용하거나 모두 가능하다. 이러한 적용은 위 규정의 문언이 통상적으로 적용될 수 있는 사안의 범위를 현저하게 축소시키는 해석이다.

ㄷ) 행위객체의 제한 부실감사죄의 축소해석은 행위객체의 제한을 통해서 가능하며 또한 필요하다. 첫째, "감사보고서에 기재하여야 할 사항"이란 손해배상책임을 규정한 외감법 제17조 제2항("중요한 사항에 관하여 감사보고서에 기재하지 아니하거나 허위의 기재를 함으로써")과 문언을 비교하고, 형사책

임요건의 손해배상책임요건에 대한 상대적 엄격성을 고려하면 적어도 감사보고서에서 중요한 기재사항으로 축소해석되어야 한다.

둘째, 하지만 중요한 기재사항을 기재하지 않는 부작위로 부실감사를 했는지 아니면 그런 사항을 허위로 기재하는 작위의 부실감사를 했는지는 중요하지 않다. 이와 같은 작위와 부작위의 무차별성은 공인회계사에게 감사보고서로 기업의 잘못된 재무정보에 신빙성을 부가하는 결과를 방지할 법적 의무(형법 제18조) — 형법학자들이 말하는 보증인의무 — 가 있기 때문이다. 게다가 실행방법으로 부실감사행위 이외에 앞에서((b)) 제안한 것처럼 투자동기를 유발하는 적극적 행위를 했어야 한다는 조건이 붙으면 기재누락과 허위기재 사이에는 불법차원에서 더욱이 아무런 차등이 발생하지 않는다. 형사책임은 형법 제18조를 충족하는 한 작위와 부작위의 불법에 차등을 두지 않으며[225] 고의와 과실에 대해서만 일반적인 차등을 둘 뿐이다. 그러나 헌법재판소는 엉뚱하게도(감사보고서에) "기재하여야 할 사항을 기재하지 아니하거나" 부분은 위헌이고, (감사보고서에) "허위의 기재를 한 때" 부분은 합헌이라는 결정을 내렸다.[226] 그러니까 좀 비유적으로 표현하면 이 결정에서 헌법재판소는 '막상 해야 할 일'[227]은 하지 않고, '하지 않아도 될 일'[228]은 굳이 하고 있는 셈이다.

(나) 중간법 형성적 형사사법 이런 목적론적 축소해석에 의하면 목적이 인정되지 않고 단순히 고의가 인정되는 부실감사행위에 대한 형사제재는 사실상 중간법영역으로 옮겨가야만 한다. 그러나 중간법의 법제화가 아직 입법 단계에서 이루어지지 않은 상황에서 본다면, 중간법을 형성하는 형사사법의 운영이 요구된다. 그런 운영방식으로 현행법상 가능한 방안으로 다음 두 가지 예를 들 수 있다.

— 기소 전 단계에서는 일종의 징벌적 손해배상의 성격을 띠는 배상을 조건으로 검사가 기소유예처분을 내린다.

225) 독일 상법 제323조는 허위의 보고를 하는(unricitige Bericht) 작위행위나 중요사항을 기재하지 아니하는(erhebliche umstände verschweigt) 부작위 행위를 가리지 않고 고의로(제1항) 또는 경제적 이득의사(제2항)를 갖고 행해졌을 것을 요구하고 있다. 프랑스 회사법 제457조도 고의에 의한 작위 또는 부작위의 부실감사를 처벌하고 있다.

226) 헌재결 2004.1.29, 2002헌가20, 2002헌가21(병합).

227) 외감법 제20조 제1항 제2호가 문언상으로는 과실범도 배제하지 않는다는 점을 인식하고 (위의 (a)처럼) 고의범으로 축소해석하는 일.

228) 공인회계사에게 분명하게 공정감사의무라는 법적인 작위의무가 있음에도 불구하고 부실감사의 작위범과 부작위범을 구별하여 부작위범을 처벌하지 않도록 해석하는 일.

— 검사가 공소권을 행사한 경우에는 법원이 소송지휘를 통해 그런 배상합의를 유도하고, 목적 수준의 고의가 없었다는 점을 이유로 목적론적 축소해석을 통해 무죄판결을 한다.

ㄱ) 징벌적 배상의 범위 다만 이런 중간법 형성적 운영에서 두 가지가 전제되어야 한다. 첫째는 이때의 배상은 투자자가 투자실패로 입은 손해의 전부가 아니고, 정보권의 침해에 대한 민사상 손해배상(예: 수백만~1, 2천만원)에다 징벌적 요소로 가미한 가액(예: 미국법의 예에서 볼 때 약 x3배 이내, 즉 3~6천만원 이하)을 최상한선으로 삼고 정해져야 한다는 점이다. 그 이유는 이러하다. 이 징벌적 손해배상은 부실감사죄의 형벌을 대신(비범죄화)하는 제재이다. 따라서 이 제재는 투자자가 입은 손해의 전보가 아니라 자본시장에 그릇된 정보를 유통시켜, 자본시장의 기능을 위태롭게 한 일탈행위를 통제하는 데 목적이 있다. 그런 형법대안적 통제의 반사적 이익으로 — 물론 투자자의 권리가 승인된 채 — 투자자가 민사상 전보를 받을 수 있는 것은 바로 정보권의 침해라는 일차손해에 국한되어 있기 때문이다. 또한 이와 같이 배상되는 손해의 제한은 외감법의 보호목적에 의해서도 근거지을 수 있음은 물론이다.

ㄴ) 징벌적 배상의 책임요건 둘째, 이런 징벌적 손해배상의 요건은 불법행위책임의 요건보다 강화된 것이어야 한다. 기본적으로 형사책임을 귀속하기 위한 요건을 모두 충족해야 한다. 이를 테면 ① 부실감사가 증대시키는 손해발생의 위험이 확실성 수준에 도달했을 것('의심스러울 때 개인의 자유이익으로-원칙의 충족), ② 투자자의 투자상황이 감사보고서의 정보에 의해 지배결정될 정도로 열악한 상황이어서 투자결정을 자율적인 것으로 보기 어렵고, 따라서 규범목적에 의해 손해귀속이 배제되지 않을 것, ③ 공인회계사는 바로 이런 투자정보상황을 인식하였고(고의적[229] 부실감사), ④ 또 회피가능했음에도 불구하고 회피하지 않았을 것(손해발생의 객관적 지배가능성) 등이 요구된다.[230]

229) 형법학자들이 말하는 고의의 개념은 영미법상 징벌적 손해배상의 요건으로서 요구되는 악의(malice)에 가까운 것으로 보인다. 따라서 여기서 고의적 부실감사는 악의적 부실감사로 바꿔 표현될 수 있다.

230) 이 요건들은 예외적으로 불법행위적인 손해배상책임을 지는 경우와 비교하면 ①, ③의 요건이 강화되어 있음을 알 수 있다.

제 4 부

조세와 형법

출처와 생성

[11]단락의 글은 *조세형법론*(법문사, 2009)의 [1]단락에 수록된 글을 그 사이 변화된 법령과 판례를 반영하고, 교정하여 작성된 것이다.

11 조세형법의 불법구조

Ⅰ. 조세일탈행위의 개념과 유형

조세범죄는 조세당국의 통제와 제재(처벌)의 대상이 되는 일탈행위들 가운데 중대한 경우들에 국한되어야 한다. 조세일탈행위의 유형화는 조세범죄의 개념을 설정하는데 이론적으로 불가피하며, 실천적으로도 유용하다.

1. 합법적인 조세일탈행위

먼저 합법적인 조세일탈행위로 절세와 조세회피가 있다.

(1) **절 세** 가장 약한 일탈행위는 절세이다. 예컨대 종합부동산세를 줄이기 위해 남편 단독명의의 부동산을 부부공동명의로 하는 행위를 들 수 있다. 절세는 실정법상 합법적이어서 일탈행위로서의 성격도 인정하기 어렵다. 하지만 특정한 방식의 절세가 보편화되면, 조세징수를 통한 국가재원조달에 영향을 미치게 되고 장기적으로는 조세법의 변화를 가져올 수 있게 한다. 따라서 절세도 조세당국의 통제정책의 대상이 될 여지가 있는 잠재적이고 매우 미약한 일탈행위적 요소를 포함한다.

(2) **조세회피** 또 다른 합법적인 절세의 방법으로 조세의 회피가 있다. 조세회피 역시 조세법을 직접 위반하지 않지만, 조세법의 흠결을 이용하여 조세부담을 '비통상적으로' 감소시키는 행위이다. 예컨대 조세부담이 없거나 적은 국가에 해외법인을 설립하여 활동함으로써 국내법인세의 부담을 피하는 행위를 들 수 있다.[1] 조세회피행위는 과세를 미리 피하는 적법한 방편이지만 세법의 흠결을 틈타 납세의무를 회피한다는 점에서 국가의 과세권을 실질적으로 침해한다. 절세가 형식적, 실질적 합법이라면, 조세회피는 형식적 합법, 실질적 위법이라고 대조지울 수 있다. 조세회피는 조세채권을 침해 또는 위태화하는 것

1) 이에 관한 논의로 신동환, *초국가적 조세피난과 다국적기업의 이전가격조작에 대한 형법정책적 고찰* (고려대학교 석사학위논문, 2007) 참조.

| 도표 56 | 조세법적 일탈행위의 유형과 구조적 요소의 비교

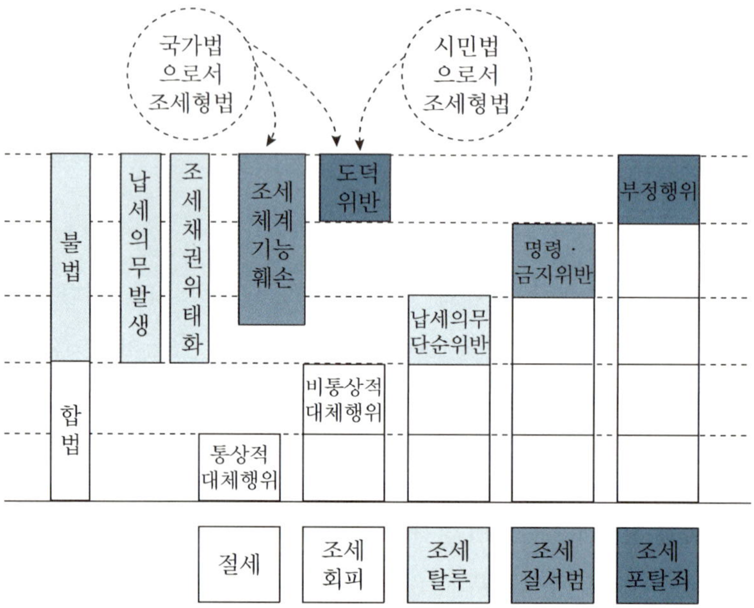

은 아니고 국가의 일반적인 과세권을 위태화하는 행위이다. 또 다르게 보면 절세가 통상적인 (조세부담을 지는 행위를 조세부담을 줄이는 행위로 대체한다는 점에서) 대체행위라면, 조세회피는 비통상적인 대체행위이다. 왜냐하면 조세회피는 조세법의 흠결을 틈타는 행위라는 점에서 그 빈도수에 있어 절세보다 적고 그런 점에서 비통상적인 일탈행위가 된다.

2. 위법한 조세일탈행위

납세의무를 위반하여 조세채권을 침해 또는 위태화하는 행위들은 위법한 조세일탈행위가 된다. 조세형법은 '위법한' 조세일탈행위들을 대상으로 그 중요성을 평가하여 범죄행위로 삼는다.

(1) **조세탈루** 세무실무에서 널리 사용되는 '조세탈루'는 납세의무를 면하는 모든 행위를 포괄하는 개념이다. 조세탈루를 줄여서 탈세라고 부를 수 있다. 사전적으로 탈세(脫稅)는 조세포탈과 동의어로 취급되지만 합법적인 절세와 조세회피와 대응하는 위법한 행위들의 총칭으로서 사용되는 것이 더 합리적이다.

① 탈세행위 가운데 가장 약한 일탈행위로는 단순미신고나 과소신고를 들 수 있다. 이들 행위는 원칙적으로 형사처벌 되지는 않지만 가산세가 부과되는 제재의 대상이 된다. ② 이보다 더 강한 조세일탈행위로 법적으로는 조세포탈죄에 해당하지 않지만, 조세포탈죄의 문턱에 가까이 가 있는 조세일탈행위들이 있다. 예컨대 컴퓨터에 거래내역을 저장·보관하면서 사업자등록을 하지 않고 장부를 비치하지 않고 소득신고도 하지 않은 행위[2)]는 아직 조세포탈행위가 되지는 않는다. 이런 행위들도 넓은 의미에서 조세탈루에 속한다. 조세탈루행위는 조세채권을 침해 또는 위태화하지만 조세(징수)체계의 기능을 직접 위태화하지는 않는다는 점에서 조세질서범이나 조세포탈죄와 구별된다.

(2) **조세질서범과 조세포탈죄** 조세체계는 조세당국의 행정활동, 조세관련지식을 생산, 사용하는 전문가(예: 변호사, 공인회계사, 세무사) 그리고 납세자들 사이의 상호작용에 의하여 형성된다. 조세당국의 행정활동을 방해하거나 위태화하는 행위들, 각종 명령의 위반행위들은 납세의무를 위반하고, 조세채권을 위태화하며, 조세체계의 기능을 위태화한다는 점에서 절세, 조세회피, 조세탈루와 구별된다. 이 행위들은 사기 기타 부정한 방법을 사용하는 바와 같은 반(反)도덕적인 행위반가치를 갖고 있지는 않는 점에서 조세포탈과 구별되며, 조세포탈보다 약한 조세일탈행위가 된다.

이에 비해 조세포탈죄는 조세일탈행위 가운데 가장 중대한 일탈행위다. 조세포탈행위는 납세의무의 면탈, 조세채권의 침해나 위태화, 조세체계의 기능 위태화 그리고 더 나아가 '사기 기타 부정한 행위'라는 반도덕적인 행위반가치를 띤다. 바로 그런 점에서 조세형법의 통제대상이 된다. 조세범처벌법이 구축하는 조세범죄들은 조세포탈죄를 기본구성요건으로 하여 파생시킨 구성요건이라고 할 수 있다. 그런 점에서 조세범죄는 곧 조세포탈죄라고 불러도 지나치지 않다.

---

2) 대판 2000.4.21, 99도5356.

Ⅱ. 조세범의 불법구조

1. 조세포탈죄의 불법구조

조세형법의 중심인 조세포탈죄의 구성요건은 조세범처벌법 제3조, 각종 국세관련법 그리고 특정범죄 가중처벌 등에 관한 법률(이하 약칭: 특가법) 제8조에 의하여 형성된다.

(1) **구성요건** 조세포탈죄의 기본구성요건은 조세범처벌법 제3조 제1항에 의해 설립된다.

> **조세범처벌법 제3조(조세 포탈 등)** ① 사기나 그 밖의 부정한 행위로써 조세를 포탈하거나 조세의 환급·공제를 받은 자는 2년 이하의 징역 또는 포탈세액, 환급·공제받은 세액(이하 "포탈세액등"이라 한다)의 2배 이하에 상당하는 벌금에 처한다. 다만, 다음 각 호의 어느 하나에 해당하는 경우에는 3년 이하의 징역 또는 포탈세액등의 3배 이하에 상당하는 벌금에 처한다.
> 1. 포탈세액등이 3억원 이상이고, 그 포탈세액등이 신고·납부하여야 할 세액(납세의무자의 신고에 따라 정부가 부과·징수하는 조세의 경우에는 결정·고지하여야 할 세액을 말한다)의 100분의 30 이상인 경우
> 2. 포탈세액등이 5억원 이상인 경우

1) **구조적 요소** 여기서 조세를 포탈(逋脫)한다는 것은 '사기 기타 부정한 행위로써' 납세의무를 피하여 조세를 탈루시키는 것(납세의무의 면탈)을 말한다. ① 또한 이때 조세는 관세를 제외한 국세를 말한다(제2조). 국세란 국세기본법 제2조 제1호가 규정하는 국세, 즉 국가가 부과하는 조세 중 소득세·법인세·상속세·증여세·부가가치세·개별소비세·주세·인지세·증권거래세·교육세·교통세·농어촌특별세·종합부동산세를 말한다. ② 납세의무를 부과하는 각종 국세관련법(예: 소득세법, 법인세법 등)은 조세포탈죄의 '금지의 실질'(Materie des Verbots)이 되고, ③ 조세범처벌법 제3조 제1항은 이 금지의 실질에다 '사기 기타 부정한 행위로써'라는 행위반가치(Handlungsunwert)의 표지를 더함으로써 형사불법을 형성한다. 납세의무의 위반이 단순히 과세권이나 조세채권에 대한 침해를 넘어 조세포탈죄라는 범죄가 되는 것은 '사기 기타 부정한 행위'를 사용하였다는 반도덕성에 기초한다.

2) 사기 기타 부정한 행위 조세포탈죄에서 가장 중요한 핵심표지는 "사기 기타 부정한 행위"의 개념이 된다. 판례는 이를 적극적 부정행위라고 개념화하여왔고, 2010년 개정된 조세범처벌법 제3조 제2항은 이를 수용하여 "다음 각 호의 어느 하나에 해당하는 행위로서 조세의 부과와 징수를 불가능하게 하거나 현저히 곤란하게 하는 적극적 행위를 말한다"고 규정한다.

1. 이중장부의 작성 등 장부의 거짓 기장
2. 거짓 증빙 또는 거짓 문서의 작성 및 수취
3. 장부와 기록의 파기
4. 재산의 은닉, 소득·수익·행위·거래의 조작 또는 은폐
5. 고의적으로 장부를 작성하지 아니하거나 비치하지 아니하는 행위 또는 계산서, 세금계산서 또는 계산서합계표, 세금계산서합계표의 조작
6. 「조세특례제한법」 제24조 제1항 제4호에 따른 전사적 기업자원관리설비의 조작 또는 전자세금계산서의 조작
7. 그 밖에 위계(僞計)에 의한 행위 또는 부정한 행위

이렇게 조세포탈죄는 '사기에 버금갈 정도로 적극적인 반가치적 행위'로써 조세를 포탈할 때 성립하게 된다. 그러나 시민들에게 조세는 성실히 내야 한다는 납세준수의식과 가능한 피해야 한다는 납세거부의식이 팽팽한 양면적 법의식과 법현실을 고려한다면, 그리고 적극적 부정행위의 개념이 제3조 제6항의 예시적 열거(1호~7호)에도 불구하고 여전히 불명확하여 죄형법정주의의 약화를 가져온다는 점을 고려할 때, 부정한 행위의 개념표지는 적극성과 부정성 이외에 또 다른 개념표지를 추가할 필요가 있다. 그런 추가의 표지로서 이득성과 목적성을 들 수 있다. 즉, 조세포탈죄는 재산범(예: 사기죄)에 준하여 이득행위가 있어야 하고, 더 나아가 조세포탈죄의 불법의 실질을 이루는 개별 세법상의 입법취지에 부합하는 행위로서의 성격(목적성)이 있어야 한다.

㈎ 적극성 첫째, "어떤 다른 행위가 수반됨이 없이 단순히 세법상의 신고를 하지 아니하거나 허위의 신고를 함에 그치는 것"[3]은 판례의 입장처럼 이에 해당하지 않는다. 따라서 상속받은 차명주식을 매도하여 현금화하고 이를 사용하는 행위는 조세포탈이 되지 않는다. 또한 적극성이란 작위행위만이 아니라 부작위행위에 의해서도 실현된다. 예컨대 "사업자등록, 장부의 비치·기장을

3) 대판 2000.4.21, 99도5355; 2003.2.14, 2001도3797.

도표 57 조세포탈에서 부정한 행위의 구성적 요소들

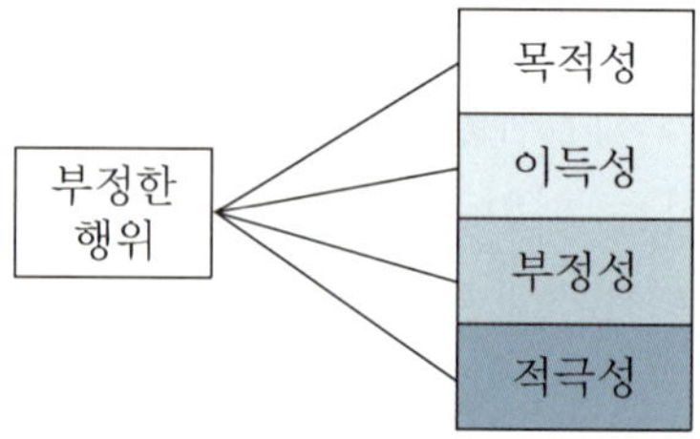

하지 않고, 매입시 세금계산서 발행과 매출시 부가가치세 확정 신고를 하지 않은 행위"[4]는 부작위에 의한 적극적 부정행위가 된다.

(나) **부정성** 둘째, 부정한 행위란 법문언(제3조 제1항, 제6항 제7호)은 일반조항(Generalklauseln)의 형식이지만 "사기 기타"라고 함으로써 부정한 행위는 '사기에 준하는 반가치적 행위'를 가리킨다. 따라서 부정한 행위는 실질적으로는 '가치충전필요개념'(Wertausfüllungsbegriff)이 된다. 부정성의 의미를 구성하는 (사기에 버금가는) '반가치성'(unwert)에 대한 판단에는 법관의 주관적인 가치관점이 능동적으로 작용할 수밖에 없다. 제3조 제6항에 수용된 바 있는 판례는 일찍이 그런 가치관점을 다음과 같이 "사회통념" 또는 "사회일반의 실질적인 납세윤리"[5]라고 규정한다.

> "사기 기타 부정한 행위라고 함은 조세의 포탈을 가능케 하는 행위로서 사회통념상 부정이라고 인정되는 행위를 말하는 것으로 조세의 부과·징수를 불능 또는 현저히 곤란하게 하는 위계 기타 부정한 적극적 행위"[6]

그러나 이는 부정한 행위의 판단에 개입하는 법관의 가치관점이 주관적인 것이 아니라 객관적인 것임을 강조하는 수사학이다. 부정행위를 인정한 사례와 부정한 사례의 대표적인 경우를 비교해보면 이를 쉽게 알 수 있다.

---

4) 대판 1988.2.9, 84도1102.

5) 권순익, "조세범처벌법 제9조 제1항에 규정된 '사기 기타 부정한 행위'의 의미", *대법원판례해설* (통권 제56호, 2005년 상반기), 562~572쪽 참조.

6) 대판 1977.5.10, 75도4078 이후 일관된 대법원의 입장이다.

부정행위를 인정한 사례	부정행위를 부정한 사례
ⓐ 구체적으로 허위장부의 작성·비치를 통하여 매출액과 수입액을 누락하고 경비를 과다계상한 경우[7)] ⓑ 사업자등록 명의를 차용하여 유흥주점을 경영하면서 수입을 숨긴 경우[8)] ⓒ "사업자등록, 장부의 비치·기장을 하지 않고, 매입시 세금계산서 발행과 매출시 부가가치세 확정신고를 하지 않은 행위"에 대하여 본죄 성립을 인정[9)](부작위에 의한 부정행위) ⓓ 차명계좌의 이용행위에 적극적 은닉의도가 나타나는 사정이 덧붙여진 경우[10)] ⓔ 면세금지금거래 승인을 취득한 회사들을 구하여 폭탄업체로 운영하면서 부가가치세를 납부하지 않기 위해 거래 직후 회사 예금잔액을 현금으로 인출하는 한편 과세표준 등의 신고 없이 폐업한 경우[11)] ⓕ 부동산매매회사의 경영자가 토지 등의 매매금액을 감액하여 허위내용의 매입·매출장부를 작성하고, 그 차액을 차명계좌에 보관하는 한편 장부상 금액을 기준으로 법인세 과세신고를 한 경우[12)] ⓖ 과세대상의 미신고나 과소신고와 아울러 장부상의 허위기장 행위, 수표 등 지급수단의 교환반복 행위, 여러 개의 차명계좌를 반복적으로 이용하는 행위 등 적극적 은닉의도가 나타나는 사정이 덧붙여진 경우[13)]	ⓞ 납세신고를 하지 아니하여 사업자등록이 말소된 이후 새로 사업자등록을 하지 않고[14)] 미술품중개업을 하면서 납세신고를 하지 않은 경우[15)] ⓟ 법령상 매입세액 공제를 받을 수 없는 것이 분명한 거래를 부가가치세 신고시 매입세액 공제대상으로 허위신고한 경우[16)] ⓠ 컴퓨터에 거래내역을 저장·보관하면서 사업자등록을 하지 않고 장부를 비치하지 않고 소득신고도 하지 않은 경우[17)] ⓡ 특수관계자들로부터 주식을 시가보다 고액으로 매수하면서 그 고가매수 사실이 발각되지 않기 위하여 매수일자를 소급한 매매계약서와 회계장부를 작성하는 등으로 소득금액을 줄임으로써 그에 해당하는 세금을 면한 경우[18)]

7) 대판 1992.3.10, 92도147; 1989.9.26, 89도238.
8) 대판 2004.11.12, 2004도5818; 2001.12.11, 2001도5048.
9) 대판 1988.2.9, 84도1102.
10) 대판 1999.4.9, 96도667.
11) 대판 2007.10.11, 2007도5577.
12) 대판 2007.10.11, 2007도4697.
13) 대판 2007.8.23, 2006도5041.
14) 단순히 사업자등록을 하지 않는 행위도 부정한 행위에 해당되지 않는다고 본 판례로 대판 2000.4.21, 99도5355.
15) 대판 2003.2.14, 2001도3797.
16) 대판 2001.9.25, 2000도1514.

ⓘ 상속·증여받은 부동산을 상속·증여세 포탈을 위하여 매수한 것처럼 가장한 경우[19]	ⓢ 법인이 이전부터 보유하고 있던 차명주식 등 부외자산을 당해 사업연도에 이르러 비로소 법인의 회계장부에 계상하면서 마치 이를 그 해에 새로 매수하는 것처럼 회계처리하는 방법으로 금원을 인출하여 법인의 비자금 관리계좌에 입금함으로써 동액 상당의 현금자산을 법인의 회계장부 밖으로 유출한 경우[20]

'부정성'의 요소를 인정한 사례와 인정하지 않은 사례 사이를 나누는 기준은 법적으로 세분화된 기준이라기보다 윤리적 직관이라 할 수 있다. 그렇기 때문에 범죄구성요건의 보장적 기능에 대한 우려의 목소리[21]가 사라지기 어렵다.

㈐ **이득성** 여기서 부정한 행위의 개념표지로서 이득성의 요소가 추가될 필요가 있다. 이득성은 납세를 피함으로써 얻는 이익(포탈세액)을 넘어서는 이익을 취득하려는 행위와 그 의사를 가리킨다. 예컨대 차명주식을 매도하여 현금으로 인출한 후 다시 다른 차명증권계좌로 분산 입금하는 행위를 반복함으로써 (탈세액 이외의) (적절한 주식매수·매도행위를 통해) 시세차익을 얻는 행위를 들 수 있다. 이는 조세포탈죄를 (장물죄에서와 같이) 기술적 의미의 재산범으로 해석한 것이라 할 수 있다. 이를테면 사기죄는 타인의 손해를 통해 타인의 재산을 취득하는 이득죄이다. 독일에서는 조세포탈죄(Steuerhinterziehung)는 "사기죄의 특수한 형태"[22](spezielle Form des Betrugs)로 이해되고 있다. 이때 이득(Bereicherung)은 납세를 피함으로써 자신의 재산이 감소되는 것을 막는 데에 그치지 않고, '타인의 재산영역에 들어가 그의 재산을 자신의 재산영역으로 가지고 오는 것'을 말한다. 물론 납세를 피하는 행위가 조세채권이라는 국가의 재산영역에 들어가는 행위이긴 하지만 조세채권의 침해[23]는 조세포탈행위(기

17) 대판 2000.4.21, 99도5356.

18) 대판 2002.6.11, 99도2814; 이렇게 본 이유는 위 소득금액이 조세범처벌법 제9조의2 제1호 소정의 세무회계와 기업회계와의 차이로 생긴 금액이기 때문임.

19) 대판 1984.6.26, 81도2388 .

20) 대판 2005.1.14, 2002도5411.

21) 예컨대 이태로·안경봉, *조세법 강의* (박영사, 신정3판), 783쪽 참조.

22) Erwin Künster, *Wirtschaftsstrafrecht* (Müller-Gugenberger/Bieneck편) (3.Auflage, 2000), 1123쪽 참조.

수)에 의하여 이루어지는 결과라는 점을 간과해서는 안 된다.[24] 그렇기에 조세포탈죄는 사기죄와 달리 위태범으로 볼 여지가 생긴다. 하지만 포탈행위에 의해 잠재적인 조세채권의 침해가 일어난다는 점에서 여전히 결과범으로 볼 수 있다.

이와 같은 이득성의 요건에서 보면 위 판례사안에서 부정행위를 인정한 사례군에서도 예컨대 ⓘ사례나 ⓢ사례처럼 '타인의 재산영역'을 침범하지 않고 납세부담을 면하는 행위는 조세포탈죄의 '부정한 행위'에 해당하지 않는다고 보아야 한다.

㈑ **목적성** 부정한 행위의 또 다른 개념표지로서 적극적이며 부정적인 이득행위가 그 행위 밖의 일정한 목적을 추구하는 것일 때 비로소 부정한 행위를 인정할 수 있는 예외적인 경우도 있다. 조세포탈죄는 "~할 목적으로"라는 문언이 없으므로 형식적으로는 목적범은 아니다. 판례도 같은 입장이다. 그러나 부정한 행위는 조세포탈죄의 금지의 실질인 각종 세법이 설정하는 금지의 목적(또는 입법취지 ratio legis)을 실현하는 행위라는 측면이 있다.

예컨대 대주주만 부담하는 상장주식양도세의 납부의무는 '변칙증여의 방지'라는 목적(입법취지)을 위한 것이다. 대주주가 상속받은 차명주식을 매도하고 차명증권계좌에서 현금을 인출하여 다른 차명계좌에 분산 입금하는 행위를 반복하는 것이 상장주식양도세포탈죄가 되려면 그런 차명주식거래가 변칙증여의 목적을 위해 이루어진 것이어야 한다. 왜냐하면 그런 목적이 없다면 소득세법에 규정된 금지의 실질이 실현된 것이 아니고, 따라서 조세포탈의 불법구성요건도 실현될 수 없는 것이기 때문이다.

다시 말해 조세포탈죄로 처벌하려는 부정한 행위가 납세의무를 부과하는

23) 물론 조세포탈죄는 과세요건의 충족을 전제로 할 때만 조세채권의 침해가능성도 인정되고, 과세요건이 충족되지 않는 경우에는 애당초 조세포탈죄가 성립하지 않는다. 이에 관한 대판 2005.6.10, 2003도5631("조세포탈죄는 납세의무자가 국가에 대하여 지고 있는 것으로 인정되는 일정액의 조세채무를 포탈한 것을 범죄로 보아 형벌을 과하는 것으로서, 조세포탈죄가 성립하기 위하여는 조세법률주의에 따라 세법이 정한 과세요건이 충족되어 조세채권이 성립하여야만 되는 것이므로, 세법이 납세의무자로 하여금 납세의무를 지도록 정한 과세요건이 구비되지 않는 한 조세채무가 성립하지 않음은 물론 조세포탈죄도 성립할 여지가 없다.")참조.

24) 조세범처벌법 제3조 제5항은 조세포탈죄의 기수시기를 "다음의 각 호의 구분에 따른다"고 규정한다. 1. 납세의무자의 신고에 의하여 정부가 부과·징수하는 조세: 해당 세목의 과세표준을 정부가 결정하거나 조사결정한 후 그 납부기한이 지난 때. 다만, 납세의무자가 조세를 포탈할 목적으로 세법에 따른 과세표준을 신고하지 아니함으로써 해당 세목의 과세표준을 정부가 결정하거나 조사결정할 수 없는 경우에는 해당 세목의 과세표준의 신고기한이 지난 때로 한다. 2. 제1호에 해당하지 아니하는 조세: 그 신고·납부기한이 지난 때.

'세법규정의 목적'을 실현할 수 없게 만드는 것이어야 한다. 또한 부정한 행위가 어떤 목적을 추구해야 하는 것인지는 조세포탈죄규정에서 나오는 것이 아니라 다양한 세법규정의 목적에서 나오는 것이고, 이는 세법해석에 의해 밝혀지는 것이다. 바꿔 말해 조세포탈죄의 규범영역(Normbereich)은 납세의무를 근거 짓는 세법규정의 목적에 의해 그 반경이 제한될 수 있다.

(2) **제 재** 조세포탈행위에 대한 법적 제재는 징역형과 벌금이다. 조세범처벌법 제3조 제1항은 형벌은 2년 이하의 징역 또는 포탈세액의 2배(포탈세액이 3억원 이상이고 포탈세율[=포탈세액÷신고납부의무세액배]이 0.3이상이거나 포탈세액이 5억원 이상인 경우에는 3년 이하의 징역 또는 포탈세액의 3배) 이하에 상당하는 벌금형에 처한다. 징역과 벌금은 선택형이 원칙이다. 그러나 조세포탈죄의 경우에는 '정상에 따라 징역형과 벌금형을 병과할 수 있다'(제3조 제2항). 물론 이 벌금의 병과는 임의적 사항이다.

(3) **특가법의 형벌가중** 그런데 조세포탈액의 규모가 커지면 다음과 같은 특정범죄가중처벌 등에 관한 법률 제8조가 적용된다. 포탈세액이 10억원 이상인 때에는 무기 또는 5년 이상의 징역에 처한다. 따라서 작량감경(酌量減輕, 형법 제53조)을 적용할 때에만 집행유예를 선고할 수 있게 된다. 포탈세액이 5억원 이상 10억원 미만인 때에는 3년 이상의 유기징역에 처한다. 또한 벌금은 포탈세액의 2배 이상 5배 이하에 처하며, 임의적 병과규정인 조세범처벌법 제3조 제2항과 달리 벌금은 자유형과 반드시 '병과'(倂科)하여야 한다.

특정범죄 가중처벌 등에 관한 법률 제8조 (조세포탈의 가중처벌) ①「조세범 처벌법」 제3조 제1항, 제4조 및 제5조에 규정된 죄를 범한 사람은 다음 각 호의 구분에 따라 가중처벌한다.

1. 포탈하거나 환급받은 세액 또는 징수하지 아니하거나 납부하지 아니한 세액(이하 "포탈세액등"이라 한다)이 연간 10억원 이상인 경우에는 무기 또는 5년 이상의 징역에 처한다.
2. 포탈세액등이 연간 5억원 이상 10억원 미만인 경우에는 3년 이상의 유기징역에 처한다.

② 제1항의 경우에는 그 포탈세액등의 2배 이상 5배 이하에 상당하는 벌금을 병과한다.

| 도표 58 | 조세포탈죄를 구성하는 법규들의 관계구조

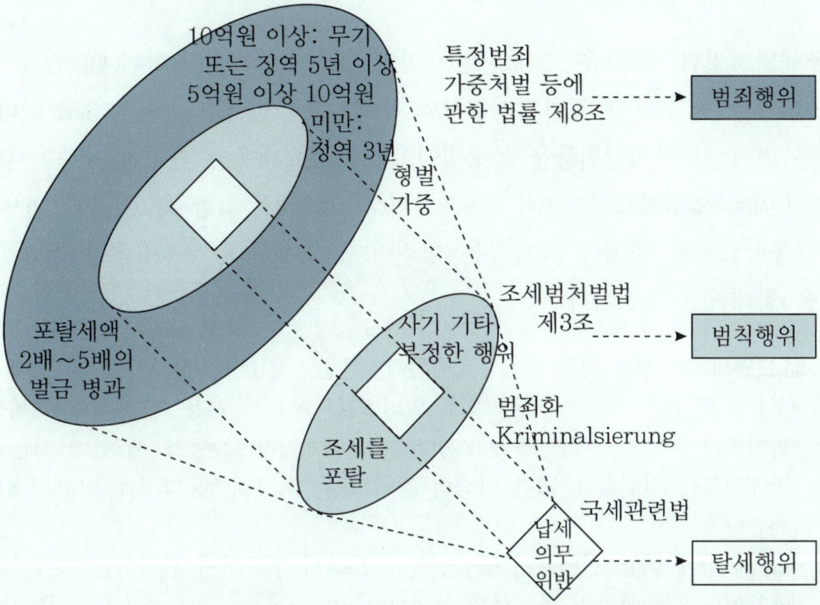

특가법 제8조의 특징은 오로지 포탈세액의 규모, 즉 결과반가치(Erfolgsunwert)의 차이만을 기준으로 법정형을 가중한다는 점에 있다. 예컨대 포탈방법(행위양태)이나 매우 제한된 범위이지만 조세범처벌법 제3조 단서 제1호가 고려하는 포탈률(포탈액÷납세의무액)과 같은 행위반가치는 특가법상 조세포탈죄의 성립요건이 되지 않는다. 특가법 제8조가 적용되는 사안은 조세범처벌법상의 범칙사건(犯則事件)(조세범처벌법 제6조)에서 제외되고 조세당국(국세청장 · 지방국세청장 · 세무서장 · 세무공무원)의 고발 없이 처벌이 소추가 가능한 범죄행위가 된다(특가법 제16조). 오늘날 조세포탈죄에 대한 형사처벌 자체의 정당성에 대해서는 거의 의문이 제기되지 않는다. 선진각국이 조세포탈을 범죄로 처벌하고 있다. 그러나 그 제재의 적정성에 대해서는 위헌성 논란이 끊이지 않는다. 그렇기에 조세포탈죄의 해석과 적용에서는 형법 이론적 엄밀논증을 통해 헌법합치적인 해석을 해 나아가는 작업이 가장 중요하고 실천적인 과제로 등장한다.

2. 기타 조세범죄의 불법유형

조세범처벌법 제2장은 조세포탈죄 이외에도 다수의 범칙행위(犯則行爲)를 규정하고 있다. 일부는 특정범죄가중처벌 등에 관한 법률이 적용되기도 한다. 아래서는 먼저 이 범칙행위들을 목록화하고, 그 주요내용을 간략히 개관해본다.

(1) **면세유부정유통죄** 조세특례제한법(제106조의2 제1항 제1호)상의 면세유를 부정유통함으로써 조세를 포탈하는 범죄이다. 면세유의 부정유통을 통해 조세채권을 침해하는 행위이다.

> **제4조(면세유의 부정 유통)** ①「조세특례제한법」 제106조의2 제1항 제1호에 따른 석유류를 같은 호에서 정한 용도 외의 다른 용도로 사용·판매하여 조세를 포탈하거나 조세의 환급·공제를 받은 석유판매업자(같은 조 제2항에 따른 석유판매업자를 말한다)는 3년 이하의 징역 또는 포탈세액등의 5배 이하의 벌금에 처한다.
> ② 제1항에 따른 면세유를 공급받은 자로부터 취득하여 판매하는 자에게는 판매가액의 3배 이하의 과태료를 부과한다.
> ③「개별소비세법」 제18조 제1항 제11호 및「교통·에너지·환경세법」 제15조 제1항 제3호에 따른 외국항행선박 또는 원양어업선박에 사용할 목적으로 개별소비세 및 교통·에너지·환경세를 면제받는 석유류를 외국항행선박 또는 원양어업선박 외의 용도로 반출하여 조세를 포탈하거나, 외국항행선박 또는 원양어업선박 외의 용도로 사용된 석유류에 대하여 외국항행선박 또는 원양어업선박에 사용한 것으로 환급·공제받은 자는 3년 이하의 징역 또는 포탈세액등의 5배 이하의 벌금에 처한다.
> ④ 제3항에 따른 외국항행선박 또는 원양어업선박 외의 용도로 반출한 석유류를 판매하거나 그 사실을 알면서 취득한 자에게는 판매가액 또는 취득가액의 3배 이하의 과태료를 부과한다.
> ⑤ 제2항 및 제4항에 따른 과태료는 관할 세무서장이 부과·징수한다.

(2) **유사석유제품제조죄** 석유 및 석유대체연료 사업법이 정한 유사석유제품을 제조하는 행위는 조세채권을 침해할 위험을 발생시키며, 조세질서를 교란시키는 범죄이다.

> **제5조(유사석유제품의 제조)** 「석유 및 석유대체연료 사업법」 제2조 제10호에 따른 유사석유제품을 제조하여 조세를 포탈한 자는 3년 이하의 징역 또는 포탈한 세액의 5배 이하의 벌금에 처한다.

(3) 무면허주류제조죄 주세법상 면허(주세법 제6조, 제8조)를 제조장 및 판매장별로[25] 받지 않고[26] 주류의 제조와 판매를 하면 '사실상' 주세를 포탈(의 구체적 위험을 초래)하게 되므로, 무면허 영업 자체가 사기 기타 부정한 방법에 버금가는 행위불법을 구성하여 범칙행위로 처벌한다.

> **제6조(무면허 주류의 제조 및 판매)** 「주세법」에 따른 면허를 받지 아니하고 주류, 밑술·술덧을 제조(개인의 자가소비를 위한 제조는 제외한다)하거나 판매한 자는 3년 이하의 징역 또는 3천만원(해당 주세 상당액의 3배의 금액이 3천만원을 초과할 때에는 그 주세 상당액의 3배의 금액) 이하의 벌금에 처한다. 이 경우 밑술과 술덧은 탁주로 본다

(4) 체납처분면탈죄 조세징수권은 체납자의 사해행위를 취소할 수 있게 한 국세징수법 제30조에 의해 충분히 보호되지 않는다.

> **제7조(체납처분 면탈)** ① 납세의무자 또는 납세의무자의 재산을 점유하는 자가 체납처분의 집행을 면탈하거나 면탈하게 할 목적으로 그 재산을 은닉·탈루하거나 거짓 계약을 하였을 때에는 3년 이하의 징역 또는 3천만원 이하의 벌금에 처한다.
>
> ② 「형사소송법」 제130조 제1항에 따른 압수물건의 보관자 또는 「국세징수법」 제38조 단서에 따른 압류물건의 보관자가 그 보관한 물건을 은닉·탈루하거나 손괴 또는 소비하였을 때에도 제1항과 같다.
>
> ③ 제1항과 제2항의 사정을 알고도 제1항과 제2항의 행위를 방조하거나 거짓 계약을 승낙한 자는 2년 이하의 징역 또는 2천만원 이하의 벌금에 처한다.

1) 체납처분면탈죄 체납처분의 대상이 되는, 바꿔 말해 국세징수법상 압류와 환가의 대상이 되는 재산의 은닉·탈루(예: 소유권의 이전), 거짓계약(예: 재산의 허위양도, 채무의 허위부담)의 행위는 조세의무의 강제적 이행을 면탈시킬 구체적 위험을 발생시키는 행위이다(제7조 제1항). 이 행위가 조세포탈죄의 실행행위에 속하는 '조세포탈'을 목적으로 삼고 있을 때 체납처분면탈죄가 된다.

2) 압수물건은닉죄 또한 압수물건의 장닉·탈루죄(제7조 제2항)는 압수물건을 제3자에게 보관시킬 때 성립할 수 있지만, 현재 압수물건은 세무관서에서 보관하므로 거의 적용되지 않는 규정이다.

---

25) 주세법상 면허는 제조장 및 판매장별로 받아야 하므로 면허받은 제조 판매장소가 아닌 장소에서 제조 판매한 경우도 무면허주류판매에 해당한다(대판 1975.12.23, 75도2553).

26) 주류판매업면허 정지처분을 받고 그 기간 중에 한 주류판매행위도 무면허 주류판매에 해당한다(대판 1995.6.30, 95도571).

3) 체납처분면탈방조죄 체납재산의 장닉·탈루행위 또는 압수물건의 장닉·탈루행위임을 알고 방조하거나 허위의 계약을 승낙한자는 체납처분면탈방조범이 되지만 조세범처벌법은 처벌규정(제7조 제3항)을 따로 마련하고 있다.

(5) 성실신고방해죄 고객유치의 직업적 필요성 때문에 세무신고대리인이 납세의무자의 세무신고에 관하여 거짓 신고를 하거나, 납세의무자가 아닌 제3자가 과세표준의 신고나 조세의 징수 또는 납부를 하지 않도록 선동·교사하는 범죄행위이다. 특히 후자는 조세저항운동이나 조세불납부운동을 막기 위한 것이다.

> **제9조(성실신고 방해 행위)** ① 납세의무자를 대리하여 세무신고를 하는 자가 조세의 부과 또는 징수를 면하게 하기 위하여 타인의 조세에 관하여 거짓으로 신고를 하였을 때에는 2년 이하의 징역 또는 2천만원 이하의 벌금에 처한다.
> ② 납세의무자로 하여금 과세표준의 신고(신고의 수정을 포함한다. 이하 "신고"라 한다)를 하지 아니하게 하거나 거짓으로 신고하게 한 자 또는 조세의 징수나 납부를 하지 않을 것을 선동하거나 교사한 자는 1년 이하의 징역 또는 1천만원 이하의 벌금에 처한다.

(6) 세금계산서관련의무위반죄 세금계산서는 부가가치세의 납세의무자(사업자)가 거래상대방에게 작성·교부하는 세액의 계산과 거래의 증빙서류로서 사업자에게는 매출세액의 증빙서류(예: 매출처별세금계산서합계표)가 되고 상대방에게는 매입세액의 공제를 통하여 부가가치세액의 과세자료(매입처별세금계산서합계표[27])가 된다. 세금계산서의 교부와 수령은 거래의 투명성을 촉진하고 근거과세원칙에 따른 조세행정의 기능을 보호한다. 이를 위해 다음과 같은 행위를 처벌한다.

> **제10조(세금계산서의 발급의무 위반 등)** ① 「부가가치세법」에 따라 세금계산서(전자세금계산서를 포함한다. 이하 이 조에서 같다)를 작성하여 발급하여야 할 자와 매출처별세금계산서합계표를 정부에 제출하여야 할 자가 다음 각 호의 어느 하나에 해당하는 경우에는 1년 이하의 징역 또는 공급가액에 부가가치세의 세율을 적용하여 계산한 세액의 2배 이하에 상당하는 벌금에 처한다.
> 1. 세금계산서를 발급하지 아니하거나 거짓으로 기재하여 발급한 경우
> 2. 거짓으로 기재한 매출처별세금계산서합계표를 제출한 경우

27) 부가가치세법 제20조는 세금계산서의 제출의무를 폐지하고 매입처별세금계산서합계표 제출의무만을 부과한다.

② 「부가가치세법」에 따라 세금계산서를 발급받아야 할 자와 매입처별세금계산서합계표를 정부에 제출하여야 할 자가 통정하여 다음 각 호의 어느 하나에 해당하는 행위를 한 경우에는 1년 이하의 징역 또는 매입금액에 부가가치세의 세율을 적용하여 계산한 세액의 2배 이하에 상당하는 벌금에 처한다.

1. 세금계산서를 발급받지 아니하거나 거짓으로 기재한 세금계산서를 발급받은 경우
2. 거짓으로 기재한 매입처별세금계산서합계표를 제출한 경우

③ 재화 또는 용역을 공급하지 아니하거나 공급받지 아니하고 다음 각 호의 어느 하나에 해당하는 행위를 한 자는 3년 이하의 징역 또는 그 세금계산서 및 계산서에 기재된 공급가액이나 매출처별세금계산서합계표, 매입처별세금계산서합계표에 기재된 공급가액 또는 매출처별계산서합계표, 매입처별계산서합계표에 기재된 매출·매입금액에 부가가치세의 세율을 적용하여 계산한 세액의 3배 이하에 상당하는 벌금에 처한다.

1. 「부가가치세법」에 따른 세금계산서를 발급하거나 발급받은 행위
2. 「소득세법」 및 「법인세법」에 따른 계산서를 발급하거나 발급받은 행위
3. 「부가가치세법」에 따른 매출·매입처별계산서합계표를 거짓으로 기재하여 정부에 제출한 행위
4. 「소득세법」 및 「법인세법」에 따른 매출·매입처별계산서합계표를 거짓으로 기재하여 정부에 제출한 행위

④ 제3항의 행위를 알선하거나 중개한 자도 제3항과 같은 형에 처한다. 이 경우 세무를 대리하는 세무사·공인회계사 및 변호사가 제3항의 행위를 알선하거나 중개한 때에는 「세무사법」 제22조 제2항에도 불구하고 해당 형의 2분의 1을 가중한다.

⑤ 제3항의 죄를 범한 자에 대해서는 정상(情狀)에 따라 징역형과 벌금형을 병과할 수 있다.

특정범죄가중처벌 등에 관한 법률 제8조의2(세금계산서 교부의무 위반 등의 가중처벌)

① 영리를 목적으로 「조세범 처벌법」 제10조 제3항 및 제4항 전단의 죄를 범한 사람은 다음 각 호의 구분에 따라 가중처벌한다.

1. 세금계산서 및 계산서에 기재된 공급가액이나 매출처별세금계산서합계표·매입처별세금계산서합계표에 기재된 공급가액 또는 매출·매입금액의 합계액(이하 이 조에서 "공급가액등의 합계액"이라 한다)이 50억원 이상인 경우에는 3년 이상의 유기징역에 처한다.
2. 공급가액등의 합계액이 30억원 이상 50억원 미만인 경우에는 1년 이상의 유기징역에 처한다.

② 제1항의 경우에는 공급가액등의 합계액에 부가가치세의 세율을 적용하여 계산한 세액의 2배 이상 5배 이하의 벌금을 병과한다.

1) 세금계산서교부불성실죄 사업자등록을 하였고, 실제로 재화와 용역을 공급한[28] 사업자[29]가 거래시점에[30] 또는 고정거래처와의 거래에서는 매월 10일[31] 세금계산서를 (주로 일반소비자에 대하여) 교부하지 않거나 허위기재(예: 액수의 축소 또는 통정에 의한 과대기재, 거래일자의 허위)하여 교부하는 행위

2) 세금계산서수취불성실죄 세금계산서(매입처별세금계산서합계표)를 정부에 제출하여야 할 자(국가·지방자치단체·지방자치단체조합, 부가가치세면세사업자 중 소득세·법인세납세의무자, 민법 제32조에 의한 법인, 특별법에 의해 설립된 법인, 각급 학교 기성회·후원회 기타 이와 유사한 단체[32])가 세금계산서를 작성·교부하여야 하는 사업자를 통정하여 세금계산서를 교부받지 않거나 또는 거짓으로 기재한 세금계산서를 교부받거나 거짓으로 기재한 매입처별세금계산서합계표를 제출하는 행위

3) 가공의 세금계산서 교부죄 및 수수알선죄 부가가치세법상 사업자(예: 정상적인 사업자 이외에 위장가공사업자, 제3자 명의의 사업자등록을 한 자 포함)가 실물거래 없이 세금계산서를 교부하거나 교부받는 행위와 이를 알선하는 행위는 범칙행위로 처벌된다. 또한 가공의 세금계산서 수수·알선행위는 그 가공의 공급가액이나 매출매입의 합계액이 30억원 이상일 때에는 특가법 제8조의2에서 가중처벌 되는 '범죄행위'가 된다.

(7) 조세면탈목적 차명사업자등록죄 조세의 회피나 강제집행의 면탈을 목적으로 차명으로 사업자등록하거나 이를 허락하는 행위는 조세질서범이다.

> **제11조(명의대여행위 등)** ① 조세의 회피 또는 강제집행의 면탈을 목적으로 타인의 성명을 사용하여 사업자등록을 한 자는 2년 이하의 징역 또는 2천만원 이하의 벌금에 처한다.
> ② 조세의 회피 또는 강제집행의 면탈을 목적으로 자신의 성명을 사용하여 타인에게 사업자등록을 할 것을 허락한 자는 1년 이하의 징역 또는 1천만원 이하의 벌금에 처한다.

---

28) 판례는 실제로 재화를 공급하지 아니하여 부가가치세법상 세금계산서를 작성하여 교부할 수 없는 사업자는 제11조의2 제1항 제1호의 행위주체가 되지 않으며, 또한 등록된 사업자와 공범이 되는 것도 아니라고 본다(대판 1994.6.28, 92도2417; 1996.3.8, 95도1738). 따라서 이 경우에 실물거래 없는 세금계산서 수수와 알선죄(제11조의2 제4항)가 적용된다.

29) 미등록사업자의 경우에는 부가가치세포탈죄가 성립할 수 있다.

30) 부가가치세법 제16조 제1항(세금계산서).

31) 부가가치세법시행령 제54조(세금계산서의 교부특례).

32) 부가가치세법 제20조(세금계산서합계표의 제출), 동법시행령 제67조(세금계산서합계표 제출의무자의 범위).

(8) 납세증명표식 불법사용죄

제12조(납세증명표지의 불법사용 등) 다음 각 호의 어느 하나에 해당하는 자는 2년 이하의 징역 또는 2천만원 이하의 벌금에 처한다.

1. 「주세법」 제44조에 따른 납세증명표지(이하 이 조에서 "납세증명표지"라 한다)를 재사용하거나 정부의 승인을 받지 아니하고 이를 타인에게 양도한 자
2. 납세증명표지를 위조하거나 변조한 자
3. 위조하거나 변조한 납세증명표지를 소지 또는 사용하거나 타인에게 교부한 자
4. 「인지세법」 제10조에 따라 소인(消印)된 인지를 재사용한 자

1) 납세증명표식 불법사용죄 국세청장이 유통과정에서 조세포탈의 염려가 많아서 이를 방지하기 위한 식별로서 첨부하게 하는, 예컨대 주세법상의 납세증명표지(예: 납세증지 납세병마개, 납세증표 등)[33]를 재사용, 불법양도(단 불법양수는 제외됨),[34] 위조 또는 변조, 위조·변조한 납세증명표지의 소지와 교부의 행위는 범칙행위가 된다.

2) 인지재사용죄 문서에 첨부되고 문서의 지면에 걸쳐 서명하거나 인장이 표시된(즉 '消印된') 인지(수입인지에 관한 법률 제5조에서 말하는 수입인지)의 재사용행위는 — 형법 제218조의 인지위조·변조죄, 제221조의 소인무효죄와 함께 — 인지세의 포탈과 국고세입금의 누락을 가져온다는 점에서 범칙행위로 처벌된다.

(9) 원천징수의무위반죄 소득세법, 법인세법, 농어촌특별세법 등에 — 그 징수할 세의 (원천)납세의무자가 아니지만, "조세징수의 편익"[35]을 도모하기 위하여 — 규정된 원천징수의무자가 '정당한 사유 없이' 그 세를 징수하지 아니하거나(不徵收의 예: 법인임원에 대한 생활비 등 부외인건비, 퇴직위로금 지급 등) 징수한 세금을 납부하지 않는(不納付) 행위는 소득세법상 원천징수 불성실가산세(소

---

33) 주세법 제44조(납세표지증명), 주세법시행령 제57조(납세표지증명) 참조.

34) 압수물건은닉죄인 제12조의 2 제1호는 정부의 승인 없이 타인에게 양도한 자에 국한하므로 불법양수한 자는 처벌되지 않는다. 또한 판례는 "양수한 자를 처벌하는 조항이 없을 뿐 아니라 그 양수행위를 양도행위에 가공한 공동정범으로 볼 수 없다"고 본다(대판 1970.11.20, 70도2112).

35) "급료를 지급하는 자에 대하여 조세징수의 편익을 도모하기 위하여 근로자가 납부할 각종 근로소득세를 원천징수하여 납부하도록 규정한 것을 헌법에 위반된다고 할 수는 없는 것"(대판 1989.1.17, 87누551·552)이다. 하지만 타인의 소득에 대해 국가의 조세징수사무를 무보상으로 대신해주는 원천징수의무자의 의무위반이 범죄가 되어야 하는가 라는 의문이 불식되지 않는다. 보상의 문제는 별론으로 하고 위탁된 원천징수의무를 이행하지 않으면 근로소득자의 소득세 탈세가 광범위하게 일어날 수 있다는 점에서 원천징수제도는 합리성이 있고, 그 제도 안에서 위탁사무를 신의성실에 따라 이행하지 않는 것은 간접적으로 조세를 포탈하게 하는 것과 유사하다.

득세법 제158조 등) 이외에 형벌로 위협되는 범칙행위가 된다. 징수의무 위반보다 납부의무 위반이 더 무겁게 처벌된다.[36)]

제13조(원천징수의무자의 처벌) ① 조세의 원천징수의무자가 정당한 사유 없이 그 세금을 징수하지 아니하였을 때에는 1천만원 이하의 벌금에 처한다.
② 조세의 원천징수의무자가 정당한 사유 없이 징수한 세금을 납부하지 아니하였을 때에는 2년 이하의 징역 또는 2천만원 이하의 벌금에 처한다.

⑽ 근로소득원천징수영수증거짓기재교부죄 근로를 제공받지 않고 거짓으로 근로소득 지급명세서를 제출하거나 근로소득원천징수영수증을 타인에게 교부하는 행위는 '사실상' 조세를 포탈(의 구체적 위험을 초래)하게 되므로, 사기 기타 부정한 방법에 버금가는 행위불법을 구성하여 범칙행위로 처벌한다.

제14조(거짓으로 기재한 근로소득 원천징수영수증의 발급 등) ① 근로를 제공받지 아니하고 다음 각 호의 어느 하나에 해당하는 행위를 한 자는 2년 이하의 징역 또는 그 원천징수영수증 및 지급명세서에 기재된 총급여·총지급액의 100분의 20 이하에 상당하는 벌금에 처한다.
1. 근로소득 원천징수영수증을 거짓으로 기재하여 타인에게 발급한 행위
2. 근로소득 지급명세서를 거짓으로 기재하여 세무서에 제출한 행위
② 제1항의 행위를 알선하거나 중개한 자도 제1항과 같은 형에 처한다.

Ⅲ. 조세범칙행위의 유형화의 기준과 법적 효과

1. 유형화의 기준

이상에서 개관해 본 범칙행위들은 몇 가지 유형으로 분류될 수 있다. 이 유형화는 뒤에 보듯 일정한 법적 효과와 연결된다. 먼저 범칙행위들을 아래 표와

36) 미국에서 원천징수의무위반죄는 Internal Revenue Code 제75장 제7202조에서 규율된다. "누구든지 이 법에 의하여 조세를 징수하여 그 명세서를 작성, 기입할 자가 이를 고의적으로 징수하지 아니하거나 성실하게 명세서를 작성하여 납부하지 아니하는 경우에는 이를 중죄로 취급하되, 법에 의한 여타 처벌에 병행하여 확정판결에 의하여 1만불 이하의 벌금 또는 5년 이하의 징역에 처하거나 이를 병과할 수 있다"(Any person required under this title to collect, account for, and pay over any tax imposed by this title who willfully fails to collect or truthfully account for and pay over such tax shall, in addition to other penalties provided by law, be guilty of a felony and, upon conviction thereof, shall be fined not more than $10,000, or imprisoned not more than 5 years, or both, together with the costs of prosecution.)라고 규정하여, 벌금병과규정을 둔 점 그리고 5년 이하의 징역형 등은 우리나라 규정보다 무거운 반면, 벌금형은 1만불(약 1천300만원)이어서 사안에 따라 우리나라 규정보다 가벼울 수 있다.

| 도표 59 | 조세범처벌법상의 범칙행위들의 분류

<table>
<tr><td rowspan="4">조세범처벌법상
범칙행위</td><td rowspan="2">★ 조세체계의 기능 직접적 교란 (조세채권의 침해 또는 위태화)
• 조세포탈죄의 독자적 변형구성요건</td><td>침 해 범
(Verletzungs-delikt)</td><td>(기본구성요건: 조세포탈죄)
① 면세유부정유통죄</td></tr>
<tr><td>위 태 범
(Gefährdungs-delikt)</td><td>② 유사석유제품제조죄
③ 무면허주류제조죄
④ 체납처분면탈죄
⑨ 원천징수의무위반죄
⑩ 근로소득원천징수영수증거짓기재교부죄</td></tr>
<tr><td>★ 조세체계의 기능 위태화 (조세체계의 간접적 교란)
• 조세포탈죄의 전단계범죄</td><td>위 험 범
(Riskantes Verhalten)</td><td>⑥ 세금계산서관련의무위반죄
⑧ 납세증명표식 불법사용죄[37]
⑤ 성실신고방해죄</td></tr>
<tr><td>★ 조세행정의 편의성과 고권성 훼손</td><td>질 서 범
(Ordnungs-widrigkeit)</td><td>⑦ 조세면탈목적차명사업자등록죄</td></tr>
</table>

같이 요약할 수 있다.

조세범처벌법이 규정하는 범칙행위들의 기본구성요건은 제3조 제1항의 조세포탈죄이다. 조세포탈죄는 도덕적 반가치가 있는 행위(행위반가치)에 의해 법적으로 유효하게 발생한 조세채권을 침해하고, 그 행위는 사회하부체계(subsystem)의 하나로서 조세체계의 기능을 '직접적'으로 '교란'시킨다. 이런 기본구성요건은 두 가지 방법으로 파생구성요건을 낳는다.

(1) **유사한 그러나 약화된 반도덕적 구조의 행위유형** 첫째는 조세채권을 발생시키는 요건에 포섭되는 행위영역에서 조세포탈죄의 구성요건표지를 부분적으로 교체하여 독자적인 변형구성요건으로 만드는 방법이다. 특히 "사기 기타 부정한 행위"와 그 반도덕적 구조(immoral structure)가 유사하지만 다른 모습의 동등하거나 약화된 행위수행방식(예: 도표의 ① 면세유부정유통죄, ② 유사석유제품

37) 압수물건은닉죄인 제12조의2 제1호(납세증명표식 불법사용죄)와 제8호(인지재사용죄)는 형법전상의 범죄구성요건의 불법유형과 버금가는 불법의 실질을 갖고 있고, 조세포탈죄의 독자적인 변형구성요건을 볼 수 있다.

제조죄, ③ 무면허주류제조행위, ④ 체납처분면탈행위, ⑨ 원천징수의무위반죄, ⑩ 근로소득원천징수영수증거짓기재교부행위)의 표지에 의해 교체되거나, 행위주체가 납세의무자가 아닌 자(예: ⑨ 원천징수의무자, ④ 탈세자 재산의 점유자)로 교체됨으로써 새로운 구성요건이 만들어진다. 이런 행위들도 조세채권을 침해하거나 구체적으로 위태화(구체적 위험범)하고, 또한 그런 행위들은 조세체계의 기능을 '직접적'으로 '교란'시킬 수 있다.

(2) **조세포탈행위의 전단계에 대한 통제** 둘째는 조세채권을 침해하거나 구체적으로 위태화시키는 것이 아니라 단지 '추상적인 위험'(risk)의 속성을 띠는 행위이지만 그 행위가 일반화되면 — 바꿔 말해 자주 발생하고 그 행위의 효과가 누적되면 될수록 — 조세체계의 기능이 위태로워질 개연성이 인정되는 행위들을 새롭게 범죄화하는 방법이다. 이는 조세포탈죄의 '전단계 범죄화'(Vorfeldkriminalisierung)라고 할 수 있다. 예컨대 ⑤ 성신실고방해행위, ⑥ 세금계산서의 미교부 등의 의무위반행위나 ⑧ 납세증명표식 불법사용행위는 아직 조세채권을 침해 또는 침해할 구체적으로 위험을 발생시키는 것은 아니지만, 그런 행위들이 시민들 사이에 일반화되면, 조세체계의 기능은 위태화 될 개연성이 높다. 또한 그런 행위들은 조세포탈행위로 이어질 개연성이 있다는 점에서 약하지만 반도덕적 성격을 갖고 있으며, 이 점에서 행위의 반도덕적 성격이 전제되지 않은 조세질서범과 확연히 구별된다. 이런 행위유형을 형사범죄로 만드는 형법정책은 '예방적 범죄투쟁'(vorbeugende Verbrechensbekämpfung)이라고 부르며, 범죄화정책의 노선과 비범죄화정책의 노선이 강하게 대립되고 있는 영역이기도 하다.

(3) **조세질서범** 셋째는 조세질서범은 조세행정의 고권성(Hoheit)이나 효율성(편의성)을 도모하기 위해 부과한 법적 의무를 위반한다는 이유로 범죄화된 행위들이다. 예컨대 조세를 면탈할 목적으로 타인의 이름으로 사업자등록을 하거나 이를 허락하는 행위는 조세행정의 효율성과 편의성을 해치는 행위가 된다. 이 조세질서범은 원칙적으로는 형사처벌 되어서는 안되고 과태료[38]나 과징금 등으로써 제재되어야 한다. 왜냐하면 그 의무위반행위들은 형법규범이 내재하여야 할 도덕적 행위규범의 성격을 전혀 갖고 있지 않기 때문이다.

38) 2010년 개정으로 (구)조세범처벌법 제13조(명령사항위반 등)의 13개의 조세명령위반행위들 비범죄화되고, 현행 제17조(명령사항위반 등에 대한 과태료 부과)에 의해 과태료가 부과되는 행위의 유형들이 새롭게 정립되었다.

2. 유형화의 법적 기능

범칙행위의 이와 같은 세 가지 유형화는 다음과 같은 법적 기능을 수행할 수 있다.

(1) **범죄화정책에서의 차이** 첫째, 형법이론적, 형법정책적 방향설정에 의미를 준다. 가령 조세에 관련한 시민들의 이중적 도덕의식을 고려한다면, 조세질서범은 물론이고 조세포탈의 전단계 범죄들도 원칙적으로는 비범죄화될 필요가 있다. 실체법의 차원에서 비범죄화가 부적절하다면, 절차법의 차원에서 비범죄화가 요망된다. 조세범처벌절차법상의 통고처분절차는 조세형법에 특유한 절차법적 비범죄화의 대표적인 예이다.

(2) **죄수론적 효과** 둘째, 이 유형화는 범죄론(특히 죄수론)적으로도 의미가 있다.

1) **법조경합관계** 즉, 조세포탈죄의 독자적 변형구성요건은 조세포탈죄와 불법유형(Unrechtstypus)이 — 특히 조세채권을 침해 또는 위태화시키는 재산범적 성격을 갖고 있다는 점에서 — 상당한 정도로 같은 것으로 볼 수 있기 때문에 법조경합관계에 놓인다고 봄이 타당하다.

2) **경합범관계** 그러나 전단계 범죄행위들은 조세채권을 직접 침해하거나 위태화함이 없이 조세행정의 기능이라는 보편적 법익에 대해 추상적 위험(risk)을 발생시키는 행위인 반면, 조세포탈죄는 조세채권을 직접적으로 침해하는 실행행위에 의해 — 그리고 그런 점에서 재산범과 유사한 불법을 가지면서 — 조세체계의 기능을 위태화하는 범죄행위이라는 점을 고려할 때 두 범죄는 불법유형이 상당히 다르며, 따라서 이들은 '경합범'의 관계에 놓인다고 봄이 타당하다. 또한 경합범의 관계는 그 실행행위가 단일하거나 부분적으로 중첩되어 있으면 상상적 경합관계(형법 제40조)에 놓이고 그렇지 않은 경우에만 실체적 경합범관계(제37조~제39조)에 놓인다.

> 가령 허위기재 세금계산서를 교부하는 행위는 신고납부기한이 경과되면 성립하는 조세포탈죄의 실행에 착수하는 행위로 볼 수 있고, 따라서 세금계산서교부불성실죄와 조세포탈죄는 행위가 부분적으로 중첩된다. 이럴 경우에 상상적 경합이 성립하며, 결국 조세포탈죄로만 처벌하여야 한다.

3) 공소사실기재방법 조세포탈죄와 그 독자적 변형구성요건들이 법조경합관계에 있다고 하더라도 검사가 조세포탈죄만 기소해야 하는 것은 물론 아니다. 실무상으로도 큰 범죄인 조세포탈죄가 성립하는 경우에도, 특히 경미한 경우가 아니라면 작은 범죄들(독자적 변형구성요건과 전단계 범죄행위들)까지 조세포탈죄와 함께 기소한다. 하지만 법조경합이나 상상적 경합에 놓이는 경우에는 조세포탈죄를 주위적 공소사실로 그 밖의 범죄를 예비적 공소사실로 기소를 하고, 실체적 경합관계에 놓이는 경우에는 둘 다 주위적 공소사실로 기소하는 것(사실상의 병합심리 신청)이 바람직하다.

(3) 전속고발의 효과 셋째, 범칙행위의 유형화가 갖는 죄수론적인 의미는 세무당국의 전속고발(제21조)의 절차법적 효과와 어떤 필연적인 관계를 맺는 것은 아니다. 예컨대 조세포탈죄와 그 독자적 변형구성요건(① 면세유부정유통죄, ② 유사석유제품제조죄, ③ 무면허주류제조행위, ④ 체납처분면탈행위, ⑨ 원천징수의무위반죄, ⑩ 근로소득원천징수영수증거짓기재교부행위) 가운데 어느 하나에 대한 고발은, 두 범죄유형이 법조경합관계에 있다는 점에서 다른 것에 대하여 효력이 있다.

이에 반해 조세포탈죄와 그 전단계 범죄행위들(⑤ 성실신고방해죄, ⑥ 세금계산서관련의무위반죄, ⑧ 납세증명표식 불법사용죄) 가운데 어느 하나에 대한 고발은, 두 범죄유형이 경합범관계에 있다는 점에서 다른 것에 대한 효력이 있지 않다. 왜냐하면 전속고발제도는 조세범죄의 죄질(불법유형)에서 비롯되는 것이 아니라 조세체계와 법체계 사이에 존재하는 기능적 간극과 합리성 충돌을 메우는 기제로서 기능하는 것이기 때문이다.

> 예컨대 세무당국이 세금계산서교부불성실죄로 고발하였어도 수사한 결과 조세포탈죄가 성립하는 경우에는 세무당국의 조세포탈죄에 대한 별도의 고발이 필요하다. 그 반대의 경우도 마찬가지이다.

또한 별도의 고발이 없다면 검사는, 특가법 제8조에 해당하지 않는 한, 조세포탈죄로 공소제기를 할 수 없다.

출처와 생성

[12]단락의 글은 *조세형법론*(법문사, 2009)의 [2]단락에 수록된 글을 변화된 법령과 판례를 반영하고, 일부 교정하여 생성된 글이다.

12 조세형법의 정당성기초와 위헌성 판단

Ⅰ. 조세형법의 정당성기초

1. 조세포탈죄의 합헌결정

1966년 제정된 특정범죄 가중처벌 등에 관한 법률 제8조(조세포탈)[1]는 오랫동안 위헌성의 논란[2]에 휩쓸려왔다. 그러던 중 1998년 헌법재판소는 특가법 제8조에 대하여 합헌결정을 내린 바 있다. 헌법재판소는 지속적으로 '헌법상 평등의 원칙 및 비례의 원칙 등에 명백히 위배되는 경우가 아닌 한, 입법자는 죄질, 보호법익, 역사와 문화, 시대상황, 국민일반의 가치관이나 법감정, 범죄예방을 위한 형사정책적 측면 등을 종합적으로 고려하여 형사입법할 광범위한 입법재량(형성의 자유)이 있다'고 본다.[3]

이런 전제에서 헌법재판소는 ① 조세포탈은 반사회적, 반윤리적 범죄이고, 조세포탈액이 많을수록 국가와 사회에 미치는 병폐가 커진다는 점, ② 한계금액을 전후한 사안에서 법정형의 현저한 차이는 작량감경을 통해 조절이 가능하고, 법정형의 하한이 높아 선고유예나 집행유예가 불가능하지만 법률상 감경 및 작량감경 등을 통하여 역시 집행유예를 선고할 수 있다는 점 그리고 ③ 2~5배의 벌금 병과는 조세포탈자가 부정하게 취한 이득을 박탈함으로써 국민의 납세윤리를 확립하고 나아가 건전한 사회질서의 유지와 국민경제의 발전에 기여하고자 하는 입법목적상 필요하며, 역시 작량감경을 통한 벌금형 감액과

---

1) 제8조 (조세포탈의 가중처벌) ① 조세범처벌법 제9조 제1항에 규정된 죄를 범한 자는 다음의 구분에 따라 가중처벌한다. 1. 포탈하거나 환급받은 세액 또는 징수하지 아니하거나 납부하지 아니한 세액(이하 "포탈세액등"이라 한다)이 연간 10억원 이상인 때에는 무기 또는 5년 이상의 징역에 처한다. 2. 포탈세액등이 연간 5억원 이상 10억원 미만인 때에는 3년 이상의 유기징역에 처한다. ② 제1항의 경우에는 그 포탈세액등의 2배 이상 5배 이하에 상당하는 벌금을 병과한다.

2) 조경래, "현행 조세포탈범 처벌에 내재하는 문제점에 관한 연구", *국세* (268호, 1989.6.), 106쪽; 명형식, *조세범죄와 그 처벌절차에 관한 연구* (조선대학교 박사학위논문, 1984); 김용준, *조세범처벌법상 조세포탈죄의 형사법적 성격과 개선방안에 관한 연구* (고려대학교 석사학위논문, 2005), 117~119쪽 등 참조.

3) 이런 전제에 관한 자세한 분석으로 이상돈, *헌법재판과 형법정책* (고려대출판부, 2005), 104쪽 아래 참조.

벌금형만의 선고유예도 가능한 점에서 과잉처벌이 아니라고 보았다. 헌법재판소는 결론적으로 "특가법 제8조의 법정형은 입법재량 범위내의 것으로서 형벌체계상의 균형을 상실한 것이라거나 과잉처벌이라고 볼 수 없으므로 헌법 제11조의 평등의 원칙이나 헌법 제37조 제2항에서 유래하는 비례의 원칙 내지 과잉금지의 원칙에 위배된다 할 수 없고 나아가 헌법 제10조의 인간존엄성의 이념에도 위배된다고 할 수 없다"[4]고 보았다. 그러나 헌법재판소의 합헌결정에 등장한 논거들을 꼼꼼히 분석해서, 형법이론적으로 교정을 해보면, 특가법상 조세포탈죄는 위헌적인 규정으로 드러날 수 있다.

2. 조세포탈의 도덕적 이중구조

그러나 이 작업에 앞서 조세형법이 갖는 특수한 성격인 도덕적 이중구조를 이해할 필요가 있다. 여기서 도덕적 이중구조란 조세형법은 수범자들은 시민으로서 탈세의식과 국민으로서의 납세의식을 동시에 갖는다는 점(아래 (1))과 조세형법의 시민법과 국가법의 두 차원을 갖는다는 점(아래 (1))을 가리킨다.

(1) **이중적 법의식과 이중도덕** 조세는 국가나 지방자치단체가 자신의 임무를 달성하기 위해 필요한 재정을 마련하는 가장 중요한 수단이다. 그러므로 납세는 헌법이 명문으로 규정하는 국민의 의무가 된다(헌법 제38조). 즉, 국민은 납세의무를 다해야 국가가 자신의 임무를 수행할 수 있고, 국가의 임무수행은 국민 모두의 이익으로 돌아간다. 그렇기 때문에 납세의무를 이행하지 않는 행위는 국가의 임무수행을 위태롭게 할 수 있다.

1) 국민의 납세준수의식 그런 점에서 납세의무위반은 그것이 다른 사람으로 하여금 납세의무를 이행하지 않도록 부추기고('일반예방적 필요성'), 국가의 재정조달기능을 위태롭게 만든다면('조세채권의 중대한 침해') 형사처벌할 가치('당벌성' Strafwürdigkeit)가 인정되는 중대한 일탈행위(=조세범죄)가 될 수 있다. 이른바 조세범처벌법에서 말하는 '조세포탈'이란 그런 행위의 전형을 이룬다.

---

4) 헌재결 1998.5.28. 97헌바68, 헌공28; 그 밖에 이 결정에서는 조세범처벌법 제4조 제1항이 조세포탈행위에 대한 벌금형의 병과에 있어서 벌금경합에 관한 형법상의 제한가중규정인 형법 제38조 제1항 제2호의 적용을 배제하는 것, 즉 아직 판결이 확정되지 아니한 수개의 조세포탈행위를 동시에 벌금형으로 처벌하는 경우에는 각 죄마다 벌금형을 따로 양정하여 이를 합산한 액수의 벌금형을 선고하게 되고 위 형법규정이 정하는 바와 같이 가장 중한 죄에 정한 벌금 다액의 2분의 1로 제한되지 아니하는 것도 합헌이라고 판단되었다. 또한 헌재결 2005.07.21, 2003헌바98도 특가법 제8조 제1항에 대해 합헌결정을 유지한 바 있다.

조세포탈에 대한 국민의 법의식은 이처럼 <조세포탈 → 국가재정조달기능의 위태화 → 국가임무의 이행 장애 → 모든 국민의 불이익>으로 이어지는 일탈행위의 반가치성을 인정한다. 시민단체들이 조세포탈자, 특히 기업인들에 대해 강한 처벌을 요구할 때의 납세의식은 이와 같은 법의식의 선상에 있다.

2) 시민의 납세거부의식 다른 한편 조세범죄는 형법학의 법익론에서 보면 국가적 법익을 침해하는 범죄가 될 뿐 사회적 법익을 침해하는 범죄이거나 보편적 도덕을 깨뜨리는 범죄가 되지 않는다. 국가의 기능을 위태롭게 하지만 인륜에 반하거나 인간들이 공존하기 위한 조건으로서 도덕에 반하는 행위가 되지 않는다. 그러나 시민들의 조세포탈에 대한 법의식은 조세범죄가 단순히 반국가적 범죄이고 반도덕적 범죄가 아니라는 점에 대한 인식의 차원을 넘어선다. 법적 의미의 조세포탈에 대한 처벌, 특히 지나치게 광범위하고 무거운 처벌의 정당성을 부인하는 법의식이 오랜 세월 시민의식의 탄탄한 일부로 자리잡아 전승되어 오고 있기 때문이다. 모든 시민들이 '많고 적음의 차이는 있지만 조세포탈하지 않는 시민이 없다'는 것을 인정한다. 예컨대 자영업자와 봉급근로자 사이의 실질적인 조세불공평을 문제 삼는 것도 이미 조세포탈행위가 일상적으로 만연해있고, 시민사회에서는 어느 정도까지는 '정상적인 것'으로 받아들여지고 있음을 의미한다. 이런 의식은 뿌리 깊은 역사를 갖고 있다. 이를테면 성경에서도 세리(稅吏 세무공무원)는 공동선을 실행하는 수호자가 아니라 시민을 착취하는 '악인의 모습'으로 비춰진다.

> 예컨대 예수께서 稅吏인 마태의 집에서 앉아 음식을 드실 때에 많은 세리와 죄인들이 와 있는 것을 보고 바리새인들이 예수의 제자들에게 '어찌하여 너희 선생은 세리와 죄인들과 함께 잡수시느냐'[5] 이런 의문에도 불구하고 예수께서 세리와 함께 하심은 세리가 갖는 도덕적 양면성을 상징한다고 볼 수 있다.

지금도 교회의 성직자들은 잘못된 조세법제에 대해 비판하는 목회의 내용을 설파하기도 한다. 물론 조세법에 저항하는 시민의식이 모두 정당하다는 결론으로 바로 달려갈 수는 없다. 부정할 수 없는 것은 조세포탈이란 언제나 국가권력의 조세정책에 항거하는 일정량의 시민적 연대에 의해 옹호되는 측면이 있다는 점이다. 그렇기 때문에 개인들의 납세의식은 국민으로서 납세준수의식

5) 누가복음 5:27-39, 마태복음 9:9-11 참조.

과 시민으로서 납세거부의식이라는 이중적 구조를 띠고 있다고 할 수 있다. 자신의 탈세는 정당하고 남의 탈세를 비난하는 것은 그런 이중적 도덕의식의 분열적인 표현이다.

(2) 조세형법의 민주적 정당성과 생활세계적 정당성 이런 점에서 조세포탈죄를 비롯한 조세형법은 아무리 국가법으로서 민주적 정당성(demokratische Legitimität)을 갖추어도 시민법으로서 생활세계적 정당성(lebensweltliche Legitimität)이 매우 약한 형법이라고 본다.

1) 국가법과 시민법의 구분[6] 이 말을 이해하기 위해서 조세형법이 갖는 두 가지 차원, 즉 국가법의 차원과 시민법의 차원을 구별하는 것이 필요하다.

(가) 시민법으로서 형법 형법은 민법과 함께 사람이 사는 곳이면 언제나 존재했고, 지금도 그렇게 존재하는 법이다. 즉, 형법은 시민들이 살아가는 세계(생활세계 life world)에서 (필요에 따라) 자생적으로 형성되는 법이다. 사람을 죽인 자를 처벌하는 것은 근대국가나 국가형법이 생성되기 이전에 또 그 이후에도 별개로 존재하는 법이다. 그런 의미의 법은 그 옳고 그름이 일상에서 경험되고, 비판적으로 논의되며, 그에 따라 반성적으로 변해간다. 시민들은 그처럼 반성적인 변화 속에서 형법이 타당한 만큼 자율적으로 수용하게 된다. 그렇게 반성적인 변화 속에서 시민들에 의해 수용되는 정당한 (행위)규범의 총체만이 생활세계의 정당한 질서를 구성할 수 있다. 그런 법을 나는 '시민법'(civic law)이라는 용어로 개념화하고자 한다. 시민법으로서 형법의 정당성은 생활세계 속에서 시민들 사이에 비판적으로 논의되고, 타당성에 대한 확신 속에서 자율적으로 수용할 수 있게 하는 의사소통의 흐름 속에서 창출될 수 있을 뿐이다. 그런 정당성을 형법의 생활세계적 정당성(lebensweltliche Legitimität)이라고 부를 수 있다.[7]

이런 시민법의 개념은 법생산권력이 국가에 독점되었던 시대에서 다양한 사회적 행위자가 법의 형성절차에 참여하는 법다원주의(legal pluralism)[8]의 시

---

6) 이 단락의 설명은 이 이론을 내가 처음 전개한 이상돈, 헌법재판과 형법정책 (고려대출판부, 2005), 26~40쪽을 부분 요약하고 다소 변형한 설명이다.

7) 형법학자로서 이런 점에 대한 깊은 통찰을 지닌 O. Backes, "Strafrecht und Lebenswirklichkeit", *Festschrift für Werner Maihofer* (1988), 41쪽 아래; Ransiek, *Gesetz und Lebenswirklichkeit*, 1989; 하지만 민주적 법치국가에서는 형법이 생활세계적 정당성만으로 올바른 법이 되는 것은 아니다. 이런 내용의 이른 비판으로 Ransiek의 책에 대한 나의 서평논문인 Sangdon Yi, "Gesetz und Lebenswirklichkeit" (Rezension), ARSP 1991, Bd.2, 279쪽 아래 참조.

대로 이행하면서 더욱더 설득력 있게 된다. 시민법으로서 형법은 '역사적'으로 국가가 형성되기 이전이건 이후건, 근대국가와 헌법이 형성되기 이전이건 이후건, 법체계가 어떤 발전단계(예: 자유주의적 법모델 → 사회국가적 법모델 → 절차주의적 법모델)에 와 있건 간에 상관없이 존재한다. 시민법으로서 형법은 '현상적'으로는 국가권력에 의해 제정되는 성문법으로도, 또는 관습법으로도 나타날 수 있다. 하지만 시민법은 성문법이든 관습법이든 기존 형법의 고정된 총량을 뜻하지 않는다. 그런 기존의 형법들은 생활세계에서 그 타당성이 의문시될수록 그것을 비판하는 관점이 전제하거나 성취하려는 규범들을 미래의 자신 속으로 편입하는 것이어야 한다. 그런 점에서 시민법으로서 형법은 애당초 이데올로기 비판을 통한 자기변화의 '정치적' 기획을 갖는다고 할 수 있다. 여기서 정치적 기획은 형법이 인문주의적 문화를 점점 더 많이 수용하는 진보의 과정으로 이해될 수 있다. 형법의 기본적인 법원칙들(법익보호원칙/사회적 유해성, 명확성원칙, 비례성원칙, 책임원칙, 의심스러울 때 자유이익으로 in dubio pro libertate-원칙)들은 그런 진보의 오랜 역사 속에서 조탁된 시민법으로서 형법의 원리이다. 이는 헌법 '이전'에 헌법 '밖'에서 형성된 것이며, 그 법원칙의 상당한 부분은 현재의 근대적인 헌법의 텍스트를 형성했다[9]고 볼 수 있다.

(나) **국가법으로서 형법** 하지만 다른 한편 근대적인 국민국가(national state)가 성립한 이후의 정치체제에서 형법은 생활세계 속의 시민들 사이에서 정당한 규범으로 승인되고 수용되는 것만으로는 정당한 규범이 될 수 없다. 시민법으로서 형법도 정치체계를 민주적 법치국가로 조직화한 헌법과 함께 국가법체계 속에 편입되어야 한다. 국가법으로 편입된 형법은 (인권의 주체로서) 시민이 아니라 (국가권력의 주권자로서) 국민(Staatsbürger)이 민주적으로 방식으로 제정한 규범이 된다. 여기서 민주적 방식의 제정이란 첫째, '국가의 공식적인 입법절차'를 통한 (형)법의 형성을 가리키고, 둘째, 이 공식적인 입법절차는 국민 개개인의 의사와 의견을 최대한 수렴하고, 그것들의 관점을 (공론의 장에서) 충분히 교환시켜 국민들 사이에서 가장 타당성을 인정받는 — 바꿔 말해 공론경쟁

---

8) 이상돈, *기초법학* (법문사, 2008), 154, 256, 543 아래, 561, 566쪽 참조.

9) 그런 예로서 형사절차법정주의와 적법절차(압수물건은닉죄 제1항), 고문금지와 불이익진술거부권(압수물건은닉죄 제2항), 영장주의(제12조 제2항, 제16조), 변호인의 조력을 받을 권리(제12조 제4항), 일사부재리(제13조 제1항), 법관에 의한 재판을 받을 권리(제27조 제1항), 신속한 공개재판을 받을 권리(제27조 제3항), 무죄추정권(제27조 제4항), 과잉금지원칙(제37조 제2항) 등을 들 수 있다.

력이 가장 강한 — 관점을 법규범으로 수용하는 과정이 되어야 함을 의미한다. 국가의 공식적인 입법절차가 민주적일수록, 그 절차를 통해 제정된 형법은 정당성을 얻게 된다. 이를 형법의 민주적 정당성(demokratische Legitimität)이라고 부를 수 있다.

2) 조세형법의 정당성 조세형법은 국가법으로서 그리고 시민법으로서 정당성을 갖출 때 비로소 정당성이 인정될 수 있다.

㈎ 시민법과 국가법의 상호보완관계 첫째, 실정 조세형법의 대부분은 국가법으로서 조세형법에 의해 채워질 수밖에 없다. 현대사회에서는 현실의 복잡성과 문화적 탈중심성 그리고 가치판단의 중층성(다맥락성)[10] 때문에 생활세계에서 형성되는 시민법규범만으로는 현실을 규율할 수 없기 때문이다.[11] 그러므로 다양한 (윤리적, 규범적) 가치관점을 교환하고, 불명확한 일상규범이나 자연언어로 세밀하게 규율할 수 없는 복잡한 현실문제에 대해 다양한 정치적, 경제적 판단과 대안들을 비교 검토하는 과정이 조세형법의 형성에서도 꼭 필요하게 된다. 그러나 이념적으로 국가법으로서 조세형법은 시민법으로서 조세형법을 끊임없이 수용하고, 닮아가야 한다. 왜냐하면 민주국가에서 국가권력의 정당성은 궁극적으로는 일상을 살아가는 사람들 사이의 합의적인 의사형성에 기초하기 때문이다. 바꿔 말해 형법의 합헌적 법률해석을 통하여 헌법규범을 구체화하는 헌법재판소에게 규범형성의 실질을 제공하는 것은 국가법으로서 형법이 아니라 이와 같은 시민법으로서 형법(규범)인 것이다.

㈏ 집단적 책임의 개인적 귀속 배제 둘째, 하지만 만일 조세포탈죄가 국가의 기능수행을 위해 필요한 최소한의 범위에서만 운용됨으로써 결과적으로 조세포탈이 너무 광범위해진다면 국가의 기능이 다시금 위태화 될 수 있다. 바로 이 맥락에서는 조세포탈에 대한 시민들의 도덕적 해이가 강조되어야 한다. 그런데 이런 도덕적 해이의 문제를 헌법재판소는 조세포탈'액'의 문제로 바라본 듯하다. 즉, 위 헌재결정에 의하면 특가법 제8조가 조세포탈액 등을 기준으로 단계적으로 가중처벌 하는 것은 "조세포탈범은 재정범으로서 일반형사범에 비하여

---

10) 현대사회의 특징을 이렇게 파악하는 이상돈, *로스쿨을 위한 법학입문* (법문사, 2009), 13~15쪽; 더 일찍이는 Sangdon Yi, *Wortlautgrenze, Intersubjektivität und Kontexteinbettung* (Ffm., 1992) 참조.

11) 이런 관점을 '생활세계로부터 체계의 해리'(Entkopplung des Systems vom Lebenswelt)로 설명하는 Habermas, *Theorie des kommunikativen Handelns II* (Suhrkamp, 1981), 229쪽 아래; "Wie ist legitimität durch Legalität möglich?" *Kritische Justiz* (1987), 1~16쪽.

범행의 동기나 행위의 태양 등이 비교적 정형화되어 있고 그것이 국가와 사회에 미치는 병폐는 조세포탈액 등이 많으면 많을수록 가중된다는 점에서 볼 때" 합리성이 인정된다는 것이다.

그러나 조세포탈이 국가와 사회에 미치는 병폐는 한 개인의 조세포탈액보다는 조세납부에 대한 일반시민들의 모럴헤저드의 확산과 그 정도에 의해 커지는 것이다. 그러므로 조세포탈의 국가기능 위태화에 대한 법적 책임은 모든 납세의무자들이 함께 짊어져야 할 부분이다. 그런데도 유독 포탈세액의 규모에 따라 특별히 무거운 형사책임을 지게 하는 것은 모든 국민이 져야 할 책임을 특정 액수의 조세포탈자 개인에게 전가시키는 것이라고 할 수 있다. 이를 두고 집단적 책임의 개인적 귀속(induviduelle Zurechnung kollektiven Verhaltens)[12]이라고 할 수 있다. 이는 거액의 포탈자를 무겁게 처벌하여 잠재적인 모든 조세포탈자로서 시민들의 모럴헤저드를 통제하려는 '일벌백계'의 정책이며, 극단적인 소극적 일반예방(negative Generalprävention)의 형사정책이다. 그러나 조세포탈의 모럴헤저드는 모든 조세포탈범죄에 대한 효과적인 수사와 공평하고 적정한 수준의 처벌을 통해서 통제되는 것이지, 재수 없이 걸리고 또한 포탈세액이 상대적으로 큰 자에 대한 일벌백계식의 가중처벌에 의해 통제되는 것이 아니다.

Ⅱ. 국고주의와 책임주의

조세형법의 전통적인 이론은 흔히 국고주의와 책임주의를 대립시킨다. 이 역사적 개념들은 새롭게 해석될 필요가 있다. 그런 새로운 해석으로 국고주의와 책임주의를 내가 앞서 말한 국가법으로서 조세형법과 시민법으로서 조세형법의 차원과 연관지우는 것을 들 수 있다. 즉, 앞서 설명한 '이중적인 납세의식'을 분리해놓는다면, 국민들의 납세준수의식은 주로 국가법으로서 조세형법에 관한 의식이고, 시민들의 납세거부의식은 주로 시민법으로서 조세형법에 관한 의식이라 할 수 있다. 또한 조세형법의 전통적인 이론으로서 국고주의는 납세준수의식을 바탕으로 하는 국가법으로서의 조세형법을, 그리고 책임주의는 납

12) 이런 현상에 대한 형법정책적 의미 분석에 대하여 Herbert Jäger, *Induviduelle Zurechnung kollektiven Verhaltens. Zur strafrechtlich-kriminologischen Bedeutung der Gruppendynamik* (Frakfurt am Main, 1985) 참조.

세거부의식을 바탕으로 하는 시민법으로서의 조세형법을 각각 구성하는 기본원리가 된다. 물론 이것은 <국가법 — 국고주의>, <시민법 — 책임주의>라는 식의 일대일 대응이 논리필연적인 것임을 뜻하지는 않다. 이 둘 사이의 연관은 다분히 역사적이며 정치적인 것이다. 즉, 시민법적 전통을 외면하고 조세권의 실효적 확보라는 목적에 쏠린 의회의 입법역사는 조세형법의 형성을 국고주의에 치중시켰던 반면, 그런 조세형법에 대척되는 시민들의 조세저항의식은 조세형법을 책임주의에 의해 제한하라는 작은 목소리에 의해서 대변되어 왔을 뿐이다.

1. 국고주의와 책임주의의 대립

먼저 국가법으로서 조세형법이 편향되어 온 국고주의의 내용과 시민법으로서 조세형법이 지향하는 책임주의의 내용을 요약해보기로 한다.

(1) **국고주의의 조세형법** 국고주의란 조세형법을 '국가의 필요를 충족시키는 조세징수'라는 목표를 달성하는 수단으로 이해하는 것을 말한다. ① 첫째, 국고주의에 의하면 조세포탈의 본질은 국가재정을 축소시킨 불법행위에 대한 재정보전적 손해배상 또는 조세채권의 침해에 대한 손해배상이면서 국가의 조세권을 침해하는 행정범이다. 행정범이기 때문에 형법총칙의 일반원칙이 배제될 수 있다.

> 예컨대 (구)조세범처벌법 제4조는 형법 제9조(형사미성년자), 제10조 제2항(심신미약자), 제11조(농아자), 제16조(법률의 착오), 제32조 제2항(종범의 형감경) 및 제38조 제1항 제2호 중 벌금경합에 관한 제한가중규정[13]을 배제하였었다. 그러나 책임원칙위반이라는 비판을 받아온 결과 2010년 개정 조세범처벌법 제20조는 조세포탈죄 등에 대해 제38조 제1항 제2호 중 벌금경합에 관한 제한가중규정만을 적용에서 배제하고 있다.

② 둘째, 조세범의 공소시효가 형사소송법상의 3년[14]에서 5년으로 연장되고 (처벌법 제22조), 특가법상 조세포탈죄의 공소시효가 형사소송법(제249조 제1항

13) 형법 제38조 제1항 제2호: "각 죄에 정한 형이 사형 또는 무기징역이나 무기금고이외의 동종의 형인 때에는 가장 중한 죄에 정한 장기 또는 다액에 그 2분의 1까지 가중하되 각 죄에 정한 형의 장기 또는 다액을 합산한 형기 또는 액수를 초과할 수 없다. 단 과료와 과료, 몰수와 몰수는 병과할 수 있다."

14) 조세범죄의 법정형이 장기 1년 내지 장기 3년의 징역형이므로 형사소송법 제249조 제1항 제5호가 적용되어 3년의 공소시효가 인정된다.

제2, 3호)[15]에 따라 무려 10년(특가법 제8조 제1항 제1호의 조세포탈죄) 또는 7년(특가법 제8조 제1항 제2호의 포탈죄)까지[16] 연장되는 것도 국고주의의 표현으로 볼 수 있다.

③ 셋째, 조세포탈죄는 그 본질에서는 (행정범으로서) 비난받을 만한 불법행위에 대한 손해배상이기 때문에 징벌적 손해배상이 실질이 되는 벌금형도 허용된다. 예컨대 특가법 제8조 제2항이 포탈세액의 2배 내지 5배의 벌금형을 규정하는 것도 이러한 맥락에서 이해될 수 있다.

④ 넷째, 국고주의는 조세징수를 통한 국가재정의 충실한 확보를 목표로 하기 때문에 그것이 달성되는 한 형사처벌의 필요성은 사라지게 된다. 예컨대 조세범처벌법 제21조(고발)가 조세범처벌법상의 범칙행위에 대해 조세당국의 고발이 없이는 소추할 수 없게 하고 있는 것을 들 수 있다. 고발을 통한 형사처벌의 가능성도 단지 조세징수의 효율성과 시민들의 조세납부동기의 강화 및 유지라는 목표를 달성하기 위한 수단이 될 뿐이다. 따라서 형사처벌의 법정성이 조세정책보다 우위에 있는 것이 아니라 조세정책이 형사처벌의 법정성보다 우위에 있게 된다.

(2) 책임주의의 조세형법 이에 비해 책임주의는 조세범죄를 사회유해적인 행위로 보고, 그에 대한 제재를 형사벌로 이해한다. ① 첫째, 조세포탈행위에 형사불법의 전형인 사회유해성(Sozialschädlichkeit)을 인정한다는 것은 납세가 공동체유지라는 공동선을 실현하기 위한 비용의 분담이라는 점에서 조세포탈행위의 반윤리적 성격을 인정하는 것이 된다. ② 둘째, 조세포탈행위가 이처럼 형법적 의미의 죄(Schuld)라면, 그 책임은 형벌에 의해 상쇄되어야 하고, 동시에 형벌은 그 책임을 넘어서 부과 되어서도 안 된다. 이를 책임의 양면성이라고 한다.[17] 그러므로 ③ 셋째, 조세범죄가 형사불법의 실질을 갖고 있다면, 그 범죄의 성립에 대한 판단은 형법의 일반원리에 따라야 한다. 예컨대 조세범처

15) 형사소송법 제249조 제1항 제2호는 무기징역 또는 무기금고에 해당하는 범죄에 대하여 10년, 제3호는 장기 10년 이상의 징역 또는 금고에 해당하는 범죄에 대하여 7년의 공소시효를 인정한다.

16) 독일에서도 Jahressteuergesetz(JStG)의 연방정부(재무성)개정안(Regierungsentwurf)(2008.11.28.)은 2009부터 조세범죄의 공소시효를 두 배로, 즉 기존의 5년에서 10년으로 늘리고 (§376[Verfolgungsverjäahrung] (1) Die Verjäahrungsfrist füur Fäalle der Steuerhinterziehung (§ 370) beträt zehn Jahre) 있는 데, 이 역시 국고주의의 표현으로 이해될 수 있다.

17) 책임원칙의 양면성을 주장하는 대표적인 Arthur Kaufmann, *Das Schuldprinzip* (Heidelberg, 1976) 참조.

벌법 제4조 제1항 단서가 징역의 형에 처할 때에는 형법총칙규정을 온전하게 적용하도록 하는 것은 이를 보여준다. ④ 넷째, 조세범죄는 조세당국의 고발과 상관없이 그 책임의 양과 질에 따라 형벌에 의한 제재를 받아야 하고, 검사의 소추권은 조세당국의 고발에 의해 굴절되지 않게 된다. 예컨대 특가법 제16조는 특가법상 조세포탈죄(및 면세유부정유통죄, 유사석유제품제조죄)에 대해 조세당국의 고발 없이 공소 제기할 수 있게 한다.

2. 국고주의와 책임주의의 변증

오늘날 조세형법은 국고주의와 책임주의 가운데 어느 하나의 모델에 의해 형성될 수가 없다. 양자는 변증적으로 결합되어야 한다.

(1) **국고주의와 책임주의의 결함과 변증필요성** 먼저 국고주의와 책임주의는 서로 상반된 결함을 갖는다. 국고주의는 조세정책을 형법에 대해 일방적 우위에 놓는다는 점에서 조세형법의 도덕적 정당성을 흔든다. 반면에 책임주의는 형법적 정의를 조세정책의 합리성에 대해 우위에 놓는다는 점에서 조세형법의 정책적 합리성을 훼손하고 아울러 자칫 엄벌주의로 변질되기 쉽다. 바꿔 말해 국고주의에게는 시민법으로서 조세형법이 갖추어야 할 생활세계적 정당성이 취약하고, 책임주의에게는 국가법으로 조세형법이 갖추어야 할 민주적 정당성이 — 예컨대 조세범죄에 대해 전속고발제를 적용해온 의회입법의 전통을 부정한다는 점에서 — 취약하기 쉽다.

시민법으로서 조세형법과 국가법으로서 조세형법이 서로 상호보완적이어야 한다면, 국고주의와 책임주의도 조세형법이 생활세계적 정당성과 민주적 정당성을 동시에 창출할 수 있게 하기 위해 서로를 보완해주는 방향으로 변증되어야 한다. 이 변증은 가장 간략하게는 국고주의와 책임주의의 큰 특징에서 장점들을 선별하는 방식으로 표현될 수 있다. 도표 60은 그런 선별을 보여준다. • 항목이 선택되고 ○항목이 배제되는 것이다.

그런 변증의 방안을 핵심적인 두 가지 점을 예로 하여 설명해보기로 한다.

(2) **책임원칙의 관철** 먼저 책임주의의 모델에 실현되어 있는 형법상 책임원칙(Schuldprinzip)을 조세형법에서도 관철하는 것이 필요하다.

도표 60 조세법상 국고주의와 책임주의의 비교

	국고주의(Fiskalismus)	책임주의(Schuldprinzip)
조세포탈의 본질	• 국가재정을 축소시킨 불법행위에 대한 재정보전적 손해배상책임 • 국가의 조세권보호(행정범)	• 사회유해적인 행위에 대한 형벌 • 공동체유지라는 공동선의 실현 행위로서 그 비용의 분담(조세포탈의 반윤리성)
형사법의 기본원칙들	○ 행정범으로서 형법총칙의 배제 (조세범처벌법 제20조: 제38조 제1항 제2호중 벌금경합에 관한 제한가중규정의 배제)	• 형사범으로서 형법총칙의 철저한 적용[18]
조세당국의 처벌이니셔티브	• 전속고발(조세범처벌법 제21조)	○ 전속고발의 배제(특가법 제16조) ○ 기소법정주의
징벌적 제재	○ 배수벌금형제도의 채택(현행법 포탈액의 ×2, ×3, ×5배까지)	• 배수벌금형제도의 배제
미래의 공통된 발현	• 이중위험금지원칙(예: 조세범처절차법 제11조) • 신뢰보호원칙 • 비례성원칙 등	

1) 책임능력 '책임 없이는 범죄도 없고 형벌도 없다'는 책임원칙에서 책임은 책임능력을 전제한다. 책임능력이 없이는 범죄도 없고, 형벌도 없어야 되는 것이다. 그렇기에 국고주의처럼 책임능력이 없이 범죄를 행한 자를 형사처벌하는 것은 조세형법의 도덕성을 크게 훼손시킨다. 아무리 벌금형이라고 할지라도 그것이 갖는 도덕적 비난의 효과나 전과자로의 낙인효과를 고려하면 책임능력 없는 자에게 형벌을 부과하는 것은 타당하지 않다.

2) 법률의 착오 책임원칙은 벌금형으로 처벌되는 조세범죄에 대해서도 법률의 착오를 인정할 것을 요구한다. 벌금형이 조세범죄의 경우에 상당한 수준이고, 미납할 경우에는 노역장 유치 등을 통해 자유형의 성격을 잠재적으로 갖고 있기 때문이다.

3) 종범의 형감경 벌금형으로 처벌되는 조세범죄에서 종범의 법률상 형감경(형법 제32조 제2항)을 인정하지 않는 것도 책임원칙에 반한다. 조세범죄의 불

18) 구 조세범처벌법 제4조는 조세포탈죄 등에 대해 제9조, 제10조 제2항, 제11조, 제16조, 제32조 제2항도 적용을 배제하였었는데, 다만 징역형에 처할 경우엔 이런 적용배제를 인정하지 않았었다. 이는 조세포탈행위에 징역형을 부과할 때에는 책임주의의 형법을 유지한 것이라 할 수 있다.

법을 실현하는 데 기여도의 차이는 형벌의 차이로 이어져야만 그 형벌은 도덕적 정당성을 가질 수 있기 때문이다.

4) 벌금경합가중의 제한 확정되지 않은 수 개의 조세범에 대해 벌금형을 부과하는 경우에 실무는 "형법 제38조 제1항 제2호 중 벌금경합에 관한 제한가중규정"("가장 중한 죄에 정한 장기 또는 다액에 그 2분의 1까지 가중하되 각 죄에 정한 형의 장기 또는 다액을 합산한 형기 또는 액수를 초과할 수 없다")을 배제한다는 의미를 '각 죄마다 벌금형을 따로 양정하여 이를 합산한 액수의 벌금형을 선고할 수 있다'는 것으로 본다.[19] 이런 실무는 특가법상의 조세포탈죄에 대해 벌금형을 자유형에 병과하는 경우나 양벌규정에 의하여 법인 또는 개인 등 업무주를 처벌하는 경우에도 적용되고 있다. 헌법재판소는 벌금경합가중제한의 배제를 합헌으로 보고 있다.[20]

하지만 벌금형도 언제든지 노역장유치로 전환될 가능성이 있고, 벌금형 자체가 본래 자유형을 '대체'하는 제재의 성격을 띠기 때문에 자유형을 부과할 때 경합범가중의 제한은 벌금형에서도 똑같이 인정되어야 한다. 경합범의 경우에 각 범죄의 책임에 상응하는 자유형을 단순 합산하지 않는 것은 범죄를 수개 범한 경우에 책임의 양이 그에 정비례해서 늘어나지 않기 때문이다. 즉, 범죄를 범할수록 범죄를 하지 않는 반대동기를 형성하기가 점점 더 어려워지고, 그에 따라 법을 외면하고 불법을 선택한 결정의 비난가능성이 점점 약화되기

19) 대판 1996.5.31, 94도952: "특정범죄가중처벌 등에 관한 법률 제8조 제1항이 조세범처벌법 제9조 제1항에 규정된 죄를 범한 자를 가중 처벌하도록 하면서 같은 조 제2항에서 벌금형을 병과 하도록 규정하고 있는데, 이와 같이 벌금형을 병과 하는 경우에도…(중략)…판결이 확정되지 아니한 수개의 조세포탈행위를 동시에 벌금형으로 처벌함에 있어서는 형법 제38조 제1항 제2호 본문에서 규정하고 있는 '가장 중한 죄에 정한 벌금다액의 2분의 1을 한도로 가중하여 하나의 형을 선고하는 방식'을 적용하지 아니한다는 취지로 해석하여야 하는 것이지, 단지 위 형법조항의 본문 중 후단 부분인 '각 죄에 정한 벌금형의 다액을 합산한 액수를 초과할 수 없다'는 부분만의 적용을 배제한다는 취지로 해석할 수는 없다. 따라서 판결이 확정되지 아니한 수개의 죄에 대하여 벌금을 병과 하는 경우에는 각 죄마다 벌금형을 따로 양정하여 이를 합산한 액수의 벌금형을 선고하여야 한다."

20) 헌재결 1998.5.28, 97헌바68: "조세범처벌법 제4조 제1항은 조세포탈행위에 대한 벌금형의 병과에 있어서 벌금경합에 관한 형법상의 제한가중규정인 형법 제38조 제1항 제2호의 적용을 배제하도록 규정하고 있다. 그러나 수개의 조세포탈행위에 대한 처벌에 있어서 형법상의 벌금제한가중규정을 준용할 것인가의 문제는 결국 조세포탈죄의 법정형에 관한 문제이고 국가의 입법정책에 속하는 문제로서, 조세포탈범의 처벌에 있어서 그 행위의 반사회성, 반윤리성에 터 잡아 그에 대한 징벌의 강도를 높이기 위해 위와 같이 일부 형법규정의 적용을 배제한 입법자의 의도는 우리의 경제현실이나 사회실정 및 국민의 법감정을 고려할 때 합리적인 것이라 할 수 있고 그것이 형벌체계상의 균형을 잃고 형벌 본래의 목적과 기능을 넘어선 과잉처벌이라고 볼 수 없으므로 위 조세범처벌법 조항은 헌법 제11조의 평등의 원칙이나 헌법 제37조 제2항에서 유래하는 과잉금지의 원칙에 위배된다 할 수 없다."

때문이다.

5) 선택형으로서 벌금형 등 특히 이러한 벌금경합의 제한가중규정의 배제가, 그 자체로서 역시 위헌소지가 매우 높은 자유형과 벌금형의 병과(특가법 제8조 제2항), 배수벌금제(처벌법 제3조 제1항) 그리고 양벌규정(처벌법 제18조)과 결합하여 관철된다면, 책임원칙은 더욱 더 심각하게 침해된다. 이런 책임원칙의 침해는 책임형벌의 정의실현은 사라지고, 조세정책적 목표의 달성이라는 기치만 드높이는 국고주의의 절정을 보여준다.

(3) 체계통합의 전문성과 정당성 다음으로 국고주의의 모델에 전형적인 전속고발제가 민주적 법치국가의 조세형법체계를 구성하는 원리로 유지될 필요가 있다.

1) 조세당국의 전문성 본래 국고주의에서 전속고발은 조세범죄에 해당하여도 예컨대 자진납부하거나 세무조사에 협조하면 고발하지 않는 이익을 줌으로써 조세징수율을 최대로 높이는 장치이다. 이 장치는 조세형법에 위반한 행위들의 형사처벌여부, 형법적 정의의 실현 그 자체에 별 관심을 두지 않는다. 이를 형법적 정의에 대한 '맹목성'이라고 개념화할 수 있다.

그러나 이 맹목성은 조세사건에 대한 통제정책에서 조세당국의 '전문성'으로 재해석될 수 있다. 먼저 국가법으로서 조세형법은 포괄적으로 모든 조세포탈을 강력하게 처벌하는 (과잉)범죄화정책을 수행하고 있다. 전형적인 형사사건이 아닌 행정적 형사분쟁, 즉 행정적 해결로 충분한 사건이 형사 사건화 되어 있는 것이다. 이처럼 납세의무의 위반이 광범위하게 포괄적으로 범죄화되어 있는 데에 반해, 시민들은 끊임없이 그 납세의무와 그것을 설정하는 세법에 대해 불복종하고, 때로는 시민불복종운동을 펼치며, 헌법재판을 추진한다. 즉, 시민법으로서 조세형법은 언제나 정당성이 의심받고 불복종운동의 대상이 되는 경향이 있다. 그런 속에서 조세당국이 고발하지 않으면 조세범죄로 소추할 수 없게 하는 장치는 국가법으로서 조세형법과 시민법으로서 조세형법의 간극, 즉 민주적 정당성과 생활세계적 정당성 사이의 간극에도 불구하고, 조세징수율을 최고로 높이는 전략적 장치로서 기능한다. 이는 마치 민사사건이 광범위하게 형사사건화 되고 검사가 기소유예의 가능성을 무기로 가해자와 피해자 사이의 화해와 합의를 이끌어내 민사분쟁을 해결하는 현상에 견줄 수 있다.

조세형법이 살인범죄와 같이 실천이성에 반하는 범죄가 아니라 국가재정의 효율적 확보라는 목적의 실현과 조세징수체계의 기능 유지에 지향되어 있는 것이라면 조세징수율을 최대화하는 전속고발권의 행사는 조세당국의 직무경험 속에서 그 구체적인 가이드라인이 마련될 수 있다. 이를테면 다양하고 복잡한 조세사건의 특성을 분석하고 세분화된 유형을 만들며, 각 유형들마다 제재와 처벌의 수위를 납세자들의 납세동기를 유지하고 높이는 방향으로 조절하는 합리적 통제의 기준들이 마련될 수 있다. 전속고발권은 이와 같은 조세당국의 전문성을 구현할 수 있게 하는 제도적 장치가 된다.

2) 조세체계와 법체계의 통합 둘째, 전속고발제도의 이와 같은 국고주의적 의미는 현대사회에서 조세형법의 합리성을 구성하는 제도로 재해석될 수 있다. 사법기관은 실정법상 범죄가 인정되면 입건하고, 소추하고, 재판을 하여 처벌하는 것을 정의로 이해하는 경향이 높다. 다시 말해 국가의 형사사법기관은 국가법으로서 조세형법의 관철에만 일방적으로 쏠려 있는 셈이다. 조세형법의 문언에 해당하는 행위가 있으면 중대한 범죄로 보고, 게다가 포탈세액이 일정액 이상이면 특정범죄 가중처벌 등에 관한 법률의 굴절 없는 관철은 의심할 바 없는 정의(법적 정의)라고 바라본다. 이에 반해 조세당국의 고발권 행사는 시민사회의 조세저항을 일정한 수준으로 관리하고(바꿔 말해 조세징수율을 일정 수준으로 높이고 유지시키면서), 정책적으로 설정된 국가재정확보의 목표를 달성하는데 필요한 범위에서만, 그리고 복잡하고 다양한 조세일탈사건의 특성들을 전문적으로 분석하여 자체적으로 마련한 '형평 있고' '일관된' 통제 및 제재기준(고발기준) 아래서 이루어질 수 있다. 바로 이 점에서 전속고발제도는 사법(체계와 기관)의 경직된 법적 정의의 논리가 조세라는 경제영역에 무차별적으로 침투해 들어오는 것을 조절하는 기제로 작동할 수 있다. 그러니까 전속고발제도는 조제체계의 '합리성'과 사법체계의 '정의'라는 체계 사이의 충돌을 조정하고 조화를 꾀할 수 있게 한다. 현대사회에서 경제체계와 법체계와 같은 사회체계들 사이의 갈등은 구조화(합리성괴리[21])되어 있는 것이라는 점을 고려할 때, 전속고발권은 현대사회에서 체계들 사이에 통합(Systemintegration)을 도모하는 기제가 된다. 또한 이 체계통합은 국가법으로서의 조세형법과 시민법으로서의 조세형법 사이의 간극을 메우는 이음매로서 기능하는 것이다. 이런 체계통합을 외

21) 이에 관해 이상돈, *기초법학* (법문사, 2010), 35쪽 아래; 자세히는 양천수, "합리성 개념의 분화와 충돌: 독일의 논의를 중심으로" *법과 사회* (31호, 2006), 211~234쪽 참조.

면하는 형법, 시민법으로서 형법의 생활세계적 정당성에 무관심한 국가형법은 사회적 합리성을 가질 수 없고, 그런 형법은 정당성을 창출할 수도 없다.

(4) 새로운 발전의 차원 필요성 국고주의와 책임주의의 변증은 단지 기존의 제도들 가운데 합리적으로 선별하는 방식으로 완성되는 것이 아니다. 기존의 제도들을 한 단계 더 발전시키는 새로운 차원이 요구된다. 이 새로운 차원은 이중위험금지원칙이나 신뢰보호원칙, 비례성원칙(특히 수사비례원칙) 등에 의해 조세형법의 도덕적 정당성이나 생활세계적 정당성을 높이고, 조세체계와 형사사법체계 사이의 기능적 분업과 통합이라는 체계의 합리성을 높이는 것이다.

Ⅲ. 특가법상 조세포탈죄의 위헌성

조세형법의 정당성기초에서 논의한 바를 바탕으로 조세형법의 핵심인 조세포탈죄, 특히 특가법상의 조세포탈죄의 정당성을 헌법질서 속에서 판단에서 판단해보기로 한다. 이 판단을 통해 조세형법의 정당성기초는 좀 더 구체적인 내용을 얻게 된다.

1. 조세포탈죄의 위헌성심사 구조

조세포탈죄의 위헌성 심사는 세 가지 토포스(Topos)에서 이루진다. 첫째, 조세포탈은 각종 세법상의 납세의무를 위반함을 금지의 실질로 삼는다. 따라서 납세의무를 부과하는 세법의 정당성이 헌법재판에서 심사될 수 있다. 이 심사는 흔히 '조세형평'의 의미에 초점이 맞춰진다. 재산권보장과 경제활동의 자유와 같은 자유주의 이념의 실현과 소득의 재분배라는 실질평등 이념이 민주적 법치국가의 헌정질서 속에서 자리다툼을 벌인다. 만일 납세의무를 설정하는 세법규정이 위헌이면, 조세포탈죄의 적용도 그 한에서 위헌이 된다. 이때 헌법재판은 조세포탈죄의 한정위헌결정의 형식을 취한다. 아래서는 이 첫 번째의 토포스에서 등장하는 위헌성 문제는 다루지 않는다. 이 문제는 수많은 세법규정에 대하여 개별적으로 판단되어야 하기 때문이다.

둘째, 두 번째 토포스는 조세범처벌법이다. 조세포탈은 조세범처벌법 제3조 제1항에 의해 납세의무의 위반이 사기 기타 부정한 행위로써 이루어질 때 비로소 성립한다. 이때 "부정한 행위"라는 구성요건표지의 의미가 매우 불명확하다는 점에서 명확성원칙의 위반혐의를 완전히 벗어나기가 어렵다. 그렇기에 부정한 행위의 의미는 매우 제한적으로 해석될 필요가 있다. 또한 2배수 또는 3배수 벌금제도 등도 책임원칙에 위배되는지가 문제된다.

셋째, 세 번째 토포스는 특정범죄 가중처벌 등에 관한 법률 제8조가 포탈세액의 규모에 따라 가중처벌하는 문제이다. 포탈세액의 규모가 10억원 이상, 5억원 이상이라는 점만으로 조세포탈죄의 불법이 각각 무기나 징역 5년 이상, 그리고 징역 3년 이상의 형벌이 필요할 만큼 증가되는지 의문이다. 게다가 2배 내지 5배의 벌금을 자유형과 함께 선고(병과)할 수 있게 하는 것도 강한 위헌소지를 안고 있다.

두 번째와 세 번째의 위헌성심사의 토포스는 형벌의 적정성심사라고 할 수 있다.

도표 61 조세포탈죄의 위헌성 심사 토포스

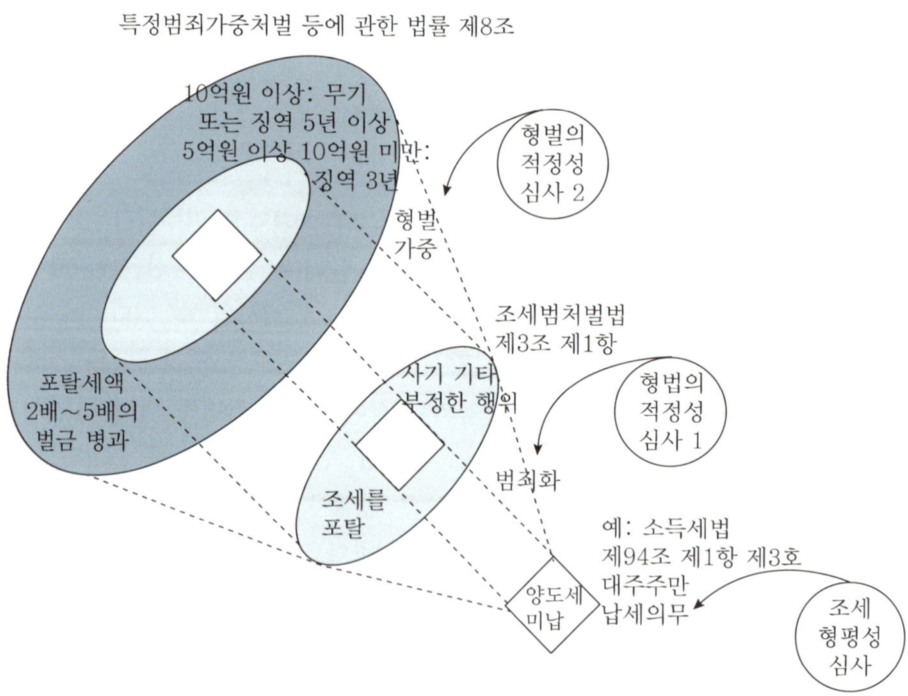

2. 형벌체계의 균형상실과 입법재량의 한계

헌법재판소의 결정에 의하면 특가법 제8조가 규정하는 처벌의 과잉성은 법관이 구체적 사정을 고려한 양형을 하고 법률상 감경이나 작량감경규정(형법 제53조)을 적용함으로써 제거될 수 있다고 본다. 이로써 특가법 제8조의 가중처벌은 형사처벌의 과잉성(균형성) 판단에 관해 인정되는 '입법자의 재량권'(형성의 자유) 범위 안에 있게 된다. 그러나 입법자에게 헌법재판소가 인정하는 형성의 자유영역(재량영역)은 형법이론적 논증을 통해 축소시키는 것이 바람직하다.[22]

(1) **자유형의 형벌체계내적 불균형** 즉, 무엇보다도 '도덕적 이중구조'를 갖고 있는 조세포탈행위의 법정형이 '무기 또는 5년 이상의 징역'인 것은 시간과 공간을 넘어 보편타당성이 인정되는 반도덕적 범죄행위인 살인행위(형법 제250조 제1항)의 법정형(사형, 무기 또는 5년 이상의 징역)과 — 인권침해적인 사형을 제외한다면 — 똑같다는 것은 형법이론적으로는 책임원칙(Schuldprinzip)에 위반된다고 볼 수 있다.

1) 형법상 책임원칙과 헌법상 비례성원칙의 차이 이는 헌법재판소가 말하는 "형벌체계상의 균형을 잃어버린 것"에 해당하므로 헌법재판소의 논증 안에서 보아도 입법재량의 범위를 넘어선 것이 된다. 그럼에도 불구하고 합헌으로 판정한 위 헌재결정은 논증의 부정합(incoherence)을 보이고 있다고 할 수 있다. 이 논증의 부정합성은 헌법상 과잉금지원칙(헌법 제37조 제2항)을 상당한 정도로 약화시켜서 사용함으로써 발생한다. 이럴 경우에 입법자의 재량권은 어느 정도까지는 형법상 책임원칙에 위배됨에도 불구하고 위헌 판정을 받지 않을 권리를 의미하게 된다. 이 입법재량권에 의해 헌법상 과잉금지원칙의 효력영역은 형법상 책임원칙의 그것보다 좁게 설정된다. 다시 말해 입법재량권은 형벌체계의 위와 같은 불균형을 무시할 수 있는[23] 권한까지 포함하는 것이고, 따라서 특가법 제8조의 자유형가중은 과잉금지원칙에 위배되지 않는다고 말하게 되는 것이다.

2) 위헌성과 강한 위헌소지 하지만 특가법 제8조의 형벌가중은 형법상 책임원칙에 위배된다는 점에서 적어도 '위헌소지가 강하다'고 말해야만 한다. 물

22) 이상돈, *헌법재판과 형법정책* (고려대출판부, 2005), 106~112쪽.
23) 이러한 헌법의 형법불존중에 관해서 이상돈, *헌법재판과 형법정책* (고려대출판부, 2005), 51~56쪽.

론 나처럼 형법이론적 요청을 헌법상 비례성원칙의 판단에 수용해야 한다고 본다면,[24] 바꿔 말해 형법의 헌법형성을 인정한다면, 특가법 제8조의 가중처벌은 비례성원칙에 명확하게 위배된다고 말할 수 있다.

⑵ **벌금형의 입법재량성** 과잉금지원칙에 대한 지배적인 이해에 의하면, 특가법 제8조 제2항이 조세포탈액의 2배 내지 5배의 벌금을 병과[25]하게 하는 것도 과잉처벌이 아닐 수 있다. 특히 헌법재판소는 위 결정에서 작량감경규정을 적용하면 조세포탈액에서 그것의 2.5배까지 벌금액이 감액되고, 또한 선고유예(형법 제59조)도 가능하다는 점에서 과잉처벌이 아니라고 보았다. 즉, 벌금병과에 의해 조세포탈자가 내야하는 돈의 '가치'(이익)가 조세포탈행위가 침해하는 '가치'(국가적 법익으로서 국가의 조세권)와 비교형량 할 때 더 우월한 가치는 아니라고 판단하는 것이다. 물론 이 가치형량이 타당한 것일 수도 있고, 따라서 비례성원칙(헌법 제37조 제2항)에 위배된다는 판단을 단정지을 수는 없다. 입법자의 재량권은 그 정도의 가치형량을 할 자유를 포함한다고 볼 수 있기 때문이다.

3. 벌금의 병과와 재산권의 본질적 침해

그러나 조세포탈액의 2배 내지 5배에 달하는 벌금의 병과가 비록 비례성원칙에 위배되지는 않는다고 할지라도 주식양도차익 뿐만 아니라 주식원금을 일부 박탈할 수 있다는 점에서 그 자체만으로도 재산권(헌법 제23조 제1항)을 박탈하지 않는가 하는 의문을 제기할 수 있다. 이런 박탈이 재산권의 본질적 내용을 침해하는 것인지에 대한 헌법적 판단의 기준이 마련되어 있지는 않다.

여기서 벌금형의 형법이론적 의미에 대한 분석과 벌금형의 한계를 이해할 필요가 있다. 먼저 벌금형은 재산형(Vermögensstrafe)처럼 범죄자의 재산권 그 자체를 박탈하는데 그 본질이 있지 않으며, 범죄예방의 목적을 달성하는 유일무이한 수단인 것도 아니다. 형법상 책임원칙에 의하면 벌금형의 범죄예방효과는 어디까지나 과거에 행한 범죄의 책임을 넘지 않는 범위에서만 추구할 것(책임의 형벌제한)을 요구한다.

---

24) 이상돈, *헌법재판과 형법정책* (고려대출판부, 2005), 108~112쪽.

25) 현행법상 벌금병과규정으로는 경륜·경정법 제28조; 계량에 관한 법률 제46조 내지 제48조; 관광진흥법 제81조; 방문판매 등에 관한 법률 제53조, 제54조; 산림자원의 조성 및 관리에 관한 법률 제72조 제1항; 소비자생활협동조합법 제21조 등을 들 수 있다.

(1) 자유형의 책임을 넘는 벌금의 형벌체계교란

1) 자유형과 선택형으로서 벌금형 벌금형(형법 제41조 제6호)은 형법체계에서는 원칙적으로 자유형(형법 제41조 제2호)보다 경한 형벌이지만 원칙에서는 자유형과 '선택적'으로 부과되는, 자유형을 대체하는 경한 형벌이다.

예컨대 살인죄는 중한 범죄라서 어떤 벌금형으로도 대체될 수 없기에 사형, 무기, 징역형으로만 처벌된다. 이에 비해 상해죄는 7년 이하의 징역, 10년 이하의 자격정지 또는 1천만원 이하의 벌금으로 처벌된다. 5만원 이상(제45조) 1천만원 이하의 벌금이라는 형벌범위는 7년 이하의 징역과 상응하는 것으로 보는 셈이다.

벌금형의 범위를 정하는 것은 물론 입법자의 재량이다. 헌법재판소도 특가법상 조세포탈죄의 벌금병과규정을 합헌으로 바라보았다.

[특가법상 조세포탈죄의 벌금병과의 합헌결정] "조세포탈범에 대한 벌금형의 필요적 병과여부는 원칙적으로 입법정책의 문제로서 이 사건 규정의 벌금형의 필요적 병과는 조세포탈행위의 반사회성, 반윤리성에 터 잡아 거액의 조세포탈자에게 경제적인 불이익을 가하고, 아울러 그가 부정하게 취한 이득을 박탈함으로써 국민의 납세윤리를 확립하여 건전한 사회질서의 유지와 국민경제의 발전에 기여하고자 하는 입법목적에서 비롯된 것인바, 법관은 정상에 따라 벌금형을 감액할 수도 있고, 벌금형만을 선고유예 할 수도 있으므로 이 사건 규정이 벌금형을 반드시 병과 하도록 하였다 하더라도 형벌체계상의 균형을 잃은 것이라거나 범행자를 귀책 이상으로 과잉처벌하는 것으로 보기는 어렵다. 한편 법정형은 법관으로 하여금 구체적 사건의 정상에 따라 그에 알맞은 적정한 선고형을 이끌어 낼 수 있도록 그 폭을 넓게 규정하는 것이 바람직하나 입법자가 법정형 책정에 관한 여러 가지 요소의 종합적 고려에 따라 법률 그 자체로 법관에 의한 양형재량의 범위를 좁혀 놓았다 하더라도 그것이 당해 범죄의 보호법익과 죄질에 비추어 범죄와 형벌간의 비례의 원칙상 수긍할 수 있는 정도의 합리성이 있다면 이러한 법률을 위헌이라고 할 수 없을 것인데, 입법자가 이 사건 규정에서 벌금형을 필요적으로 병과하도록 하고 있는 것은 일정액 이상의 조세포탈범에 대하여 그 위법성과 비난가능성의 정도를 높게 평가하여 징벌의 강도를 높이고자 한 결단에서 비롯된 것이므로 법관의 양형재량권을 침해하고 있다고 볼 수 없다[26] … (중략) … 헌법 제13조 제1항은 '모든 국민은 …… 동일한 범죄에 대하여 거듭 처벌받지 아니한다'고 규정하여 이른바 '이중처벌금지의 원칙'을 규정하고 있다. 이 원칙은 한 번 판결이 확정되면 동일한 사건에 대해서는 다시 심판할 수 없다는 것으로 국민의 신체의 자유를 보장하기 위한 것이다. 그런데 이러한 이중처벌은 처벌 또는 제재

26) 이상의 부분은 헌재결 1998.5.28, 97헌바68에서 이미 판시된 부분이다.

가 동일한 행위를 대상으로 하여 거듭 행해질 때 발생하는 문제로 이 사건과 같이 벌금형을 선고받는 자가 그 벌금을 납입하지 않은 때에 그 집행 방법의 변경으로 하게 되는 노역장 유치와는 관련이 없다. 벌금형에 대한 노역장 유치는 이미 형벌을 받은 사건에 대해 또 다시 형을 부과하는 것이 아니라 단순한 형벌 집행 방법의 변경에 불과한 것이다. 따라서 청구인의 이 부분 주장은 이유 없다 할 것이다."[27]

하지만 형벌이론적으로 보면 오늘날 널리 타당성을 인정받는 일수벌금제도(day-fine system, Tagessätze Strafe)나 노역장유치제도에 견주어 볼 때 벌금형은 아무리 높게 잡아도 <범죄자의 일일평균근로소득액×자유형의 일수>를 넘지 않는 선에서 정해져야 책임원칙에 부합한다. 가령 특가법상 조세포탈죄의 징역형의 하한선인 5년의 총 일수에다 조세포탈자의 일일평균근로소득을 곱한 액수를 넘어선다면 그 벌금형은 책임원칙에 위배된다고 볼 수 있다.

가령 5억원의 조세포탈행위에 대해 징역 3년(집행유예 5년)이 선고되었고, 그 조세포탈자의 일일평균근로소득이 20만원이라면 3×365일×20만원=2억1천9백만원의 벌금형이 징역형에 상응하는 책임의 양이 된다. 그러나 특가법 제8조 제2항은 5억원의 조세포탈액에 대하여 최소 10억에서 25억원의 벌금을 부과한다.

그러므로 특가법 제8조 제2항은 자유형보다 벌금형을 경한 선택형으로 바라보는 형법상의 형벌체계(형법 제41조, 제50조)를 교란시킨다. 이 점은 벌금형이 피고인이 사회생활을 계속 할 수 있게 하는 형벌의 완화에 그 본래적 목적이 있다는 점에서도 쉽게 이해된다. 왜냐하면 2배 내지 5배의 과도한 벌금의 병과는 자칫 피고인의 경제력을 치명적으로 박탈시킴으로써 자유형 이상으로 사회경제생활의 참여를 어렵게 만들 수도 있기 때문이다.

[미국의 조세포탈죄에서 벌금형] 미국에서 조세포탈은 Internal Revenue Code (1954년) 제75장(조세범죄규정)에서 규율된다. 우리나라의 조세포탈죄에 해당하는 제7201조는 "누구든지 방법을 막론하고 고의로 본법에 의하여 부과되는 조세나 그 납부를 회피, 무효화시키려고 하는 자는, 다른 처벌과 별개로, 이를 중죄(Felony)로 취급하며, 10만 불 이하의 벌금(법인의 경우 50만 불) 또는 5년 이하의 징역 또는 양자를 병과할 수 있다. 어느 경우이든지 소추비용은 범칙자가 부담한다"[28]고 규정한다. 벌금병과제도가 있긴 하지만 총액벌금이 배수벌금이 아니

27) 헌재결 2005.7.21, 2003헌바98(전원재판부).

28) Internal Revenue Code(1954년) 제75장 제2701조: Any person who willfully attempts in any manner to evade or defeat any tax imposed by this title or the payment thereof shall, in

라 10만 불(약 1억3천만원)을 상한선으로 하기 때문에 책임원칙에 위배될 소지가 훨씬 적다.

2) 책임을 넘어서는 자유형과 벌금의 병과 벌금병과규정은 또 다른 의미에서 책임원칙에 위배되기 쉽다. 이 점은 독일 형법 제41조에 대한 논란에서 이해할 수 있다. 이 규정은 실무상으로도[29] 몰수와 같은 재산형이 아니고, 자유형과 벌금을 병과한 형량 전체가 피고인의 책임(Schuld)을 넘지 않아야 한다고 이해된다. 다시 말해 형벌범위를 확장하는 것이 아니라 벌금을 병과하려면 그에 상응하는 자유형이 삭감되어야 한다는 것이다. 그러나 독일과 같이 일수벌금제도 채택하지 않고 총액벌금형제도를 취하고 있는 우리나라에서는 벌금형의 병과에 따라 어느 정도의 자유형이 삭감되어야 하는지를 계산하는 기준이 없다. 이런 문제점으로 인해 자유형에 대한 벌금의 병과는 법관의 자의적인 판단에 내맡겨지기 쉽고, 바로 그런 점에서 벌금의 병과는 형법상 책임원칙에 상응하는 벌금형이 되기 어렵다는 비판[30]을 받게 된다.

(2) 몰수를 넘어서는 벌금의 보안처분적 재산권박탈 특가법 제8조가 규정하는 벌금병과제도는 위헌적인 재산형의 성격을 띠기 쉽다.

1) 몰수와 같고 다른 점 첫째, 이 점을 이해하기 위해 벌금의 병과를 몰수와 비교해볼 수 있다. 벌금의 병과는 몰수와 같이 다른 형벌과 함께 부과된다는 점에서는 실질적으로는 '부가형'(附加刑)이라 할 수 있다.[31] 물론 몰수는 물건, 예컨대 "범죄행위로 인하여 생하였거나 이로 인하여 취득한 물건"(제48조 제1항 제2호)에 대하여 부과되는 형벌이고, 유죄의 재판을 아니할 때에도 부과될 수 있다(형법 제49조 단서)는 점에서 유죄의 재판을 전제하는 금전벌인 벌금과 다르다. 하지만 "물건을 몰수하기 불능한 때에는 그 가액을 추징한다"(제48조 제2항)는 점을 고려할 때 "범죄행위로 인하여 생하였거나 이로 인하여 취득한 물건"이란 '범죄행위로 인하여 생하였거나 이로 인하여 취득한 가액'으로 재

---

addition to other penalties provided by law, be guilty of a felony and, upon conviction thereof, shall be fined not more than $100,000 ($500,000 in the case of a corporation), or imprisoned not more than 5 years, or both, together with the costs of prosecution.

29) 이런 입장의 독일연방대법원판결로는 BGHSt 32, 67 참조.

30) 이런 관점으로 서보학, "형법상 범죄수익 몰수의 필요성과 법치국가적 한계", *안암법학* (5호, 1997), 84~112 (특히 103, 104)쪽; 박미숙, "현행법상 벌금형병과제도의 문제점과 개선방안", *형사정책연구소식* (81호, 2004), 2~9쪽 참조.

31) 같은 관점으로 이정민, "자유형과 벌금형의 병과", 공정거래위원회 발표문(2007) 참조.

구성할 수 있다. 이렇게 되면 조세포탈세액을 벌금형으로 병과하는 것은 마치 자유형을 부과하고 조세포탈로 인하여 생한 가액(즉 조세포탈세액)을 몰수하는 것과 유사해진다.

2) 벌금병과의 보안처분적 성격 둘째, 벌금병과가 사실상 몰수의 기능을 수행하는 점에 대한 비판[32]은 물론 타당하지만, 여기서는 일단 제쳐놓기로 한다. 제도의 본래적 기능에 대한 체계적 정돈이라는 문제보다 더 중요한 점은 실천적인 문제이다. 벌금병과가 설령 몰수제도의 기능을 수행해도 무방하다고 본다면, 앞의 설명에서 보듯 조세포탈에 대한 벌금병과는 조세포탈세액을 넘어서는 안 된다는 결론이 도출된다. 가령 4억원 짜리 다이아몬드를 절도하여 처분한 절도범에게 징역 2년을 선고하고 다이아몬드의 행방을 알 수 없어서 그 가액인 4억원을 추징한다는 점을 고려한다면, 5억원의 조세포탈행위에 대해 3년의 징역형을 선고할 때 병과하는 벌금도 5억원을 넘어서는 안 된다. 그 이상의 벌금형은 형벌의 성격을 넘어서 오로지 미래의 탈세를 막겠다는 '보안처분'의 성격을 띠는 재산권박탈에 해당한다. 이런 점에서 포탈세액의 2배에서 5배에 이르는 벌금은 재산권에 대한 과잉의 제한이 된다.

(3) 징벌적 벌금의 이중처벌성

1) 징벌적 손해배상과 일사부재리의 미적용 일탈행위자가 부담해야 하는 금전적 부담이 그가 저지른 법익침해결과의 가액보다 몇 배씩이나 되는 제재의 형태로 지금까지 논의된 것은 오로지 징벌적 손해배상제도 뿐이다. 가령 공인회계사가 부실감사로써 투자자의 투자실패라는 손해를 끼쳤을 때 그 손해배상을 [투자자가 직접 받은 손해(=투자정보권침해)액]의 3배 정도까지 높인다.[33] 이런 제재는 중간법(middle law)이라고 불리는 현상[34]에 속한다. 특가법 제8조 제

32) 서보학, 앞의 논문, 102쪽: "범죄로부터 생긴 불법수익을 박탈하는 것은 몰수제도의 고유한 기능인 것이며 벌금형이 이 기능을 떠맡는 것은 몰수제도의 취지를 무색게하는 월권행위라 하지 않을 수 없다."

33) 자세하게는 이상돈, *부실감사법* (법문사, 2007), [7]Ⅱ.1.(2)를 참조.

34) 중간법은 공법, 사법, 형법의 중간지대에 위치하는 법으로서 독일에서 논의된 (예를 들어 Hassemer(배종대 · 이상돈 편역), *형법정책*, 1998, [7] 단락, 209쪽; Lüderssen, *Die Krise des öffentlichen Strafanspruchs*, (Alfred Metzner Verlag, 1989), 37쪽 아래; Naucke, *Die Wechselwirkung zwischen Strafziel und Verbrechensbegriff*, 1985, 35쪽 참조) '간섭법'(Interventionsrecht)이나 미국의 '민사제재금'(civil money penalties) 제도(미국에서는 거의 모든 금융감독분야에 운영되고 있는데, 이에 대해서는 박정유, "민사제재금(civil money penalties)제도에 관한 고찰(Ⅰ, Ⅱ) — 미국 1934년 증권거래법을 중심으로", *증권조사월보* (1996/9 · 11) 참조.) 그리고 우리나라의 과징금제도를 들 수 있다.

2항의 벌금형은 침해된 조세채권액의 2배 내지 5배를 규정한다는 점에서 그 실질은 벌금형이라기보다는 징벌적 손해배상의 성격을 띤다고 할 수 있다. 그러므로 여기서 징역형과 벌금형의 병과가 갖는 위헌성 문제는 단순한 병과의 문제가 아니라 징역형과 징벌적 손해배상을 함께 부과할 수 있는가의 문제가 된다.

[과징금의 형사처벌적 성격을 부정한 헌재결정] 이와 관련하여 징벌적 손해배상은 아니지만 그것과 함께 중간법적 제재에 속하는 과징금에 대하여 헌법재판소는 형사처벌이 아니므로 형사처벌과 아울러 과징금을 병과하여도 이중처벌금지원칙(헌법 제13조 제1항)에 위반되지 않는다고 보았다: "행정권에는 행정목적 실현을 위하여 행정법규 위반자에 대한 제재의 권한도 포함되어 있으므로, '제재를 통한 억지'는 행정규제의 본원적 기능이라 볼 수 있는 것이고, 따라서 어떤 행정제재의 기능이 오로지 제재(및 이에 결부된 억지)에 있다고 하여 이를 헌법 제13조 제1항에서 말하는 국가형벌권의 행사로서의 '처벌'에 해당한다고 할 수 없는바, 구 독점규제및공정거래에관한법률 제24조의2에 의한 부당내부거래에 대한 과징금은 그 취지와 기능, 부과의 주체와 절차 등을 종합할 때 부당내부거래 억지라는 행정목적을 실현하기 위하여 그 위반행위에 대하여 제재를 가하는 행정상의 제재금으로서의 기본적 성격에 부당이득환수적 요소도 부가되어 있는 것이라 할 것이고, 이를 두고 헌법 제13조 제1항에서 금지하는 국가형벌권 행사로서의 '처벌'에 해당한다고는 할 수 없으므로, 공정거래법에서 형사처벌과 아울러 과징금의 병과를 예정하고 있더라도 이중처벌금지원칙에 위반된다고 볼 수 없으며, 이 과징금 부과처분에 대하여 공정력과 집행력을 인정한다고 하여 이를 확정판결 전의 형벌 집행과 같은 것으로 보아 무죄추정의 원칙에 위반된다고도 할 수 없다."[35]

헌법재판소의 위 결정처럼 헌법 제13조 제1항 후단을 단지 '이중처벌금지원칙'(또는 일사부재리원칙)으로만 이해하는 입장에서 보면, 조세포탈죄에서 병과되는 벌금을 실질적으로 징벌적 손해배상으로 이해한다고 해도 헌법 제13조 제1항 후단에 위배되는 것은 아니다. 또한 2배 내지 5배의 벌금을 책임에 상응하는 형벌로 보더라도 징역형과 벌금형을 동시에 부과하는 경우에 동일한 사건에 대한 확정판결이 있는 것이 아니라는 점에서도 헌법 제13조 제1항 후단이 적용되지 않는다.

[재산형에 대한 독일연방헌법재판소의 위헌결정] 이에 비해 독일연방헌법재판소는

35) 헌재결 2003.7.24, 2001헌가25.

무기 또는 2년 이상의 자유형에 처하는 범죄에 대해 일정한 금액의 지불에 처할 수 있게 한 독일형법(StGB) 제43조a(재산형의 부과)는 독일기본법 제103조 제2항(법률명확성원칙)[36]에 위배된다는 판결을 내린 바 있다.[37] 이 위헌판결은 비록 일사부재리원칙(제103조 제3항)을 이중위험금지원칙으로 확장하는 해석에 의거한 것이 아니고, 법률명확성원칙에 의거한 것이다. 즉, 명확성원칙은 법정형을 정하는 입법에도 유효하고, 그 입법은 수범자가 형법위반행위에 부과될 형벌을 예측할 수 있게 해야 하며, 또한 법치국가적 책임원칙을 충분히 고려하여 법관이 구체적인 사안에 적당하고 비례적인 형벌을 부과할 수 있게 해야 하는데, 제43조a의 "행위자의 재산규모에 의해 그 최고한도가 제한되는 일정한 금액의 지불에 처할 수 있게"하는 재산형(Vermögensstrafe)은 법률명확성원칙에 위배된다고 본 것이다. 하지만 명확성원칙의 확장해석을 통해 이중위험금지원칙과 비슷한 효과를 발생케 하였다는 점을 간과할 수 없다.

2) 이중위험금지원칙의 적용 그러나 헌법 제13조 제1항 후단이 이중위험금지원칙을 규정했다고 해석(목적론적 확장해석)한다면 이 조항은 단지 거듭된 형사처벌만이 아니라 형사처벌을 대체하는 중간법적 제재에 대해서도 그리고 확정판결이 나지 않은 경우에도 적용되어야 한다. 이런 해석은 무엇보다도 절차법 제11조가 "범칙자가 통고대로 이행하였을 때에는 동일한 사건에 대하여 소추받지 아니한다"라는 이중소추금지원칙을 구현하고 있는데서 그 근거를 찾을 수 있다. 이중위험은 이중수사, 이중소추, 이중심판을 금지하는데, 제11조가 이중소추를 금지한 것은 적어도 조세범죄에서 만큼은 헌법 제13조 제1항 단서를 이중위험금지원칙으로 실현하고 있다고 볼 수 있다.

이중위험금지원칙을 적용할 때 징벌적 손해배상이 형벌(자유형)과 함께 부과될 수 없는 이유는 여러 가지가 있다. ① 첫째, 징벌적 손해배상은 일반불법행위의 요건보다 가중된 요건, 즉 형사책임의 귀속요건에 준하는 요건이 충족되었을 때에만 부과되어야 한다는 점을 들 수 있다.[38] 다시 말해 형벌의 법적 요건과 동등하게 엄격한 요건 하에 부과되는 제재는 형벌을 대체하는 제재이다. ② 둘째, 징벌적 손해배상은 일반 민사제재와는 달리 형벌의 목적과 같이 동일

---

36) 독일 기본법(Grundgesetz) 제103조 ① 누구든지 법정에서 법률상의 청문을 요구할 수 있다. ② 어떤 행위는 그것이 행해지기 이전에 그 가벌성이 법률로 규정된 경우에만 처벌될 수 있다. ③ 누구도 동일한 행위를 이유로 일반형법에 근거하여 거듭 처벌되지 아니한다.

37) BVerfG, 2 BvR 794/95 vom 20.3.2002, Absatz-Nr. (1-145), http://www.bverfg.de/entscheidungen/rs20020320_ 2bvr079495.html. 참조.

38) 이런 입장으로 이상돈, *부실감사법. 이론과 판례* (법문사, 2007), 226~227쪽.

한 행위의 '예방'을 위해 손해의 몇 배를 전보하는 징벌을 부과하는 것이기 때문에 이론적으로는 형법의 보충성을 실현하는 제재수단이어야 한다. 다시 말해 형벌과 같은 예방을 위한 징벌의 기능을 하는 금전적 제재는 형벌을 대체하는 제재이다. 다시 말해 중간법은 기존의 범죄를 비범죄화하는 전제에서 논의된다. 왜냐하면 그렇지 않다면 민사불법이나 행정법적 불법(조세법위반)을 과잉으로 제재하면서 동시에 형사제재를 가함으로써 이중처벌의 성격을 띠게 되고,[39] 아울러 비례성원칙에 위반하게 되기 때문이다.[40] 그러므로 조세포탈죄의 벌금형으로 포탈액보다 2~5배나 되는 벌금을 부과하려 한다면 그것은 조세포탈죄의 비범죄화를 전제해야 한다. 징벌적 제재라는 개념으로 이중처벌의 위헌적 성격이 은폐되어서는 안 된다.[41] 이와 같은 병과의 문제점은 특가법 제8조 제2항의 '필요적'(의무적) 병과("벌금을 병과한다")와 달리 조세범처벌법 제3조 제2항, 제10조 제5항처럼 '임의적인'(재량적) 사항으로 규정("정상에 따라 징역형과 벌금형을 병과할 수 있다")한다고 하여 사라지는 것은 아니다.

[법적 제재의 유형과 특성 분석] 오늘날 대표적인 법적 제재, 형벌, 손해배상, 과태료 이외에 중간법적인 성격의 과징금, 징벌적 손해배상, 원상회복 등이 있다. 이 제재들의 본질이 어떻게 다른 것인지를 분석한다.[42] 먼저 ① **과태료**(제69조의 2) 행정목적을 직접 그르치게 하지 않지만 행정활동에 의미 있는 장애를 일으킬 위험성이 있는 행정법적 의무위반에 대해 가해지는 금전벌[43]이다. 여기서 행정장애의 위험이란 적어도 이론적으로는 행정활동이 보호하려는 법익의 침해나 위태화를 초래하지 않는 것[44]을 말한다. 물론 실제로는 행정법적 의무위반도 법

39) 과징금과 벌금 등 금전적인 제재의 경우에는 중복되지 않고 하나로 통일되어야 한다는 입장으로 김광준·원범연, *한국의 신종 기업범죄의 유형과 대책* (한국형사정책연구원, 2002), 202-203쪽 참조.

40) 병과제도가 국고주의 사상에 근거한 과중처벌이며 책임원칙에 반하고 실효성도 별로 크지 않다는 논거로 폐지를 주장하는 이천현, "조세범처벌법상의 형벌규정의 문제점", *월간조세* (2000/1), 45쪽

41) 비슷한 견해로 김용재, "미국 판례법상 민사금전벌과 이중처벌금지의 원칙에 관한 연구", 고려법학 (제51호, 2008), 520쪽; "국회는 …(중략)… 구체적인 사실관계에 비추어 볼 때 과징금의 액수가 비례의 원칙에 어긋날 정도로 과다한 경우 등에는 과징금의 부과가 민사제재가 아닌 형사제재로 간주될 수 있음을 밝혀야 할 것이다. 한편 과징금과 형사제재를 병과할 경우에는 양 민사·형사절차에서 제재대상자의 기본적인 절차상의 권리가 침해도지 않도록 항상 유념하여야 할 것이다."

42) 이 삽입글에서 이하의 분석은 (본문과 각주 모두) 이상돈, *윤리경영과 형법* (신영사, 2005), 94~99쪽에서 발췌하고 일부 수정한 것임.

43) 대판 1969.7.29, 69마400; 이건종·박기석, *행정형법상의 제재수단에 관한 연구* (한국형사정책연구원, 1995), 106쪽 참조.

44) 이런 점을 고려해 형사범과 경찰범을 구별한 Binding, *Norman und ihre* Übertretung, Bd.2,

익의 위태화와 무관하지 않은 경우가 많고,[45] 또 그 한에서는 과태료와 형벌, 특히 벌금과의 경계는 그리 분명하지 않을 수 있다. 하지만 과태료는 그 부과대상인 의무위반행위의 내용이 행정권력에 의해 정책적으로 쉽게 변하고, 또한 상황에 따라 탄력적으로 집행여부가 결정되는 재량성이 매우 높다는 특징이 있다. 이 점은 문화적으로 전승된 규범으로서 시민사회 내에서 사회적 통합의 기반으로 작용하는 규범을 위반한 행위에 대해 부과되는 형벌과 뚜렷이 구분되는 점이다. 따라서 과태료는 '윤리적 성격'을 가지지 못한다.[46] 과태료에 대한 불복이 행정소송이 아니라 경제성과 행정전문성을 존중하기 쉬운 비송사건절차법(동법 제247조)에 의하는 것도 같은 이유에서라고 할 수 있다(도표 62의 ⓐ). ② **과징금** 이에 비해 주로 경제적 이익을 얻게 하는 행정법적 의무위반에 대한 제재인 과징금은 행정법적 의무위반이라는 점에서는 과태료와 같지만, 법익침해의 위험발생과 실질적으로 관련이 있고, 아울러 사회 윤리적 비난이 뒤따르는 행위에 대한 제재라는 점에서 형벌[47]에 근접한다.[48] 그러므로 과징금에 대한 불복은 비송사건절차가 아니라 소송절차로 다루어지게 된다. 또한 과징금은 위반으로 인한 경제적 이익을 부당이득으로 보고 이를 환수하는 측면,[49] 바꿔 말해 (소비자 개인이나 일반, 즉 사회 전체에 대한) 피해배상적 성격을 갖고 있고, 그 점에서 민법의 영역에도 얼마간 접근한다.[50] 그렇지만 과징금은 피해자에게 귀속되는 것이 아니라 위반된 행정법규가 지향하는 행정목적을 달성하는 재원으로 확보·사용된다는 점에서 여

1890, 398, 406쪽 참조.

45) 이 점을 지적한 M. E. Mayer, *Rechtsnormen und Kulturnormen*, 1903, 118~126쪽 참조.

46) 그렇기 때문에 '벌금이 과태료보다 고액이어야 한다'는 주장(이건종·박기석, 앞의 책, 108~109쪽)은 '법익보호의 관점'에서만 타당하다. 그러나 벌금이 비록 금전적으로는 과태료보다 적은 액수일지라도 '도덕적 비난'을 받게 되는 것이어서 — 실정법적으로는 전과자의 리스트에 오르게 되는 등 — 제재의 강도가 과태료보다 낮다고 볼 수가 없다. 그러므로 모든 법규에서 또는 공정거래법과 같은 특정 법률 안에서만이라도 과태료가 벌금보다 반드시 적어야 한다는 필연성은 근거지어지지 않는다.

47) 여기서 형벌은 사회윤리적 비난을 반드시 전제하는 것이 아님에 주의할 필요가 있다. 실제로는 많은 부분 범죄가 사회윤리적 비난을 수반하지만 사회윤리와 형법규범이 — 현대사회의 다원화가 진행될수록 — 광범위하게 서로 포개지지 않기 때문이다. 이 점은 도덕과 윤리, 사회규범의 분화와 형법의 윤리적 중립성 요청에서도 잘 드러난다. 이상돈, *법학입문* (법문사, 2007), [11]단락 참조.

48) 공정거래법이 과징금을 산정함에 있어 매출액의 일정률 뿐만 아니라 '위반행위의 내용 및 정도, 위반행위의 기간 및 횟수'라는 질적인 측면을 고려하고 있는 점(제55조의3 제1항)도 이를 반영한다.

49) 그러므로 종래의 학설대립, 즉 과징금은 부당이득환수라는 견해(대판 1999.5.28, 99두1571)와 행정제재벌이라는 견해(서울고등법원 1996.2.13, 94구36751 판결; 박해식, *독점규제 및 공정거래에 관한 법률상의 과징금에 관한 연구* (고려대학교 석사학위논문, 2000) 참조)는 과징금을 판덱텐 법체계의 어느 한 분과로 전속시키는 것이고, 이는 아래서 설명하는 중간법 영역의 관점에서 보면 더 이상 유지되기 어려운 법체계의 패러다임이라고 할 수 있다.

50) 물론 1996년 개정으로 환급제도, 즉 과징금을 납부한 시장지배적 사업자가 손해배상을 한 때에 그 배상액 상당의 금액을 환급하도록 한 제도가 폐지됨으로써 과징금의 민사법적 성격은 다소 약화되었다고 할 수 있다.

전히 행정법적 성격을 갖고 있다. 따라서 과징금에 대한 불복은 소송절차 가운데서도 민사소송이 아니라 행정소송으로 다루어지게 된다(도표 62의 ⓑ).

‖ 도표 62 ‖ 제재수단의 목록과 법분과적 분류

〈법분과적 유형화〉

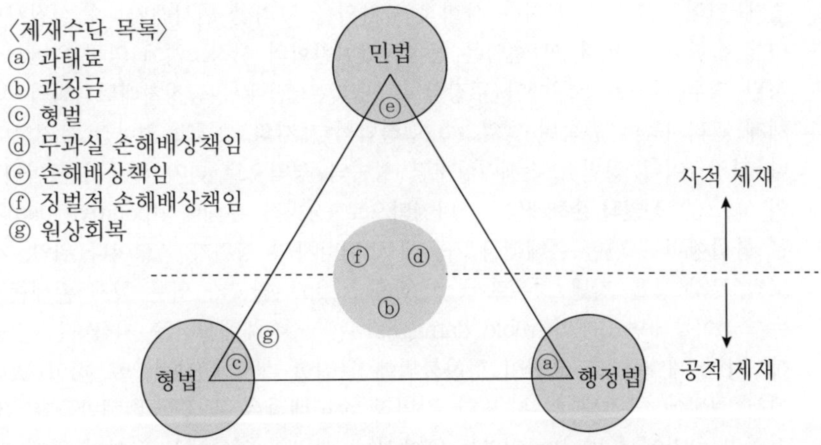

③ 형벌 형벌은 기본권목록을 구성하는 법익을 침해하거나 위태화하는 행위로서 사회적 통합의 기반이 되는 규범을 위반한 행위에 대해, 그리고 원칙적으로 피해자의 의사나 합의 등과는 무관하게[51] 부과되는 공적 제재이다. 제재의 강도와 도덕적 비난이 가장 강한 제재라는 점에서 비례성원칙에 가장 엄격하게 구속되며, 따라서 거래의 공정성이나 효율성 이념과 절연한 채, 행위자 개인의 능력과 의사를 기초로 위반행위를 하지 않을 가능성이 있었는가, 즉 일반인이 이른바 말하는 '죄'의식을 가질 수 있는 책임(Schuld)이 있는 경우에만 부과되고, 기본권보장도 가장 철저하고, 절차의 합리성도 가장 극대화된 소송절차인 형사소송법이 적용된다(위 도표의 ⓒ). **④ 원상회복** 원상회복(Wiedergutmachung)은 비교적 경미한 범죄의 영역에서 피해자에게 윤리적 비난의 함의를 지닌 배상을 하게 하는 형벌을 의미한다. 피해자에 대한 배상이나 과실상계에 대한 고려 등은 그런 형벌이 민법에 얼마간 다가간 것임을 보여주지만 민사책임보다는 여전히 한 단계 고양된 도덕적 비난의 상징을 남겨둔다는 점에서 여전히 형법의 영역에 더 가까이 위치하는 제재라고 할 수 있다(도표의 ⓖ). **⑤ 손해배상** 다음으로 민법상 손해배상(제750조)은 손해를 형평성 있게 전보하는 제재이다. 사회 윤리적 비난이 얼마간 수반되기는 하지만 형벌보다는 훨씬 낮고, 과징금의 경우보다도 오히

---

51) 이를 피해자의 중립화(Neutralisierung)라고 부른다. Hassemer, *Einführung in die Grundlagen des Strafrechts* (C.H.Beck, 1990), 70쪽 아래 참조.

려 낮다고 할 수 있다. 하지만 과실책임원칙에 따라 부과되는 제재라는 점에서는, 공정거래법이 규정하는 무과실 손해배상책임(제56조 2항)과 비교할 때, 위반행위를 예방하는 목적에 지배되기보다는 자유의 형평분배라는 도덕률에 지배되는 제재라고 할 수 있다(도표의 ⓔ). ⑥ **무과실 손해배상** 무과실 손해배상책임은 한편으로는 공정거래법 위반의 피해자가 대등한 행위주체의 개인상을 전제하는 민법에 의해 보호되지 못하는 사회적 약자임을 고려한 민사책임, 즉 실질사법의 영역에 속한다. 그러나 이 책임은 공정거래위원회의 시정조치에 의해 위반사실이 확정된 경우(제56조 1항)에만 주장할 수 있다는 점에서 공정거래위원회의 공정거래체계 관리기능에 종속된 책임, 즉 행정법적 제재의 성격도 얼마간 유지한다. 그러나 과징금이나 징벌적 손해배상처럼 형법의 영역으로 다가가는 것은 아니다(도표의 ⓓ). ⑦ **징벌적 손해배상** 마지막으로 징벌적 손해배상(punitive damages)[52]은 불법행위로 인한 손해배상 가운데 법위반자의 행위가 폭력이나 위압, 기망, 의도적 무시 등을 지닌 경우로서 그 점을 이유로 원고가 입은 실제 손해를 초월하는 — 이를테면 3배의(treble damages)[53] — 손해배상금을 지급하는 것을 말한다. 이런 제재는 그 요건이 형사불법에 근접한 실질을 내용으로 하고 있다는 점에서 형법에 근접해 있다. 또한 징벌적 손해배상은 발생한 손해만큼만 전보하는 정의의 원리에서 벗어나 있다는 점에서[54] 민법의 영역에서 떨어져 있게 되고, 피해자들의 소제기를 유인하고 법위반행위를 억제하는 효과를 발휘할 수 있다는 점, 그리고 개인의 손해가 적지만 위반자의 이익총액이 클 경우에 집행결핍에 빠지기 쉬운 행정법적 제재의 기능을 대신하거나 보완한다는 점에서 행정법의 영역에 한 걸음 다가선 제재가 된다(도표 62의 ⓕ).

셋째, 이중위험금지는 입법자의 입법기술적 재량(예: 과징금과 형벌, 징벌적 손해배상과 형벌을 병과하거나 또는 선택하는 입법적 결단의 재량)에 의해 침윤되어서는 안된다. 다시 말해 특가법 제8조 제2항에서 벌금형을 형벌과 '선택'적인 형벌로 규정하거나 또는 조세범처벌법에서 특가법상 조세포탈죄에 해당하는 경우에도 징벌적 손해배상으로 절차를 종결짓는 입법을 하였다고 가정할 때 개인이 보호될 있는 수준은 현행 특가법 제8조 제2항에서도 유지되어야 한다. 그렇

52) 이에 관한 종합적인 연구로 이점인, *징벌적 손해배상에 관한 연구—미국 제도를 중심으로* (동아대학교 박사학위논문, 1998) 참조.

53) 1914년 미국의 클레이튼(Clayton)법 제4조('반트러스트 법에 위반한 행위에 의하여 자신의 영업 또는 재산에 손해를 입은 자는 그 손해액의 3배(treble damages)를 청구할 수 있다')는 그 대표적인 예이다. 다만 3배 배상과 달리 징벌적 손해배상은 판례법에 의해 발전된 제도라는 차이가 있다. 미국에서는 두 제도의 중복적용을 허용하는 판례(Atlantic Purchasers, Inc. v. Aircraft Sales, Inc., 705F, 2d 712, 716n [4th Cir. 1983])와 배타적인 관계로 이해하는 판례(Arnott v. American Oil Co., 609F. 2d 873, 888 [8th Cir. 1979])가 병존해 있다.

54) 이런 점을 이유로 3배 배상의 도입에 비판적인 함영주, *집단소송에 관한 연구* (고려대학교 박사학위논문, 1997), 56쪽.

기에 제8조 제2항은 이중위험금지원칙에 위배된다는 점에서 위헌결정을 받아야 한다. 물론 위헌결정이 나기 전이라도 작량감경(형법 제53조)을 항시 적용하여 포탈액의 1배를 넘지 않는 선에서 벌금형을 선고하는 방식으로 운영할 필요가 있다.

(4) **재산권의 제한에 관한 입법재량권** 이처럼 자유형의 책임범위를 초과하는 벌금, 몰수를 대체하는 추징액을 넘어서는 벌금, 징벌적 성격의 벌금을 자유형과 별도로 부과하는 것이 보복적이며, 보안처분적이며, 형벌만능적인 재산권의 박탈로서 재산권의 본질적 내용을 침해한다고 볼 수 있다. 이런 결론은 역시 형벌이론적인 결론이다. 헌법상 입법자의 재량권은 그런 형벌이론적인 한계를 얼마간 뛰어 넘을 자유까지 포함한다고 볼 여지가 있다. 즉, 이는 그와 같은 벌금의 병과에 의한 재산권의 제한과 다른 공익(국가조세권의 확립을 통한 국가재정의 충실화)을 가치형량함으로써 가능해진다. 그러나 그와 같은 가치형량은 국가권력을 개인의 기본권보다 우선시키는 관헌국가적 잔재를 보여준다. 그렇기 때문에 아무리 입법자의 재량권을 넓힌다고 해도 특가법상 벌금병과조항은 위헌으로 보는 것이 타당하다.

4. 불법의 구조적 편중과 형벌불평등

특가법 제8조의 가중처벌이 과잉금지원칙에 위배되지 않는다고 하더라도 평등원칙에 위배될 가능성이 매우 높다. 특가법 제8조의 적용여부는 오로지 조세포탈액의 규모(현재의 하한선은 5억원)라는 결과불법(Erfolgsunwert)에만 의존해 있다. 이때의 결과불법은 포탈률(포탈액÷납세의무세액)과 같이 얼마간 행위불법적 성격을 띠는 결과불법의 요소도 배제한[55] 순수한 결과불법이다.

(1) **형사불법의 도덕적 구조에서 형벌평등** 그러나 생활세계 안에서 시민들의 정당한 행위규범으로서 기능해야 하는 형법의 불법은 결과불법 이외에 행위불법(Handlungsunwert)이 있을 때 온전한 것이 된다. 행위불법의 결핍은 형법의 도덕적 결함을 의미한다. 형법에서 평등원칙은 '같은 종류와 정도의 불법은 같

---

55) 이 점을 비판하고 입법론적 재고를 주장하는 안대희 대법관의 견해에 관해서 안대희, *조세형사법* (법문사, 2005), 368~369쪽) 참조. 안 대법관은 특가법 제8조가 포탈율을 고려하지 않는 점 이외에도 매출이 많은 법인의 조세포탈은 대부분 특가법이 적용되는 반면, 조세를 신고조차 하지 아는 죄질이 중한 위법소득의 향유자는 포탈액이 많은 경우 특가법에 해당하지 않는 등의 불균형도 고발전치주의를 존속시킬 필요성과 특가법에 의한 처벌에 대한 입법론적 재고를 요한다고 본다.

게, 다른 종류와 정도의 불법은 다르게 취급하는 것'을 의미한다. 그러므로 조세포탈행위를 하였어도 형법적 불법의 이와 같은 도덕적 구조에서 보면 예컨대 같은 포탈액에 대하여 같은 형벌법규를 적용하기만 하면 평등원칙을 준수하는 셈이 되는 것은 아니다. 이를테면 포탈액이 크더라도 장부조작과 같은 적극적인 기망행위를 사용하지 않은 사안과 포탈액은 작지만 그런 기망행위를 사용한 사안(행위태양의 차이), 그리고 같은 종류의 기망행위를 사용한 사안에서도 포탈액은 크지만 포탈율은 작은 경우와 포탈액은 작지만 포탈율이 큰 경우를 비교형량하여 그 적용여부를 결정할 가능성을 처음부터 배제하고 있다면 이런 점에서 특가법상의 조세포탈죄는 헌법상 평등원칙(헌법 제11조)에 위배된다고 말할 수 있다. 입법자의 재량권이 이런 형사불법에 고유한 도덕적 구조를 고려하지 않을 자유까지 포함하는 것일 때에만 특가법 제8조는 평등원칙에 위배되지 않는 것이다.

(2) **실질적 강제적 양형규정으로서 특가법** 이런 형벌불평등의 위헌성은 특가법 제8조를 형사불법을 설정하는 법규(unrechtsbegründende Vorschrift)가 아니라 단지 조세범처벌법상의 조세포탈죄를 적용함에 있어 고려해야 하는 실질적인 그리고 강제적인 양형규정(strafzumessende Vorschrift)으로 바라보는 법기술적 장치의 사용에 의해 일단 제거될 수 있다. 물론 이렇게 바라보기 위해서는 조세범처벌법 제9조의 조세포탈죄는 '범칙행위'이지만 특가법 제8조의 조세포탈죄는 '범죄행위'라는 차이에서 특가법 제8조를 단지 양형규정으로만 보기 어렵다는 점을 일단 제쳐놓아야 한다.

1) **법관의 양형재량권** 첫째, 법정형을 선택하는 양형요소가 형법 제51조의 다양한 요소 가운데 오로지 포탈세액, 그러니까 제51조 제3호(범행의 동기, 수단과 결과) 가운데 "결과"요소로 강제적으로 환원되어버린다는 점에서 법관의 양형재량권을 침해한다. 하지만 위 헌재결정이 주장하듯 법관은 작량감경규정(제53조)을 적용하여 다양한 "범죄의 정상"을 고려할 수 있다는 점에서 이 양형재량권의 침해는 형벌의 적정성(헌법 제12조 제1항 및 제27조[법관에 의하여 재판받을 권리] 등)을 깨뜨리는 데에까지는 않는다.

2) **절차법적 결함** 둘째, 하지만 여전히 절차법적 결함이 남는다. 형법 제51조의 양형요소는 검사가 공소여부를 결정할 때에도 고려할 수 있어야(형사소송법 제247조 제1항) 한다. 그런데 조세포탈죄에서 공소여부를 결정하는 양형요

소의 가장 중요한 고려는 통상적으로 조세당국의 전속고발의 과정에 의해 '제도적으로' 이루어진다. 그러나 특가법 제16조는 조세범죄의 특성에 적합한 제도적인 양형요소의 고려 가능성을 박탈하고 있다. 그리고 조세포탈행위가 일어난 후에라도 자신납부(통고처분을 받는 경우에는 벌금에 상당하는 금액을 납부[56])를 하는 등 결과불법이 제거되면 고발하지 않는 것[57]이 조세당국의 전속고발여부를 좌우하는 양형의 비공식적 규칙으로 자리 잡고 있기도 하다.

물론 검사가 특가법 제8조를 적용할 때에 그런 고려를 하여 형사소송법 제247조 제1항에 의하여 공소를 제기하지 않을 수는 있다. 또한 포탈세액의 크기라는 매우 편향적 불법요소만으로는 전속고발제의 적용여부를, 궁극적으로는 중한 처벌의 유무를 좌우시킬 수 있는 합리적 차별의 근거로서 충분하지 않다는 문제점, 그리고 검사의 기소유예결정이 소송조건(전속고발의 유무)을 작동시킬지 여부에 대한 결정까지 포함하게 된다는 문제점이 남는다. 이는 소송조건의 제도적 본질에는 매우 낯선 일이다. 원래 검사는 범죄가 성립하고 혐의가 충분하며 그리고 소송조건도 갖추어진 사안이 존재한 이후에 양형요소를 고려하여 기소여부를 결정할 권한만을 갖기 때문이다. 그렇기 때문에 강제적 양형규정으로서 특가법 제8조(및 제16조)는 적법절차(헌법 제12조 제1항)의 이념을 위태롭게 만든다.

56) 조세범처벌절차법 제9조 참조. 다만 "범칙자가 통고대로 이행할 자력이 없다고 인정되는 때"이거나 "정상징역형에 처할 것으로 사료되는 때"에는 통고를 요하지 아니하고 즉시 고발하여야 한다.

57) 조세범처벌절차법 제11조에 의하면 통고처분을 받은 "범칙자가 통고대로 이행한 때에는 동일한 사건에 대하여 소추를 받지 아니한다. 제9조 제1항 단서에 의한 통고에 대하여 범칙자가 통고대로 이행한 경우에 있어서 몰취에 해당하는 물품을 소지하는 때에는 공매 기타 필요한 처분을 할 때까지 이를 보관할 의무가 있다".

출처와 생성

[13]단락의 글은 *조세형법론*(법문사, 2009)의 [3]단락에 수록된 글을 그 사이 변화된 법령과 판례를 반영하고, 교정하여 작성된 글이다.

13 조세범처벌의 유형과 절차

Ⅰ. 탈세조사의 세 가지 유형

조세범죄에 대한 처벌은 통상적으로는 ① 세무조사 → ② 범칙조사 → ③ 수사라는 세 가지 절차를 통하여 이루어진다. 조사와 수사의 전형적 과정은 세무조사를 하다 조세범죄가 발견되어 범칙조사로 전환하고, 고발을 하면 수사가 개시되는 것이다. 그러나 세무조사와는 별개로 수사기관이 특정범죄 가중처벌 등에 관한 법률상의 조세포탈죄로 수사를 개시할 수도 있다. 또는 수사기관이 조세범죄의 혐의를 인지하면 바로 수사를 개시하지 않고, 조세당국의 사건을 이첩할 수 있다. 하지만 탈세사건과 조세포탈사건의 구별이 명확하지 않고, 조세당국과 수사기관의 권한분배 그리고 세무조사 및 범칙조사와 수사의 관계에 관해서도 명확한 법적 규율이 없다. 여기서 세 가지 조사절차의 핵심내용을 개관하기로 한다.

세무조사는 각종 세법상의 납세의무위반행위를 조사한다. 조세의 탈루와 조세포탈 모두가 조사의 대상이 된다. 절세나 조세회피행위는 적법한 행위이기 때문에 그것만으로는 세무조사의 대상이 될 수 없고, 조세탈루나 조세포탈의 혐의를 인지하여 조사하는 가운데 절세나 조세회피행위가 조사될 수는 있다. 이에 비해 범칙조사는 이 가운데 넓은 의미의 조세포탈사건에 대하여 행해진다. 조세범처벌법을 위반하는 범칙행위가 조사의 대상이 되고, 그 조사의 절차는 조세범처벌절차법에 의하여 규율된다. 범칙조사는 통고처분 또는 고발로써 사건을 종결한다. 통고처분으로 부과된 범칙금을 납부하면 같은 사건으로 검찰에 의해 거듭 소추되지 아니한다(절차법 제11조).

| 도표 63 | 조세범죄와 제재절차의 구조

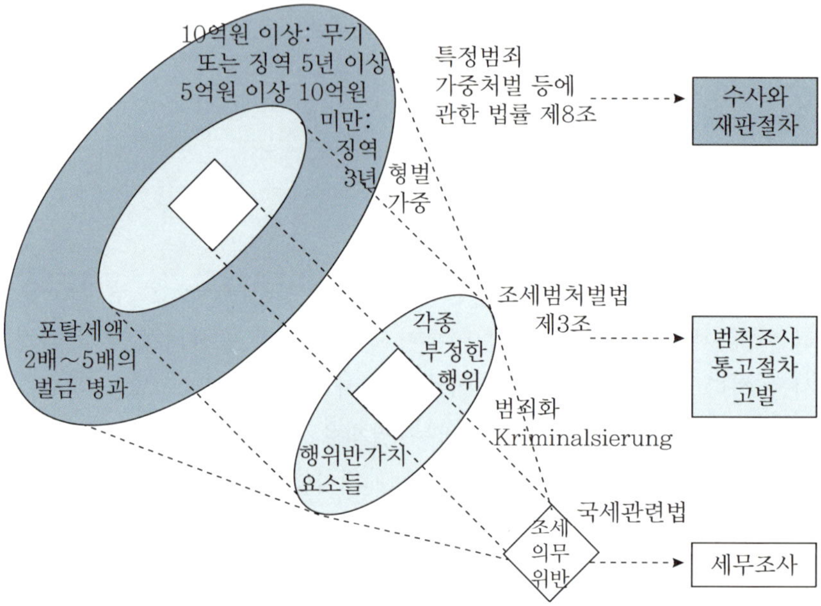

Ⅱ. 세무조사

세무조사는 납세의무가 성립[1]하고 확정(신고납세방식[2]에서 신고시, 부과납세방식에서 부과처분시)된 뒤 질문조사권이나 질문검사권에 의하여 세액이 진실한 내용에 따라 계산되어 있는지 그리고 세법이 정확하게 적용되어 있는지를 밝히는 (행정법상) 행정조사이다. 세무조사는 대상의 선정, 조사의 강도와 방법과 조사 후의 처리 등에서 (형사절차의) 적법절차에 근접한 합법성원칙('準적법절차성')의 지배를 받는다. 이는 세무조사가 단순한 행정조사가 아니라 사회적으로는 일종의 징벌적인 수단으로 여겨지는 데서 비롯되는 것이라 할 수 있다.

---

1) 국세기본법 제21조(납세의무의 성립시기) 제1항은 소득세 법인세의 과세기간 종료시, 상속개시시, 증여재산취득시, 부당이득거래시, 부가가치세의 과세기간종료시, 주세·교통세등은 과세물품의 반출시 또는 판매시, 인지세 대상인 과세문서작성시, 당해 증권매매거래가 확정되는 때 등을 제2항은 원천징수하는 소득세와 법인세에서 그 소득 또는 수입금액을 지급한 때를 납세의무가 성립하는 시기로 본다.

2) 신고납세방식의 조세로는 소득세, 부가가치세, 특별소비세, 주세, 증권거래세, 교육세, 교통세 및 종합부동산세 등이 부과납세방식의 조세로는 상속세, 증여세, 자산재평가세 및 부당이득세가 있다.

1. 세무조사의 합법성원칙

합법성원칙이란 세무조사가 법에 규정된 바에 따라 개시·진행·처리되어야 함을 의미한다.

(1) **세무조사의 합법성의 주요내용** 예컨대 ① 세무조사 하는 때에는 납세자 권리헌장을 교부해야 하고(국세기본법 제81조의2 제2항), ② 세무조사공무원은 검사원증 또는 조사원증을 휴대하고 반드시 제시함으로써 세무조사, 예컨대 질문검사권의 행사임을 알려야 한다.

또한 ③ 세무조사는 원칙적으로 10일 전에 조사기간,[3] 조사대상(예: 과세기간), 세목 및 조사사유가 문서로 통지되어야 하고, 예외적으로 사전통지로 증거인멸 등으로 조사목적을 달성할 수 없다고 인정되는 경우에는 사전통지를 하지 않아도 된다(제81조의7 제1항). 사전통지를 받은 납세자는 천재·지변·기타 대통령령이 정하는 사유로 인하여 조사를 받기 곤란한 경우에는 관할세무관서의 장에게 조사연기를 신청할 수 있다(제81조의7 제2항).[4] 통지된 조사기간을 연장하거나 조사대상을 확대하려면 조사관할 관서장의 승인을 받고 납세자에게 다시 문서로 통지하여야 한다.

④ 세무조사는 조사자의 출입을 거부하거나 질문에 답하지 않을 경우 조세범처벌법상 범칙행위가 성립함은 별론으로 하고 따로 강제할 수 없다(임의조사원칙). 즉, 세무조사방법은 납세의무자(과세표준 확정신고를 하여 납세의무가 확정된 자)와 납세의무가 있다고 인정되는 자 및 거래상대방에게 질문(예: 해명의 요구), 당해 장부·서류(예: 전산기록) 기타 물건(예: 재고자산, 창고)을 조사하거나 그 제출을 명하는 방법에 의한다. 이때 제출명령에 대상자가 임의로 제출하면 '일시보관'을 할 뿐이므로 반환거부를 할 수 있는 수사상의 압수와 구별된다. 세무조사 중에 범칙행위를 발견하여도 세무조사와 범칙조사는 요건과 절차(예: 범칙조사 담당 세무공무원의 지명)가 다르므로 적어도 세무조사를 범칙조사로 전환함과 동시에 또는 그 이후에 압수·수색을 할 수 있다고 보아야 한다.

---

3) 세무조사 통지서에 조사기간을 특정하도록 한 국세기본법 제81조의7(세무조사의 사전통지와 연기신청) 참조.

4) 국세기본법시행령 제63조의7(세무조사의 연기신청) 제1항은 1. 화재 기타 재해로 사업상 심한 어려움이 있을 때, 2. 납세자 또는 납세관리인의 질병·장기출장 등으로 세무조사가 곤란하다고 판단될 때, 3. 권한 있는 기관에 장부·증빙서류가 압수 또는 영치된 때, 4. 제1호 내지 제3호에 준하는 사유에 해당하는 때 연기사유로 규정한다.

⑤ 납세자는 세무조사결과를 서면으로 통지를 받고(제81조의9), 기타 납세자의 권리행사에 필요한 정보의 제공을 세무공무원에게 요구할 수 있다(제81조의11). ⑥ 세무조사가 종결되면 그 조사결과의 적출사항을 정리하여 결정·경정한다. 다만 통지를 받고 납세의무자가 과세전적부심사청구(제81조의12)를 하면 결정·경정을 유보하고, 그 청구에 대한 결정내용에 따라 결정·정정한다.

(2) **합법성의 범위** 세무조사의 합법성에서 법은 국세기본법과 같은 법률만이 아니며, 그 시행령과 시행규칙, 또는 납세자권리헌장(국세기본법 제81조의2 제1항), 더 나아가 국세청의 조사사무처리규정 등도 포함된다. 국세청 내부의 세무조사기준이라 하더라도 그것은 세무조사의 합법성을 구체화하는 실질적인 법규범이 될 수 있고, 납세자의 권리는 그런 세무조사기준의 준수를 신뢰할 권리까지 포함한다.

(3) **위법한 세무조사의 효과** 따라서 첫째, 납세자는 합법성이 없는 세무조사(예: 사전통지위반, 권리헌장 미교부 등)에 대해 거부할 수 있으며, 그런 거부로 인해 검사기피죄로 처벌되지도 않는다. 둘째, 위법한 세무조사에 터 잡은 과세처분은 — 설령 그 과세처분이 납세자의 소득에 객관적으로 합치하더라도[5] — 그 위법이 중대한 경우에는 무효 그리고 그 위법이 경미한 경우에는 취소가 될 수 있다고 보아야 한다. 그러나 아무리 경미할지라도 위법한 조사에 의해 수집된 증거는 납세자가 조세포탈죄로 형사재판을 받을 경우에 위법수집증거배제법칙(형사소송법 제308조의2)에 의해 증거능력이 인정되지 않음은 물론이다. 셋째, 위법한 세무조사를 한 공무원은 징계의 대상이 된다.

2. 세무조사의 적법절차성

적법절차성이란 세무조사를 규율하는 법이 형평성(공정성)과 비례성을 가지고 있어야 함을 의미하고, 이때 법은 법률(조세법률) 뿐만 아니라 조세행정입법과 행정관행을 포함한다. 가령 세무조사를 한 결과 탈세사실을 확인하더라도 통고처분이나 형사고발을 함이 없이 탈루한 세금을 과세표준의 결정 또는 경정에 의해 추징만하고 절차를 종결하는 관행이나 세무조사, 범칙조사, 수사를 엄격하게 구분하여 설령 조세포탈죄의 혐의가 있다고 하더라도 세무당국이 범칙조사를 하지 않고 일단 세무조사를 실시하는 관행을 들 수 있다. 이런 관행

5) 이런 경우에 과세처분은 유효하다고 보는 견해도 있다. 임승순, *조세법* (박영사, 2000), 77쪽.

은 비공식적 규칙(informelle Programme)으로서 법의 일부를 형성한다.

(1) **형평성**

1) 개 념 '형평성'은 세무조사의 부담이 납세의무자 사이에 공평하게 분배되는 것을 의미한다. 조세부담의 형평성은 납세의무자의 재산, 신분, 담세능력 등의 요소(사회경제적 차이)를 고려하여 소득재분배의 이념에 따라 담세액이 차등적으로 부과될 수 있음을 의미한다. 이를 수직적 형평성이라 부를 수 있다. 이에 비해 동일한 과세조건을 가진 납세의무자에게 동일한 세액이 부과되는 평등성은 수평적 형평성이라 부를 수 있다. 다시 말해 세무조사의 형평성은 일차적으로는 모든 납세의무자에게 공평하게 분배됨(수평적 형평성)을 그리고 부차적으로는 실질적 차이에 따라서 세무조사의 부담이 분배됨(수직적 형평성)을 의미한다.

2) 형평성으로서 우연성 그런데 세무조사는 탈세가 거의 모든 시민들과 모든 거래영역에서 일어난다는 점을 고려하면 언제나 '선별적'(selective)일 수밖에 없다. 탈세의 일상성과 세무조사의 선별성과 같은 상황에서 세무조사를 받는 개별시민의 부담이 공평(수평적 형평성)하게 되는 유일한 방법은 누가 조사를 받을 것인지를 철저하게 '우연성'(Zufall)[6]에 맡기는 방법이다. 가령 의도적으로 특정 집단이나 특정인을 선별하여 세무조사를 하면 형평성을 잃어버린다. 그래서 국세기본법은 정기선정의 원칙으로 '무작위추출방식'을 규정한다(제81조의6 제1항 제3호). 물론 무작위추출방식으로 운 좋게 장기간 (4과세기간 이상) 동일세무조사를 받지 않는 것도 형평성에 어긋나므로, 장기미조사 자에 대하여는 세무조사의 필요성이 인정된다(동항 제2호).

> **국세기본법 제81조의6(세무조사 대상자 선정)** ① 세무공무원은 다음 각 호의 어느 하나에 해당하는 경우에 정기적으로 신고의 적정성을 검증하기 위하여 대상을 선정(이하 "정기선정"이라 한다)하여 세무조사를 할 수 있다. 이 경우 세무공무원은 객관적 기준에 따라 공정하게 그 대상을 선정하여야 한다.
> 1. 국세청장이 납세자의 신고 내용에 대하여 정기적으로 성실도를 분석한 결과 불성실 혐의가 있다고 인정하는 경우
> 2. 최근 4과세기간(또는 4사업연도) 이상 같은 세목의 세무조사를 받지 아니한

6) 이 우연성은 마치 법원에서 사건을 재판부에 배당할 때, 또는 감정인을 선정할 때에도 채택하는 공정성의 기준으로서 우연성(이에 관해서는 Hassemer, *Einführungen in die Grundlagen des Strafrechts* (C.H.Beck, 1990), 159쪽)과 같은 것이다.

납세자에 대하여 업종, 규모 등을 고려하여 대통령령으로 정하는 바에 따라 신고 내용이 적정한지를 검증할 필요가 있는 경우
3. 무작위추출방식으로 표본조사를 하려는 경우
④ 세무공무원은 다음 각 호의 요건을 모두 충족하는 자에 대해서는 제1항에 따른 세무조사를 하지 아니할 수 있다. 다만, 객관적인 증거자료에 의하여 과소신고한 것이 명백한 경우에는 그러하지 아니하다.
1. 업종별 수입금액이 대통령령으로 정하는 금액 이하인 사업자
2. 장부 기록 등이 대통령령으로 정하는 요건을 충족하는 사업자

이에 비해 세무조사부담을 영세사업자와 중소기업에게 면제해주면(국세기본법 제81조의6 제4항) 실질적인 소득의 재분배효과를 가져온다(수직적 형평성).

(2) 비례성 '비례성'은 특히 세무조사가 기업에게 주는 경영상의 어려움(때로는 위기)이나 개인에게 주는 기본권 침해라는 부담과 국가재원의 확보 및 국가의 조세권 사이의 균형성을 의미한다. 세무조사의 비례성은 조사대상자 선정과 방법, 절차 전반에 걸쳐 인정되는 원칙이다.

1) 필요최소원칙 국세기본법은 "세무공무원은 적정하고 공평한 과세를 실현하기 위하여 필요한 최소한의 범위에서 세무조사를 하여야 하며, 다른 목적 등을 위하여 조사권을 남용해서는 아니 된다"(제81조의4 제1항)고 규정한다. 가령 세무조사기간은 조사목적 수행에 필요한 최소한의 기간으로 정해야 한다. 따라서 세무관서의 내부지침에 규정된 조사기간[7]을 초과하는 경우에는 '납세자의 사업규모 및 조사 난이도' 등의 이유를 납세자에게 소명하여야 하고, 특히 조사착수 후 조사범위의 확대, 조사유형의 전환, 납세의무자의 조사기피행위 등이 있어 조사기간의 연장이 필요한 경우에 세무관서의 장의 승인을 받고, 그 사유와 연장기간을 납세자에게 문서로 통지하여야 한다(제81조의8).

2) 세무조사의 우선성과 범칙조사의 보충성 또한 국세기본법은 (정기선정이외에 행하는) 우선적인 세무조사의 대상자 선정기준으로 범칙행위의 혐의가 인정되는 경우를 규정한다.

우선적 세무조사대상자 제81조의6 ② 세무공무원은 제1항에 따른 정기선정에 의한 조사 외에 다음 각 호의 어느 하나에 해당하는 경우에는 세무조사를 할 수 있다.

---

7) 실무에서 세무조사는 통상적으로 개인조사는 7일, 법인조사는 15일, 지방국세청은 개인조사 15일 내지 20일, 법인조사는 20일 내지 70일의 범위에서 이루어진다.

1. 납세자가 세법에서 정하는 신고, 세금계산서 또는 계산서의 작성·교부·제출, 지급명세서의 작성·제출 등의 납세협력의무를 이행하지 아니한 경우
2. 무자료거래, 위장·가공거래 등 거래 내용이 사실과 다른 혐의가 있는 경우
3. 납세자에 대한 구체적인 탈세 제보가 있는 경우
4. 신고 내용에 탈루나 오류의 혐의를 인정할 만한 명백한 자료가 있는 경우

이는 세무조사사유와 범칙조사사유를 비체계적으로 혼합시키는 결함을 보여주는 것이 아니라, 범칙행위의 혐의가 인정되는 납세자 또는 납세의무자에 대해서 범칙조사가 아니라 — 혐의의 불확실성과 범칙조사의 부담을 고려하여 일단 — 우선적으로 세무조사를 실시하게 하고, 범칙조사나 수사는 세무조사에 의한 통제(제재실효성과 예방효과)가 충분하지 않은 경우에만 보충적으로만 행하여지게 하는 것을 의미한다. 즉, 제81조의6 제2항은 비례성원칙의 하나인 보충성원칙을 구현하는 것이다. 다시 말해 세무조사는 탈세혐의가 있는 경우에 우선적 수단(prima ratio)이며, 범칙조사는 보충적 수단, 그리고 수사는 최후수단(ultima ratio)이 된다.

3) 합법성원칙의 예외로서 전환사유제도 세무조사 중 범칙혐의가 발견되면 세무조사는 범칙조사로 전환되지만, 실무는 범칙혐의가 발견된 모든 사건을 범칙조사로 전환시키지 않고, 전환사유가 있는 경우, 예컨대 세무조사에 필요한 장부·서류의 제출 등을 협조하지 않거나 조사를 기피, 방해(예: 허위진술)하는 경우, 이중장부 등의 적극적 은닉혐의로 인해 압수·수색이 불가피한 경우, 조세포탈의 수법과 규모가 중대하여 형사처벌의 필요성이 큰 경우에, 그런 전환사유를 구체적으로 기재한 전환사유서를 첨부하여 상급관서장의 승인을 받아 세무조사를 범칙조사로 전환한다. 이런 전환사유제도는 형사소송법상 기소법정주의(Legalitätsprinzip)와 대응하는 기소편의주의(Oppertünitätsprinzip)에 상응하는 것이라 할 수 있다. 조세형법의 도덕적 이중구조를 고려할 때 이런 전환사유제도는 기소유예보다 더 광범위하게 운영될 필요가 있다. 탈세에 대한 국가의 통제가 신중하고 절제된 것이 되기 위함이다.

4) 임의조사원칙 세무조사는 압수수색 등과 같은 강제처분을 사용하지 않고 질문검사(제76조)와 같은 임의조사에 의하여 행하도록 하고 있다. 이는 비례성원칙의 표현이다. 그 밖에도 같은 세목, 같은 과세기간에 대한 원칙적인[8] 재

8) 예외적인 재조사의 허용사유로 국세기본법 제81조의4(세무조사권 남용금지) 제2항은 "1. 조세탈루의 혐의를 인정할 만한 명백한 자료가 있는 경우 2. 거래상대방에 대한 조사가 필요한 경우

조사의 금지(제81조의4)도 비례성을 실현하는 세무조사의 원칙이다.

5) 정보보호 세무공무원은 직무상 취득한 과세정보를 타인에게 제보·누설하거나 목적 외의 용도로 사용해서는 안된다(국세기본법 제81조의13 제1항 본문). 과세정보는 납세의무자의 소득원천과 신용상태 등, 민감성이 높은 개인정보이므로 그 비밀이 보호되어야 한다.[9] 따라서 세무관서의 장은 세무조사의 결과를 설령 그것이 공공성이 있는 사항일지라도 언론에 공표하여서는 안된다. 세무조사는 과세처분의 결정 또는 경정을 위한 것일 뿐이기 때문이다. 이 점은 범칙조사의 경우와 구별된다. 납세(의무)자의 과세정보는 행정정보공개청권의 대상이 되지도 않는다. 다만 지방자치단체의 조세의 부과 징수를 위하거나 국가기관이 조세쟁송 또는 조세범 소추를 위하여 과세정보를 요구하는 경우, 법원의 제출명령 또는 영장에 의하여 과세정보를 요구하는 경우, 세무공무원 상호간 직무상 필요한 과세정보의 교환, 통계청장의 국가통계작성 목적으로 요구하는 경우, 다른 법률의 규정에 따라 과세정보를 요구하는 경우(제81조의13 제1항 단서 제1~6호)에는 예외가 인정된다. 여기서는 실무상 가장 중요한 문제인 세무공무원과 수사기관 사이의 과세정보의 교류 문제를 좀더 자세히 다루기로 한다.

㈎ 소추기관의 요구 여기서 "소추를 위하여 과세정보를 요구하는 경우"(제81조의13 제1항 제2호)란 조세포탈을 수사하는 검찰이 요구하는 경우를 의미하고, 경찰이 요구하는 경우는 포함하지 않는다. 즉, "소추를 위하여"는 "소추기관이"로 해석되어야 한다. ① 경찰은 수사(보조)기관일 뿐이고 소추기관이 아니며, 경찰의 수사는 검찰의 수사처럼 소추여부를 결정하는 것이 아니라 입건(및 검찰송치)과 불입건을 결정하는 것을 목적으로 하기 때문이다. 이러한 해석은 공공기관의 개인정보보호에 관한 법률 제10조 제3항 제6호("범죄의 수사와 공소의 제기 및 유지에 필요한 경우")에서도 수사와 공소의 개념을 분리하여 사용하고 있고, (설령 소추목적이 수사와 공소의 제기 및 유지를 포괄하는 개념으로 보더라도) 과세정보의 보호를 규정한 국세기본법 제81조의13 제1항은 과세정보라는 특수

---

3. 2개 이상의 사업연도와 관련하여 잘못이 있는 경우 4. 제65조 제1항 제3호(제66조 제6항과 제81조에서 준용하는 경우를 포함한다)에 따른 필요한 처분의 결정에 따라 조사를 하는 경우 5. 그 밖에 제1호부터 제4호까지와 유사한 경우로서 대통령령으로 정하는 경우"를 규정하고 있다.

9) 과세정보의 공개에 의하여 국민의 알권리를 충족하는 공공의 이익은 사생활의 비밀인 인격권의 침해를 허용할만한 명백하고 우월한 공익이 아니라는 취지로 세무조사결과의 공개를 거부한 과세관청의 처분이 정당하다는 대표적인 판결로 서울고법 1995.8.24, 94구39262 판결 참조.

한 정보에 관하여 공공기관의 개인정보보호에 관한 법률보다 더 강하게 개정 정보를 보호하는 법제로 이해될 수 있기 때문이다.

(나) **소추개연성의 요구** 그러나 검찰도 탈세혐의사건이 기소의 요건충족에 근접한 단계, 즉 조세포탈혐의의 개연성이 인정되고 기타 소추조건이 충족된 경우에만 납세자의 과세정보를 예외적으로 사용할 수 있다고 보아야 한다. 세무조사에서 획득되는 과세정보는 매우 민감한 개인정보이고, 그런 정보는 목적구속원칙(Zweckbindung)의 예외인정, 즉 목적 외 사용이 매우 제한되어야만 하기 때문이다. 조세포탈죄혐의의 개연성이 인정되지 않는 상황에서 과세정보를 수사정보로 사용하는 것은, 공공기관의 개인정보보호에 관한 법률 제10조 제3항 단서가 예외적 허용사유가 있는 경우에도 목적 외 사용을 허용하지 않는 경우, 즉 "정보주체 또는 제3자의 권리와 이익을 부당하게 침해할 우려가 있다고 인정되는 때"에 해당한다고 보아야 한다.

(다) **영장주의로부터의 요구** 만일 이와 같은 정보보호법적 원칙을 관철하지 않는다고 하더라도, 과세정보 제공에 대한 최소한의 제한은 영장주의로부터 나온다. 즉, 세무조사는 영장주의가 적용되지 않는 절차이고, 여기서 획득한 정보를 수사기관이 아무 제한 없이 사용할 수 있다면, 사실상 영장주의가 형해화될 수 있다. 따라서 수사기관의 과세정보요구는 적어도 압수수색영장을 발부받을 수 있는 범죄혐의가 인정될 것을 전제로 할 때만 정당한 것이 된다. 이런 해석은 영장을 발부받을 조건이 충족되지 않은 수사상황에서 임의수사의 하나인 형사소송법 제199조 제2항(공무소조회)에 의해서도 과세정보를 요구할 수 없다는 결론으로 나아간다.

(라) **공무상 비밀누설죄** 또한 세무공무원이 이와 같은 기준(위 (가), (나) 또는 (다))에 의하지 않고 세무조사에 의해 획득한 과세정보를 수사기관에게 넘겨주는 행위는 공무상 비밀누설죄(형법 제127조)에 해당하여 처벌될 수 있다. 그렇기 때문에 세무공무원은 과세정보를 넘겨줄 수 있는 요건이 충족되어 있는지를 세심히 살펴야만 한다.

Ⅲ. 범칙조사

1. 범칙조사의 의의

범칙조사는 세무공무원이 조세범처벌법위반의 범죄를 범한 자(범칙자)를 확정하고 그 범칙증빙을 수집하여 (무혐의처분, 조세의 부과·징수처분) 과세청이 벌과금을 부과하는 통고처분이나 수사기관에 고발하는 절차를 말한다.

(1) **범칙조사의 합리성** 범칙조사는 세 가지 목적, 즉 ① 조세범죄의 수사의 전문성과 효율성, ② 조세범죄의 일상성·대량성으로 인한 형사사법의 과부하의 예방과 해소 그리고 ③ 조세일탈행위를 둘러싼 형법적 정의의 요구와 경제활동을 위축시키지 말라는 경제체계의 요구 사이의 조화로운 실현(=법체계와 경제체계 사이의 체계통합 System integration)을 지향한다. 이런 목적의 달성은 범칙조사의 합리성을 구성한다.

(2) **행정수사의 원칙들** 그러므로 범칙조사는 단순히 행정조사도 아니지만 단순히 범죄수사도 아니며 양자가 통합된 행정수사(administrative inspection)라고 볼 수 있다.

1) **수사로서의 제한** 행정'수사'로서 범칙조사는 형사소송법에 의한 수사에 관철되는 적법절차가 원칙적으로는 동일하게 적용된다. 조세범처벌절차법 제3조는 범칙조사를 위한 압수·수색영장제도를 자세히 규정하고 제4조는 "형사소송법 중 압수, 수색과 수색영장에 관한 규정을 준용한다"고 규정한다. 그러나 형사소송법의 준용은 범칙조사가 행정조사로서 갖는 성격과 충돌되지 않는 범위에서 이루어진다. 이를테면 범칙조사는 탈세를 밝히기 위해 필요한 장부를 수사하기 위해 영장(행정수사영장 administrative inspection warrant)을 발부받아 사무실을 수색하고 필요한 장부를 압수할 수 있다. 하지만 체포·구속 등의 대인적 강제처분은 사용할 수 없다. 이는 범칙조사가 통고처분으로 끝나거나 수사기관에의 고발로 종결되는 절차, 즉 형사소송절차 이전의 절차라는 점을 고려한 것이라 할 수 있다.

2) **행정조사로서의 제한** 다른 한편 범칙조사는 행정조사로서 세무조사가 받는 제한들, 예를 들어 주사무소·사업장 조사, 일과시간 내 조사, 미리 정한

조사대상 과세기간 준수, 확대조사시 관할관서장의 사전승인 등과 같은 '수사방법상의 제한'과 납세자권익보호, 신의성실원칙, 실질과세원칙, 근거과세원칙, 조세비례원칙 등과 같은 '세무조사원칙에 의한 제한'을 함께 받는다.

2. 범칙조사의 적법절차

(1) **조사자** 범칙조사는 조사권이 있는 세무공무원, 즉 그 소속 세무관서에 따라 지방국세청 또는 국세청장의 제청에 의해 지방검찰 검사장 또는 검찰총장의 지명을 받은 자[10]가 행한다. 이들은 신분상 사법경찰관리가 아니어서 검사의 수사지휘를 받지 않지만 영장청구는 검사를 통하여 하기 때문에 영장청구를 위한 자료보완 등의 지휘를 받을 수는 있다.

(2) **관 할** 범칙사건의 사건관할은 법인세 납세지, 소득세 납세지, 간접국세 범칙사건에서는 그 사업장을 각각 관할하는 세무관서에 속하고, 범칙사건의 규모에 따라 국세청, 지방국세청 또는 세무서가 각기 범칙조사를 담당한다.

(3) **증빙취집** 범칙사건의 증빙취집은 국세청, 사건 발견지를 관할하는 지방국세청 또는 세무서의 세무공무원이 행하고, 각 관서의 세무공무원이 취집한 증빙은 관할하는 지방국세청이나 소관세무서의 세무공무원에게 인계한다. 다만 국세청장은 각 관서의 세무공무원이 증빙을 취집한 사건 중 중요한 사건의 경우에는 직접 처리할 수 있다. 또한 동일범칙사건에 관한 증빙이 수개장소에서 발견된 때에는 각 발견지에서 취집한 증빙은 최초의 발견지 소관세무서의 세무공무원에게 인계하여야 한다. 세무관서 이외의 기관과 그 소속공무원이 인지한 범칙사건은 국세청장·소관지방국세청장 또는 세무서장에게 지체 없이 인계하여야 한다(절차법 제6조).

(4) **범칙조사의 개시요건** 범칙조사는 세무공무원이 어떤 자료에 의하여 범칙사건이 존재한다는 혐의를 인지한 때 개시한다. 이와 같은 범칙조사의 혐의를 인지하는 단서는 세무조사, 다른 범칙사건조사, 현행범의 발견, 수사기관으로부터 통보나 이첩, 제3자의 제보,[11] 미디어의 보도 등 제한이 없다. 다만 범칙조사는 다음 두 가지 중대한 제한을 받는다.

1) 범칙혐의의 상당성 수사와 달리 모든 인지된 범칙혐의에 대해 조사를

10) 조세범처벌절차법시행령 제7조.

11) 조세포탈에 대한 중요한 자료를 제공한 자에 대한 포상제도(조세범처벌절차법 제16조)에 따라 각 세무관서에서는 세금고발센터를 운영하여 탈세정보를 받고 있다.

개시하는 것이 아니라 그 범칙혐의가 '구체적'인 정도를 넘어 '상당'하여야(즉, 고도개연성이 있어야) 범칙조사를 개시할 수 있다고 해석하여야 한다. 이는 '구체적' 범죄혐의(konkreter Tatverdacht)만 있으면 수사를 개시할 의무를 부과하는 형사소송법 제195조와 구별된다. 이런 법해석은 조세형법의 취약한 도덕적 기반과 조세범죄에 대한 통제의 선별성을 고려하고 세무조사에의 협조와 자진납부의 동기강화 등을 위한 것이다. 이로써 범칙사건에 대한 행정수사로서 범칙조사는 일반 형사사건에 비해 더 한층 강화된 수사비례원칙을 적용받는다고 할 수 있다.

2) 범칙조사의 사회적 상당성 또한 범칙조사는 혐의탈세의 규모 및 납세의 무액 대비 탈세액의 비율, 동종업자와의 형평성이나 업계에 대한 경제적 영향 등 법외적 요소까지 종합적으로 고려하여 범칙사건으로 조사함이 사회적으로 상당한 경우에만 개시하여야 한다. 이러한 사회적 상당성의 요청도 탈세의 광범위한 발생과 일상성을 고려하고 조세범죄에 대한 처벌의 형평성을 위하여 수사비례원칙을 강화시킨 결과이다.

3) 절차적 제한 범칙조사는 세무조사와 달리 절차적인 요건, 즉 피조사자에게 조사원증, 세무공무원 지명서, 압수·수색영장을 제시하고, 범칙조사 집행의 뜻을 알린 후에나 개시할 수 있다.

(5) 범칙조사의 방법 범칙조사는 범칙혐의를 밝히기 위해 필요한 경우에는 범칙혐의자나 참고인을 심문, 압수 또는 수색할 수 있다(제2조).

1) 임의조사 범칙조사의 방법으로 임의조사로는 심문, 검사, 그리고 세무조사의 방법을 들 수 있다.

(가) 심 문 범칙조사는 범칙혐의자나 참고인의 동의를 받아 심문하는 방법으로 행한다. 여기서 "심문"(審問)은 '신문'(訊問)(예: 피의자신문)과 달리 피조사자에게서 증빙을 발견하는 조사활동의 측면 이외에 피조사자에게 혐의에 관한 자신의 입장을 논증적으로 설득시키는 기회(법적 청문권 Anspruch auf rechtliches Gehör)를 부여한다는 의미를 가진다. 그러나 범칙혐의자에 대한 심문은 통고처분 또는 고발의 자료가 되므로 진술거부권(헌법 제12조 제2항)은 범칙혐의자의 심문에도 적용된다. 진술거부권은 진술거부권을 고지할 의무를 포함한다. 따라서 세무공무원은 심문 전에 진술거부권을 고지하여야 한다. 심문의 장소는 제한이 없고, 구두 또는 서면에 의한 질문과 답변 모두 허용된다.

심문은 피심문자의 동의가 있지 않으면 야간에는 허용되지 않는다(일과시간 내 조사원칙). 심문내용은 심문조서(전말서)를 작성하여 참여자 또는 심문을 받은 자에게 확인시킨 후 세무공무원이 그와 함께 서명·날인하여야 한다. 서명날인을 거부하거나 할 수 없는 경우에는 그 사유를 기록하여야 한다(절차법 제5조). 심문조서는 형사소송법의 규정에 준하고, 범칙처분은 물론 수사와 재판에서도 증거로 사용될 수 있다.

(나) **검 사** 또한 범칙혐의자 및 참고인의 승낙을 얻어 혐의범칙사건과 관련된 물건·장부 또는 서류, 주거 기타 장소에 대하여 검사(예: 장부조사, 재고조사)를 할 수 있다.

(다) **세무조사방법의 사용** 행정수사로서 범칙조사는 행정조사인 세무조사에서 허용되는 질문검사의 내용과 방법을 사용할 수 있다. 따라서 범칙혐의자에 대한 질문, 장부·서류 기타 물건의 조사나 제출 명령, 장부와 증빙서류의 진실성 검증을 위한 실물조사, 거래처와 금융거래의 확인조사 등을 할 수 있다. 이는 범칙조사가 일반 수사와 달리 행정수사로서 갖는 특징이다.

2) 강제조사 강제조사는 강제수사에 해당하는 범칙조사의 방법이다. 그 내용에서는 형사소송법상의 강제수사와 같다. 다만 ① 범칙혐의자에게 체포·구속사유가 있어도 체포·구속은 허용되지 않고 즉시 고발할 수 있을 뿐이다. ② 대물적 강제조사로 범칙사건의 증거물·몰수물에 대한 압수·수색이 허용되고(절차법 제3조 제1항), 범칙행위가 진행중이거나 범칙혐의자가 도피 또는 증거를 인멸할 우려가 있어 영장을 발부받을 시간적 여유가 없는 경우에는 영장 없는 압수·수색(긴급압수·수색)도 인정된다. 이 경우에는 48시간 이내에 사후영장을 발부받아야 하고, 그렇지 않으면 압수물을 환부해야 한다(제4항). 이에 관한 요건·절차·집행의 적법절차는 형사소송법의 압수·수색과 같다(제4조). 다만 조세범처벌절차법은 형사소송법상의 검증을 강제조사의 하나로 인정하지 않는다. 이는 세무조사의 임의조사방법으로도 같은 목적을 충분히 달성할 수 있기 때문으로 보인다. ③ 그 밖의 강제조사로는 흔히 임의조사로 이해되기도 하지만 특가법상 조세포탈죄에 해당하여 고발과 징역형이 예상되는 범칙혐의자에 대해서는 출국규제, 명문규정이 없지만 형사소송법의 규정을 준용하여 인정될 수 있는 영치가 있다.

(6) 세무조사와 범칙조사의 관계

1) 세무조사와 범칙조사의 준별 행정수사로서 범칙조사는 앞서 설명한 바와 같이 행정조사인 세무조사에서 허용되는 질문검사의 내용과 방법을 사용할 수 있다. 이는 범칙조사가 일반 수사와 달리 행정수사로서 갖는 특징이다.

(가) 범칙조사를 위한 세무조사권의 남용금지 그러나 이로써 범칙조사와 세무조사의 준별이 흩뜨려져서는 안 된다. 준별원칙을 유지하기 위한 방편으로 일본에서는 질문검사권의 행사가 범죄수사를 위하여 이용되는 것이라고 해석되어서는 안 된다는 명문규정을 둔 경우가 많다.[12] 우리나라에서도 일본의 법제와 같이 "순전히 범칙사실의 단서를 포착할 목적으로 세무조사를 하는 것은 허용되지 아니한다"[13]고 해석한다. 물론 이러한 해석은 범칙조사가 범칙혐의의 인지가 없는 상태에서 그런 인지를 위해 세무조사를 하는 것은 세무조사권의 남용으로서 금지되어야 한다는 점에서 타당하다.

(나) 범칙조사에서 세무조사방법 사용의 전제조건 그러나 범칙혐의가 인지된 이후에 범칙조사를 하는 방법으로 세무조사의 방법을 사용하는 것은 행정수사의 특성상 허용된다고 보아야 한다. 다만 범칙조사는 식약청의 마약범단속과 같은 다른 행정수사와는 달리 그 범죄성과 관련한 시민들의 이중적 도덕의식 등을 고려할 때 세무조사의 방법을 사용하게 되면 통고처분이 아니라 과세처분으로 절차를 종결한다는 전제 하에서만 허용할 필요가 있다. 이는 심지어 조세포탈의 혐의가 인지되었는데도 세무조사만을 시행하거나 조세포탈사실이 확정된 이후에도 범칙조사로 전환하거나 고발하지 않고 과세처분으로 종결하는 세무관서의 업무관행(비공식적 규칙)과 형평을 맞추기 위한 제한이다.

2) 비가역성의 원칙 이런 제한을 인정한다면 탈세조사에서는 (세무조사와 범칙조사 사이의) '비가역성원칙'이 생성되게 된다. 즉, ① 세무조사를 하다 범칙사실이 인지되고, 세무관서가 다양한 정황을 고려하여 공식적으로 범칙절차로 전환한 경우에는 과세처분 이외에 통고처분 또는 형사고발을 할 수 있다. ② 반면 범칙조사를 먼저 개시하다 수사의 방법만으로 탈세내용을 충분하게 밝힐 수 없어, 세무조사의 방법을 사용하는 경우에는 그 조사의 결과를 토대로 조세의 부과·징수처분만을 내리고 통고처분은 내려서는 안된다. ③ 다만 세무조사

12) 일본 상속세법 제60조 제4항, 소득세법 제234조 제2항, 법인세법 제156조 등을 참조.
13) 안대희, *조세형사법* (법문사, 2005), 830쪽.

▌도표 64▐ 세무조사, 범칙조사, 수사의 비교

유형 / 항목	세무조사	범칙조사	수사
성격	- 행정조사	- 행정수사 (administrative investigation)	- 수사 (investigation)
목적	- 과세근거의 발견, 과세자료의 수집, 조세채권실현확보를 위한 납세자의 재산상태 조사	- 범칙자의 확정과 범칙증빙의 취집 - 조세일탈행위에 대한 합리적 통제	- 조세포탈자의 규명과 증거의 수집 - 조세범죄에 대한 형사정의의 관철
주체	- 세무공무원	- 지방국세청장의 제청에 의해 관할 지방검찰청 검사장, 국세청장의 제청에 의해 검찰총장의 지명을 받은 세무공무원(조세범처벌절차법시행령 제7조)	수사기관 (사법경찰관, 검사)
대상	- 납세의무확정자 - 납세자	- 범칙혐의자, 참고인	- 피의자, 참고인
방법	- 질문조사(임의조사)	- 심문, - 압수, 수색(절차법 제2조) - 형사소송법준용(절차법 제4조) - 세무조사 방법등의 제한(주사무소·사업장 조사, 일과시간내 조사, 미리 정한 조사대상 과세기간 준수 확대조사 시 관할관서장의 사전승인)	- 피의자신문 - 참고인조사 - 체포·구속 - 압수·수색·검증 - 감정유치 등
원칙	- 합법성과 적법절차성 - 세무조사원칙들 (납세자권익보호, 신의성실원칙 실질과세원칙 근거과세원칙 조세비례원칙 등)	- 세무조사원칙과 형사소송의 적법절차원칙(영장주의 등)의 동시적용	형사소송의 적법절차원칙
차별 적용	- 재조사금지 - 납세자성실성추정 - 세무조사 사전통지 - 과세적부심사청구	왼쪽제도 미적용	왼쪽제도 미적용
공통 적용	- 납세자권리헌장교부 - 변호사/공인회계사/세무사 조력을 받을 권리 - 조사결과통지(제81조의9) - 과세전적부심사청구 - 세무공무원 비밀유지의무(단 고발 시엔 세무조사결과와 달리 범칙조사결과의 공익목적상 공표가능)		왼쪽제도 미적용

와 범칙조사와는 완전히 다른 기관인 수사기관에 의해 전개되는 조세포탈죄의 수사절차는 별개의 절차이므로 수사기관이 독자적으로 수사하고, 검사가 조세당국의 고발 없이 공소 제기 할 수 있는 특가법상의 조세포탈죄에 해당하는 범칙사실이 인정될 때에는 (①과 ②의 어떤 경우에서든) 형사고발을 할 수 있다. 다시 말해 세무조사 및 범칙조사와 범죄수사 사이에는 비가역성원칙이 적용되지 않는다.

3. 범칙사건의 심사와 처리

(1) **심 사** ① 범칙조사가 끝나면 세무공무원은 조사보고서, 전말서, 증빙서류를 첨부하여 소속관서장에게 보고하고(절차법 제8조), 통고처분(및 벌금액)이나 고발에 관한 의견을 제출한다. ② 세무서장 등 조사관서장은 심사 후 범칙의 심증을 자유로운 (그러나 합리적인) 판단으로 범칙행위에 대한 확신, 즉 합리적 의심을 남기지 않는 심증 여부를 결정하고, 범칙의 심증을 얻으면 통고처분 또는 고발을 하고, 범칙의 심증을 얻지 못하면 무혐의처분을 행한다.

(2) **통고처분**

1) 의 의

(가) **개 념** 국세청장·지방국세청장·세무서장은 범칙조사에 의해 범칙의 심증을 얻었을 때에는 그 이유를 명시하여 벌금 또는 과료에 상당하는 금액, 몰수 또는 몰취할 물품, 추징금에 상당하는 금액, 서류송달 및 압수물건의 운반·보관에 필요한 비용을 지정한 장소에 납부할 것을 통고한다(절차법 제9조 제1항).

(나) **의무적 재량성** 범칙의 심증이 있으면 고발사유가 없는 한 반드시 통고처분을 해야 한다는 견해[14]도 있지만, 범칙의 심증은 있어도 포탈세액의 규모, 죄질, 전과유무, 일반예방적 효과 등의 '정상'을 고려하여 사안이 경미한 경우에는 통고처분을 하지 않고 세금의 추징과 가산세부과만으로 절차를 끝낼 수 있다.

2) 법적 성격과 효력 ① 통고처분은 벌과금을 확인하는 확인행위적 행정처분이어서 강제적인 집행력이 발생하지 않는다. 따라서 범칙자가 이행하지 않으며 조세당국은 단지 고발하여 형사절차로 이행하게 할 수 있을 뿐이다. ②

14) 안대희, *조세형사법* (박영사, 2006) 854쪽 참조.

그러나 통고처분은 사법적 성격을 띤다. 왜냐하면 통고처분의 내용이 형벌(벌금, 과료)이고, 통고를 하면 공소시효가 중단되며(제10조), 통고처분에 대하여는 행정쟁송이 허용되지 않으며(예: 국세기본법 제55조 제5항 제2호),[15] 범칙자가 이를 이행하면 동일한 사건에 대하여 거듭 소추되지 않는 효력(절차법 제11조 제1항)이 발생하기 때문이다. 특히 이중소추금지원칙은 헌법 제13조 제1항 단서를 이중처벌금지원칙에서 이중위험금지원칙으로 확장 실현한다는 점에서 헌법적 지위를 갖는다고 할 수 있다.

3) 내용과 방식 통고처분은 ① 통고처분하는 이유(동일성을 판단할 수 있을 정도로 특정한 범칙사실을, 각 범칙행위마다 적용법조(조세범처벌법 및 위반한 세법조항)를 명시하고, 증거서류번호를 기재함), ② 국세청 내부훈령이 벌과금상당액양정규정에 의하여 "벌금 또는 과료에 상당하는 금액", "몰수 또는 몰취에 해당하는 물품추징금에 상당하는 금액"(상당벌과금[16]), ③ 소요비용(압수 또는 영치시의 운반비, 보관비 및 서류송달시의 송달비용)을 정하여 ④ 납부장소와 이행기간을 지정한 ⑤ 통고서를 범칙자에게 송달하는 방식으로[17] 행한다.

4) 정상통고처분 범칙혐의가 명확하고, 특가법상 조세포탈죄를 적용할 만큼의 규모인 경우에 행하는 통고처분은 판례[18]에 의하면 무효가 된다. 그러나 그런 경우에도 포탈세율, 자진납부, 세무조사에의 협조 그리고 고발에 의한 형사처벌이 동일한 범칙행위에 대한 일반예방과 특별예방의 관점에서 필요한지 등을 종합적으로 판단하여 (실형의) 징역형을 부과함이 필요 없다고 판단되는 경우에는 통고처분으로 종결하고 고발하지 않을 수 있다고 해석하여야 한다. 바꿔 말해 고발과 통상의 형사소송절차에 의한 처벌이 없이도 그 범칙사건이 사회적으로 '해결' — 조세일탈행위로 발생한 사회적 갈등이 해소(Falllösung) — 될 수 있다면 형사사법기관과 형사소송절차가 작동을 개시할 필요가 없다는 것이다. 이는 형법의 보충성원칙(Subsidiaritätsprinzip)으로부터 나오는 결론

15) 대판 1979.6.12, 79누89 참조. 그러나 통고처분의 이유인 포탈세액의 부과처분은 별개로 행정쟁송의 대상이 될 수 있다.

16) "상당하는"이란 표현을 사용하는 것은 세무관서장이 벌과금의 형벌을 부과할 권한이 없고, 형사재판을 하면 법원에서 선고될 금액을 미리 양정하여 이를 납부하라고 통고하는 것이기 때문이다.

17) 송달에 관한 명문규정은 없으나 조세범처벌절차법시행령 제5조는 "세무공무원은 형사소송법의 규정에 준하여 문서의 작성과 송달을 하여야 한다"고 규정하고 있기 때문에 형사소송법상 교부송달(예: 수령증받음)과 우편송달(예: 등기우편 또는 배달증명)의 방법에 의해야 한다.

18) 대판 1982.11.23, 81도1737. 이 판례의 문제점에 대한 자세한 분석과 비판은 아래 [4].Ⅱ.2.(2) 참조.

이다. 이처럼 포탈세액으로는 징역형이 법정형인 특가법의 적용을 받을 사안이지만 조세당국이 범칙사건의 '정상'을 종합적으로 고려하여 통고처분으로 종결하는 것이므로 — 이를 '정상징역형'이라는 법문언(절차법 제9조 제4항)에 대응하여 — '정상통고처분'이라고 부를 수 있다. 반면에 정상을 종합적으로 고려한 결과 법원에 의해 형사소송에서 징역형이 선고됨이 마땅하다고 판단한다면, 고발을 하여야 한다. 그때의 징역형을 범칙사건에서 '정상징역형'이라고 개념화할 수 있다.

(2) **고 발**

1) 의 의 세무공무원이 범칙사건의 조사를 종료하여 세무관서장에게 보고 세무관서장은 범칙처분으로서 관할 지방검찰청 또는 지청의 검사에게 고발한다.

(가) **세무공무원의 즉시고발** 세무공무원은 범칙혐의자의 거소가 분명하지 아니하거나, 범칙혐의자가 도주 또는 증거를 인멸할 우려가 있을 때 세무관서장에 대한 보고를 거치지 않고 직접 즉시고발을 할 수 있다(절차법 제8조 단서).

(나) **세무관서장의 고발** 세무공무원의 범칙조사결과를 보고받은 세무관서장은 범칙의 확신이 들면 원칙적으로 통고처분을 해야 한다(통고처분 전치주의). 다만 예외적으로 범칙자가 ① "통고대로 이행할 자력이 없다고 인정될 때"(절차법 제9조 제3항), ② "정상에 따라 징역형에 처할 것으로 판단되는 경우"(동조 제4항) ③ "범칙자가 통고를 받은 날로부터 15일 이내에 이행하지 아니한 경우"(제12조 제1항) ④ "범칙자의 거소가 분명하지 아니하거나 범칙자가 서류의 수령을 거부하여 통고할 수 없는 경우"(동조 제2항)에는 관할 지방검찰청 또는 지청의 검사에게 고발한다.

2) 고발의 적법요건 ① 고발의 상대방은 관할 지방검찰청 또는 지청의 검사이다. 범칙조사는 실질이 수사이므로 사법경찰관에 대한 고발은 적절하지 않다. ② 고발은 사건번호, 고발자, 고발처와 고발의사표시, 죄명, 범칙자의 인적사항, 범칙일시 및 범칙사실, 범칙증빙물건, 고발사유, 첨부서류를 기재한 고발서에 의한다. ③ 압수목록을 첨부하여 고발사건을 담당하는 검사에게 인계하여야 한다(절차법 제13조 제1항). ④ 고발의 적법요건을 갖추지 않은 고발(예: 범칙사실의 기재가 없거나 특정되지 않은 경우, 명백하게 고발사유가 없이 고발된 경우, 통고처분이 이행되었는데 고발한 경우, 고발사유 없이 통고처분을 거치지 아니하고 고발

하는 경우)은 유효하지 않다. 그러나 검사 등의 수사기관이 고발을 요청하여 조세당국이 고발한 경우에 고발의뢰나 요청이 그 고발의 효력을 배제시키지는 않는다.[19]

[고발사유의 판단오류와 고발의 효력]　판례에 의하면 고발사유가 없는 고발, 즉 세무공무원이 고발사유에 관한 판단을 잘못한 경우에도 고발은 유효하다고 본다: "조세범처벌절차법에 즉시고발을 함에 있어서 고발사유를 고발서에 명기하도록 하는 규정이 없을 뿐만 아니라 원래 즉시고발권을 세무공무원에게 부여하였음은 세무공무원으로 하여금 때에 따라 적절한 처분을 하도록 할 목적으로 특별사유의 유무에 대한 인정권까지 세무공무원에게 일임한 것이라고 볼 것이므로 조세범칙사건에 대하여 관계 세무공무원의 즉시고발이 있으면 그로써 소추의 요건은 충족되는 것이고, 법원은 본안에 대하여 심판하면 되는 것이지 즉시고발 사유에 대하여 심사할 수 없다"[20] 그러나 고발사유가 없음이 명백한 경우에 고발은 효력이 없다고 보아야 한다. 그렇지 않다면 조세범처벌절차법이 취하는 통고처분전치주의가 무의미해지기 때문이다.

3) 포탈세액혐의의 불확실성과 고발결정에서 자유우선원칙의 적용　범칙혐의는 일부는 명확한 데 조세포탈액이 특가법상 조세포탈죄가 적용될 만큼의 규모인지가 확실하지가 않은 경우에, 그 불확실한 부분에 대하여는 비례성원칙, 특히 의심스러울 때에는 시민의 자유이익으로(in dubio pro libertate)-원칙, 줄여서 자유우선원칙에 따라 고발하지 않고, 통고처분을 할 수 있을 뿐이다. 이런 결론은 조세포탈죄의 "부정한 방법"이라는 요건은 가치충전이 필요한 매우 불확정적 개념이어서 그 충족여부의 판단이 매우 불안정하다는 점을 고려한 것이다. 또한 그런 불안정성에도 불구하고 고발을 하게 되면 피조사자를 부당하게 이중위험에 빠뜨리게 된다. 즉, 혐의가 상당하지만 불확실한 경우에 고발하지 않는 것은 이미 범칙조사로 실질적인 수사를 모두 받았고, 불확실한 조세범죄혐의를 밝히기 위해 또 다시 형사소송절차를 밟게 하는 것은 이중위험(이중조사, 이중심판)에 빠뜨리는 것이기 때문이다. 반면 혐의를 인정할 경우 특가법이 적용되는 부분에 대하여는 범칙혐의가 아직 확실하지는 않지만 상당한 경우에는

19) 대판 1995.3.10, 94도3373: "조세범처벌법 제6조의 세무종사공무원의 고발은 공소제기의 요건이고 수사개시의 요건은 아니므로 수사기관이 고발에 앞서 수사를 하고 피고인에 대한 구속영장을 발부받은 후 검찰의 요청에 따라 세무서장이 고발조치를 하였다고 하더라도 공소제기 전에 고발이 있은 이상 조세범처벌법 위반사건 피고인에 대한 공소제기의 절차가 법률의 규정에 위반하여 무효라고 할 수 없다."

20) 대판 2007.11.15, 2007도7482; 1996.5.31, 94도952.

통고처분을 할 수 있다. 통고처분은 이행하지 않으면 고발에 의해 형사소송절차에서 피조사자는 자신의 혐의를 다툴 수 있고, 또한 통고처분을 이행함으로써 고발을 피하고, 징역형과 2~5배 벌금의 병과를 피할 수 있는 이익이 주어지기 때문이다.

4) 고발의 법적 효과와 효력범위

㈎ **고발의 법적 효과** 범칙사건에 대한 고발은 전속고발사건(처벌법 제21조)인 경우에는 소추조건 및 소송조건이 되고, 특가법상 조세포탈죄에서는 수사의 단서가 된다. 그러나 전속고발제도가 시민법으로서 조세형법과 국가법으로서 조세형법의 간극을 조정하고, 조세체계와 사법체계 사이의 체계통합을 수행하는 기제로 이해되면 조세당국의 고발여부는 수사의 개시에서 소추 및 심판에 이르는 전 과정에서 형사처벌여부와 그 강도를 결정하는 구성적인 요소로 기능할 수 있다.[21]

㈏ **고발의 효력범위** ① **객관적 불가분원칙** 고발은 범칙사건의 일부에 대한 것이어도 그 전부에 대하여 효력이 미친다. 예컨대 동일한 사업년도에서 일어난 법인세포탈이면 다른 계정과목의 법인세포탈에 대하여도 고발의 효력이 미친다. ② **주관적 불가분원칙의 배제** 범칙행위의 공범자 중 1인에 대한 고발이 고발장에 기재되지 않은 다른 공범자에게도 미치는지, 즉 조세당국의 고발에도 형사소송법 제233조의 주관적 불가분원칙이 적용되는지에 관해 판례는 부정적인 입장이다.

> "조세범처벌법 제6조는 조세에 관한 범칙행위에 대하여는 원칙적으로 국세청장 등의 고발을 기다려 논하도록 규정하고 있는바, 같은 법에 의하여 하는 고발에 있어서는 이른바 고소·고발 불가분의 원칙이 적용되지 아니하므로, 고발의 구비여부는 양벌규정에 의하여 처벌받는 자연인인 행위자와 법인에 대하여 개별적으로 논하여야 한다"[22]

고발사유는 통고이행자력, 통고불이행, 정상징역형 등 범칙혐의자 개인에 고유한 것들이기 때문에, 그리고 조세당국의 고발결정 자체가 범칙혐의자에 대한 형의 양정을 거쳐 이루어지는 것이기 때문에, 고발은 범칙혐의자에 대해 개별적으로만 효력을 미친다.

---

21) 이러한 기능에 관해 자세히는 다음 [4].Ⅳ.에서 논의한다.

22) 대판 1962.1.11, 4293형상883; 1973.9.25, 72도1610; 2004.9.24, 2004도4066.

(다) **고발의 취소** 고발은 형사소송법 第232조, 第255조를 준용하여 특히 명백히 잘못된 고발의 경우에 그리고 제1심 판결 선고 전까지 취소할 수 있다.[23]

(라) **고발의 추완** 전속고발사건에서 고발 없이 공소가 제기된 후에 비로소 고발이 있어도 공소제기의 하차가 치유되지는 않는다.[24] 추완불허는 전속고발사건으로 공소 제기되고 전속고발사건으로 심판되는 경우에 뿐만 아니라 처음에는 특가법상 조세포탈로 기소되었지만 심리를 통해 조세범처벌법상의 조세포탈, 즉 전속고발사건으로 인정되는 경우에도 마찬가지이다. 이는 형사소송법상 고소이론과 같은 결론이다.

Ⅳ. 수 사

조세범죄에 대한 수사기관에 의한 수사의 방법과 절차는 일반 형사사건의 경우와 다르지 않다. 아래에서 개관하는 조세범죄수사에 대한 법제 이외에 조세범죄에 대한 수사는 이중위험금지원칙(이중조사금지원칙), 일반 형사사건에 비해 강화된 수사비례원칙 그리고 전속고발제도에 의하여 제한된다. 이에 관해서는 다음 [4]단락에서 자세히 논의한다.

1. 수사기관

사회적 관심을 끄는 조세포탈사건은 검찰의 특수부서(예: 대검 중앙수사부, 지검의 특별수사부 등)에서 담당하는 경우가 많고, 고발 받은 사건을 검사가 사법경찰에게 수사지휘를 하는 경우도 적지 않다. 사법경찰관도 조세범죄를 직접 인지할 수는 있다.

2. 수사의 방법과 절차

① 조세범죄에 대한 수사는 통상적으로는 조세당국의 고발에 의해 수사의 단서가 마련되면, 수사대상자나 증거확보방법에 대한 준비를 하는 내사단계를

23) 대판 1957.3.29, 4290형상58: "비록 형사소송법전 상고소와 같이 그 취소시기에 관하여 제1심 판결선고전까지 취소할 수 있다(제232조 제255조 참조)는 명문의 규정은 없으나 고발의 취소시기도 전시 친고죄의 고소취소시기에 준하여 제1심 판결선고전까지 할 수 있고 동 판결 선고후에 있어서는 이를 허용할 수 없다고 해석함이 타당하다 할 것이다."

24) 대판 1970.7.28, 70도942.

거쳐, 범죄혐의가 인정되면 소속 검찰청의 장에게 보고를 하고 승인을 받아 수사를 개시한다. ② 수사는 통상적으로는 세무관서의 범칙조사를 거쳐 고발될 때 넘어온 각종 조사기록과 범칙증빙자료를 검토하고, 조사를 한 세무공무원의 진술을 듣는 방법으로 수행한다. 그러나 필요한 경우, 특히 포탈세액의 확정이나 공소유지를 위해 새롭게 증거를 수집하기도 한다. 수사의 방법으로는 장부조사, 계좌추적, 피의자신문과 참고인조사 등이 사용된다. 또한 임의로 출석하여 피의자신문을 받던 중에도 신병확보를 위해 필요하다면 긴급체포를 할 수 있다. ③ 수사기관이 조세범죄를 직접 인지한 경우에는 수사의 초기단계에서 압수·수색영장에 의하여 탈세관련장부를 압수하는 등의 조치를 취한다. 이후의 수사를 통해 포탈세액이 확정되면 피의자를 신문하고, 신병확보를 위해 구속하기도 한다. ④ 특가법상의 조세포탈죄는 감청대상범죄(통신비밀보호법 제5조 제1항 제9호)에 해당되고, 조세범처벌법상의 조세포탈은 감청대상범죄가 아니다. 하지만 최근 조세사건의 수사를 위해 감청하는 사례는 많지 않은 것으로 보인다. ⑤ 조세포탈범죄의 수사를 위해 피의자나 피내사자까지도 출금금지(출입국관리법 제4조 제1항 제2호)가 허용된다. ⑥ 또한 고발사건에서 수사의 범위는 원칙적으로 고발장에 기재된 고발사실과 동일성이 인정되는 조세포탈행위에 국한된다.

3. 사건처리와 공소

(1) **종결처분의 유형** 검사는 수사결과에 따라 기소(구속구공판, 불구속구공판) 또는 (특히 양벌규정에 의한) 벌금형의 약식명령, 불기소, 기소유예를 한다. 조세포탈혐의가 인정되어도 정상을 참작하여 기소유예를 할 수 있다. 이때 기소유예는 포탈세액 및 가산세의 정상납부와 그 밖의 조건을 붙여 할 수 있다. 기소유예는 일종의 '정상불기소처분'이라고 말할 수 있다.

(2) **공소제기** ① 조세범죄에 대한 공소제기도 공소장을 제출하는 방법으로 하고, ② 공소장에는 피고인의 성명 기타 피고인을 특정할 수 있는 사항을 기재하여야 하며, 죄명(예; 조세범처벌법위반, 특가법위반(조세포탈), 지방세법위반), 적용법조(예; 조세범처벌법의 처벌조항과 특가법 제8조 제1항) 그리고 공소사실을 특정하여 기재한다. ③ 공소사실의 특정을 위해서는 범죄의 주체, 범죄의 일시와 장소, 부정행위의 내용, 포탈세액, 기수시기 등을 기재하여야 한다.

(3) **공소장변경** ① 공소제기된 조세범죄와 동일성이 인정되는 범위 내(형사소송법 제298조 제1항)에서 공소장변경이 가능하다. 예컨대 세목이 다르거나 과세연도가 다른 사건에 대해서는 공소장변경이 허용되지 않는다. ② 계정과목(손익, 자산, 부채)은 공소사실로 특정되어야 하는데, 계정과목의 변경은 실제소득금액과 포탈세액을 변경시킬 수 있기 때문에 공소장변경을 거쳐야만 허용된다. ③ 또한 포탈세액이 증가하면 피고인의 방어에 실질적 불이익이 초래될 수 있으므로 원칙적으로 공소장변경을 거쳐야 하는 반면, 포탈세액이 감소하면[25] (예: 특가법 제8조 제1항 제1호가 적용되는 사안[포탈세액이 10억원 이상]이 심리를 한 결과 동항 2호가 적용되는 사안[포탈세액이 5억원 이상]이 된 경우) 피고인에게 불이익을 주지 않으므로 공소장변경 없이 심판할 수 있다.

---

25) 대판 1993.7.27, 93도658: "기소된 공소사실 중 포탈세액 등만이 위 제2호 소정의 액수로 적게 인정되는 경우에는 위 제2호를 적용하더라도 피고인의 방어권행사에 실질적인 불이익을 초래할 염려가 전혀 없다 할 것이므로 공소장변경의 절차를 거치지 아니하고 위 제2호를 적용하여 처단할 수 있다."

출처와 생성

[14]단락의 글은 *조세형법론*(법문사, 2009)의 [4]단락에 수록된 글에 그 사이 변화된 법령과 판례를 반영하고, 교정하여 작성된 글이다.

14 조세범처벌의 적법절차성

Ⅰ. 조세범 형사처벌의 제한 필요성

1. 이중의 부담

형사처벌은 수사, 소추, 심판의 과정으로 이루어진다. 그러나 조세범죄의 경우에는 조세당국의 세무조사, 범칙조사가 통상적인 형사절차보다 앞서 진행된다. 세무조사는 언제든지 조세범처벌법상의 범죄행위에 대한 실질적인 수사로서 기능하는 범칙조사로 전환될 수 있다. 조사의 실질은 세무조사나 범칙조사나 거의 같다. 또한 범칙조사를 한 결과 통고처분으로서 부과되는 범칙금은 벌금 또는 과료로서 형벌(형법 제41조 제6,8호)이 되며, 그 범칙금을 납부하면 동일한 사건으로 검사에 의해 소추되지 않는다. 즉, 범칙조사절차는 실질적으로 형사사법절차를 대체한다. 다만 특정범죄 가중처벌 등에 관한 법률 제8조의 조세포탈죄(및 면세유부정유통죄, 유사석유제품제조죄)에 관해서는 조세당국의 고발 없이 소추가 가능하므로, 수사기관들은 세무조사와 범칙조사와 별개로 동시에 수사를 진행할 수 있다고 법을 해석한다.

그러나 조세범처벌법의 적용과 특가법 적용의 차이가 단지 포탈세액의 규모에 의해 결정되는 점이 문제이다. 특히 포탈세액의 규모가 법원의 심리에 의해 비로소 특가법을 적용할 수 없는 범칙사건임이 밝혀지기도 한다. 또한 이와 정반대로 조세당국은 범칙사건으로 보고 통고처분을 했지만, 수사기관은 특가법상 조세포탈사건으로 보고 독자적으로 수사하여 소추하며, 법원은 특가법사건으로 보고 통고처분을 무효화하기도 한다. 여기서 첫째, 절차적으로 보면 범칙사건과 특가법사건의 구별은 예측하기가 쉽지 않다고 볼 수 있다. 둘째, 그런 불확실한 상황에서 납세자가 조세당국에 의해 세무조사, 범칙조사를 받을 뿐만 아니라 수사기관의 수사와 법원의 심판까지 받는 이중의 부담을 짊어질 수 있다. 특히 그런 이중의 부담이 기업의 경영진에게 가해질 때는 기업의 경영이 매우 어려워지기도 한다. 셋째, 그런 부담은 형벌 이상으로 기본권을 제한하는 결과를 가져올 수 있다.

2. 권한분배의 필요성

이런 문제점은 수사와 심판의 기능이 '실질적으로' 조세당국과 사법당국으로 이분되어 있지만, 그 둘 사이의 권한배분과 절차적 통제에 관한 명확한 규율이 없음으로 인해 빚어진 것이라 할 수 있다. 따라서 우선 그런 권한분배에 관한 명확한 규율이 형성될 필요가 있다. 입법이 없는 상황에서는 법원칙에 의한 법규범의 형성이 요구된다. 조세당국과 사법당국 사이의 권한을 분배하는 규범의 형성을 이끌어 줄 수 있는 법원칙은 이중위험금지원칙이다. 그러나 우리나라에서는 아직 이중위험금지원칙을 헌법상의 원칙으로 인정하지 않는다. 헌법 제13조 제1항 단서는 이중처벌금지원칙(일사부재리원칙)으로 이해된다. 그러나 동조항의 문언은 이중위험금지원칙으로 이해하는데 장애가 되지 않는다. 특히 조세범죄의 경우에는 더욱 그러하다. 설령 이중위험금지원칙을 정면으로 받아들이지 않아도 우리나라 헌법재판소가 즐겨 사용하는 비례성원칙(과잉금지원칙)에서 파생되는 수사비례원칙과 전속고발제도의 입법취지에 대한 재해석을 통해 이중위험금지원칙의 수용에 버금가는 결과를 얻어낼 수도 있다. 아래서는 이러한 세 가지 법원칙들에 의존해서 조세범죄의 통제에서 조세당국과 사법당국의 권한분배에 관한 규율을 만들기로 한다. 그리고 이는 단지 입법론이 아니라 현행법 해석론이기도 하다. 이 해석론은 조세범죄의 통제에 있어 헌법 제12조 제1항이 규정하는 적법절차의 내용이 될 수 있다.

Ⅱ. 이중위험금지원칙

조세범에 대한 형사처벌을 제한하는 가장 중요한 원리는 이중위험금지원칙(Double jeopardy rule)이다. 즉, 세무조사 또는 범칙조사 중에 있는 사건에 대한 수사는 이중위험금지원칙에 위배되는 것인지, 그리고 이 원칙은 헌법 제13조 후문 "모든 국민은 … 동일한 범죄에 대하여 거듭 처벌받지 아니한다"의 문언에 의해 실현된 것인지가 문제된다.

1. 이중처벌의 금지

물론 헌법 제13조 제1항 후문을 어떻게 해석할 것인지는 논란이 될 수 있다. '문법적으로' 해석하면 중복적인 형사처벌의 금지를 의미하고, '역사적으로' 해석하면 일사부재리원칙를 의미하며, '목적론적으로' 해석하면 이중위험금지원칙을 의미한다.

(1) 이중형사처벌금지와 일사부재리 이중형사처벌금지로 보는 해석이 문법적 해석인 것은 "동일한 범죄", "처벌" 등의 개념에서 자명하게 이해된다. 일사부재리원칙으로 보는 해석이 역사적 해석이라고 본 것은 일사부재리원칙이 특히 대륙법계의 근대형사소송법이 발전해온 역사 속에서 침전된 법치국가적 원칙이며, 그런 원칙이 헌법에 수용된 것이라고 볼 수 있기 때문이다.

도표 65 헌법 제13조 제1항의 해석방법들

해석방법	문법적 해석	역사적 해석	목적론적 해석
보호강도(약 ↔ 강)	이중형사처벌금지	일사부재리원칙	이중위험금지원칙

가령 상해죄로 징역 6월의 형이 확정된 후 그 상해행위로 인해 피해자가 사망한 경우에 상해치사죄로 기소하고 1년 6월의 징역형을 선고하되, 상해죄로 선고받은 선고형량 6월을 빼고 징역 1년만을 선고한다면,[1] 이중처벌(double punishment)의 금지원칙에 위배되지는 않지만, 동일범죄, 즉 형사소송법상 동일한 사건을 심판한 것이므로 일사부재리(ne bis in idem)원칙에 위반한 것이 된다. 즉, 일사부재리원칙에 의하면 검사는 기소를 해서는 안 되고, 법원은 면소판결(형사소송법 제326조 제1호)로 절차를 종결해야 한다. 이런 예에서 이중처벌금지원칙보다 일사부재리원칙이 제재 받는 자를 좀 더 두텁게 보호함을 알 수 있다.

하지만 일사부재리원칙도 동일 사건에 대한 형사재판의 중복을 차단할 뿐, 형벌이 아닌 징벌적 성격의 제재(penalty), 예컨대 징벌적 손해배상과 같은 민사벌(civil penalty)이나 행정벌적 성격을 띤 과징금 등과 형벌은 동일범죄에 대

1) 이런 소송을 인정하는 것을 보충소송(Ergänzungsklage) 또는 수정소송(Berichtigungsklage)이라고 부른다. 이에 관해 자세히는 Achenbach, "Strafprozessuale Ergänzungsklage und materielle Rechtskraft", *ZStW* 87, 74쪽.

해 따로 부과될 수 있다.

(2) **이중위험으로서 이중처벌** 그러나 이런 제재에 대해서도 헌법 제13조 제1항 후문을 적용하는 해석이 동 조항을 영미법에서 발전한 이중위험(double jeopardy rule)의 금지원칙으로 해석하는 것이다. 이중위험금지원칙에 의하면 과징금이나 징벌적 손해배상 또는 범칙금을 부과하면서 형벌을 따로 부과하는 것은 금지될 수 있다. 이 제재들은 형벌대체적인 제재가 된다. 헌법 제13조 제1항 후문을 이중위험금지원칙으로 해석하는 것은 생활세계에서 시민들의 법인식이나 자유향유의 최대화라는 목적에 이바지한다는 점에서 '목적론적 해석'이라 할 수 있다. 이는 시민의 자유이익을 가장 두텁게 보호한다. 사실 시민들은 일상생활에서 무엇이 형법적 의미의 "범죄"인지를 법률가들처럼 정밀하게 알 수 없다. 그러나 현대사회에서 사회적 일탈행위 가운데 범죄화의 문턱을 넘어서는 행위가 무엇인지는 개인의 실천이성적 판단을 넘어서는 고도의 정책적인 사항이 되기도 한다. 또한 특히 민형사책임의식이 미분화된 한국인의 법의식에서는 징벌적 손해배상이나 과징금 기타 범칙금을 부과 받는 것에 대해서도 일반인들은 "처벌"받았다는 생각을 갖기도 한다. 이런 점에서도 이중위험금지원칙으로 해석하는 것은 시민들의 생활세계를 보호하는 기획을 좇는 것임을 알 수 있다.

1) **판례의 입장** 그러나 판례는 세무공무원의 통고처분으로 범칙금을 납부하였다 하더라도 특가법상 조세포탈죄로는 다시 처벌할 수 있고, 일사부재리(ne bis in idem)의 원칙이 적용되지 아니한다고 본다. 이렇게 일사부재리원칙이 적용되지 않는다고 본 것은, 동일한 범죄(형사소송상 동일한 사건)가 아니기 때문이 아니라, 범칙조사절차와 형사소송절차는 같은 심판(즉 '再理')이 아니라고 보기 때문이다.

> "특정범죄가중처벌 등에 관한 법률 제16조에 의하면 위 법 제8조에 해당하는 조세범칙사건에 대한 공소에는 고발을 요하지 아니한다고 규정하고 있어 이 사건에는 세무공무원의 고발이 필요 없다고 할 것이며, 또 위 법 제8조 위반의 조세포탈죄에 대하여는 세무공무원이 통고처분을 할 권한이 없으므로 피고인이 세무공무원의 통고처분으로 범칙금을 납부하였다 하여도 이는 이 사건 특정범죄가중처벌 등에 관한 법률위반(조세포탈죄)의 처단에 영향을 미칠 수 없으니 여기에 일사부재리의 원칙이 적용될 수 없다(대판 1988.11.8, 87도1059)."

2) 이중위험의 의미확장 이에 반해 이중위험금지원칙에 의하면 세무조사를 거쳐 범칙조사에 의해 통고처분을 받고 범칙금을 납부하였다면 그와 별도로 조세포탈죄로 형사처벌하는 것은 거듭 처벌(penalty)하는 셈이 된다. 미국 연방헌법 제5조에 규정되어 있는 이중위험금지원칙은 "동일한 범죄행위에 대해 피의자가 생명과 신체의 위험에 두 번 놓이지 않도록 하는"(prohibits placing a person twice in jeopardy of life of limb for the same offense) 원칙이다. 그런데 이때의 위험은 미국에서도 과거에는 좁은 의미의 형사처벌만을 의미하는 것으로 이해되어왔지만 United States v. Hapler 판례[2]에서 보듯 처벌의 의미가 넓게 해석되고 있다.

> [민사금전벌의 형사처벌적 성격과 이중위험금지원칙의 적용] 이런 관점은 미국의 다음과 같은 판례에서도 찾아볼 수 있다: 메디케어의 환자를 위해 임상병리서비스를 제공하는 업체의 매니저인 Irwin Halper는 메디케어 중개회사인 Blue Cross사에게 보험수가가 3달러인 서비스에 대해 12불을 65차례 청구하고 지급을 받음으로써 연방정부가 총 585달러의 손해를 입게 하였다. Halper는 허위의 보험청구로 기소되어 징역 2년과 5천달러의 벌금을 선고받았다. 이후 Halper는 민사상 허위청구금지법(the False Claim Act)에 의거 연방정부의 실손해(과다지급된 보험수가+민사소송비용 등)의 2배에 달하는 2000달러에다 범죄횟수 65회를 곱한 13만달러의 민사벌에 처해질 수 있게 되었다. 이에 대하여 연방대법원은 '민사금전벌(civil penalty)이 형벌에 내재된 목표인 징벌과 억제의 목적을 달성하려는 경우에 그 민사금전벌은 형사처벌(punishment)이 되는 것이며, 따라서 징역형과 벌금형 이외에 13만달러의 민사배상은 다중처벌(multiful punishment)로서 이중위험금지조항(Double Jeopardy Clause)에 위배된다'고 판시하였다.[3] 물론 미국의 판례는 1997년 Hudson v. United States 사건에서는 모든 민사금전벌이 예방효과가 있는 것이어서 Halper사건의 입장을 비판하고 대부분의 민사금전벌은 이중위험금지원칙에 위배되지 않는다는 입장으로 바뀌었다.[4]

즉, 형사처벌이 아니더라도, 예컨대 민사제재(징벌적 손해배상)까지도 오로지 보상적(solely remedial, i.e., entirely non-deterrent)이지 않는 한,[5] 그러니까 비형사적 제재[6]도 일정한 정도로 보복적(retributive)이거나 억지력(deterrent)을 가지

2) United States v. Halper 660 F, Supp. 531,534(1987).
3) United States v. Halper 490 U.S. 435 (1989) 참조.
4) 이런 미국 판례의 변화에 대해 자세한 연구로는 김용재, "미국 판례법상 민사금전벌과 이중처벌금지의 원칙에 관한 연구", *고려법학* (제51호, 2008), 485~523쪽 참조.
5) Hudson v. United States, 522 U.S. 93, 102 (1997).
6) Department of Revenue of Mont. v. Kurth Ranch, 511 U.S. 767, 777, n.14 (1994); United

고 있다면 이중위험금지원칙이 적용된다는 것이다.

[이중위험 개념 확장의 구체적인 예] ① 이와 같은 이중위험의 의미확장은 중간법(middle law)의 제재에 속하는 *과징금, 징벌적 손해배상, 원상회복*에까지 미쳐야 된다. ② 이에 반해 이중위험의 개념은 과태료나 다양한 종류의 제재금, 또는 직업금지처분(예: 면허정지, 취업금지) 등에까지 확장되지는 않는다. 예컨대 미국 연방대법원도 부정대출을 이유로 행정기관으로부터 *제재금*(monetary penalty)과 금융업 *종사금지처분*(occupational debarment)을 받은 사건에 대한 형사처벌은 이중위험금지원칙에 위배되지 않는다고 본다. 왜냐하면 이 경우에 이중위험금지원칙을 적용한다면 은행과 같은 분야에서 국가의 효율적인 규제 능력이 현저히 저하되기 때문이라고 한다.[7] 또한 유럽연합의 이사회규칙 제17호(Council Regulation No.17) 제15조에 의하여 집행위원회(Commission)는 EU 경쟁법의 법원(法源)인 EEC 설립조약 제81조, 제82조의 위반행위에 대하여 '*제재금*(fine)을 부과할 수 있는데, 동조 제4항은 그러한 제재금 부과처분이 형사처벌이 아님을 분명히 규정함("Decisions taken pursuant to paragraph 1 and 2 shall not be of a criminal law nature")으로써 형사처벌이 별도로 부과될 수 있게 하고 있다. 제재금은 프랑스에서도 이중처벌에 해당하지 않는다. 프랑스 헌법평의회도 경쟁평의회(Conseil Constitutionnel)가 반경쟁적 행위에 대해 부과하는 *제재금*(sanction pecuniaire)[8]을 형벌과 병과될 수 있는 제재로 본다. 다만 병과할 경우에는 비례의 원칙과 형평의 요구에 적합해야 한다는 제한을 둔다.

헌법 제13조 제1항 후문의 "거듭 처벌되지 아니한다"은 미국 연방헌법상의 이중위험금지원칙과 문언이 완전히 같은 것은 아니지만 — 그래서 설령 대한민국 헌법이 이중위험금지원칙을 명문으로 채택한 것은 아니라고 보더라도 — '처벌' 개념은 미국의 이중위험금지원칙의 법리처럼 보복적, 징벌적, 억제목적적 성격을 지닌 제재를 포괄하는 것으로 해석되어야 한다. 따라서 특가법 제16조가 '세무당국의 고발 없이 공소를 제기할 수 있다고 규정한다'고 해서 통고처분을 받고 또 다시 형벌을 받는 것이 헌법에 위반되지 않는다고 보아서는 안 된다.

States v. Ursery, 518 U.S. 267, 284-285, n.2 (1996).

7) Hudson v. United States, 522 U.S. 93, 105 (1997) 참조.

8) 이 제재금의 부과는 재량으로 되어 있는 점, 부과액의 기준을 정액 또는 매출액으로 하고 있는 점(그 상한은 매출액의 10%로서 우리보다 더 높다), 위반사실의 경중, 경제에 미친 손해의 중대성, 피해를 입은 기업이나 단체의 상태에 비례하여 제재금액을 산정토록 규정하고 있는 점 등에서 우리나라 공정거래법상의 과징금과 매우 유사하다.

2. 이중소추의 금지

그런데 미국의 이중위험금지원칙은 단지 거듭 처벌되는 것만을 금지하는 것이 아니라 '피의자는 동일한 범죄에 대해서 두 번 기소당하지 않고 동일한 범죄에 대해서 이중처벌을 받지 않아야 한다'[9]는 것을 의미한다. 공소제기만으로도 이중위험금지원칙에 반한다는 것은 이중위험금지원칙이 절차법적 차원을 갖고 있음을 알 수 있다.

(1) **헌법구체화규범으로서 조세범처벌절차법상의 이중소추금지원칙** 그런데 우리나라 조세범처벌절차법 제11조는 "범칙자가 통고대로 이행한 때에는 동일한 사건에 대하여 소추를 받지 아니한다"고 규정한다. 이는 헌법 제13조 제1항 후문을 이중위험금지원칙에 가깝게 해석한 입법이라 할 수 있다. 왜냐하면 '소추받지 아니한다는 것은 이중형사'처벌'이나 이중의 '심판'(일사부재리의 '再理')에 가기에 앞서 공소제기부터 금지하는 것이기 때문이다. 다시 말해 조세범처벌절차법은 범칙자가 통고처분을 이행하면 이중소추의 금지를 규정한다. 따라서 예컨대 범칙사실이 인정되어 통고처분을 받고 벌금을 납부하면 검사는 소추해서는 안 되며, 만일 소추하면 그것은 공소권의 남용이 된다. 검사가 소추하게 되면 법원은 일사부재리원칙을 적용하여 면소판결(제326조 제1호)을 하기보다는, 이중위험금지원칙을 적용하여 공소기각판결(제327조 제2호)을 해야 하는 것이다.

또한 조세범처벌절차법 제11조는 헌법 제13조 제1항 후문을 구체화하는 규범으로서 헌법상 적법절차원칙을 구성하는 해석이다. 바로 이 점에서 다른 법률의 규범과 충돌할 때 해석상 우선적인 효력을 가져야 한다. 예컨대 포탈세액이 특가법상 조세포탈죄가 적용될 규모여서 고발 없이 검사가 소추할 수 있게 하는 법률규정(특가법 제16조)의 제정여부는 입법자가 '정책적으로 선택'할 수 있는 재량사항이다. 즉, 특가법 제16조는 입법자의 입법재량영역 안에서 제정된 규범이다. 이에 반해 조세범처벌절차법 제11조는 헌법 제13조 제1항 후문의 규범영역(Normbereich)에 직접 속하는 규범으로 제정된 규범이다. 이 규범은 헌법해석의 논란에는 휩쓸려 들 수 있는 것이지만, 의회의 입법자들이 정책적 선

9) Andrew Z. Glickman, "Civil sanctions and the double jeopardy clause: applying the multiple punishment doctrine to parallel proceedings after United states v. Halper", *Virginia Law Review* (Vol. 76, No. 6, Sep. 1990), 1251~1285쪽 참조.

택의 사항에서는 벗어난 규범이다. 다시 말해 특가법 제16조는 입법재량영역에 들어가 있고, 조세범처벌절차법 제11조는 헌법의 규범영역에 들어가 있는 것이다. 앞의 규정을 입법재량규범이라고 부른다면, 뒤의 규정은 헌법구체화규범이라고 부를 수 있다. 사법기관은 법률해석에서 이런 두 종류의 규범이 충돌할 때에는 뒤의 규범을 우선하는 해석을 하여야 한다. 이는 법해석의 정합성(Coherance)원칙[10]이 요청하는 바이다.

(2) **특가법상 조세포탈범에 대한 통고처분과 이중소추금지원칙** 이와 같은 이중소추금지원칙은 특가법상 조세포탈범죄에 대해 범칙처분으로서 통고처분이 내려지고, 이를 이행한 경우에도 적용되는지가 문제될 수 있다.

1) **판례의 입장** 판례는 그와 같은 '통고처분이 중대하고 명백한 하자있는 무효의 처분이라고 본다'는 점에서 그리고 통고처분과 형벌 사이에 일사부재리 원칙을 적용하지 않는다. 따라서 판례는 조세범처벌법 제11조의 이중소추금지원칙을 적용하지 않을 것으로 추측된다.

> "조세포탈의 가중처벌을 규정한 특정범죄가중처벌 등에 관한 법률 제8조에는 법정형으로 무기 또는 3년 이상의 유기징역형만이 있고 그 제16조는 이와 같은 특정범죄가중처벌 등에 관한 법률위반에 해당하는 조세범칙사건에 대하여는 고발을 요하지 아니한다고 규정하고 있어 동법 제8조 위반의 조세포탈죄에 대하여는 국세청장, 지방국세청장 또는 세무서장은 통고처분을 할 권한이 없으므로 동 조세포탈의 죄에 대하여 세무서장이 통고처분을 하였다면 이는 중대하고 명백한 하자있는 무효의 처분이므로 피고인이 그러한 통고처분을 받고서 이를 이행하였다 하더라도 아무런 효력이 없다."[11]

(가) **헌법의 법치국가조항보다 우위의 입법재량규범** 그러나 이런 (추론되는 판례의) 입장은 앞서 설명한 헌법구체화규범보다 입법재량규범을 효력상 우위에 둠으로써 의회입법자들의 정책적 결정을 헌법제정권자의 법치국가기획보다 앞세우는 헌법위반적 법률해석이며, 법이론적으로는 법해석의 정합성을 깨뜨리는 해석이다.

(나) **생략적 추론의 하자** 또한 전속고발사건이 아니면 통고처분이 무효라는 해석, 그래서 이중소추금지원칙을 적용할 대상이 없다는 결론은 법이론적인 용어로는 '생략적 추론'(enthymene)에 해당한다. 전속고발사건이 아니라는 점(특가

10) 이에 관해서 자세히는 이상돈, *기초법학* (법문사, 2008), 63~67쪽 참조.
11) 대판 1982.11.23, 81도1737.

법 제16조)은 검사에게 소추권이 있다는 것(또는 소추권행사장애요소가 없다는 것)을 말할 뿐, 통고처분이 무효라는 결론에 이르기까지 너무 많은 전제들이 생략되어 있다. 가장 중요한 추론의 고리로서 전속고발권이 없는 특가법상 조세포탈죄에 대한 고발의무에서부터 통고처분의 무효화 및 이중소추금지의 부적용 사이에 다양한 연결점들이 존재한다. 예컨대 ① 절차법 제9조 제4항(및 제3항 "고발하여야 한다")을 훈시규정으로 보지 않아야 하며 ② 효력규정으로 보더라도 반드시 임의규정이 아니라 강행규정으로 보아야 하며, 또한 그 의무의 위반은 취소사유가 아니라 무효사유로만 보아야 할 정도의 하자가 되는 이유가 있어야 하며, ③ 또는 무효사유라고 보더라도 이는 통고처분의 '부존재'와 구별될 수 있고, 이중소추금지원칙이 왜 비록 무효이거나 취소할 수 있을 지라도 일단 형식적으로 성립·존재하는 경우에는 적용될 수 없는지가 논증되어야 한다. 그러나 이 세 가지 생략된 전제들을 근거짓는 일은 쉽지 않다.

2) 이중소추금지원칙의 관철 이중소추금지원칙을 규정한 조세범처벌절차법 제11조는 헌법 제13조 제1항 후문의 일사부재리를 확장하는 '헌법구체화규범'으로서 '입법재량규범'인 특가법 제16조보다 우선되어야 한다. 게다가 범칙자가 통고처분을 이행하였다면, 그것은 일단 형식적으로 성립한 통고처분의 법적 유효성을 전제로 더 이상 거듭 소추되지 않는다는 점에 대한 신뢰를 가졌다고 볼 수 있고, 그런 신뢰는 헌법적으로 보호할 가치가 있는 신뢰이다. 다시 말해 특가법상 조세포탈행위에 대해 통고처분을 내리고 범칙자가 이행하였다면 신뢰보호원칙과 이중소추금지원칙(이중위험금지원칙)에 의해 동일한 행위를 검사는 특가법위반으로 소추할 수 없다고 보아야 한다.

또한 이런 결론에서 거꾸로 보면 절차법 제9조 제4항은 훈시규정으로, 또는 효력규정이지만 강행규정이 아니라 임의규정으로 보는 것이 가장 적절하다는 추가적인 결론이 나오기도 한다. 물론 법효력상 훈시규정이나 임의규정으로 본다고 해서 세무당국이 자의적으로 고발여부를 결정할 수 있음을 의미하지는 않는다. 전속고발사건과 특가법사건을 구별짓는 포탈세액 이외에 포탈세율, 조세징수에 대한 협조, 고발이 미치는 탈세자들에 대한 영향 등 다양한 요소를 고려하여 합리적으로 결정해야 한다.

3. 이중조사의 금지

이처럼 절차법 제11조는 이중위험금지원칙을 따른 입법이라면, 동 조항의 "소추를 받지 아니한다"에서 소추는 단지 공소제기만이 아니라 소추를 위한 수사까지 포함할 수 있다는 해석을 해볼 필요가 있다. 이중처벌의 위험은 그것을 위한 이중조사의 부담에 의해 더욱 증폭되고 실질화된다는 것이다. 이때 수사의 범위로는 검찰이나 경찰의 수사 뿐만 아니라 행정수사(예: 범칙조사, 식약청공무원의 마약단속) 및 행정수사와 불가분의 관계에 놓이는 행정조사(예: 세무조사)까지 포함하는 것으로 보아야 한다.

(1) 행정수사의 유형에 따른 이중조사금지원칙 적용의 차별화 이런 이중조사금지원칙의 적용을 좀 더 신중하게 검토하기 위해서 먼저 행정수사와 수사의 관계모델을 자세히 분석할 필요가 있다.

1) 행정수사와 수사의 세 가지 관계모델 이 관계모델은 다음 세 가지로 유형화해볼 수 있다.[12]

(가) 통합모델 법률상 행정적 지도감독과 수사가 통합되어 있는 법제가 있다. 예컨대 근로기준법은 근로조건의 확보를 위한 책무를 수행하는 근로감독관에게 지도·감독과 조사권한을 부여하면서(법 제104조 내지 제105조), 그 법 위반의 죄에 대하여 사법경찰관의 직무권한을 부여한다(제105조 제5항).[13][14] 이를 '신분적·기능적' 통합모델이라고 부를 수 있다. 근로감독관은 법률에 의해 당연히 특별사법경찰관이 되는 셈이다.

(나) 분업모델 행정적 지도·감독 및 조사와 수사가 비록 법률상 통합되어 있지는 않지만, 검찰과 협조체제를 구축함으로써 비로소 통합될 가능성이 주어

12) 이하 세 가지 유형의 설명은 내가 2006년 대한의사협회·대한병원협회·대한약사회의 의뢰로 연구 보고한 *의료용 향정신성의약품 관리법제의 개선방안에 관한 연구* (2006), 132쪽에서 처음으로 분석 서술한 내용을 다소 보완한 것임을 밝혀둔다. 다만 여기서 '분업모델'은 앞의 보고서에서 '협조모델'로 이름 붙였던 것을 바꾼 것이다. 그 이유는 협조모델은 마치 행정조사 및 행정수사와 검·경의 수사가 동시에 진행되어도 좋을 것 같은 그릇된 인상을 주기 때문이다.

13) 사법경찰관리의직무를행할자와그직무범위에관한법률 제6조의2 제1항도 같은 내용을 규정한다.

14) 이에 비해 사법경찰관리의직무를행할자와그직무범위에관한법률 제6조의2 제2항은 '지방노동청·지방노동사무소에 근무하며 근로감독·노사협력·산업안전, 근로여성 보호 등의 업무에 종사하는 8급·9급의 국가공무원 중 그 소속관서의 장의 추천에 의하여 그 근무지를 관할하는 지방검찰청검사장이 지명한 자는 제1항의 죄에 관하여 사법경찰리의 직무를 행'할 수 있게 하고 있다. 근로감독관이 당연특별사법경찰관이라면 여기의 노동관련 국가공무원은 지명사법경찰리라고 부를 수 있다.

져 있는 법제가 있다. 사법경찰관리의직무를행할자와그직무범위에관한법률 제5조는 행정조사나 행정수사를 하는 관서의 장이 제청하고 근무지 관할 지방검찰청검사장의 지명에 의해 일정한 소속공무원 등에게 사법경찰관리의 직무를 행할 수 있게 하는 것이다.[15] 예컨대 세관공무원은 소속 관서의 장의 제청에 의하여 지방검찰청검사자이 지명하면 (7급이상의 공무원은) 사법경찰관 또는 (8, 9급의 공무원은) 사법경찰리의 직무를 수행한다. 이와 같은 특별사법경찰의 제도를, 신분적으로는 분리하되 기능적으로 역할을 배분하고 그 배분된 역할이 통합되어 수사의 효과를 발휘하게 된다는 의미에서, 분업모델이라고 부를 수 있다.

(다) **분리모델** 행정적 지도·감독 및 조사가 수사와 법률상 완전히 분리되어 있는 법제가 있다. 독점규제 및 공정거래에 관한 법률은 공정거래위원회의 소속공무원에게 행정적 감독·조사권한을 부여하지만(법 제50조 제2항) 사법경찰의 직무를 부여하지는 않는다.[16] 수사는 비록 공정거래위원회의 조사결과를 활용(심지어 의존)하더라도 공식적으로는 일반 수사기관에 의해 이루어질 수밖에 없다.[17] 이런 제도를 '신분적·기능적' 분리모델이라고 부를 수 있다.

2) 이중수사의 현실 그런데 수사의 실무를 보면 행정수사와 별개로 수사기관이 수사를 전개하는 경우에 관해 어떤 기준도 서 있지 않다. 특히 위에서 분류한 세 가지 유형이 이중수사여부에 관하여 어떠한 기준으로도 작용하지 않는다. 예컨대 같은 분업모델에 속하지만 식품위생법에 근거한 음식점단속에 대해서는 경찰이 따로 수사를 벌이지 않는 반면, 마약류단속에 대해서는 식약청의 단속과는 별개로 경찰이 특히 약국, 동네 신경정신과의원 등을 상대로 수

15) 사법경찰관리의직무를행할자와그직무범위에관한법률 제5조 (검사장의 지명에 의한 사법경찰관리): 다음 각 호에 규정된 자로서 그 소속 관서의 장의 제청에 의하여 그 근무지를 관할하는 지방검찰청검사장이 지명한 자 중 7급 이상의 국가공무원 또는 지방공무원 및 소방위 또는 지방소방위 이상의 소방공무원은 사법경찰관의 직무를, 8급·9급의 국가공무원 또는 지방공무원 및 소방장 또는 지방소방장 이하의 소방공무원은 사법경찰리의 직무를 수행한다. (1호~16호 생략) 17. 「관세법」에 따라 관세범(관세범)의 조사 업무에 종사하는 세관공무원 (18호~37호 생략).

16) 사법경찰관리의직무를행할자와그직무범위에관한법률은 증권선물위원회의 조사공무원에게 사법경찰직무권한을 부여하는 규정을 두지 않는다.

17) 자본시장과 금융투자업에 관한 법률(이하 약칭 '자본시장법법')상 내부자거래나 주가조작 등을 조사하는 증권선물위원회의 조사공무원도 조사권한은 있지만 수사권한은 없다(자본시장법 제426조). 다만 이 법은 조사가 실질적으로 형사소송법상 압수수색에 해당함을 전제로 법관이 발부한 영장을 요구하고(제427조 제2항) 형사소송법의 압수·수색 규정의 준용(동조 제4항)함으로써 명실상부한 수사임을 분명히 한다. 그러나 이를 사법경찰작용이나 수사로 개념화하지 않는다. 검사의 공소제기는 이들 조사공무원의 활동에 실질적으로 의존할 것이지만, 어쨌든 공식적으로는 행정관청의 조사와 수사기관의 수사가 분리되어 있다는 점에서는 분리모델에 분류될 수 있다.

사 활동을 펼친다. 조세범칙조사는 이들과 같은 분리모델에 속하는데, 경찰의 별도 수사는 식품위생법위반보다는 빈번하지만 마약류 관리에 관한 법률 위반보다는 덜 행해지는 것으로 보인다. 이는 경찰수사의 전문성 발전수준의 편차에 따른 결과가 아니라 경찰수사에 일어나는 부패(예: 업소단속시의 수뢰행위)의 정도와 상관성이 있는 것은 아닐까 하는 의문이 든다. 물론 정확한 이유는 좀 더 다각적인 원인분석이 필요하다. 또한 분리모델인 공정거래법 위반에 대한 독자적인 수사가 분업모델인 약사법이나 마약류 관리에 관한 법률 위반사건에 대한 수사보다 실무에서 빈도가 낮은 것은 전문성의 문제에서 비롯되는 것으로 보인다. 특히 공정거래법 위반의 키워드인 '실질적인 경쟁제한성'의 판단은 고도로 과학적이며, 광범위하게 경쟁정책적이기 때문이다.

3) 이중수사금지의 이론 그러나 세 가지 관계모형과 이중수사금지원칙의 적용여부는 매우 중요한 상관관계를 이룬다. 행정수사와 수사와의 관계모형에 따른 이중조사금지의 적용범위에 관하여 아래 표와 같은 세 가지 방안을 생각해볼 수 있다.

예컨대 행정수사와 따로 독자적으로 행하는 검찰이나 경찰의 수사에 대한 금지를 행정수사와 신분적, 기능적으로 통합된 모델에 한정하거나(아래 표의 ①안), 신분적으로 분리되지만 기능적으로 통합되는 분업모델에까지 적용하거나(②안) 아니면 신분적, 기능적으로 분리된 모델까지 모두 적용하는 방안(③안)이다.

이론적으로 보면 분리모델에서는 공정거래위원회의 조사가 진행되는 동안에도 수사기관은 독자적으로 수사를 전개할 수 있는 데 반해, 통합모델에서는 근로감독관의 조사가 사법경찰관으로서 수사를 동시에 겸하므로 수사기관은 독

도표 66 행정수사의 3가지 유형

유형 \ 구체적인 예 \ 이중위험금지원칙 적용범위		①안	②안	③안
통합모델	근로기준법 위반에 대한 근로감독관의 조사	●	●	●
분업모델	마약류관리법위반에 대한 식약청 공무원의 단속·조세범칙조사	×	●	●
분리모델	공정거래법위반에 대한 선물위원회 공무원의 조사	×	×	●

자적으로 수사를 전개해서는 안 된다. 앞의 경우는 이중수사가 아닌 반면, 뒤의 경우는 분명하게 이중수사가 되기 때문이다.

조세범죄의 행정수사가 속하는 분업모델은 이 두 유형 사이에 위치한다. 즉, 신분은 분리되어 있다는 점에서는 수사기관이 수사를 행정조사와 함께 동시에 전개할 수 있지만, 행정기관의 조사도 법적인 의미의 수사기능을 수행하므로 두 기관의 수사기능은 피조사자에게 이중조사의 부담을 주지 않기 위해 서로 유기적으로 통합되어야 한다는 점에서 수사기관이 수사를 행정조사와 함께 동시에 전개해서는 안 된다. 법적으로 이중수사가 아닌 통합모델의 경우를 제외하고는 이중수사금지원칙을 적용하는 것(②안)이 시민의 자유이익을 위해 그리고 헌법상 비례성원칙의 충실한 실현을 위해서도 타당하다.

(2) **세무조사범칙조사에 대한 이중조사금지의 적용** 이처럼 행정수사와 이중수사에 관한 실시여부가 자의적인 상황에서 특히 세무조사나 범칙조사와 같은 행정조사나 행정수사(adminstrative investigation)에 대해서는 이중위험금지원칙이 적용되어야 한다. 이렇게 보는 이유는 조세형법의 취약한 도덕적 구조 그리고 다른 행정조사나 행정수사에 비해 세무조사나 범칙조사의 절차가 처벌에 못지않게 개인의 기본권을 제한하는 효과가 크기 때문이다. 예컨대 기업이 국세청의 세무조사를 받으면 나중에 추징되는 세금이나 가산세보다도 더 큰 손실이 세무조사로 인한 기업활동의 (심리적) 위축으로부터 발생할 수 있다. 또한 범칙조사를 위해 기업의 사무실이 압수·수색을 받으면 (특히 성장적인) 기업활동은 사실상 멈추기도 하며, 여기에 더하여 만일 경찰이 동일한 사건에 대하여 독자적으로 (특가법상의) 조세포탈로 수사를 하면 그 기업의 사회적 이미지 등이 악화되면서 그 기업은 그간에 해온 사업활동마저 적지 않은 부정적 영향을 받을 수 있다. 그뿐만 아니라 세무조사나 범칙조사와 수사를 동시에 받게 되면, 이중으로 방어를 해야 하는 부담을 지게 되므로 피조사자(피의자)는 국가기관의 제재(가산세, 통고처분, 형벌)에 대한 방어권을 충분히 행사할 수가 없다.

여기서 이중위험금지원칙의 절차법적 차원을 최대한 실현한다면, 그것은 동일한 범죄에 대한 이중의 수사, 이중의 소추, 이중의 심판을 금지하는 원칙이 됨을 알 수 있다. 이로써 이중위험금지원칙은 아래 표와 같은 하부원칙(이중처벌금지, 이중소추금지, 이중조사금지)을 인정할 때 비로소 완전하게 실현될 수 있게 된다.

도표 67 이중위험의 세분화된 유형

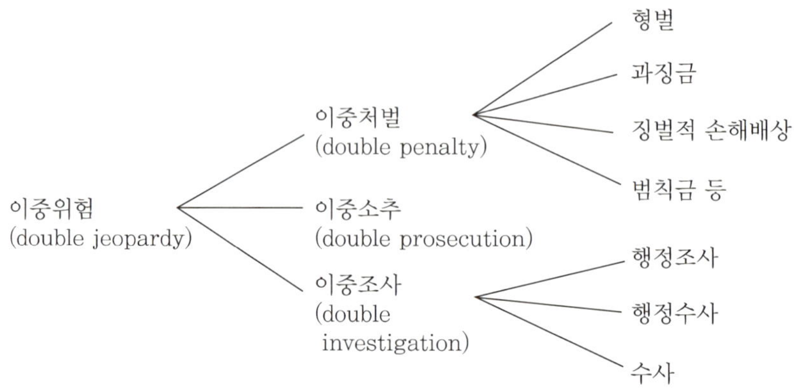

따라서 수사기관이 조세범칙조사와 동시에 따로 수사를 전개하는 것은 하나의 사건에 대하여 피조사자를 두 개의 제재절차(실질적으로는 형사절차)에 휘말리게 하는 것이 된다.

Ⅲ. 수사비례원칙

이중위험금지원칙을 특가법상 조세포탈사건의 수사에 대해 적용하지 않는다면, 다른 수사제한원칙이 검토되어야 한다. 그것은 수사비례원칙이다. 물론 이런 제한은 전속고발사건에서 고발가능성이 있는 경우에도 역시 존중되어야 한다. 수사비례원칙은 수사의 목적달성과 수사(방법)에 의한 기본권침해 사이의 균형성을 요구한다.

1. 범죄인지권의 남용과 통제

(1) **실질적 수사로서 세무조사** 먼저 범칙조사는 실질적으로 수사임을 인정할 필요가 있다. 범칙조사는 단순한 행정조사가 아니라 행정적 '수사'이다. 범칙조사를 행하는 세무공무원도 신분적으로는 사법경찰관리가 아니다. 사법경찰관리의 직무를 행할 자와 그 직무범위에 관하여 법률에서 규정하고 있지는 않다. 하지만 조세범처벌절차법시행령 제7조[18]에서 세무관서의 장이 제청하고 검

18) 조세범처벌절차법시행령 제1조: 조세범처벌절차법에서 세무공무원이라 함은 세무에 종사하는 공

찰총장 또는 지방검찰청장의 지명을 받아 사법경찰관리의 역할을 실질적으로 수행한다. 예컨대 세무공무원은 범칙조사로서 영장에 의한 압수·수색의 강제수사를 사용할 수 있다. 또한 범칙조사의 결론은 벌금(범칙금)이라는 형벌의 부과여부를 결정짓는다. 물론 범칙조사와 달리 세무조사는 법제도상으로는 수사가 아니라 행정조사일 뿐이다. 그러나 세무조사와 범칙조사가 동일한 공무원에 의해 행하여지고, 그 조사의 실질이 거의 같은 것이고, 세무조사의 결과를 토대로 통고처분을 할지 여부가 사실상 결정된다는 점에서 세무조사는 잠재적인 범칙조사의 성격을 동시에 갖는 것이며, 따라서 잠재적으로 실질적 수사의 성격을 갖는다고 볼 수 있다.

(2) 범죄인지권남용금지 이렇듯 세무공무원의 조사가 실질적인 수사가 된다면 수사기관이 세무조사가 진행 중에 동일한 사건을 입건하여 수사를 전개한다면 이중수사가 되기 쉽다. 이중수사는 '범죄인지권남용금지'[19]라는 수사비례원칙에 대한 위반을 가져올 수 있다. 즉, 세무조사 중인 사건에 대한 수사기관의 독자적인 수사는 이중수사가 되고, 이는 수사의 균형성이라는 수사비례원칙에 위반하게 된다. 범죄인지권남용금지의 완벽한 실현을 위해서는 ① 수사기관이 조세포탈죄의 단서를 인지한 경우에 원칙적으로 세무관서로 사건을 이첩하고, ② 이미 세무당국이 조사 중에 있는 경우에는 그 조사가 끝나 통고처분 또는 고발여부의 결정이 날 때까지 수사를 개시하지 않아야 한다. 이는 마치 경찰이 수사 중일 때 동시에 검사가 — 이따금 체크하는 방식으로 수사지휘를 할 수는 있어도 그리고 검경합동수사본부를 설치 운영하지 않는 한 — 별도로 동시에 수사를 하지 않는 업무관행에 상응한다.

(3) 범죄인지권을 제한하는 자유우선(in dubio pro libertate)-원칙

1) 고발가능성 하의 수사 그런데 판례는 아직 이와 같은 엄격한 의미의 수사비례원칙을 인정하지 않는 듯하다. 즉, 세무조사 또는 범칙조사 중인 사건에 대하여 수사기관이 수사를 별도로 진행할 수 있는지에 관해 판례는 전속고발사건에서도 세무당국의 "고발가능성이 없는 상태 하에서 행해졌다는 등의 특단

무원으로서 다음 각 호의 1에 해당하는 자를 제외한 일반직공무원중 지방국세청과 세무서에 있어서는 소속 지방국세청장의 제청에 의하여 그 근무지를 관할하는 지방검찰청 검사장의, 국세청에 있어서는 국세청장의 제청에 의하여 검찰총장의 지명을 받은 자를 말한다. 1. 임시적 공무원 및 기한부 공무원 2. 조건부 채용기간중의 공무원

19) 범죄인지권의 개념과 그 남용에 대한 통제 논의로 백형구, *현대수사법의 기본문제*, 1985, 103~104쪽 참조.

의 사정이 없는 한”,[20] 수사를, 그것도 강제수사까지도 할 수 있다고 본다.[21] 이는 고발이 소추조건인 경우에 그 소추조건이 아직 갖추어지지 않은 상태에서 수사를 개시하는 것이 허용되는가를 ‘소송조건의 부존재와 수사필요성의 인정여부’라는 관점에서 내린 결론일 뿐이다.

그러나 이런 고발가능성과 수사의 필요성 인정도 또 다른 비례성원칙의 차원을 가질 수 있다. 즉, 세무당국의 고발가능성을 배제하는 특단의 사정이 부존재하는 지가 불확실한 경우(in dubio)에도 수사를 개시할 수 있는 것인지는 판례에 의해 판단된 것이 아니다.

2) 자진납부와 고발가능성의 불확실성 가령 경찰에 의해 조세포탈혐의를 받고 있지만 형법의 미수론에 의해 판단할 때 조세포탈죄의 기수가 성립한 이후에 피의자가 국세청에 세금을 자진 납부한 경우에 국세청은 고발하지 않을 수 있다. 물론 세무실무에서는 자진 납부한 경우에 고발하지 않을 개연성이 인정된다. 세무당국의 입장에서 자진납부에 대한 무분별한 고발은 탈세자들의 자진납부동기를 떨어뜨리고 그에 따라 조세징수기능을 오히려 약화시킬 수 있다고 보기 때문이다. 독일 형법처럼 자의로 범행을 중지하면 형을 반드시 면제하게 하거나[22] 우리나라 형법처럼 중지미수범에게 형의 감경뿐만 아니라 형의 면제가능성을 열어놓음(형법 제26조)으로써 불법의 세계에서 합법의 세계로 되돌아오게 하는 ‘황금의 다리’를 만드는 정책적 고려는 조세당국의 세무조사 및 범칙조사에서 더욱 더 중요하다. 하지만 자진 납부하였다고 해서 고발하지 않을 확실성까지 보장되는 것은 아니다. 자진납부 이외에 다양한 정황을 참작하고 또한 조세행정 정책적 고려도 하기 때문이다. 어쨌든 조세포탈죄가 성립하였지만 자진 납부한 경우에 수사기관의 입장에서는 세무당국의 고발가능성을 배제하는 특단의 사정이 있는지가 확실하지는 않다고 말할 수 있다.

3) 자유우선원칙의 적용 바로 이처럼 고발가능성을 배제하는 특단의 사정의 부존재가 불확실한 경우에 조세사건에 대한 수사는 개시되어서는 안 된다. 그와 같은 수사의 개시는 범죄인지권을 남용한 것이 된다. 이런 결론은 의심스

---

20) 대판 1995.2.24, 94도252.

21) 대판 1995.3.10, 94도3373.

22) 독일 형법에서 중지미수(Rücktritt)는 형을 면제시키고 있는데(StGB §24), 이는 범죄에 착수했다가도 합법의 세계로 되돌아오게 유도하는 황금의 다리를 놓아주는 것이라 할 수 있다. 중지미수에 관해 자세히는 이상돈, “중지미수에서 자의성의 기호론적 재구성”, *저스티스* (제33권 제1호, 2000), 111~136쪽 참조.

러울 땐 시민의 자유 이익으로-원칙(in dubio pro libertate)을 적용한 결과이다. 이 원칙은 비례성원칙을 구현하는 하부원칙이며, 수사비례원칙의 내용을 형성하는 것이라고 볼 수 있다.

2. 조세수사방법의 비례성

이처럼 수사에 대해 이중위험금지원칙을 완전하게 적용하지 않는다면 수사는 개시할 수 있다. 하지만 이 경우에도 피의자의 이중방어부담과 과도한 기본권제한을 고려하여 제한적인 수사활동만을 해야 한다. 이는 이중위험금지의 취지를 고려하는 것이기도 하다.

(1) 임의수사원칙

1) 피의자신문을 제외한 임의수사 판례와 같이 고발가능성이 없다는 특단의 사정이 없어서 수사가 허용된다고 하더라도 조세범죄는 비폭력범죄[23]일 뿐만 아니라 조세범죄의 특수성 — 예컨대 취약한 도덕적 기반이나 과세형평의 어려움, 선별적인 법집행, 도식적인 형사처벌의 조세정책적 합리성과의 충돌 등 — 을 고려할 때 임의수사만을 허용하여야 한다. 또한 임의수사 가운데 피의자신문은 제외되어야 한다. 피의자신문은 이미 세무조사나 범칙조사를 받는 피의자의 입장에서 세무당국의 질문에 답하고, 범칙조사에서 피의자심문에 대처하면서 동시에 수사기관에게 피의자신문까지 받는 것은 방어권의 현저한 축소를 가져오기 때문이다.

2) 예외적인 강제수사의 조건 그러므로 강제수사는 수사기관이 스스로 고발 전에 허용되는 범위의 수사(피의자신문 이외의 임의수사)만으로 ① 상당한(고도개연적인) 범죄혐의가 밝혀지고, ② 기타 양형요소를 종합적으로 고려하여 처벌필요성(Strafbedürftigkeit)이 클 것으로 예상되는 경우에 — 검사의 수사절차에서는 공소제기가 고도개연적일 것으로 예측되는 경우에 — 비로소 수사기관은 과세정보의 요구, (특가법상 조세포탈사건의 경우에 한정하여) 영장에 의한 강제수사를 할 수 있다고 보아야 한다.

(2) 목적구속원칙과 과세정보이용의 제한 조세사건의 수사는 과세정보를 이용함으로써 해결될 수 있는 경우가 대부분이다. 그러나 세무조사나 범칙조사 중

---

23) 친고죄에 대한 수사에서 비폭력범죄의 경우에는 단지 임의수사만이 허용된다는 견해로 배종대·이상돈·정승환, *형사소송법* (홍문사, 2008), 86쪽.

인 사건에 대해서는 과세정보의 이용도 제한된다. 다만 국세기본법 제81조의13 제1항 단서는 ① 지방자치단체의 조세의 부과 징수를 위하거나 ② 국가기관이 조세쟁송 또는 소추목적을 위하여 과세정보를 요구하는 경우, ③ 법원의 제출명령 또는 영장에 의하여 과세정보를 요구하는 경우, ④ 세무공무원 상호간 직무상 필요한 과세정보의 교환, ⑤ 통계청장이 국가통계작성 목적으로 과세정보를 요구하는 경우, ⑥ 다른 법률의 규정에 따라 과세정보를 요구하는 경우에 정보보호의 예외를 인정하고 있다.

1) 소추목적의 의미 여기서 첫째, "소추목적을 위하여 과세정보를 요구하는 경우"(제81조의13 제1항 제2호)란 조세포탈을 수사하는 검찰이 요구하는 경우를 의미하고, 경찰이 요구하는 경우는 포함하지 않는다. 즉, "소추목적을 위하여"는 "소추기관이"로 해석되어야 한다. 경찰은 수사(보조)기관일 뿐이고 소추기관이 아니며, 경찰의 수사는 검찰의 수사처럼 소추여부를 결정하는 것이 아니라 입건(및 검찰송치)과 불입건을 결정하는 것을 목적으로 하기 때문이다. 이러한 해석은 공공기관의 개인정보보호에 관한 법률 제10조 제3항 제6호("범죄의 수사와 공소의 제기 및 유지에 필요한 경우")에서도 수사와 공소의 개념을 분리하여 사용하고 있다는 점, 그리고 설령 소추목적이 수사와 공소의 제기 및 유지를 포괄하는 개념으로 보더라도 과세정보의 보호를 규정한 국세기본법 제81조의13 제1항은 과세정보라는 특수한 정보에 관하여 공공기관의 개인정보보호에 관한 법률보다 더 강하게 정보보호를 하는 법제로 이해될 수 있다는 점에 근거한다.

2) 목적 외 사용의 엄격제한 둘째, 그러나 검찰도 탈세혐의사건이 기소의 요건충족에 근접한 단계, 즉 조세포탈혐의의 개연성이 인정되고 기타 소추조건이 충족된 경우에만 납세자의 과세정보를 예외적으로 사용할 수 있다고 보아야 한다. 세무조사에서 획득되는 과세정보는 매우 민감한 개인정보이고, 그런 정보는 목적구속원칙(Zweckbindung)의 예외인정, 즉 목적 외 사용이 매우 제한되어야만 하기 때문이다. 이런 해석은 조세포탈죄혐의의 개연성이 인정되지 않는 상황에서 과세정보를 수사정보로 사용하는 것은, 공공기관의 개인정보보호에 관한 법률 제10조 제3항 단서가 예외적 허용사유가 있는 경우에도 목적 외 사용을 허용하지 않는 경우, 즉 "정보주체 또는 제3자의 권리와 이익을 부당하게 침해할 우려가 있다고 인정되는 때"에 해당한다는 해석에 의해 뒷받침된다.

도표 68 조세범죄에서 수사비례원칙의 실현

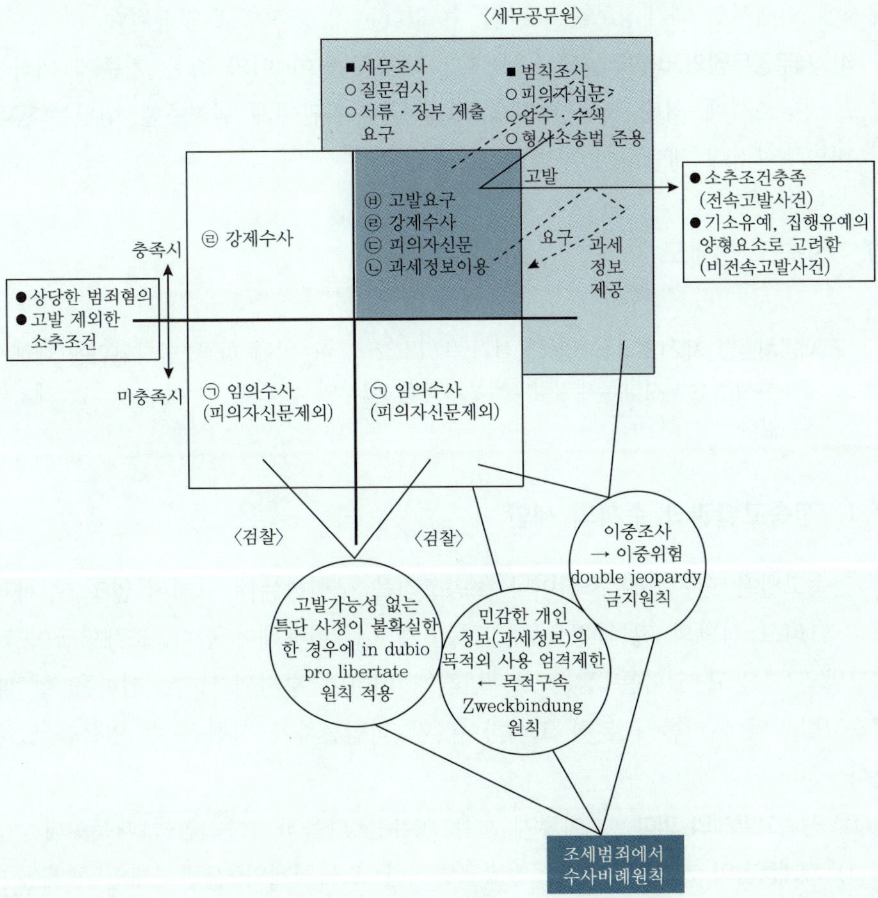

3) 과세정보의 보호수준과 영장주의 셋째, 만일 이와 같은 정보보호법적 원칙을 관철하지 않는다고 해도, 과세정보 제공에 대한 최소한의 제한은 영장주의로부터 나온다. 즉, 세무조사는 영장주의가 적용되지 않는 절차이고, 여기서 획득한 정보를 수사기관이 아무 제한 없이 사용할 수 있다면, 사실상 영장주의가 형해화 될 수 있다. 따라서 수사기관의 과세정보요구는 적어도 압수수색영장을 발부받을 수 있는 범죄혐의가 인정될 것을 전제로 할 때만 정당한 것이 된다. 이런 해석은 영장을 발부받을 조건이 충족되지 않은 수사상황에서 임의수사의 하나로서 형사소송법 제199조 제2항("수사에 관하여는 공무소 기타 공사단

체에 조회하여 필요한 사항의 보고를 요구할 수 있다.")의 일반적인 자료제출 요구 규정에 의해서도 과세정보를 요구할 수 없다는 입장[24]으로 연장된다.

4) 세무공무원의 비밀누설죄 넷째, 세무공무원이 이와 같은 기준에 의하지 않고 세무조사에 의해 획득한 과세정보를 수사기관에게 넘겨주는 행위는 공무상 비밀누설죄에 해당하여 처벌될 수 있다.

Ⅳ. 전속고발제도

조세범처벌법 제21조 (고발<신설 1994.12.22>) 이 법에 따른 범칙행위에 대해서는 국세청장·지방국세청장, 세무서장의 고발이 없으면 검사는 공소를 제기할 수 없다.

1. 전속고발권과 수사의 제한

전속고발은 단지 소추조건이나 소송조건을 구성하는데 그치지 않고, 수사와 소추 그리고 심판의 전 과정을 제한하는 제도로 이해해야 한다. 조세당국이 전속고발권을 갖고 있다는 점은 조세범죄에 대하여 수사와 소추, 심판을 할 때 전속고발권의 의미를 충분히 고려하여야만 적법절차가 실현될 수 있음을 말해준다.

(1) 전속고발제의 의미 이렇게 보는 이유는 다음과 같은 점들 때문이다.

1) 체계통합의 기제 첫째, 전속고발이란 조세체계와 사법체계의 체계통합을 수행하는[25] 기제이면서, 동시에 이중위험금지원칙을 실현하는 법제도이다,

2) 수사의 권한과 책무의 기능적 분배 둘째, 세무조사공무원과 수사기관이 앞서 설명한 기능적 '분업모델'의 관계에 있는 경우, 즉 세무공무원은 신분상 사법경찰이 아니면서 수사기관과 수사기능을 나누어 수행하는 관계 속에 있는 경우에 전속고발은 수사의 권한과 책무를 실질적으로 분배하는 제도의 법적 결정체이다. 다시 말해 조세문제에 전문성이 있는 세무공무원이 조세범죄를 조사(행정수사)하고 있는 동안에는 수사기관은 원칙적으로 수사를 하지 않아야 한다. 세무공무원의 조사도 실질뿐만 아니라 법형식적으로도 검찰청장의 지명을

---

24) 안대희, *조세형사법* (박영사, 2006), 812쪽.

25) 이에 관해서 앞의 [2].Ⅱ.2.(3) 참조.

받음으로써, 수사가 되기 때문이다. 또한 이는 전속고발제도의 체계통합적 기능, 즉 조세체계와 형사사법체계 사이의 균열과 갈등을 해소하는 체계통합의 차원에서 요구되는 것이기도 하다.

3) 소추권과 심판권의 실질적 분배 셋째, 여기서 더 나아가 행정수사 뿐만 아니라 통고처분과 같은 행정형벌을 부과할 권한까지 갖는 경우에 전속고발은 (통고처분을 이행한다는 조건에서) 검찰과는 소추권을 그리고 법원과는 심판권을 실질적으로 분배하는 제도의 법적 결정체이다.

(2) **고발가능성의 높낮이와 수사의 제한** 이상의 점들을 고려해보면, 세무조사나 범칙조사가 진행 중인 사건에 대해 임의수사나 예외적인 강제수사를 해도 수사비례원칙에 위배되지 않는 경우에도, 수사는 조세당국이 고발할 가능성의 높낮이에 따라 또 한 번의 제한을 받을 수 있다.

1) 임의수사의 경우 고발가능성이 없는 것은 아니지만 매우 낮은 경우, 예컨대 포탈세액도 적고, 자진 납부하였으며, 세무조사에도 적극 협조하는 경우에는 임의수사마저 개시해서는 안 된다. 이에 비해 고발가능성이 낮지 않은 경우, 예컨대 포탈세액도 크고, 세무조사를 통해 탈세가 밝혀진 후 납부하였으며, 세무조사에도 비협조적인 경우에는 임의수사를 개시할 수 있다.

2) 강제수사의 경우 이러한 단계적 제한은 임의수사를 전개하여 상당한 범죄혐의가 밝혀져서 강제수사를 해도 수사비례원칙에 위배되지 않게 된 상황에서도 마찬가지로 타당하다. 즉, 포탈세액이 적고, 자진 납부하고, 조사에 협조함으로써 고발가능성이 매우 낮은 경우에는 포탈혐의가 상당하더라도 강제수사나 피의자신문으로 나아가서는 안 된다. 포탈세액도 크고, 세무당국에 의해 밝혀져 추징당했으며, 조사에도 비협조적이어서 고발가능성이 상당히 있을 경우에만 강제수사로 나아갈 수 있다.

> 판례는 고발에 앞서 수사를 하고 피고인에 대한 구속영장을 발부받고 나서야 조세당국이 고발하거나 검찰이 요청하여 고발이 이루어져도 공소제기의 절차는 적법하다고 본다.[26] 그러나 판례의 이 입장은 거꾸로 바뀌어야 한다. 임의수사로

26) 대판 1995.3.10, 94도3373: "조세범처벌법 제6조의 세무종사 공무원의 고발은 공소제기의 요건이고 수사개시의 요건은 아니므로 수사기관이 고발에 앞서 수사를 하고 피고인에 대한 구속영장을 발부받은 후 검찰의 요청에 따라 세무서장이 고발조치를 하였다고 하더라도 공소제기 전에 고발이 있은 이상 조세범처벌법 위반사건 피고인에 대한 공소제기의 절차가 법률의 규정에 위반하여 무효라고 할 수 없다."

포탈혐의가 상당한 정도로 밝혀지고, 고발가능성이 있는 경우에 비로소 피의자 구속 등의 강제수사를 할 수 있다고 보아야 하는 것이다.

(3) 비전속고발과 특가법상 조세포탈의 수사에 대한 제한 이렇게 볼 때 조세사건에 대한 수사기관의 수사는 세 가지 원칙에 의해 제한받는 셈이 된다. 이중위험금지원칙은 이중수사를 금지한다. 하지만 이런 원칙을 전부 수용하지 않는다 해도 수사비례원칙에 의해 세무조사 중인 사건에 대한 수사는 상당한 정도로 제한된다. 다시 말해 이중위험금지원칙은 수사비례원칙의 내용을 실질적으로 형성시켜주고, 수사비례원칙은 이중위험금지원칙을 실질적으로 실현시켜준다.

전속고발제도는 수사비례원칙에 의한 제한을 넘어서 그 제도의 취지로부터 수사에 대해 또 다른 제한을 가져온다. 이런 제한은 수사비례원칙이 이중위험금지원칙을 더욱 실현하게 만든다. 이런 점에서 전속고발제도는 간접적으로 이중위험금지원칙을 실현시킨다. 반면 이중위험금지원칙은 전속고발제도를 통해 통고처분제도와 결합되어 있는 경우에 범칙금에다 또 다시 형벌이 겹으로 부과되는 것을 막아주는 방파제를 쌓는다. 그렇기에 이중위험금지원칙은 전속고발제도를 지시한다고 할 수 있다.

이처럼 이중위험금지원칙과 수사비례원칙, 그리고 전속고발제도는 기능적으로 서로를 보완하면서 세무조사 중인 조세범죄사건에 대한 수사기관의 수사를

도표 69 조세범수사를 제한하는 법치국가적 원칙들의 상호작용

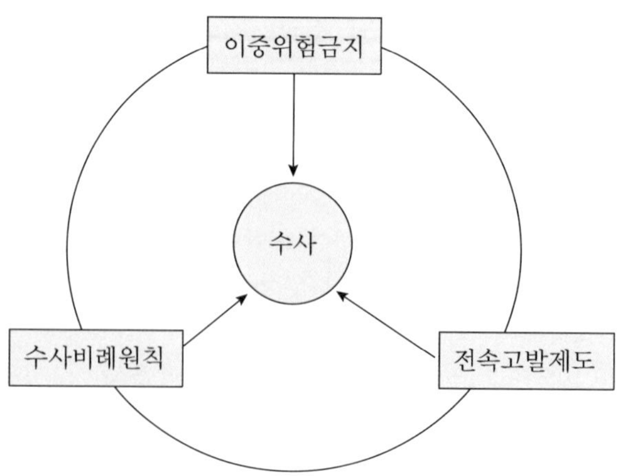

제한해준다. 바로 이런 점에서 전속고발사건이 아닌 특가법상의 조세포탈죄에 대해서도 위에서 설명한 전속고발제도의 취지에 따른 제한이 마찬가지로 타당하게 된다. 전속고발제도의 취지에 따른 수사의 제한은 특가법상의 조세포탈죄 사건에 대해서도 적용되는 이중위험금지원칙과 수사비례원칙과 기능적으로 함께 엮여 있기 때문이다.

2. 고발권 행사에서 판결불소급원칙과 신뢰보호원칙

(1) **합리적 조세정책으로서 고발결정** 이와 같은 수사기관의 수사 개시와 강도를 제한하는 조세당국의 고발이라면 조세당국의 고발도 역시 자의적이어서는 안 된다. 그러나 어떤 사건에 대해 고발을 할 것인지를 결정하는 기준이 계량적인 객관성을 가질 수는 없다. 포탈세액의 규모, 포탈율, 포탈방법의 반가치적 수준(행위반가치), 포탈 후의 정황(예: 자진납부, 세무조사에 대한 협조여부), 고발의 일반예방적 효과나 조세납부동기에 미치는 영향 등 매우 다양한 요소들을 종합적으로 고려하고, 정책적으로 결정할 수밖에 없다. 고발여부는 합리적인 조세정책의 일환으로 결정되는 것이다. 합리적 조세정책적 결정의 내용을 법제화할 수는 없다. 그렇기에 법은 고발하지 않으면 합리적 조세정책이 되기 어렵다고 강하게 의심할 수 있는 사안에 대해 법문언상으로는 고발의무를 부여한다.

> **조세범 처벌절차법 제9조 (통고처분)** ① 국세청장 · 지방국세청장 또는 세무서장은 범칙사건을 조사하여 범칙의 심증(心證)을 갖게 되었을 때에는 그 이유를 명시하여 벌금 또는 과료(科料)에 해당하는 금액, 몰수 또는 몰취(沒取)에 해당하는 물품, 추징금에 해당하는 금액, 서류의 송달비용 및 압수물건의 운반 · 보관비용을 지정한 장소에 납부할 것을 통고하여야 한다. 다만, 몰수 또는 몰취에 해당하는 물품에 대해서는 납부 신청만 하도록 통고할 수 있다. ② 제1항 단서에 따른 통고에 대하여 범칙자가 통고대로 납부신청만 하고 몰취에 해당하는 물품을 가지고 있는 경우에는 공매나 그 밖에 필요한 처분을 할 때까지 그 물품을 보관할 의무가 있다. ③ 국세청장 · 지방국세청장 또는 세무서장은 범칙자가 통고대로 이행할 자력(資力)이 없다고 인정될 때에는 제1항의 통고를 하지 아니하고 즉시 고발하여야 한다. ④ 국세청장 · 지방국세청장 또는 세무서장은 정상(情狀)에 따라 징역형에 처할 것으로 판단되는 경우에도 즉시 고발하여야 한다.

여기서 절차법 제9조 제4항은 고발여부에 관한 자의적 결정을 소극적으로 제한하는 일반조항으로 기능한다. 이 조항은 고발여부의 결정이 합리적 조세정책적 결정이 되도록 유도하는 규범프로그램으로서 해석되어야 한다. 그러므로 ① 첫째, 법문의 '정상에 따른 징역형'이란 법정형을 가리키는 것이 아니라 선고형을 가리키는 것으로서 조세포탈죄의 혐의뿐만 아니라 모든 양형요소를 종합 고려하여 징역형이, 더 엄격하게 해석하면 '실형의 징역형'이 '선고'됨이 마땅한 사건에 대해서만 즉시 고발할 의무를 지닌다고 볼 수 있다. ② "고발하여야 한다"는 문언은 비록 훈시규정은 아니고 효력규정이지만, 강행규정은 아니고 단지 임의규정으로 이해되어야 한다. 강행규정으로 이해하려면 반드시 고발하고 법원에 의해 (실형의) 징역형이 선고되어야 할 조세포탈사건과 그렇지 않은 사건이 명확하게 구별되어야 하지만, 그럴 수가 없기 때문이다. ③ 또한 합리적 조세정책적 결정으로서 고발여부는 합리적 양형의 판단을 대신하는 것이기도 하다. 왜냐하면 "벌과금에 해당하는 금액"을 통고처분할 권한은 그 전제로서 '법원의 양형에 상당하는' 판단을 할 권한을 포함하는 것으로 볼 수 있기 때문이다.

(2) 고발에서 신뢰보호원칙과 불소급원칙 따라서 고발결정이 조세정책적 결정이긴 하지만 법치국가의 기본원칙들에 구속된 사법적 판단의 성격을 유지해야 한다. 그 가운데 특히 신뢰보호원칙과 (판결)불소급원칙은 존중되어야 한다.

> 가령 삼성특검사건[27] 이전에는 차명거래에 의한 상장주식양도세의 포탈행위에 대해 국세청은 탈루된 세금을 추징하고 가산세를 부과는 하였지만 고발을 하지 않았다고 하자. 삼성사건에서 특검은 K 변호사가 고발한 삼성비자금의 실체가 차명 상속주식의 양도세포탈였음을 밝히고 국세청에 요구하여 고발장을 제출받아 공소제기하였다. 그리고 이 차명거래에 의한 상장주식양도세포탈은 법원에 의해 '처음으로'[28] 조세포탈죄로 유죄판결을 받았다고 하자. 사법부의 판단을 존중하려면 국세청은 이제 상장주식양도세포탈행위에 대하여, 적어도 상장주식양도세포탈죄가 위헌결정을 받지 않는 한, 고발할 의무가 있다고 보아야 한다.

1) 고발결정에서 판결불소급원칙 그러나 첫째, 그 판결에 의해 형성되는 구체적인 법규범 — 예컨대 '상속차명주식의 계좌분산 및 현금입·출금 행위는 상장주식양도세포탈행위(특가법 제8조, 소득세법 제94조 제1항 제3호 가목)에 해당

---

27) 서울중앙지방법원 2008.7.16.선고, 2009고합366 판결; 서울고등법원 2008.10.10.선고, 2008노1841 판결.

28) 이 점은 분명하진 않지만 이하의 논의에서는 이렇게 가정하기로 하자.

한다'[29] — 은 판결불소급원칙에 의한다면 그 판결 이전에 일어난 같은 유형의 행위에 대해서는 소급적으로 적용해서는 안 된다.

2) 고발결정에서 신뢰보호원칙 둘째, 여기서 더 중요한 점은 설령 법원이 그와 같은 판결불소급원칙을 인정하지 않는다고 해도 '행정기관'인 국세청으로서는 고발권을 행사함에 있어 판결불소급원칙을 존중해야 한다는 것이다. 즉, 판결 이전에 행해진 동일한 유형의 행위에 대하여 고발을 해서는 안 된다. 왜냐하면 만일 그 판결 이전에 같은 유형의 행위에 대하여 국세청이 고발을 하지 않았고, 특히 자진납부하면 고발하지 않을 것이라는 점에 대한 신뢰가 형성되어 있을 수 있고, 그런 신뢰는 행정기관으로서 보호할 의무가 있기 때문이다. 다시 말해 판결불소급원칙을 인정하지 않더라도 신뢰보호원칙(Vertrauensschutzprinzip)에 의하여 새롭게 구체적 범규범을 형성하는 판결 이전에 행해진 동일한 유형의 포탈행위에 대하여 고발을 해서는 안 된다.

국세기본법 제18조 제3항은 "세법의 해석이나 국세행정의 관행이 일반적으로 납세자에게 받아들여진 후에는 그 해석이나 관행에 의한 행위 또는 계산은 정당한 것으로 보며, 새로운 해석이나 관행에 의하여 소급하여 과세되지 아니한다"고 규정한다. ① 이 문장은 전반부("~것으로 보며")와 후반부("새로운~아니한다")로 나누어 볼 수 있다. 그런데 이 문장은 전반부가 후반부를 위하여 존재하는 주종관계의 복문(複文)이 아니라 그 둘이 서로 대등절의 위치를 갖고 있는 중문(重文)이다. 그러니까 전반부는 (조세범처벌절차로서 진행되는 세무조사·범칙조사 및 통고처분이나 고발여부 결정의 절차를 포괄하는) 국세행정 전반에 대하여 신뢰보호원칙을 선언한 것이고, 후반부는 특히 소급과세금지원칙을 따로이 규정한 것으로 볼 수 있다. ② 설령 이 규정을 복문으로 이해하고, 아울러 "과세되지 아니한다"라는 문언에 더 높은 비중을 두면, 신뢰보호원칙은 가장 좁은 의미의 과세처분에 국한된 것으로 해석할 수 있다. 그러나 이 경우에도 제5항에서 "세법 외의 법률 중 국세의 부과·징수·감면 또는 그 절차에 관하여 규정하고 있는 조항은 제1항부터 제3항까지의 규정을 적용할 때에는 세법으로 본다"고 규정함으로써 널리 (조세형법을 포함한) 세법의 적용에 신뢰보호원칙이 적용됨을 명확히 하였다. 왜냐하면 첫째, "그 절차"에서 "그"의 의미는 부과·징수·감면에 관련되는 절차, 즉 부과·징수·감면을 행하는 (직접적) 절차와 그에 수반되는 절차를 포괄한다고 보아야 하고, 둘째, 조세범처벌절차법상 범칙조사 및 고발은 부과·징수·

---

29) 판결에 의해서 형성되는 구체적 법규범이란 법률에 포섭되는 일정한 사안유형을 가리킨다. 이를 포섭사안(서술)(Subsumtionsbeschreibung)이라고 부른다. 이에 관해 자세히는 이상돈, *새로쓴 법이론* (법문사, 2005), 49, 137, 225, 228, 281쪽.

감면에 수반되는(뒤따르는) 절차이기 때문이다. ③ 물론 제18조 제3항의 규율영역이 조세범처벌절차에까지 미치지 않는다고 해석하더라도, 신뢰보호원칙이 일반적인 법원칙으로서, 그리고 형법원칙으로도 널리 승인되는 원칙으로서 그와 같은 해석과 동일한 법형성을 할 수 있다고 본다.

셋째, 이로써 상속차명주식을 갖고 있는 상당수의 기업인들이 국세청의 조사로는 밝힐 수 없는 차명계좌를 스스로 드러내고 탈루된 세금을 자진 납부하는 유인효과도 거둘 수 있게 된다. 다시 말해 법치국가적 원칙을 지키면서 오히려 조세징수의 기능은 강화되는 것이다.

3. 고발결정에서 조세당국과 검찰의 관계모델

그러나 행정에 대한 시민의 신뢰를 보호해야 한다는 법치국가적 요청은 모든 형벌정의를 희생해도 무방할 정도로 무제한적인 것은 아니다. 여기서 고발권의 행사와 관련하여 조세당국과 검찰의 관계를 어떻게 설정해야 할지가 문제로 등장한다.

(1) **협동적 상호작용의 모델** 조세당국의 전속고발권이 검찰의 소추권과 어떤 관계를 설정해야 하는지는 공정거래위원회의 전속고발권과 비교하면서 살펴볼 필요가 있다. 공정거래위원회의 조사는 단지 행정조사일 뿐이며, 따라서 수사와 기관적으로(신분적으로) 뿐만 아니라 기능적으로도 분리되어 있다. 앞서 이를 분리모델이라고 불렀다. 바로 이 점에서 공정거래위원회와 수사기관 사이에 일정한 상호작용의 기제를 만들 필요성과 당위성이 등장한다. 독점규제 및 공정거래에 관한 법률 제71조는 상호작용의 기제를 다음과 같이 규정한다.

> **독점규제 및 공정거래에 관한 법률 제71조 (고발)** ① 제66조(벌칙) 및 제67조(벌칙)의 죄는 공정거래위원회의 고발이 있어야 공소를 제기할 수 있다.<개정 1996.12.30> ② 공정거래위원회는 제66조 및 제67조의 죄 중 그 위반의 정도가 객관적으로 명백하고 중대하여 경쟁질서를 현저히 저해한다고 인정하는 경우에는 검찰총장에게 고발하여야 한다.<신설 1996.12.30> ③ 검찰총장은 제2항의 규정에 의한 고발요건에 해당하는 사실이 있음을 공정거래위원회에 통보하여 고발을 요청할 수 있다.<신설 1996.12.30> ④공정거래위원회는 공소가 제기된 후에는 고발을 취소하지 못한다.<신설 1996.12.30>

즉, 제1항은 공정거래위원회의 고발이 없이는 검찰을 소추할 수 없게 하고

(공정거래위원회의 검찰견제), 반면에 제4항은 일단 고발하여 기소할 수 있게 한 후에는 고발을 취소하지 못하며(검찰의 공정거래위원회 통제), 또한 제3항은 중대 명백한 법위반사건에 대해서는 공정거래위원회에게 고발의무를 짊어지게 함(공정거래위원회의 전속고발권 남용을 통제함)으로써 공식적인 고발에 의해 검찰의 수사 및 공소권의 자의적인 불행사를 간접적으로 견제하게 한다. 이런 견제에 대해 제3항은 검찰이 공정거래위원회가 고발의무를 다하지 않을 것을 견제할 수 있도록 검찰에게 다시금 고발을 요청할 수 있는 권한을 부여한다. 이와 같은 대칭적인 권한분배는 상호통제를 하게 함으로써 공정거래법위반사건에 대해 국가형벌권이 적정하게 행사될 수 있도록 한다. 즉, 권한분배와 상호통제는 기능적으로는 형벌권의 적정실현이라는 목표달성을 위해 두 기관이 협동(적절한 권한행사와 상호견제)하는 결과를 가져온다. 이런 의미에서 '협동적 상호작용'의 모델이라고 부를 수 있다.

(2) 특가법상 조세포탈죄의 고발에서 협동적 상호작용 바로 이와 같은 협동적 상호작용의 모델은 특가법상 조세포탈죄에 대한 조세당국과 검찰 사이의 관계에 준용될 만하다.[30]

1) 고발판단에 대한 검찰의 존중의무 특가법상 조세포탈죄에 해당하는 경우에도 조세당국이 고발하지 않으면 검찰은 법'형식'적으로는 소추할 수는 있지만, 조세당국의 판단을 존중할 의무를 부담한다.

(가) 고발재량영역 이런 결론은 첫째, 조세범처벌절차법 제9조 제4항(및 제3항 "고발하여야 한다")이 비록 효력규정이긴 하지만 적어도 강행규정은 아니고 임의규정임을 전제한다. 임의규정의 공간은 법집행기관의 재량영역을 설정하고, 그 재량영역은 각 기관의 전문성을 실현하는 공간이 된다. 바로 이 공간 안에서 정상통고처분이 행해질 수 있다.

(나) 공소권남용의 능동적 회피 둘째, 검찰이 공소권행사에서 조세당국의 고발여부에 대한 판단을 존중할 의무를 부담하는 것은 넓은 의미에서는 공소권의 남용을 능동적으로 피하기 위함이다.[31] 조세포탈혐의에 대한 공소권행사는,

---

30) 그러나 범칙행위 가운데 전속고발제를 채택하지 않은 범칙행위들(조세범처벌법 제12조의2 제2호 [납세증명표지위조변조] 또는 제15조[세무공무원직무범죄])에 대해서는 그 범죄의 성격상 이런 협동적 상호작용의 모델이 적용될 필요는 없다.

31) 공소권남용이론은 이중위험금지원칙의 관점에서 재구성하는 이상돈, *사례연습 형사소송법* (법문사, 2004), 196~197쪽 참조. 이 재구성에서는 이중위험금지원칙이 (수개의 경합범으로 구성된) 동일사건에 대한 동시소추의무를 근거짓는다고 본다.

복잡한 조세법체계와 조세일탈행위의 일상적인 빈발성 그리고 조세법집행의 불균형성과 선별성 등의 현실에 직면하여 실질적인 과세형평성과 과세행정의 체계적 일관성을 추구하면서 이루어지는 조세일탈행위의 불법성에 대한 조세당국의 전문적 판단을 존중할 때에만 가장 적절할 수 있기 때문이다. 공소권행사에서 조세당국의 고발판단에 대한 검찰의 존중의무는 법문에 충실한 형법적 정의가 실질적으로는 조세정의에서 멀어지는 것을 방지하고, 조세체계와 사법체계 사이의 체계통합(Systemintegration)을 이룰 수 있게 하기 위함이다.

2) 기소 후 고발취소금지 조세당국이 고발을 하고 그에 따라 검찰이 공소를 제기한 이후에는 더 이상 고발을 취소할 수 없다. 이때 고발의 취소는 전속고발사건에서 이루어지는 것이 아니므로 법적으로도 소송조건의 사후적 흠결(형사소송법 제327조 제5호)을 가져오는 것은 아니다. 그러므로 여기서 고발을 취소할 수 없다는 것은 검찰이 공소취소(형사소송법 제255조 제1항)를 해야 할 의무나 법원이 공소기각판결을 해야 할 의무를 발생시키지 않는다는 것을 말한다.

3) 중대명백사건의 예외 다음으로 조세포탈혐의가 중대하고 명백한 사건에 대해서는 조세당국이 고발할 의무를 지고, 검찰은 고발을 요청할 수 있는 권리를 누린다. 조세포탈이 중대하고 명백한데도 형사처벌하지 않는다면 조세질서뿐만 형법질서까지 현저하게 저해하기 때문이다.

㈎ 중대성 그런데 여기서 중대함은 단지 포탈세액이 특가법의 적용대상이 되는 5억원 이상인 경우를 의미한다고 해석되어서는 안 된다. 중대성은 포탈행위의 불법의 질과 정도에 대한 종합적인 판단으로서 중대한 조세포탈임을 뜻한다. 이런 판단에는 포탈세액의 규모 뿐만 아니라, 포탈세율, 포탈의 수법(예: 장부의 적극적 위조), 포탈 후의 정황이나 동기, 포탈자의 포탈전과, 처벌이 납세자 일반의 준법의식에 미치는 효과 등 매우 다양한 요소가 고려된다. 그 가운데에서도 법의 형식논리로는 조세포탈죄의 기수가 성립하였어도 특히 납세자가 '자진하여' 신고 및 납부를 하고, 세무조사에 '적극' 협조함으로써 침해된 조세채권을 거의 보전한 경우에는 일반적으로 사건의 중대성이 부인되어야 한다. "정상에 따라 징역형"(절차법 제9조 제4항)이란 개념은 범칙사건의 정상이 조세당국이 다양한 요소를 종합적으로 판단하여, 조세당국이 보기에 징역형의 처벌이 마땅한 경우를 가리킨다. 동 항이 "정상에 따라 징역형에 처할 것으로 판단되는 경우"라고 하지 않고 그냥 "징역형에 처할 것으로 판단되는 경우"라

고 규정하였다면 포탈세액의 규모만으로 판단하여 고발여부를 결정해야 한다는 해석이 더 설득력이 있을 수 있지만 정상징역형이란 문언으로 볼 때, 이런 해석이 더 설득력 있다.

(나) **명백성** 고발의무는 조세포탈혐의가 명백한 경우에만 인정된다. 여기서 명백성은 검사가 공소제기 하는데 필요한 혐의의 정도인 (고도)개연성(Hochwahrscheinlichkeit)보다 한층 높은 수준인 확실성의 수준, 그러니까 법원이 유죄를 인정하는 데 필요한 혐의의 수준을 의미한다. 바꿔 말해 조세당국은 고발여부를 결정함에 있어 의심스러울 때 피고인에게 유리하게(in dubio pro reo)-원칙을 준수해야 한다.

> 예컨대 차명상장주식의 매도 후 증권계좌에서 (추적이 불가능한 현금인출이 아니라 추적이 가능한) 수표로 인출하여 자동차를 사는 행위가 '사기 기타 부정한 방법'으로 조세(주식양도세)를 포탈한 행위에 해당하는지는 의문이 남는다. 조세포탈의 성립에 합리적 의문이 남는다면 조세당국은 고발해서는 안 되며, 검사는 공소제기를 해서도 안 된다.

하지만 수사기관의 임의수사를 통해 상당한 범죄혐의가 포착되고 독자적인 수사를 통하여 포탈세액의 규모로 잠정 판단할 때 중대한 조세포탈혐의가 명백해진 경우에 검사는 조세당국에 고발을 요구할 수 있고, 조세당국은 이에 응할 의무가 있다고 본다. 그러나 조세당국은 여전히 독자적인 조세정책적 판단으로 고발요구를 거부할 수도 있다. 바로 그런 경우에 특가법 제16조는 비로소 작동한다. 즉, 검사는 조세당국이 조세포탈혐의의 명백성과 중대성에도 불구하고 고발요청을 거부하면, 특가법 제16조에 따라 고발 없이 소추를 할 수 있다.

(3) **전속고발사건의 일방주도모델** 실무에서는 전속고발사건에서도 이와 같은 협동적 상호작용의 모델이 부분적으로 기능하고 있는 것으로 보인다. 이런 실무현실은 앞서 설명한 바와 같이 특가법상 조세포탈죄사건에 국한되어야 한다. 조세형법의 이중도덕적 구조를 고려할 때 고발의 전속성은 전속고발제가 채택된 다른 법률(예: 공정거래법)과는 차별적으로 실질적인 양형판단의 '우선성'으로 이해되어야 하기 때문이다.

즉, 세무조사는 범칙조사로 전환되어 수사의 성격을 갖고 또한 통고처분은 형벌을 부과하는 절차이며, 고발하지 않고 세무조사와 범칙조사가 통고처분으로 마무리된다면, 그것은 형사절차의 종결을 의미해야 한다. 다시 말해 행정수사와 행정벌이 통상적인 형사사법을 대체하는 것이다. 따라서 검사의 소추권은 조세당국의 고발여부에 전적으로 종속된다. 조세당국이 비록 조세포탈세액을 특가법이 적용될만큼 큰 액수가 아니지만 고발을 한다는 것은 그 피의자의 조세포탈행위의 행위반가치(예: 포탈방법의 반도덕적 강도)가 매우 높아 행정수사와 행정벌보다는 좀 더 부담이 되는 절차를 감수하면서까지 좀 더 강한 비난과 제재가 필요하다는 것을 의미한다. 그런 조세당국의 판단이 선행할 때에만 검찰은 그 사건을 소추할 수 있다. 이를 협동적 상호작용의 모델에 대비하여 일방주도모델이라고 부를 수 있다.

[실질적 양형으로 정상에 대한 판단의 세 가지 토포스와 체계통합] 지금까지 설명한 내용을 도표 70을 통해 요약해보기로 한다. ① **정상 판단의 세 토포스** 조세범죄의 처벌가치는 특가법상 조세포탈죄의 적용과 조세범처벌법상의 범칙행위를 가르는 기준인 포탈세액규모뿐만 아니라 포탈률, 포탈의 수법, 전과 그리고 고발과 처벌여부가 납세의식에 미치는 영향(일반예방적, 특별 예방적 효과)을 고려하여 판단된다. 이 판단은 세 가지의 장소, 즉 조세범처벌법 제9조 제4항의 "정상에 따라 징역형에 처할 것으로 판단되는 경우"에서 정상에 대한 조세당국의 판단, 형사소송법 제247조의 "형법 제51조의 사항"을 참작하는 검사의 판단 그리고 형법 제51조의 사항을 고려하여 법원이 행하는 양형의 심증형성을 관통하는 개념이다. 이를 실질적인 의미의 양형이라 할 수 있다.

② **조세당국의 정상 판단과 이중위험금지** 조세당국은 조세사건에 관한 전문성을 갖고 세무조사와 범칙조사를 하여 통고처분을 하거나 고발을 한다. 이 고발은 실질적인 양형의 결과이다. 전속고발사건에서 통고처분하고 범칙자가 이행하면 조세범죄의 형사절차는 종료되고, 고발을 하면 일반 형사절차가 진행된다. 세무조사와 범칙조사 중에는 수사비례원칙에 의해 수사기관의 수사는 원칙적으로 금지되고, 예외적으로 임의수사만 전개할 수 있다. 특가법상 조세포탈죄사건에서도 조세당국은 다양한 정상요소들을 참작하여 (실질적 양형을 하여) 고발하지 않을 수 있다. 이는 조세범처벌절차법 제11조의 이중소추금지원칙에 기획된 이중위험금지원칙이 특가법 제16조보다 우선하고, 조세범처벌절차법 제9조 제4항 "정상에 따라 징역형에 처할 것으로 판단되는 경우"(줄여서: 정상징역형)란 조세당국이 정상요소를 고려할 때 징역형으로 처벌할 가치가 있는 사건으로 판단하는 경우만을 의미할 때 가능하다. 이런 결론은 헌법구체화규범인 조세범처벌절차법 제11조가 입법재량규범인 특가법 제16조보다 우선하는 해석이 정합성(Coherence)이 있는 해석이라는 점에서 나온다.

도표 70 조세범죄에서 양형으로서 정상에 대한 판단

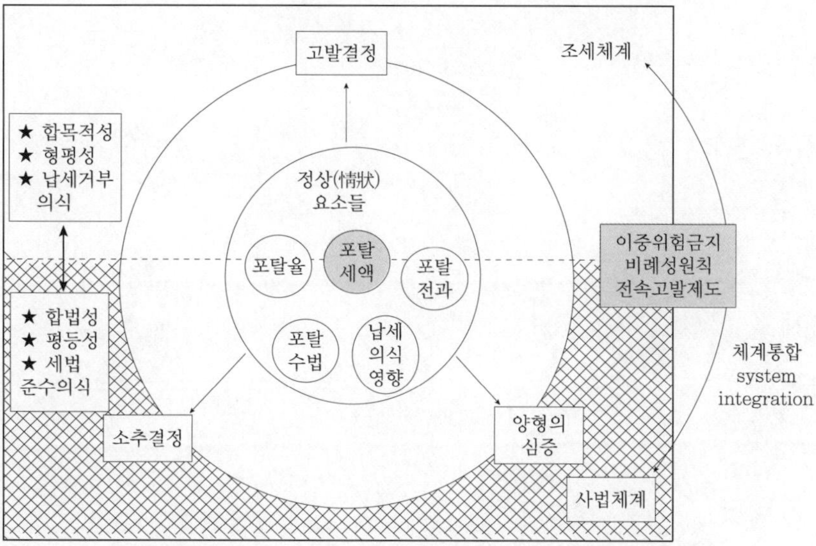

③ 검찰의 정상 판단과 소추 그러나 검찰은 임의수사를 통해, 상당한 범죄혐의가 밝혀져서 비로소 행하는 과세정보의 요구(국세기본법 제81조의13 제1항 제2호)와 영장에 의한 강제수사 등을 통하여 조세당국이 고발하지 않은 특가법상 조세포탈사건의 범죄혐의가 중대하고 명백하여 징역형으로 처벌할 가치가 있다는 판단, 그리고 공소 제기 해야 한다는 양형판단을 내릴 수 있다. 그런 경우에 검찰은 조세당국에 고발을 요청하고, 조세당국이 이에 응하지 않으면 특가법 제16조에 따라 비로소 고발 없이 공소제기를 할 수 있다. 이러한 절차를 지키지 않는 조세범죄에 대한 소추는 공소권남용이 될 수 있다.

④ 법원의 정상 판단과 양형 다음으로 수소법원은 이 경우에도 조세당국이 고발하지 않은 정상 판단의 결과를 양형과정에 고려해야 한다. 또한 조세당국이 특가법사건이지만 징역형이 적절하지 않다고 정상을 판단하여 고발하지 않고 통고처분을 하고 범칙자가 이를 이행하면 헌법구체화규범인 조세범처벌절차법 제11조의 이중위험금지원칙에 따라 검사는 소추할 수 없고, 설령 소추하여도 법원은 심리하지 않고 공소기각판결을 내려야 한다.

⑤ 체계통합의 달성 이로써 조세체계와 사법체계의 기능충돌, 조세형평과 형법적 정의의 간극, 조세전문기관과 형사사법기관의 직능갈등, 납세자들의 납세준수의식과 납세거부의식의 이중성이 해소될 수 있다.

출처와 생성

[15]단락의 글은 *조세형법론*(법문사, 2009)의 [5]단락에 수록된 글을 그 사이 변화된 법령과 판례를 반영하고, 교정하여 작성된 글이다. 이 글은 기업소송연구회, 제47차 월례발표회에서 "상장주식 양도세 포탈죄의 합헌적 운영방안"으로 주제발표(2009.4.27, 삼성경제연구소 회의실)되기도 하였다.

15 상장주식양도세포탈죄

Ⅰ. 상장주식양도세포탈죄의 도덕적 이중구조

우리나라 최대의 기업집단인 S그룹의 Y회장이 최근 주식양도세의 포탈로 유죄판결[1]을 받았다. 이 사건의 중심쟁점이었던 E주식회사의 전환사채와 신주인수권부사채의 발행이 일종의 변칙증여를 통한 경영권의 승계를 추진한 배임행위였다는 점은 무죄판결을 받았다. 주식양도세 포탈은 S그룹이 회사재산을 이용하여 비자금을 조성하였다는 의혹을 수사하는 과정에서 부수적으로 밝혀진 결과였고, 정작 비자금조성의 의혹은 특검에 의해 무혐의로 처리되었다. Y회장의 조세포탈죄는 선대 회장으로부터 상속받은 차명계좌에 의한 주식거래에서 발생한 양도차익에 대한 세금을 내지 않은 점에 대하여 적용된 것이다.

1. 도덕적 구조와 도덕적 해이

그런데 차명계좌에 의한 주식거래의 양도차익에 대한 세금의 포탈은 보통의 조세포탈죄와 다른 점이 있다. 이를테면 허위장부를 작성하여 소득세를 탈루시키는 행위는 영세자영업자의 경우이든 대기업에서 비자금을 조성한 경우이든 다 같이 처벌될 수 있다. 또한 이 둘 사이에는 그 포탈세액의 규모에 따라 적용법규가 조세범처벌범 제3조 제1항에서 특정범죄 가중처벌 등에 관한 법률(이하 특가법) 제8조로 달라질 수 있고, 소추하는 데에 있어 국세청의 고발이 필요하지 않게(특가법 제16조) 되는 차이만 있을 뿐이다.

이에 비해 특히 상속이나 증여의 실질을 갖는 차명계좌에 의한 상장주식의 거래에서 조세포탈은 오로지 주권상장법인의 대주주 — 소득세법 제94조 제1항 3호 가. 및 동법시행령 제157조 제4항에 의해 3% 이상 소유하거나 소유주식의 시가총액이 100억원 이상인 대주주 — 의 경우에만 처벌될 가능성이 있

1) 서울중앙지방법원 2008.7.16.선고, 2009고합366 판결; 서울고등법원 2008.10.10.선고, 2008노1841 판결.

다. 하지만 증여성 차명계좌에 의한 주식거래에 의한 조세포탈은 보통의 — 경제적으로는 아마도 중상층(中上) 이상으로 추정되는 — 시민들 사이에서도 광범위하게 일어난다. 예컨대 부모가 자식 이름으로 (증여세공제범위를 초과하여) 2,000만원을 예금하고, 추후에 그 예금으로 상장주식을 산 다음 주가가 2배 오르자 팔아서 다시 그 자식 이름의 계좌에 예치하기를 반복한다. 그러나 시민들의 이러한 증여세포탈에 대하여는 조세포탈죄가 사실상 집행되지 않고 있고, 주식양도차익에 대하여는 양도세도 부과되지 않으므로 법률상 조세포탈죄가 처음부터 성립하지 않게 된다.

하지만 Y회장의 주식양도세포탈행위와 이런 시민들의 조세회피행위는 존재론적으로(ontologisch) 보면 그 도덕적 구조에서 차이가 없다. 즉 [자식사랑으로 증여성 차명계좌 만들기 → 상장주식거래하기 → 양도차액에 대해 세금내지 않기]로 이어지는 행위들로 구조화되어 있다. 일반 시민들은 그런 조세회피행위를 부도덕하다고 보지 않는다. 이런 도덕의식은 대주주들에게도 마찬가지이다. 그들도 자식을 사랑하기는 인간본성상 마찬가지이기 때문이다.

그러나 다른 한편 조세의 형평성 있는 징수는 국가의 존립과 활동을 위해 불가피하다. 그렇기에 이와 같은 도덕의식은 역설적이지만 '모럴헤저드'(moral hazard)의 성격을 갖게 된다. 다시 말해 인간본성에서는 도덕적일 수도 있지만, 국가목적에서는 부도덕한 양면성이 조세포탈죄의 불법에 내재해 있는 것이다.

2. 합헌성과 위헌성 사이

또한 조세회피를 부도덕한 것으로 단죄하는 경우에도 주식양도세회피행위로 인한 처벌은 오로지 대주주들에게만 국한되기 때문에, 대주주들은 억울하다고 느낄 수 있다.

(1) 법적 차별의 근거 그러나 일반 시민과 대주주 사이에 존재하는 법제도 및 법집행상의 차별은 나름의 근거를 갖고 있다. ① 경영지배에 대한 통제와 ② 소득재분배가 바로 그것이다.

1) 경영지배에 대한 통제 첫째, 대주주는 — 소유와 경영이 분리되지 않은 기업현실에서 — 대개 상장기업의 경영권도 장악하고 있기 때문에 그에 상응하는 의무와 책임을 시장과 사회에 대하여 짊어져야 한다는 점이다. 그러나 경영권자의 책임은 궁극적으로는 시장이 묻는 것임을 간과해서는 안 된다. 경영

이 실패하면 시장은 대주주의 주식소유를 무의한 것으로 또는 무거운 법적 책임의 귀속거점으로 만들어 버린다. 또한 경영권자의 시장에 대한 책임은 시장에 대해 사기(fraud on market)를 처벌하는 법규들에 의해 추궁된다. 경영권자가 시장을 사기 치는 전형적 방법인 주가조작(자본시장법 제176조, 제178조)이나 내부자거래(자본시장법 제174조) 그리고 분식회계(주식회사의 외부감사에 관한 법률 제20조) 등은 강력하게 처벌된다. 주식보유현황도 시장에 신속, 진실하게 보고해야 하고(자본시장법 제173조 등) 이를 위반해도 처벌된다. 사실 주식양도세회피의 처벌은 경영권에 대한 통제와는 직접 관계가 없다. 단지 경영지배자의 경영외적, 즉 국가와 사회에 대한 강한 책임을 규정할 뿐이다.

2) 소득재분배 그러므로 대주주의 주식양도세회피에 대한 처벌은 주로 소득의 재분배를 이유로 함을 알 수 있다. 즉, 주식거래로 큰 양도차익을 얻는 부자는 세금을 내고, 그렇지 않은 시민들은 세금을 내지 않아도 된다는 것이다. 소득재분배는 물론 조세형평의 한 내용이며 조세법의 기본원칙을 이룬다. 하지만 상장주식양도세에서 과세형평은 대주주만 과세하고 소액주주에게는 과세하지 않는 방법이 아니라 모두에게 과세하되 시세차익의 규모를 구간별로 나눠 정교하고 적정하게 설정된 누진세율로 과세하는 방법에 의해 더 잘 실현될 수 있다. 물론 이를 하지 않았다고 해서 소득세법 제94조 제1항 제3호 가목이 위헌이라고 보기는 어렵다. 왜냐하면 큰 자본은 더 빨리 증식되기 때문에 대주주에 대한 과세는 비록 부의 공평분배를 제대로 실현하지는 못하지만 그래도 부의 격차가 급속히 더 벌어지는 것을 막는 기능은 할 수 있기 때문이다. 다시 말해 소득세법 제94조 제1항 제3호 가목은 자본소득의 재분배를 도모하는 규정이기 보다는 자본의 편중분배가 자본시장에서 빠르게 심화되는 것을 막는 규정이고, 이를 위해서 대주주에게 주식양도세를 부과하고 있다고 볼 수 있다.

(2) 형평과세와 불평등한 형벌 이처럼 조세포탈의 형사처벌이나 대주주에 대한 주식양도세부과가 각각 그 자체로는 문제가 없다고 하여도, 조세포탈죄가 주식양도세회피행위에 대해 적용될 때에는 위헌성의 문제가 매우 진지해진다. 즉, 똑같이 차명계좌로 증거거래를 하고 시세차익을 남겼어도 대주주만 처벌되는 형벌불평등이, 바로 소득세법 제94조 제1항 제3호 가목이 조세포탈죄의 구성요건이 됨으로써 발생하기 때문이다. 다시 말해 조세포탈죄는 주식양도세회피와 관련해서는 조세형평을 형벌불평등으로 변환시킨다.

조세포탈죄는 그 실질에서는 국가의 조세권을 보호하는 것이지만, 동시에 국가의 형벌권을 실현하는 법이므로 형법의 법치국가적 형식을 유지해야 한다. 이때 법치국가적 형식의 하나로서 형벌평등, 즉 형사처벌에서 평등취급의 원칙은 형벌권의 정당성기초가 된다. 그러므로 만일 대주주만을 주식양도세포탈죄로 처벌하는 것이 합리적 근거가 없는 형벌불평등인데도 조세포탈죄의 정당성을 인정한다면, 조세권을 형벌권보다 상위에 놓이게 되고, 형벌권은 조세권을 실현하는 수단으로 자리매김하게 된다. 그러나 이는 헌법상 평등원칙(헌법 제11조)에 위배될 뿐만 아니라 형법의 법치국가적 전통을 파괴하는 것이며, 형사사법의 적법절차성(헌법 제12조 제1항)에도 위배된다.

3. 여론과 법이론 사이

이와 같은 주식양도세포탈죄의 양면성(도덕적 구조와 도덕적 해이, 위헌성과 합헌성)은 그 집행에서도 불공평성을 가져오기 쉽다. 흔히 시민단체들의 입장은 납세의무에 대한 도덕적 해이와 주식양도세포탈죄의 합헌성에 무게를 두는 반면, 경제계는 주식양도세회피의 약한 도덕적 구조와 위헌성에 무게를 둘 것이다.[2] 앞의 입장에 의하면 검사는 공소를 제기하고 법원은 작량감경 없이 실형과 포탈세액의 5배에 이르는 벌금을 병과하는 것이 정의롭다고 보게 된다. 반면 뒤의 입장에 의하면 양도세를 추후라도 자진 납부하면 검사는 공소를 제기하지 않아야 하고, 설령 소추하였어도 법원은 작량감경을 적용하여 징역형의 집행유예를 선고하고, 벌금형의 선고유예를 부과하는 것이 정의로운 결론이라고 보게 된다. Sh그룹의 차명계좌 문제가 뒤의 관점에서[3] 처리되었다면, S그룹의 차명계좌사건은 앞의 관점에 (징역형에 집행유예를 단 것을 제외하면) 가깝게 처리되고 있다. 검사나 법관이 이 둘의 입장 가운데 어느 입장을 따를지는 규범적으로는 개인적인 정의관점의 근본적인 차이에 그리고 사실적으로는 그때그때 여론의 향배에 따라 달라지기 쉽고, 이는 고도의 법적 불안정성을 낳게

---

2) 이에 더하여 S그룹은 2008.4.17. 보도자료에서 상속차명주식양도세포탈은 음성소득의 조세포탈을 위해 차명계좌에 넣어 보관하는 통상적인 조세포탈행위와 달리 경영권 보호와 방어를 위한 지분 분산의 필요성에서 비롯된 것임을 강조하기도 하였다(http://www.ohmynews.com/NWS_Web/View/at_pg.aspx?CNTN_CD= A0000881592에서 인용).

3) Sh그룹 대주주 일가의 차명주식 보유 진상을 규명하고 혐의가 확인되면 조세포탈죄 및 자본시장법(구 증권거래법) 위반으로 처벌해야 한다는 참여연대 조세개혁센터의 주장(http://blog.peoplepower21.org/Tax/17497) 참조.

된다. Y회장의 탈세처벌도 E회사사건의 배임죄에 대한 처벌여론이 충족되지 못한 데서 발생하는 법감정이 전이된 결과로 볼 여지가 많다.

법이론은 이런 근본관점의 차이를 해소하고 법집행의 여론종속성을 차단해야 하는 과제를 진다. 하지만 아직까지 조세포탈죄를 주식양도세회피행위에 적용할 때 준거할 수 있는 법이론은 마련되어 있지 않다. 그렇기에 주식양도세포탈죄의 운용은 현재로서는 여론과 사건을 담당한 법조인의 개인적인 정의관점에 의해 좌우될 수밖에 없다. 이와 같은 현실을 극복하고, 여론에 거리를 두면서도 정의관점의 차이를 변증시키는 법이론을 세워보기로 한다.

Ⅱ. 상장주식양도세포탈죄의 위헌성

1. 위헌적인 신분범화

상장주식양도세포탈에 적용된 특가법상 조세포탈죄(특가법 제8조)는 매우 위헌적이다. 그럼에도 불구하고 입법재량권의 존중 차원에서 공식적으로는 일단 합헌[4]이라고 보고, 또한 소득세법 제94조 제1항 제3호 가목이 대주주에게만 주식양도세를 부과하는 것도 합헌[5]이라고 보기로 한다. 그런 전제에서도 대주주의 주식양도세회피행위에 대해 조세범처벌법 제3조 제1항을 거쳐 특가법 제8조를 적용하는 것은 또 다른 위헌문제를 가져온다.

(1) **수범자성의 차별** 양도세부과에서 대주주와 소액주주의 차별은 조세형평의 관점에서는 정당하다고 보더라도 그 차별이 조세회피에 대한 형사제재에서 단지 양형상의 차이를 가져오는 정도가 아니라 범죄의 성립여부를 좌우하는 정도의 차별을 가져오고 있기 때문이다.

즉, 특가법 제8조나 조세범처벌법 제3조 제1항 또는 소득세법 제94조 제1항 제3호 가목 자체의 정당성(또는 위헌) 문제가 아니라, 조세범처벌법 제3조 제1항을 제94조 제1항 제3호 가목의 대주주의 납세의무위반에 대해 적용하고 다

4) 헌재결 1998.5.28. 97헌바68 참조.

5) 헌법재판소는 소득세법 제94조 제1항이 주식양도에 세금을 부과하는 것은 재산권침해가 아니며, 소급적용할 수도 있다는 점(헌재결 2003.4.24. 2002헌바9)과 조세법률주의나 포괄적위임입법금지원칙에도 위반하지 않는다는 점(헌재결 2006.2.23, 2004헌바71, 2005헌바103[병합] 등)에서 합헌임을 결정한 바 있다. 그러나 현재까지의 결정례에서는 대주주에게만 상장주식양도세를 부과하는 부분이 평등원칙(헌법 제11조)에 위배되지 않는지에 관한 판단은 명확히 밝혀지지 않았다. 하지만 결정문의 행간을 읽어보면 그 부분도 위헌으로 보지 않는 것으로 추론할 수 있다.

시 특가법 제8조를 적용하는 경우에 비로소 등장하는 문제이다. 다시 말해 범죄구성요건(처벌법 제3조 제1항)과 가중처벌규정(특가법 제8조)이 상장주식을 거래한 사람 가운데 대주주만을 수범자(Adressaten)로 삼고 소액주주는 수범자에서 제외시킨다는 점의 위헌성이 문제이다. 형벌법규의 도덕적 구조는 '근거 없이' 수범자를 시민들 가운데 특정 집단에게만 국한해서는 안 된다. 특정 집단에게 형벌법규의 적용이 국한되는 범죄의 유형을 '신분범'(Sonderdelikt, statutory offence)이라고 부른다.

> 판례가 조세포탈죄에 대하여 "(구)조세범처벌법 제9조 제1항 소정의 조세포탈범의 범죄주체는 국세기본법 제2조 제9호 소정의 납세의무자와 조세범처벌법 제3조 소정의 법인의 대표자, 법인 또는 개인의 대리인, 사용인, 기타의 종업원 등의 법정책임자이고, 이러한 신분을 가지지 아니한 자는 비록 원천징수의무자라 하더라도 납세의무자의 조세포탈에 공범이 될 수 있을 뿐, 독자적으로 조세포탈의 주체가 될 수는 없다"[6]라고 할 때 신분은 제9조 제1항의 수범자 범위를 정하는 기능개념으로 사용할 뿐이다. 여기서 내가 말하는 신분은 그런 수범자 범위의 설정 또는 개인간의 차별을 정당화하는 합리적 근거를 가리킨다.

(2) 형사불법을 형성하는 신분성의 결핍

1) 신분성의 의미 그러면 주식양도세포탈죄가 신분범인지가 문제가 된다. 여기서는 먼저 신분범의 개념을 법실증주의의 관점에서 이해하는 것을 배제한다. 즉, 의회가 어떤 범죄를 특정 집단에게만 성립할 수 있는 것으로 규정했다면, 그것으로 신분범이 된다는 사고를 배제한다. 판례의 신분개념인 "널리 일정한 범죄행위에 관련된 범인의 인적관계인 특수한 지위 또는 상태"[7]는 이와 같은 신분개념의 법실증주의적 이해에 기여하기 쉽다. 이런 개념에서는 신분 개념의 형법이론적 의미가 해체되고, 신분이 형사불법을 구성하고 형을 가중하거나 감경하는 기능은 입법자의 재량에 내맡겨지게 된다.

그러므로 신분성은 형사불법을 설정하거나 개인간에 차별화하는 '합리적인 근거'가 그 신분성이 법률로 규정되기 이전에 생활세계 속에 사람들에 의해 승인되고 인지되어야 한다. 실정형법이 특정 사람만 수범자로 삼는다고 하여 신

6) 대판 1997.10.28, 97도1908; 2004.11.12, 2004도5818.

7) "형법 제33조 소정의 이른바 신분관계라 함은 남녀의 성별, 내 외국인의 구별, 친족관계, 공무원인 자격과 같은 관계뿐만 아니라 널리 일정한 범죄행위에 관련된 범인의 인적관계인 특수한 지위 또는 상태를 지칭하는 것"(대판 1994.12.23, 93도1002).

분범이 이미 되는 것이 아니라 특정 사람만이 그 형벌법규의 주체가 되어야 할 합리적인 근거가 전제될 수 있을 때 비로소 신분범이 되는 것이다. 가령 허위진단서작성죄(형법 제233조)는 의사 등과 같이 진단서를 작성할 '능력'이 있고 그런 행위를 직업으로 수행하고, 그 자격을 '면허'에 의해 부여받고 있는 사람만이 주체가 되고, 그 범죄는 신분범이 된다. 공무원의 수뢰죄(형법 제129조)도 업무수행능력에 대한 판단을 걸쳐 공무원으로 임용된 사람만이 주체가 되고, 수뢰죄는 신분범이 된다. 존속살인죄(제250조 제2항)의 주체도 직계비속에 한정되는 것은 입법자가 그런 가중구성요건을 만들었을 뿐만 아니라, 그런 가중의 근거가 예컨대 부모와 자식이라는 혈연에 터 잡은 확고한 '사회적 신분'에 기초해 있기 때문에 가능한 것이다. 또한 이런 신분적 요소는 그에 기초하여 신분자가 수용할 수 있는 생활세계 안에서 타당한 '행위규범'을 구성하는 요소가 될 수 있어야 한다.

2) 대주주의 비신분성 대주주에게 이와 같은 신분성이 있는 것인가? 대주주는 경영을 소액주주에 비해 특별히 잘할 수 있는 '능력'이 있기 때문에 대주주가 되는 것은 아니다. 물론 대주주가 소유와 경영이 분리되지 않은 경영문화에서는 경영자가 되기는 하지만 경영자로서 책임은 배임죄 등 다른 법에 의해 물을 수 있다. 또한 면허나 (대표이사로서) 임용(또는 선임)에 의해 부여된 자격에 의해서 대주주가 되는 것도 아니다. 더 나아가 대주주의 사회적 신분이 있지도 않다. 오로지 경제적 계층의 차이를 보여준다. 이 계층성은 지속성[8]이 보장되어 있는 것이 아니다. 주식발행총수의 변화나 주식투자자들의 투자흐름 등에 따라 대주주성이 그때그때 바뀔 수 있고, 경영을 지배하는 사실상의 힘[9]도 새롭게 출현한 대주주에게 넘어가기도 한다. 그런 점에서 '신분성'을 갖지 못한다.

신분 개념의 이런 의미에서 볼 때에는 또 다른 경제적 계층으로서 소득세

8) 학계에서는 신분 개념에 계속성이 불필요하다는 견해가 지배적이다; 이재상, 형법총론 (박영사, 2008), 503쪽; 김일수·서보학, *형법총론* (박영사, 2006), 655쪽 등 참조. 그러나 수범자의 범위를 결정하는 개념으로서 신분은 계속성이 필요 없으나 형사불법을 구성 및 가중하는 형법이론적 개념으로서 신분은 친족관계처럼 일신적 특성(Persönliche Eigenschaft)이나 공무원처럼 일신적 관계(Persönliche Verhältnisse) 그리고 상습성처럼 일신적 상태(Persönliche Umstände)를 지닌 것으로서 계속성은 신분 개념에 내재적으로 필수적인 요소가 된다.

9) 대주주에 대한 상장주식양도세 부과의 근거로 "대주주가 주식 발행 회사에 미치는 사실상의 영향력 등 지배적인 위치"를 제시하는 헌재결 2006.2.23. 2004헌바32,2005헌바63·102·104·105 (병합) 전원재판부 참조.

가 부과되지 않는 저소득층도 소득세포탈죄의 '소극적 신분'범이 되는 것도 아니다. 대주주가 (적극적) 신분이 아니라 잠정적인 경제적 계층인 것처럼, 일반 소득세포탈죄에서 저소득층도 (소극적) 신분인 것은 아니다. 경제적 계층을 신분이라고 보는 것은 사회학적 경제학적 논의에서 타당할 뿐 형법학에서는 타당하지 않다.

3) 자유우선원칙 위반 설령 경제적 계층을 형법상 신분으로 보더라도 상장주식양도세포탈죄에서는 주식거래자 총수에서 극소수에 해당하는 사람(대주주)에게 예외적으로 형사불법을 귀속시키는 반면, 소득세포탈죄에서는 거꾸로 (소득세납세의무가 면제된) 소수자에게만 예외적으로 형사불법을 배제시킨다는 점이 다르다. 상장주식양도세포탈죄에서 (신분개념이 수행하는) 수범자선정의 불평등은 개인(대주주)에게 형사처벌을 가능케 하는 기능을 수행하는 반면, 일반 소득세포탈죄에서 수범자선정의 불평등은 개인(저소득자)에 대한 형사처벌을 불가능하게 만드는 기능을 수행한다. 다시 말해 수범자 선정의 차별에 대한 합리적 근거가 약하다고 볼 수 있는 경제적 계층성이 비범죄화기능을 하는 것은 무방하지만 범죄화기능을 하는 것은 '의심스러울 때 시민의 자유이익으로'(in dubio pro reo)-원칙(자유우선원칙)에 위배된다는 것이다. 그러므로 수범자 선정에서 차별 또는 형벌불평등의 요소가 상장주식양도세포탈죄에 대해서는 위헌성의 문제를 가져오지만, 저소득자에 대한 일반 소득세포탈죄의 미적용에 대해서는 위헌성의 문제를 가져오지 않는다.

(3) 정책실행수단 그렇기에 3% 이상 또는 100억 이상의 대주주에게만 조세포탈죄의 주체성을 인정하는 것은 그렇기에 오로지 정책일 뿐이다. 그러니까 대주주만 조세포탈죄의 신분범이 되게 하는 것은 도덕형성력이 없거나 매우 약한 '정책'일 뿐이다. 물론 이 정책은 소득의 재분배라는 (평등한 자유가) 확장된 도덕적 이념을 조세영역에 관철하는 것이기는 하다. 그러나 조세포탈죄는 (소득재분배의 의미에서 말하는) 조세형평을 위해 감수해야 하는 조세부담의 불평등을 넘어서 형사처벌의 불평등까지 강요한다. 하지만 형사처벌의 불평등은 형법의 도덕성 자체를 파괴한다. 조세형평을 위한 조세부담의 불평등을 감수하면서도 형사처벌의 불평등이 초래되지 않는 입법도 얼마든지 가능하기 때문이다.

[상장주식양도차익의 누진세율에 의한 종합소득과세제] 가령 소득의 차이를 고려

하고 소득재분배 효과를 위해서는 상장주식양도세를 대주주만 부담하는 것이 아니라 미국처럼 모든 주주가 누진세율에 의해 양도세를 부담하는 것으로 충분하며, 오히려 더 합리적이다. 미국의 경우 1986년에 제정된 Tax Reform Act (TRA)는 주식양도소득을 다른 소득과 합산하여 종합과세한다. 세율은 15%, 28%, 31%의 3단계로 나뉘며, 일정 수준 이상의 고소득자에게는 36%, 초고소득자에 대한 10%의 부가세를 적용하여 39.6%의 세율이 적용된다. 결국 5단계의 세율이 적용되는 셈이다. 또한 2001년부터는 IRS Restructing and Reform Act가 5년 이상 보유한 자산으로부터 얻은 자본이득에 대해서는 18%, 1년 이상 5년 미만 보유 자산으로부터 얻은 자본이득에 대해서는 20%의 세율을 각기 적용하고 있다. 다른 선진각국의 법제[10]를 살펴보아도, 대부분 미국처럼 종합소득과세제로 운영하고 있고, 우리나라처럼 대주주에게만 납세의무를 부과하는 것은 매우 이례적이다. 바로 그 점으로부터 특별한 형법문제가 등장하는 것이다.

행위불법(예: 조세포탈의 양태)을 고려하지 않고 결과불법만 고려한다고 하더라도, 예컨대 만일 상장주식양도세가 양도차익의 규모에 비례하여 누진세제의 형태로 모든 상장주식거래자에게 부과되고, 그 양도세의 회피에 대해 똑같이 조세포탈죄가 적용되며, 다만 그 포탈액의 크기에 따라 양형상 차이를 둔다면 형사처벌의 불평등은 해소된다.

이런 점에서 (상장)주식양도세포탈죄는 형법의 도덕성을 파괴한다고 말할 수 있다. 대주주들도 양도세부담은 기꺼이 짊어지고자 하더라도 형사처벌(의 불평등)까지 감수해야 한다는 도덕의식이 조세포탈죄에 의해 만들어지지도 않는다. 이런 점에서 상장주식양도세포탈죄는 순수하게 정책을 현실에 옮기는 수단(implementation of policy)으로서 기능한다고 보아야 한다. 오로지 정책수단이 된 형법은 정당하지 않다.

2. 특가법상 조세포탈죄(제8조)의 한정위헌성

(1) 입법재량영역의 제한 이렇게 볼 때 조세포탈죄 제9조는 — 소득세법 제94조 제1항 제3호 가목이 합헌이라고 보는 경우에도 — 신분범적 근거가 없이 수범자를 상장회사의 대주주에게만 국한시킴으로써 평등원칙(헌법 제11조)에 위배되고, 형법으로서 정당성도 갖추기 어렵다.

1) 합헌결정의 근거로서 입법재량권 또한 형법의 수범자를 근거 없이 특정

10) 각국의 주식양도세제에 관해서는 백제흠, "주요국의 주식양도소득과세제도", *조세법연구* 1 (1995.8), 218~244쪽 참조.

경제적 계층에 속한 사람들에게만 인정하는 위헌성의 강도는 특가법 제8조처럼 행위반가치와 결과반가치의 이원적 구조를 띠는 형사불법의 도덕적 구조를 왜곡시키는, 즉 오로지 포탈세액규모라는 결과불법만에 의해서 불법을 가중시키는 불평등의 위헌성 강도보다 다소 강하거나 같다고 볼 수 있다. 첫째, 여기서 '더 강하다'고 보는 것은 특가법 제8조는 형사불법을 새롭게 창설하는 구성요건이 아니라 '강제적 양형규정'이어서 그 조항에 의한 불평등이 법형식상으로 양형상의 불평등으로 귀결된다는 점 때문이다. 둘째, 위헌성 강도가 '같다'고 말하는 것은 조세당국의 전속고발권 불행사에 의한 형사처벌의 소송법적 장애가 포탈세액의 크기에 따라서 제거(특가법 제16조)되기도 하고 안 되기도 한다는 점에서는 양형상의 불평등을 넘어 처벌여부의 불평등으로 이어질 수 있다는 점에서 그러하다. 그럼에도 불구하고 이와 같은 수범자의 차별에 따른 형벌불평등이나 행위반가치와 결과반가치의 차별에 따른 형벌불평등이나 모두 위헌결정에 이를 정도로 강한 위헌성을 가진다고 보지 않을 수도 있을 것이다. 이는 위헌소지가 있지만 입법자의 재량권을 존중한 결과이다.

도표 71 주식양도포탈죄의 위헌성 심사

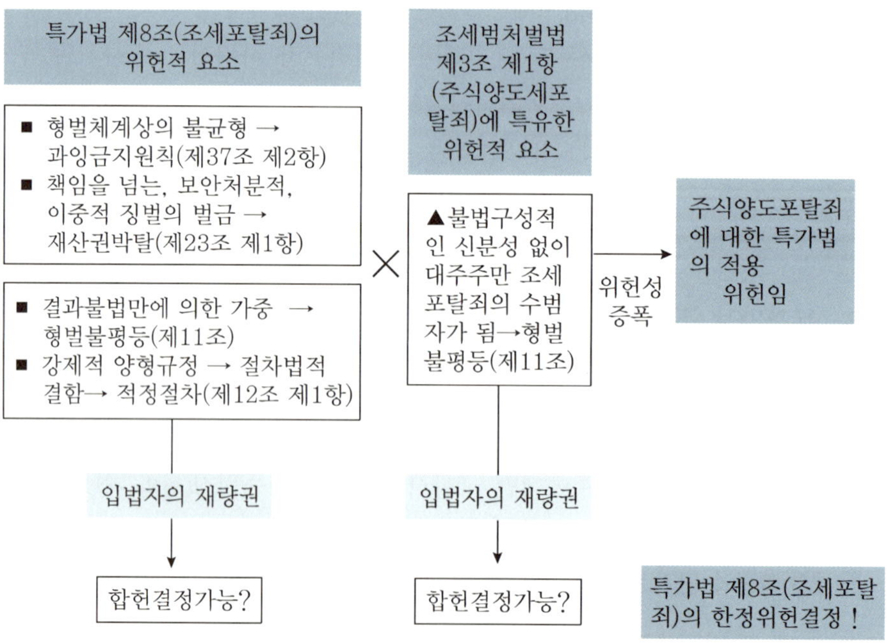

2) 입법재량의 한계를 일탈시키는 위헌성의 증가 그러나 상장주식양도세포탈에 대하여 조세범처벌법 제3조 제1항뿐만 아니라 특가법 제8조를 적용하게 되면 각각의 형벌법규가 지닌 위헌요소가 서로 상승작용하면서 그 위헌성이 입법자의 재량영역을 일탈할 수준으로 커진다. 예컨대 소액주주는 상장주식양도에 대해 아예 세금을 내지 않고 조세포탈죄의 성립가능성도 처음부터 없는 데에 비하여, 대주주는 양도세를 부담할 뿐만 아니라 양도세를 포탈하면 살인죄의 법정형에 가까운 형벌에 처해진다. 이런 정도의 커다란 차별은 더 이상 입법자의 재량권에 의해 정당화되기 어렵다. 즉, 대주주의 상장주식양도세포탈에 특가법 제8조를 적용하는 것은 헌법상 평등원칙에 위배될 뿐만 아니라 과잉금지원칙에도 위배된다고 보아야 한다. 또한 포탈세액만으로 가중처벌하는 특가법 제8조가 지닌 (행위불법과 결과불법이라는 형사불법의 도덕적 구조에서 바라본) 형벌불평등의 위헌요소도 그 규정이 신분성이 없는 대주주의 경우에만 적용되는 경우에는 그 불평등의 정도가 배가됨으로써 입법자의 재량영역을 벗어날 만큼 한층 더 커진다.

(2) **특가법상 조세포탈죄의 한정위헌성** 여기서 특가법 제8조나 조세범처벌법 제3조 제1항을 위헌이라고 결정하지 않으면서도 대주주의 상장주식양도세회피을 특가법 제8조에서 가중처벌되는 조세포탈범으로 처벌하는 것만을 위헌으로 바라볼 수 있다. 이런 판단은 변형결정(한정위헌, 한정합헌)의 재판형식에 담길 수 있다. 즉, 소득세법 제94조 제1항 제3호 가목도 합헌, 조세범처벌법 제9조도 합헌 그리고 심지어 특가법 제8조도 각각은 합헌이지만, 특가법 제8조를 대주주의 상장주식양도세포탈과 같은 사안유형에 적용하는 것은 위헌이라고 보는 것이다. 여기서 세 가지 점이 주목되어야 한다.

첫째, 이러한 한정위헌결정은 헌법재판소가 의회의 입법재량권을 과도하게 인정하지 않으면서도 다른 한편으로는 의회의 입법권에 과도하게 개입하지 않는 평형을 이루게 하는 법기술이다.

둘째, 변형결정 가운데 한정합헌보다는 한정위헌이 더 적절하다. 헌재결정의 법원에 대한 구속력을 고려할 때[11] 한정위헌이 한정합헌보다는 좀 더 입법자의 재량영역을 강하게 통제하기 때문이다. 특가법 제8조가 적용되는 사안들

11) 특히 한정합헌결정과 한정위헌결정의 구속력의 차이에 관한 새로운 법이론적 분석으로 이상돈, *헌법재판과 형법정책* (고려대출판부, 2005), 113쪽 아래 참조.

가운데 대주주의 상장주식양도세포탈 이외의 사안에 대하여 적용되는 한 합헌이라는 헌법재판소의 결정이 내려지면, 법원은 대주주의 상장주식양도세포탈에 대해서도 합헌적인 방식의 새로운 해석을 통해 여전히 조세포탈죄로 처벌할 수 있는 반면, 상장주식양도세포탈에 대한 특가법 제8조의 적용이 위헌이라고 결정되면 법원은 상장주식양도세포탈을 특가법 제8조의 조세포탈죄로 처벌할 수 없다.

셋째, 여기서 특가법 제8조의 한정위헌이라고 본 바는 동 조항이 범죄구성요건이라는 전제에서 가능한 것이다. 그러나 만일 동 조항을 강제적 양형규정으로 보면 조세포탈죄의 범죄구성요건은 조세범처벌법 제3조 제1항이고, 이 조항의 범죄요건을 실질적으로 구성하는 조세포탈의 요건은 또 다시 소득세법상의 다양한 과세조항들에 의해 창설된다. 여기서 말한 한정위헌결정은 바로 그러한 과제조항들 가운데 제94조 제1항 제3호 가목을 지워버리는 것이 된다. 이런 의미에서 위헌결정은 질적으로 조세포탈죄 구성요건의 일부를 무효화하는 것이 아니라 양적으로 무효화하는 것이 된다. 즉, 일부위헌결정이 된다.

Ⅲ. 상장주식양도세포탈죄의 헌법합치적 해석

이제 마지막으로 특가법 제8조가 위헌(앞의 Ⅱ)이 아니고 또한 상장주식양도세회피에 대한 특가법상 조세포탈죄의 적용도 일부위헌(앞의 Ⅲ)이 아니라고 가정하자. 이럴 경우에도 상장주식양도세회피에 대한 특가법상 조세포탈죄의 적용은 그 강력한 위헌소지로 인해 최대한 제한적일 필요가 있다. 이 제한적 적용의 방안을 S그룹 Y회장 사건처럼 차명거래에 의한 상장주식양도세포탈을 예로 설계해보기로 한다. 이 방안은 실체법과 절차법의 차원에서 각각 마련될 수 있다. 실체법적 차원에서는 상장주식양도세포탈죄의 요건을 강화하여 최대한 축소해석 하는 방안을 생각할 수 있다.

1. 적극적 은닉행위와 판례분석

S그룹의 Y회장 사건에 대한 하급심 법원의 판결[12]을 보면 차명계좌를 이

12) 여기서 판례는 S그룹 Y회장의 상장주식양도세포탈사건에 대한 서울중앙지방법원 2008.7.16. 선고, 2009고합366 판결과 서울고등법원 2008.10.10. 선고, 2008노1841 판결을 대상으로 분석한다.

용한 상장주식양도가 "사기 기타 부정한 방법으로" 조세를 포탈한 경우에 해당하려면 차명계좌의 보유만으로는 충분하지 않다고 본다.

(1) **차명계좌의 보유와 폐쇄** 따라서 ① 차명(증권)계좌나 차명주식을 상속으로 받았다는 사실만으로 조세포탈죄가 성립하지 않는다. 또한 ② 차명주식에 대해 보유하는 동안에 귀속되는 배당금을 받았지만, 그 주식을 양도하고 증권계좌에 들어온 현금을 인출하고 그 계좌를 폐쇄시키는 행위도 조세포탈행위에 해당하지 않는다(차명계좌의 일시적 보유와 상속). 이 행위유형이 조세포탈이 되지 않는다는 해석은 차명계좌에 의한 주식취득과 매도가 대주주에게 양도세를 부과한 1999.1.1. 이전에 이루어진 경우뿐만 아니라, 취득은 이전에 그러나 매도는 이후에 이루어진 경우, 그리고 취득과 매도가 모두 그 이후에 이루어진 경우에 모두 타당하다고 보아야 한다. 물론 S그룹 사건에 대한 판례는 1999.1.1. 이전에 차명계좌로 취득한 주식의 매도행위를 대상으로 하고 있다.[13] 그러나 1999.1.1. 이후에 차명계좌로 취득한 주식의 매수입고 후 배당금수령, 주식매도, 현금인출에 대해서도 같게 적용함이 타당하다.

(2) **적극적 소득은닉** 판례는 조세회피자가 차명계좌를 통한 주식거래의 이익(소득)을 적극적으로 은닉하는 행위와 의사가 있어야 한다고 본다.

> "과세대상의 무신고와 아울러 여러 개의 차명계좌에 분산 입금(입고)하거나 순차 다른 차명계좌에 입금(입고)을 반복하는 행위, 현금 등 지급수단의 교환반복행위 등과 같이 차명계좌의 재산 … 을 감추려는 적극적 의도가 나타나는 사정이 덧붙여진 경우[14] 피고인 … 은 … 차명계좌의 주식을 양도한 것은 명의자의 퇴직이나 사망 등으로 새로운 명의자의 계좌로 교체하는 경우 및 유상증자가 있을 때 신주인수대금을 마련하려는 경우가 있었을 때이므로 … 소득을 올리려는 의사 자체가 없어 단순한 차명계좌의 보유 외에 적극적인 소득은닉행위가 없다는 것이다. 살피건대, … 그러나 어느 차명계좌로부터 금원을 인출하여 소비하거나 새로운 계좌에 입금할 필요가 있을 때에는 그 액수가 고액이더라도 대부분 현금출금 등의 방법을 통함으로써 자금추적을 곤란하게 하고, 배당금수령액을 수표로 출금하는 경우에는 동일 명의인의 계좌에만 입금하거나 사용하지 않고 금고에 장기 보관하는 등 과세관청으로 하여금 차명계좌들의 상호 연관성을 발견하기 곤란하게 하였던 사정 … 등을 종합하여 보면 … 적극적 은닉의도가 현저하므로 사기

13) 위 제1심 판결문 19쪽; 항소심 판결문 52쪽.
14) 서울중앙지방법원 2008.7.16.선고, 2009고합366 판결의 판결문 12쪽; 같은 취지로 항소심 판결문 45쪽; 방점은 중략한 부분임(이하 동일).

기타 부정한 행위에 해당한다."[15]

1) 적극적 소득은닉행위의 구조화 이런 판례를 체계적으로 분석 정리해보면 차명주식거래의 양도세 회피행위가 적극적 소득은닉행위가 되려면 첫째, Ⓐ 상속재산을 여러 차명계좌에 분산 입금하였거나(Ⓐ-1), 한 차명계좌에서 '다른' 차명계좌로 재산을 이전하였어야 한다(Ⓐ-2). 이를 '계좌교체행위'라 부를 수 있다. 둘째, Ⓑ 차명계좌에서 출금과 차명계좌로의 입금은 현금으로 하였거나(Ⓑ-1), 드물게 수표로 인출할 때 반드시 동일인의 계좌로 입금하거나 장기간에 걸쳐 수표를 금고에 보관하였어야(Ⓑ-2) 한다. 이는 '계좌연관성단절행위'라 부를 수 있다. 셋째, Ⓒ 아울러 이런 행위들이 일회적인 것이 아니라 일정한 '반복성'을 갖고 있어야 한다.

판례에서 Ⓐ와 Ⓑ의 관계는 '또는'(∨)인지 아니면 '그리고'(∧)인지가 분명하지는 않다. 하지만 "차명계좌들의 상호 연관성을 발견하기 곤란"하게 되려면 예컨대 甲 명의의 계좌에서 乙 명의의 계좌로 옮겨질 때 현금으로 입출금되어야 하므로 Ⓐ와 Ⓑ의 관계는 '그리고'(∧)의 관계로 이해되어야 한다. 그 밖에 Ⓒ가 Ⓐ, Ⓑ와 어떤 관계에 있는지도 다소 불분명하지만 "입금(입고)를 반복하는 행위", "지급수단의 교환반복행위"라는 표현에 볼 때 역시 '그리고'(∧)의 관계에 있다고 봄이 타당하다. 여기서 적극적 소득은닉행위가 되려면 다음과 같이 구조화할 수 있다.

적극적 소득은닉행위 = Ⓐ∧Ⓑ∧Ⓒ = (Ⓐ-1∨Ⓐ-2)∧(Ⓑ-1∨Ⓑ-2)∧Ⓒ
(Ⓐ: 계좌교체행위, Ⓑ: 계좌연관성단절행위, Ⓒ: 반복성)

2) 적극적 소득은닉행위가 부정되는 유형 이렇게 볼 때 Ⓐ, Ⓑ, Ⓒ의 요건 가운데 어느 하나라도 충족되지 않는다면 적극적 소득은닉행위가 인정되지 않는다. 이를테면 첫째, 상속 차명계좌가 다시 여러 차명계좌로 분산 입금되지 않았을 뿐만 아니라 차명계좌에서 다른 차명계좌로 재산이 이전되지 않았던 경우(~Ⓐ)와 둘째, 계좌가 교체되었어도 현금 입출금이 아닌 수표 출입금을 하여 다른 계좌로 입금한 경우(~Ⓑ)를 들 수 있다. 셋째, 계좌교체행위나 계좌연관성단절의 입출금행위가 일회에 그친 경우(~Ⓒ)를 들 수 있다.

3) 사망 등으로 인한 차명의 교체 셋째 유형의 특수한 경우로 판례는 인정

15) 위 제1심 판결문 15, 16쪽; 항소심 판결문 48, 49쪽.

하지 않았지만[16] 차명계좌의 명의인이 사망하거나 퇴사하여 다른 차명인으로 교체한다든지, 유상증자가 있을 때 신주인수대금을 마련하기 위해 주식을 매도하는 행위를 들 수 있다. 이 행위를 경영권 방어목적으로 행한 행위라고 보는 것은 뒤에서 보듯 상장주식양도세포탈죄의 고의를 '은닉의사 + 재산증식의사 + 변칙증여의사'라고 봄을 전제로 변칙증여의사를 부정하는 주장이다. 이런 주장은 객관적 구성요건요소로서 부정한 방법에 의한 조세포탈의 의미인 적극적 소득은닉행위의 인정을 배척하지는 못한다. 그러나 그런 행위가 차명계좌 명의인의 사망이나 퇴사로 인한 명의인 교체는 전체 차명계좌에서 '복수로'(다발적으로) 일어나기는 하지만 한 차명계좌에서 '반복적'으로('되풀이하여') 일어나는 것은 아니다. 즉, 객관적 구성요건요소로서 반복성요건(Ⓒ요소)이 충족되지 않는다고 볼 수 있다. 다시 말해 이런 경우는 차명계좌의 보유를 지속하기 위한 행위가 된다.

4) 불소급원칙에 의한 배제 적극적 은닉행위가 있어서 판례처럼 상장주식양도세포탈죄를 인정하는 경우에도 대주주에 대한 주식양도세부과규정이 시행된 1999.1.1. 이전에 차명거래에 의한 주식취득과 매도 그리고 양도차익의 은닉행위가 일어난 사안에 대해서는 조세법률주의 및 형벌불소급원칙에 따라 조세포탈죄가 적용될 수 없다.

2. 상장주식양도세포탈죄의 축소해석

그러나 적극적 소득은닉행위만으로 사기 기타 부정한 방법으로 조세를 포탈한 행위가 있었다고 말하는 것은 충분하지 않다.

(1) **재산증식** 주가의 거시적인 상승경향에서 보면 차명주식의 장기보유로 인한 주가상승분은 주식보유자 누구에게나 주어지는 이익이고, 그런 이익의 은닉만으로 범죄성립을 인정한다면 상장주식포탈죄의 위헌성을 제거하기는 충분하지 않다. 그러므로 차명주식의 장기보유에 따른 소득의 은닉을 넘어서 '적극적으로 재산을 증식하는 행위'가 있어야 한다.

---

16) S그룹사건에서 변호인들은 이런 행위가 적극적 소득은닉의사가 없는 행위라고 주장하였으나 제1심 항소심에서 받아들여 지지 않았다. 만일 이런 행위에 계좌연관성단절의 입출금행위가 없었다면 당연히 적극적 소득은닉행위가 되지 않지만 그런 행위가 있었다면 적극적 소득은닉행위는 인정될 것이다. 다만 이런 행위는 재산증식행위가 아니고 그런 이유로 인해 조세포탈죄의 성립이 부정되어야 한다.

1) 이득의사 이런 재산증식행위를 인정할 수 있으려면 예컨대 차명계좌에서 입고나 출고, 주식의 교환 등을 반복적으로 함으로써 주식시장의 상황변화에 따라 능동적으로 시세차익을 지속적으로 추구했어야 한다. 다시 말해 상속받은 것을 유지하는 수준이 아니라 그것을 이용해 부를 더 늘리려고 (Bereicherung) 했어야 한다. 가령 차명주식을 매각하고 동일 증권계좌에서 바로 무기명채권을 사고 채권을 할인받아 수표를 취득한 다음 그 수표로 물건을 샀다면, 적극적 은닉행위는 있는 것이지만 재산증식행위는 없다고 볼 수 있다. 이 경우에도 상장주식양도세포탈죄는 성립하지 않는다.

이런 해석에 의하면 조세포탈죄의 고의는 행위자가 (차명거래에 의해) 주식양도차익이 발생하였고, 주식양도세납부의무가 발생했음을 알고도 그 차익(소득)을 적극적으로 은닉하려는 의사뿐만 아니라 차명거래에 의해 적극적으로 재산을 증식할 의사(불법이득의사 Bereicherungswille)까지 갖고 있어야 한다. 이때 이득은 납세를 피함으로써 자신의 재산이 감소하는 것을 막는 데에 그치지 않고, '타인의 재산영역에 들어가 그의 재산을 자신의 재산영역으로 가지고 오는 것'을 말한다. 이때 납세를 피하는 행위는 조세채권이라는 국가의 재산영역에 들어가는 행위이긴 하지만 조세채권의 침해[17]는 조세포탈행위(기수)에 의하여 이루지는 결과이고, 그 실행행위 자체를 구성하는 요소가 아니다. 그렇지만 여전히 조세포탈죄를 위험범으로 볼 필요는 없다. 포탈행위에 의하여 잠재적인 조세채권의 침해가 재산상 손해로 발생한다고 볼 수 있기 때문이다.

2) 기술적 의미의 재산범 또한 이는 재산범(이득범)의 고의 개념에 상응하는 해석이다. 예컨대 사기죄에서 기망행위는 사기행위자의 재산상태를 (법적으로 효력이 없지만) 증가시키는 행위이고, 고의도 행위자가 자신의 재산증가가 불법적인 것임을 알고 의욕했어야 한다. 물론 조세범이 국가의 기능에 대한 범죄로서 좁은 의미의 재산범은 아니다. 하지만 이렇게 불법이득의사에 상응하는 재산증식의사를 고의의 요소 또는 초과주관적 요소로 삼는 것은 조세범도 (장

17) 물론 조세포탈죄는 과세요건의 충족을 전제로 할 때만 조세채권의 침해가능성도 인정되고, 과세요건이 충족되지 않는 경우에는 애당초 조세포탈죄가 성립하지 않는다. 이에 관한 대판 2005.6.10, 2003도5631("조세포탈죄는 납세의무자가 국가에 대하여 지고 있는 것으로 인정되는 일정액의 조세채무를 포탈한 것을 범죄로 보아 형벌을 과하는 것으로서, 조세포탈죄가 성립하기 위하여는 조세법률주의에 따라 세법이 정한 과세요건이 충족되어 조세채권이 성립하여야만 되는 것이므로, 세법이 납세의무자로 하여금 납세의무를 지도록 정한 과세요건이 구비되지 않는 한 조세채무가 성립하지 않음은 물론 조세포탈죄도 성립할 여지가 없다.") 참조.

물죄에서 말하는) 넓은 의미의 재산범, 기술적 의미의 재산범에 속하기 때문이다. 장물죄의 본범으로서 기술적 의미의 재산범은 "타인의 재산상의 이익을 침해하여 불법적인 재물을 취득하고 그로써 직접적으로 위법한 재산상태에 이른 경우"(unter Verletzung fremder Vermögensinteressen zu einem deliktischen Sacherwerb und dadurch unmittelbar zu einer rechtswidrigen Vermögenslage)[18]를 가리킨다.[19] 이 개념에서 재'물'취득은 장'물'죄의 본범이 되기 위한 요건일 뿐이어서 이를 재산범 일반에 확장하면 "재산상의 이익취득"(이득범)으로 대체될 수 있고, 조세포탈행위가 침해하는 재산상 이익은 국가의 (잠재적인) 조세채권이 되며, 이를 침해하여 직접적으로 납세를 면탈한 위법한 재산상태에 이른 것이라 할 수 있다.

▌도표 72▐ 조세포탈에서 불법의 단계적 증강 구조

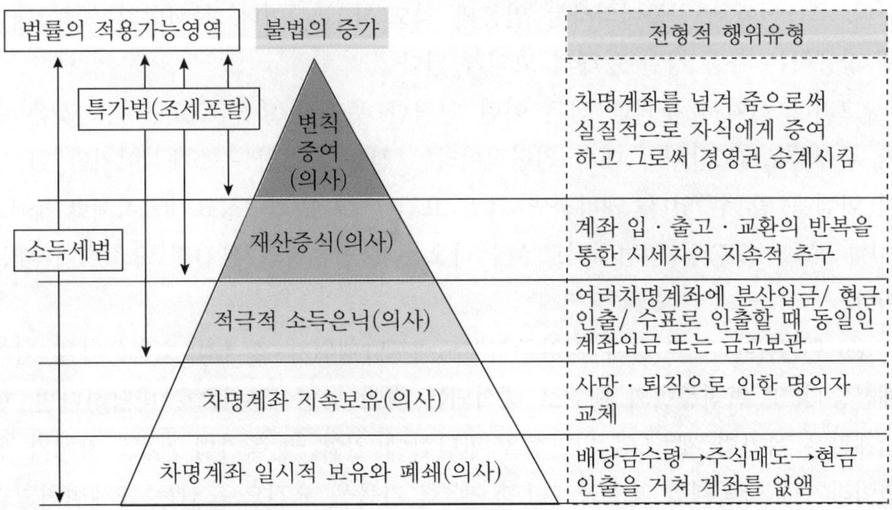

(2) **변칙증여** 더 나아가 차명거래에 의한 상장주식양도세의 회피는 대주주만 납세의무를 부담시키는 입법취지의 효력영역 안에서 일어날 때에만 조세포탈죄로 다루는 것이 그나마 위헌소지를 줄이는 방편이 된다. 1998.12.28. 개정

18) Fritjof Haft Strafrechts, BT (2.Auflage, 1982), 183쪽 참조.

19) 독일에서는 조세포탈(Steuerhinterziehung)을 "사기죄의 특수한 형태"(spezielle Form des Betrugs)로 이해되고 있다. 이에 관해 Erwin Künster, Wirtschaftsstrafrecht (Müller-Gugenberger/Bieneck 편) (3.Auflage, 2000), 1123쪽 참조.

된 소득세법의 개정이유를 보면 "상장주식을 이용한 변칙증여를 방지하고 부동산 등 다른 자산을 양도하는 경우와는 과세형평을 기하기 위하여 대주주가 상장주식을 대량으로 거래하는 경우에 대하여도 양도소득세를 과세하도록 함(법 제94조)"[20]이라고 하고 있다. 여기서 다른 자산의 양도와 형평을 기하기 위한 과세라는 점은 대주주에게만 해당하는 과세근거가 아니라 소액주주에게도 해당되므로 상장주식양도세포탈죄의 해석기준으로 삼을 수 없다. 따라서 대주주에게만 상장주식양도세를 부과하는 것은 주로 '변칙증여의 방지'라는 목적을 위한 것이고, 상장주식양도차익에 대한 "조세를 포탈"(처벌법 제3조 제1항)하는 행위는 그런 목적을 위한 조세회피행위이어야 한다. 다시 말해 변칙증여를 하기 위해 차명계좌에 의한 주식거래를 하고 양도차익이 발생하였지만 양도세를 납부하지 않은 때에만 상장주식양도세포탈죄가 성립한다. 이렇게 되면 고의의 내용으로 적극적 소득은닉의사와 재산증식의사 이외에 변칙증여의사가 포함되어야 한다. 즉, 이때 변칙증여의사는 일종의 의도(Absicht)이다. 목적범의 목적 개념에 상응하는 가장 강한 형태의 고의가 된다.

그러나 여기서 주의할 점은 이런 엄격한 주관적 요건을 요구하는 것은 단지 주식양도세포탈죄가 매우 위헌적이라는 점을 고려한 축소해석이기만 한 것이 아님을 알 수 있다. 왜냐하면 그런 요건은 그 범죄구성요건(소득세법 제94조 제1항 제3호 가목)의 입법취지로부터 나오는 불법유형의 본질적 요소이기 때문이다.

(3) **한정위헌** 이렇게 상장주식양도세포탈행위가 적극적 소득은닉을 넘어 재산증식 및 변칙증여의 행위로 해석되는 것이 형법이론적으로 타당하다면, 헌법재판은 특가법 제8조의 위헌성을 판단함에 있어 — 특가법 제8조 자체가 위헌이라거나 소득세법 제94조 제1항 제3호 가목을 요건으로 삼는 조세범처벌법 제3조 제1항에 적용되는 한 위헌이라는 결정을 하지 않는다고 할지라도 — 재산증식과 변칙증여의 행위와 의사가 없는 상장주식양도세 회피행위에 적용되는 한 위헌이라는 한정위헌결정을 내리는 방향으로 나아가는 것이 타당하다.

3. 판결불소급원칙의 적용

차명거래에 의한 상장주식양도세포탈죄에 관한 유죄판결은 S그룹 사건이

20) 소득세법 일부개정(1998.12.28. 법률 제5580호) 개정이유의 사.항목 참조.

처음으로 알려져 있다. 즉, 차명상속주식을 매각하여 여러 차명계좌로 분산입금하거나 지속적으로 현금으로만 출금하는 등의 행위는 처음으로 특가법상 조세포탈죄의 구성요건에 해당하는 사안유형으로 포섭된 것이라 할 수 있다.

(1) **구체적 법규범으로서 판결** 어떤 구성요건에 해당하는 사안유형(포섭사안[21])을 법원이 확정한다는 것은 곧 그 구성요건에 입력된 규범프로그램(Normprogramm)[22]을 돌려서 '구체적 법규범(konkrete Rechtsnorm)'을 형성하는 것이라 할 수 있다. 수범자들은 설령 조세포탈죄의 법문을 알고 있다고 할지라도 그 법문이 판결에 의해 형성되는 구체적 법규범에 정보화될 때 비로소 그 법문이 프로그래밍한 금지된 행위를 하지 않을 수 있다. 형법은 그럴 경우에만 그런 행위를 하지 말라는 경고기능을 발휘하고, (적극적) 일반예방의 기능도 수행할 수가 있다. 따라서 어떤 법령을 어떤 행위유형에 대해 처음 적용한다면, 그 사안의 당사자를 포함하여 그 판결 이전에 이루어진 같은 유형의 행위에 대하여 그 법령을 적용하지 않아야 한다. 이는 헌법 제13조 제1항 전단("모든 국민은 행위 시의 법률에 의하여 범죄를 구성하지 아니하는 행위로 소추되지 아니하며…")과 형법 제1조 제1항("범죄의 성립과 처벌은 행위 시의 법률에 의한다")의 "법률"을 판결에 의해 형성되는 '구체적 법규범'에 확장하여 적용한 결과가 된다. 이런 확장을 허용하지 않는다면, 법은 '법률'의 텍스트에 완벽하게 이미 마련되어 있는 것이라는 '법실증주의'의 진영에 다가설 수밖에 없다. 그런 법실증주의의 이상이 이미 깨진 지 오래되었다는 점은 누구나 안다.

(2) **불소급원칙의 적용** 그렇기 때문에 우리나라 학계의 다수견해[23]는 기존의 판례를 피고인에게 불리하게 변경할 때에 그 변경된 입장은 그 판결 이후에만 적용되어야 한다는 '판례변경불소급'의 원칙을 인정한다. 이 원칙은 예컨대 "판례변경예고제나 서구법의 판례변경시 사용하는 중간예고제(obiter dictum)"[24]나 "장래효력원칙"(Von-nun-an-Klausel,[25] 또는 prospective overruling[26])으로

21) 이 개념에 관해서는 이상돈, *새로 쓴 법이론* (법문사, 2005), 49, 137, 225, 228, 281쪽.
22) 이 개념을 창설한 Friedrich Müller, *Juristische Methodik* (Heidelberg, 1978) 참조.
23) 학계의 다수견해와 소수견해에 대한 현황분석으로는 하태영, *형사철학과 형사정책* (법문사, 2008), 293~308쪽 참조.
24) 김일수, "형법상 문서와 복사문서의 문서성", *고시연구* (2월호, 1992), 252쪽; "일인회사의 주주겸 대표이사의 업무상 배임", *고려대 판례연구* (제3집, 1986), 41~81쪽, 특히 78쪽 참조.
25) H.-L. Schreiber, "Rückwirkungsverbot bei einer Änderung der Rechtsprechung im Strafrecht", *JZ* (1973), 713쪽 아래 참조. Schreiber에 의하면 판례를 피고인에게 불리하게 변경할 때에는 그 판결의 공시 이후에 발생하는 장래의 사건에 대해서만 적용하여 하고, 이 장래

표현된다. 이와 같은 판례변경예고제는 어떤 법률을 특정한 행위유형에 대하여 처음 적용할 경우에도 확장되어야 한다. 판례변경예고제도의 가장 중요한 근거도 새로운 행위유형의 적용과 마찬가지로 판결에 의해 형성되는 형법규범의 경고기능과 적극적 일반예방의 기능이 탈락한다는 점[27]에 있기 때문이다.

물론 우리나라 판례[28]는 판례변경불소급원칙을 인정하지 않는다. 학계의 일부 입장도 이와 같다. 하지만 이런 입장은 법원이 어떤 법률을 어떤 사안에 적용하는 것이 실천이성에 의해 예측 가능한 경우에만 타당하다. 거꾸로 보면, 어떤 법률을 어떤 행위유형에 처음 적용한다고 하여 언제나 장래효력원칙이 관철되지 않음을 의미한다. 즉 법률텍스트의 '일반적 이해 가능한'(allgemeinverständlich) 의미에 의해 포섭이 가능한 행위유형이라면 비록 법률이 그 유형에 처음 적용되는 경우라고 할지라도 당해 사건부터 판결에 의해 구체화되는 법규범은 효력을 발생한다.

그러나 상속받은 차명주식의 매도와 분산입금 및 현금인출 등이 "사기 기타 부정한 방법"에 해당하는지는 실천이성에 의해 누구나 알 수 있는 것이 아니다. 특히 유사한 상속재산의 조세포탈이 문제되었던 또 다른 Sh그룹 등의 경우에는 국세청이 고발조치를 하지 않음으로써 사실상 종결되었던 사정을 고려하면 S그룹 사건의 판결이 확정되기 전까지는 입출금을 반복하는 상장주식의 차명거래는 오히려 조세포탈에 해당하지 않은 행위라고 법정보화가 이루어진 측면까지 있다. 따라서 소급효금지원칙을 엄격하게 적용한다면, S그룹 사건의 판결이 확정된 이후 발생한 동일한 유형의 사건에 대하여 비로소 조세포탈죄를 적용할 때 판결불소급원칙에 위배되지 않게 된다.

Ⅳ. 양형기준의 절차법적 설계

상장주식양도세회피에 대한 특가법상 조세포탈죄의 적용을 최대한 제한하

효력조항에 의해 판결주문에서 형을 면제하여야 한다.

26) 이런 표현으로 장영민, "판례변경의 소급효(I)" (이화여대 법학논집 제4권 제4호, 2000), 39~45(44)쪽 참조.

27) 이런 근거에 관해 자세한 논의로 하태영, 형사철학과 형사정책 (법문사, 2008), 특히 312~319쪽 참조. 이외에도 '신뢰보호원칙'(Vertrauensschutzprinzip)을 드는 이정원, *형법총론*, (법지사, 2001), 38쪽; 신동운, *형법총론* (법문사, 2006), 41~43쪽 등과 법적 안정성을 드는 이형국, *형법총론* (법문사, 1997), 46쪽; 정성근·박광민, *형법총론* (삼지원, 2001), 18쪽 등을 참조.

28) 대판 1999.7.15, 95도2870(전원합의체); 1999.9.17, 97도3349.

는 두 번째 방안은 절차법적 차원에서 마련될 수 있다. 가령 국세청이 조세포탈자가 자진납부를 하면 고발하지 않거나 통고처분절차로 이행하여 조세포탈사건을 종결짓는 업무관행에 상응하는 바를 검사가 특가법을 적용하는 절차에서도 하게 하는 (넓은 의미에서 양형의) 기제를 만들 필요가 있다. 특히 주식양도세포탈 뒤에 자진 납부함으로써 결과불법이 회복되는 경우에는 주식양도세포탈죄의 위헌성을 고려할 때 특가법의 적용을 최대한 자제할 필요가 있다. 자진납부는 작량감경(제53조)의 사유가 되고, 아울러 자진납부와 함께 수사기관에게도 그 내용을 신고하였다면[29] 자수(형법 제52조 제1항)에 의한 형의 감경 또는 면제가 인정된다는 점도 함께 고려해야 한다.

1. 자진 납부한 경우의 처리기준

아래 도표 73은 주식양도세포탈죄가 적극적 소득은닉을 넘어 '재산을 증식하는 행위'일 때 성립한다는 해석을 전제로 그런 기제를 설계하고 있다. 이 도표에서 가로변은 적극적 소득은닉행위보다 재산증식행위 그리고 변칙증여행위의 성격까지 띠게 될 때 형사책임의 양(양형책임)이 증가함을 보여주고, 세로변은 자진납부시기가 늦을수록 양형책임이 증가함을 보여준다.

▌도표 73▐ 조세포탈행위에서 양형책임의 증가

양형책임의 증가 →

↑ 양형책임의 증가	조세회피행태 / 자진납부시기	㉢ 적극적 소득은닉	㉢ + ㉣ (은닉) (재산증식)	㉢ + ㉣ + ㉤ (은닉)(증식)(변칙증여)
	공소제기 후	무죄판결 (범죄불성립)	③ 징역(집행유예) + 벌금 (선고유예)	④ 징역(집행유예) + 1배의 벌금
	수사개시 후 공소제기 전	불기소처분 (범죄불성립)	① 불기소처분 (기소유예)	② 조건부 기소유예
	수사개시 전	불입건	불입건	입건

29) 판례에 의하면 "자수라 함은 범인이 스스로 수사책임이 있는 관서에 자기의 범행을 자발적으로 신고하고 그 처분을 구하는 의사표시를 말하고, 가령 수사기관의 직무상의 질문 또는 조사에 응하여 범죄사실을 진술하는 것은 자백일 뿐 자수로는 되지 않는다"(대법원 1992. 8. 14. 선고 92도962 판결 등 참조).

(1) **재산증식행위가 아닌 적극적 소득은닉행위인 경우** 첫째, 상장주식양도세회피가 재산증식행위가 아니고 적극적 소득은닉행위에 그친 경우에 자진납부가 수사개시 전이면 불입건, 수사개시 후 공소제기 전이면 불기소처분, 공소제기 후면 무죄판결을 내려야 한다.

(2) **소득은닉 및 재산증식행위인 경우** 둘째, 상장주식양도세회피행위가 소득은닉 및 재산증식행위였던 경우에는 자진납부가 수사개시 전이었으면 수사기관은 불입건하고, 수사개시 후 공소제기 전이었으면 검사는 기소유예처분하고, 공소제기 후이었다면 수소법원은 집행유예부 징역형과 선고유예부 벌금형을 병과한다.

(3) **소득은닉, 재산증식 및 변칙증여행위인 경우** 셋째, 상장주식양도세회피행위가 소득은닉, 재산증식 및 변칙증여의 행위였던 경우에는 자진납부가 수사개시 전이었어도 수사기관은 입건을 하고, 수사개시 후 공소제기 전이었다면 검사는 조건부(예: 사회공헌기부)로 기소유예하며, 공소제기 후였다면 역시 (작량감경을 적용하여) 집행유예부 징역형과 (작량감경할 경우 최하한선인) 포탈세액의 1배의 벌금형을 병과하는 조치를 취한다.

2. 처리기준의 변경

이렇게 잠정적으로 설계된 처리기준은 두 가지 구조적 요인에 의해 변경될 수 있다.

(1) **추징당한 경우** 첫째, 자진납부가 아니라 국세청의 조사를 받고 발각되어 비로소 납부하였고 국세청이 고발하지 않은 경우에는 이전의 조치를 한 단계씩 높일 수 있다. 예컨대 ①→②, ②→(기소하여)→③, ③→④로 각 한 단계씩 높이고 ④의 경우는 (작량감경할 경우 최상한선으로) 포탈세액의 2.5배 정도 규모의 벌금 정도를 병과하는 양형을 할 수 있다.

(2) **변칙증여를 요건을 할 경우** 둘째, 상장주식양도세포탈죄는 소득은닉과 재산증식 이외에 변칙증여행위이어야 한다는 해석을 취할 수 있다. 이럴 경우에 위 표에서 ④→③, ③→②, ②→①, ①→(협의의 불기소처분)로 각각 제재의 강도가 한 단계씩 낮아질 수 있다.

3. 조세당국의 고발기준

이러한 처리기준에 의하면 특가법상 조세포탈죄사건이라 할지라도[30] 조세당국은 정상을 고려할 때 징역형이 예상되는 ③, ④의 경우에만, 최대한으로는 기소유예의 조건부과를 위해 ②의 경우까지만 고발을 하고, 그 밖의 경우에는 고발을 하지 않는 것이 합리적인 고발결정이 된다.

---

30) 특가법사건이라고 해서 모든 사안에 고발의무가 존재하지는 않는다는 점에 대한 자세한 논의는 앞의 [14].Ⅳ.3.(2) 참조.

제5부

정보경영과 형법

출처와 생성

[16]단락의 글은 제자 전현욱 박사와 함께 낸 논문인 "정보이용동의 — 정보적 자기결정의 새로운 차원"(*고려법학* 제47호, 2006. 87~122쪽)의 글을 정보통신망법의 개정내용과 판례를 반영하고, 일부 수정하여 작성되었다.

16 정보이용동의와 DBM

Ⅰ. 정보이용동의의 의미

1. 정보적 자기결정으로서 동의

현대의 국가는 사회국가적 과제의 보다 완벽한 수행을 위해, 기업은 이윤의 극대화를 위해, 더 많은 개인정보, 거의 무한대의 개인정보[1]를 필요로 한다. 과거에는 정보를 장악하는데에 기술적 한계가 많았기 때문에 정보보호에 대한 법치국가적 보장이 좀 더 용이했다. 그러나 정보의 수집과 가공에 관한 기술의 비약적인 발전은 정보에 굶주린 국가와 기업에게 '사실상'의 속박을 벗어나는 날개가 되었다.[2] 이제 자유주의적 법체계의 패러다임에 머물러 있는 방어권 관념으로는 사적 영역의 보호를 더 이상 적절한 수준으로 유지할 수 없게 되었다. 따라서 오늘날의 개인정보보호는 단순히 사생활의 소극적 보호가 아니라 '개인정보의 주체적 통제(self control on personal information)[3]', 즉 정보적 자기결정권(Recht auf informationelle Selbstbestimmung)[4]이라는 기본권의 형성과 실현을 중심으로 전개된다.[5]

정보적 자기결정의 이념은 경영(사업)영역에서는 사실상 주로 정보 '동의권'으로 구현된다.[6] 가장 핵심적인 개인정보보호 관련 법인 정보통신망이용촉진및

---

1) 헌재 2005.5.26, 99헌마513 · 2004헌마190(병합) 전원재판부.
2) 우지숙, "정보통제권에서 식별되지 않을 권리로", *언론과 사회* (13권 4호, 2005), 119쪽.
3) Fried, "Privacy", *Yale Law Journal* (1968), 482쪽.
4) 이 개념은 1983년 독일연방헌법재판소가 인구조사법률(Volkszählungsgesetz)에 대하여 내린 결정(BVerfGE 65, 1)에서 그 의미가 정립되었다. 이에 대한 자세한 내용은 이상돈, *형법학: 형법이론과 형법정책* (법문사, 1999), 496쪽 이하 참조.
5) 이상돈, *형사절차와 정보보호* (한국형사정책연구원, 1996), 14쪽; 김승환, "정보적자기결정권", *헌법학연구* (제9권 제3호, 2003), 149쪽 이하 참조.
6) OECD지침 제7조 Collection Limitation Principle 참조. "There should be limits to the collection of personal data and any such data should be obtained by lawful and fair means and, where appropriate, with the knowledge or consent of the data subject." (개인정보의 수집에는 제한을 두어야 한다. 어떠한 개인정보도 합법적이고 공정한 절차에 의하고 가능한 경우에는 데이터주체에게 알리거나 동의를 얻은 후에 수집하여야 한다.)

정보보호등에관한법률(이하 '정보통신망법') 제22조 및 통신비밀보호법 제2조 제7호 등도 동의권을 명문화하고 있다. 우리나라뿐만 아니라 선진각국의 개인정보 보호법제들도 개인정보를 수집할 때 제공자의 '동의'를 조건으로 삼음으로써 정보적 자기결정을 보장하는 형식을 취하고 있다. 정보주체는 동의하지 않음으로써 자신에 대한 개인정보가 수집되고 이용되는 것을 거부할 수 있고, 사업주체는 동의를 받음으로써 개인정보를 경영(사업)의 수단으로 활용한다. 즉, 개인정보의 주체가 행하는 동의는 한편으로는 인격의 실현으로서 정보적 자기결정이면서 다른 한편으로는 경영활동의 수행과 상업화 및 금전화를 가능케 하는 경제적 행동임을 알 수 있다.

2. 동의와 개인정보의 두 가지 차원

그렇다면 정보주체의 정보이용동의에는 개인정보의 보호를 통한 '인격의 자율적 실현'과 개인정보의 활용을 통한 '이익의 극대화'라는 두 가지 절대명령이 긴장관계에 있음을 추측할 수 있다. 한편으로는 개인이 인격의 자유로운 발현을 위해 자신의 개인정보에 대한 공개 여부와 이용 범위를 스스로 통제할 수 있도록 정보적 자기결정권이 실질적으로 보장되어야 하며, 다른 한편으로는 개인정보를 활용하여 기업 또는 정보주체가 이익을 얻을 수 있는 길도 열어야 하는 것이다. 이를 다른 각도에서 보면 자기결정의 대상인 개인정보는 개인의 인격을 구성하는 것이면서 동시에 이를테면 경영, 경제적 활동에 의해 획득할 수 있는 자산이 됨을 알 수 있다. 이런 양면성은 최근 빈발하고 있는 통신사업자의 개인정보 유출 사건에서도 드러나고 있다.

> 몇 년전 초고속 인터넷 가입자 837만명의 정보가 유출되어 텔레마케팅업체에 판매된 사건이 경찰에 의해 밝혀졌다. 경찰은 정보통신망법을 적용하여 44만명의 고객정보를 1억원에 넘긴 혐의로 김모씨를 포함 4명을 구속하고 24명과 법인 9개사를 불구속 입건했다.[7] 2006년 3월 중순부터 5월 초까지의 한 달 남짓 되는 기간 동안 텔레마케팅업체로 유출된 초고속 인터넷 가입자 정보의 산술적 합계는 경찰에 의해 적발된 것만으로도 무려 1,965만건에 달한다. 2006년 5월 현재 전체 인터넷 가입자 수가 약 1,240만명 수준인 것을 감안하면, 가입자의 개인정보가 반복적으로 매매되고 있음을 알 수 있다.[8] 이와 관련하여 정보통신부는 정보통신

7) 경기지방경찰청 보도자료, 2006.5.2.자 '수백만명 고객정보 유통 - 통신업체 전·현직 직원 등 적발' 참조.

망법 제28조 및 제67조 제2항에 근거하여 개인정보보호조치가 미비한 다섯 개 인터넷 사업자에게 정보통신부 고시 위반을 이유로 총 3,000만원의 과태료를 부과했다.[9]

통신사업자의 개인정보취급과 관련하여 볼 때, 동의의 대상인 개인정보는 인격과 재산이라는 두 가지 특성을 동시에 갖는다고 말할 수 있다. 즉, 개인정보는 인격적 재산이 되거나 재산적 인격이 된다.[10] 앞의 사례에서처럼 정보지배권의 침해가 경영이나 사업의 수단으로 사용되는 경우에 개인정보는 다분히 재산권의 대상으로 이해된다. 개인정보는 마치 영업의 성과(결과)로서 창출된 것과 다르지 않으므로 영업자가 그의 재산처럼 사용할 수 있다는 논리가 가능해진다. 이로 인해 다른 인격 침해의 경우와는 달리 개인정보를 취급하는 자들은 특별한 불법의식 없이 개인정보를 처분하여 이익을 추구한다. 동시에 텔레마케팅 사업자에게는 개인정보가 바로 이익 창출의 수단이 된다. 따라서 개인정보에 대한 수요가 형성되고, 이는 개인정보가 끊임없이 반복적으로 유출되는 강한 동인이 된다. 이에 비해 정보보호에 관한 불법의식의 결핍을 문제 삼는 논의의 차원에서 개인정보는 다분히 인격권의 대상으로 이해된다. 정보지배권의 침해를 형벌로 제재한다는 것은 그 침해행위가 — 적어도 형법이 보호하려는 법익을 인격으로 이해하는 이론(인격적 법익론)에서는 — 인격적 법익과 관련되어 있을 개연성을 전제로 한다. 따라서 정보이용동의는 개인정보의 두 가지 차원을 조화할 수 있는 것이어야 한다.

(1) **인격으로서 개인정보** 개인정보는 정보주체의 인격에서 직·간접적으로 유래한 정보이며 이를 바탕으로 정보주체의 인격을 외부적으로 재구성하는 수단이 될 수 있다는 점에서 인격과 고도로 밀접한 속성을 갖는다. 뿐만 아니라 정보의 내용이 비록 윤리적으로나 정치적으로 전혀 비난받을 만한 것이 아니더라도, 예를 들어, 배뇨나 성교에 관한 것일 경우에도,[11] 원치 않는 개인정보의 공개는 개인의 자유로운 인격발현을 위협하고, 권리를 중대하게 침해할 수 있다. 개인에 대한 과도한 정보 수집은 동시에 평등도 위협한다. 오늘날의 정

8) 디지털 타임스 인터넷판, 2006.5..9.자 '잠자고 있는 개인정보보호법' 참조.

9) 정보통신부 보도자료, 2006.5.8.자 '개인정보 보호의무 위반 사업자에 과태료' 참조.

10) 개인정보의 특성에 대한 자세한 고찰은, 임건면, "개인정보의 의의와 귀속관계", *중앙법학* (제7집 제4호, 2005), 230쪽 이하 참조.

11) Kang, *Information Privacy in Cyberspace Transaction* (조규범 역, *사이버스페이스 프라이버시*) (진한M&B, 2004), 39쪽 이하.

보처리기술은 불특정 다수의 개인정보를 일정기준에 맞춰 얼마든지 분류하고 재편집할 수 있다. 이와 같은 분류는 자본주의 사회에서 이윤 극대화를 위한 유사신분을 형성할 수 있으며, 이에 따른 각종 사회적 차별의 원인이 된다.[12] 따라서 정보적 자기결정권의 보호는 인격, 즉 정보적 인격을 실현하는 것이 된다. 따라서 영업 과정에서 개인정보를 다루는 사업자들, 특히 정보통신사업자도 인격으로서 개인정보를 침해해서는 안 되며, 정보이용동의로 구체화되는 정보적 자기결정권을 보호해야 할 의무가 있다.

또한 정보적 인격의 보장은 시민들이 전자민주주의로 표현되는 인터넷 시대의 참여민주주의를 실현하는 주체로 자리잡기 위한 필수적인 전제조건이 된다. 이를 하버마스도 '사적 자율을 근거로 하여 충분히 독립적인 경우에만 공적 자율도 적절하게 실현할 수 있다'고 표현하고 있다.[13] 헌법재판소가 판시한 바와 같이[14] 자신의 결정이 언제 어떻게 기록되고 평가될지 알 수 없다면 나중에 닥칠지도 모를 불이익에 대한 우려 때문에 시민의 행위능력과 공동참여능력 위에 건설되는 자유민주주의 사회제도의 본질적 기능조건인 자기결정의 핵심을 잃어버릴 것이기 때문이다.

(2) 자산으로서 개인정보 하지만 개인정보는 다른 한편 부분적으로는 인격과 분리된 자산의 성격을 갖는다.

1) 재산성 먼저 개인정보는 개인의 재산이 되기도 한다. 인터넷 공간에 축적된 개인정보는 심지어 '개인'과 분리되기도 한다. 개인정보의 처분가능성은 개인정보에 대한 '자기결정'의 필연적 결과이다. 이름, 주소, 전화번호를 비롯해, 인터넷상의 ID, e-mail 주소, 인터넷 쇼핑몰 구매 내역 등은 가상공간 위에 개인의 정체성, 즉 전자적 인격(electronic persona)[15]을 형성하는데, 이 전자적 인격의 집합체는 기업의 효과적인 마케팅 수단이 될 뿐만 아니라 때로는 그 자체로 생산요소가 되기 때문에, 실존적 삶의 주체인 정보주체로부터 분리되어 하나의 상품처럼 거래된다.[16] 정보는 정보사회에서 이미 정보주체와 유리된 채

12) 프라이버시와 평등에 관한 자세한 내용은 Lessig, *Code and other Laws of Cyberspace* (김정오 역, *코드, 사이버공간의 법이론*, 나남출판, 2002), 348쪽 이하 참조.

13) Habermas, *Faktizität und Geltung* (1992), 123쪽; 이상돈 · 홍성수, *법사회학* (박영사, 2000), 148쪽.

14) 헌재 2005.5.26. 99헌마513 · 2004헌마190(병합) 전원재판부; 독일의 경우 BVerfGE 65, 1. 참조.

15) Mell, "Seeking Shade in a Land of Perpetual Sunlight: Privacy as Property in the Electrinic wilderness", *Berkely Technology Law Journal* (1996), 26쪽 이하 참조.

16) 김일수 · 배종대 · 이상돈, "정보화사회에 대비한 형사법적 대응", *비교형사법연구* (제3권 제2호,

이익을 극대화하기 위해 적극적으로 '이용'된다.

최근 국내 최대의 온라인 게임 업체의 개인정보보호 책임자인 부사장이 개인정보 도용을 방조한 혐의로 불구속 입건되었다. 2005년 9월 경찰이 엔씨소프트측에 5만6,000여명의 주민등록번호 도용 사실을 통보하면서 IP제한 등의 조치를 취하도록 요청했으나 이를 무시하는 등 사실상 명의 도용을 방조했다. 엔씨소프트측은 회원가입시 기록하는 e메일 주소와 전화번호 등 수 백건이 똑같은데다 한 은행계좌로부터 최고 수 만명의 사용료가 입금되는 등 명의도용 사실을 인식할 수 있었음에도 아무런 제한조치를 취하지 않았다. 경찰관계자는 "엔씨소프트측이 매출감소 등을 이유로 명의도용을 방치하고 있다가 수사가 시작된 뒤에야 방지책을 마련하는 등 개인정보 보호 노력을 제대로 하지 않았다"고 지적했다. 또 자신이 다니던 회사 고객 정보 등을 빼내 명의도용 계정 28만개를 개설하고 아이템 거래를 해온 최씨 등 아이템 작업장 운영자 7명도 같은 혐의로 불구속 입건되었다. 경찰조사에서 최씨 등은 500여대의 PC를 갖추고 100여명의 아르바이트생을 고용해 운영해왔으며 아이템 거래를 통해 142억원의 매출을 올려왔던 것으로 밝혀졌다.[17]

개인정보 역시 이러한 관점에서 경제적 효용을 갖게 되고, 정보주체의 의사와는 무관하게, 기업의 영업자산의 일부로 평가된다.

예컨대 거대 인터넷 서점 Amazon.com은 2000년 9월, privacy notice를 변경하면서 "고객의 개인정보는 영업의 매우 중요한 부분이며 본사는 개인정보를 판매하는 영업을 하지 않는다"고 선언한 규정 바로 아래에 "고객정보는 일반적으로 영업자산(business assert)의 일부이며, 영업의 일부나 전부의 양도 또는 양수시 함께 거래될 수 있다"는 내용을 끼워 넣었다.[18]

이처럼 개인정보는 정보사회의 핵심 인프라로서 '인격' 침해와 직접적인 연관 없이 '재산적 가치'를 갖는 거래의 대상이 되기도 한다.

2) 거래비용의 감소 더 나아가 사회의 거시적 차원에서도 개인정보는 자산이 된다. 오늘날 현대 정보사회에서는 국가든 기업이든 모든 경제 주체의 활동이 거의 대부분 개인정보를 매개로 하여 유지·운영되고 있으며 개인정보의 유통 없이는 정보사회에서의 활동이 곤란해진다. 예컨대 기업이 개인의 대해

2001), 39쪽.

17) 문화일보 인터넷판, 7월 1일자, '엔씨소프트 부사장 불구속 입건' 참조.

18) Hunter, *World without Secrets*(윤정로·최장욱 역, *유비쿼터스*) (21세기북스, 2003), 26쪽 이하 참조.

더 정확한 정보를 확보할수록, 더 적은 비용으로 효율적으로 홍보하고, 상품을 좀 더 고객을 만족시킬 수 있는 방향으로 개선할 수도 있다. 개인의 입장에서도 필요하거나 관심 있는 상품에 대한 정보를 쉽게 얻을 수 있고, 개선된 상품을 통한 만족도가 높아진다.[19] 따라서 합리적인 개인정보의 유통은 사회 전체의 거래비용(transaction costs)을 감소시킨다고 할 수 있다. 그에 따라 개인정보를 보호하려는 법정책의 합리성에는 이런 의미의 거래비용을 감소시키는 개인정보의 '적절한' 이용이 포함될 수밖에 없다.

3. 정보적 자기결정의 재구성

이와 같은 개인정보의 두 가지 차원으로 인해, '동의'를 통해 구체화 된 오늘날의 정보보호 법정책은 더이상 '보호'에만 머물러 있지 않음을 알 수 있다.

애초에 정보적 자기결정권이라는 개념에는 인격으로부터 유래한 기본권이라는 자연법적 구상이 깊게 각인되어 있었다. 19세기 말 인쇄기술과 사진기술의 발전, 그리고 자본주의의 성장과 맞물린 Yellow Journalism의 등장 등으로 인해 사적 영역에 대한 침해가 문제되기 시작하였고, 이에 대한 반작용으로 영미법계[20]와 대륙법계[21]에서 각각 비슷한 시기에 개인적 영역에서 유래한 정보에 대한 법적 '보호'라는 시각이 태동하기 시작했다. 이후 문제가 발생하는 영역마다 프라이버시의 개념을 귀납적으로 확대함으로써(영미법계),[22] 또는 인격권의 외연을 연역적으로 확장함으로써(대륙법계)[23] '보호'받는 영역의 구체적 내

19) Kang, *Information Privacy in Cyberspace Transaction* (조규범 역, *사이버스페이스 프라이버시*) (진한M&B, 2004), 47쪽 참조.

20) 1890년 Warren은 집에서 있었던 사교파티를 가십화 한 'Saturday Evening Gazette' 신문의 상세한 보도에 격분하여 법적 구제책을 찾았으나 기존 법리로는 피해 구제가 어렵자 Brandeis와 함께 Privacy라는 새로운 독자적 권리를 구체화하는 논문을 Harvard Law Review에 발표하였다. Warren/Brandeis, "The Right to Privacy", *4 Harvard L. Rev.* 193, 1890.

21) 독일의 경우 1899년 Bismarck 시신을 몰래 찍은 사진을 고액의 대가를 받고 신문사에 판매하려던 사진사들에 대해 Bismarck의 아들이 사진의 폐기를 요구하였다. 제국법원은 형사적으로는 주거침입죄를 인정하였고, 민사적으로는 불법원인에 기한 '부당이득'이라는 관점에서 사진을 폐기하라고 판결하였다(RGZ 45, 170). 이 사건을 계기로 1907년 예술저작권법(Kunsturhebergezets)에 초상권 규정이 입법되었다. 자세한 내용은 Zweigert · Kötz, *Einführung in die Rechtsvergleichung auf dem Gebiete des Privatrechts, Band II*, Institutionen, 2. Auflage, 1984, 양창수 역, *비교사법제도론* (1998), 625쪽 참조.

22) 구체적인 내용은 황인호, "미국에서 프라이버시권의 전개과정에 대한 고찰", *토지공법연구* (제19집, 2003), 229쪽 이하 참조.

23) 박진완, "우리 헌법상의 일반적 인격권의 보장체계", *공법연구* (제33집 제1호, 2004), 311쪽 이하 참조.

용을 확인하고 발전시켜왔다.

60년대 후반 및 70년대 초반, 컴퓨터와 정보통신기술 등이 등장하면서 정보 유통에 획기적인 발전이 이루어짐에 따라, '개인정보'에 대한 현실적 위협과 피해가 발생하기 시작했고 역시 '보호' 필요성이 대두되었다. 개인의 자기정보 통제권에 대한 학설과 이론이 성장하였고, 1970년 독일 헤센주 정보보호법을 시초로 입법과 판례를 통해 '정보적 자기결정권'의 정립과 구체화가 진행되었다. 1980년 OECD 이사회는 "사생활 보호와 개인정보의 국제적 유통에 관한 지침"으로 수집제한, 정보정확성, 목적특성, 이용제한, 보안조치, 공개, 개인 참가, 책임소재 에 관한 8대 원칙을 제정하였고,24) 이 원칙이 우리나라를 비롯한 많은 나라의 관련 입법의 지침이 되고 있다. 지침에서 개인정보의 '유통'을 언급하고 있긴 하지만 중점은 '유통'과정에서 개인정보를 보호하기 위한 것이었다. 1983년 독일연방헌법재판소가 인구조사법률(Volkszählungsgesetz)에 대하여 내린 결정(BVerfGE 65, 1)을 통해 일반적 인격권으로부터 정보적 자기결정권(Recht auf informationelle Selbstbestimmung)을 구체화 하였을 때에도 그 내용은 개인정보의 무제한적인 수집, 저장, 사용 및 교부에 대항할 기본권을 확인하는 것이었다.

그러나 오늘날 앞에서 살펴본 바와 같이 개인정보는 더 이상 자연법적 보호 대상인 인격의 차원에 머무르지 않고 재산이라는 차원의 특성을 갖게 되었다. 정보적 자기결정권은 개인정보의 이중적 차원에 연결된 동의제도를 통해 인격적 측면과 경제적 측면의 합리성을 동시에 고려하는 것으로 재구성되었다. '동의'하지 않음을 통해 개인정보가 침해로부터 보호된다는 측면보다 '동의'함을 통해 개인정보가 활용되는 측면으로 중점이 옮겨가고 있다. 정보주체는 '정보이용동의'를 통해 자신의 개인정보를 자신이 원하는 만큼 적극적으로 제공함으로써, 직간접적인 경제적 이익을 추구할 수 있고, 기업도 역시 '정보이용동의'를 통해 획득한 정보를 활용해 경제적 이익을 추구할 수 있다. 다시 말해 오늘날 정보주체의 '정보이용동의'는 개인정보의 보호와 이용 사이, 개인정보의 인격적 차원과 경제적 차원 사이의 조화를 실현하는 제도로 기능하도록 기획되었다.

24) 원문은 http://www.oecd.org/document/18/0,2340,en_2649_34255_1815186_1_1_1_1,00.html 참조.

Ⅱ. 인격적 주체성의 왜곡

1. 정보주체의 지위약화

(1) **형식화된 동의권** 그러나 동의 제도는 정보의 제공 여부를 결정함에 있어서 많은 경우 정보적 자기결정을 '형식적으로'만 보장한다. 예컨대 인터넷 웹사이트에 가입하는 경우, 한 개인은 매번 거의 필수적으로 성명, 주민등록번호, 주소, e-mail 주소, 전화번호 등을 제공해야 한다. 가입시 의무적으로 동의해야만 하는 약관은 대부분의 경우 '하나의 아이디 서비스'라는 명분으로 개인정보를 다른 계열사에 공유한다는 내용을 포함하고 있다. 물론 약관이 마음에 들지 않는 경우 회원가입을 하지 않으면 된다. 그러나 서비스는 이용할 수 없다. '모 아니면 도'인 셈이다.[25]

> 2006.2. 정보통신부는 한국정보보호진흥원과 공동으로 지난해 총 2만7051개 사업자에 대한 개인정보 관리 실태를 점검하는 과정에서 주민번호 수집 필요성에 대한 사업자 의견을 조사한 결과, 응답 업체 1874개 가운데 51%인 950개 업체가 주민번호 수집이 불필요하다고 응답했으면서도 91%가 실제로 주민번호를 수집하고 있는 것으로 나타났다.[26] 반면 한 연구결과에 의하면 응답자의 70.5%가 각종 회원가입 시에 개인정보에 대한 침해가 가장 많이 일어난다고 답하였고, 개인정보의 유출 방지를 위해선 자율규제가 효과적이라는 응답자(5.3%)보다 사법적·행정적 규제가 필요하다고 답한 응답자(84.6%)가 월등히 많았다.[27]

오늘날 개인정보의 처분(또는 침해)에 있어 개인과 사업자, 이 두 주체는 결코 대등하지 않다. 더구나 정보기술의 계속적인 발전으로 인해 개인정보를 둘러싼 역학관계에서 침해자들은 존재를 확인하기 어려울 정도로 확산되었으며 드러나지 않아, 정보주체가 침해 사실을 알기조차 어렵다.[28] 특히 인터넷상에서 이용자의 모든 행동은 본인이 알지 못하는 사이에 기록되고 분류된다.[29] 이

25) 뉴스메이커 인터넷판, 2003년 9월호, '개인정보보호법 이대론 안돼!' 참조.
26) 매일경제 인터넷판, 2006.2.15.자 '개인정보 필요 없다면서 주민번호 여전히 요구' 참조.
27) 김진욱, "우리나라 개인정보 보호에 관한 실증적 연구", *한국토지행정학회보* (제11권 1호, 2004), 158~160쪽.
28) Shoudt, "Identity Theft: Victims 'cry out' for reform", *52 American University L. Rev.*, 2002, 344쪽.
29) Skok, "Establishing a Legitimate Expectation of Privacy in Clickstream Data, 6 Michigan"

로 인해 개인이 스스로 모든 정보수집자들을 감시하고 스스로의 정보활동을 완벽하게 관리할 것을 기대하기는 어렵다. 게다가 어떠한 정보를 노출하고 노출하지 않을 것인지를 결정하는 것도 개인에게는 결코 쉽지 않은 일이다. 정보적 자기결정권은 개인에게 결정의 기준까지 제공하지는 않기 때문이다.[30] 민감하지 않은 것으로 보이는 일상적인 정보조차도 경우에 따라서는 데이터베이스에 저장되고 정보처리기술을 통해 가공되면 심각한 침해의 원인이 될 수 있다. 따라서 정보를 노출한 이후에 어떤 결과가 생길 것인가를 개인이 예측하여 이를 바탕으로 노출 여부를 합리적으로 결정한다는 것도 사실상 불가능하다.[31] 게다가 개인 간 개인정보에 대한 지식과 가치평가의 차이는 심각한 프라이버시 격차를 초래할 수도 있다.[32]

(2) 마케팅 상품으로서 개인정보 그럼에도 현대 자본주의 문화에서 정보주체들은 한편으로, — 잘못된 정보에 기초한 것일 가능성이 매우 높고 그래서 많은 경우 결국 후회하게 될[33] — 나름대로의 비용편익 분석에 따라 자발적으로 개인정보의 수집과 이용에 동의한다.[34] 게다가 동의하지 않으려 해도 정보를 제공하지 않을 현실적 대안을 가지고 있지 못한 경우가 많다. 정보주체가 각종 인터넷 서비스를 이용하기 위해서, 또는 신용카드를 이용하기 위해서는 자신의 개인정보가 침해됨을 알면서도 회원가입을 위해 주민번호를 제공하고 '제3자 이용동의'란에 확인 또는 서명을 해야만 한다. 현대사회에서 소비자는 기업의 재화나 용역을 이용하지 않고는 정상적인 삶을 영위하기 어려운 경우가 많으며 때로는 큰 비용을 부담해야 한다. 때문에 많은 경우 정보이용에 대한 '동의'를 거부할 수 없다. 이처럼 고객의 정보이용에 있어서 기업은 일반적으로 우월한 지위에 서게 된다. 이렇게 수집된 정보는 데이터 마이닝(data mining)[35]을

Telecommunication & Technology L. Rev. (2000), 64쪽 이하.

30) Solove, "Conceptualizing Privacy", *90 California L. Rev.*, 2002, 1109쪽 이하.

31) Nehf, "Recognizing the Societal Value in Information Privacy", *78 Washington L. Rev.*, 2003, 14쪽.

32) 우지숙, "정보통제권에서 식별되지 않을 권리로", *언론과 사회* (13권 4호, 2005), 127쪽.

33) 2003년의 설문조사에 의하면 미국 성인 대부분이 웹상 개인정보의 흐름에 대해 잘못 알고 있었다. Turow, Americans and Online Privacy: The System is Broken, Public Policy Center of the University of Pennsylvania, 2003, 19쪽 이하.

34) 이러한 현실을 참여(합의)에 의한 원형감옥으로 표현하기도 한다. 이에 대한 연구는 Whitaker, *The End of Privacy*, 이명균 · 노명현 역, *개인의 죽음*, 2001, 255쪽 이하 참조.

35) 데이터 베이스를 분석하여 유용한 상관관계를 추측해 내는 것을 말한다. 별 의미가 없던 정보들도 데이터 베이스를 통해 조합됨으로써 중요한 의미를 갖는 정보로 가공될 수 있다.

거쳐 기업의 마케팅 또는 디마케팅(demarketing)[36]에 바로 활용된다.

(3) 개인과 사업자 사이의 비대칭적 권력 이처럼 '동의'를 전제로 한 현행 법체계 하에서 개인정보에 대한 정보적 자기결정권은 법제도를 통해 완전히 보장되는 듯 보이지만, 기업의 개인정보 DB는 오늘도 별다른 어려움 없이 확장되고 있다. 정보적 자기결정권이라는 것은 개인이 실질적으로 자신의 정보를 통제할 능력이 있다는 기본 전제가 성립될 때에만 기능할 수 있는 것이다. 이처럼 개인의 정보적 자기결정권에 근거한 '계약을 통한 규제'나 '시장규제' 또는 적절한 입법이 뒷받침되지 못한 '자율규제'[37]는 정보 제공자와 이용자 간의 심각한 권력 불균형으로 인해 실효를 거두기가 현실적으로 어려우며,[38] 결국엔 개인정보에 대한 정보적 자기결정권을 형해화한다.

이처럼 동의권의 주체에게 동의의 대상과 그 발생하게 될 실제결과에 대한 '인식적 역량'이 현저히 감소되어 있는 상황에서, 바꿔 말해 개인과 사업자 사이에 의사소통적 권한이 실제로 왜곡 분배되어 있는 상황에서, '동의'는 정보주체와 정보이용자간의 이해관계를 결코 합리적으로 배분하지 못할 뿐만 아니라 심지어 정보주체가 정보적 자기결정권을 갖지 못하는 현실을 은폐하기까지 한다. 이런 의미에서 개인정보의 보호는 개인의 권리라는 측면에서만 이해할 것이 아니며 사회구조적인 접근이 필요하다.[39]

2. 정보주체의 지위박탈

이러한 문제는 정보주체의 위치가 열악할수록 더욱 심해진다. 대표적으로 피고용인에 대한 내부감시에 있어서는 완벽한 약자의 지위에 놓인 정보주체의 정보적 자기결정권이 오히려 고용주의 내부감시를 정당화하는 도구로 이용되는 지경에 이르게 된다.

H사는 CCTV와 작업장 동료 감시, 녹음 등 다양한 감시통제 기법을 동원해 노

---

36) 고객을 의도적으로 배제함으로써 수요를 조절하는 마케팅 기법이다. 특히 수익에 도움이 되지 않는 고객과의 거래를 차단해 비용을 절감하려는 마케팅 기법을 의미한다.

37) 시장규제와 자율규제의 차이는, Swire, Peter P., "Markets, Self-Regulation, and Government Enforcement in the Protection of Personal Information, in Privacy and Self-Regulation in the Information Age by the U.S. Department of Commerce.", 1997, (Available at SSRN: http://ssrn.com/abstract=11472) 참조.

38) 서계원, "정보 프라이버시와 개인정보 보호", *세계헌법연구* (제11권 1호, 2005), 209쪽.

39) 우지숙, "정보통제권에서 식별되지 않을 권리로", *언론과 사회* (13권 4호, 2005), 128쪽.

> 동조합 활동을 방해했다. 이에 따라 2005년 4월 조합원 13명 전원이 '우울증을 수반한 적응장애' 진단을 받고 치료를 받았다.[40] 2003년에 이루어진 한 조사에 따르면 89.9%의 사업장에서 한 가지 이상의 방법으로 고용주의 피고용인에 대한 감시가 이루어지고 있다고 한다.[41]

고용주는 생산성 극대화를 위해 피고용인의 모든 것을 '통제' 하에 두기를 원하며, 피고용인은 고용주의 감시에서 벗어나고자 한다. 노동력의 거래에 있어서 피고용인이 생산에 투입하는 노력의 수준을 놓고 고용주와 근원적인 이해갈등이 존재하기 마련이다.[42] 고용주는 언제나 노동통제의 수단을 적극적으로 도입 활용하고자 하며, 노동감시는 고용주의 당연한 권리로 인식되어 왔다. 과거에 주로 현장 감독자들이 가시적인 방법으로 수행했던 감시는 오늘날 발전된 정보통신기술에 힘입어 전자노동감시로 발전하였다. 그럼에도 불구하고 대부분의 노동감시는 많은 사업장에서 피고용인의 '동의'를 조건으로 하지도 않은 채 고용주의 경영권에 포함되는 합법적인 권리로 행사되고 있다.[43]

이런 현실에서 '동의' 제도는 전혀 기능하지 못하는 경우가 많고, 설령 그것이 작동한다고 해도 근로자에게 정보적 자기결정의 기회를 보장하지 못한다. 근로자는 고용계약 체결 시부터 언제나 명시적으로나 묵시적으로 일터에서의 개인정보수집에 대한 포괄적인 동의를 요구받게 되고, 거절하기 어려운 위치에 놓인다. 게다가 근로계약에서 피고용인에게 개인정보에 대한 동의 조건은 임금수준에 비해 상대적으로 덜 중요한 것으로 인식되기 마련이다.

더 나아가 노동감시에 피고용인의 '동의' 제도는 오히려 고용주에게 거의 무제한의 감시권한을 합법화시키는 부작용을 가져올 수 있다. 예컨대 RFID나 CCTV 및 각종 감청기술과 같은 현대의 정보수집 및 처리기술 활용에 대해 단지 '동의'만을 전제로 한 개인정보 수집 허용 법제를 만드는 것은 고용주의 감시권을 적절한 수준에서 제한하기는 커녕 면죄부를 주는 효과만을 가져올 뿐이며, 정보주체의 인격을 보호하는 역할을 전혀 할 수 없다. 이와 같은 이유로 1996년에 제정된 국제노동기구(ILO)의 「노동자의 개인정보 보호에 대한 행동 준칙(ILO Code of Practice: Protection of Workers' Personal Data)은 제6장에

40) 서울경제 인터넷판, 2006.2.14.자, 사업장내 근로자들 전자감시에 무방비 참조.
41) 정청진, "네 일상을 자본앞에 공개하라", *노동사회* (2003. 9), 66쪽 참조.
42) 이병훈 · 김종성, "전자감시와 노동자 반응", *산업노동연구* (제10권 제2호, 2004), 70쪽 이하.
43) 사업장내 전자감시에 대한 자세한 내용은, 한국노동사회연구소, *사업장 감시시스템이 노동인권에 미치는 영향* (국가인권위원회 연구용역 보고서, 2005) 참조.

서 노동자에게 동의를 받는 방법을 제한하고 있고(제3조)[44] 동의가 있는 경우에도 개인정보는 목적의 범위 내에서만 수집할 수 있을 뿐만 아니라(제4조), 특정한 정보[45]는 아예 수집할 수 없도록(제5조) 하여 '정보이용동의'에 한계를 설정하고 있다.

최근에는 근로자의 사적 영역의 박탈이 장기적으로는 그에 비례하여 생산성을 향상시킨다고만 할 수 없음이 여러 연구를 통해서 밝혀지고 있다. 한 조사에 따르면 상대적 열위에 있는 피고용인들은 지속적인 내부감시로 인해 더 많은 피로를 느끼고 더 자주 화를 내며, 개별화·파편화·고립화되어 무력감을 갖게 되는 것으로 나타났다.[46] 뿐만 아니라, 피고용인의 개인정보에 대한 의식이 점점 커짐에 따라 내부감시 자체가 노동쟁의의 원인이 되기도 한다.[47] 이는 개인정보의 인격적 차원이 경영의 효율성과 내적으로 결코 무관한 것이 아니라는 일면을 보여준다.

Ⅲ. 경제적 합리성의 파괴

반면 엄격한 정보이용동의 제도를 통한 정보적 자기결정권에 대한 과보호는 개인정보의 경제적 활용을 지나치게 위축시키기도 한다.

1. 데이터베이스 마케팅 사업의 원천봉쇄

현행 개인정보보호 법제는 개인정보의 제3자 제공에 있어서 포괄적 동의를 원칙적으로는 허용하지 않는다.

(1) 제3자 제공의 개별적 동의 요청 정보통신망법 제24조의2는 개인정보를 제3자에게 제공하는 경우 정보를 제공받는 자, 제공목적, 제공할 정보의 항목, 제공받는 자의 보유 및 이용기간을 특정하게 하며 또한 동의 없는 제3자 제공

44) "만약 어떤 노동자가, 사용자나 다른 어떤 사람 혹은 조직에게 자신의 정보를 수집하거나 노출시킬 권한을 위임하는 계약서에 대한 서명을 요구받을 때에는, 계약서가 평이한 용어로 작성되어야 하고 구체적이어야 하며, 단체나 기관이 명시되어야 하고, 문제의 신상정보가 드러나 있어야 하며, 개인정보가 무엇을 목적으로 수집되는지와 계약서의 유효 기간이 명시되어 있어야 한다."

45) "사용자는 노동자의 다음 정보를 수집할 수 없다. (a) 성생활, (b) 정치적인, 종교적인 또는 그 외의 믿음·신앙, (c) 전과"

46) 이병훈·김종성, "전자감시와 노동자 반응", *산업노동연구* (제10권 제2호, 2004), 85~86쪽.

47) 오마이뉴스, 2003.7.31.자 '당신 머리 위에는 감시카메라가 없나요?' 참조.

이나 목적 외의 사용을 금지하고 있다.

> **제24조의2(개인정보의 제공 동의 등)** ① 정보통신서비스 제공자는 이용자의 개인정보를 제3자에게 제공하려면 제22조 제2항 제2호 및 제3호에 해당하는 경우 외에는 다음 각 호의 모든 사항을 이용자에게 알리고 동의를 받아야 한다. 다음 각 호의 어느 하나의 사항이 변경되는 경우에도 또한 같다. 1. 개인정보를 제공받는 자 2. 개인정보를 제공받는 자의 개인정보 이용 목적 3. 제공하는 개인정보의 항목 4. 개인정보를 제공받는 자의 개인정보 보유 및 이용 기간
> ② 제1항에 따라 정보통신서비스 제공자로부터 이용자의 개인정보를 제공받은 자는 그 이용자의 동의가 있거나 다른 법률에 특별한 규정이 있는 경우 외에는 개인정보를 제3자에게 제공하거나 제공받은 목적 외의 용도로 이용하여서는 아니 된다.

즉, 이 규정에 의하면 매번 정보를 제공할 때마다 정보주체에게 제공받을 제3자를 구체적으로 특정한 '개별적' 동의를 얻어야 한다. 그러나 이런 동의제도는 정보적 자기결정의 인격권적 차원에 지나치게 치중한 것이다. 왜냐하면 이렇게 되면 개인정보의 유통을 통한 영업, 즉 데이터베이스 마케팅(Data Base Marketing)[48] 사업의 기반이 되는 개인정보 데이터베이스의 유통 자체가 사실상 금지되기 때문이다.[49]

(2) 데이터베이스 사업의 현저한 위축 각각의 개별적인 경우에 소수의 특정한 개인정보를 특정한 제3자에게 제공하면서 정보주체에게 동의여부를 개별적으로 확인하는 것은 기술적으로 또는 법률적으로는 가능하다. 그러나 일반적으로 개인정보는 통계적으로 의미 있는 정도의 일정한 수 이상의 정보가 모여 데이터베이스(Data Base)를 형성하고 그것이 함께 유통될 때 비로소 경제적인 가치가 있는 것인데, '포괄적 동의'를 허가하지 않고 모든 경우에 제공받을 제3자를 특정해서 각각의 정보주체의 동의를 얻어야 한다면 그 동의를 획득하는데 드는 비용이 기업이나 정보주체에게 이미 개인정보 유통에서 얻을 수 있는 이익을 초과하여 경제성을 상실할 정도에 이를 것이다. 누가 어떤 정보를 원할지를 사전에 아는 것은 불가능하기 때문에 미리 정보를 제공받을 제3자를 특

48) 고객정보를 바탕으로 특성과 상황을 검토하여 개별 고객의 수요를 파악하여 판촉하는 마케팅 기법으로 일대일 마케팅(one-to-one marketing) 또는 고객관계관리(customer relationship marketing)라고 불리기도 한다. 데이터베이스 마케팅에 대한 자세한 내용은 김신곤·박성용, "데이터 마이닝을 이용한 효과적인 데이터베이스 마케팅에 관한 연구", *한국경영과학회 학술대회논문집* (제2권, 1998), 369쪽 이하 참조.

49) 이민영, "개인정보 취급 요건에 관한 비교법적 검토", *정보통신정책* (제18권 1호, 2006), 29~30쪽.

정하여 각각 동의를 받을 수도 없다. 또한 정보주체는 정보제공의 대가로 얻을 이익을 고려하여 정보를 제공하였을 것인데, 새로운 제3자가 정보를 요구할 때마다 정보주체가 동의를 해주어야 한다면, 정보제공으로부터 얻을 이익 이상의 동의비용이 발생하게 되어 정보를 제공한 것이 의미가 없어진다. 이처럼 개인정보 수집에 있어서 요구되는 정보주체의 '동의'는 사실상 거의 무제한적 수집을 허용하는 결과를 초래하는 반면, 역설적으로 개인정보 유통에 있어서 정보주체의 '동의'라는 조건은 사실상 개인정보의 유통을 불가능하게 만든다.

> [DBM사업의 법적 장애로서 개인정보보호] 기간통신서비스 제공기업인 KT는 지난 2004.8.11. 포괄적 동의를 전제로 전화 가입자의 이름, 전화번호, 주소 등을 원하는 기업에 제공하고 수익을 얻어 이를 정보제공자에게도 분배하는 DBM(Data Base Marketing)사업을 시작한 바 있다.[50] 제공받을 기업은 600여개이고 이 회사의 명단은 홈페이지에 게시되어 있었으며 가입자가 이용동의를 통해 받는 경제적 혜택은 전화요금할인이었다. 그러나 KT 소디스의 정보 제공에 대한 '포괄적 동의'는 위법의 소지가 있다는 지적을 받아 과태료 처분을 받았으며, 가입자 본인이 아니라 배우자나 자녀에게 받기도 한 점도 문제가 되었다. 이 사건의 형사절차에서 검찰은 '동의받지 않으려는 고의는 없었다'고 판단하여 무혐의처리한 바 있다.[51] KT 소디스 사업은 그로 인해 중단되었다.

KT 소디스 사례에서 처럼 우리나라에서는 데이터베이스 마케팅 산업의 기반이 되는 개인정보 유통이 사실상 불가능하다. 그러나 이러한 법률적 제한이 없거나 약한 외국의 경우 유통된 개인정보 데이터베이스를 기반으로 한 마케팅 산업이 지난 90년대 중반을 기점으로 급격하게 성장하였다. 유럽 연합(EU)에서 데이터베이스 마케팅 산업에 지출한 비용은 2003년을 기준으로 65조원에 이르고 있으며, 미국의 경우는 178조원으로 추산되고 있다. 세계적으로 데이터베이스 마케팅 시장은 연평균 8%의 높은 성장을 거듭하고 있으며, 2007년에는 시장규모가 689조원에 이를 것으로 전망된다.[52] 하지만 우리나라의 데이터베이스 마케팅 산업은 제3자를 명시한 '동의'를 요구하는 정보통신망법의 규정으로

50) KT 소디스 사업에 대해서 자세한 내용은, 김병도 · 홍성태 · 신종칠 · 강명수, "대한민국 데이터베이스 마케팅 인프라 구축을 위한 KT 소디스 사업의 마케팅 전략", *한국마케팅저널* (제7권 제3호, 2005) 121쪽 이하 참조.

51) 한국경제 인터넷판, 2005년 12월 12일자, 'KT 고객정보 장사 무혐의 — 개인정보 판매 동의받아' 참조.

52) 이 통계수치는, 김범수 "정보산업의 현황과 과제: 개인정보 이용과 산업활성화", *제37차 e-Biz Club 토론회 주제발표문* (전자신문, 2006.2.23.자) 참조.

인하여 개인정보 데이터베이스의 유통이 사실상 차단됨으로써, 신용정보의이용및보호에관한법률의 적용을 받는 예외적인 경우를 제외하고는 스스로 개인정보를 수집해 데이터베이스화 할 수 있는 일부 기업을 중심으로 운영되고 있으며, 규모도 미국의 40분의 1, 일본의 15분의 1 수준에 불과하다고 한다.[53] 데이터베이스 마케팅 관련 산업은 매우 노동집약적인 구조를 갖고 있기 때문에 우리나라에서 관련 산업이 미국 수준으로 활성화된다면 대략 230만명의 고용창출 효과가 발생할 것으로 추정된다.[54]

이처럼 개인정보의 유통이 사실상 차단됨으로 인해 기업에게는 언제나 손쉽게 수집된 거대한 개인정보 데이터베이스가 주어지지만, 동시에 기업은 그 데이터베이스를 스스로의 영업에만 소극적으로 이용할 수 있을 뿐, 제3자에게 제공해 더 큰 수익을 창출할 수 있는 기회를 적극적으로 활용할 수는 없는 상황에 놓인다. 또한 정보 제공에 대한 포괄적 동의가 불가능하기 때문에 개인정보 DB에 대한 높은 수요도 충족시킬 방법이 없게 된다. 이러한 현실은 마치 사탕을 어린아이에게 쥐어주고 먹지 말라고 하는 것과 같으며, 결과적으로는 개인정보의 '불법'적인 이용을 촉진하는 구조적 문제를 만든다. 따라서 정보통신망법 등의 처벌규정에도 불구하고 끊임없이 불법적인 개인정보유출이 발생하는 원인이 된다.

2. 과도한 경영 리스크로서 불법적 개인정보유출

정보보호법제에 의해 금지된 불법적인 개인정보유출은 손해배상 소송으로 이어질 수 있다. 이런 소송의 확산은 계속되고 있다. 이는 기업에게 정보보호법이 새로운 경영리스크로 자리잡게 됨을 의미할 수 있다.

(1) **윤리경영의 요소로서 동의권보장**　　일본의 경우, 일본네트워크시큐리티협회(JNSA) 추산에 따르면 지난 2004년 일본 기업이 개인정보 유출(유출사고 366건)로 인해 지급한 손해배상 총액은 4,667억엔으로 당시 환율로 계산하면 우리 돈 4조 9,500억원에 달한다.

[개인정보유출과 손해배상소송]　　온라인게임 리니지 '명의 도용' 피해자 8,574명이

53) 아이뉴스24 인터넷판, 2005.1.23., '피지 못한 꽃 DB마케팅' 참조.
54) 김병도 · 홍성태 · 신종칠 · 강명수, "대한민국 데이터베이스 마케팅 인프라 구축을 위한 KT 소디스 사업의 마케팅 전략", *한국마케팅저널* (제7권 제3호, 2005), 124쪽 참조.

게임업체 엔씨소프트와 이 회사 대표를 상대로 소송을 제기했다. 피해자들은 1인당 100만원씩, 모두 85억여 원의 손해 배상 청구 소송을 냈다. 소송을 대행하는 법무법인은 소송단에 참여할 피해자를 추가로 모집하고 있다.[55] 엔씨소프트는 다른 사건으로 인해 서울지법에 제기되었던 개인정보 유출 손해배상소송에서 이미 피해자 5인에게 각각 50만원의 정신적 손해를 배상하라는 판결을 받은 바 있다.[56] 또한 최근 초고속인터넷 통신업체에서 이름과 주민등록번호 등 개인정보가 유출된 피해자들도 통신업체를 상대로 1인당 50만원의 손해를 배상하라는 집단 손해배상 소송을 추진 중이다.[57]

정보적 자기결정권에 대한 보호가 강력할수록 고객정보관리는 기업문을 닫게 만들 수도 있는 '경영 리스크'로 변하는 것이다.[58] 게다가 소비자가 고객의 개인정보를 불법적으로 유출시킨 기업에 대해서는 신뢰를 하지 않게 되고[59] 그 결과 매출이 급감하여 결국 주가가 하락하는 현상까지 나타나고 있다.[60] 물론 이러한 현상은 한편으로는 제3자 제공에 대한 포괄적 동의 제도 도입에 대한 검토를 요구하지만 동시에 다른 한편으로는 기업의 윤리경영, 지속가능경영의 한 구성요소로서 정보보호가 자리잡고 있음을 말해준다. 그렇기에 무제한적이며, 무분별한 개인정보 수집과 이용이 기업에게 더 이상 유리한 것만은 아님[61]을 알 수 있다. 구체적인 경우에 있어 개인정보의 활용과 관련해 비용수익분석을 할 때 개인정보 보유에 대한 비용은 단지 수집과 보관에 드는 비용으로만 인식되어 종종 간과되곤 한다.[62] 그러나 당장 이윤을 증가시킬 것도 아니고 특별한 필요도 없음에도 불구하고 관행적으로 수집해놓은 민감한 개인정보는 자칫 유출될 경우 기업의 존립을 위협하는 엄청난 비용의 원인이 될 수도 있다.

---

55) 조선일보 인터넷판, 2006.3.16., '8500명 '리니지 85억 소송" 참조.
56) 디지털 타임스 인터넷판, 2006.5.1.자, '리니지2, 1인당 50만원 배상' 참조.
57) 매일경제 인터넷판, 2006.5.24.자, '인터넷 개인정보 유출, 피해자들 두번째 손배소' 참조.
58) 조선일보 인터넷판, 2006.5.1.자, '美국방부 수준 보안체제로 초비상경영' 참조. 이 기사에 따르면, 일본에서는 고객정보의 유출에 대한 위험으로 인해 아이러니하게도 직원에 대한 내부감시가 급격히 강화되고 있음을 보여주고 있다.
59) 2004년 초 450만명분의 고객 개인정보를 유출시킨 일본 IT 업체 '소프트뱅크'는 소송과는 별도로 사죄와 신뢰회복의 의미에서 고객에게 약 400억원의 상품권을 나누어줘야 했다. 조선일보 인터넷판, 2006.5.2.자, '개인정보 유출시키는 기업 망하는 시대 온다' 참조.
60) 연합뉴스 인터넷판 2006.5. 2.자, '엔씨소프트 약세 — 개인정보 유출소송 패소' 참조.
61) Froomkin, "Flood Control on the Information Ocean", *15 Journal of Law and Commerce* (1996), 402쪽, 407쪽 참조.
62) 우지숙, "정보통제권에서 식별되지 않을 권리로", *언론과 사회* (13권 4호), 2005, 133쪽.

(2) 동의권침해에 대한 집단소송 그러나 여기서 더 나아가 정보적 자기결정권의 보장을 소송의 차원에서 확실히 하기 위해 집단소송제를 도입하게 되면, 정보보호가 경영의 합리성을 실현하는 기능이 역전될 가능성이 생길 수 있다.

1) 개인정보피해소송의 특징 정보처리기술을 이용한 개인정보 유출은, 앞서 살펴본 사례들에서처럼, 하나의 유출행위로 인해 수많은 사람의 개인정보가 동시에 침해되는 반면 개개의 침해로 인한 피해는 일반적으로 크지 않다는 특징이 있다. 따라서 피해자가 각각 소송당사자게 되어 가해자에게 직접 제기해야 하는 통상의 손해배상 소송제도로는 피해자가 받을 보상에 비해 과도한 비용부담을 지는 문제를 야기할 수 있다. 바꿔 말하면 보호되어야 마땅한 권익이 침해되었지만 그 이익이 잘게 쪼개져 흩어져 있기(diffused and fragmented) 때문에 권리자들이 피해를 그냥 감수하기 쉽다.[63]

이러한 문제를 해결하기 위해 개인정보관련 집단소송제를 도입하는 입법이 시도되고 있다. 집단소송제도는 법률상 또는 사실상 중요한 쟁점을 공유하는 다수의 피해자 집단 중 집단구성원들 중 적절한 대표자가 소송을 수행해서 승소나 패소의 판결을 받으면 별도의 제외신고를 하지 않은 한 그 판결의 효과가 자동으로 미치게 하는 소송제도이다. 집단소송제는 단체소송과 함께 공익소송의 대표적인 형태로 이해되고 있다.[64] 집단소송제도는 분쟁을 1회에 종국적으로 해결한다는 점에서 과다한 소송비용을 줄이고 소액·다수의 피해자에 대한 실질적 구제수단이 되며, 법적으로도 가해자에게 새로운 책임을 부과하는 것이 아니라 기존의 책임을 합리적으로 부담시키는 것이어서 실효적인 제재수단이 된다는 장점이 있다.[65]

2) 집단소송의 부작용 그러나 기업이 집단소송으로 제소되는 경우 앞에서 예로 들었던 리니지 사건과 일본의 경우에서도 볼 수 있듯이, 소 제기 자체만으로도 언론보도, 매출감소, 신용경색, 주가하락 등, 승소로도 회복이 불가능한 타격을 입을 가능성이 있고, 특히 피해액을 정확하게 산정하기 어려운 개인정보 침해사건에서 패소할 경우 전체 배상액이 기업의 존립을 위협하는 수준으로 산정될 우려도 매우 높다.[66] 또한 주관적으로 손해로 인식하지 않고 배상요

63) 이상돈, "공익소송과 인권실현", *기업소송연구* (2004), 265~285쪽, 특히 확산이익의 법개념에 관한 부분은 274~275쪽 참조.

64) 이에 관해 자세히는 이상돈, *공익소송론* (세창출판사, 2006) 참조.

65) 서헌제, "증권집단소송제의 쟁점", *중앙법학* (제7집 제1호, 2005), 264쪽.

구를 할 생각이 없는 정보주체들까지도 별도의 제외신청을 하지 않는 한 손해배상소송의 원고가 되어 배상액을 가중시킨다. 예컨대 정보처리기술을 활용한 개인정보유출 사건에서 백만명 단위로 개인정보가 유출되는 경우 피해자 1인당 10만원의 배상액만 결정되어도 기업은 수천억원을 배상해야 한다. 따라서 개인정보관련 집단소송은 개인정보를 다루는 관련 산업 전체를 위축시키거나 심지어 붕괴시킬 우려마저 있다.

게다가 집단과 대표당사자의 확정에 따라 피해자의 청구권을 오히려 제한할 수도 있으며, 남소 및 과도한 분쟁으로 사회 전체의 효율성이 저하되거나 기업에 대한 압력 수단으로 악용될 수도 있다. 또한 기판력의 확장이 기존 민사재판 질서에 큰 변형을 가져오기 때문에 집단소송 자체가 소송실무에서 새로운 부담이 되고 변호사만이 수혜자가 되는 결과를 초래할 수도 있는 등의 문제점도 제기된다. 개인정보보호를 위한 집단소송제도의 도입은 신중해야 하며, 도입하더라도 이러한 부작용을 최소화하는 장치들이 필요하다. 특히 남소를 막기 위해 집단소송 요건을 제한하는 등의 추가적인 조치를 함께 법제화해야 한다.[67] 바꿔 말해 정보적 자기결정을 과보호하면 기업의 경영리스크가 지나치게 커질 수 있음을 예상할 수 있다.

Ⅳ. 동의제도의 재구성

1. 동의의 변증적 차원

이제까지 살펴본 바를 종합해보면, 우선 우리나라에서도 정보보호 일반법의 입법이 필요하지만, 동시에 정보보호 일반법은 정보적 자기결정의 과소보호와 과대보호가 초래하는 역기능을 스스로 반성하고 자기교정을 하는 기제를 미리 갖출 필요가 있다. 이른바 정보보호 일반법도 반성적 법(Reflexives Recht, reflexive law)[68]으로 거듭날 필요가 있다는 것이다. 여기서 반성이란 법이 정보보호의 인격적 차원에 치중해서 경제적 차원을 왜곡하거나, 경제적 차원에 치

66) 예컨대 석면관련 집단소송으로 인해 미국 내 최대 석면회사를 비롯해 수십 개의 석면회사가 파산한 바 있다.

67) 국회법제사법위원회, *집단소송등에관한법률안 검토보고* (2005), 19쪽.

68) 이 개념은 Teubner, “Reflexives Recht: Entwicklungsmodelle des Rechts in vergleichender Perspektive”, *ARSP* (Bd. 68, 1982) 24쪽 아래 참조.

중해서 인격적 차원을 왜곡할 가능성에 대해 지속적으로 관찰하고, 자기교정을 해 나아가는 것을 말한다. 정보보호법은 개인정보를 보호하라는 규범적 명령이 지배하는 시민들의 생활세계와 개인정보를 활용하여 경영효율성을 극대화하라는 기능적 명령이 지배하는 기업활동의 경제체계, 이 둘이 각자의 논리(규범적 논리와 기능적 논리)를 희생하지 않으면서도 서로 조화를 이루어가는 자율성, 이른바 '규제된 자율성'(regulated autonomy)의 실현을 도모해야 한다. 이 실현은 정보보호 일반법이 한 단계 더 발전하도록 만들 것이다. 이러한 기획을 좇는 정보보호법의 내용 설계는 다양할 수 있다. 또한 그런 설계는 한 번으로 끝나지 않는다. 정보보호 일반법이 제정된 이후에도 현실에서 등장하는 문제들을 이와 같은 반성적 법의 기획 속에서 지속적으로 검토하여 새로운 정보보호법 규범을 형성해 나아가는 것이 필요하다.

2. 동의제도의 재구성

여기서는 지금까지 주로 쟁점되어 온 정보적 자기결정의 대표적 제도인 동의의 문제에 대한 개인적인 대안을 잠정적으로 설계해 본다.

(1) **동의권의 실질적 보장** 우선 형해화 되어버린 정보적 자기결정권을 보완하기 위하여 개인정보 수집 시 정보주체의 '동의'만으로는 개인정보를 제한없이 수집할 수 없도록, 즉 동의가 정보수집의 충분조건이 아닌 필요조건이 되도록 동의의 효력을 제한해야 한다. 이를 위해 주민번호[69]와 같은 특정한 정보 또는 사상이나 종교, 정치적 성향, 병력(病歷), 성생활, 유전자 등과 같은 특별히 민감한 내용에 관련된 개인정보는 정보주체의 동의요건을 강화하거나 동의를 받더라도 법률에 별도의 근거가 없는 한 원칙적으로 수집할 수 없도록 법률로 명시하는 방법을 생각해 볼 수 있다. EU의 「정보보호지침」(1995)[70]도 인종, 민족, 정치적 견해, 철학적 신념, 노동조합 활동, 건강과 성(sex)에 대한 정보[71]를 민감정보로 분류하여 정보이용동의의 요건을 강화(explicit consent)하고 있으며 예외적인 경우를 제외하고는 이와 같은 개인정보의 처리를 금지하도록 하고

69) 주민등록제도와 정보적 자기결정권에 대해서는, 이희훈, "개인정보자기결정권의 침해에 관한 연구 -주민등록제도를 중심으로", *연세법학연구* (제10권 제1호, 2003), 273쪽 이하 참조.

70) 원문은 http://www.cdt.org/privacy/eudirective/EU_Directive_.html 참조.

71) Section Ⅲ, Articel 8, Paragraph 1. Member States shall prohibit the processing of personal data revealing racial or ethnic origin, political opinions, religious or philosophical beliefs, trade-union membership, and the processing of data concerning health or sex life.

있다. 주민번호의 경우를 민감정보로 분류하는 외국의 입법례는 찾기 어려우나, 이는 세계 각국에서 주민등록제도를 운영하지 않기 때문이다. 다만 주민번호와 유사한 사회보장번호 제도를 운영하는 국가의 경우 이를 민감정보로 분류하고 있다.[72] 민감한 정보들은 예외적으로 수집한 경우에도 다른 일반적인 개인정보와 분리하여 별도로 관리하고 역시 원칙적으로 제3자에게 제공할 수 없도록 해야 할 것이다. 현행 정보통신망법 제23조도 이와 같은 민감정보의 수집을 제한하고 위반시 형사처벌(제72조 제1호)을 하며, 제23조의2는 정보통신서비스 제공자에게 주민번호 이외의 방법으로 그 서비스에 회원가입을 할 수 있는 방법을 보장할 것을 의무화하고 위반시 과태료제재(제76조 제1항 제1,2호)를 가하고 있다.

> **제23조(개인정보의 수집 제한 등)** ① 정보통신서비스 제공자는 사상, 신념, 과거의 병력(病歷) 등 개인의 권리·이익이나 사생활을 뚜렷하게 침해할 우려가 있는 개인정보를 수집하여서는 아니 된다. 다만, 제22조 제1항에 따른 이용자의 동의를 받거나 다른 법률에 따라 특별히 수집 대상 개인정보로 허용된 경우에는 그 개인정보를 수집할 수 있다. ② 정보통신서비스 제공자는 이용자의 개인정보를 수집하는 경우에는 정보통신서비스의 제공을 위하여 필요한 최소한의 정보를 수집하여야 하며, 필요한 최소한의 정보 외의 개인정보를 제공하지 아니한다는 이유로 그 서비스의 제공을 거부하여서는 아니 된다.
>
> **제23조의2(주민등록번호 외의 회원가입 방법)** ① 정보통신서비스 제공자로서 제공하는 정보통신서비스의 유형별 일일 평균 이용자 수가 대통령령으로 정하는 기준에 해당하는 자는 이용자가 정보통신망을 통하여 회원으로 가입할 경우에 주민등록번호를 사용하지 아니하고도 회원으로 가입할 수 있는 방법을 제공하여야 한다. ② 제1항에 해당하는 정보통신서비스 제공자는 주민등록번호를 사용하는 회원가입 방법을 따로 제공하여 이용자가 회원가입 방법을 선택하게 할 수 있다.

또한 개인정보의 수집은 필요최소한의 범위에서만 허용되며(제23조 제2항), 수집목적을 달성한 경우나 보유기간이 끝난 경우에 그 개인정보는 파기되어야 한다(제29조).

(2) 포괄적 동의의 예외적 허용 반면 개인정보 DB에 대한 현실적인 수요로

72) 각국의 사회보장번호의 민감정보 분류에 관해서는, 이창범·윤주연, *각국의 개인정보피해구제제도 비교연구* (개인정보분쟁조정위원회, 2003), 124쪽(프랑스), 207쪽(호주), 218쪽(뉴질랜드) 등 참조.

인해 발생하는 문제를 해결하고, 개인정보의 적절한 유통이 가져올 사회 전체의 거래비용 감소 효과를 적극 활용하기 위해, 개인정보의 제3자 제공시 제공받을 제3자를 명시하지 않은 '포괄적 동의'를 예외적으로 허용하는 방향으로 제한을 완화할 필요가 있다.

[데이터베이스 마케팅에 대한 포괄적 동의제도] 데이터베이스 마케팅이 활성화되어있는 외국의 경우 제3자 제공에 대한 포괄적 동의를 대체로 허용하고 있다. 우선 미국의 경우는, 민간부문의 개인정보 수집과 이용에 대한 기본법을 갖고 있지 않고[73] 개별법에 의해 단편적으로 규율하고 있을 뿐인데, 지나친 정부 관여는 정보기술의 발전과 자유로운 경제활동을 저해할 우려가 있다는 판단 하에 자율규제를 우선한다.[74] 따라서 개별영역별 법률 제정시 정보주체의 보호보다는 관련업계와 이익단체의 이익을 우선하기 쉬우며 정치적 상황에도 크게 좌우되는 경우가 많고, 여러 가지 자율규제의 본질적인 한계를 노출하고 있기도 하지만,[75] 결과적으로는 제3자 제공에 대한 포괄적 동의가 원칙적으로 허용되고 있다. 일본은 2003년 기본법으로 '개인정보의보호에관한법률'을 제정하였는데, 이 법 제23조 제1항에서 개인정보를 제3자에게 제공하려는 경우 미리 본인의 동의를 얻도록 하고 있으나, 이때 제공받을 제3자를 특정해야 한다는 규정이 없을 뿐만 아니라, 제2항에서 본인이 제3자에게 제공될 것임을 미리 안 경우엔 사후에 거부할 수 있도록 하기만 하면(Opt-Out 제도) 별도의 동의 없이도 제3자에게 제공할 수 있도록 하고 있다.[76] 유럽 각국은 1995년의 EU 정보보호지침이 개인정보보호법제의 기본이 되고 있는데, 해당지침 제11조 제1항에서 개인정보를 제3자에게 제공할 때 '제공받을 자 또는 그 범주(the recipients or categories of recipients)'를 특정하

73) 참고로 미국의 프라이버시법(Privacy Act of 1974)은 공공기관의 개인정보취급에 대한 기본법이다.

74) 이민영, "개인정보 취급 요건에 관한 비교법적 검토", *정보통신정책* (제18권 1호, 2006), 32쪽 이하 참조.

75) 김동복, "민간부문에서의 개인정보보호에 관한 입법방향", *토지공법연구* (제20권, 2003), 347쪽 이하.

76) 第二十三條 ① 個人情報取扱事業者は、次に掲げる場合を除くほか、あらかじめ本人の同意を得ないで、個人データを第三者に提供してはならない。一 法令に基づく場合 二 人の生命、身体又は財産の保護のために必要がある場合であって、本人の同意を得ることが困難であるとき。三 公衆衛生の向上又は兒童の健全な育成の推進のために特に必要がある場合であって、本人の同意を得ること が困難であるとき。四 國の機關若しくは地方公共団体又はその委託を受けた者が法令の定める事務を遂行することに對して協力す る必要がある場合であって、本人の同意を得ることにより当該事務の遂行に支障を及ぼすおそれがあるとき。② 個人情報取扱事業者は、第三者に提供される個人データについて、本人の求めに応じて当該本人が識別される個人データの第三者への提供を停止することとしている場合であって、次に掲げる事項について、あらかじめ、本人に通知し、又は本人が容易に知り得る狀態に置いているときは、前項の規定にかかわらず、当該個人データを第三者に提供することができる。一 第三者への提供を利用目的とすること。二 第三者に提供される個人データの項目 三 第三者への提供の手段又は方法 四 本人の求めに応じて当該本人が識別される個人データの第三者への提供を停止すること。

도록 하고 있어[77] 제3자를 구체적으로 명시하지 않는 포괄적 동의를 허용하고 있다.

1) 법률유보적 포괄적 동의 다만 포괄적 동의의 허용은 EU의 경우와 같이 법률이 정한 조건을 충족하는 경우에만 가능하도록 하는 예외적 허용이 되어야 한다. 우리사회의 개인보호수준이나 정보유통 수요를 고려할 때 이런 예외적 허용요건은 마찬가지로 타당하다. 정보주체는 포괄적 동의를 하더라도 언제라도 동의를 철회할 수 있고, 그 경우에 정보통신서비스제공자는 지체없이 해당 개인정보를 폐기하는 등 필요한 조치를 취해야 한다(정보통신망법 제30조 참조). 이와 같은 철회권은 영업양도의 경우에도 보장된다(제26조 제1항 제3호 참조).

2) 현행법의 확장해석 현행법은 포괄적 동의제도를 명문으로 규정하고 있지는 않다. 다만 첫째, 정보통신망법 제24조의2 제1항은 "정보통신서비스 제공자는 이용자의 개인정보를 제3자에게 제공하려면 제22조 제2항 제2호 및 제3호에 해당하는 경우 외에는 다음 각 호의 모든 사항을 이용자에게 알리고 동의를 받아야 한다"고 규정하므로, 요금정산에 필요한 경우(제22조 제2항 제2호), 법률에 특별규정이 있는 경우(제3호)에는 개별적 동의 없이, 즉 아무런 동의가 없이 또는 포괄적 동의만으로 제3자에게 개인정보를 제공할 수 있다고 해석할 수 있다. 둘째, 포괄적 동의제도는 정보주체의 동의 없이 개인정보를 수집·이용할 수 있는 사유인 제22조 제2항 제1호("정보통신서비스의 제공에 관한 계약을 이행하기 위하여 필요한 개인정보로서 경제적·기술적인 사유로 통상적인 동의를 받는 것이 뚜렷하게 곤란한 경우")의 확대해석을 통해서도 현실화 할 수 있다.

---

77) Article 11 Information where the data have not been obtained from the data subject 1. Where the data have not been obtained from the data subject, Member States shall provide that the controller or his representative must at the time of undertaking the recording of personal data or if a disclosure to a third party is envisaged, no later than the time when the data are first disclosed provide the data subject with at least the following information, except where he already has it: (a) the identity of the controller and of his representative, if any; (b) the purposes of the processing; (c) any further information such as the categories of data concerned, the recipients or categories of recipients, the existence of the right of access to and the right to rectify the data concerning him in so far as such further information is necessary, having regard to the specific circumstances in which the data are processed, to guarantee fair processing in respect of the data subject.

3. 동의권침해의 제재

인격과 재산이라는 특징을 동시에 갖는 개인정보의 두 가지 차원으로 인해 동의권으로 재구성된 정보적 자기결정권 침해의 불법 또한 두 가지 차원을 갖게 된다. 인격적 차원에 대한 침해는 형사불법에 가깝고, 재산적 차원에 대한 침해는 민사불법에 가깝다.

(1) **비민감 개인정보를 위한 제재** 민감하지 않은 정보에 대한 침해의 경우 불법성은 구체적인 경우에 따라 검토해야 하겠지만, 형사불법이나 민사불법 모두 크지 않다.

1) 형벌의 과잉보호와 민사배상의 과소보호 예컨대 전화번호 정도를 동의 없이 알아내거나 제3자에게 제공한 경우와 같이 불법성이 일반적으로 형사처벌할 만큼 크다고 하기 힘든 경우가 많을 것이다. 따라서 예컨대 개인정보를 수집목적과 다른 목적으로 사용하거나 제3자에게 제공하는 등의 행위를 현행 정보통신망법 제71조 제2, 3호가 5년 이하의 징역 또는 5천만원 이하의 벌금에 처하는 것은 과잉입법이라고 할 수 있다.

그러나 다른 한편 인격적 차원에 대한 침해라는 점에서 이러한 경우에도 소액의 민사배상만으로는 다 해소되지 않는 불법이 분명 존재한다고 할수 있다. 따라서 비민감정보에 대한 동의권침해의 제재를 위해서는 형법과 민법의 두 영역에 걸친 채 어느 한쪽으로 완전히 포함되지 않는 복합적인 영역의 규율을 전제로 하여 거기에 맞는 제재수단이 필요함을 알 수 있다. 이는 기존의 판덱텐 시스템상의 분류가 더 이상 가능하지 않을 정도로 이질적인 법현실이 이미 자리잡고 있음을 반증한다.

2) 중간법으로서 과징금 제재 이러한 중간 영역을 관할하는 새로운 법영역에 대해 '중간법(middle law) 영역'의 기획 필요성이 제기된다. 중간법이란 "민법적 제재(손해배상) 또는 조정법(또는 보험법)적 제재(보험료할증)보다는 더 강한, 그러니까 '징벌'적 성격(punitive)을 갖지만 형법적 제재(형벌)보다는 '약한' 제재를 수단으로 가지며, 그 제재의 절차는 민사소송절차나 조정절차보다는 좀 더 권력적인 절차이지만 형사소송절차보다는 좀 덜 권력적인 절차를 사용하는 그런 새로운 법[78]"을 의미한다. 미국의 케네스 만(Kenneth Mann)이 말하는 '형사

78) 이에 관해 자세히는 이상돈, *부실감사법* (법문사, 2004), 163쪽 참조.

법과 민사법의 중간지대(The Middle Ground Between Criminal and Civil Law)[79]'나 독일의 하쎄머(Hassermer)가 말하는 '간섭법(Interventionsrecht)[80]'은 기존의 법체계에 포섭되지 않는 중간적인 영역의 법을 보여준다.

과징금 제도, 징벌적 손해배상책임 제도, 넓게는 원상회복 제도와 무과실 손해배상책임 제도 등은 이와 같은 중간법 영역에 있어서 전형적인 제재 수단이 될 수 있을 것이다.[81] 또한 다수의 개인정보가 유출된 경우에도 이렇게 제재수단을 구성하는 것이 집단소송제도를 도입하는 것에 비해 기업의 경영리스크를 합리적이고 예측가능한 수준에서 제한하는 방법이 될 것이다. 현행 정보통신망법은 2008년에 과징금제도를 도입하였다. 정보통신망법 제64조의3은 기업이 고객의 개인정보로 형성한 데이터베이스를 법에 위반하여 유출하거나 제3자 제공을 할 경우에 방송통신위원회가 그 기업에게 과징금을 부과할 수 있게 한다. 과징금은 개인정보 보호의무를 위반하여 얻은 수익의 상당부분을 환수할 수 있게 한다는 점에서 벌금이나 과태료보다 더 효과적인 통제수단이 된다.

(2) 민감개인정보 보호를 위한 제재 민감정보에 대한 침해의 경우는 일반적으로 행위 자체가 직접적으로 인격에 치명적인 훼손을 가져올 수 있기 때문에 명예훼손죄(제307조, 제309조)나 모욕죄(제311조)의 불법이 인정될 가능성이 있다. 따라서 민감정보의 수집금지를 위반한 경우 형사처벌도 가능할 것이다. 정보통신망법 제71조 제2호는 동의 없이 개인의 민감정보(제23조 제1항)를 수집한 자를 5년 이하의 징역 또는 5천만원 이하의 벌금에 처하고 있다. 그러나 형법전상의 비밀침해죄나 주거침입죄의 법정형이 3년 이하의 자유형 또는 500만원 이하의 벌금인 점에 비추어 보면 비교적 높은 편이다.

---

79) Mann, "Punitive Civil Sanctions: The Middle Ground Between Criminal and Civil Law", *The Yale Law Journal* (Vol. 101, 1992), 1795~1873쪽, 특히 1863쪽 참조. Mann은 이 글에서 Criminal Law와 Civil Law의 전통적인 패러다임의 요소들을 비교하면서(Ⅰ), 양편의 요소가 겹치는 영역을 중간법학(Middleground Jurisprudence)으로 보아 배상 이상의 금전 제재(More-than-Compensatory Sanction)가 처벌적 특성을 가짐(Ⅱ)을 설명하면서 그것의 역할이 점점 증가하는 현실(Ⅲ)과 그 함의(Ⅳ)에 대해 언급하고 있다. 이와 같은 견해는 행정법이 발달하지 않은 미국에서 형사법과 민사법 사이에서 중간법의 현상이 성장하고 있는 것으로 이해할 수 있다.

80) Hassemer, "Kennzeichen und Krisen des modernen Strafrechts", *ZRP* (1992), 378쪽(배종대·이상돈 편역, *형법정책* [세창출판사, 1998], 208~209쪽 참조). Hassemer는 비범죄화를 논하면서 형법과 질서위반법 사이, 민법과 공법 사이에 간섭법이 위치하는 것으로 보았다.

81) 각 제도의 자세한 내용은 이상돈, "공정거래질서와 형법정책", *법제연구* (제25호, 2003), 187쪽.

출처와 생성

[17]단락의 글은 "해킹의 형법적 규율방안"(*법조*, 2002년 3월호, 통권 546호, 86~121쪽)에서 비롯된다. 이 글은 다듬어져 *윤리경영과 형법*(신영사, 2005)의 [9]단락에 수록된 바 있다. 이후 변화된 법령과 판례를 반영하였다.

17 해킹과 형법

Ⅰ. 해킹의 현상학

1. 해킹의 문화적 아노미

해킹(Hacking)이 정보통신사회의 대표적인 일탈행위로 인지되어 가면서, 해킹에 대한 형법적 규율의 요구가 점점 더 높아지고 있다.[1] 그렇지만 해킹형법이 기초해야 할 문화적 기반은 매우 혼란스럽다. 우선 해킹은 한편에서는 정보통신사회의 적으로 간주된다. 정보통신사회에서는 컴퓨터와 컴퓨터 네트워크, 특히 인터넷이 생존배려를 수행하는 모든 사회체계의 인프라로서 자리 잡고 있고, 이 인프라를 기반으로 세계는 국경을 넘어 기능적으로 분화된 다양한 사회적 하부체계의 집합으로 변화해가고 있다. 즉, 시티즌(Citizen)보다 네티즌(Netizen)이 '세계시민적 구상'에 한 발짝 더 접근해 있는 것이다. 그런데 해킹은 그런 인프라의 기능을 위태롭게 하는 범죄로 파악되고, 심지어 사이버테러의 핵무기라는 오명을 뒤집어쓰기도 한다. 2001년 제정된 정보통신기반보호법은 해킹에 대한 바로 그런 인식을 반영한다.

그러나 해킹에 대한 행위자들의 불법의식은 의외로 매우 희박하다. 해킹대회가 열리는가 하면, 다양한 해커홈페이지가 운영되고 있으며, '해커스 토익'이라는 이름처럼 해킹은 일상적인 시민문화의 한 부분으로 자리 잡고 있다. 해커는 단지 유별난 네티즌이 아니라 시티즌(시민)의 한 사람으로 인식되며, 더욱이 해킹범죄의 다수를 차지하는 청소년들은 해킹을 범죄가 아니라 영웅적 행동으로까지 바라보기도 한다. 이이의 10만양병론(養兵論)을 본뜬 '해커 10만양병론'[2]

---

1) 2007년 방송통신위원회가 밝힌 통신민원 동향에 의하면 해킹의 피해 현황은 다음과 같다(154쪽 참조).

	2000	2001	2002	2003	2004	2005	2006
해킹 피해건수	1,942	5,333	15,192	26,179	24,297	33,633	26,808

2) 국내의 대표적인 해커 홈페이지인 http://www.hackerslab.org/korg/intro/ 참조. 중국이나 미국, 일본, 북한의 경우에는 한 걸음 더 나아가 이미 사이버 전쟁을 대비하여 해커부대를 창설해 놓고

은 이를 말해준다. 그러나 이러한 해커상은 세계시민의 모습이 아니라 민족국가의 독립운동을 선봉에서 이끄는 전사처럼 여겨진다. 또한 해커(hacker)는 보헤미안적 정서 속에서[3] 새로운 문화를 이끄는 컴퓨터전문가[4]를 상징하면서도 — 정보산업이 부르주아 사회의 중심체계를 구성하는 인프라로 전환되면서 — 자본주의 경제체제의 새로운 엘리트, 새로운 '부르주아의 병참군'과 같은 이미지를 갖게 되었다. 그러나 정보화가 자본화를 의미하면서, 다시 말해 컴퓨터와 정보통신산업이 성장하고, 시장을 형성하면서,[5] 해킹은 범죄적인 일탈행위로 간주되고[6] 법적으로도 악의적인 크래킹(cracking)의 개념과 구분 지을 수 없게 되었다.[7] 이와 같은 해킹의 범죄화 경향과는 달리, 해킹의 주무대인 사이버세계는 서부개척시대처럼 여전히 윤리적 신대륙[8]의 성격을 갖고 있다. 역사적으로 검증된 정책의 방향이 아직 설정되지 않았고 — 네티켓(netiquette) 운동[9]이 산발적으로 펼쳐지기도 하지만 — 여전히 '윤리적 공백'도 크다. 정보통신윤리위원회라는 네티즌의 윤리수준을 관리하는 국가의 조종대리인이 있으나 지나치게 현실세계의 윤리, 그것도 한국의 전통문화에서 전승되어온 윤리규범을 잣대로 삼음으로써, 네티켓은 세계시민적 윤리를 형성하기보다는 민속적인 전통윤리의 복고적 재생산에 기여하고 있다. 이처럼 해킹은 다양한 차원에서 서로 모

있다. http://www.asiaeconomy.co.kr/uhtml/read.jsp?idxno=410181&section=S1N53&section2=S2N255 참조.

3) 이러한 해커정신의 소멸을 비판적으로 바라보며, 일어난 운동으로 Copy left운동을 들 수 있다. 저작권(Copy right)의 반대쪽에 선 이 운동은 디지털정보의 배타적 권리를 보호하는 것에 반대하고, 소프트웨어를 공유하자는 운동이다. 이 운동의 정신은 GNU 선언문(The GNU Manifesto)(자유소프트웨어재단 FSF의 홈페이지, http://www.fsf.org/gnu/manifesto.html 참조)에 담겨져 있다.

4) Eric S. Raymond, *The New Hacker's Dictionary* (1991) 참조.

5) 해커의 범죄화와 산업화의 시기가 일치한다는 분석으로 안영섭, *컴퓨터 사회의 무서운 함정 — 컴퓨터의 사회윤리* (1995); 김강호, *해커의 사회학 — 해커를 해킹한다* (1997) 참조.

6) 이는 일선 경찰의 해킹에 대한 의식이라고 할 수 있다. 그런 의식을 보여주는 경찰의 글로는 양근원, "해커, 아직도 양성되어야 하는 존재인가?", *시민과 변호사* (제80호, 2000/9), 78~79쪽 참조.

7) D. Thomas/Brian D. Loader편, *Cybercrime - law enforcement, security and surveillance in the information age* (2000), 3~7쪽 참조.

8) 이 표현은 생명공학분야를 두고 훼페(Höffe)가 표현한 말을 전용한 것임(Höffe, Wessen Menschenwürde?, Gezer편, *Biopolitik* [2001], 67쪽).

9) 인터넷상의 에티켓을 의미하는 이 말에 관해서 Barbara F. Sharf, Beyond Netiquette, S. Jones편, *Doing Internet research: critical issues and methods for examining the Net* (1999), 243~256쪽 참조; CPSR(Computer Professionals for Social Responsibility)가 만든 '컴퓨터와 정보기술에 대한 강령'도 그 한 예이다. 이에 관해서는 CPSR의 홈페이지(http://www.cpsr.org/)를 참조.

순적이거나 부정합적인 상징을 갖고 있다. 세계시민사회와 민족국가적 동질성, 탈근대적 기능화와 전근대적 윤리화, 일탈행위적 성격과 법익창출기능, 보헤미안적 체취와 부르주아적 관념 등과 같은 모순적이거나 대립적인 상징의 이중성 아래 있다.

2. 해킹의 의미론

그러므로 해킹은 아직도 법률적 개념이기보다는 사회학적 개념이라 할 수 있다. 해킹이 사회학적으로 아노미적 상징체계 속에 있는 한, 해킹의 의미를 법률적 개념으로 세련화 하는 데에는 한계가 있다. 특히 죄형법정주의가 요구하는 수준의 명확성을 충족시키기 힘들다. 그러므로 법학적으로 기껏해야 해킹은 정보통신체계와 관련되는 일체의 일탈행위를 담는 개념의 보따리인 것처럼 보인다. 즉, 해킹은 규합개념 내지 집합개념(Sammelbegriff)이다. 그래서 해킹은 가장 넓게는 정보통신사회의 기술적 수단을 대상으로 한 또는 그것을 이용한 모든 일탈행위[10]를 가리킬 수 있다. 해킹 개념의 이러한 불명확성으로 인해, 해킹을 법적으로 규율할 때에는 어떤 맥락에서 어떤 일탈행위를 대상으로 삼는 것인지를 특정할 필요가 있다. 그런데 그와 같은 의미맥락의 특정은 법학 내에서 다양한 방식으로 전개되고 있다. 예컨대 해킹은 컴퓨터범죄의 하나로 분류되기도 하는데, 이 분류는 해킹이 컴퓨터를 대상으로 하거나 컴퓨터를 이용한 범죄임을 말해준다.[11] 또한 해킹은 전산망범죄,[12] 정보범죄[13] 또는 정보통신범죄[14]의 하나로 불리기도 한다. 이럴 때 해킹은 주로 정보통신망을 이용한 일탈행위로서 특성화된다. 또한 최근에는 해킹을 사이버범죄로 표현하거나,[15] 사이버테러의 전형으로 묘사하기도 한다. 이때 해킹은 테러리즘에 대한

10) 이에는 컴퓨터바이러스의 제작·유포 또는 폭탄메일의 투입 등 정보통신망을 이용한다는 개념표지를 필요로 하지 않는 일탈행위가 모두 포함될 수 있다.

11) 독일의 일상 언어로는 컴퓨터 범죄 가운데에서도 데이터를 탐지하는 행위(§202a StGB, 우리 형법전으로는 제316조 제2항에 상응)만을 가리킨다고 보는 견해도 있다(Moritz, Hans-Werner, Strafbarkeit, U. Loewenheim/F. Koch편, *Praxis des Online-Rechts* [1998], 536쪽 참조).

12) Hilgendorf, "Kriminalität im Internet", (2000.10. 한양대 법학연구소 초청 강연 원고), 5쪽 아래 참조.

13) 최영호, *정보범죄의 현황과 제도적 대처방안* (한국형사정책연구원, 1998), 19, 21쪽 아래 참조.

14) 이런 개념의 사용을 제안하는 백광훈, "사이버범죄의 개념과 용어의 문제", *형사정책연구소식* (11/12월호, 2001), 39~43쪽.

15) 강동범, "사이버범죄와 형사법적 대처, 사이버범죄의 실체와 대책", *제25회 형사정책세미나 자료* (2000), 67쪽 아래 참조.

적대적 의식의 맥락 속에 들어오게 되며, 테러리즘과 같이 강력하게 진압되어야 할 범죄의 의미를 띠게 된다.

(1) **사이버범죄로서 해킹** 먼저 사이버범죄는 물론 사이버세계의 개념을 전제한다. 사이버 세계는 흔히 사이버 스페이스(Cyberspace), 즉 가상공간이라고 불리지만, 공간이외에도 실재세계와 동일한 구조적 요소들, 이를 테면 주체(예: ID, 도메인이름 Domain Name), 시간, 그리고 주체들의 행위 및 그들 간의 상호작용 등으로 구성된다. 다른 한편 사이버세계는 실재세계와 구분될 수도 있다. 일본대사관 앞에서의 집회시위와 일본(대사관) 홈페이지에 여러 네티즌이 동시에 접속하여 시위하는 행위(이른바 '사이버시위')는 사람들의 불법의식에 있어 큰 차이가 있고, 그 사회적 영향에도 차이가 있다. 또 웹사이트에 부정 침입하는 행위와 타인의 주거에 실제로 침입하는 행위도 불법의식이나 그 사회적 영향에 있어 큰 차이가 있다. 특히 실제의 부부와는 완전히 절연된 사이버세계 내의 부부(이른바 '사이버부부') 현상은 두 세계의 '분리적 현상'을 극적으로 보여준다. 사이버범죄라는 개념이 형법이론적으로 의미가 있으려면 아마도 이와 같은 사이버세계의 독자성을 전제로 해야 할 것이다. 그러나 두 세계는 긴밀한 '상호작용의 관련' 속으로 들어간다. 인터넷에서 타인의 명예를 훼손하는 행위나 사이버테러의 개념처럼 사이버세계의 전자적 행위를 통하여 실재세계의 변화(예: 명예훼손, 인터넷뱅킹의 파괴)를 가져오기도 한다. 실재세계의 사이버화는 계속 빠르게 추진되어 가고 있다. 반대로 정보통신사업자의 메인서버를 망치로 손괴하는 행위처럼 실재세계내의 행위가 사이버세계의 기능장애를 초래할 수도 있다. 따라서 사이버 범죄라는 개념은 실재세계와 사이버세계에 걸쳐 있는 범죄현상들을 모두 총괄할 수밖에 없다.[16] 이렇게 되면, 사이버범죄라는 개념이 갖는 형법이론적 의미는 급격히 약화되고 말 것이다.

(2) **컴퓨터 범죄와 정보통신범죄로서 해킹** 또한 사이버세계는 컴퓨터를 주된 도구로 삼고, 그들을 연결하는 네트워크(정보통신망)와 그 망을 통해 소통되는 지식정보(컨텐츠) 등에 의해 그 인프라가 구축된다. 여기서 이미 컴퓨터범죄와 정보통신범죄가 동일한 개념이 아님을 알 수 있다. 컴퓨터범죄는 기존의 형사

16) 사이버범죄는 정보통신공간, 사이버공간과 관련하여 일어나는 모든 범죄행위를 가리키게 된다. 이렇게 넓은 개념 이해를 보여주는 김종섭, *사이버범죄 현황과 대책*, 한국형사정책학회 2000년도 동계학술회의자료, 22쪽; 조병인·정진수·정완·탁희성, *사이버범죄에 관한 연구*, 한국형사정책연구원, 2000, 18쪽 아래 참조.

범죄가 컴퓨터라는 매체를 통하여 확장된 범죄유형이라고 할 수 있다. 이에 비해 정보통신범죄는 인터넷의 성장과 함께 형성된 정보통신체계의 기능을 위태롭게 하는 일탈행위를 새롭게 범죄화한 것이다.

이 두 범죄의 구별은 실정법체계에선 더욱 확연하다. 실정법적으로는 형법전에 규정된 컴퓨터를 목적(대상, 객체)으로 삼거나 수단으로 하는 범죄들, 특히 1995년 형법개정으로 들어온 범죄유형들을 컴퓨터범죄(Computerkriminalität)[17] 라고 부를 수 있다. 1995년 개정된 형법전은 사이버세계를 구성하는 도구로서 컴퓨터와 같은 전자기록장치를 중심으로 새로운 범죄유형을 규정하고 있다. 컴퓨터범죄는 — 예를 들어 전자기록의 내용을 권한 없이 바꾸거나 타인의 컴퓨터에 들어 있는 데이터를 지워버리는 행위처럼 — 형법전에 이미 존재한 불법유형이 컴퓨터를 매개로 실현되는 다양한[18] 행위유형을 아우른다. 컴퓨터범죄는 특히 원래 인터넷이 발달하기 이전에 정형화된 불법구성요건이며, 이 점은 이미 정보통신망을 이용하지 않은 채 행해질 수 있는 범죄임을 말해준다(도표 74의 A영역).

이에 반해 각종 정보통신법은 정보통신망에 대한, 정보통신망을 이용한 일탈행위를 규율하고 있다.[19] 예를 들어 네트워크에서 전송되고 있는 일정한 크기의 정보, 즉 패킷(Packet)을 실시간으로 수집해서 네트워크를 떠다니는 아이디와 패스워드, 신용카드의 비밀번호 등을 알아내는 패킷 스니퍼링(Packet Sniffering)처럼 형법전상의 컴퓨터범죄에는 해당하지 않으면서 정보통신법에 의해 범죄(정보통신망 이용촉진 및 정보보호 등에 관한 법률[20] 제48조 제1항 또는 통신비밀보호법 제16조 제1항 제1호)로 파악될 수 있는 경우도 있다(도표 74의 C영역).[21] 물론 형법전상의 범죄는 정보통신망의 이용을 통하여 새로운 양상으로

---

17) 이 개념은 지버(Sieber)의 *Computerkriminalität und Strafrecht*, 1977에 의해 정형화되었는데, 그 후 많은 개념적 발전이 있었다(이와 관련한 독일형법학계의 발전사에 관해서는 Sieber, *Verantwortung im Internet*, 1999 참조).

18) 비슷한 견해로 Haft, Das Zweite Gesetz zur Bekämpfung der Wirtschaftskriminalität, NStZ, 1986, 6쪽 참조).

19) OECD Guidelines for the Security of Information Systems(1992.11.26.)는 해킹을 '침해, 파괴(vandalism), 업무방해(sabotage), 사기, 절도의 목적을 가지고 시스템 접속 권한을 의도적으로 오용(misuse)하거나 권한 없이 시스템에 접속하는 행위'로 규정한다(http://www.oecd.org//dsti/sti/it/secur/prod/e-secur.html 참조); 대검찰청도 해킹을 '정보시스템 불법침입 및 파괴'라고 정의하고 있다(http:// www.dci.sppo.go.kr/ 참조). 경찰청 사이버테러대응센터에 따르면 해킹을 "다른 사람의 컴퓨터 시스템에 무단 침입하여 정보를 빼내거나 프로그램을 파괴하는 전자적 침해행위"라고 정의하고 있다(http:// www.netan.go.kr/cyber/division011.jsp 참조).

20) 이하에서는 정보통신망법으로 약칭함.

▌도표 74▐ 해킹의 범죄 개념

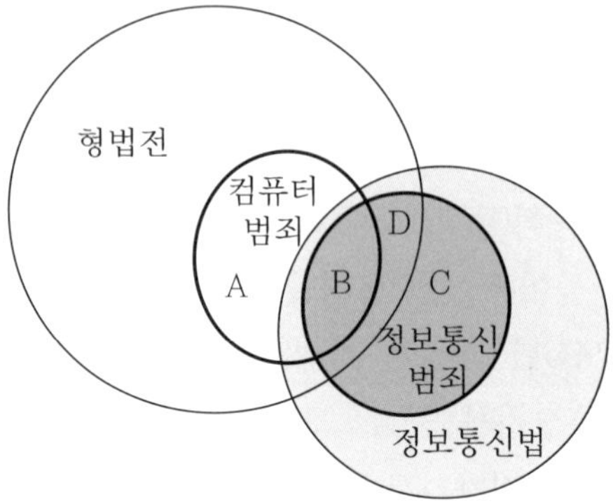

전개될 수 있다. 예를 들어 병원 컴퓨터시스템에 침입하여 처방전을 바꿔 놓음으로써 독성이 강한 약물을 투약 받은 9세의 아이를 죽음에 이르게 한 행위[22] 처럼 살인행위(또는 업무상과실치사행위)가 가능하다(도표 74의 D영역).[23] 물론 아울러 형법전의 컴퓨터 범죄규정과 정보통신망법의 범죄규정이 동시에 적용될 수도 있다. 정보통신사업자의 시스템에 침입한 후 다시 침투하기에 편리하도록 백도어(Back door)를 설치하는 행위는 컴퓨터범죄(형법 제366조)이면서 동시에 정보통신망법상의 범죄(동법 제48조 제2항)에 해당한다(도표 74의 B영역). 이와 같이 다양한 해킹 개념의 의미에서 그 개념의 내포와 외연을 어떻게 정할 것인가는 학문정책적 사항이다.

Ⅱ. 해킹의 불법구조

이러한 학문정책적 과제의 해결은 물론 해킹에 대한 형법적 규율을 어떻게 할 것인가 하는 형법정책적 문제에 대한 결론을 제시할 수 있다.

---

21) 이에 대한 자세한 분석은 김일수 · 배종대 · 이상돈, "정보화사회에 대비한 형사법적 대응", *비교형사법연구* (제3권 제2호, 2001), 43~44쪽.

22) *Der Spiegel*, 1994년 제9호(1994.2.28.자), 243쪽 참조.

23) 그러니까 형법은 물리적 세계뿐만 아니라 물리적이지 않은 세계, 즉 가상세계에서도 제한 없이 개인적 법익을 똑같이 보호하는 것이다(B. Eichhorn, *Internet-Recht* [2000], 53쪽 아래 참조).

1. 형사불법의 고유한 구조

이처럼 이론적이며 실천적인 과제를 해결함에 있어 중요한 점은 무엇보다도 해킹의 개념영역에 들어오는 일탈행위들이 어떤 불법의 모습 — 형법학의 전문용어로 '불법유형'(Unrechtstypus) — 을 하고 있는가 하는 점이다. 그 불법의 모습에 따라, 민사법적 규율이나 행정법적 규율에 머무를 필요가 있는지와 형사법적 규율에 들어와야 하는지에 대한 판단, 그리고 형사법체계 안에서도 형법전과 같이 핵심형법[24]의 영역에 위치해야 할 것인지 아니면 부수형법의 영역에 위치해야 할 것인지에 대한 판단이 달라질 수 있다.

(1) **형법과 민법, 행정법의 차별화** 형사불법의 고유한 특성을 파악하기 위해서는 형법과 민법 그리고 행정법의 임무와 기능에 대한 이해가 필요하다. 형법은 생활세계의 정당한 질서를 형성하는 기초적인 규범체계(제도)이다.[25] 그 규범 위에서 사람들은 일상적인 행위의 방향이 다른 사람의 행위와 조화를 이루도록 정돈한다. 그렇게 함으로써 사회적 통합의 가장 핵심적인 규범적 기반이 마련된다. 민법도 기본적으로는 형법과 같은 행위규범의 체계를 이룬다. 다만 민법은 형법보다는 손해나 위험의 공평한 분담이라는 목적의 영향을 좀 더 많이 받을 수 있다. 즉, 민법은 형법보다 좀 더 특히 정책적으로 설정되는 '목적에 의해 규정'(zweckbestimmt)될 수 있다.[26] 행정법이 형성하는 법규범은 민법보다도 더욱 더 정책적 목표에 의해 규정된다. 행정법은 경제활동이나 행정활동을 조직화하는 수단(Organisationsmittle)으로 자리매김하게 된다. 이 조직화수단은 주로 정치경제학적 의미의 경제체계나 행정체계의 기능화를 위해 사용된다. 행정법이 통제하는 일탈행위는 그런 조직화기획에 어긋나는 행위일 뿐, 형법규범처럼 일상세계의 기초적인 행위규범에 위반하는 행위가 아니다. 물론 오늘날에는 형법도 그와 같은 조직화의 수단으로 기능하는 영역이 점차 확대되

---

24) 이 표현은 Hassemer, "Warum und zu welchem Ende strafen wir?" *ZRP* (8권, 1997), 316쪽 아래 (배종대 · 이상돈 편역, *형법정책* [세창출판사, 1999], 210~228, 특히 224쪽) 참조.

25) 이러한 나의 설명은 헌법, 형법, 형사소송법 등을 생활세계의 정당한 질서를 이루는 제도 그리고 행정법, 경제법, 상법, 기업법 등을 사회적 하부체계의 기능화를 위한 조직화수단으로 분류하는 Habermas, *Theorie des kommunikativen Handelns*, Bd.2 (1981), 535쪽 아래에 기초한다. 다만 민법의 자리매김, 그리고 형법도 조직화수단으로 기능하는 측면에 대한 통찰은 나의 고유한 점이다.

26) 이러한 점에 대해서 이상돈, "의료행위의 법제화와 형법. 의료분쟁조정법안의 기본구상에 대한 법사회학적 비판", *형사정책연구* (봄호, 1997), 153~185쪽 참조.

어가고 있다. 그럼에도 불구하고 형법은 생활세계적 행위규범에 그 중심이, 행정법은 조직화수단에 그 중심이 그리고 민사법은 그 둘 사이에 위치한다.

(2) **인격적 법익과 사회체계의 기능** 생활세계적 행위규범은 개인과 개인이 공평하게 자유를 (형식적으로나 실질적으로) 향유하기 위한 조건을 보호한다. 그 조건을 형법학에서는 '법익'이라고 부르며, 형법의 과제는 법익보호에 있다고 본다. 형법상 법익은 개인들 사이에서 자유의 경계표시와 같다. 그러므로 형사불법은 — 사회적 범죄나 국가적 범죄에서까지도 — 궁극적으로는 실천이성의 격률에 따라[27] 공평하게 분배된 개인의 자유이익을 훼손하는 일탈행위들에 공통된 의미라고 할 수 있다. 이러한 법익이론을 인적 또는 인격적 법익론(personale Rechtsgutslehre)[28]이라고 부른다. 현대형법체계에서는 핵심형법이라 할 수 있는 형법전은 그런 의미의 법익, 즉 인격적 법익을 보호하는 법규범이며, 해킹도 형법전상의 범죄가 되려면 그러한 법익을 침해하는 불법유형(도표 75의 I 영역)을 갖고 있어야 한다.

이에 비해 조직화수단으로서 법은 모든 종류의 재화의 생산과 분배를 관장하는 기능을 한다. 오늘날 재화의 생산과 분배는 점점 더 다양한 '사회적 하부체계'의 기능에 의존해간다. 정보통신체계는 그런 하부체계 가운데 하나가 된다. 예컨대 의료재의 생산과 분배는 의료체계가, 자본재의 생산과 분배는 증권거래체계와 같은 자본시장체계가 각각 어떻게 짜여지고, 어떻게 기능하느냐에 따라 달라진다. 그러므로 조직화수단으로서 법은 그런 사회적 하부체계의 기능을 유지하고 효율화 해야 한다는 과제를 절대적인 명령으로 삼게 된다. 정보통신체계는 그와 같이 다양한 사회적 하부체계의 기능을 실현하는 인프라로서 기능한다는 점에서 더욱 특별한 의미와 지위를 갖는다. 정보통신체계는 그 자체로서 사이버세계와 실재세계를 자유롭게 넘나들며 자신의 자유를 실현하는 개인들의 이익, 즉 정보재(財)를 생산하고 분배하는 사회체계이다. 이 체계 역시 그러한 기능을 유지하고 효율화하라는 절대명령 아래 놓이게 된다. 조직화수단에 속하는 법이 아닌 형법의 법익은 원칙적으로 이와 같은 사회체계의 기

27) 근대형법을 실천이성의 제도화로 바라보는 이상돈, *형법학: 형법이론과 형법정책* (법문사, 1999), 15쪽 아래 참조.

28) 이를 대표하는 독일연방헌법재판소 재판관 Hassemer, Grundlinien einer personalen Rechtsgutslehre, *FS-Arthur Kaufmann zum 65. Geburtstag* (L. Philipps/H. Scholler 편), 1989, 85쪽 아래 (배종대·이상돈 편역, *형법정책*, 1999, 339~350쪽) 참조.

능적 효율화라는 관점에서 구성되어서는 안 된다. 이렇게 될 때 민법의 불법은 형법의 불법구조와 행정법의 불법구조 그 둘 사이에 위치할 수 있을 것이다.

2. 해킹의 불법유형

그런데 해킹의 의미론에서 보았듯이 형법전의 범죄유형에 있는 컴퓨터범죄가 정보통신망을 이용하여 행해지면(도표 75의 Ⅱ영역), 그 행위는 인격적 법익의 침해뿐만 아니라 정보통신체계의 기능을 위태롭게 하는 일탈행위의 성격도 아울러 갖게 된다. 즉, 형법도 그 한에서는 행정법처럼 조직화수단으로서 기능한다. 또한 해킹에 대한 형법적 규율을 보면 다른 분야에서도 일어나고 있는 것이긴 하지만, 오로지 정보통신체계의 기능을 보호하려는 정책적 목표만을 좇는 경우도 있다(도표 75의 Ⅲ영역).[29)]

(1) **해킹의 세 가지 불법유형** 이렇게 보면 해킹을 규율하는 현실의 형법규범들은 형법, 민법, 행정법에 따라 차별화될 수 있고, 또 그래야 마땅한 불법구조를 모두 보여준다. 도표 75는 이를 표현하고 있다.

형법전상의 컴퓨터범죄는 기본적으로 인격적 법익을 보호하는 범죄구성요건이다(도표 75의 Ⅰ영역). 정보통신법상의 범죄는 기본적으로 정보통신체계의 기능을 보호하는 범죄구성요건이다(도표 75의 Ⅲ영역). 그런데 그 둘 사이에서 형법과 정보통신법이 경합적으로 적용되는 영역의 범죄는 한편으로는 인격적 법익을 침해하는 일탈행위이면서 다른 한편으로는 정보통신체계의 기능을 위태

| 도표 75 | 해킹 불법의 구조적 유형화

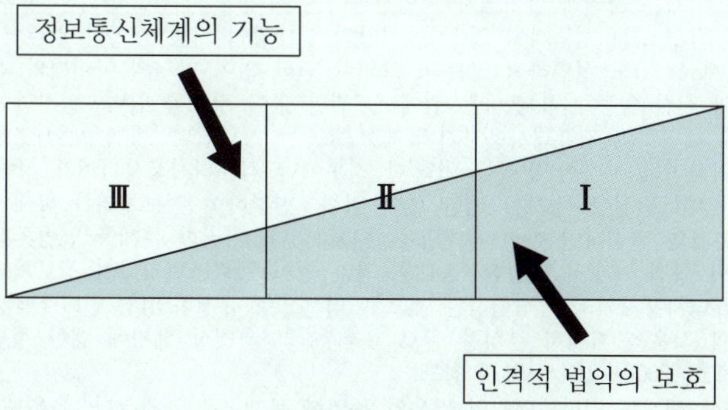

29) 비슷하게 김영환, *정보사회에 따른 법이론적 문제들 - 특히 형법의 귀속원리의 변화를 중심으로, 정보사회에 대비한 일반법 연구 Ⅰ* (통신개발연구원, 1997), 51쪽 아래 참조.

롭게 하는 일탈행위가 된다.

(2) **불법유형에 따른 해킹행위의 예시적 분류** 아래서는 해킹의 개념에 들어오는 다양한 일탈행위를 이러한 세 가지 유형에 따라 예시적으로 분류해 보기로 한다.

〈Ⅰ군〉

① 타인의 컴퓨터를 켜고, 비밀장치를 풀고, 그 안의 프로그램파일을 삭제한다.

② 은행컴퓨터시스템을 관리하는 직원이 그 시스템에 들어가 자신의 계좌에다 허위의 입금데이터를 입력하여 잔고를 증액시킨다.

③ 고가의 초고속, 대용량의 컴퓨터를 무단으로 일정시간 사용한다.[30]

〈Ⅱ군〉

④ 타인의 아이디와 패스워드를 허락 없이 사용하여 인터넷뱅킹의 방식으로 그 타인의 계좌에서 일정액의 돈을 자신의 계좌로 이체시킨다.[31]

⑤ 타인의 아이디와 비밀번호를 허락 없이 사용하여 인터넷으로 물품을 구입하고, 대금은 그 타인의 은행계좌에서 이체한다.[32]

⑥ 타인의 신용카드 비밀번호를 알아내고, 그 카드를 위조하여 그 타인의 계좌에서 일정액의 돈을 자신의 계좌로 이체시킨다.[33]

〈Ⅲ군〉

⑦ 인터넷뱅킹의 웹사이트에 들어가 비밀장치를 풀고 타인의 ID, 비밀번호

30) 현재 컴퓨터의 권한 없는 사용을 처벌하는 형법규정은 없다. 이를 적절한 것으로 보는 강동범, "컴퓨터범죄처벌규정에 대한 비교법적 고찰", *서울시립대 법률행정논집* (제7권, 1999), 34~36쪽.

31) 전자자금의 이체는 물권적 합치의사가 인정된다는 점에서 의사에 반하는 점유이전이 없다. 따라서 절도죄(제329조)는 성립하지 않으며, 기망의 상대방이 사람이 아닌 컴퓨터시스템이라는 점에서 사기죄(제347조)도 성립하지 않는다. 그러나 권한 없이 타인의 아이디와 패스워드를 사용(진실한 정보의 권한 없는 사용)했다는 점에서, '권한 없이 정보를 입력·변경하여 정보처리를 하게 함으로써'에 해당하여 컴퓨터사용사기죄(제347조2)는 성립한다. 형법 제347조의2는 원래 '허위의 정보를 입력하거나 부정한 명령을 입력'한 경우에만 컴퓨터사용사기죄가 성립하는 것으로 규정하여 이와 같이 진실한 '정보를 권한 없이 입력·변경하여 정보처리를 하게 하는' 경우에 동죄가 성립하는가와 관련하여 학설의 대립을 초래하였다. 이러한 문제를 입법론적으로 해결하기 위하여 2001년 형법 개정시 진실한 '정보를 권한 없이 입력·변경하여 정보처리를 하게 하는' 경우에도 컴퓨터사용사기죄가 성립하는 것으로 명문으로 규정하였다. 인터넷뱅킹에서 해킹에 대한 현행 형법의 적용을 자세히 분석한 글로 유용봉, "인터넷상 해킹에 대한 형법적 규제", *규제연구* (제9권 1호, 2000), 184~191쪽 참조.

32) 전자상거래상 해킹도 인터넷뱅킹의 경우와 동일한 문제구조를 갖는다. 유용봉, 앞의 논문, 191~197쪽 참조.

33) 인터넷뱅킹의 해킹과 동일한 문제구조를 갖는데, 신용카드의 위조 및 그 사용으로 현행 여신전문금융업법 제70조 제1항 위반죄에 해당한다.

를 탐지한다.

⑧ 패킷 스니퍼링의 기법으로 타인의 아이디, 비밀번호를 알아낸다.

⑨ 유료 웹사이트의 방화벽 뒤로 접근할 수 있는 URL을 알아내는 방법으로 보호조치의 숨어 있는 허점을 이용하여 그 웹사이트에 접속한다.

⑩ 악성바이러스를 제작하여 컴퓨터통신망이나 인터넷에 띄어 놓거나 서비스부인공격을 행한다.

해킹행위유형 ①, ②, ③은 Ⅰ의 불법유형에, 유형 ④, ⑤, ⑥은 Ⅱ의 불법유형에, 그리고 유형 ⑦, ⑧, ⑨, ⑩은 Ⅲ의 불법유형에 속할 수 있다. 이 해킹행위의 유형들은 다양하게 결합되어 또 다른 해킹행위유형을 만들 수 있다. 이를테면 인터넷에서 타인의 아이디와 패스워드 등 개인정보를 탐지해내고, 그것을 이용하여 그 타인명의의 계좌에서 일정액의 돈을 자기 계좌에 이체하거나 전자상거래로 상품을 구입할 수 있다(⑦과 ④ 또는 ⑤의 결합). 또한 악성바이러스를 제작·유포하여, 특정한 웹사이트를 마비시킬 수 있다(⑩과 ①의 결합).

물론 이러한 세 가지 유형의 구분은 이념적이다. 이를테면 정보통신망을 이용하지 않는 컴퓨터범죄의 경우도 컴퓨터가 정보화 사회의 진전에 따라 정보통신망의 한 단위(unit)로서의 성격을 강하게 띨수록 정보통신체계의 기능에 — 비록 희미하게나마 — 부정적인 영향을 끼치는 요소로 자리매김 될 수 있다. 사이버세계의 도구적 기반을 침해하면 적어도 상징적으로는 사이버범죄의 성격도 띤다는 것이다. 또한 형사불법과는 거리가 있으면서 정보통신법에 의해 범죄화 된 행위도 인격적 법익을 침해하는 측면이 없는 것은 아니다. 예를 들어 해킹행위유형 ⑨의 경우도 웹사이트 운영자의 이용허가권을 훼손하는 측면이 있고, 단순부정접근과 같이 그 자체로서는 거의 무해한 해킹 사실도 시민들에게 알려지면 그 운영자의 영업권에 사실상 영향을 미치는 측면이 있다. 물론 ⑨를 조금 변형하면, 예컨대 일반적인 접속이 차단된 컴퓨터에 보호조치를 훼손하고 웹사이트에 접근한 경우라면, 보호조치를 비밀장치로 보고, 보호조치를 훼손하는 과정에서 얻은 패스워드는 비밀장치를 한 타인의 전자기록 등 특수매체기록으로 볼 여지가 있게 된다. 이렇게 되면 손괴죄와 유사한 불법구조를 갖게 되어 개인적 법익을 침해하는 측면이 인정된다. 어쨌든 해킹의 불법유형화는 불법의 중점이 어디에 있느냐에 따라 유형화한 것이다.

Ⅲ. 해킹의 법제화

이러한 불법의 유형적 구분은 해킹의 다양한 행위유형들에 대한 법제화의 방향을 설정하는 데 중요한 지침을 제공해준다.

1. 해킹의 급속한 법제화

먼저 위와 같은 세 가지 불법유형에 해당하는 해킹이 우리나라에서는 매우 급속도로 광범위하게 이루지고 있다. 따라서 이에 대응하는 형법도 있었다. 이는 매우 짧은 시간에 이루어졌지만, 마치 근대형법에서 현대형법으로의 변화를 축약하는 듯한 모습을 보여준다.

(1) **컴퓨터범죄** 근대형법이 유형 Ⅰ에 중심이 있었다면, 현대형법은 유형 Ⅱ를 넘어 유형 Ⅲ의 영역으로 계속 확장되고 있다. 해킹에 대한 형법적 규율도 이러한 현상에 있다. 이 변화는 정보화 사회의 발전 속도만큼이나 급격하게(급박하게) 이루어지고 있다. 1995년 근대형법을 컴퓨터관련영역으로 확장하는 형법개정이 있었다.

> [컴퓨터범죄규정] 1995년 형법 개정으로 신설된 컴퓨터범죄규정으로는 ⓐ 공무상 비밀장치한 특수매체기록의 탐지(제140조 제3항), ⓑ 공용특수매체기록의 손괴(제141조 제1항), ⓒ 공전자기록 위작·변작(제227조의2), ⓓ 공정증서 특수매체기록 부실기재(제228조 제1항), ⓔ 위작 공전자기록의 행사(제229조), ⓕ 사전자기록 위작·변작(제232조의2), ⓖ 위작 사전자기록의 행사(제234조), ⓗ 컴퓨터업무방해(제314조 제2항), ⓘ 비밀장치한 특수매체기록의 탐지(제316조 제2항: 비밀침해죄), ⓙ 특수매체기록의 권리행사방해(제323조), ⓚ 컴퓨터등 사용사기(제347조의2),[34] ⓛ 특수매체기록 손괴(제366조) 등이 있다.

이러한 컴퓨터범죄는 '인격적 법익'을 보호하는 형법의 울타리 안에 머무른다. 문서죄(위 ⓒ~ⓖ)나 공무방해죄(위 ⓐ, ⓑ)처럼 사회적 법익이나 국가적 법익에 속하는 컴퓨터범죄규정도 궁극적으로는 그러한 일탈행위를 차단함으로써 개인의 법익을 보호한다는 점에서 다른 개인적 법익을 보호하는 컴퓨터범죄규정(위 ⓗ~ⓛ)과 마찬가지로 '인격적 법익'을 보호하는 범죄구성요건으로 볼 수

34) 2001년 개정에서 '권한 없이 정보를 입력·변경하여 정보처리를 하게 하는' 행위도 명문으로 범죄화 되었다.

있다.

(2) **정보통신범죄** 해킹형법이 인격적 법익을 보호하는 법으로부터 정보통신체계의 기능을 보호하는 법, 즉 행정법처럼 정보통신체계를 조직화하는 수단으로 발전한 것은 정보통신망 이용촉진 및 정보보호 등에 관한 법률에 의해서이다.

1) **정보통신망법의 해킹** 이 법의 전신인 전산망 보급 확장과 이용촉진에 관한 법률은 일찍이 1986년에 제정되었다. 이때 이미 ⓜ 단순부정접근과 같은 해킹이 범죄화 되었다(동법 제22조 제2항, 제29조; 현행법 제48조 제1항, 제71조). 단순부정접근은 불법유형 Ⅲ의 형법을 의미하지만,[35] 정보통신망 자체가 구축되지 않았던 당시로서는 실제로는 프로그램적 규정에 불과했다고 할 수 있다.[36]

또한 동법은 ⓝ 전산망(현재의 정보통신망)에 의하여 처리, 보관, 전송되는 타인의 비밀을 침해하거나 누설하는 행위를 범죄화 하였다(제25조, 제30조; 현행법 제49조, 제71조 제5호). 결국 형법전(의 컴퓨터범죄규정)이 정보통신망에서의 새로운 일탈행위에 대처하지 못하는 결함을 정보통신망법의 이러한 규정이 메워주고 있다고 할 수 있다. 즉, 정보통신망법상의 해킹형법은 주로 불법유형 Ⅱ에 속하는 해킹을 통제할 수 있게 한다. 그런 점에서 정보통신망법의 해킹형법은 형법의 기능을 대체하는 것이 아니라 그 기능의 결함을 보충하는 형법으로 자리매김 될 수 있다. 정보통신망법의 해킹형법, 특히 제48조, 제71조는 후기컴퓨터범죄(Post-Computerkriminalität)[37]의 규정이라고 부름직하다.

다만 이 법은 여러 차례의 개정을 통해 1990년대 중반 이후 인터넷 등의 급격한 발전에 힘입은 정보통신체계의 기능을 유지하고 효율화하기 위한 법률로 거듭났다.[38] 이 환골탈태의 변신과 함께 이를테면 전산망법 당시에는 프로그램적이었던 단순부정접근과 같은 해킹(법 제48조 제1항, 제71조)의 범죄화도 실

35) 정보통신망법의 단순부정접근 금지처벌규정(제29조)을 두고, 정보통신체계가 사회적 법익의 하나로 자리 잡은 것으로 보는 전지연, "전자적 정보의 형사법적 보호에 관한 연구", *한림법학 FORUM* (제8호, 1999), 57쪽.

36) 또한 정보통신망법상 무단광고메일(= 스팸메일(spam mail))의 발송을 통제하는 법규정(동법 제50조 제1항)도 불법유형 Ⅲ에 속하는 일탈행위를 대상으로 하는 것이지만, 형사처벌이 아닌 과태료를 부과받을 뿐이다(동법 제67조 제1항 제1호).

37) D. Barton, *Multimedia-Strafrecht: Ein Handbuch für die Praxis* (1999), 24쪽.

38) 나는 정보통신부의 이 법률개정작업반에 참여하여 범죄화 정책에 대한 많은 비판적 의견을 개진한 바 있다. 그 견해의 일부는 정찬모·이규정·오병철·이인호·안동근·이상돈·강준모, *전산망 보급 확장과 이용촉진에 관한 법률 개정연구반 운영보고서* (정보통신정책연구원, 1998), 91~103쪽 참조.

질적인 의미를 갖게 되었다. 따라서 현재 정보통신망법의 해킹형법은 부분적으로 정보통신체계의 기능을 보호하는 형법으로서 그 성격을 새로이 하고 있다. 불법유형 Ⅲ에 속하는 해킹의 일부 유형(해킹행위유형 ⑦, ⑧)이 정보통신망법에 의해 규율되고 있는 셈이다.

2) 통신비밀보호법과 정보통신기반보호법의 해킹 또한 1993년에 제정된 통신비밀보호법은 제3조에 무단감청죄를 규정하고 있고, 이 규정(동조 제1항 제1호)은 패킷 스니퍼링과 같은 해킹행위에 대해서 적용될 수 있다. 정보통신체계의 기능 자체를 보호하기 위한 본격적인 해킹형법의 입법은 2001년 제정된 정보통신기반보호법이라고 할 수 있다. 이 법은 그 적용범위에 제한이 있으나 그 성격은 ⓞ 바이러스의 유포나 논리폭탄 그리고 ⓟ Syn Flooding 공격[39]과 같은 서비스부인공격 또는 ⓠ 버퍼 오버플로우(Buffer Overflow)[40] 등을 범죄화 함으로써(동법 제12조, 제28조), 정보통신체계의 기능 자체를 보호법익으로 삼는 형법의 전형을 보여준다. 이는 불법유형 Ⅲ에 해당하는 형법의 제정이라고 할 수 있다. 다만 정보통신기반보호법의 경우에는 다시금 벌칙조항(동법 제28조)에서 그러한 해킹을 통하여 주요정보통신기반시설을 교란·마비 또는 파괴할 경우에만 처벌하도록 하고 있다. 이는 적어도 문언상으로는 정보통신체계의 기능을 위태화 하는 해킹행위 자체만으로는 처벌하지 않고, 그 해킹행위로 인해 기반시설의 교란·마비 또는 파괴라는 결과가 발생한 경우에 비로소 처벌함을 의미한다. 물론 이렇게 되면 기반보호법이 범죄화한 해킹행위는 불법유형 Ⅱ에 속한다고 보아야만 한다. 그렇지만 특히 '교란'의 의미를 추상적인 위험의 개념으로 해석하게 되면, 정보통신기반보호법은 사실상 불법유형 Ⅲ에 속하는 해킹을 범죄화 하는 셈이 된다.

2. 법제화의 형식

(1) **입법형식** 해킹의 불법유형을 위와 같이 세 가지로 크게 분류할 경우, 각각에 상응하는 형법의 입법형식도 달라질 수 있다.

---

39) 컴퓨터간의 정보교환과정 중 신호송신, 송신자응답, 송신자 신호전송 등의 인증과정에서 다량의 신호를 보내는 것을 말한다(한국정보보호센터, *'98 정보시스템 해킹·바이러스 현황 및 대응* [1999], 43쪽 참조).

40) 메모리상의 지정된 공간인 버퍼(buffer)에 지정된 양보다 많은 데이터를 집어넣어 넘친 데이터가 다른 영역에까지 미치게 하는 기술로서 부당한 명령어를 실행케 하는 방법으로 널리 쓰인다.

1) 컴퓨터범죄와 판덱텐시스템 먼저 컴퓨터범죄를 규정하는 형법은 기본적으로 대륙법계의 입법형식, 즉 판덱텐시스템(Pandektensystem)[41]의 전통을 따르고 있다. 그러니까 해킹의 실제사안을 유형적으로 파악하여 범죄구성요건을 만드는 것이 아니라, 해킹의 현상들이 가질 수 있는 다양한 불법의 유형적 본질을 '분석적 방법'[42]으로 여러 측면(斷片)들로 — 개인적 법익으로 재산, 업무, 사생활의 비밀 등, 사회적 법익으로 문서거래의 신용성 등 또는 국가적 법익으로 공무의 수행 등과 같은 법익으로 — 쪼개고 분리한 다음, 그것들을 법익 개념 속에 추상화시키고, 다시 그 법익들이 하나의 정연한 논리적 체계를 형성하게 하는 것이다. 그러므로 하나의 해킹에는 여러 개의 규정이 경합하여 중첩적으로(경합적으로 중첩적으로) 적용될 수도 있게 된다. 따라서 죄수론(형법 제37조~제40조)에 의해 하나의 해킹이 초래한 불법의 총체성을 재구성하고, 그것을 기초로 양형을 하게 된다. 형법학계[43]가 판덱텐시스템에 따라 입법된 해킹(또는 컴퓨터범죄 전체)을 독일학계의 영향[44]에 따라 컴퓨터의 '부정조작'(앞의 ⓒ, ⓓ, ⓔ, ⓕ, ⓖ, ⓚ), '파괴'(앞의 ⓑ, ⓗ, ⓙ, ⓛ), '스파이'(앞의 ⓐ, ⓘ) 및 '무권한 사용'으로 분류하고 있는 것도 그와 같은 입법형식을 따르고 있는 현행 형법의 컴퓨터범죄규정을 체계적으로 이해할 수 있도록 하기 위함이다. 이와 같은 입법형식의 법률텍스트는 일반인이 읽어봐도 그것이 갖는 실제적인 의미를 이해하기는 어렵다. 이는 단지 법언어의 추상성 때문만이 아니라 판덱텐시스템으로서 형법전이 갖는 특유의 분석적 구조 때문이기도 하다.

---

41) 판덱텐시스템은 사법적 소재를 인, 물건, 권리 등으로 나눈 로마법이 독일법으로 계수되면서 - 오늘날의 민법총칙규정이나 형법총칙규정에서 보듯 - 분석적이면서 모든 사태를 포괄할 수 있도록 체계적으로 짜여진 법전체계를 가리킨다. 또한 이 법전체계는 세분화된 권리와 의무의 정교한 체계라고 할 수 있는데, 이는 법이론적으로 칸트의 권리와 자유이론의 이념에 따라 개인과 사회에 자유와 자율을 허용하는 이성법을 구현하는 것이며, 사비니(F. C. v. Savigny), 푸흐타(G. F. Pichta)의 판덱텐법학이 그 구현의 방법학이 되었다; 판덱텐시스템과 판덱텐법학에 대해 자세히는 F. Wieacker, *Privatsgeschichte der Neuzeit*, 2.Auflage [1967], 430쪽 아래 참조.

42) 이 분석적 방법은 서양의 과학(학문)이 공통적으로 보여 온 '환원주의적 전통'과 같은 연장선상에서 이해될 수 있다.

43) 거의 모든 학자들이 약간의 수정은 있으나 이러한 분류를 근간으로 컴퓨터범죄를 분류한다. 대표적으로는 강동범, *컴퓨터 범죄 시론* (1984), 27쪽; 전지연, "컴퓨터범죄에 대한 형법적 대응방안", *한림법학 FORUM* (제5집, 1996), 133쪽; 장영민, "개정형법의 컴퓨터 범죄", *고시계* (2월호, 1996), 43쪽 등 참조.

44) 이는 Sieber와 Tiedemann이 1970년대 후반에 분류한 결과임; Tiedemann, *Wirtschaftstrarecht und Wirtschaftskriminalität II* (1976), 150쪽 아래; Sieber, *Computerkriminalität und Strafrecht*, 2.Auflage [1980], 39쪽; Frey, *Computerkriminalität in eigentums- und vermögensstrafrechtlicher Sicht* (1987), 33쪽 아래 참조.

[해킹사건의 형법적 규율과 입법형식] 예를 들어 첫째, 암호화된 PW파일내용을 해독하여 타인의 아이디와 패스워드 등의 개인정보를 알아낸 후(행위 1) 인터넷뱅킹 웹사이트에 들어가, 그 개인정보를 도용함으로써 그 타인의 계좌에서 자기의 계좌로 돈을 이체한 후(행위 2), 다시 백도어를 설치하고(행위 3), 아울러 접속기록도 삭제하였을(행위 4) 경우(이하: 해킹사건 1)를 상정한다. 이 사건에서 행위 1에는 비밀침해죄(제316조 제2항)가 적용되고, 행위 2에는 컴퓨터사용사기죄(제347조의2)가 적용되고, 행위 3과 행위 4에는 손괴죄(제366조)가 각각 적용되며, 이들은 죄수론적 판단을 — 예를 들어 해킹행위라는 행위단일성과 4가지 구성요건의 실현이라는 점에서 상상적 경합관계(제40조)에 놓인다는 판단을 — 받게 된다. 또한 이 해킹사건을 다소 변형해 볼 수 있다(이하: 해킹사건 2). 즉, 해킹사건 1에서 행위 1부분을 패킷 스니퍼링의 기법으로 타인의 개인정보와 패스워드를 알아낸 경우로 설정하면 형법 제316조 제2항은 적용되지 않는다. 이때 제316조 제2항 이외에 행위 1에 적용될 형법전상의 규정은 없다.

도표 76 해킹에 대한 형법의 경합적 적용 구조

	행위 1	행위 2	행위 3	행위 4
해킹사건 1	형법 제316조 제2항	제347조의2	제366조	제366조
해킹사건 2	X	제347조의2	제366조	제366조
해킹사건1,2	정보통신망 이용촉진 및 정보보호 등에 관한 법률 제49조, 제71조 제11호			

그러나 정보통신망법에 의하면 이 해킹사건은, 사건 1이든 사건 2이든 간에, 전체로서 제49조, 제71조 제11호에 위반하는 범죄행위로 평가된다.[45]

2) 정보통신범죄와 사안중심적 입법형식 이에 비해 정보통신망법과 정보통신기반보호법은 해킹행위라는 하나의 생활사태(Sachverhalt)를 원칙적으로 하나의 구성요건에 의해 규율하는 입법형식을 취한다. 즉, 범죄구성요건이 분석적이지 않고, 종합적이다. 그러므로 판덱텐시스템의 입법형식을 따른 형법전의 컴퓨터범죄규정이 동시에 여러 개 적용될 수 있는 경우에도 부수형법으로서 정보통

45) 다만 행위 3, 그러니까 '백도어'를 설치하는 행위는 아이디와 패스워드를 통한 접속통제기능이 제3자에 대하여는 여전히 유효하게 작동하고 있지만 당해 해커에게만 암호기능이 제거된 것이라는 점에서 정보통신망법 제19조 제3항의 '보호조치'가 침해된 경우라고 보는 견해 (성낙인·안경환·이상돈·오병철·이인호, *개인정보보호를 위한 정책방안연구*, 정보통신부, 1999, 177쪽)에 의하면 동법 제29조의 범죄가 따로 성립할 수 있게 된다. 그러나 시스템 관리자가 마련한 보호조치의 기능은 그대로 유지한 상태에서 우회하여 시스템에 침해하는 경우이므로 보호조치의 침해에 해당하지 않는다고 봄이 타당하다.

신형법은 하나의 범죄구성요건에 의해 규율할 수 있게 된다. 위의 해킹사건 1, 2는 이 점을 분명하게 보여준다. 이러한 입법형식은 영미법의 케이스 로(case law)의 전통과 연장선상에 있는 법률(예: act)의 입법처럼 '사안중심적인' 입법형식에 한 발짝 다가선 것이라고 할 수 있다. 그러나 이러한 입법형식은 현실의 변화에 탄력적으로 대처하기 어렵다는 문제가 있다. 사안중심적 범죄구성요건이 그에 포섭될 사안을 좀 더 구체적인 생활사태에 근접하여 서술할수록 그 범죄구성요건이 포괄할 수 있는 사태의 범위는 그만큼 더 줄어들기 때문이다. 물론 사안중심적 범죄구성요건이라도 좀 더 일반화된 생활사태를 추상적인 언어로 서술한다면, 그 범죄구성요건이 포괄할 수 있는 사태의 범위는 그만큼 넓어진다. 그러나 그렇게 되면 그런 입법형식은 다시금 판덱텐시스템의 입법형식에 가까워지게 된다. 물론 그런 경우에도 사안중심적 입법형식은, 기본적으로 일반인이 법률텍스트를 읽고 대강 어떤 해킹사건에 적용될 것인지를 좀 더 쉽게 짐작할 수 있게 한다. 왜냐하면 법률적용이 분석적 방법으로 진행되는 것이 아니라 종합적인 판단으로 진행되기 때문이다.

현행 정보통신형법은 기형화된 사안중심적 입법형식을 취하고 있다. 즉, 현행 정보통신망법이나 정보통신기반보호법은 무늬만 사안중심적 입법이라 할 만큼 그 법언어의 추상성이 지나치게 높아, 거의 일반조항적 법문언의 포괄성 수준에 근접하고 있다. 더 나아가 정보통신망법 제48조처럼 아예 판덱텐 시스템의 입법형식을 취하고 있는 것도 있다.[46] 이러한 고도의 추상성과 포괄성은 정보통신체계의 기능을 위태롭게 한다고 판단되는 일탈행위를 융단폭격식으로 남김없이 형사처벌하려는 형사정책적 흐름을 반영한다. 말하자면 정보통신형법은 물 샐 틈 없는 범죄화(flächendeckende Krimalisierung)의 형사정책을 좇고 있는 셈이다.

3) 입법기술정책적 문제 해킹이 어떤 입법형식을 취해야 바람직한가 하는 입법기술정책적 문제가 등장한다. 앞에서 예시적으로 분류한 해킹의 유형 가운데 다음 세 가지를 예로 설명한다.

46) 독일의 경우 2007년 8월 7일 제41차 형법 개정을 통해서 제202a조 데이터 탐지(Ausspähen von Daten), 202b조 데이터 가로채기(Abfangen von Daten), 제202c조 데이터 탐지 및 가로채기의 예비죄(Vorbereiten des Ausspähens und Abfangens von Daten), 제303a조 데이터 변경(Datenveränderung), 제303b조 컴퓨터 사보타지(Computersabotage)에 대한 규정들, 즉, 해킹에 대한 규정들을 신설 및 개정하였다. 이에 대해 박희영, "독일의 컴퓨터 범죄 방지에 관한 개정형법의 분석 및 평가", *인터넷법률* (통권 제40호), 75쪽 이하 참조.

④ 타인의 아이디와 패스워드를 허락 없이 사용하여 인터넷뱅킹의 방식으로 그 타인의 계좌에서 일정액의 돈을 자신의 계좌로 이체시킨다.
⑤ 타인의 아이디와 패스워드를 허락 없이 사용하여 인터넷으로 물품을 구입하고, 대금은 그 타인의 은행계좌에서 이체 한다
⑥ 타인의 신용카드 비밀번호를 알아내고, 그 카드를 위조하여 현금자동인출기(ATM)를 이용하여 그 타인의 계좌에서 일정액의 돈을 자신의 계좌로 이체시킨다.

이 세 가지 해킹행위들은 세 가지 공통점을 갖고 있다. 첫째, 이들은 모두 사기죄(제347조)와 유사한 불법유형을 갖고 있다. 따라서 형사범죄화 하는 것은 원칙적으로 타당하다. 둘째, 그런데 제347조는 적용할 수 없으나, 2001년 형법 개정을 통하여 제347조의2는 적용이 가능하다. 물론 컴퓨터사용사기죄(제347조의2)도 엄격하게 해석한다면[47] 이들 행위에 적용될 수 없다. 그 결과 형법(전)의 흠결이 인정된다. 셋째, 세 행위는 모두 정보통신망법 제49조, 제71조에 의해 처벌될 수 있다. 이 경우 형법전의 개정과 같이 제347조의2를 정보통신망을 이용하는 행태로 확장하는 것이 바람직한 것인지 아니면, 세 해킹행위가 각각 관계하는 사회적 하부체계의 기능을 관장하는 법에 의해 좀 더 사안중심적인 범죄구성요건으로 규율하는 것이 바람직한 것인가 하는 문제가 등장한다. 이는 일종의 입법기술정책의 문제라고 할 수 있다.

4) 현대사회와 사안중심적 입법형식 판덱텐시스템의 입법형식은 서구근대사회 이후의 사회변화, 특히 생활세계로부터 사회체계가 분리되어 나가기 시작함에 따라 복잡성이 점증해 간 사회현실[48]에도 불구하고 최대한 법의 흠결을 막을 수 있게 하는 입법이었다. 이것은 그런 입법형식의 구조적 특징, 즉 삶의 실재에 낯선 분석적 정밀성과 고도의 추상성을 띤 법률텍스트가 열어놓는 넓은 '해석공간' 때문이다. 해킹에 대해서도 형법전의 컴퓨터범죄규정은 부분적으

47) 독일형법 §263a는 진실한 아이디와 패스워드를 권한 없이 사용한 경우도 포함하도록 명문(unbefugte Verwendung von Daten)으로 규정하고 있는데, 이런 명문의 규정이 없이 '부정한 명령의 입력'이라는 문언의 현행 형법은 '부정한 명령'을 입력하는 행위('부정한'은 '명령'의 내용을 수식함)과 '명령을 부정하게 입력하는 행위'('부정한'은 '입력행위'를 수식함으로써 입력행위의 상황과 방식에 관계된 의미를 갖게 됨)는 언어적으로 분명하게 구별될 수 있다; 이철, *컴퓨터범죄와 소프트웨어 보호* (1995), 139쪽.

48) 이러한 분석은 Habermas, *Theorie des kommunikativen Handelns*, Bd.2 (1981), 229쪽 아래 참조.

로는 — 특히 전송중인 데이터를 보호하는 — 규범의 흠결이 이미 드러나 있지만, 그래도 여전히 예컨대 정보통신기반보호법 제12조 제2호의 '컴퓨터바이러스·논리폭탄 등의 프로그램을 투입하는 행위'와 같은 법률텍스트보다는 상대적으로 해킹의 기술적 변화에 대처할 수 있는 더 넓은 의미공간을 갖고 있다. 그러나 판덱텐시스템의 입법형식은 특히 20세기 중·후반 이후 벌어지는 사회현실의 변화, 특히 사회적 하부체계가 자족적 체계로 성장하고, 끊임없이 세분화되어 가는 현대사회에서는 '사안을 적절하게' 규율하기가 점점 더 어려워진다. 판덱텐시스템을 따르고 있는 법률텍스트의 의미론을 관리하는 형법도그마틱과 그것을 재생산해온 소수의 형법학자의 이성적인 해석만으로는 한계가 있다. 왜냐하면 그런 현실의 변화로 인해 어떤 일탈행위에 대한 가치판단마저 — 사회적 하부체계의 기능에 이로운가 아니면 해로운가 하는 관점에서 보면 — 그 통일성을 잃게 되기 때문이다. 즉, 하나의 사태가 A라는 사회체계의 기능적 관점에서는 긍정적인데, B라는 사회체계의 기능적 관점에서는 부정적일 수 있다. 예컨대 인터넷뱅킹의 시스템을 해킹하는 행위는 일단 은행체계의 기능에는 해로워 보이지만, 정보통신보안산업의 성장에는 이로운 면이 있다. 판덱텐시스템의 입법형식은 이와 같이 가치판단이 탈중심화되고, 중층적 맥락 속에 놓이게 된 현실을 적절하게 규율하는 데에는 한계가 있다.

그러므로 해킹에 대한 형법적 규율은 분석적, 추상적이며, 통일적인 판단체계를 지향하는 '판덱텐시스템의 형법전'과 종합적, 구체적이며, 탈중심적이지만 사안에 적절한 판단을 지향하는 '사안중심적 입법형식'이 하나의 사태를 함께 규율하는 방식으로 이루어져야 한다. 양 입법형식 간의 조화는 해킹형법 내지 정보통신형법이 하나의 '전문법',[49] '전문형법'으로 성장하기 위한 기초가 된다.[50] 사회적 하부체계의 기능을 도모하는 형법은 — 앞의 도표 75에서 Ⅱ영역에 속하고 해킹행위유형 ④, ⑤, ⑥에서 형법전의 컴퓨터범죄가 규율하지 못하는 부분을 규율하는 형법은 — 사안중심적 입법형식을 취하는 것이 바람직하

49) 이러한 전문법의 성장을 21세기의 법에서 이성의 지역화 된 실천을 가능케 하는 현상으로 바라보는 이상돈, *기초법학* (법문사, 2010), [14]단락 참조.

50) 물론 이 경우에도 형법전의 판덱텐시스템을 시대에 맞게 변화시켜 나아가는 과제는 외면될 수 없다. 예를 들면 독일은 1997년 정보통신서비스법(IuKDG)을 제정하여 형법총칙상의 '문서 개념'(§11.Abs.3)을 기술적 데이터저장의 영역으로 통일하여 확장시키는 변화를 도모하였다(이에 관한 개괄적 설명은 Engel-Flechsig/ Maennel/Tettenborn, *Neue gesetzliche Rahmenbedingungen für Multimedia* [1998], 32쪽 아래 참조). 이는 판덱텐시스템의 형법전을 현대화하는 작업이며, 이러한 작업은 우리에게도 요구된다.

다. 다만 현행 정보통신법처럼 기형화된 사안중심적 입법이 아니라 규범의 흠결을 무릅쓰더라도 좀 더 사안에 근접한 범죄구성요건을 형성하는 입법형식이 되어야 한다.

(2) **범죄형식** 그런데 해킹에 대한 (기형화된) 사안중심적 형사입법은 오로지 정보통신체계의 기능을 보호하거나 그와 함께 인격적 법익도 보호하는 형법을 형성하고 있다.

1) **추상적 위험범의 입법** 해킹행위유형 ④, ⑤, ⑥에 적용되는 정보통신망법이나 여신전문금융업법 등은 사회체계의 기능뿐만 아니라 인격적 법익도 보호한다. 예를 들면 이런 해킹행위들은 인격적 법익의 침해, 이를테면 아이디와 패스워드가 도용된 사람이나 은행에 대해 금전적 손실과 같은 결과를 초래한다. 이에 비해 해킹행위유형 ⑦,[51] ⑧, ⑨, ⑩에 적용되는 정보통신망법은 정보통신체계의 기능만을 보호할 뿐 인격적 법익에 대한 침해나 그 구체적인 위험이 발생하지 않는 경우이다. 이처럼 결과실현과의 아무런 직접적인 연결 없이 범죄구성요건이 규정한 행위를 한 것만으로 형사처벌하는 범죄형식을 추상적 위험범이라고 한다. 즉, 불법유형 III에 속하는 해킹행위유형 ⑦, ⑧, ⑨, ⑩을 범죄화 하는 형법(예: 정보통신망법 제48조 제2·3항, 제62조)은 추상적 위험범의 형식을 취하게 된다. 이렇게 함으로써 미수범규정(형법 제25조~제29조)은 더 이상 작동하지 않게 된다.

> 예를 들어 일정 시기에 활동을 시작하면서 자료를 파괴하는 시한폭탄형 바이러스(예: 미켈란젤로바이러스)는 감염단계를 지나 감염된 프로그램의 실행과 함께 장애가 발생할 때에 기수가 되느냐,[52] 아니면 바이러스에 감염된 때에 기수가 되느냐의 의견대립도 무의미해진다.

이러한 범죄형식은 정보통신체계의 기능에 대한 위험원을 미리 차단하려는 목표를 좇는다. 그런 정보통신형법은 과거에 발생한 법익침해에 대한 진압이 아니라 장래에 발생할 법익침해의 위험을 방지하는 임무를 짊어진 셈이 된다. 그러나 장래 위험의 예방은 전통적인 법 분과의 분류에서 보면 경찰법의 과제

51) 물론 ⑦ 유형처럼 인터넷뱅킹의 웹사이트에 들어가 비밀장치를 풀고 타인의 아이디와 패스워드를 탐지하여 다른 사람에게 그냥 자료를 넘겨주는 것에 그치지 않고, 그것의 내용을 파악하게 되면, 그 자체로서 비밀침해죄(형법 제316조 제2항)에서 보호하는 개인의 비밀이 침해되는 결과가 발생한다.

52) 강동범, “사이버범죄와 형사법적 대책” (제25회 형사정책세미나자료집, 2000), 90~91쪽.

에 속한다. 다시 말해 불법유형 Ⅲ에 속하는 해킹(⑦, ⑧, ⑨, ⑩)을 범죄화 하는 형법은 형사책임을 경찰법적 책임영역에까지 '앞당기는 범죄화'(Vorfeldkriminalisierung)를 도모하는 셈이다.

2) 추상적 위험범화의 해석 이러한 '앞당기는 범죄화'는 컴퓨터범죄의 해석[53]에서도 추진된다. 이를테면 컴퓨터업무방해죄(제314조 제2항)를 추상적 위험범으로 보면 동조에 미수범처벌규정이 없더라도[54] 컴퓨터업무방해행위를 처벌하는 데에는 아무런 지장이 없게 된다. 예컨대 시스템에 바이러스를 침투시켰으나 백신프로그램의 자동치료로 정보처리에 실제로 장애가 발생하지 않은 경우에도 컴퓨터업무방해죄는 성립할 수 있게 된다. 이에 비해 컴퓨터업무방해죄를 침해범이나 구체적 위험범[55]으로 해석한다면 그러한 경우 컴퓨터업무방해죄는 성립하지 않게 된다. 이처럼 범죄형식은 해킹의 가벌성 범위를 좌우하게 만든다.

Ⅳ. 해킹과 형법정책

이제까지의 논의를 되돌아보면, 해킹을 어떤 불법유형의 범위까지, 어떤 (형)법으로, 또 어떤 범죄형식으로 규율할 것인가 하는 문제는 궁극적으로는 해킹의 현상학에 바탕을 둔 (형)법정책적 결단에 달려있게 된다.

1. 위험사회적 형법정책

해킹에 대한 형사처벌의 확대와 강화 추세로 인해 해킹형법은 위험사회에 대응하는 형법(위험형법)의 현상과 같은 맥락에 서있는 것처럼 보인다.[56]

(1) 해킹의 법익구성적 현상 위험사회에서 법익보호원칙은 오히려 해킹의

53) 전지연, "독일형법에서의 컴퓨터사기죄" (김선수 교수정년퇴임기념논문집, 1996), 305쪽 아래 참조. 다만, 독일은 제202c조(데이터 탐지 및 가로채기의 예비죄)를 통해 '앞당기는 범죄화'를 명문으로 추진한 바 있다.

54) 독일형법 §303의b는 컴퓨터방해죄를 신설하면서 제2항에 미수범 규정을 두고 있다. 이런 규정과의 비교를 통해 현행 형법에 미수범규정이 없음을 비판하는 유용봉, "인터넷상 해킹에 대한 형법적 규제", *규제연구* (제9권 제1호, 2000), 197~203쪽 참조.

55) 배종대, *형사정책* (홍문사, 2000), 694쪽.

56) Sieber, "Mißbrauch der Informationstechnik und Informationsstrafrecht – Entwicklungstendenzen in der internationalen Informations- und Risikogesellschaft", Tauss/Kollbeck 편, Deutschlands *Weg in die Informationsgesellschaft – Herausforderungen und Perspektiven für Wirtschaft, Recht und Politik* (1996), 608~651쪽.

물 샐 틈 없는 범죄화를 지지하기도 한다. 하쎄머(Hassemer)의 이론을 예로 들면 형법상 법익을 구성하는 경험적 요소로 일탈행위의 빈도수, 결핍의 정도, 위협감정을 들 수 있다.[57] 이 이론을 적용해보면, 해킹의 범죄화가 더욱 더 강력해질 법하다. 즉, 해킹은 기하급수적으로 급증하고 있고(해킹의 발생빈도수),[58] 해킹을 방지하는 방화벽(fire wall)마저 해킹되는 현상은 해킹에 대해 방어되어야 할 이익을 보호하는 기술(정보보안기술)과 같은 재화가 해킹기술에 비해 상대적으로 결핍되어 있음을 말해준다. 여기에 위험사회의 특유한 의사소통적 구조가 해킹에 대해서도 작용한다. 이를테면 해킹은 매스컴에 의해 핵전쟁을 유발하는 컴퓨터의 오작동과 같은 치명적인 국면에 이를 수 있게 하는 악마의 길처럼 묘사되기도 한다. 컴퓨터네트워크를 인프라로 삼는 모든 사회체계의 기능이 해킹에 의해 무력화될 수 있고, 그로써 인간의 생존도 위협받는다. 그렇기에 시민들은 해킹에 대해 더욱 더 큰 위협감정을 갖게 되고,[59] 더욱더 물 샐 틈 없는 형사처벌을 요구하게 된다. 이러한 법익구성적 현상은 이를 테면 해킹 행위유형 ⑦, ⑧, ⑨, ⑩까지도 추상적 위험범 형식으로 범죄화 하는 것을 정당화 할 수 있다. 해킹은 분명 위험사회의 전형적인 현상 가운데 하나이며[60] 해킹에 대한 형법적 규율은 위험형법의 하나가 될 수 있다.

(2) 해킹의 인적 법익론적 재구성 그러나 해킹을 둘러싼 이와 같은 위험사회적 의사소통의 현상이 반드시 해킹형법의 확장과 강화로 이어져야 하는 것은 아닐 수 있다.

1) 해킹형법과 위험형법의 차별성 그 이유는 무엇보다도 해킹이, 강물에 허용치 이상의 폐수를 방출하는 환경범죄적 일탈행위와는 달리, 위험사회의 범죄

---

57) Hassemer, *Theorie und Soziologie des Verbrechens* (1973), 130쪽 아래 참조.

58) 예를 들면 인터넷침해사고대응센터(KrCERT/CC) 홈페이지(http://www.krcert.or.kr/index.jsp)에 의하면 해킹사고가 1996년부터 2001년까지 총 8,217건에 불과하던 해킹사고가 2005년 33,633건, 2006년 26,808건, 2007년 21,732건이 접수된 사실을 볼 때, 해킹범죄가 최근 다소 주춤한 경향을 보이기는 하지만 전체적인 사건수는 매우 많이 증가하였다. 여기에다 백 오리피스(Back Oriffice)와 같이 전문가가 아니더라도 해킹을 할 수 있는 해킹전용프로그램까지 유포되고 있는 상황을 고려하면 해킹의 실제발생수는 이보다도 더욱 클 것으로 보인다. 즉, 해킹의 숨은 범죄(Dunkelfeld)는 매우 많다.

59) 일반시민들이 정보기술에 대해 무지할수록 이와 같은 위협감정은 더욱 더 증폭된다(이에 관해선 Douglas Thomas, "Criminality on the electronic frontier", D. Thomas/B. D. Loader 편, *Cybercrime – law enforcement, security and surveillance in the information age* [2000], 19쪽 아래 참조).

60) 위험사회(Risikogesellschaft)의 이론을 전개한 울리히 벡(Ulrich Beck)도 이 점을 인정하고 있다(U. Beck, *Risikogesellschaft* [1986] 참조).

현상과는 다른 측면을 갖고 있기 때문이다.[61] 먼저 해킹으로 인한 정보통신체계의 기능 위태화는 — 해킹행위유형 ⑦, ⑧, ⑨, ⑩을 제외한다면 — 그 구체적인 결과를 개인적 법익의 침해와 같은 형태로 — 예컨대 특정 ISP(Internet Service Provider)의 서비스가 중단되는 결과로 — 확인할 수 있고, 그에 대한 책임을 개인적 귀속(individuelle Zurechnung)의 원리(책임원칙)에 따라 물을 수 있는 행위주체가 개별적으로 특정될 수 있으며, 해킹행위와 정보통신의 기능적 장애 사이에 인과적 연관도 존재한다. 또한 해킹행위는 — 환경위해적 행위가 반복되어 환경이 오염되는 것과는 달리 — 반복됨이 없이 단 한번의 행위로써도 정보통신의 기능장애가 초래될 수 있다. 이러한 특징들은 해킹을 막연히 정보통신체계의 기능을 위태화 하는 범죄로 형법의 범죄목록에 올려놓을 필요가 없게 한다. 1) 구체적인 인적 법익의 침해가 확인되고, 2) 그와 인과적 연관이 있는 정보통신적 일탈행위가 확인되며, 3) 그 행위의 주체가 개별적으로 확정될 때 형사책임을 부과하는 것으로도 해킹에 대한 형법적 사회통제는 충분할 수 있다. 예컨대 악성바이러스유포 행위 그 자체를 범죄화 할 필요성은 별로 없다. 그 행위를 통해 데이터의 손괴(형법 제366조)나 컴퓨터시스템의 기능장애(형법 제314조 제2항)가 발생한 경우에 그 유포행위를 형사처벌해도 충분하다. 물론 그런 형법의 현상형태는 판덱텐시스템의 입법형식을 따르는 형법전상의 컴퓨터범죄규정과 사안중심적 입법형식을 따르는 각종 행정법률(부수형법)의 조화된 공동작용으로 형성되는 전문형법이 될 것이다. 그러므로 이 글에서 분류한 불법유형 Ⅲ에 속하는 해킹행위유형 ⑦, ⑧, ⑨, ⑩은 비범죄화 될 수 있다.

2) 목적범의 형식 그러나 정보통신기반보호법은 그러한 유형의 해킹을 범죄화 하고 있다.[62] 물론 이런 과도한 범죄화는 발생사적으로 이른바 '사이버테러리즘'에 대한 위험사회적 의사소통의 맥락 속에서[63] 해킹형법의 법익이 비합

---

61) 이 점에 대한 분석은 나의 해킹프로젝트에 연구보조원으로도 참여했던 전현욱 법학박사가 그의 석사논문(전현욱, *해킹의 형법적 규율방안* [고려대 대학원, 석사학위논문, 2000])에서 인상적으로 보여준 바 있다.

62) 나 자신이 이 법안을 만드는 정보통신부의 입법작업반에서 범죄화를 제한하는 의견을 다양하게 개진한 바 있다. 특히 불법유형 Ⅲ의 해킹을 범죄화 하는 경우에도 목적범조항과 결과범 형태의 입법이 필요함을 강조한 바 있다. 이에 관해 이상돈, "주요정보통신기반시설 침해행위에 대한 규제방안", 정보통신부 주최 정보통신기반보호법 제정을 위한 토론회(2000.7.13.) 발표문자료집, 49~67쪽; "해킹, 컴퓨터바이러스 등에 대한 형법정책의 방향", *정보와 통신* (통권 제501호, 2000/10), 19~21쪽 참조.

63) 사이버테러리즘의 현황과 정보통신기반보호법의 사회적 배경에 관해서는 이진수, "사이버테러리즘의 실태와 대책", *형사정책연구* (여름호, 2000), 5~27쪽, 특히 18쪽 아래 참조.

리적으로 구성된 결과라고 할 수도 있다. 그래서 이 법은 주요정보통신기반시설에 대한 해킹에 대해서만 제한적으로 적용된다. '주요'기반시설이라는 표현은 다른 정보통신기반시설의 경우에 비해 해킹으로 초래될 결과가 훨씬 더 파국적인 것이라는 시민들의 증폭된 위협감정이 이 법의 정당화기초가 되고 있음을 함축하고 있다. 정보통신기반보호법은 이 전제에 더하여 불법유형 Ⅲ의 해킹을 범죄화 하면서 목적범 형식의 제한을 가하는 신중함을 갖추고 있다. 예컨대 컴퓨터바이러스나 논리폭탄의 투입과 같은 해킹은 '주요정보통신기반시설에 대하여 데이터를 파괴하거나 주요정보통신기반시설의 운영을 방해할 목적'을 갖고 한 경우에만 범죄화 되는 것이다(동법 제12조 제2호). 물론 목적범 형식은 나름대로 과도한 범죄화를 제한하는 기능을 한다.[64] 그러나 목적 개념이 행위자의 내면의식상태를 표현하는 개념(성향개념 Dispositionsbegriff)이며, 소송절차에서 그런 표지의 귀속은 사려깊지 않게 '자유로운 증명'의 형태로 이루어진다는 점을 고려해보면 목적범의 형식이 범죄화를 제한하는 힘은 별로 크지 않다고 할 수 있다.

2. 합리적 형법정책

해킹에 대한 형법정책은 해킹의 '의도된 역기능성과 의도하지 않는 순기능성'이라는 현상을 신중히 고려해야 한다. 즉, 해킹은 사회체계로서 정보통신체계의 기능에 대해, 행위자의 의도로는 역기능적일 수 있지만 행위자의 의도와는 관계없이 순기능적일 수도 있는 것이다.

(1) 해킹형법의 흠결과 사회정책적 합리성 2001년 형법개정으로 인하여 현재는 형법전의 컴퓨터범죄규정(특히 제347조의2)에 의해 해킹으로 인터넷뱅킹을 하는 행위(유형 ④, ⑤)를 규율할 수 있게 되어 더 이상 이러한 행위에 대한 형법의 흠결을 발견할 수는 없게 되었다. 그러나 형법개정 전에는 죄형법정주의의 유추금지원칙에 충실할수록 형법전의 컴퓨터범죄규정으로는 이와 같은 행위를 규율할 수 없었다. 뿐만 아니라 정보통신망법 이외에 사안중심적 입법형식을 취하는 부수형법[65](예: 인터넷뱅킹법, 전자상거래법[66])은 완비되어 있지 않았

64) 일본에서도 단순부정침입은 '정보의 침해를 목적으로 하는 경우'에만 처벌되어야 한다는 견해도 있다고 한다. 그러나 일본의 부정엑세스방지 등에 관한 법률은 목적범의 형식으로 단순부정침입을 규정하지는 않고 있다. 이에 관해서 園田壽, *부정엑세스*, http://w3.scan.or.jp/sonda/text/accees/access.html 참조.

고 또한 정보통신망법(예: 제22조, 제28조(현행법상으로는 제49조, 제71조 제11호))으로는 아직 그런 행위의 불법을 모두 상쇄시킬 수 없었다. 즉, 해킹에 의한 인터넷뱅킹의 행위가 사기죄의 불법과 유사한 불법을 갖고 있다면, 그런 행위는 예컨대 법정형 5년이하의 징역 또는 5천만원이하의 벌금으로는 상쇄되지 못하는 잔여불법을 갖고 있는 것이었다. 따라서 이것은 형법의 흠결, 즉 형법전의(컴퓨터범죄규정) 흠결이자 부수형법의 흠결이었다. 또한 달리 말해 전문형법의 흠결이라고 할 수 있었다. 현재 이와 같은 문제는 입법으로 해결되었다고 할 수 있겠으나 해킹기술의 계속적 발전으로 인하여 그러한 해결은 일시적인 것이 될 뿐 영구적인 것은 될 수 없으며, 따라서 해킹형법의 흠결은 불가피한 것이라고 할 수 있을 것이다.

그러나 이러한 형법의 흠결은 은행으로 하여금 인터넷뱅킹의 보안시스템을 스스로 강화하는 변화로 나아가게 만들며, 더 나아가 정보통신보안산업의 발전까지 이어지게 하는 의도하지 않은 기능을 발휘할 수 있다.[67][68] 이처럼 해킹이 정보통신체계에 대해 갖는 역설적 기능은 형법이론적으로는 보충성원칙, 그러니까 근대형법의 특성으로서 '단편적 성격'(fragmentarischer Charakter)[69]에 의해 형법체계에 수용될 수 있다. 형법은 원래 일탈행위의 모든 현상을 물샐틈없이 진압하는 것이 아니라 단편적으로만 통제할 때 이성법일 수 있고, 또 정당화될 수 있는 것이다.

또한 이와 같은 해킹형법의 단편적 성격은 형벌만능주의자의 눈에는 형사정책적 결함으로만 보이겠지만, 거시적으로 보면 사회정책의 합리성이 될 수도 있다. 예컨대 인터넷뱅킹이 해킹당함으로써 발생하는 손해의 위험을 해킹한 사

---

65) 예로 1986년 미국의 컴퓨터사기 및 오용법(Computer Fraud and Abuse Act of 1986)을 들 수 있다.

66) 1999년에 제정된 전자거래기본법은 있으나 아직 구체적인 책임의 귀속기준을 정하는 개별법의 제정이 뒤따르지 못하고 있다.

67) 좀 과장해서 말한다면 바이러스 유포행위가 강력한 형법의 효과적인 통제에 의해 실제로 억제된다면 안철수 바이러스 연구소와 같은 기업의 성장은 물거품이 되고 말 것이다.

68) 2005년 상반기에 일어난 외환은행 전산망 해킹사건을 계기로 정부는 '인터넷뱅킹 해킹 방지 대책'을 마련하였는데, 그 주요 내용은 ① 인터넷뱅킹 이용자는 일반적인 보안 프로그램과는 별도로, 키보드로 입력한 비밀번호가 해킹되지 않도록 하는 프로그램을 설치해야만 서비스를 이용할 수 있고 ② 고객들이 인터넷뱅킹용 등록 프로그램의 비밀번호(공인인증서)를 잊었을 경우 은행 사이트에 접속해 재인증을 받을 때 휴대폰 문자서비스를 통해 본인 확인을 하는 서비스를 강화하는 것이다. (http://www.chosun.com 뉴스(조선일보)> 경제> 경제일반)

69) 이 개념에 대한 연구는 Maiwald, "Zum fragmentarischen Charakter des Strafrechts" (*FS-Reinhart Maurach*, 1972), 9쪽 아래 참조.

람에 대한 강력한 형사책임에 의해 방지하려고 하고, 또 그 위험방지정책이 성공을 거둔다면, 인터넷뱅킹의 해킹위험을 방지할 은행의 책임은 알게 모르게 면제될 수도 있다. 이러한 결과는 또한 손해의 위험을 잘못 분배하는 것이기도 하다.[70] 왜냐하면 인터넷뱅킹을 개설하여 막대한 이익을 얻는 수익의 주체는 바로 은행인데도, 은행이 그런 이익에 대응하는 의무로서 인터넷뱅킹에 대한 해킹을 차단하는 보안시스템을 끊임없이 개발할 의무를 짊어지지 않는 것[71]은 형평에 어긋나기 때문이다.[72] 그러므로 아이디와 패스워드를 도난당한 피해자에게 명백한 과책이 없을 경우 그 손해의 위험을 은행이나 기타 인터넷서비스 제공자에게 분배하는 법정책이 요구된다.[73] 또한 우리의 현실에서 보면 인터넷뱅킹의 해킹을 범죄화 하는 정책은 그렇게 실효적이지 못한 것으로 보이고, 그렇기 때문에 은행들 스스로가 보안시스템의 지속적인 개발에 투자를 하고 있는 것으로 보인다. 이러한 점은 해킹형법이 단편적 성격을 잃어버릴수록, 다시 말해 물 샐 틈 없는 해킹의 범죄화 정책이 강화될수록, 오히려 심각한 집행결손(Vollzugsdefizite)에 시달리는 상징형법으로 전락하게 됨을 보여준다.[74]

(2) **자율적 분쟁해결의 메커니즘** 해킹형법의 흠결은 물론 사회의 의사소통적 흐름과 민주적인 입법절차를 통해 메워질 수 있다. 입법이 민주적인 한, 해킹형법 또한 정당성을 갖는다. 그러나 해킹형법이 입법되는 사이에 또 다른 해킹

70) 이러한 위험분배에 관해서는 윤주희, *전자거래에서 위험분배에 관한 법제연구* (한국법제연구원, 2000); 오병철, *전자거래법* (1999) 참조.

71) 서울중앙지방법원 2007.3.23. 선고, 2006나15129 판결은 개인컴퓨터에 엑셀 프로그램 파일의 형태로 저장된 인터넷뱅킹에 필요한 원고의 개인정보를 해킹프로그램을 이용하여 해킹한 다음, 제3자가 원고 명의로 인터넷뱅킹을 이용하여 대출신청한 경우, 위 대출금에 대해 원고는 개인정보를 엑셀로 저장하고 남편에게 비밀번호를 누설하여 약관 제22조에 위반한 책임이 있다고 보아 대출금의 채무가 있다고 본 바 있다.

72) PC뱅킹의 아이디와 패스워드가 새어나가 예금이 인출된 사례에 대해 최근 서울지방법원이 내린 판결에서 '특히 PC뱅킹과 같은 전자자금 이체제도는 은행이 비용절감 및 고객편의 등의 목적을 가지고 자체적으로 도입한 것인 만큼 그 시스템의 안전성을 확보할 의무는 은행에 있다'고 판시한 바 있다(법률신문 2000.10.23.일자 참조).

73) 예를 들면 독일에서 논의되는 '위험책임원칙'(Risikohaftungsprinzip, E. Deutsch, "Gefahr, Gefährdung, Gefahrerhöhung" [*FS-K.Larenz zum 70.*, 1973], 885쪽 아래 참조)이나 미국의 '네트워크책임론'(이에 관해서는 윤주희, 앞의 책, 108쪽 아래 참조)을 들 수 있다. 그러나 인터넷뱅킹을 개설한 은행이나 인터넷서비스사업자 등의 과도한 민사책임부담은 장기적으로 고객의 부담으로 전환될 것이므로, 그러한 부담을 사회적으로 분산시키는 보험제도와 결합시킬 필요가 있을 것이다.

74) 이와 유사한 문제구조가 신용카드범죄에서도 존재한다. 이에 관해 자세히는 제1부. [3]신용카드회사의 부실과 위험분배정책 참조. 이 경우에도 과도한 범죄화 정책이 오히려 위험분배를 왜곡시키는 문제를 분석한 이상돈, "신용카드체계의 위험분배와 형법정책, 자기신용카드의 부정발급과 사용의 범죄화정책에 대한 비판", *형사정책연구* (여름호, 2000년), 115~145쪽 참조.

기술이 개발되고, 그로 인해 형법은 또 다시 흠결을 갖게 된다. 그러니까 해킹기술의 발전과 해킹형법의 형성 사이에는 메울 수 없는 일정한 간극이 — 법이론적으로는 규범과 현실 사이의 해석학적 간극이 — 존재할 수밖에 없다. 형법정책의 에토스는, 일정한 시대와 사회에 어쩔 수 없이 존재하기 마련인 형법규범의 일정한 흠결을 — 민법이나 행정법 등과는 달리 — 오히려 이성적인 현상으로 인식하는 데에 있다. 이성적인 형법정책의 눈길은 그렇기 때문에 더 나은 형법, 더 완벽한 형법이 아니라 '형법보다 더 나은 제도'에 쏠리는 것이어야 한다. 특히 해킹이 '의도된 역기능과 의도하지 않은 순기능'이 있다는 점은 해킹이 적지 않은 경우에 민법과 형법처럼 '합법과 불법'의 이원적인 코드화(binäre Codierung)로 모든 행위를 날카롭게 구분하는 법제도의 기능[75]에 의해 적절하게 규율되기 어려운 측면이 있음을 말해준다. 그렇기 때문에 해킹의 이양면성을 적절하게 수용하는 형법정책이 요구된다. 그런 정책의 하나로서 해킹으로 인한 분쟁을 갈등의 당사자들이 자율적으로 해결하게 하는 제도, 예컨대 분쟁조정제도를 들 수 있다. 물론 분쟁조정제도가 인격적 법익을 명확하게 침해하는 해킹범죄에 대해서까지 무차별적으로 적용되어야 한다는 것은 아니다. 우선적으로는 불법유형 Ⅲ에 속하는 해킹행위들(유형 ⑦, ⑧, ⑨, ⑩)처럼 단순부정접근이나 바이러스유포, 서비스거부공격 등의 경우에 해커와 피해당사자들 사이의 '징벌적인 손해배상'을 조정하는 제도를 형성하여 운영해볼 필요가 있다. 그 제도의 성공여하에 따라 불법유형 Ⅱ에 속하는 해킹에 대해서도 부분적인 확대의 가능성을 검토해 나갈 수 있을 것이다.

(3) 비례성원칙의 존중 마지막으로 해킹을 형사처벌하는 경우에도 비례성원칙을 최대한 존중하는 형법정책이 요구된다. 특히 형법전의 컴퓨터범죄와 부수형법의 정보통신범죄에 대한 법정형이 균형을 이루는지를 검토할 필요가 있다. 예컨대 패킷 스니퍼링(Packet Sniffering) 기법으로 전송 중인 비밀데이터를 가로채어 그 내용을 알아내는 행위에 대해 적용되는 정보통신망법 제48조와 제71조 제11호는 5년 이하의 징역 또는 5천만원 이하의 벌금을 규정하고, 역시 그 행위에 적용될 수 있는 통신비밀보호법 제16조 제1항의 무단감청죄는 10년 이하의 징역과 5년 이하의 자격정지를 정하고 있다. 이 두 정보통신법의 법정

75) 이와 같은 법제도의 기능에 대한 사회학적 분석은 Luhmann, *Ökologische Kommunikation*, (1986), 제8장 참조.

형이 그와 불법유형이 거의 같은 형법상 비밀침해죄(제316조 제2항)의 법정형인 3년 이하의 징역이나 금고 또는 500만원 이하의 벌금보다 높은 것은, 개인의 비밀에 대한 침해 이외에 정보통신망의 안전성과 신뢰성을 위태롭게 하는 점을 고려한 결과이다. 다만 그 차이가 두 배 안팎이라는 점은 과잉금지원칙에 반할 가능성을 높게 한다. 이에 반해 정보통신망법상의 비밀침해죄와 통신비밀보호법상의 무단감청죄 사이에 법정형이 차이가 나는 것은 형벌의 균형을 상실한 경우이다. 특히 전화통신과 컴퓨터통신이 통합되고 있는 사회에서는 그러한 차이를 근거짓기 어렵다.

제 6 부

노사관계와 형법

[18] 노동형법의 패러다임과 헌법질서

출처와 생성

[18]단락의 글은 "노동형법과 헌법질서"(*형사정책연구*, 2006년 겨울호, 103~132쪽)와 *헌법재판과 형법정책*(고려대출판부, 2005) 그리고 2004년 한국경영자총협회, 노동관계법상 형사처벌규정전문가회의에서 한 강연 〈노동형법의 개정방향〉의 내용을 종합하고, 그 사이 변화된 노동법령과 판례를 반영하고, 새로운 문헌들을 참조하여 작성되었다.

18 노동형법의 패러다임과 헌법질서

Ⅰ. 노동형법의 헌법적 과제

1. 전문법으로서 노동형법

노동형법은 노동영역을 규율하는 형법규범의 총체를 말한다. 노동영역은 사용자의 입장에서 보면 경영영역의 한 부분이 되고,[1] 그 한에서 노동형법은 경영형법의 한 부분이 된다.

[독일의 노동형법 개념] 독일에서는 1930년대부터 노동형법(Arbeitsstrafrecht)이란 개념을 사용해왔다.[2] 최근 노동형법의 지배적인 개념정의는 "사회국가적으로 질서지워진 노동생활의 근본규범에 대한 위반을 처벌하고(실질적 노동형법), 그러한 처벌의 절차(방법)를 규율하는(형식적 노동형법) 모든 규범의 총체"[3]를 말한다. 또한 노동형법 논의는 특히 실무에서 대부분 경영형법의 한 부분으로서 다루어진다.[4]

(1) 종래의 노동형법 개념 하지만 노동형법이란 개념은 이 글에서 처음 사용하는 것은 아니다. 이 개념은 일찍이 임종률 교수에 의해 1970년대 말에 사용된 바 있다.[5] 당시 한국사회가 노동운동이 억압되고, 노조활동이 제대로 펼쳐지지 못한 개발독재의 상태에 있었음을 고려해보면, 노동형법이란 개념의 사용만으로도 그의 인식은 아방가르드적이라 할만하다. 그러나 오늘의 시점에서 되돌아보면 그의 노동형법 개념은 전문법으로서 노동형법이 어떻게 이해되어야 하는지를 돕는 역사적 사유물로 남게 된다. 임 교수는 노동형법을 진정노동형법과 부진정노동형법으로 나누고 전자는 근로기준법의 벌칙규정을, 후자는 쟁

---

1) 윤리경영시대의 도래를 배경으로 성장하는 경영형법의 개념과 주요영역에 관해서는 이상돈, *윤리경영과 형법* (신영사, 2005) 참조.
2) 대표적으로 Greisseler, *Arbeitsstrafrecht* (Bonn, 1932)를 들 수 있다.
3) Ignor/Rixen, "Begriff, praktische Bedeutung und Grundprobleme des Arbeitsstrafrecht", *Handbuch Arbeitsstrafrecht* (2002), 41~72쪽.
4) Dirk Petri, *Arbeitsstrafrecht, Strafverteidigerpraxis* (C. H. Beck, 2008) 참조.
5) 임종률, "노동형법", *刑事法講座; 刑法總論(上)* (박영사, 1979).

의행위가 시민법규범의 강행적 관철을 꾀하는 시민형법에 저촉되는 경우에 범죄의 성립여부를 문제 삼는 분야라고 정의한다.

> [일본의 노동형법 개념] 이러한 이해는 일본의 莊子邦雄의 노동형법(勞動刑法) 개념에 근거한 것으로 보인다. 莊子邦雄 교수는 노동형법을 광의의 노동형법과 협의의 노동형법으로 나누어 살펴본다. 즉 "노동형법의 개념에는 광의의 노동형법과 협의의 노동형법의 두 가지 의의가 있다. 광의의 노동형법이란 노동관계와 관련하여 발생하는 범죄에 대한 형사실체법규를 말한다. …협의의 노동형법이란 노동법규범이 노동관계에 관련하고 스스로 설정한 강행법적 기준에 위반하는 자에 대하여 형벌을 과하는 형사실체법규이다. 개별적 근로관계를 규제하는 형벌법규는 일반적으로 협의의 노동형법이다."[6]

이러한 노동형법의 이해에서는 첫째, 판덱텐 법전법으로서 형법이 노동영역을 규율하는 형법체계의 '중심'에 놓이고 노동관계법령의 벌칙조항(부수형법)들은 '주변부'에 놓인다. 둘째, 이런 중심과 주변의 관계설정은 근본적으로는 사용자의 경영자유나 재산권보장을 노동형법의 중심에 놓는 이데올로기적 편향성을 암암리에 전제한다. 그러나 기능적으로 분화되고, 문화적으로 다원화되고, 현실적으로 복잡성이 매우 증대된 현대사회의 노동영역에서 그와 같은 노동형법의 이해로는 사회적 통합, 경제적 효율성, 그리고 심지어 도덕적 정당성[7]을 이루기가 쉽지 않다.

(2) 전문법으로서 노동형법 이러한 노동형법은 오늘날 새로운 전문법[8]의 하나로서 성장하고 있다. 전문법으로서 노동형법은 계급대립의 장을 넘어서 다양한 사회체계들 가운데 하나로 세분화된 현실영역인 노동영역 또는 경영영역(노동형법의 대상)을, 판덱텐시스템의 형법전과 사안중심적 규율형식인 개별법(예:

---

6) 莊子邦雄, *勞動刑法(總論), 新版* (1975), 1~3쪽. 이러한 이해를 같이하는 이달휴, "업무방해죄와 노동조합및노동조합 및 노동관계조정법 제41조 제1항을 위반한 쟁의행위", *비교형사법연구* (제4권 제1호, 2002), 553~570쪽 참조.

7) 여기서 '평등', '합목적성', '법적 안정성'의 동시적 충족이라는 전통적인 법적 정의의 개념(이에 관해 Kaufmann, *Rechtsphilosophie*, 2.Auflage [1997], 152쪽 아래 참조)도 도덕적 타당성, 체계의 효율성(경제성), 정치(정책)적 합리성의 실제적 조화라는 개념으로 바뀜을 전제로 한다. 이런 정의 개념은 전문법의 정의 개념이 된다. 정의 개념에 대한 나의 제안은 2000년 의사파업을 계기로 벌어진 직업윤리논쟁에서 이루어졌다(이상돈, 한국생명윤리학회 주최, "의사의 직업윤리: 의사 파업은 정당한가", 2000.12.15, 서울의대 분관 의학교육 연수원 강당에서 행한 나의 강연문 "의사 파업의 법적 측면", *안암법학* [제13호, 2001, 179~206쪽 수록] 참조).

8) 전문법의 개념은 2002.4.13. 서울대 법대 100주년기념관에서 열린 한국법사회학회 춘계학술대회에서 행한 나의 발표문 "전문법 - 이성의 지역화된 실천"에 의해 처음 제기되었다. 이에 관해 자세히는 이상돈, *기초법학* (법문사, 2010), [13]단락 참조.

근로기준법, 노동조합 및 노동관계조정법)이 '해석적 조정과 통합적 작용'의 관계 속에서 함께 규율하는 법현상을 말한다.

> [형법전과 노동법규의 해석적 조정] 여기서 해석적 조정은 동일 대상을 형법전과 개별법이 동시에 규율하는 경우에 있어서 형법해석학의 한 부분인 죄수론으로는 해결될 수 없고, 그 전문법의 기능이 생활세계의 규범적 명령의 실현과 관련 사회체계의 기능 효율화 가운데 어디에 상대적으로 더 중점이 놓여야 하는지에 대한 판단에 의해 두 규율형식의 적용우선규칙을 형성해가는 것을 말한다. 통합적 작용이란 무엇보다도 형법전이 사안중심적인 개별법의 흠결을 메워주고, 개별법이 추상적인 형법전의 규범을 구체화시켜주는 상호보완기능을 말한다.

경영영역과 일부 중첩되는 노동영역의 법적 규율은 두 가지 절대명령, 즉 '노동기본권을 보호하라' 또는 '근로자의 사회복지를 실현하라'는 '노동생활세계의 절대명령'(Lebensimperativ)과, '경영의 자유를 최대한 보장하고 시장경제체계의 기능성 또는 노동생산성을 향상시키라'는 '노동경제체계의 절대명령'(Systemimperativ)을 실천적으로 조화롭게 실현하는 기획을 좇는다.[9]

2. 노동형법과 헌법질서의 성찰적 과제

이와 같이 노동형법이 전문법의 하나로 성장함에 따라 노동형법은 어떤 모습으로 발전해가는 것일까? 이에 대해 올바른 대답을 하려면 무엇보다 노동형법을 헌법질서 안에서 바라보아야 한다. 노동(형)법은 다른 법보다도 입법이나 법률해석에서 이데올로기의 대립이 극명하게 표출되는 분야이기 때문이다. 즉, 헌법이 노사관계의 형성에서 어떤 이데올로기적 기획을 갖고 있는지를 살피지 않고 노동형법을 온전하게 이해하기는 어렵다.

첫째, 하지만 이때의 헌법은 노동영역에 형성되어야 할 형법규범을 일방적으로 지배·결정해주는 것이 아니라, 역으로 노동형법의 합리적 형성을 통하여 노동영역에 대한 자신의 질서기획을 비로소 구체화할 수 있는 법으로 자리매김한다는 것이다. 헌법과 노동형법이 '수평적 협동관계에서 서로를 형성시킨다'는 해석학적 관점에서 보면[10] 예컨대 헌법재판소도 노동형법에 대한 헌법재판을 함에 있어 헌법만을 바라봐서는 안 되고, 노동형법이 법치국가적 형법문화

9) 법에서 하버마스가 말하는 생활세계의 절대명령과 사회체계의 절대명령이 갖는 의미에 대해서 이상돈, *새로 쓴 법이론* (세창출판사, 2005) 참조.

10) 이런 명제를 제기한 이상돈, *헌법재판과 형법정책* (고려대출판부, 2005) 참조.

의 전통 속에서 어떻게 형성되고, 재구성되어갈 수 있는지를 바라보아야 한다. 현재 헌법재판소는 입법자의 '형성의 자유'(재량권)라는 이론의 공간 안에서 노동정책의 풍향을 자유롭게 변화시키고, 그 변화에 따라 실정노동형법의 합헌·위헌 여부를 판단하는 경향을 보인다(아래 Ⅱ 단락).

둘째, 그런 헌법재판에 의해 재구성되는 노동형법은 현행 헌법질서와 '정합적'이기 어렵다. 그런 경향 속에서는 정책과 법이 상호작용적으로 수렴되는 것이 아니라 서로 분리되고, 정책이 법에 대해 일방적인 우위를 차지하게 되기 때문이다. 이런 현상에 대한 비판과 반성은 헌법질서에 정합적인 노동형법을 구축하기 위해서 없어서는 안 된다(아래 Ⅱ 단락).

셋째, 헌법질서와 정합적인 노동형법은 헌법해석에 의해서만이 아니라 형법학계의 성찰적 재구성에 의해서 마련될 수 있다. 이 재구성은 무엇보다도 노동영역을 지배해온 기존의 형법패러다임을 반성하고, 새로운 패러다임을 모색하는 작업에 의해 가능하다(아래 Ⅲ 단락). 이러한 재구성에는 명확성원칙이나 비례성원칙과 같은 형법원칙을, 자유주의적 법원칙에서 현대사회에서도 기능하는 실천적 법원칙으로 재해석하는 작업이 함께 이루어진다.

넷째, 노동형법을 헌법질서에 정합적인 형법으로 형성하였다면, 다음으로는 그런 노동형법이 어떻게 헌법질서를 구성하는 규범으로 제도화될 수 있는가 하는 물음이 제기된다. 이 물음은 실정노동형법규정에 대한 헌법재판의 결정형식에 대한 물음으로 집약된다. 또한 이 물음은 노동형법의 헌법제도화에서 헌법재판소와 법원의 역할분담과 상호관계에 대한 이해에 따라 다르게 대답되기도 한다(아래 Ⅳ 단락).

Ⅱ. 헌법재판과 노동정책의 흐름

전문법으로서 노동형법규범의 현존량이 앞으로 어떻게 변화해가고, 또 변화해야 하는지를 성찰하는 데에는 지난 십수 년간 헌법재판소가 펼쳐온 노동형법정책을 개관하는 일이 매우 유용하다.

1. 이분주의

헌법질서가 상정하는 노동형법에 대한 헌법재판소의 이해는 '경영권의 보장

과 노동3권의 보장', '시장경제원리의 실현과 사회복지국가의 구현'이라는 두 요소에 의해 각인되어 있다:

> "헌법이 이와 같이 근로3권을 보장하는 취지는 원칙적으로 개인과 기업의 경제상의 자유와 창의를 존중함을 기본으로 하는 시장경제의 원리를 경제의 기본질서로 채택하면서 (중략) 결국에 있어서 근로자의 이익과 지위의 향상을 도모하는 사회복지국가 건설의 과제를 달성하고자 함에 있다."[11]

(1) **택일적 보호** 그러나 헌법재판소의 노동형법정책에서 이들 두 요소는 — 헌법학에서 논의하는 사회적 시장경제질서의 개념도 마찬가지로 — 변증적으로 지양되는 것이 아니라 하나를 보장하기 위해서는 다른 하나를 위축시켜야 하는 이율배반적 관계 속에 머물러 있다.[12] 즉, 헌재의 노동형법정책은 시장경제원리와 경영권을 중시하거나 아니면 사회복지국가원리와 노동3권을 중시하는 식의 양자택일적인 선택의 경향을 띠곤 한다.

> [단체협약위반죄에 대한 헌법재판의 정책적 편가름] 헌법재판소는 예컨대 다음의 두 사건에 대한 단체협약위반죄의 합헌과 위반의 판단을 다르게 한 바 있다.
>
> **사건 ⓐ:** (주)한일노조의 조합원 2명은 노사협의회에서 95년 말 성과급 지급 문제에 대한 합의점을 찾지 못하자 조합원들을 선동하여 노사간 합의하에 계속적, 관행적으로 실시하여 오던 연장근로와 휴일근로를 거부하게 하는 등으로 쟁의행위를 함으로써 이 회사 단체협약 제77조에 규정된 "회사와 조합은 이 협약에서 정하는 단체교섭의 협의에서 해결되지 아니하는 경우 이외에는 쟁의행위를 하지 않는다"는 평화조항을 위반하였다. 위 조합원 2명은 (구)노동조합법 제46조의3(현행 노동조합 및 노동관계 조정법 제92조 제1호) 위반으로 공소제기 되었다.
>
> **사건 ⓑ:** 국민건강보험공단 ○○지역 본부장 甲은 乙이 인터넷글에서 공단을 폄하하고 직장 내에서 노동가요를 고음으로 방송한 점을 이유로 징계위원회를 개최하였는데, 이 과정에서 단체협약상의 합의사항인 "공단은 노조활동으로 인하여 노조원을 징계하고자 할 때 징계대상자에게 징계위원회에 출석하여 진술의 기회를 부여하여야 하고, 노조에서 추천하는 자 1인을 징계위원회에 참관토록 하여야 한다"는 규정을 위반하였다. 甲은 단체협약위반죄(현행 노동조합 및

---

11) 헌재결 1990.1.15, 89헌가103. 헌법재판소는 이러한 근로3권을 '사회적 보호기능을 담당하는 자유권' 또는 '사회권적 성격을 띤 자유권'으로 보고 있다(헌재결 2004.12.16, 2002헌바57).

12) 헌법재판소의 근로3권에 대한 이해가 노사간의 실질적 자치를 통한 사회복지국가 건설로 보면서도 '사적 자치의 보완'으로 파악하는 모순을 보인다는 지적으로 이흥재, "근로3권에 대한 헌법재판소판례의 검토", *서울대 법학* (제43권 2호, 2002), 238~259쪽.

노동관계조정법 제92조 제2호 다목 위반죄)로 대전지방법원에 기소되었다.

즉, 평화조항을 위반한 근로자의 쟁의행위(사건 ⓐ)에 대해 적용된 단체협약 위반죄를 위헌으로 봄으로써[13] 실천적으로는[14] 시장경제원리나 경영의 자유를 보호해 주었다. 그러나 이후 헌법재판소는 징계대상자에 대한 징계위 출석 진술 기회보장을 하지 않은 징계위원회 개최행위(사건 ⓑ)에 대하여 '징계의 중요한 절차'에 관한 단체협약을 위반한 사용자의 행위를 개정된 단체협약위반죄인 처벌조항[15]을 합헌으로 봄으로써[16] 사회복지국가원리나 근로3권을 각각 '편향적으로' 보호해주었다.

이런 경향은 지난 십수 년간 헌재가 노동형법에 대한 재판에서 주로 단순합헌 또는 단순위헌결정의 형식을 취하고, 변형결정(한정합헌, 또는 한정위헌결정)을 거의 사용하지 않은 데에서도 간접적으로 확인할 수 있다. 이와 같이 노동형법에서 충돌하는 두 이익을 변증적으로 지양하지 못하고, 양자택일적으로 어느 일방을 보호하는 노동형법정책을 '이분주의'(Dichotomie)라고 부를 수 있다.

(2) 이데올로기적 편향 헌법재판소의 이분주의적 노동형법정책은 의도한 것이 아닐지라도 실천적으로는 이데올로기적 편향성을 보여준다. 헌재는 대체로 시장경제원리와 경영권을 강조함으로써 우익성향의 보수 노선을 가거나, 아니면 노동3권과 사회복지국가원리를 강조함으로써 좌익성향의 진보 노선을 가는 편향성을 보인다. 이런 편향성은 개별근로관계법인 근로기준법과 집단적 노사관계법인 노동조합 및 노동관계조정법에 대한 다음의 대표적인 결정례에서 확인할 수 있다.

---

13) 헌재결 1998.3.26. 결정, 96헌가20(전원합의체) 참조.

14) 실천적이란 비록 단체협약위반죄가 노사 양쪽에 적용될 수 있지만 노동현장에서는 절대적으로 사용자의 위반행위가 문제되어 왔다는 점을 염두에 둔 말이다.

15) 노동조합 및 노동관계조정법 제92조(벌칙) 다음 각호의 1에 해당하는 자는 1천만원 이하의 벌금에 처한다. 2. 제31조제1항의 규정에 의하여 체결된 단체협약의 내용 중 다음 각목의 1에 해당하는 사항을 위반한 자. 가. 임금·복리후생비, 퇴직금에 관한 사항, 나. 근로 및 휴게시간, 휴일, 휴가에 관한 사항, 다. 징계 및 해고의 사유와 중요한 절차에 관한 사항, 라. 안전보건 및 재해부조에 관한 사항, 마. 시설·편의제공 및 근무시간중 회의참석에 관한 사항, 바. 쟁의행위에 관한 사항.

16) 헌재결 2007. 7. 26. 2006헌가9(전원재판부) 참조.

사용자에 유리한 결정	근로자에 유리한 결정
– 노동쟁의행위에 제3자가 간여(노동쟁의조정법의 "介入")하는 행위를 처벌함은 합헌[17] – 노동위원회의 확정되지 않은 구제명령을 이행하지 않는 행위를 처벌함은 위헌[18] – 공익사업(예: 방송)에 있어 노동위원회가 (직권 또는 행정관청의 요구에 의해) 노동쟁의 중재에 회부한 때 그 날로부터 15일간 금지된 쟁의행위를 한 행위를 처벌함은 합헌[19] – 단체협약에 위반한 자를 처벌함은 위헌[20] – 임금채권의 소멸시효를 3년으로 제한한 것은 합헌[21] – 정당하지 않은 쟁의행위의 일환으로 이루어진 근로자들의 집단적 노무제공 거부행위를 '위력'에 의한 업무방해죄(구 형법 제314조)로 처벌함은 합헌[22] – 4인 이하의 사업장 근로자에게 퇴직금을 지불하지 않는 것을 처벌하지 않음은 합헌[23] – 월급근로자로서 6월이 되지 못한 자를 (30일 전) 예고하지 아니하고 해고하는 행위를 예외적으로 처벌하지 않는 것은 합헌[24] – 노조 대표자 측과의 단체협약체결 기타의 단체교섭을 정당한 이유 없이 거부하거나 해태하는 행위를 처벌함은 합헌[25] – 정당한 사유 없이 근로자를 해고한 사용자를 처벌함은 합헌[26] – 당해 사업장에 종사하는 근로자의 3분의 2 이상을 대표하는 노동조합과 체결한 단체협약에 의하여 그 노동조합에서 탈퇴한 근로자를 해고하는 행위(유니언샵 Union Shop 협정을 지키는 행위)를 예외적으로 처벌하지 않는 것은 합헌[27]	– 사용자의 파산 시 최종 3개월분의 임금과 최종 3년간 퇴직금에 대하여 최우선변제권을 인정하는 것은 합헌[28] – 사업장의 안전보호시설에 대하여 정상적인 유지·운영을 정지·폐지 또는 방해하는 행위를 처벌함은 합헌[29] – 임금을 정기일에 지급하지 아니하고 퇴직금을 퇴직일로부터 14일 이내에 지급하지 않은 사용자를 처벌함은 합헌[30] – 근로조건의 명시의무를 위반한 사용자를 처벌함은 합헌[31] – '징계의 중요한 절차'에 관한 단체협약을 위반한 자를 처벌함은 합헌[32] – 노동조합법에 따른 형식적 요건을 갖추지 못한 단결체가 노동조합이라는 명칭을 사용하는 것에 대해 처벌함은 합헌[33]

17) (구)노동쟁의조정법 제11조(제3자 개입금지)에 대한 헌재결 1990.1.15, 89헌가103; 구 노동조합법 제45조의2에 대한 1993.3.11, 92헌바33; (구)노동조합 및 노동관계조정법 제40조 2항에 대한 헌재결 2004.12.16, 2002헌바57 참조.

18) 헌재결 1995.3.23, 92헌가14 참조.

19) 헌재결 2003.5.15, 2001헌가31 참조.

20) 구 노동조합법 제46조의3 중 단체협약에 위반한 자를 1,000만원 이하의 벌금에 처하도록 규정한 부분에 대한 헌재결 1998.3.26, 96헌가20 참조.

21) 헌재결 1998.6.25, 96헌바27 참조.

22) 헌재결 1998.7.16, 97헌바23 참조: 이 결정은 실질적으로 법원의 판결을 심판대상으로 삼은 셈이지만, 법원의 판결은 헌재의 심판대상이 아니므로 이 결정은 외형상 단순합헌결정이지만 실질적

2. 헌법재판흐름의 구조적 분석

이 결정례들을 합헌결정(Y)과 위헌결정(N)으로 분류하고, 법조문의 형식과 상관없이 실질적으로 노동자의 권익보호와 사용자의 경영권 보호 가운데 주로 어느 쪽에 기여하는지를 판단하여 정리해보면 도표 77과 같다. 이 표의 오른쪽은 위의 결정에서 헌재가 사용한 논증들을 형법의 기본원칙인 명확성원칙과 비례성원칙(과잉금지원칙) 그리고 기타 논증으로 분류하고 있고, 각 원칙에의 합치(○) 또는 위배(X) 여부가 표시되어 있다.

(1) 헌법재판소의 사회국가적 노동형법정책 이 표에서 헌법재판소가 지난 십수 년간 전개해온 노동형법정책이 대체로 자유주의 형법에서 사회국가적 형법으로 변화하는 경향을 읽어낼 수 있다. 위헌결정을 하든 합헌결정을 하든 90년대 노동형법정책은 주로 노동법제의 과도한 사회복지지향성을 경계하고 시장경제원리와 경영권의 실현 쪽에 쏠리는 경향을 보여주고 있었다. 그러던 것이 빠르게는 외환위기를 완전히 탈출한 2002년, 즉 DJ 정부 말기에 와서 헌재의 형법정책은 다시 사회복지국가원리와 노동권의 보호 쪽으로 선회하였고, 그 형법정책의 흐름은 노무현 정부에 와서 지속·강화 되었다. 이러한 형법정책의 흐름이 법과 질서(law and order politics)를 강조하는 이명박 정부[34]에서도 계속

으로는 한정합헌결정이라고 볼 수 있다.

23) 헌재결 1999.9.16, 98헌마310 참조.

24) 헌재결 2001.7.19, 99헌마663 참조.

25) 헌재결 2002.12.18, 2002헌바12 참조; 미국 전국노동관계법 제8조(b)(3)에서는 노동조합측의 부당한 단체교섭거부을 부당노동행위로 규정하고 있다. 이 조항에 대한 자세한 분석으로는 Walsh, “Union Unfair Lanor Practices”, *Labor Law Journal* (1950), 1100쪽 참조.

26) 근로기준법 제110조에 대한 헌재결 2005.3.31, 2003헌바12 참조. 이 부당해고죄의 벌칙조항은 2007년 개정 근로기준법(2007.1.26.)에서 삭제되었다. 하지만 제111조에서 확정된 구제명령 또는 구제명령을 내용으로 하는 재심판정을 이행하지 아니한 자는 1년 이하의 징역 또는 1천만원 이하의 벌금에 처하게 한다는 점에서 부당해고죄는 실질적으로 비범죄화된 것은 아니다. 노동위원회에 의한 해고행위의 간접적 조종이라는 형식으로 변환된 것이라 할 수 있다.

27) 헌재결 2005.11.24, 2002헌바94, 95; 2003헌바9 참조.

28) 헌재결 2008.11.27, 2007헌바36 참조.

29) 헌재결 2005.6.30, 2002헌바83 참조; 이 사건에서 문제된 쟁점들 중 가장 중요한 쟁점은 안전보호시설조항이 명확성원칙에 반하는가 하는 점이었는데(다수의견과 소수의견의 대립), 이에 관한 평석으로 이상원, “노동조합및노동관계조정법상 안전보호시설과 명확성원칙”, *형사판례연구* (제14권, 2006), 425~512쪽 참조.

30) 헌재결 2005.9.29, 2002헌바11 참조.

31) 헌재결 2006.7.27, 2004헌바77 참조.

32) 헌재결 2007.7.26, 2006헌가9 참조.

33) 헌재결 2008.7.31, 2004헌바9 참조.

▌도표 77▐ 노동형법에 대한 헌법재판흐름의 구조적 분석

(Y: 합헌결정, N: 위헌결정, ○: 원칙에 합치함, X: 원칙에 위배됨)

결정년도	노동형법규정	실질적 기능		논증		
		노동권보호	경영권보호	명확성원칙	비례성원칙	기타
1990/1993/2004	제3자 개입(간여)죄		Y	○		
1995	구제명령위반죄	N		X	X	
1996/2003	강제중재시의 쟁의행위죄		Y		○	
1998	단체협약위반죄(평화조항위반쟁의행위)	N		X		
1998	위력업무방해죄(집단노무제공거부)		Y	○	○	○(인간존엄권)
1999	4인이하 사업장의 퇴직금미정산		Y		○	○(평등권)
2001	예고 없는 해고의 비범죄화		Y			
2002	단체교섭 등의 부당거부죄	Y			○	○(평등권)
2005	부당해고죄	Y		○	○	
2005	조합탈퇴근로자 해고의비범죄화	Y			○	
2005	사업장 안전보호시설에 대한 쟁의행위위반죄		Y	○	○	○(평등권)
2005	임금체불죄	Y				○(평등권)
2006	근로조건 명시의무 위반죄	Y		○	○	
2007	단체협약위반죄(징계의 중요한 절차 위반행위)	Y		○	○	
2008	형식적요건 결여한 노동조합 명칭위반죄		Y			○(평등권)
	2002년 이전	0/8 (0%)	8/8 (100%)			
	2002년 이후	6/8 (75%)	2/8 (25%)			

34) 이명박 정부가 신자유주의적 정책기조를 '친기업적 경찰국가화'라고 평가하면서 노사관계 등에 있어 무관용 원칙(Zero Tolerance)을 관철하는 것에 대한 비판으로 이계수 · 오병두, "친기업적 경찰국가와 민주법학: 비판과 대응", *민주법학* (제38호, 2008), 11~38쪽 참조.

유지될지 혹은 자유주의적 노선으로 선회하게 될지는 훗날 다시 평가하기로 한다.

(2) **대법원의 시민법적 노동형법정책** 이런 형법정책의 선회는 2002년 이후에도 시장경제원리와 경영의 자유 쪽에 여전히 쏠려 있는 대법원의 노동형법정책의 흐름과는 선명하게 대조된다. 예컨대 2003년에도 대법원은 다음과 같이 자유주의적 노선을 극명하게 보여주었다.

> "모든 기업은 그가 선택한 사업 또는 영업을 자유롭게 경영하고 이를 위한 의사결정의 자유를 가지며, 사업 또는 영업을 변경(확장·축소·전환)하거나 처분(폐지·양도)할 수 있는 권리를 가지고 있고, 이는 헌법에 의하여 보장되고 있는 것인데, 이러한 경영권이 노동3권과 서로 충돌하는 경우 이를 조화시키는 한계를 설정함에 있어서는 기업의 경제상의 창의와 투자의욕을 훼손시키지 않고 오히려 이를 증진시키며 기업의 경쟁력을 강화하는 방향으로 해결책을 찾아야 하는바, 이와 같은 관점에서 볼 때 구조조정이나 합병 등 기업의 경쟁력을 강화하기 위한 경영주체의 경영상 조치는 원칙적으로 노동쟁의의 대상이 될 수 없고…"[35]

대법원의 이런 흐름은 '시민법적 인식전환'[36]이라고 볼 수 있다. 대법원은 1990년대부터 노동사건과 관련하여 보수적인 정책성향을 보여주었고, 1997년 말 IMF 관리체제 이후에는 그런 성향이 더욱 강화되었다고 평가된다. 예를 들어 해고 관련 사건들에서 대법원은 근로계약의 성립 혹은 근로자의 인정범위 또는 해고제한법제의 적용범위를 축소시켰고, 근로계약의 종료와 관련된 법률행위에 대하여도 전통적인 민사법적 법리를 충실하게 따랐다.[37] 그래서 "현실적 변수에 대한 고려가 규범적 요청에 대한 고려에 앞서고 심지어는 규범적 요청을 도외시하고 있는 것"[38]이라는 비판을 받기도 한다. 하지만 노무현 정부의 정책노선이 영향을 미칠 수 있는 대법관의 인사가 2005년 이후 본격화되었고, 이로써 헌법재판소의 노동형법정책 방향과의 간극은 현저히 줄어들었다.

---

35) 대판 2003.11.13, 2003도687.

36) 이흥재, "대법원의 근로관계 인식에 대한 조명: 민주헌정이후 시민법적 인식으로의 회귀 및 지속의 평가", *서울대학교 법학* (제43권 3호, 2002), 205~228쪽 참조.

37) 이런 분석으로 도재형, "노동판례의 최근 경향 및 노동법원 논의에서의 시사점", *노동법학* (제21호, 2005), 205쪽 참조.

38) 정인섭, "근로삼권의 규범론과 정책론", *노동법학* (제17호, 2003), 114쪽.

3. 노동정책의 형법에 대한 우위

다음으로 헌법재판소의 이분주의는 정책(정치)과 법의 관계를 이성적으로 설정하지 못하게 만든다는 점을 위의 결정례 분석에서 확인할 수 있다.

(1) **형법원칙과의 무관련성** 이 점을 이해하기 위해선 먼저 경영의 자유에 지향된 노동정책이든 노동권의 보호에 지향된 노동정책이든 형법의 기본원칙(위배여부)과의 사이에 어떤 의미 있는 상관관계가 존재하지 않는다는 점을 인식해야 한다. 특히 노동정책의 방향설정은 비례성원칙의 판단과 아무런 관련이 없다. 예컨대 강제중재 시에 있어 15일간 금지된 쟁의행위를 하는 것을 처벌하는 90년대의 자유주의적 노동정책이든, 부당해고의 처벌을 합헌으로 보는 2005년의 사회국가적 노동정책이든 모두 비례성원칙에 부합한다는 판단 위에 서 있다. 이렇게 된 데에는 헌법재판소의 노동정책이 이분주의의 특징을 보인 데에도 그 원인이 있겠지만 더 큰 원인은 비례성원칙의 판단에서 입법자의 '형성의 자유'(입법재량권)를 너무 넓게 인정한 데서 비롯된다. 이는 단체협약위반죄에 관한 비례성원칙의 판단을 하는 다음과 같은 언급에서 쉽게 확인할 수 있다.

> "어떤 행위를 범죄로 규정하고 이를 어떻게 처벌할 것인가 하는 문제 즉, 범죄의 설정과 법정형의 종류 및 범위의 선택은 행위의 사회적 악성과 범죄의 죄질 및 보호법익에 대한 고려뿐만 아니라 우리의 역사와 문화, 입법당시의 시대적 상황, 국민일반의 가치관과 법감정 그리고 범죄예방을 위한 형사정책적 측면 등 여러 가지 요소를 종합적으로 고려하여 입법자가 결정할 사항으로서 광범위한 입법재량이 인정되어야 할 분야이다."39)

(2) **비례성원칙의 형해화** 그 결과로서 비례성원칙이라는 핵심적인 법원칙은 노동정책의 풍향에 어떤 영향도 미치지 못하는 무기력한 '빈 공식'이 되어 버리고 있다.

1) **경험적 판단의 생략과 직관적 판단** 이런 빈 공식화는 첫째, 비례성원칙의 세 가지 하부원칙들, 즉 적합성(형법의 법익보호적합성), 최소 침해성(필요성 또는 형법의 보충성), 균형성(형법의 적정성, 과잉금지) 중에서 앞의 두 가지 하부원칙의 위반여부에 대한 판단은, 균형성에 대한 판단처럼 가치판단이 아니라 '경험적

39) 헌재결 2007.7.26, 2006헌가9.

판단'의 문제라는 점을 외면하거나 경험적 판단을 직관적으로 행함으로써 가능한 것이기도 하다.[40] 예컨대 단체교섭 등 부당거부죄의 합헌결정은 노동위원회의 중재나 조정회부 또는 단체협약위반의 제재만으로도 "사용자로 하여금 단체교섭 … 을 부당하게 거부하거나 해태하지 않도록 하는 일반예방적 효과를 지니는"가 하는 문제에서 경험적 판단을 직관적 통찰로 대체함으로써 가능한 것이라 할 수 있다.

> [단체협약위반죄에서 모순적 경험적 판단] 예컨대 단체협약위반행위가 형벌에 의하지 않고 민사법적 책임의 추궁에 의해서도 침해된 권리의 구제뿐만 아니라 노사자치를 위협하지 않을 수준으로 예방될 수 있는 지에 대한 경험적 판단을 생략한 채 — 실은 생략이라기 보다는 경험적 판단을 직관적 통찰로 대체한 채 — 헌법재판소는 1998년도의 단체협약위반죄 위헌결정에서 "단체협약 위반행위에 대하여는 노사 상호간에 민사법적 책임을 추궁함으로써 단체협약의 규범력을 확보하는 방향으로 나아가야 할 것"(헌재결 1998.3.26, 96헌가20)이라고 보았다. 그런 불과 10여년이 지나서는 "단체협약의 이행을 강제하기 위해서는 단체협약의 일반적 효력에 근거한 사법상 권리·의무에 대한 제한이나 근로기준법상의 행정상 제재와 같은 수단도 있을 수 있다. 그러나 그러한 수단들은 단체협약의 이행을 직접 강제하거나 그 이행 의무 위반에 대한 직접적인 구제조치가 될 수 없음은 물론 이행에 대한 심리적 강제 또한 그리 크다고 볼 수 없어 단체협약의 이행 확보 수단으로서는 불완전하다"(헌재결 2007.7.26, 2006헌가9)고 하여 암암리에 정반대의 경험적 판단을 전제로 결정을 하고 있다.

같은 노동형법의 위헌성 판단에서 경험적 문제에서 헌법재판소의 모순된 판단은 시간차를 두고 일어날 경우에 경험적 문제를 판단하는 지식의 차이에서 비롯될 수도 있다. 그런 모순된 결정은 적합성심사는 결정시점에 획득할 수 있는 인식을 근거로 판단한다는 견해[41]에 의하면 정당한 것이 된다. 그러나 우리나라 헌법재판에서 적합성심사는 경험적 지식의 부족보다는 외면과 직관적 통찰에 의한 대체에 의해 왜곡된 것이라 할 수 있다.

2) 가치판단의 왜곡 둘째, 가치판단의 문제인 균형성 판단에서 법적 정형성이 정책적 필요성에 좌우된 재량적 결정에 의해 잠식된 것도 '빈 공식화'의

40) 이에 대해 자세히는 이상돈, *헌법재판과 형법정책* (고려대출판부, 2005), 101쪽 참조. 여기서 나는 특히 자유우선원칙(in dubio pro libertate)을 일관되게 널리 적용하지 않음으로써 형법(원칙)이 정책을 정형화하고 그 비합리성을 제어하는 기능을 수행하지 못했다는 진단을 하고 있다.

41) 김대한, "독일에서 과잉금지원칙의 성립과정과 내용", *세계헌법연구* (제11권 제2호, 2005), 69~86쪽; 진창수, "헌법재판소 판례에 나타난 비례원칙", *공법연구* (제37집 4호, 2009), 1~24쪽 참조.

중요한 원인이 된다. 노동형법이 노동자의 이익(가치)과 경영자의 이익(가치), 사회복지국가와 시장경제의 가치질서 중 어느 하나를 선택하고 다른 하나를 배제하는 것이 아니라 양자를 '동시에 최대한 실현하는' 최적화요청(Gebot der Optimierung)을 충족하기 위해서는 입법재량권을 가능한 축소하고, 또한 (바로 그것이 가능하기 위한 전제이지만) — 일반시민들의 공론뿐만 아니라[42] — 노동형법(정책)에 대한 전문가들의 공론이 더욱 성장해야만 한다.[43] 입법재량권의 폭넓은 인정은 헌법재판소에, 그리고 노동형법정책의 전문가공론의 발육부진은 아마도 범죄론과 형사정책에 집중된 한국 형법학계에 그 책임을 돌려야 할 것이다.

(3) **노사관계의 헌법적 조종의 실패** 헌법재판소의 헌법해석은 노사관계를 정당한 질서를 창출할 수 있는 방향으로 조종하는 데 실패하고 있다.

1) 노동정책의 형법에 대한 우위 이 점은 무엇보다 노동형법에 대한 헌법재판에서 노동정책이 형법원칙(의 위배여부에 대한 판단)을 좌우시키는 경향, 좀 더 일반적으로 말하면 '정치(정책)의 법에 대한 우위' 현상에서 비롯된다. 이 우위 현상을 이를테면 노동정책이 명확성원칙과 맺는 관계 속에서 확인할 수 있다. 예컨대 비슷한 수준의 언어적 불명확성을 보여주는 "단체협약에 위반한 자"라는 (단체협약위반죄의) 문언과 "징계 및 해고의 사유와 중요한 절차에 관한 사항을 위반한 자"라는 (단체협약위반죄의) 문언이 하나(전자)는 명확성원칙에 위반되고, 다른 하나(후자)는 명확성원칙에 위반되지 않는다는 판단을 한 점에 주목할 필요가 있다. 물론 이런 명확성원칙 판단의 모순성은 헌법재판소의 명확성 개념에 대한 이해가 '누구도 예측 가능함'이나 '일반인의 이해가능성'으로부터 '법률전문가의 조언을 통한 예측가능성'이나 '학설과 판례 및 행정해석의 집적을 통한 의미내용의 전체적 윤곽 형성(가능성)'으로 변화된 데서 비롯된 것일 수도 있다. 이렇게 명확성원칙의 새로운 이해가 헌법재판소의 판례에서도 점차 강화되고 있는 것으로 보인다. 부당해고에 관한 다음 결정은 그 대표적인 예이다.

> "근로자의 해고에 관하여 법문상 요건이 되고 있는 '정당한 이유'에 대하여는 오랜 기간 그것의 의미에 대한 학문적 연구가 진행되어 그 성과가 쌓여있고 다수의

42) 이 점을 균형성 판단에서 '일반적 실천적 논증'의 역할필요성으로 강조하는 헌법학자 이준일, "기본권제한에 관한 결정에서 헌법재판소의 논증도구", *헌법학연구* (제4집 3호), 291쪽; 더 자세히는 Alexy, *Theorie der juristischen Argumentation* (1978), 349쪽 참조.
43) 이상돈, *헌법재판과 형법정책* (고려대출판부, 2005), 110쪽 아래 참조.

> 행정해석과 관련 판례들이 풍부하게 집적되어 왔다. 그리하여 이러한 경험과 사례의 축적에 의하여 이제는 그 의미 내용의 전체적 윤곽이 형성되고 구체적 사안들에서 특히 법률전문가들에게는 무엇이 여기에 해당하고 무엇이 해당되지 않는 것을 판단하기에 그다지 어려움을 느끼지 아니할 정도에까지 이르렀다고 할 것이다. 따라서 이 사건 법률조항은 비록 법문상으로는 '정당한 이유'라는 일반추상적 용어를 사용하고 있으나 일반인이라도 법률전문가의 도움을 받아 무엇이 금지되는 것인지 여부에 관하여 예측하는 것이 가능한 정도라고 할 것이어서 수범자인 사용자가 해고에 관하여 자신의 행위를 결정해 나가기에 충분한 기준이 될 정도의 의미내용을 가지고 있다."[44]

이런 변화는 미국 연방대법원이 최근 수십 년에[45] 걸쳐 명확성 심사에서 해당 법률이 실질적으로 법전문가에게 명확한지를 기준으로 삼아가고 있는 것에 상응한다.

더 나아가 헌법재판소의 명확성원칙위반 인용률이 헌법재판의 초창기부터 꾸준히 증가하다가 노무현 정부에 들어 다소 낮아지는 역사적 변화,[46] 즉 명확성원칙의 위반 판정이 점차 신중해져간 변화에서 맺어진 결과라고 해석할 수도 있다. 만일 그렇다면 정책이 법해석에 영향을 미칠 뿐만 아니라 법도 노동정책에 크든 작든 일정한 영향력을 미치는 셈이 된다.[47] 그러나 명확성원칙에 대한 헌재의 새로운 이해가 앞으로도 명확성원칙 위배여부에 대한 판단에서 일관되게 관철되지는 않을 것이라고 예측할 수 있다. 왜냐하면 명확성 개념을 그처럼 법률말놀이(또는 사용이론)의 관점 — 즉, 법텍스트의 의미는 그 사용(학설, 판례, 행정해석)을 통해서 형성되고, 따라서 명확성도 언어적 명확성이 아니라 법텍스트가 근거 있게 사용됨으로써 의미가 축적되고, 사람들 사이에 소통되는 동적(의사소통적) 과정에서 형성되는 것이라는 관점 — 에서 이해한 것이 '종전의 헌법해석적용에 관한 의견변경'(헌법재판소법 제23조 2항 2호)의 차원에서 이루어지지 않았기 때문이다.[48] 이런 예측이 타당하다면 헌법재판소는 노동정

---

44) 헌재결 2005.3.31, 2003헌바12.

45) 최근 30년의 미국 판례들을 분석하면서 명확성원칙의 판단기준이 일반인(the ordinary person) 기준에서 법전문가 기준으로 변화한다는 경향을 밝히는 전종식, "미국 헌법상 명확성 원칙 심사 — 미국연방최고법원 판례를 중심으로", *서울대학교 법학* (제50권 제1호, 2009), 461~464쪽.

46) 이점에 대한 자세한 분석으로 이상돈, *헌법재판과 형법정책*, 2005, 78쪽 아래 참조.

47) 법과 정책의 상호작용에 관한 연구로는 홍준형, "사법의 정책과정에 대한 영향", *법정책의 이론과 실제* (법문사, 2008) 참조.

48) 물론 법률말놀이이론에 근접한 명확성 개념을 선보인 부당해고죄에 대한 헌재의 합헌결정(2005.3.31, 2003헌바12)은 비록 헌법재판소법이 규정하는 헌재의 헌법해석적용에 관한 의견변경

책의 방향을 자유롭게 정할 수 있기 위해 명확성원칙의 적용도 — 그 원칙의 의미내용을 변경해가면서까지 — 기능화하고 있다고 말할 수 있다. 즉, 노동정책의 필요에 의해 명확성원칙의 위반여부에 대한 판단이 이랬다저랬다 바뀌고 있는 것이다. 이 경우 법은 정책의 도구로 전락하는 셈이 된다.

2) 헌법적 조종의 트릴레마 정책의 법에 대한 무시와 일방적 우위는 일반적으로 조종의 트릴레마(regulatorisches Trilemma)[49]를 초래할 수 있다: ① 법과 정책의 상호적 무관심, ② 법에 의한 사회적 통합의 와해, ③ 사회에 의한 법적 통합의 와해.

㈎ 형법과 노동정책의 상호적 무관심 첫째, 근로자보호든 경영권보호든 어느 한쪽에 편향된 헌법해석을 통한 헌법재판소의 노동정책은 앞서 살핀 것처럼 (형)법(원칙)에 실질적으로 무관심하다(정책의 법에 대한 무관심). 뿐만 아니라 그처럼 존중되지 못한 노동형법은 오히려 노사평화, 노사자치 달성, 기업의 생산효율성 향상과 근로자 보호의 거시적 통합이라는 노동정책의 중요목표에 역기능을 발휘하게 된다. 다시 말해 헌법재판소의 노동정책에 의해 형법의 원칙이 무시당하면, 이번에는 형법 쪽에서 그 정책의 실현에 대해 무관심으로 응하게 된다. 즉, 헌법재판소의 노동정책과 형법은 상호적 무관심의 관계에 빠지는 것이다.

㈏ 노동형법에 의한 사회적 통합의 와해 둘째, 근로자보호에 편향된 노동형법(해석과 운영)은 거시적으로 보면 합리적인 경영판단의 자율성을 침해하여 생산성과 수익성의 저하를 가져오기도 한다. 이에 따라 기업할 수 없는 풍토에 대한 우려의식이 확산된다면 투자위축과 경기침체 및 경제 저성장 등으로 이어질 수도 있다. 반대로 경영의 자유에 편향된 노동형법은 투쟁적 노동운동을 촉발하여 산업평화를 심각하게 흔들거나 노동적 복지수준을 저하시켜 국민경제에서 소비부분을 위축시키고, 그에 따라 생산위축과 경기침체를 가져올 수도 있다. 즉, 그처럼 편향적인 헌법재판소의 노사관계에 대한 정책적 조종은, 어떤

(제23조 제2항 제2호)의 가중 정족수인 재판관 6인 이상의 찬성(제23조 제2항 제2호)으로 이루어졌지만 결정이유에서 명확성원칙의 이해변경을 명시적으로 언급하지 않은 것으로 보아, 공식적인 의견변경은 아닌 것으로 보인다.

49) Teubner, "Verrechtlichung- Begriffe, Merkmale, Grenzen, Auswege", *Verrechtlichung von Wirtschaft, Arbeit und sozialer Solidarität*, 1985, 313쪽 아래(이상돈 역, *법제화 이론* [한국법제연구원 2004], 35쪽 아래); 아이상돈·홍성수, *법사회학: M.Weber, J Habermas. N. Luhmann의 사회학이론과 법패러다임* (박영사, 2000), 223쪽 아래 참조.

방향의 것이든 간에 노동형법의 정의논리로 무장되어 있는 것이지만, 경제영역의 합리성(생산성과 효율성 및 그 기초가 되는 복지)을 오히려 훼손시킬 수 있는 것이다. 다시 말해 헌법재판소의 헌법해석이 지향하는 노동형법은 (경제영역의) 사회적 통합을 와해시키는 부작용을 가져오는 것이다.

㈐ **노동정책에 의한 형법적 통합의 와해** 셋째, 노동정책은 형법적 통합을 와해시킬 수 있다.

ㄱ) **근로자보호 편향적 노동정책의 형법왜곡** 근로자보호에 편향된 노동정책은 형사사법에 대한 과수요를 낳고, 이는 노동형사사법체계에 과부하를 초래하게 되며, 그에 따라 노동형사사법체계의 기능이 왜곡될 수 있다.[50]

가령 1997년에 노동부에 접수된 임금체불 신고사건은 약 6만 건이었는데, 2007년 임금체불 신고사건은 약 15만 건으로 계속해서 급격히 증가하는 것을 알 수 있다. 이는 근로감독관의 업무소홀과 전문성이 약화되는 문제점을 초래할 수 있다.

이를테면 임금체불 등이 형사사건화되면 근로감독관의 업무는 임금체불 등의 업무에 편중되고, 그 결과로 근로조건의 확보와 분쟁예방 등의 기능은 현저히 위축되는 현상이 초래된다. 근로감독관의 개입과 형사입건은 사용자와 체불근로자 사이의 감정대립을 더욱 격화시키고, 그로 인해 갈등이 완화되기보다 오히려 더 증폭되고, 자율적인 분쟁해결은 오히려 기대하기 어렵게 되기도 한다. 이로써 근로감독관의 형법적 통제는 — 갈등완화와 자율적인 분쟁해결을 위해 도모하는 제도들보다 — 기능적이지 못할 수 있다.

물론 2005년 근로기준법 개정으로 금품청산 지연에 대한 지연이자제도(제37조)를 도입하고, 임금체불 사용자에 대한 형사처벌제도를 반의사불벌죄로 전환함(제109조 제2항)으로써 형법적 통제의 부작용을 완화하였지만 해소된 것은 아니다.

노동정책적 과제로 과부화된 형법의 부작용은 오직 해당 노동형법조항의 (정치적으로 좌우되는) '집행결손'에 의해서나 방지될 수 있을 뿐이다.

ㄴ) **경영자유 편향적 노동정책의 형법왜곡** 반대로 경영의 자유에 편향된 노동정책도 무분별한 해고나 권위적인 노사관계를 초래하여 소송으로 이어지는 노동분쟁을 대량으로 발생시킬 수 있다. 이 경우 노동위원회의 분쟁해결기능에

---

50) 이에 대한 연구로는 김홍영, "지난 20년간 임금 법제의 해석과 입법의 동향", *노동법연구* (제26호, 2009), 70쪽; 김홍영 외, *근로자 권리구제 혹진 방안에 대한 연구* (노동부, 2005.12), 86쪽.

대한 수요는 줄어들고, 노동형사사법(특히 법원에 의한 해결)에 대한 수요는 상당한 속도로 증가할 수 있다. 이처럼 노동자보호 혹은 경영의 자유에 편향된 노동정책이 초래하는 형사사법체계의 과수요는 형사사법의 통제를 완화시키는 변형을 가져온다. 이런 현상을 두고 정책이 노동형법의 사회 통합적 기능을 와해시킨다고 말할 수 있다.

이를테면 2002년 이후 부당해고로 인한 형사사건이 많이 증가하지만, 무죄율이 높고 전반적인 양형이 매우 낮았던 현상[51]이 그 예이다. 이런 현상은 노사분쟁을 해결하고, 노사자치를 실현하는 노동법체계의 기능성을 현저히 떨어뜨리게 될 것이다. 이런 점에서 부당해고죄가 2007년 삭제되고, 노동위원회의 구제명령을 이행하지 않을 때에 처벌하는 간접적 조종의 형태로 부당해고죄가 변신한 것(제111조, 제31조 제3항)은 긍정적으로 평가된다.

Ⅲ. 노동형법의 패러다임변화

그러면 노동정책과 형법원칙의 분열, 정책의 법에 대한 일방적 우위를 어떻게 극복할 수 있을 것인가? 노동정책과 형법원칙이 서로에게 수렴되어 이성적인 노동형법정책이 될 수 있기 위한 방안은 어떻게 모색될 수 있을까? 그 대답으로서 아래에서는 대화이론적 노동형법의 모델을 제시하고자 한다.

1. 세 가지 패러다임

이 모델에 대한 이해를 위해서는 먼저 노동형법의 패러다임이 이념형적으로 볼 때 세 가지, 즉 자유주의, 사회국가 그리고 절차주의로, 역사적으로 발전해가고 있음을 설명할 필요가 있다.

(1) **자유주의적 노동형법패러다임** 먼저 자유주의적 노동형법패러다임은 얼핏 형용의 모순으로 들릴 수 있다. 노동법이란 자유주의적 법패러다임[52]을 교정한 사회국가적 법패러다임의 전형을 이루기 때문이다. 그런데도 노동형법은 자유주의적 법패러다임에 머무를 수 있다. 그 까닭은 노동법을 실질사법(materi-

51) 이를 분석한 정진경, "부당해고와 형사처벌", *노동법연구* (제24호, 2008), 238~247쪽.

52) 법패러다임의 일반적인 발전을 자유주의적 법패러다임, 사회국가적 법패러다임, 절차주의적 법패러다임의 3단계로 구성하는 이상돈, *로스쿨을 위한 법학입문* (법문사, 2009), [11]~[13] 단락; *기초법학* (법문사, 2010), 488쪽 아래 (법의 거시사로서 법모델의 역사) 참조.

aliertes Privatrecht)으로만 바라보고, 노동자보호와 노동3권의 보장을 자유주의적 법체계의 자유와 평등과 같은 도덕적 이념이 연장된 것으로 이해할 수 있기 때문이다. 사용자단체(전경련이나 경총)는 실제로 이런 관점에 서 있다. 이 관점에서 바라보면 노동형법도 개인의 권리보호를 목적으로 삼아야 하고, 사용자와 근로자를 이념적으로 뿐만 아니라 현실적으로도 자유롭고 대등한 행위주체로 전제해야 한다. 이 경우에 노동형법의 보호법익은 일반적 행동자유권으로부터 파생되는 계약자유의 원칙, 재산권과 더불어 간접적으로는 시장경제질서가 된다. 자유주의적 노동형법패러다임은 개별근로자의 보호법제를 넘어서 집단적 노사관계법이 성장한 시대에도 그런 노동법제를 노사자치라는 이념의 실현보다는 사용자 측과 노조 사이의 '권리와 의무의 대칭적 분배'와 같은 자유주의적 법제의 도덕률과 같은 구조 속에서 이해한다.

1) 자유주의적 개별근로관계의 형법 이런 관점에 따르면 경영의 자유나 계약자유를 부정하는 형법은 과잉규제에 해당하게 된다. 개별근로관계에서 예를 들면, 악의적이지 않은 임금체불까지 처벌하고 경영판단에 따른 근로자해고를 — 또는 부당해고에 대한 노동위원회의 구제명령을 이행하지 않는다고 하여 — 형사처벌하는 것은 비례성원칙(과잉금지원칙)에 위반된다고 평결된다.

> [임금체불불법의 유형화와 자유주의적 노동형법의 관점] 비례성원칙의 관점에서 보면 임금체불죄의 불법은 3가지로 유형화하는 것이 필요하다. ① 불법이득의사(목적)의 임금체불: 중요간접사실로서 반복적 체불, ② (단순)고의적 임금체불: 중요간접사실로서 임금지급가능한 재정상태, ③ 비고의적 임금체불: 중요간접사실로서 경영악화로 인한 지급불능상태. 이때 자유주의적 노동형법패러다임에 따르면 ①의 경우는 형법의 사기죄(횡령죄) 등 재산죄와 불법차원이 상응하므로 이것의 비범죄화가 과소규제가 되고, 이에 반해 ②, ③의 범죄화는 과잉규제이며, 경영권의 본질적 내용에 대한 침해를 가져오게 된다.[53]

그러나 개별 근로관계에서 사용자와 근로자는 힘의 현저한 불균형으로 자유주의적 노동형법관에 따른 형법적 과잉규제의 철폐는 근로자의 권익을 충분히 보호하지 못하는 결함을 발생시킨다. 민사법원(해고무효확인의 소와 종업원지위보전가처분 및 임금지급가처분 신청)과 노동위원회에 의한 구제 및 행정소송을 통한 구제의 수단만으로는 근로자의 권익을 충분히 보호할 수 없다.

---

53) 이 유형화는 이상돈, "노동형법의 개정방향" (노동관계법상 형사처벌규정 전문가회의, 2004.10.27 한국경영자총협회), 2쪽.

2) 자유주의적 집단적 노사관계의 형법 또한 집단적 노사관계에서도 노조는 노동자를 대표하여 사용자와 협상하는 대등한 주체로서 자리매김된다.

(가) 노조전임자 임금지급 따라서 노조전임자의 급여는 노조에서 부담하는 것이 옳고, 전임자임금지급금지(제24조 제2항)는 굴절(제24조 제4항)되서는 안 되는 규범이 된다. 왜냐하면 자유주의적 노동형법에 따르면, 노조가 존립하고 활동할 권리와 그에 뒤따르는 노조의 재정조달의무, 사용자가 노조를 인정할 의무와 노조의 활동을 부조하지 않을 권리는 서로 대칭적이기 때문이다. 따라서 노조전임자급여지급을 범죄화하거나 적어도 전임자임금지급목적쟁의행위를 범죄화(제24조 제5항, 제92조 제1호)해야 한다. 그러나 노조전임자의 근로관계는 일시적으로 정지될 뿐이므로, 노동과 임금지급의 상호교환이라는 쌍무계약의 논리는 임금지급의 의무가 없음을 근거지을 뿐, 임금지급행위를 범죄행위로 만드는 형사불법을 근거짓지는 못한다.

(나) 부당노동행위 아울러 같은 논리에서 사용자가 부당노동행위를 하지 않을 의무를 부담한다면, 노조도 동일한 의무를 부담해야 한다.[54] 이에 따르면 노조의 정당한 이유 없는 단체교섭 거부 및 성실한 교섭 없는 쟁의행위, 위력에 의한 파업참가 유도, 전임자 급여지원, 회사 특정인사에 대한 인사조치 요구 등도 노동조합의 부당노동행위죄로 구성할 수 있게 된다. 바로 그렇기 때문에 노조의 부당노동행위죄가 없는 노동형법의 흠결, 사용자측의 부당노동행위(제81조)만을 범죄화(제90조)하는 비대칭성을 형법전상의 위력업무방해죄로 메우는 것은 도덕적으로 정당한 것이 된다. 예컨대 단순한 집단적인 노무제공의 거부가 "위력(威力)", 즉 "범인의 위세, 사람수 및 주변상황에 비추어 피해자의 자유의사를 제압하기 족한 세력"[55]으로 해석되는 것은 바로 이와 같은 도덕적 구조 속에서 가능하다. 대략 1990년대 노동형법에 대한 헌법재판은 대체로 이런 패러다임에 있었다고 볼 수 있다. 하지만 노조 측의 부당노동행위를 형사처벌하는 입법을 하는 것, 즉 노와 사 양측의 부당노동행위를 모두 처벌하는 쌍벌주의는 국가가 후견인으로서 집단적 노사관계를 형성하도록 해 주는 역할을 떠맡게 됨으로써 자칫 과잉규제에 이르게 될 수 있다.[56] 이는 결국 노사자치의

54) 1953년 노동조합법을 제정하면서 노동조합의 대표자가 정당한 이유 없이 사용자에 대하여 단체협약의 체결을 거부 또는 해태하는 것을 근로자측의 부당노동행위로 규정(구법 제34조)하였으나, 1963년 전문 개정 때 이를 삭제하였다.

55) 대판 1987.4.28, 87도453.

기반상실로 이어지는 부작용을 수반한다.[57]

(2) **사회국가적 노동형법패러다임** 사회국가적 노동형법은 노동자의 경제적 기본권과 노동자의 사회복지 증대를 보호법익으로 한다. 노동형법을 자유주의적 전통에서 이탈시켜 노동자의 권익을 보호하는 정책적 수단으로 자리매김한다. 이 정책수단화는 노동형법을 실질사법으로서 노동법과 일치시키는 수준을 넘어서, 노동자의 권익을 확대재생산하는 독자적인 사회체계(Subsystem)의 기능조건으로 만든다. 기능주의적 형법이론은 이러한 노동형법의 패러다임에 적합한 이론적 장치가 될 수 있다.

1) 사회국가적 개별근로관계의 형법 그러므로 개별근로관계의 형법은 노동자의 사회경제적 지위의 완전성을 추구한다.

(가) **무조건적인 임금체불의 범죄화** 예컨대 사용자의 임금체불은 어떤 경우이건(위의 유형 ①, ②, ③) 노동자의 사회경제적 완전성(근로권, 행복추구권, 차별적 해고를 받지 않을 평등권)을 침해한다는 점에서 범죄가 된다.

(나) **무조건적인 부당해고의 범죄화** 또한 부득이 하지 않은 근로자해고[58]는 어떤 경우에나 노동체계의 기능을 위태화하는 범죄행위가 된다. 사용자의 해고행위는 "실업에 대비한 … 사회안전망이 제대로 완비되지 못한 사회에서는 … 부당해고를 사전에 방지할 수 있는 예방적 기능의 제도화가 절실히 요구"[59]되기 때문에 처벌되어야 한다는 것이다. 또한 행정법적, 민사법적 구제는 사용자의 부당해고에 대응할 수 있는 수단으로 불충분하므로 부당해고의 형사처벌은 보충성원칙에 부합하고, 사안에 따라 부당해고죄의 법정형에서 벌금형을 선택하면 사용자의 권리(법익)에 대한 침해를 최소화할 수 있다는 점에서 과잉금지원칙에도 반하지 않는다.

2) 사회국가적 집단적 노사관계의 형법 사회국가적 노동형법의 패러다임에서는 근로자의 단결권(노동3권)이라는 노동자의 권익은 형법이 보호해야 하는 법

56) 여기서 영국의 노사관계를 특징짓는 'voluntarism'의 개념에는 노사자치주의가 내재되어 있다. 이로부터 노사자치주의를 관철시키기 위하여 부당노동행위는 명시적으로 법률에 규정되어 있지 않다고 한다. 이에 관한 자세한 연구로는 박은정, "영국의 부당노동행위제도", *노동법학* (제19호, 2004), 410~413쪽.

57) 이상돈, *윤리경영과 형법* (신영사, 2005), 274쪽.

58) 사용자의 해고는 재산권 행사의 공공복리적합성(헌법 제23조 제2항)에 의해 원칙적으로 금지되어야 하고, 다만 매우 제한적으로 해석되는 정당한 사유가 있는 경우에 한하여 예외적으로 허용될 수 있을 뿐이다.

59) 헌재결 2005.3.31, 2003헌바12.

익이 된다.

(가) **부당노동행위** 따라서 부당노동행위는 현행 노동조합 및 노동관계조정법처럼 사용자만 처벌하고 그에 상응하는 근로자의 행위는 처벌하지 않아야 한다. 이런 권리의무의 비대칭성은 사회국가적 노동형법의 관점에서는 정당한 것이 된다.

(나) **전임자급여지원죄** 사회국가적 노동형법의 패러다임에서 바라보면, 전임자의 급여지원을 금지하는 것은 노조의 활동과 존립을 위협하므로, 전면 폐지되어야 한다. 그러므로 전임자 임금 지급이 범죄가 되지 않음은 물론이고, 더 나아가 전임자 임금 지급을 관철하기 위한 쟁의행위도 범죄가 되는 것(제92조 제1호)은 타당하지 않다. 그런 노동형법은 노조를 통합 노동자보호의 기획을 무너뜨리는 역기능을 발휘하기 때문이다.

그러나 이와 같은 사회국가적 노동형법의 패러다임에서는 민법과 형법의 불법을 쉽게 차등화시키지 못하는 경향이 높다. 이는 사회국가적 노동형법이 형법의 자유주의적 성격을 과도하게 억압한다는 것을 의미한다.

(3) **절차주의적 노동형법패러다임** 이들 두 노동형법패러다임은 서로 대립하고 충돌한다.

1) 형법원칙의 기능적 한계 헌법재판에 대한 앞선 분석에서 보듯, 형법원칙은 이러한 패러다임의 충돌상황에서는 정책을 제어하는 기능을 발휘하지 못한다. 형법원칙은 이데올로기적 투쟁의 성격을 띠는 노동정책의 정치적 힘을 이겨낼 만한 정치적 힘을 갖고 있지 않기 때문이다. 이를테면 형법의 보충성요청과 관련하여 노동자보호의 노동형법들이 행정법적, 민사법적 구제의 불충분성을 전제하고 있다는 점이 경험적으로 입증되기도 어렵고, 그런 입증불능의 상황에 대해 자유우선원칙(in dubio pro libertate)을 적용할 것인지 여부도 노동정책의 이데올로기적 투쟁에서 결코 비켜설 수 없다. 이 점은 물론 두 형법패러다임의 이념이나 보호법익 사이의 가치형량에서도 마찬가지이다. 그런 가치형량은 그 자체로서 이데올로기적 성격을 띤다.

2) 자유주의적 노동형법과 사회국가적 노동형법의 변증 그러므로 두 패러다임을 변증시키는 노동형법모델, 양자를 서로 타협시키고 함께 공존하게 하는 정치적 역량을 지닌 새로운 노동형법모델이 필요하다. 법제화의 일반적인 발전단계를 고려할 때, 그리고 우리 사회의 노동운동의 발전수준과 경영현실을 고려

도표 78 노동형법의 세 가지 패러다임

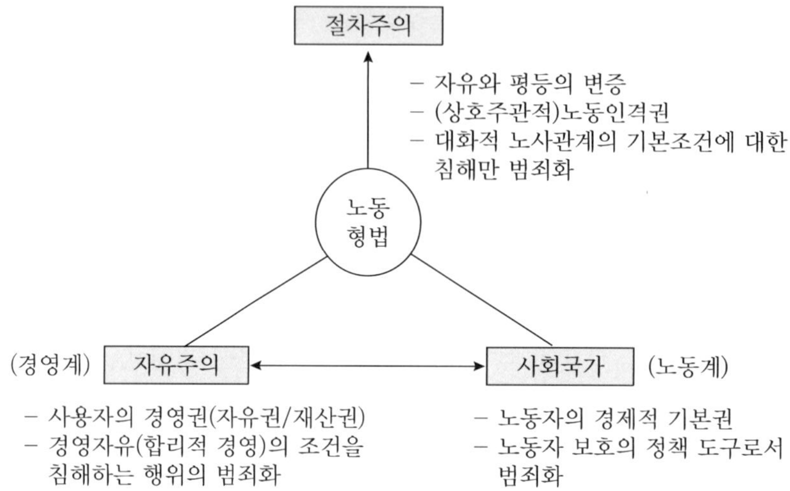

할 때 그런 모델로 절차주의적 노동형법을 구상할 수 있다. 이를 먼저 도표로 표현해보면 도표 78과 같다.

절차주의 노동형법 패러다임은 사용자의 경영권과 재산권을 보호하면서도 노동자의 경제적 기본권을 실현하고, 경영효율성을 보장하면서도 노동자 인권을 도모하는 이념을 좇는다.

㈎ **노동 개념의 재구성** 이런 변증은 무엇보다도 노동(Arbeit)의 의미를 상호주관적으로 재구성하고, 노사관계에서 자율적 규율의 기제를 확대하는 법제화에 의해서 달성될 수 있다.

ㄱ) 노동의 상호주관성 절차주의적 노동형법에 의하면 노동과 일터는 노동자의 경제적 기본권이나 사용자의 재산권과 인격권 이 둘 가운데 어느 하나만을 실현하는 것이 아니라 '노동인격'을 실현하는 것이다. 즉, 노동이란 근로자만의 것 또는 사용자의 인격과는 무관한 것이 아니다. 노동은 사용자와 근로자가 협동적으로 그리고 동시에 각자의 인격을 실현하는 매체로 이해되어야 한다. 노동은 이와 같은 협동적 인격의 실현을 사용자와 근로자가 서로 인식하고, 상대방의 인격을 서로 승인할 때 그 사회적 의미가 실현될 수 있는 것이다.

ㄴ) 물화와 계량화 사이 그러므로 노동은 사용자가 시장에서 계량적 가치로 환원된 물건처럼 팔고 살 수 있는 재화의 차원에 머무르지 않는다. 그런 물

화(Verdinglichung)는 노동의 인격적 차원을 거세해 버린다. 그렇다고 해서 노동이 절대불가침의 권리(기본권)인 것도 아니다. 따라서 예컨대 평생고용이 보장되어야 한다는 요청이 당연히 도출되는 것도 아니다. 노동은 노동자의 것만도 아니며, 사용자가 시장에서 그 노동을 필요로 할 때, 즉 그 노동이 사용자의 사회적 자기실현에 필요한 것으로 승인될 때 사회적 의미를 갖는다. 이때 사용자의 승인은 주관적인 인격적 가치의 인정을 넘어서 시장에서 정해지는 계량적 가치로 평가하는 것을 포함한다.

이러한 의미에서 노동자의 법인격은 상호주관적인 인격이다. 노동형법이 보호하는 법익도 노동자만의 인격이 아니라 노동자와 사용자가 서로를 승인하는 상호주관적 인격이다. 이런 점에서 노동형법은 상호주관적 법익론[60]의 첨병이 될 수 있다.

(나) 대화적 노사자치 상호주관적 노동인격은 노사관계가 대립과 투쟁의 관계에서 대화적인 협동의 관계로 변화할 것을 요구하고, 궁극적으로는 그런 관계변화를 통해 노사자치, 즉 노사관계를 노와 사가 대화적 의사소통을 통해 자율적으로 정립해가는 것에 지향되어 있다. 이를 위해서는 노사 양측에게 그런 관계변화를 이끌어내는 기제가 필요한데, 노동형법은 바로 그런 기제의 핵심조건을 보호하는 역할에서 자신의 정당성을 찾을 수 있다. 그런 기제의 핵심조건은 노사 간의 대화적 의사소통이 펼쳐질 수 있기 위한 테두리 조건들이다. 이 조건 가운데에는 대화적 의사소통이 장기적으로 가능하기 위해 요구되는 상호신뢰의 기반조성[61]도 매우 중요하다.

2. 노동형법의 대화이론적 구성

(1) 노동형법의 세 가지 지층 이런 절차주의적 노동형법은 물론 「근로자참여 및 협력증진에 관한 법률」처럼 단지 "근로자와 사용자 쌍방의 참여와 협력"의 보장만을 내용으로 하는 것은 아니다. 진정한 참여와 협력은 합의적인 관계형성을 위해 때로는 전략적 행동을 펼칠 필요가 있고, 그런 행동의 기회가 노

60) 이런 의미의 상호주관적 법익론(intersubjektive Rechtsgutslehre)을 철학적 배후에 두고 형법이론의 하나로 발전시킨 양천수 박사의 학위논문 "Chun-Soo Young, *Konzeption einer intersubjektiven Rechtsgutslehre*, Diss. 2006"은 주목할 만하다.

61) 노사불신과 대립 대신 신뢰에 기초한 생산적 노사관계의 확립을 주장하는 한상진 · 원창희 외, *노사신뢰의 열쇠* (2003) 참조.

와 사 양측에 공평하게 주어져야 한다. 노동조합 및 노동관계조정법은 주로 이런 차원의 노사자치를 기획하고 있다. 하지만 노동조합 및 노동관계조정법의 형벌조항은 단지 전략적 행동의 무기를 노사 양측에 대등하게 또는 노동자 측에 더 많이 주는 것 그 자체에 목적이 있지 않고, '노사관계의 대화적 형성을 엄호'하는 데에 그 목적이 있다. 더 나아가 절차주의적 법제로 노동형법이 발전된다고 해서 근로기준법과 같은 사회국가적 노동형법을 배제하는 것도 아니다. 근로기준법의 형벌조항은 노동자에게 고정된 크기의 이익을 보장하는 것 그 자체에 목적이 있지 않고, 노사관계의 대화적 형성의 전제조건, 즉 '상호주관적인 노동인격이 가능하기 위한 최소조건들'을 보호하는 데에 목적이 있다. 이처럼 노동조합 및 노동관계조정법의 형벌조항이나 근로기준법상의 형벌조항들은 절차주의적 법제에서 구현된 노사관계의 대화적 형성이라는 목적의 관점에서 재해석될 필요가 있다. 이렇게 되면 근로기준법, 노동조합 및 노동관계조정법 그리고 근로자참여 및 협력증진에 관한 법률에 의해 대표되는 3개 지층의 노동형법이 노사관계의 대화적 형성이라는 기획 아래서 정합적인 법체계를 이룰 수 있게 된다. 그런 노동형법을 대화이론적 노동형법이라고 부를 수 있다.

(2) **노동형법의 구체적 예** 가령 이렇게 재해석된 노동형법의 구체적인 모습을 앞에서 분석했던 헌재의 결정사안을 갖고 예시적으로 그려보면 다음과 같다.

1) **해고절차위반죄** 노동인격의 변화를 유도하고 뒷받침하는 과정이 되기 위해 해고의 중요한 절차에 속하는 해고예고의무의 위반에 대하여 제재를 가한다. 근로기준법 제26조도 해고의 예고를 의무화하고 있고, 이에 위반할 경우

도표 79 노동형법의 대화이론적 법제화모델

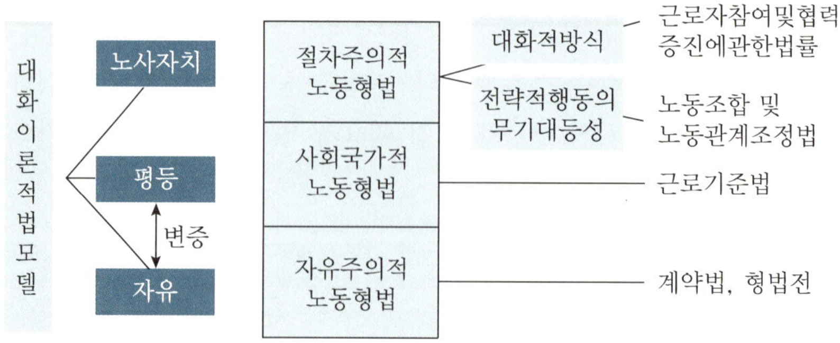

에는 제110조(벌칙)에 의하여 2년 이하의 징역 또는 1천만원 이하의 벌금에 처하고 있다. 가령 6개월 미만의 근로자들도 형성되어 가는 노동인격을 갖고 있는 것이므로 해고행위의 비범죄화는 일정한 보상(예: 1달간의 봉급의 절반)이나 사용자의 뒷받침을 전제로 해야 한다.

2) 중대명백한 부당해고와 불법이득적 임금체불의 범죄화 부당해고죄는 '중대하고 명백한'[62] 부당해고의 경우에, 임금체불죄는 '불법이득의사'가 있는 경우에 국한시킬 수 있고, 그래야만 한다. 왜냐하면 중대하고 명백한 부당해고와 불법이득의사가 있는 임금체불의 경우는 노동인격을 정면으로 부정하는 것이기 때문이다.[63] 물론 현행법처럼 노동위원회의 구제명령의 불이행을 범죄화하는 것은 포괄적인 부당해고죄보다는 더 나은 형법정책이긴 하지만, 노동위원회가 해고자유의 경계표를 어디에다 설정하느냐에 따라 부당해고죄는 이데올로기적 편향성을 가질 수 있다는 점이 문제이다.

3) 의도적 전임자임금지급죄 전임자임금지급죄도 사용자의 '의도적인' 전임자임금지급은 노사자치를 중대하게 위태화한다는 점에서 형사불법을 갖는 반면, 비의도적인 지급은 노사자치의 질서를 추상적으로만 위태롭게 할 뿐이므로 과징금으로 제재하는 것이 타당하다. 다만 전임자 임금지급이 노사자치를 실현하는 보조적 수단으로 머무는 한에서는 허용할 수 있다. 즉, 사용자와의 협의·교섭, 건전한 노사관계 발전을 위한 노동조합의 유지·관리업무는 노동조합이나 그 대표자에게만 이익이 되는 것이 아니라 노사자치를 이룩하는데 도

---

62) 가령 수습사원(해고유보부 근로계약)에 대한 해고가 '근로관계를 계속할 수 없는 사유'(이에 관해서는 대판 1998.11.10, 97누18189 참조)에 대해서 뿐만 아니라 근로자의 근로'적격성'에 대한 사용자의 주관적인 그러나 합리적인 판단에 의하는 경우엔 형사처벌의 필요성이 인정되는 '명백하고 중대한' 부당해고에 해당하지 않는다. 부당해고가 범죄화되기 위해서는 명백하고 중대한 부당해고의 행위유형이 판례나 노동위원회의 판정례에 의해 정형화되고, 사용자단체(예: 경총)의 법정보화기능이 작동하고 있어야 한다. 물론 이 범죄화의 조건과 해고의 명백하고 중대한 부당성을 사용자가 인식하지 못한 경우에 형법 제16조(법률의 착오)를 적용하는 것은 별개이다.

63) 상호주관적인 인격으로서의 노동인격을 보호하는데 있어서는 두 가지 요청을 충족하여야 한다. 해고는 노동인격의 변화이므로 (노동계의 입장처럼) 원칙적으로 금지되거나 (사용자진영의 입장처럼) 원칙적으로 허용되는 것이 아니라 그런 변화가 사용자와 근로자에 의해 모두 수용 가능한 방식으로 전개되어야 할 뿐이다. 해고의 정당한 사유를 판례나 노동위원회의 판정례에 의해 구체화하는 것은 그런 수용가능성을 사회적으로 창출하는 제도화된 법적 대화이다. 형법은 노동인격의 변화에 있어서 그런 법적 대화에서 정형화된 해고사유가 아닌 사유에 의할 경우에, 사용자의 상호적인 노동인격(관계)으로부터의 이탈이 ① 노동인격의 일반적인 의사소통적 조건을 파괴할 정도로 중대하고 명백하며(형법의 보충성에 관한 지양) ② 무엇이 그와 같은 노동인격으로부터의 이탈인지가 사용자와 노동자에게 알려져 있는 경우에(명확성원칙의 의사소통이론적 해석) 투입되어야 하는 것이다.

움이 되기 때문에 그 한에서 임금지급이 허용될 수 있다.

노동조합 및 노동관계조정법 제24조 제2항은 전임자 임금지급을 금지하면서도 제4항이 단체협약 또는 사용자의 동의를 전제로 "사업 또는 사업장별로 조합원 수 등을 고려하여 제24조의2에 따라 결정된 근로시간 면제 한도(이하 "근로시간 면제 한도"라 한다)를 초과하지 아니하는 범위에서 근로자는 임금의 손실 없이 사용자와의 협의·교섭, 고충처리, 산업안전 활동 등 이 법 또는 다른 법률에서 정하는 업무와 건전한 노사관계 발전을 위한 노동조합의 유지·관리업무를 할 수 있다"고 규정한다.[64] 그러나 고충처리, 산업안전 활동은 근로자의 복지 그 자체를 목적하는 것이 아니라 노사관계 발전과 노동조합의 유지·관리의 목적에 필요한 범위에서만 전임자 임금지급의 사유가 될 수 있다.

4) 노사자치 위태화적 부당노동행위죄 부당노동행위는 쌍벌주의로 구조변경하되, 모든 부당노동행위가 아니라 노사자치의 실현에 구체적인 위험을 초래하는 행위만을 처벌하도록 해야 한다. 이를테면 집단적 노사관계의 형성을 강제하는 의무조항위반, 예컨대 단체교섭부당거부죄(제81조 제3호, 제90조)만으로는 부족하고, 노사관계의 자치적 성격을 정면으로 부인하거나(예: 노사 양측의 가입·탈퇴강요, 노조원의 쟁의행위 참가강제), 자치제도의 틀을 깰 때(예: 집단적 노무제공의 단순거부로는 부족하고, 그것이 노사관계 이외의 목적을 향해 정치화되는 경우)에만 처벌해야 할 부당노동행위가 인정되어야 한다.

5) 단체협약위반죄 노사자치주의를 기본모델로 하는 노동형법체계 아래서 단체협약위반죄는 단지 노사가 노동관계를 자율적으로 형성할 수 있기 위한 의사소통적 기초조건을 침해하는 행위만을 자신의 불법유형으로 수용하여야 한다. 바꿔 말해 단체협약위반죄는 노사간의 분쟁을 자율적으로 조정하는 의사소통의 틀을 깨는 행위에 국한되어야 한다.

㈎ 노사자치의 조건을 깨는 신뢰위반적 행위의 범죄화 여기서 이해관계가 대립하는 양 당사자 사이의 의사소통은 양 당사자간의 '관점(입장)의 교환' 없이는 불가능한 것임[65]을 주목해보면 노사자치를 위한 의사소통적 기초조건에 대한

64) 이 규정의 신설은 ILO 협약에서 비롯된다. ILO 협약 제135호 제2조 제1항은 "근로자대표의 능률적인 일 처리를 위하여 기업으로부터 적절한 편의제공을 허용하고, 제3항은 그 편의제공이 당해 기업의 능률적인 운영을 방해하는 것이어서는 안 된다"고 규정한다. 이에 관해 자세히는 김종번·이상진, "노조 전임자의 급여 지급 현황과 개선 과제에 관한 소고", *전문경영인연구* (제10집 제2호), 2007, 162쪽 참조.

65) 이에 관해서는 이상돈, *형법의 근대성과 대화이론*, 1994, 78쪽; Günther, *Der Sinn für Angemessenheit*, 1988, 114쪽 아래, 134쪽 아래 참조.

침해행위는 다음과 같이 정의될 수 있다. 첫째, 사용자측이 단순히 — 단체협약 후의 사정변경을 이유로[66] — 단체협약을 위반하였다는 사실 자체가 범죄로 파악되어서는 안 되고, 근로자 측의 입장에서 단체협약을 체결하는 것 자체가 무의미해지는 '특정한 (신뢰위반적) 행위'만이 범죄로 파악되어야 한다. 둘째, 근로자 측의 단체협약위반은 사용자 측의 입장에서 단체협약을 체결하는 것 자체가 무의미해지는 '특정한 (신뢰위반적) 행위'에 해당할 경우에는 범죄로 파악될 수 있어야 한다.

(나) **단체협약위반의 구체적 불법유형례** 이와 같이 노사자치의 의사소통적 조건을 파괴하는 신뢰위반적 일탈행동의 구체적인 유형으로는, 예를 들면 사용자가 단체협약을 체결할 당시에는 협약을 준수할 의사 없이, 단지 전략적 관점에서 협약을 체결하거나, 단체협약의 위반을 고의적으로 반복하여 행하는 경우가 있다. 물론 이 경우 구성요건의 명확성을 높이기 위해 사용자 측의 단체협약위반행태를 목적범조항('파업 등 노사분쟁을 피할 目的으로')의 형태로 입법하는 방법이 고려될 수 있을 것이다. 또 다른 예로 근로자가 단체협약을 체결한 이후 다음의 단체협약체결이전에 쟁의행위를 하지 않을 의무를 위반하는 경우(제90조 제2호 바목)도 이에 해당한다.[67]

(다) **현행 단체협약위반죄의 사회국가성** 그러므로 현행법처럼 노동자의 특정한 이익 — 제90조 제2호에 의하면 가. 임금·복리후생비, 퇴직금에 관한 사항, 나. 근로 및 휴게시간, 휴일, 휴가에 관한 사항, 다. 징계 및 해고의 사유와 중요한 절차에 관한 사항, 라. 안전보건 및 재해부조에 관한 사항, 마. 시설·편의제공 및 근무시간중 회의참석에 관한 사항 — 에 관련된 단체협약의 위반 그 자체를 범죄화하는 것은 사회국가적 노동형법으로 후퇴하는 것이 된다.

(3) **중간법에 의한 보완** 이렇게 소묘해 본 노동형법은 자유주의적 형법패러다임에서는 부분적으로 과잉규제(과잉금지원칙 위반)로 파악되고, 사회국가적 형법패러다임에서는 과소규제(과소금지원칙 위반)로 비춰진다. 그러므로 대화이론적 노동형법은 그렇게 형사처벌이 과잉이나 과소로 평가되는 일탈행위들을 규율하는 형법 이외의 법에 의해 보완될 필요가 있다. 그런 법은 중간법(middle

66) 예로 IMF체제와 같이 경제위기 상황에서 해고보호에 관한 단체협약규정의 불가피한 위반을 이유로 사용자를 처벌하는 것을 들 수 있다.

67) 이에 관해 자세히는 이상돈, "단체협약위반죄의 위헌여부", *저스티스* (제32권 제3호, 1999), 176~193쪽.

law)[68]이 될 수 있다. 예컨대 개별 근로관계법이 규율하는, 그러나 범죄화되지 않는 임금체불 등은 '개인적 법익'의 영역에 속하면서 민사불법의 수준을 넘어서는 불법을 포함하고 있다. 따라서 이 부분은 '징벌적 손해배상제도'와 준사법적 제도(노동위원회 결정, 제소기간 도과 시 확정민사판결의 효력 부여)의 결합으로 해결할 필요가 있다. 또한 집단적 노사관계법이 규율하지만, 범죄화되지 않은 비의도적인 전임자임금지급이나 단체교섭 거부, 정치화되지 않은 집단적 노무제공의 거부는 '과징금'이나 징벌적 손해배상과 준사법적 제도(노동위원회 결정, 제소기간 도과 시 확정행정판결의 효력 부여)에 의해 해결할 수 있다.

Ⅳ. 노동형법에 대한 헌법재판의 방향

1. 노동정책과 형법의 상호작용적 통합

이상에서 설명한 대화이론적 노동형법의 패러다임에서는 노동정책과 법이 분리되고, 노동정책이 법의 우위에 서는 현상이 지양될 수 있다.

(1) **정책적 변증** 첫째, 대화이론적 노동형법이 절차주의적 노동형법의 패러다임에 정합적일 수 있도록 재해석한 개별근로관계형법의 규범내용(예: 불법이득의사가 있는 임금체불)이나 집단적 근로관계형법의 규범내용(예: 고의적이고 반복적인 단체협약위반 그리고 쟁의금지기간 내의 정치적인 쟁의행위의 금지)은 경영의 자유를 보장하면서 근로자 보호를 등한시하지 않으며, 반대로 근로자 권익보호를 지향하면서 동시에 경영의 자유를 외면하지 않는 성찰적 평형을 이룬다. 다시 말해 경영의 자유를 보장하되, 노사자치에 지향되지 않는 경영의 자유를 견제하고, 노동3권을 보장하되, 노사자치에 지향되지 않는 노동3권의 남용을 억제하는 것이다. 이를 두고 법이념적으로 보면 자유와 평등의 변증이라고 할 수 있다.

(2) **비례성원칙의 실현과 기능** 둘째, 이런 정책적 변증은 자유주의적 법제를 넘어 사회국가적 법제가 축적되어온 현대사회에서 비례성원칙을 재구성하는 기반이 된다. 즉, 비례성원칙은 근대형법체계에서처럼 단지 시민의 자유가 국가권력에 의해 더 이상 제한될 수 없는 지점, 즉 희생의 한계[69]를 설정하는 데에

68) 이 중간법의 구상에 대해 자세히는 이상돈, *윤리경영과 형법* (신영사, 2005), 105, 106, 111, 283쪽 참조.

그치지 않고, 다양한 이익이 복잡하게 충돌하는 현대사회에서 충돌하는 이익 모두를 최대한 실현하는 '실제적 조화'의 원칙으로 재구성[70]될 수 있다.

셋째, 이렇게 재구성된 비례성원칙은 노동정책에 휘둘리는 빈 공식이 아니라 노동정책의 풍향을 잡아주는 규범적 길잡이가 된다. 향후 헌법재판은 이렇게 재구성된 비례성원칙의 안내를 따라 노동정책이 나아가야 할 길을 찾아나아 갈 수 있고, 또 그래야만 한다. 그렇게 될 때 정책과 법은 서로 무관심하거나 어느 하나가 다른 것에 대해 일방적 우위를 점하는 관계에서 벗어나 순환적인 상호작용의 관계에 들어갈 수 있게 된다.

2. 변형결정과 노동정책

(1) **변형결정** 헌법재판소가 노동형법에 대한 헌법재판을 할 때 '재해석된 형법원칙과 상호작용 속에서 형성되는 노동정책'을 펼치기 위해서는 많은 경우 노동형법규정에 대해 단순합헌이나 위헌결정을 내려서는 안 됨을 알 수 있다. 단순합헌과 위헌결정은 자유주의적 노동형법을 고수하거나 사회국가적 노동형법을 구축하는 헌법재판의 형식이 되기 쉽기 때문이다. 형법원칙과 상호작용 속에서 펼쳐지는 노동정책은 노동3권과 경영의 자유를 변증적으로 실현시키는 노사자치의 이념을 노동형법의 지향점으로 삼아야 하고, 그러기 위해서는 변형결정, 즉 한정합헌결정이나 한정위헌결정의 형식을 적극 활용할 수밖에 없다. 변형결정은 노동형법의 텍스트는 그대로 두고, 그 요건의 일부를 질적으로 무효화하는 재판형식이다. 이 재판형식은 명확성이나 비례성을 최대한 실현하는 방향으로 형법을 해석(합헌적 법률해석)하게 만드는 결정이다.

(2) **헌재와 법원의 수평적 역할분담** 그런데 합헌적 법률해석은 헌재뿐만 아니라 대법원에 의해서도 이루어지므로, 헌법재판소의 헌법해석권한과 대법원의 법률해석권한은 필연적으로 충돌한다. 현행 헌법상 헌법재판소가 대법원 위의 제4심이 아니라, 대법원과 함께 헌법과 노동형법을 상호협동적으로 실현하는 수평적 관계에 놓여야 한다면, 헌법재판소의 변형결정은 '편면적 구속력'[71]을

69) 희생의 한계(Opfergrenze)에 대해서는 Jongdae Bae, *Der Grundsatz der Verhältnismäßigkeit im Maßregelrecht des StGB*, 1985 참조; 배종대, "보안처분과 비례성원칙", *법치국가와 형법* (1998), 75~78쪽 참조.

70) 형법원칙의 자유주의적 의미와 현대사회에서의 재구성에 관해 자세히는 이상돈, *형법의 근대성과 대화이론* (홍문사, 1994); *형법학* (법문사, 1999), 42쪽, 183쪽 아래 참조.

71) 이 개념은 2004.4.9. 제44회 헌법실무연구회에서 발표한 "부실감사죄의 헌법재판"에서 처음으로

가져야 한다. 즉 한정합헌결정은 그 결정사안과 유사성이 인정되는 사례들에 대해서만 법원이 해당 노동형법규정을 적용해야 할 의무를 낳는다. 따라서 유사성이 인정되지 않는 사례에서는 법원이 여전히 (새로운 합헌적) 법률해석권을 갖는다.

> 가령 부당해고에 대한 노동위원회의 구제명령 불이행죄는 중대하고 명백히 부당한 해고에 대해 적용할 때에만 합헌이라고 헌법재판소가 결정한다면, 대법원은 여전히 그 이외의 사안유형에서, 예컨대 경영판단에 의한 해고의 경우에 부당해고 구제명령 불이행죄를 적용하는 것도 합헌이라는 근로기준법 해석을 할 수 있다.

반면에 한정위헌결정은 그 결정사안과 유사성이 인정되는 사례들에 대해서만 법원이 해당 노동형법규정을 적용하지 않을 의무를 발생시킨다. 따라서 유사성이 인정되지 않는 사례에서 법원은 여전히 (새로운 합헌적) 법률해석권을 갖는다.

> 가령 부당해고에 대한 노동위원회의 구제명령 불이행죄를 경영판단에 의한 해고에 대해 적용하면 위헌이라고 헌법재판소가 결정한다면, 그 결정의 구속력은 중대하고 명백히 부당한 해고에 대한 구제명령 불이행행위에는 미치지 않는다. 따라서 대법원은 그런 중대하고 명백히 부당한 해고의 경우에 대한 구제명령 불이행죄의 적용을 합헌으로 볼 수도 있지만, 다른 요건(예: 재취업을 위한 교육비용의 부담)을 추가하고, 그 추가된 요건까지 충족하지 않는데도 부당해고죄를 적용하는 것은 역시 위헌이라는 해석을 할 수도 있다.

(3) **노동형법정책의 지평** 이와 같이 두 가지 형식의 변형결정 사이에 등장하는 차이는 비례성원칙과의 상호작용 속에서도 노동정책에 고유한 활동공간을 남겨 놓게 한다. 부당해고 구제명령 불이행죄의 예에서 보듯 한정합헌결정이 좀 더 노동자 보호를 지향하는 반면, 한정위헌결정은 좀 더 경영의 자유를 지향하고 있다. 하지만 이 미묘한 차이는 형법원칙에 대한 노동정책의 일방적 우위를 가져오는 것은 아니다. 그보다는 오히려 헌법해석이 노동정책이 되고, 역으로 노동정책이 헌법해석이 되는 지평, 즉 노동형법정책의 고유한 지평을 구성하는 것이라 볼 수 있다. 그 지평 위에서 노동형법은 정책적 유연성과 탄력성이 요구되는 노동현장 속에 살아있는 법이 될 수 있을 것이다.

제기한 개념인데, 이에 관해 이상돈, "부실감사죄의 형법정책과 헌법재판의 방향", *저스티스* (통권 제83호, 2005), 198~221쪽; *헌법재판과 형법정책* (고려대출판부, 2005), 120쪽 아래 참조.

찾아보기

ㅇ

ㅊ

주요저서

[기초법 분야]

1. 『Wortlautgrenze, Intersubjektivität und Kontexteinbettung』, Ffm., 1992
2. 『법이론』, 박영사, 1996(제1판), 세창출판사, 2005(제3판)
3. 『법학입문』, 박영사, 1997(제1판), 법문사, 2007(제3판)
4. 『법사회학』(2인 공저), 박영사, 2000
5. 『법철학』, 법문사, 2003
6. 『욕망은 행복을 낯설게 한다. 모더니즘의 행복론』, 연극과 인간, 2003
7. 『인권법』, 세창출판사, 2005
8. 『법문학』(2인 공저), 신영사, 2005
9. 『문헌연구 포스트모더니즘과 법』(4인 공저), 세창출판사, 2006
10. 『시민운동론』, 세창출판사, 2007
11. 『기초법학』, 법문사, 2008(제1판), 2010(제2판)
12. 『법미학』, 법문사, 2008
13. 『로스쿨을 위한 법학입문』, 법문사, 2009
14. 『법정신분석학입문』(2인 공저), 법문사, 2010

[형사법 분야]

15. 『형법의 근대성과 대화이론』, 홍문사, 1994
16. 『형사소송법 사안풀이와 법치국가』, 태진사, 1995
17. 『형사소송법』(2인 공저), 홍문사, 1996(제1판), 2004(제6판), 『신형사소송법』, 2008(3인 공저)
18. 『형사소송원론. 형사소송의 근대성과 대화이론』, 법문사, 1998
19. 『형법정책』(2인 편역), 세창출판사, 1999
20. 『형사소송법연습』, 법문사, 1999
21. 『형법학. 형법이론과 형법정책』, 법문사, 1999
22. 『법률해석의 한계』(5인 공저), 법문사, 2000
23. 『사례연습 형사소송법』, 법문사, 2001(제2판), 2004(제3판)
24. 『헌법재판과 형법정책』, 고려대출판부, 2005
25. 『형법강의』, 법문사, 2010

[의료법 분야]

26. 『의료형법』, 법문사, 1998
27. 『의료체계와 법』, 고려대출판부, 2000
28. 『치료중단과 형사책임』, 법문사, 2002
29. 『생명공학과 법』, 아카넷, 2003
30. 『수가계약제의 이론과 현실』, 세창출판사, 2009
31. 『의료법강의』(2인 공저), 법문사, 2009

[경영법 분야]

32. 『부실감사법』, 법문사, 2004
33. 『윤리경영과 형법』, 신영사, 2006
34. 『공익소송론』, 세창출판사, 2006
35. 『부실감사 판례연구』, 법문사, 2006
36. 『사례연구 기업윤리와 법』(3인 공저), 법문사, 2008
37. 『조세형법론』, 세창출판사, 2009
38. 『공정거래형법』, 법문사, 2010
39. 『증권형법』, 법문사, 2011

[저자 약력]

서울 출생
서울 고등학교 졸업
고려대학교 법과대학 졸업(총장상 수상)
고려대학교 대학원 법학과 졸업(법학석사)
독일 프랑크푸르트 대학교 대학원 졸업(Dr.jur.)
현재 고려대 법학전문대학원 정교수

[주요경력]

검찰제도개혁위원회 위원
서울고등검찰청 항고심사위원회 위원
한국학술진흥재단 학술연구분쟁조정위원회 위원
국가인권위원회 검·경수사전문위원회 위원
법무부 감찰위원회 위원
법무부 인권옹호자문단 위원장
대법원 법원행정처 소송규칙 자문특별위원회 위원
법원행정처 국선변호위원회 위원(現)
한국의학교육평가원 의과대학인정평가단 판정위원회 위원
사법고시, 행정/외무고시, 입법고시 출제위원
고려대학교 법무대학원 부원장
고려대학교 법학연구원장(現)
한국법철학회 부회장(現)
법과 사회이론학회 부회장
나눔재단이사

경영과 형법

2011년 4월 1일 초판 1쇄인쇄
2011년 4월 5일 초판 1쇄발행

저 자 이 상 돈
발행인 배 효 선
발행처 도서출판 法 文 社

413-756 경기도 파주시 교하읍 문발리 526-3
등 록 1957년 12월 12일/제2-76호(윤)
전 화 (031)955-6500~6 FAX (031)955-6525
E-mail (영업) bms@bobmunsa.co.kr
(편집) edit66@bobmunsa.co.kr
홈페이지 http://www.bobmunsa.co.kr

조 판 (주)성 지 이 디 피

정가 39,000원 ISBN 978-89-18-08510-4